Droit des collectivités territoriales

3ᵉ édition

2014

Bertrand Faure
Professeur à l'Université de Nantes

DALLOZ

DALLOZ

31-35 rue Froidevaux, 75685 Paris cedex 14

ISBN : 978-2-247-13739-8

SOMMAIRE

(Une table des matières détaillée figure à la fin de l'ouvrage)

ABRÉVIATIONS

ACCP	*Actualité de la commande et des contrats publics*
ACL	*Annuaire des collectivités locales*
AIJC	*Annuaire international de justice constitutionnelle*
AJDA	*Actualité juridique Droit administratif (Dalloz)*
AJFP	*Actualité juridique Fonctions publiques (Dalloz)*
AJPI	*Actualité juridique Propriété immobilière*
ALD	*Actualité législative Dalloz (années 1983-1995)*
BJCL	*Bulletin juridique des collectivités locales*
BJCP	*Bulletin juridique des contrats publics*
BJDU	*Bulletin de jurisprudence de droit de l'urbanisme*
C. civ.	Code civil
C. comptes	Cour des comptes
C. élect.	Code électoral
C. envir.	Code de l'environnement
trats Marchés publ.	*Contrats et marchés publics*
C. expr.	Code de l'expropriation pour cause d'utilité publique
C. pén.	Code pénal
C. urb.	Code de l'urbanisme
Const.	Constitution
CAA	Cour administrative d'appel
Cah. CFPC	*Cahiers du centre de formation de personnels communaux*
Cah. fonct. publ.	*Les cahiers de la Fonction Publique et de l'Administration*
Cah. jur. coll. terr.	*Cahiers juridiques des collectivités territoriales*
CCC	*Contrats Concurrence Consommation*
CDBF	Cour de discipline budgétaire et financière
CE	Conseil d'État
CGCT	Code général des collectivités territoriales
CGPPP	Code général de la propriété des personnes publiques
CJA	Code de justice administrative
CJEG	*Cahiers juridiques de l'électricité et du gaz*
CJF	Code des juridictions financières
Coll. terr.	*Collectivités territoriales - Intercommunalité*
Cons. const.	Conseil constitutionnel
CRC	Chambre régionale des comptes
D.	*Recueil Dalloz*
DDH	Déclaration des droits de l'homme et du citoyen
DP	*Recueil périodique et critique mensuel Dalloz (années antérieures à 1941)*

Dr. adm.	Revue *Droit administratif*
Dr. fisc.	Revue *Droit fiscal*
Dr. pénal	Revue *Droit pénal*
Dr. soc.	Revue *Droit social*
EDCE	*Études et documents du Conseil d'État*
Gaz. Pal.	*Gazette du Palais*
J.-Cl. Adm.	*Juris-Classeur Administratif*
J.-Cl. Coll. locales	*Juris-Classeur des collectivités locales*
J.-Cl. Coll. territoriales	*Juris-Classeur des collectivités territoriales*
JCP Adm.	*Juris-Classeur périodique, édition Administration et collectivités territoriales*
JDI	*Journal de droit international (Clunet)*
LPA	*Les Petites Affiches*
Quot. jur.	*Quotidien juridique*
RDSS	*Revue de droit sanitaire et social (Dalloz)*
Rec. TA	*Recueil de jurisprudence des tribunaux administratifs et des cours administratives d'appel*
Rép. collectivités locales	*Répertoire des collectivités locales Dalloz*
Rép. cont. adm.	*Répertoire de contentieux administratif Dalloz*
Rev. Trésor	*Revue du trésor*
RF décentr.	*Revue française de la décentralisation*
RFAP	*Revue française d'administration publique*
RFDA	*Revue française de droit administratif (Dalloz)*
RFDC	*Revue française de droit constitutionnel*
RFFP	*Revue française des finances publiques*
RGCT	*Revue générale des collectivités territoriales*
RID comp.	*Revue internationale de droit comparé*
RISA	*Revue internationale de science administrative*
RJJ	*Revue jurassienne de jurisprudence*
RLCT	*Revue Lamy des collectivités territoriales*
RRJ	*Revue de la recherche juridique – Droit prospectif*
RSC	*Revue de science criminelle et de droit pénal comparé (Dalloz)*
RTD civ.	*Revue trimestrielle de droit civil (Dalloz)*
RTD eur.	*Revue trimestrielle de droit européen (Dalloz)*
RUDH	*Revue universelle des droits de l'homme*
S.	*Recueil Sirey*
T. confl.	Tribunal des conflits
TA	Tribunal administratif

PROPOS INTRODUCTIFS

1 ***Un droit des collectivités territoriales*** ◊ Si pendant longtemps le droit des collectivités territoriales n'a pas paru justifier, en France, un cours distinct de celui du droit administratif général c'est que les caractéristiques des deux disciplines sont communes. Toute autre thèse que celle de l'identité des deux droits est irrecevable, les collectivités empruntant au droit administratif les techniques selon lesquelles elles sont aménagées – principe de légalité, règles de compétences, puissance publique... – et les objectifs qui leur sont assignés – buts de police et de service public. Et, si les bouleversements de notre droit public mettent de plus en plus en contact les collectivités avec d'autres disciplines juridiques traditionnelles – droit constitutionnel, droit civil, droit pénal, droit communautaire et de la concurrence –, il s'agit de transformations générales qui traversent l'ensemble de l'appareil administratif sans qu'on puisse faire un cas particulier de ces collectivités [1].

Le droit des collectivités territoriales mérite pourtant sa consécration progressive dans les études juridiques. C'est d'abord justifié sur un plan général : la décentralisation est sortie d'un long immobilisme depuis le début des années 1980 pour faire l'objet d'approfondissements importants et répétés qui font qu'aujourd'hui une part essentielle de l'action publique est rabattue au plan local [2]. Il faut bien alors rendre compte du droit s'attachant à cette action en remontant jusqu'à l'étude de leurs véritables promoteurs, les autorités décentralisées et des relations systématiques qu'elles entretiennent, pour ce faire, avec l'État.

C'est également justifié au plan académique où le droit des collectivités territoriales se signale comme une discipline conceptuelle originale. Son particularisme et son unité tiennent avant tout à son objet, c'est-à-dire à la notion même de collectivité territoriale/locale [3] et de décentralisation.

---

1. Sur les rapports du droit des collectivités territoriales avec le droit administratif et son évolution : P. Delvolvé, « La révision du titre XII : l'apport au droit administratif », *in* Y. Gaudemet et O. Gohin (dir.), *La République décentralisée*, éd. Panthéon-Assas, 2004, p. 151 ; B. Faure, « Peut-on ne pas affirmer un particularisme du droit des collectivités locales ? », *in* J.-B. Auby et B. Faure (dir.), *Les collectivités locales et le droit les mutations actuelles*, Dalloz, 2001, p. 13.

2. B. Faure, « Trente ans de décentralisation. La glorieuse trentenaire », *AJDA* 2012. 738.

3. Les discussions sur l'existence de « collectivités locales » distinctes des « collectivités territoriales » sont parfaitement spéculatives, encore qu'elles aient passionné certains constitutionnalistes. Il n'y a rien à en dire, le Conseil constitutionnel n'ayant jamais entendu, contrairement à leurs vues, qualifier les établissements publics territoriaux de « collectivités locales » dont le sens serait ainsi plus large que celui de « collectivités territoriales ». Les deux expressions sont le plus souvent employées l'une pour l'autre dans la doctrine. Il reste, cependant, que cette

D'où la nécessité de définir ces notions. Cette nécessité est d'ailleurs postulée par le droit positif : l'article premier de la Constitution issu de la révision constitutionnelle du 28 mars 2003 prévoit que « l'organisation – de la République – est décentralisée », ce qui suppose, pour s'appliquer, une définition. L'article 34 de la Constitution et son titre XII visant les « collectivités territoriales » demandent la même démarche. S'ajoutent à cela les expressions couramment pratiquées de « libre administration » (art. 34 et 72 Const.), de « libertés locales » ou de « pouvoir local ».

Or, toutes ces définitions soulèvent de sérieuses difficultés dès l'instant où l'on s'efforce de dépasser la conception assez vague dont se contente l'opinion courante et le vocabulaire politique, mais dont l'étude d'une discipline juridique ne saurait se satisfaire. En France aucune disposition du droit positif ne définit ces notions. Le vocabulaire apparaît d'autant plus incertain qu'elles sont employées indifféremment par la doctrine sans qu'il soit possible de dire si ces formules correspondent à la même notion ou à des notions différentes. C'est que ces formules font toujours l'objet d'une exploitation symbolique : les constructions doctrinales tendent à les employer les unes pour les autres ou à les déduire les unes des autres, en tentant indifféremment de les accorder au cadre juridique de l'État et à la place que doivent accepter d'y prendre les collectivités. Elles font toutes fonctions de premiers instruments de mesure de leur niveau d'indépendance au regard de l'État. Tout en inaugurant originalement la discipline à partir de ce vocabulaire, ces formules orientent nécessairement son étude sur une théorie juridique de la différenciation entre l'État et les collectivités.

Le point de départ de l'ouvrage doit donc consister à partir des expressions de base de la discipline pour tenter d'en fixer un contenu précis sur lequel il est possible de s'accorder : la décentralisation d'abord, les collectivités territoriales ensuite.

§ 1. Existe-t-il une notion de décentralisation ?

2 ***Difficultés de définition de la décentralisation*** ◊ Elles procèdent de l'utilisation excessive du mot : plus il est pratiqué dans le discours politique et la doctrine juridique et moins il semble s'identifier à un contenu précis. On pourrait même aller jusqu'à dire qu'il tire davantage sa force des ambiguïtés et des illusions qui l'habitent que de sa clarté. Il est devenu un concept sacré auquel il est convenu de sacrifier lorsque l'on étudie les relations entre l'État et les collectivités : il a pour lui sa permanence dans

dernière expression de collectivité territoriale tend à devenir la dénomination officielle dans les textes et la jurisprudence après la révision constitutionnelle du 28 mars 2003. Son article 2 substitue la qualification de « collectivités territoriales » à celle de « collectivités locales » au sein de l'article 34 de la constitution pour la mettre en phase avec le titre XII (« Des collectivités territoriales ») et supprimer leur coexistence pour désigner la même notion. C'est pourquoi nous adopterons l'expression de *collectivité territoriale*.

l'histoire de l'administration, l'élasticité de son utilisation et l'investissement symbolique dont il est l'objet. Mais, fatalement, cela n'en fait pas un terme à forte teneur juridique d'où découleraient nécessairement les règles de la discipline.

3 ***La double fonction du terme de décentralisation*** ◊ La difficulté vient également du fait que l'usage du terme de décentralisation obéit à deux fonctions méthodologiquement distinctes. Il sert d'abord *d'élément de construction du droit* car la décentralisation suppose, pour se réaliser, l'autonomie organique des autorités locales par l'élection et leur autonomie fonctionnelle par le transfert de compétences et de moyens par l'État, celui-ci n'assurant plus qu'un contrôle « de tutelle » apte à contenir, sans annihiler, l'exercice de cette autonomie. Le concept sert également *d'élément de connaissance du droit* en jouant le rôle d'un principe de classification des régimes d'autonomie locale. La décentralisation caractérise alors un régime intermédiaire entre celui de la centralisation et celui du fédéralisme. Il remplit également cette fonction dans l'intérêt de dissocier la *décentralisation fonctionnelle* - procédé de l'établissement public - de la *décentralisation territoriale* ; deux formes de décentralisation qui, en dépit d'affinités évidentes, recouvrent deux réalités séparées.

4 ***Origine historique du terme de décentralisation*** ◊ Le problème est que le terme lui-même suit d'assez loin la réalité à laquelle il s'applique. Certaines réformes sous l'Ancien Régime procèdent déjà de cette idée, comme en témoigne un édit de 1787 adopté en vue de reconnaître la compétence des assemblées provinciales pour les « affaires générales ou particulières » intéressant les provinces. Pour A. de Tocqueville, sans doute le premier théoricien de la décentralisation, le processus de « centralisation administrative » qui précède la Révolution française ne trouve à s'opposer, selon les termes de l'auteur, qu'aux « pouvoirs locaux », aux « pouvoirs féodaux » ou aux « libertés municipales ». La Révolution imposera plutôt l'expression de « pouvoir municipal » à l'origine de la loi du 22 décembre 1789 qui établissait les compétences des communes en distinguant les tâches d'administration générales du royaume qui leur sont déléguées - entretien du culte, répartition des impôts - des « fonctions propres au pouvoir municipal » - police, gestion du domaine... Mais la formule de « pouvoir municipal » ne doit pas impressionner, les communes n'étant guère de taille à opposer à l'État révolutionnaire leur passé d'une vie locale propre qu'elles pourraient gouverner par elle-même.

Le terme de décentralisation n'apparaît qu'au début du XIXe siècle avec les réformes législatives libérales adoptées au profit des communes et des départements pour les concevoir comme des autorités élues titulaires de compétences transférées par l'État. Elles n'ont dès lors plus vocation à revendiquer l'exercice d'un pouvoir originaire par lequel leurs habitants géraient en commun des intérêts qui leur étaient exclusifs. La décentralisation se caractérise alors comme un procédé d'organisation de la puissance publique. Elle transforme progressivement la personnalité juridique des communes et des départements en la soumettant au régime administratif. Leur pouvoir devient second et dérivé des habilitations de l'État au moyen desquelles l'action des collectivités est engagée au service de l'intérêt public. Sur le plan historique, les éléments de définition de la décentralisation apparaissent ainsi d'eux-mêmes : la substitution de l'élection à la nomination des autorités locales (1831 pour les conseils municipaux et 1833 pour les conseils généraux) et la transformation du pouvoir de ces autorités en exécutrices des lois assujetties à un contrôle de tutelle.

Il n'est pourtant pas aisé de dégager de la littérature juridique de l'époque une tentative de définition de la décentralisation qui soit opératoire. Invité à s'expliquer sur ce mot, qui qualifie la réforme municipale du 5 avril 1884, le rapporteur parlementaire de la loi, de Marcère, y voit « un terme un peu vague et qu'il faut conserver pourtant puisqu'il exprime un vœu intense, un sentiment général : c'est comme un cri sorti de milliers de poitrines oppressées, mais c'est un mot dont le sens n'est pas défini » (cité par S. Regourd, « Le modèle français de décentralisation : aspects politico-administratifs », *Annales Univ. Sciences sociales Toulouse*, PU Toulouse, t. XXXVI, 1988, p. 88). La démarche la plus générale consiste davantage à l'approcher par des formules types qu'à la définir : selon M. Hauriou, elle « est une manière d'être de l'État » (*Rép. adm. Béquet*, Paris, éd. Dupont, 1892, p. 1) ; pour H. Berthélémy, « la centralisation rend les régimes plus forts ; la décentralisation les faits plus libres » (*Traité élémentaire de droit administratif*, Paris, éd. A. Rousseau, 7e éd., 1913). Une doctrine plus récente s'attache à rendre compte des perturbations qu'inflige à la pureté de l'idée de décentralisation la pratique historique d'un système de toute puissance de l'État qui peine à se limiter. Il est alors question de « semi-décentralisation » (C. Eisenmann), de « pseudo-décentralisation » (M. Waline) ou de « décentralisation tempérée » (A. de Laubadère). Mais, il s'agit moins de tentatives de définition que de caractériser vaguement la réalité politico-administrative française.

5 ***Les justifications de la décentralisation*** ◊ Elles sont très diverses. Aux justifications classiques généralement avancées pour promouvoir sa cause, s'ajoutent d'autres raisons plus implicites qui révèlent, sous son couvert, un phénomène d'instrumentalisation des collectivités par l'État.

1. Les justifications manifestes. On en voit deux :

- La décentralisation sert d'abord de réducteur de l'autorité d'État dont l'exercice du pouvoir serait tyrannique s'il n'était partagé avec l'ensemble de ses composantes territoriales. Elle est donc un moyen d'obtenir un gouvernement modéré, gage de la liberté des citoyens. La valeur de l'argument est majorée par la considération que la décentralisation permet la proximité du pouvoir. Cet élément est utile à l'adaptation, donc à l'acceptation, des décisions publiques. C'est pourquoi un régime de pure centralisation n'est ni rationnellement, ni démocratiquement souhaitable.

- La commune a acquis la réputation de représenter « l'école de la démocratie » (A. de Tocqueville) : elle crée un espace de solidarité entre ses habitants autour des affaires quotidiennes les plus proches dont ceux-ci entendent régler le sort – la fontaine sur la place du village, le tracé de la ligne de tramways… Partent de là la formation civique et la préparation à l'exercice de la vie politique sans lesquelles risquerait de dépérir la nature républicaine de l'État. « Les institutions communales sont à la liberté ce que les écoles primaires sont à la science ; elles la mettent à la portée du peuple ; elles lui en font goûter à l'usage du plaisir et l'habituent à s'en servir » (*De la démocratie en Amérique*, t. 1, Gallimard, 1986, p. 59).

2. Les justifications implicites. Deux raisons se dégagent également qui font voir l'envers du décor en matière de politique de décentralisation :

– Sous l'apparence du partage, donc de la modération, du pouvoir, l'État décentralisé installe mieux son emprise sur la société. Il accoutume ses citoyens à l'obéissance à l'autorité publique dont les éléments sont les mêmes au niveau des collectivités : ordre public, puissance publique, intérêt général. En cela, la décentralisation démultiplie au niveau local le modèle de domination étatique. À cette différence redoutable près que le pouvoir local apparaîtra plus supportable car plus proche.

– Les lois décentralisatrices ne distinguent pas la nature des compétences qu'elles confient aux collectivités. Or, si la décentralisation traditionnelle se fondait sur la distinction entre les affaires nationales et les affaires locales, sa pratique plus récente tend à confondre les deux types d'affaires pour transférer aux collectivités ce qui apparaît, en toute hypothèse, le moins digne d'intérêt pour l'État, à savoir des affaires généralement coûteuses et de peu d'intérêt politique. C'est une dérive qui s'est installée avec l'approfondissement de la décentralisation depuis 1982 (action économique, sociale, éducation et formation professionnelle, etc.) par laquelle les collectivités font figure de relais au pouvoir étatique.

6 ***Définition de la décentralisation administrative*** ◊ Au regard des considérations qui précèdent, il semble permis de la définir comme un processus de dévolution de compétences administratives au profit de collectivités publiques élues qui les exercent en leur nom et pour leur compte dans le respect des finalités et modalités d'un contrôle, généralement qualifié de « tutelle ».

7 ***Le dépassement de la décentralisation*** ◊ L'hypothèse peut paraître paradoxale voire déplacée au regard des approfondissements successifs qu'a connu la décentralisation depuis trente ans. En ce qu'elle fixe les relations entre l'État et les collectivités à partir du transfert de compétences par la loi, elle maintient même un élément de continuité profonde dans ces relations depuis le XIXe siècle. Mais ce n'est plus le seul, ces relations tendant à s'établir aujourd'hui sur des bases diversifiées. L'action des collectivités est, en effet, commandé par d'autres techniques juridiques par lesquelles celles-ci peuvent espérer un surcroît d'émancipation. La décentralisation reste donc une donnée première mais dans un système en révision globale :

1. Décentralisation et auto-administration. Tout d'abord, la théorie de la décentralisation ne peut rendre compte du pouvoir reconnu aux autorités décentralisées pour adopter spontanément toute décision dans l'intérêt de leurs électeurs sur le fondement de leur titre de compétence générale (CGCT, art. 2121-29, L. 3211-1 et L. 4221-1, v. ss 693 s.). Il serait abusif de ramener les initiatives propres des collectivités sous l'idée de décentralisation puisqu'en agissant d'elles-mêmes les collectivités n'exercent rien qui aurait auparavant appartenu à l'État et que celui-ci leur aurait dé-centralisé. On est donc dans une situation juridique et logique distincte que peut exprimer l'idée d'auto-administration. Mais, les deux techniques sont appelées à se conjuguer lorsque cette part d'auto-administration s'introduit dans l'ordre décentralisateur et atténue le rapport de subordination à chaque loi d'habilitation susceptible d'être lu, interprétée et appliquée dans un sens plus conforme aux intérêts locaux.

2. Décentralisation et libre administration. L'évolution du droit exige également que les collectivités soient protégées contre l'État décentralisateur. Le développement du droit constitutionnel et l'application du principe de libre administration ont permis une réaction à l'encontre de la toute-puissance de la loi qui, sous les républiques précédentes, et parfois même sous le prétexte de la décentralisation, demeurait libre de renoncer aux garanties qu'elle avait pu leur accorder. L'État décentralisateur impliquait une totale soumission des collectivités à la loi pour le meilleur et pour le pire, ce qui n'est plus de mise avec le développement effectif des bases fondamentales du droit qui impose un cadre à ses initiatives.

3. Décentralisation et co-administration. La multiplication des niveaux d'administration décentralisée et l'enchevêtrement des compétences qui en résulte, les difficultés budgétaires face à des réalisations locales de plus en plus onéreuses font qu'aucune collectivité publique n'est capable de se suffire à elle-même. Ces facteurs imposent la généralisation d'un phénomène de co-administration. Mais, là où la décentralisation impliquait un droit unilatéralement déterminé par la volonté de l'État pour s'imposer aux collectivités en tant qu'exécuteurs, on assiste aujourd'hui à une formation plus égalitaire et subjective du droit avec la montée en puissance de la technique du contrat dans la gestion publique pour mettre en concert les collaborations des acteurs publics. Le dépassement de la décentralisation se signale ainsi par un renouvellement des formes du droit et des perspectives concrètes, l'État se faisant tout à la fois organisateur et comparse : « le dilemme “État ou les collectivités” se trouve facilement éludé par la solution “État et collectivités” » (J. Rivero).

§ 2. Existe-t-il une notion de collectivité territoriale ?

8 ***Difficulté de définition de la collectivité territoriale*** ◊ Existe-t-il des traits communs et constants qui définissent toutes les collectivités territoriales comme telles et en donnent une idée commune ? On pourrait en douter au vu de la littérature juridique dont le réflexe consiste à procéder par énumération pour se borner à désigner ce qu'elles sont par catégorie

(communes, départements, régions, collectivités d'outre-mer et collectivités à statut particulier) ou ce qu'elles ne sont pas (État, établissements publics). C'est que la définition de collectivité territoriale soulève d'évidentes difficultés lorsqu'on tente de passer du pluriel - la *liste* des collectivités - au singulier - le *critère* de la collectivité.

9 ***Les éléments constitutifs de la collectivité territoriale*** ◊ Il est cependant possible de rendre compte de l'unité des collectivités *au regard du droit positif français* - ce qui n'en fait donc pas un modèle universel ni permanent. Celui-ci les identifie autour de traits suffisamment nets et constants pour qu'on y voie les critères sur lesquels leur définition s'établit. C'est la réunion de ces critères qui emporte la qualification de collectivité, le défaut de l'un d'entre eux créant la confusion avec l'État (qui n'est pas une personne administrative soumise à une tutelle) ou avec l'établissement public (qui n'a pas la compétence générale). La définition recherchée s'établit sur quatre critères cumulatifs : la personnalité morale de droit public, des affaires propres, un pouvoir général de décision et un contrôle de l'État. Il suffira de les signaler succinctement puisqu'en raison de leur importance ils feront l'objet de développements appropriés au sein de l'ouvrage.

La question prend un relief particulier avec le développement du droit constitutionnel. Certains principes constitutionnels ont un intérêt pour la détermination des critères de la collectivité en ce que le législateur doit les respecter en configurant leur organisation : le problème met en jeu une notion constitutionnelle de collectivité territoriale. Les quatre critères ici envisagés ont tous plus ou moins précisément ou complètement reçu consécration à cet égard, le constituant et le juge constitutionnel n'ayant rien fait d'autre que de les prendre tels qu'ils étaient traditionnellement établis par la tradition législative : la compétence du législateur pour régler le statut des collectivités en les dotant d'un « conseil élu » découle de leur personnalité morale (art. 72 al. 3 Const.), le pouvoir de se saisir de tout objet d'intérêt local comme condition de leur libre administration correspond à leurs affaires propres et leur compétence générale pour les régler (Cons. const. 9 déc. 2010, n° 2010-618 DC, *JO* 17 déc. 2010. 22181), l'affirmation d'un contrôle administratif par le représentant du gouvernement s'accorde à l'exigence classique de la tutelle (art. 72 dernier al. Const.) [1].

1. Personnalité morale de droit public. Cet élément dénote l'intervention du pouvoir d'État. Les associations d'habitants sont des collectivités territoriales en ce qu'elles n'entrent dans le droit public positif que lorsque l'État en a consacré le principe et aménagé les conditions. Voilà ce qui sépare essentiellement les villes de l'Ancien Régime des communes actuelles.

1. Pour des réflexions plus complètes qu'appelle le problème de la définition constitutionnelle de la collectivité territoriale : L. Favoreu, « La notion constitutionnelle de collectivité territoriale », *Mélanges Moreau*, Economica, 2002, p. 158 ; B. Faure, « La définition constitutionnelle de la collectivité territoriale par Louis Favoreu », *Mélanges Bon*, Dalloz, 2014, p. 215 ; P. Chrétien, N. Ferreira et L. Janicot (dir.), *L'État dans ses relations avec les collectivités territoriales*, coll. « LEJEP », 2011, p. 69. V. ég., M. Doat, *Recherches sur la notion de collectivité territoriale en droit administratif français*, LGDJ, 2003.

Rien n'est comparable entre l'autonomie des premières qui relève de la conception du pouvoir originaire et le caractère subalterne des secondes intégrées à l'appareil administratif dans l'État. À la différence de celui-ci, la collectivité territoriale ne peut revendiquer une quelconque souveraineté.

En l'absence d'un pouvoir central efficace sous l'Ancien Régime, les villes ne se distinguaient pas des communautés religieuses, des familles ou des corps de métiers : ces regroupements avaient tous vocation à prendre en charge leurs intérêts propres et à s'organiser dans ce but. Les regroupements d'habitants ne doivent pas leur autonomie au pouvoir central. Celle-ci possède un caractère privé et découle de la distinction entre l'État et la société. L'idée de collectivité territoriale, comme celle de décentralisation, est impropre pour l'époque. Avec la disparition de leurs privilèges (droit de rendre la justice, d'entretenir une milice...) liée à la construction de la monarchie absolue, l'État « devient administratif » (F. Burdeau) et intègre en son sein les regroupements territoriaux. Cette œuvre est particulièrement nette à la Révolution française avec l'uniformisation des structures communales (L. 22 déc. 1789 instituant une « municipalité » dans chaque bourg, village ou paroisse) et la division du territoire en départements. Ces deux structures forment l'administration territoriale rationnelle du pays, soumise à un régime uniforme et fonctionnant dans la subordination à la loi générale. La personnalité morale de droit public des collectivités ne peut apparaître qu'au moment où ces conditions sont remplies [1].

C'est donc par rapport au statut de personne morale de droit public que doit s'affirmer le caractère propre des collectivités. Elle les fait exister en tant qu'être juridique à la fois distinct de l'État et de chacun de ses habitants et appareillé pour parler et agir en son nom et pour son compte. Cela suppose des organes propres de représentation désignés par le suffrage universel, le droit de se constituer un patrimoine et d'acquérir des biens, de décider et de s'engager permettant, notamment, recruter des agents et de créer des services publics, d'ester et de se rendre responsable en justice. La personne morale de droit public se signale aussi par sa capacité qui n'est pas limitée à des actes de droit privé mais confère des prérogatives de puissance publique.

Lié à sa personnalité, la collectivité dispose également d'un territoire, d'une population et d'un nom.

Le changement de nom d'une commune ou d'un département relève de la décision de l'État que le juge administratif ne contrôle pas sauf erreur manifeste d'appréciation. Elle est toutefois subordonnée à l'initiative exclusive de la collectivité. Voir articles L. 2111-1, L. 3111-1 et les conditions spéciales prévues pour les régions à l'article L. 4121-1 CGCT (par ex. le département des Basses-Pyrénées devenu Pyrénées-Atlantiques, CE 30 oct. 1970, *Perret*, *Lebon* 1046 ; v. ég. CAA Lyon 19 juill. 2007, *Cne Chatelguyon*, *AJDA* 2008. 92, concl. D. Besle ; *JCP Adm*. 2008. 2003, note S. Deliancourt, s'agissant du cas de la modification du nom d'une collectivité par la seule initiative de son assemblée qui doit être regardée comme un acte inexistant par le juge administratif). Le transfert d'un chef-lieu de département ou de région est également décidé par l'État après consultation des collectivités intéressées. V. CGCT, art. L. 3112-2 et L. 4122-2 et L. 2112-2 s'agissant des conditions spéciales

1. V., sur l'intégration du contentieux des collectivités dans le contentieux administratif, G. Darcy, « L'entrée historique des collectivités territoriales dans le droit public », *in* J.-B. Auby et B. Faure (dir.), *Les collectivités locales et le droit les mutations actuelles*, préc. p. 97.

en vigueur pour les communes (par ex. Décr. 4 nov. 1975 transférant de Draguignan à Toulon le chef-lieu du département du Var : CE Ass. 26 nov. 1976, *Soldani*, *Lebon* 508 ; *AJDA* 1977. 26 et 33, chron. F. Nauwelaers et L. Fabius, concl. D. Latournerie). Voir sur les modifications des limites des collectivités, CGCT, art. L. 2112-2 s., L. 3112-1 et L. 4122-1.

Cette personnalité morale de droit public doit être considérée comme implicitement accordée par le droit constitutionnel au vu d'un faisceau d'indices convergents. Elle se déduit de l'affirmation de « conseils élus » (art. 72 al. 3), de leur « libre administration » et « liberté contractuelle » (même art. et art. 4 DDH), de leurs « ressources propres » (art. 72-2 al. 3)...

2. Affaires propres. L'existence des collectivités procède de la considération que l'État n'est pas le seul représentant des intérêts qui sont en présence dans la société. Certains d'entre eux géographiquement localisés peuvent être regardés comme suffisamment distincts de ceux de l'État en général, encore qu'ils doivent demeurer plus ou moins en harmonie avec eux (police, urbanisme...). Il s'ensuit que ces intérêts particuliers peuvent être gérés par les représentants exclusifs des habitants qu'ils concernent directement. La raison d'être de la collectivité territoriale suppose ainsi des intérêts communaux, départementaux et régionaux propres et distincts et la remise du pouvoir de les gérer à leurs représentants élus.

On a souvent relevé la difficulté d'établir une ligne de partage entre les intérêts publics de telle manière qu'il serait fictif de chercher à lier décentralisation et affaires locales propres. Au surplus, la disparition de ces dernières s'affirmerait dans les faits : face aux coûts croissants des réalisations publiques, à leur complexité technique, face à l'enchevêtrement des niveaux de préoccupation, il n'existerait plus de problèmes pouvant totalement se résoudre au plan local. L'eau est ainsi une affaire locale à considérer la localisation des besoins et des sources d'approvisionnement. Mais elle est prise en main par l'Europe et l'État devant les nécessités environnementales qui conduisent à imposer à tout distributeur des normes de propreté. Confrontés à cette tendance, certains partisans de la décentralisation ont changé de camp pour répudier la notion d'affaires locales propres et lui préférer la voie plus concrète des attributions de compétences par la loi, domaine par domaine, article par article. Il n'existerait plus d'affaires propres hors détermination de la loi.

L'évolution de la société et du droit ne saurait pourtant faire oublier ce fondement traditionnel des collectivités. À prendre connaissance de la jurisprudence administrative, on voit combien sont vivaces les initiatives des autorités décentralisées, à la marge des domaines légiférés, pour répondre aux besoins généraux de leur population, fussent-ils moins nombreux que ceux que l'État a en charge. De telle manière que la catégorie des affaires locales demeure une donnée première du droit des collectivités territoriales. Sur ces questions, v. ss 693 s.

3. Compétence générale. Les collectivités ont la vocation d'une administration de plein exercice : si les intérêts qui leur sont reconnus sont généraux, la compétence par laquelle elles pourront les traduire en actes devra être elle-même générale. Jusqu'à présent, et contrairement à la pratique d'États voisins, le droit français n'a jamais dénié à une collectivité territoriale, quel que soit son niveau, l'aptitude à prendre toute décision dans l'intérêt de sa population, de telle manière qu'à cette pleine aptitude s'attache sa définition même [1]. Sa *spécialité* s'entend donc de manière originale et particulièrement étendue : elle ne permet pas d'agir valablement en vue d'objets autres que ses affaires propres mais, pour autant, et contrairement à celle de l'établissement public, elle n'est limitée par aucun but précis qui justifierait son existence.

De façon générale, le droit positif reconnaît tout à la fois aux collectivités une compétence générale et des compétences spéciales établies par le CGCT et des lois particulières. Voir sur la théorie de la détermination des compétences des collectivités, v. ss 630 s.

Toutefois, la décentralisation ne va pas aussi loin que le fédéralisme. Les compétences des collectivités, comme celles de toute personne publique autre que l'État, sont dévolues par la loi et ont un *caractère purement administratif.* Et les quelques parcelles de pouvoir législatif qu'elles peuvent détenir par certains procédés de délégation - pour expérimenter, ou pour déterminer certaines règles dans certaines matières outre-mer - ne peuvent être exercées au même niveau hiérarchique que le Parlement : il s'agira toujours formellement de l'exercice d'un pouvoir administratif.

La décentralisation d'un pouvoir législatif que les collectivités exerceraient avec force légale manifesterait un seuil de transition entre la simple décentralisation administrative et la *« décentralisation politique » ou législative.* Certains États voisins la pratiquent sous couvert du statut d'État unitaire décentralisé. Ainsi, tout en proclamant « l'unité indissoluble de la nation espagnole, patrie commune et indivisible de tous les Espagnols » (art. 2), la Constitution espagnole de 1978 reconnaît aux parlements des communautés autonomes de telles compétences s'exerçant dans l'ordre législatif au nom du « droit à l'autonomie des nationalités et des régions ». Elles correspondent à des domaines exclusifs fixés par la constitution : aménagement du territoire et urbanisme, santé, culture, agriculture... (art. 148). En schématisant, les cas de l'Italie, du Portugal et de la Grande Bretagne à l'égard de l'Écosse sont comparables.

Il faut remarquer la situation juridique particulière de la Nouvelle-Calédonie pratiquant les deux types de décentralisation pour tenir compte de ses spécificités et au vu de laquelle le Conseil d'État lui dénie la nature et le statut de collectivité territoriale : v. ss 416.

4. Contrôle de l'État. Il est traditionnel que la collectivité territoriale subisse certains contrôles - communément dits de « tutelle » - sur ses actes et ses organes par les agents de l'État chargés de vérifier, à tout le moins, la légalité de leur action (art. 72 al. 6 Const.). Ces contrôles ont ainsi pour fondement minimal la protection de la légalité étatique à l'encontre des violations que peuvent commettre les autorités décentralisées. Mais, ils peuvent parfois imposer davantage au nom de la défense d'une bonne administration, l'État s'estimant fondé à intervenir, dans certains cas, pour redresser leurs erreurs d'appréciations.

Mais à la différence du pouvoir hiérarchique, le pouvoir « de tutelle » se veut tempéré parce qu'il ne vise pas des agents mais des élus : il ne saurait être un pouvoir

1. V. toutefois l'évolution programmée vers des départements et des régions à compétences spécialisées par le projet de loi portant nouvelle organisation territoriale de la République (2014, v. ss 693 s.).

général et inconditionnel. Contrairement à l'autorité hiérarchique qui peut imposer ses vues à ses subordonnés sans avoir à invoquer aucune règle particulière, l'autorité de tutelle ne peut intervenir dans la vie de la collectivité que dans la mesure où elle est à même de se prévaloir d'une disposition légale expresse. C'est pourquoi la tutelle n'est pas seulement présentée comme un régime de contrôle mais aussi comme la preuve de l'indépendance des autorités élues représentant les intérêts propres d'une personne morale de droit public.

Il ne faut toutefois pas exagérer l'opposition entre les deux procédés. Dans son contenu, le pouvoir hiérarchique s'étend à presque tous les aspects du commandement administratif et peut être exercé en toute hypothèse : il contient à l'égard des subordonnés le pouvoir d'instruction – c'est-à-dire de donner des ordres –, le pouvoir de réformation et le pouvoir d'annulation de ses décisions. Pour sa part, le pouvoir de tutelle sur les actes comprend, de façon générale, les pouvoirs d'annulation, d'autorisation et d'approbation qui s'exercent de façon plus ou moins étendue selon qu'ils peuvent être mis en œuvre pour des raisons d'opportunité ou seulement de légalité. En valeur théorique il n'y a donc pas lieu d'opposer totalement les deux types de pouvoirs qui peuvent entretenir des similitudes au risque de contrarier la liberté de l'autorité décentralisée, les procédés d'autorisation préalable et d'annulation pour inopportunité pouvant être pratiqués dans les deux cas. La loi du 2 mars 1982 a limité la tutelle générale sur les actes des collectivités, leurs décisions n'étant qu'annulables pour illégalités et encore par le juge administratif saisi par le préfet.

En dépit d'allègements constants de la tutelle qu'il exerce sur les collectivités, l'État a maintenu, voire remis en vigueur, des contrôles spéciaux permettant l'annulation de certaines décisions sans illégalité propre par le Conseil d'État dans le cadre d'un recours spécial dans l'intérêt de la défense nationale (CGCT, art. L. 1111-7), la substitution de l'action d'une autorité décentralisée par une autorité de l'État dans un nombre relativement important d'hypothèses (police administrative, urbanisme, finances), ou l'autorisation pour la réalisation de certains emprunts. Sur la question, v. ss 755 s.

10 ***Complexité du droit des collectivités territoriales.*** Il est de plus en plus difficile de présenter un manuel de droit des collectivités terrioriales qui se tiendrait à l'essentiel, sans augmentation de son volume au fil de ses rééditions. Qui, d'ailleurs, ne ferait un tel constat pour toutes les disciplines du droit frappées par les à-coups des réformes liées au jeu des alternances politiques entraînant partout une instabilité souvent génératrice de complexité et d'incertitudes. Mais des éléments propres au droit des collectivités territoriales en aggravent la portée. Celui-ci s'est profondément altéré en étant absorbé par le problème essentiel auquel il est confronté de la multiplication des niveaux d'administration décentralisée qui appelle des solutions de plus en plus perfectionnées. Désormais, il s'agit moins de régler les relations entre l'État et les collectivités que d'assurer la coexistence de ces dernières enchevêtrées dans leur territoire, leurs compétences, leurs ressources et leurs stratégies ; et ceci, par une prolifération de procédés juridiques de concertation indispensable à les faire vivre ensemble (schémas, pactes, conventions...). Sous le masque du classicisme, la réalité finit par changer le contenu : le droit des collectivités territoriales est

devenu un monstre disciplinaire parce qu'il n'est plus qu'un mode de gestion de la complexité institutionnelle. Plusieurs facteurs se conjuguent et expliquent cette impression de chaos. Le premier facteur réside dans la répugnance des élus locaux à se voir dépassés par des organismes de regroupement dotés de pouvoirs trop importants, leur résistance à l'égard de toute discipline collective dans l'exercice de leurs compétences et, simultanément, leur goût pour une « décentralisation à la carte » ne procédant pas d'un cadre législatif uniforme ou contraignant mais librement adaptable par eux (statuts particuliers de collectivités, variété des établissements publics de coopération intercommunale et de la détermination de leurs compétences, de leurs ressources, de leur territoire, surabondance et juxtaposition des structures avec des EPCI d'EPCI, diversité de syndicats mixtes de regroupement...). Le deuxième facteur repose sur l'incapacité de l'État à mener une réforme d'envergure pensant que les choses progresseront mieux et plus sûrement par des solutions dosées et marchandées. Il s'ensuit une décentralisation bloquée, sans ordre territorial décidé autour de niveaux d'administration prioritaires. La continuité d'un système oligarchique local impressionne fait de la juxtaposition des égoïsmes souverains des élus locaux et de leur administration. Non seulement le droit des collectivités territoriales ne va pas vers sa simplification mais encore s'y effacent progressivement les obligations *erga omnes* qui, jusque-là, avaient permis qu'on puisse identifier nos collectivités à des éléments constitutifs suffisamment clairs et constants. Le glissement de la règle générale vers la règle plus particulière se manifeste ainsi avec le contenu adaptable des statuts de collectivité et d'établissement public de coopération intercommunale, l'évolution de certains vers des statuts spécifiques, la distribution des compétences librement renégociées, l'extrême variété de leur découpage... Le troisième facteur aggrave le précédent : le goût des réformateurs pour la technocratie au passif duquel on doit porter la prolifération des réglementations, leur extrême minutie, leur mobilité. Mais à force de se laisser tenter par les poisons de la sophistication, ces réformateurs ont fait irrémédiablement dériver ce droit vers l'ésotérisme, l'enchevêtré, le provisoire. Ce n'est qu'une illustration : la rigueur simplificatrice sur laquelle on pouvait s'appuyer pour distinguer une collectivité territoriale d'un établissement public a aujourd'hui volé en éclats, les institutions nouvelles dessinées par la loi devenant par l'importance de leurs traits particuliers étrangères à tout modèle, portant la confusion au sein même de la distinction.

Une prise de conscience semble récemment se faire autour d'un symptôme de cette complexité du droit des collectivités territoriales : le phénomène de prolifération des normes qui leur sont applicables et qui finit par être de plus en plus douloureusement ressenti comme une dérive envahissante et couteuse. 400 000 normes s'imposeraient aux collectivités pour un coût de mise en œuvre de deux milliards d'euros. Depuis 2012, les solutions se multiplient en faveur de dispositifs « anti-normes », la réaction dépassant de loin le cas des collectivités territoriales. À leur égard, la loi de simplification de d'amélioration de la qualité du droit n° 2011-525 du 17 mai 2011 - dite loi Warsmann - entend développer ses effets dans certains secteurs névralgiques de l'administration décentralisée (relation avec les administrés, urbanisme, social et médico-social, organisation des collectivités et de leurs groupements...) [1] la loi n° 2013-921 du 17 octobre 2013 investit le Conseil national d'évaluation des normes, composé de représentants du parlement, des administrations de l'État et des collectivités territoriales (CGCT, art. L. 1212-1 s., D. 30 avr. 2014), d'évaluer, par ses avis, « l'impact technique et financier » des projets de réformes sur l'administration des collectivités et de proposer toute adaptation, simplification ou abrogation pour les normes existantes. Ses travaux font l'objet d'un rapport public annuel [2]. Le décret n° 2014-309 du 7 mars 2014 institue un « médiateur des normes applicables aux collectivités territoriales » que ces dernières pourront solliciter dans l'hypothèse de difficultés pratiques rencontrées dans l'exécution des règles nationales. Organe de dialogue pouvant porter le débat auprès des administrations d'État compétentes, il ne dispose cependant pas de moyens de contrainte à leur égard, devant toutefois être « informé » des suites données à ses interpellations et restant maître d'un « rapport annuel » rendu public de ses activités. Ce médiateur n'est toutefois pas désigné dans les conditions d'indépendance à l'égard de l'État que son nom et sa fonction laisseraient suggérer : il est un agent du Premier ministre, nommé par lui et relevant de ses services [3].

Cette volonté de déréglementation est encore trop récemment affirmée pour qu'on la voie réellement suivie d'effet. Mais il ne faut pas s'y tromper : ce qui est présenté comme une critique du droit des collectivités territoriales recouvre, en réalité, une critique des élites dirigeantes, des institutions réformatrices de l'État et, sans doute, des aspirations contradictoires des français, dont la discipline n'est que le reflet et qui justifierait des bouleversements d'ampleur.

11 ***Construction de l'ouvrage*** ◊ La tâche d'organiser de manière systématique l'enseignement d'une discipline juridique en prise à ses mutations et ses approfondissements appelle, autant que possible, des efforts de simplification. Il est plus facile d'avancer dans la connaissance par l'exposé analytique en séparant ce qui fait l'organisation de l'administration décentralisée (première Partie) des principes régissant son action, ses moyens et ses contrôles (seconde Partie). C'est une présentation qui a déjà résisté à l'épreuve

1. M.-C. Rouault, « Les dispositions de la loi de simplification du droit intéressant les collectivités territoriales », *RLCT* juill.-août 2011. 57.

2. J.-M. Pontier, « L'évaluation des normes applicables aux collectivités territoriales » et R. Degron, « La lutte contre l'inflation normative dans les territoires. Entre homéopathie et thérapie génique », *JCP Adm.* 2013, n° 2366 et 2367.

3. B. Faure, « Le médiateur des normes applicables aux collectivités territoriales », *AJDA* 2014. 881.

du temps. De plus, elle n'est pas nécessairement réfractaire à l'intelligence de la matière et n'interdit pas de laisser une place aux propos synthétiques qu'appellent les évolutions du moment et qui composent un droit en voie de sophistication et de particularisation accélérée. L'ouvrage débutera par une Partie préliminaire sur les bases fondamentales de la matière qui proposera une vue par les sommets du droit qui la configure de plus en plus précisément.

12 ***Bibliographie sommaire*** ◊ Au terme des titres ou chapitres de cet ouvrage seront données des indications bibliographiques spécifiques à la matière traitée. On souhaite seulement livrer ici quelques références couvrant l'ensemble du droit des collectivités territoriales :

I. – Répertoires et jurisprudence

- F.-P. Bénoit (création) et J.-C. Douence (resp.), *Répertoire Dalloz des Collectivités locales*, 9 vol.
- J. Moreau, H. Jacquot et J. Bouinot (resp.), *Juris-Classeur Collectivités territoriales* (), 4 vol.
- *Annuaire des Collectivités locales*, depuis 1981, GRALE-CNRS éd.
- C. Cornet, J. Ferstenbert et L. Touvet, *Les grands arrêts du droit de la décentralisation*, Dalloz 3e éd., 2007

II. – Manuels

- J.-B. Auby, J.-F. Auby et R. Noguellou, *Droit des collectivités locales*, PUF, coll. « Thémis », 5e éd., 2009
- J. Baguenard, *La décentralisation*, PUF, 7e éd., 2004
- J. Bourdon, J.-M. Pontier et J.-C. Ricci, *Droit des collectivités territoriales*, PUF, coll. « Thémis », 2e éd., 1998
- X. Cabannes et B. Poujade, *Les collectivités territoriales*, Foucher, 1re éd., 2011
- V. Donier, *Droit des collectivités territoriales*, Dalloz, coll. « Les mémentos », 1re éd. 2014
- J. Ferstenbert, F. Prier et P. Quiliquini, *Droit des collectivités territoriales*, Dalloz, coll. « HyperCours », 1re éd., 2009
- O. Gohin, M. Degoffe, A. Maitrot de la Motte et C.-A. Dubreuil, *Droit des collectivités territoriales*, Cujas, 1re éd., 2011
- A. Gruber, *La décentralisation et les institutions administratives*, Armand Colin, 2e éd., 1996
- F. et Y. Luchaire, *Droit de la décentralisation*, PUF, coll. « Thémis », 1re éd., 1989
- J. Montain-Domenach et C. Brémond, *Droit des collectivités territoriales*, PUG, 3e éd., 2007
- J. Moreau, *Administration régionale, départementale et municipale*, Dalloz, coll. « Mémentos », 14e éd., 2004
- B. Rémond et J. Blanc, *Les collectivités locales*, PFNSP -Dalloz, 3e éd., 1995
- M. Verpeaux, *Les collectivités territoriales en France*, Dalloz, coll. « Connaissance du droit », 4e éd., 2011 ; *Droit des collectivités territoriales*, PUF, coll. « Major », 2e éd., 2008
- E. Vital-Durand, *Les collectivités territoriales en France*, Hachette, coll. « Les fondamentaux », 9e éd., 2013

PARTIE PRÉLIMINAIRE

BASES FONDAMENTALES DU DROIT DES COLLECTIVITÉS TERRITORIALES

13 ***Notion de bases fondamentales*** ◊ Elles sont constituées par des principes de droit positif de valeur supérieure à la loi et qui ont vocation à servir de données essentielles dans l'élaboration du droit des collectivités territoriales. Il s'ensuit que ce droit n'est plus une libre création de la loi et, lorsque celle-ci entre en conflit avec ces bases, le juge doit le trancher en faveur de ces dernières. Il ne peut donc exister de réforme législative qui ne leur soit pas conforme et qui, au surplus, ne procède pas d'elles.

L'idée que le législateur soit soumis au droit est assez banale. Mais, elle mérite en matière de décentralisation une mention spéciale. Le temps n'est pas si lointain où la théorie de la décentralisation procédait de l'affirmation que le législateur se trouvait délié de toute règle de conduite lorsqu'il agissait à l'égard des collectivités (v. ss 2 s.).

14 ***Origine des bases fondamentales*** ◊ Ces bases fondamentales sont constituées d'une série de règles d'origine distincte et hiérarchiquement coordonnées. Le cœur historique a toujours été la Constitution en raison de sa vocation particulière à régler l'organisation des pouvoirs publics. Les

traités sont apparemment des éléments d'intérêt subalterne mais qui trouvent de plus en plus fréquemment et précisément à s'appliquer à la matière. Ils font figure de ressource d'avenir.

1. Les bases d'origine constitutionnelle

Il y a à peine trente ans, il eut été impossible d'ouvrir un enseignement de droit des collectivités territoriales à partir de la Constitution. On ne pourrait à présent s'en dispenser.

Les références des anciennes Constitutions aux collectivités n'ont jamais fait totalement défaut. La Constitution du 27 octobre 1946 contenait déjà, et pour la première fois, le principe de libre administration (art. 87) et, même des textes antérieurs s'adressaient, directement ou indirectement, à elles en visant « les corps administratifs et municipaux » (Const. an I et an III) et « l'administration intérieure » (Const. 4 nov. 1848). Il n'en reste pas moins que ces références demeuraient limitées, peu précises par elles-mêmes et, d'expérience, inaptes à limiter la toute-puissance de la loi pour régir le statut de ces collectivités. Le titre XII de la Constitution du 4 octobre 1958 s'inscrivait, au départ, dans la continuité sans apporter d'éléments décisifs nouveaux. L'article 72 alinéa 2 réaffirmant le principe de libre administration ne réservait pas un corps de règles spécifiques susceptible d'identifier ce principe à un niveau de compétences et de ressources dont les collectivités auraient la garantie. En ajoutant que ces collectivités s'administrent « dans les conditions prévues par la loi », cet article se limitait à organiser une règle déterminatrice de compétence dans l'ordre formel par renvoi au droit commun des habilitations législatives. Mais, sur le fond du droit, ce principe de libre administration demeurait une base neutre, indifférente à améliorer le sort des collectivités.

Le tournant est pris dans les années quatre-vingt avec le contrôle, par le Conseil constitutionnel, de textes législatifs successifs nombreux et importants qui ont entrepris, après l'élection de F. Mitterrand à la présidence de la République (« la grande affaire du septennat »), de réformer en profondeur l'état de la décentralisation. Ces textes ont donné au juge l'occasion d'aborder des questions de principe en la matière, questions qui jusque-là ne s'étaient exprimées que sur un plan purement doctrinal. Celles-ci devaient à présent recevoir des solutions sur le fondement de règles constantes et indépendantes des vicissitudes politiques (principe du contrôle de l'État, nature administrative des compétences décentralisées, uniformité catégorielle des collectivités, etc.). On a alors assisté à un gonflement considérable des règles constitutionnelles qui s'accroît à mesure que le juge constitutionnel les interprète et y attache une sanction.

Mais alors que le pouvoir normatif du juge constitutionnel se taillait la part essentielle dans l'élaboration de ces bases fondamentales, le constituant a entrepris, à la faveur de la loi constitutionnelle n° 03-276 du 28 mars 2003, de réintroduire dans le champ d'application du droit textuel la plupart des solutions jurisprudentielles qui résultaient d'une interprétation implicite du principe de libre administration (part prépondérante de ressources propres, libre disposition des ressources, exercice d'un pouvoir réglementaire, création de collectivités à statut *sui generis*...). Il s'agissait de procéder à leur « codification » dans le sens où la réforme ne visait pas à « repenser » l'œuvre jurisprudentielle, mais à la regrouper logiquement au sein des articles du titre XII, presque entièrement réécrits et qui triplent en volume. C'est plus à la marge que cette réforme – conformément à ce que le mot suggère – s'est donnée l'occasion de procéder à des remises à jour (adjonction de la région à l'énumération des collectivités) et de répudier certaines solutions jurisprudentielles qui avaient conféré à ces bases une trop grande rigidité (difficulté d'évolutions statutaires des collectivités, référendum décisionnel local).

Il était tout de même paradoxal qu'on entreprenne de réviser la Constitution sans autre but que rappeler au législateur ce qu'il savait déjà par la jurisprudence. Toutefois, une fois « codifiés », ces principes sont susceptibles d'acquérir valeur incitative aux yeux du législateur qui sera mieux disposé, sur leur fondement désormais officiel, à faire progresser la décentralisation. On peut également attendre du juge constitutionnel qui avait manifesté l'audace de les dégager plus de fermeté à les défendre. Cela aiderait à mettre fin à sa jurisprudence largement verbale.

2. Les bases d'origine internationale

– L'avancée la plus considérable résulte de la *Charte européenne de l'autonomie locale* élaborée dans le cadre du Conseil de l'Europe et adoptée le 15 octobre 1985 [1]. On s'explique mal, sinon pour des motifs plus politiques que juridiques et qui sont sans rapport avec l'intérêt des collectivités, sa ratification tardive par la France (L. n° 06-823, 10 juill. 2006) et son entrée en vigueur au 1er mai 2007 : il faut pourtant voir qu'elle concrétise une avancée prudente de l'autonomie locale par la voie d'un accord qui n'a pas entendu outrepasser « le domaine administratif » (Préamb. Charte), ce qui confère à l'idée affichée « d'autonomie » une portée singulièrement restrictive, voire dénaturée.

L'apport de la Charte européenne se situe moins dans l'avancée que dans l'effectivité du droit. Sur le premier plan, en effet, celle-ci n'énonce pas de règles de conduite nouvelles et se trouve calquée d'assez près sur le droit positif français. Il faut bien constater que la Charte forme un texte de compromis qui prolonge au plan international une éthique de la décentralisation sur des bases minimales qui correspondent étroitement au modèle français : compétence législative pour organiser l'autonomie locale, élection des assemblées locales au suffrage universel direct, moyens en rapport avec l'étendue des compétences, coopération entre collectivités, péréquation, subsidiarité, procédés de démocratie semi-directe, proportionnalité des atteintes à l'autonomie locale... Sa portée paraît donc essentiellement déclarative en consolidant, avec une terminologie qui lui est propre, les principes constitutionnels existants et en unifiant une pensée officielle en matière de décentralisation.

Mérite toutefois d'être signalé pour ne pas être clairement établi au plan constitutionnel le principe de la compétence générale des collectivités (art. 4 § 2) qui, du

1. F. Durand, « La Charte européenne de l'autonomie locale », *BJCL* 2006. 628 ; C. Bosser, « La Charte européenne de l'autonomie locale enfin ratifiée », *Dr. adm.* oct. 2006. 15 ; S. Poirel, « La Charte européenne de l'autonomie locale : magna carta des collectivités territoriales », *RLCT* janv. 2009. 48, B.Nuret, « La compensation financière des dépenses sociales des départements au regard de la Charte européenne de l'autonomie locale », *JCP adm.* 2012, n° 2063.

fait de son inscription dans la Charte, ne saurait être récusé par une simple loi. Cette interprétation ne fera toutefois pas consensus.

C'est sur le second plan où l'on peut s'attendre à ce que la Charte fasse preuve de son utilité. On sait que le juge administratif ne sanctionne les atteintes gouvernementales à la libre administration des collectivités que si elles violent directement et par elles-mêmes ce principe constitutionnel. Au contraire, si l'inconstitutionnalité de l'action gouvernementale découle de l'invitation de la loi, elle demeure dépourvue de toute sanction, le juge administratif se refusant à contrôler, fût-ce par voie d'exception, la constitutionnalité des lois. Celui-ci, en revanche, peut être amené à sanctionner la non-conformité au droit international d'une loi, et même si le juge constitutionnel ne l'a pas jugée inconstitutionnelle. Ainsi, les collectivités pourront trouver dans la Charte rempart efficace à leur cause là même où le juge administratif refusait de statuer, sa technique de l'écran législatif lui donnant motif pour perpétuer sa vieille tradition de subordination de toute administration à l'exécutif central. La duplication au plan international des garanties constitutionnelles devrait éviter que les gouvernants se situent au-dessus du droit et, avec la complicité du juge administratif, s'estiment déliés de leur obéissance aux principes juridiques, notamment en limitant « l'autonomie locale » par voie réglementaire au-delà des habilitations législatives. L'État de droit se concrétisera mieux pour les collectivités avec l'invocabilité de la Charte européenne devant le juge administratif à l'encontre des règles nationales [1]. On finira par savoir si le juge administratif entend sous estimer les ressources de la Charte. Si toutes ses dispositions font l'objet de la consécration internationale, il est possible qu'au contentieux elles se distinguent entre elles, le juge ne pouvant techniquement attacher sa sanction qu'à celles qui sont revêtues d'un caractère suffisamment précis et inconditionnel.

Le Conseil d'État a pu trouver fondement sur l'article 9 de la Charte garantissant les collectivités de ressources suffisantes à propos de départements estimant trop faible la compensation financière de leurs charges en matière de protection maternelle et infantile et d'aide à l'enfance que la loi du 5 mars 2007 avait aggravées (CE 26 juill. 2011, *Dpt de la Seine-Saint-Denis*, req. n° 340041, rejet au fond).

– Plus insolite et hasardeux peut être l'apport de la *Convention européenne des droits de l'homme* au droit des collectivités territoriales. Comment la catégorie des droits individuels à laquelle la Convention attache sa protection pourrait-elle voisiner avec des garanties que la Constitution reconnaît aux collectivités et qui sont d'une autre nature ? Toute coïncidence entre les deux types de protection n'est cependant pas exclue dans la mesure où, à l'origine, les collectivités sont des personnes morales qui exigent, à ce titre, la protection d'un pouvoir de libre action qui s'impose

---

1. Sur les moyens pour les collectivités territoriales d'obtenir le respect de la Charte au niveau européen, v. C.L. Popescu, « Les requêtes devant le Conseil de l'Europe alléguant des violations de la Charte européenne de l'autonomie locale », *AJDA* 2008. 2429.

à l'État et sans laquelle leur personnalité n'aurait plus de raison d'être. C'est ainsi que la Conv. EDH peut, sans grande rupture avec sa finalité individualiste, servir de référence pour faire jour à un système de protection des collectivités non plus situé sur un plan institutionnel mais sur un plan personnel (droit au juge, droit au respect des biens, égalité...). Mais, pour que la perspective s'ouvre encore faut-il s'assurer de l'intervention des juges. Or, la collectivité « victime » qui voudra réparation se heurtera à leurs positions mal établies et restrictives qui laissent deviner que le recours à la Convention ne doit pas être un moyen ordinaire pour trancher un litige entre personnes publiques.

Le nœud juridique de l'affaire se situe au niveau de *la recevabilité du recours formé sur le fondement de l'argument tiré de l'atteinte à une disposition de la Conv. EDH*. Les solutions peinent à s'établir sur une position unitaire et définitive et, au surplus, il faut bien constater quelques hiatus entre la position des juges européens et des juges nationaux selon les cas où la convention est confiée à la garde de l'un ou de l'autre. C'est qu'il existe un problème de principe sur la titularité des droits de l'homme par une personne publique, ce qui ne peut pas ne pas avoir de répercussions négatives sur la position des juges au regard de la recevabilité des recours.

- Pour ce qui est du *juge de la Cour européenne des droits de l'homme*, et pour faire l'économie de quelques solutions nuancées, les collectivités territoriales doivent être regardées comme des « organisations gouvernementales » en raison des « leurs fonctions officielles qui leurs sont attribuées par la Constitution et par la loi » ce qui les prive du droit au recours individuel réservé « à toute personne physique, organisation non gouvernementale ou tout groupe de particuliers » (art. 34 Conv. EDH) [1]. On peut regretter cette solution assise sur une interprétation théorique discutable : la collectivité infra-étatique se trouve, du fait de ses prérogatives, assimilée à l'État, ce qui rend inconcevable l'idée d'un différent entre les deux personnes né d'un rapport de décentralisation territoriale.

- Le *juge administratif français* adopte une position de principe plus libérale en admettant, selon une position non unanime mais majoritaire, que les collectivités puissent invoquer le bénéfice de certains droits garantis par la Convention (CE Sect. 29 juill. 1994, *Dpt Indre, Lebon* 363 ; *RFDA* 1995. 161, concl. J.-C. Bonichot ; *AJDA* 1994. 750, chron. L. Touvet et J.-H. Stahl ; *D.* 1994. 593, note X. Prétot, s'agissant de l'invocabilité de l'art. 6 § 1 par un département à l'encontre d'un particulier dans le cadre d'un litige concernant l'allocation compensatrice en faveur des handicapés ; confirmée par CE 17 mars 1998, *Dpt Saône-et-Loire, Lebon* 106 ; CE 29 juin 2005, *Cne Puteaux, BJDU* 2005. 334, concl. L. Ollion et obs. B.P., s'agissant de la régularité d'un décret d'exécution de l'art. L. 318-1 C. urb. opérant déclassement et transfert de propriété au profit de l'État d'une dépendance du domaine public de la commune requérante en ce qu'il « n'a pas porté au droit de propriété garanti par l'art. 1er du premier Protocole additionnel à la Conv. EDH une atteinte disproportionnée au regard du but d'intérêt général poursuivi »).

Il faut toutefois réserver les cas où les recours ne sauraient prospérer, les articles de la Conventions étant sollicités au-delà de leur champ d'application. Or, le juge administratif peut attacher à ces articles, à dessein, un domaine si restreint qu'il videra en grande partie l'intérêt pour les collectivités d'en appeler à la Convention.

---

1. Par ex. CEDH 3 févr. 2004, *Gouvernement cnté autonome Pays Basque c. Espagne*, n° 29134/03, s'agissant de l'irrecevabilité de la collectivité requérante exerçant des « fonctions publiques, quel que soit (son) degré d'autonomie ».

Ainsi, cette Convention n'a pas acquis vocation à trancher les face-à-face d'ordre pécuniaire avec l'État lorsque ceux-ci impliquent des *relations financières de caractère public* (CE 29 janv. 2003, *Cne Annecy, Lebon* 4 ; *AJDA* 2003. 613, concl. L. Vallée ; *RFDA* 2003. 972, note A. Potteau ; *RD publ.* 2004. 545, note X. Dupré de Boulois ; CE 29 janv. 2003, *Cne Champagne-sur-Seine, Lebon* 17 ; *AJDA* 2003. 613, concl. L. Vallée, s'agissant de l'irrecevabilité de la Convention pour résoudre un litige né de l'insuffisance d'un complément de dotation de l'État aux communes requérantes visant à compenser le coût de moins-values fiscales décidées par le législateur. Un tel litige ne saurait revêtir un caractère civil au sens de l'article 6 § 1, ni concerner un « bien » au sens du premier protocole à la Convention. C'est sans doute en ce sens qu'il doit falloir interpréter, en dépit d'une formulation radicale, l'arrêt CE 23 mai 2007, *Dpt Landes et a.*, *AJDA* 2008. 562, étude O. Maetz, s'agissant de l'irrecevabilité du recours fondé sur le premier protocole à l'encontre du Décr. 5 déc. 2005 emportant transfert des routes nationales aux départements).

Il convient également de réserver les cas où le juge administratif pourra se dispenser de fonder ses solutions jurisprudentielles sur les ressources de la CEDH, trouvant plus commode de se prévaloir de sa théorie des principes généraux du droit pour obtenir le même résultat : CE Sect. 17 juill. 2009, *Ville Brest*, *RFDA* 2010. 405, note S. Givernaud, *RD publ.* 2009. 1135, note C. Braud, s'agissant du droit pour une collectivité territoriale à ce que sa requête soit jugée dans un délai raisonnable, non pas fondée sur les art. 6 et 13 Conv. EDH, mais sur « les principes généraux qui gouvernent le fonctionnement des juridictions administratives ».

Il est important de signaler que, sans difficulté spécifique, tout élu local pourra, en son nom, défendre les droits attachés à l'exercice de son mandat devant le juge européen ou le juge national ordinaire sur le fondement des dispositions - extensivement appliquées à un mandat électif local - de la CEDH (CEDH 12 avr. 2012, *M. de Lesquen du Plessis-Casso c. France* et CAA Bordeaux, 13 sept. 2013, *Cne de La Plaine des Palmistes*, n° 42 (2), à propos de sa liberté d'expression garantie par l'article 10 de la Convention).

15 ***La fonction des bases fondamentales*** ◊ Elles opèrent la synthèse entre les exigences opposées de l'autonomie des collectivités et de la cohésion de l'État. En ce sens, la décentralisation trouve dans ces bases tout à la fois ses perspectives et ses limites :

- Ses perspectives dans la mesure où ces bases énoncent des règles par lesquelles le Parlement trouve le titre qui l'habilite à agir et qui lui assigne des objectifs à atteindre en lui donnant les pouvoirs correspondants. Mais, au vu de la jurisprudence constitutionnelle, ces bases visent surtout à protéger l'état de la décentralisation contre l'arbitraire des autorités de l'État auquel elle serait exposée si ceux-ci n'étaient liés par aucune règle préétablie.

C'est très peu fréquemment que le Conseil constitutionnel a connu l'occasion de statuer sur des lois qui opéraient de telles restrictions à l'autonomie des collectivités qu'il s'estimait contraint de les censurer. Nonobstant, et pour assurer la pleine autorité de la Constitution, il a tenu à fixer les limites générales au-delà desquelles les collectivités ne disposeraient plus d'une autonomie de gestion ou de ressources suffisantes, ni d'un conseil élu suffisamment représentatif, ce qui l'a conduit à préciser le seuil d'un « minimum de décentralisation » (G. Vedel) en deçà duquel les collectivités n'auraient plus d'existence suffisante.

– Ses limites dans la mesure où le législateur ne pourra rien entreprendre à l'encontre de la République indivisible. Ces bases sont donc indispensables à l'intégrité de l'État qui serait menacée au-delà d'un certain degré de décentralisation où la frontière avec un État régional, voire fédéral, serait franchie.

L'interrogation s'est particulièrement manifestée dans les débuts de la jurisprudence constitutionnelle relative à la réforme des années 1982. Faisant progresser la décentralisation à un niveau jusque-là inconnu, elle donnait l'occasion au juge constitutionnel de fixer le « maximum de décentralisation » admissible dans notre État. Le juge a pu mobiliser, à cette fin, des bases juridiques qui trouvent naturellement leur place au sein du titre XII de la Constitution (principe du contrôle de l'État) mais aussi en dehors, et notamment au sein des premiers articles de la Constitution. On pouvait les penser purement déclaratifs à l'origine, mais ces articles expriment des valeurs de cohésion nationale qui empêchent de concevoir trop largement la libre administration des collectivités (indivisibilité de la République, notion de « peuple français », principe d'égalité, etc.). À tout cela s'ajoutent les bases limitatrices qui s'imposent aux collectivités en tant qu'autorités administratives secondaires astreintes, à ce titre, au respect d'un certain nombre de contraintes générales à l'organisation administrative dans l'État (continuité du service public, limites à l'exercice du pouvoir réglementaire...).

À l'observation, tout cela configure une théorie générale des relations entre l'État et les collectivités territoriales essentiellement négative. C'est en effet par la négative que le droit constitutionnel résout les problèmes qui se posent à lui : qu'il s'agisse du principe de libre administration des collectivités ou, au contraire, du principe d'indivisibilité de la République, le juge les applique comme des garanties défensives qui interdisent la transgression d'un certain nombre de valeurs dont elles sont porteuses mais auxquelles le droit constitutionnel ne donne pas *a priori* un contenu matériel concret. Celui-ci s'attache plutôt à la préservation d'un certain *statu quo* juridique grâce auquel un équilibre institutionnel et politique initial pourra se maintenir. Toutefois, ces expressions peuvent ponctuellement se transformer en garanties positives lorsque le juge constitutionnel, amené à les concilier avec d'autres principes de valeur constitutionnelle ou motifs d'intérêt général, définit la part de libre administration ou d'indivisibilité républicaine qui ne pourra être sacrifiée à la poursuite de ces intérêts divergents (par ex. le principe de libre recrutement du personnel territorial découlant de la libre administration).

16 ***Le problème de la valeur contraignante des bases fondamentales*** ◊ Ces bases fondamentales forment un ensemble suffisamment vaste pour couvrir toutes les têtes de chapitre d'un enseignement de droit des collectivités territoriales. Pour autant, ces bases ne demandent pas précisément au législateur une manière d'établir le droit des collectivités territoriales : elles président mais ne gouvernent pas et, il est remarquable de constater que la discipline est moins influencée qu'on ne pourrait le croire par ses bases fondamentales. Certains facteurs sont favorables à sa stabilité. On doit ainsi constater qu'au sein de ce vaste ensemble dominent les proclamations à *faible teneur juridique*, qu'il s'agisse de proclamations installées en 1958 par le texte constitutionnel d'origine (principe de libre administration, contrôle administratif de l'État...) ou introduites par la réforme constitutionnelle de 2003 (principe de subsidiarité, collectivité

chef de file, interdiction de toute tutelle entre collectivités...). Le juge constitutionnel est alors amené à recourir à la technique des seuils pour établir à partir de quel niveau de restriction législative au pouvoir des collectivités on se trouve face à une obligation constitutionnelle sanctionnable. Il s'ensuit qu'il n'est pas si facile de déterminer à quel moment l'instauration d'une tutelle nouvelle devient contraire au principe de libre administration ? Ou bien, à partir de quel niveau de dépenses obligatoires les collectivités ne disposent plus d'un pouvoir de libre affectation de leurs ressources suffisant ? La question de la valeur contraignante des bases fondamentales ne reçoit donc pas de réponse absolue – tout est question de degrés –, ce qui manifeste la difficulté d'établir nettement la frontière entre le juridique et le pré-juridique dans cette discipline.

Les normes constitutionnelles les plus précises sont certainement l'œuvre du constituant de 2003 qui, on l'a vu, n'a pas eu parfois d'autres buts que de tenir en échec certaines solutions jurisprudentielles qui contrariaient les évolutions à ses yeux souhaitables du droit des collectivités territoriales (possibilités de différenciations statutaires entre collectivités, décentralisation de matières législatives dans les départements d'outre-mer, possibilité de déroger aux lois à titre expérimental). Mais ce droit prend alors la configuration d'un *droit dérogatoire ou permissif* : il ne s'agit pas d'introduire des normes nouvelles en matière d'administration décentralisée, mais d'abroger des normes jurisprudentielles existantes, le législateur se trouvant désormais libre de ne plus les respecter. La situation juridique nouvelle ne lui impose donc aucune obligation : elle lui servira seulement de référence pour ne pas commettre d'acte constitutionnellement illicite (par exemple, collectivité à statut spécifique, référendum décisionnel...).

Il faut voir que cette structure relâchée des bases du droit des collectivités territoriales reflète une longue tradition de domination étatique. En les formulant, le constituant et le juge ont eu le souci de ne pas lier trop étroitement le législateur pour l'avenir, de façon à ce qu'il puisse toujours tenir compte de sa propre volonté du moment. Les marges d'incertitude en droit constitutionnel remplissent ainsi une fonction latente de maintenir au niveau du pouvoir discrétionnaire du législateur l'élaboration de la matière qui relèvera davantage de sa liberté politique que des contraintes juridiques supérieures. Ce droit souple maintient les relations entre l'État et les collectivités territoriales de manière étroitement imbriquée dans un cadre inégalitaire. Et, le modèle français d'autonomie locale ne peut prendre forme dans ce cadre de manière totalement satisfaisante. Au surplus, son élaboration a coïncidé avec des périodes de restrictions budgétaires, d'appel à la solidarité nationale et à la régulation de la société par l'État, plus favorables aux remises en cause qu'aux perfectionnements. Elles abandonnent les collectivités à la mise en œuvre de lois successives et fragmentaires, trop souvent liées aux circonstances et aux nécessités, et qui s'agencent mal avec le respect de la décentralisation.

Dans ce contexte, la proclamation d'un principe constitutionnel de libre administration est impuissante à garantir un idéal d'une gestion relativement autonome par des collectivités élues. Celui-ci n'a pas d'autre valeur qu'une norme d'habilitation faite au législateur et qui n'exerce sur le droit positif qu'un effet essentiellement incantatoire. À raison de ses principes supérieurs qui commandent mal son élaboration, le droit des collectivités territoriales reste un droit infirme, trop mal outillé pour remplir efficacement sa fonction.

Parce qu'elles sont globalement d'inspiration contraire, les bases fondamentales de la discipline doivent être étudiées en deux blocs séparés, en abordant d'abord les *garanties fondamentales* que les collectivités peuvent retirer de ces bases (Titre 1) ; ensuite, le cadre limitatif dans lequel ses garanties doivent s'exercer et qui correspond à l'établissement d'un *ordre public national* (Titre 2).

TITRE 1

LES GARANTIES FONDAMENTALES DES COLLECTIVITÉS TERRITORIALES

17 ***Réorientation partielle des rapports État-collectivités territoriales*** ◊ L'élaboration de garanties fondamentales au profit des collectivités s'inscrit très directement dans un changement de contexte des rapports entre l'État et les collectivités. Dans le cadre traditionnel de la décentralisation administrative, ces rapports s'établissaient de manière exclusivement verticale par le biais de règles unilatérales et impératives dont l'exécution était mise par l'État à la charge des collectivités (sur le concept de décentralisation, v. ss 6). Cette tradition s'établissait sur la prééminence de la loi et impliquait une stricte dépendance des collectivités, comme de toute administration secondaire, à l'égard de l'État. Sans disparaître, *ses rapports évoluent aujourd'hui dans le sens d'une relativisation et d'une subjectivisation* : l'allègement de la tutelle, l'administration publique par collaboration contractuelle avec l'État, l'appel aux ressources du droit constitutionnel et du droit international pour modérer la toute puissance du dirigisme étatique, provoquent un retour relatif à l'équité dans ces rapports. Et, on voit les collectivités s'en remettre de plus en plus volontiers au juge pour qu'il vienne se prononcer sur la licéité d'une procédure de regroupement intercommunal, ou du calcul d'une dotation d'État par exemple. À mesure que le droit des collectivités territoriales se constitue davantage aux niveaux constitutionnel et international, les collectivités sont susceptibles d'acquérir des garanties nouvelles et plus

effectives. On pourrait aller jusqu'à constater que le phénomène contemporain de « popularisation du droit », c'est-à-dire de remise du droit et de la justice davantage à la portée des individus, ne laisse pas totalement à l'écart les groupements humains que sont les collectivités territoriales, nonobstant leur nature de personne publique.

18 ***Distinction entre garanties institutionnelles et garanties personnelles*** ◊ On entend par garantie tout mécanisme ou disposition qui vise à prémunir les collectivités contre les limitations excessives de l'État ou des autres personnes juridiques aux divers aspects de leur activité. Sur cette base, plusieurs classifications sont possibles. Celle que l'on adoptera consiste dans la distinction entre les garanties institutionnelles (Chapitre 1) et les garanties personnelles (Chapitre 2). Les premières produisent effet dans l'organisation institutionnelle publique : en leur accordant sa protection, le droit ne vise pas seulement à rétablir les collectivités dans leurs prérogatives mais aussi à assurer un certain mode de fonctionnement des institutions de droit public (principe de libre administration, garanties en matière d'évolution statutaire). Les secondes s'attachent à la protection des collectivités-personnes juridiques distinctes de l'État pour les préserver de toute forme d'irrégularité qui les atteindrait dans la libre disposition de cette qualité. Hormis le droit au juge, elles se concrétisent comme des créances détenues sur d'autres sujets de droit (droit à la protection des biens, droits de la personnalité).

Il existe évidemment dans cette distinction une part d'arbitraire qui ne lui confère qu'une valeur relative. On ne peut exclure qu'une garantie institutionnelle soit défendue selon les mêmes règles qu'un véritable droit fondamental de sorte qu'elle ne se signalera par aucune particularité de procédure (principe de libre administration). C'est finalement au point de vue de la portée de cette protection que cette distinction se place. C'est même un double mouvement qui rapproche les deux garanties puisque le rétablissement de certaines garanties personnelles ne va pas totalement sans impact sur le fonctionnement des structures publiques. Il s'ensuit que cette dualité présente essentiellement l'avantage d'une commodité de présentation dont il ne faut pas forcer l'intérêt théorique. Les garanties des collectivités territoriales ne connaissent pas tel degré d'élaboration et de perfectionnement qu'on soit porté à sacraliser la distinction. En définitive, l'action institutionnelle ne se distingue pas de l'action personnelle et leurs résultats ne peuvent pas ne pas avoir de prolongements au niveau de l'organisation des rapports entre collectivités publiques.

CHAPITRE 1
LES GARANTIES INSTITUTIONNELLES DES COLLECTIVITÉS TERRITORIALES

19 Le droit français constitue le principe de libre administration des collectivités comme la pièce essentielle de ces garanties (Section 1). S'y ajoutent les plus récentes garanties qu'elles ont obtenues en matière d'évolution statutaire et qui permettent de les regarder comme un plus libres sur ce plan (Section 2).

SECTION 1. LE PRINCIPE DE LIBRE ADMINISTRATION DES COLLECTIVITÉS TERRITORIALES

20 Il est exprimé par les dispositions constitutionnelles selon lesquelles « dans les conditions prévues par la loi, ces collectivités s'administrent librement par des conseils élus » (art. 72 al. 3). Deux éléments émergent pour concrétiser la libre administration : l'affirmation de la compétence législative (§ 1) et de conseils élus (§ 2).

§ 1. La libre administration et la compétence législative

21 ***Importance du principe de libre administration*** ◊ L'inaptitude du système français de décentralisation administrative à concevoir historiquement et techniquement une réelle autonomie au profit des collectivités n'a fait que porter chez la doctrine le prestige du principe de libre administration au plus haut. Mais incapable de l'identifier à un contenu matériel donné de compétences et de ressources, celle-ci fut vouée à la rejeter aussitôt en lui faisant porter le statut d'un principe muet [1].

---

1. V. de manière révélatrice, M. Troper, « Contribution au colloque de Besançon », *in* J. Moreau et G. Darcy (dir.), *La libre administration des collectivités locales*, Economica-PUAM, 1984, p. 55.

Pourtant, ce principe vient ébranler les solutions traditionnelles en matière de décentralisation marquées par la « précarité » (M. Waline) du pouvoir des collectivités laissée à la totale appréciation du législateur. L'évolution est étroitement liée au déclin de la toute puissance de la loi en organisant par le Conseil constitutionnel un contrôle de leur conformité à la Constitution et sans lequel le principe de libre administration ne serait resté qu'une déclaration d'intention. Désormais, c'est au vu du travail du juge constitutionnel qu'il faut mesurer avec précision la portée qu'il est permis de donner à cette référence. Le droit des collectivités territoriales entre dans la logique de l'État de droit où l'on accepte qu'une autorité supérieure au législateur lui-même se charge de lui imposer le respect de la libre administration des collectivités comme une norme supérieure intransgressible.

22 ***La libre administration en tant que droit fondamental*** ◊ Le juge constitutionnel aménage cette garantie selon le même schéma que celui applicable aux autres droits fondamentaux. Il a la même manière d'en assurer le respect et le même objectif de protéger l'activité de leur titulaire contre les ingérences extérieures de l'État ou des autres collectivités publiques. Pour cela, il utilise un *corpus* homogène de techniques de contrôle à l'égard des lois qui aménagent l'exercice de la libre administration des collectivités : sanction des abandons de compétence législative au gouvernement, conciliation entre la libre administration et d'autres notions constitutionnelles, exigence de nécessité et de proportionnalité des atteintes à la libre administration, garantie d'un noyau dur de libre administration sans lequel les collectivités n'auraient plus d'existence suffisante. De sorte que la règle de conduite n'est plus seulement que les collectivités s'administrent librement « *dans les conditions prévues par la loi* » (A), mais aussi qu'elles s'administrent librement *contre la loi* (B).

On peut ainsi expliquer les réticences de la doctrine à l'égard de l'intérêt du principe de libre administration en ce qu'il est *a priori* impossible de l'associer à un pouvoir positif qui l'identifierait concrètement comme c'est le cas avec la plupart des autres droits fondamentaux au vu de leur énoncé même (droit de grève, liberté d'association...). Au sein d'un État unitaire, celui-ci ne saurait évidemment conférer aux collectivités un pouvoir absolu de n'obéir qu'à elles-mêmes. Il semble plus vaguement se ramener à une éthique en matière de décentralisation mais sans référence tangible donnée au fond du droit sur la manière de s'administrer librement. Pourtant, la garantie de libre administration n'est pas moins présente : elle n'est pas *matérielle* mais *procédurale*. C'est-à-dire qu'elle s'affirme d'abord comme une *police juridictionnelle* s'exprimant, au sein du travail du juge, par l'utilisation de techniques et de degrés de contrôles efficaces à protéger les besoins des collectivités à l'encontre des atteintes de la loi.

Il faut signaler, pour être assez largement partagée, une position doctrinale s'efforçant d'assimiler concrètement la libre administration à un pouvoir de « libre gestion », à l'exclusion de toute possibilité de « libre gouvernement » [1]. La démarche

1. En ce sens, L. Favoreu, « Libertés locales et libertés universitaires. Les décisions du Conseil constitutionnel du 20 janvier 1984 », *RD publ.* 1984. 687 ; note sous CE 13 janv. 1985, *SCAAN Cergy-Pontoise, RFDA* 1985. 367.

empruntée veut rendre compte de la jurisprudence constitutionnelle mais non sans chercher à minorer l'intérêt de la libre administration qui ne produirait d'effets contraignants pour le législateur que dans l'intérêt de préserver la liberté des collectivités d'aménager leurs services au sens de la classique jurisprudence administrative *Jamart* (1936). Est-ce à dire que la libre administration ne serait qu'un masque pour servir les revendications les plus minimales des collectivités ? Il est difficile de ne pas voir dans cette position une lecture trop systématique et réductionniste des vues du juge constitutionnel.

A. La garantie de libre administration par la loi

23 ***Affirmation de la compétence législative*** ◊ La libre administration fait partie de ces droits pour lesquels l'intervention du législateur est expressément prévue par la Constitution : d'abord en vertu de l'article 34 alinéa 3 pour déterminer les « principes fondamentaux » de « la libre administration des collectivités territoriales, de leurs compétences et de leurs ressources » et alinéa 8 pour établir « le régime électoral des assemblées locales » et « les conditions d'exercice des mandats électoraux et des fonctions électives » de leurs membres (depuis 2008) ; ensuite par l'article 72 alinéa 3 selon lequel la garantie constitutionnelle s'exerce « dans les conditions prévues par la loi ». D'ailleurs, ces dispositions constitutionnelles s'inscrivent dans la tradition du droit positif français à confier l'essentiel des compétences d'élaboration du statut des droits fondamentaux au législateur. La jurisprudence du Conseil constitutionnel précise l'étendue et la portée de cette compétence.

Il s'agit donc de la constitutionnalisation d'une règle coutumière confiée à la garde du Conseil d'État avant même que le principe constitutionnel connaisse ses développements dans le contentieux constitutionnel (CE Sect. 14 mai 1971, *Fasquelle et a.*, *Lebon* 360, s'agissant de la désignation exclusive de la compétence législative pour limiter la liberté contractuelle des collectivités à propos d'un centre hospitalier, établissement public communal).

24 ***Étendue de la compétence législative*** ◊ Le droit constitutionnel tend à élargir le plus possible l'intervention du législateur en matière de libre administration. Et, tous les cas où la réglementation de la libre administration est confiée au législateur se ramènent au souci de lui réserver le *monopole des limitations à ce principe*, à l'exclusion de l'exécutif. Ici réside, en pratique, l'essentiel de l'effet protecteur que l'on attend de l'intervention de la loi.

Par exemple, il a été jugé par une jurisprudence particulièrement pointilliste à faire pleinement respecter la compétence législative que seule la loi pouvait décider de la définition et de la composition des conseils délibérants et du statut de leurs membres (n° 64-29, *Loi 12 mai 1964*, *Lebon* 37), de recentraliser une compétence locale (n° 71-69, *Loi 1er avr. 1971*, *Lebon* 37), d'imposer aux communes le dépôt obligatoire de certains documents aux archives départementales (n° 76-89, *Loi 2 juin 1976*, *Lebon* 52), d'imposer aux maires la motivation du refus de communication d'un document administratif (n° 8-154, *Loi 10 mars 1988*, *JO* 13 mars 1988. 3392) [1].

1. Cette jurisprudence s'accorde à celle du Conseil d'État pour qui le pouvoir réglementaire national est incompétent pour imposer des charges nouvelles aux collectivités (CE

Cette jurisprudence emporte pour effet que le gouvernement ne pourra pas agir directement en matière de libre administration par voie de règlement autonome et, n'est compétent pour arrêter les mesures d'exécution des lois que dans la mesure où il a plu au législateur de ne pas descendre lui-même dans le détail de sa mise en œuvre. Le pouvoir réglementaire national garde donc en la matière son caractère traditionnel de pouvoir strictement subordonné à la loi. D'ailleurs, en dépit du fait que la matière soit confiée au législateur pour ce qui concerne les « principes fondamentaux » (art. 34 al. 3), celui-ci peut la réglementer bien au-delà des principales normes de principe et le pouvoir réglementaire d'exécution ne bénéficie d'aucune zone réservée qui s'imposerait à la volonté du législateur. Il ne s'agit pas, pour autant, d'un retour au partage des compétences législatives et réglementaires inspiré des solutions constitutionnelles antérieures à 1958 dans la mesure où *la compétence législative est impérative*, le Parlement ne pouvant se défausser sur le gouvernement l'invitant, en quelque sorte par des délégations implicites ou par ses carences, à agir à sa place.

25 ***Portée de la compétence législative*** ◊ De l'impossibilité de limiter la libre administration par voie réglementaire découle une conséquence majeure dans l'élaboration du droit des collectivités territoriales : si seule une loi est apte à mettre une obligation à la charge des collectivités à défaut du gouvernement, alors les rapports verticaux entre l'administration centrale et décentralisée s'en trouvent affectés, les collectivités s'affranchissant partiellement des relations de dépendance à l'égard des autorités administratives suprêmes agissant par décret. Le droit français aménage ainsi, sans l'affirmer expressément, une *directive de séparation des administrations centrales et décentralisées.*

Mais, il faut préciser que cette directive *n'a qu'une valeur relative* : si le gouvernement se trouve, à l'égard des collectivités, dans l'interdiction d'ajouter à l'exercice de leur pouvoir des contraintes qui n'auraient pas été prévues par la loi, il peut toujours intervenir, à tout le moins sur habilitation expresse du législateur, pour aménager les contraintes légales (art. 21 Const.). Voilà pourquoi le droit positif fait de cette séparation davantage une question de degrés qu'une question de principe.

S'ajoute à cela le fait que le droit administratif s'est conformé à cette directive de manière très atténuée. Ceci est la conséquence de la pratique de l'écran législatif par laquelle le juge administratif s'abstient de tout contrôle de la conformité des décrets d'exécution des lois au regard de la Constitution.

---

5 janv. 2005, *Cne Versailles*, v. ss 729), l'illégalité ainsi commise par le pouvoir réglementaire étant « de nature à engager la responsabilité de l'État » (CE 6 avr. 2007, *Cne Poitiers*, v. ss 729, s'agissant du transfert aux maires, agissant en tant qu'agents de l'État, de la charge de gérer les demandes de cartes d'identité et de passeports antérieurement dévolue aux services de l'État). Devant l'afflux de recours de la part des communes, la loi de finance rectificative pour 2008 a validé les dispositions réglementaires litigieuses, moyennant indemnisation aux communes. Le Conseil constitutionnel ne s'est pas opposé à cette validation (Cons. const., 22 sept. 2010, n° 10-29/37 QPC, v. ss 729).

En matière de libre administration, cette autolimitation prend la tournure d'un « déni de justice », les collectivités ne se voyant pas fondées à contester la recentralisation d'habilitations légales par l'entremise de décrets d'exécution peu respectueux de la volonté libérale du législateur (ainsi qu'on le verra en matière de fonction publique notamment, v. ss 572 s.). Il faut bien constater que l'application des principes généraux du contentieux administratif conduit à des résultats décevants au plan de la décentralisation.

B. La garantie de libre administration contre la loi

26 ***Une garantie défensive*** ◊ L'innovation majeure introduite par le juge constitutionnel appliquant le principe de libre administration est l'interdiction faite au législateur d'y apporter des restrictions qui le remettraient en cause. Sa compétence inclut donc une limite qui n'existait pas sous les Républiques précédentes : elle peut seulement adapter la mise en œuvre de la libre administration en excluant toute atteinte qui aurait pour effet de la dénaturer.

En cela, le principe de libre administration prend l'aspect d'une *garantie défensive* protégeant indifféremment les divers aspects de l'organisation et de l'activité des collectivités, assurant ainsi leur défense avancée. Il n'entraîne pas l'attribution d'un pouvoir nouveau aux collectivités mais garantit en partie leur pouvoir acquis. Si on ne peut donc lui imputer une quelconque dynamique en faveur de la décentralisation, on lui doit néanmoins une résistance aux tentatives de recentralisation par le règlement et par la loi. Il condamne toute forme abusive ou inutile de dirigisme étatique et donne, dans cette mesure, consistance concrète à l'idée d'un « pouvoir local » en droit constitutionnel.

Il en résulte que relève indistinctement du champ d'application du principe de libre administration tout ce qui regarde les garanties des collectivités dans tous les aspects de leur existence (caractère électif des conseils, ressources suffisantes, liberté contractuelle...). Son empire est donc impossible à circonscrire *a priori* : il constitue la protection avancée de toutes les garanties dont les collectivités doivent profiter, à l'image de la sûreté pour l'individu. C'est la liberté de base qui garantit toutes les autres.

Cependant, le juge constitutionnel a peu avancé dans la voie qu'il a ouvert. Tout en s'y engageant, les cas qui lui ont paru devoir justifier sa sanction sont demeurés exceptionnels. Alors que ce principe avait pu être regardé comme « plus prometteur que précis » (J. Boulouis, 1982) à l'origine, on pourrait aller jusqu'à constater qu'il est devenu, au fil de ses applications jurisprudentielles, plus précis que prometteur.

27 ***Garantie de substance*** ◊ En résumant la jurisprudence constitutionnelle, on peut y rattacher la définition d'un seuil minimal de compétences décentralisées et d'un seuil minimal de ressources :

1. Seuil minimal de compétences décentralisées. Objet de la première sanction du Conseil constitutionnel, l'édiction de certaines règles statutaires relatives à la fonction publique territoriale en ce qu'elles avaient méconnu l'aptitude des autorités décentralisées à se prononcer, sans contraintes excessives, sur la création et la suppression des emplois locaux et la liberté de recrutement de leurs collaborateurs (Cons. const. 20 janv. 1984, n° 83-168 DC, *Fonction publique territoriale, Rec. Cons. const.* 38 ; *RD publ.* 1986. 395, note L. Favoreu ; *AJDA* 1984. 258, note J.-C. Nemery ; *D.* 1985. 359, note L. Hamon). Mérite d'être particulièrement signalé en ce qu'il prime l'intérêt attaché au fonctionnement transparent des autorités publiques, le principe du libre choix par les commissions permanentes des conseils régionaux du caractère public ou non de leurs réunions (Cons. const. 14 janv. 1999, n° 98-407 DC, *Élect. conseillers régionaux, Rec. Cons. const.* 21 ; *AJDA* 1999. 149, note J.-E. Schoettl ; *RFDC* 1999. 142, note G. Ghévontian ; *D.* 2000. 194, note G. Ghévontian ; *LPA* 12 févr. 1999. 9, note A. Gruber ; *LPA* 16 sept. 1999. 8, note M. Verpeaux et L. Baghestany-Perrey ; *AIJC* 1999. 507, chron. M. Fattin-Rouge ; *Dr. adm.* oct. 1999. 6, note Traoré). L'adoption d'une formule excessive de tutelle est jugée contraire à la liberté contractuelle interprétée comme un élément du principe de libre administration (Cons. const. 20 janv. 1993, n° 92-316 DC, *Prévention corruption, Rec. Cons. const.* 14 ; *LPA* 2 juin 1993. 375, note B. Mathieu et M. Verpeaux ; *RFDA* 1993. 902, note D. Pouyaud ; *RFDC* 1993. 375, notes L. Favoreu et a. V. également, Cons. const. 17 mars 2011, n° 10-107 QPC, *Synd. mixte chargé de la gestion du contrat urbain de cohésion sociale agglo. Papeete, AJDA* 2011. 1735, note M. Verpeaux, *RFDC* 2011. 817, note A. Roux et 2012. 227, étude G. Agniel, *BJCL* 2011. 459, note J.-L. Pastorel, jugeant contraire à la libre administration le maintien de l'ancien régime de la tutelle en Polynésie française ; Cons. const. 8 juill. 2011, n° 11-146 QPC, *Dpt Landes*, v. ss 650). La décision d'une sanction financière pour les communes n'ayant pas suffisamment accru le nombre de leurs logements sociaux est inconstitutionnelle en raison de son caractère automatique (Cons. const. 7 déc. 2000, n° 00-436 DC, *Loi relative à la solidarité et au renouvellement urbain, AJDA* 2001. 18, note J.-E. Schoettl ; *LPA* 1er août 2001. 18 ; *D.* 2001. Somm. 1841, note M. Fatin-Rouge Stéfanini ; *BJDU* 2001, n° 3, p. 146, note J. Trémeau et n° 6, p. 378, note L. Touvet). Selon une formulation très générale qui vaut déclaration de principe, le juge constitutionnel a posé à plusieurs reprises l'exigence « d'un conseil élu doté d'attributions effectives » à la tête des collectivités (à propos de la Nouvelle-Calédonie : Cons. const. 8 août 1985, n° 85-196 DC, *Nouvelle-Calédonie I, Rec. Cons. const.* 63 ; *AJDA* 1986. 605, note L. Hamon ; *D.* 1986. 45, note F. Luchaire ; *RD publ.* 1986. 395, note L. Favoreu ; *Rev. adm.* 1985. 572, note R. Etien ; *AIJC* 1985. 423, note B. Genevois ; 19 janv. 1988, n° 87-241 DC, *Statut Nouvelle-Calédonie, Rec. Cons. const.* 31 ; *RD publ.* 1989. 451, note L. Favoreu ; *AIJC* 1988. 415, chron. B. Genevois ; *LPA* 4 nov. 1988. 9, note C. Houteer. À propos de la Corse : Cons. const. 9 mai 1991, n° 91-290 DC, *Statut Corse, Rec. Cons. const.* 50 ; *RFDA* 1991. 407, note B. Genevois ; *RFDC* 1991. 305 et 487, note L. Favoreu ; *RD publ.* 1991. 943, note F. Luchaire ; *LPA* 1991, n° 74, p. 15, note C. Houteer ; *D.* 1991. 624, note C. Debbasch ; *RUDH* 1991. 381, note C. Grewe ; *Rev. adm.* 1991. 234, note R. Etien ; *RRJ* 1991. 55, note Pastorel. À propos des conseils régionaux : Cons. const. 6 mars 1998, n° 98-397, *Fonctionnement conseils régionaux, Rec. Cons. const.* 241 ; *AJDA* 1998. 492, note J.-E. Schoettl ; *LPA* 30 nov. 1998. 14, note M. Verpeaux).

Doit également être signalée pour ces précisions de motivation et ses possibilités d'interprétation *a contrario* favorables à la libre administration : Cons. const. 29 mai 1990, n° 90-274 DC, *Droit au logement, Rec. Cons. const.* 61 ; *Pouvoirs locaux* déc. 1990, n° 7, p. 85 et mars 1991, n° 8, p. 16, note G. Vedel ; *RFDC* 1990. 497, note L. Favoreu ; *RDSS* 1990. 711, note X. Prétot. V. également sur la notion de « compétences propres » dans la jurisprudence constitutionnelle, v. ss 660.

Sur les garanties d'exercice d'un pouvoir réglementaire par les collectivités, v. ss 572 s.

2. Seuil minimal de ressources locales. Pour le juge constitutionnel la pratique des dépenses mises obligatoirement à la charge des collectivités par la loi ainsi que la suppression de ressources fiscales faisant l'objet d'une compensation financière n'est pas contraire à la libre administration. Mais ce principe impose qu'elle demeure contenue à l'intérieur de certaines limites que le juge n'a jamais estimé transgressées : Cons. const. 29 mai 1990, n° 90-274, *Droit au logement*, préc., s'agissant de la constitutionnalité du mécanisme de financement du fonds de solidarité pour le logement imposant la participation des départements à la hauteur de celle de l'État. Cons. const. 4 févr. 1995, n° 95-115, *Aménagement et développement du territoire*, *Rec. Cons. const.* 183 ; *RFDA* 1995. 876, note D. Rousseau ; *RFDC* 1995. 389, note F. Mélin-Soucramanien, J. Trémeau et J. Pini ; *LPA* 20 oct. 1995. 8, chron. B. Mathieu et M. Verpeaux, s'agissant des possibilités d'exonération de taxe professionnelle qui n'entraînent pas une diminution abusive des ressources des collectivités qui bénéficient d'un mécanisme de compensation et peuvent s'opposer à l'exonération. Cons. const. 12 juill. 2000, n° 00-432 DC, *LFR pour 2000*, *Rec. Cons. const.* 104 ; *RFDC* 2000. 830, note Philip ; *AJDA* 2000. 739, note J.-E. Schoettl ; *Rev. Trésor* 2000. 595, note J.-L. Pissaloux ; *LPA* 1er août 2001. 15, note P. Raymond, ne restreint pas la part des recettes fiscales ni les ressources globales des régions au point d'entraver leur libre administration la suppression – compensée par l'État – de la part régionale de la taxe d'habitation. V. également Cons. const. 28 déc. 2000, n° 00-442 DC, *LFR pour 2001*, *Rec. Cons. const.* 211 ; *LPA* 4 janv. 2001. 13, note J.-E. Schoettl ; *LPA* 2 août 2001. 26, note P. Raymond ; *RFDC* 2001. 137, note L. Philip ; *D.* 2001. 1767, obs. D. Ribes ; *AIJC* 2000. 701, note E. Oliva, s'agissant de la suppression de la taxe différentielle sur les véhicules à moteur. V. Cons. const. 27 déc. 2002, n° 02-464 DC, *LF pour 2003*, *Rec. Cons. const.* 583 ; *LPA* 7 janv. 2003. 3, note J.-E. Schoettl ; *LPA* 5 mars 2003. 8, note J.-P. Camby ; *LPA* 2 avr. 2003. 21, chron. B. Mathieu et L. Baghestani-Perry ; *Dr. fisc.* 2003. 319, note L. Philip ; *D.* 2003. 1071, obs. V. Ogier-Bernaud ; *RFDC* 2003. 179, note L. Philip, s'agissant de la suppression des droits de licence des débitants de boissons. Cons. const. 18 déc. 2003, n° 03-487 DC, *RMI-RMA*, *Rec. Cons. const.* 473 ; *RFDC* 2004. 121, note L. Philip ; *AIJC* 2003. 730, chron. C. Schmitter, M. Fatin-Rouge et Gay ; *Dr. fisc.* 2003. 782, note D. Ribes ; *LPA* 24 févr. 2004. 3, note J.-E. Schoettl, s'agissant du respect de l'obligation de compensation intégrale des charges issu des dépenses engendrées par le revenu minimum d'insertion.

Sur l'inscription de ce dispositif de contrôle dans le texte de la Constitution par la réforme du 28 mars 2003, v. ss 734 s.

28 ***Garantie de proportionnalité*** ◊ Elle consiste pour les collectivités qui en profitent en ce qu'elles ne peuvent se voir opposer des restrictions légales à leur liberté de s'administrer qui ne soient pas utiles ou mesurées. Un contrôle maximum est ainsi exercé comme s'il s'agissait de préserver les droits des personnes privées face aux exigences de l'intérêt général. Ce contrôle des « limitations nécessaires » est particulièrement apparent dans le domaine des finances locales.

Par exemple : Cons. const. 29 déc. 1983, n° 83-166 DC, *Prix de l'eau en 1984*, *Rec. Cons. const.* 77 ; *RD publ.* 1986. 395, note L. Favoreu ; *D.* 1985. 354, note L. Hamon, s'agissant du principe du blocage du prix de l'eau qui « ne peut s'exercer que pendant une période limitée à une année, et qu'à titre subsidiaire si un accord de régulation n'a pu être conclu » n'est pas contraire à la Constitution en raison de ces « limites de temps et de procédure ainsi tracées par la loi » (consid. 3).

Il semble cependant que la jurisprudence constitutionnelle se caractérise moins par son degré de contrôle que par sa libre pratique qui échappe à toute systématicité. L'expérience jurisprudentielle révèle que les intérêts des collectivités sont mal servis par une jurisprudence qui n'a qu'exceptionnellement accordé sa sanction à leur cause et, de surcroît, dans les cas où elle n'était pas la plus attendue (v. par ex. n° 98-407 DC préc.). Dans une étude intitulée « Filtrer le moustique et laisser passer le chameau ? », J. Rivero décrit cette réalité qui n'a pas vieilli : « en grossissant le trait, on pourrait se demander si la protection des libertés par le Conseil ne s'avère pas inversement proportionnelle à la gravité des atteintes que leur porte la loi : efficace contre les éraflures, elle serait impuissante contre les mises en question » (*AJDA* 1981. 275). Voilà pourquoi les collectivités ne doivent rien attendre de prévisible de la garantie retirée du principe de libre administration dont l'efficacité dépend, dans le contexte d'une longue tradition de centralisation administrative, du pur produit d'une jurisprudence libre.

29 ***Caractère relatif de la libre administration*** ◊ Le problème est d'assurer la coexistence entre un certain nombre de valeurs antithétiques, la libre administration s'harmonisant mal avec un certain nombre d'autres exigences constitutionnelles (égalité entre individus, indivisibilité de la République, contrôle administratif de l'État...). C'est là une des tâches essentielle du juge constitutionnel qui lui permet d'approfondir tout à la fois le contenu de la libre administration et des autres garanties avec lesquelles elle entre en conflit.

Il faut bien constater que la garantie de libre administration tend à s'effacer au contentieux dans les cas où elle entre en conflit avec les libertés des individus et leur égalité (Cons. const. 18 janv. 1985, n° 84-185 DC, *Loi Chevènement, Rec. Cons. const.* 36 ; *RFDA* 1985. 600, note L. Favoreu, et 624, note P. Delvolvé ; *RD publ.* 1986. 395, note L. Favoreu ; *AIJC* 1985. 416, chron. B. Genevois, s'agissant de la liberté d'enseignement donc l'exercice effectif ne peut être abandonné à la liberté de chaque département de signer ou non les contrats d'association avec l'État et les établissements d'enseignement privé).

Sur la distinction entre les limitations absolues et relatives à la libre administration, v. ss 51.

§ 2. La libre administration et les « conseils élus »

30 ***Conditions du caractère électif des conseils*** ◊ L'affirmation d'un conseil élu au suffrage universel direct concrétise l'appropriation du pouvoir local par les citoyens. Les collectivités ont une vocation représentative et cette affirmation permet de les placer sous l'investiture et le contrôle de la masse des citoyens locaux. Le caractère électif des conseils est donc une exigence normale dont découle l'organisation des collectivités en personne morale distincte de l'État et l'exercice d'une certaine liberté politique et administrative à leur profit.

Si la Constitution ne désigne que les « conseils élus » *à défaut de leur exécutif* c'est d'abord pour une raison logique, ce dernier se trouvant nécessairement être une autorité élue du fait de son appartenance au conseil qui l'a désigné comme tel. C'est ensuite et surtout pour des raisons qui tiennent à l'histoire. L'exécutif s'est toujours trouvé dans une situation d'infériorité évidente au regard des impératifs de la décentralisation. Celle-ci s'est notoirement établie par la promotion de l'instance délibérante en tant que siège de la représentation locale : après la création des conseils municipaux et généraux sous la Révolution, la démocratisation des institutions locales s'est tout d'abord manifestée par le passage à l'élection de ces conseils (L. 28 mars 1831 pour les conseils municipaux et L. 22 juin 1833 pour les conseils généraux) alors que l'exécutif demeurait nommé par le pouvoir central. Ce n'est que pour parachever l'évolution vers une décentralisation totale en abandonnant tout élément de déconcentration qu'il a fallu procéder à l'élection de l'exécutif (L. 28 mars 1882 pour les maires et L. 2 mars 1982 pour les présidents de conseils généraux). De sorte que celui-ci apparaît comme une autorité techniquement nécessaire à assurer l'exécution des délibérations, mais n'est pas, par lui-même, une condition de la libre administration. De ce fait, l'exécutif peut toujours se trouver nommé par le pouvoir central sans heurter les termes de la Constitution, comme ce fut le cas du préfet dans les départements jusqu'en 1982, ou en Nouvelle-Calédonie (avec le contrôle de la nécessité d'une telle décision : Cons. const. 8 août 1985, n° 85-196 DC préc. à propos de la nomination d'un gouverneur en Nouvelle-Calédonie alors que l'exécutif était nommé dans le statut antérieur). Le droit constitutionnel ne reconnaît donc pas à l'élu le monopole d'administration de sa collectivité.

Mais, certaines conditions doivent être satisfaites pour que l'identification des gouvernants et des gouvernés soit réalisée. Le juge constitutionnel a estimé que ces conseils n'administreraient pas démocratiquement au nom de tous si leur parfaite représentativité territoriale et temporelle n'était pas assurée :

1. Représentativité territoriale des conseils. Le Conseil constitutionnel a entendu régler les grands principes des élections locales par opposition à celui des élections administratives. En les qualifiant de « suffrage politique », à l'instar des élections nationales (présidentielles, législatives ou sénatoriales), il les a assujetties au respect d'un certain nombre de principes constitutionnels qui définissent restrictivement le corps électoral : celui-ci est établi en rapport premier à la citoyenneté française, la résidence dans la collectivité concernée étant une condition nécessaire mais non suffisante pour y être inclus.

En découle *l'interdiction du droit de vote des étrangers* aux élections locales nonobstant leur condition de résident, de travailleur et de contribuable dans la collectivité territoriale. Ainsi le principe du droit de vote et d'éligibilité des résidents membres de l'Union européenne autres que français aux élections municipales ne pouvait se dispenser d'une révision constitutionnelle pour être admis (Cons. const. 9 avr. 1992, n° 92-308 DC, *Maastricht I, Rec. Cons. const.* 55 ; *RFDC* 1992. 334, note L. Favoreu ; *Rev. adm.* 1992. 126, note R. Etien ; *RFDA* 1992. 373, note B. Genevois ; *RD publ.* 1992. 589, note F. Luchaire et 1993. 14, note D. Rousseau ; *LPA* 26 juin 1992. 6, chron. B. Mathieu et M. Verpeaux). Celle-ci est intervenue avec l'article 88-3 Const. issu de la révision constitutionnelle du 26 juin 1992 qui autorise désormais ces membres à participer aux élections municipales à la double condition qu'ils résident effectivement en France et qu'ils n'exercent pas dans la commune dont ils sont les élus les fonctions de maire, ni d'adjoint au maire. En effet, ces mandats les conduisant à participer aux élections sénatoriales, l'exercice de la souveraineté nationale ne serait plus réservé aux seuls nationaux français (art. 3 et 24 Const.). On pouvait également redouter que ces mandats ne les amènent à exercer vis-à-vis de la population des fonctions d'autorité (police municipale, état civil) qui soient mal acceptées. Ces obstacles avaient avant tout valeur politique puisqu'ils n'empêchaient pas le pouvoir constituant en 1992 d'y déroger.

S'ajoute à cela que la qualification de « suffrage politique » entraîne un certain nombre de conséquences favorables à la liberté de choix et à l'égalité des électeurs et qui ne vont pas sans conséquence sur l'organisation des conseils. Le juge constitutionnel en a déduit *l'indivision du corps des personnes éligibles*, une fraction des sièges au sein de l'assemblée délibérante ne pouvant être réservée à une catégorie de la population (Cons. const. 18 nov. 1982, n° 82-146 DC, *Quotas par sexe, Rec. Cons. const.* 66 ; *AJDA* 1983. 74, note J. Boulouis ; *RD publ.* 1983. 333, note L. Favoreu ; *Dr. soc.* 1983. 131, note D. Lochak ; *D.* 1984. 469, note L. Hamon ; *JCP* 1983. 19646, note P. Marchand. Cons. const. 14 janv. 1999, n° 98-407 DC, *Élect. conseils régionaux, Rec. Cons. const.* 21 ; *AJDA* 1999. 149, note J.-E. Schoettl ; *RFDC* 1999. 142, note G. Ghévontian ; *LPA* 12 févr. 1999. 9, note A. Gruber ; *LPA* 4 mars 1999. 13, note Viola, et 16 sept. 1999. 8, note M. Verpeaux et L. Baghestany-Perrey ; *AIJC* 1999. 507, chron. M. Fatin-Rouge, s'agissant de l'impossibilité au regard des articles 6 DDH sur l'égalité entre les citoyens face à la loi et l'art. 3 Const. sur l'égalité de suffrage de réserver des sièges aux femmes au sein des conseils élus). La loi constitutionnelle du 8 juillet 1999 a été votée en vue de tenir en échec cette jurisprudence et introduire le principe de la représentation paritaire des hommes et des femmes pour les conseils municipaux et les conseils régionaux.

– La représentativité territoriale des conseils ne serait qu'approximative s'ils ne pouvaient être élus sur « des bases essentiellement démographiques résultant d'un recensement récent ». Par cette formule, le Conseil constitutionnel entend subordonner les délimitations des circonscriptions aux réalités démographiques du moment en interdisant notamment la pratique des « charcutages électoraux » dans le seul but de produire des effets grossissants au profit d'une majorité. On sait bien qu'un déplacement relativement faible des frontières d'une circonscription peut changer radicalement le sort d'une élection.

Mérite d'être remarqué le fondement juridique sur lequel repose cette jurisprudence des « bases démographiques ». Alors que celle-ci met en jeu le principe d'égalité entre les électeurs (art. 3 Const.) par les disparités de poids électoral entre eux qu'elle entend interdire, le juge a également pu souhaiter prendre appui sur une exigence de représentativité de l'assemblée délibérante dont dépend le principe de libre administration (art. 72 al. 3 Const.) (Cons. const. 7 juill. 1987, n° 87-227 DC, *Régime électoral Marseille, Rec. Cons. const.* 41 ; *RD publ.* 1989. 399, note L. Favoreu, s'agissant du redécoupage des secteurs de la ville de Marseille). Les mêmes principes inspirent la jurisprudence administrative (CE Ass. 21 janv. 2004, *Guinde et dpt Bouches-du-Rhône, Boulanger, Lebon* 11 ; *RFDA* 2004. 506, concl. L. Touvet).

Le juge constitutionnel ne demande toutefois pas de respecter ce principe avec une rigueur absolue. Il admet des écarts de représentation qui ne seraient pas « manifestement injustifiés et disproportionnés de manière excessive » (Cons. const. n° 87-227 préc. : le cas à propos de la répartition des sièges par secteur électoral à Marseille et alors même qu'elle privilégie les secteurs favorables à la majorité parlementaire ; n° 2013-667 DC du 16 mai 2013, *JCP Adm.* 2013, act. 382, note M. Verpeaux, censure des dispositions législatives qui prévoyaient des exceptions trop générales aux critères de redécoupage des cantons), ainsi que ceux qui reposeraient des « impératifs d'intérêt général » (Cons. const. 10 janv. 2001, n° 00-438, *Élect. à l'Assemblée de Polynésie française, Rec. Cons. const.* 37 ; *LPA* 21 févr. 2001. 20, note J.-E. Schoettl ; *LPA* 27 déc. 2001. 22, note M. Verpeaux ; *RFDC* 2001. 371, note A. Roux, et 28 juill. 2011, n° 11-637 DC, *Loi organique relative au fonctionnement des institutions de la Polynésie française*, s'agissant de l'utilité de représenter les archipels les moins peuplés et les plus éloignés en Polynésie). Dans ce dernier cas, l'égale représentation des électeurs s'efface devant le souci d'une égale représentation des territoires.

2. Représentativité temporelle des conseils. Il est nécessaire pour que le principe de l'élection soit respecté que les conseillers locaux ne jouissent pas de mandats raccourcis ou rallongés en cours d'exercice : les conseils élus ne seraient plus en contact avec les citoyens et n'assureraient plus une représentation fidèle de la collectivité. C'est pourquoi, si le Conseil constitutionnel ne s'oppose pas à des pratiques légales de remises en cause de la durée des mandats en cours, c'est sous réserve d'exigences qui permettent d'éviter à ces conseils de se soustraire à l'investiture populaire.

Un *motif d'intérêt général* doit justifier cette pratique – mise en place d'un nouveau régime électoral, regroupement d'élections locales en vue de lutter contre l'abstentionnisme, éviter l'interférence des enjeux avec la proximité d'une élection nationale – et, celle-ci ne devra pas entraîner des *prolongations excessives des mandats* sous peine « d'affecter les conditions de la libre administration » (par ex. au sein d'une jurisprudence parfaitement établie, Cons. const. 6 juill. 1994, n° 94-341 DC, *Renouvellement des conseillers municipaux, Rec. Cons. const.* 88 ; *RFDC* 1994. 790, note L. Philip ; *LPA* 18 oct. 1995. 5, note M. Verpeaux ; *D.* 1995. 297, obs. A. Roux et 343, obs. F. Mélin-Soucramanien ; *Rev. adm.* 1995. 179, note J.-M. Pontier, s'agissant de la régularité du report de trois mois des élections municipales pour mieux les séparer des élections présidentielles).

Lié à l'exigence de représentativité temporelle des conseils, l'obligation faite au législateur de prévoir des modalités de remplacement d'élus dont le départ (démission d'office, annulation de l'élection) en trop grand nombre et sur une période trop longue compromettrait le fonctionnement normal de l'assemblée (Cons. const. n° 2013-667 DC du 16 mars 2013, v. ss 30 (1), à propos du système des binômes de candidats aux élections cantonales, la solidarité électorale qui les lie à l'intérieur du binôme pouvant mécaniquement doubler le nombre de départs).

31 ***Implications du caractère électif des conseils*** ◊ L'affirmation constitutionnelle de « conseils élus » à la tête de la collectivité (art. 72 al. 3) connaît un certain nombre de prolongements essentiels pour son modèle d'organisation et la répartition du pouvoir entre ses organes :

1. Garantie d'un régime représentatif. Le droit constitutionnel impose une forme de démocratie classique qui exclu, du fait de la lecture même de l'article 72 alinéa 3, les procédés alternatifs de décision populaire qui viendraient la contredire. Les citoyens locaux ne peuvent être leurs propres administrateurs. C'est en estimant que ces citoyens n'étaient pas tenus de subir le monologue du pouvoir que l'État a, en 2003 par la voie de la révision constitutionnelle qui était la seule possible, introduit au sein de la Constitution quelques procédés de démocratie semi-directe – référendum décisionnel, pétition. Mais, il les a aménagés selon des conditions si restrictives qu'ils ne sont pas appelés à menacer le monopole de direction de la collectivité par des élus (v. ss 259 s.).

2. Garantie d'un régime délibératif. Une certaine doctrine a cru possible, sur le fondement de l'article 72 alinéa 3 désignant l'assemblée à titre exclusif, d'empêcher la loi de remettre un pouvoir de décision à une autre autorité de la collectivité, notamment son exécutif. Les discussions sur le sujet sont périmées. Il faut considérer que si l'exécutif n'est pas indiqué il partage néanmoins avec l'assemblée qui l'a élue le même caractère représentatif et, la volonté de la collectivité ne s'exprime que par la collaboration des deux. Toutefois, l'équilibre organique se réalise par la primauté de l'assemblée directement élue et, si le Conseil constitutionnel ne s'est jamais opposé à l'attribution de compétences propres à l'exécutif, c'est sous la réserve que l'assemblée demeure « investie du pouvoir de régler par ses délibérations les affaires de la collectivité » (Cons. const. 9 mai 1991, n° 91-290 DC, *Statut Corse, Rec. Cons. const.* 50 ; *RFDA* 1991. 407, note B. Genevois ; *RD publ.* 1991. 943, note F. Luchaire ; *RFDC* 1991. 305 et 487, note L. Favoreu ; *D.* 1991. 624, note C. Debbasch ; *RUDH* 1991. 381, note C. Grewe ; *RRJ* 1991. 55, note J.-L. Pastorel ; *LPA* 1991, n° 74 p. 15, note C. Houteer). Ce qui revient à demander au législateur qu'il remette l'essentiel du pouvoir à la disposition de l'assemblée, et même *la compétence de principe pour administrer la collectivité* - ainsi consacrée au niveau constitutionnel -, l'exécutif ne pouvant posséder de compétences propres - c'est-à-dire attribuées directement par la loi - que sur des matières nettement déterminées (police, domaine...).

3. Non garantie d'un « conseil élu » spécifique à la collectivité. L'organisation des collectivités territoriales, branche de l'organisation administrative générale de l'État, ne pouvait se tenir à l'écart d'un mouvement général d'économie de ressources et de moyens qui frappe celle-ci. Mais dans cette voie, les résultats obtenus par la loi du 16 décembre 2010 - abrogée par la loi du 17 mai 2013 - l'avaient été au détriment du prototype de la collectivité territoriale caractérisée par une assemblée d'élus à la tête de chaque collectivité qui lui soit propre et distincte de celle des autres collectivités. Les nouveaux conseillers territoriaux (3 903), devaient être désignés dans le cadre du canton, pour exercer un double mandat en prenant simultanément place au sein des deux conseils et succéder aux actuels conseillers généraux (3 471) et conseillers régionaux (1 757) (Cons. const. 9 déc. 2010, n° 10-618 DC, consid. 21, *AJCT* 2011. 25, note J.-D. Dreyfus ; *AJDA* 2011. 86, étude B. Faure ; *LPA* 2011, n° 1415, note R. Rasta ; *JCP Adm.* 2011. 16, note M.-C.Rouault ; *AJDA* 2011. 99, note M. Verpeaux, *RFDC* 2012. 83, note S. Lamouroux). Beaucoup y ont vu un attentat perpétré à l'égard des principes de la démocratie locale qui veulent qu'une collectivité territoriale forme un bloc d'intérêts et de représentation sur lequel aucune autre collectivité ne devrait pouvoir porter la main. Le regroupement départements-région portait en germe cette possibilité. L'alternance politique de 2012 emporta cette innovation avant même qu'elle ait reçu exécution.

SECTION 2. LES GARANTIES EN MATIÈRE DE MUTABILITÉ DES STATUTS

32 ***Absence de droit à la mutabilité statutaire*** ◊ La Constitution révisée en 2003 réserve l'avenir statutaire - c'est-à-dire l'organisation des autorités et des compétences des collectivités - dans des conditions qu'elle a voulu plus ouvertes. D'abord, le nouveau cadre constitutionnel donne la possibilité de faire échec à la jurisprudence sur l'uniformité catégorielle des collectivités (v. ss 61 s.) et permet une mutabilité différenciée des statuts, collectivité par collectivité, et non plus seulement par catégories entières de collectivités (communes, départements, régions). Ensuite, si l'opération se fait toujours par la voie législative ordinaire - parfois organique dans l'outre-mer -, celle-ci tend à devenir l'ultime étape d'un processus qui aménage la possibilité pour les électeurs des collectivités intéressées de faire entendre leur voix sur les modifications envisagées. Pour autant, cette évolution ne fait nullement entrevoir un droit à la mutabilité statutaire pour les collectivités. Ce serait introduire un germe d'esprit d'association entre les collectivités et l'État qui ne se trouve pas dans notre équilibre constitutionnel qui rejette le fédéralisme.

33 ***Règles de mutabilité statutaire des collectivités métropolitaines*** ◊ En réservant les considérations d'ordre politique, la mutabilité des statuts, telle qu'elle s'exerce dans le cadre constitutionnel révisé, est régie par des règles entièrement maîtrisées par l'État. La désignation de la compétence législative pour toute évolution statutaire procédant du droit commun de la libre administration (art. 34 Const.) signifie que l'opération est laissée à l'appréciation et à la décision de l'État. Et, la voie du « référendum » offrant aux électeurs de s'exprimer sur les modifications envisagées ne permet pas d'y introduire la moindre contrainte juridique : non seulement le législateur n'a pas l'obligation d'y recourir, mais encore son résultat, même négatif, ne le lie pas (art. 72-1 al. 3 Const.).

L'absence d'innocuité d'un référendum consultatif reste toutefois à démontrer [1]. Au vu du résultat négatif de la consultation des électeurs corses le 6 juillet 2003, le législateur a estimé qu'il était politiquement inconcevable de maintenir son projet de fusion des deux départements corses et l'a enterré (sur les références, v. ss 264). Ce précédent est de nature à transfigurer le droit de la mutabilité statutaire en faisant émerger une *garantie d'intangibilité statutaire* au profit des électeurs - et non des élus - par une sorte de « *veto* » populaire qu'ils pourraient exprimer pour le cas où ils sont consultés. Le référendum consultatif introduit donc un élément de rigidité dans ce droit et peut se retourner contre le principe de mutabilité statutaire qu'avaient pourtant entendu promouvoir les réformateurs de 2003.

1. V. sur le rapprochement du référendum consultatif et du référendum décisionnel, M. Verpeaux, « La consultation locale des populations métropolitaines ou le vrai-faux référendum », *Mélanges Moderne*, Dalloz, 2004, p. 417.

34 ***Règles de mutabilité statutaire des collectivités dans l'outre-mer*** ◊ Le statut particulier conféré aux départements d'outre-mer (art. 73 Const.) et aux collectivités d'outre-mer (art. 74 Const.) va au-delà d'une simple décentralisation administrative et réserve des solutions plus favorables à la mutabilité. Elles doivent être envisagées au vu du cadre constitutionnel révisé en 2003 :

1. S'agissant des départements d'outre-mer (Réunion, Guadeloupe et Mayotte – avec les cas particuliers de la Guyane et de la Martinique). L'article 73 de la Constitution doit être lu comme établissant un système de décision partagé entre l'État et le département intéressé. En premier lieu, la compétence revient à l'État, par loi ordinaire, pour créer une collectivité nouvelle se substituant à un département et une région d'outre-mer ou pour créer une assemblée délibérante unique pour les deux collectivités. Mais alors qu'en métropole un référendum est envisagé à titre facultatif, il se fait ici obligatoirement et le refus des « électeurs inscrits dans le ressort des collectivités » s'impose au législateur (art. 72-4 et 73 al. 7 Const.). La Guyane et la Martinique sont appelées à connaître pareille transformation après le référendum positif du 24 janvier 2010. Elles deviendront collectivités uniques « régies par l'article 73 » (loi n° 2011-884 du 27 juillet 2011 applicable en 2015) (v. ss 264 (2)). Dans l'hypothèse d'un changement statutaire vers une collectivité d'outre-mer de l'article 74 le vote d'une loi organique est requis après qu'ait été recueilli le consentement des électeurs par référendum (art. 72-4 al. 1 Const. utilisé pour Saint-Barthélemy et Saint-Martin séparés en 2003 du département de la Guadeloupe, v. CGCT, art. LO 6211-1 et LO 6311-1). En second lieu, et exceptées les hypothèses précédentes, la compétence des autorités départementales est implicitement prévue en matière statutaire : l'article 73 alinéa 3 les autorise à déterminer « elles-mêmes les règles applicables sur leur territoire », sur des « matières pouvant relever du domaine de la loi » et ceci, dans le but de « tenir compte de leurs spécificités » – réserve faite du cas de La Réunion (art. 73 al. 5 Const.). L'exercice de cette compétence, évocatrice des ordonnances de l'article 38 Const., est toutefois subordonnée à une habilitation du législateur. Elle ne doit donc être regardée ni comme spontanée, ni comme discrétionnaire.

La volonté de faire évoluer les départements d'outre-mer vers des statuts différenciés avait conduit au vote de la loi du 13 décembre 2000 en vue d'établir une procédure par laquelle l'État et les départements intéressés peuvent mener conjointement une révision statutaire. Elle se manifeste notamment par l'institution d'un Congrès des élus départementaux et régionaux apte à formuler toute proposition d'évolution statutaire et la possibilité d'un référendum consultatif au profit des populations concernées (art. L. 5915-1 s. et L. 5916-1 CGCT). Mais menée par la voie législative ordinaire, la réforme demeure d'un intérêt limité. Elle doit se couler dans les règles du droit commun constitutionnel qui garantissent l'entière liberté d'appréciation du législateur et contiennent dans des limites étroites les possibilités d'adaptations statutaires permises à ces départements en vertu le principe de leur assimilation aux départements métropolitains (Cons. const. 7 déc. 2000, n° 00-435, *Loi d'orientation outre-mer, Rec. Cons. const.* 164 ; *AJDA* 2001. 102, note J.-E. Schoettl ;

RD publ. 2001. 247, note F. Luchaire ; *RFDC* 2001. 110, note M. Verpeaux ; *LPA* 23 avr. 2001. 8, note D. Chagnollaud, et 31 juill. 2001. 18, note M. Verpeaux et C. Sauvageot ; *D.* 2001. 1765, note A. Roux ; *RFDA* 2002. 361, note F. Lemaire).

Mayotte est le dernier né des départements d'outre-mer après les lois organiques du 3 août 2009 et du 7 décembre 2010 adoptées conformément à la volonté de la population mahoraise exprimée par le référendum du 29 mars 2009. Mais décroché du statut de collectivité d'outre-mer, Mayotte n'adhère pas totalement à celui de département d'outre-mer. L'appellation « Département de Mayotte » – avec sa majuscule – trahit sa position statutaire unique marquée par le maintien de certaines particularités (maintien d'une certaine spécialité législative, compétences régionales) [1].

2. S'agissant des collectivités d'outre-mer (Polynésie, Wallis et Futuna, Saint-Pierre et Miquelon). La question des mutations statutaires s'y pose avec moins d'acuité sachant que chacun d'entre eux profite dès l'origine d'un statut qui lui est particulier en vue de prendre en considération ses « intérêts propres au sein de la République » (art. 74 Const.). Mais dans la mesure où celui-ci est fixé par loi organique « après avis de l'assemblée délibérante », il devra évoluer selon les mêmes règles. La Constitution réserve toutefois le cas particulier de l'évolution vers le statut de département d'outre-mer qu'elle subordonne au vote d'une loi organique et au « consentement » des électeurs intéressés, comme ce fut le cas pour Mayotte (art. 72-4 al. 1 Const.).

35 ***Les règles de sécession du territoire français*** ◊ La sécession désigne l'opération par laquelle la population d'une collectivité, ou d'une partie d'entre elle, se détache volontairement – d'où la référence à l'« autodétermination externe » – de la République pour former un État nouveau ou s'agréger à un autre État. En l'absence de dispositions adéquates au vu de la Constitution, c'est largement sur l'œuvre constructive du juge constitutionnel que repose la définition de règles organisant cette opération. Mais, par ses répercussions possibles sur l'aménagement de la société internationale, la question ne peut demeurer totalement hors des références du droit international.

C'est pourquoi le juge constitutionnel a fondé le principe de sécession sur l'article 53 alinéa 3 relevant du titre VI Const. (« Des traités et accords internationaux ») faisant application des principes de libre détermination des peuples : « Nulle cession, nul échange ou adjonction de territoire, n'est valable sans le consentement des populations intéressées ». Pareille assimilation lui demandait pourtant un effort d'interprétation (suivant la « doctrine Capitant ») puisque ces dispositions se voulaient réservées à la « cession » d'un territoire – c'est-à-dire au transfert de souveraineté sur le territoire d'un État à un autre – et non à sa sécession en vue de l'indépendance (Cons. const. 30 déc. 1975, n° 75-59 DC, *Auto-détermination Comores, Rec. Cons. const.* 26 ; *RD publ.* 1976. 557, note L. Favoreu ; *AJDA* 1976. 249, note C. Franck ; *D.* 1976. 537, note L. Hamon ; *Gaz. Pal.* 1976. II. 481, note D. Linotte ; *JDI* 1976. 392, note D. Ruzié. Cons. const. 15 févr. 2007, n° 07-547 DC, *LO portant dispositions statutaires et institutionnelles relative à l'outre-mer, Rec. Cons. const.* 60 ; *JCP* 2007,

1. O.Gohin, « La départementalisation de Mayotte », *JCP Adm.* 2011. 2019.

n° 24, p. 13, note M. Verpeaux ; *LPA* 2007, n° 69, p. 3, note J.-E. Schoettl). À noter la double référence à l'article 53 et à l'alinéa 2 du Préambule de la Constitution dont l'énoncé formule un principe plus général de « libre détermination des peuples et de libre manifestation de leur volonté » (Cons. const. 2 juin 1987, n° 87-226 DC, *Consultation des populations de Nouvelle-Calédonie, Rec. Cons. const.* 34 ; *RD publ.* 1989. 399, note L. Favoreu ; *D.* 1988. 289, note F. Luchaire ; *Rev. adm.* 1988. 437, note M.-L. Pavia ; *AIJC* 1986. 603, chron. B. Genevois, la question posée ne devant comporter aucune équivoque pour garantir la clarté et la loyauté de la consultation).

La rédaction de l'article 53 (« territoires ») et des décisions du Conseil constitutionnel ne comportent pas de précisions qui autoriseraient à limiter à l'outre-mer le champ des populations ou collectivités susceptibles de faire sécession. Nonobstant, le fait que l'édifice du droit de la sécession repose sur l'alinéa 2 du Préambule et la référence à la libre volonté des « peuples » est généralement regardé comme devant en circonscrire la possibilité au cadre exclusif des anciens territoires coloniaux, qu'ils soient devenus départements ou collectivités d'outre-mer (Cons. const. n° 75-59 DC préc.), à l'exclusion de tout territoire métropolitain.

Telle que mise sur pied, *la procédure n'est pas révélatrice d'un droit à faire sécession au profit des populations ou des collectivités intéressées* : elle doit demeurer une procédure d'exception maîtrisée par l'État en ce qu'elle ne va pas sans conséquence au regard d'un principe constitutionnel d'intégrité du territoire (art. 5 et 16 Const.) ; encore que les rigueurs de la théorie juridique doivent parfois céder devant les réalités de la vie politique. Mais, sur cette base, le droit positif évolue vers un surcroît de rigidité se manifestant sur le niveau de compétence requis pour décider de la sécession :

1. La solution traditionnelle de la sécession par loi ordinaire. L'initiative d'une sécession revient aux autorités de l'État, notamment en vue de s'assurer, par référendum, du « consentement des populations intéressées ». Cette consultation populaire doit être regardée comme un préliminaire obligatoire mais qui n'a pas pour effet de lier le législateur et de l'empêcher d'exercer effectivement ses prérogatives pour décider, au final, du sort de ces populations. Nonobstant, au plan politique, il lui sera difficile de ne pas s'incliner devant leur choix ce qui va, d'ailleurs, dans le sens d'une « *libre* détermination ». De sorte que la procédure aboutira au vote d'une sorte de loi d'approbation quel que soit le sens de l'avis populaire.

2. La solution nouvelle de la sécession par loi constitutionnelle. Elle découle d'une interprétation – formelle mais très généralement partagée – de la Constitution révisée en 2003, selon laquelle la sécession ne pourrait désormais se dispenser d'une révision constitutionnelle. Le résultat serait d'abord la conséquence secondaire de l'inscription nominative de toutes les collectivités de l'outre-mer au sein de l'article 72-3 Const. qui figerait ainsi leur appartenance à la République. La liste étant limitative, on ne saurait donc rien pouvoir lui ajouter ni lui retrancher sans violer la Constitution. Le résultat découlerait, ensuite et surtout, de l'intention du pouvoir constituant, sur la sollicitation en ce sens des élus locaux concernés, de rattacher de manière quasiment irréversible des collectivités nommées à la République. La nécessité d'une révision constitutionnelle devrait toutefois être précédée du référendum consultatif prévu à l'article 53

Const., encore qu'on voit mal comment cette condition pourrait désormais s'imposer au pouvoir constituant compétent.

Il n'est toutefois pas impensable que le juge constitutionnel maintienne sa jurisprudence en faveur de la loi ordinaire. Toute disposition juridique par son inscription dans le texte constitutionnel ne possède pas nécessairement la valeur d'une règle de droit. Or, c'est précisément une valeur déclarative qu'il conviendrait de reconnaître à l'énumération de l'article 72-3 Const. à laquelle on ne peut demander que d'exprimer l'état du droit à un moment donné. En ce sens, fait interrogation la censure par le Conseil constitutionnel des dispositions de l'article LO 6111-1 CGCT interdisant la sécession de Mayotte sans « une révision de la Constitution » parce qu'il n'était pas de la compétence du législateur organique d'« ajoute(r) une condition » - qui donc ne se trouvait pas dans la Constitution (Cons. const. n° 07-547 DC préc., consid. 13).

36 ***Les règles de fusion des collectivités*** ◊ Le nombre de collectivités territoriales étant fréquemment regardé comme excessif, la loi n° 2010-1563 du 16 décembre 2010 a entendu que soit favorisé le regroupement par fusion de départements ou/et de régions. Une procédure unique de volontariat facilité est configurée en vue de permettre les fusions horizontales entre départements d'une même région (CGCT, art. L. 3114-1) ou entre régions (CGCT, art. L. 4123-1) d'une part, et les fusions verticales entre une région et les départements qui la composent au profit d'une collectivité unique, d'autre part (CGCT, art. L. 4124-1). La loi ouvre également une possibilité originale : le détachement d'un département de sa région pour son rattachement à une autre région, le cas de l'absorption de la Loire-Atlantique par la Bretagne ayant été l'hypothèse évoquée (CGCT, art. L. 4122-1-1). Pour tous ces cas, l'initiative émane des « délibérations concordantes » des assemblées des collectivités intéressées. La décision de regroupement appartient à l'État après acceptation des électeurs dans chacune des collectivités par référendum à la majorité absolue d'entre eux représentant au moins le quart des électeurs inscrits [1]. Cette procédure a été configurée avec plus ou moins de conviction de la part du réformateur qui n'y introduit aucun élément de contrainte, la fusion ne pouvant être imposée ni aux élus ni aux électeurs d'une collectivité qui n'en voudraient pas. [2]. Au vu du seul cas d'utilisation de cette procédure à ce jour marqué par l'échec du référendum alsacien du 7 avril 2013 [3], on se dit que la prudence démocratique l'aura emporté sur l'audace réformatrice.

1. M. Le Roux, « La relance du processus de fusions entre collectivités territoriales », *JCP Adm.* 2011. 2130, B. Faure, « Les nouvelles procédures de regroupement des collectivités territoriales », *RLCT* 2012, n° 2152.

2. Pour ce qui est des fusions de communes, v. ss 423.

3. Ce référendum était organisé en vue de fusionner les deux départements alsaciens avec leur région auxquels se serait substitué une collectivité nouvelle à statut particulier. L'opposition des électeurs, mue par des mobiles d'ordre divers, a surpris. Elle semble toutefois s'être principalement manifestée en présence des contraintes et des sacrifices liés au risque de réduction de l'offre de services publics qu'aurait exigé l'intérêt général attaché à l'opération de fusion. Voir M. Verpeaux, « L'Alsace ou la force des institutions », *JCP Adm.* 2013, n° 362.

L'avenir pourrait voir une réforme considérable : les deux projets de loi adoptés en conseil des ministres le 18 juin 2014 entendent programmer la disparition d'à peu près la moitié des régions par fusions entre elles et l'effacement des départements à l'horizon 2021, ces derniers devant progressivement perdre leurs compétences par transfert au profit des établissements publics de coopération intercommunale et des régions (v. ss 675). La réduction du nombre de régions ne découlera d'aucune procédure de sorte qu'il ne sera pas tenu compte des considérations démocratiques locales : les nouveaux périmètres des régions seront adoptés par la voie légale et imposés par l'autorité qui s'y attache. Mais tout se passera comme si on dissimulait cette opération de fusion autoritaire derrière l'apparence d'un simple réaménagement des frontières régionales existantes par la loi. On peut prédire à cette réforme impressionnante les plus vives résistances des élus nationaux et locaux [1].

La loi du 16 décembre 2010 avait entendu pousser plus loin la politique de regroupement des collectivités en provoquant un rapprochement général et forcé entre départements et régions. Leur assemblée respective devait être occupée par les mêmes élus, les conseillers territoriaux, à partir de 2014-2015 [2]. Il devait s'ensuivre que les deux collectivités, sans fusionner, auraient dû être en situation d'imbrication, tous les conseils généraux faisant chambre commune au sein du conseil régional dans l'espoir d'une direction plus unitaire de leurs affaires respectives. Chacune des deux collectivités aurait continué de se présenter selon les critères classiques les identifiant comme telles (personnalité morale, affaires propres, compétence générale résiduelle et contrôle de l'État) mais aucune des deux n'aurait pu aller sans l'autre dans ses orientations politiques. La loi n° 2013-403 du 17 mai 2013 votée après le retour de la gauche au pouvoir a abrogé l'institution du conseiller territorial pour revenir aux règles antérieures.

---

1. Y. Luchaire, « Quel avenir pour le département ? », *JCP Adm.* 2011 n° 2261 ; I. Muller Quoy, « Le département, une collectivité à abattre ? », *BJCL* 2013. 640.

2. B. Fleury, « Le conseiller territorial : le nouvel artisan du couple région-département », *JCP Adm.* 2011, n° 2014 ; B. Faure, « le regroupement départements-région : remède ou problème », *AJDA* 2011. 86 ; A. Philip-Gay, « Le conseiller territorial », *AJCT* 2011. 54.

CHAPITRE 2

LES GARANTIES PERSONNELLES DES COLLECTIVITÉS TERRITORIALES

37 ***La tendance incomplète au personnalisme en droit des collectivités territoriales*** ◊ C'est un signe que le droit des collectivités territoriales est en voie d'humanisation : de plus en plus, les juges accèdent à une forme de revendication personnaliste des garanties dont les collectivités demandent protection. L'idée est que par le biais des outils du droit commun des personnes ces collectivités s'efforcent de préserver leurs moyens et leurs prérogatives d'action : elles entendent placer leurs relations à l'État ou autres personnes sous le regard protecteur des juges en demandant le bénéfice des procédures et des garanties qui sont à la portée des particuliers (référé liberté, liberté contractuelle, égalité, droit à la protection des biens, droit à l'image...). L'intégration de ces garanties personnelles dans le droit des collectivités territoriales n'est encore qu'embryonnaire mais elle y fait fonction de réducteur des inégalités entre l'État et les collectivités ou entre collectivités en visant à l'éloignement des contraintes que celles-ci ne sauraient supporter dans un État de droit [1].

Toutefois, ces garanties personnelles sont telles que le droit positif les révèle : incomplètes, fragmentaires, inadaptables à la personne publique. Et, si l'évolution est favorable, elle ne peut totalement aboutir au motif que l'État a en charge la protection du corps social et de l'intérêt général ; ce qui fait que ces droits sont placés dans une sorte d'entonnoir dont le côté ouvert qu'est la reconnaissance théorique conduit à une efficacité limitée.

38 Nous aborderons la manière dont est reconnue au profit des collectivités la garantie d'un recours effectif, de la protection des biens et de la personnalité. On se bornera à donner quelques indications de leur rapport au sujet sachant que celui-ci nécessite des développements techniques qui ressortissent davantage à un enseignement sur les droits fondamentaux.

1. V. pour une étude prospective sur « l'instrumentalisation de la légalité » au profit des besoins personnels des collectivités : R. Passerieux et D. Hasday, « Le nouveau principe de sécurité juridique et les collectivités locales », *RLCT* déc. 2006. 47.

SECTION 1. LA GARANTIE DE RECOURS EFFECTIF

39 ***Évolution du problème*** ◊ La relation entre les garanties et leur protection n'est pas évidente. L'accès au juge qui assurera cette protection est, de ce point de vue, la garantie qui précède et concrétise toutes les autres. Dans un système d'administration de plus en plus relationnel, l'appel à l'autorité juridictionnelle tend à devenir la pièce maîtresse et donne la perspective d'un État tenu par le droit. La disposition d'un recours juridictionnel effectif, d'abord affirmé au profit des individus comme un droit de rang constitutionnel (Cons. const. 9 avr. 1996, n° 96-373 DC, *Autonomie Polynésie française, Rec. Cons. const.* 43 ; *AJDA* 1996. 371, note O. Schrameck, sur le fondement de l'art. 16 DDH), fut ensuite étendu au bénéfice des collectivités territoriales (Cons. const. 25 oct. 2013, n° 2013-350 QPC, *Cne du Pré-Saint-Gervais, AJDA* 2013 p. 2118, *JCP Adm.* 2013, n° 2358, note M. Goupil et M. Hénon, *BJCL* 2013. 774, obs. B. Poujade, une collectivité territoriale ne pouvant se trouver privée du droit d'actionner une poursuite pénale pour diffamation. Censure de l'article 48 de la loi du 29 juillet 1881 sur la presse sur le fondement de l'article 16 de la DDHC).

Mais notre architecture juridictionnelle à plusieurs juges où l'articulation des compétences respectives fait voir des zones de non-contrôle révèle son inadaptation relative à protéger efficacement les intérêts des collectivités territoriales, principalement au regard des leurs atteintes par la loi. C'est que le problème n'a pas été reconnu hors des solutions du droit administratif commun à la différence d'un État fédéral qui ne peut se dispenser d'un contrôle de constitutionnalité des lois apte à trancher les conflits de compétences et à mieux garantir une frontière avec les intérêts propres des États fédérés. Les collectivités territoriales sont en situation de conquêtes progressives où il y a encore matière à progrès.

40 ***Accès principal au juge administratif*** ◊ **1.** La compétence du juge administratif s'étend à l'ensemble des actes et des agissements des autres personnes administratives sous la double forme du contentieux de l'annulation et du contentieux de l'indemnisation. C'est donc à lui que doit s'adresser la collectivité territoriale lorsqu'elle s'estime victime d'une atteinte publique à sa liberté, à ses biens ou à ses compétences [1]. Pour l'essentiel la protection juridictionnelle des collectivités lui incombe. Celui-ci n'a pourtant rien d'un gardien des libertés locales. C'est en tant que juge de l'ordre administratif qu'il agit, en tant que défenseur du principe de légalité qui impose la conformité au droit de

1. Encore que la loi du 18 juillet 1837 (art. 49 s.) subordonnait l'action en justice des communes à l'autorisation du conseil de préfecture. Cette exigence a disparu avec la L. 8 janv. 1905.

toutes les activités de la puissance publique [1]. C'est par son respect que les collectivités obtiennent satisfaction.

Mais, ici aussi, l'image du juge administratif serviteur du pouvoir d'État ne s'efface pas. Malgré son indépendance, il s'est fréquemment révélé timide, freiné par la crainte d'entraver l'action de l'État voué à incarner l'intérêt général face aux intérêts particuliers des collectivités. Soit il appliquera les garanties des collectivités (libre administration, liberté contractuelle...) sans se livrer à des interprétations audacieuses, soit il les esquivera en se retranchant derrière l'écran de la loi sur le fondement de laquelle l'action du gouvernement lui apparaîtra irréprochable (Par ex. en matière de regroupement intercommunal : CE Sect. 2 oct. 1996, *Cnes Bourg-Charente, Mainxe et Gondeville, Lebon* 361 ; *RFDA* 1997. 1209, note C. Cammarata et P. Gaïa. En matière d'indemnité dans la fonction publique territoriale : CE 27 nov. 1992, *Féd. Interco-CFDT, Lebon* 426 ; *AJDA* 1993. 208, note F.-X. Aubry ; *RFDA* 1994. 770, note B. Faure. Ou s'agissant du contrôle du juge du référé-liberté, CE ord. 24 janv. 2002, *Cne Beaulieu-sur-Mer, Lebon* 873 ; *LPA* 14 mars 2002. 17, note N. Kattineh). Devant ce juge ordinaire, la loi bénéficie ainsi d'une immunité qui peut rendre tout recours inutile. La solution est déconcertante car la résistance d'un juge à la Constitution est forcément choquante. Et, en dernière analyse, tout se passe comme si les nécessités pratiques inhérentes à la garantie de libre administration avaient été sacrifiées à une culture théorique de l'intérêt général par l'État. La conséquence est que la jurisprudence administrative est peu limitative du pouvoir discrétionnaire du gouvernement lorsqu'il dispose, sur le fondement de la loi, à l'égard des collectivités. Il a acquis une marge de pouvoir décisionnel contredisant le principe de subordination aux règles supérieures.

Dans le sens de ces propos, il faudra bien constater le caractère platonique de la protection du principe de libre administration au moyen du référé-liberté (CJA, art. L. 521-2) : v. ss 208 s.

Le changement est permis avec la procédure de contrôle *a posteriori* de la loi issue de l'article L. 61-1 Const. selon laquelle, au cours d'une instance devant le Conseil d'État ou la Cour de cassation, le Conseil constitutionnel peut être saisi, sur renvoi de l'une ou l'autre des juridictions, de la question de la constitutionnalité d'une loi portant atteinte « aux droits et libertés que la Constitution garantit ». La violation de la répartition des compétences législative et réglementaire peut y être utilement dénoncée si – comme c'est ici le cas – elle met en cause un tel droit ou liberté.

2. Remarquable est *l'action en justice du contribuable local au nom de sa collectivité* (CJA, art. L. 2132-5 s., issu de L. 18 juill. 1837) [2]. Celui-ci se fait gardien des intérêts

---

1. Le retard excessif à juger d'une juridiction administrative contrevient « aux principes généraux qui gouvernent le fonctionnement des juridictions administratives » et engage la responsabilité de l'État tenu d'indemniser le préjudice matériel que la situation a fait subir à la collectivité partie à l'instance (CE Sect. 17 juill. 2009, *Ville Brest*, v. ss 14).

2. V. Y. Aguila, « Le régime issu du décret du 26 févr. 1992 », *RFDA* 1993. 95 ; M. Heinis, « La notion de manque de succès », *Gaz. Pal.* 1993. II. 1350 ; K. Maklouche, « L'exercice par un contribuable des actions en justice appartenant à la commune », *RD publ.* 1995. 449 ; J. Moreau, « L'action en justice du contribuable local au nom d'une collectivité territoriale ou d'un établis-

de sa collectivité vis-à-vis des autorités élues qui négligent de les défendre ou en abusent. Mais, il ne peut s'agir que d'une action de secours : elle ne peut être mise en mouvement qu'après s'être expressément assurée que ces autorités élues se sont dérobées. Le droit - d'ailleurs composé à l'époque de l'ancienne tutelle et peu libéralisé depuis - est configuré dans ce but et multiplie les chicanes procédurales. Il est ainsi impératif que la collectivité - ou l'établissement public de coopération intercommunale - soit informée de la démarche, qu'elle manifeste expressément son refus d'agir et que le contribuable obtienne autorisation de plaider de la part du tribunal administratif qui vérifiera que son initiative présente un « intérêt suffisant » et possède des « chances raisonnables de succès ». Cette procédure est fréquemment utilisée et mériterait qu'on l'assouplisse.

Sur l'attitude restrictive des juges administratifs exigeant un intérêt pécuniaire suffisamment important pouvant seul justifier l'action du contribuable (par ex. CE 30 avr. 1997, *Emmerich, Simon-Rossignol, Lebon* 711, ne représente pas un tel intérêt la conclusion frauduleuse d'un bail avec le fils de M. A. Juppé, adjoint au maire de Paris, pour la location d'un appartement du domaine de la ville pour un loyer inférieur au prix du marché, CE 26 juill. 2011, *M. Bayou*, *AJDA* 2011. 2291, *BJCL* 2011. 76, concl. C. Landais, même solution à propos des emplois fictifs de la ville de Paris lorsque J. Chirac en était le maire), ou que la collectivité publique soit suffisamment éclairée par le contribuable sur l'action qu'il entend exercer (CE 26 oct. 2011, *Soc. Global Carribéan Network*, *AJDA* 2012. 265, concl. C. Landais, pas le cas à propos d'un litige contractuel concernant une délégation de service public passée par la région) [1].

41 ***Accès marginal au juge judiciaire*** ◊ On observe certainement un phénomène de plus grande utilisation du droit privé au niveau de l'administration décentralisée. L'« élu-entrepreneur » doit faire face à des défis auxquels l'esprit et les méthodes du droit privé répondent mieux : financer les équipements publics, faire collaborer les partenaires publics et privés, rationaliser la gestion des services publics, juguler la pression fiscale en diversifiant les financements. Pour autant, s'il s'agit de résoudre un litige né d'une telle activité, l'appel au juge judiciaire n'obéit pas à des principes qui feraient exception au droit commun de la répartition des compétences contentieuses. Sa compétence est justifiée lorsque le litige met en cause les activités non administratives des collectivités, comme cela peut être le cas en matière domaniale ou contractuelle (par ex. le caractère non administratif d'un contrat d'avances remboursables ne comportant aucune clause exorbitante de droit commun, CE 1er mars 2000, *Cne Morestel*, *Lebon* 899 ; *CJEG* 2000. 191, concl. G. Goulard, note P. Sablière). S'ajoute à cela qu'il y a lieu d'admettre la compétence de la juridiction judiciaire pour les matières qui lui sont réservées « par leur nature », au premier rang desquelles figure

---

sement public de coopération », *J.-Cl. Coll. territoriales* fasc. n° 525 ; B. Pacteau, « L'autorisation de plaider... curiosité, danger, bienfait ? », *Mélanges Moreau*, Economica, 2002 p. 337 ; B. Pacteau, « L'exercice par un contribuable des actions appartenant à la commune », *Rép. Coll. locales* n° 9623-1 ; C. Parent, « L'autorisation du contribuable de plaider au lieu et place de sa collectivité : une tradition au service de la démocratie locale », *RFDA* 2010. 378.

1. L. Touzeau, « Contre les plaideurs. Ou comment préserver le caractère exceptionnel de l'autorisation de plaider », *DA* 2012. 9, n° 4.

la liberté individuelle. Une collectivité paraît cependant moins susceptible d'agir sur ce fondement, encore qu'on puisse signaler l'effort du juge judiciaire à qualifier de *voie de fait* une atteinte suffisamment grave au principe de libre administration (Papeete 26 févr. 1992, *Vernaudon, JCP* 1992. 21926, note A. Moyrand, s'agissant de la fermeture des portes de l'assemblée territoriale ordonnée par son président dans le but d'empêcher sa réunion. V. ég. T. confl. 19 sept. 2007, *Préfet Val de Marne c. CA Paris, Lebon* 608 ; *AJDA* 2008. 885, note M. Verpeaux ; *RLCT* mars 2008. 931, note E. Glazer) ou au droit de propriété (Civ. 1re, 28 nov. 2006, *Cne Saint-Maur-des-Faussés, Bull. civ.* I, 608 ; *RD publ.* 2007. 1355, note C. Broyelle ; *JCP* 2007. 2142, note P. Yolka, voie de fait constituée par un dispositif de police municipale empêchant l'accès à un terrain appartenant au département et jugé « insusceptible de se rattacher à (un tel) pouvoir », solution caduque du fait de la jurisprudence *Bergoend* (T. confl. 17 juin 2013) restreignant l'empire de la voie de fait « à l'extinction du droit de propriété »).

42 ***Accès nouveau au juge constitutionnel*** ◊ Il n'était pas dans la tradition d'un système de décentralisation administrative de permettre aux collectivités d'accéder à la justice constitutionnelle pour qu'elle sanctionne les atteintes du législateur à leurs garanties fondamentales. Le résultat s'imposait alors surtout que notre État pratiquait exclusivement un modèle de contrôle concentré et abstrait, réservant à une juridiction unique - face à 37 000 requérants potentiels - l'examen de la constitutionnalité des lois avant leur application. Il en va tout autrement dans les États régionaux ou fédéraux au point que c'est d'« une caractéristique du modèle européen de justice constitutionnelle » dont s'écartaint les solutions du droit français révélant leur manque d'élaboration [1].

Un tel accès n'a cependant rien d'impossible aujourd'hui quand bien même aucune des procédures n'est spécifiquement organisée au profit des collectivités. Deux voies de droit distinctes et complémentaires sont envisageables. La première par le contrôle classique des lois *précédant* leur entrée en vigueur (art. 61 al. 2 Const.), la seconde dans le cadre d'un nouveau contrôle *après* leur entrée en vigueur (art. 61-1 Const.) :

– en premier lieu, rien n'interdit les quatre plus hautes autorités de l'État et les parlementaires aptes à saisir le Conseil constitutionnel de s'estimer concernés par les intérêts des collectivités. La fréquence des saisines invoquant le principe de libre administration en témoigne. La représentation massive des élus locaux au sein du Parlement n'est pas étrangère à ce résultat. De telle manière, que le problème vient moins de la possibilité concrète d'en appeler au principe de libre administration devant le juge constitutionnel que de la timidité de ce dernier vis-à-vis des effets contraignants qu'il entend faire découler de ce principe ;

1. V. P. Bon, « L'accès des collectivités locales au juge constitutionnel », *Mélanges Douence*, Dalloz, 2006, p. 45.

– en second lieu, toute collectivité territoriale s'estimant victime d'une atteinte à sa liberté d'administration et qui s'adresse à un juge pour la faire cesser (juge administratif, civil ou pénal) pourra utiliser les ressources de la récente *question prioritaire de constitutionnalité* (art. 61-1 Const. en vigueur depuis le 1er mars 2010). Dans le cas où cette atteinte trouve son origine dans une loi dont il lui est fait application, cette collectivité pourra se prévaloir de son inconstitutionnalité : elle sollicitera la suspension de l'instance afin qu'il soit demandé au Conseil d'État ou à la Cour de cassation, selon l'ordre juridictionnel intéressé, de saisir le Conseil constitutionnel pour qu'il statue sur ce point. Il s'agit d'un filtre destiné à établir le caractère nouveau et sérieux de la demande. La décision appartient au Conseil constitutionnel qui pourra, éventuellement, entraîner l'abrogation de la loi litigieuse.

L'intérêt de la procédure de question prioritaire de constitutionnalité consiste à dénoncer la non-constitutionnalité de lois en vigueur, parfois de longue date, et la faire sanctionner. Elle n'autorise cependant qu'un optimisme mesuré. Elle inciterait même à quelque scepticisme touchant au manque de prestige attaché au principe de libre administration dans l'esprit du juge constitutionnel et qui trouvera plus commode de s'incliner devant le droit législatif en vigueur. De ce point de vue, la plupart des pays étrangers restent nettement plus avancés.

On recense cependant quelques cas de sanction (Cons. const. 17 mars 2011, n° 2010-107 QPC, *Synd. mixte chargé de la gestion du contrat urbain de cohésion sociale agglo. Papeete*, *AJDA* 2011. 592, s'agissant de la non-conformité au principe de libre administration, qu'« elles privent de garanties suffisantes », de certaines dispositions de l'article 8 de l'ordonnance du 5 octobre 2007 qui, à l'égard des maires des communes de Polynésie française, maintiennent sur leurs arrêtés le système des annulations de plein droit par le haut-commissaire de la République en vigueur sous l'ancien régime de tutelle antérieur à la loi du 2 mars 1982 ; 8 juill. 2011, n° 2011-146 QPC, *Dpt des Landes*, v. ss 650 ; 14 juin 2013, n° 2013-323, QPC, *Communauté de communes Monts d'Or Azergues*, s'agissant de la non-conformité au principe de libre administration des communes membres d'un établissement public intercommunal à fiscalité propre des règles de répartition de la dotation de compensation de la réforme de la taxe professionnelle et celles du reversement du fonds national de garantie individuelle des ressources entre EPCI à fiscalité propre) [1].

43 ***Accès presque impossible aux juges européens*** ◊ La possibilité pour une collectivité territoriale de faire entendre sa cause devant la Cour européenne des droits de l'homme rencontre un obstacle majeur : le seul sujet auquel la Convention accorde sa protection c'est l'« homme », c'est-à-dire l'individu considéré isolément. Et, si l'idée que des droits fondamentaux puissent être reconnus à des groupes sociaux trouve néanmoins sa place dans le système de protection de la Convention, le cas des personnes publiques fait toujours exception, les litiges nés à l'occasion de leurs relations n'étant pas de ceux ouvrant droit au recours individuel réservé

1. G. Drago, « QPC et droit des collectivités territoriales : premier bilan », *JCP Adm.* 2011. 2211. O. Maetz, « QPC et personnes publiques », *AJDA* 2011. 1411, A.Treppoz-Bruant, « Libre administration des collectivités territoriales et QPC : entre espoir et amertume », *DA* 2012. 11, n° 12.

à « toute personne physique, toute organisation non gouvernementale ou tout groupe de particuliers » (art. 34 Conv. EDH). L'assimilation d'une collectivité territoriale à une « organisation gouvernementale » condamne donc tout espoir en ce sens. Elle fait sans doute bon marché des conflits d'intérêts qui peuvent se nouer entre personnes publiques autonomes. Néanmoins, l'attitude de recul du juge européen s'explique par la conscience qu'il a de ne pouvoir connaître toutes les données des rapports publics nationaux qui pourraient lui être soumis (le raisonnement ne vaut pas devant le juge administratif qui ne refuse pas de trancher un tel conflit selon le droit européen, v. ss 14 et v. ss 44).

1) Il faut, en revanche, réserver le cas où le litige en cause ne ferait naître que des rapports de droit commun entre les parties : CEDH 25 nov. 1996, *Könkäma et 38 autres villages lapons c. Suède*, s'agissant d'un litige relatif à l'exercice de droits de chasse et de pêche dont sont victimes des villages lapons de Suède.

2) Rien n'interdit l'élu local, à titre individuel, de puiser dans les garanties affirmées par la CEDH pour défendre ses droits dont le non-respect paralyse le jeu de la démocratie. Le juge européen a ainsi considéré que sa *liberté d'expression* (CEDH, art. 10) était susceptible d'être remise en cause si sa prise de parole dans les réunions de son assemblée l'exposait « sans besoin social impérieux » à des condamnations pénales pour diffamation ou injure, cette assemblée devant être regardée comme un organe « comparable » à un parlement national. La jurisprudence européenne manifeste un souci des réalités commandant que l'élu local bénéficie d'une sorte de principe d'irresponsabilité qui est à la base de la liberté du mandat parlementaire indispensable à l'expression de la volonté nationale (CEDH 12 avr. 2012, *M. de Lesquen du Plessis-Casso c. France*, *RFDA* 2012. 941, note S. Manson, s'agissant de l'inconventionnalité de la condamnation pénale du chef de l'opposition au sein du conseil municipal de Versailles qui avait interpellé l'adjoint chargé des finances, lui rappelant son implication supposée dans l'affaire des marchés publics truqués des lycées de la région d'Ile-de-France. S'agissant de l'inconventionnalité des décisions locales sur le fondement de l'article 10 CEDH devant le juge administratif : CAA Bordeaux 30 sept. 2013, *Cne de La Plaine-des-Palmistes*, *RLCT* avr. 2012, p. 22, note Y. Mayaud, *AJDA* 2014. 520, note F. Amblard, refus inconventionnel du maire de publier dans le bulletin municipal des propos « vifs et désobligeants » de l'opposition à son égard, mais non diffamatoires).

Incluses dans l'organisation de l'État, les collectivités territoriales ne sauraient davantage acquérir le statut de requérant devant la Cour de justice de l'Union européenne. La solution s'impose à ceci près que chaque collectivité peut, sous réserve de démontrer son intérêt à agir, bénéficier du recours en annulation ouvert à tout particulier à l'encontre des décisions qui les concernent directement (CJCE 17 oct. 1989, *Ufficio distrettuale delle imposte dirette di Fiorenzuola d'Arda e.a. c. Cne di Carpaneto Piacentino e.a.*, *Rec. CJCE* I-3233, pt 31). La Cour peut également se prononcer sur un recours en annulation formé par le Comité des régions au nom des intérêts qu'il défend (art. 263 Traité UE issu du Traité de Lisbonne) [1].

1. F.-X. Priollaud, « Les collectivités territoriales françaises dans l'Union européenne », *Regards sur l'actualité*, Doc. fr., 2007, p. 14 ; F. Tesson, « L'état des relations entre l'Union européenne et les collectivités territoriales », *JCP Adm*. 2011. 2099 ; C. Mayeur-Carpentier, « Le statut des collectivités infra-étatiques devant les institutions de l'Union européenne », *RFDA* 2010. 1035.

SECTION 2. LA GARANTIE DE PROTECTION DES BIENS

44 ***Étendue de la garantie*** ◊ Le droit de propriété constitue le type même de droit fondamental dont une collectivité publique est le plus naturellement susceptible de se voir accorder le bénéfice au même titre que n'importe quel particulier : ce droit « ne concerne pas seulement la propriété privée des particuliers, mais aussi, à titre égal, la propriété de l'État et des autres personnes publiques » (Cons. const. 25 et 26 juin 1986, n° 86-207 DC, *Privatisations, Rec. Cons. const.* 61 ; *AJDA* 1986. 575, note J. Rivero ; *AIJC* 1986. 427, note B. Genevois ; *RD publ.* 1989. 458, note L. Favoreu. Cons. const. 28 juill. 2008, n° 08-567 DC, *Loi relative aux contrats de partenariat, JO* 29 juill. 2008. 12151). Vis-à-vis des atteintes qui lui sont portées sur le fondement de la loi, une collectivité territoriale aura plutôt intérêt à se prévaloir devant le juge ordinaire des dispositions de la Convention européenne des droits de l'homme dont l'article 1er du premier protocole garantit la protection des biens de « toute personne physique ou morale » (par ex. CE 29 juin 2005, *Cne Puteaux, BJDU* 2005. 334, concl. L. Ollion, obs. B.P., s'agissant de l'examen de la régularité au regard de l'art. 1er du premier protocole d'un décret décidant le déclassement et le transfert de propriété de dépendances du domaine public communal. CAA Bordeaux 2 juin 2009, *Mongaboure, AJDA* 2009. 1659, concl. M.-P. Viard et CAA Lyon 24 nov. 2009, *Féd. ayants droit des sections de cnes Haute-Loire, AJDA* 2010.559, note P. Yolka, à propos du transfert des biens d'une section de commune à une commune irrégulière au regard de l'article 1er du premier protocole en ce qu'elle ne prévoit pas une procédure d'indemnisation – alors que jugé non contraire aux « exigences constitutionnelles en matière de propriété des personnes publiques » : Cons. const. 8 avr. 2011, n° 11-118 QPC, *Mongaboure, AJDA* 2011. 758, obs. S. Brondel, *Dr. adm.* 2011. 56, note F. Hoffman). Civ. 3e, 25 sept. 2002, *Cne Strasbourg, Contrats Marchés publ.* 2002. 260, note G. Eckert, s'agissant du contrôle de la compatibilité de la réglementation du droit de chasse en droit alsacien à l'art. 1er du premier protocole. Civ. 1re, 3 juin 2010, *Ville Châteauroux, JCP Adm.* 2010. 2230, note P. Yolka, la liberté syndicale ne suffit pas à empêcher qu'une commune prêtant un local appartenant à son domaine privé à une association syndicale ne puisse pas mettre un terme à son prêt, référence faite à l'article 1er du premier protocole Conv. EDH. Ces jurisprudences donnent l'illustration que ce droit est autant opposable aux autres personnes publiques qu'aux personnes privées).

45 ***Limites de la garantie*** ◊ Cette possibilité demeure cependant frappée de deux types de restriction qui l'enferment dans des limites non négligeables. En premier lieu, ce droit de propriété pourra subir toutes les atteintes qui apparaîtront justifiées au regard de l'intérêt général, une telle réserve n'autorisant pas à révoquer en doute les solutions traditionnelles

par lesquelles l'État peut s'assurer de la bonne affectation des propriétés domaniales des collectivités (CE 29 juin 2005, *Cne Puteaux*, préc.) [1]. En second lieu, la notion de « biens » que le juge entend protéger ne s'étend pas aux ressources des collectivités qui ont la nature de « ressources financières publiques - réparties - entre personnes publiques », en sorte qu'elles ne pourront, à tout le moins au moyen de cet argument, discuter au contentieux de l'exacte évaluation des dotations de l'État ou d'un manque à recevoir de recettes fiscales (CE 29 janv. 2003, *Cne Annecy*, 1re esp., et *Cne Champagne-sur-Seine*, préc. v. ss 142, avec les précisions).

SECTION 3. **LA GARANTIE DES DROITS DE LA PERSONNALITÉ**

46 ***Extension des droits de la personnalité aux collectivités territoriales*** ◊ Les droits de la personnalité constituent un ensemble de facultés regardées comme appartenant naturellement à toute personne physique pour la protection de ses intérêts primordiaux et dont l'affirmation découle de certains textes de portée universelle (Déclaration des droits de l'homme de 1789, Convention européenne des droits de l'homme, Code civil). Ils se signalent par leur nature extrapatrimoniale - mais non dépourvus de toute conséquence pécuniaire - et c'est encore avec la notion publiciste de droits de l'homme qu'ils voisinent le plus naturellement : droit au respect de la vie privée, au nom, à la nationalité, à l'inviolabilité de son domicile, à la liberté de conscience...

L'extension de ces droits aux collectivités territoriales repose largement sur une œuvre prétorienne. Contraint de résoudre des litiges pour lesquels ces textes fondamentaux ne s'adressent essentiellement qu'à l'individu, le juge n'a d'autre solution que de les solliciter au-delà de leur rédaction et d'y transposer ceux d'entre eux dont il va faire application aux collectivités. Ils constitueront autant de limitations pour les activités des autres personnes.

V. par ex., le principe de la liberté contractuelle des collectivités adossé au fondement général de l'art. 4 DDH affirmant la liberté pour tout « homme » :

---

1. Si le CGPPP a légalisé la pratique des mutations domaniales, elle la subordonne désormais à indemnisation de l'État à raison des dépenses ou de la privation de revenus qui peut en résulter : art. L. 2123-6 CGPPP. V. D. Capitant, « Les mutations domaniales et les superpositions d'affectation », *in* S. Guerand (dir.), *Réflexions sur le Code général de la propriété des personnes publiques*, Litec, 2007, p. 33 ; C. Lavialle, « L'installation par l'État de radars sur le domaine public des collectivités territoriales », *JCP Adm.* 2007. 2229 ; R. Noguellou, « Les rapports domaniaux entre personnes publiques », *RFDA* 2006. 957 ; A. Vidal-Naquet, « L'irréductible théorie des mutations domaniales », *RFDA* 2005. 1106 ; P. Yolka, « L'expropriation des collectivités territoriales », *JCP Adm.* 2008. 2028. V. ég. CE 31 oct. 2007, *Min. Intérieur c. Dpt Essonne, Lebon* 432 ; *Dr. adm.* janv. 2008. 34, note F. Melleray ; *RLCT* jan. 2008. 11, note R. Deau ; *JCP Adm.* 2008. 2002, note F. Dieu ; CE 19 déc. 2007, *Cne Mercey-le-Bas, RLCT* mars 2008. 932, note C. Mondou.

Cons. const. 30 nov. 2006, n° 06-543 DC, *Loi relative au secteur de l'énergie*, ; *Rec. Cons. const.* 120 ; *RFDA* 2006. 1163, note R. de Bellescize ; *AJDA* 2006. 2438, note N. Charbit, et 2007. 473, note G. Marcou ; *LPA* 7 déc. 2006. 3, note J.-E. Schoettl, 4 janv. 2007. 3, note C. Clarenc, et 7 mars 2007. 4, note G. Quiot ; *JCP Adm.* 2007. 30, note G. Drago ; *Dr. adm.* 2007. 3 et 31, note R. Noguellou ; *RFDC* 2007. 313, note X. Magnon ; *D.* 2007. 1760, note M. Verpeaux ; *CJEG* 2007. 41, note P.-A. Molina ; *RFAP* 2007. 596, note T. Rambaud et A. Roblot-Troizier (consid. 29) s'agissant du maintien par la loi de l'exclusivité des concessions de distribution publique de gaz au profit de Gaz de France justifié par des considérations d'intérêt général. Pour ce qui est du principe d'égalité opposable entre collectivités territoriales : Cons. const. 12 août 2004, n° 04-207, *Loi relative aux libertés et aux responsabilités locales* : cité v. ss 64. 3 (consid. 18) et 6 août 2009, n° 09-588 DC, *Loi réaffirmant le principe du repos dominical...*, *AJDA* 2009. 2120, note J. Wolikow, « aucune différence de situation » ne peut justifier que Paris ait une procédure de classement en zone touristique moins décentralisée que les autres collectivités (consid. 23) [1].

Mérite d'être signalé, le *secret des correspondances et la liberté d'exercice des mandats locaux* dont bénéficient les élus érigé en liberté fondamentale susceptible d'être défendue au titre du référé liberté (art. L. 521-2 CJA). La personne morale collectivité territoriale n'est pas titulaire en propre d'un tel droit mais son fonctionnement régulier découle de son respect (CE 9 avr. 2004, *Vast c. Cne Drancy*, *Lebon* 173).

Mais les dispositions d'accueil du juge sont limitées : certains rapprochements demeurent sans pertinence (droit à une vie familiale...), s'agissant surtout de personnes publiques devant être moins considérées comme susceptibles de bénéficier de tels droits qu'une institution privée à but lucratif. La liberté d'entreprendre n'est concevable qu'à l'égard de cette dernière. Il s'ensuit que les collectivités territoriales sont loin de pouvoir profiter de toutes les composantes des droits de la personnalité et encore, lorsque c'est le cas, les conditions de la réparation sont strictement organisées par la jurisprudence.

47 ***Régime contentieux des droits de la personnalité des collectivités territoriales*** ◊ La reconnaissance de droits de la personnalité aux collectivités territoriales a ceci de remarquable qu'elle suggère que celles-ci disposent de l'élément psychologique nécessaire à la faculté de percevoir leur propre image dans le cadre de leurs relations avec les autres personnes juridiques. La jurisprudence est ainsi constante à admettre le tort fait à une collectivité par l'appropriation de son nom, de son image et de sa renommée qu'interdit l'article L. 711-4 CPI (sous la réserve toutefois d'une interprétation stricte de ces dispositions qui limitent la liberté du commerce et de l'industrie : TGI Toulouse, 23 mai 2006, *Sté Bil Toki, Sté Julou Cie*, *JCP Adm.* 2006. 1172, note C. Carou, s'agissant de la solution par laquelle l'art. L. 711-4 ne prohibe pas l'utilisation des numéros de départements comme marque par un commerçant pour conférer un caractère

1. V. A.-S. Gorge, *Le principe d'égalité entre les collectivités territoriales*, Dalloz, coll. « Bibliothèque parlementaire et constitutionnelle », 2011 ; *LCT* 2011. étude 53 ; F. Mélin-Soucramanien, « Le principe d'égalité entre collectivités locales », *Cah. Cons. const.* 2002, n° 12, p. 93.

distinctif à sa ligne de produits, utilisation qui demeure sans rapport avec la promotion de la collectivité intéressée et son identité culturelle). Une collectivité peut également se prévaloir de l'atteinte à son image qui résulterait de l'exercice fautif par l'État de ses missions (CAA Nancy, 1er juin 2006, *Cne Jœuf*, JD n° 2006-305172, s'agissant de l'atteinte à l'image de la commune requérante du fait du risque d'affaissement minier auquel est soumise la partie urbanisée de son territoire en l'absence de faute lourde de l'État s'étant abstenu dans l'exercice de son pouvoir de police des mines), ou de la condamnation pour corruption de son maire (Crim. 14 mars 2007, *Joël H. et Nessim G.*, *AJDA* 2007. 1374, constituant une « atteinte grave » à la notoriété de la ville de Cannes) [1].

L'action en réparation d'une atteinte à la réputation et à l'image au titre d'un préjudice moral reste toutefois limitée. Elle est subordonnée à la condition que cette atteinte soit « personnelle et directe ». Le juge judiciaire se montre, en effet, restrictif à admettre l'action civile des personnes morales sachant que la protection de l'intérêt général incombe au ministère public qui dispose de l'opportunité d'apprécier le déclenchement des poursuites. Il s'ensuit que la collectivité devra faire la double démonstration d'une *spécialité territoriale* – impact sur le territoire de la collectivité – et d'une *spécialité personnelle* du préjudice – atteinte à ses intérêts propres – pour établir son intérêt à agir (Crim. 14 févr. 2006, n° 05-83.899, s'agissant de l'irrecevabilité de la région Rhône-Alpes à se constituer partie civile pour demander réparation de l'atteinte à son image pour des propos haineux et racistes tenus par un de ses conseillers à l'occasion de la réunion de la commission permanente, le préjudice devant être regardé comme « indirect ». Crim. 19 déc. 2006, *Bull. crim.* n° 316 ; *AJDA* 2007. 493 ; *AJ pénal* 2007. 136 ; *D.* 2007. AJ 374, ne dispose pas d'un « intérêt personnel direct » pour se constituer partie civile le département de la Vendée « en tant que collectivité territoriale » l'utilisation du pesticide « Gaucho » susceptible d'être à l'origine d'une surmortalité des abeilles domestiques et dont les victimes sont des tiers).

---

1. V. ég. G. Frizzi, « La défense du nom des collectivités territoriales et le droit de propriété intellectuelle », *RGCT* 2005. 3 ; S. Penaud, « Nom des collectivités territoriales : utilisation par des tiers comme marque ou nom de domaine internet », *RLCT* juin 2007. 67, A. Dilloard, « L'émergence des marques publiques dans le patrimoine immatériel des personnes publiques », *RDP* 2014. 39. La vivacité du sujet se mesure aisément à l'intérêt de ses retombées pratiques et à sa nouveauté : les personnes publiques se découvrent de nouvelles possibilités de ressources dans l'exploitation de leurs biens immatériels (bases de données, fréquences radio, marques, brevets…) qui sont le fruit d'une création intellectuelle de leur part. Mérite particulièrement d'être relevé, le cas par lequel la collectivité entend se réapproprier son nom et les indications géographiques de son territoire en vue d'une exploitation commerciale exclusive par elle-même ou au profit d'une société commerciale. Or, le droit est d'une particulière faiblesse à protéger les intérêts des collectivités dans une telle hypothèse et ne reconnaît pas un droit à l'image publique. À défaut, la loi n° 2014-344 du 17 mars 2014 relative à la consommation œuvre à donner un cadre légal facilitant les stratégies des collectivités en la matière. Celle-ci modifie le code de la propriété intellectuelle (art. L. 712-2 s.) en vue de leur reconnaître des garanties d'information et d'action leur permettant de défendre et de valoriser leurs indications géographiques (v. ss 704).

Suivant les mêmes conditions d'action, le juge judiciaire a consacré l'existence d'un *préjudice écologique* résultant d'une atteinte à l'environnement d'une collectivité, *distinct du préjudice moral* : T. corr. Paris, 11e ch., 16 janv. 2008, *AJDA* 2008. 935, note A. Van Lang et Cass. 25 sept. 2012, *D.* 2012. 2557, n° 38, chron. envir. F.-G Trébulle ; *Gaz. Pal.* 2012. 8, n° 298-299, note B. Parance ; *Environnement* 2012. 13, n° 7, note F. Nési ; *Droit pénal maritime* 2012, n° 574, note A. Montas et G. Roussel, s'agissant des préjudices matériel, moral et écologique résultant pour un certain nombre de départements côtiers du naufrage du pétrolier « Erika », la spécialité personnelle du préjudice écologique étant toutefois strictement apprécié au regard de la « compétence spéciale » des départements touchés en matière d'environnement « leur conférant une responsabilité particulière pour la protection, la gestion et la conservation d'un territoire ».

48 *Bibliographie* ◊

- Alcaraz (H.), « Le principe de libre administration des collectivités territoriales dans la jurisprudence constitutionnelle après la révision constitutionnelle du 28 mars 2003 », *RFDA* 2009. 497
- Auby (J.-B.), *La décentralisation et le droit*, LGDJ, coll. « Système », 2006 ; « La libre administration des collectivités locales : un principe à repenser ? », *in Quel avenir pour les collectivités locales ?*, éd. de L'aube, 1999
- Auby (J.-B.) et Faure (B.) (dir.), *Les collectivités locales et le droit : les mutations actuelles*, Dalloz, 2001
- Bacoyannis (C.), *Le principe constitutionnel de libre administration des collectivités locales*, Economica-PUAM, 1993
- Bourjol (M.), « Statut constitutionnel, exercice de la libre administration », *J.-Cl. Coll. territoriales* 2004 fasc. 23
- Brosset (E.), « Collectivités territoriales et pouvoir législatif », *RFDC* 2004. 695
- Conan (M.), « L'autonomie financière des collectivités territoriales », *AJDA* 2012. 759
- delcamp (A.), « Contrôle de constitutionnalité et autonomie locale », *Mélanges L. Favoreu*, Dalloz 2007. 629
- Douence (J.-C.), « Le statut constitutionnel des collectivités territoriales », *Rép. Collectivités locales* 2005 fasc. n° 63 ; « Libre administration et organisation décentralisée », *Mélanges Lachaume*, Dalloz, 2007, p. 441
- Faure (B.), « Existe-t-il un pouvoir local en droit constitutionnel français ? », *RD publ.* 1996. 1539 ; « Le rôle du juge constitutionnel dans l'élaboration du droit des collectivités locales ? », *in* « La nouvelle Ve République », *Pouvoirs* 2001, n° 99 p. 117
- Faure (B.), « La révision constitutionnelle de 2013. Vérités dix ans après », *AJDA* 2013. 1328
- Favoreu (L.), « Les bases constitutionnelles du droit des collectivités locales », *in* F. Moderne (dir.), *La nouvelle décentralisation*, Sirey, 1983, p. 15 ; « Libertés locales et libertés universitaires », *RD publ.* 1984. 687
- Gohin (O.), « Quel nouveau droit constitutionnel des collectivités territoriales ? », *RD publ.* 2002. 441
- Joyau (M.), *De l'autonomie des collectivités territoriales françaises*, LGDJ, 1998
- Le Bos Le Pourhiet (A.-M.) (dir.), *Droit constitutionnel local, égalité et liberté locale dans la Constitution*, Economica, 1999
- Luchaire (F.), « Les fondements constitutionnels de la décentralisation », *RD publ.* 1982. 1543 ; « L'émergence d'un droit constitutionnel de la décentralisation », *AJDA* 1992. n° spéc. 25

- Moreau (J.) et Darcy (G.) (dir.), *La libre administration des collectivités territoriales*, Economica-PUAM, 1984
- Rihal (H.), « Le statut constitutionnel des collectivités territoriales issu de la loi constitutionnelle du 28 mars 2003 : entre innovations et complexité », *RFAP* 2003. 549
- Roux (A.), « Le principe constitutionnel de libre administration des collectivités territoriales », *RFDA* 1992. 435 ; *Droit constitutionnel local*, Economica, 1995
- Stahl (J.-H.), « Le principe de libre administration a-t-il une portée normative ? », *Nouveaux Cahiers du Conseil constitutionnel* 2014. 31, n° 42
- Verpeaux (M.), « La Constitution et les collectivités territoriales », *RD publ.* 1998. 1379

TITRE 2

L'ORDRE PUBLIC NATIONAL

49 ***Notion d'ordre public national*** ◊ Il est constitué d'un minimum de règles constitutionnelles qui expriment les intérêts supérieurs de la société et de l'État. Il est impossible d'y déroger dans l'élaboration du droit des collectivités territoriales sous peine de mettre en cause le fondement même de l'ordre constitutionnel général. Cet ordre est construit autour d'un certain nombre d'énoncés majeurs qui se recrutent plus particulièrement au sein des premiers articles de la Constitution. Ils expriment des valeurs, une assise éthique qui sous-tend la nature et la cohésion de notre État au sein duquel les collectivités doivent accepter de trouver leur place : indivisibilité de la République (art. 1er), notion de peuple et de langue française (préambule et art. 2), égalité des citoyens (art. 1er et 3), principe du contrôle de l'État sur les collectivités (art. 72 al. 6). Le principe d'indivisibilité de la République est une composante essentielle de cet ordre, mais pas la seule. L'affirmation d'un ordre public national ne doit pas passer pour une simple commodité de présentation : il s'impose comme un ordre logique, hiérarchique et matériel.

Sur les fondements constitutionnels du principe du contrôle de l'État sur les collectivités, v. ss 800.

50 ***Ordre matériel*** ◊ Les éléments de l'ordre public national incarnent des idées de limites dans l'élaboration du droit des collectivités territoriales. Ces limites ont pour but commun la protection de l'homogénéité du corps social et de la cohésion de l'État qui seraient condamnés à l'éclatement dans un État livré à la juxtaposition des pouvoirs locaux. Le droit positif oriente essentiellement cet ordre national vers *la sauvegarde de l'individu.*

La jurisprudence constitutionnelle assure ainsi *le perfectionnement de son statut par l'unification de sa condition* face à la différenciation des réglementations des collectivités, aujourd'hui de plus en plus appelées à développer leurs interventions et leurs spécificités : l'individu doit relever de la loi nationale pour les aspects essentiels de sa condition, il doit profiter des mêmes droits civiques et politiques, des mêmes libertés et des mêmes principes d'administration décentralisée quelle que soit sa résidence sur le territoire de la République.

La nécessité de ces limitations, au moins dans leur principe, est admise sans grande discussion dans un État par tradition indivisible. Mais, jusqu'où faut-il prohiber les discriminations territoriales ? Au nom des relations qui s'établissent entre cet ordre public et la décentralisation une tendance s'affirme pour élargir autant que possible le domaine de l'État et les limitations qui en découlent pour le pouvoir des collectivités. Sous prétexte de l'encadrer, elles viennent parfois à le nier. C'est ainsi que sur les plans culturel et social le juge constitutionnel s'est attaché à prolonger le statut unitaire du citoyen d'abord installé aux plans civique, politique et des libertés (v. ss 64). Mais pourquoi faudrait-il qu'une allocation minimale d'existence soit identique dans l'ensemble des départements où les niveaux de vie n'ont rien de commun ? Tout le problème réside dans l'identification de ce qui fait la base du regroupement national sur des principes essentiels, tout en les maintenant à un niveau compatible avec la possibilité et l'utilité d'une décentralisation administrative.

51 ***Ordre hiérarchique*** ◊ Il n'était pas si évident de constituer un ordre positif à partir de formules qui se présentent sous la forme de déclarations de philosophie politique (expressions d'« indivisibilité », de « peuple français »). Elles traduisent pourtant un vœu d'appartenance à la société tout entière. Et, en leur attachant une sanction au contentieux, le juge constitutionnel devait nécessairement les constituer en socle sur lequel tient tout l'édifice constitutionnel. C'est pourquoi les composantes de cet ordre définissent des *limitations absolues* à la libre administration des collectivités s'imposant pour toute catégorie de collectivités - même pratiquant la décentralisation législative dans l'outre-mer - et en toutes circonstances. Sauf dérogation constitutionnelle expresse, le principe de l'uniformité des conditions d'exercice des libertés, de l'organisation institutionnelle des catégories de collectivités, du monopole de la compétence législative ou du droit de vote au profit des citoyens... ne sont pas susceptibles de restriction, ni de sacrifice au nom du principe de libre administration. En réalité il s'agit moins de principes restrictifs que de principes organisateurs du cadre national à l'intérieur duquel le principe de libre administration doit, en creux, trouver sa place.

Il en va différemment des *limitations relatives* à la libre administration et qui ne relèvent pas de cet ordre public national. Il s'agit de limitations qui ne s'imposent pas de façon générale et permanente : leur portée est limitée au cas particulier résolu par le juge constitutionnel. Elles traduisent donc moins l'idéologie de l'État indivisible que des constatations ponctuelles, ce qui conduit à atténuer leur impact sur les rapports systématiques de l'État et des collectivités. La libre administration ne peut faire abstraction de circonstances concrètes. Ainsi, les autres libertés ou divers impératifs d'intérêt général s'imposent à la liberté d'action et de décision des collectivités et excluent son exercice qui serait incompatible avec ces libertés ou cet intérêt général (Par exemple, le logement des personnes défavorisées répondant d'une exigence d'intérêt national, il est permis au législateur de prévoir qu'en cas de désaccord entre les départements et l'État sur le financement du fonds de solidarité pour le logement, ceux-ci seraient tenus par un arbitrage ministériel laissant le dernier mot à l'État : Cons. const. 29 mai 1990, n° 90-274 DC, *Droit au logement*, préc.). Les possibilités de la libre administration varient ainsi selon les époques et les politiques qui lui imposent un certain nombre de sacrifices.

52 ***Ordre logique*** ◊ C'est pour faire contrepoids aux poussées décentralisatrices des années quatre-vingt que le juge constitutionnel a affirmé cet ordre public dont il a imposé et réglé les éléments. En réalité, l'ordre public national et le principe de libre administration des collectivités se légitiment mutuellement : chacun est un contrepoids aux excès de l'autre. L'un est pour l'autre, l'élément opposé permettant la synthèse. D'où la nécessité des sacrifices qui sont imposés à la libre administration au nom de cet ordre. Sans doute, l'État indivisible ne pense pas que la vérité et l'efficacité sont toutes entières dans la centralisation. Mais, il est tout aussi vrai, qu'en pratique, le souci de l'ordre tend à l'emporter chez les gouvernants et les juges quels qu'ils soient. C'est d'ailleurs pourquoi le constituant en 2003 a tenu à introduire au sein des dispositions du premier article cette nuance fondamentale par laquelle l'« organisation de (notre) République » est « décentralisée » (art. 1er).

53 Nous rendrons compte de la manière dont s'impose cet ordre public national en étudiant successivement ses effets sur la centralisation du droit (Section 1) et sur l'uniformité du droit (Section 2).

SECTION 1. IMPÉRATIF DE CENTRALISATION DU DROIT

54 La sauvegarde de l'État indivisible implique d'abord la protection des autorités qui incarnent son pouvoir. C'est principalement le cas de l'exercice d'élaboration de la règle de droit par la fonction législative dont la Constitution réserve le monopole au Parlement. Cette protection s'étend également aux organes juridictionnels (art. 64 s.) et à la fonction diplomatique (art. 52 s.) [1] insusceptibles d'exercice décentralisé. Nous préciserons le principe du rattachement exclusif de la fonction législative à l'État avant d'en voir ses possibles mais limités aménagements.

1. Sur ce dernier point, v. ss 664.

§ 1. Principe du monopole de la compétence législative

55 ***Fondement et manifestations du monopole*** ◊ Il est admis que l'administration décentralisée est liée par la règle légale faite par le Parlement. C'est là un des principes de la décentralisation administrative et, si la Constitution promet aux collectivités une « libre administration », c'est sous la réserve qu'elle s'exerce « dans les conditions prévues par la loi » (art. 72 al. 3). Il s'ensuit que les collectivités trouvent dans la loi le fondement et la limite de leur action : *elles ne disposent pas d'un pouvoir autonome*. Cette exigence s'explique d'abord par rapport à l'Histoire, tout en étant clairement établie par le droit positif :

1. Historiquement, la solution se rattache au *principe d'indivisibilité de la République*. Ce principe a valeur historique puisqu'il prend racine à la Révolution avec la victoire des jacobins - décentralisateurs - sur les girondins - fédéralistes. La Convention du 25 septembre 1792 énonçait cette proclamation selon laquelle « la République est une et indivisible » et qui sera reprise dans toutes les Constitutions révolutionnaires postérieures jusqu'en 1848. Les Constitutions du 27 octobre 1946 - article 85 excepté - et du 4 octobre 1958 ne garantissent plus qu'une « République indivisible », sans qu'on doive attacher de conséquence majeure, autre qu'idéologique, à cette économie de rédaction. L'intérêt historique de la formule consiste dans le rejet du fédéralisme en ce que celui-ci suppose l'aménagement des collectivités sous la forme d'États titulaires de leurs propres organes politiques, donc de leur propre compétence législative. La conception révolutionnaire de la loi « expression de la volonté générale » devait également entraîner les mêmes conséquences : le pouvoir législatif tire de son origine nationale une primauté à laquelle participe l'exercice de sa fonction.

2. Le texte constitutionnel établit expressément cette solution en confiant au Parlement l'édiction des règles que celui-ci lui paraît appeler dans les matières les plus importantes (art. 34). Cela n'exclut pas, pour les collectivités, la faculté de poser, comme le législateur, des règles générales dans la mesure où de telles règles sont nécessaires à préciser les conditions d'exécution des lois. Mais, ces règlements administratifs demeurent entièrement subordonnés aux lois et ne peuvent être édictés à leur place, fût-ce sur invitation du législateur lui-même. Ainsi, une collectivité territoriale ne saurait décider de la création d'un impôt, aptitude que l'article 34 réserve au Parlement, mais seulement des règles de taux ou d'assiette dans les conditions établies par la loi d'habilitation.

En tant que de besoin, le juge constitutionnel se fait le gardien de cet ordre des compétences en précisant que la décentralisation doit rester limitée par « les règles constitutionnelles concernant les attributions du législateur », ainsi que par « l'organisation des pouvoirs publics » (Cons. const. 25 févr. 1982, n° 82-137 DC, *Décentralisation*, préc.). Le Conseil constitutionnel a ainsi censuré les dispositions légales prévoyant au profit de l'assemblée de Corse la possibilité de déroger à titre expérimental à certains articles de loi sur le fondement d'une habilitation législative expresse. Il a estimé qu'en « ouvrant au législateur [...] la possibilité d'autoriser la collectivité territoriale de Corse à prendre des mesures relevant du domaine de la loi, la loi déférée est intervenue dans un domaine qui ne relève que de la Constitution » (Cons. const. 17 janv. 2002, n° 01-454 DC, *Loi relative à la Corse*, préc., inconstitutionnalité fondée sur les art. 3 - souveraineté nationale - et 34 Const.).

§ 2. Aménagements du monopole de la compétence législative

56 L'évolution du droit depuis 1958 a, dans une certaine mesure, adapté la règle du monopole. Les possibilités offertes à certaines collectivités pour donner leur avis sur un texte de loi ainsi que pour statuer ponctuellement dans son domaine concrétisent cette adaptation. Pour autant, on ne saurait soutenir que le pouvoir local n'est plus exclusivement administratif : au vu du régime qui encadre ces possibilités, le principe traditionnel de la compétence première du législateur s'y retrouve.

57 ***Association consultative au pouvoir législatif*** ◊ La possibilité est prévue au profit de collectivités dont on veut consacrer le fort particularisme local : la Corse et les collectivités dans l'outre-mer :

1. La loi du 13 mai 1991 relative au statut de la *collectivité territoriale de Corse* prévoit *l'avis préalable* de l'assemblée de Corse sur tout projet de loi ou de décret en rapport avec ses compétences. Mais, imposée par loi ordinaire, cette règle ne saurait revêtir une quelconque valeur contraignante pour les autorités de l'État qui restent libres de ne pas suivre ni même de solliciter l'avis. Sous les mêmes réserves, l'assemblée se voit accorder la possibilité d'élaborer des *propositions en matière législative*. De telle manière, qu'on pouvait se dispenser d'une loi pour instituer de simples facultés et obtenir le même résultat par la voie informelle d'une pétition par les élus locaux (Cons. const. 9 mai 1991, n° 91-290 DC, *Statut Corse*, préc., précisant que cette consultation « ne saurait avoir une quelconque incidence sur la procédure législative laquelle relève de la Constitution et des lois organiques prises pour son application et qu'elle ne saurait en rien limiter le droit d'initiative du gouvernement en matière législative »).

2. S'agissant des *collectivités d'outre-mer*, l'article 74 prévoit deux types de consultations obligatoires : dans chaque cas l'État n'est pas tenu de suivre l'avis mais néanmoins de le solliciter sous peine d'inconstitutionnalité de l'ensemble de la loi [1].

D'abord, si la loi organique est seule compétente pour définir ou réformer leur statut, celle-ci doit néanmoins être adoptée « après avis de l'assemblée délibérante » (art. 74 al. 2). Ce qui a trait au statut - organisation et compétences - présente nécessairement un caractère attractif étendant

1. Cons. const. 22 juill. 1980, n° 80-122 DC, *Extension de la procédure pénale au TOM*, *Rec. Cons. const.* 49 ; *RD publ.* 1980. 1648, note L. Favoreu ; *D.* 1981. IR 359, obs. L. Hamon.

d'autant l'obligation de consultation préalable. Mais pour ne pas alourdir outre mesure le travail législatif, le champ d'application de cette règle est d'interprétation raisonnable. Elle ne doit être regardée, « sous peine de porter atteinte aux prérogatives du Parlement », comme s'imposant aux dispositions introduites par voie d'amendement [1]. L'avis n'a pas non plus à être recueilli à l'occasion des lois organiques relatives à l'expérimentation et au référendum décisionnel [2].

Ensuite, l'article 74 alinéa 6 prévoit la consultation des autorités locales sur tout projet ou proposition de loi ou projet d'ordonnance ou de décret regardant chaque collectivité et en renvoie l'établissement des conditions à la loi organique spécifique à chacune d'elle ; ce qui ne garantit pas une solution unitaire pour régler le régime de cette consultation.

S'agissant des *départements d'outre-mer*, il est prévu la consultation pour avis des conseils généraux dans le cas où les autorités de l'État y décident de mesures d'adaptation (CE 1er mars 1974, *Cozette*, *Lebon* 159).

58 ***Délégation du pouvoir législatif*** ◊ C'est une évolution qui tend à s'affirmer en droit des collectivités territoriales : il est possible qu'une assemblée délibérante cumule entre ses mains un pouvoir administratif et une fraction du pouvoir législatif. Nettement circonscrites aux collectivités d'outre-mer au départ - ex-territoires d'outre-mer et collectivités à statut particulier -, les possibilités de délégation de compétence législative ont récemment été étendues aux départements d'outre-mer, puis à l'ensemble des collectivités dans le cadre de l'expérimentation normative. Mais les règles adoptées à ce titre ne peuvent être prises ni en forme ni en force de loi. De telle manière qu'il ne peut s'agir à proprement parler d'un transfert du pouvoir législatif, mais plutôt d'une extension de compétences administratives opérée sur la base d'un redécoupage des domaines législatif et réglementaire.

Pour le seul véritable démembrement de la compétence législative réalisée par les « lois de pays » de Nouvelle-Calédonie qui revêtent une nature matériellement et hiérarchique législative, v. ss 416.

Nous étudierons le droit de l'expérimentation normative à l'endroit où il vient le plus naturellement (v. ss 718 s.) et bornerons notre propos aux hypothèses de délégation du pouvoir législatif dans les collectivités et les départements d'outre-mer :

1. Délégation du pouvoir législatif dans les collectivités d'outre-mer. Au nom de leur organisation particulière vouée à tenir compte de leurs « intérêts propres à chacune d'elle au sein de la République », ces collectivités

---

1. Cons. const. 23 mai 1979, n° 79-104 DC, *Terr. Nouvelle-Calédonie*, *Rec. Cons. const.* 27 ; *RD publ.* 1979. 1695, note L. Favoreu ; *Gaz. Pal.* 1981, n° 53, p. 12, obs. L. Hamon.

2. Cons. const. 30 juill. 2003, n° 03-478 DC, *LO relative à l'expérimentation par les collectivités territoriales*, consid. 2, *Rec. Cons. const.* 411 ; *AJDA* 2003. 1715, note J.-M. Pontier ; *JCP Adm.* 2003. 1333, note M. Verpeaux ; *LPA* 30 sept. 2003. 5, note J.-E. Schoettl. Cons. const. 30 juill. 2003, n° 03-482 DC, *LO relative au référendum local*, consid. 2, *Rec. Cons. const.* 414 ; *LPA* 25 juill. 2003. 8, note J.-E. Schoettl ; *LPA* 6 juill. 2004. 17, note M. Verpeaux ; *AJDA* 2003. 1862, note J.-P. Duprat ; *JCP Adm.* 2004. 1113, note M. Verpeaux.

se voient conférer - expressément depuis 2003 - la possibilité de statuer dans des domaines relevant de la loi pour ce que peut exiger ces intérêts propres. À cet effet, l'article 74 autorise la loi organique à établir, pour chaque collectivité, la liste de ses compétences portant sur des matières législatives à l'exception d'un certain nombre de matières régaliennes prévues à l'article 73 : la nationalité, les droits civiques, les garanties des libertés publiques, l'état et la capacité des personnes, l'organisation de la justice, le droit pénal, la procédure pénale, la politique étrangère, la défense, la sécurité et l'ordre publics, la monnaie, le crédit et les changes, ainsi que le droit électoral. Il s'ensuit, qu'une telle collectivité peut se voir reconnaître le pouvoir d'établir les impôts locaux [1] ou d'organiser son enseignement supérieur [2].

Mais, tout n'est pas juridiquement possible pour la collectivité statuant dans le domaine de la loi. Elle ne peut, aussi librement que le législateur, poser les règles que la question lui paraît devoir nécessiter. Statuant en force réglementaire, la collectivité est justiciable pour de tels actes du juge administratif qui s'assurera de leur subordination aux lois ainsi qu'aux principes généraux du droit [3]. Le résultat reste donc entendu dans une « libre administration » élargie. Il faut voir, toutefois, - et il ne pourrait utilement en aller autrement - que l'habilitation par la loi organique vaut permission pour ces actes administratifs de revenir sur les lois antérieures prises dans le domaine considéré [4].

C'est pourquoi, certaines collectivités d'outre-mer s'estimant soumises au contrôle de légalité du juge administratif local comme à une « tutelle » (Polynésie), l'article 74 a prévu des dispositions spécifiques pour celles d'entre elles *« dotées de l'autonomie »* (art. 74 al. 7). Il en découle pour leurs actes pris dans les domaines de la loi leur soumission à « un contrôle juridictionnel spécifique » exercé par le Conseil d'État (art. 74 al. 8). Cela contribue à identifier une catégorie particulière d'actes administratifs par leur régime contentieux mais, sans qu'on sache s'ils correspondent à l'exercice d'une compétence plus inconditionnée - c'est-à-dire s'ils sont uniquement soumis au respect du bloc de constitutionnalité. En revanche, et dans l'intérêt d'écarter elles-mêmes les dispositions d'une loi produisant effet dans une matière transférée, l'article 74 alinéa 9 prévoit une procédure de délégalisation devant le Conseil constitutionnel : saisi par les autorités de la collectivité, la juridiction constitutionnelle autorisera l'assemblée délibérante à modifier une telle loi (pour une première application préfigurant la difficulté d'opérer une frontière rigide entre les domaines de l'État et ceux de la collectivité dotée de l'autonomie, Cons. const. 3 mai 2007, n° 07-1 LOM, *Compétences fiscales de la Polynésie française, Rec.*

---

1. Cons. const. 2 juill. 1965, n° 65-34 L, *Rec. Cons. const.* 75.

2. Cons. const. 20 janv. 1984, n° 83-165 DC, *Rec. Cons. const.* 30.

3. CE Ass. 27 févr. 1970, *Saïd Ali Tourqui, Lebon* 138 ; *AJDA* 1970. 220, chron. R. Denoix de Saint Marc et D. Labetoulle. CE Ass. 27 févr. 1984, *Ordre avocats Polynésie française, Lebon* 21, CE 16 oct. 2013, Soc. Électricité de Tahiti, *AJDA* 2014. 568, note O. Gohin.

4. CE 6 juin 1986, *Féd. fonctionnaires, agents et ouvriers fonction publique, Lebon* 157 ; *AJDA* 1986. 421, chron. M. Azibert et M. de Boisdeffre ; *Dr. soc.* 1986. 725, concl. J. Massot, à propos des modalités de calcul des prestations familiales en Nouvelle-Calédonie. À propos du régime contentieux des décisions de la collectivité de Saint-Barthélémy : B. Faure, note sous CE 22 févr. 2012, *France Télécom, AJDA* 2012. 1356.

Cons. const. 129, rejet à propos de la création par la loi nationale une taxe sur la sécurité dans certains aéroports appartenant à l'État en Polynésie, l'État demeurant compétent en matière de police et de sécurité concernant l'aviation civile) [1].

2. Délégation de pouvoir législatif dans les départements d'outre-mer. En contradiction avec le principe historique de leur *assimilation* aux départements métropolitains, les DOM peuvent se voir reconnaître la faculté de statuer dans certains domaines normalement réservés au Parlement (art. 73 al. 3). Il reste que cette possibilité obéit aux mêmes restrictions que précédemment : elle s'exerce, d'une part, au niveau administratif et non législatif dans la hiérarchie juridique et, d'autre part, en dehors d'un certain nombre de domaines régaliens indélégables (art. 73 al. 4 et 6). S'y ajoute le verrou selon lequel la délégation n'est envisageable « qu'à la demande de la collectivité concernée » (art. 73 al. 6) de manière à éliminer les risques de désengagement de l'État redoutés dans les domaines du droit du travail et de la protection sociale. Le département de La Réunion est expressément exclu du dispositif (art. 73 al. 5). Il y a bien des matières dont pourraient ainsi souhaiter s'emparer les DOM : la fiscalité, le régime douanier, la coopération régionale, la gestion des ressources naturelles... À ce jour, ces possibilités sont demeurées inutilisées [2].

SECTION 2. IMPÉRATIF D'UNIFORMITÉ DU DROIT

59 ***Hypothèses d'uniformité du droit*** ◊ Rien n'interdit au législateur de pratiquer ou d'autoriser des discriminations territoriales si elles concourent à l'égalité ou à l'intérêt général : en droit positif, il n'existe pas de principe général d'uniformité territoriale (Cons. const. 17 juill. 1985, n° 85-189 DC, *Principes d'aménagement, Rec. Cons. const.* 49 ; *RD publ.* 1986. 395, note L. Favoreu et 1256, étude F. Luchaire ; *AIJC* 1985. 406, note B. Genevois ; *Rev. adm.* 1985. 462, note R. Etien, s'agissant de la possibilité d'accorder aux autorités décentralisées le pouvoir de soumettre à autorisation préalable la vente ou la location d'une propriété immobilière justifiée en ce que la protection d'intérêts généraux tels que la sauvegarde des sites et des milieux naturels ne peut être assurée qu'à partir d'appréciations concrètes). Mais, dans chaque domaine où il est difficile de faire coïncider l'importance de la question à traiter avec la diversité des situations locales, le juge constitutionnel s'efforce d'imposer l'uniformité de la règle légale : celle-ci doit être la même sur tout le territoire sans distinguer les collectivités ni les individus. Ces cas ne sont pas majoritaires, mais ils participent de l'idée qu'un ordre

1. Sur le contrôle des lois de pays polynésiennes, v. ss 416.
2. D'où l'assouplissement du droit par la révision constitutionnelle du 23 juill. 2008. V. P.-O. Caille, « L'outre-mer dans la révision constitutionnelle du 23 juillet 2008 », *AJDA* 2008. 1887.

public national exprime en droit positif des valeurs supérieures auxquelles il est interdit de faire exception, notamment par la décentralisation. Ces domaines concernent principalement l'organisation statutaire des collectivités et l'essentiel de la condition juridique des citoyens français.

60 ***Fondements positifs de l'uniformité du droit*** ◊ Ce n'est pas un principe constitutionnel unique qui impose au juge ce résultat. Celui-ci se fonde sur un appareil de référence à la tête duquel émergent les notions d'« indivisibilité » républicaine (art. 1er) et de « peuple français » (préambule). Elles exercent sur cet appareil une autorité essentiellement formelle s'attachant plus à leur consécration par le constituant de 1958 qu'à leurs conséquences juridiques précises dont elles sont dépourvues. C'est pourquoi elles s'imposent au contentieux en association avec d'autres normes constitutionnelles plus explicites. Mais alors ce sont ces autres normes qui leur donnent leur traduction concrète : le principe du contrôle de l'État (art. 72 al. 6) que le législateur ne saurait priver d'effet [1], le principe d'égalité (art. 1er) pour reconnaître à chacun les mêmes libertés [2] ou interdire la pratique des langues régionales dans la vie publique [3], le principe du monopole de la souveraineté par le peuple (art. 3) et de la représentation des collectivités territoriales au Sénat (art. 24) pour fonder un corps électoral unique réservé aux nationaux français et indivisible par catégories d'entre eux [4]. Le règne des références à l'indivisibilité et au peuple français en droit constitutionnel reste donc avant tout théorique et pédagogique : il consiste en pratique à fonder une lecture centralisatrice et uniformisante des autres dispositions constitutionnelles.

§ 1. Uniformité des catégories de collectivités territoriales

61 ***Intérêt actuel du principe*** ◊ Précisément mise en pièces par la révision constitutionnelle de 2003, la jurisprudence constitutionnelle sur « l'uniformité catégorielle des collectivités » mérite néanmoins d'être mentionnée. Elle a servi de modèle impératif de référence pour l'organisation des collectivités depuis les années 1980 et n'a pas perdu toute valeur juridique : elle continue à fonder l'acquis institutionnel dans tous les cas où les règles de mutabilité statutaires installées en 2003 n'ont pas été utilisées pour y faire échec (v. ss 32 s.).

62 ***Contenu du principe*** ◊ La portée contraignante de cette jurisprudence est simple : chaque catégorie de collectivités (commune, département,

1. Cons. const. 25 févr. 1982, n° 82-137 DC préc.
2. Cons. const. 13 janv. 1994, n° 93-329 DC, cité *infra*, n° 63.2.
3. Cons. const. 15 juin 1999, n° 99-412 DC, cité *infra*, n° 63.3.
4. Cons. const. 18 nov. 1982, n° 82-146 DC, préc.

région...) constitue une famille dont tous les membres doivent respecter un droit institutionnel commun propre à identifier précisément la catégorie (mode de scrutin pour les élections à l'assemblée délibérante, compétences de la collectivité...). Le juge constitutionnel avait entendu par sa jurisprudence juguler une évolution qui menaçait d'éclatement le modèle régional après les différenciations législatives pratiquées pour la Corse, l'Alsace-Moselle et les départements d'outre-mer, et qui traduisait l'évolution vers un « État unitaire pluri-législatif » (P. Lampué).

La règle de l'uniformité catégorielle des collectivités est fondée sur l'ancienne rédaction de l'article 72 alinéa 1er selon laquelle « Les collectivités territoriales de la République sont les communes, les départements et les territoires d'outre-mer ». Cette pure déclaration devait ainsi revêtir pleine valeur normative. Sa garantie entraînait comme conséquence secondaire l'irréversibilité des communes et des départements dont la suppression devenait inconcevable hormis révision constitutionnelle.

Le problème est, qu'à l'expérience, la rigidité de cette jurisprudence empêchait de tenir compte de particularismes locaux, politiques, géographiques ou économiques, pour autoriser des évolutions vers des statuts différenciés. Mais, les assouplissements nécessaires qu'elle a dû s'imposer face à ces nécessités pratiques ont fini par en ruiner l'efficacité. S'ajoute à cela qu'elle s'est révélée en partie fictive, le droit communal échappant à ses prises pour évoluer vers la consécration de sous-catégories en rapport avec leurs disparités de taille démographique (Cons. const. 28 déc. 1982, n° 82-149 DC, *Paris, Lyon, Marseille*, *Rec. Cons. const.* 76 ; *RD publ.* 1983. 333, note L. Favoreu).

1. Manifestations de la jurisprudence. L'illustration principale de la règle de l'uniformité catégorielle reste la décision de 2 décembre 1982 à l'occasion de laquelle le juge censure la loi tentant d'instituer une assemblée unique confondant conseil général et conseil régional au sein des départements-régions d'outre-mer. Cette assemblée élue au scrutin proportionnel n'assurait plus la représentation des départements dans leurs composantes territoriales (les cantons), ce qui revenait à rayer la catégorie départementale d'une partie de la carte nationale (Cons. const. 2 déc. 1982, n° 82-147 DC, *Statut DOM*, *Rec. Cons. const.* 70 ; *RD publ.* 1983. 333, note L. Favoreu ; *Rev. adm.* 1982. 620, note R. Etien ; *RFAP* 1983. 24, note J.-C. Fortier). La leçon était claire : le pouvoir législatif ne pouvait réorganiser les collectivités que dans le respect des catégories déjà existantes (v. égal. Cons. const. 25 févr. 1982, n° 82-138 DC, *Statut particulier Corse*, *Rec. Cons. const.* 41 ; *AJDA* 1982. 303, note J. Boulouis ; *RD publ.* 1982. 1259, note L. Favoreu ; *Rev. adm.* 1982. 352, note R. Etien).

2. Assouplissements de la jurisprudence. Ils se sont d'abord manifestés par la notion de *mesures d'adaptation*. Pour le cas des catégories de collectivités créées par la loi (la région avant 2003), l'unité catégorielle ne signifie pas l'uniformité : celles-ci peuvent profiter de règles institutionnelles adaptées à leur situation particulière. Ce fut le cas pour les régions d'outre-mer qui ont pu disposer d'un organe consultatif spécifique – le Comité de la culture, de l'éducation et de l'environnement – et de compétences supplémentaires sans équivalent pour les régions métropolitaines (Cons. const. 25 juill. 1984, n° 84-174 DC, *Régions outre-mer*, *Rec. Cons. const.* 48 ; *RD publ.* 1986. 395, note L. Favoreu ; *AJDA* 1984. 619, note J. Ferstenbert). Mais pour les cas où il était nécessaire d'aller au-delà de simples mesures d'adaptation, le législateur disposait toujours de la faculté *d'instituer une catégorie nouvelle de collectivité* sur le fondement de la deuxième phrase de l'article 72 al. 1 : « toute autre collectivité est créée par la loi ». Ces dispositions ont pu recevoir application, fût-ce pour une seule collectivité, alors regardée comme représentant une catégorie tout entière à elle seule. Ce fut le cas pour la Corse (Cons. const. 9 mai 1991, n° 91-290 DC, *Statut Corse*, préc.). Par cette échappatoire, la jurisprudence constitutionnelle devait évoluer sans plus recevoir d'application contraignante.

§ 2. Uniformité du statut des individus

63 ***Contenu de la règle de l'uniformité*** ◊ Le principe est que tout individu a le droit d'obtenir de la loi les mêmes garanties dans ses conditions essentielles d'existence sans aucune discrimination tenant à sa situation géographique. Il s'agit d'abord d'une règle de droit national puisqu'elle s'impose au législateur qui ne pourra pas établir des catégories de citoyens ni des catégories de titulaires de droits fondamentaux. Mais, c'est aussi une règle de droit de la décentralisation puisque les collectivités ne pourront établir de distinction là où la loi ne peut en établir. Il ne faudrait pas, en effet, que cette égalité face à la règle puisse être écartée par des inégalités dans l'application de la règle. Le problème est que le droit positif précise mal le champ de l'obligation d'uniformité dont l'extension exagérée peut menacer la raison d'être de la décentralisation. Il est normal que le refus de prendre en compte les situations particulières soit à la base du droit électoral, des droits de l'homme ou du droit de la fonction publique. En revanche, il doit tout autant être considéré comme normal que le droit de la décentralisation permette de s'adapter aux réalités lorsque les services publics des collectivités, leur police, leur fiscalité ou leurs aides régissent des catégories particulières de la population.

64 ***Manifestations de la règle de l'uniformité*** ◊ La jurisprudence a étendu progressivement la règle de l'uniformité de traitement des individus.

1. Manifestation de la règle au plan civique et politique. Celle-ci s'est d'abord manifestée au plan de la citoyenneté : tous les citoyens forment un corps électoral auquel est réservée l'expression du suffrage universel (Cons. const. 9 avr. 1992, n° 92-308 DC, *Maastricht I*, préc., s'agissant de l'impossibilité les ressortissants des États membres de la communauté européenne de participer aux élections municipales) et dont le pouvoir de choisir leurs représentants ne peut être limité en établissant des quotas de représentation par sexe (Cons. const. 18 nov. 1982, n° 82-146 DC, *Quotas par sexe*, préc.) et la parité entre hommes et femmes (Cons. const. 14 janv. 1999, n° 98-407 DC, *Élect. conseillers régionaux*, préc.). Voir sur cette question et ses évolutions en droit constitutionnel, *v. ss* 30.

Dans le même sens, le législateur ne saurait créer d'incompatibilités spécifiques à certains mandats locaux, comme ce fut le cas entre membre du gouvernement du Territoire de Polynésie française et de la collectivité de Nouvelle-Calédonie et celle de membre de l'assemblée européenne (Cons. const. 30 août 1984, n° 84-177 et 178 DC, *Statut Polynésie française* et *Statut Nouvelle-Calédonie, Rec. Cons. const.* 66 et 69 ; *RD publ.* 1986. 395, note L. Favoreu). Il ne peut pas, non plus, rendre incompatibles les fonctions de conseil général en Corse et de membre de l'Assemblée de Corse (Cons. const. 9 mai 1991, n° 91-290 DC, *Statut Corse*, préc.).

S'agissant de l'institution d'une « citoyenneté canaque », se traduisant notamment par l'accès privilégié au droit de vote pour certaines élections, fondée sur l'affirmation constitutionnelle de « populations de Nouvelle-Calédonie », v. art. 76 et 77 Const. et, au regard de la question de l'atteinte au droit de vote : CE Ass. 30 oct. 1998, *Sarran et Levacher, Lebon* 369 ; *RFDA* 1998. 1081, concl. C. Maugüe, note D. Alland ; *RFDA* 1999. 57, notes L. Dubouis, B. Mathieu, M. Verpeaux et O. Gohin ; *AJDA* 1998. 982, chron. Raynaud et Fombeur et 1039, note B. Mathieu et M. Verpeaux ; *Europe* mars 1999, note D. Simon ; *RD publ.* 1999. 919, note J.-F. Flauss ; *LPA* 23 juill. 1999, note E. Aubin et 7 et 8 oct. 1999, note J.-C. Ricci ; CEDH 11 janv. 2005, n° 66289/01, *Bruno Py c. France*, absence de violation des art. 3 du 1er protocole relatif au droit à des élections libres et 14 CEDH relatif à la non discrimination) [1].

2. Manifestation de la règle au plan des libertés. C'est un premier prolongement remarquable du droit positif : au nom d'un principe « d'unicité des conditions d'exercice des libertés publiques » qu'il dégage par sa propre volonté, le juge constitutionnel impose que chaque citoyen profite également des possibilités qu'offre chaque liberté. Toute discrimination territoriale est proscrite en la matière (Cons. const. 18 janv. 1985, n° 84-185 DC, *Loi Chevènement*, préc. et 13 janv. 1994, n° 93-329, *Révision loi Falloux, Rec. Cons. const.* 9 ; *RFDA* 1994. 209, note B. Genevois et 1996. 79, note H. Savoie ; *AJDA* 1994. 132, note J.-P. Costa ; *RFDC* 1994. 325, note L. Favoreu ; *JCP* 1994. 22241, note A. Aschworth ; *LPA* 29 mars 1995. 4, note M. Verpeaux ; *D.* 1995. 341, obs. F. Mélin-Soucramanien ; *RD publ.* 1994. 609, note F. Luchaire ; *Rev. adm.* 1994. 61, note J.-M. Pontier, s'agissant de l'exercice égalitaire de la liberté de l'enseignement qui ne saurait dépendre des décisions des autorités territoriales pour ce qui est du financement des écoles privées. Cons. const. 6 avr. 1996, n° 96-373 DC, *Polynésie française I, Rec. Cons. const.* 43 ; *LPA* 5 juin 1996. 18, note A. Gruber ; *LPA* 4 sept. 1996. 6, chron. B. Mathieu et M. Verpeaux ; *LPA* 4 déc. 1996. 5, note D. Turpin ; *LPA* 4 avr. 1997. 4, note J.-F. Flauss ; *D.* 1998. Somm. 145, obs. J.-C. Car, A. Roux, J. Trémeau et T.S. Renoux ; *AJDA* 1996. 371, note O. Schrameck ; *Rev. adm.* 1996. 313, note J.-M. Pontier ; *RD publ.* 1996. 953, note F. Luchaire ; *D.* 1996. Chron. 301, note W. Baranès et M.-A. Frison-Roche ; *RFDC* 1996. 587, note J. Trémeau, 589, note A. Roux et 594, note T.-S. Renoux ; *Dr. adm.* avr. 1997. 6, note F. Brial, s'agissant de la liberté individuelle et de l'impossibilité de moduler le régime de la répression pénale. V. également CE Ass. 29 avr. 1994, *Haut-commissaire République en Nouvelle-Calédonie, Lebon* 205, à propos des conditions d'exercice de la liberté d'association).

La réforme constitutionnelle de 2003 a accentué la valorisation de ce principe en scellant son énoncé dans le droit écrit, les expérimentations de l'article 72 alinéa 4 et les compétences accordées aux départements d'outre-mer (art. 73) ne pouvant expressément le tenir en échec.

3. Manifestation de la règle au plan social et culturel. La règle s'impose en matière d'aide sociale décentralisée, le versement par les départements de la prestation dépendance devant rester subordonnée à la condition que la loi fixe des critères uniformes d'attribution (conditions d'âge, de ressource, de dépendance) au nom d'une exigence de « solidarité nationale » (Cons. const. 21 janv. 1997, n° 96-387 DC, *Prestation dépendance, Rec. Cons. const.* 23 ; *AJDA* 1997. 165, note O. Schrameck ; *RD publ.* 1998. 1363, étude H.-G. Hubrecht ; *RFDC* 1997. 323, note F. Mélin-Soucramanien ; *D.* 1999. 236, obs. F. Mélin-Soucramanien ; *LPA* 12 févr. 1997. 9, note J.-C. Zarka et 17 oct. 1997. 10, chron. B. Mathieu et M. Verpeaux ; *RDSS* 1997. 681, note X. Prétot). L'uniformité n'est

1. M.Chauchat, « La citoyenneté néo-calédonienne », *Cahiers du Conseil constitutionnel*, févr. 2008, n° 23.

pour autant pas requise en la matière, le juge n'entendant prévenir que les seules « ruptures caractérisées d'égalité » (v. ég., Cons. const. 18 déc. 2003, n° 03-487 DC, *RMI-RMA*, *Rec. Cons. const.* 493 ; *LPA* 27 déc. 2004. 13, chron. B. Mathieu, M. Verpeaux et L. Janicot ; *RDSS* 2004. 53, note M. Borgetto ; *RFDC* 2004. 114, note L. Gay ; *D.* 2004. 1274, note A. Duffy ; *Dr. soc.* 2004. 245, note X. Prétot ; *AJDA* 2004. 216, note J.-E. Schoettl, s'agissant de la décentralisation du RMI. Cons. const. 12 août 2004, n° 04-503 DC, *Libertés et responsabilités locales*, *JO* 17 août 2004. 14648 ; *AJDA* 2004. 1960, note M. Verpeaux ; *LPA* 31 août 2004. 3, note J.-E. Schoettl ; *RFDA* 2004. 1150, note B. Faure, à propos des compétences du département en matière de logement social).

Le principe général d'égalité face à la loi est également appliqué comme interdisant la reconnaissance de droits culturels, religieux ou linguistiques au profit de minorités au sein de la population nationale. En ce sens, la France avait émis une réserve sur l'article 27 du Pacte des Nations unies sur les droits civils et politiques en ce que celui-ci garantit aux minorités de ne pouvoir être privées de leur propre vie culturelle et religieuse. La Charte européenne sur les langues régionales et minoritaires prévoyant notamment l'usage d'une autre langue que la langue nationale devant les tribunaux (art. 9) est demeurée sans application en droit français, les dispositions constitutionnelles selon lesquelles « la langue de la République est le français » (art. 2) étant regardées comme s'y opposant (Cons. const. 15 juin 1999, n° 99-412 DC, *Charte européenne des langues régionales*, *Rec. Cons. const.* 71 ; *AJDA* 1999. 324, note J.-E. Schoettl et 2000. 300, note M. Frangi ; *LPA* 21 sept. 1999. 18, note M. Verpeaux, et 5 janv. 2000. 8, note R. Piastra et 14, note M. Clapié ; *RD publ.* 1999. 985, obs. F. Mélin-Soucramanien ; *RFDC* 1999. 594, note M. Verpeaux ; *D.* 1999. 598, note J.-M. Larralde, et 2000. 198, obs. F. Mélin-Soucramanien et 225, note F. Chaltiel ; *JCP* 1999. 10198, note C. Debbasch ; *Pouvoirs* 2000, n° 93, p. 209, note C. Olivesi ; *RFDA* 2001. 59, note P. Fraissex. Une proposition de révision constitutionnelle projette toutefois d'autoriser la ratification de la Charte). Dans le même sens, l'enseignement d'une langue régionale ne peut être dispensé qu'à titre facultatif dans les établissements d'enseignement sous peine de violer l'égalité entre leurs usagers et entre leurs enseignants (Cons. const. 17 janv. 2002, n° 01-454 DC, *Loi relative à la Corse*, préc., s'agissant de la possibilité de l'« enseignement généralisé » du corse dans les écoles maternelles et primaires. TA Rennes, 4 nov. 2004, *UNSA Éducation*, *Dr. adm.* avr. 2005. 17, note A. Taillefait, s'agissant de l'impossibilité d'intégrer les écoles « Diwan » au sein du service public en ce que la langue principalement pratiquée est le breton). Il a également été jugé que l'adoption d'une « loi de pays » par l'Assemblée de Polynésie française relevait d'une procédure irrégulière dès lors que les débats au sein de cette assemblée avaient dû se dérouler intégralement en langue tahitienne (CE 22 févr. 2007, *Sté Civile immobilière Caroline*, *AJDA* 2007. 1047, note J. Kissangoula, CE 13 juin 2013, *M. Clark et autres*, *AJDA* 2013. 2029, note J.-L. Pastorel. V. ég. sur le contrôle direct du règlement intérieur de l'Assemblée de Polynésie : CE 29 mars 2006, *Haut commissaire République Polynésie française*, *Lebon* 179 ; *BJCL* 2006. 441, concl. M.-H. Mitjavile et obs. B. Poujade. Toutefois, l'usage ponctuel du tahitien ne vicie pas la délibération dans la mesure où sa compréhension n'en est pas affectée, CE 16 oct. 2013, *Fédération générale du commerce*, *AJDA* 2014. 194) [1].

1. V. ég., pour ce qui a pu être de la question des droits collectifs reconnus à des groupes par la Charte européenne des droits fondamentaux : Cons. const. 19 nov. 2004, n° 04-505 DC, *Traité établissant une Constitution pour l'Europe*, *JO* 24 nov. 2004. 19885, consid. 16 ; A. Haquet, « L'enseignement privé musulman dans une République laïque », *RFDA* 2009. 515.

Il restera à établir dans quelle mesure l'inscription constitutionnelle selon laquelle « les langues régionales appartiennent au patrimoine de la France » autorise les changements (art. 75-1 Const.) - formule qui exclut les autres langues minoritaires [1]. Il est déjà intéressant de constater que cette inscription « n'institue pas un droit ou une liberté que la Constitution garantit » (Cons. const. 20 mai 2011, n° 11-130, QPC, *Mme L. et a.*, AJDA 2011. 1963, note M. Verpeaux, *JCP Adm.* 2011, n° 2246, note A. Legrand). Cela n'autorise pas beaucoup d'espoir en faveur d'un nouvel état du droit (voir cependant, CAA Marseille 28 juin 2012, *Cne de Villeneuve-les-Maguelone, AJDA* 2012. 1857, note F. Salvage, la solution juridictionnelle fonde sur l'article 75-1 C notamment la traduction dans différentes langues régionales des inscriptions apposées sur la voie publique et destinées à l'information du public).

65 *Bibliographie* ◊

- Aubin (E.), « Un exemple de plasticité de notre droit public : l'indivisibilité de la République face aux particularismes de l'outre-mer », *BJCL* 2009.362 ; *Rev. adm.* 2009. 491
- Auby (J.-B.), « Réflexion sur la territorialisation du droit », *Mélanges Douence*, Dalloz, 2006, p. 1 ; *La décentralisation et le droit*, LGDJ, 2006
- Dollat (P.), « La citoyenneté française : une superposition de citoyennetés », *RFDA* 2005. 69
- Faure (B.), « Une théorie de l'uniformité de la loi et ses effets sur le droit des collectivités territoriales », *Mélanges Lachaume*, Dalloz, 2007, p. 489
- Flauss (J.-F.), « Le principe constitutionnel de l'unité législative et le droit des libertés publiques », *LPA* 4 avr. 1997, n° 41 p. 4
- Gründler (T.), « La République française, une et indivisible ? », *RD publ.* 2007. 445
- Lantero (C.), « L'impact de la reconnaissance institutionnelle des minorités sur la discrimination », *RD publ.* 2009. 817
- A.-M. Le Bos le Pourhiet, M. Chauchat, F. Julien-Laferrière s. Pierré-Caps, « La citoyenneté », *Cah. Cons. const.* 2007, n° 23, études
- Moutouh (H.), « Contribution à l'étude juridique des droits des groupes », *RD publ.* 2007. 479
- Pelletier (M.), « L'expression obligatoire de la langue française : une garantie du droit des élus, membre de l'Assemblée de Polynésie française », *RLCT* 2007. 74
- Rouland (N.), Pierré-Caps (S.) et Poumarède (J.), *Droits des minorités et des peuples autochtones*, PUF, 1996
- Verpeaux (M.), « Unité et diversité dans la république », *Nouveaux Cahiers du Conseil constitutionnel* 2014. 7, n° 42

1. *RFDA* 2008. 1097, dossier « Aspects du statut des langues », avec not. les études de C. Lavialle et M. Staub ; C. Le Bris, « Les langues régionales dans la Constitution », *RD publ.* 2009. 785 ; J. Viguier, « La primauté juridique de la langue nationale française sur les langues régionales secondes », *RD publ.* 2009. 1635 ; P.-Y. Chicot, « L'article 75-1 de la Constitution et la notion de patrimoine linguistique », *JCP Adm.* 2011. 2082 ; L. Malo, « Les langues régionales dans la Constitution française : à nouvelles donnes, nouvelles réponses », *RFDC* 2011. 69.

PREMIÈRE PARTIE

DROIT INSTITUTIONNEL DES COLLECTIVITÉS TERRITORIALES

66 ***Plan*** ◊ Sous la désignation simple et commode de « droit institutionnel » des collectivités territoriales, on entreprendra l'étude des règles qui établissent la manière dont sont constitués et fonctionnent les organes des collectivités. Le fait que ces dernières soient nombreuses et diverses - quelque 36 678 communes, une centaine de départements, vingt-six régions (avant l'adoption du projet de loi prévoyant la réduction de leur nombre à peu près de moitié - fin 2014), une dizaine de collectivités ultramarines et quelques collectivités à statut particulier - en fait un ensemble complexe et assez rapidement évolutif.

On abordera cet ensemble en distinguant les statuts de droit commun - communes, départements et régions - (Sous-partie 1) des statuts particuliers (Sous-partie 2).

SOUS-PARTIE 1

Les statuts de droit commun

67 ***Plan*** ◊ L'organisation des communes, des départements et des régions repose traditionnellement sur la juxtaposition entre une assemblée délibérante (Titre 1) et son exécutif élus (Titre 2). L'évolution du droit fait apparaître de nouvelles règles développant les rapports entre ces deux autorités en les établissant de manière plus complexe et plus politique (Titre 3).

TITRE 1

L'ASSEMBLÉE DÉLIBÉRANTE

68 ***L'assemblée délibérante, clé de voûte de l'organisation démocratique locale*** ◊ L'étude de ce qui peut être regardé comme l'organisation des pouvoirs publics décentralisés passe d'abord par l'assemblée délibérante. Autant l'Histoire que l'actuelle Constitution la désignent comme la clé de voûte de ces pouvoirs publics. Toutes les réformes sont restées fidèles à ce principe de base : l'administration des affaires locales dans les communes, les départements et les régions, reste principalement confiée au pouvoir de cette assemblée. C'est une application de la démocratie classique : dans toutes les collectivités, c'est l'assemblée élue au suffrage universel qui est au centre de la vie administrative et politique locale.

Il a sans doute fallu, pour parvenir à une plus libre détermination de cette assemblée par elle-même, marier son pouvoir et la tutelle de l'État. Ainsi, l'allègement des contraintes que faisait peser le pouvoir central sur leur indépendance de fonctionnement a longtemps caractérisé son évolution historique : stricte limitation de la durée des sessions, nullité de plein droit des délibérations prises hors session, pouvoir discrétionnaire du gouvernement pour dissoudre les assemblées, régimes de co-décisions, nomination de l'exécutif par l'État pour exercer de l'intérieur de la collectivité une pression modératrice sur les velléités d'indépendance de l'assemblée...

Aujourd'hui, la démocratie locale change de cadre. Elle se conquiert au sein de la collectivité dans l'intérêt de conjuguer le pouvoir de l'assemblée élue avec la liberté des citoyens représentés. En cela, la démocratie locale évolue à l'image des démocraties constitutionnelles des États : elle suppose le gouvernement de la majorité des élus mais aussi, un certain nombre de contrepoids, d'écran, de perfectionnements institutionnels entre cette volonté majoritaire et sa réalisation pour protéger les intérêts de chacun. L'essentiel est que, à aucun moment, l'assemblée délibérante et la majorité qui l'anime ne se trouvent en situation d'user sans partage de leurs compétences.

1. Ainsi, a-t-on vu se multiplier des rouages nouveaux qui ne s'incorporent pas à l'assemblée délibérante mais l'obligent à entretenir des rapports avec eux (conseils « extra-municipaux », commissions d'enquête et d'évaluation, commission consultative des services publics locaux...). Ils participent de l'adaptation du phénomène de démocratie participative au plan local. Sans doute, ces organes se caractérisent toujours par la spécialité de leur compétence et/ou leur vocation consultative, mais leur raison d'être est que l'autorité politique s'exerce de manière moins concentrée.

2. Avec l'introduction de techniques référendaires, d'un droit de pétition, on pourrait être tenté d'opposer, au plan local, régime représentatif et démocratie semi-directe. Mais, dans la mesure où ces procédés sont techniquement organisés dans des conditions restrictives, la démocratie semi-directe locale peut passer pour une curiosité sans grande portée.

3. mais surtout, les assemblées délibérantes actuelles des collectivités s'écartent des assemblées classiques tant par l'élargissement de leurs compétences que par l'évolution de leur statut. Les statuts sont aujourd'hui dominés par la volonté d'affirmer l'indépendance de l'assemblée vis-à-vis d'une majorité d'élus qui étoufferait la voix de l'opposition. Indépendamment des situations politiques, l'assemblée doit ainsi être regardée comme une instance pluraliste où les élus sont, individuellement ou en groupe, titulaires de garanties d'information et d'expression opposables à son fonctionnement. Ses pratiques internes qui échappent traditionnellement au regard du juge administratif, prennent valeur de règles de droit sanctionnables dès l'instant où de telles garanties sont en jeu. Pour justifier la confiance qu'un système démocratique doit lui reconnaître, *l'assemblée locale procéduralise et juridicise ainsi ses pratiques*. Elle devient justiciable des coups perpétrés contre les minorités représentées (bibliographie, v. ss 188 en note).

Il faut voir également que désigner l'assemblée délibérante pour régler les affaires locales serait supposer qu'il y ait, entre elle et son exécutif, une véritable dualité. Or, la conduite des affaires locales a toujours procédé d'une association entre l'exécutif et sa majorité abandonnant la vedette au premier. Cette impression d'unité qui était particulièrement accentuée dans les institutions décentralisées classiques, s'estompe partiellement avec l'apparition d'un système de contrepoids organisant l'irruption des élus dans les étapes de la délibération.

69 ***L'institution mort-née du conseiller territorial*** ◊ L'innovation majeure de la loi n° 2010-1563 du 16 décembre 2010, à tout le moins la plus remarquée, avait consisté à doter les conseils généraux et les conseils régionaux des mêmes élus, les conseillers territoriaux étant appelés à remplacer les conseillers généraux et régionaux. Le nouveau conseil régional devait former la réunion plénière de l'ensemble des conseils généraux.

Le conseiller territorial devait remédier à la situation née de la superposition de plusieurs niveaux d'administration décentralisée. On s'attendait à ce qu'une nouvelle logique de fonctionnement permette d'établir un nœud de relations entre les deux collectivités qui devait mettre fin à la concurrence de leurs initiatives et imposer cette nouvelle réalité qu'aucun niveau ne cherche à défendre ses intérêts contre ou sans l'autre. Si les départements et leurs régions devaient continuer d'intervenir dans les mêmes domaines de la vie locale (économie, culture, enseignement, social...), ce serait désormais avec l'espoir que les dossiers soient instruits par les mêmes services et délibérés une fois pour toutes au niveau le plus adéquat (v., en ce sens, les possibilités d'accord entre les deux niveaux de collectivités sous la forme de *schémas d'organisation des compétences et de mutualisation des services* : CGCT, art. L. 1111-9 issu de l'art. 75 L. 16 déc. 2010).

Mais, on ne savait qualifier juridiquement le nouveau régime d'organisation des départements et des régions. Les références à un fédéralisme ou un confédéralisme administratif ne convenaient pas. On voulait croire le problème scientifique mais l'aspect particulier de cette nouvelle organisation reposait sur une incohérence : curieuse situation où l'union est totale au plan personnel (aucune des deux collectivités ne possède d'élus propres et distincts de l'autre) et presque inexistante au plan fonctionnel, chaque département et région restant maître de ses compétences, de ses ressources et de son administration. Il s'ensuit que l'institution du conseiller territorial ne pouvait présider à aucun ordre administratif nouveau et que rien n'était sûr quant aux résultats espérés. Il n'était, toutefois, pas impossible que la réforme de 2010 puisse mettre en perspective et appeller de ses vœux une fusion en bonne et due forme des deux niveaux de collectivités dont l'organisation alors dessinée n'aurait été que le prélude.

Le retour de la gauche au pouvoir a eu raison de l'institution suprimée par la loi n° 2013-403 du 17 mai 2013 avant même qu'elle ait eu l'occasion d'entrer en vigueur (bibl., v. ss 36, notes 4 et 5).

CHAPITRE 1
CONSTITUTION DE L'ASSEMBLÉE DÉLIBÉRANTE

70 Cela suppose d'examiner les principes de l'élection et du renouvellement de cette assemblée.

SECTION 1. ÉLECTION DE L'ASSEMBLÉE DÉLIBÉRANTE

§ 1. Les conditions préalables à l'élection

71 Tout individu ne saurait être candidat à la désignation des membres des assemblées délibérantes. Un certain nombre de conditions requises sont inhérentes au caractère politique des élections locales et à l'indépendance des collectivités, considérations qui peuvent conduire à écarter des candidats à raison de leur état ou de leurs activités (éligibilité et non incompatibilité). Ceux-ci peuvent également être amenés, dans des cas particuliers d'incompatibilités, à choisir entre plusieurs mandats électifs, le législateur s'étant efforcé de limiter les cumuls (non-cumul des mandats).

A. Éligibilité et non incompatibilité

1. Logique des inéligibilités et incompatibilités

72 ***Définition des inéligibilités et incompatibilités*** ◊ Ces deux termes ne peuvent être pris l'un pour l'autre. Ils ont une définition propre : l'inéligibilité désigne l'impossibilité légale d'être élu ; l'incompatibilité consiste dans l'impossibilité de cumuler plusieurs fonctions ou mandats électifs. Les textes, leur fondement et leur régime les séparent également. On admet ainsi que l'inéligibilité vise à assurer la « *liberté de l'électeur* » en empêchant celui qu'elle atteint d'être élu (Cons. const. 5 juill. 2013, n° 2013-326 QPC, *AJDA* 2013. 1418), alors que l'incompatibilité entend sauvegarder la *liberté de l'élu*, celui qu'elle atteint devant mettre fin à la situation de cumul réputée incompatible (Cons. const. 30 mars 2000, n° 2000-426 DC, *AJDA* 2000. 442, note J.-E.Schoettl, D. 2001. 1843, obs. G. Gevonthian). Mais il est, en pratique, difficile de distinguer nettement les interdictions qui en sont l'illustration et leur objectif. Dans tous les

cas, il s'agit de protéger l'assemblée locale des incompétents, des indésirables et des intéressés. De par leur position civile (âge, capacité, nationalité), élective (certains élus) ou professionnelle (certains agents territoriaux ou d'État), certaines personnes jetteraient le doute sur la qualité et la sincérité des délibérations de l'assemblée s'ils en devenaient membre.

Voir pour les inéligibilités les articles L. 228 s. C. élect. pour les élections communales, L. 194 s. pour les élections cantonales et L. 339 s. pour les élections régionales. Voir pour les incompatibilités les articles L. 237 s. du même code pour les élections communales, L. 206 s. pour les élections cantonales et L. 342 s. pour les élections régionales.

Sachant que le vote et l'éligibilité sont un droit, la liste des cas d'inéligibilité-incompatibilité doit être aussi réduite que possible. Nonobstant, et malgré une tendance à la réduction de ces cas, certaines exclusions sont fréquemment dénoncées comme exagérées au regard du but poursuivi : c'est le cas des comptables publics ou de certains collaborateurs de la collectivité qui n'en reçoivent pas de rémunération substantielle.

73 ***Inéligibilités absolues et relatives*** ◊ Les inéligibilités absolues interdisent d'être candidat dans toute collectivité territoriale (certaines condamnations pénales...) alors que les inéligibilités relatives réservent le principe d'interdiction à la circonscription dans laquelle le candidat exerce son activité : les agents salariés dans la collectivité qui les emploie, les entrepreneurs de service dans la collectivité pour laquelle ils sont en relation d'affaire, les préfets, commissaires de police ou magistrats dans les collectivités comprises dans leur ressort territorial.

74 ***Régime des inéligibilités et incompatibilités*** ◊ Les incompatibilités se distinguent des inéligibilités pour trois raisons. En premier lieu, elles n'ont pas pour effet d'obliger le candidat, s'il veut être élu, à démissionner de ses fonctions avant le premier tour de scrutin. L'intéressé devra seulement renoncer à son mandat le plus ancien pour se maintenir dans son emploi le plus récent réputé incompatible. En second lieu, les incompatibilités s'apprécient le jour où le juge statue, même en appel. En troisième lieu, elles ne sont pas d'ordre public.

Le moyen tiré d'une atteinte à une condition d'éligibilité ou d'inéligibilité est un moyen d'ordre public que le juge peut soulever d'office (CE 8 mars 1972, *Élect. mun. Grange-Bombois, Lebon* 196). Il peut être soulevé pour la première fois en appel (CE 16 févr. 1972, *Élect. mun. Montfaucon, Lebon* 146).

On note un allègement de la sanction des règles d'inéligibilité : la déclaration d'inéligibilité d'un candidat n'emporte plus l'invalidation de toute la liste lorsque l'élection a lieu par liste bloquée mais son remplacement par le suivant de liste (L. n° 82-974, 19 nov. 1982 ; C. élect., art. L. 270).

2. Typologie des inéligibilités-incompatibilités

75 Les cas d'inéligibilité-incompatibilité sont très nombreux et divers, mais ils obéissent à quatre logiques maîtresses qu'il est possible de distinguer.

76 ***Inéligibilité-incompatibilité par incapacité*** ◊ C'est un préalable : pour accéder à la vie élective locale, il faut satisfaire aux conditions de droit commun d'accès au suffrage politique. Ainsi les candidats ne doivent pas souffrir de cas d'incapacité et avoir acquis la majorité de 18 ans non seulement pour les élections aux conseils municipaux (art. 11, L. n° 82-974, 19 nov. 1982 ; C. élect., art. L. 228), mais aussi aux conseils généraux et régionaux (et non plus 21 ans depuis la L. n° 00-295, 5 avr. 2000 ; art. L. 194 et art. L. 339).

La nationalité française est une condition d'éligibilité à laquelle fait remarquablement exception le cas de citoyens de l'Union européenne résidant en France pour les élections municipales. Cette possibilité est ouverte par l'article 88-3 Const. édicté en vue de la ratification du traité de Maastricht et mis en œuvre par la loi organique n° 98-404 du 25 mai 1998 (C. élect., art. LO 227-1 à 227-5). Leur statut de conseiller municipal est toutefois diminué du fait qu'ils ne peuvent se faire élire maire ou adjoint et ne peuvent participer aux élections sénatoriales en ce qu'elles relèvent de l'exercice de la souveraineté nationale (v. partie préliminaire). Il s'ensuit que tout autre élargissement du droit de vote et d'éligibilité pour les élections locales - notamment au profit d'autres populations immigrées - n'est pas concevable sans révision constitutionnelle l'autorisant [1].

77 ***Inéligibilité-incompatibilité par défaut d'intérêt*** ◊ C'est une condition positive : il serait illusoire de vouloir prendre en charge les intérêts d'une collectivité sans manifester aucune proximité à son égard. Ainsi, les candidats doivent justifier d'une attache légale avec la collectivité : ce peut être le domicile réel ou légal dans la collectivité - le plus souvent -, ou bien, l'inscription au rôle d'une des contributions directes au 1er janvier de l'année de l'élection.

Échappent toutefois à cette condition d'attache à la collectivité les *conseillers municipaux forains*. Les difficultés de recrutement pour les conseils municipaux des plus petites communes imposent cette institution. Ainsi, paradoxalement, les conditions d'éligibilité sont parfois moins strictes que les conditions d'électorat, puisque ces conseillers ont pu être élus sans être électeur. Mais il est entendu que le nombre de conseillers municipaux forains autorisés ne doit pas être excessif : il ne peut dépasser le quart des membres du conseil dans les communes de plus de 500 habitants. Il est autorisé dans des proportions plus grandes dans les plus petites communes.

Le conseiller municipal forain est succinctement défini par l'article L. 228 C. élect. comme celui « qui ne réside pas dans la commune au moment de l'élection ». Il résulte de cette imprécision légale une jurisprudence de cas d'espèce par laquelle le juge de l'élection s'efforce empiriquement d'appréhender le degré de résidence du candidat.

1. Cons. const. 20 mai 1998, n° 98-400 DC, *Rec. Cons. const.* 251 ; *AJDA* 1998. 531 note J.-E. Schoettl ; *RFDA* 1998. 671, note B. Genevois ; *RFDC* 1998. 633, note A. Roux, 763 note P. Gaïa ; *Rev. adm.* 1998. 510, note J.-M. Pontier ; *LPA* 30 nov. 1998. 143, chron. B. Mathieu et M. Verpeaux ; *LPA* 12 mai 1999. 94, note E. Aubin et P.-Y. Monjal ; *JCP* 1998. II. 10154, note H. Faupin ; *JCP Europe* 1998, n° 7, p. 4 note J.-M. Favret ; *Gaz. Pal.* 26-28 déc. 1999, note C. Houteer.

Ainsi, sont conseillers municipaux forains ceux qui possèdent dans la commune une résidence secondaire qu'ils n'occupent que pendant les fins de semaine et les vacances, CE 10 nov. 1989, *Élect. mun. Francazal, AJDA* 1990. 372, chron. E. Honorat et E. Baptiste. En revanche, ce n'est pas le cas si, outre les fins de semaine et les congés, les intéressés résident quelques jours de la semaine dans la commune, même si elles n'y habitent pas de manière permanente, CE 10 nov. 1989, *Élect. mun. Ousté, AJDA* 1990. 372, chron. E. Honorat et E. Baptiste. Ce n'est pas le cas également pour ceux qui y résident la semaine pour des raisons professionnelles (étudiants), CE 29 déc. 1989, *Élect. mun. Boussenac, AJDA* 1990. 372, chron. E. Honorat et E. Baptiste.

78 ***Inéligibilité-incompatibilité par excès d'intérêt*** ◊ Se recrutent dans cette catégorie les personnes qui, par leur situation particulière (professionnelle, familiale, élective...) seraient susceptibles d'influencer les délibérations de l'assemblée de la collectivité avec laquelle elles se trouveraient en conflit ou en association d'intérêt et, finalement, de compromettre l'indépendance de fonctionnement de la collectivité (v. C. élect., art. L. 230 s. pour la commune, L. 195, L. 196, L. 206 et L. 207 pour le département et L. 340, L. 342 et L. 343 pour la région). Dans ces hypothèses, on veut éviter ceux qui entretiendraient vis-à-vis de la collectivité soit un rapport d'autorité, soit un rapport d'intérêt financier :

Seraient suspects d'exercer une position d'autorité sur l'assemblée délibérante, certains fonctionnaires de l'État exerçant dans le ressort de la collectivité concernée (principaux membres des préfectures, magistrats, comptables du Trésor, officiers militaires, membres des corps actifs de police, certains ingénieurs des travaux publics de l'État), certains fonctionnaires territoriaux ou dépositaires des intérêts de la collectivité (directeur général des services, directeur adjoint des services, chef de service, directeur et directeurs adjoints de cabinet depuis la loi du 17 mai 2013) ou des collectivités « supérieures » (directeurs et chefs de service de conseil général ou régional pour les communes, agents salariés de la commune, etc.), plusieurs membres d'une même famille [1].

Seraient suspects de retirer un avantage financier de la gestion locale, les chefs d'entreprise dans la collectivité pour laquelle ils ont des relations d'affaires (entrepreneurs de services municipaux) et les agents salariés de la commune. Sans doute, ces personnes se trouvent en situation de dépendance vis-à-vis de la collectivité qui les rémunère, mais, de ce fait, leur participation aux décisions locales ferait douter de l'objectivité de celles-ci.

Les standards utilisés par la loi électorale pour définir les personnes inéligibles (chefs de services, entrepreneurs de services municipaux, agents salariés de la commune...) – et la complexité des situations – ne retire par au juge tout pouvoir pour préciser le champ des inéligibilités. On fera deux remarques à ce sujet :

1. La notion d'*entrepreneur de service municipal* est ainsi l'occasion d'un contentieux abondant et parfois très vif. Pour être déclaré entrepreneur de service

1. Par ex., pour le cas de l'inspecteur des impôts affecté au centre des impôts de la commune : CE 21 juill. 2006, *Cne Boulogne-sur-Mer*, Lebon 746 ; *JCP Adm.* 2006. 1217, obs. J. Moreau ; *Dr. adm.* nov. 2006. 16, obs. E. Glaser ; *BJCL* 2006.715, concl. et obs. L.Touvet.

municipal, il suffit d'avoir été chargé, de façon régulière, d'assurer un service communal, même si l'activité est limitée ou la rémunération faible. Dans cette recherche le juge s'en remet aux situations concrètes : v. par ex., CE 1er déc. 1965, *Élect. mun. Montgenèvre, Lebon* 944 : doit être déclaré entrepreneur de service municipal le dirigeant qui exerce un rôle prépondérant dans la société bien que n'ayant pas signé la convention de concession avec la commune. Mais parfois, il s'en tient à l'apparence juridique en prenant le risque d'encourager les montages : v. par exemple, CE 12 févr. 1990, *Élect. mun. Nice, Lebon* 786 ; *AJDA* 1990. 365, chron. E. Honorat et E. Baptiste : n'a pas cette qualité le principal actionnaire d'une entreprise de publicité travaillant exclusivement avec des associations municipales dès lors que cette entreprise n'avait pas de lien direct avec la ville.

2. Le juge s'en tient souvent à une interprétation extensive des standards légaux, certainement dans l'intérêt implicitement jugé supérieur de préserver l'indépendance de la collectivité. Il associe ainsi aux agents inéligibles de la commune les personnes qui reçoivent d'elle une rémunération modique, occasionnelle en contrepartie d'un petit nombre d'heures : v. par ex., CE 30 janv. 2002, *Élect. mun. Landerone, Gaz. Pal.* déc. 2002. Pan. dr. adm. 10, comm. P. Graveleau.

L'interdiction cesse généralement lorsque l'intéressé a quitté ses fonctions depuis six mois. Toutefois, le fait pour un entrepreneur de services municipaux d'avoir résilié ses fonctions après l'élection est sans influence, l'inéligibilité s'appréciant au jour de l'élection (CE 19 janv. 1972, *Élect. mun. Valliguières, Lebon* 1095).

79 ***Inéligibilité-incompatibilité par sanction*** ◊ Il faut exclure des personnes éligibles celles dont la moralité serait incompatible avec le service de l'intérêt général. C'est le cas lorsqu'elles ont fait l'objet de certaines sanctions ou condamnations. Ainsi, ne peuvent être inscrites sur les listes électorales celles qui ont été condamnés pour certains crimes ou délits (art. L. 6 et L. 7 C. élect.), celles à l'égard desquels la liquidation judiciaire, la faillite personnelle ou l'interdiction de gérer a été prononcée (art. L. 202 C. élect.).

Précisons que l'exigence constitutionnelle de nécessité et d'individualisation des peines (art. 8 DDH) s'oppose au principe qu'un jugement civil, commercial ou répressif emporte *de plein droit* l'interdiction d'exercer un mandat électif. Devaient donc être considérées comme méconnaissant cette exigence et déclarées contraire à la Constitution les dispositions de l'article 7 du Code électoral (Cons. const. 11 juin 2010, n° 10-6/7 QPC *Stéphane A., JO* 12 juin 2010. 10849 ; *RLCT* 2010. 1714, note D. Dutrieux ; v. ég. 15 mars 1999, n° 99-410 DC, *Lebon* 51 ; *AJDA* 1999. 379 chron. J.-E. Schoettl ; *RD publ.* 1999. 653, note J.-P. Camby). En conséquence, on ne saurait se dispenser d'une décision expresse du juge compétent, en fonction des « circonstances propres » à chaque espèce, pour poser l'interdiction d'exercer un mandat électif. V. CE 29 juill. 2002, *Élect. mun. Anse-Bertrand, AJDA* 2002. 1011, chron. F. Donnat et D. Casas : un candidat élu, dont la faillite personnelle a été prononcée pour une durée de dix ans par un arrêt de la cour d'appel, n'est pas, de ce seul fait, inéligible.

À cela, la loi sur le financement des dépenses électorales (L. n° 95-65, 15 janv. 1990) - plusieurs fois modifiée - ajoute une nouvelle hypothèse d'inéligibilité d'un an - sauf preuve de bonne foi - pour ceux qui auraient dépassé le plafond des dépenses ou n'auraient pas déposé à temps le compte de campagne prévu (art. L. 52-4 s. C. élect.). Une Commission nationale des comptes de campagne a été instituée avec pour tâche d'examiner les comptes de campagne des candidats et, en cas d'irrégularité, de saisir les juges de l'élection ou le Parquet (art. L. 52-14 s. C. élect.) Sa mise en œuvre ne manque pas d'alourdir l'abondant contentieux des élections locales. Un principe notamment favorise le développement du contentieux : la loi conduit à faire supporter à l'État le remboursement d'une partie des dépenses de campagnes dès l'instant où la Commission a approuvé les comptes (art. L. 52-11-1 C. élect.).

B. Non-cumul des mandats [1]

80 ***Intérêt du non-cumul des mandats*** ◊ La question a toujours été dominée par des préoccupations contraires. D'un côté il fallait considérer la liberté de l'électeur. Il doit être à même de désigner le candidat qu'il souhaite sans que son pouvoir de choix soit entravé par des limites ressenties comme anti-démocratiques. Contrairement à d'autres pays européens qui pratiquent la stricte interdiction de cumul (« un homme, un mandat »), la législation française ne s'est jamais montrée restrictive, les cumuls ayant longtemps faits figure de spécificité nationale. De l'autre coté, il fallait considérer qu'une telle position ne devait plus résister à l'expérience et ses enseignements. Les avancées successives de la décentralisation ont professionnalisé les élus locaux, l'exercice de leur mandat exigeant un surcroît considérable de compétences et de temps. Voilà qui expliquait l'actualité récurrente et l'importance du sujet qui n'avait pas quitté les préoccupations juridiques depuis les années 1980. Pour l'élu qui doit se consacrer pleinement à sa tâche, l'exercice simultané de plusieurs mandats ou fonctions apparaissait illusoire. Pire, son indépendance morale était en cause : l'absentéisme, le clientélisme, la collusion des intérêts locaux et nationaux, la dilution de la responsabilité politique qui en résultait devenait les effets inévitables du système qui, mal ressenti par l'électeur, aura contribué à nourrir le discrédit de la vie politique française. S'agissant des grands problèmes auxquels se trouve confrontée la décentralisation française, le cumul entre un mandat parlementaire et un mandat local était de plus en plus regardé comme le premier des problèmes et celui qui enfermait tous les autres en ce qu'il bloquait la structure du pouvoir réformateur de l'État sur des positions conservatrices, le Sénat notamment se comportant face aux besoins de modernisation des institutions décentralisées en « grand conseil des communes de France » selon l'expression ironique de L. Gambetta. La pratique du cumul s'était accentuée sous la Ve République et, à la veille de la dernière réforme du 14 février 2014, on devait constater que 59 % des députés et 58 % des sénateurs exerçaient des fonctions exécutives au sein des collectivités territoriales.

1. V. biblio. v. ss 103-VII.

81 ***Modalités du non-cumul des mandats*** ◊ La France a longtemps progressé par étapes législatives successives dans la voie de la limitation des cumuls (L. 30 déc. 1985, L. 5 avr. 2000). Elle s'est enfin résolue à l'interdiction de cumul avec les lois ordinaire et organique n° 2014-125 et 126 du 14 février 2014. Le fait que les parlementaires exercent également des mandats locaux n'était pas étranger à ce retard. Pour rendre compte du droit positif, il faut distinguer :

1. *Le cumul horizontal.* Il consiste dans la possibilité d'être membre de plusieurs assemblées locales d'un même niveau. Ce type de cumul a toujours été prohibé. Par exemple, il est impossible d'appartenir à plusieurs conseils municipaux (C. élect., art. L. 238).

2. *Le cumul vertical.* Il réside dans la possibilité d'être simultanément élu local, national et même européen. L'interdiction de cumul a été édictée par les deux lois de 2014 de la manière suivante :

- Un parlementaire - national ou européen - ne peut conserver qu'un seul des mandats parmi celui de conseiller régional, conseiller général, conseiller de l'assemblée de Corse, conseiller de Paris, conseiller municipal d'une commune d'au moins 1000 habitants (C. élect., art. L.O. 141. Applicable dès les élections municipales de mars 2014).

- Un parlementaire - national ou européen - ne peut exercer la fonction d'exécutif local, c'est-à-dire de maire ou d'adjoint, de président ou vice-président d'un établissement public de coopération intercommunal, de président ou vice-président de conseil régional ou général, de président ou de membre du conseil exécutif de Corse, ou de membre de l'exécutif de toute autre collectivité territoriale (C. élect., art. L.O. 141-1, en vigueur au prochain renouvellement de l'Assemblée nationale de 2017, dispositions applicables aux sénateurs par renvoi à C. élect., art. L.O. 297). Le champ de l'interdiction de cumul s'est opportunément élargi - à l'initiaitve de la commission des lois de l'Assemblée nationale - aux fonctions exécutives accessoires par lesquelles les élus prennent la présidence d'organismes relais de la collectivité (société d'économie mixte, société publique locale, établissement public...), situation pouvant les placer en position d'abuser de leur influence.

L'interdiction de cumul sur la même tête d'un mandat parlementaire et d'une fonction exécutive locale est placée sous le régime *des incompatibilités*. Mais ce régime a été modifié dans un sens qui ne laisse plus l'élu choisir le mandat ou la fonction qu'il entend conserver. Désormais, à l'élection dans la fonction réputée incompatible, l'élu sera regardé comme ayant opté pour celle-ci. Il sera ainsi considéré comme ayant automatiquement démissionné du mandat le plus ancien au profit du mandat le plus récent (C. élect, art. L. 151-II aplicable aux sénateurs en vertu de C. élect., art. L.O. 297). Ces nouvelles règles visent à contraindre le candidat à exercer effectivement le mandat pour lequel il vient d'être élu, lui faisant défense se servir de « locomotive électorale » au profit de son suppléant ou de son second de liste se désistant à son profit. La fin automatique du mandat le plus ancien s'analyse donc comme la sanction d'une pratique de candidature publicitaire qui trompe le corps électoral. L'idée qui a inspiré l'évolution du droit est ici. C'est donc plus qu'une incomptatibilité et presque une déchéance (Le Conseil constitutionnel a toutefois estimé que ces règles relatives aux conditions de sortie des incompatibilités « n'instituent pas des santions ayant le caractère d'une punition » automatique contraire à l'article 8 de la DDHC et à l'indépendance de l'élu tiré de l'article 6 de la DDHC. Cons. const. 13 févr. 2014, n° 2014-688 DC, *AJDA* 2014. 373, cons. 12).

Dans l'hypothèse particulière où un parlementaire aurait acquis plus d'un mandat local non exécutif, celui-ci conserve le droit de choisir celui de ses mandats locaux qu'il abandonne dans le délai d'un mois (C. élect., art. L.O. 151).

§ 2. Les régimes électoraux [1]

82 L'étude des régimes électoraux ne se manifeste pas par sa simplicité. Outre la complexité propre à chaque mode de scrutin, il faut bien constater qu'il existe plus de modes de scrutin que de catégories constitutionnelles de collectivité territoriale. Cela tient à la catégorie des communes qui, à l'inverse de ce qui avait été exigé par le Conseil constitutionnel pour les départements et les régions, ne présente pas d'unité sur le plan électoral. C'est une conséquence de leur nombre, donc de leur disparité démographique, qui fait que ni les responsabilités publiques, ni la démocratie ne peuvent s'y exercer de la même manière.

Nonobstant, toutes les assemblées locales ont en commun de procéder du suffrage universel direct comme le veut la Constitution (art. 72 al. 3). Cela constitue la raison d'être de chaque collectivité territoriale appelée à représenter les intérêts spécifiques d'une population locale au-delà de la représentation nationale générale. Et, dans la mesure où ces élections locales sont l'expression d'un suffrage politique (Cons. const. 18 nov. 1982, n° 82-146 DC), leur statut constitutionnel, sauf aménagement particulier, leur est commun : élection réservée aux nationaux français, interdiction du mandat impératif, élection sur des bases essentiellement démographiques... Autre élément de simplification qui est une évolution du droit positif favorable au regroupement des élections dans l'intérêt combattre l'abstention des électeurs : *tous les mandats locaux sont de six ans*. Et, tous les élus sont perpétuellement rééligibles, sans doute parce qu'il serait peu aisé de les remplacer en aussi grand nombre.

A. Les régimes électoraux communaux

83 ***Principes généraux communs*** ◊ Sauf cas particulier, les conseillers municipaux sont élus au scrutin de liste, chaque liste devant présenter, dans les communes de plus de 1 000 habitants, un nombre égal de candidats de chaque sexe, en vertu de la loi n° 00-493 du 6 juin 2000 (modifiée par les lois 2014-402 et 403 du 17 mai 2013) tendant à favoriser l'égal accès des femmes et des hommes aux mandats électoraux et aux fonctions électives. Les candidats peuvent posséder la nationalité d'un État membre de l'Union européenne autre que la France (v. ss 30 (1) et 75).

1. V. biblio. v. ss 103.

La commune forme une circonscription électorale unique – solution originale au regard des élections cantonales et régionales. La campagne électorale se fait ainsi à la dimension des problèmes globaux de la commune et contribue à la constituer comme une réalité unitaire sur le plan juridique et politique. Mais l'inconvénient qui en résulte, ajouté au fait que le scrutin est de liste, est qu'il peut se faire qu'aucun quartier ne soit représenté dans le conseil municipal. Ce quartier risque alors d'être désavantagé dans l'emploi des fonds pour l'entretien ou l'amélioration de la commune.

Toutefois, lorsque la commune de plus de 20 000 habitants est dissociée entre plusieurs ensembles, le conseil général peut décider de prononcer le *sectionnement électoral* de la commune. Il en résulte que chaque section élira un nombre de conseillers municipaux proportionné au chiffre de ses électeurs inscrits (C. élect., art. L. 254 s.) (sectionnement de plein droit dans l'hypothèse d'une fusion de communes). La demande de sectionnement peut être faite au conseil général par un de ses membres, le préfet, le conseil municipal ou les électeurs de la commune, mais le conseil général dispose d'un pouvoir discrétionnaire de décision. Celle-ci est néanmoins prise sous le contrôle du juge administratif qui vérifiera si les motifs de la décision ne sont pas entachés d'erreur de droit, ni d'une erreur manifeste d'appréciation et ne reposent pas sur des faits matériellement inexacts (CE 7 janv. 1991, *Cne Saint-Avold, Lebon* 1). Ce problème qui met en jeu le droit à la représentation des citoyens mériterait peut-être un contrôle plus approfondi. Précisons qu'une décision de sectionnement irrégulière à la veille des opérations électorales est de nature à faire regarder les résultats du scrutin comme viciés dans leur ensemble (CE 21 janv. 2002, *Élect. mun. Utelle, Olivari et a., AJDA* 2002. 1010, chron. F. Donnat et D. Casas, CE 15 mai 2009, *Élect. mun. Mandailles-Saint-Julien, BJCL* 2009. 557, concl. J.-P. Thiellay).

La population de la commune détermine le nombre de conseillers municipaux à élire : les conseils municipaux se composent ainsi de 9 à 69 membres suivant une échelle graduée d'après la population communale (C. élect., art. L. 225, issu de L. n° 82-974, 19 nov. 1982). Ils sont élus pour six ans et leur renouvellement est intégral (C. élect., art. L. 227).

Communes	**Nombre des membres du conseil municipal**
de moins de 100 habitants	7 (depuis 2013)
de 100 à 499 habitants	11
de 500 à 1 499 habitants	15
de 1 500 à 2 499 habitants	19
de 2 500 à 3 499 habitants	23
de 3 500 à 4 499 habitants	27
de 4 500 à 9 999 habitants	29
de 10 000 à 19 999 habitants	33

Communes	Nombre des membres du conseil municipal
de 20 000 à 29 999 habitants	35
de 30 000 à 39 999 habitants	39
de 40 000 à 49 999 habitants	43
de 50 000 à 59 999 habitants	45
de 60 000 à 79 999 habitants	49
de 80 000 à 99 999 habitants	53
de 100 000 à 149 999 habitants	55
de 150 000 à 199 999 habitants	59
de 200 000 à 249 999 habitants	61
de 250 000 à 299 999 habitants	65
et de 300 000 habitants et au-dessus	69

1. Le régime électoral des grandes communes

84 ***Principes de l'élection*** ◊ Le mode de scrutin des « grandes communes », pour reprendre l'expression du Code électoral (table alphabétique) désignant les communes de *plus de 1 000 habitants* [1], est un scrutin de liste à deux tours, avec dépôt de listes complètes (autant de noms que de sièges à pourvoir) et intangibles (sans adjonction ou suppression de noms, ni modification de l'ordre de présentation) au premier tour. Les règles de l'élection résultent d'une hybridation entre la représentation proportionnelle et le scrutin majoritaire (C. élect., art. L. 260 s.).

La représentation proportionnelle présente l'avantage de politiser les élections et de permettre aux principaux courants politiques locaux de siéger au sein du conseil municipal. Mais, si cette préoccupation est normale

1. La loi n° 2013-403 du 17 mai 2013 organise l'abaissement de ce seuil initialement fixé à 3 500 habitants dans l'intérêt d'unifier, autant que la taille démographique de la commune le permette, les scrutins communaux sous le régime général des grandes communes, c'est-à-dire le scrutin de liste proportionnel à deux tours avec prime majoritaire, les listes étant constituées paritairement de femmes et d'hommes. Cette unification constituait la base nécessaire pour que toutes les communes membres d'un établissement public de coopération intercommunale à fiscalité propre puissent y faire élire leurs candidats de la même manière (v. ss 487). Ces nouvelles modalités furent mises en œuvre pour la première fois à l'occasion des élections municipales de mars 2014. Elles furent un bouleversement pour les 6 659 communes situées entre 1 000 et 3 499 habitants et qui n'ont pas vu favorablement qu'on leur arrache leur mode de scrutin traditionnel où le panachage et le vote préférentiel avaient naturellement leur place ; à quoi s'est ajouté l'impératif de constituer des listes paritaires, nécessairement plus difficile à mettre en œuvre à mesure que la population est moins importante.

pour les grandes communes, elle peut passer pour un luxe dans les petites. Voilà pourquoi le seuil de 3 500 habitants au départ – 1 000 depuis 2014 – a été retenu au-delà duquel seulement le système proportionnel peut être pratiqué. Il existe donc électoralement deux catégories de communes. Cependant, un système proportionnel intégral aboutirait à une trop grande représentation des minorités, ce qui peut rendre difficile le dégagement d'une majorité dirigeante stable au sein du conseil municipal, de fait « ingouvernable ». C'est la raison pour laquelle, la loi électorale du 19 novembre 1982 a originalement introduit un principe de sur-représentation de la liste dominante propre au système majoritaire. Ainsi, une large prime en termes de sièges sera accordée à la liste qui obtient la majorité absolue au premier tour, ou arrive en tête au second.

Dans le même ordre d'idées, le législateur a souhaité que seuls les courants locaux suffisamment importants soient représentés au sein du conseil municipal. Il s'ensuit que seules les listes qui ont obtenu au moins 10 % des suffrages exprimés peuvent se présenter au second tour. Toutefois, pour atténuer la rigueur de ce dispositif et autoriser les regroupements d'opinion, la loi électorale permet à une liste qui a atteint 5 % des suffrages au premier tour – mais qui ne peut pas se présenter au deuxième tour ou qui ne le souhaite pas – de fusionner avec une liste qui a obtenu au moins 10 % des suffrages.

85 ***Déroulement de l'élection*** ◊ Dans le déroulement de l'élection, deux cas de figure peuvent se présenter :

– Le *premier tour* est suffisant dans l'hypothèse où une liste obtient la majorité absolue. De plein droit, elle acquiert la moitié des sièges. L'autre moitié est répartie à la représentation proportionnelle à la plus forte moyenne entre toutes les listes qui ont obtenu au moins 5 % des suffrages exprimés, y compris la liste majoritaire qui, dans la moindre des hypothèses, est sûre d'obtenir, au total, plus des trois quarts des sièges. À titre d'exemple, si une liste obtient 51 % des suffrages exprimés au premier tour, elle se verra réserver la moitié des sièges plus 51 % de l'autre moitié des sièges ;

– En l'absence de majorité absolue au premier tour, on procède à un *deuxième tour*. Il ne s'agit pas d'une répétition du premier, puisque ce second tour est ouvert aux seules listes ayant atteint 10 % au premier – avec possibilités de remaniement sus-évoqués. À l'issue de ce second tour, la liste majoritaire, même s'il s'agit d'une majorité relative, obtient la moitié des sièges. Cette attribution opérée, l'autre moitié des sièges est répartie à la représentation proportionnelle à la plus forte moyenne entre toutes les listes, y compris la liste majoritaire qui disposera, ainsi, d'une majorité confortable quand bien même n'aurait-elle pas obtenu la majorité absolue des suffrages.

Au total, il s'agit d'un mode de scrutin qui, à l'expérience, a révélé ses vertus en permettant le dégagement d'une majorité stable et unitaire. La représentation proportionnelle n'intervient qu'à titre secondaire. Contesté au départ, ce mode de scrutin a été pris en exemple, notamment lorsqu'il s'était agi de redéfinir le mode de scrutin régional en 1998.

2. Le régime électoral des petites communes

86 Les « petites communes », comprenant *moins de 1 000 habitants*, sont les plus nombreuses (environ 27 500), mais elles ne rassemblent qu'une faible partie de la population française. On continue d'y appliquer le mode de scrutin traditionnel issu de la loi du 5 avril 1884, c'est-à-dire un scrutin de liste majoritaire à deux tours. Celui-ci continue de s'imposer non seulement en raison de ses facilités pratiques, mais aussi parce qu'il est difficile de trouver des minorités constituées dans les plus petites communes. Le système électoral se caractérise par sa grande liberté qui permet aux considérations d'*intuitus personae*, considérables en milieu rural, de s'exprimer dans la désignation des conseillers municipaux. Les modalités de l'élection sont déterminées de manière aussi compréhensive que possible. Cette souplesse s'exerce d'abord par la liberté de candidature dont profitent les candidats qui peuvent former des listes complètes ou incomplètes, voire se présenter isolément. La déclaration de sa candidature est cependant devenue obligatoire depuis la loi n° 2013-403 du 17 mai 2013. Elle s'exerce ensuite par la liberté des électeurs qui peuvent librement voter pour tout candidat, même appartenant à des listes rivales en les « panachant ». À l'issue des opérations de vote, les voix ne seront pas décomptées par liste mais par candidat.

B. Le régime électoral du département

1. Les principes de désignation

87 L'assemblée délibérante du département, classiquement désignée de *conseil général* depuis la loi du 28 pluviose an VIII (17 févr. 1800) est appelée à recevoir l'expression de *conseil départemental* à partir du prochain renouvellement de ses membres en décembre 2015. Son lien avec le département qu'elle administre apparaîtra mieux ainsi.

Le nouveau scrutin départemental invite les candidats à se grouper par liste de deux. Les électeurs sont appelés à adopter les binômes tels quels et pour six ans (C. élect., art. L. 191, issu de la loi n° 2013-403 du 17 mai 2013). Pour ce faire, le scrutin départemental est un scrutin majoritaire à deux tours, le binôme n'étant élu au premier tour que s'il obtient la majorité absolue des voix représentant au moins le quart des suffrages des électeurs inscrits. Si tel n'est pas le cas, il y a lieu à un deuxième tour auquel pourront se présenter les binômes ayant obtenu au moins 12,5 % du nombre des électeurs inscrits à l'occasion du premier tour. L'élection sera alors acquise à la majorité relative (C. élect., art. L. 193 version loi 2013).

Ce qui donne une allure particulière à ce scrutin est qu'il met en compétition des binômes de candidats. Cette curiosité permet de conjuguer la tradition du scrutin majoritaire pour désigner l'assemblée départementale avec l'intérêt d'y installer une représentation paritaire de femmes et d'hommes (seulement 13,5 % d'élues femmes avant la mise en œuvre de la loi nouvelle). Mais le sort des candidats réunis est complexe : le binôme demeure solidaire au plan électoral puisque l'inéligibilité de l'un entraînera celle du binôme (C. élect., art. L. 118-3 version 2013), pas au plan politique, chacun demeurant libre dans l'exercice de son mandat.

La réforme de 2013 renverse cet élément caractéristique des élections cantonales depuis la loi du 10 août 1871 : le renouvellement de l'assemblée départementale n'a plus lieu par moitié tous les trois ans mais, désormais, *de manière intégrale* (C. élect., art. L. 192). Une brève expérience avait été tentée en ce sens par la loi n° 90-1103 du 11 déc. 1990 – abrogée en 1994 – s'employant, par ce moyen, à mettre en concomittance le renouvellement des conseils généraux et régionaux. Cette règle du renouvellement triennal qui trouvait sa raison essentielle dans la préoccupation d'éviter les retournements de majorité ne se justifiait plus autant depuis le remplacement du préfet par le président du conseil général élu depuis la loi du 2 mars 1982 [1].

2. Le problème de la représentativité du canton [2]

88 La circonscription cantonale est aussi vieille que solide (loi 22 juin 1833), les réformateurs successifs étant attachés à sa conservation en ce que son cadre restreint favorise le contact personnel entre les élus et leurs électeurs et permet de porter au niveau départemental les préoccupations communales. Mais le problème du canton reste celui de sa représentativité démocratique, ceci pour deux raisons : le caractère égalitaire de chaque canton d'abord, la compétence du gouvernement pour opérer leur redécoupage ensuite.

89 ***Égalité des cantons*** ◊ Cela s'exprime par la règle selon laquelle chaque canton désigne un conseiller général, un binôme de conseillers à partir de 2015. Or, cette règle d'égalité formelle s'impose quelle que soit la population de chaque canton, population qui n'est évidemment pas comparable si celui-ci se situe en milieu rural ou urbain. L'égalité entre les électeurs fait les frais du système qui assure ainsi la sur-représentation du monde rural. Ce système n'est pas sans laisser penser à la pratique anglaise des « bourg-pourris » qui minorait la représentation de la population ouvrière-urbaine pour préserver une représentation nationale conservatrice.

Le découpage actuel trouve son origine dans l'article 3 de la loi du 22 décembre 1789 créant les départements, chaque district de département étant divisé par cantons. Ces derniers se sont trouvés établis sur des

1. Sans imposer cette solution avec force impérative, le Conseil constitutionnel a pu estimer le renouvellement triennal plus rationnel et démocratique à la fois, favorisant « la continuité de l'administration du département tout en se prévalant du fait qu'il permettait ainsi au président du conseil général de soumettre plus fréquemement au suffrage les résultats de la gestion de cette collectivité » : Cons. const. n° 94-331 DC du 13 janv. 1994, *Rec.* p. 17, *RFDC* 1994. 343, note A. Roux. Sur le problème de la vacance des sièges et ses conséquences, voir v. ss 97, note de bas de page.

2. V. biblio. v. ss 103.

bases géographiques et non démocratiques, n'ayant depuis lors jamais fait l'objet d'une refonte générale. En 1973, sur 3 212 cantons métropolitains, on dénombrait moins de 1 000 cantons urbains regroupant la moitié de la population. Ce constat conduisit à l'importante réforme de juillet-août 1973 où furent pris un certain nombre de décrets refondant le paysage cantonal dans l'intérêt « d'améliorer le rapport entre la représentation des zones rurales et des zones urbaines » (*JOAN* débats 6 juin 1973. 1808). De façon régulière jusqu'à nos jours, une série de décrets s'emploie à continuer de rectifier la situation. Le plus souvent, les redécoupages consistent dans la division ou le remodelage d'un ou plusieurs cantons et ont pour effet l'accroissement de leur nombre (4 035 en 2003). Malgré tout, les écarts démographiques sont toujours restés considérables (rapport de 1 à 47 dans le département de l'Hérault entre le canton le moins peuplé et le plus peuplé).

Le système des candidatures par binômes du fait de la réforme de 2013 impliquait la division par deux du nombre de cantons (de 4 000 à 2 000) dans l'intérêt que les assemblées départementales puissent siéger dans des conditions d'effectif comparables. L'article L. 191 C. élect. pose ainsi que le nombre de cantons doit désormais devenir égal à la moitié de ce qu'il était au premier janvier 2013, en laissant subsister un canton supplémentaire en cas de nombre impair dans le département. Cette opération de redécoupage offre l'opportunité de revoir et de corriger un grand nombre d'inégalités territoriales dans la représentation des électeurs. Mais à la poursuite de cet objectif, la loi n'apporte qu'un soutien limité en plafonnant le nombre de cantons en rapport avec l'importance démographique du département ; celui-ci ne pouvant être inférieur à 17 pour les départements de plus de 500 000 habitants, et à 13 pour ceux compris entre 150 000 et 500 000 habitants (C. élect., art. L. 191 al. 2). Il s'ensuit toutefois que le nombre de cantons ne dépend plus de la libre volonté du pouvoir exécutif.

90 ***Compétence du gouvernement pour redécouper les cantons*** ◊ Dans la mesure où le redécoupage cantonal est une œuvre gouvernementale (CGCT, art. L. 3113-2 ; art. 3 Ord. n° 45-2406, 2 nov. 1945, issu de l'art. 46 de la loi n° 2013-403 du 17 mai 2013), on ne peut exclure qu'il soit pratiqué pour les besoins de la cause, c'est-à-dire pour faciliter les victoires électorales du gouvernement dans les départements. C'est la raison pour laquelle le pouvoir du gouvernement s'exerce sous le contrôle du juge administratif et s'avère, au fil du renforcement continuel de la législation et de ce contrôle juridictionnel, de moins en moins discrétionnaire.

Le Premier ministre doit faire suite à une demande de redécoupage cantonal si trois conditions sont réunies. D'abord, si une transformation profonde de la répartition de la population départementale est intervenue. Ensuite, si les écarts de population qui en résultent sont manifestement excessifs. Enfin, si des motifs d'intérêt général ne s'opposent pas au maintien du *statu quo* (représentation d'une île ou d'une vallée de montagne) (CE Ass. 21 janv. 2004, *Boulanger*, *Lebon* 14 ; *AJDA*

2004. 451 concl. S. Boussard ; *RFDA* 2004. 506, note L. Touvet. V. ég. CE 6 janv. 1999, *Lavaurs, Lebon* 1 ; *AJDA* 1999. 443, concl. A. Daussun ; *LPA* 23 févr. 2000, n° 38, note D. Blanchet ; *RD publ.* 1999. 1515, note C. Geslot).

Les opérations de redécoupage ne pourraient augmenter les disparités démographiques existantes (CE 12 juill. 1978, *Cne Sarcelles, Lebon* 309). Elles ne sauraient, non plus, conduire à accroître l'écart de la population de chaque canton à la population cantonale moyenne dans le département ni, dans les cas autres qu'une scission, l'écart entre le plus peuplé et le moins peuplé des cantons découpés ni, dans le cas de la scission d'un canton pré-existant, l'écart entre le canton le plus peuplé et le canton le moins peuplé dans la partie du département englobant ce canton et affecté par ce remodelage (CE Ass. 13 nov. 1998, *Cne Armoy, Le Déaut et a., Lebon* 395 s. ; *AJDA* 1958. 977, chron. F. Raynaud et P. Fombeur ; *RFDA* 1999. 826, concl. L. Touvet ; *Dr. adm.* 1999, n° 3, note L. Touvet ; *RD publ.* 1999. 1515, note C. Geslot). Pour le juge administratif, de telles obligations résultent du principe d'égalité des citoyens devant le suffrage qui, en vertu des articles 3, 24 et 72 Const., s'applique à l'élection des assemblées délibérantes des collectivités territoriales.

L'auteur d'une protestation dirigée contre une élection cantonale peut invoquer à l'appui de celle-ci l'illégalité de l'acte de délimitation du canton. Il est nécessaire, toutefois, que cet acte ne soit pas devenu définitif (CE 30 nov. 1990, *Élect. mun. Chaufailles, Lebon* 342 ; *AJDA* 1991. 114, chron. H. Honorat et R. Schwartz ; *RFDA* 1991. 580, concl. M. Pochard).

La compétence du pouvoir réglementaire pour redéfinir les limites cantonales a été bornée par l'article 46 de la loi n° 2013-403 du 17 mai 2013 complétant l'article L. 3113-2 CGCT. Ses nouvelles conditions s'ouvrent par une réaffirmation : le territoire de chaque département doit être « défini sur des bases essentiellement démographiques ». Viennent ensuite deux conditions nouvelles : le territoire de chaque canton est continu et doit entièrement inclure les communes de moins de 3 500 habitants.

En revanche, l'habilitation faite au pouvoir réglementaire pour régler des situations particulières en dérogeant aux critères légaux est entré en conflit avec le principe d'égalité en ce qu'il n'écartait pas les risques d'arbitraire gouvernemental (Cons. const. n° 2013-667 DC du 16 mai 2013, *JCP Adm.* 2013, act. 382, note M. Verpeaux).

C. Le régime électoral de la région [1] [2]

91 La proportionnelle intégrale fut le premier mode de scrutin à s'imposer pour la représentation des régions devenues collectivités territoriales à partir de 1986 (L. n° 85-692, 10 juill. 1985). En dépit de ses mérites démocratiques, il a révélé, à l'usage, sa nocivité (alliance de « gouvernement » contre nature, difficultés renouvelées d'élire un président, incapacité de voter le budget) et dû être abandonné après les élections de 1998.

Le système qui lui fait suite devait donc s'efforcer de concilier la préoccupation de justice électorale avec la nécessité d'une direction régionale

1. V. bibliographie, v. ss 103.
2. Le régime électoral revient à ce qu'il était avant la tentative d'instituer des assemblées de « conseillers territoriaux » des départements de la région par la loi du 16 décembre 2010, aujourd'hui abrogée avant d'avoir reçu application (v. ss 69).

unitaire et stable. Le système mixte proportionnel-majoritaire retenu doit son inspiration au droit communal (grandes communes), mais les aménagements postérieurs dont il a fait l'objet tendent à le compliquer (C. élect., art. L. 336 s., principalement issus des lois n° 92-36 du 19 janv. 1999 et n° 03-327 du 11 avr. 2003). Il s'agit d'un scrutin de liste à deux tours qui s'exerce dans le cadre de sections départementales. Dans chacune de ces sections, les listes sont élues à la représentation proportionnelle à la plus forte moyenne, les élus des différents départements composant le conseil régional pour six ans. Le système impose une double répartition des sièges. D'abord entre les listes dans le cadre régional. Ensuite, à l'intérieur de chaque liste dans le département. Le principe de l'élection dans le cadre départemental n'était pas une nécessité absolue. Il tend à minorer l'impact politique des élections régionales, la région n'apparaissant pas représentative par elle-même mais à travers ses départements. L'État a toujours redouté l'identification des citoyens à leur région et leur refuse la consécration démocratique qu'elle mérite.

Le mécanisme de la représentation proportionnelle fait toutefois l'objet d'un *correctif majoritaire*. Mais, à la différence du scrutin communal, la « prime » majoritaire est plafonnée au quart des sièges - et non à la moitié - pour la liste obtenant la majorité absolue au premier tour ou la liste parvenue en tête au second. De telle manière que « les élections municipales ressemblent à un scrutin majoritaire à correctif proportionnel alors que les élections régionales ressemblent à un scrutin proprortionnel à correctif majoritaire » (J.-E.Schoettl).

La préoccupation d'inciter à la recomposition des forces politiques régionales a, par ailleurs, amené le législateur de 2003 a relever les seuils de l'élection : le second tour est accessible aux listes qui ont obtenu 10 % des suffrages exprimés (et non plus 5 %) et les listes peuvent être modifiées entre les deux tours pour inclure les candidats des listes concurrentes mais sous la réserve que la liste d'origine ait obtenu au moins 5 % (et non plus 3 %) et ne soit pas présente au second tour.

Au total, le système ne frappe pas par sa simplicité et peut parvenir à des résultats paradoxaux comme l'a relevé le Conseil constitutionnel : le caractère départemental du scrutin et la prime majoritaire peuvent conduire à ce que, dans une section départementale donnée, une formation se voit attribuer plus de sièges qu'une formation d'un autre département tout en ayant obtenu moins de voix que cette dernière.

La réduction envisagée du nombre de régions ne changera pas le scrutin par sections départementales, mais certaines dispositions s'efforceront de conjuguer l'égalité démographique avec la nouvelle réalité : effectif des conseils régionaux plafonné à 150 membres, garantie d'attribution minimale d'un siège pour chaque section départementale.

Le Conseil constitutionnel ne s'est pas opposé au système des sections départementales à la condition que les électeurs et les candidats soient informés des modalités particulières du scrutin et sur le fait que c'est au niveau régional que doit être appréciée la représentativité de chaque liste.

Par ailleurs, le seuil de 10 % des suffrages nécessaire pour atteindre le second tour a été déterminé à la suite de la censure du Conseil constitutionnel - pour raison de procédure -, le texte d'origine prévoyant le seuil - plus élevé - de 10 % des électeurs inscrits (Cons. const. n° 03-468 DC du 3 avr. 2003, *AJDA* 2003. 948, note G. Drago, *JCP* 2003. II. 10083, note J.-C. Zarka, *LPA* 13 mai 2013, n° 95 p. 8, note J.-E.Schoettl - cons. 42).

S'agissant de l'obligation de composition partitaire des listes entre femmes et hommes, v. C. élect, art. L. 346 al. 1.

SECTION 2. RENOUVELLEMENT DE L'ASSEMBLÉE DÉLIBÉRANTE

92 Exceptée l'hypothèse de son renouvellement ordinaire tous les six ans, l'assemblée locale peut être amenée à remplacer ses membres dans deux cas de figure : soit pour renouveler des élus démissionnaires à titre individuel ou collectif (§ 1), soit à la suite de la dissolution de l'assemblée (§ 2). Mais, parce qu'il peut s'agir de mesures coercitives à l'encontre d'élus et non pas d'agents, celles-ci devront être assorties de garanties maximales.

§ 1. Le renouvellement après démissions

93 Par la démission, les conseillers élus peuvent perdre le bénéfice de leur mandat avant son terme. Il conviendra d'envisager successivement les causes (A) et les effets (B) de la démission.

A. Cas de démission des conseillers élus

94 ***Démission volontaire*** ◊ Même dans l'hypothèse où les conseillers sont élus au sein d'une liste, ils exercent leur mandat à titre individuel et rien ne s'oppose à leur démission pour tout motif qui les regarde. Peu importe qu'il s'agisse d'une démission individuelle ou de démissions concertées qui, généralement, constituent un acte politique.

Si la démission volontaire procède de l'initiative de l'élu, elle doit néanmoins obéir à un certain nombre de conditions posées par la loi et la jurisprudence pour produire effet (CGCT, art. L. 2121-4 pour les conseillers municipaux ; L. 3121-3 pour les conseillers généraux ; L. 4132-2 pour les conseillers régionaux). Ainsi, la démission doit être exprimée explicitement dans un document écrit, daté et signé par l'intéressé puis remis ou transmis à l'exécutif de la collectivité - et non plus le préfet - qui en informe immédiatement le préfet (TA Grenoble, 31 mars 1992, *Guyon*, *Lebon 796* : la démission ne saurait procéder d'un tract distribué à la population et ne comportant ni date, ni signature). L'information du préfet est obligatoire en vertu de la loi et elle incombe à l'exécutif, mais elle ne doit pas être considérée comme une condition de la validité ou de l'effectivité de la démission elle-même.

Il n'est pas nécessaire que la démission ait été acceptée par l'exécutif : le deuxième alinéa de l'article L. 2121-4 (issu de L. n° 88-1262, 30 déc. 1988) dispose que celle-ci « est définitive » dès sa réception par lui. Il en résulte deux conséquences : étant ainsi automatique la démission s'impose à l'exécutif qui ne saurait en apprécier l'opportunité pour s'y opposer le cas échéant (CE 16 janv. 1998, *Ciré*, *Lebon* 15, *RFDA* 1998. 463). De même, le conseiller démissionnaire ne devrait pas pouvoir se raviser après la date de réception de sa lettre. Cependant, la pratique ne doit pas interdire certains arrangements extra-légaux.

95 ***Démission d'office*** ◊ Dans les trois cas de figure suivants, il s'agit d'un véritable pouvoir de révocation des conseillers élus qui s'exerce sous l'expression de « démission d'office ». Vu son importance, la décision est soit juridictionnelle, soit contrôlée par le juge. Toutefois, les progrès en faveur de l'allègement de la tutelle de l'État sur les collectivités devraient aboutir à la suppression des pouvoirs de décision que le préfet conserve encore en la matière, en limitant ses interventions à un rôle de mise en œuvre au sein d'une procédure juridictionalisée.

1. Doit être déclaré démissionnaire d'office, le conseiller qui s'est abstenu de remplir une des fonctions qui lui sont dévolues par les lois (CGCT, art. L. 2121-5 pour les conseillers municipaux, L. 3121-4 pour les conseillers généraux, L. 4132-2-1 pour les conseillers régionaux, tardivement issu, dans ce dernier cas de la loi n° 98-135 du 7 mars 1998). La pratique jurisprudentielle recense, le plus souvent, des hypothèses de refus de surveillance des bureaux de vote.

Encore faut-il que cette abstention soit constatée afin d'être établie de façon certaine. C'est ce que précise la loi en prévoyant que le refus résulte soit d'une déclaration expresse de l'intéressé, soit de la persistance de son abstention après avertissement de l'exécutif (CE 21 oct. 1992, *Alexandre et a.*, *RD publ.* 1993. 1118. TA Amiens, 18 juill. 2002, *Cne Léglantier*, *Coll. terr.* 2002. 273).

En outre, cette abstention n'est pas répréhensible si une excuse valable peut être invoquée. La jurisprudence abonde sur les hypothèses d'excuses valables (CAA Nantes, 4 févr. 1999, *Mairie Telgruc-sur-Mer*, *Lebon* 662 ; *Coll. terr.* 1999. 13, note J. Moreau : le refus par un conseiller d'opposition de devenir adjoint au maire est une excuse valable. CAA Nantes, 2 oct. 2007, *Chopp*, *AJDA* 2008. 32, même solution pour la participation du conseiller adjoint au 60e anniversaire du mariage de ses parents. CE 21 mars 2007, *Aboulkeir*, *Lebon* 704 ; *AJDA* 2007. 666 ; *Dr. adm.* oct. 2007. 20, obs. E. Glaser ; *RLCT* mai 2007. 24, obs. E. Glaser ; *BJCL* 2007. 550, concl. E. Glaser et obs. L. Touvet ; *Dr. adm.* 2007. 132, note E. Glaser, est de nature à constituer une telle « excuse valable » l'existence de manœuvres du maire consistant en des décisions ou comportements destinés à provoquer un refus de l'intéressé d'exercer ses fonctions).

Les absences successives aux séances de l'assemblée délibérante ne sont plus sanctionnables (abrogation de l'art. L. 121-22 C. communes). Elles ne peuvent pas, depuis cette abrogation, être considérées comme un refus de remplir une fonction au sens de l'article L. 2121-5 CGCT puisque l'assistance aux séances résulte d'un « droit (pour les conseillers municipaux) qu'ils tirent de leur élection en qualité de conseiller municipal » : en ce sens, TA Versailles, 22 mars 1985, *Cne Viry-Châtillon c. Bourdenet*, *AJDA* 1985. 379, note J.C. ; *RFDA* 1986. 388, concl. D. Latournerie. Cette solution libérale peut néanmoins favoriser l'absentéisme [1].

Après constatation du refus, l'exécutif de la collectivité dispose d'un mois pour saisir le tribunal administratif qui se prononcera dans le cas des conseillers municipaux et généraux. C'est le Conseil d'État qui se prononcera pour les conseillers régionaux, sa compétence ayant été considérée comme plus adéquate que celle des tribunaux administratifs (CE 15 avr. 1996, *Epron*, *Lebon* 797).

2. La démission d'office procède également d'une cause d'inéligibilité ou d'incompatibilité survenue *après* son élection (C. élect., art. L. 236, LO 236-1 et L. 239 pour les conseillers municipaux, L. 205 et L. 210 pour les conseillers généraux et L. 341 et L. 344 al. 2 pour les conseillers régionaux). Elle est alors la conséquence automatique sur un mandat en cours d'une inéligibilité postérieure à l'élection. En effet, le préfet a une compétence liée pour prononcer la démission d'office : il « doit se borner à tirer les conséquences d'une inéligibilité en matière électorale » d'une situation qui lui est extérieure, selon les termes de la jurisprudence. Cette inéligibilité peut découler d'une condamnation pénale – le plus souvent –, d'une déclaration d'entrepreneur de service municipal, d'une nouvelle élection... (par ex. : CE 8 janv. 1992, *Preel*, *Lebon* 3 ; *LPA* 3 juill. 1992, n° 80 p. 4, concl. M. Pochard ; *Quot. jur.* 11 août 1992, n° 64, p. 8, obs. B. Maligner. CE 16 déc. 1994, *Falicon*, *Lebon* 551 ; *D.* 1995. 557 concl. B. du Marais. CE 11 mars. 2009, *Élect. mun. Bussang*, *Dr. adm.* 2009. 65, CE 20 juin 2012, *M. Simonpieri*, *AJDA* 2012. 1257, *AJCT* 2012, n° 430, note D. Dutrieux, avec rejet d'une QPC à l'encontre des dispositions relatives à la sanction pénale de l'intéressé et à son exclusion provisoire). L'intéressé est déclaré démissionnaire par la décision du préfet pouvant intervenir sans condition de délai et contestable, avec effet suspensif (sauf condamnation pénale définitive entraînant la perte des droits civiques), devant le tribunal administratif dans les 10 jours. Assez curieusement, c'est le conseil général que l'article L. 205 C. élect. désigne pour prononcer la démission d'office des conseillers généraux, la loi n° 00-493 du 6 juin 2000 n'ayant pu, pour raison de procédure, permettre l'alignement sur le droit communal (Cons. const. 30 mai 2000, n° 00-429 DC, *Rec. Cons. const.* 84 ; *AJDA* 2000. 653, note J.-E. Schoettl).

Il faut signaler la différence avec les inéligibilités ou incompatibilités *antérieures* à l'élection et qui relèvent exclusivement de la compétence du juge de l'élection et pour lesquelles la procédure de démission d'office est inapplicable (par ex. CE 23 oct 1970, *Carpentier*, *Lebon* 1056) ce qui conduit

---

1. H. Jazefowicz, « Peut-on sanctionner l'absentéisme de l'élu local ? », *BJCL* 2009. 593.

le juge à rechercher la date de la cause de l'inéligibilité (TA Melun, 3 déc. 2002, *Debaecker*, *AJDA* 2003. 694).

Tout électeur de la commune peut agir contre la décision du préfet refusant de prononcer la démission d'office : CE 7 janv. 2004, *Le Floc'h et a.*, *JCP Adm.* 2004. 1186, note J. Moreau.

3. La démission d'office peut enfin être prononcée par le juge de l'élection en cas de manquement aux règles relatives au compte de campagne (art. L. 234 pour les conseillers municipaux, L. 197 pour les conseillers généraux, L. 341-1 pour les conseillers régionaux et art. L. 118-3 issus de L. n° 90-55, 15 janv. 1990). Par exemple, est inéligible pendant un an et démissionnaire le conseiller qui n'a pas déposé son compte de campagne dans le délai prescrit (CE 14 juin 1993, *Contini*, *Quot. jur.* 26 mai 1994, n° 42, p. 3, obs. B. Maligner). La loi n° 2011-412 du 14 avril 2011 vient préciser que la sanction d'inéligibilité infligée à un candidat fautif n'est qu'une possibilité pour le juge de l'élection, possibilité ouverte dans des cas précis révélant sa mauvaise foi (CE 4 juill. 2011, n° 338033 et 338199, *Élec. rég. Ile-de-France*, non application après le rejet des comptes de compagne de M. Huchon, la faute commise par lui ne pouvant être regardée comme « d'une particulière gravité »).

96 ***Nature juridique de la décision de démission d'office*** ◊ Alors que juge administratif tend à conférer à certaines décisions d'inéligibilité la nature d'une sanction administrative lorsqu'une faute commise par l'intéressé a entraîné cette inéligibilité (CE Sect. 1er juill. 2005, *Ousty*, 1re esp. et *Gravier*, 2e esp., *Lebon* 282, concl. E. Glaser ; *AJDA* 2005. 1824, chron. C. Landais et F. Lenica ; *D.* 2005. 2931, note J.-C. Jobart ; *RD publ.* 2006. 17, note J.-P. Camby), il n'en va pas de même pour la décision préfectorale déclarant l'intéressé démissionnaire d'office après constatation de son inéligibilité. En effet, agissant avec un pouvoir lié, le préfet se borne ici à tirer les conséquences nécessaires d'une inéligibilité sur la poursuite d'un mandat en cours. Il ne tranche pas une contestation sur des droits civils, ni n'inflige à l'intéressé une sanction. Doit alors être retenue, dans ce cas, la solution selon laquelle le respect des droits de la défense n'a pas vocation à s'appliquer lorsque l'administration n'a pas à apprécier le comportement d'un administré mais se borne à tirer les conséquences d'une situation préexistante (CE 23 nov. 1984, n° 56151, *Grosjean*, à propos de la démission d'office d'un conseiller municipal).

B. Effets de la démission des conseillers élus [1]

97 ***Principe du « suivant de liste »*** ◊ Le remplacement de sièges vacants est la conséquence nécessaire de la démission de conseillers élus. Dans les

1. Le droit constitutionnel invite la loi à déterminer les principes de remplacement des conseillers dont le départ laisse vacant leur siège. Ce faisant, il interdit qu'aucune modalité de remplacement ne soit prévu pour un trop grand nombre de sièges et pour une période exagérément

grandes communes, le Code électoral prévoit le remplacement de l'élu démissionnaire, quel que soit le cas de démission, par le candidat venant immédiatement après le dernier élu sur la liste concernée. La démission d'un conseiller municipal a donc pour effet immédiat de conférer la qualité de conseiller au premier candidat non élu figurant sur la même liste : principe dit du « suivant de liste » (art. L. 270 C. élect. pour les communes de 3 500 habitants et plus)

Évidemment le suivant de liste ne doit pas être inéligible à la fois à la date des élections initiales et à la date à laquelle le siège vacant lui est attribué (CE 29 janv. 1999, *Cne Saint-Philippe et Boyer, Lebon* 817, à propos d'un technicien agricole contractuel alors même que le contrat le liant à la commune devait expirer peu de temps après qu'il ait été appelé à siéger).

Le contentieux du remplacement des conseillers élus ayant démissionné est un contentieux électoral obéissant aux règles propres à ce type de contentieux (CE 28 janv. 1994, *Brunet, Lebon* 37 ; *AJDA* 1994. 187, chron. C. Maugüe et L. Touvet ; *RD publ.* 1994. 830 concl. Le Chatelier ; *Dr. adm.* 1994. 140 et 200, obs. Le Chatelier : compétence du Conseil d'État en appel s'agissant du contentieux des conseillers municipaux).

98 ***Cas particuliers*** ◊ Cela étant, la loi électorale reste peu claire lorsque, dans des cas particuliers, il s'agit de savoir s'il faut procéder au *renouvellement partiel* ou au *renouvellement intégral* du conseil municipal. Or, cela n'est pas sans grande conséquence sur le maintien de l'équilibre politique en place dans la collectivité. Dans l'hypothèse où le conseil municipal ne peut être complété par l'appel aux suivants de la liste (liste épuisée par exemple), il doit être procédé au renouvellement intégral de ce conseil lorsque celui-ci a perdu le tiers de ses membres, ou bien, s'il est nécessaire d'élire un nouveau maire (art. L. 270 al. 3 C. élect.). Dans ce dernier cas, F. Luchaire faisait remarquer que l'élection du maire prenait alors une dimension nouvelle : s'il vient à décéder après avoir entraîné le succès de sa liste et que l'opposition obtient alors une nouvelle élection de tout le conseil, on se rapproche d'une situation où le maire serait élu au suffrage universel direct.

Faisant état des contradictions implicites des textes : concl. C. Maugüe sur CE 28 juill. 1999, *Élect. mun. La Celle-Saint-Cloud, AJDA* 2000. 249.

Dans les petites communes, si le conseil municipal a perdu le tiers de ses membres, par l'effet des vacances survenues, la loi utilise le procédé des élections complémentaires qui doivent avoir lieu dans les deux mois

longue, conduisant à ce que le fonctionnement normal de l'assemblée délibérante soit affecté, mettant ainsi en cause la libre administration de la collectivité et le principe selon lequel elle s'administre par un « conseil élu » (Cons. const. n° 2013-667 DC du 16 mai 2013, *JCP Adm.* 2013, act. 382, note M.Verpeaux - cons. 21 -, censure à propos de la réglementation des vacances de sièges au conseil général pouvant conduire à un trop grand nombre de sièges non pourvus sur une période trop longue pouvant empêcher l'élection du président du conseil général. Le projet de loi en cours d'adoption prévoit de résoudre le problème par l'organisation d'élections partielles en cas de vacance d'un seul siège ou des deux sièges du même canton. Dans le premier cas, le sexe du candidat sera indifférent).

suivant la dernière vacance (art. L. 258 C. élect.) (CE 18 déc. 1968, *Durand, Barbero et a.*, *Lebon* 657 ; *D.* 1970. 291, note J.C. Escarras).

Voir C. élect., art. L. 221 et L. 360 posant des conditions particulières de remplacement des conseillers élus respectivement pour les conseils généraux et régionaux, sans doute pour des raisons historiques tenant au mode de scrutin ou au souci de préservation de l'équilibre politique.

§ 2. Le renouvellement après dissolution

99 Hormis les hypothèses de renouvellement intégral de l'assemblée délibérante que nous venons d'envisager dans des cas particuliers de vacances de sièges, il existe une hypothèse majeure conduisant au remplacement accidentel et total de l'assemblée : sa dissolution. Les dissolutions ne sont pas fréquentes, exceptionnelles pour les conseils généraux et sans exemple, à nos jours, pour les conseils régionaux. Il faut en voir le fondement, les conditions et les effets.

100 ***Fondement du pouvoir de dissolution*** ◊ La dissolution procède d'une décision de l'État, décision grave au regard du principe d'indépendance des collectivités vis-à-vis de l'État que manifeste l'élection des autorités locales au suffrage universel. L'humanisation de la tutelle sur les collectivités n'a pourtant pas mis en cause ce pouvoir de dissolution. Celui-ci trouve même un soutien constitutionnel dans le principe de *continuité du service public* auquel une assemblée incapable de décider ne pourrait porter atteinte. Le Conseil d'État a pu ainsi fonder sur la continuité du service public la mise en place d'une délégation spéciale à la place d'un conseil municipal empêché de fonctionner (CE 3 nov. 1989, *Gaillot*, *Lebon* 223 ; *AJDA* 1990. 425, note J. Moreau). Par ailleurs, ce pouvoir de dissolution peut passer pour d'autant plus inévitable qu'il n'a jamais été question de le transférer à l'exécutif de la collectivité qui l'exercerait, alors, de l'intérieur de la collectivité, selon le principe du régime parlementaire : ce ne serait plus alors une sanction administrative mais une arme politique. Finalement, ce pouvoir de tutelle manifeste encore le caractère administratif des assemblées des collectivités territoriales.

101 ***Conditions du pouvoir de dissolution*** ◊ Les articles du CGCT autorisant la dissolution des trois catégories d'assemblées locales ne sont pas tous rédigés exactement dans les mêmes termes (CGCT, art. L. 2121-6 pour les conseils municipaux, L. 3121-5 et 6 pour les conseils généraux et art. 4132-3 pour les conseils régionaux). Il en ressort notamment qu'à l'égard des conseils municipaux la loi ne dit pas dans quels cas ils peuvent être dissous. Cependant, il ne faut pas douter que c'est une solution unique qui vaut pour les trois assemblées. Une double condition est exigée pour prononcer valablement la dissolution : des dissensions doivent avoir des répercussions sur le fonctionnement de ces assemblées et elles doivent revêtir un degré de gravité tel que la gestion administrative de la collectivité est mise en péril.

L'expression légale de « fonctionnement impossible » contenu dans les articles applicables aux départements et régions doit finalement s'interpréter comme un standard rendant compte d'une jurisprudence établie de longue date et relative aux communes. Elle prend valeur de codification.

Peuvent ainsi justifier la dissolution de l'assemblée, une rébellion contre les ordres de l'autorité supérieure (CE 5 nov. 1975, n° 97887, *Filho*), les dissensions résultant d'une modification de la proclamation des conseillers élus postérieurement à l'élection du maire (CE 16 janv. 1985, *Balat, AJDA* 1985. 436, note B. Maligner), l'interruption du fonctionnement des institutions à la suite de nombreux affrontements violents dans la collectivité (CE 3 nov. 1989, *Gaillot, Lebon* 223 ; *AJDA* 1990. 425, note J. Moreau), la perte pour les autorités municipales de l'autorité nécessaire à la gestion de la commune (CE Ass. 14 janv. 1977, *Perrault et a., Lebon* 21 ; *AJDA* 1977. 132, chron. L. Nauwelaers et L. Fabius, solution *a contrario*. CE 4 juin 2007, *René C., JCP Adm.* 2007. 2204, note J. Moreau, à propos du désaccord entre le maire et les nouveaux conseillers issus d'élections partielles, désaccord empêchant de façon chronique le vote du budget). En revanche, le décret de dissolution ne peut valablement intervenir pour sanctionner des irrégularités commises au cours de l'élection de l'assemblée (CE 27 mars 1914, *Archambeaud*), pour faire prévaloir la volonté du maire sur celle du conseil municipal (CE 24 déc. 1931, *Martin, Lebon* 1163), ou encore, pour compléter le conseil municipal alors que la loi a prévu des élections complémentaires (CE 24 janv. 1964, *Fruteau, Lebon* 31 ; *AJDA* 1964. 483, note J.S.)

La gravité de la décision de dissolution implique qu'elle soit motivée en droit et en fait [1] et fasse l'objet d'un contrôle reposant non seulement sur l'exactitude matérielle des faits [2], mais aussi sur l'idée d'une proportionnalité de la décision de dissoudre par rapport à sa justification : dissensions suffisamment graves pour empêcher l'assemblée de fonctionner [3] (contrairement à la jurisprudence de départ *Grazietti* du 31 janv. 1902 affirmant le principe que les motifs d'un décret de dissolution ne peuvent être discutés par la voie contentieuse : *S.* 1903. III. 113, note M. Hauriou). Il faut toutefois réserver l'hypothèse des « circonstances exceptionnelles » découlant de troubles particulièrement graves à l'ordre public et qui est de nature à mieux justifier au regard de ces circonstances la dissolution d'une assemblée [4].

Les assemblées délibérantes des conseils municipaux, généraux et régionaux doivent, toutes trois, faire l'objet d'une dissolution par *décret motivé rendu en conseil des ministres et publié au journal officiel*. La solennité de la procédure se trouve même renforcée dans le cas des conseils généraux et régionaux puisque le gouvernement *doit en informer le parlement sans délai*.

En cas d'urgence à envisager la dissolution d'un conseil municipal, le préfet peut suspendre l'assemblée à titre provisoire (un mois au plus) (CGCT, art. L. 2121-6 al. 2).

102 ***Effets du pouvoir de dissolution*** ◊ L'assemblée délibérante dissoute, la loi organise des mesures transitoires : les affaires de la collectivité sont prises en charge par une *délégation spéciale* pour les communes, délégation dont les membres sont nommés par le préfet dans les huit jours suivant la

1. CE 19 janv. 1990, *Bodin, Lebon* 605 ; *AJDA* 1990. 125, chron. Honorat et Baptiste.
2. CE 14 janv. 1977, *Perrault*, préc.
3. CE 9 nov. 1959, *Rozan Girard, Lebon* 584 ; *D.* 1960. 83 note M.A.
4. CE 3 nov. 1989, *Gaillot*, préc.

publication du décret de dissolution (CGCT, art. L. 2121-35 s.). Les membres de la délégation spéciale sont de trois à sept et le préfet les choisit discrétionnairement (CE 17 juin 1931, *Boitet*, *Lebon* 640, choix effectué parmi les anciens membres du conseil municipal dissous. CE 3 avr. 1968, *Papin*, *Lebon* 230 ; *RD publ.* 1968. 1152, concl. O. Dutheillet de Lamothe ; *D.* 1970. 231, note A. Demichel). Dans le département et la région, le président du conseil général et régional se substituent à l'assemblée, mais ses décisions ne seront exécutoires qu'avec l'accord du préfet (CGCT, art. L. 3221-6 pour le département et L. 4132-4 pour la région).

Il est entendu que les pouvoirs dont disposera l'autorité transitoire sont limités aux *actes de pure administration conservatoire et urgente*. Elle ne pourra engager les finances de la collectivité au-delà des disponibilités de l'année. Elle sera compétente jusqu'à la mise en place d'une nouvelle assemblée, des élections devant être organisées dans ce but dans les deux mois (CGCT, art. L. 2121-38 pour la commune, L. 3121-6 pour les départements, L. 4132-4 pour les régions) [1].

En pratique, il n'est pas exclu, et cela s'avère même fréquent en raison des délais de jugement, qu'une nouvelle assemblée soit élue au moment où l'annulation du décret de dissolution intervient. On se trouve alors avec deux assemblées délibérantes valablement installées pour une même collectivité. Il faut d'abord considérer que l'intervention de l'élection ne conduit pas à un non-lieu à statuer sur le recours dirigé contre le décret de dissolution (CE 25 juill. 1952, *Thibault*, *Lebon* 94, concl. Guionin). Pour autant, l'annulation du décret de dissolution restera sans effet pratique si le renouvellement du conseil était intégral : il s'agira alors d'une sanction morale (CE 9 nov. 1959, *Rozan Girard*, préc.). Si ce n'était pas le cas, il faudra considérer qu'il n'y a pas eu dissolution, ni expiration du mandat des conseillers et, qu'en conséquence, les opérations électorales étaient injustifiées et doivent être annulées (CE Ass. 31 mai 1957, *Lanvier et Herem*, *Lebon* 359). Les nouvelles armes du contentieux administratif que sont les référé-suspension et référé-liberté devraient écarter le problème dans certains cas où l'illégalité du décret de dissolution peut être préjugée.

103 *Bibliographie* ◊

I. – Sur les élections locales

- Benelbaz (C.), « Le redécoupage électoral sous la 5e République », *RD publ.* 2010. 166
- Chaminade (A.) et Mathieu (G.-H.), *La pratique des élections locales*, Litec, 1992
- Daugeron (B), *Contribution à une théorie juridique de l'élection à partir du droit public français*, Dalloz, coll. « Nouvelle bibliothèque des thèses », 2011
- Gaudemet (Y.) et Maligner (B.), « Les élections locales », *J.-Cl. Coll. locales* fasc. 11012 s., 2007.
- Maligner (B.), « Élections », *Nouveaux Cah. Cons. const.* 2011, n° 30, p. 173 ; *J.-Cl. Adm.* 2010
- Magnet (J.), « Inéligibilité et déchéance des comptables de fait des deniers publics locaux », *RFFP* 1999. 47
- Masclet (J.-C.), *Droit électoral*, PUF, 1989

1. V. C. Chaumont, « Étude juridique sur la dissolution des conseillers municipaux par le pouvoir exécutif », *RD publ.* 1939. 38 ; Y. Madiot, « La dissolution des conseils municipaux », *RD publ.* 1974. 373.

- MOREAU (J.) et a., *Le droit des élections locales*, Litec, 2001
- NÉGRIN (J.-P.), « Inéligibilité des comptables de fait », *RGCT* 1999. 393
- PONTIER (J.-M.), « La décentralisation territoriale et les modes de scrutin », *Rev. adm.* 1996. 426
- VINCENT (J.-Y.), « Les élections locales », *J.-Cl. Coll. territoriales* fasc. 510 et 515, 2004 ; « Le contentieux des élections locales : revue de jurisprudence », *JCP Adm.* 2008. Suppl. n° 10-11

Sur l'élargissement de l'éligibilité aux citoyens européens

- AUBY (J.-B.), « Citoyenneté européenne et élections municipales », *Dr. adm.* 1997. 3
- VERPEAUX (M.), « La souveraineté nationale et les élections locales », *LPA* 28 août 1996, n° 104, p. 4

II. Sur les élections cantonales

- BLACHÉR (P.) (dir.), *Le canton*, L'Hermès 2004
- GUÉRARD (S.), « Le canton prétexte d'une réflexion juridique sur le découpage territorial français », *RLCT* nov. 2007. 50
- MALIGNER (B.), « Extraits choisis du contentieux des élections cantonales devant le Conseil d'État », *LPA* 18 mars 1987. 12

Sur le redécoupage cantonal

- DEROSIER (J.-P.), « *Le redécoupage des cantons : une opération générale et encadrée* », *JCP Adm.* 2013, n° 2328
- HUBAC (S.) et SCHOETTL (J.-E.), « Découpage cantonal », *RFDA* 1985. 76
- MALIGNER (B.), « Le découpage des circonscriptions électorales devant le Conseil constitutionnel et le Conseil d'État », *Rev. adm.* 1992. 1
- ROUX (A.), « Le découpage des circonscriptions administratives et électorales devant le Conseil d'État », *AJDA* 1983. 219 ; « Le principe d'égalité devant le suffrage et le découpage cantonal », *RGCT* 1999. 115

III. Sur les élections régionales

- SADRAN (P.), « Les premières élections régionales. Remarques sur une espérance déçue », *AJDA* 1986. 209 ; « La troisième élection régionale : un jeu à somme négative », *RGCT* 1998. 43
- DOLEZ (B.), « La loi du 11 avril 2003 : petite modification de la règle électorale, grands effets ? », *RD publ.* 2003 931
- MALIGNER (B.), « La loi du 11 avril 2003 et la réforme des élections régionales », *BJCL* 2003, n° 9, p. 20
- MATHIEU (B.) et VERPEAUX (M.), « Libres propos. L'élection des conseillers régionaux et des représentants au Parlement européen », *JCP* 2003 481
- PONTIER (J.-M.), « La régionalisation des élections régionales », *Rev. adm.* 1999. 175
- VERPEAUX (M.), « Les institutions régionales entre mimétisme et innovations », *AJDA* 2008. 1638

IV. Sur les élections cantonales après la loi du 16 décembre 2010

- FAURE (B.), « Le regroupement départements-région : remède ou problème », *AJDA* 2011. 86
- GUISELIN (E.-P.), « Le conseiller territorial : une nouvelle catégorie d'élus au service de l'action publique locale ? », *RLCT* juin 2011. 77
- LANDOT (E.), « Les territoires en rang par deux », *RLCT* janv. 2011. 78
- VERPEAUX (M.), « La réforme territoriale et les nouveaux élus », *RFDA* 2011. 246

V. Sur les élections municipales et cantonales après les lois du 17 mai 2013

- DAUGERON (B.), « Élection locales : principes et enjeux du nouveau cadre législatif des compétitions électorales après les lois du 17 mai 2013 », *BJCL* 2014. 2
- MALIGNER, « Les nouvelles règles des élections locales », *AJDA* 2014. 263
- POTTIER (F.), « L'architecte, la parité et le métronome : retour sur l'édification des nouvelles règles électorales pour les élections locales », *JCP Adm.* 2013, n° 2187
- ROUAULT (M.-C.), « Les élections départementales : puis-je vous présenter un binôme ? », *RLCT* déc. 2013. 49
- VERPEAUX (M.), « Les nouvelles élections locales sont arrivées », *RFDA* 2013. 1161
- VERPEAUX (M.), « La réforme des modes de scrutin locaux : révolutions et continuités », *JCP Adm.* 2013, n° 2186

VI. Sur le financement des campagnes électorales

- BERGERET (J.-C.) et PRÉVOST (G.), *Le compte de campagne*, éd. Papyrus, 3e éd., 2001
- BHASIN (B.), *La Commission nationale des comptes de campagne et des financements politiques*, *RFFP* 1997. 45 ; « Le contentieux des élections cantonales des 15 et 22 mars 1998 devant les tribunaux administratifs », *RFDA* 2000. 305
- BIGET (C.), « Les réformes proposées par la CCFP », *AJDA* 2003. 1903
- CAMBY (J.-P.), *Le financement de la vie politique en France*, Montchrestien, coll. « Clefs », 1995
- FAUPIN (H.), *Le contrôle du financement de la vie politique, partis et campagne*, LGDJ, 1998 ; *EDCE* 1994, n° 45, p. 251
- FRATACCI (S.), « La difficile mise en œuvre de la loi du 10 avril 1996 », *RFDA* 1996. 697 ;
- « L'argent des élections », *Pouvoirs* 1994 avec not. les contrib. de MM. Arrighi de Casanova, Carcassonne, Genevois, Masclet, p. 69
- MALIGNER (B.), « Droit des financements politiques », *J.-Cl. Adm.* fasc. 80, 2001 ; « Le contrôle du financement des campagnes électorales », *RFDA* 1995. 243
- VITAL-DURANT (E.), « Candidat et écrivain : séduire l'éditeur ou les lecteurs ? », *JCP Adm.* 22 sept. 2003. 1830

VII. Sur le cumul des mandats

- « Dix constitutionnalistes répondent à deux questions concernant le cumul des mandats », *RD publ.* 1997. 1551
- « Le cumul des mandats et des fonctions. Une réforme au cœur de la modernisation de la vie politique », *Notes et études documentaires* 30 déc. 1998, n° 5085
- BOUDON (J.), « Le cumul des mandats : quelle originalité française ? », *RD publ.* 2010. 1691
- CAMBY (J.-P.), « La limitation du cumul des mandats : lutte contre l'ubiquité ou contre l'hydre de Lerne », *RD publ.* 1997. 1545
- FRAISSEX (P.), « Le cumul des mandats : un mal inévitable mais pas nécessaire », *Mélanges P. Gélard*, Montchrestien 1999. 177
- GUETTIER (C.), « Les lois du 5 avr. 2000 sur le cumul des mandats électoraux et des fonctions électives », *AJDA* 2000. 427
- HOURQUEBIE (F.), « Le cumul des mandats : clap de fin ! », *AJDA* 2014. 733
- MASCLET (J.-C.), « Un remède homéopathique ? Les lois sur le cumul des mandats et des fonctions électifs », *AJDA* 1986. 214
- VERPEAUX (M.), « La fin du cumul des mandats : tout s'éclaircit ? », *JCP Adm.* 2014, n° 2112

CHAPITRE 2

ORGANISATION DE L'ASSEMBLÉE DÉLIBÉRANTE

104 Il revient à chaque assemblée délibérante placée en tête du système administratif de la collectivité de prendre en charge les intérêts de cette collectivité et d'en définir les ressources correspondantes. Cette assemblée doit être alors pourvue d'un minimum d'organisation indispensable à l'ordonnancement des débats entre une majorité et une opposition et à la délibération. Pour cela, le droit législatif et la pratique font d'elle une organisation propre au sein de la collectivité se caractérisant par un certain degré d'autonomie. Depuis les premiers grands principes acquis en 1871 et 1884 qui ont déterminé la base des règles d'organisation, ces dernières tendent à se développer pour aller vers plus de transparence et de commodité de fonctionnement de l'assemblée. Mais, à l'intérieur de l'assemblée prise en tant que corps, ces règles s'adressent de plus en plus à leurs membres considérés individuellement dans l'intérêt supérieur de parachever les conditions d'un fonctionnement démocratique de la collectivité. Alors que l'assemblée délibérante devait être considérée comme une structure unique, la loi ne disposant pas directement à l'égard de ses membres, les années 1990 ont marqué un tournant : l'assemblée doit être regardée comme un rassemblement d'élus qui la constitue avec leurs problèmes de disponibilité, d'information, de formation... Mais, inévitablement, c'est la liberté de chaque assemblée de déterminer ses pratiques internes qui tend à faire les frais des progrès d'une législation impérative. La liberté d'organisation de l'assemblée délibérante n'a jamais tout à fait été reconnue en tant que telle par les sources supérieures du droit et elle ne s'est exprimée, le plus souvent, qu'à titre résiduel (v. cep., Cons. const. 14 janv. 1999, n° 98-407, *Rec. Cons. const.* 21 à propos de la réglementation du caractère public des réunions).

Alors que les garanties propres aux élus seront traitées plus spécifiquement dans le chapitre suivant, le présent chapitre sera consacré aux règles de réunion (Section 1) et de délibération (Section 2) de l'assemblée délibérante. L'évolution rapproche l'organisation des assemblées locales de celle des assemblées parlementaires mais, pour le régime de ces règles d'organisation, c'est le droit administratif qui s'applique.

SECTION 1. RÉUNIONS DE L'ASSEMBLÉE DÉLIBÉRANTE

105 ***Définition*** ◊ La réunion d'une assemblée délibérante d'une collectivité territoriale désigne la rencontre temporaire de ses membres élus, organisée dans les conditions prévues par la loi et le règlement intérieur de cette assemblée, en vue de se concerter sur la prise en charge des intérêts de la collectivité en adoptant une délibération. Il convient d'aborder aussi chronologiquement que possible ses éléments constitutifs qu'ils soient préalables aux réunions (§ 1) ou propres à celles-ci (§ 2 et § 3).

§ 1. Éléments préalables aux réunions

106 On envisagera successivement les règles de périodicité des réunions (A), le règlement intérieur des assemblées (B), la convocation des membres des assemblées (C) et leur disponibilité pour assister aux réunions (C).

A. Règles de périodicité des réunions

107 ***Régime normal*** ◊ Il prévoit deux cas de figure :

1. Réunion sur décision de l'exécutif. S'agissant des réunions du conseil municipal, l'automaticité du système traditionnel des sessions périodiques, rigide et inutilement compliqué, a laissé sa place à un mécanisme plus souple se situant entre automaticité et libre initiative. L'existence effective de l'assemblée exige un nombre minimal de réunions - au moins une par trimestre - mais laisse au maire le choix de leur nombre supplémentaire et de leur date (CGCT, art. 2121-7 et 2121-9 issus de L. n° 70-1297, 31 déc. 1970). Il n'existe plus de sessions mais seulement des séances, c'est-à-dire des réunions effectives du conseil municipal sans considération de périodes de validité.

Après les communes, et s'inspirant du droit communal, les départements et régions ont à leur tour abandonné le système des sessions pour le principe d'une séance, au moins, par trimestre (CGCT, art. L. 3121-9 pour les conseils généraux et L. 4132-7 pour les conseils régionaux issus de L. n° 82-213, 2 mars 1982). Dans tous les cas, l'exécutif de la collectivité qui préside l'assemblée délibérante apprécie l'opportunité du nombre et de la date des réunions, sachant que celles-ci ne se tiendront pas impérativement dans les locaux de la mairie, du conseil général ou du conseil régional mais dans tout endroit de la collectivité librement déterminé.

Le juge administratif reconnaît dans le choix du lieu de réunion une conséquence de la liberté d'organisation des communes « en vertu du principe de libre administration des collectivités territoriales » et ne s'oppose donc pas à une réunion décidée dans l'amphithéâtre d'une administration publique de la ville (TA Grenoble, 26 mars 1997, *Préfet Isère, Dr. adm.* 1997. 195). À l'égard des conseils généraux et régionaux, la loi précise que les réunions se tiennent « dans le lieu du département choisi par la commission permanente » (art. préc.).

Il a été jugé que rien n'interdisait le maire de convoquer le conseil municipal au moins d'août alors que les services de la mairie étaient fermés et que deux conseillers se trouvaient en vacances (TA Amiens, 9 févr. 1988, *Gaine c. Cne De Oissy*, *Lebon* 653).

2. Réunion sur demande. La loi - depuis 1992 - ne réserve cependant pas à l'exécutif le monopole de la décision de réunir l'assemblée. Il peut en aller de la nécessité d'assurer le fonctionnement de la collectivité indépendamment de sa négligence ou de son opposition. En revanche, cette possibilité ne saurait être une arme pour l'opposition représentée au conseil, le chiffre du tiers paraissant inaccessible à elle au regard des modes de scrutin ménageant une prime majoritaire à la liste première.

Dans la commune, le préfet ou bien le tiers des conseillers élus (la moitié dans les petites communes de moins de 3 500 habitants), peuvent demander - avec motivation - une réunion de l'assemblée délibérante. Le maire est tenu de la convoquer dans les 30 jours sous peine d'illégalité (sauf urgence décidée par le préfet) (CE 5 mars 2001, *Saez*, *Lebon* 117 ; *Coll. terr.* 2001. Chron. 10, concl. L. Touvet, sur l'admission du référé-suspension à l'encontre du refus du maire de convoquer le conseil municipal). Le réel pouvoir de décision de réunir - avec l'ordre du jour qui en résulte - revient donc au préfet ou aux conseillers, le maire n'ayant que la responsabilité de l'opération matérielle de convoquer.

Sur les conséquences du refus du maire de convoquer : CE Ass. 26 nov. 1976, *Soldani et a.*, *Lebon* 508 ; *AJDA* 1977. 26, concl. D. Latournerie et 27 chron. L. Fabius et E. Nauwelaers ; *JCP* 1978. II. 18959, note L. Balmond et Y. Luchaire et CE 12 mars 1999, n° 159791 et 161304, *Cne Artemarre*, 1re esp. et *Masters d'Aiguy*, 2e esp.

Sur le calcul du délai de 30 jours pour convoquer : CE Ass. 26 nov. 1976, *Soldani et a.*, préc. Notamment, c'est la réunion elle-même du conseil municipal qui doit avoir lieu dans les 30 jours et pas seulement l'envoi des convocations par le maire.

Dans le département et la région, l'assemblée délibérante est également réunie à la demande de la commission permanente ou du tiers (des 2/3 avant 1982) des membres de l'assemblée. Toutefois, la demande doit porter sur un ordre du jour particulier et la réunion ne pourra excéder deux jours (CGCT, art. L. 3121-10 pour le département et art. L. 4132-9 pour la région).

108 ***Régimes particuliers*** ◊ Ils ont en commun d'échapper au pouvoir d'appréciation et de décision des autorités décentralisées :

1. Au moment du renouvellement général (triennal pour les conseils généraux) de l'assemblée délibérante, celle-ci se réunit *de plein droit* au moment déterminé par la loi : entre le vendredi et le dimanche qui suit le scrutin pour les conseils municipaux (CGCT, art. L. 2121-7), le second jeudi qui suit le premier tour de scrutin pour les conseils généraux (CGCT, art. L. 3121-9) et le vendredi qui suit le scrutin pour les conseils régionaux (CGCT, art. L. 4132-4 et L. 4132-7). L'opération de convocation doit être effectuée par l'ancien exécutif de la collectivité qui continue d'exercer ses fonctions jusqu'à l'installation de la nouvelle assemblée (sauf CGCT, art. L. 4132-4). La convocation obéit aux règles habituelles (*infra*) quand bien même la réunion est prévue de plein droit.

2. Les conseils généraux et régionaux peuvent être réunis par décret en cas de circonstances exceptionnelles (respectivement CGCT, art. L. 3121-10 et L. 4132-9).

Les « délibérations » prises en dehors de toute réunion régulièrement établie et qui émanent en réalité du maire cherchant ainsi à s'affranchir de la compétence du conseil municipal sont frappées de nullité. Il en résulte qu'elles peuvent faire l'objet d'un recours contentieux à tout moment (CE 28 févr. 1986, *Préfet Landes*, *Lebon* 50).

B. Le règlement intérieur [1]

109 ***Fondement et intérêt du règlement intérieur*** ◊ Il est constitué d'un ensemble de mesures déterminant les méthodes et les règles de travail intérieures qui doivent être respectées dans le fonctionnement d'une assemblée. Il résulte de la nécessité des choses : tout organisme collégial doit arrêter ses procédures de travail pour les besoins de son bon fonctionnement collectif. C'est une question de discipline. De ce point de vue, le règlement des assemblées locales présente une identité de principe avec les règlements des assemblées parlementaires. Quels que soient les traitements dont ce règlement fait l'objet par la loi et la jurisprudence, il est généralement entendu de longue date par la doctrine comme ne découlant pas d'un droit concédé par un texte supérieur qui habiliterait l'assemblée à l'édicter, mais d'un pouvoir spontané d'auto-organisation nécessaire à chaque organe collectif pour l'accomplissement de sa mission. D'ailleurs, avant de se voir reconnaître le droit, et même l'obligation, d'établir leur règlement intérieur en 1992, les assemblées délibérantes des collectivités locales s'en étaient déjà doté et le principe même de la compétence des assemblées pour ce faire n'a jamais été contesté en pratique. C'est seulement du contenu de ces règlements qu'on a tenté de discuter devant le juge administratif.

Il ne faut toutefois par majorer l'importance d'un tel document car, au moment où l'assemblée statue sur son règlement intérieur, la loi a déjà fixé l'essentiel (délai et contenu des convocations, *quorum*, délégations de vote...). Ce règlement doit demeurer dans le strict respect de la légalité sur laquelle il ne saurait avoir d'incidence. Il n'émane que d'un pouvoir résiduel.

Il a ainsi été jugé que si le règlement intérieur d'un conseil municipal pouvait organiser le temps de parole des élus, ce n'est pas dans des conditions trop restrictives qui porteraient atteinte à leur droit d'expression, garantie de valeur légale. Contrôle approfondi du juge administratif (TA Grenoble, 15 sept. 1999, n° 950317, *Lapelerie*, illégalité de la disposition du règlement intérieur limitant à 3 minutes le temps de parole des élus et l'impossibilité d'intervenir plusieurs fois sans l'autorisation du maire ; TA Cergy-Pontoise, 18 juin 2002, n° 0104061, *Rinaldi c. Cne Taverny*, porte une atteinte excessive au droit d'expression des élus la limitation de leur temps de parole à 6 minutes maximum excepté au rapporteur, maire ou adjoint compétent). Dans le silence de la loi, le règlement intérieur de l'Assemblée de Corse a pu décider de l'attribution d'une voix prépondérante à son président en cas de partage de voix (CE 26 mai 2010, *Collectivité territoriale de Corse*, *BJCL* 2010. 584, concl. E. Geffray).

---

1. V. biblio. v. ss 187.

110 ***Sanction de l'objet du règlement intérieur*** ◊ Si le règlement intérieur est adopté par l'assemblée délibérante avec une liberté de principe, il ne doit pas, pour autant, contenir des dispositions étrangères à ce qui fait son objet. Le juge administratif sanctionne des dispositions qui s'y trouvent *formellement* mais qui en sont étrangères *matériellement*. Ainsi sont illégales les dispositions dont l'objet est de fixer les conditions de rémunération des conseillers municipaux (TA Nice, 11 févr. 1985, *COREP du Var, Lebon* 415), de prévoir le versement d'indemnités aux conseillers municipaux (TA Lyon, 29 oct. 1991, *Tête, JCP* 1992. IV. 2917), pour un district, d'organiser les modalités de sa propre modification (CE 23 mars 1994, *Ville Longwy c. District Longwy, Lebon* 157).

En revanche, peuvent figurer dans le règlement intérieur, les modalités de présentation des comptes rendus des PV de séance (CE 18 nov. 1987, *Marcy, Lebon* 371 ; *RFDA* 1988. 919 concl. O. Schrameck), l'obligation pour les groupes d'élus de comporter un effectif minimum (CAA Nancy, 4 juin 1998, *Ville Metz, Dr. adm.* 1998. 300 ; *AJDA* 1998. 885, note B. S.). Ces illustrations prises au hasard de la jurisprudence sont évidemment loin d'épuiser tous les points qui peuvent être réglés. On ne peut notamment exclure que le règlement intérieur confère des garanties aux élus et à leur groupe en supplément des garanties prévues par la loi.

On peut se demander si, à terme, on ne s'achemine pas vers un alignement progressif de tous les règlements intérieurs sur des dispositions communes. En effet, dans le souci d'une gestion transparente de la collectivité, le législateur est amené de plus en plus à intervenir pour imposer la détermination de certaines questions dans le règlement intérieur. Celles-ci sont alors fixées par l'assemblée délibérante sur l'invitation de la loi. C'est le cas pour déterminer les conditions de consultation pour tout conseiller municipal des projets de contrat de service public (CGCT, art. L. 2121-12), la fréquence et les règles de présentation et d'examen des questions orales (CGCT, art. L. 2121-19 pour les communes, L. 3121-20 pour les départements et L. 4132-20 pour les régions), les conditions du débat sur les orientations budgétaires (CGCT, art. L. 2312-1). Avec la loi du 27 février 2002, le nombre des points à inscrire au sein du règlement intérieur va croissant. C'est devenu notamment le cas pour fixer les modalités d'application de l'obligation de réserver un espace à l'expression des élus dans les bulletins d'information générale diffusé par la collectivité (CGCT, art. L. 2121-27-1 pour les communes, L. 3121-24-1 pour les départements et L. 4132-21-1 pour les régions). Il est entendu que si ces habilitations légales laissent un pouvoir d'appréciation à l'assemblée, celle-ci doit les mettre en œuvre dans un sens favorisant la liberté d'expression des élus.

111 ***Évolution de la nature juridique du règlement intérieur*** ◊ La loi n° 92-125 du 6 février 1992 change les solutions classiques :

1. La solution antérieure. Pendant longtemps le règlement intérieur des assemblées délibérantes des collectivités territoriales a été considéré comme une « mesure d'ordre intérieur » échappant à tout contrôle juridictionnel et à la connaissance du public. Il en résultait, qu'à la différence d'un véritable règlement administratif, il ne pouvait être contesté directement devant le juge administratif d'une part

(CE Ass. 2 déc. 1983, *Charbonnel, Lebon* 474 concl. M. Roux ; *RD publ.* 1985. 827, note J. de Soto ; *AJDA* 1984. 105, chron. B. Lasserre et J. M. Delarue ; *JCP* 1985. II. 20455, note J. Chaminade), et qu'il était impossible d'attaquer toute délibération qui aurait été adoptée en méconnaissance de ses dispositions d'autre part (CE 22 mars 1912, *Le Moign, S.* 1913. III. 105, note M. Hauriou. CE Ass. 6 mai 1966, *Guillain, Lebon* 305). En conséquence, il produisait l'effet d'une résolution sans valeur, d'un simple code de bonne conduite.

Il existait toutefois la possibilité d'un contrôle du règlement intérieur par voie d'exception. En excipant de l'illégalité d'un règlement intérieur, il était, en effet, possible d'attaquer la délibération prise sur son fondement (CE 16 juill. 1875, *Billot, Latrade et a., Lebon* 687, à propos des délibérations d'un conseil général qui avaient été adoptées au scrutin secret sur le fondement des dispositions du règlement intérieur qui, en cela, méconnaissait l'article 30 de la loi du 10 août 1871 prévoyant un scrutin public à la demande du sixième des membres présents).

Plusieurs arguments, théoriques et pratiques, concourraient au résultat. En premier lieu, il fallait considérer la liberté des assemblées locales pour déterminer leur vie intérieure. Leur fonctionnement est politique et c'est avec un « pouvoir souverain », selon une formule forte mais datée de la jurisprudence *Le Moign* (préc.) qu'elles devaient exercer cette liberté de principe. En second lieu, il était évidemment permis d'exciper du caractère interne du règlement qui, en cas d'illégalité, ne saurait léser que son propre auteur et non pas les tiers, c'est-à-dire les administrés étrangers à l'organisation de la collectivité. Il s'agit d'un acte « fait par les élus et pour les élus » (B. Lasserre et J.-M. Delarue, chron. préc.), donc sans répercussion immédiate sur la légalité générale. En dernier lieu, ne fallait-il pas redouter un afflux massif de contentieux si toutes les dispositions des règlements intérieurs des 36 700 communes, pour s'en tenir à elles, étaient susceptibles de contestation ?

2. La solution actuelle. Ces arguments ne devaient pas résister à l'évolution du temps en faveur d'un État de droit et d'une protection des minorités que la loi électorale de 1982 a institutionnalisée au sein des assemblées délibérantes. L'illégalité des règlements intérieurs votés par une majorité simple était de nature à léser les intérêts des élus de l'opposition qui peuvent revendiquer le droit au fonctionnement régulier de l'assemblée. Et, le fait que les délibérations soient adoptées après un débat complet et régulier paraissait également nécessaire au respect des intérêts de la collectivité et de ses administrés.

Voilà pourquoi la loi du 6 février 1992 a entendu renverser la jurisprudence de principe. Tout d'abord, elle rend l'édiction d'un règlement intérieur obligatoire pour toutes les collectivités territoriales dans les semaines qui suivent le renouvellement de leur assemblée (CGCT, art. L. 2121-8 pour les communes, L. 3121-8 pour les départements et L. 4132-6 pour les régions).

Font exception à cette règle les communes de moins de 3 500 habitants qui restent libres d'adopter un règlement intérieur ou non. Il s'agit de préserver la souplesse du droit communal qui laissait la question à la libre initiative de chaque commune, seuls les départements et les régions étant tenus de se doter d'un tel règlement avant 1992. Il faut voir également que les petites communes ne diposent pas forcément d'une opposition structurée au sein de leur conseil municipal. Quant au risque d'un afflux de contentieux après la loi de 1992, cette disposition affranchit près de 30 000 communes de l'obligation légale.

Ensuite, elle dispose que ce règlement peut désormais « être déféré devant le tribunal administratif ». En dépit de cette avancée, le règlement intérieur des assemblées locales ne saurait être pris pour un véritable règlement administratif car il n'en endosse pas tous les effets contraignants. Cela résulte de la manière dont le juge administratif applique les nouvelles dispositions légales :

a) Le contrôle du règlement intérieur par voie d'action. Il a été jugé que, désormais, un recours pour excès de pouvoir pouvait être exercé contre un règlement intérieur (première application du nouvel état du droit : CE 10 févr. 1995, *Rhiel et Cne Coudekerque-Branche c. Devos, Lebon 66 ; AJDA* 1995. 414, chron. L. Touvet et J.-H. Stalh ; *RFDA* 1995. 343, concl. H. Savoie ; *LPA* 12 juill. 1995. 33, note M.-F.Verdier. V. ég. CE 20 févr. 2008, *Haut commissaire République Polynésie française, Lebon* 826 ; *AJDA* 2008. 774, s'agissant de l'irrégularité d'une modification du règlement intérieur établissant le droit d'information des élus dans un sens plus restrictif et contraire à la loi organique). Il ne pouvait en aller autrement sauf à juger contre la lettre et l'esprit de la loi. Ce recours direct, s'il peut être de nature à encombrer momentanément le prétoire, présente l'avantage, après l'examen du juge administratif, de décerner au nouveau règlement intérieur un brevet de légalité, une homologation, utile à son respect et à sa pérennité.

b) L'invocabilité du règlement intérieur. En revanche, est-il possible d'obtenir l'annulation d'une délibération prise en violation du règlement intérieur ? Cette question, qui revient à demander au juge le respect des dispositions du règlement, appelle une réponse qui n'est pas simple. Le recours contre la délibération transgressant le règlement intérieur ne sera recevable que si cette transgression est *constitutive d'un vice substantiel.* Ceci est de nature à limiter les contestations devant le juge : seules les formalités du règlement intérieur qui présenteront un caractère suffisamment important ou dont la violation sera suffisamment grave pourront ainsi faire l'objet d'une sanction (CE 31 juill. 1996, *Tête, Lebon* 325 ; *RFDA* 1996. 1042 : ne constitue pas une irrégularité substantielle le refus de mettre aux voix une proposition d'amendement en contradiction avec le règlement intérieur du conseil de communauté de la Communauté urbaine de Lyon).

Le problème de l'invocabilité contentieuse du règlement intérieur rebondit donc sur la question de savoir ce qu'est une formalité ou une irrégularité substantielle. Cette question est d'autant plus délicate que le juge s'est toujours gardé d'en livrer une définition abstraite qui permette de nous renseigner *a priori.* Au contraire, le juge va s'efforcer, à partir de l'examen concret des circonstances de chaque affaire, de vérifier si les élus locaux ont effectivement été en mesure d'exercer leur fonction. Ainsi, dans la jurisprudence *M. Tête,* le refus de voter un amendement n'est pas constitutif d'un vice substantiel dans la mesure où l'assemblée avait pu se prononcer préalablement de manière nette sur l'amendement.

Il peut être utile de préciser que si toute formalité imposée dans le règlement intérieur par la loi peut être présumée constitutive d'une formalité substantielle (la réglementation des questions orales par exemple), en revanche, les prescriptions imposées par l'assemblée elle-même dans le silence de la loi peuvent également accéder à ce statut et leur violation être sanctionnée par le juge. *Il n'existe donc pas de correspondance entre formalité légale et formalité substantielle* (CE 8 sept. 1995, *Haut-Commissaire République Nouvelle-Calédonie, Lebon* 921, est illégale la délibération du Congrès du Territoire prise en violation des dispositions du règlement intérieur relatives à la création de commissions spéciales quand bien même ces dispositions ne procédaient d'aucune disposition légale).

Sur l'illégalité du refus du maire d'appliquer le règlement intérieur (CAA Nantes, 1er mars 2001, n° 99NT02868, *Ville Cholet*. CAA Douai, 5 juin 2002, n° 99DA11658, *Cne Gaillon*. CAA Versailles, 6 juill. 2006, *X.*, *AJDA* 2006. 1889, note P.E. Durand).

C. La convocation des conseillers

112 Cette procédure pose deux questions plus délicates qu'il n'y paraît au premier abord : le délai de convocation des conseillers (1) et le contenu de la convocation (2). Elle forme le premier socle d'une garantie générale d'information des conseillers élus sur les affaires de la collectivité soumises à délibération.

1. Délai de convocation

113 ***Compétence de la loi pour déterminer le délai*** ◊ Sous son apparence technique le problème du délai de convocation des élus à une réunion de l'assemblée délibérante touche directement aux conditions de fonctionnement démocratique de cette assemblée. Il faut en redouter l'absentéisme et la docilité de ses membres. La détermination d'un délai suffisant est alors indispensable à ce que l'élu, qui n'est pas un professionnel de la politique, se rende disponible pour assister à la réunion. Au surplus, il ne pourra y participer activement qu'après avoir disposé du temps nécessaire à l'examen du contenu des questions à l'ordre du jour. C'est la raison pour laquelle le Conseil d'État a estimé dans une importante jurisprudence *Dame Vincent* que la détermination du délai, et son caractère franc, ressortissait aux garanties de « la libre administration des collectivités au sens de l'article 72 de la Constitution » et, qu'en cela, elle ne pouvait être établie que par la loi (CE 3 juin 1983, *Vincent, Lebon 227* ; *AJDA* 1983. 479, note J. Chapuisat, solution d'autant plus remarquable qu'elle est acquise par application rétroactive de la Constitution de 1958, le décret litigieux supprimant le caractère franc du délai ne pouvant valablement se fonder une loi antérieure à la Constitution). En droit positif, le délai, et son caractère franc, est fixé par la loi n° 92-125 du 6 février 1992 (CGCT, art. L. 2121-12).

114 ***Détermination du délai*** ◊ Il n'est pas anormal que la longueur du délai soit déterminée en rapport avec l'importance de la collectivité, du nombre et de la difficulté de ses compétences. Ainsi, le délai s'élève à 12 jours francs pour les conseils généraux et régionaux (solution implicitement fondée sur les art. L. 3121-19 CGCT pour les départements et L. 4132-9

pour les régions). En revanche, au regard de ces considérations, il reste relativement bref pour les conseils municipaux en dépit des avancées de la législation : la convocation doit être adressée trois jours francs avant la réunion pour les petites communes (moins de 3 500 habitants) et cinq jours francs pour les grandes communes (art. L. 2121-12 modifié par l'art. L. 2121-7 issu de la loi du 17 mars 2011). Cette solution ne va pas sans les critiques de la doctrine l'estimant inadapté à leurs responsabilités actuelles et en deçà du délai de droit commun de huit jours prévu en matière de procédure administrative non contentieuse. L'alignement sur le droit des départements et régions est vivement suggéré.

S'agissant du calcul du délai franc, le délai ne commence à courir que le lendemain du jour où la convocation a été envoyée aux conseillers et ne prend fin que le lendemain du jour où le délai a expiré (CE 12 juill. 1955, *Élect. maire Mignaloux-Beauvoir, Lebon* 412, non-respect du délai, les convocations étant adressées le 5 mai pour une réunion fixée le 8 mai). Toutefois, le Conseil d'État n'exclut pas certains assouplissements dans l'intérêt d'une « bonne administration » de la collectivité, notamment dans l'hypothèse de la désignation d'un nouveau conseiller pendant l'écoulement du délai (CE 25 juill. 1986, *Élect. maire Clichy, Lebon* 216 ; *AJDA* 1986. 704, concl. M. Roux).

115 ***Sanction du délai*** ◊ Le non-respect du délai est de nature à constituer une *irrégularité absolue*. En conséquence, l'annulation de la délibération ou de l'élection qui suivra sera prononcée alors même qu'il est établi que l'inobservation du délai a été sans influence sur cette délibération ou cette élection (CE 12 juill. 1955, *Élect. maire Mignaloux-Beauvoir*, préc. CE 21 nov. 1969, *Élect. maire et adjoint Cauro, Lebon* 522 ; *Dr. adm.* 1969. 379).

116 ***Le raccourcissement du délai en cas d'urgence*** ◊ Les circonstances peuvent imposer une réunion dans les plus brefs délais (proximité d'une autre élection locale, expiration du délai pour voter le budget alors que les précédentes réunions ont été infructueuses, aider une entreprise en difficulté...). C'est pourquoi la loi autorise le raccourcissement du délai de convocation en cas « d'urgence » (CGCT, art. L. 2121-11 et L. 2121-12 pour les communes). Toutefois, cette dérogation légale ne saurait avoir pour effet d'accélérer la gestion de la collectivité au mépris de l'information des conseillers dont l'exécutif tenterait ainsi de « forcer la main ». Elle doit demeurer exceptionnelle. Aussi l'urgence n'est-elle pas d'utilisation discrétionnaire : elle ne peut être valablement mise en œuvre que dans le cadre des garanties légales et jurisprudentielles qui composent son régime. Si la décision de convoquer en urgence ressortit à la seule compétence de l'exécutif de la collectivité, la loi lui impose néanmoins le respect d'un délai minimal de convocation d'un jour franc et de soumettre sa décision de convocation au vote des membres de l'assemblée dès l'ouverture de la séance [1]. Cette dernière procédure permettant de renvoyer l'affaire à une

1. Pour un cas d'inobservation de cette règle : TA Nice, 11 mai 2007, *Cne Villeroze*, *RLCT* nov. 2007. 18, note F. Dieu.

prochaine réunion si l'assemblée ne reconnaît pas l'urgence. Précisons, d'une part, que l'inobservation de cette dernière procédure frapperait d'irrégularité la réunion et les délibérations consécutives (TA Orléans, 2 avr. 1992, *Peltier, JCP* 1992. IV. 2921) ; d'autre part, que cette procédure ne saurait valider l'irrégularité du maire en approuvant une convocation d'urgence prise illégalement (TA Toulouse, 3 nov. 1987, *Monnier, JCP* 1989. suppl. n° 24, n° 116, note A. Vigne).

En outre, les motifs de l'urgence sont contrôlés par le juge administratif selon lequel on ne saurait prendre « avec un pouvoir souverain » une décision qui restreint les garanties d'information des élus. Ainsi, celui-ci apprécie l'urgence au regard de l'objet de la délibération et des circonstances particulières qui en sont à l'origine. Au hasard des – nombreuses – annulations jurisprudentielles : la convocation de l'assemblée en urgence pour élire un nouveau maire au motif que certains conseillers municipaux étaient dans l'obligation de se déplacer le lendemain (CE 31 déc. 1976, *Élect. mun. Sampolo, Lebon* 787), pour qu'une commune exerce son droit de préemption avant l'expiration des délais dûe à une situation administrative dont elle n'est pas responsable (CE 8 oct. 2008, *Cne Beynac et Cazenac, AJDA* 2009. 62).

Si l'urgence n'a pas été reconnue par le juge, celui-ci annulera la délibération ou l'élection résultant de la réunion ainsi illégalement convoquée.

2. Contenu de la convocation

117 ***« Note explicative de synthèse » et « rapport » préalables*** ◊ La convocation à une réunion de l'assemblée délibérante n'est pas qu'une procédure formelle. Elle doit permettre la préparation de la réunion pour y décider de manière réellement informée. C'est la raison pour laquelle la loi prescrit, pour les grandes communes (3 500 habitants et plus), l'envoi d'un rapport – sous l'appellation légale de « note explicative de synthèse » – consignant les informations et analyses indispensables à l'expertise des affaires soumises à délibération (CGCT, art. L. 2121-12, issu de L. n° 92-125, 6 févr. 1992). Sous le terme de « rapport », la même formalité vaut pour les conseils généraux (CGCT, art. L. 3121-19) et pour les conseils régionaux (CGCT, art. 4132-18), sans que l'on sache ce qui, selon la loi, fonde cette différence de terminologie. Il est ajouté pour les conseils régionaux l'obligation d'adresser simultanément les projets sur lequel le Conseil économique, social et environnemental de la région est consulté. L'envoi d'un tel rapport ne serait sans doute pas à la portée des plus petites communes dépourvues de service administratif.

L'envoi de ce rapport aux conseillers par écrit et à leur domicile a toujours été considéré comme une *formalité substantielle* dont l'exécutif ne pouvait s'affranchir en adressant un rapport incomplet (CE 12 juill. 1995, *Cne Simiane-Collongue, Lebon* 680, à propos du projet de budget primitif. TA Lyon, 8 mars 1994, *Decombaz c. Cne Bourg-en-Bresse, Lebon* 823. CE 9 mars 2007, *Lefebvre, Lebon* 702 ; *BJCL* 2007. 320, concl. E. Glaser ; *RLCT* juin 2007. 24, note E. Glaser), partiellement distribué (CE 31 mars 1989, *Gaignault, Lebon* 108 ; *AJDA* 1989. 541, concl. D. Lévis ; *JCP*

1990. II. 21457, note F. Chouvel), ou en lui substituant la possibilité de consulter les documents en mairie (CAA Nancy, 30 sept. 1999, n° 96NC00687, *Cne Longeville-lès-Metz*. CAA Bordeaux, 13 mars 2000, n° 97BX00652, *Cne Blaye*). Toutefois, en matière d'information des conseillers, la mauvaise volonté du maire ne pouvant être présumée, le juge ne fait pas preuve d'un formalisme absolu. Il peut tenir pour note de synthèse suffisante l'envoi de tout document de nature à éclairer les élus (CE 12 juill. 1995, *Cne Fontenay-le-Fleury, Lebon* 681 ; *Dr. adm.* 1995. 566, l'envoi du projet intégral de budget et des états détaillés des emplois, dettes, créances, emprunts de la commune peut tenir lieu de note de synthèse. Selon une formulation générique par laquelle le juge réserve son appréciation dans chaque cas, la note doit être « adaptée à la nature et l'importance de l'affaire » : CE 14 nov. 2012, *Cne de Mandelieu-la-Napoule, AJDA* 2012. 2198). En ce sens, la loi n° 04-809 du 13 août 2004 a souhaité assouplir les contraintes en précisant que le rapport adressé aux conseillers municipaux, généraux et régionaux peut être établi « sous quelque forme que ce soit » (CGCT, art. L. 2121-10 pour les communes et art. préc. dans les autres cas). Voir également la possibilité de communication électronique en cas d'urgence : CGCT, art. L. 2121-11 et 12, L. 3121-19 et L. 4132-18, issus de la loi n° 09-526 du 12 mai 2009.

Dans quel délai doit être adressé ce rapport ? Après bien des incertitudes issues de l'état d'imprécision de la jurisprudence (v., sur ce point, la note F. Chouvel, *JCP* 1990. II. 21457 sous CE 31 mars 1989, *Gaignault* ; et les notes J. de Soto, *RD publ.* 1985. 827 ; A. Chaminade, *JCP* 1985. II. 20455 ; et B. Poujade, *Gaz. Pal.* 27 mars 1984. 169, sous CE 2 déc. 1983, *Charbonnel*), il est désormais acquis que le délai franc de convocation (*supra*) s'impose également à la note de synthèse, les deux formalités devant, finalement, faire corps (CE 18 févr. 1998, *Cne Essey-les-Nancy, Dr. adm.* 1998. 151, note R.S., illégalité de la délibération en raison de la note de synthèse envoyée 4 jours avant la tenue du conseil municipal).

Il résulte de cette exigence que serait de nature à priver les conseillers de « leur droit à information » une modification substantielle de la note explicative après l'expiration légale du délai de convocation (TA Nice, 27 juin 1996, *Assoc. Aquavie Trinité et a. c. Cne La Trinité, RFDA* 1997. 1311, concl. N. Calderaro).

118 ***L'ordre du jour*** ◊ Il fixe l'ensemble des sujets sur lesquels l'assemblée délibérante sera amenée à délibérer. Sa détermination relève traditionnellement du pouvoir d'initiative de l'exécutif (CGCT, art. L. 2121-10 pour les communes), mais il ne serait pas inconcevable d'en transférer la compétence à l'assemblée délibérante elle-même comme c'est le cas en Polynésie française (art. 53 et 73 LO 12 avr. 1996). Pour éviter la toute puissance de l'exécutif, il vaut mieux partager ce pouvoir d'initiative : en ce sens, on a vu que la loi autorise le tiers des conseillers élus à solliciter une réunion sur un ordre du jour fixé par eux-mêmes (CGCT, art. L. 2121-9 pour les communes, art. L. 3121-10 pour les départements et L. 4132-9 pour les régions). Cette possibilité n'est pas sans rapprochement avec le droit parlementaire. Toutefois, le législateur s'est jusqu'à présent opposé à réserver une séance annuelle dont l'ordre du jour serait établi par les conseillers de l'opposition.

Pour évidente qu'elle puisse paraître, l'indication obligatoire de l'ordre du jour dans la convocation n'en demeure pas moins une avancée récente de la législation en faveur de l'information des élus. En effet, la loi est restée longtemps silencieuse sur ce point pour laisser le déroulement des réunions à la maîtrise de l'exécutif. Or, si l'indication de l'ordre du jour dans les convocations n'en était pas moins de pratique courante, c'est son caractère exhaustif, interdisant à peine de nullité de discuter de questions non prévues, qui est à présent imposé. D'abord voulue pour les communes de plus de 3 500 habitants (art. 61 L. n° 88-13, 5 janv. 1988), l'obligation de communiquer l'ordre du jour a été généralisée à toutes les communes en vertu de l'article 30-I de la loi n° 92-125 du 6 février 1992 (CGCT, art. L. 2121-10).

Le régime de l'ordre du jour peut être assimilé à celui du rapport et tourne autour de deux points :

1. Pour être valable l'ordre du jour doit être complet (abandon de la pratique des « ordres du jour incomplets »). Il s'ensuit qu'une délibération adoptée sur un point non déterminé par l'ordre du jour est illégale (CAA Nantes, 17 déc. 1997, *Gicquel, Lebon* 698, irrégularité de la délibération pour défaut d'inscription à l'ordre du jour de la question du blâme prononcé à l'encontre du maire. V. également, CE 27 mars 1991, n° 76036, *Cne Anneville*).

Dans le même sens, si la mention « questions diverses » n'est pas interdite, il ne faut pas en profiter au point de mettre en délibération sous cette rubrique des questions se révélant d'une réelle importance (CE 29 sept. 1982, *Richert, Lebon* 532). Il résulte également d'une jurisprudence traditionnelle remontant à une époque où l'ordre du jour était obligatoire pour les séances extraordinaires que les questions qui y sont portées doivent être indiquées « de manière suffisamment précise » sans quoi l'information des conseillers serait trompée (CE 26 mars 1915, *Canet, Lebon* 100).

Toutefois, cette intangibilité de l'ordre du jour doit s'harmoniser avec le droit reconnu aux conseillers de proposer individuellement ou collectivement, à l'occasion d'une réunion, la discussion d'une question qui leur paraît importante. Le problème doit pouvoir se résoudre de la manière suivante : ou bien il s'agit de proposer à l'assemblée des modifications sur les points discutés par elle, alors rien ne s'oppose à ce qui correspondrait au droit d'amendement d'un parlementaire et relèverait de la liberté d'expression de chaque élu ; ou bien, il s'agit de discuter d'une question nouvelle sans lien avec la discussion de l'assemblée et, dans ce cas, son inscription à l'ordre du jour d'une prochaine réunion sera nécessaire (possibilité reconnue par la jurisprudence : CE 22 juill. 1927, *Bailleul, Lebon* 823. CE 10 févr. 1954, *Christofle, Rec* 86).

2. Il est également impératif que cet ordre du jour, pour produire tous ses effets utiles, soit adressé aux conseillers dans le respect des délais de convocation, convocation de laquelle il est matériellement indissociable. En conséquence, les modifications de l'ordre du jour ne sont pas acceptables. Celles-ci devront faire l'objet d'une nouvelle convocation adressée aux conseillers dans les formes et les délais.

La convocation n'étant pas une décision susceptible d'être directement attaquée devant le juge de l'excès de pouvoir, son irrégularité ne pourra être discutée devant lui qu'à l'occasion d'un recours dirigé contre la délibération finale (CE 26 oct. 1986, n° 70817, *Guigue*).

Sur la garantie d'information des élus, ég. v. ss 213 s.

D. La disponibilité des élus

119 ***Disponibilité et « statut de l'élu »*** [1] ◊ Prendre des dispositions légales pour permettre aux élus de se rendre disponibles pour les réunions de l'assemblée délibérante à laquelle ils appartiennent relève de ce qu'il est convenu d'appeler dans une formule très pratiquée « le statut de l'élu » [2]. On abordera également les questions de la formation et de l'indemnisation des élus qui vont avec, en vertu de la loi n° 92-108 du 3 février 1992 relative aux « conditions d'exercice des mandats locaux ». Il ne sera pas question de contester l'utilité de cette législation trop longtemps attendue et qui favorise la démocratisation dans l'accès aux fonctions publiques locales. Néanmoins, elle se révèle complexe et ceci, d'autant plus, qu'elle dispose par des aménagements, des exceptions, à un grand principe d'origine, celui de l'élu-citoyen, qui accuse son vieillissement à mesure que la France se fait plus urbanisée et plus décentralisée.

La construction du statut de l'élu local est aujourd'hui entâchée d'une ambiguïté : la classe politique dans son ensemble paraît frappée d'une crise de légitimité, ses membres n'étant plus autant auréolés du prestige attaché à leur mandat. Ils font de plus en plus fréquemment l'objet de jugements péjoratifs d'inefficacité, de parasitisme et d'irresponsabilité. Les élus locaux n'échappent pas à cette attitude particulièrement ancrée dans le tempérament français. Le législateur a souhaité que le handicap soit surmonté en étendant aux membres des exécutifs locaux l'obligation de mettre au clair leur patrimoine et faire apparaître que l'exercice de leurs responsabilités publiques ne leur a pas permis de s'enrichir ni de profiter à l'exercice d'une autre activité. Voir loi n° 2013-907 du 11 oct. 2013 relative à la transparence de la vie publique : v. ss 865.

1. Les modalités de la disponibilité

120 ***Position du problème*** ◊ La disponibilité des élus est indispensable au bon exercice des responsabilités locales. Or, ces responsabilités tendent à devenir plus nombreuses et plus complexes alors même que ces élus restent traditionnellement issus du volontariat et ne sont pas des professionnels de la vie publique. La reconnaissance et l'efficacité de leur rôle passent donc par l'assurance qu'ils disposeront du temps disponible au bon exercice de leur mandat. Ne pas reconnaître cette exigence reviendrait à réserver l'accès aux fonctions locales à une minorité de privilégiés et serait, en dépit du principe électif, contraire à l'égalité démocratique et à la bonne gestion des collectivités. Le droit devait donc s'efforcer d'encourager l'accès

1. V. biblio. v. ss 187.
2. Sur la mention expresse - dont on pouvait se dispenser tant cela paraissait évident - de la compétence législative pour établir « les conditions d'exercice des mandats électoraux et des fonctions électives des membres des assemblées délibérantes des collectivités territoriales » : v. art. 34 al. 8 Const. issu de L. const. n° 08-724 DC, 23 juill. 2008.

du plus grand nombre à ces fonctions électives, et, simultanément, de ne pas décourager les vocations électives, en attachant à l'exercice des mandats locaux des garanties matérielles. Celles-ci consistent à organiser une meilleure disponibilité des élus accompagnée de l'assurance qu'ils ne subiront pas de préjudice d'ordre financier ou professionnel du fait de leur accaparement par leur mandat. C'est l'objet de la loi n° 92-108 du 3 février 1992 relative aux « conditions d'exercice des mandats locaux », améliorée depuis par la loi n° 02-276 du 27 février 2002 notamment.

L'intervention de la loi présente également l'avantage d'apporter des réponses uniformes sur l'ensemble du territoire à un problème général. La démocratie locale fonctionnerait, en effet, « à géométrie variable » si certaines règles, comme les indemnités des élus, dépendaient de chaque règlement intérieur ce qui serait de nature à instituer des inégalités entre collectivités et entre élus.

Mais la définition d'une condition juridique générale et de plus en plus circonstanciée au profit de l'élu ne conduit-il pas à sa professionnalisation de manière rampante ? Précisons toutefois : si le terme de professionnalisation doit avoir un sens précis, il ne peut correctement s'appliquer aux élus locaux qui restent ancrés dans la vie professionnelle et en tirent l'essentiel de leurs revenus. Vers la professionnalisation, des étapes restent encore à franchir qui mèneraient à la « fonctionnarisation » de certains élus par leur collectivité pour y assumer des fonctions exécutives, comme cela est pratiqué dans certains pays (Allemagne, Pays-Bas). La loi française offre néanmoins à de tels élus la possibilité d'être indemnisés de la suspension de leur carrière professionnelle pour les besoins de leur mandat (*infra*).

121 ***Garanties de présence et garanties professionnelles*** ◊ L'objectif est d'exclure toute incompatibilité pratique entre une activité professionnelle et un mandat local. Pour ce faire, le dispositif légal mis en place en 1992 repose sur des garanties de présence vis-à-vis de la collectivité et des garanties professionnelles vis-à-vis de l'employeur :

1. Autorisations d'absence et crédits d'heures. La disponibilité à l'égard de la collectivité est organisée par un système qui repose sur la distinction entre les autorisations d'absence pour assister aux réunions de l'assemblée délibérante et les crédits d'heure en dehors de ces réunions en faveur des élus qui détiennent des responsabilités particulières.

- Les autorisations d'absence sont prévues en faveur des élus municipaux, départementaux et régionaux qui sont salariés de l'administration comme, du secteur privé. En revanche, les membres des professions libérales ne se voient reconnaître aucune facilité particulière étant supposés maîtres de leur temps (CGCT, art. L. 2123-1 pour les communes, L. 3123-1 pour les départements et L. 4135-1 pour les régions). Ces autorisations jouent non seulement pour assister aux réunions de l'assemblée délibérantes *stricto sensu*, mais encore, et c'est en phase avec les réalités d'une gestion contemporaine d'une collectivité, aux réunions des organismes auxquels l'élu appartiendrait (établissement public territorial, bureau d'aide sociale, société d'économie mixte...).

C'est la conséquence du dispositif légal : le refus « par principe » de toute autorisation d'absence par l'employeur est illégal (CE 10 nov. 1982, *Min. budget c. Soulié, Lebon* 551). Le fait pour l'employeur de ne pas laisser au conseiller municipal le temps nécessaire aux réunions du conseil municipal est de nature à faire peser sur lui la responsabilité d'une éventuelle rupture du contrat de travail (Soc. 28 oct. 1996, *Bergeal, Dr. adm.* 1996. 555 ; *JCP* 1996. IV. 316 ; *D.* 1996. IR 266).

Signalons toutefois qu'une autorisation d'absence peut être refusée à un fonctionnaire élu local lorsque les « circonstances exceptionnelles » l'imposent, circonstances concrétisées notamment par la continuité du service public (CE Ass. 18 janv. 1980, *Synd. CFDT des P et T du Haut-Rhin, Lebon* 30).

– Les crédits d'heures sont une innovation de la loi de 1992. Ils s'ajoutent aux autorisations d'absence pour les élus notamment désignés pour remplir des fonctions exécutives (maires, adjoints, vice-présidents de conseils régionaux...). Le législateur les a néanmoins étendus à tous les conseillers municipaux depuis 2002 quelle que soit la dimension démographique des communes, en plus des conseillers généraux et régionaux, à raison des responsabilités particulières qu'ils exercent dans l'administration de la collectivité. Le crédit d'heure est établi comme un forfait d'heures disponibles par trimestre. Il fait l'objet d'un calcul à plusieurs variables (durée du travail, importance des responsabilités exercées et, éventuellement, les catégories démographiques de communes concernées) (CGCT, art. L. 2123-2 pour les communes, L. 3123-2 pour les départements et L. 4135-2 pour les régions).

– En outre, la loi n° 02-276 du 27 février 2002 introduit un congé électif permettant aux candidats aux élections locales (cantonales, régionales et municipales dans les communes de 3 500 habitants) de disposer de 10 jours d'absence pour participer à la campagne électorale. Cette mesure, en vigueur pour les élections parlementaires nationales, vise à réduire l'inégalité de chance entre les candidats et à encourager les vocations dans toutes les catégories socio-professionelles.

2. Les garanties professionnelles. L'élu ne doit pas subir, du fait de l'exercice de son mandat, de préjudice d'ordre professionnel. La loi prévoit que si l'employeur n'est pas tenu de rémunérer les temps d'absence, l'élu pourra néanmoins bénéficier d'une compensation à la charge de la collectivité dans les cas – non négligeables – où il ne reçoit pas d'indemnité de fonction, n'est pas fonctionnaire, retraité ou membre d'une profession libérale (CGCT, art. L. 2123-3 pour les communes). En revanche, ces temps d'absence sont assimilés à une durée de travail effective au regard des droits sociaux : détermination des congés payés, prestations sociales et droits découlant de l'ancienneté.

Il va sans dire – mais peut-être mieux en le disant avec force légale – que l'élu ne doit pas subir de représailles directes ou indirectes de la part de son employeur auquel la situation s'impose. En ce sens, le CGCT dispose qu'« aucun licenciement ni déclassement professionnel, aucune sanction disciplinaire ne peuvent être prononcés en raison des absences (...) sous peine de nullité et de dommages et intérêt au profit de l'élu. La réintégration ou le reclassement dans l'emploi est de droit » (art. L. 2123-8, L. 3123-6 et L. 4135-6 CGCT). Le salarié licencié pour de tels motifs n'avait pas d'autre possibilité avant 1992 que de saisir la juridiction compétente pour réclamer des dommages et intérêts pour rupture abusive de contrat.

Au-delà d'un certain seuil de responsabilités incompatibles avec la poursuite d'une activité professionnelle, certains maires de communes moyennes ou grandes ou certains titulaires de responsabilités au sein des départements et des régions souhaitant renoncer à mener parallèlement une carrière professionnelle peuvent bénéficier d'une suspension du contrat de travail - qui n'est donc pas résilié - ce qui garantit leur réinsertion lorsqu'ils la demandent. Ils pourront bénéficier, de surcroît d'un régime de sécurité sociale de substitution et de stages professionnels de remise à niveau (art. L. 2123-9 s. pour les communes, L. 3123-7 s. pour les départements et L. 4135-7 s. pour les régions).

2. Les corollaires de la disponibilité

122 ***Garanties de formation*** ◊ La disponibilité des élus risque de demeurer passive ou maladroite si ceux-ci ne disposent pas d'une formation adéquate à la pratique des affaires locales. « Si le suffrage universel apporte la légitimité, il ne confère pas l'aptitude » (J. Bourdon). C'est la raison pour laquelle la loi n° 92-108 du 3 février 1992 fait de la formation des élus un corollaire à l'exercice des mandats locaux qu'elle présente sous la forme d'un droit : « Les membres du conseil municipal ont droit à une formation adaptée à leurs fonctions » (CGCT, art. L. 2123-12 ; art. L. 3123-10 pour les départements et L. 4135-10 pour les régions). Certaines dispositions de la loi n° 02-276 du 27 février 2002, codifiées aux mêmes articles, ajoutent des modalités impératives pour mettre en œuvre cette exigence qui incombe à chaque collectivité.

Si la loi précise que la formation des élus doit être « adaptée à leurs fonctions », le juge admet néanmoins que celle-ci puisse porter sur l'approfondissement de la culture générale administrative et financière (CAA Marseille, 18 juin 2002, *Capallère, JCP Adm.* 2002. 1304).

123 ***Garanties d'indemnisation*** ◊ C'est une conséquence de la non-professionnalisation des mandats locaux : comme proclamé de longue date par la loi, leur exercice est *gratuit*, les élus ne devenant pas, du fait de leur désignation, salariés de la collectivité. La tradition française du volontariat, comme sans doute le nombre considérable d'élus, s'y oppose. En revanche, il est juste que ceux-ci soient indemnisés non seulement des frais que nécessite l'exercice des mandats locaux, mais aussi des pertes de revenu qu'ils subissent à raison du temps consacré à la collectivité. Cette dernière préoccupation est particulièrement à l'œuvre dans la législation contemporaine. C'est certainement nécessaire pour éviter l'exclusion de certaines catégories socio-professionnelles de la représentation locale (professions libérales surtout). Mais, inévitablement, c'est la portée du principe de gratuité qui s'en trouve réduite. Toutefois, même si ce principe se manifeste de plus en plus dans l'apparence des choses, il garde pour lui sa popularité, l'électeur étant disposé à suspecter l'enrichissement des responsables politiques.

S'agissant des bénéficiaires des indemnités, le principe d'indemnisation est presque général. Il profite aux membres de l'exécutif de la collectivité, aux conseillers régionaux, généraux et municipaux des communes de 100 000 habitants au moins. Pour les autres communes, peuvent y prétendre tous les conseillers qui y exercent un mandat spécial dont ils sont chargés par le conseil municipal. Il s'agira plus particulièrement, dans ce dernier cas, de les dédommager de leurs frais de déplacement et de séjour.

S'agissant de l'indemnité elle-même, si son régime a fait l'objet d'une certaine harmonisation à partir de règles communes d'attribution pour toutes les collectivités en 1992, elle ne peut, pour autant, être unique pour l'ensemble des cas. Elle résulte d'un calcul prenant en compte des facteurs de différenciation tenant pour l'essentiel aux catégories d'élus bénéficiaires et à la taille démographique de la collectivité pour les communes et les départements ; l'indemnité étant d'autant plus élevée que les fonctions exercées et la taille de la collectivité sont importantes. Il convient d'ajouter que ces indemnités sont plafonnées en cas d'exercice simultané de plusieurs mandats. Cette disposition est de nature à ne pas encourager le cumul des mandats.

Dans le sens de la revalorisation des indemnités et de l'assouplissement de leur calcul par la prise en compte des situations particulières à chaque catégorie de conseillers, v. les art. 83 et 84 l. n° 02-276, 27 févr. 2002.

§ 2. Éléments propres aux réunions

124 Ils sont constitués par la règle du *quorum* (A), celle du caractère public des séances (B) et la compétence de l'exécutif pour diriger et assurer la police des réunions (C).

A. Le *quorum*

125 ***Définition*** ◊ Le *quorum* désigne la proportion minimale des membres d'une assemblée qui doivent être présents à une réunion de cette assemblée pour que celle-ci puisse valablement délibérer et prendre une décision. Conformément à une solution de droit commun en matière de réunion des assemblées, cette proportion doit être supérieure à la moitié des membres de l'assemblée pour toutes les catégories de collectivités locales (CGCT, art. L. 2121-17, L. 3121-14 et L. 4132-13). Il faut réserver, toutefois, le cas des réunions de plein droit des conseils généraux et régionaux, après chaque renouvellement, dont l'objet est l'élection du président, des vice-présidents et de la commission permanente. La majorité qualifiée des deux tiers des membres est ici exigée (CGCT, art. L. 3122-1 et L. 4133-1). Longtemps, aucune règle de *quorum* ne s'était imposée pour les réunions des commissions permanentes du conseil général et régional. Cette curiosité a récemment pris fin avec l'exigence de la présence ou de la représentation de la majorité absolue des membres de la commission pour délibérer (CGCT, art. L. 3121-14-1 et L. 4132-13-1 issus de L. n° 09-526, 12 mai 2009).

126 ***Détermination du moment de la vérification du quorum*** ◊ La règle du *quorum* est nécessaire à la représentativité démocratique de l'assemblée. Le doute pèserait sur des décisions adoptées par la seule volonté d'une minorité d'élus. En règle générale, plus la question à trancher est importante, plus le *quorum* exigé devrait être élevé. Cependant, le bon fonctionnement de l'assemblée ne doit pas faire les frais d'une exigence trop stricte en la matière qui provoquerait l'annulation inutile de certaines délibérations.

Le moment de la réunion où il est nécessaire de vérifier le *quorum* touche à cette dernière préoccupation. À ce sujet, les dispositions du CGCT restent silencieuses. Cette lacune a été comblée par la jurisprudence dans un sens libéral : c'est seulement *lors de la mise en discussion de chaque question porté à l'ordre du jour* que le *quorum* doit être respecté et non pas au moment du vote sur ces questions. Le *quorum* n'est donc pas affecté par le départ de certains conseillers après la mise en discussion et avant l'ouverture du vote. Cette solution, par laquelle la jurisprudence marque un assouplissement de ses positions antérieures, trouve sa justification dans le fait qu'il faut éviter les risques de paralysie de fonctionnement de l'assemblée délibérante. Néanmoins, le *quorum* doit être vérifié plusieurs fois par réunion, chaque fois que l'assemblée est appelée à débattre d'une question. Au total, la discussion, et donc l'expression des conseillers, s'en trouve juridiquement organisée et garantie indépendamment de l'instant du vote.

Selon l'état - pourtant bien établi - de la jurisprudence jusqu'en 1987, le *quorum* devait non seulement être vérifié au moment de la mise en discussion des affaires soumises à délibération, mais encore, au moment du vote (CE 24 janv. 1879, *Élect. Atlenlès-Paludes, Lebon* 71). Cette exigence renforcée de la règle du *quorum* valait seulement pour les départements et les régions, ce qui était de nature à compliquer l'état du droit sans justification réelle.

L'état du droit positif est issu de la décision d'Assemblée du Conseil d'État du 11 décembre 1987, *Élect. président conseil régional Haute-Normandie (Le Vern c. Fossé, Lebon* 415 ; *AJDA* 1988. 162, chron. Azibert et de Boisdeffre ; *LPA* 1988, n° 10, note F. Chouvel, TA Lyon 3 mai 2012, *Mme Kocenda, AJDA* 2012. 1653, le maire, ne pouvant retarder la réunion dans l'attente que l'exigence de *quorum* soit satisfaite, doit procéder à une nouvelle convocation du conseil municipal). Cette jurisprudence procède de la considération que l'absence de *quorum* au moment du vote, sanctionné à peine d'irrégularité de la délibération, pouvait être une arme pour une minorité de conseillers se retirant de la réunion dans le but de faire obstruction à la prise de décision. La continuité du service public en souffrirait. Le départ de conseillers avant le vote est donc juridiquement considéré comme une abstention.

Cette jurisprudence a une portée générale. Elle vaut pour toutes les catégories de collectivité territoriale. Elle vaut également pour tout type de réunion, que ce soit pour adopter une délibération ordinaire ou que ce soit pour procéder à l'élection du maire et de ses adjoints ou du président et de ses vice-présidents. Dans ce dernier cas, le fait que le *quorum* est vérifié au moment où la séance est déclarée ouverte coïncide avec l'obligation de *quorum* au moment de la mise en discussion de chaque point porté à l'ordre du jour car l'élection est le seul objet de ce type de réunion.

127 ***Règles de vérification du quorum*** ◊ Au vu de la jurisprudence, le problème du cercle des conseillers à prendre en compte pour calculer le *quorum* doit retenir l'attention :

1. Tout d'abord, le *quorum* doit être calculé à partir du nombre de conseillers effectivement en exercice et non pas en fonction du chiffre légal fixé par la loi pour chaque catégorie démographique de communes. L'effectif réel peut, en effet, être ramené à un chiffre inférieur, notamment dans l'hypothèse où la démission de conseillers n'a pas pu être compensée par les « suivants de liste » ou, en attendant le renouvellement du conseil qui a perdu le tiers de ses membres (CE 6 nov. 1996, *Cne Asnières-sur-Seine, JCP* 1997. IV. 888, note M.-C. Rouault).

2. Ensuite, le calcul du *quorum* se fait à partir des membres présents uniquement et non pas à partir des absents représentés par un mandataire auquel ils ont donné procuration (TA Toulouse, 28 juin 1987, *Dubrez, JCP* 1989. suppl. n° 24, n° 32, note F. Chouvel).

3. Enfin, il faut exclure du calcul, les conseillers qui, même physiquement présent au moment du calcul, ne *pourront* légalement pas prendre part au vote (conseillers « intéressés à l'affaire » (v. ss 146 :CE 19 janv. 1983, *Chauré, Lebon* 7 maire lors de la délibération sur l'approbation de son compte administratif : CE 22 mai 1986, *Cne Teste-de-Buch, Lebon* 410), ou ne *voudront* pas y prendre part (pour le cas des conseillers manifestant leur volonté de s'abstenir de participer aux débats, TA Amiens, 2 mars 2006, *Vasquez, AJDA* 2006. 1177).

128 ***Sanction des règles de quorum*** ◊ Il résulte des termes mêmes de la loi que l'assemblée ne peut valablement délibérer que si le *quorum* est atteint. À défaut, l'assemblée peut se réunir de nouveau, au moins à trois jours – francs – d'intervalle, et, cette fois, pourra délibérer sans condition de *quorum* (art. L. 2121-17 al. 2. V. les conditions un peu plus strictes pour les conseils généraux et régionaux d'une seconde réunion « de *plein droit trois jours* francs plus tard » : L. 3121-14 al. 2 et L. 4132-13 al. 2 CGCT). Il est entendu qu'une telle réunion, affranchie de la règle du *quorum*, devra exclusivement porter sur l'ordre du jour de la première réunion qui n'avait pu se tenir (CE 20 janv. 1937, *Crochet, Lebon* 72).

Le *quorum* est une formalité substantielle en vertu de la loi. Une délibération ou élection intervenue sans le respect du *quorum* est entachée d'illégalité (CE 15 févr. 1929, *Bessiat et Hugon, Lebon* 191 ; 11 avr. 1986, n° 60580, *Cne Louchats*).

B. La publicité des réunions

129 ***Intérêts de la règle*** ◊ Les réunions des conseils municipaux, généraux et régionaux sont publiques (art. L. 2121-18, L. 3121-11 et L. 4132-10 CGCT). Cette règle emporte la conséquence que toute personne peut assister aux débats et ceux-ci peuvent être enregistrés, retransmis ou

publiés. Cette exigence est liée aux caractères démocratique et représentatif des assemblées des collectivités. Elle s'impose également aux conseils des établissements publics territoriaux nonobstant le fait que leurs membres ne sont pas élus au suffrage universel direct (art. L. 5211-1 CGCT). Le caractère ouvert des réunions locales revêt tout à la fois la valeur d'un principe d'action et celle d'un principe de contrôle.

La réunion publique vaut d'abord comme un *principe d'action*. Elle donne une traduction concrète à l'action collective locale : étant ouverte à tous ceux qui désirent y participer, elle permet la rencontre entre une population et ses représentants autour de la gestion des intérêts locaux qui est l'intention commune. Elle s'apparente donc à une forme de « gouvernement » en public. C'est d'ailleurs pourquoi les réunions se tiennent dans des lieux publics, selon les cas, à la mairie, à l'hôtel du département ou l'hôtel de région.

Il faut préciser que la participation du public aux réunions doit demeurer silencieuse. En aucun moment celui-ci ne saurait participer aux débats sans être supposé y avoir exercé une influence et en vicier la régularité. Il en va du monopole de représentation de la collectivité au profit des seuls élus. Il a ainsi été jugé que la participation aux réunions de représentants des populations étrangères de la commune, malgré les garanties prises pour ne pas les assimiler aux conseillers municipaux, rendait la délibération consécutive illégale (CE 10 juill. 1996, *Cne Mons-en-Barœul, Dr. adm.* 1996. 409).

Elle vaut ensuite comme *principe de contrôle* de la gestion des affaires locales. En premier lieu, elle permet la transparence des délibérations vis-à-vis de l'extérieur offrant au public de vérifier la légalité et la qualité du travail délibératif. On va alors dans le sens réclamé par l'article 15 de la Déclaration des droits de l'homme et du citoyen : « La société a le droit de demander compte à tout agent public de son administration ». En second lieu, elle favorise la transparence interne des délibérations condamnant majorité et opposition à un meilleur respect mutuel dans leurs échanges et leurs agissements. Ce contexte est propice à respecter plus spontanément la liberté d'expression des élus dont la transgression serait d'autant plus intolérable qu'elle serait immédiatement et publiquement constatable. Le droit d'expression des élus a donc partie liée avec le principe de publicité des réunions. Ainsi, le juge administratif a pu notamment fonder sur la méconnaissance caractère public des réunions la sanction du refus fautif d'un maire d'ouvrir les débats sur les questions portées à l'ordre du jour au motif qu'elles avaient été discutées préalablement dans une commission générale du conseil (CE 1er mai 1903, *Bergeon, Lebon* 324 ; *D.* 1904. III. 107, note M. Hauriou). Il y a là, plus généralement, l'idée de protéger l'administration contre elle-même en la dissuadant de pratiques arbitraires, de passe-droits, de pressions ou de diffusions unilatérales d'informations invérifiables (v. CE, rapport public 1995, *EDCE*, Doc. fr., p. 138).

130 ***Manifestations contentieuses de la règle*** ◊ Le caractère ouvert des réunions et l'impossibilité de connaître à l'avance les participants éventuels, ni les conditions de la délibération, expliquent que la réunion

publique soit soumise aux pouvoirs de police du président de séance. L'exercice de ces pouvoirs de police est néanmoins confié à la garde rapprochée du juge administratif en raison des incidences sur le fonctionnement démocratique de la collectivité que met en jeu la règle de publicité des réunions. Une jurisprudence relativement fournie sur les contestations au refus d'accès à la réunion lui donne sa traduction concrète.

L'accès à la salle de réunion peut ainsi être empêché pour des motifs d'ordre public et de sécurité. Ainsi, un maire peut interdire la salle de réunion à un groupe de personnes portant des pancartes et du matériel sonore et dont le comportement traduisait ainsi l'intention de manifester et de perturber les travaux (CE 14 déc. 1992, *Ville Toul, Lebon* 793). En revanche, ces mêmes motifs d'ordre public et de sécurité ne peuvent justifier que l'accès à la réunion soit réservé aux seules personnes qui auraient reçu des autorités municipales une carte d'invitation (CE 30 nov. 1979, *Parti de Libération coloniale de la Guyane française, Lebon* 441 ; 21 mai 1982, *Dpt Guadeloupe, Lebon* 183). Il faut réserver l'hypothèse où l'accès peut être interdit en cas d'impossibilité matérielle (exiguïté de la salle) (TA Bordeaux, 13 mars 1985, *Maurin et Gil, Lebon* 307). Pour garantir le libre accès aux réunions, le juge administratif peut, soit annuler les décisions de limitation ou d'interdiction d'entrer dans la salle (CE 21 mai 1982, *Dpt Guadeloupe*, préc.), soit annuler les délibérations finales prises dans des conditions illégales (CE 2 oct. 1992, *Malberg, Lebon* 792 ; *LPA* 1993, n° 10, concl. M. Pochard).

131 ***L'exception du huis clos*** ◊ Par exception au caractère public des réunions, l'assemblée délibérante peut décider de siéger à huis clos. Il faut sans doute entendre restrictivement cette possibilité en ce qu'elle fait exception à une règle libérale. Pour le conseil municipal, la demande doit émaner de trois de ses membres ou du maire, la décision de huis clos étant adoptée à la majorité absolue des membres du conseil présents ou représentés (CGCT, art. L. 2121-18 al. 2). Pour les conseils généraux et régionaux, la demande émane de cinq conseillers ou du président, la décision du huis clos étant prise, sans débat, à la majorité absolue des membres présents ou représentés (CGCT, art. L. 3121-11 al. 2 et L. 4132-10 al. 2).

Les dispositions légales n'explicitant pas les hypothèses dans lesquelles le huis clos peut être demandé et voté, il revient à chaque assemblée d'en décider librement. C'est une question d'opportunité dont elle est seule juge [1] et qu'elle peut prendre autant à l'occasion d'une délibération élective que d'une délibération décisionnelle [2] et, pour les délibérations décisionnelles, quelle que soit la question à délibérer [3].

Il ne résulte pourtant pas de l'inconditionnement légal sur les motifs du huis clos qu'il s'agit d'une mesure d'ordre intérieur échappant au juge. En effet, celui-ci attache son contrôle aux aspects formels de la décision légalement prescrits. Ainsi, le maire ne peut décider du huis clos à la suite de manifestations du public sans

1. CE 19 juin 1959, *Binet, AJDA* 1959. 354, jugeant qu'« aucune disposition législative ou réglementaire n'apporte une limitation à la faculté qu'ont les conseils municipaux (...) de se former en comité secret ». CE 4 mai 2004, *Cne Vincly, AJDA* 2004. 1767, note S. Hul ; *JCP Adm.* 2004. 1418, obs. J. Moreau ; *BJCL* 2004. 610, obs. B. Poujade.
2. CE 28 janv. 1972, *Élect. maire et adjoint Castetner, Pyrénées-Atlantiques, Lebon* 87.
3. CE 17 oct. 1986, *Cne Saint-Léger-en-Yvelines, Lebon* 378.

que le conseil ait été amené à se prononcer (CE 4 mars 1994, *Regoin, Lebon* 824). Cependant, le juge ne fait pas preuve d'un formalisme excessif dans l'appréciation du respect des conditions légales. En ce sens, une demande de huis clos par une autorité incompétente (adjoint) peut néanmoins être valablement couverte si elle est reprise à son compte par le maire (CE 27 avr. 1994, *Cne Rance c. Coronado, Lebon* 824) et, de manière générale, le juge se réserve le pouvoir d'apprécier la violation de cette formalité substantielle dans chaque cas d'espèce (CE 11 juill. 1939, *Trani, Lebon* 467). Le secrétaire de mairie peut assister à l'élection de l'exécutif à huis clos sans l'entacher d'irrégularité (CE 28 janv. 1972, *Élect. maire et un adjoint Castetner, Pyrénées-Atlantiques*, préc.). Le juge peut toutefois porter son appréciation au fond pour vérifier la réalité des troubles invoqués justifiant le huis clos (CAA Nancy, 11 oct. 2007, *Reymann et Maurer, AJDA* 2007. 2454, TA Montpellier, 28 juin 2011, *M*[me] *Espeut et autres, AJDA* 2012. 704, concl. P. de Monte, huit-clos « manifestement » mal fondé, les motifs allégués de trouble à l'ordre public et de pression exercés sur les conseillers lors de l'adoption du budget n'étant pas vérifiées). Enfin, pour le retour au régime de séance publique, le parallélisme des formes n'est pas exigé, l'assentiment des conseillers présents et l'absence de contraintes extérieures de la part des personnes indûment entrées dans la salle de réunion pouvant suffire (CE 14 déc. 1992, *Feidt, Lebon* 793).

132 ***L'exclusion des réunions des commissions permanentes*** ◊ Les dispositions du CGCT n'apportent pas de précision sur le fonctionnement des commissions permanentes des conseils généraux et régionaux. En cette absence, le Conseil d'État s'est refusé à imposer le caractère public des réunions de ces assemblées restreintes, estimant que la solution de principe imposée à l'égard des assemblées délibérantes ne pouvait être supposée pour leur commission permanente (CE Ass. 18 déc. 1996, *Région Centre, Lebon* 495 ; *RFDA* 1997. 496, concl. J.-H. Stahl ; *RD publ.* 1998. 1205, note N. Merley). Au demeurant, l'attitude de retrait du juge administratif pouvait s'expliquer par la prise en compte tant du principe de liberté d'administration des collectivités territoriales (art. 72 al. 3 Const.) que de l'opportunité administrative qui peut recommander que les débats ne soient pas systématiquement publics au sein d'une instance dont la raison d'être est l'accélération de la gestion de la collectivité. Il résulte de la prise en compte de ces considérations que chaque commission permanente est seule juge de l'utilité d'un débat public ou non.

Cette solution a fait l'objet d'une confirmation par le juge constitutionnel amené à se prononcer sur les dispositions d'une loi visant à combler cette lacune légale en posant le principe de publicité à l'égard de ces commissions permanentes (Cons. const. 14 janv. 1999, n° 98-407 DC : solution formellement adossée au principe constitutionnel de libre administration des collectivités territoriales).

133 ***Appréciation critique*** ◊ Pour fermement établie en droit par les juges administratif et constitutionnel, le refus d'imposer le caractère public des réunions des commissions permanentes ne va pas de soi. Les commissions permanentes ne forment que des « modèles réduits » des assemblées départementales et régionales plénières : leurs membres en sont issus et elles

disposent de la plénitude de pouvoir délibérant sur toute affaire que lui délègue - généralement une fois pour toutes - l'assemblée plénière. De cette assimilation devrait se déduire le régime de fonctionnement des commissions permanentes par transposition des règles applicables aux assemblées plénières. Il est donc paradoxal que les progrès historiques accomplis en faveur de la transparence des règles de fonctionnement des collectivités territoriales laissent délibérément à l'écart le cas des commissions permanentes. La solution retenue institutionnalise alors une possibilité de détournement de procédure : déléguer à la commission permanente dans le seul but de tourner la règle de publicité des réunions de l'assemblée plénière et de s'affranchir des contraintes démocratiques d'un tel mode de délibération. Le résultat fait penser au sort des anciennes commissions départementales dont l'interprétation de la loi du 10 août 1871 voulait que ses réunions ne soient pas publiques. Mais, assumant en grande partie des attributions exécutives, elle ne devait de compte qu'au conseil général et non aux citoyens. Il n'eut pas été impensable de considérer que les lois du 10 août 1871 pour le département et du 5 avril 1884 pour la commune, imposant la publicité des réunions du conseil général et municipal, confèrent à cette règle la valeur d'un principe fondamental reconnu par les lois de la République s'imposant à tous les organes collégiaux à caractère politique lorsqu'ils disposent d'un pouvoir de décision [1].

C. La police des réunions

134 ***Définition*** ◊ La police des réunions désigne l'ensemble des mesures imposées en vue de maintenir ou de rétablir l'ordre et la tranquillité dans ces réunions. Ce pouvoir appartient au maire, présidents du conseil général et régional qui, en vertu de la loi, ont « seul(s) la police de l'assemblée » (art. L. 2121-16, L. 3121-12 et L. 4132-11 CGCT).

135 ***Distinction entre pouvoirs de police et pouvoirs de président de séance*** ◊ La police des réunions ne semble pas constituer une compétence spécifique. Sans doute relève-t-elle des dispositions légales spéciales habilitant en ce sens leur titulaire (articles préc.). Mais, au moins sur le plan matériel, il est difficile de faire nettement la distinction entre les mesures prises au titre des pouvoirs de police et les mesures relevant des pouvoirs généraux de président de séance. Ce constat est aggravé par la considération que le titulaire de l'ensemble de ces pouvoirs se trouve être la seule et même personne, la compétence en matière de police revenant à l'exécutif qui préside les réunions (CGCT, art. L. 2121-14, solution implicite pour les présidents des conseils généraux et régionaux).

La remarque n'est pas seulement d'ordre théorique. En effet, si entre les deux pouvoirs, il n'existe pas de différenciation organique et matérielle, il

1. V. J.-H. Stahl, concl. sur CE Ass. 18 déc. 1996, *Région Centre*, *RFDA* 1997. 496 s.

existe néanmoins une différenciation de régime. Les décisions prises par l'exécutif au titre de ses pouvoirs de président de séance relèvent en principe de son appréciation discrétionnaire et, en conséquence, tendent à échapper à tout contrôle juridictionnel en tant que « mesure d'ordre intérieur ». C'est classiquement le cas pour la décision d'ouvrir, de lever ou de suspendre une réunion (CE Ass. 2 déc. 1983, *Charbonnel, Lebon* 474, concl. M. Roux ; *AJDA* 1984. chron. B. Lasserre et J.-M. Delarue ; *JCP* 1985. II. 20455, note A. Chaminade ; *RD publ.* 1985. 827, note J. de Soto ; *Gaz. Pal.* 25 mars 1984. 12, note B. Poujade).

Au contraire, les décisions que l'exécutif est amené à prendre pour faire régner l'ordre au sein des réunions sont toutes limitatives, presque par définition, des garanties légales comme le principe de publicité des réunions ou la garantie d'expression des élus. En tant que telles, elles doivent être placées « sous le contrôle du juge de l'excès de pouvoir » et ne sauraient procéder d'un pouvoir discrétionnaire (CE 25 juill. 1980, *Sandre, Lebon* 325, à propos de l'interdiction d'usage, en cours de réunion, d'un magnétophone).

Il semble permis [1] de poser la distinction suivante : on doit intellectuellement comprendre que les pouvoirs de police des réunions sont exercés à l'occasion d'un fonctionnement accidentel de l'assemblée, le déroulement normal des débats n'étant pas garanti ou déjà perturbé. La présidence de séance correspond à une tâche plus générique et politique consistant à organiser le travail de l'assemblée notamment en ouvrant ou suspendant les séances, en régulant les débats, en informant les conseillers... La police des réunions se présente donc comme une extension du pouvoir de présider les séances en cas de circonstances particulières.

Il serait sans doute excessif de limiter l'exercice des pouvoirs de police des réunions aux seules mesures prises à l'égard des personnes extérieures aux réunions - celles-ci étant, sauf exception, publiques - et qui en troubleraient le déroulement, et ceci en réservant les rapports avec les conseillers qui ne relèveraient que des pouvoirs de président de séance. L'expulsion d'un conseiller qui perturbe le déroulement d'une séance ou l'interdiction qui lui est faite de se servir de son magnétophone ne paraissent pas, en effet, étrangers à l'exercice d'une mission de police.

Toutefois, la question de la distinction entre les pouvoirs de président et d'autorité de police est vouée à un intérêt relatif. La préoccupation croissante du juge administratif pour garantir la liberté d'expression des élus, l'amène à étendre son contrôle sur les décisions du président de séance en matière de temps de parole, de suspension ou de clôture des débats. Simultanément, l'empire des mesures d'ordre intérieur régresse. Qu'est la démocratie locale représentative si l'exécutif peut interrompre toute discussion dans l'idée de museler l'opposition ? Si, pour le moment, le juge développe un tel contrôle essentiellement à l'occasion des délibérations électives de l'exécutif de la collectivité, il le

---

1. En ce sens, v. F.-P. Bénoit, « Les réunions du conseil municipal », *Rép. Coll. locales* fasc. 283-73, n° 583.

fait dans un contexte et des conditions d'exigence qui laissent penser qu'il l'étendra un jour aux délibérations décisionnelles.

Le juge administratif recherche un « motif impérieux de nature à justifier » une décision de suspension ou de report de réunion. Voir, à propos de telles mesures décidées par le président du conseil régional de Rhône-Alpes : *RFDA* 1999. 595, concl. J. Arrighi de Casanova ; CE 9 déc. 1998, *Élect. président et vice-présidents conseil régional, Lebon* 459 ; *RFDA* 2000. 126, note F. Robbe ; *Gaz. Pal.* 2000. I. 24, note R. Piastra. Ou par le doyen d'âge à l'occasion de la séance consacrée à l'élection du maire : CE 25 juill. 1986, *Élect. maire Clichy, Lebon* 216 ; *AJDA* 1986. 704, note M. Roux. Les conditions parfois très irrégulières dans lesquelles se déroulent les élections de l'exécutif et les conséquences qui en résultent pour la collectivité ne peuvent s'accommoder de la théorie des mesures d'ordre intérieur et de ses effets.

S'agissant de l'acceptation d'un contrôle - approfondi - sur les délibérations décisionnelles, voir, à propos de la décision de clôture des débats relatifs à l'adoption du budget primitif (TA Orléans, 9 juill. 1998, *Région Centre, LPA* 5 avr. 1999, n° 67, p. 10, note P. Jan) ou à propos de la garantie du temps de parole des conseillers (CE 22 mai 1987, *Tête c. Cne Caluire-et-Cuire, Lebon* 179 ; *AJDA* 1987. 664, concl. C. Vigouroux. V. ég., TA Dijon, 12 janv. 1983, *Volatier, Lebon* 499 ; TA Grenoble 15 sept. 1999, n° 950317, *Cne Lapelerie*).

136 ***Contenu des pouvoirs de police des réunions*** ◊ La police a une définition finaliste : faire régner l'ordre et la tranquillité. C'est pourquoi, il est *a priori* difficile de limiter le champ des mesures de police qui est susceptible de s'étendre à toute mesure que les nécessités commandent. Plusieurs cas peuvent se présenter :

1. L'exécutif peut prendre tout autant des mesures répressives que préventives. Le cas type est constitué par la décision d'exclure une personne extérieure à l'assemblée mais qui en trouble la réunion. Il peut, pour cela, requérir les agents de la force publique (CE 2 févr. 1938, *Graulières, Lebon* 117) ou agir de lui-même sans violence excessive ou injustifiée (Besançon, Ch. corr. 28 janv. 1975, *Procureur général Besançon et Simonot c. Thomas, D.* 1975. Somm. 120).

2. Il peut adopter tout autant des mesures à l'égard des conseillers élus que des assistants extérieurs à la réunion. Ainsi, le maire peut expulser un conseiller municipal qui perturbe le déroulement de la réunion (rép. min. n° 35472, *JOAN* Q 6 mai 1996. 2486) ou lui interdire, en cours de réunion, l'usage d'un magnétophone (CE 25 juill. 1980, *Sandre, Lebon* 325). S'agissant des mesures prises à l'égard des assistants extérieurs, il a été jugé que le maire peut interdire l'accès de la salle à un groupe de personnes dont le comportement traduit l'intention de manifester et de perturber les travaux (CE 14 déc. 1992, *Ville Toul, Lebon* 793).

3. Au titre des pouvoirs reconnus pour adopter « toute mesure propre déroulement normal » des séances, le maire peut réglementer l'usage du magnétophone de nature à troubler la sérénité des débats (CE 2 oct. 1992, *Cne Donneville c. Harrau et a., Lebon* 354 ; *AJDA* 1992. 750, concl. M. Pochard). Au-delà des situations d'espèce réclamant des mesures particulières, l'usage du magnétophone peut être réglementé pour l'avenir à la condition qu'il ne s'agisse pas d'une interdiction générale et permanente (arrêt préc.).

137 ***Caractère résiduel des pouvoirs de police des réunions*** ◊ Il est à déterminer si, au titre de ses pouvoirs de police des réunions, l'exécutif doit se borner à l'édiction de simples mesures individuelles répondant à des situations particulières ou si l'aptitude à prendre des dispositions réglementaires lui est reconnue. Selon cette dernière hypothèse, il ne s'agirait plus seulement de résoudre des cas d'espèce mais, de manière plus considérable, d'organiser par avance le déroulement des réunions. Or, cette aptitude relève de la compétence de l'assemblée délibérante investie par la loi de l'obligation d'établir son règlement intérieur. Celui-ci, outre les matières dont la loi prévoit expressément qu'elles doivent y figurer, est susceptible de contenir toutes les dispositions relatives au fonctionnement interne de l'assemblée délibérante (*supra*). De telle manière qu'on se trouve face au problème de l'articulation des deux compétences qui apparaissent concurrentes.

Au vu de la jurisprudence - embryonnaire - sur le sujet une réponse totale est impossible. On peut néanmoins apporter les éléments suivants :

1. Par principe, la jurisprudence ne dénie pas l'exercice d'un pouvoir réglementaire au profit de l'exécutif. Ce procédé est sans doute trop classique en matière de police pour qu'il soit souhaitable d'y renoncer de façon générale (CE 2 oct. 1992, *Cne Donneville c. Harrau et a.*, préc. À propos de la réglementation de l'usage du magnétophone). On remarquera que la solution est rendue en annulant sur ce point le jugement de première instance (TA Toulouse 15 juin 1985, *Harran*, *Rec. TA* 1988, n° 33, p. 50).

2. Toutefois, la possibilité d'une réglementation de l'exécutif ne dessaisit par l'assemblée délibérante titulaire de la compétence de droit commun pour organiser le fonctionnement intérieur de la collectivité, et ceci, quand bien même de telles mesures constitueraient une police préventive des réunions (CE 18 nov. 1987, *Marcy*, *Lebon* 371 ; *RFDA* 1988. 919, concl. O. Schrameck, solution établissant la compétence du conseil municipal pour réglementer l'usage du magnétophone).

3. Dans l'hypothèse où une telle réglementation de l'assemblée délibérante est intervenue, celle-ci s'imposerait à l'exécutif qui ne pourrait, le cas échéant, ajouter à cette réglementation principale que des points complémentaires. Ainsi, en matière de magnétophone pourrait-il préciser les conditions de son usage pour qu'il ne perturbe pas le déroulement des réunions ou le bon ordre des travaux (en ce sens, v. M. Pochard, concl. sur CE 2 oct. 1992, *Cne Donneville c. Harrau et a.*, *AJDA* 1992. 751). De telle manière, qu'on retrouverait le principe d'une subordination hiérarchique des décisions de l'exécutif aux décisions réglementaires de l'assemblée, principe de subordination valant généralement lorsque celui-ci agit en tant qu'exécuteur des délibérations de l'assemblée.

138 ***Contentieux des mesures de police des réunions*** ◊ La sanction des mesures de police prises irrégulièrement peut être obtenue soit par l'annulation sur recours direct contre ces mesures (par ex. CE 2 oct. 1992, *Cne Donneville c. Harrau et a.*, préc.) soit par l'annulation sur recours contre les délibérations intervenant dans des conditions illégales (CE 2 févr. 1938, *Graulières*, préc.).

SECTION 2. DÉLIBÉRATIONS DE L'ASSEMBLÉE

139 ***Définition*** ◊ Le terme de délibération est ordinairement utilisé dans trois sens différents également valables. Ils désignent les trois étapes d'un même processus qui se suivent chronologiquement mais qui ne doivent pas être confondues. Les deux premières étapes correspondent à des opérations matérielles, la troisième à un acte juridique. On entend d'abord par délibération l'examen d'un texte par l'assemblée délibérante en vue de son adoption et, par extension, la réunion au cours de laquelle cette assemblée délibère. Le terme est ensuite utilisé pour désigner l'adoption de la décision par l'assemblée après discussion. Il s'agit alors, sous le terme de délibération, de qualifier la manifestation collective de volonté de l'assemblée généralement obtenue par un vote. Le troisième sens rend compte du résultat juridique final, c'est-à-dire qu'il désigne les décisions ou avis issus de la réunion au cours de laquelle l'assemblée a délibéré. En ce sens, la délibération s'apparente à la loi qui procède de la délibération du Parlement national sans, toutefois, en posséder le même niveau hiérarchique ni le même champ d'application territorial. Elles ont néanmoins une nature commune : elles sont l'expression d'un régime délibérant prenant en charge les affaires d'une collectivité par des dispositions générales, abstraites et permanentes.

Nous envisagerons successivement l'adoption des délibérations (§ 1) et l'aide à la délibération par les commissions agissant par délégation ou par consultation (§ 2).

§ 1. Adoption des délibérations

140 Nous utiliserons le plus généralement le terme de délibération dans son sens le plus précis, c'est-à-dire l'acte adopté à la majorité des suffrages exprimés auquel aboutit normalement la réunion de l'assemblée. Qu'il s'agisse d'une décision, d'une élection ou d'un vœu, cette délibération, adoptée selon la procédure requise, possédera tous les caractères juridiques d'un acte administratif. La procédure requise l'est suivant des règles communes à tout organe collégial (délégation de vote, scrutin secret...), mais il en est certaines qu'on doit à la volonté récente du législateur de donner aux assemblées locales des possibilités d'adoption facilitées issues des techniques parlementaires. Après avoir vu les conditions d'adoption des délibérations (A), nous verrons les conséquences de cette adoption (B).

A. Les conditions d'adoption

141 Les délibérations sont normalement prises à la majorité des suffrages exprimés (CGCT, art. L. 2121-20 pour les communes, solution implicite pour les autres collectivités sauf pour l'élection de leur président où la

majorité absolue est expressément imposée : CGCT, art. L. 3121-16 et L. 4132-15). La validité du vote passe néanmoins par le respect d'un certain nombre de règles prescrites par la loi et qui tiennent dans la personne des votants (1) et les modalités du vote (2).

1. Les conditions relatives aux votants

142 En principe, seuls les élus présents peuvent prendre part au scrutin. Il en résulte, en premier lieu, que la majorité à prendre en compte pour réputer la délibération acquise doit être calculée à partir des suffrages exprimés et non par rapport à l'effectif légal du conseil (CE 10 déc. 2001, *Élect. maire et adjoints au maire Sainteau et Rouillon, Lebon* 972). Toutefois, la loi tient compte de considérations particulières pour adapter la sincérité et la représentativité du vote à la diversité des situations concrètes. En conséquence, il se peut que tous les votants ne soient pas présents (délégation de vote) et, inversement, que tous les présents ne soient pas votants (conseillers intéressés).

143 ***1. La délégation de vote*** ◊ Il s'agit de l'opération par laquelle le conseiller élu, titulaire du droit de vote, en transfère l'exercice à un autre conseiller élu. Cette possibilité doit permettre aux élus, empêchés d'assister à la réunion de l'assemblée, d'exercer néanmoins leur droit de vote. Mais, faisant entorse au principe du caractère personnel du vote – principe cependant non inscrit dans le CGCT –, sa mise en œuvre devrait, en bonne logique, être strictement contrôlée par le juge administratif. Or, il n'en est rien en raison de l'absence d'explicitation légale des motifs et des cas de délégation (CGCT, art. L. 2121-20, L. 3121-16 et L. 4132-15).

144 ***Inconditionnement du recours à la délégation de vote*** ◊ Aucune disposition du CGCT ne précisant les motifs à même de justifier l'empêchement de l'élu et le recours à la procédure de délégation, il revient à chaque élu d'apprécier s'il lui est impossible de se rendre à la réunion et s'il doit déléguer son vote. Face à l'inconditionnement de la loi, le juge s'abstient d'exercer un contrôle de la réalité de l'empêchement, notamment en refusant de constater la disparition de celui-ci. Le cas d'espèce à l'origine de la solution est révélateur de l'attitude de retrait du juge : la solution s'impose alors même que le conseiller empêché était venu participer à la réunion pour laquelle il avait donné délégation, « aucune disposition législative ou réglementaire ne lui faisant obligation de résilier cette délégation et de voter personnellement » (CE 16 janv. 1987, *Élect. président conseil régional Picardie, Ansallem, Lebon* 6 ; *AJDA* 1987. 421, note J. Moreau). Il résulte également de cette jurisprudence que le juge s'abstient de contrôler la révocation de la délégation de vote. Cette solution découle tout aussi normalement de l'indétermination de la loi : « le pouvoir (de délégation) est toujours révocable » (articles préc.).

S'agissant, non plus des motifs de délégation mais des cas de délégation, le juge a précisé que cette possibilité est utilisable quel que soit l'objet de la séance et, notamment, lorsque l'assemblée est appelée à élire son exécutif. La délégation de vote a donc une portée générale (CE 11 juin 1958, *Élect. adjoint Abymes*, *Lebon* 336).

Le juge administratif exerce toutefois un contrôle de la régularité formelle de la délégation. Ainsi, la délégation doit prendre la forme d'un pouvoir écrit qui comporte la désignation du délégataire et l'indication de la ou des réunions pour lesquelles la délégation est donnée (TA Lille, 9 févr. 1993, *Barbier c. Cne Annezin*, *Lebon* 502). L'existence matérielle des pouvoirs écrits fait également l'objet d'un contrôle (CE 10 mars 1976, *Fourel*, *Lebon* 788). Il faut encore préciser qu'une irrégularité en la matière n'est de nature à conduire à l'annulation d'une élection que dans la mesure où le juge estime, dans chaque cas d'espèce, que cette irrégularité a eu une influence sur le résultat du scrutin (CE 10 mars 1976, *Fourel*, préc. et TA Lille, 9 févr. 1993, *Barbier c. Cne Annezin*, préc.).

145 ***Limites objectives au recours à la délégation de vote*** ◊ La délégation de vote est une pratique dont il ne faut pas abuser. Pour banale et nécessaire qu'elle soit, son usage abusif risquerait de ralentir le travail de l'assemblée et de retarder la nécessité de ses décisions. En effet, la règle de *quorum* ne peut être satisfaite si une majorité de conseillers est absente pour participer aux travaux de l'assemblée. Les conseillers absents, même représentés par un délégataire, ne sont, en effet, pas pris en compte dans le calcul du *quorum* (TA Toulouse, 28 juin 1987, *Dubrez*, *JCP* 1989. suppl. n° 24, n° 32, note F. Chouvel). De telle manière que la réunion devra être différée que ce résultat soit recherché par manœuvre dilatoire ou involontaire.

En conséquence, le CGCT prévoit que dans les départements et les régions, la délégation n'est possible que pour une seule réunion. Dans les communes, elle ne vaut pour plus de trois séances consécutives du conseil municipal (sauf cas de maladie constatée). Pour les trois collectivités un même conseiller ne peut recevoir qu'une seule délégation (articles préc.).

146 ***2. Le conseiller intéressé***[1] ◊ Le conseiller intéressé à l'affaire ne peut prendre part à la réunion qui règle le sort de cette affaire sous peine d'entacher la délibération qui en résulte d'irrégularité (art. L. 2131-11 CGCT considéré comme devant s'appliquer aux conseillers municipaux, généraux et régionaux). L'impartialité des délibérations ne peut, en effet, s'accommoder du fait qu'y participe celui qui espère en retirer un avantage. L'obligation d'agir en vue d'un intérêt public local est un principe supérieur dont ne doivent pas s'écarter les délibérations des assemblées. L'hypothèse du conseiller intéressé s'apparente donc à un cas de détournement de pouvoir expressément et objectivement prévu par la loi, le législateur ayant éprouvé, de longue date, la nécessité d'instituer un tel « contrôle de

1. V. biblio. v. ss 187.

moralité » sur les décisions des collectivités. Par la proximité qui les caractérise, les intérêts locaux ne sont parfois pas loin des intérêts privés.

Claire dans son principe, cette règle-sanction n'en est pas moins délicate dans sa mise en œuvre. Il faut non seulement faire apparaître l'objectif réel de la délibération, mais encore démontrer que le conseiller intéressé a pris une part active à son adoption. La délibération est donc « annulable » (selon l'ancienne formule) si deux conditions se cumulent : un membre du conseil doit avoir eu un « intérêt à l'affaire » et sa participation à la réunion doit avoir eu une influence effective sur la décision prise. Ces deux exigences ne sont pas formalistes et sont appréciées selon les circonstances. Toutefois, la jurisprudence la plus récente semble se diriger dans le sens d'une automaticité et, de fait, d'un durcissement de la sanction.

147 ***Identification du conseiller intéressé*** ◊ Cette identification met en jeu le champ d'application de la sanction légalement prévue. On reconnaît un tel conseiller au fait qu'il poursuit, de manière suffisamment manifeste, un but qui lui est propre et, de fait, se sépare de celui de la généralité des habitants de la collectivité. Évidemment, toute la difficulté pour le juge consiste à faire apparaître l'intention réelle du conseiller qui ne s'en expliquera pas ouvertement. Néanmoins, l'identification du conseiller intéressé tend à se faire aussi objectivement que possible en rapprochant sa situation particulière de l'objet de la délibération. En ce sens, la loi vise deux cas : non seulement les conseillers qui sont intéressés à titre personnel, mais encore, ceux qui le sont en tant que mandataires.

– *Le conseiller personnellement intéressé.* C'est l'hypothèse la plus évidente et la plus courante du conseiller intéressé. Si, dans ce cas, le juge ne précise pas dans la rédaction des arrêts que le conseiller recherchait un but différent de l'intérêt général local, c'est qu'il suppose cette condition remplie du fait même de sa situation personnelle. Il ressort de la jurisprudence des cas types d'intéressement fautif :

Le plus souvent c'est l'intérêt professionnel qui est sanctionné, le juge empêchant qu'un élu mette à profit son mandat pour développer son cabinet ou son étude. Ainsi, sont intéressés la conseillère qui a participé à la délibération décidant son recrutement comme agent de service (CE 22 févr. 1995, n° 150713, *Cne Ménotey*), le maire qui, entrepreneur en plomberie-chauffage, se voit confier des travaux relatifs au chauffage de la cantine scolaire (CE 6 mai 1994, *Gindreau*, *Lebon* 826), le maire, exploitant une salle de danse, qui a participé à la délibération résiliant un bail accordé à une association de loisirs organisant, notamment, des bals (CE 13 févr. 1987, n° 70331, *Cne Saint-Vivien de Montségur c. Assoc. Foyer rural de Saint-Vivien de Montségur*), le conseiller municipal, notaire, qui a préparé le dossier préalable à la vente d'un bâtiment communal et qui, au surplus, rédige l'acte de vente au profit de l'acquéreur (CE 29 juill. 1994, *SA Diffusion, Informations, Fabrication, Orientation et Publicité (DIFOP)*, *Lebon* 386, ou encore, l'élu polynésien propriétaire d'une ferme perlière étant rapporteur d'une loi de pays relatif à cette activité ; CE 26 juin 2011, *Geros*, *BJCL* 2011. 325, concl. D. Hedary). Encore convient-il que l'intérêt professionnel soit « distinct » de celui des autres habitants de la commune pour être répréhensible (CE 26 oct. 2012, *Départ. du Haut-Rhin*, *AJDA* 2012. 626, note C.-A. Dubreuil, *BJCL* 2013. 10, concl. A. Lallet, *RLCT* déc. 2012. 31, obs.

E. Glaser, à propos d'un maire et d'une conseillère municipale viticulteurs dans une commune où les membres de cette profession sont nombreux et participant à une délibération engageant la commune dans la réalisation d'un complexe hôtelier qui devra proposer à ses clients les vins de la commune).

L'intérêt financier qu'il soit direct ou indirect concrétise aussi fréquemment l'interdiction. Ainsi, il a été jugé que doit être considéré comme personnellement intéressé à l'affaire le conseiller municipal acquéreur d'une parcelle du domaine privé de la commune à l'occasion de la réunion qui décide de cette cession (CE 12 févr. 1986, *Cne Ota*, *Lebon* 39 ; *D.* 1987. 37, note E. Peuchot). S'agissant de l'intérêt indirect, le juge sanctionne « alors même que (le conseiller) ne pouvait retirer aucun profit personnel de la subvention » (CE 12 juin 1996, *Organisme de gestion de l'école catholique de l'Île d'Elle*, *Lebon* 226 ; *RFDA* 1996. 840).

En revanche, les liens familiaux de l'élu consistant à faire profiter d'un avantage les membres de sa famille, aboutissent assez rarement à le voir déclaré intéressé, celui-ci n'en retirant pas nécessairement un intérêt direct et personnel (CE 12 févr. 1986, *Cne Ota*, préc.).

– *Le conseiller intéressé en tant que mandataire*. Le conseiller peut également être déclaré intéressé en raison des mandats ou des fonctions qu'il exerce au sein d'une personne morale. Il est susceptible d'avantager celle-ci dans le cadre de ses rapports avec la collectivité territoriale. Cette hypothèse a conduit à un net renforcement des exigences de la jurisprudence.

Remarquable est l'idée que la poursuite de l'intérêt public n'exclut pas l'intéressement fautif si cet intérêt public n'est pas assimilable à l'intérêt de la généralité des habitants de la collectivité (CE 9 juill. 2003, *Caisse de Crédit agricole mutuel de Champagne-Bourgogne*, *AJDA* 2003. 2264, note D. Blaise ; *JCP Adm.* 2003. 1926, note J. Moreau ; *BJCL* 2003, concl. Vallée, constatation d'un intérêt concurrent faite à propos d'une association gestionnaire d'une maison de retraite dans la collectivité). Cette orientation est critiquable en ce que l'intérêt public local est classiquement constitué par la somme d'intérêts catégoriels que prennent en charge les autorités locales (personnes défavorisées, jeunes...). Cette solution n'est évidemment pas de nature à encourager le recours au procédé de l'association pour la gestion des services publics locaux.

Alors que la qualification de conseiller mandataire semblait réservée aux titulaires des fonctions exécutives au sein de la collectivité (CE Sect. 16 déc. 1994, *Cne Oullins c. Assoc. Léo Lagrange jeunesse et tourisme*, *Lebon* 559 ; *AJDA* 1995. 72 ; *RFDA* 1995. 212, s'agissant d'un maire qui, président d'une association, prend part aux délibérations qui accordent un avantage à celle-ci), elle est désormais susceptible de s'étendre à tous les conseillers élus qui appartiendraient à la personne morale délégante (CE 9 juill. 2003, *Caisse de Crédit agricole mutuel de champagne-Bourgogne*, préc.). Cette nouvelle approche extensive de la définition du mandataire dépasse la définition civiliste qui suppose que le mandataire ait reçu le pouvoir d'engager en fait et en droit l'organisme qu'il représente. Si c'est le cas du conseiller qui préside l'association et a reçu un tel pouvoir d'engager l'association, ce n'est pas celui qui agit comme un simple membre du conseil d'administration de l'association et qui, pourtant, fera l'objet du même empêchement légal.

Il peut en résulter l'appauvrissement des débats des assemblées délibérantes par l'exclusion de tous les conseillers membres d'une association administrative et, corrélativement, la sur-représentation de l'opposition au conseil sur laquelle risque de reposer le vote.

148 ***Exigence d'une participation effective à la délibération*** ◊ L'identification d'un conseiller intéressé est une condition nécessaire mais pas suffisante pour emporter l'illégalité de la délibération litigieuse. Celle-ci n'est irrégulière que dans la mesure où le conseiller intéressé a exercé une influence effective sur son adoption, ce qui n'implique pas son exclusion totale, à la fois de la réunion et du vote. Cette condition de participation active procède d'un certain pragmatisme : une sanction automatique sur seule présence de l'élu intéressé conduirait à un nombre exagéré d'annulations en encourageant le soupçon sur tout travail délibératif. Si chaque conseiller municipal est propriétaire dans sa commune, doit-on de ce seul fait suspecter d'impartialité du plan local d'urbanisme et le considérer comme annulable ? C'est la raison pour laquelle le rôle actif du conseiller municipal pour faire adopter la délibération dans un sens conforme à ses intérêts particuliers doit être apprécié concrètement dans chaque cas selon l'ensemble des circonstances qui ont entouré la délibération. C'est finalement une question de degré.

– *S'agissant de la réunion*, le fait qu'un conseiller ait participé à des réunions préparatoires alors qu'il était propriétaire des parcelles dont le classement a été modifié, n'est pas de nature à rendre la procédure irrégulière dès lors qu'il n'a pas pris une part active aux réunions préparatoires et qu'il a quitté la salle au moment du vote. Dans un tel cas de figure, le conseiller est bien « intéressé à l'affaire » mais n'a pas été en mesure d'exercer une influence décisive sur la délibération (CE 30 déc. 2002, *Assoc. Expression village*, *Coll. terr.* 2003. 74, note T. Célérier). En revanche, il est classiquement jugé qu'il exerce une influence effective dès lors qu'il est rapporteur du projet soumis à délibération ou qu'il participe à un groupe de travail (CE 26 févr. 1982, *Assoc. Renaissance Uzès*, *Lebon* 549 ; 8 déc. 1982, *Marsac et a.*, *Lebon* 411 ; 17 févr. 1993, *Desmons*, *Lebon* 1084).

– *S'agissant du vote*, le juge utilise « le procédé de calcul un peu primaire qui consiste à déduire les suffrages des conseillers intéressés » dans le but de vérifier si la décision aurait pu être prise sans eux (concl. M. Gentot sur CE 23 avr. 1971, *Cne Ris-Orangis*, *AJDA* 1971. 654). Ainsi, la délibération n'est pas irrégulière si le conseil « s'est prononcé à l'unanimité » (CE 26 févr. 1982, *Assoc. Renaissance d'Uzès*, préc.), ou à une majorité considérable « par 14 voix et un bulletin blanc sur les 15 participants au conseil » (TA Nantes, 16 déc. 1997, *Calba*, *Le courrier des maires* mai 1999. Jurispr. 4), ou encore « par sept voix contre une » (CAA Paris, 27 oct. 1998, n° 96PA01861, *Barbier et assoc. SOS Environnement*). Au contraire, tout score serré est de nature à faire constater la participation fautive de l'élu intéressé (CE 23 févr. 1990, n° 78130, *Cne Plouguernevel* ; 26 févr. 1975, *Garrigou*, *Lebon* 154).

En toute hypothèse, la circonstance que le conseiller ait pris une part importante aux débats et a participé au vote, la délibération étant adoptée par 14 voix contre 13, est de nature à vicier la délibération (CE 27 juill. 1997, *Tassel et a.*, préc.).

Ajoutons que le vote émis par procuration par le conseiller intéressé ne saurait être considéré autrement qu'irrégulier (CE 5 déc. 2008, *Flosse*, *JCP Adm.* 2009. 1071, note G. P.).

149 ***Évolution vers l'automaticité de la sanction*** ◊ Pourtant acquise de longue date, cette règle de la participation active qui faisait reposer sur l'appréciation du juge la nécessité de censurer une délibération, semble remise en cause par la jurisprudence *Caisse régional de Crédit agricole mutuel de Champagne-Bourgogne* (préc.). En l'espèce, le seul fait que quelques conseillers intéressés aient participé aux délibérations ne peut désormais être regardé comme sans influence sur le résultat du vote et alors même que celui-ci a été acquis à l'unanimité. De telle manière que la seule présence de conseillers intéressés aux réunions ou au vote fait présumer de manière irréfragable l'influence sur la délibération et justifie son annulation. Une confirmation de cette jurisprudence qui met fin à une solution à la fois traditionnelle et solidement fondée paraîtrait nécessaire pour qu'on soit fixé sur l'état du droit.

2. Les conditions relatives au vote

150 Le vote désigne l'action par laquelle les conseillers élus participent au scrutin (désignant l'opération générale jusqu'à la proclamation du résultat) en exprimant leur opinion. Il est d'usage de recourir à un vote formel (1) et public (2). Toutefois, il ne s'agit que de préférences de départ. L'état du droit est organisé en fonction d'un certain nombre de considérations diverses. Des raisons pratiques de bonne administration ne permettent notamment pas une application systématique de ces principes et sont à l'origine de remarquables exceptions, voire de véritables principes de remplacement.

151 ***1. L'option du vote formel*** ◊ Le CGCT ne dit rien sur ce point. Mais, parce qu'une délibération aboutie normalement à une décision de droit public engageant la collectivité territoriale qui l'a adoptée, elle ne saurait procéder d'une simple supposition ou d'une prétendue absence de désapprobation sur une prise de position de l'assemblée délibérante. L'inexistence – qui peut être constatée à tout moment – est la sanction d'une prétendue délibération n'ayant donné lieu à aucun vote de l'assemblée délibérante (CE 9 mai 1990, *Cne Lavaur c. Lozar, Lebon* 115 ; *Quot. jur.* n° 105, note M.-C. Rouault ; *D.* 1991. Somm. 135, note F. Llorens et P. Soler-Couteux). Dans le même sens, une question figurant à l'ordre du jour et évoquée par le maire « hors d'une réunion légale du conseil municipal » et sans vote ultérieur en raison d'un large consensus à ce sujet ne constitue pas une délibération (CE 25 juill. 1980, *Courtet, Lebon* 625).

La sanction de délibérations non formellement acquises se concrétise par des cas primaires et grossiers manifestant un abus d'autorité de la part de l'exécutif. C'est le cas d'une prétendue délibération ayant autorisé le maire à souscrire un emprunt alors que le conseil municipal ne s'est pas réuni ce jour-là ainsi qu'il ressort du registre des délibérations (CE 29 déc. 1997, *Cne Hautmont, Gaz. Pal.* 1998. II. Pan. dr. adm. 146). C'est également le cas de la consultation par lettre circulaire envoyée à chacun des conseillers en vue de recueillir à leur domicile leur avis sur une affaire (CE 20 nov. 1957, *Frenaud, Lebon* 631).

Toutefois, la jurisprudence ne renonce pas à tout pragmatisme sur le sujet. S'il s'avère que trois conditions sont réunies, il réputera le vote implicitement acquis : une question soumise à l'assemblée, donnant lieu à un débat effectif et aboutissant à un assentiment manifeste et sans équivoque. Ce type de vote présente l'intérêt d'accélérer l'adoption des délibérations. Mais, dans la mesure où le fonctionnement démocratique d'une assemblée à caractère politique est en jeu, le juge administratif exerce un contrôle étroit sur la décision de l'exécutif d'admettre l'existence d'un accord manifeste (CE 22 janv. 1960, *Flichot, Lebon* 50. CE 13 juin 1986, *Toribio et Bideau, Lebon* 161 ; *AJDA* 1986. 503, concl. M. Roux. TA Lyon, 30 nov. 1993, *Paul Chomat et a., RFDA* 1995. 699, concl. F. Bourrachot).

152 ***La possibilité légale d'adoption du budget régional sans vote*** ◊ Face aux difficultés de fonctionnement qu'ont connu certains conseils régionaux après leur désignation à la proportionnelle, le législateur a souhaité les faire bénéficier d'une technique d'adoption des textes inspirée du parlementarisme rationalisé : l'adoption du budget régional sans vote en l'absence de désaccord manifeste de la majorité des conseillers (CGCT, art. L. 4311-1-1, issu de L. n° 98-135, 7 mars 1998, modifiée par L. n° 99-36, 19 janv. 1999). L'intérêt de cette procédure est de permettre l'adoption du projet de budget présenté par l'exécutif dès l'instant qu'aucune « motion de renvoi » n'a été prise par la majorité absolue des membres de l'assemblée. Dans une telle hypothèse, le budget est donc adopté sans vote ni même consensus explicites.

Concrètement, si le budget n'est pas adopté le 20 mars de l'année d'exercice (le 30 avr. l'année du renouvellement du conseil), le président présente dans les 10 jours un nouveau projet sur la base du projet initial modifié, le cas échéant, par les amendements soutenus lors de la discussion et après approbation du bureau. Le projet de budget sera réputé adopté sauf « motion de renvoi » présentée par la majorité absolue des conseillers dans les 5 jours et adoptée par la même majorité et au scrutin secret. L'adoption de la motion de renvoi entraîne tout à la fois le vote du projet de budget alternatif qui y est annexé et le changement du président du conseil régional, ainsi que le renouvellement de la commission permanente.

Pour utile qu'elle soit à surmonter l'hostilité d'une majorité des conseillers, cette procédure n'est qu'une procédure de secours dont on n'est pas appelé à se servir tous les jours. Celle-ci ne peut, en effet, être mise en œuvre que pour les délibérations budgétaires et fiscales (sauf vote du compte administratif) et seulement dans le cas où le conseil a préalablement rejeté le projet de budget initial. Au surplus, le caractère constructif de la motion de renvoi n'est pas sans conséquence sur la portée de la procédure : la difficulté de s'entendre sur un projet de budget alternatif et un président de remplacement dissuade son utilisation comme arme de responsabilité politique contre l'exécutif. Il s'agit, plus spécifiquement, de permettre de surmonter l'empêchement de vote du budget sans lequel le fonctionnement de l'institution régionale se trouverait paralysé.

En ce sens, le Conseil constitutionnel a jugé que cette procédure favorise le respect du principe de continuité du service public. Au demeurant, elle est d'autant moins contraire à la libre administration des collectivités territoriales qu'elle a la valeur d'une procédure interne de règlement d'un conflit et, en cela, dispense de faire appel au représentant de l'État après saisine de la chambre régionale des comptes pour régler le budget, comme c'est le cas pour les autres collectivités dans pareille situation (Cons. const. 6 mars 1998, n° 98-397 DC, *Rec. Cons. const.* 186 ; *AJDA* 1998. 308, note J.-E. Schoettl ; *LPA* 27 nov. 1998, n° 142 p. 16, note M. Verpeaux ; *RFDC* 1998. 317, note A. Roux).

L'article L. 4311-1-1 a connu quelques applications sous l'empire de l'ancien mode de scrutin proportionnel. L'article 27-III de la loi n° 99-36 du 19 janvier 1999 a prévu sa caducité à compter des renouvellements des conseils régionaux de 2004 et la mise en place de majorités plus stables de direction découlant du nouveau régime électoral. L'expérience est néanmoins révélatrice d'une évolution heureuse en faveur de techniques de règlements politiques et internes des conflits au détriment des procédés de tutelle étatiques auxquels les collectivités territoriales s'étaient jusque-là accoutumées [1].

153 ***2. Le principe du vote public*** ◊ Le vote public est la solution de droit commun qui s'inscrit dans le prolongement du caractère public des réunions elles-mêmes. Dans les deux cas, il s'agit de faire apparaître, en toute transparence, les opinions exprimées, de ne pas dissimuler aux citoyens les choix des élus (art. L. 2121-20, L. 3121-15 et L. 4132-14 CGCT).

Les procédés de vote peuvent être divers, le juge administratif admettant toute possibilité respectueuse du caractère public du vote. Il peut s'agir d'un vote à main levée ou par assis et levé (CE 2 févr. 1938, *Fraysse, Lebon* 116). Il peut s'agit également de lire à haute voix le bulletin mentionnant le nom du conseiller et le sens de son vote sauf si ce procédé conduit en fait à instaurer un mode de scrutin secret (CE 23 avr. 1956, *Sattler, Lebon* 171).

154 ***Les cas de vote secret*** ◊ Au regard de cette considération générale, le vote secret fait figure d'exception. Il a néanmoins cours dans deux hypothèses majeures où la confidentialité des votes est de nature à mieux respecter le bon exercice de la démocratie représentative :

– *Vote secret sur les personnes.* En premier lieu, les votes sur les personnes sont secrets en vertu d'un principe général applicable à toute assemblée délibérante (illustration de la règle à propos de l'élection de l'exécutif du conseil général, CE 12 mai 1989, *Joly, Lebon* 126 ; *AJDA* 1989. 464, note Gérard ; *LPA* 24 juill. 1989, n° 88, note F. Chouvel). En pratique l'hypothèse n'est pas rare en raison, outre de l'élection de l'exécutif, des nombreuses nominations de délégués à des commissions diverses (commission de passation des marchés, conseil délibérant d'un établissement public territorial...). Il faut toutefois préciser que les lois n° 04-809 du 13 août 2004 et n° 09-526 du 12 mai 2009 ont réduit la portée de ce principe, les conseils municipaux généraux et régionaux pouvant passer outre s'ils le décident à l'unanimité (sauf texte contraire).

– *Vote secret sur demande.* En second lieu, c'est le cas lorsque le tiers des conseillers municipaux présents le demandent ou le sixième des conseillers généraux et régionaux présents (CE 16 juill. 1875, *Billot,*

1. V. A. Gruber, « À propos de la loi n° 99-36 du 19 janvier 1999 », *LPA* 12 févr. 1999 ; R. Muzellec, « Le "49-3 régional" : une procédure extraordinaire, mais temporaire », *LPA* 20 juin 2000, n° 122, p. 9.

Latrade et a., *Lebon* 687). Cette possibilité prend la valeur d'une garantie pour la liberté d'expression des élus lorsque le sens de leur vote pourrait déplaire et les exposer à des rétorsions. Le vote secret est alors nécessaire pour éviter les votes extorqués. C'est la raison pour laquelle l'obtention du vote secret est de droit pour les conseillers qui satisfont au seuil requis, les décisions de l'exécutif en la matière étant placés sous la vigilance du juge administratif.

Ainsi, l'exécutif ne peut refuser le recours au vote secret lorsque les conditions légales sont remplies (TA Dijon, 12 janv. 1993, *Volatier*, *Lebon* 499). Est illégale la manœuvre consistant à invoquer une demande de scrutin public pour tenter de faire échec à la demande de scrutin secret. Saisi simultanément d'une demande de scrutin public, le maire est ainsi tenu de faire droit à la seule demande de scrutin secret (CE 15 mai 1908, *Souet*, *Lebon* 511, cette solution semble réservée aux conseils municipaux : CE 16 juill. 1875, *Billot*, *Latrade et a.*, préc.). La demande d'un vote secret ne peut être écartée par un vote préalable et définitif de l'assemblée délibérante en début de réunion (CE 21 nov. 1986, *Cne Orcet*, *Lebon* 420).

Il convient de préciser que le choix du vote secret ne doit pas faire obstacle à la tenue des débats au sein de l'assemblée. Ainsi, est irrégulière la délibération d'un conseil municipal obtenue alors que le maire avait refusé de prolonger les débats après la décision d'opter pour le vote secret (CE 12 janv. 1993, *Volatier*, préc.). Cette solution présente l'avantage d'offrir aux débats une garantie juridique propre, ceux-ci ne se confondant pas avec l'opération finale de prise de décision.

155 ***Sanction du non-respect du vote secret*** ◊ Le fait que le non-respect du vote secret se manifeste le plus souvent à l'occasion de délibérations électorales est de nature à conférer à un tel contentieux un caractère spécial et pragmatique se caractérisant par la liberté d'appréciation du juge sur la nécessité d'annuler la délibération litigieuse. Ainsi, le juge administratif ne s'arrête pas à la considération que le secret des suffrages a été méconnu. Il vérifie également que cette méconnaissance a eu pour effet de modifier les résultats du vote et ne sanctionne que dans ce cas.

À cet égard, le juge constate l'irrégularité de l'élection en précisant qu'« un certain nombre de conseillers ont, sans chercher à se soustraire au regard des personnes présentes dans la salle de vote, pris un seul bulletin dans une enveloppe » mais n'annule cette élection seulement dans la mesure où cette irrégularité a pu « dans les circonstances de l'espèce, avoir une incidence sur les résultats des scrutins » (CE 12 mai 1989, *Joly*, préc.). Le juge s'en remet à l'écart des résultats du scrutin pour déterminer les effets de la méconnaissance du vote secret sur la sincérité des élections, l'acquisition du résultat à l'unanimité, à la différence d'un résultat serré, n'étant pas de nature à emporter la sanction du juge (CE 13 nov. 1992, *Fabius*, *Lebon* 1003 ; *LPA* 24 mars 1993, n° 36, p. 19, note F. Chouvel). Dans pareil cas, les bulletins litigieux seront décomptés comme nuls (CE 13 oct. 1982, *Chauré*, *Lebon* 339).

Une telle position jurisprudentielle permet d'écarter la menace qu'on ferait délibérément peser sur la régularité de certaines délibérations parce qu'un petit groupe d'élus auraient décidé de transgresser la règle du vote secret par pure manœuvre dilatoire destinée à empêcher la prise de délibération régulière.

B. Les conséquences de l'adoption

156 Elles sont évidemment considérables et le sujet ne peut ici être abordé dans toute sa dimension. Notamment, la délibération portera normalement la marque de la puissance publique et, ce faisant, sera assujettie au respect de la règle de droit en vertu du principe de légalité. Nous réservons cette question à la deuxième partie de l'ouvrage. Nous nous en tiendrons aux règles procédurales immédiatement liées à l'adoption de la délibération : la publicité (1) et la preuve de la délibération (2).

1. La publicité de la délibération

157 Cette formalité est une pièce essentielle à l'information des administrés sur la gestion publique de leur collectivité. Signe qu'elle était conçue de manière insuffisante, la législation contemporaine tend à la renforcer. L'importante loi n° 92-125 du 6 février 1992 ouvre précisément sur ce point la partie qu'elle consacre à la démocratie locale. Mais, au total, la législation forme un ensemble disparate ne permettant pas de définir un régime uniforme pour toutes les catégories de collectivité territoriale et pour toutes les catégories d'acte. Elle nécessite parfois un examen particulier pour chaque cas.

158 ***Renforcement des formalités de publicité*** ◇ L'économie générale du régime repose sur la distinction entre les délibérations réglementaires des collectivités et les autres délibérations. En raison de leur place éminente pour régir les activités collectives, les règlements font l'objet des attentions particulières du législateur. La loi n° 92-125 du 6 février 1992 impose leur publication dans un recueil des actes administratifs. La règle vaut pour les conseils municipaux des grandes communes (3 500 habitants), les conseils généraux et régionaux, ainsi que leur commission permanente statuant sur délégation de pouvoir (CGCT, art. L. 2121-24, L. 3121-17 et L. 4132-16).

La solution s'applique également à l'égard de tous les établissements publics territoriaux, y compris les syndicats mixtes qui n'ont pas été mentionnés dans la loi (CAA Marseille, 18 juin 1998, *Sté développement Val-d'Allos, Lebon* 1030 ; *BJCP* janv. 1999. 171, concl. J.-C. Duchon-Doris, obs. Ch.M.).

Le décret d'exécution impose une mise à jour périodique - au moins une fois par trimestre pour les communes et un mois pour les autres collectivités - du recueil des actes administratifs et, s'il s'avérait nécessaire de le préciser, la mise à la disposition du public de ce recueil à la mairie, à l'hôtel du département ou de la région (CGCT, art. R. 2121-10).

S'agissant des communes, la formalité imposée en 1992 paraît faire redondance avec l'obligation traditionnelle d'affichage à la porte de la mairie sous huitaine du compte rendu de toutes les réunions du conseil (CGCT, art. L. 2121-25 applicable à toutes les communes issu de l'article 56 de la loi du 5 avril 1884). Elle pose, de surcroît, le problème de l'articulation dans le temps des deux procédures pour déterminer le jour à partir duquel de délai de recours contentieux commence à courir à l'égard des tiers. La solution retenue par la Cour administrative d'appel de Marseille est la plus tardive des deux formalités de publicité (CAA Marseille, 18 juin 1998, *Sté développement Val-d'Allos*, préc.). Elle impose aux autorités municipales de faire diligence afin d'éviter que, par sanction d'une publicité insuffisante, l'acte ne devienne jamais définitif, ce délai de recours demeurant perpétuellement ouvert (v., sur le caractère exécutoire des actes, CGCT, art. L. 2131-1, L. 2131-3, L. 3131-1, L. 3121-4, L. 4131-1 et L. 4141-4 issus de l'art. 6 L. n° 02-276, 27 févr. 2002).

La règle de l'affichage consiste à mettre le texte des actes concernés à la vue du public, dans un tableau prévu à cet effet au siège de la collectivité. Toutefois, les modalités de cet affichage ne sont que peu explicitées par la loi qui prévoit seulement l'affichage du compte rendu de réunion du conseil municipal suivant les dispositions de l'article R. 2121-11. Le respect de cette règle de l'affichage en mairie est l'objet d'une jurisprudence classique qui met particulièrement en relief l'histoire des petites querelles municipales. Il en ressort qu'il incombe au maire la responsabilité de faire procéder à l'affichage (CE 2 déc. 1977, *Cté défense environnement Mâcon Nord*, *Lebon* 474). Les extraits qu'il choisit doivent permettre d'éclairer suffisamment les administrés sur le sens et la portée des décisions municipales. Ainsi, les destinataires des subventions accordées doivent apparaître (CAA Nantes, 10 févr. 2000, *Dpt Cher*, *Gaz. Pal.* 22 sept. 2001. Pan. dr. adm. 14). Le compte rendu doit être affiché dans un endroit accessible. En ce sens, l'affichage sous le porche de l'hôtel de ville est autorisé quand bien même ce lieu n'est accessible qu'aux heures d'ouvertures de la mairie (TA Paris, 26 avr. 2000, *Viale*, *Dr. adm.* 2001. 33) et y compris pour les documents budgétaires (CAA Bordeaux, *Cne Le Barp*, *AJDA* 2008. 603).

159 ***Publicité particulière des actes à caractère économique*** ◊ Il résulte de la même loi du 6 février 1992 que les délibérations prises en matière d'intervention économique (aides économiques) et celles approuvant une convention de délégation de service public doivent faire l'objet d'une publicité particulière par l'insertion dans un journal local diffusé dans la collectivité (CGCT, art. L. 2121-24 issu de l'art. 19-I al. 1er L. n° 92-125, 6 févr. 1992 applicable à tout établissement public territorial et collectivité territoriale). Cette formalité supplémentaire vise donc des actes qui ont pour objet d'accorder un avantage économique à leur destinataire et pour lesquels l'effort de moralisation de la vie publique sensible au début des années 1990 commandait une forme de publicité plus proche du citoyen local.

160 ***Libre communication des actes des collectivités territoriales*** ◊ Bien avant la reconnaissance d'une liberté d'accès aux documents administratifs par la loi n° 78-753 du 17 juillet 1978, le droit des collectivités territoriales avait organisé la possibilité pour toute personne physique ou morale de demander communication des procès-verbaux, des budgets et des comptes de la collectivité ainsi que des arrêtés. Cette possibilité avait été nettement reconnue au XIXe siècle (CGCT, art. L. 2121-26 pour les communes, issu de l'art. 58 L. 5 avr. 1884. V. pour les départements et régions

CGCT, art. L. 3121-17 et L. 4132-16). Nonobstant, la présence de deux textes sur un même objet pose le problème de leur coexistence. Il serait profitable à l'information des administrés que, de ces deux textes, l'administré puisse se fonder sur celui dont la portée est la plus considérable. Cette considération désigne la loi de 1978 (dont le champ d'application a été étendu par la L. n° 00-321, 12 avr. 2000) qui apparaît comme déterminant un régime général de liberté d'accès aux documents administratifs. Tout autre texte doit être considéré comme un point d'appui ponctuel de cette garantie générale dont le régime est voué à se confondre avec celui de la loi de 1978.

Ainsi, le juge a pu préciser que l'obligation de communiquer les procès-verbaux devait s'exercer dans les conditions prévues par la loi de 1978 (CE 26 janv. 1994, *Perez B.*, *Lebon* 953). Une solution dans le même sens a été adoptée à propos de l'obligation spécifique de communiquer les observations définitives des chambres régionales des comptes sur le fondement de l'article 117 du décret n° 95-945 du 23 août 1995 (TA Strasbourg, 25 avr. 1994, *Antz c. Cne Fegersheim*, *Lebon* 697).

Il peut être utile de préciser que la demande de communication des documents administratifs doit être satisfaite dans le délai d'un mois. Au-delà, le silence de l'administration ferait naître une décision implicite de refus permettant aux intéressés de saisir la Commission d'accès aux documents administratifs (CADA) dans les deux mois (rép. min. n° 01775, *JO Sénat* Q 16 janv. 2003. 190).

En revanche, l'administré ne peut avoir accès à un document non communicable au sens de la loi du 17 juillet 1978 (CE 20 juill. 1990, *Ville Melun et assoc. Melun Culture Loisirs c. Vivien et a.*, *Lebon* 220 ; *AJDA* 1990. 820, concl. M. Pochard : à propos du refus de communication des documents comptables qu'une association subventionnée avait fournie à la ville sur le fondement de l'art. L. 1611-4 CGCT. Solution caduque, l'art. 7 L. 12 avr. 2000 faisant désormais obligation à l'administration de communiquer les documents administratifs qu'elle détient aux personnes qui en font la demande même si elle n'en est pas l'auteur).

161 ***Informations particulières*** ◊ S'agissant des dispositions particulières prévoyant la communication de documents spécifiques, il convient de mentionner l'exemple des budgets et les comptes des collectivités territoriales qui doivent rester à la disposition du public (CGCT, art. L. 2313-1, L. 3313-1 et L. 4312-1). Cette exigence résulte, pour les communes, d'une vieille loi du 18 juillet 1837 qui imposait que les budgets restent déposés à la mairie où tout contribuable local avait la possibilité d'en prendre connaissance. Plus récemment, l'article 54 de la loi n° 02-276 DC du 27 février 2002 impose aux communes d'informer le public sur leur possibilité de mettre à la charge des intéressés le remboursement des frais de secours qu'elles ont engagées à l'occasion d'accidents consécutifs à la pratique de toute activité sportive ou de loisir (CGCT, art. L. 3121-2 al. 10).

Doit également être mentionnée, la commission consultative des services publics locaux en vue d'informer les usagers sur les modalités de fonctionnement de ces services (CGCT, art. L. 2143-2 et L. 5211-49-1. V. v. ss 253 s.) [1].

2. La preuve de la délibération

162 ***Le procès-verbal de réunion*** ◊ Le procès-verbal de réunion est un document écrit établi par le secrétaire de réunion après délibération afin d'en retranscrire les discussions et les décisions et d'en conserver la trace. Toute assemblée élabore ce type de document pour rendre compte de son travail. Il constitue la preuve de l'existence d'une majorité pour adopter les délibérations et d'un déroulement régulier de la réunion.

163 ***Principe de liberté d'établissement du procès-verbal*** ◊ Dans l'intérêt d'éviter tout formalisme excessif, la loi explicite peu le contenu des procès-verbaux qu'elle impose aux collectivités territoriales de dresser. Pour les communes, l'obligation légale - désignée de « registre des délibérations » - est satisfaite avec la mention du nom des votants et de l'indication du sens de leur vote (CGCT, art. L. 2121-21). Le trop grand nombre de petites communes, ne disposant parfois pas de secrétaire de mairie, interdit d'exiger davantage (il faut toutefois y ajouter la mention de la convocation - art. L. 2121-10 - et de la délibération elle-même - art. L. 2121-23). Cette obligation est plus circonstanciée à l'égard des assemblées départementales et des régionales dont les procès-verbaux doivent contenir les rapports, les noms des membres qui ont pris part à la discussion et l'analyse de leurs opinions (CGCT, art. L. 3121-13 et L. 4132-12).

Il ne s'agit que d'exigences minimales et non maximales. Pour le surplus, c'est un principe de liberté qui s'applique, chaque assemblée restant maître de la rédaction de ses procès-verbaux tant sur le plan du contenu que des modalités de présentation. Il comporte, en règle générale, le nombre des conseillers, la date de la réunion, celle de la convocation, les noms des conseillers présents et absents, les délégations de vote et les arguments présentés au cours de la discussion. Nonobstant, il a été jugé que rien n'impose de transcrire sur le procès-verbal la demande de scrutin (CE 18 nov. 1931, *Poupin, Lebon* 993), ni les motifs de la délibération (CE 29 janv. 1932, *Thierry, Lebon* 118), ni le nombre de voix ayant constitué la majorité (CE 25 juill. 1933, *Delaunay, Lebon* 869), ni le détail des débats (CE 3 avr. 1935, *Ligue contribuables Saint-Tropez, Lebon* 423), ni le caractère public de la séance (CE 18 août 1944, *Cne Saint-Paul-du-Var, Lebon* 236)...

L'inconditionnement de la loi et le libéralisme du juge peuvent se retourner contre l'intérêt d'informer les élus et les administrés et priver le procès-verbal de

1. V. J.-B. Auby, « La loi du 6 février 1992 et la citoyenneté locale », *RFDA* 1993. 37 ; S. Boissard, « De l'information au droit d'accès : quelles sont les obligations des collectivités territoriales en matière de communication de documents ? », *BJCL* 2003. 234 ; Ch. Fiorentino, « Droit à l'information et collectivités territoriales », *RGCT* 2002. 24 ; M. Gjidara, « Le droit général d'accès aux documents administratifs, notamment au plan local et dans le cadre associatif », *Quot. jur.* 1983. 56.

sa raison d'être. À l'égard des conseils municipaux, il a été jugé qu'aucune mention n'était obligatoire dans le contenu du procès-verbal et, qu'en conséquence, tout élément pouvait être prouvé par tout moyen autre que ce texte (CE 3 mars 1905, *Papot, Lebon* 218, à propos du refus d'insérer intégralement dans le PV les protestations de certains élus). L'intérêt du procès-verbal risque ainsi d'être abandonné à la bonne volonté de la majorité des élus.

Il faut préciser toutefois que les conseillers municipaux disposent d'un droit de regard sur la rédaction du procès-verbal dans la mesure où ils sont amenés à signer le registre des délibérations (art. L. 2121-23 al. 2 CGCT). Mais cette formalité ne leur confère pas le pouvoir d'en exiger la modification. Au surplus, le fait que le procès-verbal n'ait pas été signé par tous les conseillers ne constitue pas une irrégularité propre à entraîner l'illégalité de la délibération (CE 28 oct. 1959, *Lascaux, AJDA* 1960. 48. CE 13 juin 1986, *Toribio et Bideau, Lebon* 161 ; *AJDA* 1986. 503, concl. M. Roux. CAA Nantes, 28 juin 2002, *Claquin et Sté DMS et PARCA, Coll. terr.* janv. 2003. 21, n° 17). Toutefois, rien ne s'oppose à ce que le règlement intérieur de l'assemblée délibérante prévoit que la réunion suivante s'ouvre sur les observations qui pourraient être faites sur le procès-verbal de la réunion précédente.

164 ***Contentieux du procès-verbal*** ◊ L'abondance de jurisprudence sur le sujet rend compte de l'intérêt, et parfois de la suspicion, dans lesquels les procès-verbaux sont tenus. Il est vrai que c'est en fonction de leur contenu qu'un litige sur l'existence ou la régularité d'une délibération peut être tranché. Il est vrai également qu'il n'est pas élaboré par l'ensemble des élus mais par un ou plusieurs secrétaires de séance et placé sous la responsabilité de l'exécutif. Mais en dépit de ces considérations, ce contentieux ne peut avoir que des effets limités. Plusieurs observations peuvent être faites :

1. Le contentieux du procès-verbal a vocation à être un *contentieux de l'invocation de cet acte dans le cadre d'un recours contre la délibération*. Le procès-verbal possède ainsi des effets juridiques du fait qu'il est déterminant pour l'issu d'un différent : il sert de moyen de preuve. C'est-à-dire que les administrés ou les élus sont en droit de se prévaloir du procès-verbal pour contester les délibérations prises en s'efforçant d'établir leur irrégularité au vu de ses mentions. Ces mentions sont tenues pour exactes, elles font foi par elles-mêmes (CE 26 nov. 1948, *Ourliac, Lebon* 443).

Mais, comme tout acte administratif, le procès-verbal ne fait foi que jusqu'à la preuve du contraire, sachant que c'est au requérant qu'incombe la charge de produire tout commencement de preuve (CE 24 oct. 1934, *Menjou, Lebon* 949. CE 2 déc. 1977, *Cté défense environnement Mâcon-Nord*, préc.). Il est aussi certain que l'irrégularité de la délibération peut être apportée par tout autre moyen de preuve que le procès-verbal (CE 3 mars 1905, *Papot*, préc.). Dans ce but, les faits peuvent être établis par des enregistrements sur cassette audio faits par la collectivité (TA Versailles, 10 avr. 1998, *Danet c. Cne Elancourt, Gaz. Pal.* 1999. Pan. dr. adm. 74) ou par une enquête prescrites par les juges saisis du litige (CE 9 mai 1990, *Cne Lavaur c. Lozar, Lebon* 115).

2. En revanche, il n'existe pas de contentieux du procès-verbal lui-même. Les caractères interne et informatif qui caractérisent cet acte empêchent que celui-ci soit contesté devant le juge administratif. La jurisprudence rejette toute réclamation pourtant sur le contenu de ce texte en renvoyant à l'assemblée délibérante le soin de statuer sur de telles

réclamations (CE 28 avr. 1893, *Bentéjac, Lebon* 339. CE 3 mai 1912, *Loque Marius, Lebon* 521). En conséquence, le juge ne saurait accueillir une demande de rectification. Il faut voir aussi que si le procès-verbal est effectivement irrégulier, il ne communiquera pas son irrégularité à la délibération dont il relate les faits (CE 13 juin 1986, *Toribio et Bideau, Lebon* 161 ; CAA Nantes, 28 juin 2002, *Claquin et Sté DMS et PARCA*, préc. le fait que le registre n'ait pas été signé par tous les conseillers ne constituait pas une irrégularité de nature à entraîner la nullité de la délibération. V. ég. CE 27 avr. 1994, *Cne Rancé c. Coronado, Lebon* 824).

Il pourrait toutefois en aller autrement dans l'hypothèse où les « formes légales » du procès-verbal sont méconnues. De telle manière que c'est une violation indirecte de la loi qui serait alors sanctionnée (solution découlant implicitement de la jurisprudence *Loque Marius*). Mais, ainsi qu'on l'a vu plus haut, l'inconditionnement de la loi et le libéralisme du juge administratif rendent étroite la voie ainsi praticable.

3. Il est possible de déceler un contentieux en amont du procès-verbal, au niveau du règlement intérieur de l'assemblée délibérante. Le règlement intérieur peut, en effet, préciser une fois pour toutes les modalités de présentation des procès-verbaux. Étant compétent pour contrôler la régularité de ces règlements (v. v. ss 109 s.), le juge administratif s'opposera alors à toute modalité qui contreviendrait à la loi (CE Sect. 10 avr. 1995, *Cne Coudekerque-Branche c. Devos, Lebon* 67 ; *RFDA* 1995. 343, concl. H. Savoie ; *AJDA* 1995. 414, chron. L. Touvet et J.-H. Stahl, sanctionnant l'incompétence du maire autorisé par le règlement intérieur à rayer des PV tout propos injurieux ou diffamatoire ainsi que toute déclaration dont la publication serait de nature à engager la responsabilité communale).

§ 2. Aide aux délibérations : les commissions

165 ***Le phénomène des commissions*** ◊ L'idéal démocratique d'une totale concentration du pouvoir de délibérer aux mains de l'assemblée représentative ne correspond pas aux conditions réelles de fonctionnement des collectivités territoriales. Le principe d'unité du pouvoir délibérant est ainsi nuancé par l'intervention de commissions internes ou externes à l'organisation de la collectivité. De telle manière que l'adoption des délibérations doit plus complètement être présentée comme un processus par étapes à l'issue duquel la délibération est le résultat sinon rendu aléatoire, à tout le moins éclairé, par des interventions distinctes de celle de l'assemblée elle-même.

Un des traits de l'évolution contemporaine du droit des collectivités territoriales est la multiplication de ces commissions autour de l'assemblée délibérante : commissions consultatives spéciales, comités consultatifs communaux ou commissions « extra-municipales », missions d'enquête et d'évaluation, commissions d'ouverture des offres de délégation de service public, commissions consultatives des services publics locaux... Les exigences actuelles font apparaître comme tout autant démocratique que rationnel d'associer à la prise de délibération les conseillers élus de l'opposition ou les administrés eux-mêmes. Il faut considérer également que les assemblées délibérantes étant devenues pléthoriques après l'évolution des modes de scrutin, ces commissions permettent d'adapter la prise de délibération à la technique de division du travail.

Il reste toutefois impossible de s'affranchir de la reconnaissance légale et constitutionnelle de la compétence normative de l'assemblée délibérante. Et de telles commissions ne peuvent pas espérer mieux *qu'une participation consultative à la gestion de la collectivité*. Pas davantage cette assemblée ne pourrait se décharger sur elles sous des prétextes techniques ou démocratiques. Il est préférable d'étudier chacune d'elles à l'endroit où elle vient le plus simplement en réservant l'étude des comités consultatifs communaux ou commissions « extra-municipales » et des missions d'enquête et d'évaluation au chapitre suivant spécifiquement consacré à la démocratisation des assemblées délibérantes. On se limitera ici à l'examen des commissions consultatives qui préparent la prise de délibération (A).

Un autre phénomène de « dépossession » de l'assemblée délibérante découle de la nécessaire rapidité de la prise de délibération face à la multiplicité et la diversité et des compétences à assumer. Dans ce but, le droit des collectivités territoriales a installé depuis longtemps les commissions permanentes des conseils généraux et régionaux, organes décisionnels puisque composés d'élus, qui ont vocation à accélérer la gestion locale sur toute question qui lui est déléguée dans ce but (B).

Le foisonnement des conseils et commissions devient exagéré au sein de l'administration décentralisée. Comme toute inflation, le phénomène suscite les critiques de la part des élus du fait d'un « encommissionnement » finissant par accaparer leur agenda et des électeurs qui voient s'accroître la lenteur et la complexité de l'action publique et les responsabilités se diluer.

A. Les commissions consultatives spéciales

166 ***Définition*** ◊ Les commissions consultatives des conseils délibérants sont des organes composés normalement proportionnellement de conseillers élus au sein de ces conseils et chargées, de manière temporaire ou permanente, dans un domaine spécialisé, d'instruire et de préparer les délibérations qui seront adoptées par ces conseils délibérants.

167 ***Fondement législatif*** ◊ En raison du grand intérêt pratique que représentent ces commissions pour le travail délibératif, les collectivités peuvent ressentir spontanément la nécessité de les instituer sur la base de leur compétence générale à prendre en charge tout besoin de la collectivité, fût-il ici un besoin propre à son organisation interne (clause générale de compétence). Néanmoins, le droit communal a institutionnalisé ces commissions de bonne heure dans l'intérêt d'en fixer un *corpus* minimal de règles d'organisation (CGCT, art. L. 2121-22; issu de l'art. 59 L. 5 avr. 1884). En revanche, on ne trouve pas d'investiture équivalente pour les

conseils généraux et régionaux. Il reste néanmoins possible d'en déduire leur existence légale à partir de la lecture implicite de certaines dispositions (CGCT, art. L. 3121-22 et CGCT, art. L. 4132-21).

1. Objet des commissions consultatives

168 Le système des commissions consultatives spéciales est une des caractéristiques de la pratique délibérative. Ce système est d'ailleurs général à toute autorité administrative bénéficiant d'un pouvoir de décision non négligeable et participe à ce qu'il est possible de désigner par l'expression d'« administration consultative » (R. Chapus). La règle est qu'aucune question ne vient devant l'assemblée délibérante sans avoir été préparée par une étude réalisée au sein d'une commission ou par un rapport fait au nom de celle-ci. Leur rôle est d'adapter les délibérations des collectivités à la complexité technique des questions qui se posent à ces collectivités. C'est la raison pour laquelle elles sont spéciales à une question ou à une certaine catégorie de questions (commission des affaires scolaires, de l'urbanisme, des finances...).

Rien n'interdit la mise en place d'une commission générale qui serait composée comme l'assemblée délibérante elle-même. Mais une telle commission doit demeurer dans sa vocation consultative sans quoi elle usurperait la fonction de l'assemblée tout en se soustrayant aux règles qui en régissent le fonctionnement démocratique : réunion publique, quorum... (CE 1er mai 1903, *Bergeon, Lebon* 324).

Si d'aventure, une commission prétendait émettre une décision, celle-ci devrait être considérée comme un acte inexistant (CE 28 oct. 1932, *Laffitte, Lebon* 882 ; *S.* 1933. III. 65, note A. Mestre) et ne saurait, en aucun cas, engager la collectivité (CE 19 févr. 1975, *Pignon, Lebon* 133). La compétence de l'assemblée délibérante saurait tout autant méconnue s'il lui était proposé de mettre directement aux voix les conclusions d'un rapport d'une commission en refusant d'ouvrir la discussion. C'est la totalité de la compétence que la loi leur attribue qu'elles doivent conserver et la préparation des décisions en fait partie (CE 1er mai 1903, *Bergeon*, préc.).

En ce que ces commissions instruisent simplement les affaires en amont de la fonction délibérante de l'assemblée, elles échappent assez largement au droit et au contrôle juridictionnel. Ainsi la décision du maire tendant à saisir une telle commission pour avis est une question d'opportunité administrative qu'un agent communal ne serait pas recevable à discuter devant le juge (CE 8 déc. 1916, *Goujon, Lebon* 521).

2. Organisation des commissions consultatives

169 ***Vers le développement d'un statut légal et jurisprudentiel*** ◊ On doit certainement au caractère interne et technique de ces commissions le fait que la loi les organise peu, laissant ce soin au règlement intérieur de

chaque assemblée délibérante. Pour l'essentiel, l'article L. 2121-22 désigne la compétence du maire pour présider de droit ces commissions et prévoit la tenue d'une première réunion dans l'intérêt de désigner un vice-président auquel il reviendra de suppléer le maire empêché ou absent. Les lacunes l'emportent de loin sur les éléments de détermination légale.

Il faut toutefois voir que ces commissions constituent un terrain concret donnant l'occasion à la majorité et l'opposition des conseillers de s'affronter. Et, cette donnée appelle nécessairement le développement d'un statut officiel et général pour l'ensemble d'entre elles dans l'intérêt supérieur qu'elles ne se transforment pas en arme contre l'opposition en lutte avec la majorité. Ce statut se forme progressivement à partir d'éléments législatifs et jurisprudentiels favorables à l'objectivité et la transparence de ces commissions. L'évolution est rendue possible, notamment en ce que les décisions relatives à la composition de ces commissions ne constituent pas des mesures d'ordre intérieur insusceptibles de recours (CE 29 juin 1994, *Agard, Lebon* 339). Le fait que le règlement intérieur des assemblées délibérantes est déférable au juge administratif est également de nature à enrichir ce statut. Celui-ci se développe surtout au niveau des règles de composition de ces commissions.

170 ***La composition élective et représentative de la commission*** ◊ Ainsi, une disposition remarquée de la loi n° 92-125 du 6 février 1992 ajoutant un troisième alinéa à l'article L. 2121-22 prévoit que la composition de ces commissions « doit respecter le principe de la représentation proportionnelle pour permettre l'expression pluraliste des élus au sein de l'assemblée communale » dans les communes de 1 000 habitants et plus (et non plus 3 500 hab. depuis la loi n° 2013-403 du 17 mai 2013) – sans toutefois imposer la méthode des sièges restants qui favorise une représentation pluraliste. De telle manière que l'opposition figure désormais de droit au sein de ces commissions. Deux questions se posent toutefois :

1. Les modalités d'appréciation de la représentativité. L'« expression pluraliste des élus » annoncée par la loi commande que chaque formation politique représentée au conseil municipal, même la plus minoritaire, bénéficie d'au moins un représentant au sein des commissions de la commune. À supposer qu'une telle formation n'ait qu'un représentant, celui-ci ne manquera pas de se retrouver, de droit, membre de toutes les commissions (CE 26 sept. 2012, *Cne de Martigues, JCP Adm.* 2012 n° 2384, note M. Verpeaux, *BJCL* 2012. 804, concl. V. Daumas, *AJDA* 2013. 413, note J.-F.Brisson, *AJCT* 2013. 149, note F. Sempé ; comparer avec TA Versailles, 27 mars 1998, *Lespagnon c. Cne de Ris-Orangis, AJDA* 1999.181, note Fedotoff et TA Amiens, 19 janv. 2006, *Aubert et épx Delacroix, AJDA* 2006.1517). Restera à apprécier les effets de cette jurisprudence sur le fonctionnement des commissions et la confiance que place en elles la démocratie locale : l'augmentation du nombre de leurs membres en rapport avec les exigences d'une représentation totale des forces politiques n'entraînera pas des commissions beaucoup plus maniables que l'assemblée délibérante elle-même. Le principe du pluralisme des commissions n'est pas discutable, son application apportera cette nuance [1].

2. Le moment d'appréciation de la représentativité. On pensait que la représentativité de la commission devait s'apprécier une fois pour toutes au regard des résultats électoraux au moment où les listes sont soumises au suffrage des électeurs (TA Nice, 3 févr. 2000, *Barety et autres*, *RFDA* 2000. 803, note M. Verpeaux et CAA marseille, 31 déc. 2003, *Ville de Nice*, *Rec.* P. 676, le ralliement de conseillers d'opposition à la liste majoritaire en cours de mandat ne constituant pas une circonstance nouvelle de nature à vicier la représentation proportionnelle des commissions et autoriser le renouvellement de leur composition en cours de mandat). Il n'en va plus ainsi dès lors que le Conseil d'État affirme l'obligation de procéder au remplacement de conseillers « lorsque la composition n'assure plus le respect du principe de représentation proportionnelle des différentes tendances en son sein » (Remplacement facultatif dans le cas contraire : CE, 20 nov. 2013, *Cne de Savigny-sur-orge*, *AJDA* 2014. 405, note I. Muller Quoy, *BJCL* 2014. 92, concl. F. Aladjidi, à propos du remplacement au sein de la commission consultative des services publics locaux et des commissions internes au conseil municipal d'un conseiller par nécessité de tirer les conséquences de sa démission en tant que premier adjoint au maire). Conséquence du silence du législateur sur les commissions des conseils généraux et régionaux, la règle de leur représentation proportionnelle ne leur est pas applicable. Il est paradoxal que cette solution ne soit pas imposée alors qu'elle se généralise pour les commissions internes et est parfois prévue pour les commissions externes des collectivités territoriales.

Au surplus, le statut de ces commissions peut s'enrichir de l'application à ce cas particulier des commissions consultatives de dispositions éparses s'imposant de manière générale. Elles acquièrent un statut implicite mais obligatoire. Ainsi, la désignation de ses membres doit être effectuée au scrutin secret comme c'est le cas chaque fois qu'il s'agit de procéder à une nomination (CGCT, art. L. 2121-21 al. 2 [2] – sous réserve de l'exception du 3ᵉ al.) [3]. De même, il serait difficilement concevable que ces commissions soient composées de membres extérieurs à l'assemblée délibérante étant donné son origine élective et son rôle. Sans doute des personnalités extérieures doivent pouvoir être entendues à propos d'une affaire. Mais elles ne pourraient siéger à titre permanent ou avec voix délibérative.

1. En matière de commande publique, le cas de la commission d'appel d'offres est spécialement réglé par C. Marchés publics, art. 22.

2. Dans sa rédaction issue de la loi n° 2011-525 du 17 mai 2011, CGCT , art. L. 2121-21 permet de se dispenser d'un vote formel lorsque le nombre de candidats n'excède pas le nombre de sièges à pourvoir. Alors, « les nominations prennent effet immédiatement ».

3. Le contentieux de la désignation de ces membres n'est pas un contentieux électoral mais de l'excès de pouvoir (CE 18 mars 2005, *Dugas*, *Lebon* 119 ; *BJCL* 2003. 296, obs. A. Robineau-Israël et M. Vialettes ; *Rev. Trésor* 2005. 461, note J.-L.Pissaloux ; *RFDA* 2005. 675).

En revanche, il est permis à la commission de s'affranchir de l'ensemble des règles de forme impératives en cas de réunion de l'assemblée délibérante (convocation, *quorum*, publicité...). Elle n'est pas une reproduction réduite de l'assemblée et sa vocation est technique, pas démocratique. C'est la raison pour laquelle si la réunion de tous les conseillers en « commission générale » n'est pas contraire au droit, elle demeure néanmoins suspecte de détournement de procédure par soustraction au droit des assemblées délibérantes (CE 1er mai 1903, *Bergeon*, préc.).

171 ***Appendice. Le conseil économique, social et environnemental régional (CESER)*** ◊ Avec cette institution on reste dans la fonction consultative spécialisée mais organisée sur une base professionnelle et non plus sur une base universelle. Elle constitue la principale commission consultative de la région.

Son institutionnalisation se rattache à des idées assez disparates : la représentation de certains intérêts, le « pouvoir technique », la primauté de l'économique sur le politique, la démocratie économique et sociale.

En vertu de l'article 250 de la loi environnementale n° 10-788 du 12 juillet 2010 dite « Grenelle 2 », le conseil est également qualifié d'« environnemental » dans l'intérêt d'élargir sa compétence à cet ordre de préoccupations, comme cela se pratique chez nos États voisins pour des institutions comparables. À cette fin, un certain nombre de sièges est réservé aux représentants des groupements et aux personnalités qualifiées dans le domaine de la protection de la nature. Mais cette nouvelle qualification des conseils n'a pas toute la portée attendue : alors que les parlementaires envisageaient une participation des forces environnementales à hauteur de 8 à 12 % des effectifs du conseil, le décret n° 11-112 du 27 janvier 2011 ne leur cède qu'à peu près 5 % des sièges. Cela fait douter de légalité de la nouvelle composition des CESER.

172 ***Définition*** ◊ Il s'agit d'une assemblée consultative de représentation auprès des autorités décisionnelles de la collectivité régionale des principales activités économiques, sociales et environnementales de la région. Composé de représentants de ces activités, le conseil économique et social a pour attributions exclusivement consultatives de donner au conseil régional, à la demande de celui-ci ou de sa propre initiative, des avis qui peuvent être assortis de réserves et de propositions et accompagnés d'éléments d'information sur les questions relevant de sa compétence. Sa consultation est obligatoire sur certaines questions (plan) et facultative sur tout autre point de caractère économique, social et environnemental.

173 ***Permanence historique*** ◊ Le conseil économique et social issu de la loi n° 92-125 du 6 février 1992 (art. 24) n'est que la dernière mouture d'une institution dont il faut trouver l'origine avant même que la région soit instituée collectivité territoriale. Cette dernière réforme est d'ailleurs purement nominale. Il s'agissait de manifester l'importance de cette

institution en lui préférant le terme de « conseil » à celui de « commission » pratiqué sous l'empire de la loi n° 72-619 du 5 juillet 1972 qui en faisait un rouage de l'établissement public régional qu'elle créait et que la loi n° 82-213 du 2 mars 1982 avait, par la suite, réformé en profondeur.

En fait, l'idée d'un tel organisme est aussi vieille que le régionalisme économique. Elle s'était déjà imposée dans le cadre factice de la région circonscription déconcentrée de l'État. En effet, l'État a toujours reconnu un rôle décisif à la région pour résoudre les problèmes économiques. Et, la nécessité de développer d'importants centres de production loin de la Capitale avait imposé ce régionalisme pratique dont l'institution d'un tel pouvoir d'expertise fût une pièce essentielle, et ceci, avant même la mise en place d'un établissement public régional en 1972. En ce sens, le décret du 31 octobre 1915 créait, pour la durée de la première guerre mondiale, des *Comités consultatifs d'action économique* avec un rôle d'étude et d'incitation dans le but de rechercher « les mesures propres à maintenir et développer l'activité agricole, industrielle et commerciale de la région ». Par la suite, on a toujours retrouvé l'association des milieux socio-professionnels, sous des formes diverses, à chaque évolution du statut régional, notamment avec les *Comités régionaux d'expansion économique* (Décr. 11 déc. 1954), puis les *Commisssions de développement économique* (CODER) (Décr. 14 mars 1964).

À présent, il faut bien constater que ce type de représentation professionnelle n'a pas fait les frais de l'affirmation d'une assemblée élue au suffrage universel direct à la tête de la région. On pourrait même aller jusqu'à constater un bicaméralisme régional combinant ces deux formes de représentation si toutefois le conseil économique, social et environnemental participait avec voix délibérative à la gestion régionale. Mais, il n'a ni le rôle ni le statut d'un « conseil élu » au sens de l'article 72 al. 3 de la Constitution (CE 23 mai 1986, *Étab. public régional Bretagne c. Sté Ouest-Audiovisuel, Lebon* 703 ; *AJDA* 1986. 650, obs. J. Moreau, la « décision » d'un bureau du conseil économique et social ne peut produire d'effet de droit et engager la région).

174 ***Composition des CESER*** ◊ Les principes qui président à la composition de ces Conseils sont assez imbriqués. Leur composition reflète l'intérêt d'assurer à la fois la représentation des grandes catégories sociales (travail-capital), celle des grandes fonctions économiques et sociales (notamment représentants des activités professionnelles non salariées de la région, des associations régionales) et la présence de personnalités choisies pour leur compétence en la matière.

Il reste néanmoins que si les *Conseils sont des organes représentatifs, ils ne sont pas des organes électifs*. En effet, la désignation de leurs membres ne procède pas de l'élection, d'une sorte d'addition de suffrages corporatifs, mais elle résulte d'une désignation de représentants au sein de certaines catégories et par l'intermédiaire de certains organismes. Cette désignation est organisée par décret qui reçoit ici une habilitation totalement ouverte de la part du législateur (CGCT, art. L. 4134-2). Le décret n° 01-371 du 31 juillet 2001 modifié par celui n° 11-112 du 27 janvier 2011 (CGCT, art. R. 4134-1 s.) prévoit une répartition de membres en quatre collèges qui sont composés comme suit :

– 35 % de représentants des entreprises et des activités professionnelles non salariées désignés, quelle que soit la nature de leur activité, par les chambres et ordres professionnels ;

- 35 % de représentants des organisations syndicales de salariés représentatives au niveau national désignés par les unions, fédérations et comités régionaux ou départementaux représentatifs dans la région ;

- 25 % de représentants des organismes et associations qui participent à la vie collective de la région désignés par les instances locales représentatives de ces organismes (associations familiales, caisse régionale d'assurance-maladie, union régionale des organisations de consommateurs...). Les représentants de la protection de la nature doivent être recrutés au sein de ce collège ;

- 5 % de personnalités choisies par le préfet de région et qui, « en raison de leur qualité ou de leurs activités, concourent au développement de la région ».

Ainsi déterminé, l'effectif du conseil économique et social de la région comprend entre 69 et 122 membres. Ceux-ci sont désignés pour 6 ans (CGCT, art. R. 4134-6). Il faut toutefois remarquer que les modalités de désignation des conseillers de ce conseil décentralisé ne se font pas sans appel au préfet de région qui se voit implicitement reconnaître le rôle d'un garant de la représentativité de l'organisme. Il intervient ainsi pour fixer la liste des organismes représentés, le nombre de leurs représentants et, le cas échéant, les modalités particulières de leur désignation (CGCT, art. R. 4134-4). Ces modalités de désignation sont néanmoins justiciables du juge administratif, juge de la régularité des désignations (CE 15 janv. 1986, *Union régionale des assoc. familiales de la région Rhône-Alpes*, *Lebon* 696, jugeant l'impossibilité pour une instance d'être représentée au titre de deux collèges distincts. V. ég. CAA Nantes, 10 avr. 2003, *Féd. départementale des chasseurs de Loire-Atlantique*, *JCP Adm.* 2003. 1950, note R. Vandermeeren).

175 ***Organisation et fonctionnement des CESER*** ◊ Ces conseils jouissent d'un certain droit d'auto-organisation qui se manifestent principalement dans le pouvoir de se doter de leur règlement intérieur afin d'organiser leurs conditions internes de fonctionnement (CGCT, art. L. 4134-4). Ces règlements donnent leur physionomie concrète au fonctionnement de ces conseils. Ainsi, il appartient au règlement intérieur de fixer les conditions de l'élection du président et des membres du bureau (tous élus pour « la moitié de durée du mandat du conseil », soit trois ans, CGCT, art. R. 4134-12) ou bien, les conditions dans lesquelles ce bureau sera composé et pourra recevoir délégation du conseil pour formuler des avis « sur des objets limitativement précisés », ou encore, la possibilité d'instituer des groupes de travail spécialisés et temporaires ainsi que les modalités d'association aux travaux de personnalités ou d'organismes extérieurs (CGCT, art. R. 4134-21). Afin que l'application du règlement intérieur n'étouffe pas la voix des minorités, le juge administratif est juge de la sincérité et de l'impartialité des élections au bureau (TA Lille, 1er déc. 1992, *Savoye*, *AJDA* 1993. 158, note B. Rivaux).

Toutefois, ces conseils ne sont que des institutions-rouages à l'intérieur de l'organisation de la région. Comme le signale la loi, leur vocation les situe « auprès du conseil régional et du président du conseil régional » (CGCT, art. L. 4134-1). Il en résulte qu'une part non négligeable de leur organisation leur échappe au profit du pouvoir du conseil régional lui-même. C'est significativement le cas à propos des indemnités de fonctions fixées par délibération du conseil régional dans la limite supérieure de 50 % des indemnités maximales versées aux conseillers régionaux exerçant des responsabilités équivalentes (CGCT, art. R. 4134-24 s.). Cette compétence peut d'ailleurs se transformer en instrument de rétorsion à l'égard d'un CESER dont les membres manifesteraient leur autonomie ou leur esprit critique à l'égard de la politique régionale. Dans l'intérêt d'un travail indépendant, ces conseils devraient être soustraits à toute pression d'ordre matériel.

Il faut remarquer que, sans s'apparenter aux assemblées élues, les CESER leur empruntent un certain nombre de règles de réunion caractéristiques de la vocation démocratique des assemblées : convocation dans les 12 jours au moins accompagnée de l'ordre du jour, *quorum*, publicité des séances (sauf décision contraire du bureau), publication des avis... (CGCT, art. R. 4134-8 s.)

La loi n° 92-125 du 6 février 1992 a rétabli le procédé des *sections* au sein des CESER (CGCT, art. L. 4134-3). Ces sections sont compétentes pour émettre des avis dans certains domaines particuliers comme la communication audiovisuelle ou l'enseignement supérieur dans la région. Le CESER se prononce sur ces avis avant leur communication au conseil régional. À l'origine, la loi les avait instituées dans l'intérêt d'éviter la multiplication des conseils consultatifs au niveau de la région. Elles étaient cependant critiquées pour favoriser la complication de l'organisation régionale et avaient été abandonnées. La loi n° 02-276 du 27 février 2002 rend facultative leur création.

176 ***Attributions des CESER*** ◊ Leur rôle n'est jamais qu'un rôle *consultatif*. Ce sont par leurs avis qu'ils concourent à l'administration de la région, pour reprendre une ancienne formule de la loi n° 82-213 du 2 mars 1982. Ils peuvent également rédiger des rapports ou émettre des suggestions ; mais ils ne décident jamais. Toutefois, le rayonnement de cette institution consultative s'apprécie nécessairement par rapport à l'étendue de ses possibilités de saisine et de son champ d'expertise. Au regard de ces éléments son rôle consultatif n'est pas franchement limité. Si l'on néglige ses interventions relatives au plan qui n'est plus pratiqué aujourd'hui, le domaine général dans lequel les conseils sont compétents est celui des questions économiques, sociales, culturelles et environnementales. Les questions financières relèvent également de sa compétence à l'exclusion toutefois du budget lui-même. Plusieurs cas se présentent selon l'origine de la saisine :

1. L'intervention des conseils est *obligatoire* dans les cas les plus importants où ils doivent émettre un avis préalablement à certaines délibérations du conseil régional (CGCT, art. L. 4241-1 al. 1). Ils se prononcent à l'occasion :

- de la préparation et de l'exécution du plan national dans la région ;
- du projet de plan de la région et à son bilan annuel d'exécution ainsi qu'à tout document de planification et aux schémas directeurs qui intéressent la région ;

– des différents documents budgétaires de la région, pour se prononcer sur leurs orientations générales ;

– des documents relatifs aux orientations générales dans les domaines sur lesquels le conseil régional est appelé à délibérer en application des lois reconnaissant une compétence aux régions, ainsi qu'aux schémas et aux programmes prévus par ces lois et au bilan des actions menées dans ces domaines ;

– du projet de budget annexé à une motion de renvoi, pour se prononcer sur ses orientations générales.

2. Les conseils peuvent être saisis de manière facultative *à l'initiative du président du conseil régional* sur toute autre matière de la compétence des conseils, c'est-à-dire, sur tout projet à caractère économique, social, culturel ou environnemental (CGCT, art. L. 4241-1 al. 2). Au vu de cet énoncé, on ne voit pas de compétence du conseil régional qui échapperait à l'examen des conseils économiques et sociaux. Restent à ces derniers à faire preuve de leur utilité auprès des autorités régionales pour être sollicités en ce sens.

3. le caractère facultatif de l'intervention des conseils n'interdit pas qu'ils se *saisissent eux-mêmes* « sur toute question entrant dans les compétences de la région » (CGCT, art. L. 4241-1 al. 3) [1].

177 ***Le conseil économique, social et culturel de Corse*** ◊ La loi n° 91-428 du 13 mai 1991, modifiée par la loi n° 02-92 du 22 janvier 2002, relative à la collectivité territoriale de Corse dote celle-ci d'un conseil économique, social et culturel. Il est placé auprès du conseil exécutif et de l'assemblée de Corse (CGCT, art. L. 4422-34). Cette institution procède de la nécessité d'adapter le conseil économique et social des régions aux compétences élargies de la collectivité de Corse, notamment en matière culturelle et éducative. Le statut de ses membres est par ailleurs défini par renvoi à celui des conseillers économiques, sociaux et environnementaux des régions (CGCT, art. L. 4422-35).

Le conseil comprend deux sections. La première est une section économique et sociale. La seconde constitue la section de la culture, de l'éducation et du cadre de vie.

Ses attributions, exclusivement *consultatives*, ont été révisées en 2002. Il est notamment obligatoirement consulté sur le projet de plan et d'aménagement durable de la Corse et sur les projets de délibération de l'assemblée de Corse en matière de liaison maritime et aérienne avec le continent. Il en est de même sur toute étude régionale d'aménagement et d'urbanisme, sur la préparation du plan national en Corse et sur les orientations générales du budget. Il peut, en outre, être consulté à l'initiative du président du conseil exécutif de Corse ou du président de l'Assemblée et s'auto-saisir sur toute question entrant dans les compétences de la collectivité de Corse ;

1. V. G. Drago, « L'évolution de la fonction consultative régionale », *Rev. adm.* 1998. 82.

compétences au sein desquelles il est particulièrement fait mention de la culture, de l'éducation et du cadre de vie.

En outre, il établit un *rapport annuel* sur les activités des sociétés publiques du secteur audiovisuel qui ont des établissements en Corse et qui ont conclu des conventions avec la collectivité pour la réalisation de programmes de promotion de la langue et culture corses (CGCT, art. L. 4422-36 et L. 4422-37).

B. Les commissions permanentes générales

178 ***Définition de la commission permanente des conseils généraux ou régionaux*** ◊ Elle constitue un organe délibérant composé de conseillers généraux ou régionaux élus à la représentation proportionnelle au sein du conseil général ou régional et essentiellement chargé de statuer de manière permanente sur toute question de la compétence du conseil autre que le budget et déléguée à lui par ce conseil.

179 ***Nature juridique de la commission permanente*** ◊ Ainsi définie, la commission permanente forme une émanation restreinte de l'assemblée délibérante dont l'intérêt est d'accélérer la gestion de la collectivité en débarrassant cette assemblée des tâches répétitives et de moindre importance. Sans doute, sa présidence par le président de l'assemblée délibérante et les modalités de désignation de ses membres rapprochent cette instance de l'exécutif. Elle demeure néanmoins une seconde assemblée délibérante à côté de l'assemblée plénière. En effet, sur le plan organique, elle procède de cette assemblée générale et à proportion de ses composantes politiques. Sur le plan fonctionnel, sa vocation principale consiste à délibérer par délégation de pouvoir de l'assemblée générale. Elle a plénitude de pouvoir délibérant sur toutes les affaires que lui délègue la formation plénière et, ses délibérations en acquièrent de ce fait la même nature et la même force juridiques. Elle ne saurait donc s'apparenter à la municipalité dans la commune qui, réunissant maire et adjoints, demeure un organe exécutif, de surcroît non collégial.

À la différence d'un bureau, les membres de la commission permanente sont élus et non désignés. À la différence des commissions précédemment vues, sa compétence est normative et non spéciale à une question bien qu'elle doive délibérer dans la limite de la délégation qui lui est faite.

180 ***Origine historique de la commission permanente du conseil général ou régional*** ◊ Elle est issue de la lointaine commission départementale et du plus récent bureau du conseil général ou régional.

1. La commission départementale. Elle fut mise en place par la loi départementale du 10 août 1871. Cette commission était élue par le conseil général, réunissant de quatre à sept membres et était présidée par son doyen d'âge. Elle constituait une des innovations majeures de la loi de 1871. Celle-ci investissait la commission départementale de trois types d'attributions principales. Elle disposait d'abord d'un pouvoir délibérant pour régler, dans la limite de la délégation qui lui était faite, les affaires déléguées à elle par le conseil général. Elle était ensuite investie d'un pouvoir propre de décision sur certaines attributions limitées qui lui étaient directement dévolues par la loi (par exemple, la répartition de subventions diverses portées au budget départemental dont le conseil général ne s'était pas réservé la distribution, ou bien, la répartition des fonds provenant des amendes de police correctionnelle). Enfin, elle exerçait un pouvoir de contrôle de l'action du préfet agissant comme exécutif du département, notamment pour l'exécution du budget départemental.

S'agissant plus spécifiquement du pouvoir délibérant sur délégation du conseil général de la commission départementale, celui-ci était strictement entendu par la jurisprudence qui interdisait au conseil général, d'une part, de subdéléguer à la commission départementale certaines compétences qu'il tenait lui-même de la loi (par exemple, la répartition des impôts directs locaux), d'autre part, de lui renvoyer le pouvoir de régler des affaires dont la solution intéressait l'ensemble du département. À ce titre, le conseil général ne pouvait en particulier déléguer le vote du budget. Au surplus, chaque délégation devait être expresse et ne pouvait excéder la date à laquelle chaque année la commission départementale devait être renouvelée (CE 9 mai 1958, *Consorts Frette, Lebon* 267). Toutefois, si à l'origine, le juge administratif exigeait une délégation pour chaque affaire, il a ultérieurement admis qu'une délégation puisse porter sur une catégorie d'affaires de même nature (CE 9 mai 1958, *Cts Frette*, préc. ; 22 avr. 1970, *Cne Saint-Barthélémy et autres, Lebon* 270).

En raison de sa composition, la commission départementale ne disposait que d'un pouvoir de décision limité, le conseil général pratiquant peu la délégation de ses propres affaires. C'est dans ce contexte, qu'on estimait que, sur le fondement d'une interprétation de la loi de 1871, les réunions de la commission départementale n'étaient pas publiques. En effet, elle émanait du conseil général et non du suffrage universel direct. À cela s'ajoutait qu'elle n'exerçait que peu de prérogatives propres et que sa principale mission concernait le contrôle de l'exécutif du département. De telle manière qu'elle ne rendait compte qu'au conseil général de ses décisions et non aux citoyens, ce qui pouvait être regardé comme justifiant l'absence de publicité des réunions.

2. Le bureau du conseil général ou régional. La commission départementale a été supprimée par la loi n° 82-213 du 2 mars 1982 abrogeant à son égard les dispositions de la loi du 10 août 1871. Créée à l'origine essentiellement pour le contrôle du préfet agissant comme exécutif du département, elle perdait sa raison d'être avec le transfert de l'exécutif au président du conseil général. La loi de 1982 investit une nouvelle instance collégiale, le bureau, pour agir sur délégation du conseil général. Le bureau existait déjà avant la loi du 2 mars 1982 comme réunion du président et des vice-présidents du conseil général. Mais son statut et ses pouvoirs ont été considérablement renforcés par la loi de 1982. Il devient, en conséquence, un véritable organe collégial qui rassemble autour du président du conseil général quatre à dix vice-présidents et éventuellement d'autres membres. Ses modalités de désignation en faisaient un organe politiquement homogène. La loi n° 86-16 du 6 janvier 1986 avait tenté d'instaurer au sein du bureau une représentation proportionnelle des différents groupes politiques du conseil général. Mais, avant qu'elle puisse recevoir application, la loi n° 86-972 du 19 août 1986 a prononcé l'abrogation de ces dispositions.

En vertu de l'article 24 de la loi du 2 mars 1982, le bureau pouvait recevoir délégation du conseil général pour toute affaire qui n'était pas exclue (étaient exclus le vote du budget départemental, arrêté des comptes, procédure d'inscription d'office d'une dépense obligatoire au budget). Les régions, non encore collectivités territoriales, se voient appliquer des règles identiques sur le fondement de l'article 12 de la loi n° 72-619 du 5 juillet 1972 modifiée. Sur la base de ces textes, de nombreuses délégations ont été consenties aux bureaux sous le contrôle du juge (sur la légalité des délégations, v. CE 17 oct. 1990, *Préfet, commissaire de la République de la Guadeloupe, Lebon* 283, à propos de l'approbation de marchés publics. CE 20 mai 1994, *Gérante, Lebon* 245, à propos de l'envoi d'une mission de conseillers régionaux. CE 14 oct. 1996, *Sté d'études et de recherche de produits, Lebon* 761 : à propos de l'attribution d'une prime à la création d'entreprise. En revanche, est illégale la délégation au bureau de la compétence pour créer des emplois dans la mesure où cette compétence touche à la matière budgétaire : CE 17 oct. 1990, *Préfet, commissaire de la République de Guadeloupe*, préc.).

Ainsi mis en place, le bureau se caractérisait par une dualité d'attributions, tout à la fois réunion collégiale de l'exécutif départemental ou régional et organe délibérant sur délégation de l'assemblée plénière. Ce schéma tendant à la confusion des pouvoirs exécutif et délibératif a suscité un certain nombre d'interrogations critiques qui ont finalement conduit le législateur à refondre cette institution. Cette refonte fut l'objet de la loi n° 92-125 du 6 février 1992 opérant un dédoublement du bureau. Le bureau subsiste mais seulement comme réunion collégiale de l'exécutif du département ou de la région puisqu'il ne réunit plus que le président du conseil général ou régional et les élus qui ont reçu délégation du président (CGCT, art. L. 3122-8 et L. 4133-9). C'est la juxtaposition des membres de l'exécutif qui permet de coordonner l'action de l'exécutif mais qui est dépourvue de tout pouvoir collectif de décision, à l'instar de la réunion du maire et des adjoints qui ont reçu délégation. Le bureau n'exerce donc plus aucune fonction délibérative.

Ces fonctions délibératives sont transférées à la commission permanente, nouvel organe institué par la loi du 6 février 1992. Il est un organe délibérant restreint dont la fonction consiste, outre quelques attributions propres, à recevoir délégations du conseil général ou régional avec les mêmes exceptions que précédemment. Mais, si la commission permanente reçoit la fonction délibérante de l'ancien bureau, sa composition est revue de manière à ce qu'elle reflète, par le biais de l'élection au suffrage proportionnel, la composition de l'assemblée délibérante plénière. Il convient donc à présent d'envisager la manière dont est composée l'actuelle commission permanente ainsi que ses attributions.

1. Recrutement de la commission permanente

181 ***Composition de la commission permanente*** ◊ La composition de la commission ménage le pouvoir d'organisation de l'assemblée délibérante dans le respect d'un cadre légal préalable. Elle comprend de droit le président de cette assemblée, puis des vice-présidents dont le nombre peut être fixé de quatre à quinze - dans la limite de 30 % de l'effectif du conseil - et, éventuellement, d'un ou plusieurs autres membres (CGCT, art. L. 3122-4 et L. 4133-4). Au total, on oscille entre deux extrêmes. L'effectif légal minimal est de cinq membres. Mais, rien n'empêche d'élargir la composition de la commission permanente à tous les membres de l'assemblée plénière, de manière à confondre formellement les deux assemblées (en ce sens, CE 15 déc. 2010, *Gollnisch, BJCL* 2011. 321, concl. M. Vialettes).

182 ***Élection de la commission permanente*** ◊ En ce que la commission permanente agit essentiellement à titre délibératif, il importe que ses membres soient élus. Les articles L. 3122-5 (modifié par la loi n° 2013-403 du 17 mai 2013) et L. 4133 CGCT prévoient le moment de cette élection

« aussitôt après l'élection du président, et sous sa présidence ». Le principe est queles membres autres que le président sont élus au scrutin de liste, à la représentation proportionnelle à la plus forte moyenne sans panachage ni vote préférentiel. Chaque liste doit être composée alternativement d'un candidat de chaque sexe. Par l'effet de ce mode de scrutin, la composition de la commission permanente devient le reflet de la composition de l'assemblée plénière. Le reflet sera plus ou moins fidèle selon l'effectif de la commission. Plus celle-ci sera pléthorique et mieux les différentes composantes politiques du conseil y seront représentées. La pratique montre que les décalages sont limités et que la commission s'apparente en fait à un modèle réduit du conseil général ou régional.

Il faut toutefois réserver l'hypothèse où une seule candidature a été déposée pour chaque poste à pourvoir. Elle permet de faire l'économie d'une élection. Les nominations prennent alors effet immédiatement (art. préc. al. 2) (V. CGCT, art. L. 4133-5 issu de L. n° 07-128, 31 janv. 2007 pour la commission permanente du conseil régional établissant la représentation paritaire des hommes et des femmes).

Les membres de la commission permanente voient leur sort lié à celui de leur président. Élus après lui, ils le sont pour la même durée (art. préc. al. 7) et le renouvellement du président entraîne renouvellement de la commission (CGCT, art. L. 3122-2 et L. 4133-2 ; TA Montpellier, 30 avr. 1982, *Gache*, *Lebon* 482). Les pouvoirs de la commission permanente expirent en toute hypothèse à l'ouverture de la réunion qui suit le renouvellement de l'assemblée (CGCT, art. L. 3122-7 et L. 4133-7).

Dans le silence de la loi, le Conseil d'État s'est reconnu compétent pour connaître de l'élection des membres de la commission permanente (CE 16 janv. 1987, *Élect. président du conseil régional Picardie*, *Lebon* 6). Voir, à propos de l'inobservation de la règle du secret du vote entraînant l'irrégularité de l'élection des membres de la commission permanente (CE 12 mai 1989, *Joly*, *Lebon* 126 ; *AJDA* 1989. 464, note P. Gérard ; *LPA* 24 juill. 1989. 10, note F. Chouvel). Voir également, à propos de l'annulation de l'élection d'un membre de la commission permanente, l'utilisation de la théorie des fonctionnaires de fait dans l'intérêt de ne pas remettre en cause toutes les délibérations auxquelles il a participé (CE Ass. 2 déc. 1983, *Charbonnel*, *Lebon* 474, concl. M. Roux ; *AJDA* 1984. 105, chron. B. Lasserre et J.-M. Delarue ; *JCP* 1985. II. 20455, note Chaminade ; *RD publ.* 1985. 827, note J. de Soto) [1].

2. Organisation de la commission permanente

183 Autant le droit législatif a précisément établi les modalités de désignation de la commission permanente, autant il est demeuré silencieux à l'égard de

1. V. F. Robbe, « La procédure de désignation du président et des membres de la commission permanente du conseil général. À propos de quatre arrêts récents du Conseil d'État », *RFDA* 2000. 126.

l'organisation de cette commission. La seule mention expresse vise la publication des délibérations adoptées par la commission permanente. Les articles L. 3121-17 et L. 4132-10 (respectivement issus des art. 31 L. 10 août 1871 et 11a L. 5 juill. 1972) imposent la publication de ces délibérations dans les mêmes conditions que celles adoptées par le conseil général ou régional.

Pour le reste, et dans l'indétermination de la loi, on se trouve face à l'alternative suivante : soit l'organisation de la commission relève de la liberté d'administration des collectivités territoriales (art. 72 al. 3 Const.) et ressortit donc au pouvoir délibérant de chaque conseil général ou régional ; soit, cette organisation peut être regardée comme celle d'un « conseil élu » au sens de la Constitution et ses règles doivent alors être celles que fixe la loi pour les séances plénières des conseils généraux ou régionaux. Le problème n'a pas manqué de se poser à propos du caractère public ou non des réunions de la commission permanente des conseils régionaux et fut tranché, tant par le Conseil d'État que par le Conseil constitutionnel, dans le sens favorable à la libre administration des collectivités (v. ss 272).

Sur le principe de l'alignement des règles de convocation de leurs membres sur celles des conseillers généraux et régionaux, voir articles L. 3121-14-1 et L. 4132-13-1 CGCT issus de la loi n° 09-526 du 12 mai 2009.

3. Attributions de la commission permanente

184 Par leur importance, les attributions déléguées de la commission permanente l'emportent de loin sur ses attributions propres.

185 ***Attributions déléguées*** ◊ La commission permanente reçoit essentiellement des *compétences déléguées par le conseil général et régional* (CGCT, art. L. 3211-2 et L. 4221-5). Cette attribution caractérise le système de la commission permanente. Il résulte de la loi et de la jurisprudence un principe d'exclusivité des délégations au profit de la commission qui se signale de différentes manières :

1. En premier lieu, et à la différence du droit communal où le maire peut recevoir certaines délégations du conseil municipal, les délégations doivent ici demeurer le monopole de la commission, leur prise en charge constituant sa vocation première. C'est précisément sur ce fondement que le juge administratif a pu sanctionner la délégation d'une compétence du conseil général à une association (TA Amiens, 1er déc. 1987, *Braine et Vantomme, Lebon* 721 ; *AJDA* 1988. 394, note J. C. Némery).

L'évolution de la législation ouvre toutefois des exceptions à ce principe. Le président du conseil général ou régional peut, en effet, agir par délégation de l'assemblée plénière dans des cas très limités énumérés par la loi (réalisation de certains emprunts et opérations financières s'y rattachant, décision de déroger à l'obligation de dépôt des fonds auprès de l'État : art. préc. al. 2 issus de L. n° 02-276, 27 févr. 2002 et n° 03-1311, 30 déc. 2003). Également, v. ss 373 (2).

2. En second lieu, la commission permanente ne saurait se dessaisir de ses compétences déléguées au profit d'une autre autorité, notamment de l'exécutif. Ce faisant, elle transgresserait le partage des fonctions exécutive et délibérative. Toute subdélégation est donc impossible (CE 22 nov. 1985, *COREP dpt Maine-et-Loire, Dr. adm.* 1986. 25. TA Rouen, 19 mars 1991, *Préfet région Haute-Normandie, préfet Seine-Maritime c. Région Haute-Normandie, Lebon* 1177).

S'agissant du *régime des délégations*, il est permis de le définir en référence à celui des anciens bureaux dans leur configuration précédant la loi du 6 février 1992. Il en ressort que le juge administratif admet les délégations de compétence consenties largement. Celles-ci peuvent aller au-delà d'une affaire déterminée pour s'étendre à une catégorie d'affaires de même nature (CE 9 mai 1958, *Cts Frette, Lebon* 267). En pratique, les délégations accordées sont larges et importantes et sont généralement consenties une fois pour toutes en début de mandat.

La liberté de déléguer est la règle. La délégation peut, en effet, porter sur toute compétence de l'assemblée délibérante. Il n'y a guère que les exceptions qui sont énumérées par la loi. Ces exceptions sont relatives au vote du budget, à l'approbation du compte administratif, aux mesures de redressement du budget en cas de déséquilibre et aux dépenses obligatoires (CGCT, art. L. 3211-2). Il en découle l'impossibilité de déléguer le pouvoir de fixer le taux des impôts locaux (TA Bastia, 3 oct. 1996, *Stéfani, LPA* 1996, n° 138 p. 5, concl. P. Chiavérini), les indemnités de fonction (TA Lyon, 18 mai 1993, n° 9205469, *Préfet région Rhône-Alpes*), ou encore, la création des emplois nécessaires aux services départementaux (CE Sect. 17 oct. 1990, *Préfet, COREP Guadeloupe, Lebon* 283. CE 3 avr. 1998, *Dpt Vendée, Lebon* 781). Tous ces cas donnent illustration de la matière budgétaire indélégable.

Doit aussi pouvoir s'appliquer le principe général du droit des délégations selon lequel il est interdit de déléguer l'ensemble de ses compétences. La loi ne dispose pas autrement en précisant que l'assemblée délibérante ne peut se dessaisir que d'« une partie de ses attributions » (CGCT, art. L. 3211-2 et L. 4221-5). Nonobstant, cette jurisprudence éclaire l'état du droit selon laquelle il ne peut être fait reproche à un conseil général d'avoir délégué tout ce qui relevait de sa compétence, réserve faite de l'adoption du budget et des comptes (CE, 2 mars 2010, Réseau Ferré de France, *BJCL* 2010. 262, concl. B. Bourgeois Machureau, *JCP Adm.* 2011, n° 2292, étude J.-M. Pontier, s'agissant d'un avis légalement pris par une commission permanente sur le projet de fermeture d'une ligne de chemin de fer et fondé sur une délégation générale de compétence de l'assemblée délibérante à son profit, à l'exception des matières légalement indélégables). Il est bon de relever toutefois qu'en décidant la délégation, l'assemblée plénière ne s'est pas dessaisie des compétences transférées qui auront ainsi deux titulaires à même de les exercer.

186 ***Attributions propres*** ◊ Elle reçoit directement de la loi un certain nombre d'attributions décisionnelles et surtout consultatives qu'elle pourra exercer d'elle-même :

1. La commission permanente donne son avis conforme pour que l'exécutif du département ou de la région défende à toute action intentée contre le département ou la région (art. L. 3121-10 et L. 4231-7 CGCT) (En revanche, c'est sur délégation de l'assemblée plénière qu'elle peut autoriser l'exécutif à intenter une action au nom de la collectivité : CE 16 oct. 1996, *Dpt Loire, Lebon* 759).

2. La commission peut enfin demander une réunion de l'assemblée délibérante (art. L. 3121-10 et L. 4132-9 CGCT). Elle décide également du lieu du département ou de la région dans lequel se tiendront les réunions de cette assemblée délibérante (art. L. 3121-9 et L. 4132-8 CGCT).

187 *Bibliographie* ◊

I. – Sur le règlement intérieur des assemblées délibérantes

- Delon-Desmoulin (C.), « Le contrôle du juge administratif sur les règlements intérieurs des assemblées délibérantes », *RD publ.* 1996. 843
- Douence (J.-C.), « Contrôle de légalité et contentieux de l'annulation. Réformisme législatif et fixisme jurisprudentiel », *Mélanges Auby*, Dalloz, 1992, p. 71
- Le Gloan (J.), « Le règlement intérieur des assemblées délibérantes locales, bilan des évolutions jurisprudentielles », *RRJ* 1999. 1311
- Verdier (M.-F.), « Le règlement intérieur des assemblées délibérantes des collectivités : nouveaux développements », *LPA* 1995, n° 83

II. – Sur les élus

1. S'agissant des garanties de disponibilité des élus

- Becet (J.-M.), « Les garanties accordées aux titulaires des mandats locaux », *RFDA* 1992. 978
- Dubreuil (C.-A.), « Les droits liés au mandat », *La démocratie de proximité* (G.J. Guglielmi et J. Martin dir.), Berger-Levrault 2013, p. 115
- Fougère (L.), « Une face cachée de la fonction publique, les autorisations d'absence et les dispenses de service », *AJDA* 1977. 584
- Sueur (J.-J.), « Les situations d'absence temporaire dans la fonction publique », *RD publ.* 1985. 981

2. S'agissant des garanties de formation des élus

- Bourdon (J.), « La formation des élus locaux », *RFDA* 1992. 959
- Derboulles (L.), « De la libre formation des élus locaux », *AJDA* 2000. 773
- Dimicoli (E.), « Le droit à la formation des élus locaux dans la loi du 27 février 2002 : vicissitudes d'une ambition », *La démocratie de proximité* (G.J. Guglielmi et J. Martin), Berger-Levrault, 2013, p. 127
- Haquet (A.), « Professionnaliser le statut de l'élu local ? Présentation de l'étude du droit comparé du Sénat sur le "statut financier des élus locaux" », *JCP Adm.* 2009. 2117
- Maisl (H.), « La formation des élus locaux », *ACL* 1983. 585

3. S'agissant des garanties d'indemnité des élus

- Luchaire (Y.), « Indemnisation et disponibilité des élus », *Cah. CFPC* juin 1984, n° 14, p. 17
- Pontier (J.-M.), « Les indemnités des élus locaux », *RFDA* 1992. 978

Sur l'ensemble de ces points et leur évolution

- Muller Quoy (I.), « L'élu local, nouveau statut, nouveau droit », *AJDA* 2002. 283
- Pissaloux (J.-L.), « Le "statut" de l'élu local », *RLCT* déc. 2007. 74

4. S'agissant de la notion de « conseiller intéressé »

- Girardin (C.), « La notion de conseiller général intéressé et ses conséquences pour l'élu », *LPA* 30 nov. 1998, n° 143, p. 5
- Koubi (G.), « La notion de conseiller municipal personnellement intéressé à la délibération », *LPA* 21 avr. 1997, n° 48, p. 5
- Maillot (J.-M.), « La notion d'élu "intéressé" dans le droit des collectivités locales », *JCP* 2000. I. 1309

CHAPITRE 3
DÉMOCRATISATION DE L'ASSEMBLÉE DÉLIBÉRANTE

188 ***Rénovation du régime représentatif local*** ◊ On n'étudie pas les conditions d'organisation et de fonctionnement de l'assemblée délibérante sans remarquer qu'il leur est classiquement reconnu un certain pouvoir d'auto-organisation : elles se donnent un règlement intérieur, élisent leurs commissions, peuvent participer à la détermination des réunions et de leur ordre du jour... Ce pouvoir d'auto-organisation est le reflet de ce « pouvoir d'ordre intérieur » que possèdent les corps constitués ou les assemblées et qui dérive de la nature des choses. Il est également lié au développement des prérogatives de l'assemblée délibérante et manifeste la position prééminente que celle-ci occupe au sein des organes de la collectivité.

Toutefois, ce pouvoir d'auto-organisation ne doit pas permettre de soustraire l'adoption des délibérations à une procédure démocratique. Votée au terme d'un débat public, d'une procédure formaliste et lente, la délibération ne doit pas durant sa gestation échapper à l'expression des différences tendances politiques de l'assemblée. Bien des préoccupations contemporaines viennent imposer le renforcement de la valeur démocratique des délibérations locales : l'approfondissement à tous les niveaux d'un État de droit conjugué aux critiques faites à la décentralisation pratiquée dans les années quatre-vingt de n'avoir pas démocratisé la société, l'importance accrue des responsabilités des collectivités et des financements consacrés à leur exercice, la réforme des scrutins locaux en faveur de la constitution de majorités solides. Tous ces éléments réclament de ne pas sacrifier le fonctionnement démocratique des assemblées locales à une majorité d'élus et un exécutif à sa tête tout puissants.

Ce faisant, de plus en plus, les assemblées locales se caractérisent par leur importance politique que signale le phénomène souvent relevé de « parlementarisation » de ces assemblées. Ce mot est évidemment assez vague. Il peut cependant servir à regrouper des règles qui, toujours plus nombreuses, s'adressent directement aux membres des assemblées considérés individuellement ou par regroupement et non plus à l'assemblée en tant que structure unique : la possibilité de poser des questions orales à l'exécutif, de former des missions d'information et d'évaluation, de s'exprimer dans les bulletins d'information locale... Toutes ces règles leur dessinent un statut qui va sans cesse se précisant et qui se construit sur le socle de leurs garanties d'information et d'expression (Section 1) [1].

---

1. V. J. Bénoit, « Le statut général des élus locaux », *Rép. collectivités locales* fasc. n° 12030 ; L. Janicot, *Les droits des élus membres des assemblées des collectivités territoriales*, LGDJ, 2004 ;

189 ***Limitation du régime représentatif local*** ◊ Mais, de manière plus considérable encore, la démocratisation des institutions locales passe par la contestation du régime représentatif. L'évolution du droit tend, en effet, à faire entorse au régime représentatif qui a toujours caractérisé le système de démocratie locale. La démocratie semi-directe y fait son entrée en combinant les institutions représentatives avec celles de la démocratie directe. L'exercice du pouvoir délibérant est normalement remis à des représentants élus, mais sur certaines questions et dans certains cas, les électeurs pourront directement exercer les compétences rattachées à la fonction délibérante. Leur entrée dans l'administration locale s'est d'abord modestement manifestée par l'institution d'une consultation populaire dans le cadre communal sur tout objet de la compétence des autorités de la commune (L. n° 92-125, 6 févr. 1992 modifiée). De façon générale, les procédés d'association des citoyens aux délibérations ont toujours eu la préférence et ont été l'objet des interventions du législateur dans les années 1990. Il était sans doute difficile au Parlement d'aller au-delà et d'organiser tout exercice direct du pouvoir local sans heurter la Constitution qui affirme le monopole des « conseils élus ». Les institutions locales ne sont pas moins hostiles que les institutions nationales aux procédés de gouvernement semi-directs et le statut constitutionnel des collectivités territoriales en porte implicitement la marque. De tels procédés sont toujours suspects de confisquer plutôt que de mettre en œuvre la démocratie.

Depuis la réforme constitutionnelle du 28 mars 2003 le référendum décisionnel a été introduit dans chaque catégorie de collectivité territoriale même si sa mise en œuvre ne retire pas toutes leurs armes aux élus.

Aujourd'hui, au-delà du cas du référendum - consultatif ou décisionnel -, on se trouve face à un ensemble de techniques qui permettent la participation des citoyens à l'administration locale. On ne peut plus soutenir qu'on demeure dans un régime représentatif absolu dans lequel les électeurs se borneraient à accepter les choix des élus. Le régime représentatif local évolue dans le sens de la soumission des élus au contrôle de leurs électeurs et fait espérer que l'on va vers un régime « semi-représentatif » local (Section 2).

SECTION 1. LES GARANTIES D'INFORMATION ET D'EXPRESSION DES ÉLUS

190 Au seuil de cette étude, une réflexion préliminaire est possible sur les caractères particuliers des garanties des élus. Cette réflexion ne tire pas

---

« Les droits des élus de l'opposition », *La démocratie de proximité* (G.J. Guglielmi et J. Martin dir.), Berger-Levrault, 2013, p. 103 ; E. Mella, *Essai sur la nature de la délibération locale*, LGDJ, 2003 ; I. Muller-Quoy, *Le droit des assemblées locales*, LGDJ, 2001, S. Manson, *L'opposition dans les assemblées locales*, LGDJ, 2012.

son originalité des règles qu'elle regroupe, ces règles n'étant pas distinctes de celles qui composent la branche du droit et du contentieux administratifs. Elles ne doivent leur particularité qu'à leur objet : elles concourent toutes à l'aménagement et à la protection des garanties des élus. Elles constituent ainsi les éléments d'un ensemble qu'il est possible d'envisager isolément.

§ préliminaire. **Éléments de théorie juridique des garanties des élus**

191 Comme l'avait fait remarquer Ch. Eisenmann, la relation entre décentralisation et démocratie n'est ni nécessaire, ni constante. Et, parmi les composantes de la démocratie locale, il faut bien prendre en considération la liberté des élus au sein de la collectivité, et au besoin contre elle. Historiquement, on doit aux efforts successifs du législateur et du juge la libéralisation progressive des institutions décentralisées. L'importance croissante des collectivités dans la vie publique et l'attachement aux valeurs de la démocratie représentative imposaient de reconsidérer le fonctionnement des assemblées locales. Le juge refusait, en effet, d'en connaître tant en raison de leur caractère d'administration interne que du risque d'un afflux massif de contentieux. Mais si ce fonctionnement demeurait purement discrétionnaire, il risquait de sacrifier la liberté des élus et la confiance des électeurs à l'autorité d'une majorité et de son exécutif. Sans paradoxe, la démocratie pouvait se réduire à mesure que l'importance des collectivités s'accroissait.

Le développement d'un statut de l'élu destiné à permettre l'exercice effectif de la démocratie locale est révélateur d'un changement de perspective. À partir des importantes lois n° 92-125 du 6 février 1992 et n° 02-276 du 27 février 2002 s'ouvre un nouveau chapitre du droit des collectivités territoriales, jusque-là trop embryonnaire pour justifier une étude systématique. Toutefois, la valeur de ce statut ne réside pas dans son affirmation mais dans ce qu'il recouvre. Et, il est important de rechercher quelle substance le droit positif met sous ces idées de « statut », de « garantie » ou de « droit » de l'élu. Un statut protecteur de l'élu local était nécessaire mais son élaboration repose sur une série de choix qui en délimite la portée : quelle autorité peut déterminer les garanties attachées à l'élu ? Ces garanties doivent-elles être exercées individuellement ou collectivement ? Comment en assurer le respect sans paralyser le bon exercice de l'administration locale ?

Ce sont des données fondamentales, sous-jacentes à l'examen descriptif de l'ensemble du droit positif, qu'il peut être utile de dégager. Nous envisagerons successivement la question des sources des garanties des élus (A), de leur exercice individuel ou collectif (B), des débiteurs de ces garanties (C), de leur invocabilité (D) et de leur sanction (E).

A. Sources des garanties des élus

192 Elles sont composites. C'est d'un appareil de sources législative, jurisprudentielle et même réglementaire qui est mis au profit les élus.

1. Sources législative et jurisprudentielle

193 ***Dialogue entre la loi et la jurisprudence*** ◊ Tout désigne la loi pour assortir de garanties l'activité des élus locaux. Elle s'impose tant en raison de l'importance de la question que de sa compétence générale en matière d'organisation des collectivités (art. 72 al. 3 Const.). Mais, de manière plus considérable, il faut bien observer que c'est d'un dialogue entre la loi et la jurisprudence que progresse la condition de l'élu. Les deux sources s'invitent mutuellement à l'enrichissement de son statut.

C'est sans doute l'exemple le plus évident : si la loi du 6 février 1992 proclame le droit à l'information des élus sur les affaires de la collectivité qui font l'objet d'une délibération (CGCT, art. L. 2121-13, L. 3121-18 et L. 4132-17), elle consacre l'état du droit jurisprudentiel à l'égard des communes plus qu'elle n'innove. Mais, ce faisant, elle y adjoint des éléments qui le concrétisent mieux comme le droit de poser des questions orales (CGCT, art. L. 2121-19, L. 3121-20 et L. 4132-20).

Proclamant le droit à l'information des élus antérieurement à la loi de 1992 : CE 9 nov. 1973, *Cne Pointe-à-Pitre, Lebon* 630 ; *RD publ.* 1973. 1143, note M. Waline. CE 29 juin 1990, *Cne Guitrancourt, Lebon* 608 ; *LPA* 20 févr. 1991, n° 22, p. 12, note F. Chouvel ; *LPA* 19 sept. 1990, n° 113, note T. Célérier.

194 ***Appel aux principes généraux du droit administratif*** ◊ Inversement, la technique des principes généraux du droit, peut permettre de consacrer des garanties qui se dégagent implicitement des textes mais sans que ceux-ci les aient formalisées en tant que telles. D'ailleurs, les garanties essentielles dont profitent les élus trouvent leur point de départ dans les lois du 10 août 1871 et du 5 avril 1884 qui ont pu servir l'inspiration du juge administratif. La rédaction des arrêts ne signale pas expressément l'appui du juge sur la théorie des principes généraux du droit. Néanmoins, l'élévation de ces garanties au niveau quasi-législatif où se situent de tels principes paraît indispensable au contrôle des règlements intérieurs des assemblées délibérantes et de leurs dispositions qui tenteraient de les méconnaître.

Relèvent de cette démarche, l'affirmation du droit d'expression des élus (CE 22 mai 1987, *Tête, Lebon* 179), ou bien celle de leur droit d'amendement (CAA Paris, 12 févr. 1998, *Tavernier, AJDA* 1998. 724, concl. Ch. Lambert), ou encore, le droit de se porter candidat à la désignation des représentants de la collectivité (TA Dijon, 22 juin 1999, *Cordier c. Région Bourgogne, AJDA* 2000. 348, note M. Verpeaux).

L'appel à ces garanties dans la rédaction des arrêts peut également servir d'expression récapitulative désignant toute garantie textuelle adoptée dans le sens de ces garanties et qui aurait été méconnue.

195 ***Hypothèse des principes fondamentaux reconnus par les lois de la République*** ◊ Les grandes lois favorables aux libertés issues du début de la Troisième République ont inspiré le Conseil constitutionnel pour reconnaître l'existence de principes fondamentaux reconnus par les lois de la République de valeur constitutionnelle. Ne serait-il pas possible d'interpréter en ce sens les lois du 10 août 1871 pour les conseils généraux et du 5 avril 1884 pour les conseils municipaux dans leurs dispositions reconnaissant des garanties aux membres de ces conseils ? Cependant, à l'observation, il s'agit essentiellement de lois d'organisation administrative qui régissent les rapports entre l'exécutif et l'assemblée délibérante mais qui renseignent peu sur les garanties des membres de ces dernières. En dépit des efforts constructifs de certains commissaires du gouvernement en ce sens, ces lois n'ont jamais à ce jour composé la source de tels principes.

V. CE Ass. 18 déc. 1996, *Région Centre, Lebon* 495 ; *RFDA* 1997. 496, concl. J.-H. Stahl, à propos du caractère public des délibérations de l'assemblée ; et CAA Paris, form. plén., 12 févr. 1998, *Tavernier, AJDA* 1998. 724, concl. Ch. Lambert. Reconnaissant toutefois la valeur constitutionnelle de la garantie d'expression des élus sur le fondement de l'art. 72 Const. 4 oct. 1958 : TA Versailles, 12 déc. 1995, *Tavernier, AJDA* 1998. 724.

2. Source réglementaire

196 ***Appui sur le règlement intérieur des assemblées délibérantes*** ◊ Il ne faut pas exclure cette hypothèse. En l'absence de disposition législative particulière, ces assemblées détiennent, en effet, la compétence de droit commun pour organiser le travail délibératif. À ce titre, il arrive, de plus en plus fréquemment, que la loi habilite chaque règlement intérieur à fixer les modalités d'exercice des garanties qu'elle crée au profit des élus, souvent dans des conditions peu définies. C'est par exemple le cas des règles de présentation des questions orales ou de demande de constitution des missions d'information et d'évaluation.

Mais, ce faisant, rien n'interdit ces assemblées locales de compléter elles-mêmes les garanties légales et jurisprudentielles par des garanties complémentaires ou nouvelles (par ex., CAA Douai, 5 juin 2002, n° 99DA11658, *Cne Gaillon*, le règlement intérieur peut légalement prévoir une procédure d'élaboration concertée de l'ordre du jour). Il en résulte cette conséquence importante qu'au-delà du *corpus* commun de règles légales et jurisprudentielles applicable à tout élu local, les garanties des élus ne sont pas uniformes sur l'ensemble du territoire, chaque collectivité pouvant définir des modèles relativement différents.

Le problème peut être celui de *l'effectivité de ses garanties réglementaires*. La logique libérale voudrait que ces prérogatives ainsi instituées soient impératives, qu'elles s'imposent à l'assemblée qui les a décidées, chaque élu pouvant s'en prévaloir vis-à-vis d'elle. Mais on connaît les limites contentieuses du règlement intérieur : le recours contre une délibération transgressant une garantie affirmée par le règlement intérieur ne sera recevable que si cette transgression est constitutive d'un vice substantiel. Il n'est toutefois pas exclu que ce soit le cas (sur le contentieux du règlement intérieur, v. ss 111).

B. Garanties individuelles ou collectives ?

197 ***Distinction des deux types de garanties*** ◊ On distingue les deux types de garanties à leur mode d'exercice. Les garanties individuelles sont celles que chaque élu peut mettre en œuvre personnellement par sa seule volonté. Au contraire, l'exercice des garanties collectives suppose que plusieurs élus s'accordent pour utiliser ensemble, et dans le même sens, la garantie qui appartient à chacun d'eux. Nous verrons que l'interrogation posée ne reçoit pas de réponse unitaire.

1. Logique du régime représentatif

198 L'orthodoxie du système représentatif voudrait que les regroupements d'élus n'aient pas officiellement leur place dans les assemblées. Chaque élu est le représentant de ses électeurs. Son rôle est de contribuer à l'expression d'une volonté locale par sa parole ou par son vote. L'un et l'autre ne relèvent que de sa conscience personnelle.

2. Les groupes d'élus

199 ***Institutionnalisation des groupes d'élus*** ◊ Il semble pourtant que le regroupement politique d'élus devienne de plus en plus inséparable de la pratique délibérative locale moderne. Le système électoral du scrutin de liste développe une tendance naturelle des élus à se réunir par affinités. Mais, au surplus, la loi leur fait une place de plus en plus officielle en leur attachant spécifiquement certaines garanties. En investissant ainsi de plus en plus souvent des groupes d'élus, la loi leur reconnaît un statut. Les garanties propres aux groupes d'élus ont pris un départ tardif en droit des collectivités territoriales, mais l'idée est aujourd'hui en plein essor.

Leur consécration légale trouve son origine dans la loi n° 95-65 du 19 janvier 1995 visant à faciliter le travail des élus en affectant – facultativement – à la disposition des groupes un local de réunion, des moyens de documentation et de communication et, éventuellement, un personnel administratif (CGCT, art. L. 2121-28, L. 3121-24, L. 4132-23).

À défaut d'octroi des moyens matériels légalement prévus, les groupes d'élus ne sauraient recevoir de subvention de la collectivité dans le but de financer tout moyen nécessaire à leur fonctionnement (CE 2 févr. 1996,

Région Alsace, Lebon 761. CAA Marseille, 13 déc. 2004, *Assoc. gestion du groupe Front national du conseil régional PACA, BJCL* 2005. 92, concl. J.-J. Louis).

Il arrive que, sans désigner explicitement un groupe, certaines garanties s'adressent aux « conseillers n'appartenant pas à la majorité » comme c'est le cas pour la disposition d'un local commun (CGCT, art. L. 2121-27) ou d'un espace d'expression dans les bulletins d'information générale (CGCT, art. L. 2121-27-1) dans les communes de plus de 3 500 habitants. Mais, l'exercice de telles prérogatives ne peut qu'être collectif et, d'ailleurs, sur les mêmes objets, les droits départemental et régional n'investissent que les « groupes d'élus » (CGCT, art. L. 3121-24, L. 3121-24-1, L. 4132-23 et L. 4132-23-1).

Dans un sens favorisant l'institutionnalisation des groupes d'élus, la jurisprudence administrative reconnaît la compétence des règlements intérieurs des assemblées locales pour déterminer un effectif minimum des groupes d'élus : CAA Nancy, 4 juin 1998, *Ville Metz c. Masson, LPA* 1er mars 1999, n° 42 p. 9, note R.A. ; *AJDA* 1998. 885, note B.S. ; *RGCT* 1999. 12, concl. P. Vincent. TA Lille, 26 nov. 1998, *Emery c. Cnté urb. Dunkerque, AJDA* 1999. 359, note T. Célérier. TA Paris, 26 mars 1999, *Mame, Dr. adm.* 1999. 126. CAA Marseille, 6 juill. 2004, n° 00MA01374, *X. c. Région PACA*.

De l'intérêt du renforcement des groupes dans les assemblées locales on peut toujours en discuter. L'adhésion à un groupe doit pouvoir rester facultative, mais l'isolement de l'élu diminuerait sa situation politique. Il résulte de cette évolution que l'exercice du mandat local peut prendre un profil différent par lequel l'action individuelle est marginalisée au profit de l'action collective organisée et disciplinée.

200 ***Condition juridique des groupes d'élus*** ◊ Il serait toutefois excessif de mettre en rapport l'importance des groupes d'élus des assemblées locales avec celle des groupes des assemblées parlementaires. Au niveau local, les groupes ne sont pas forcément liés aux grands partis politiques nationaux et leur soubassement idéologique est moins net. Ils se caractérisent de ce fait par une plus grande variété et volatilité. Mais, surtout, et à la différence du droit parlementaire, la procédure d'adoption des délibérations ne leur doit rien, à tout le moins telle qu'elle est légalement organisée. *À ce jour, l'appartenance à un groupe conditionne surtout les moyens matériels d'exercice des mandats* et sert ainsi à mieux mettre en œuvre les prérogatives individuellement reconnues.

Deux précisions complémentaires peuvent être apportées :

– La jurisprudence administrative s'attache toutefois à protéger l'exercice individuel des garanties des élus qui ne relèveraient d'aucun groupe : CAA Nancy, 4 juin 1998, *Ville Metz c. Masson*, préc., à propos de l'illégalité d'une disposition du règlement intérieur prévoyant l'obligation pour les conseillers isolés de désigner un délégué commun seul habilité à s'exprimer en leur nom.

D'ailleurs, s'agissant du prêt d'un local aux élus, deux dispositions du CGCT coexistent pour tenir compte des différentes réalités, la première au profit des élus de la majorité ou de l'opposition constitués en groupe dans les communes de plus de 100 000 habitants (CGCT, art. L. 2121-28), la seconde au profit de l'ensemble des élus de la minorité, qu'ils soient isolés ou appartenant à un groupe (CGCT, art. L. 2121-27). Dans le premier cas, les moyens de fonctionnement sont beaucoup plus considérables. Un élu isolé ne pourra donc prétendre posséder les mêmes garanties que les groupes d'élus (sur l'application de ces dispositions, v. CE 4 juill. 1997, *Leveau*, *Lebon* 282 ; *AJDA* 1997. 584, chron. D. Chauvaux et T.-X. Girardot ; *RFDA* 1997. 819, concl. J.-H. Stahl, se prononçant à fin d'injonction, le juge administratif prend en considération les modifications apportées à la situation de droit ou de fait intervenues depuis la décision annulée de refus du maire) [1] ;

– Les groupes d'élus locaux ne constituant pas des institutions personnalisées, il leur sera difficile de protéger leurs intérêts collectifs. Ils ne peuvent ainsi agir en justice (TA Clermont-Ferrand, 23 févr. 1988, *Chaubard c. Région Auvergne*, *LPA* 18 mai 1988, p. 8, note F. Chouvel). Toutefois, il n'est pas inenvisageable que si le maire refuse de prendre un acte de création d'un groupe, les élus de ce groupe puissent, par la procédure du référé-liberté, obtenir la suspension de cette décision (CE 16 juin 2003, *Hug-Kalinkova*, *Coll. terr.* 2003. 193, note J. Moreau, avec rejet sur le seul fondement du défaut d'urgence).

201 ***Le cas de l'intérêt à agir des membres des assemblées locales*** ◊ Il serait abusif de rapprocher les garanties collectives des élus qui viennent d'être envisagées des *garanties individuelles s'exerçant dans l'intérêt collectif* des membres de l'assemblée. Cette dernière hypothèse vise l'intérêt à agir en justice reconnu à chaque conseiller élu contre les délibérations adoptées irrégulièrement soit parce qu'elles méconnaissent les attributions de l'assemblée, soit son mode de fonctionnement. Par cette action, le conseiller n'agit pas seulement pour la préservation de ses garanties individuelles mais aussi dans l'intérêt général de l'assemblée qui ne doit pas souffrir d'un fonctionnement illicite. D'ailleurs, la recevabilité de son recours est liée à sa qualité de membre de l'assemblée sans que, en opposition avec les principes classiques de l'intérêt à agir, le juge s'interroge sur le point de savoir s'il a été personnellement lésé dans ses droits. Tout se passe alors comme si l'intéressé avait reçu mandat de la collectivité pour agir en son nom et défendre les prérogatives de l'assemblée. Nonobstant, l'action est le fait d'un seul, même si elle a pour but ou pour conséquence la protection des prérogatives des élus minoritaires contre les atteintes qui peuvent leur être portées par la majorité [2]

1. Sur la possibilité pour le maire de réglementer l'accès aux locaux sans pour autant créer un régime d'autorisation préalable : CE 18 oct. 2006, *Cne Houilles*, *BJCL* 2006. 841, concl. E. Glaser.

2. CE 1er mai 1903, *Bergeon et a.*, *Lebon* 323 ; *S.* 1905. II. 1, note M. Hauriou, s'agissant d'une délibération prise en méconnaissance du principe de publicité des réunions.

Plus récemment, l'intérêt à agir des conseillers élus contre une délibération de l'assemblée a été admis sans qu'il soit nécessaire d'invoquer une atteinte portée au statut de l'assemblée délibérante (CE 24 mai 1995, *Ville Meudon, Lebon* 208 ; *BJDU* 1995. 294, concl. G. Bachelier et obs. L. Touvet, à propos du recours de conseillers contre les délibérations du conseil municipal prévoyant la création d'une ZAC ; v. ég. CE 10 juill. 1996, *Coisne, RFDA* 1997. 504, concl. Ch. Chantepy et note J. C.Douence). Cette extension de la jurisprudence pouvait être critiquée comme « trop généreuse » (R. Chapus, *Droit du contentieux administratif*, LGDJ-Montchrestien, 2008, 13e éd., n° 601) en ce qu'elle dissocie la qualité de membre d'une assemblée de l'intérêt de défendre le statut de cette assemblée. Toutefois, la rédaction de la jurisprudence postérieure *Ville Lisieux* revient à des considérations plus classiques : avait intérêt à agir l'élu « qui invoquait sa qualité de conseiller municipal et soutenait que les décisions (litigieuses) avaient été prises en méconnaissance des compétences du conseil municipal » (CE Sect. 30 oct. 1998, *Ville Lisieux, Lebon* 375 ; *RFDA* 1999. 128, concl. J.-H. Stahl, s'agissant de l'illégalité de recrutements d'agents contractuels fait par le maire sans que le conseil municipal n'ait préalablement créé les emplois correspondants) [1].

C. Débiteurs des garanties des élus

202 On désigne par débiteurs des prérogatives offertes aux élus les personnes ou les autorités qui sont liées par ces prérogatives et contre lesquelles pourrait s'exercer leur revendication. Il s'agit de l'assemblée délibérante et de son exécutif. Les garanties des élus créent des obligations à l'égard de ces deux autorités qui ne doivent pas par leurs décisions (obligation négative) ou leur abstention (obligation positive) entraver l'exercice de ces garanties.

C'est particulièrement le cas dans cette seconde hypothèse lorsque les garanties légales ne sont pas directement applicables et réclament l'intervention complémentaire de ces autorités. Ainsi, si le règlement intérieur adopté l'assemblée est un instrument de mise en œuvre de la loi et, qu'en tant que tel, il peut aménager ces garanties dans le cadre de l'organisation du travail délibératif, « c'est sous réserve de ne pas porter atteinte à leur exercice effectif » (CAA Paris, 12 févr. 1998, *Tavernier, AJDA* 1998. 728, concl. Ch. Lambert. CAA Nancy, 4 juin 1998, *Ville Metz c. Masson, AJDA* 1998. 885, note B.S., à propos du droit d'amendement). Les mêmes possibilités et limites s'imposent à l'exécutif dans le cadre de sa mission de président

---

1. CE Ass. 4 avr. 2014, *Dpt du Tarn-et-Garonne, AJDA* 2014. 945, trib. S. Braconnier et 1035, chron. A. Bretenneau et J. Lessi ; *JCP Adm.* 2014, n° 2152, note J.-F. Sestier et n° 2153, note S. Hul ; *BJCL* 2014. 316, note C. Fardet, établissant l'intérêt à agir des conseillers élus pour contester la validité des contrats passés par la collectivité, au besoin en invoquant tout vice entachant le contrat - abandon de la jurisprudence *Martin* (CE 4 août 2005) à leur égard qui leur donnait intérêt à fonder un recours pour excès de pouvoir à l'encontre des actes détachables du contrat.

et d'autorité de police de l'assemblée (par ex. CE 9 déc. 1998, *Élect. président et vice-présidents conseil régional de Rhône-Alpes, RFDA* 1999. 595, concl. J. Arrighi de Casanova, à propos d'une suspension et d'un report de séance interdisant aux élus d'exercer leur garantie d'expression).

C'est toujours de l'action positive de l'exécutif que découle le respect de l'information des élus. Par sa fonction, il est le mieux placé pour détenir l'information et, il doit ainsi s'efforcer de s'instituer en collaborateur de l'assemblée délibérante. L'exécutif devra leur transmettre une information suffisante, compréhensive et ne pourra leur opposer un refus injustifié (par ex. CE Ass. 9 déc. 1973, *Cne Pointe-à-Pitre*, préc., établissant également que les conseillers municipaux doivent demander leurs informations au maire lui-même, et non directement aux employés des services).

Le contentieux relatif à la revendication de ces garanties tend à développer un phénomène de différenciation entre les diverses composantes des institutions locales - majorité/opposition, délibératif/exécutif - que la pratique soudait en une unité fonctionnelle. Nonobstant la position centrale de l'exécutif, l'unité politique de la collectivité, le rôle respectif de ces diverses composantes apparaît délimité de façon plus précise. C'est ainsi sur une tendance à la séparation des pouvoirs, qui n'était pas inscrite dans les textes d'origine, que peut prendre appui l'essor de la démocratie locale.

D. Invocabilité des garanties des élus

203 Deux possibilités méritent d'être dissociées. L'invocabilité dans le cadre général du recours pour excès de pouvoir qui est ouvert à tous et l'invocabilité dans le cadre du référé-liberté réservé à l'initiative des élus intéressés.

1. Invocabilité dans le cadre du recours pour excès de pouvoir

204 Les règles du principe de légalité s'imposent à toute autorité locale. Le juge administratif est amené à assurer le respect de ces règles, notamment par la voie du recours pour excès de pouvoir. Profitant du libéralisme du juge pour admettre largement ce recours, les personnes pouvant se prévaloir de la violation des garanties des élus sont particulièrement nombreuses. Il faut voir que, de façon générale, les atteintes portées aux prérogatives des élus sont de nature à entacher d'illégalité les délibérations subséquentes. Ces prérogatives forment, en effet, un élément de la légalité des délibérations de l'assemblée ou des décisions de l'exécutif. *Ainsi, au-delà du cercle des élus, le préfet et les contribuables locaux peuvent invoquer la protection des garanties des élus* comme moyen de légalité à l'encontre des actes des collectivités locales contre lesquels ils ont intérêt à agir. Ils se font ainsi les gardiens indirects de la démocratie locale. La protection des élus s'en trouve renforcée. Mais, l'état du droit ne procède en rien d'une considération propre portée sur la valeur démocratique des délibérations locales. Il

s'établit, dans le cadre du contentieux objectif de l'excès de pouvoir, au profit du principe de légalité qui impose la conformité au droit de toutes les activités publiques et, cela bénéficie nécessairement aux garanties des élus.

205 ***Invocabilité par les élus*** ◊ Tout d'abord, il n'y a plus lieu de douter depuis longtemps que l'élu qui réclame la reconnaissance d'une garantie personnelle ait un intérêt lui donnant qualité pour agir devant le juge administratif, soit contre la décision méconnaissant cette garantie, soit contre la délibération prise en méconnaissance de celle-ci (CE 1er mai 1903, *Bergeon, Lebon* 323 ; S. 1905. II. 1, note M. Hauriou, à propos du recours des conseillers municipaux contre le refus du maire de discuter en réunion publique d'affaires portées à l'ordre du jour mais préalablement débattues dans le cadre d'une commission générale du conseil).

Pour évidente qu'elle paraisse aujourd'hui, cette solution a néanmoins dû vaincre une résistance d'origine consistant à concevoir les assemblées locales comme des corps indivisibles. Il en résultait que les conseillers ne pouvaient justifier d'aucun intérêt personnel, distinct de l'assemblée, pour agir en tant que parties intéressées de cette assemblée. Leur condition juridique était nécessairement collégiale (par ex. CE 22 nov. 1889, *Feuillerat*, *S*. 1892. III. 11).

On a même vu, depuis, que la solution de la jurisprudence *Bergeon* avait fait l'objet d'une extension considérable : tous les conseillers élus peuvent être reconnu comme ayant intérêt à agir contre les délibérations auxquelles ils ont participés *sans qu'ils aient été personnellement lésés*. Ils n'agissent plus alors seulement dans leur intérêt personnel, mais dans l'intérêt collectif de la minorité contre l'assemblée elle-même ou de l'assemblée contre son exécutif (CE 4 août 1905, *Martin*, *Lebon* 749, concl. J. Romieu ; *S*. 1906. III. 49, note M. Hauriou ; *RD publ.* 1906. 249, note G. Jèze, à propos du recours d'un conseiller général contre la délibération du conseil général concédant l'exploitation d'un service de tramways fondé sur la méconnaissance de l'information des membres de l'assemblée).

Dans le même ordre des choses, l'intérêt à agir du conseiller élu doit s'apprécier au moment où la délibération litigieuse a été adoptée (CE 29 juin 1994, *Agard, Lebon* 339, le conseiller n'exerçait plus son mandat au moment de l'introduction de la requête).

La jurisprudence *Martin* signale son libéralisme en ce qu'elle soustrait l'élu requérant à la justification d'un intérêt personnel et direct pour agir. Sa qualité de membre de l'assemblée suffit. Le bénéfice de cette jurisprudence n'est pas cependant réservé aux cas où les garanties des élus sont en cause. Il s'étend au respect de toute règle relative au statut de l'assemblée qui aurait été méconnue (par ex. CE Sect. 30 oct. 1998, *Ville Lisieux, Lebon* 375 ; *RFDA* 1999. 128, concl. J.-H. Stahl, s'agissant de la méconnaissance de la compétence du conseil municipal par le maire à propos du recrutement d'agents contractuels).

Manifestant de manière particulièrement libérale la solution de la jurisprudence *Martin* dans le cas où l'élu requérant avait pourtant voté en faveur de la délibération attaquée, v. TA Lyon, 8 mars 1994, n° 93-01430, *Decombaz* [1].

La solution connaît une portée bien plus considérable aujourd'hui avec la reconnaissance de l'intérêt à agir des conseillers élus directement à l'encontre des contrats conclus par leur collectivité : CE, ass., 4 avr. 2014, *Dépt du Tarn-et-Garonne*, v. ss 201, – et non plus de leurs actes détachables.

206 ***Invocabilité par les contribuables locaux*** ◊ C'est une solution classique : ceux qui invoquent le fait qu'ils sont contribuables de la collectivité territoriale peuvent demander l'annulation des décisions susceptibles de provoquer des dépenses à la charge de cette collectivité et donc d'accroître leurs obligations fiscales. Rien ne leur interdit, à l'appui d'un recours contre de telles décisions, de se fonder sur la transgression des garanties des élus. Le respect de ces garanties s'agrège aux éléments de régularité externe des décisions des collectivités. Les contribuables peuvent donc s'estimer indirectement les victimes du non-respect de ces garanties.

Il faut toutefois minorer la possibilité offerte aux contribuables par deux considérations. D'une part, ceux-ci, en ce qu'ils sont extérieurs à l'assemblée délibérante, ne sont pas les mieux placés pour être au fait de ce qu'il s'y passe. D'autre part, on connaît la difficulté à appeler le juge à se prononcer sur la transgression de règles qui trouvent leur fondement dans le règlement intérieur des assemblées délibérantes (v. ss 111).

207 ***Invocabilité par le préfet*** ◊ Le préfet est l'autorité exerçant la tutelle de l'État sur les actes des collectivités territoriales. Il a reçu mandat pour déférer au juge administratif les décisions des collectivités qu'il estime illégales. Il n'y a pas à douter que la violation des garanties reconnues aux élus pourra constituer un moyen de légalité à l'appui du déféré préfectoral. Le préfet peut agir soit d'office, soit sur demande d'un intéressé (« toute personne morale ou physique lésée » selon les termes du CGCT, art. L. 2131-8).

Il faut souligner que le préfet est seul recevable à agir contre les délibérations des assemblées à caractère préparatoire ou constitutive d'un vœu. Il s'agit d'une exception, voulue par la loi, après l'abandon de la jurisprudence traditionnelle qui autorisait tout intéressé à attaquer en excès de pouvoir de telles délibérations ne faisant pas grief (CE Ass. 15 avr. 1996, *Synd. CGT des hospitaliers de Bédarieux*, *Lebon* 130 ; *AJDA* 1996. 405, chron. J.-H. Stahl et D. Chauvaux ; *RFDA* 1996. 1169, concl. J.-D. Combrexelle. CE Sect. 29 déc. 1997, *SARL ENLEM*, *Lebon* 500 ; *RFDA* 1998. 553, concl. L. Touvet). La sanction de la violation des prérogatives des élus à l'occasion de l'adoption de telles délibérations doit donc emprunter cette voie de droit exclusive.

1. Sur tous ces points, v. ss 201, l'intérêt à agir des membres des assemblées locales.

2. Invocabilité dans le cadre du référé-liberté (CJA, art. L. 521-2)

208 ***Une procédure d'exception*** ◊ Le référé-liberté permet de saisir le juge administratif pour qu'il ordonne en urgence toutes mesures nécessaires « à la sauvegarde d'une liberté fondamentale » à laquelle l'administration, « dans l'exercice de ses pouvoirs », aurait porté « une atteinte grave et manifestement illégale ». Ainsi défini, le référé-liberté à vocation à demeurer une *procédure d'exception* : son champ d'application est étroitement borné aux hypothèses d'actes ou d'agissements qui mettraient considérablement en cause une liberté caractérisée comme fondamentale. Le référé-liberté ne doit donc prétendre concurrencer ni le référé en suspension d'une décision administrative qui fait figure de procédure d'urgence ordinaire pour rétablir l'intéressé dans ses droits, ni les recours au fond garants d'une meilleure justice.

Le caractère énergique de cette procédure se manifeste particulièrement par l'étendue des pouvoirs du juge. Celui-ci peut prendre, dans les plus brefs délais, toute mesure utile à la sauvegarde d'une liberté (injonction, astreinte, interdiction préventive...).

209 ***Les conditions substantielles du référé-liberté*** ◊ Le contentieux de l'urgence introduit par les conseillers minoritaires est important. Mais, au vu de l'expérience jurisprudentielle, la possibilité de faire cesser les atteintes à leurs garanties par la procédure du référé-liberté n'est pas évidente. Elle ne peut aboutir qu'au terme d'un parcours d'obstacles. Cela tient à la difficulté de satisfaire cumulativement aux conditions substantielles exigées par cette procédure. Parmi elles, la reconnaissance d'une liberté fondamentale par le juge de l'urgence pose le plus d'intérêt théorique :

1. Garanties des élus et « libertés fondamentales ». Peut-on identifier les garanties d'information, d'expression, d'amendement, de contrôle ou de participation dont les élus locaux sont titulaires à des « libertés fondamentales » au sens de l'article L. 521-2 CJA ? Trois considérations peuvent éclairer l'issue de cette question :

a) En l'état du droit, la correspondance entre les deux catégories est plus supposée que posée. Le fait que le Conseil d'État n'entende pas forcément établir un lien, explicite ou implicite, entre une telle liberté fondamentale et la Constitution est propice à la consécration de ces garanties d'origine légale ou jurisprudentielle.

b) Au sein de ces garanties, il semble permis de réserver le cas de la *liberté d'expression* des élus. Sa consécration au titre du référé-liberté ne fait plus question. Sans doute, en lui accordant sa protection au titre du référé-liberté, le juge introduit son contrôle dans le fonctionnement interne d'une assemblée administrative. Mais il le fait, avant tout, pour faire droit aux libertés les plus essentielles que chaque individu tire des exigences fondamentales de la Constitution (art. 11 DDH), ces libertés trouvent-elles ici un terrain d'application particulier. Le même raisonnement vaut pour « la liberté d'exercice de leurs mandats par les élus locaux » associé à la garantie constitutionnelle du secret de la correspondance qui ont le caractère de liberté fondamentale (CE 9 avr. 2004, *Lionel X*, 1re esp. et *Vast c. Cne Drancy*, 2e esp., *Lebon* 173 ; *Dr. adm.* juin 2004. 28, note M. Lombard, obtention du référé-liberté à propos de la décision injustifiée du maire de faire ouvrir tous les courriers adressés aux adjoints).

Sur la dissociation entre les droits des élus minoritaires et la liberté fondamentale d'expression garantie aux élus, v. concl. L. Touvet sur *Cne Venelles*, *RFDA* 2001. 387.

La rédaction de l'arrêt *Commune de Vennelles* laissait déjà penser que le juge administratif avait implicitement reçu la demande des élus tendant à la protection de leur liberté d'expression même si, en l'espèce, il ne pouvait leur accorder satisfaction au regard des autres conditions qu'exige la procédure (CE Sect. 18 janv. 2001, *Cne Venelles et Morbelli*, *Lebon* 18, concl. L.Touvet ; *AJDA* 2001. 153, chron. M. Guyomar et P. Collin ; *RFDA* 2001. 378, concl. et 681, note M. Verpeaux ; *LPA* 12 févr. 2001, n° 30 p. 15, note N. Chahid-Nouraï et C. Lahami-Depinay ; *RD publ.* 2002. 753, obs. C. Guettier, s'agissant du refus du maire de convoquer le conseil municipal en vue de délibérer sur la désignation des délégués municipaux au conseil de la communauté d'agglomération).

La réception de cette garantie dans le contentieux du référé-liberté n'est plus discutable, même si cette garantie n'est pas formalisée en tant que telle dans la rédaction des ordonnances de référé. Cette réception permet néanmoins aux élus minoritaires de revendiquer, en urgence, l'application de toutes les dispositions légales - ou du règlement intérieur pris sur habilitation légale - qui peuvent être interrprétées comme allant dans le sens d'une telle garantie. C'est le cas, par exemple, pour la réservation d'un espace d'expression au profit des élus minoritaires dans les bulletins d'information locale (par ex. CE 28 févr. 2003, *Cne Pertuis*, *Lebon* 68 ; *AJDA* 2003. 1171, note P. Cassia et A. Béal. CAA Nancy, 14 avr. 2005, *Cne Clouange c. Schutz*, *AJDA* 2005. 1683, note L. Janicot).

c) Il est tout aussi certain que les garanties des élus minoritaires ne constituent pas un élément de *la libre administration des collectivités territoriales*. Il n'aurait pas été impensable de considérer qu'en dépit de leur origine légale elles s'agrègent au principe de libre administration consacré au titre de l'article L. 521-2 CJA dans le même arrêt *Commune de Venelles*. De telle manière que c'est sous couvert de la libre administration que le juge de l'urgence accorderait sa protection à ces garanties. Mais, quoi qu'on en pense, celui-ci n'a pas suivi cette voie en adoptant une conception stricte du principe de libre administration. Il en réserve les effets aux relations entre les collectivités et les autres personnes publiques (État, EPCI ou autres collectivités territoriales). Ce faisant, il exclut de connaître des « rapports internes » à l'administration locale sur ce fondement supérieur.

La jurisprudence postérieure n'a pas changé d'orientation (CE 24 janv. 2002, *Cne Beaulieu-sur-Mer*, *Lebon* 873 ; *LPA* mars 2002, n° 53, note N. Kattiney, s'agissant de l'inclusion, non manifestement irrégulière, d'une commune contre son gré au sein d'une communauté d'agglomération. CE 12 juin 2002, *Cne Fauillet, Lebon* 215 ; *AJDA* 2002. 590, chron. F. Donnat et D. Casas, sur l'intégration anticipée d'une commune au sein d'une communauté d'agglomération, CE, 23 oct. 2012, *Cne de Gignac-la-Nerthe, AJDA* 2013. 740, note N. Ferreira, à propos d'une convocation à tort supposée irrégulière à une réunion du conseil municipal).

2. Atteinte grave et manifestement illégale. Il s'agit d'une double condition réductrice à laquelle est soumis le succès d'une demande de référé-liberté. À cet égard, on ne peut pas considérer que toute atteinte à une liberté fondamentale la désigne comme grave en soi. Il faut plus. Et, cette orientation générale dans l'interprétation de cette condition du référé-liberté est de nature à limiter l'intérêt de la procédure à l'égard des élus.

Qu'on en juge : dans l'arrêt *Commune de Venelles* le refus illégal de convocation du conseil municipal pour désigner les délégués à la communauté d'agglomération n'a pas même pu constituer une atteinte à la liberté d'expression des élus, ceux-ci ayant été en mesure de faire valoir leur opinion par ailleurs. Finalement, c'est par la voie la plus classique du référé-suspension (art. L. 521-1 CJA) que les intéressés ont pu obtenir satisfaction (CE 5 mars 2001, *Saez et a., Lebon* 117).

En cas d'irrégularité maximale, il ne faut pas exclure la protection des garanties des élus par l'intervention du juge judiciaire. C'est le cas lorsque celui-ci est amené à faire cesser une *voie de fait* qui serait constituée *par une atteinte particulièrement grave au mandat des conseillers élus et insusceptible de se rattacher à un pouvoir administratif* (TA Papeete, 26 févr. 1992, *Vernaudon*, préc., voie de fait constituée par la fermeture des portes de l'assemblée territoriale de Polynésie française par son président dans le but d'empêcher les conseillers de siéger sur convocation du Haut-commissaire de la République).

3. Urgence. Cette condition est naturelle à tous les « référés d'urgence ». Elle fait cependant l'objet d'une interprétation qui lui est propre dans le cadre du référé-liberté où l'urgence invoquée doit être particulièrement caractérisée pour être retenue : elle doit s'apprécier au regard du délai très bref (48 heures normalement) dans lequel le juge statue. C'est une manifestation supplémentaire du caractère exceptionnel du recours au référé-liberté [1].

---

1. V. V. Haïm, « Référé-liberté et administration des collectivités territoriales », *AJDA* 2005. 810. De manière particulièrement motivée, v. CE 23 févr. 2003, *Cne Pertuis*, préc., non reconnaissance de l'urgence à propos de la demande de modification des dispositions du règlement intérieur organisant l'expression des élus minoritaires dans le bulletin d'information municipal devant paraître prochainement, CE 6 avr. 2007, *Cne Saint-Gaudens, Lebon* 1015 ; *BJCL* 2007. 555, obs. L. Janicot, solution identique. V. ég. Non reconnaissance de l'urgence : CE 16 juin 2003, *Hug-Halinkova, Coll. terr.* 2003. 193, à propos du refus d'un maire de constater la création d'un groupe d'élus.

E. Sanction des garanties des élus

210 ***Des garanties-fonction*** ◊ Titulaires de leurs prérogatives, les élus doivent pouvoir en user comme bon leur semble. C'est la conséquence de leur caractère personnel ou collectif. Ces prérogatives agissent comme des libertés, des possibilités de choix dans l'ordre de la réflexion et de l'action. Et, puisqu'elles s'imposent au respect de la majorité ou de l'exécutif, ceux-ci ne peuvent les détourner de leur vocation et empêcher le libre jeu de la représentation politique. Ces prérogatives entraînent d'ailleurs pour eux autant une obligation négative de ne pas contrarier leur exercice, qu'une obligation positive de mise en œuvre pour qu'elles se réalisent concrètement (questions orales, possibilité d'expression dans un bulletin d'information...).

Cependant, le régime de ces garanties est ici restrictif : le droit positif les limite en les assignant à la poursuite d'une finalité, d'une direction à suivre dans leur exercice. En effet, ces garanties ne valent qu'à l'intérieur d'un cadre institutionnel. Alors, elles se placent au service du fonctionnement normal de la collectivité territoriale qui ne pourra être sacrifiée à leur épanouissement. De telle manière que l'exercice de ces garanties entraîne des obligations et n'a de raison d'être qu'au regard de l'intérêt général de la collectivité. C'est dire que leur justification passe par le respect de cette finalité supérieure qui prime tout et *interdit toute conception absolue de ces garanties*. Ce sont des garanties-fonction qui relèvent de l'ordre des moyens au service du bon fonctionnement de la collectivité.

211 ***Sanction aléatoire du juge administratif*** ◊ Cette conception des garanties des élus n'est pas imputable à la loi, à la formulation même des garanties qu'elle énonce et qui contiendrait cette orientation. On la doit plutôt au juge administratif appelé à trancher un conflit de règles. En cas de contrariété entre les règles d'organisation et d'action de la collectivité et les garanties reconnues aux élus, ces dernières ne l'emportent pas toujours. Leur transgression ne reçoit pas systématiquement de sanction.

Ainsi, à propos de l'information sur les affaires de la collectivité qu'est en droit d'exiger tout conseiller général (CGCT, art. L. 3121-18), le Conseil d'État pose, dans une formule de principe, qu'il appartient au président du conseil général « de s'assurer *qu'aucun motif d'intérêt général* ne fait obstacle » à une telle communication (CE Ass. 27 mai 2005, *Dpt Essonne, Lebon* 229 ; *AJDA* 2005. 1450, chron. C. Landais et F. Lenica ; *JCP Adm.* 2006. 1246, concl. M.-H. Mitjaville ; *RD publ.* 2006. 605, étude S. Le Guilcher ; *Rev. Trésor* 2005. 715, note J.-L. Pissaloux ; *BJCL* 2005. 1363, concl. et obs. J.-C.B. ; *D.* 2005. 2425, note B. Blanchard, s'agissant de l'impossibilité légale de communiquer des études d'avocat faites pour le compte du département et couvertes par le secret professionnel - avec un contrôle normal des motifs du refus de communication. V. ég. CE Ass. 27 mai 2005, *Cne Yvetot, JCP Adm.* préc. Également, sur les dispositions du juge à admettre que la liberté d'expression des élus de l'opposition dans un bulletin municipal ne s'exerce pas si elle est de nature à troubler l'ordre public : CAA Nancy, 14 avr. 2005, *Cne Clouange c. Schutz, AJDA* 2005. 1683, note L. Janicot).

De façon générale, le juge administratif ne s'attachera à sanctionner le non-respect d'une garantie qu'au vu des conséquences de cette irrégularité sur le fonctionnement normal de la collectivité. La violation des droits peut ainsi présenter selon les cas un caractère soit substantiel, soit accessoire, et n'entraînera l'annulation de l'acte fautif que dans la première hypothèse (par ex., CE 31 juill. 1996, *Tête, Lebon* 325 ; *RFDA* 1996. 1042, ne constitue pas un vice substantiel le refus de mettre aux voix l'amendement d'un conseiller en raison du fait que sa proposition avait été préalablement discutée et rejetée).

L'orientation de la jurisprudence est particulièrement nette dans le contentieux du référé-liberté (par ex., CE Sect. 18 janv. 2001, *Cne Venelles et Morbelli*, préc., le refus du maire de convoquer le conseil municipal en contradiction avec les dispositions de l'article L. 2121-9 CGCT ne saurait porter atteinte à la liberté d'expression des élus minoritaires dans la mesure où ceux-ci avaient déjà eu l'occasion d'exposer leur point de vue).

Le souci d'équilibre dont fait preuve le juge administratif s'explique essentiellement pour des raisons d'efficacité administrative. La sanction automatique de la moindre atteinte aux prérogatives des élus ferait obstruction au travail délibératif et se retournerait contre les intérêts de la collectivité. D'autant plus, qu'il ne faut pas exclure ici l'idée « d'abus de droit » par laquelle les élus minoritaires feraient un mauvais usage de leurs prérogatives à l'égard de l'ensemble de la collectivité en s'opposant systématiquement à la voix de la majorité. Il est possible que s'ajoute à cela la considération implicite que ces garanties sont une conquête encore trop récente pour bouleverser les équilibres jurisprudentiels traditionnels. Par surcroît, ces garanties intéressent surtout le cercle de l'ordre intérieur des assemblées locales quand bien même leurs délibérations produisent effet au-delà.

212 ***Conclusion : droits ou garanties ?*** ◊ Pour rendre compte de la condition juridique des élus, nous avons préféré l'expression de garantie à celle de droit, pourtant généralement pratiquée. Il n'y a pas lieu d'opposer outre mesure les deux termes qui désignent, de façon générale, toute faculté, liberté ou protection reconnue par le droit aux personnes. Toutefois, la qualification de garantie des élus, en étant plus indéterminée dans ses conditions, paraît propice à mieux caractériser la situation juridique de l'élu. Si extensivement qu'on conçoive les droits on ne peut les étirer jusqu'à recouvrir l'ensemble des garanties juridiques. Les droits doivent faire l'objet d'un statut particulier pour accéder à cette qualité, statut auquel ne se conforment qu'imparfaitement les règles ici en cause, ce qui ne va pas sans dévalorisation de l'objet que nous avons observé.

Ces garanties, issues d'un appareil de sources composite, peuvent être établies par la voie réglementaire, ce qui, au contentieux pose le problème de leur invocabilité par les intéressés eux-mêmes. L'évolution vers l'exercice collectif de ces garanties trahit leur vocation institutionnelle. Leur protection n'emprunte pas nécessairement des voies spéciales réservées à leurs bénéficiaires puisqu'elle profite du contentieux objectif de l'excès de pouvoir ouvert à tous. Dans le cadre de ce contentieux, les restrictions infligées aux garanties des élus ne seront pas soumises au contrôle approfondi du juge. De façon générale, la sanction de leur transgression reste aléatoire en raison du fait que leur usage suggère une finalité déterminée au service de la collectivité. De telle manière que ces prérogatives entretiendraient plus de traits communs avec les « garanties institutionnelles » du droit allemand qu'avec la théorie générale des droits fondamentaux. Les expressions choisies par le législateur, et c'est le cas de celle de « droits des élus au sein des assemblées locales » (titre II, chap. III, L. n° 92-125, 6 févr. 1992), résultent parfois de choix délibérés dans l'intérêt d'ennoblir l'objet de ses attentions. Mais, l'affirmation tient alors plus du slogan politique que de la parfaite réalité juridique. Son utilisation courante en doctrine et dans la jurisprudence doit apparaître surtout comme justifiée par commodité de langage.

Ces éléments posés, il convient d'envisager à présent la garantie d'information des élus, puis leur garantie d'expression.

§ 1. Garantie d'information des élus

213 ***Nécessité de l'information des élus*** ◊ Il est mieux de délibérer en pleine connaissance de cause. L'information de chaque conseiller élu est une base, une exigence première, sur laquelle doit reposer le bon exercice de la fonction délibérante d'une assemblée démocratique. Ainsi, pour que les élus puissent exercer pleinement leur liberté de proposition, de discussion et de vote, il convient qu'ils disposent de tous les renseignements que l'exécutif détient par sa fonction. L'information remplit une seconde fonction : indispensable aux initiatives des élus, elle sert également le contrôle, par l'assemblée délibérante, de l'exécution des délibérations, l'exécutif, excepté dans l'exercice de ses pouvoirs propres, ne devant agir que « sous le contrôle de l'assemblée ».

C'est dire qu'en matière d'information une « collaboration confiante » (M. Waline) doit s'instituer entre l'exécutif et l'assemblée délibérante. Et ceci d'autant mieux que, dans un contexte où les régimes électoraux ont été redéfinis pour favoriser des majorités homogènes autour de l'exécutif, la rétention des informations et le secret sont une tentation dont pourraient souffrir les élus minoritaires. C'est pourquoi, la loi s'est efforcée d'installer officiellement cette collaboration entre l'exécutif et l'assemblée autour d'un système général de garanties. L'économie du système mis en place repose sur la juxtaposition d'une affirmation générale du « droit à l'information » des élus lié aux délibérations (A) et de la détermination de garanties spécifiques (B).

A. Affirmation générale d'une garantie d'information

214 ***Fondement légal*** ◊ L'obligation d'informer les élus fait l'objet d'une proclamation générale du législateur : « tout membre du conseil municipal (général ou régional) a le droit, dans le cadre de sa fonction, d'être informé des affaires de la commune (département ou région) qui font l'objet d'une délibération » (CGCT, art. L. 2121-13, L. 3121-18 et L. 4132-17). Par cette affirmation, qu'on doit à la loi n° 125-92 du 6 février 1992, il s'agissait de consacrer les progrès récents accomplis par la jurisprudence. Il s'agissait également d'aligner la législation communale sur celle du département et de la région pour lesquelles un tel principe avait cours depuis les lois du 10 août 1871 et 5 juillet 1972. De telle manière que ces dispositions légales ont une portée plus déclarative qu'innovante et dont les effets doivent être interprétés au vu des acquis jurisprudentiels.

215 ***Origine jurisprudentielle*** ◊ Le droit municipal - à la différence des droits départemental et régional - n'a, pendant longtemps, contenu aucune disposition relative à l'information des conseillers municipaux. L'information était dispensée pendant les réunions de l'assemblée et sur les questions portées à l'ordre du jour. Toute contrainte exagérée aurait paru peu supportable au fonctionnement d'une assemblée administrative. On doit aux efforts du juge administratif le comblement progressif de cette lacune.

- Une première avancée importante résulte de la jurisprudence *Commune de Pointe-à-Pitre* (CE Ass. 9 nov. 1973, *Lebon* 631 concl. J. Théry ; *AJDA* 1974. 93, chron. M. Franc et M. Boyon ; *RD publ.* 1974. 1143, note M. Waline) en vertu de laquelle tout membre d'une assemblée municipale doit, en cette qualité, être informé des affaires soumises à cette assemblée et ceci, en dehors même du déroulement de ses réunions. Toutefois, la règle ainsi posée contenait cette restriction que les élus devaient obtenir du maire cette information, n'ayant aucun titre individuel à intervenir dans l'administration de la commune pour obtenir directement des services municipaux les documents ou renseignements autres que ceux dont la loi prévoyait la communication. Ces élus ne disposaient donc pas d'une garantie d'information *supérieure à celle de tout habitant de la commune.* Leur information était finalement décidée dans les conditions établies par le maire. Celui-ci se voyait tout de même soumis au contrôle du juge administratif vérifiant qu'il ne plaçait pas les élus dans une situation moins favorable que le simple habitant.

La solution vaut toujours s'agissant de l'information générale que les conseillers élus souhaitent obtenir à titre individuel. L'évolution du droit, leur permettra, comme tout habitant, de fonder sur des textes généraux l'approfondissement de leur information. En ce sens, la loi du 17 juillet 1978 relative à la liberté d'accès aux documents administratifs étend le cercle des documents communicables. Elle se révèle cependant insuffisante, notamment en ce qu'elle écarte de son champ d'application les documents préparatoires d'une décision à venir, documents qui sont les plus utiles à leur information. En cela, elle ne pouvait servir de complément utile aux dispositions de l'article L. 2121-26 CGCT prévoyant l'obligation de communication à tout intéressé des procès-verbaux du conseil, du budget, des comptes ou des arrêtés municipaux, donc de documents définitifs.

- Une avancée supplémentaire permettra d'élargir le principe d'information des conseillers pour toute affaire sur laquelle ils sont appelés à délibérer (CE 29 juin 1990,

Cne Guitrancourt c. Mallet et a., Lebon 608 ; *LPA* 1990, n° 113, p. 19 et 1991, n° 22, p. 12, note F. Chouvel). Désormais, la garantie d'information des élus *se dissocie de celle des habitants et la dépasse* : les élus devront être *préalablement* informés de tout dossier qui sera mis en délibération, le juge administratif sanctionnant les refus injustifiés du maire. Cette jurisprudence institutionnalise le principe d'un délai de réflexion suffisant. Ainsi, les projets de délibération et les documents préparatoires ne sauraient être distribués en début de séance si les conseillers en ont demandé communication avant. L'exercice de cette garantie était cependant subordonné à la demande préalable d'un élu. De telle manière qu'il ne s'agissait pas encore d'une fonction d'information du maire qui serait mis automatiquement à sa charge.

216 ***Champ d'application de la garantie d'information*** ◊ En première lecture, la formulation des articles L. 2121-13, L. 3121-18 et L. 4132-17 paraît aussi inconditionnée que possible. Toutefois, en précisant que l'élu doit être informé des affaires de la collectivité « qui font l'objet d'une délibération », cette garantie contient une restriction. Elle ne crée une obligation que dans le cadre du travail délibératif auquel les élus sont appelés à participer et qui constitue la raison d'être de leur mandat. C'est dire que l'information est indissociable de la délibération.

Il ne faut pourtant pas s'en tenir à une lecture restrictive de ces articles. Outre le fait qu'ils consacrent l'œuvre jurisprudentielle, ils jouent, au-delà, le rôle d'une norme d'habilitation complémentaire sur le fondement de laquelle le juge administratif peut appuyer une extension de l'obligation d'informer.

1. Information avant la délibération (CGCT, art. L. 2121-13 *stricto sensu*). La solution s'inscrit dans le droit fil des avancées de la jurisprudence. L'information préalable est le domaine d'élection de la garantie d'information des élus. Elle est aujourd'hui couverte par l'obligation légale de l'article L. 2121-13 CGCT. Il en résulte que les élus doivent pouvoir se faire communiquer de l'exécutif, avant chaque réunion de l'assemblée délibérante, les projets de délibération et les documents préparatoires.

Toutefois, cette obligation pouvait souffrir de son statut. Qu'il soit jurisprudentiel ou qu'il émane d'une proclamation générale par la loi, il ne peut livrer à l'avance aucun contenu qui en déterminerait un régime contraignant s'imposant à l'exécutif de la collectivité. C'est pourquoi, la loi a complété l'état du droit par des dispositions spécifiques qui le mettent en œuvre. Dans la commune, « une note explicative de synthèse sur les affaires soumises à délibération doit être adressée avec la convocation des membres du conseil municipal » (CGCT, art. L. 2121-12 al. 1 issue de l'art. 30-III L. 6 févr. 1992 et applicable dans les communes de 3 500 habitants). Dans le département ou la région, « douze jours au moins avant la réunion du conseil général (ou régional), le président adresse aux conseillers généraux (ou régionaux) un rapport, sous quelque forme que ce soit, sur chacune des affaires qui doit leur être soumise » (CGCT, art. L. 3121-19 et L. 4132-18 tels que résultant des art. 125-II et 125-III L. n° 04-809, 13 août 2004) [1].

1. Sur le régime de ces dispositions, v. ss 117.

2. Information pendant la délibération (CGCT, art. L. 2121-13 *lato sensu*). Il est possible que l'information préalable des élus telle qu'elle est organisée par la loi sous forme de note explicative de synthèse ou de rapport préalable, ne suffise pas à éclairer suffisamment leur jugement. Alors une *information complémentaire* doit soutenir l'information préalable. C'est pourquoi, la jurisprudence a appuyé sur une lecture constructive de l'article L. 2121-13, l'obligation, pendant la réunion, de communiquer aux élus les pièces et documents nécessaires au complément de leur information (CE 23 avr. 1997, *Ville Caen c. Paysant, Lebon* 158 ; *AJDA* 1997. 518, concl. V. Pécresse, s'agissant de la possibilité de consulter, pendant la réunion, les documents financiers annexés au projet de convention déléguant la gestion du stationnement de la ville ; voir également, CAA Paris, 3 juill. 2001, *Voiret, RFDA* 2001. 1352).

3. Information après la délibération (CGCT, au-delà de l'art. L. 2121-13). Si l'information des conseillers dans le cadre des délibérations est nécessaire au plein exercice de leur pouvoir délibérant, tout aussi importante est la nécessité d'une telle information pour le *contrôle*, par l'assemblée, de la façon dont l'exécutif s'est acquittée de l'exécution des délibérations. Ce contrôle prend consistance à partir de dispositions spécifiques du CGCT.

À ce titre, l'assemblée délibérante doit, chaque année, arrêter les comptes de la collectivité en votant sur le *compte administratif* présenté par l'exécutif et le *compte de gestion* établi par le comptable de la collectivité (CGCT, art. L. 1612-12). En récapitulant l'ensemble des opérations administratives et comptables, ces comptes résument l'ensemble de la gestion financière de la collectivité.

Il est également prévu que, chaque année, le président du conseil général ou régional rende compte à son assemblée de la situation de la collectivité, de l'activité et du financement des différents services de la collectivité et de leurs organismes. Ce rapport doit également préciser l'état d'exécution des délibérations et la situation financière de la collectivité (CGCT, art. L. 3121-21 et L. 4132-19).

Mais pour important qu'ils soient, ces contrôles ne s'exercent qu'une fois par an et ne présentent pas, en cela, un caractère suffisant. Il faut, toutefois, prendre en compte des procédures qui ont été récemment mises en vigueur dans l'intérêt, tout au long de l'année, d'exiger de l'exécutif des explications et justifications sur tout acte d'exécution des délibérations. Il s'agit de la pratique des *questions orales* posées à l'exécutif (CGCT, art. L. 2121-19, L. 3121-20 et L. 4132-20) et des *missions d'information et d'évaluation* pour recueillir des éléments d'information sur toute question de l'intérêt de la collectivité ou pour procéder à l'évaluation du service public à la charge de la collectivité (CGCT, art. L. 2121-22-1 ; L. 3121-22-1 et L. 4132-21-1) [1].

Au total, il y a lieu d'adopter un regard synthétique sur les garanties d'information des élus locaux. Tout se passe comme s'ils disposaient d'une *possibilité quasi-générale d'information* sur toutes les affaires de la collectivité qui ne sont pas étrangères à la fonction délibérante de l'assemblée. L'ensemble des dispositions du CGCT qui concourent, à des titres divers, à l'information des élus ne sont que des points d'appui ponctuels d'une fonction s'imposant à l'exécutif. L'exercice de cette fonction ne va sans

1. Sur ces procédures, v. ss 220 s.

doute pas sans marge d'appréciation ni limite. Les assemblées locales ne sont pas permanentes et la garantie d'information de leurs membres portera sur les affaires en cours qui sont soumises à ces délibérations. À ce titre, l'exécutif sera en droit d'opposer son refus à toute demande qui ne porterait pas sur une affaire soumise à la délibération de l'assemblée (par ex. CE Ass. 27 mai 2005, *Cne Yvetot*, préc., à propos du refus justifié de communiquer des consultations juridiques relatives à la situation juridique de deux agents de la commune). L'information reste un élément de la délibération. Mais, sur cette base, et sachant que l'assemblée exerce la compétence de droit commun dans la collectivité, rien d'important ne doit échapper à la connaissance des élus.

217 ***Contenu de l'information complémentaire sur le fondement des articles L. 2121-13, L. 3121-18 et L. 4132-17 CGCT*** ◊ Révélateur d'une généralisation de la garantie d'information dans le cadre des délibérations est le contrôle particulier qu'exerce le juge administratif sur les demandes d'information complémentaires. Outre les informations que les conseillers sont en droit d'attendre de leur convocation aux réunions de l'assemblée délibérante, ceux-ci peuvent, en effet, obtenir, sur leur demande, les informations et les documents complémentaires qui apparaîtraient nécessaires à leur fonction. En l'absence de régime légal qui préciserait les conditions d'exercice de cette garantie, c'est sur base de la jurisprudence antérieure à l'institutionnalisation de l'article L. 2121-13 (1992) qu'il faut établir ses règles. On rencontre ici une jurisprudence fournie, alimentée par la difficulté d'obtenir des documents ponctuels et techniques, mais dominée par une directive d'examen finaliste : permettre « aux élus de se prononcer en connaissance de cause sur la délibération » selon les termes du juge ; ce qui le conduit à sanctionner tout refus d'information suffisante ou manque de diligence à informer.

1. L'information suffisante. Il ne faut pas dissocier *l'obligation d'informer* et la *manière d'informer* qui en découle. Cette dernière fait également l'objet du contrôle du juge dans l'intérêt que l'information transmise soit claire et suffisante sans quoi serait compromise l'obligation d'informer. Ainsi, les élus doivent se faire communiquer les projets de contrats et les pièces annexes (CE Sect. 23 avr. 1997, *Ville Caen c. Paysant*, préc.), ainsi que le projet complet de contrat, s'agissant des contrats pour lesquels le conseil est appelé à donner à l'exécutif l'autorisation de signer (CE 27 oct. 1989, *De Peretti c. Cne Sarlat*, *Lebon* 509 ; *Quot. jur.* 1990, n° 51, note F. Chouvel), l'état du personnel et celui des prêts, avances et créances à long et moyen terme (TA Orléans, 23 nov. 1993, *Coenon*, *JCP* 1994. IV. 742), les documents nécessaires pour apprécier le sens, la portée et la validité d'un projet de délibération, notamment les études financières, techniques, l'impact des projets, les rapports juridiques et administratifs indispensables (CE 29 juin 1990, *Cne Guitrancourt c. Mallet et a.*, préc.).

2. Le délai suffisant. Le respect du principe d'information oblige l'exécutif à communiquer en temps utile les pièces nécessaires à éclairer la délibération. C'est dire que les élus doivent pouvoir prendre connaissance de ces pièces aussi rapidement que possible pour former leur jugement. Selon les cas, cette information doit leur parvenir avant la séance (TA Saint-Denis de la Réunion, 17 oct. 1990, *Vergès*, *Rec.*

TA 1991, n° 39), à l'ouverture de celle-ci (CE 8 juin 1994, *Cne Ville-en-Vernois, Lebon* 828), ou, le cas échéant, en cours de réunion, par consultation sur place de tout document nécessaire à l'examen de l'affaire (CE Sect. 23 avr. 1997, *Ville Caen c. Paysant*, préc.).

Le délai de communication suffisant est apprécié eu égard au temps de réflexion nécessaire à l'élu pour délibérer (CAA Douai, 11 mai 2000, *Cne Sangatte, Dr. adm.* 2000. 202, note M.R.). Ce délai devant être considéré comme plus long en cas de complexité des pièces à examiner (CE 8 juin 1994, *Cne de Ville-en-Vernois*, préc.) ou pour les débats budgétaires (TA Saint-Denis de la Réunion 17 oct. 1990, *Vergès*, préc.).

218 ***Restrictions de la garantie d'information*** ◊ D'une certaine manière, le conseiller élu est le serviteur de l'assemblée délibérante dans la mesure où il est pris dans les liens de son fonctionnement. Ses exigences personnelles ne doivent pas entraver le travail délibératif jusqu'à compromettre la bonne marche de la collectivité. Un conflit entre la liberté d'information de l'élu et la continuité de l'administration locale ne se résout pas forcément au profit de cette première. Il faut bien préciser que l'assemblée délibérante ne peut être soumise à aucune obligation d'unité ou de conformisme politique. En conséquence, les restrictions apportées à l'information des élus ne sauraient avoir d'autre fondement que les nécessités de l'exercice correct de la fonction administrative des institutions locales. Mais, sur cette base, aucune information ne leur est garantie qui compromettrait cette dernière.

1. En ce sens, le juge administratif reconnaît à l'exécutif de la collectivité la possibilité de s'opposer « pour tout motif d'intérêt général » à la transmission d'un document demandé, ainsi que celle de prévoir des « modalités appropriées » de transmission, le cas échéant (CE Ass. 27 mai 2005, *Dpt Essonne*, préc., s'agissant de l'impossibilité légale de communiquer des consultations d'avocats faites pour le compte du département et couvertes par le secret professionnel. V. ég. CE Ass. 27 mai 2005, *Cne Yvetot*, préc.). La réserve tirée du motif d'intérêt général frappe par son inconditionnement. Elle ne peut néanmoins être constituée par la volonté de l'exécutif de ne pas diffuser des documents relatifs à des dossiers très sensibles (même arrêt).

2. À cela, s'ajoute la considération qu'on ne peut exclure que l'élu fasse un usage abusif de ses garanties d'information dans le but d'entraver le travail délibératif. Pour être constitutive d'une obligation, sa demande d'information ne doit pas présenter un caractère dilatoire (CE 23 avr. 1997, *Ville Caen c. Paysant*, préc., affirmant le principe d'une telle réserve).

B. Compléments ponctuels de la garantie d'information

219 L'affirmation générale d'une garantie d'information sur la base des articles L. 2121-13, L. 3121-18 et L. 4132-17 CGCT ne constitue que le fond des renseignements que les élus peuvent recueillir sur l'action de

l'exécutif. L'évolution est au renforcement des moyens d'information de l'assemblée délibérante à l'égard de l'action de l'exécutif. La multiplication et l'approfondissement de ces moyens permettent à l'assemblée d'exercer une influence sur cette action. Cette influence culmine lorsque les garanties d'information se transforment en *fonction de contrôle a posteriori* de l'exécutif mais sans, toutefois, parvenir à mettre en jeu sa responsabilité, faute de prérogatives juridiques adéquates.

Il existe des moyens d'information *automatiques et ponctuels* qui trouvent leur origine dans des articles spécifiques du CGCT. Ceux-ci tendent, d'ailleurs, à se multiplier à mesure que la vie publique entreprend des efforts de transparence. C'est particulièrement le cas en matière financière et budgétaire. La loi dresse la liste d'un certain nombre de renseignements devant être inclus dans les documents budgétaires produits au moment de l'examen du budget définitif et du compte administratif (CGCT, art. L. 2313-1, L. 3313-1 et L. 4312-1). Elle prévoit la transmission aux assemblées des avis des chambres régionales des comptes (CGCT, art. L. 1612-19) et le rapport de gestion des chambres doit être inscrit à l'ordre du jour de l'assemblée et être joint à la convocation (art. L. 241-11 CJF). L'information est également organisée en matière de contrat, type d'acte susceptible d'accroître les obligations financières de la collectivité. Les élus doivent avoir connaissance des projets de marchés et contrats de service public (art. L. 2121-12 al. 2) et reçoivent, chaque année, un rapport de la part des délégataires de services publics locaux concernant l'exécution du service dont ils ont la charge (CGCT, art. L. 1411-3). L'activité de certains services publics fait l'objet d'une information spécifique aux élus (par ex., CGCT, art. L. 2224-5).

Toutefois, les progrès de la législation offrent aujourd'hui aux élus les moyens de *s'informer d'eux-mêmes* en conférant un aspect politique au statut des assemblées locales. Les pratiques des questions orales (1) et des missions d'information et d'évaluation (2) poussant l'exécutif à s'expliquer vont dans ce sens.

1. Questions orales

220 ***Intérêt*** ◊ La possibilité pour tout conseiller élu de poser une question en réunion à l'exécutif est un procédé d'information, d'expression et de contrôle bien connu dans la vie parlementaire. Cette possibilité est naturelle à toute assemblée délibérante et relève de l'intérêt public : elle est indissociable de la participation active de chaque membre aux débats de toute assemblée mise au service du travail délibératif de cette assemblée. De l'information et de la réflexion de chaque membre, on retire la matière première indispensable à la délibération. En cela, la question orale se passerait de reconnaissance expresse par la loi. Le respect de l'information et de l'expression des membres élus suffirait, devant l'électeur ou le juge, à garantir cette possibilité.

221 ***Champ d'application*** ◊ L'institutionnalisation de la pratique des questions orales, plus tardive à l'égard des communes (CGCT, art. L. 2121-19 issu de l'art. 32 L. n° 92-125, 6 févr. 1992) qu'à l'égard des départements (CGCT, art. L. 3121-20 issu de l'art. 33 L. 10 août 1871) et des régions (CGCT, art. L. 4132-20 issu de l'art. II a, L. 5 juill. 1972), lui confère une

tournure particulière. En effet, alors que les débats doivent se tenir à l'ordre du jour, cette procédure s'ouvre à tout ce qui a « *trait aux affaires de la commune (département ou région)* » selon une formule non limitative qui évoque la compétence générale de la collectivité pour régler toute affaire d'intérêt local. C'est dire que l'élu n'a pas à borner ses interrogations aux problèmes prévus à l'ordre du jour et qu'il peut, sur le fondement de cette procédure, porter son regard sur toute l'administration de la collectivité. En cela, cette procédure signale son originalité et sa complémentarité : la possibilité d'information des élus s'émancipe du cadre de la délibération à l'intérieur duquel doivent s'exercer leurs garanties légales.

222 ***Procédure*** ◊ La procédure des questions orales regarde l'organisation interne à chaque assemblée délibérante. La loi n'établit donc pas les règles de fréquence, de présentation et d'examen de ces questions et laisse ce soin à leur règlement intérieur (ou à une délibération spéciale pour les petites communes non obligatoirement dotées d'un règlement intérieur). Mais, parce qu'elle met en jeu les prérogatives des élus, cette compétence s'exerce sous le contrôle du juge administratif. Si la réglementation des questions orales est nécessairement limitative pour ne pas saturer le travail délibératif, le juge s'assurera néanmoins que les *possibilités d'expression* que les élus retirent de cette procédure ne sont pas entravées par un excès d'exigences formelles.

1. Si l'obligation de dépôt des thèmes des questions orales au secrétariat de la mairie 24 heures au moins avant la séance ne porte pas atteinte aux garanties d'expression des conseillers élus (TA Versailles, 8 déc. 1992, n° 925961, *Cne Courcouronnes*), il est probable qu'il en irait différemment dans l'hypothèse d'un délai plus long (comp. TA Lille, 29 mai 1997, *Carton c. Cne Roubaix*, *Lebon* 597, s'agissant de l'illégalité d'un délai de 72 heures pour déposer un projet d'amendement).

2. L'organisation du temps de parole n'autorise pas le règlement intérieur à limiter à six minutes la possibilité pour chaque conseiller de s'exprimer (CAA Versailles, 30 déc. 2004, *Cne Taverny*, *AJDA* 2005. 740).

3. La loi reconnaissant le droit de poser des questions « aux conseillers municipaux (généraux ou régionaux) » considérés de manière indifférenciée, il apparaît difficile que le règlement intérieur puisse réserver ce droit aux conseillers mandatés par un groupe d'élus. Ainsi conçue par la loi, cette prérogative doit toujours pouvoir s'exercer individuellement.

223 ***Conséquences*** ◊ Les assemblées disposent également d'une certaine liberté pour aménager les suites de la séance des questions orales.

1. Un *débat* consécutif rapprocherait les questions orales de la procédure d'interpellation qui ouvre un débat général au sein de l'assemblée sur la politique de l'exécutif envisagé sous tel aspect particulier ou dans son ensemble. Mais, rien ne l'impose, seul l'auteur de la question et l'exécutif pouvant disposer de la parole.

Dans l'hypothèse – théorique ? – où l'exécutif s'abstiendrait de répondre, la sanction de son refus paraît aléatoire. La loi reste silencieuse sur ce point et, par définition, cette procédure ne conduit pas à l'adoption d'une décision justiciable du juge administratif sur le fondement de l'irrégularité de ses modalités d'adoption. On voit ici la difficulté d'adapter des procédures politiques au droit administratif. Selon plusieurs réponses ministérielles, le refus de réponse devrait être motivé en tant qu'il refuse un avantage à l'élu dont l'attribution constitue un droit pour lui (L. n° 79-587, 11 juill. 1979) et être annulable devant le juge de l'excès de pouvoir (Rép. min. 17 mai 1993, *JOAN* déb. 2 août 1993. 2350 ; Rép. min. 19 sept. 1994, *JOAN* déb. 15 août 1994. 4205 et 4680). Il serait toutefois aventureux de tenir pour certaine cette position ministérielle. Il faudrait peut-être prendre en considération l'importance des conséquences de ce refus sur l'information des élus avant d'estimer recevable une telle question. Faut-il encombrer le prétoire de tous les désaccords politiques ?

2. Aucun *vote* ne sanctionne les questions orales (Rép. min. *JOAN* Q 16 déc. 1996. 6634). Un vote, qui impliquerait la confiance ou non de l'exécutif, transformerait la portée juridique des questions orales. On se rapprocherait d'un mécanisme de responsabilité politique de l'exécutif devant l'assemblée délibérante, celui-ci étant poussé à se démettre s'il ne jouissait plus de la confiance de l'assemblée. On ne saurait glisser vers un tel procédé que le législateur n'a pas voulu instituer pour les collectivités territoriales de droit commun. L'équilibre des pouvoirs impliquerait, au demeurant, de doter l'exécutif de certaines prérogatives faisant contrepoids.

Il faut concilier ces considérations avec la possibilité générale reconnue aux conseillers municipaux d'infliger un « blâme » à l'encontre du maire lors de l'examen des questions inscrites à l'ordre du jour, possibilité découlant du « pouvoir de contrôle permanent » exercé par l'assemblée sur l'exécutif (CAA Nantes, 17 déc. 1997, *Gicquel*, *Lebon* 698. CE 29 juill. 1994, *Cne Saint-Mandrier-sur-Mer*, *Lebon* 825).

224 ***Publicité*** ◊ Rien n'interdit les règlements intérieurs d'organiser des modalités de publicité des questions orales (annexe au procès-verbal de la réunion ou autre).

2. Mission d'information et d'évaluation

225 ***Objet*** ◊ Elle désigne une commission composée d'un certain nombre de membres de l'assemblée délibérante et chargée de mener des investigations de fait sur une question déterminée relevant de la compétence de la collectivité, au besoin en se déplaçant.

Par cet instrument, les membres des assemblées locales sont habilités à obtenir des informations en procédant à des auditions, voire à l'évaluation d'un service public de la collectivité. Celui-ci offre donc une source d'information *directe* qui ne dépend pas de l'autorité dont l'action fait précisément l'objet du contrôle, c'est-à-dire de l'exécutif.

226 ***Conditions*** ◊ La loi n° 02-276 du 27 février 2002 qui fait entrer en force cette institution parlementaire dans le droit des collectivités territoriales règle leurs principales conditions (CGCT, art. L. 2121-22-1, L. 3121-22-1 et L. 4132-21-1). Celles-ci révèlent sa vocation de procédure d'exception qui n'est pas appelée à servir tous les jours :

1. Conditions de constitution. La mise en place d'une mission d'information et d'évaluation est du ressort des élus. Mais le système de la dissociation entre la *demande de création* (1/6e des conseillers municipaux ou 1/5e des conseillers généraux et régionaux) et la *décision de création* (la majorité des conseillers) laisse supposer qu'elle ne sera créée qu'en cas de désaccord entre l'exécutif et sa majorité, ce qui en réduit l'intérêt à cette hypothèse particulière. Un même conseiller ne peut s'associer à une demande de création de la mission plus d'une fois par an. Cette condition vise à empêcher le harcèlement d'un groupe d'élus sur la majorité. La constitution d'une mission est impossible à partir du 1er janvier précédant le renouvellement de l'assemblée dans l'intérêt de ne pas troubler le choix des électeurs.

2. Conditions d'existence. La composition de la mission obéit au principe de représentation proportionnelle, de telle manière qu'elle reflétera, en proportion réduite, l'équilibre des forces politiques de l'assemblée délibérante.

La mission doit être temporaire puisqu'elle ne peut légalement excéder six mois. Si elle évoluait en institution permanente, elle se détournerait de sa vocation initiale et menacerait l'autorité de la majorité.

227 ***Conséquences*** ◊ La mission d'information et d'évaluation n'est habilitée qu'à établir un « rapport ». C'est donc à l'assemblée, à qui ce rapport doit être remis, qu'il appartient de tirer les conclusions de l'enquête.

Le bon usage de cette institution réside dans son rôle technique permettant, par exemple, de faire la lumière sur des services publics locaux. En revanche, ses résultats seraient moins heureux si elle portait sur des problèmes d'aspect politique.

Il n'a pas été question de la doter du moindre « pouvoir judiciaire » qui lui permettrait, sinon de constater des infractions et de saisir les juridictions compétentes, à tout le moins d'obliger les témoins qu'elle cite à se présenter et à déposer. La séparation des fonctions administrative et judiciaire dans l'État s'y opposerait.

§ 2. Garantie d'expression des élus

228 ***Données générales*** ◊ La garantie d'expression de l'élu est complexe. Elle inclut, à la fois, sa *liberté de conscience* qui ne peut être limitée et la *possibilité de participer*, individuellement ou collectivement, à l'action de la collectivité. Or, cette dernière s'exerce dans des conditions plus restrictives. Non seulement elle peut être menacée, dans des hypothèses extrêmes, par la dissolution de l'assemblée par décret du gouvernement ou par la « démission » d'office de chaque conseiller, mais encore, elle doit faire des concessions quotidiennes au bon fonctionnement de l'administration locale dont l'élu est, d'une certaine manière, le serviteur.

La nature juridique de cette garantie est également complexe. Il arrive au juge administratif de la protéger en tant que telle contre les pratiques de l'exécutif et de sa majorité, ce qui lui conférerait l'enveloppe d'un principe général du droit. Mais, parfois, elle se trouve énoncée en appui d'un certain nombre de dispositions légales dont le juge entend assurer le respect. De telle manière qu'elle n'aura pas de portée normative propre dans ce cas, mais servira d'expression récapitulative d'un ensemble de dispositions pouvant être interprétées dans le sens de cette garantie. Celle-ci est alors plus étroitement entendue dans le cadre des textes qui l'organisent concrètement.

On étudiera tour à tour la garantie d'expression des élus locaux dans le cadre des délibérations (A) et en dehors des délibérations (B).

A. Garantie d'expression dans la délibération

229 La délibération sépare deux étapes successives à l'intérieur desquelles l'expression des conseillers ne peut être refusée : les débats et le vote. S'agissant de la détermination des modalités de vote dans ses relations avec la liberté d'expression des élus, on renverra aux propos du chapitre précédant sur le sujet (v. ss 150 s.). Les développements à venir seront réservés aux deux aspects que doit revêtir l'expression des élus dans les débats de l'assemblée : les possibilités de parole d'abord (1), d'initiative et d'amendement ensuite (2).

1. Garantie de parole

230 C'est d'abord au sein des débats de l'assemblée délibérante que la garantie d'expression des élus appelle une protection particulière. Il est tentant, en effet, pour l'exécutif, qui préside ces débats, de réserver la parole à ses partisans et de la refuser à ses adversaires. La délibération ne peut exprimer une volonté collective que si elle est votée au terme d'une discussion équitable qui a permis à toutes les tendances de s'exprimer. La jurisprudence donne appui à cette idée de deux façons :

1) Ainsi, la volonté collective de l'assemblée ne saurait être recueillie à l'issue d'un seul vote qui ne serait précédé d'aucun débat (CE 1er mai 1903, *Bergeon*, *Lebon* 324 ; *D.* 1904. III. 107, note M. Hauriou, illégalité d'une délibération adoptée sans vote au motif que les questions portées à l'ordre du jour avaient été préalablement discutées en commission générale du conseil municipal. Mérite également d'être mentionné pour le fondement juridique de sa solution : TA Pau, 7 juin 2005, *Brethes et a. c. Cne Saint-Sever*, *AJDA* 2005. 2291, concl. J.-N. Caubet-Hilloutou, illégalité d'une délibération adoptée sans débat fondée sur le non-respect de la compétence générale de l'assemblée délibérante à régler par ses délibérations – donc par ses débats – les affaires de la commune – CGCT, art. L. 2121-29).

Cependant, le juge administratif semble s'en tenir à une appréciation souple du dégagement de la volonté collective de l'assemblée. Cette volonté collective peut, en effet, avoir été recueillie de manière globale, partiellement en réunion, partiellement en dehors, par tout moyen : CE 19 janv. 2001, *Cne Vennelles* : *RFDA* 2001. 387, concl. L. Touvet, il résulte des conclusions du commissaire du gouvernement que l'expression des conseillers municipaux ne peut avoir été méconnue si, en dépit d'un bref débat devant l'assemblée, ceux-ci ont eu également l'occasion de s'exprimer « à l'extérieur du conseil ». Cette solution, qui n'est pas consacrée explicitement dans l'ordonnance rendue par le Conseil d'État, conduit au relâchement des exigences d'une confrontation en commun des opinions et du caractère public des réunions, exigences pourtant nécessaires au bon exercice collégial de l'administration locale.

2) La parole spontanée des élus doit être énergiquement garantie par un *principe d'irresponsabilité* permettant l'expression la plus libre qui soit au sein des réunions de l'assemblée délibérante. En ce sens, l'irresponsabilité semble aller aussi loin que possible en ce qu'elle assure l'impunité à des infractions commises dans l'exercice de la fonction délibérante, couvrant des délits de diffamation ou d'injure commis en réunion. Il est remarquable de constater que ce principe d'irresponsabilité ne se déduit d'aucun texte national mais découle de la Convention européenne des droits de l'homme garantissant la liberté d'expression (art. 10) et ainsi appliquée par ses juges (CEDH 12 avr. 2012, *M. de Lesquen du Plessis-Casso c. France*, req. n° 54216/09, *RFDA* 2012. 941, note S. Manson, s'agissant de l'inconventionnalité de la condamnation pénale du chef de l'opposition au sein du conseil municipal de Versailles qui avait interpellé l'adjoint chargé des finances lui rappelant son implication supposée dans l'affaire des marchés publics truqués des lycées de la région Ile-de-France. Le résultat s'impose, selon la Cour, dans la mesure où le conseil municipal est une instance « pour le moins comparable au parlement » ; dans le même sens et hors réunion de l'assemblée, CAA Bordeaux, 30 sept. 2013, *Cne de la Plaine des Palmistes*, *AJDA* 2014. 520, note F.Amblard, à propos de la critique dans des termes « vifs et désobligeants » de la politique du maire dans l'espace du bulletin municipal réservé à l'expression de l'opposition, critique ne présentant pas un caractère outrageant).

2. Garantie de proposition et d'amendement

231 ***Garantie de proposition*** ◊ La proposition consiste dans l'initiative pour un conseiller élu de soumettre à l'assemblée délibérante pour être adopté comme délibération un projet de texte initial ou modificatif. Ce pouvoir de proposition n'est pas formellement reconnu dans le CGCT. Il est néanmoins inhérent à la fonction d'élu et à la liberté d'exercice de sa fonction, garantit de longue date par la jurisprudence. Les élus possèdent pleinement l'initiative des délibérations qu'ils exercent par leurs propositions. Toutefois, cette possibilité doit s'articuler au caractère impératif de l'ordre du jour (1) et à la compétence de l'exécutif pour établir cet ordre du jour et présider les délibérations (2) :

1. Le pouvoir de proposition des élus ne peut s'exercer aussi spontanément depuis que l'établissement préalable d'un ordre du jour a été rendu obligatoire sous peine de nullité de la délibération qui n'aurait pas porté sur cet ordre du jour (CGCT, art. L. 2121-11, issu de l'art. 30-I L. n° 92-125, 6 févr. 1992). Alors que le maire pouvait être saisi en séance d'une proposition initiale d'un élu pour qu'elle fasse immédiatement l'objet d'une discussion, il doit désormais inscrire cette proposition à l'ordre du jour d'une prochaine séance.

2. La proposition doit passer par l'exécutif, compétent pour l'élaboration de l'ordre du jour et appeler à la discussion, en réunion, les questions qui y sont portées. Cependant, les propositions ne confèrent à l'exécutif qui les reçoit qu'un pouvoir de contrôle. Leur dépôt n'a pour effet que de les soumettre à une vérification dans l'intérêt d'écarter celles qui auraient un but illicite. C'est le cas d'une proposition prématurée parce qu'une commission d'instruction n'a pas encore rendu son rapport (CE 27 juill. 1927, *Bailleul*, *Lebon* 823) ou d'une proposition à caractère dilatoire (CE 10 févr. 1954, *Christofle*, *Lebon* 86). À l'égard des propositions des élus, l'exécutif ne dispose donc d'*aucune compétence discrétionnaire*. Il en résulte que l'ordre du jour est *établi* par l'exécutif, mais non pas *déterminé* par lui (sur l'ordre du jour, v. ss 118).

Dans l'hypothèse d'un refus abusif de l'exécutif d'inscrire une proposition à l'ordre du jour, les élus seraient en droit de former, contre ce refus, un recours pour excès de pouvoir.

232 ***Garantie d'amendement*** ◊ L'amendement est une proposition présentée au cours de la discussion d'un texte soumis à l'assemblée délibérante en vue de modifier son contenu initial. Comme il en va en droit parlementaire, les textes ne sont pas à accepter ou rejeter en bloc. Ils peuvent être amendés sur l'initiative des membres de l'assemblée. La garantie d'amendement n'est qu'un accessoire à la garantie générale de proposition. Elle a la même nature de principe général du droit « inhérent au pouvoir délibérant des conseils » en l'absence de consécration légale expresse (en ce sens, CAA Paris, form. plén., 12 févr. 1998, *Tavernier*, *AJDA* 1998. 724, concl. Ch. Lambert).

Cependant, il faut bien admettre qu'on redoute généralement l'usage abusif des amendements. Outre les risques de dépôt dilatoire, on peut craindre qu'ils dénaturent la cohérence d'un texte ou qu'ils soient l'occasion de manifestations démagogiques, de surenchères au profit de certaines catégories d'administrés dont l'auteur de l'amendement chercherait à s'attirer les faveurs.

Cependant, cette garantie d'amendement ne peut être limitée de façon excessive sans traduire une déviation le régime représentatif, ou bien en affaiblissant le délibératif par rapport à l'exécutif, ou bien en refusant le dialogue entre majorité et minorités représentées.

La conciliation de ces deux préoccupations contraires appartient aux règlements intérieurs des assemblées édictés sous le contrôle du juge administratif. Ce dernier tend à *adapter aux amendements un régime plus libéral que celui des propositions initiales* enserré dans les contraintes légales relatives à l'ordre du jour. Il en résulte que la régularité d'un amendement ne peut être subordonnée à des conditions de temps, de procédure et de contenu qui en limiterait inutilement ou excessivement l'usage :

– il a été jugé qu'un amendement devait pouvoir être déposé à toutes les étapes d'élaboration de la délibération (CAA Paris, form. plén., 12 févr. 1998, *M. Tavernier*, préc., à propos de l'illégalité d'une disposition du règlement intérieur imposant le dépôt des amendements en commission et non pas en réunion du conseil général) ;

– Le règlement intérieur ne peut prévoir que l'amendement déposé en réunion de l'assemblée délibérante sera renvoyé de plein droit à la commission compétente pour examen. Cette obligation ferait entorse au pouvoir délibérant de l'assemblée (CAA Nancy, 4 juin 1998, *Ville Metz c. Masson*, *AJDA* 1998, 885, note B.S.) ;

– de manière plus remarquable en ce que le juge administratif renonce à exercer un contrôle de la notion d'amendement, l'amendement peut avoir valablement pour effet de *modifier substantiellement* le projet initial (CE 4 juill. 1997, *Région Rhône-Alpes*, *Lebon* 276, à propos de l'amendement présenté en séance du conseil régional par le président du conseil et prévoyant la modification substantielle du projet de budget soumis pour avis au conseil économique et social de la région). Il est toutefois possible que cette jurisprudence trouve son fondement particulier dans la compétence de principe de l'exécutif en matière budgétaire et ne prête pas à généralisation.

L'amendement, par sa notion même, inclut toutefois cette restriction que son objet doit rester en rapport avec le contenu du texte qu'il entend modifier. Dans l'hypothèse où l'amendement serait dépourvu de lien avec ce texte, la sanction de cette obligation serait la transformation automatique en proposition initiale de l'amendement. Et, cette proposition serait illégale pour n'avoir pas été enregistrée au sein de l'ordre du jour [1].

B. Garantie d'expression en dehors de la délibération

233 Hors des délibérations, l'expression des élus locaux est essentiellement garantie par des avancées législatives pour qu'elle s'exerce dans le cadre de la communication des collectivités (1) et dans celui de la participation des collectivités à des commissions extérieures (2).

1. Garantie d'expression dans la communication locale

234 ***Le phénomène de communication locale*** ◊ La démocratie représentative locale évolue vers un système ouvert. La communication est devenue une préoccupation constante des collectivités, préoccupation qui se veut aussi moderne qu'efficace. Son objectif premier, par l'intermédiaire des « bulletins d'information générale » qui en est un moyen élémentaire, est d'assurer une meilleure connaissance des décisions prises et, finalement, de rendre les administrés moins étrangers à l'action de la collectivité. En ce sens, il s'agit d'un renforcement des vertus de la démocratie locale en atténuant certains traits du pouvoir représentatif tels que la distanciation, le formalisme et le secret.

Cependant, la communication ne modifie pas fondamentalement la nature des rapports entre les autorités locales et leurs administrés, ceux-ci

1. V. J. Kimpe, « Le droit d'amendement au budget communal », *RF décentr.* 1995. 46 ; M. Le Roux, « Information des élus locaux et participation à la prise de décision. Développements récents », *RGCT* 2000. 203.

demeurant à l'état de sujets passifs n'exerçant aucune emprise sur la définition des stratégies locales. Au demeurant, non seulement la communication d'une politique ne suffit pas à garantir son bien-fondé, mais encore, l'information transmise n'est pas neutre et peut être utilisée comme instrument de propagande. C'est pourquoi le législateur a souhaité favoriser *l'expression directe de tous les élus* auprès des électeurs dans le cadre des bulletins d'information. De telle manière que le « dialogue » interne à l'assemblée délibérante se transforme en tribune où l'on s'efforce d'amener vers le public la confrontation des idées en acceptant sa soumission au regard populaire. Ainsi, en vertu des articles L. 2121-27-1, L. 3121-24-1 et L. 4132-23-1 CGCT issus de la loi n° 02-276 du 27 février 2002, les communes de 3 500 habitants et plus, les départements et les régions doivent réserver dans les bulletins d'information qu'ils diffusent un espace à l'expression des conseillers minoritaires. L'exercice de cette garantie ne va pas sans susciter un contentieux fourni qui en précise la portée.

Les articles du CGCT renvoient leurs modalités d'exécution aux règlements intérieurs des assemblées délibérantes. Celles-ci ne pourraient se soustraire de leur obligation à l'égard des élus minoritaires en s'abstenant de réglementer. La sanction de leur carence est l'invocabilité directe des dispositions légales par les élus lésés (TA Besançon, 21 févr. 2003, *Collin*, *AJDA* 2004. 1806, dans le cadre du référé-liberté).

235 ***Supports de la garantie d'expression*** ◇ Selon les termes de la loi, c'est dans « tout bulletin d'information générale » que les élus minoritaires doivent se voir réserver un espace d'expression. Le champ d'application de l'obligation légale dépend de la définition de ce mode de communication. Cette définition n'est pas restrictive :

– pour être identifié comme tel, le bulletin doit fournir une « information générale » destinée au grand public et adressée aux personnes résidant sur le territoire de la collectivité. Il doit porter sur des sujets variés de la société locale sans présenter un aspect trop technique (description des services administratifs, des caractéristiques géographiques ou économiques de la collectivité...). Selon les termes du Code électoral repris par le juge administratif, les informations doivent porter sur « les réalisations ou la gestion d'une collectivité » (TA Versailles, 27 mai 2004, n° 0202380, *Derovray et a.* V. ég. CAA Versailles, 12 juill. 2006, *Dpt Essonne*, *RLCT* déc. 2006. 21, obs. B. Kern et M. Noël : ne saurait constituer un tel bulletin une information spécialement fournie aux entreprises sur les réalisations du département en vue de maintenir ou de favoriser leur implantation dans la circonscription ; le cas, en revanche, du bulletn du centre d'action sociale de la commune qui présente ses réalisations à l'attention des personnes âgées : TA Cergy-Pontoise, 12 oct. 2011, *BJCL* 2011. 426, concl. H. Marias) ;

– l'obligation légale ne s'épuise pas en une communication, elle s'impose autant de fois qu'il existe de bulletin d'information générale dans la collectivité (CE 28 janv. 2004, *Cne Pertuis*, *AJDA* 2004. 932, note S. Brondel, sol. impl.). Cette obligation s'impose tout autant en période électorale (TA Versailles, 29 juin 2007, *Marquaille*, *AJDA* 2007. 250, note J. Alzamora) ;

- au sens légal, le « bulletin » n'est pas réductible aux seules publications périodiques mais concerne également toute publication ponctuelle, voire unique (TA Versailles, 27 mai 2004, *Derovray et a.*, préc.) ;

- la loi précisant que le bulletin est diffusé « sous quelque forme que ce soit », il peut s'agir indifféremment d'une publication sur support papier ou d'un moyen de diffusion électronique (Rép. min. n° 00469, *JO Sénat* Q 5 sept. 2002. 1960. V. en ce sens, la proposition de loi n° 2196 explicitant la garantie d'expression des élus d'opposition de façon générale, « dans la presse écrite et audiovisuelle » : *Coll. terr.* oct. 2005. 36, note J. Moreau ; CAA Versailles 17 avr. 2009, *Ville Versailles c. de Lesquen*, *AJDA* 2009. 1712, concl. B. Jarreau, à propos du refus illégal de la ville d'ouvrir un espace sur son site internet à l'expression des élus de l'opposition).

Le juge administratif exerce un contrôle restreint sur le *caractère suffisant de l'espace* réservé à l'expression des élus (par exemple, TA Versailles, 13 mai 2004, n° 0203884, *Chandon*). Si la loi n'impose pas un espace proportionnel à l'importance des groupes d'élus, elle ne l'interdit non plus (TA Bordeaux, 3 févr. 2004, n° 022990, *Lacoste-Keiser*).

236 ***Bénéficiaires de la garantie d'expression*** ◊ C'est un point sur lequel le droit municipal se dissocie des droits départemental et régional. Alors que dans ces derniers cas l'espace d'expression ne peut être accordée qu'aux « groupes d'élus » (CGCT, art. L. 3121-24-1 et L. 44132-23), dans le premier il est attribué aux « conseillers n'appartenant pas à la majorité » (CGCT, art. L. 2121-27-1). Il en résulte qu'une commune ne pourrait réserver aux groupes d'élus cette garantie d'expression que dans la mesure où tous les élus seraient constitués en groupe. Dans le cas contraire, un conseiller isolé ne pourrait se voir refuser une telle garantie (TA Versailles, 27 mai 2004, n° 0204011, *de Lesquen*) [1].

Nonobstant son mode d'exercice, cette garantie profite-t-elle à tous les conseillers ? Faut-il considérer comme exclus de son bénéfice les conseillers appartenant à la majorité dans la mesure où leur opinion s'exprime déjà dans les informations générales du bulletin ? Les tribunaux administratifs sont partagés sur la question (v. CAA Marseille, 16 déc. 2010, *Cne Montpellier*, *BJCL* 2011. 244, concl. A.-L. Chenal Peter ; *AJDA* 2011. 336, note M.-C. de Monteclerc, s'agissant de la possibilité pour le maire de Montpellier d'ouvrir un espace du journal municipal à l'expression des élus de la majorité, possibilité à laquelle, ni le fait qu'un espace doit être réservé aux élus de l'opposition, « ni les travaux parlementaires » ne font obstacle).

La distinction entre les conseillers majoritaires et minoritaires ne saurait s'apprécier au regard de l'appartenance aux listes électorales et de leur résultat aux précédentes élections. L'appréciation fait prévaloir la simplicité sur la réalité tenant compte des changements de ralliements en cours de mandat. V. ss 170 (2). En ce sens l'annulation du refus du maire d'accorder un espace d'expression à trois conseillers s'étant dissociés de la majorité municipale. CAA Versailles, 31 déc. 2007, *Belleteau*, *AJDA* 2008. 894, à propos de l'illégalité des dispositions du règlement

1. Sur l'exercice individuel ou collectif des garanties des élus et les groupes d'élus, v. ss 197 s.

intérieur réservant une page du journal municipal à l'expression des élus de l'opposition en ce qu'ils devaient être considérés comme tels au vu de l'établissement des listes électorales sans pouvoir tenir compte des désalliances).

237 ***Limites de la garantie d'expression*** ◊ Il ne fait pas de doute que le maire, organisateur du bulletin municipal, est l'autorité la mieux à même d'exercer un contrôle sur les textes des élus minoritaires et d'opposer son refus à la publication de tout propos par lequel ces élus abuseraient de leur liberté d'expression.

Il faut, à cet égard, considérer que, outre les éléments propres au droit local, l'activité de presse en général est susceptible de causer un dommage à autrui ou de mettre en cause l'ordre public. À ce titre, le bulletin local peut être soumis au droit commun de la presse dont les limites essentielles sont, conformément aux principes du libéralisme politique, d'ordre répressif. Ainsi, le maire doit être identifié comme le directeur de publication au sens de la loi du 29 juillet 1881 sur la liberté de la presse, ce qui le rend pénalement responsable des écrits, notamment injurieux ou diffamatoires qui y seraient écrits (art. 42).

– Si, conformément à leur liberté politique et intellectuelle, les élus doivent pouvoir exposer l'opinion de leur choix, en revanche, celle-ci doit demeurer, selon les termes mêmes de la loi, « sur les réalisations et la gestion du conseil » délibérant. Il a ainsi été jugé que l'opinion des élus minoritaires devait porter sur les affaires de cette collectivité et, non pas sur des considérations de politique nationale ou internationale (TA Versailles, 13 mai 2004, n° 0301025, *Schmit*).

– Le risque de troubles à l'ordre public justifie que le maire s'oppose à la publication des propos des élus minoritaires (CAA Nancy, 14 avr. 2005, *Cne Clouange c. Schutz*, *AJDA* 2005. 1683, note L. Janicot), ne constitue pas un tel risque la diffusion d'informations rendant compte des poursuites pour diffamation engagées contre le maire et de la condamnation pénale d'agents municipaux à raison de faits commis lors des élections municipales. Il en va de même s'agissant du risque de propos diffamatoires et injurieux (TA Rouen, 12 mars 2009, *Gires*, *AJDA* 2009. 1245, concl. P. Bailly, ne constitue pas un tel risque des propos ironiques à l'encontre de certains élus de la commune n'assumant pas leur tâche de tenue de bureaux de vote) [1].

2. Garantie d'expression dans la représentation locale

238 ***Intérêt de la garantie*** ◊ On sait que la capacité d'action des autorités locales passe par une multitude de *commissions extérieures* organisant la

1. V. F. Dieu, « Quand le droit d'expression de l'opposition se heurte à la liberté de la presse », *AJDA* 2008. 72 ; O. Couvert-Castéra, « Le droit d'expression des élus locaux dans les bulletins d'information (à travers la jurisprudence du tribunal administratif de Versailles) », *AJDA* 2004. 1801 ; D. Kurst, « Droit d'expression des élus dans les supports d'information locale en période électorale », *RLCT* juin 2007. 65 ; M. Long, « Le bulletin municipal : un statut juridique complexe », *AJDA* 1998. 387 ; A. Pélissier, « Journaux territoriaux : droit(s) et devoirs », *Pouvoirs locaux* 2005, n° 64, p. 19.

liaison entre l'administration et la société (commission en matière de passation de marchés et de délégations de services publics, commissions consultatives des services publics, conseils d'administration des établissements publics locaux...). À la différence des commissions internes qui ne comprennent que des élus, les commissions extérieures ont une composition généralement bipartite, permettant un dialogue continu entre les élus et les représentants de l'administration ou/et des usagers. En imposant la proportionnalité pour désigner les conseillers élus qui seront membres de ces commissions, la loi leur confie une fonction de représentation démocratique. Ces commissions tendent ainsi à se faire les porte-parole de la diversité des intérêts de l'assemblée délibérante en plaçant sous le contrôle de ces intérêts l'activité administrative locale. Sans doute, ces commissions gardent-elles une position unitaire en étant assujetties à la volonté de la majorité délibérante qui a le dernier mot. Néanmoins, les élus de l'opposition représentés peuvent espérer y exercer une emprise sur la mise en œuvre des stratégies locales. À tout le moins, ceux-ci obtiendront de leur participation les éléments nécessaires à leur information et au contrôle de l'équipe dirigeante. L'expression des élus profite donc des garanties de composition et de procédure offertes par ces commissions.

239 ***Valeur relative de la garantie*** ◊ Toutefois, la représentation proportionnelle de ces commissions extérieures *n'a pas valeur de principe* (CAA Douai, 11 juill. 2000, *Descaves et a.*, *AJDA* 2000. 887, note O.Y.). La loi n'impose la présence des élus minoritaires que dans les cas qu'elle désigne spécialement. Il en va ainsi pour les commissions d'appel d'offres et les bureaux d'adjudication (CGCT, art. L. 2121-22), pour les commissions consultatives des services publics locaux (CGCT, art. L. 1413-1), pour la désignation des délégués des communes au sein des conseils de communauté urbaine (CGCT, art. L. 5215-10 al. 2), et pour la désignation des représentants des élus communaux au sein des conseils d'administration des centres communaux d'action sociale (C. fam., art. 138 issu de l'art. 41 L. n° 125-92, 6 févr. 1992).

L'organisation de ces commissions, en ce qu'elles sont assujetties à leur tâche administrative, a, en effet, vocation à demeurer aussi souple que possible. Cette considération tend à l'emporter et une fonction de représentation pluraliste ne s'attache à ces commissions qu'à titre accessoire :

- relève de cette préoccupation le fait que l'exécutif de la collectivité peut désigner les membres de ces commissions, l'organe délibérant ne disposant d'aucun monopole en la matière (CGCT, art. L. 2122-25, L. 3221-7 et L. 4231-5) ;
- toujours en ce sens, la loi prévoit expressément qu'il puisse être procédé au remplacement des conseillers désignés au sein de ces commissions en cours de mandat par une nouvelle désignation si, toutefois, les motifs de cette opération ne sont pas étrangers à la bonne marche de l'administration de la collectivité (CAA Douai, 11 juill. 2000, *Descaves et a.*, préc., régularité d'un remplacement intervenu dans l'intérêt de prendre en considération l'évolution des équilibres politiques au sein du conseil régional) (CGCT, art. L. 2121-22, L. 3121-23 et L. 4132-22) ;

– l'assemblée délibérante peut désigner non seulement des « membres » issus de ses rangs pour siéger au sein de ces commissions, mais également des « délégués » non élus (art. préc.). Cette possibilité ménagée par la loi, dans tous les cas particuliers où ne s'appliquent pas de dispositions contraires (c'est le cas pour les conseils des établissements publics territoriaux ou lorsque l'exécutif procède aux désignations), est de nature à minorer la possibilité d'une composition pluraliste de ces commissions [1].

SECTION 2. GARANTIES D'INFORMATION ET D'EXPRESSION DES ADMINISTRÉS

240 ***« Dialogue » élus-électeurs*** ◊ L'approfondissement de la démocratie locale est une question contemporaine. Elle n'a jamais fait autant l'objet des attentions du législateur que ces dernières années. C'est qu'il avait fallu, pour cela, que le Parlement achève son programme de décentralisation initié en 1982 et que la nécessité de cette démocratisation devienne voyante.

Les progrès reposent essentiellement sur les lois n° 92-125 du 6 février 1992, n° 02-276 du 27 février 2002 et la loi constitutionnelle du 28 mars 2003.

L'esprit des exigences nouvelles introduites dans le droit local se ramène à la nécessité d'un « dialogue » entre élus locaux et électeurs. Les électeurs ne peuvent pas administrer eux-mêmes, ni contrôler à tout moment l'action des élus. Pour autant, ils ne sont pas tenus de subir le monologue du pouvoir représentatif et peuvent, dans certains cas, sinon dire le dernier mot, à tout le moins exiger d'eux des garanties d'information et d'expression. Comme on l'a vu pour les élus, chacun de ces deux genres comporte des points d'application divers. Mais, l'essentiel est que, sous une forme ou sous une autre, le dialogue soit possible.

Ce dialogue peut emprunter des formes variées. Les commissions extra-municipales lui donnent un lieu d'exercice avec les contacts réguliers qu'elles supposent entre les électeurs et les élus. Ce dialogue peut prendre un autre visage et, notamment, celui du référendum qu'il soit pratiqué à titre de consultation ou de décision. L'essentiel est qu'il existe indépendamment de la mobilisation générale à l'occasion des scrutins, et à travers toutes ses réalisations techniques dans l'intérêt que le régime représentatif ne conduise pas à l'exercice solitaire des responsabilités par un homme ou une équipe.

Une précision sur les titulaires de ces garanties : si l'information peut s'adresser indifféremment à tous les habitants ou les administrés de la collectivité, en revanche, la possibilité de s'exprimer par les voies légalement aménagées ne regarde, à tort ou à raison, que les électeurs [2].

---

1. S'agissant des commissions internes à l'organisation de la collectivité territoriale elle-même (commission permanente, mission d'information et d'évaluation...) et du principe de leur composition proportionnelle, v. ss 165 s.

2. V. J.-M. Bécet, B. Pacteau et M. Verpeaux, « Les droits des habitants des collectivités locales », *Rép. collectivités locales* fasc. n° 9610 et biblio. v. ss 286.2, 3 et 4.

§ 1. Garanties d'information des administrés

241 ***Information unilatérale et bilatérale*** ◊ Le caractère ouvert de la démocratie locale se mesure à un premier niveau : l'information des actes et des activités des autorités élues. L'article L. 2141-1 CGCT affirme cette garantie d'information comme « un principe essentiel de la démocratie locale ». À l'observation, le statut de l'information locale n'est pas unitaire et peut recouper deux réalités distinctes. Il est, en effet, possible de dissocier l'information unilatérale par laquelle les autorités décentralisées se limitent à diffuser des informations en faisant connaître leurs décisions et les objectifs qu'elles poursuivent (A), de l'information bilatérale au moyen de laquelle ces mêmes autorités cherchent, en retour, à être éclairées par l'opinion publique dont elles s'efforceront de tenir compte dans l'élaboration de leurs stratégies (B).

A. Information unilatérale

242 ***Notion d'information unilatérale*** ◊ L'information unilatérale correspond d'abord au droit pour le public d'être tenu au courant de la gestion de la collectivité. Le régime légal de cette information est ainsi subordonné à cette fin et se trouve déterminé aussi minutieusement que possible pour qu'elle soit objective et suffisante.

Ainsi, quelques grands principes l'organisent tels que le caractère public des réunions de l'assemblée délibérante, la possibilité pour tout citoyen de se voir communiquer l'information sur une décision définitive, l'affichage et la publication des actes dans un recueil *ad hoc* et l'insertion dans une publication locale des décisions prises en matière économique (v. ss 156 s.). Ces principes sont complétés par de nombreuses dispositions particulières s'appliquant à des domaines sensibles tels que l'exploitation des services publics délégués ou l'aménagement urbain. L'accès à l'information a été également approfondi par des textes renforçant la publicité des travaux des chambres régionales des comptes. Leurs jugements, leurs avis et lettres d'information sont communicables (sur tous ces points, v. *supra*).

243 ***Intérêt de l'information unilatérale*** ◊ L'objectif premier de cette information unilatérale est d'assurer une meilleure connaissance des mesures prises par l'administration décentralisée. Elle est, en ce sens, un *moyen de formation* de l'opinion : elle aide tout à la fois à réduire l'obstacle s'opposant à l'exécution des décisions et à éclairer le jugement des électeurs qui n'a de sens que si celui-ci est à même de connaître, ce qui suppose une information complète et précise. En rendant les administrés moins étrangers aux mécanismes politiques et administratifs, elle renforce les vertus qu'on attend de la démocratie locale : en exposant aux administrés les difficultés auxquelles les élus locaux doivent faire face, ces derniers espèrent ainsi dissiper leurs réserves et les sensibiliser aux problèmes d'une gestion de proximité. Les décisions doivent ainsi être mieux acceptées et appliquées si elles sont connues et comprises du public.

244 ***Exemple d'information unilatérale : le bulletin d'information générale*** [1] ◊ Toutefois, l'information unilatérale n'est pas toujours neutre parce qu'elle peut être aussi un *moyen d'expression* pour les équipes dirigeantes. C'est le cas avec les *bulletins d'information générale* qu'elles diffusent auprès des électeurs dans les plus grandes communes, mais aussi dans les départements et les régions. Ce bulletin est devenu un élément essentiel pour contribuer à définir le type de gestion et de sociétés locales dans lequel une population s'incarne. Mais, l'information qui y est livrée n'est pas neutre. Elle a pour but de promouvoir l'image de marque de l'équipe dirigeante et de renforcer le soutien dont elle dispose. Cependant, trois considérations sont de nature à en atténuer les effets.

1. Le bulletin d'information générale relève « d'une mission de service public » (T. confl. 24 juin 1996, *Préfet Essonne, Lebon* 546. CE 10 juill. 1996, *Coisne, Lebon* 1006 ; *RFDA* 1997. 504, concl. C. Chantepy et 507, note J.-C. Douence). Cette solution est l'application particulière d'un principe plus général selon lequel toute communication locale destinée à valoriser l'image de la collectivité revêt ce caractère d'activité de service public (CE 11 mai 1987, *Divier, Lebon* 168 ; *RFDA* 1987. 780, concl. O. Schrameck ; *RD publ.* 1988. 265, note J.-M. Auby, à propos d'une activité d'affichage public sur mobilier urbain).

Cette qualification emporte des conséquences sur le plan de l'organisation et de la diffusion de l'activité (par exemple, le contrat passé avec une société d'économie mixte pour la réalisation d'un tel bulletin est un contrat administratif comportant la possibilité d'une résiliation unilatérale par la commune : CE 10 juill. 1996, *Coisne*, préc. Le contrat confiant à des entreprises privées la diffusion de l'information de la collectivité sur le mobilier urbain est un marché public : CAA Paris, 26 mars 2002, *Sté J.-C. Decaux, Dr. adm.* 2002. 122, note A. Ménéménis).

Toutefois, cette qualification de service public ne doit pas demeurer sans effet sur le contenu de l'activité elle-même. On peut rattacher plus nettement à cette activité la règle de l'impossibilité d'agir dans un but autre que l'intérêt public local (CGCT, art. L. 1111-2). Ainsi, si l'information de la collectivité ne peut, par définition, tenir sa qualité de son indépendance, elle ne doit pas, pour autant, outrepasser certaines limites au-delà desquelles l'activité de communication se transformerait en activité de propagande. Ce serait le cas si le bulletin servait la promotion électorale de certains élus [2] ou s'il entendait prendre part au débat politique national (CE 25 avr. 1994, *Président conseil général Territoire de Belfort, AJDA* 1994. 545, concl. D. Kessler, s'agissant de l'édition irrégulière d'une plaquette appelant à voter négativement au référendum relatif au traité de Maastricht).

Le droit électoral prévoit une sanction dans l'hypothèse où l'exécutif de la collectivité utiliserait le bulletin d'information aux fins de campagne électorale. Ce moyen mis à sa disposition par la collectivité s'analyserait comme une dépense électorale dont le coût devrait être réintégré dans le compte de campagne du

---

1. V. biblio. en note v. ss 237.
2. Étant ainsi de nature à constituer un don interdit d'une collectivité publique à un candidat susceptible d'entraîner son inéligibilité : CE 7 mai 2012, *Élections cantonales de saint-Cloud, AJDA* 2012. 2072, note M. Long, *JCP Adm.* 2012 n° 2289, note M. Verpeaux, *DA* 2012 n° 10 p. 19, note J.-L. Pissaloux, solution non automatique par assoulissement de la jurisprudence antérieure.

candidat avec le risque que le dépassement du plafond des dépenses électorales entraîne son inéligibilité (C. élect., art. L. 52-12. Pour une illustration : TA Dijon, 19 oct. 2004, *Williams*, préc.).

S'ajoute à cela la considération que le bulletin local n'est pas soustrait au statut de la presse (L. 29 juill. 1881) et aux délits qu'il prévoit en cas de manquement à une information sérieuse et sereine (diffamation, trouble à l'ordre public...).

2. Afin de ne pas troubler la liberté de choix des électeurs, aucune promotion des réalisations ou de la gestion de la collectivité ne peut être organisée dans les six mois précédant le renouvellement de l'assemblée délibérante (C. élect., art. L. 52-1 al. 2).

3. Les conseillers minoritaires se voient réserver un espace d'expression dans le bulletin d'information générale dans les conditions que le règlement intérieur doit préciser. Ceux-ci ont alors l'opportunité de diffuser tout élément qu'ils jugeront nécessaire de mettre sous les yeux des lecteurs (CGCT, art. L. 2121-27-1, L. 3121-24-1 et L. 4132-23-1) [1].

B. Information bilatérale

245 ***Notion d'information bilatérale*** [2] ◊ Mais, si elle a pour elle le souci de la transparence, l'information unilatérale ne change pas fondamentalement les rapports entre les autorités élues et leurs administrés. Elle s'intègre au mode de commandement autoritaire, les élus dirigeants entendant influencer sans être eux-mêmes influencés. C'est pourquoi, la remontée d'informations venues du public peut servir à les mettre à l'écoute des exigences des administrés, à connaître l'impact de leurs décisions antérieures pour les prendre en considération dans l'élaboration de leurs projets. Des organes intermédiaires entre les élus et les administrés ont ainsi été mis en place par la volonté du législateur comme lieux d'échange des informations grâce auxquels les autorités locales peuvent se renseigner sur l'état du milieu social et sur les conséquences prévisibles de certains choix.

Mais l'empilement des réformes fait aujourd'hui de la « participation consultative » locale une vaste nébuleuse dont le rapport contrainte-avantage, difficile à évaluer, peut finalement se révéler décevant.

En effet, l'utilité de ces institutions relève d'un équilibre subtil. Or, il y a inégalité fondamentale entre consultant et consultés et l'intérêt d'amener l'information sociale vers le pouvoir peut s'effacer au profit de la diffusion de l'information administrative vers les administrés. Que ces institutions puissent émettre des avis ne liera en rien les autorités sur leur contenu, celles-ci pouvant persister dans leurs choix d'origine et continuer à imposer leurs vues par voie d'autorité. Le thème de la « démocratie participative » c'est introduit dans les mythes politico-juridiques. Il est à craindre qu'il ne donne du partage du pouvoir que l'illusion.

---

1. Sur cette question, v. ss 234 s.
2. Sur les procédés de participation du public, v. biblio. v. ss 286.1.

1. L'enquête publique

246 ***Intérêt de l'enquête publique*** ◊ Elle est une procédure préalable à certaines opérations projetées par une collectivité territoriale et destinée à recueillir les positions des administrés intéressés. Par ce biais, Ceux-ci peuvent être amenés à participer à l'élaboration des décisions consécutives, à tout le moins, à s'informer pour protéger leurs intérêts, contrôler l'administration et préparer l'exercice de leurs recours. D'abord prévue comme étape préalable dans la procédure d'expropriation (L. 7 juill. 1933), elle s'est ensuite généralisée aux domaines de l'urbanisme, de l'aménagement rural, de l'environnement, de certaines formes d'occupation du domaine public ou dans le cadre de l'institution de servitudes d'utilité publique. Il est certain que la montée en puissance d'un droit de l'environnement et le recul simultané du secret administratif sont de nature à faire peser sur les collectivités des charges plus lourdes en matière d'information publique. L'information et la participation du public en matière environnementale ont même fait l'objet d'une proclamation constitutionnelle qui ne peut rester sans conséquence dans l'organisation du droit (art. 7 Charte envir. issue de L. const. n° 05-205, 1er mars 2005).

247 ***Décision d'ouverture de l'enquête publique*** ◊ Elle relève tantôt des autorités de l'État tantôt des collectivités territoriales. En effet, la loi du 12 juillet 1983 sur la démocratisation des enquêtes publiques a organisé la coexistence de deux types d'enquêtes publiques : celle de droit commun dont la décision d'ouverture ressortit exclusivement à l'État (art. R. 11-4 s. C. expr.) et l'enquête publique environnementale qui doit être décidée par l'exécutif de la collectivité lorsqu'elle porte sur « le projet d'une collectivité territoriale » (C. envir., art. L. 123-1 issu de L. n° 02-276, 27 févr. 2002). La compétence décentralisée imposée en 2002 valait déjà dans certains cas particuliers (plans locaux d'urbanisme, des constructions soumises à un permis de construire, l'aménagement de terrain de camping et de caravane). Un certain nombre d'améliorations procédurales sont apportées par la loi du 12 juillet 2010, dite « Grenelle 2 de l'environnement ».

Les arrêtés d'ouverture et de clôture des enquêtes publiques ont la nature d'actes préparatoires et sont contrôlés comme tels. Ainsi, les irrégularités affectant ces actes ne pourront qu'ultérieurement être contestées à l'appui d'un recours formé contre la décision consécutive à cette procédure (CE 23 janv. 1970, *Épx Neel*, *Lebon* 44 ; *AJPI* 1970. 338 concl. Baudouin ; *AJDA* 1970. 298, note A. Homont). En revanche, le refus d'ouvrir l'enquête peut être directement contesté devant le juge de l'excès de pouvoir (CE 14 janv. 1998, *Dpt Vendée*, *AJDA* 1998. 537, note R. Hostiou, avec le contrôle restreint du juge).

248 ***Efficacité de l'enquête publique*** ◊ Sans doute, on attend de l'enquête publique qu'elle ne se limite pas à une pure procédure d'information unilatérale mais qu'elle permette la prise en considération des intérêts particuliers. Néanmoins, elle demeure, en droit, une procédure consultative préalable à l'édiction d'un acte administratif dont on ne sait pas s'il sera

pris, ni quel sera son contenu. En l'état actuel des choses, elle s'avère coûteuse à mettre en place et ne remet pas en cause le pouvoir discrétionnaire de l'administration.

C'est pourquoi des améliorations législatives s'efforcent d'impliquer mieux les administrés pour que l'efficacité de l'enquête à préserver leurs intérêts particuliers ne demeure plus virtuelle :

- en premier lieu, les administrés peuvent être impliqués dès la *conception* du projet par une procédure préalable de *débat public* pour les cas où les projets d'équipement et d'aménagement présentent de forts enjeux socio-économiques ou environnementaux (L. 2 févr. 1995 modifiée par L. 27 févr. 2002) [1]. Organisé au stade préalable des études préliminaires, avant tout choix déterminé, le débat public permet de conduire le projet en concertation (réunion publique, exposition...). Il n'a pas vocation à se substituer à l'enquête publique, mais s'y ajoute et se combine avec elle. Le plein respect de cette procédure est confié à la garde d'une autorité administrative indépendante : la *Commission nationale du débat public* (C. envir., art. L. 121-1 s.) ;

- en second lieu, les administrés voient leurs propositions formulées à l'occasion de l'enquête publique désormais « prises en considération » par l'administration (C. envir., art. L. 123-1 issu de L. 12 juill. 2010). il appartiendra au juge administratif d'établir la portée de cette nouvelle obligation de prise en considération et d'y attacher un minimum d'effet contraignant ;

- le cas échéant, chacune des deux solutions pourra remédier aux insuffisances de l'autre et rendre un peu plus effective la participation du public.

2. Les conseils de quartier [2]

249 ***Intérêt des conseils de quartiers (CGCT, art. L. 2143-1, issu de L. n° 02-276 DC, 27 févr. 2002)*** ◊ Le découpage d'une ville en quartiers à toujours constitué une réalité sociale. Mais, ces derniers sont restés longtemps ignorés par le droit avant que la loi du 27 février 2002 n'en fasse une pièce essentielle de « la démocratie de proximité » qu'elle a voulu promouvoir. La loi les érige en échelon d'administration consultative, amorce d'une décentralisation à l'intérieur de la ville. Dans un contexte où le processus de regroupement communal tend à transférer le pouvoir de décision au niveau supérieur de l'agglomération, les conseils de quartiers peuvent jouer le rôle de contrepoids démocratique. Mais la loi les institutionnalise dans des conditions strictes et modestes qui trahissent l'objectif de départ. Leur statut est celui d'une simple rencontre.

---

1. J. Chevallier, « Le débat public à l'épreuve », *AJDA* 2013. 779.

2. T. Célérier, « Institution des quartiers. Loi du 27 février 2002 sur la démocratie de proximité », *Coll. terr.* juin 2002, p. 7 ; Y. Luchaire, « Le quartier et l'usager à l'affiche », *RGCT* 2002, n° 21, p. 3 ; B. Faure, « L'apport des conseils de quartier à la démocratie municipale », *La démocratie de proximité*, G.J. Guglielmi et J. Martin (dir.), Berger Levrault 2013, p. 69.

250 ***Objet des conseils de quartiers*** ◊ Ils ne sont associés au pouvoir local qu'à titre consultatif. Et encore, le recours à leur avis n'est que facultatif pour le maire qui « peut » les solliciter sur toute question concernant le quartier ou la ville et qui « peut » les associer à l'élaboration, à la mise en œuvre et à l'évaluation des actions intéressant le quartier. Nonobstant, la faculté d'auto-saisine de ces conseils est prévue pour faire au maire toute proposition à l'égard du quartier ou de la ville.

251 ***Institution des conseils de quartiers*** ◊ La loi a souhaité généraliser une pratique ancienne. Cependant, elle ne prévoit leur création à titre obligatoire que dans les villes suffisamment vastes pour que les quartiers y puissent jouer un rôle non négligeable : ils sont obligatoires dans les villes de 80 000 habitants. Leur création reste facultative dans les villes dont la population est comprise entre 20 000 et 79 999 habitants.

Les plus grandes villes de Paris, Lyon et Marseille n'échappent pas à l'obligation légale avec, toutefois, des conditions de création qui leur sont propres chaque conseil d'arrondissement devant pour chaque quartier créer un conseil de quartier. C'est le conseil municipal de la ville qui fixe le périmètre des quartiers sur proposition du conseil d'arrondissement (CGCT, art. L. 2511-10-1). L'empilement de ces structures - communale, d'arrondissement et de quartier - ne va pas sans compliquer le schéma d'organisation générale avec deux échelons consultatifs géographiquement proches mais démocratiquement inégaux, seuls les conseillers d'arrondissement étant désignés par le suffrage universel (sur les statuts de Paris, Lyon et Marseille, v. ss 430 s.).

Le périmètre de chacun des quartiers est fixé par le conseil municipal. Il s'agira moins d'une œuvre créatrice que de constater une réalité historique et une pratique existante. D'ailleurs, se pose la question de savoir si la délimitation d'un quartier est un acte susceptible de contestation en excès de pouvoir dans les conditions prévues pour les actes non réglementaires que sont les décisions de délimitation des circonscriptions (CE Sect. 30 nov. 1990, *Élect. cantonales Chauffailles, Lebon* 342 ; *AJDA* 1991. 116, chron. E. Honorat et R. Schwartz ; *RFDA* 1991. 580, concl. M. Pochard). En effet, le découpage des quartiers ne met pas en jeu la représentativité de « conseils élus » comme c'est le cas lorsqu'il s'agit d'élire au suffrage universel les membres d'une assemblée délibérante.

252 ***Organisation des conseils de quartiers*** ◊ Pour la désignation des membres des conseils de quartier, la loi renvoie au pouvoir d'appréciation de chaque conseil municipal mais n'impose pas le principe de leur élection, de telle manière que les communes dotées de conseils de quartiers ne peuvent être prises pour des communes à statut particulier, comme c'est le cas pour Paris, Lyon et Marseille découpés en arrondissements. Il s'agit finalement davantage d'un système de communication stable et permanent mis en place entre les élus et la population que d'une nouvelle forme de représentation communale.

De la même manière, chaque conseil municipal est invité à fixer les modalités de fonctionnement des conseils de quartiers. Pour ce faire, l'alinéa 4 du CGCT, art. L. 2143-1 précise que les conseils de quartiers pourront se voir affecter un local et des crédits de fonctionnement annuels.

Le conseil municipal peut désigner des adjoints de quartier connaissant de toute question relevant du ou des quartiers dont ils ont la charge. Ils doivent notamment favoriser la participation des habitants à la vie du quartier et veiller à leur information (CGCT, art. L. 2122-18-1).

3. Les commissions consultatives des services publics locaux

253 ***Intérêt des commissions*** ◊ Avec les commissions consultatives des services publics locaux [1], la démocratie participative trouve un nouvel instrument pour organiser des liens entre les élus et les représentants des usagers des services publics locaux (CGCT, art. L. 1413-1 issu de L. n° 02-276, 27 févr. 2002). L'idée de départ est de donner à ces derniers la possibilité de se faire entendre et de participer activement à l'élaboration des décisions prises dans le cadre de la gestion des services publics locaux. Dans ce but, l'institution de ces commissions est rendue obligatoire dans les régions, départements et communes de plus de 3 500 habitants, pour les établissements publics de plus de 50 000 habitants et les syndicats mixtes comprenant au moins une commune de plus de 3 500 habitants.

Sans doute, aucune collectivité significative ne peut échapper à la création d'une telle commission. En revanche, la loi demeure plus modeste à l'égard du cercle des services publics ainsi soumis à l'obligation de consultation. Ces services sont étonnamment sélectionnés selon leur mode de gestion. La loi vise tous les services publics délégués à un tiers ainsi que ceux gérés en régie dotés de l'autonomie financière, ce qui désigne surtout les services publics industriels et commerciaux de la collectivité. Mais, se trouvent soustraits à l'obligation légale notamment les régies directes ou les établissements publics en dépit de la place éminente de ces procédés de gestion et de l'importance des activités ainsi prises en charge (centres communaux d'action sociale, centres hospitaliers, par exemple).

Les fonctions de la commission ne sont pas conçues de façon restrictive. Elle doit être sollicitée pour avis – obligatoire mais non conforme – par l'assemblée délibérante sur tout projet de délégation de service public ou de création d'une régie dotée de l'autonomie financière avant que l'assemblée ne prenne sa décision (art. L. 1413-1 al. 5). La commission examine chaque année les rapports relatifs aux services publics (al. 4). En outre, la majorité de ces membres peut demander l'inscription à l'ordre du jour de l'assemblée délibérante de toute proposition relative à l'amélioration des services publics locaux (al. 3).

254 ***Indépendance des commissions*** ◊ La composition de la Commission signale les limites de l'institution. La dépendance dans laquelle la loi la

1. C. Gallo et F. Patrouillault, « Les commissions consultatives des services publics locaux : regards sur le fonctionnement pratique et l'utilité réelle d'une institution participative méconnue », *La démocratie de proximité*, G.J. Guglielmi et J. Martin (dir.) Berger-Levrault, 2013, p. 203.

place vis-à-vis des autorités élues ne permet pas de garantir son rôle. En effet, le législateur n'a pas pour règle d'organiser précisément ce type d'organe qui ne participe pas directement au pouvoir de décision dans la collectivité. Il en abandonne la composition à la liberté de l'assemblée délibérante de chaque collectivité alors que l'autonomie de cette commission est la condition de sa fonction et qu'elle met en jeu des principes communs sur l'ensemble du territoire national. Ainsi, si la loi attribue la présidence de droit de la commission à l'exécutif de la collectivité, si elle pose le principe de la représentation proportionnelle des élus en son sein, en revanche, elle se borne à investir chaque collectivité pour définir les « représentants des associations locales » ainsi que leur nombre. Mais, quelle peut être l'utilité d'un organe dont la collectivité territoriale garde la maîtrise en prenant les initiatives, en choisissant les participants, en contrôlant le déroulement de ses activités et, finalement, en appréciant librement les résultats en reprenant ou non à son compte les avis formulés qui ne la lient en aucune façon ?

4. Les comités consultatifs communaux

255 ***Intérêt des comités consultatifs*** ◊ Les comités consultatifs communaux, selon l'expression légale, ou commissions « extra-municipales », pour sacrifier à une convention de langage, ne désignent aucune catégorie juridique spécifique. En tant qu'ils associent un ou plusieurs élus à des habitants de la commune, il est permis d'y voir une variété de commission extérieure (v. ss 238 s.) manifestant son originalité dans l'intérêt de consulter des catégories particulières d'habitants dont le droit électoral interdit la représentation au sein de l'assemblée délibérante. Néanmoins, leur expression, comme force de proposition, peut s'avérer utile à la vie démocratique locale (conseils municipaux d'enfants, conseils d'immigrés). Ils familiarisent ainsi à la politique certaines classes d'habitants qui ne peuvent encore accéder à la citoyenneté. Ces comités se font alors collaborateurs de l'assemblée délibérante mais, dans des conditions restrictives afin de ne pas troubler l'ordre des compétences dans la collectivité. De telle manière que c'est généralement en négatif, par leurs impossibilités juridiques, que l'on entreprend l'étude de leur statut et de leurs pouvoirs.

256 ***Cadre juridique des comités consultatifs*** ◊ L'article L. 2143-2 CGCT leur donne leur statut. Il est issu de la loi n° 92-125 du 6 février 1992 qui a entendu légaliser une pratique qui tendait à se généraliser sur le fondement de la compétence générale du conseil municipal à régler toute question dans l'intérêt de la collectivité (CGCT, art. L. 2121-29). Mais, en consacrant expressément ces institutions, la loi reconnaît plus qu'elle n'innove. En effet, sa mise en œuvre ne doit pas moins s'intégrer dans le cadre de la jurisprudence administrative classique qui s'attache à garantir les compétences des autorités décisionnelles dans la collectivité dont les

institutions consultatives extérieures ne sauraient ni s'approprier le pouvoir ni intervenir dans le fonctionnement.

1. Ainsi, la jurisprudence administrative a constamment condamné la pratique des *conseillers municipaux associés* ou des *délégations permanentes élues de ressortissants étrangers* auprès du conseil municipal, parfois même en se fondant sur les dispositions de la Constitution. L'irrégularité est caractérisée dans l'hypothèse où de tels conseillers prendraient part au vote. Elle est néanmoins constituée par la seule possibilité de participer aux débats, fût-ce à la faveur de suspensions de séances, et, ce faisant, de modifier les conditions de fonctionnement de l'assemblée qui ne peuvent être établies que par la loi en vertu des articles 34 et 72 de la Constitution (TA Amiens, 21 juin 1988, *Payet, Lebon* 319. CE 2 avr. 1993, *Cne Longjumeau c. Wiltzer, JCP* 1993. IV. 1466, note M.-C. Rouault. CE 10 juill. 1996, n° 169963, *Cne Mons-en-Barœul*). Une délibération adoptée dans de telles conditions est entachée d'irrégularité (CE 2 avr. 1993, *Cne Longjumeau c. Chadel et a., Lebon* 647-649).

2. Il résulte également de la jurisprudence que les règles d'organisation et de fonctionnement ne sauraient émaner d'un « comité de pilotage » mis en place pour l'occasion. Il s'ensuit que de tels comités ne sauraient diposer d'aucun pouvoir d'auto-organisation. Seul le conseil municipal tient de la loi le pouvoir de régler toute question propre à la collectivité chaque fois qu'une autre autorité n'est pas expressément investie par la loi (art. L. 2121-29 CGCT. CE Sect. 7 oct. 1994, *Ville Narbonne c. Arditi, RD publ.* 1995. 251, concl. H. Savoie ; *RFDA* 1995. 1092, note J.-Ch. Froment ; TA Montreuil, 24 mars 2011, *M.D., AJDA* 2012. 1005, note B. Pauvert, s'agissant d'un « conseil des sages » qui ne peut compétemment décider de l'exclusion d'un de ses membres pour manquement à une obligation de réserve de sa part).

257 ***Organisation des comités consultatifs*** ◊ Au vu des considérations précédentes, la base légale que procure aux comités consultatifs l'article L. 2143-2 CGCT contient des dispositions auxquelles il faut reconnaître une valeur tantôt indicative, habilitant les communes à faire ce qu'elles faisaient déjà, et tantôt impérative, apportant des éléments de rigidité dans leur statut. Ainsi, à titre obligatoire, la durée de ces comités ne peut excéder celle du mandat municipal en cours (al. 2), le comité devra être présidé par un membre du conseil municipal qui aura été désigné par le maire (al. 3). En revanche, le conseil municipal demeure libre de la création du comité comme de ses règles de composition - personnes pouvant « ne pas appartenir au conseil municipal, notamment des représentants des associations locales » - et de son ressort - tout ou partie du territoire de la commune (al. 1) (v. ss 256 (2)).

258 ***Pouvoir des comités consultatifs*** ◊ Les comités consultatifs sont des organes intéressants. C'est dans leur cadre que certaines minorités ou intérêts particuliers sont appelés à s'exprimer. Mais le schéma que le droit en propose n'est pas assez commandé par cette préoccupation. Ne disposant pas réellement de pouvoirs propres, ces comités risquent de se transformer en instrument au service de la politique de communication de la collectivité. Ils sont placés sous l'impulsion du maire qui peut les consulter sur toute question ou projet intéressant les services publics et équipements de proximité et tout problème entrant dans le domaine d'activité des

associations membres du comité (al. 4). À titre secondaire, le même alinéa ajoute que les comités peuvent transmettre au maire toute proposition concernant tout problème d'intérêt communal pour lequel ils ont été constitués. En toute hypothèse, ils ne peuvent émettre que des *avis facultatifs*. Il n'a jamais été question de leur conférer un pouvoir de décision, ni de les associer impérativement aux procédures décisionnelles ce qui aurait pourtant permis de ne pas sacrifier le monopole du pouvoir décisionnel de l'assemblée à la réelle consécration de ces comités.

Cette solution générale réserve le cas des décisions par lesquelles un tel comité entendrait s'organiser lui-même. De telles décisions font grief et sont justiciables du juge administratif qui les annulera pour vice d'incompétence (TA Montreuil, 24 mars 2011, M.D., v. ss 256 (2)).

§ 2. Garantie d'expression des administrés

259 ***Garantie en dehors de la désignation des élus à l'assemblée délibérante*** ◊ Elle repose sur deux procédés classiques de démocratie semi-directe par lesquels, en combinaison avec les élus, les électeurs pourront participer à l'exercice des compétences attachées à la collectivité : la pétition et les référendums consultatif ou décisionnel.

Mais, à l'expérience, il faut bien admettre que l'exercice de la démocratie locale ne s'appuie qu'exceptionnellement sur les manifestations de la volonté du corps électoral empruntant ces procédés.

A. La pétition

260 ***Définition*** ◊ Il s'agit d'une « demande » formulée par un nombre suffisant d'« électeurs » émettant le vœu que soit prise une délibération dans tel ou tel domaine relevant de la compétence de la collectivité. Cette possibilité, présentée comme un « droit », est affirmée à l'article 72-1 de la Constitution.

261 ***Intérêt*** ◊ Cette vieille institution - apparue dès la Révolution pour corriger les effets restrictifs du suffrage censitaire (v. *RD publ.* 2005. 151) - connaît aujourd'hui un regain de faveur. Mais, sauf à contrarier le fonctionnement normal de l'assemblée délibérante pour décider de ce que doivent être les affaires de la collectivité, ses modalités ne peuvent qu'être conçues restrictivement. D'une part, il semble inévitable qu'il doive falloir faire la distinction entre la *demande* d'inscription d'une question à l'ordre du jour de l'assemblée et son *obtention* qui doit demeurer une décision discrétionnaire des élus. D'autre part, la Constitution ne désigne que les « électeurs », à défaut des autres habitants de la collectivité, au bénéfice de cette procédure.

Révélateur d'une époque plus prompte à proclamer des droits nouveaux qu'à les voir effectivement s'exercer, la loi destinée à établir les conditions de la pétition se fait toujours attendre (à l'exception de Mayotte, CGCT, art. LO 6141-1 ; Saint-Barthélémy, CGCT, art. LO 6231-1 ; Saint-Martin, CGCT, art. LO 6331-1 ; et la Polynésie, art. 158, L. 27 févr. 2004).

Ce n'est que le jugement d'un tribunal administratif, mais il admet, à l'encontre des conclusions de son rapporteur public, la compétence réglementaire du maire, « chargé de l'administration de la commune » et notamment de fixer l'ordre du jour du conseil municipal, pour établir à 3 % le seuil des habitants majeurs de la ville pour proposer l'inscription d'une question à l'ordre du jour du conseil municipal (TA Paris, 11 févr. 2011, *Préfet région Ile-de-France, préfet Paris*, 2 esp., *AJDA* 2011. 1026, note B. Delaunay).

Il est toujours possible de trouver, par substitution, un appareil de mise en œuvre dans les dispositions de la loi n° 95-115 du 4 février 1995 permettant à l'initiative populaire de proposer un référendum consultatif. Il y est prévu que le cinquième des électeurs communaux et le dixième des électeurs départementaux et régionaux peuvent demander l'inscription d'une question à l'ordre du jour de l'assemblée délibérante. Rien n'interdit alors que cette question soit délibérée librement par les élus.

B. Les référendums locaux [1]

262 ***Obstacles historiques*** ◊ Ce sont des considérations tout à la fois théoriques et pratiques qui ont retardé l'institutionnalisation du référendum local. Il est fatal que les vives discussions des constitutionnalistes sur la valeur et l'utilité de la démocratie semi-directe aient eu des répercussions sur le type de démocratie locale à adapter. Ainsi, la Constitution du 3 septembre 1791 prévoit que « les fonctions des assemblées primaires et électorales se bornent à élire ; elles se sépareront aussitôt après les élections faites » (art. 1 sect. IV chap. 1er titre III). C'est que la thèse de la souveraineté nationale défendue avec succès contre celle de la souveraineté populaire impliquait des procédés différents pour mettre en œuvre la démocratie. Le pouvoir de décider y trouve ses titulaires propres, distincts des individus qui composent la Nation. Les décisions sont prises par ces titulaires non pour leur compte mais pour celui de la Nation ou de la collectivité dont ils expriment ainsi la volonté. Le système se veut démocratique dans la mesure où ils tiennent leur qualité de représentant de l'élection et qu'ils agissent dans la limite de leur mandat. Et il serait illogique d'imposer un contrepoids à l'assemblée élue au suffrage universel.

Il faut ajouter que la mise en œuvre des procédés de démocratie semi-directe suppose une certaine fidélité et loyauté aux principes qui les fondent. Or, il est toujours à craindre que le référendum ne dégénère en plébiscite au profit d'une équipe ou d'une politique et se transforme en procédé de confiscation plutôt que d'expression de la démocratie.

Des considérations propres au droit des collectivités territoriales ont pu renforcer l'hostilité dans laquelle est tenu le référendum. Par sa proximité, le pouvoir local est plus susceptible de déstabilisation et on pouvait

1. V. biblio. v. ss 286.

redouter des risques d'agitation soulevés par des référendums conduisant au renversement des maires. On se souvient comment les tentatives de réunion des citoyens sous la Révolution devinrent permanentes et menaçantes. Il ne faut pas non plus exclure des possibilités de déviation de l'institution propres à son exercice local. C'est le cas pour une question posée aux électeurs avec l'effet - involontaire ou délibéré - d'atteindre à l'autorité de l'État ou d'empiéter sur ce qui ne regarde que les choix des autres collectivités territoriales.

263 ***Consécration progressive*** ◊ Le référendum a pris sa place progressivement dans les institutions locales, les collectivités s'accoutumant au procédé par avancées successives. Les premières expériences se limitent à des *référendums obligatoires et spéciaux* par lesquels le corps électoral est amené à se prononcer sur un objet particulier prévu par les dispositions institutives :

- si on excepte quelques pratiques historiques, dont le fameux système des « plus hauts imposés » de la loi du 18 juillet 1837, une première illustration est donnée par l'article 53 de la Constitution sur le principe de l'*autodétermination* de territoires relevant de la souveraineté française (art. 76 Const. pour la Nouvelle-Calédonie). Il peut s'agir d'une hypothèse de référendum local par l'échantillon de la population appelée à se prononcer. Toutefois, l'initiative n'appartient qu'au gouvernement.

Sur la mise en œuvre de ce référendum : Cons. const. 30 déc. 1975, n° 75-59 DC, *Recl* 26 ; *AJDA* 1976. 249, note Franck ; *D.* 1976. 537, note L. Hamon ; *RD publ.* 1976. 557, note L. Favoreu ;

- il existe une autre illustration en matière de *fusion de communes* où la consultation des électeurs des communes concernées est de droit (CGCT, art. L. 2113-2, issu de L. n° 71-588, 16 juill. 1971, tel que modifié par l'art. 123 L. n° 04-809, 13 août 2004). La fusion ne peut être prononcée qu'avec le consentement d'un nombre suffisant d'électeurs des communes concernées : elle sera ainsi possible si elle recueille l'approbation de la majorité absolue des suffrages exprimés correspondant à un nombre de voix au moins égal au quart des électeurs inscrits dans l'ensemble des communes concernées (CGCT, art. L. 2113-3. V. ss 423).

Avec la voie ouverte par ces précédents, il est apparu possible de faire reposer les progrès de la démocratie locale voulus dans les années 1990, sur la consécration de *référendums facultatifs et généraux*. Ce type de référendum suppose que les autorités locales, ou une certaine proportion du corps électoral, demandent qu'il y soit procédé sur toute question entrant dans le champ de compétence de la collectivité. La loi n° 92-125 du 6 février 1992 lui donne une première reconnaissance mais dans des conditions restrictives au point de proscrire tout exercice direct du pouvoir de décision par les électeurs. Il ne s'agit que d'une consultation populaire pour avis. Il était difficile d'espérer davantage en l'état de la Constitution. Celle-ci, en prévoyant que les collectivités s'administrent librement « par des conseils élus » (art. 72 al. 3), organise le monopole du pouvoir représentatif pour engager la collectivité. Il fallait donc franchir cet obstacle constitutionnel qui s'opposait à ce que le référendum local prenne force normative. Cela sera fait par la réforme constitutionnelle du 28 mars 2003.

Mais voici qu'aujourd'hui deux procédures de référendum coexistent, différentes par leur régime, inégales dans leur portée. Le choix entre l'un ou l'autre de ces référendums procédera de considérations politiques, mais que le droit permettra d'instruire. À cet égard, il n'est pas certain qu'il faille s'attendre au déclin du référendum consultatif. Non seulement son champ d'application *ratione personae* est plus étendu (les EPCI peuvent y procéder), mais encore, l'adoption populaire des décisions risque de soulever une objection de principe chez les élus. La valeur démocratique de telles décisions est trop forte pour qu'on croie une assemblée d'élus capable de revenir facilement sur elles. On s'expose ainsi à un phénomène d'irréversibilité de fait des décisions populaires. On recommanderait alors de laisser le pouvoir de décision aux autorités représentatives quitte à ce qu'elles s'entourent, le cas échéant, de l'avis des électeurs.

L'évolution est allée, également, dans le sens de la généralisation des référendums, les régions, les départements et même certains EPCI - pour avis populaire - pouvant y procéder autant que les communes. Il n'existe donc plus de discrimination territoriale que justifiait la crainte de l'exercice de la démocratie semi-directe dans les collectivités les plus importantes et de sa résonance politique.

Un élément commun aux deux référendums n'est pas négligeable. Dans les deux cas, le pouvoir de voter est remis aux électeurs et non pas à l'ensemble des administrés. De telle manière que le lien civique domine toute autre considération qui reposerait sur le lien territorial (domicile dans la collectivité) ou fiscal (assujettissement aux impôts locaux). Cette position restrictive procède tout à la fois de la considération pratique qu'il est difficile de tenir à jour des listes d'habitants et de l'idée théorique que seuls les électeurs peuvent exercer directement les compétences attachées au pouvoir qu'ils ont désigné. Sur le fondement de ces arguments, le Sénat avait repoussé un amendement voté par l'Assemblée nationale sur proposition du député Dosière, dans le cadre de la loi n° 02-276 du 27 février 2002, étendant le droit de participer aux référendums consultatifs à l'ensemble des habitants.

En revanche, il n'y a pas lieu de prendre à la lettre les dispositions de l'article 88-3 de la Constitution envisageant le droit de vote et d'éligibilité des citoyens européens aux « élections municipales » comme excluant leur participation aux référendums locaux. Au contraire, il faut implicitement admettre qu'ils doivent être consultés en tant qu'électeurs.

264 ***Référendums à objet institutionnel prévus par la Constitution*** ◊ Méritent une étude dans des développements adéquats, les autres référendums spéciaux introduits par la réforme constitutionnelle de 2003. La réforme a souhaité tout à la fois favoriser et démocratiser les évolutions statutaires des collectivités. Dans ce but, elle a ouvert en nombre de nou-

velles possibilités référendaires. Mais, le réformateur ne les a pas assorties d'un régime commun. Tantôt ils relèvent de l'initiative nationale, exceptionnellement de l'initiative locale. Tantôt ils n'ont pas de portée décisoire, tantôt leur effet est dissymétrique : contraignant en cas de vote négatif, il n'oblige pas - théoriquement - l'État en cas de vote positif. En aucun cas, la Constitution ne prévoit ici l'adoption de décision par la population. Il s'agit seulement de faire participer celle-ci au processus décisionnel que ce soit à titre contraignant ou consultatif.

1. Les référendums de l'article 72-1 alinéa 3 Const. Cet article prévoit deux types de référendums à l'égard des collectivités territoriales métropolitaines :

- dans le premier cas, pour créer une collectivité à statut particulier ou modifier son organisation, il peut être décidé par la loi de consulter les électeurs. L'avis populaire rendu ne lie pas, en droit, le gouvernement et le législateur qui, néanmoins, peuvent s'estimer politiquement tenus par le résultat.

Illustration avec l'échec de l'évolution statutaire de la Corse après la consultation du 6 juillet 2003 organisé sur le fondement de L. n° 03-486, 10 juin 2003. V., CE Ass. 17 oct. 2003, *Consultation des électeurs de Corse, RFDA* 2003. 1140, concl. S. Boissard. V. ég. M. Verpeaux, « La consultation locale des populations métropolitaines (ou le vrai-faux référendum) », *Mélanges Moderne*, Dalloz, 2004, p. 417.

Jusqu'alors ce type de référendum n'avait été mis en place qu'outre-mer. V. Cons. const. 4 mai 2000, n° 2000-428 DC, *Consultation de la population de Mayotte, Rec. Cons. const.* 70 ; *RFDA* 2000. 737, note O. Gohin et 746, note J.-C. Douence et B. Faure ; *AJDA* 2000. 561, note J.-E. Schoettl et note J.-Y. Faberon ; *LPA* 17 oct. 2000, p. 16, note M. Verpeaux ; *D.* 2001. 1763, note A. Roux ; *RD publ.* 2000. 843, note A.-M. Le Bos Le Pourhiet et 907, note F. Lemaire ; *LPA* 27 juill. 2000, note R. Piastra ; *Rev. jur. et pol. Indépendance et Coopération* 2000. 243, note F. Luchaire. Cons. const. 7 déc. 2000, n° 2000-435 DC, *Loi d'orientation pour l'outre-mer, Rec. Cons. const.* 164 ; *RFDA* 2002. 361, note F. Lemaire ; *AJDA* 2001. 102, note J.-E. Schoettl et 731, note D. Custos ; *RFDC* 2001. 110, note M. Verpeaux ; *RD publ.* 2001. 247, note F. Luchaire ; *LPA* 23 avr. 2001, p. 8, note D. Chagnollaud ; *D.* 2001. 1765, note A. Roux ; *LPA* 31 juill. 2001, p. 18, note M. Verpeaux et C. Sauvageot ;

- dans le deuxième cas, le référendum a une portée plus générale. L'article 72-1 Const. renvoie à la loi le soin de fixer les conditions dans lesquelles les autorités locales pourront décider de « consulter » - avec valeur d'avis comme supposé par le terme - les électeurs sur la modification des limites de leur collectivité territoriale.

2. Les référendums de l'article 72-4 Const. L'article prévoit deux cas de référendum outre-mer :

- l'alinéa 1er institue un référendum obligatoire pour la *transformation d'un département d'outre-mer en collectivité d'outre-mer et réciproquement.* Aucun changement ne peut intervenir sans que le « consentement » des électeurs ait été recueilli. La consultation populaire acquiert ainsi valeur contraignante, même si le changement de statut ne peut être décidé que par loi organique. Celle-ci ne pourra intervenir sans l'accord de la population concernée. Le mécanisme s'apparenterait au *veto* populaire s'il avait été prévu que les électeurs se prononcent sur la loi votée. Ce n'est pas le cas ici où, au contraire, la population doit être réputée participer au processus de décision.

Le 29 mars 2009, les électeurs de Mayotte se sont prononcés massivement (95 % des suffrages) en faveur du passage de leur collectivité au statut départemental (LO n° 10-1486, 7 déc. 2010, *relative au dpt Mayotte*). Au contraire, les électeurs de Guyane et de Martinique, auxquels était proposée la « transformation » de leur département en collectivité d'outre-mer, avaient répondu négativement lors du référendum du 10 janvier 2010 (s'étaient préalablement prononcées dans un sens favorable les collectivités de Saint-Barthélémy et de Saint-Martin à l'occasion du référendum du 7 décembre 2003) ;

- selon l'alinéa 2, le président de la République peut consulter les électeurs sur l'organisation de la collectivité concernée, sur ses compétences ou son régime législatif. Mais, la consultation ne peut aboutir qu'à un avis et non pas à une décision.

Sur le contrôle de sa mise en œuvre par le juge administratif. V. à propos des départements de Guadeloupe et Martinique, CE 4 déc. 2003, *Féler*, *Lebon* 491 ; *RFDA* 2004. 549, concl. J.-P. Thiellay ; *AJDA* 2004. 154, note F. Melleray et 594, note M. Verpeaux ; *JCP Adm.* 2004. 1258, note D. Maillard Desgrèes du Loû. Il en résulte deux éléments :

- la décision du président de la République de recourir à une telle consultation est une question d'opportunité qu'il n'appartient pas au juge d'apprécier. Il en va de même s'agissant du contenu de la proposition d'évolution institutionnelle et de la date de la consultation. Il ne s'agit pas pour autant pas d'un acte de gouvernement comme suggéré par le commissaire du gouvernement.

- le décret du président de la République peut néanmoins faire l'objet d'un contrôle des vices susceptibles d'affecter la régularité ou la sincérité de la consultation prévue. Cela suppose que la consultation obéisse à une double exigence de clarté et de loyauté (ce n'est pas le cas de deux référendums organisés le même jour, l'un sur le fondement de l'art. 74, l'autre sur le fondement de l'art. 73 al. 7).

3. Le référendum de l'article 73 alinéa 7. La fusion en une collectivité unique d'un département et d'une région d'outre-mer, ou bien l'institution d'une assemblée unique pour ces deux collectivités, ne peut être décidée sans qu'ait été préalablement recueilli le « consentement » des électeurs dans le ressort de la collectivité. De telle manière que, si les résultats sont négatifs, ils s'imposeront au législateur qui devra renoncer à sa réforme.

Le 24 janvier 2010, les électeurs des régions monodépartementales de la Guyane et de la Martinique ont finalement approuvé la transformation de leur collectivité en collectivité à statut unique « régie par l'article 73 » exerçant les compétences départementales et régionales à la fois (loi n° 2011-884 du 27 juill. 2011 aplicable à compter de 2015).

4. S'étant préalablement prononcées dans le sens du rejet (Saint-Barthélémy et Saint-Martin exceptés) à l'occasion du référendum du 7 décembre 2003, v. CE 4 déc 2003, *Féler*, préc.).

265 ***Référendums à objet institutionnel prévu par la loi*** ◊ Œuvrant en vu de réduire le nombre de collectivités territoriales, la loi du 16 décembre 2010 développe des procédures de fusion aux deux niveaux des départements et des régions. Se trouve ainsi associée au principe de « fusions horizontales » (départements ou régions, CGCT, art. L. 4123-1), des « fusions verticales » (départements et régions, CGCT, art. L. 4124-1). Si l'initiative de fusionner appartient aux élus des collectivités intéressées et la décision finale à l'État, le consentement des électeurs est un passage obligé et dont le législateur a souhaité qu'il soit recueilli sous certaines conditions restrictives : par une majorité absolue de suffrages exprimées correspondant à un nombre de voix égal au quart des électeurs inscrits, et cette majorité doit être receuillie dans chacune des collectivités concernées et non dans le périmètre total de l'opération, offrant ainsi à chaque département une sorte de « droit de véto » afin d'éviter d'être pris dans un regroupement plus vaste dont ses électeurs ne voudraient pas [1]. Le projet de loi portant nouvelle organisation territoriale de la république (2014) prévoit la suppression de cette procédure dans ces contraintes démocratiques afin de permettre le regroupement des régions directement par la loi.

La procédure de fusion verticale des départements avec leur région dans le cadre d'une collectivité nouvelle à statut particulier sonne faux. En effet, le législateur disposait déjà, en vertu de la Constitution, de l'habilitation à créer directement une « collectivité unique » en lieu et place d'une ou plusieurs collectivités existantes (Const., art. 72 al. 1, v. ss 264). De telle manière que l'exercice de sa compétence n'est subordonné à aucune procédure préalable qui ne serait pas imposée par la Constitution : les conditions de consultation des électeurs concernés notamment, pour libérales qu'elles soient, ne peuvent former des obligations juridiques pour lui en raison de leur origine légale. L'article L. 4124-1 CGCT prend, tout au plus, valeur de simple recommandation.

C. Le référendum consultatif [2]

266 ***Définition*** ◊ Le référendum consultatif consiste à faire voter le corps électoral sur toute question relevant de la compétence de la collectivité, l'opinion des électeurs ayant juridiquement simple valeur consultative. En cela, cette forme référendaire ne correspond pas à un véritable référendum et, l'expression de « consultation populaire » lui est officiellement

1. Illustration donnée par la tentative de constitution d'une nouvelle collectivité alsacienne : v. ss 36, avec la bibliographie.
S'agissant des fusions de communes, v. ss 423.
2. V. biblio. v. ss 286. 3.

préférée par la loi (v. 1re partie, chap. II, sect. II CGCT). Ce référendum prend plutôt l'intérêt d'une enquête, d'une information sur l'état de l'opinion mais sans valeur d'une décision ayant force juridique.

267 ***Origine*** ◊ On doit à la loi n° 92-125 du 6 février 1992 (CGCT, art. L. 1112-15 s.) l'institution du référendum consultatif comme une garantie essentielle de la démocratie participative locale que cette loi s'est efforcée de promouvoir. Les lois antérieures n'avaient jamais envisagé le problème, la démocratie locale paraissant suffisamment assurée par le système représentatif par une assemblée élue qui avait toujours été pratiqué.

Nonobstant, le référendum local ne peut passer pour une innovation absolue que la loi de 1992 aurait fait surgir dans la vie politique locale. En effet, en marge de toute reconnaissance légale, il n'est pas rare que des consultations locales aient été organisées par des communes sur des problèmes ponctuels de la collectivité. Il s'en est fait à peu près 250 à la fin du XIXe siècle avant que la pratique ne tombe en désuétude et ceci, jusqu'à la Ve République où, en dépit de participations populaires plutôt faibles, celui-ci a pu revenir en grâce. Ces consultations portaient essentiellement sur des questions domaniales ou financières (recours à un emprunt ou institution d'une taxe locale). Mais, en l'absence de consécration légale lui conférant un statut, les consultations communales devaient être régies dans le cadre restrictif du droit commun des collectivités territoriales :

– La compétence générale de l'assemblée délibérante pour administrer la collectivité lui donnait un fondement légal implicite. Elle pouvait être interprétée comme autorisant toute procédure d'administration locale qu'aucun texte n'interdisait ;

– La loi réservant le pouvoir normatif dans la collectivité aux organes représentatifs (assemblée délibérante, exécutif), ce pouvoir ne saurait, sans illégalité, être délégué au corps électoral. De telle manière qu'il ne pouvait s'agir que de référendums consultatifs. Il est, en effet, dans les règles du droit public que les compétences sont d'ordre public, elles s'exercent mais ne se délèguent pas. C'est sur le fondement de cette règle que le juge administratif a pu s'opposer systématiquement aux référendums décisionnels communaux (CE 7 avr. 1905, *Cne Aigre*, *Lebon* 345. CE 15 janv. 1909, *Cne Bruguens*, *Lebon* 35. TA Saint-Denis de La Réunion, 2 août 1982, *Hubert-Delisle*, *JCP* 1983. II. 19994, note F. Miclo).

L'intérêt de la législation du référendum de 1992 consistait, d'abord, à doter d'une existence officielle une pratique qui pouvait passer, en cette absence, pour clandestine. Celle-ci a désormais son titre.

Mais surtout, cette consécration a pour effet d'attacher une procédure uniforme à l'ensemble du territoire national à la pratique référendaire qui, en ce qu'elle était organisée par chaque assemblée délibérante, ne se trouvait subordonnée à aucune règle commune (détermination de l'autorité compétente pour saisir les électeurs, objet du référendum...). Les consultations ne devaient pas se développer dans des conditions d'extrême variété.

En revanche, s'agissant des possibilités d'utilisation du référendum, le statut légal de 1992 ne va guère au-delà de ce qui était admissible sous l'empire du droit commun et ce n'est pas sans fondement que les commentateurs de la loi de 1992 ont pu accueillir la réforme avec un enthousiasme mesuré.

268 ***Cadre restrictif*** ◊ La loi du 6 février 1992 s'est, en effet, révélée impuissante à s'émanciper des contraintes qui contrariaient la véritable consécration du référendum local. La portée consultative qui lui est donnée s'inscrit dans la continuité du droit antérieur où les initiatives communales heurtaient le droit seulement dans le cas où elles entendaient transférer le pouvoir décisionnel au corps électoral (*supra*). Il était hors de portée de la compétence législative d'autoriser davantage. La Constitution s'y opposait à deux titres.

1. Tout d'abord, en disposant que les collectivités territoriales ne peuvent s'administrer librement que par des « conseils élus », l'article 72 alinéa 3 Const. organise un modèle de démocratie représentative à l'exclusion de toute technique participative.

Fondant l'annulation d'un référendum décisionnel sur l'art. 72 Const. : TA Saint-Denis de la Réunion, 2 août 1982, *Hubert Delisle*, préc.

2. Ensuite, l'article 3 de la Constitution ne prévoit le référendum que dans le cadre de la « souveraineté nationale ». Il ne pouvait être question d'en fractionner l'exercice au plan local.

Au total, le référendum local ne pouvait être légalement institué que dans des conditions strictes laissant à chaque assemblée délibérante le pouvoir de décider librement de l'utiliser, de fixer son objet et de statuer définitivement après l'avis populaire. De telle manière que l'institution devait sortir aussi peu que possible de l'orbite du système représentatif. Les collectivités continuent de s'administrer par des conseils élus. Dans ce contexte, il était attendu que des réformes postérieures libéralisent son régime. En ce sens, la loi n° 95-115 du 4 février 1995 élargit à l'initiative populaire la proposition de référendum. La loi n° 04-809 du 13 août 2004 étend le procédé qui ne pouvait profiter qu'aux communes aux autres catégories de collectivités territoriales ainsi qu'à certains établissements publics de coopération intercommunale. Nonobstant, après la consécration constitutionnelle de 2003 d'un véritable référendum décisionnel local, le procédé primitif, sans disparaître du droit en vigueur, risque d'accuser son vieillissement.

1. Régime légal du référendum consultatif

269 ***Initiative du référendum consultatif*** ◊ L'initiative est réservée *aux élus* et *aux électeurs*. Néanmoins, le référendum est une procédure complexe dont les étapes initiales se trouvent soumises au pouvoir délibérant de l'assemblée locale. De telle manière que l'initiative populaire ne peut s'imposer à lui.

1. Initiative des élus. De l'initiative du référendum, la loi se borne à établir la compétence de l'assemblée pour arrêter le principe de la consultation (CGCT, art. L. 1112-17). De telle manière qu'il faut identifier les réels auteurs du référendum selon les règles de convocation de l'assemblée et de détermination de l'ordre du jour telles qu'établies par le droit commun. Deux cas de figure se présentent :

- l'exécutif de la collectivité peut convoquer l'assemblée délibérante et inscrire à l'ordre du jour tout projet de délibération portant sur l'organisation d'un référendum (CGCT, art. L. 2121-10 ; L. 3121-9 ; L. 4132-8 et L. 4422-4) ;
- le tiers des conseillers municipaux (la moitié dans les communes de moins de 3 500 habitants) ou la commission permanente du conseil général ou régional peuvent demander convocation de l'assemblée délibérante (CGCT, art. L. 2121-9 ; L. 3121-10 ; L. 4132-9 et L. 4422-4).

Ces conditions d'organisation de l'initiative référendaire se trouvaient explicitées au sein de l'article L. 2142-2 CGCT abrogé depuis la loi du 13 août 2004.

À la différence du référendum décisionnel, l'assemblée délibérante a la faculté de soumettre à l'avis populaire une question ne relevant que de la compétence de l'exécutif de la collectivité et sans le consentement de celuici. Cependant, comme il faut voir qu'en définitive le corps électoral ne rend qu'un avis, l'exécutif reste seul compétent pour adopter la décision finale.

2. Initiative des électeurs. Par l'initiative populaire, la démocratie semidirecte locale aurait pu franchir une étape supplémentaire. Le principe est que si un nombre suffisant émet la proposition qu'il soit fait un référendum sur telle ou telle question de leur choix, cette proposition doit être prise en considération. Or, telle qu'elle est aménagée sur le fondement de la loi du 13 août 2004, l'initiative populaire ne dispense pas de l'intervention décisive de l'assemblée délibérante. En effet, si le cinquième des électeurs dans les communes et les établissements publics de coopération intercommunale, ou le dixième dans les autres collectivités territoriales peuvent demander l'inscription à l'ordre du jour de l'assemblée de l'organisation d'une consultation, celle-ci n'est pas tenu de faire droit à cette demande comme le veut le dernier alinéa de l'article L. 1112-16 CGCT. Il en résulte que l'initiative populaire a beaucoup moins de portée en l'état du droit [1].

270 ***Conditions ratione temporis*** ◊ L'organisation d'un référendum est enserrée dans des conditions de date (CGCT, art. L. 1112-21). Afin d'éviter toute dérive démagogique, la loi en interdit l'utilisation dans des périodes

1. En ce sens TA Versailles, 23 oct. 2001, *Assoc. Les amis de la terre du Val d'Ysieux, Dr. adm.* 2002. 120, note X. Braud ; *AJDA* 2002. 45, note Y. Jegouzo (confirmé en appel : CAA Paris, 22 févr. 2005, *Assoc. Les amis de la terre du Val d'Ysieux c. Cne Lazarches, AJDA* 2005. 1052, concl. A. Lercher). La solution contraire doit être considérée comme caduque après l'adjonction de l'alinéa ci-dessus évoqué : TA Rennes, 7 août 2003, *Assoc. défense du site de Lancieux et de la baie de Beaussais, Dr. adm.* 2004, n° 3 p. 21.

sensibles qui ne sont pas définies restrictivement. Ces limites trahissent la méfiance dans laquelle le législateur tient le référendum local et son utilisation dans l'effet d'asseoir la légitimité d'une équipe contre ses adversaires politiques ou contre l'État. Tout est fait pour que cette procédure ne perturbe pas l'exercice de la démocratie représentative sur laquelle elle ne doit pas interférer :

- aucun référendum n'est possible dans les 6 mois qui précèdent le renouvellement partiel ou total de l'assemblée délibérante ;
- il n'est pas davantage autorisé pendant les campagnes et le jour du scrutin concernant les élections au suffrage universel direct ou indirect ou les référendums locaux prévus dans le ressort de la collectivité concernée sur le fondement des articles 72-1, 72-4 et 73 de la Constitution ;
- dans l'intérêt de ne pas forcer l'électorat à admettre une décision impopulaire, plusieurs consultations sur un même objet ne peuvent avoir lieu en moins d'un an ;
- une autre consultation sur le même objet est impossible dans l'année qui suit la tenue d'un référendum décisionnel ou d'un référendum consultatif sur « initiative populaire ». Il s'agit d'éviter que le référendum devienne un mode normal d'administration locale.

271 ***Conditions ratione personae*** ◊ La détermination des conditions *ratione personae* du référendum consultatif peut s'entendre doublement :

1. S'agissant des consultants. Ce qui a caractérisé l'évolution légale du référendum consultatif c'est l'extension de son champ d'application *ratione personae*. Confiné au cadre communal au départ, le référendum consultatif a d'abord été étendu aux établissements publics intercommunaux pour leurs opérations d'aménagement (CGCT, art. L. 5211-49 issu de la L. 4 févr. 1995) avant d'être généralisé à tout objet de la compétence des autorités décentralisées pour les *établissements publics de coopération intercommunal* et *pour toute catégorie de collectivité* (CGCT, art. L. 1112-15 et L. 5211-49 issus de la L. 13 août 2004). Il n'est pas exclu que par cette récente promotion du référendum consultatif, le législateur ait cherché à juguler un éventuel succès des référendums décisionnels politiquement plus redoutables.

2. S'agissant des consultés. Tout électeur de la collectivité doit s'exprimer par référendum. Nonobstant, le référendum consultatif peut s'adresser spécialement à *une partie des électeurs de la collectivité* et non pas à tous. Il est entendu que ce fractionnement de la consultation n'est admissible que dans la mesure où la question posée ne regarde que la partie des électeurs sélectionnés (aménagement d'un quartier par exemple).

272 ***Conditions ratione materiae*** ◊ Le référendum ne peut porter que sur les affaires de la compétence de la collectivité (CGCT, art. L. 1112-15). Ce principe est d'évidence. Toute autre solution plus large autoriserait les ingérences dans les affaires de l'État et des autres collectivités. Le problème est que, le plus souvent, les affaires publiques impliquent plusieurs acteurs

entre lesquels le pouvoir de décider est partagé. En valeur absolue, tout projet d'intérêt général doit être pris en compte par les communes dans leur plan local d'urbanisme et devrait permettre, à ce titre, que les électeurs de la commune tranchent.

Cette considération a été de nature à emporter l'attitude restrictive du juge administratif. De telle manière qu'il faut entendre la loi comme autorisant un référendum sur *les seules compétences propres de la collectivité* et non sur ses compétences qui s'exerceraient suite à l'intervention d'une autre autorité. Cette position jurisprudentielle est d'ailleurs de nature à prévenir une dérive. Il convient, en effet, d'éviter que, sous prétexte d'atteindre à un titre ou à un autre les affaires locales, la pratique référendaire ne prenne l'allure d'une manifestation contre l'État et sa politique de sécurité, d'immigration ou d'environnement. Autrement dit, le référendum local ne doit pas prendre figure de plébiscite au profit d'une équipe.

C'est ainsi, sur le fondement d'une lecture stricte de l'article L. 1112-15 CGCT, que le juge administratif se trouve fréquemment amené à fonder la sanction d'un plébiscite (CE 16 nov. 1994, *Cne Awala-Yalimapo, Lebon* 498 ; *RD publ.* 1995. 1081, note J.-M. Auby ; *LPA* 31 juill. 1995, n° 91, note D. Gillig, s'agissant d'une consultation sur le principe du maintien sur le territoire national de populations étrangères. CE 16 déc. 1994, *Cne vrillé, Lebon* 558 ; *RFDA* 1996. 452 note H. Rihal ; *AJDA* 1995. 839, note Y. Jegouzo ; *LPA* 31 juill. 1995, n° 91, note D. Gillig, s'agissant de l'opportunité d'un projet d'autoroute. CAA Lyon, 13 mai 1998, *Cne Charvieux-Chavagneux, AJDA* 1998. 940, note A. Bézard. CE 21 juin 2000, *Cne Charvieux-Chavagneux, Dr. adm.* 2000. 177 et 201, s'agissant des conditions d'attribution des logements sociaux aux populations immigrées. TA Grenoble, 16 août 2001, *Préfet Haute-Savoie, AJDA* 2002. 153, concl. J. Berther-Fouqué, s'agissant de la réglementation de la circulation des poids lourds dans la vallée de Chamonix et sous le tunnel du Mont-Blanc). Plusieurs considérations paraissent utiles à préciser la question :

1. Si le référendum doit porter sur les compétences propres de la collectivité, on ne saurait exiger, sauf à vider les référendums locaux de tout contenu significatif, qu'il porte sur ses compétences exclusives s'exerçant sans l'intervention d'aucune autre autorité. Il suffit que la collectivité établisse sa *compétence principale* sur la question soumise à la population (CE 1er mars 1996, n° 161197, *Assoc. défense contre l'implantation d'une grande surface en centre-ville Saint-Michel de Maurienne* ; *ACL* 1997. 13, régularité de la consultation portant sur le projet d'aménagement d'un centre-ville nécessitant une déclaration d'utilité publique prononcée par l'État).

2. Il n'y a pas lieu d'être limitatif sur les compétences propres de la collectivité susceptibles d'être soumises à l'appréciation des électeurs :

- dans la mesure où la loi précise que ces électeurs peuvent être consultés sur les décisions « *que les autorités de cette collectivité envisagent de prendre* », les décisions de l'exécutif peuvent donner lieu à consultation (CE Sect. 29 déc. 1995, *Géniteau, Lebon* 463 ; *RFDA* 1996. 471 concl.

Ch. Chantepy ; *AJDA* 1996. 154, chron. J.-H. Stahl et D. Chauvaux ; *D.* 1996. 273, note M. Verpeaux, régularité de la consultation des électeurs sur la délivrance d'un permis de construire relevant de la compétence du maire agissant au nom de la commune) ;

- la consultation populaire n'est pas réservée aux seules décisions que l'administration locale peut prendre discrétionnairement, ou ne pas prendre, mais concerner indifféremment des décisions pour lesquelles elle ne *dispose pas de marge d'appréciation* (contrairement aux conclusions du commissaire du gouvernement Ch. Chantepy sur ce point, CE Sect. 22 déc. 1995, *Géniteau*, préc., à propos de la délivrance du permis de construire) ;

- cette consultation peut porter indifféremment sur des *décisions réglementaires ou individuelles* (même arrêt). En revanche, elle ne peut permettre d'éclairer un *avis* que l'assemblée délibérante doit délivrer dans le cadre d'une procédure administrative (TA Caen, 20 mars 2012, *Préfet du Calvados*, *BJCL* 2012. 429, concl. F. Rosay, à propos de la procédure de fusions de communes et d'établissement public de coopération intercommunal selon la loi du 16 déc. 2010).

273 ***Portée du référendum consultatif*** ◊ La spécificité de cette consultation est de n'emporter aucun effet juridique contraignant. Ainsi que l'expliquait le rapporteur de la loi à l'Assemblée nationale : « La consultation populaire (...) n'emporte pas décision mais éclairage de la décision » (rapport Ch. Pierret, n° 1888, p. 173). Pour prévenir toute méprise des électeurs sur la portée de leur choix, la loi se veut aussi explicite que possible. En premier lieu, la délibération décidant le référendum doit indiquer expressément qu'il n'est qu'une demande d'avis (CGCT, art. L. 1112-17). En second lieu, il est précisé que l'autorité compétente doit arrêter sa décision sur l'affaire qui a fait l'objet du référendum après avoir pris connaissance du résultat (CGCT, art. L. 1112-20).

Toutefois, il est vrai que ce type de consultation ne peut, en fait sinon en droit, être totalement assimilé à l'avis rendu par un quelconque organe consultatif. La consultation populaire exerce un pouvoir d'influence autrement plus considérable et, si l'autorité locale n'est pas juridiquement tenue par la consultation, elle peut néanmoins s'estimer politiquement liée par elle. La défaite aux élections suivante serait la sanction pratique d'une consultation populaire qui ne se traduirait pas dans les décisions des élus.

2. Régime contentieux du référendum consultatif

274 ***Contestabilité de la décision de référendum*** ◊ La décision de l'assemblée délibérante de recourir au référendum consultatif constitue un véritable règlement administratif et le Conseil d'État a implicitement, puis explicitement, admis le principe de sa détachabilité du processus référendaire lui-même (CE 16 nov. 1994, *Cne Awala-Yalimapo*, préc. ; 16 déc. 1994, *Cne Avrillé*, préc.).

La solution jurisprudentielle ne s'imposait pas pourtant avec la force de l'évidence sachant d'une part, qu'une telle décision pouvait être regardée comme une simple mesure préparatoire d'une procédure d'ensemble dont seule la délibération finale pourrait être contestée ; d'autre part, qu'elle prévoit une consultation qui « n'est qu'une demande d'avis » et constitue, en cela, un acte inattaquable.

Cette orientation jurisprudentielle est d'autant plus opportune et nécessaire que cette délibération doit « arrêter les modalités d'organisation de la consultation » (CGCT, art. L. 1112-17) et, qu'en cela, elle doit respecter toutes les conditions qui forment son régime légal. Il est tout aussi pertinent d'organiser un contrôle en amont susceptible d'empêcher le déroulement d'un référendum qui, bien qu'irrégulier, aurait néanmoins des conséquences politiquement irréversibles.

L'annulation de la décision de référendum peut passer pour platonique lorsque le référendum s'est tenu. Néanmoins, le juge administratif refuse le non-lieu à statuer dans une telle hypothèse par laquelle la décision a pourtant été entièrement exécutée (TA Nantes, 8 févr. 1993, *Préfet Maine-et-Loire c. Cne Avrillé, Lebon* 501 ; *D.* 1993. 557, note R. Romi ; comp. à propos des référendums législatifs nationaux, CE Ass. 27 oct. 1961, *Le Regroupement National, Lebon* 594).

1. Voir les règles spécifiques de contrôle du préfet sur la décision de référendum dans l'intérêt que celui-ci puisse agir avec diligence : CGCT, art. L. 1112-17.

2. À l'occasion du contrôle de la décision du référendum, le juge administratif vérifie la clarté et l'intelligibilité de la question posée aux électeurs. Il s'autorise ainsi à sanctionner une délibération soumettant à consultation une question vague sans que la nature des problèmes en cause ni les décisions qui pourraient être prises par les autorités élues soient précisées (TA Lille, 16 juill. 1992, *Préfet région Nord Pas de Calais, Lebon* 619).

3. L'appel des jugements sur demande d'annulation de la décision de référendum ressortit à la compétence des cours administratives d'appel. En effet, contrairement aux recours en matière de référendum des projets de fusion de communes, ce contentieux n'a pas la nature du contentieux électoral (CE 19 juin 1992, *Assoc. Avenir de Bouvron, Lebon* 792).

275 ***Incontestabilité de l'avis populaire*** ◊ Le principe d'incontestabilité s'impose tout autant pour l'adoption de l'avis populaire que pour l'avis populaire lui-même :

1. Incontestabilité de l'adoption de l'avis populaire. Le scrutin organisé dans le cadre d'un référendum consultatif ne peut être attaqué directement sur la base d'irrégularités commises lors des opérations de vote (propagande, secret du vote, procurations...). En ce que ces opérations concourent à la consultation des électeurs pour avis, elles ne constituent pas des opérations électorales dont elles pourraient emprunter le régime contentieux. Et, dans la mesure où aucun autre texte n'organise expressément une telle contestation, le scrutin reste réputé à l'abri de tout recours (CE Sect. 29 déc. 1995, *Géniteau*, préc.).

2. Incontestabilité de l'avis populaire lui-même. La consultation n'est qu'une demande d'avis. Or, tout avis, quelles que soient les conditions dans lesquelles il est rendu, ne saurait constituer une décision faisant grief. Seule l'assemblée délibérante, après avoir pris connaissance des résultats du scrutin, peut délibérer et prendre la décision finale. La consultation n'est alors qu'un élément de cette décision. Ses irrégularités pourront être contestées, mais seulement à l'encontre de la délibération finale de l'assemblée délibérante. De telle manière que le résultat du scrutin n'est pas insusceptible de toute contestation, il est seulement insusceptible de contestation immédiate (CAA Lyon, 21 juill. 1995, *de Caumont*, *AJDA* 1995. 792 chron. Courtiol. CE Sect. 29 déc. 1995, *Géniteau*, préc.).

Il faut néanmoins relever que cette solution a sans doute la cohérence pour elle, mais elle est vouée à créer un vide juridictionnel. Si d'aventure l'assemblée locale s'abstenait de délibérer à la suite d'une consultation irrégulière, on ne trouverait aucun moyen de sanctionner, d'une façon ou d'une autre, le scrutin vicié. Le cas de figure n'a rien de virtuel : si la loi prévoit une décision finale de l'autorité compétente sur l'affaire soumise à consultation (CGCT, art. L. 1112-19), elle ne l'impose pas non plus. À la nécessaire distinction entre un avis valable et un avis obtenu illégalement, le droit n'attachera aucune sanction dans ce cas.

B. Référendum décisionnel [1]

276 ***Définition*** ◊ Le référendum décisionnel local est une manifestation de volonté du corps électoral par lequel celui-ci, agissant comme organe décisionnel, accepte ou refuse un projet établi par l'assemblée délibérante de la collectivité dans le cadre des compétences de cette collectivité. Contrairement au référendum consultatif, le corps électoral ne participe plus seulement, pour avis, à l'élaboration de la règle de droit, il confère à cette règle sa force juridique. Il s'agit d'une véritable délégation de pouvoir de l'assemblée au profit du corps électoral et non plus d'une demande d'avis facultatif, mesure préparatoire à la décision des élus.

277 ***Origine*** ◊ Le principe du référendum décisionnel local constitue une innovation majeure pour la démocratie locale. Ce référendum est institué à l'article 72-1 alinéa 2 de la Constitution qui procède de l'article 6 de la loi constitutionnelle n° 03-276 du 28 mars 2003. La loi organique n° 03-705 du 1er août 2003 en complète les dispositions dans l'intérêt d'en encadrer la procédure. Cette loi prend sa place dans le Code général des collectivités territoriales au sein d'une section « référendum local » figurant au sein du chapitre consacré à la « participation des électeurs aux

1. V. biblio. v. ss 286 IV.

décisions locales » (CGCT, art. LO 1112-1 s. complétés par Décr. n° 04-194, 24 févr. 2004 et n° 05-433, 4 mai 2005 - art. R. 1112-1 s.).

278 ***Cadre restrictif*** ◊ Traditionnellement hostile aux institutions de gouvernement semi-direct, le droit français dépasse ses réserves naturelles. L'effort est d'autant plus notable que, en autorisant l'expression démocratique des particularismes locaux, le référendum favorise leur légitimation. Toutefois, le référendum décisionnel obtient les faveurs des réformateurs dans des conditions restrictives. En soumettant sa mise en œuvre à un certain nombre de chicanes juridiques, le référendum n'est plus tout à fait dans la ligne de la logique démocratique qui inspire son institutionnalisation. En contradiction avec l'effort affiché, le droit lui fait une place modeste et la dépendance des électeurs à l'égard des choix des élus n'est pas entamée. On demeure à la limite entre le régime représentatif et la démocratie semi-directe.

Sa pratique est décevante : il ne s'en fait pas plus d'un dizaine par an, essentiellement sur des objets mineurs (dénomination ou affectation d'un bâtiment public par exemple).

En dépit de l'inégale portée des deux formes de référendums locaux, certains traits de leur régime sont similaires. Parfois, le législateur procède par renvoi de l'un à l'autre. On ne saurait, toutefois, aller vers un régime général commun en raison de leurs irréductibilités de conséquences.

1. Régime légal du référendum décisionnel

279 ***Initiative du référendum décisionnel*** ◊ La question ne doit pas être présentée très différemment du référendum consultatif. Il convient de distinguer la demande de référendum de la décision de référendum.

1. La demande de référendum

- Selon le droit institutionnel commun, l'exécutif de la collectivité peut convoquer l'assemblée délibérante et inscrire à son ordre du jour tout projet de délibération (CGCT, art. L. 2121-10, L. 3121-9, L. 4132-8 et L. 442264). Ce projet peut porter sur une matière de la compétence de l'assemblée délibérante (CGCT, art. LO 1112-1) ou sur une matière de sa compétence (CGCT, art. LO 1112-2). Il dispose seul de l'initiative dans ce deuxième cas.

- Le tiers des membres de l'assemblée délibérante - la moitié dans les communes de moins de 3 500 habitants - ou la commission permanente du conseil général ou régional peuvent demander la convocation de l'assemblée délibérante (CGCT, art. L. 2121-9, L. 3121-10, L. 4132-9 et L. 4422-4). La convocation pourra porter sur l'organisation d'un référendum mais uniquement sur une affaire relevant de la compétence de l'assemblée délibérante.

- Le cinquième des électeurs dans les communes ou le dixième dans les autres collectivités territoriales peuvent demander l'inscription à l'ordre du jour de l'assemblée délibérante d'un référendum consultatif sur une affaire relevant de la compétence de cette assemblée (CGCT, art. L. 1112-16). Rien n'interdit que cette demande soit à l'origine d'une délibération de l'assemblée décidant que la consultation prendrait la forme d'un référendum décisionnel. Cette voie repose ainsi sur une lecture croisée des textes propres aux deux référendums. Une telle interprétation semble permise car, en toute hypothèse, l'assemblée n'est pas tenue par la demande des électeurs. Cette demande n'ayant ainsi pas d'effet contraignant, elle peut toujours prospérer par la voie informelle.

2. La décision de référendum

La décision de recourir au référendum est prise - quel que soit le titulaire de la demande - par délibération de l'assemblée de la collectivité territoriale. Cette assemblée est libre de sa décision et peut ne pas donner suite à la demande qui lui est faite. Le référendum local n'entame donc pas l'omnipotence de l'assemblée représentative. À tout le moins, il ne saurait y avoir référendum contre la volonté des élus.

Si la décision de référendum est adoptée, l'assemblée fixe ses modalités d'organisation, le jour du scrutin, convoque les électeurs et rédige le projet d'arrêté ou de délibération soumis aux électeurs (CGCT, art. LO 1112-3).

280 ***Conditions ratione temporis*** ◊

1. Afin de ne pas troubler la liberté de choix des électeurs, le référendum est interdit dans les six mois qui précèdent le renouvellement des membres de l'assemblée de la collectivité concernée ou durant les campagnes électorales intéressant d'autres élections ou d'autres consultations nationales ou locales. À cela s'ajoute l'interdiction d'organiser deux référendums sur un même objet en moins d'un an (CGCT, art. L. 1112-6). Il restera à établir les critères de l'identité d'objet. Il peut être, en effet, tentant de s'affranchir de l'obligation légale en posant successivement deux questions matériellement équivalentes mais formellement distinctes sur un même objet.

2. Le référendum ne peut intervenir moins de deux mois après la transmission au préfet de la délibération décidant le référendum. Ce délai - plutôt long - doit permettre au tribunal administratif de statuer sur un éventuel recours contre cette délibération. Ce délai peut également être la condition d'un vote populaire serein. La loi offre ainsi à la réflexion des électeurs le recul du temps.

281 ***Conditions ratione personae*** ◊ Toute collectivité territoriale peut envisager un référendum décisionnel, mais seulement une collectivité territoriale à défaut des établissements publics de coopération intercommunale. La solution peut paraître paradoxale au regard de l'importance des compétences que ces établissements sont appelés à recevoir. Toutefois, l'établissement public de coopération intercommunale n'a pas la vocation d'un procédé démocratique de gestion des affaires locales. Et, au vu de cette exclusion, il demeure un échelon d'administration et non pas de démocratie.

1. L'hypothèse d'un référendum départemental ou régional met son organisation à la charge de chaque maire du département ou de la région concernée. Si, pour une raison ou pour une autre, le maire s'abstenait d'agir, l'article LO 1112-4 CGCT prévoit sa substitution d'office par le représentant de l'État.

2. Il n'y a pas lieu de s'interroger sur la possibilité d'user d'un référendum décisionnel à l'égard d'une partie seulement des électeurs de la collectivité. Cette hypothèse est formellement prévue par la loi lorsqu'il s'agit d'une consultation pour avis. Si aucune disposition ne l'exclut ici, il reste néanmoins très douteux que le seuil de participation d'au moins la moitié des électeurs inscrits, nécessaire à l'obtention de la décision populaire, soit atteint dans un tel cas de figure. Cette considération est de nature à décourager l'utilisation du procédé.

282 *Condition ratione materiae* ◊

1. Principe. Tout ce qui concerne la collectivité territoriale intéressée, et elle seule, relève du référendum. Et, celui-ci peut porter tout autant sur les matières ressortissant à la compétence de l'assemblée délibérante que sur celles relevant de l'exécutif. Il y a ainsi lieu d'envisager le champ d'application matériel du référendum décisionnel en référence aux possibilités et aux limites précédemment étudiées pour le référendum consultatif (v. ss 272). Sous la réserve qui suit.

2. Limite. Dans le champ ainsi délimité, les collectivités ne pourront toutefois procéder à un référendum que pour des actes de portée générale et devront renoncer à faire ainsi adopter leurs décisions individuelles.

À cet effet, la loi désigne les décisions individuelles *de l'exécutif* (CGCT, art. LO 1112-2). Cette précision ne doit pas revêtir un caractère limitatif : il revient naturellement à l'exécutif d'adopter les décisions particulières d'exécution des délibérations réglementaires de l'assemblée. Ce faisant, l'exécutif doit être présenté comme l'autorité normalement investie du pouvoir de prendre les décisions individuelles dans la collectivité.

Les raisons à l'origine de cette restriction ne sont pas contestables. D'une part, la décision populaire s'accommode mal du respect des règles propres à ce type de décision (contradiction, motivation, protection des droits acquis). D'autre part, il est prudent de ne pas soumettre au débat public, fût-ce au nom de l'exigence démocratique, des décisions à même de conférer des avantages particuliers (passation d'un contrat avec la collectivité, octroi d'un permis de construire, décisions à l'égard des agents de la collectivité...). Au vu de ces considérations, on s'explique mal que le cas des décisions individuelles n'ait pas été retranché du champ d'application du référendum consultatif (par ex. v. CE Sect. 29 déc. 1995, *Géniteau*, préc. à propos de la régularité d'une consultation relative à l'octroi d'un permis de construire).

La transgression de cette obligation réside parfois dans le « libellé – maladroit – de la question soumise à référendum » : TA Limoges, 25 sept. 2006, *Floret, Carlier c. Cne Crozant, AJDA* 2007. 85, note M. Verpeaux, illégalité s'agissant de la, proposition de démolir une « maison » dans le cadre d'un projet d'aménagement.

283 ***Portée du référendum décisionnel*** ◊ C'est l'intérêt même de l'introduction de cette forme référendaire par la voie constitutionnelle : le vote des électeurs prend force décisionnelle. En dépit de leur onction populaire, les décisions n'acquièrent cependant pas force légale. Celles-ci prennent rang administratif par le fait que les électeurs sont réputés se prononcer sur délégation de pouvoir des autorités décentralisées.

Comme toute décision, les projets adoptés par référendum sont subordonnés aux *règles de publicité* applicables, selon les cas, à une délibération de l'assemblée délibérante (CGCT, art. LO 1112-1) ou à un arrêté de l'exécutif (CGCT, art. LO 1112-2) selon le domaine de compétence en cause. Ils sont exécutoires dans les mêmes conditions.

Toutefois, ce référendum est soumis à une condition de participation, condition voulue par les sénateurs qui l'ont adjoint au projet initial. *La moitié au moins des électeurs inscrits* doivent avoir pris part au vote pour que celui-ci acquière effet décisionnel (CGCT, art. LO 1112-7). On s'assure ainsi que le vote majoritaire soit représentatif, une minorité des électeurs ne pouvant dicter leur choix à la population. Cette exigence ne peut donc être prise, à première vue, pour une déformation de la démocratie semi-directe. Au contraire, et à la différence du référendum national qui n'impose pas cette condition de participation, on veut s'attacher à respecter l'idéal qui inspire ce type de démocratie. Si d'aventure des référendums locaux devaient prospérer, il ne faudrait pas mettre en doute l'autorité qui s'attache à la volonté populaire ou que celle-ci soit détournée de son sens. Mais, précisément, cette condition de seuil de participation, n'est-elle pas de nature à décourager les élus de multiplier les référendums et les plébiscites lorsque l'électeur est consulté dans des conditions qui rendent sa réponse si peu douteuse qu'il s'abstiendra de se déplacer pour voter ?

2. Régime contentieux du référendum décisionnel

284 ***Contestabilité de la décision de référendum*** ◊ La solution ne peut pas faire de doute. Si la délibération de l'assemblée élue décidant l'organisation d'un référendum consultatif fait grief et est susceptible de recours pour excès de pouvoir (v. ss 274), il ne peut en aller différemment pour un référendum décisionnel. Et le fait que la décision populaire est justiciable du juge administratif n'est pas de nature à faire regarder l'acte décidant le référendum comme un acte préparatoire à la décision populaire finale qui seule pourrait être attaquée [1].

À cet effet, l'article LO 1112-3 CGCT organise un contrôle de légalité renforcé au profit du préfet. Il convient, en effet, de constater l'illégalité de la décision de référendum dans les plus brefs délais dans l'intérêt

1. Par ex., à propos de la question de l'interdiction des cultures OGM en plein champ par le conseil général du Gers d'abord suspendue par le tribunal administratif de Pau puis annulée au fond, la police des OGM étant étrangère aux compétences d'un département : TA Pau, 27 oct. 2005, *Gaz. cnes* 29 août 2005. 47.

d'empêcher qu'un référendum vicié ne se tienne effectivement. Cette préoccupation, qui découle de l'expérience propre au référendum consultatif, a justifié l'institution d'un contrôle préalable du référendum par un mécanisme de « référé pré-consultation » (M. Verpeaux). Ainsi, le représentant de l'État dispose d'un délai de dix jours pour déférer la délibération décidant le référendum au tribunal administratif s'il l'estime illégale. Il peut assortir son recours d'une demande de suspension [1].

Que le préfet agisse ou s'abstienne, les administrés ont toujours la possibilité d'intenter un recours dans les conditions du droit commun, c'est-à-dire dans le délai de deux mois ouvert par la publication de la délibération assortie, le cas échéant, d'un référé-suspension.

Pour ce qui est du refus de l'assemblée délibérante de soumettre à référendum la proposition de l'exécutif, ce refus est décidé avec un pouvoir discrétionnaire, le juge administratif n'opérant sur lui qu'un contrôle infra-minimum (TA Amiens, 5 juin 2007, *Dejean*, *AJDA* 2007. 1724).

Le cercle des personnes intéressées pour agir en justice devrait s'apprécier non pas au regard des seuls électeurs votants, ni même des habitants de la collectivité, mais plus largement, en considération de toute personne que l'objet du référendum concernerait. Il n'y a, en effet, pas lieu de s'écarter des solutions libérales qui sont habituellement celles du juge administratif (par ex. CE Sect. 14 févr. 1958, *Abisset*, *Lebon* 98, à propos de l'intérêt à agir d'un campeur vis-à-vis de l'arrêté municipal interdisant le camping sur la commune).

285 ***Contestabilité de la décision populaire*** ◇ À la différence de l'avis populaire rendu sur le fondement de l'article L. 1112-15 CGCT, la décision populaire fait grief en tant que telle et peut être contestée. En dépit de son mode d'adoption, cette décision a le même statut que si elle avait été prise par l'assemblée délibérante ou son exécutif. Il serait impensable que cette voie particulière procure au règlement des affaires locales un statut d'immunité et qu'on ne puisse maintenir cette activité normatrice dans les bornes de la légalité. Si un doute était permis, l'article LO 1112-7 CGCT prévoit expressément la contestabilité de la décision populaire.

Mais il faut préciser que le référendum, pour se réaliser, emprunte successivement deux voies : celle de l'opération et celle de la décision. Toutes les deux peuvent faire l'objet d'une contestation mais qui obéit à des règles distinctes dans chaque cas :

1. L'adoption de la décision populaire. Il s'agit ici des opérations qui concourent au vote des électeurs. Elles peuvent être contestées dans les conditions, les formes et les délais prescrits pour les réclamations en matière d'élection des membres de l'assemblée délibérante de la collectivité ayant décidé de l'organiser. Tout électeur dans une commune peut ainsi contester

1. Dans le sens favorable à l'utilisation alternative au profit du préfet de la, procédure de déféré de droit commun de l'article L. 2131-6 CGCT : CE 28 déc. 2007, *Cne Clichy-la-Garenne*, *JCP Adm.* 2008. 2074, obs. J. Moreau.

dans les cinq jours suivant leur proclamation les résultats d'un référendum communal ou départemental et dans les dix jours suivant cette proclamation pour un référendum régional. La juridiction compétente est le tribunal administratif en premier ressort et le Conseil d'État en appel lorsqu'il s'agit d'un référendum communal ou départemental ; le Conseil d'État en premier et dernier ressort pour un référendum régional. Le juge dispose des plus larges pouvoirs permettant la réformation autant que l'annulation des résultats. Le contentieux des opérations référendaires s'assimile donc à un contentieux électoral. On doit résoudre le même problème : dans les deux cas, il s'agit d'organiser un vote et d'en sanctionner les irrégularités.

2. La décision populaire elle-même. L'article LO 1112-7 CGCT dispose que la décision populaire est soumise aux règles de contrôle applicables à la délibération de l'assemblée ou à l'arrêté de son exécutif auquel elle se substitue. Tout intéressé pourra donc intenter un recours pour excès de pouvoir devant le tribunal administratif. Il faut donc distinguer le contentieux référendaire portant sur les opérations de vote et le contentieux de l'annulation portant sur la décision populaire en tant que telle.

S'agissant des moyens d'annulation, le requérant doit pouvoir contester une telle décision dans tous ses éléments qu'il s'agisse de dénoncer son contenu étranger aux compétences de la collectivité ou sa portée individuelle qui ne peuvent donner lieu à un tel référendum.

Il faut ajouter qu'avec le référendum, il y a sans doute matière à appliquer la théorie des opérations complexes. Il en va, en effet, ainsi dès lors qu'une décision finale ne peut être prise qu'après l'intervention d'une ou plusieurs décisions successives spécialement prévues pour l'adoption de cette décision finale qui achèvera l'opération. Il s'ensuit que le requérant sera recevable à attaquer la décision populaire sur l'argument tiré de l'illégalité de la délibération autorisant le référendum mais délibération inattaquable directement car devenue définitive. Celui-ci sera ainsi toujours en mesure d'agir en temps utile contre un référendum qui s'était engagé sur une voie illégale.

C'est certainement une conséquence de la distinction entre l'adoption de la décision populaire et la décision populaire elle-même l'impossibilité, à l'occasion d'un recours contre cette décision, de tirer argument d'irrégularités propres à son adoption. On a vu, en effet, que le contentieux de l'adoption obéissait aux règles spécifiques du contentieux électoral et qui donnent à la résolution d'un tel litige un règlement plus adéquat.

286 *Bibliographie* ◊

I. – Sur les procédés de participation du public

- Bétaille (J.), « Le droit français de la participation du public face à la convention d'Aarhus », *AJDA* 2010. 2083
- Delaunay (B.), « Le débat public », *AJDA* 2006. 2322
- Delhoste (M.-F.), « Démocratie participative : l'échec de l'organisation étatique à l'avenir du projet citoyen », *RFDA* 2007. 1061

- GUGLIELMI (G.-J) et MARTIN (J.) (dir.), *La démocratie de proximité*, Berger Levrault, 2013
- HÉLIN (J.-C.) et HOSTIOU (R.), « Participation, décentralisation et déconcentration : une nouvelle donne en matière de grands projets », *AJDA* 2002. 291
- JEGOUZO (Y.), « De la "participation du public" à la "démocratie participative" ? », *AJDA* 2006. 2314 ; « La réforme des enquêtes publiques et la mise en œuvre du principe de participation », *AJDA* 2010. 1812
- LAHORGUE (B.), « La réforme de l'étude d'impact », *AJDA* 2010. 1807
- LE CORNEC (E.), « La participation du public », *RFDA* 2006. 770
- MOLINER DUBOST (M.), « Démocratie environnementale et participation des citoyens », *AJDA* 2011. 259

II. – Sur la théorie générale du référendum local

- BORY (J.-L.), « La pratique des référendums officieux dans les communes françaises », *Administration* 1988. 141
- CAPITOLIN (J.-L.), « La clarté et la loyauté d'une consultation préalable à l'évolution institutionnelle au sein de la République », *RFDC* 2005. 781
- COUDEVYLLE (A.), « Plaidoyer en faveur du référendum communal », *Rev. adm.* 1978. 475
- DELPECH (J.-B.), « Du référendum en droit public français et spécialement du référendum municipal », *RD publ.* 1905. 388
- DRESSAYRE (L.), « Le référendum communal : outil de gestion ou gadget politique ? », *Politique et management public* 1984, n° 3
- FATIN-ROUGE STÉFANINI (M.), « Le référendum communal en Europe : aperçu de droit comparé », *RLCT* 2005, n° 4, p. 57
- GUÉRARD (S.), « La démocratie locale en question », *RD publ.* 2004. 1291
- LINDITCH (F.), « Référendum local et démocratie représentative », *LPA* 1992, n° 50
- VIGUIER (J.), « Les premières expériences du référendum communal », *RFDA* 1996. 441 ; « Référendum communal et référendum national : chronique d'un déclin annoncé ? », *RLCT* 2005, n° 4, p. 51
- ZAVOLI (P.), « La démocratie locale existe-t-elle ? Plaidoyer pour une refonte de l'enquête publique et du référendum local », *RD publ.* 2000. 1495

III. – Sur le référendum consultatif

- AUBY (J.-B.), « La loi du 6 février 1992 et la citoyenneté locale », *RFDA* 1993. 37
- BELLOUBET-FRIER (N.), « Les référendums municipaux », *Pouvoirs* 1996, n° 77, p. 163
- FOREL (J.-L.), « Quelques remarques sur le "référendum local" », *Rev. adm.* 1992. 258
- GUILLAUME-HOFNUNG (M.), « Référendum local », *J.-Cl. coll. territoriales*, fasc. 520, 1994
- GUILLOT (M.), « La recevabilité des contestations relatives au référendum d'initiative municipale », *RFDA* 1996. 460
- KOUBI (G.), « La superposition d'actes dans le régime juridique du référendum communal », *LPA* 31 mai 1995, n° 65
- RIHAL (H.), « Le référendum communal, bilan et perspectives », *RFDA* 1996. 452
- ROCHDI (G.), « Le référendum local dans la loi d'orientation du 4 février 1995 », *LPA* 18 déc. 1996, n° 152, p. 4
- SOUBELET (P.), « Du bon usage des référendums locaux », *Rev. adm.* 1993. 156
- VERPEAUX (M.), « Le "référendum" communal devant le tribunal administratif : premier bilan », *Rev. adm.* 1996. 95 ; « Référendum ou consultation », *JCP Adm.* 10 janv. 2005. n° spéc. 1015

IV. – Sur le référendum décisionnel

- DELVOLVÉ (P.), « Le référendum local », *RFDA* 2004. 7
- DUFRENEZ (R.), « Le référendum local décidé par les collectivités territoriales », *RLCT* 2005, n° 4, p. 46
- DUPRAT (J.-P.), « La prudente avancée du référendum local dans la loi organique du 1er août 2003 », *AJDA* 2003. 1862
- MELLA (E.), « La loi organique sur le référendum local : une réponse partielle aux interrogations suscitées par la loi sur l'organisation décentralisée de la République », *JCP Adm.* 2003. 1766
- VERPEAUX (M.), « Référendum local, consultations locales et Constitution », *AJDA* 2003. 540 ; « La loi organique relative au référendum local », *JCP Adm.* 2004. 217

TITRE 2
L'EXÉCUTIF

287 ***Nature et composition de l'exécutif*** ◊ Le Code général des collectivités territoriales fait du maire, du président du conseil général et régional, les exécutifs communaux, départementaux et régionaux. Ils tiennent expressément leur investiture des articles L. 2122-21, L. 3221-1 et L. 4231-1 qui les chargent de préparer et d'exécuter les délibérations de l'assemblée.

Toutefois, le Code leur reconnaît un certain nombre de missions beaucoup plus larges, telles que la direction des services et du personnel, qui conditionnent l'accomplissement des précédentes et qui sont englobées sous l'expression générique selon laquelle l'exécutif « est seul chargé de l'administration » (art. L. 2122-18, L. 3221-3 et L. 4231-3 CGCT). Le maire et les présidents de conseil général et régional sont ainsi placés à la tête du système politique et administratif local où ils sont à la fois organes de *préparation et d'exécution* des délibérations et organes de *direction générale*. Toutes les responsabilités propres au pouvoir exécutif local sont donc soudées en une unité organique : le maire et le président de l'assemblée départementale et régionale. Ceux-ci cumulent l'autorité politique avec la direction administrative des services.

Néanmoins, le principe de direction de l'administration locale par une autorité unique réclame des assouplissements. La tâche pourra être partagée avec des collaborateurs auxquels l'exécutif confiera, par délégation, des responsabilités spéciales : c'est la principale raison d'être des *adjoints* et des *vice-présidents* à participer à la fonction exécutive.

En revanche, il n'y a pas lieu d'intégrer à la sphère de l'exécutif local les commissions permanentes des conseils généraux et conseils régionaux. Autant leur pouvoir de nature délibérative que leur composition, qui en fait une émanation restreinte des assemblées délibérantes, les placent dans le giron de celles-ci (v. ss 178).

288 ***Indépendance de l'exécutif*** ◊ Cela tient à ce que l'exécutif de la collectivité territoriale ne peut être destitué par l'assemblée délibérante à laquelle il doit sa désignation. En disposant que le maire exerce sa fonction « sous le contrôle du conseil municipal » (art. L. 2122-21), le CGCT ne lui assigne que des obligations d'information et d'explication sur son travail d'exécution. De telle manière que l'exécutif local appartient à un régime dont l'essence est particulière. Ce régime relève, en effet, d'une catégorie institutionnelle originale. Comme l'explique J.-C. Douence pour la commune, « ce n'est pas un « régime présidentiel » faute d'élection directe du maire. Ce n'est pas non plus un « régime parlementaire » car le maire n'est pas politiquement responsable devant le conseil qui l'a élu mais ne peut le contraindre juridiquement à démissionner » [1]. Le système de la séparation des pouvoirs qui inspire les deux régimes évoqués n'est, en effet, pas complètement à l'œuvre dans la configuration des institutions locales. Au contraire, un système qui prévoit qu'une autorité présidera l'assemblée qui l'a élue en tant qu'exécutif relève plutôt de la concentration des pouvoirs et donnerait une explication parfaitement juridique à la personnalisation de la fonction exécutive si fréquemment observée au niveau local.

Au sein de la collectivité territoriale, l'exécutif et le délibératif ne forment pas deux pouvoirs voués à s'opposer et se faire équilibre. Ils sont avant tout solidaires et conjuguent leurs interventions car l'accord avec la majorité des élus est la condition du fonctionnement normal de la collectivité. Leur « concert » est supposé. Et, même si l'irresponsabilité de l'exécutif devant l'assemblée nous rapproche du régime présidentiel, la logique veut qu'il n'y ait pas d'opposition entre les deux puisque l'exécutif procède du choix majoritaire de l'assemblée. Leur « concert » est assuré. Si d'aventure l'exécutif proposait une politique à l'assemblée qu'elle refusait de suivre, celui-ci devrait abdiquer son programme personnel pour appliquer loyalement le programme qu'on lui indique. Mais l'exécutif se maintiendra autant qu'il le souhaite si la majorité change de camp ou s'il ne peut s'opposer aux élus.

En fait, le modèle d'organisation locale s'inspire davantage des méthodes de direction classiques de l'administration que des expériences constitutionnelles pour organiser un régime démocratique. On est moins dans une logique de séparation des pouvoirs que de collaboration des autorités délibérante et exécutive dans le cadre de leurs compétences respectives. L'accent est mis sur l'efficacité de l'administration où la spécialisation des tâches est techniquement nécessaire à la gestion quotidienne de la collectivité. La continuité du service public et de la vie administrative locale s'accommoderait mal de dissolutions, de mise en responsabilité et des vacances de pouvoir qui en résulteraient.

289 ***Unicité de l'exécutif*** ◊ La maire, le président du conseil général et régional s'imposent comme les seules autorités exécutives dans leur collectivité.

---

1. J.-C. Douence, *La Commune*, Dalloz, coll. « Connaissance du droit », 1994, p. 47 ; « Le maire », *Pouvoirs* 2014, n° 148.

Ainsi, la réunion du maire et de ses adjoints - que la coutume désigne sous le terme de *municipalité* - ne forme pas un organe de gouvernement distinct qui se regrouperait en collège pour délibérer en commun. Par la délégation personnelle qu'il reçoit, chaque adjoint est individuellement subordonné à l'exécutif et s'absorbe dans cette unité. L'expression de municipalité procède donc d'une facilité de présentation. Mais elle n'a pas de réalité juridique et, toute décision qui tenterait d'être prise en son nom serait frappée « d'inexistence » constatable à tout moment par le juge administratif ou judiciaire (CE 9 nov. 1983, *Saerens et a.*, *Lebon* 453). Sans doute, ne faut-il pas exclure une certaine solidarité collective entre l'exécutif et ses adjoints ou vice-présidents, notamment dans la mesure où la cessation des fonctions du premier entraîne, de plein droit, celle des seconds. Néanmoins, la loi ne fait pas des adjoints et des vice-présidents des organes prépondérants de l'exécutif et la zone de compétence propre dont ils disposent est limitée (suppléance de l'exécutif).

Si, dans le département et la région, la réunion du président et des vice-présidents ayant reçu délégation forme le *bureau*, celui-ci ne peut être pris pour un organe de gouvernement qui ferait scission au sein de l'exécutif (CGCT, art. L. 3122-8 et L. 4133-8). On ne lui trouve pas significativement d'autres attributions que celles qu'exercent ses membres à titre personnel.

Le présent titre abordera les aspects relatifs à l'organisation de l'exécutif dans la collectivité territoriale en réservant au titre suivant le problème de ses compétences qui doit naturellement être abordé dans ses rapports avec le pouvoir délibérant de l'assemblée.

CHAPITRE 1
RECRUTEMENT DE L'EXÉCUTIF

290 ***Principe de l'élection*** ◇ Le principe électif fut une conquête tardive de la démocratisation des institutions décentralisées où l'association entre une assemblée élue et un exécutif nommé par le pouvoir d'État a longtemps été pratiquée dans l'intérêt de modérer l'autonomie des assemblées délibérantes. À présent, le maire, le président du conseil général et régional, ainsi que leurs adjoints et vice-présidents, sont des autorités élues. Mais, alors que les membres des assemblées délibérantes sont élus au suffrage universel direct, les représentants de l'exécutif sont désignés par ces premiers en leur sein, c'est-à-dire au *suffrage universel indirect.*

Est toutefois de nature à atténuer le caractère indirect du suffrage universel, la pratique consistant à élire comme maire le candidat menant la liste victorieuse. Cela n'a toutefois rien d'une obligation juridique (CE 28 déc. 2001, *Meyet, Lebon* 678 ; *RGCT* 2002, p. 11, concl. F. Seners ; *Coll. terr.* avr. 2002. chron. 5, note L. Touvet).

Nous envisagerons successivement les conditions d'éligibilité et les conditions d'élection des membres de l'exécutif.

SECTION 1. CONDITIONS D'ÉLIGIBILITÉ DE L'EXÉCUTIF

291 ***Définition*** ◇ L'éligibilité désigne l'aptitude légale d'être élu. Le non-respect des conditions requises serait sanctionné par le juge compétent pour annuler les opérations de désignation dans les règles prévues par le Code électoral (art. L. 248 pour les conseillers municipaux, L. 222 pour les conseillers généraux et L. 361 pour les conseillers régionaux).

292 ***Le problème*** ◇ Partant du principe que les membres de l'exécutif sont d'abord des conseillers élus, il est nécessaire qu'ils satisfassent d'abord aux conditions générales d'éligibilité aux fonctions de conseiller de l'assemblée délibérante. Les conseillers municipaux, et eux seuls, obéissent, en outre, à des conditions spécifiques d'éligibilité pour être recrutés au sein de la municipalité. De telle manière que si tout membre de la municipalité est conseiller municipal, tout conseiller municipal ne peut devenir membre de la municipalité. Toutefois, on note un allègement de ces conditions spéciales d'éligibilité, concernant notamment l'âge minimal des candidats, dans l'intérêt non négligeable de faciliter les vocations et d'élargir la liberté de choix.

§ 1. Les conditions primordiales d'éligibilité

293 ***Éligibilité à l'assemblée délibérante*** ◊ La première condition pour être éligible est d'être conseiller élu. Les conditions d'éligibilité s'imposant à tout conseiller élu constituent ainsi un minimum nécessaire pour l'accès à un mandat exécutif. Le candidat à un tel mandat est supposé avoir satisfait aux exigences d'âge, de capacité et d'attache locale qui ont permis son élection à l'assemblée délibérante (C. élect., art. L. 228 s. pour les élections municipales, C. élect., art. L. 194 s. pour les élections cantonales et C. élect., art. L. 339 s. pour les élections régionales) [1].

Le juge administratif précise ainsi que l'élection d'un membre de l'exécutif est valable sachant qu'il « était éligible en qualité de conseiller » (CE 30 oct. 1955, *Élect. mun. Saint-Georges-les-Côteaux, Lebon* 706).

294 ***Contentieux des inéligibilités*** ◊ La pratique fait voir plusieurs cas de figure :

1. Si la cause de l'inéligibilité est constituée *avant* l'élection comme conseiller et *contestée* à l'occasion de cette élection, l'annulation de cette dernière entraînera celle de membre de l'exécutif (CE 21 janv. 1976, *Bauer, Dr. adm.* 1976. 42).

2. Si la cause de l'inéligibilité est constituée *avant* l'élection comme conseiller mais est devenue *définitive*, l'élection en tant que membre de l'exécutif ne peut plus être contestée (CE 16 janv. 2004, *Cne Villiers-aux-Corneilles, BJCL* 2004. 163, concl. J.-H. Stahl).

3. Si la cause de l'inéligibilité est constituée *après les deux élections*, le préfet (ou le conseil général pour les conseillers généraux) prononcera la démission d'office de l'élu qui perdra, en conséquence ses fonctions exécutives (CE 6 avr. 1990, *Élect. mun. Vincly, Lebon* 93. Sur la démission d'office, v. ss 95).

295 ***Situation patrimoniale et inéligibilité*** ◊ Les préoccupations de transparence de la vie politique ont conduit le législateur à imposer à certains membres des exécutifs locaux l'obligation de faire une déclaration de leur patrimoine et de leurs intérêts économiques et professionnels, à leur entrée en fonction et à la fin de leurs fonctions (art. 2 L. n° 88-227, 11 mars 1988 modifiées par l'art. 2 L. n° 95-126, 8 févr. 1995). Les modalités en ont été récemment renforcées (L. n° 2013-907 du 11 octobre 2013, v. ss 865).

L'inéligibilité temporaire d'un an au sein l'assemblée délibérante constitue la sanction du défaut de déclaration de sa situation personnelle (C. élect., art. L. 197).

§ 2. Les conditions spéciales d'éligibilité

296 ***Présentation*** ◊ À la possession des conditions d'éligibilité requises pour tout conseiller municipal s'ajoutent certaines exigences spéciales d'âge et de nationalité. Si avec le temps la condition d'âge a paru devoir être levée pour accéder à la municipalité, en revanche, l'allégeance à la nationalité française ne peut souffrir de dispense. En cela, le droit de l'éligibilité des

1. Sur le détail des conditions d'éligibilité des conseillers élus, v. ss 71 s.

exécutifs communaux ne se démarque pas de celui des exécutifs départementaux et régionaux où, en toute hypothèse, aucun écart n'est autorisé face à la condition de nationalité française. L'essor d'une citoyenneté européenne, passant par l'éligibilité des ressortissants de la communauté européenne aux conseils municipaux, trouve là une limite indépassable.

Il existe une curiosité propre au droit communal : en cas de révocation par l'État, le maire demeure inéligible un an.

A. Abandon de la condition d'âge

297 En maintenant à 21 ans l'âge requis pour être maire (C. communes, ex-art. L. 122-4) et en abaissant, simultanément, à 18 ans l'âge pour être candidat aux élections municipales, la loi n° 82-974 du 19 nov. 1982 avait, par cette situation dissymétrique, implicitement créé une condition spéciale d'éligibilité des maires.

Mais, il est apparu plus conforme à l'évolution de la société de ne pas maintenir des discriminations en raison de l'âge. La loi n° 2000-295 du 5 avril 2000 (art. 7) a ainsi ramené à 18 ans l'âge d'éligibilité aux fonctions de maire (CGCT, art. L. 2122-4) l'alignant sur celui d'éligibilité au conseil municipal.

Aucune disposition spéciale d'âge ne régit l'éligibilité aux fonctions d'adjoint au maire, de président et de vice-président du conseil général et régional.

B. Maintien de la condition de nationalité

298 Les citoyens européens aptes à participer aux élections municipales en France ne peuvent toutefois accéder aux fonctions de maire ou d'adjoint (CGCT, art. LO 2122, issu de l'art. 9 LO n° 98-404, 25 mai 1998). Cette disposition fait exception au principe selon lequel les citoyens européens résidant en France y ont acquis le droit de vote et d'éligibilité aux élections municipales comme décidée par révision constitutionnelle (Const., art. 88-3 appliquant le traité de Maastricht).

1. Cette restriction au droit d'éligibilité ne manquait pas d'arguments. En l'imposant, il fallait éviter qu'un élu non français puisse participer au processus de désignation des sénateurs. Il importait, en effet, de réserver aux seuls nationaux français l'expression de la souveraineté nationale que cette élection met en jeu. Le Conseil constitutionnel avait vu dans les articles 3 (souveraineté nationale) et 24 (représentation des collectivités territoriales au Sénat) de la Constitution les obstacles à une telle consécration.

Cons. const. 9 avr. 1992, n° 92-308 DC, *Maastricht I*, consid. 21 s. : *Lebon* 201 ; *Rev. adm.* 1992. 126, R. Etien ; *RFDC* 1992. 340, L. Favoreu, et 1992. 348, P. Gaïa ; *RFDA* 1992. 373, B. Genevois ; *RTD eur.* 1992. 251, J.-P. Jacque ; *RD publ.* 1992. 589, F. Luchaire ; *LPA* 26 juin 1992, p. 6, B. Mathieu et M. Verpeaux ; *RD publ.* 1993. 14, D. Rousseau ; *Europe* 1992, n° 5, p. 1, D. Simon ; *JCP* 1992. II. 1853, Nguyen Van Tuong.

En outre, confier à des ressortissants étrangers les fonctions quasi régaliennes - police, officier de police judiciaire, état civil - attachées au mandat de maire eût, sans doute, été s'exposer à des problèmes d'autorité.

2. Cette inéligibilité doit s'entendre comme s'étendant aux fonctions exécutives d'un établissement public territorial (CE 8 juill. 2002, *Smit, Préfet Cher, Lebon* 635 ; *JCP Adm.* 2002. 1006, note A. Ondoua).

C. Inéligibilité temporaire pour révocation

299 Un maire peut faire l'objet d'une mesure de révocation prise par décret pour faute commise dans l'exercice de ses fonctions ou extérieures à elles mais inconciliable avec son maintien en fonction (v. ss 306, 2). Dans ce cas, il ne peut être réélu avant un an à compter du décret de révocation (CGCT, art. L. 2122-16).

1. L'inéligibilité disparaît, toutefois, s'il y a renouvellement général du conseil municipal avant l'expiration du délai (mêmes dispositions).

2. Sur la violation de cette inéligibilité, v. CE 20 févr. 1957, *Élect. mun. Cardet, Lebon* 113.

SECTION 2. CONDITIONS D'ÉLECTION DE L'EXÉCUTIF

300 ***Principes généraux*** ◊ À quelques différences procédurales près, la désignation des autorités exécutives des communes, départements et régions obéit à des principes similaires qui caractérisent un modèle d'organisation commune à tous les niveaux de collectivités. Dans chaque cas, les autorités exécutives procèdent du pouvoir délibératif : elles sont élues par l'assemblée délibérante en leur sein et exerceront la présidence de cette assemblée. Le mode de désignation à l'œuvre fait ressortir l'unicité de cet exécutif : il ne s'agit pas d'organiser la désignation collective d'une quelconque autorité exécutive collégiale mais le recrutement successif du chef de l'exécutif et de ses collaborateurs.

§ 1. Élection de l'exécutif communal

301 ***Historique*** ◊ Si la loi du 21 mars 1831 rétablit l'élection des membres des conseils municipaux qui était apparue incompatible avec l'autoritarisme du Premier Empire, elle maintient, en revanche, le principe de la nomination par le pouvoir central des maires et adjoints parmi les conseillers élus. En cela, cette loi rétablit un régime de « décentralisation relative » (H. Berthélémy).

La seconde République ne marque pas d'avancée considérable si ce n'est qu'elle autorise les petites et moyennes communes (moins de 6 000 habitants) à élire leurs maire et adjoints. L'avancée fut de courte durée. Sous le Second Empire, la règle de la nomination de l'exécutif au choix du gouvernement fait retour. Le choix se faisait en toute liberté, pouvant même se porter sur des individus extérieurs au conseil municipal (L. 7 juill. 1852).

La parenthèse de l'Empire refermée, l'évolution cyclique du droit communal se poursuit avec le retour au principe électif de l'exécutif pour les communes les moins importantes. Ce ne fut qu'une étape. La loi du 28 mars 1882 procéda, de manière définitive cette fois, à la généralisation de ce principe électif à toutes les communes.

A. Élection première du maire

302 ***Moment de l'élection*** ◊ Il convient de dissocier le renouvellement normal du mandat de maire de son renouvellement accidentel.

1. Le maire est *normalement renouvelé* après le renouvellement général du conseil municipal, le précédant conseil étant parvenu au terme de son mandat. L'élection a normalement lieu à la première séance qui suit ce renouvellement général. Il appartient au maire sortant de convoquer cette première réunion (*a*). Toutefois, la loi ne précisant aucun délai pour l'organisation de cette élection, celle-ci devra intervenir *dans un délai raisonnable*, la vacance de l'exécutif ne pouvant passer pour une solution durable. À défaut, le représentant de l'État procéderait d'office à une telle convocation (*b* et *c*).

a) L'élection a généralement lieu à l'occasion de la première séance qui suit le renouvellement général et est convoquée par le maire sortant dans le délai de trois jours francs. De telle manière que le maire sera élu au plus tôt le vendredi suivant les élections municipales du dimanche (interprétant en ce sens CGCT, art. L. 2121-7, v. CE 28 déc. 2001, *Meyet*, *Lebon* 678 ; *RGCT* 2002. 11 concl. F. Seners ; *Coll. terr.* avr. 2002. chron. 5, note L. Touvet).

Il est à noter que la compétence pour convoquer le conseil municipal à la première réunion après renouvellement revient au maire sortant fût-il non réélu simple conseiller municipal : v., CE 26 mars 1909, *Élect. Bénéjacq*, *DP* 1910. III. 117.

b) CE 20 mai 1994, *Cimia*, *Lebon* 248. L'arrêt établit la compétence du préfet ou du sous-préfet sur le fondement de l'article L. 2122-34 CGCT. Sans doute, une telle solution qui fait droit à l'exigence de continuité des services publics et de l'administration locale que la vacance de l'exécutif compromettrait, n'est pas en soi critiquable. Elle est néanmoins obtenue sur le fondement de dispositions légales étrangères à la situation en cause puisque l'article désigné en référence prend place dans une sous-section du CGCT réservée au problème particulier des attributions que le maire exerce au nom de l'État. Il s'agit donc d'un fondement prétexte rendu nécessaire par l'allègement de la tutelle préfectorale par la loi du 2 mars 1982 qui avait précisément limité la portée d'un tel pouvoir de substitution d'office à l'hypothèse des actes accomplis par le maire en tant qu'agent de l'État.

c) L'urgence peut constituer un motif de nature à accélérer l'élection du nouveau maire. Dans un tel cas de figure, le délai de convocation de droit commun des conseillers municipaux de 5 jours francs est abrégé à un jour franc. Encore faut-il que l'urgence soit constituée : voir, CE 20 mai 1994, *Cimia*, préc. à propos d'une situation d'urgence constituée par la proximité des élections régionales.

2. Le maire est *accidentellement renouvelé* lorsque ses fonctions prennent fin de façon prématurée. Les dispositions spéciales de l'article L. 2122-14 alinéa 1 CGCT posent l'obligation de procéder au remplacement du maire « dans la quinzaine », délai institué pour faire face à l'urgence qui caractérise la situation. La solution s'impose quelle que soit la cause de la vacance de l'exécutif : annulation de son élection, démission, décès, révocation.

Pour brève qu'elle soit, l'échéance de 15 jours reste une échéance minimale. Dans l'hypothèse où le conseil municipal convoqué à l'élection du nouveau maire s'avère incomplet, il y a lieu de procéder à des élections partielles complémentaires (CGCT, art. L. 2122-8 al. 3). Ces élections doivent alors intervenir « dans la quinzaine » (CGCT, art. L. 2122-14 al. 2).

303 ***Mode de scrutin*** ◊ Le principe est l'élection du maire à la majorité absolue - la moitié des voix plus une. Dans l'hypothèse où après deux tours de scrutin successifs aucun conseiller ne peut être élu à la majorité absolue, l'élection sera acquise au troisième tour à la majorité relative (CGCT, art. L. 2122-7).

1. En cas de partage égalitaire des voix au troisième tour, le conseiller le plus âgé sera déclaré élu (CE 23 janv. 1984, *Élect. maire et adjoints Chapdeuil*, préc.).

2. Le principe est que la majorité se calcule au regard des « suffrages exprimés ». En conséquence, les bulletins nuls ou blancs ne sont pas pris en compte pour le calcul de la majorité (CE 20 déc. 1929, *Élect. Port, Lebon* 1161).

Le régime des candidatures se veut aussi libéral que possible. Aucune manifestation de candidature n'est exigée. Rien n'interdit de se porter candidat au troisième tour sans l'avoir été aux deux précédents (CE 23 janv. 1984, *Élect. maire et adjoints Chapdeuil, Dr. adm.* 1984. 47).

304 ***Solennité de l'élection*** ◊ Le CGCT n'entend pas régir l'élection du maire - et de ses adjoints - dans des conditions de forme particulière. Hormis la présidence de séance par le *doyen d'âge* - solution commode et objective [1] - et les mesures de *publicité renforcée* de la délibération, l'armature essentielle du système repose sur le droit commun des délibérations du conseil municipal. La convocation en vue de l'élection du maire est régie par les formes et les délais ordinaires - adressée par le précédent maire en exercice -, le Code procédant par renvoi aux dispositions générales qui les organisent. Et, le fait que la convocation doive expressément porter mention de l'unique *ordre du jour* prévu n'a aujourd'hui plus rien de dérogatoire, la mention de l'ordre du jour sur les convocations s'imposant pour tout type de réunion (CGCT, art. L. 2122-8 al. 2). C'est en début de réunion qu'il y a lieu de constater le *quorum* de telle manière que le départ de conseillers en cours de réunion n'affectera pas la validité des votes [2]. Enfin, il est de coutume en matière de désignation de personnes que les votes aient lieu

---

1. S. Manson, « De la présidence des assemblées délibérantes par leur doyen d'âge », *RD publ.* 2010. 413.

2. Précisons que le conseil municipal doit être réputé « complet » pour l'élection du maire et de ses adjoints au sens où tous les sièges doivent avoir été pourvus, à charge de compléter l'assemblée par des élections partielles pour les communes de moins de 3 500 habitants, ou des élections générales pour les plus grandes communes : CE 19 janv. 2007, *Sindou Faurie et a., Lebon* 703 ; *RLCT* mars 2007. 22, obs. E. Glaser.

au *scrutin secret*. Cette règle se trouve même affirmée de manière redondante par le Code (CGCT, art. L. 2122-4 et L. 2122-7). Si l'élection se fait normalement en *séance publique*, le huis clos peut toutefois être demandé et obtenu dans les mêmes conditions que le Code impose pour toute réunion du conseil municipal (CGCT, art. L. 2121-18).

Sur l'ensemble des mesures de publicité de l'élection du maire et de ses adjoints : v. CGCT, art. L. 2122-12 ; L. 2121-25 et C. élect., R. 118.

305 ***Contentieux de l'élection*** ◊ Les contestations relatives à l'élection du maire - et de ses adjoints - peuvent faire l'objet de recours aux fins d'annulation dans les conditions de compétence, de forme et de délai qui sont celles des élections au conseil municipal (CGCT, art. L. 2122-13).

Selon l'article L. 248 du Code électoral, le contentieux de la régularité de l'élection appartient au *tribunal administratif*. Il peut être saisi par tout conseiller municipal ou tout électeur de la commune dans le délai de *5 jours* qui suivent la proclamation de l'élection. Passé ce délai, la désignation sera purgée de tout vice (CE 8 nov. 1967, *Élect. maire et adjoint cne Chaulnes*, *Lebon* 818).

Toutefois, plusieurs particularités régissent ce contentieux :

- en opposition au principe d'alignement des deux contentieux posé par l'article L. 2122-13, le délai de recours contre les élections du maire et des adjoints s'apprécie plus extensivement. Son calcul offre au requérant une journée supplémentaire. Le délai de 5 jours, en effet, « court à partir de 24 heures après l'élection » selon les dispositions réglementaires spéciales prévues à l'article D. 2122-2 CGCT (CE 26 juill. 1996, *Élect. maire et adjoints cne Barre-de-Monts*, *Lebon* 905, à propos d'une réclamation valablement enregistrée le 29 juin alors que la proclamation des résultats était intervenue le 23 juin) ;

- le requérant peut arguer de tout moyen propre à contester l'élection du maire ou des adjoints à l'exception de ceux visant leur inéligibilité aux fonctions de conseiller municipal lorsque cette élection est devenue définitive (CE 25 nov. 1983, n° 51790, *Élect. Maire Ozières*) ;

- le préfet est également recevable à former un recours contre l'élection s'il estime que les conditions « de forme légalement prescrites » n'ont pas été remplies (C. élect., art. L. 248 al. 2). Il bénéficie, pour cela, de conditions de délai plus souples puisque, conformément à l'article R. 119 alinéa 3 du Code électoral qui régit ses recours, il dispose de quinze jours pour l'introduire à compter de la réception du procès-verbal de l'élection ;

- le tribunal administratif statue selon une procédure qui se veut souple et rapide. L'article R. 120 du Code électoral lui impose un délai de deux mois pour trancher (trois mois dans l'hypothèse du renouvellement général de l'assemblée). Le délai expiré, son jugement serait frappé d'incompétence et, en tant que tel, susceptible d'annulation devant le Conseil d'État. De nature à illustrer cette règle : CE 18 janv. 1968, *Ciré*, *RFDA* 1998. 463, à propos d'un contentieux électoral né du refus du maire d'appeler le « suivant de liste » à siéger.

Le maire - ou l'adjoint - dont l'élection a été contestée est néanmoins compétent à continuer l'exercice de ses fonctions tant qu'il n'a pas été définitivement statué sur elle par le tribunal administratif en première instance ou par le Conseil d'État en appel. L'appel a donc normalement un effet suspensif (v. C. élect., art. L. 250 al. 2).

V. CE Ass. 2 déc. 1983, *Charbonnel*, *Lebon* 474, concl. D. Roux ; *AJDA* 1984. 76, chron. B. Lasserre et J.-M. Delarue ; *JCP* 1985. II. 20455, note A. Chaminade ; *RD publ.* 1985. 827, note J. de Soto.

306 ***Durée du mandat*** ◊ Le principe est que le maire - et les adjoints - sont élus pour toute la durée du mandat du conseil municipal, c'est-à-dire jusqu'au renouvellement normal du conseil municipal, sinon, plus rarement, jusqu'à sa dissolution. Le mode normal de fin des fonctions du maire est donc l'arrivée au terme des six ans.

Des causes imprévisibles peuvent néanmoins abréger son mandat : démission (1), révocation (2), décès, survenance d'inéligibilité (condamnation pénale par exemple) ou d'incompatibilité...

1. La *démission* du maire - ou d'un adjoint - est régie par des dispositions spéciales qui prévoient que cette démission - qui doit être formelle - ne pourra prendre effet qu'après *acceptation du préfet* lorsqu'elle est présentée pour la première fois, ou un mois après avoir été présentée une seconde fois.

Le préfet est libre d'accepter ou de refuser la démission. Il devra se prononcer en considération du bon fonctionnement de l'administration communale que la démission risque soudainement d'interrompre. En revanche, il ne lui appartient pas de discuter les raisons personnelles invoquées par le maire (TA Versailles, 27 juin 1980, *Ghibaudo*, *Lebon* 626). Quoi qu'il en soit, la décision du préfet relève davantage d'une question de procédure que de fond. Il s'agit d'une première étape dans le processus de démission, puisqu'en toute hypothèse, la seconde lettre de démission du maire s'imposera à lui.

La date de prise d'effet de la démission est celle où son acceptation par le préfet a été portée à la connaissance du démissionnaire. Il en résultera pratiquement que l'intéressé ne peut se raviser et reprendre sa démission après cette date. La démission est alors irrévocablement acquise : CE Ass. 26 mai 1995, *Etna et min. Dpt et territoires d'outre-mer*, *Lebon* 213 ; *RD publ.* 1996. 526, note J.-M. Auby ; CE 17 nov. 2010, *Min. Intérieur, Outre-mer et Collectivités territoriales c. Hugon*, *AJDA* 2010. 2317, note E. Roux. *BJCL* 2010. concl. M. Vialettes. *Dr. adm.* 2011. 15, note M. Sousse, précisant que cette date est celle à laquelle l'acceptation du préfet a été transmise, quel que soit le moment de sa prise de connaissance effective par le démissionnaire

Le maire démissionnaire est normalement remplacé par un adjoint dans l'ordre du tableau. Dans l'hypothèse où tous les adjoints sont démissionnaires, il continue d'exercer ses fonctions jusqu'à l'installation d'un conseiller municipal désigné par ses pairs pour le remplacer (CE 13 mars 1968, *Élect. maire et adjoint Talasani*, *Lebon* 873. CE 23 juin 1993, *Léontieff*, *Lebon* 795).

2. Le maire - ou un adjoint - peut être *révoqué* de ses fonctions par décret en conseil des ministres, cette révocation pouvant être précédée - si l'urgence le justifie - d'une mesure de suspension prise par arrêté ministériel. Ces types de décision ne peuvent être pris sans que le destinataire ait pu présenter sa défense (CGCT, art. L. 2122-16). On recense une vingtaine de cas de suspension depuis 1990 (souvent liés au refus de maires d'organiser le référendum du 24 sept. 2000 sur le quinquennat) et trois cas de révocation (aff. *Dalongeville* et *M.S.*).

Le contrôle dont le maire fait ainsi l'objet doit être regardé comme un contrôle de « tutelle disciplinaire » par lequel l'État entend sanctionner non seulement les irrégularités commises à l'occasion ou en dehors des fonctions et de nature à empêcher le maintien en fonction, mais aussi, tout comportement paraissant contraire à l'intérêt général. La perte de l'« autorité morale » du maire est recherchée par les juges pour constituer ces éléments. C'est le cas avec la dénonciation de l'ingratitude de la France à l'occasion d'une commémoration du 11 novembre en Nouvelle-Calédonie a pu être regardée comme des propos « outranciers » par le juge administratif justifiant la révocation du maire qui les a prononcés. On reste en doit de se demander si l'exercice de cette tutelle ne fait pas peser sur les élus une obligation de réserve propre à restreindre exagérément la liberté d'expression politique qui s'attache à l'exercice de leurs fonctions (CE Ass. 27 févr. 1981, *Wahnapo, Lebon* 111 ; *AJDA* 1981. 476, concl. M. Franc ; *Rev. adm.* 1982. 159, note B. Pacteau). C'est également le cas du maire mis en examen pour corruption, sa révocation pouvant être décidée sans attendre que les juridictions répressives aient définitivement statué (CE 7 nov. 2012, *M.S.*, *AJDA* 2012. 446, solution faisant bon compte de la présomption d'innocence) [1].

Sur la simple suspension du maire, v. CE 7 juill. 2004, *Noël Mamère, AJDA* 2004. 1445 chron. E. Glaser et F. Seners et TA Bordeaux, 9 juill. 2004, *Noël Mamère, AJDA* 2004. 1446, s'agissant de la suspension du maire ayant procédé à un mariage homosexuel en méconnaissance des dispositions du Code civil.

Il n'existerait pas de régime de droit digne de ce nom, si les autorités décentralisées ne pouvaient se voir motiver de telles décisions, ni en demander l'annulation à la juridiction administrative. Les règles de contrôle du juge administratif ont été fixées par la jurisprudence *Wahnapo* (préc.) :

- s'agissant de la *procédure*, le maire doit être averti de la mesure prise à son encontre et être en mesure de s'expliquer en défense avant l'intervention de la sanction. Le CGCT, art. L. 2122-16 fait expressément référence à ce principe des droits de la défense en précisant qu'il pourra trouver à s'exercer de manière écrite ou orale. Dans l'hypothèse où la révocation s'ajoute à la sanction, il n'y a cependant pas lieu de renouveler la procédure contradictoire si aucun fait nouveau n'intervient entre les deux mesures (CE 7 juin 1912, *Couillaud, Lebon* 639. CE 26 janv. 1938, *Naulet, Lebon* 87) ;
- s'agissant du *contrôle des motifs de la décision*, le juge administratif exerce un contrôle normal sur l'appréciation de la faute de nature à justifier la sanction et un contrôle en réalité plus poussé de proportionnalité sur l'adéquation entre la faute et la sanction retenue.

En déterminant ce type de contrôle, la jurisprudence *Dalongeville* marque un progrès attendu qui prend mieux en considération le fait que le maire est une autorité démocratiquement désignée, réalité avec laquelle le pouvoir de l'État doit mieux se concilier (CE 22 mars 2010, *Dalongeville, AJDA* 2010. 664, chron.

1. Sur la conformité à la Constitution de la possibilité légale de révoquer un maire ou un adjoint : Cons. const. n° 2011-210 QPC du 13 janv. 2012, *AJDA* 2012. 546, note M.Verpeaux, *JCP Adm.* 2012 n° 2126, note C.-A.Dubreuil, *AJCT* 2012 n° 255, note M.Yasi Roman et S.Dyens, *RLCT* mai 2012. 25, note Y.Mayaud.

S.-J. Liéber et D. Botteghi ; *JCP Adm.* 2010. 2281, note C.-A. Dubreuil ; *RLCT* 2010. 1688, note O.Carton, à propos de la révocation d'un maire justifiée par les « graves négligences durant plusieurs années » dans l'établissement du budget et la gestion des biens communaux). La jurisprudence *Wahnapo* s'orientait déjà dans la voie de l'approfondissement du contrôle du juge. Malgré tout, la sanction de propos « outranciers » par la révocation du maire avait pu apparaître anormalement sévère (v. concl. M. Franc sur l'arrêt *Wahnapo* préc. fondées sur l'analyse de la jurisprudence antérieure du Conseil d'État) [1].

B. Élection consécutive des adjoints

307 ***Solidarité collective*** ◊ Le maire et les adjoints ne participent pas collégialement à l'exercice de l'exécutif communal. On a vu que les textes mettent l'accent sur l'autorité du seul maire, chaque adjoint étant individuellement appelé à collaborer à l'administration communale. Cela n'interdit pas, entre le maire et les adjoints, une certaine solidarité collective, leur sort étant lié par l'existence de la municipalité. Cette solidarité s'exprime dans l'entrée en fonction (1) ainsi que dans la durée des fonctions (2) :

1. Solidarité dans l'entrée en fonction. Chaque fois qu'il y a lieu de désigner un nouveau maire, le conseil municipal doit désigner consécutivement ses adjoints. Ceux-ci sont élus tour à tour selon le mode et les règles de scrutin régissant l'élection du maire, c'est-à-dire à la majorité absolue aux deux premiers tours et à la majorité relative au troisième dans les communes de moins de 1 000 habitants (CGCT, art. L. 2122-7-1 issu de la loi n° 2013-403 du 17 mai 2013). Pour ce faire, la réunion est présidée par le maire, nouvel élu, et non plus par le doyen d'âge. Pour les plus grandes communes, leur élection se fait au scrutin de liste majoritaire sans panachage ni vote préférentiel. Les listes doivent être paritairement composées d'hommes et de femmes. La loi a entendu ainsi corriger la sous-représentation des femmes dans les municipalités (CGCT, art. L. 2122-7-2 issu de L. n° 07-128, 31 janv. 2007) [2].

Toutefois, la mise en œuvre de la règle de parité se fait avec souplesse. D'une part, la présentation de la liste ne commande pas l'alternance stricte d'un homme et d'une femme - système dit « chabada » - puisqu'il suffit, au regard de la loi, qu'elle comporte un nombre identique d'hommes et de femmes à un près (Rép. Min. n° 03482, *JO* Sénat Q, 10 avr. 2008.724). D'autre part, le remplacement d'un adjoint sur un siège vacant ne se fait pas impérativement par un adjoint du même sexe (CE 7 nov. 2013, *M. Tête*, *AJDA* 2014. 522, note Y. Luchaire).

---

1. V. B. Pacteau, « Jusqu'où peut aller la tutelle disciplinaire sur les maires ? », *Rev. adm.* 1982. 206 p. 159 ; B. Seiller, « Le pouvoir disciplinaire sur les maires », *AJDA* 2004. 1637 ; J. Singer, « Les motifs des suspensions ou révocations des maires », *AJDA* 1963. 670 ; F. Zetner, « Le régime disciplinaire des maires et adjoints : à propos de la suspension d'une vingtaine de maires », *RGCT* 2001. 797, n° 17.

2. V. T. Germain, « L'amélioration partielle de, la parité politique par la loi du 31 janvier 2007 : des avancées utiles qui ne règlent pas les problèmes urgents », *AJDA* 2007. 733.

Il y a inégalité entre les adjoints : ils prennent rang dans *l'ordre du tableau* des adjoints qui résulte de l'ordre de leur élection respective pour les petites communes, de présentation sur la liste pour les plus grandes (CGCT, art. R. 2121-2), le premier adjoint nommé figurant au premier rang du tableau et chacun des adjoints de rang inférieur à l'adjoint sortant étant promu d'un rang (CE 28 oct. 1988, *Stéfanini, Lebon* 627). La loi n° 04-809 du 13 août 2004 revient toutefois sur l'automaticité de cette règle, le conseil municipal pouvant désormais décider que le nouvel adjoint occupera le même rang que l'ancien (art. L. 2122-10 al. 5).

En droit strict, l'ordre du tableau n'emporte pas grande conséquence. Il établit essentiellement une priorité au profit du mieux classé pour suppléer au maire empêché (CGCT, art. L. 2122-17). En revanche, il n'impose aucune priorité entre les adjoints pour recevoir du maire des délégations de compétence.

Le régime des inéligibilités et celui du contentieux des élections ne se séparent pas de celui applicable au maire (v. s 290 s., v. ss 305).

2. Solidarité dans la durée des fonctions. Avec le maire, les adjoints sont élus pour 6 ans jusqu'au renouvellement suivant du conseil municipal. Mais, de manière plus remarquable, il faut voir que le mandat des adjoints ne survit pas à la fin anticipée du mandat du maire. Et, toute élection d'un nouveau maire, quelle que soit la cause du départ de l'ancien, entraîne une nouvelle élection de l'ensemble des adjoints (CGCT, art. L. 2122-10). Cette règle exprime la nécessaire légitimité et cohésion de l'équipe exécutive.

Faisant application de cette règle : CE 6 avr. 1990, *Élect. Mun. Vincly (Pas-de-Calais), Lebon* 93. Sur l'inutilité de la démission des adjoints dans ce cas : CE 14 mars 2005, n° 272860, *Cne Pignan*.

Mais, si la durée du mandat des adjoints ne peut être plus longue que celle du maire, elle peut, en revanche, être plus courte. Dans l'hypothèse d'une élection partielle en vu de compléter l'effectif du conseil municipal, celui-ci peut décider de procéder à une nouvelle élection des adjoints (CGCT, art. L. 2122-10 al. 4). L'ordre des adjoints précédemment en vigueur est alors revu à l'occasion de la nouvelle élection (CE 3 juin 2005, *Élect. maire Saint-Laurent-de-Lin, Taffut, AJDA* 2005. 2002, note B. Malignier).

308 ***Pouvoir d'organiser l'exécutif*** ◊ En rupture avec les principes de la séparation des pouvoirs, la configuration de l'équipe exécutive relève, à titre primordial, de l'assemblée délibérante. Celle-ci dispose d'une compétence attractive pour tout ce qui regarde l'organisation de la collectivité et reçoit de dispositions spécifiques le pouvoir de déterminer le nombre des adjoints (1) ainsi que leur qualité (2). S'il est indéniable que le maire dispose de pouvoirs réservés en la matière, ceux-ci s'exercent à la suite et dans le respect de ce qui revient d'abord au conseil municipal.

1. Détermination du nombre des adjoints. Cette compétence revient au conseil municipal qui doit l'exercer dans le respect du seuil minimal d'au moins un adjoint (CGCT, art. L. 2122-1) et du seuil maximal de 30 %

de l'effectif légal du conseil, c'est-à-dire de la totalité de l'effectif théorique du conseil (CGCT, art. L. 2122-2). Entre les deux seuils, le choix se fait discrétionnairement. Il s'agit d'une question d'opportunité insusceptible d'être discutée devant le juge administratif (CE 13 juill. 1966, *Élect. adjoint suppl. Avrilly-Saint-Léonard, Lebon* 982). Le choix de chaque adjoint revient également au conseil municipal qui procédera à leur élection sur les postes déterminés.

– La position jurisprudentielle découle de l'ancienne rédaction de l'article L. 122-2 du Code des communes issu de la loi n° 82-974 du 19 novembre 1982 établissant que le conseil municipal « détermine *librement* » le nombre d'adjoint, rédaction qui faisait droit à la part de libre administration qui revient aux collectivités territoriales pour s'auto-organiser. Le législateur a retenu sa plume en supprimant la condition de liberté à l'occasion de la codification de 1996. Il serait sans doute exagéré d'en déduire qu'il a entendu restreindre l'exercice de cette compétence.

– La décision fixant le nombre d'adjoints peut être considérée comme un genre particulier de délibération réglementaire. Tout d'abord, elle peut être prise implicitement, c'est-à-dire sans débat préalable et sans vote formel, un assentiment général à une proposition initiale étant considéré comme suffisant (CE 16 déc. 1983, *Élect. adjoints au maire Baume-de-Transit, Lebon* 737). Mais, surtout, son régime contentieux est original :

– Si la délibération est adoptée à l'occasion de la réunion où il est procédé au vote des adjoints, elle s'intègre à l'opération électorale dont elle constitue le premier élément. En tant que telle, celle-ci ne peut être contestée qu'à l'occasion d'une réclamation contre les résultats de l'élection (CGCT, art. L. 2122-13).

– Si la délibération est adoptée à l'occasion d'une réunion spécifique, elle peut être attaquée frontalement dans les conditions ordinaires [1].

Le contentieux en la matière porte essentiellement sur le dépassement du nombre d'adjoints que sanctionne le juge administratif. Par ex., v. CE 24 avr. 1985, *Ville Aix-en-Provence, Lebon* 522 ; *RFDA* 1985. 527 concl. D. Latournerie ; *AJDA* 1985. 378, note J. Moreau : impossibilité pour un conseil municipal de 55 membres d'élire plus de 16 adjoints. Le problème est que l'application de la technique du pourcentage pour déterminer le nombre maximal d'adjoints ne permet pas forcément de parvenir à un chiffre entier. Mais, « constatant que même élu au suffrage universel, le citoyen demeure insécable », selon l'expression du commissaire du gouvernement D. Latournerie, la commune ne peut porter le nombre de ses adjoints à l'entier supérieur.

2. Détermination de la qualité des adjoints. Le conseil municipal peut décider de la création supplémentaire de postes d'adjoints spécifiques dans certains cas particuliers :

– *Les adjoints spéciaux*. Lorsqu'un obstacle quelconque, ou l'éloignement, rend difficile, fût-ce momentanément, les communications entre le chef-lieu et une fraction de la commune, un adjoint spécial peut être institué par délibération motivée du conseil municipal (CGCT, art. L. 2122-3 al. 1). Son statut se manifeste par ces trois éléments qui marquent l'originalité de ce type d'adjoint et en font, sous la même appellation d'adjoint, une institution fort éloignée de l'adjoint général :

– le choix du conseil municipal devra porter sur un conseiller résidant dans la fraction isolée. À défaut, on pourra choisir un simple habitant de la fraction (CGCT,

1. En ce sens, F.-P. Bénoit, « La municipalité », *Rép. Coll. locales* fasc. 463, n° 50 s.

art. L. 2122-11), sans que cette désignation ait pour effet de l'adjoindre au conseil municipal (CE 15 juill. 1960, *Élect. adjoint saint-Laurent-de-Nesles, Lebon* 1009) ;

- l'adjoint spécial n'a que deux attributions, l'une obligatoire, l'autre facultative. Mais, en toute hypothèse, il ne reçoit que des attributions déconcentrées de l'État. Il remplit d'abord les fonctions d'officier d'état civil sans en détenir la qualité. Il peut ensuite être chargé de l'exécution des lois et des règlements de police sur cette partie de la commune. Mais, il ne peut agir par délégation du maire en matière de police municipale, ni prendre lui-même des arrêtés réglementaires (CGCT, art. L. 2122-33). Il ne peut pas davantage recevoir délégation du maire pour des questions se rapportant à la partie de la commune pour laquelle il a été désigné. La jurisprudence, en effet, ne reconnaît pas à l'adjoint spécial la qualité d'adjoint *stricto sensu* (CE 9 mars 1990, *Bruère, Lebon* 608, 609 et 1039) ;
- sur le contrôle strict du respect des conditions légales pour instituer un adjoint spécial. V. par ex. CE 17 janv. 1996, *Cne Saint-Cyrien, JCP* 1996. II. 22645, note J.-P. Markus : institution illégale d'un adjoint spécial, le niveau de perturbation des communications avec le quartier en cause n'apparaissant pas suffisant, CE 10 août 2005, *Cne Genolhac, AJDA* 2005. 1955, note T. Tuot, illégalité de la création d'un poste d'adjoint spécial, les hameaux concernés n'étant pas suffisamment éloignés, ni suffisamment difficiles d'accès ;
- *les adjoints de quartiers*. Dans les communes obligatoirement dotées de conseils de quartiers (80 000 habitants et plus), le conseil municipal peut décider la création de postes d'adjoints de quartiers chargés d'un ou plusieurs quartiers. Leur nombre ne doit pas excéder 10 % de l'effectif légal du conseil municipal (CGCT, art. L. 2122-2-1).

L'adjoint de quartier est une nouveauté de la loi n° 02-276 DC du 27 février 2002 conférant aux quartiers des grandes villes une consécration institutionnelle (v. ss 249 s.). Recruté au sein du conseil municipal, on ne peut lui dénier la qualité d'adjoint au maire s'ajoutant à l'effectif des adjoints généraux. Mais, il en constitue un type particulier et fait voir, à trois titres, une absence d'unité au sein de la catégorie juridique de l'adjoint :

- il reçoit, tout d'abord, ses attributions directement de la loi qui l'habilite à « connaître de toutes les questions intéressant à titre principal le ou les quartiers dont il a la charge » et à veiller « à l'information des habitants et favoriser leur participation à la vie du quartier » (CGCT, art. L. 2122-18-1). À l'instar de l'adjoint spécial, l'adjoint de quartier n'est donc pas un délégataire du maire, qui recevrait pouvoir normatif à ce titre.
- ses attributions sont géographiquement spéciales et matériellement générales, à la différence de l'adjoint général recevant toujours des attributions géographiquement générales et matériellement spéciales.
- l'adjoint de quartier ne s'insère pas dans l'ordre du tableau des adjoints généraux.

§ 2. Élection de l'exécutif départemental

309 ***Historique*** ◊ Signe de l'impréparation de la France à l'autonomie locale, la collectivité départementale a longtemps combiné décentralisation et déconcentration. Les institutions départementales ont, en effet, été frappées par cette division logique. L'ouverture à l'autonomie élective de l'assemblée délibérante n'a pas remis en question de rôle d'exécutif départemental que le *préfet* tenait de la loi du 28 pluviôse an VIII (art. 3) et qui

était ostensiblement dirigé contre les risques d'émancipation du département. La tâche du président du conseil général se réduisait alors à la présidence de l'assemblée qui l'avait désignée. Sa position institutionnelle n'était pas négligeable, mais pas considérable non plus (police de l'assemblée, réception des démissions des conseillers généraux, voix prépondérante en cas de partage...).

L'article 87 de la Constitution du 27 octobre 1946, en ce qu'il prévoyait que la mise en œuvre des délibérations des assemblées locales « est assurée par leur maire ou leur président », programmait le transfert de l'exécutif départemental au président du conseil général. Mais sans mise en œuvre législative, cette exigence constitutionnelle demeurera sans effet. Elle ne sera pas reprise par la Constitution de la Vᵉ République.

Le dédoublement constitutionnel du préfet ne survivra pas au tournant de la décentralisation que marque la loi du 2 mars 1982 (art. 87). C'est enfin la réalisation d'une revendication qui se faisait entendre depuis 1871. Avec l'effacement du préfet-exécutif départemental, disparaît la *commission départementale*, émanation restreinte du conseil général instituée par la loi du 10 août 1871 dans le double intérêt de régler les affaires départementales déléguées à elle par le conseil général et de contrôler la gestion financière du préfet en continu, le conseil général n'étant pas un corps permanent.

A. Élection première du président du conseil général [1]

310 À quelques adaptations près qui font les curiosités du droit départemental, le régime de l'élection du président du conseil général ne se sépare par de celui du maire ou du président du conseil régional.

311 ***Moment de l'élection*** ◊ Il faut dissocier l'hypothèse normale de l'hypothèse accidentelle de sa désignation :

1. Hypothèse normale. Le président du conseil général est élu lors de la réunion de droit qui suit chaque renouvellement partiel du conseil général (CGCT, art. L. 3121-1), c'est-à-dire le second jeudi qui suit le premier tour de scrutin (CGCT, art. L. 3121-9 issu de l'art. 12 L. n° 03-327, 11 avr. 2003). Ce renouvellement étant partiel (par moitié des sièges tous les trois ans), c'est donc pour trois ans que le Conseil général doit procéder à l'élection de son président. Son mandat est donc frappé d'une plus grande précarité que celui de ses homologues maire ou président de conseil régional. Toutefois, les alternances politiques au sein du conseil général restent modérées par le principe du renouvellement par moitié. Cette curiosité est appelée à disparaître avec le renouvellement intégral des conseillers territoriaux du département tous les six ans, ceci en 2014.

1. V. ss 87.

2 Hypothèse accidentelle. Dans le cas où le président du conseil général ne peut siéger, pour quelque cause que ce soit, la loi prévoit sa suppléance par un vice-président désigné dans l'ordre des nominations (TA Montpellier, 3 avr. 1982, *Gache, Lebon* 482). La situation ne pouvant cependant pas perdurer, il conviendra de renouveler intégralement la commission permanente. Ce renouvellement intégral interviendra dans le mois qui suit si le conseil général est au complet (CGCT, art. L. 3122-2).

312 ***Modalités de l'élection*** ◊ Sous la présidence du doyen d'âge, le conseil général élit son président à la majorité absolue aux deux premiers tours et à la majorité relative au troisième. La loi prend soin de préciser qu'en cas de partage des voix au troisième tour, hypothèse que rend possible le découpage du département en un nombre pair de cantons, l'élection est acquise au bénéfice de l'âge (CGCT, art. L. 3122-1).

Pour être élu président, rien n'impose de s'être porté candidat, ni d'avoir obtenu des voix aux tours précédents (CE 28 sept. 1983, *Bierge, Lebon* 387).

Contrairement aux délibérations ordinaires et dans l'intérêt d'assurer au président une autorité incontestable, le *quorum des deux tiers* est exigé pour procéder à l'élection du président ; ce *quorum* étant calculé sur la base du nombre de conseillers en exercice et non pas du nombre légal. Cependant, deux éléments sont de nature à atténuer la rigueur de cette règle de *quorum* :

– si le *quorum* n'est pas atteint, une nouvelle réunion se tient trois jours plus tard au cours de laquelle l'élection aura lieu « sans condition de *quorum* » (CGCT, art. L. 3122-1 al. 2) ;

– il suffit que le *quorum* soit constaté en début de réunion. Il n'y a donc pas lieu de le vérifier au moment précis du vote (CE Ass. 11 déc. 1987, *Élect. président conseil régional Haute-Normandie, Le Vern c. Fossé, Lebon* 415 ; *AJDA* 1988. 162, chron. M. Azibert et M. de Boisdeffre : par transposition de la solution donnée pour l'élection du président du conseil régional).

La solution procède du souci d'unifier totalement la jurisprudence par extension de la règle de la constatation du *quorum* à l'ouverture de la réunion. Au total, celle-ci vaut quelle que soit l'assemblée locale en cause (conseil municipal, général et régional) et quel que soit le type de délibération (électorale ou ordinaire). Elle présente l'intérêt d'éviter la paralysie du fonctionnement de l'assemblée, notamment en raison du départ volontaire d'une partie des conseillers en cours de réunion.

B. Élection consécutive des vice-présidents

313 ***Recrutement ordinaire*** ◊ Le recrutement des vice-présidents du conseil général est englobé dans une opération plus large consistant à composer la commission permanente du conseil général. Le président et les vice-présidents forment, avec d'autres conseillers généraux, cette commission permanente.

Sous la présidence du nouveau président du conseil général, cette commission doit être mise en place « aussitôt » après l'élection de celui-ci (CGCT, art. L. 3122-5). L'opération obéit à une procédure par étapes :

– Le nombre de postes de vice-président doit d'abord être déterminé par le conseil général. Il peut osciller entre 4 et 15, sans toutefois être supérieur à 30 % de l'effectif du conseil. La commission permanente pourra être complétée par un ou plusieurs autres conseillers généraux sans que la loi prévoie de nombre plafond, de sorte que rien n'interdit de retrouver l'effectif total du conseil général au sein de la commission permanente (CGCT, art. L. 3122-4) ;

- Les membres de la commission permanente sont élus au scrutin de liste à la représentation proportionnelle à la plus forte moyenne sans panachage ni vote préférentiel, chaque liste devant être composée paritairement de femmes et d'hommes (CGCT, art. L. 3122-5 al. 2 et 4 issu de la loi n° 2013-403 du 17 mai 2013 entendant installer la parité au sein de la commission permanente). De telle manière que l'effectif global de la commission permanente reflétera fidèlement l'équilibre des forces au sein du conseil général selon le système pratiqué depuis la loi n° 92-125 du 6 février 1992 ;

- enfin, le conseil général élit les vices-présidents au scrutin de liste à la majorité absolue sans panachage ni vote préférentiel. Les listes candidates sont composées paritairement de femmes et d'hommes (CGCT, art. L. 3122-5 al. 5 issu de la loi n° 2013-403 du 17 mai 2013). Si bien que les vice-présidents sont élus parmi les membres de la commission permanente et non parmi l'effectif total des conseillers généraux. Tant le mode de scrutin que la durée du mandat identique à celle du président -6 ans- permettent de garantir la fidélité des vice-présidents à l'égard de leur président. Ils formeront une équipe politiquement cohérente et stable à son service.

Il ne faut pas exclure l'hypothèse d'un contentieux relativement à ces opérations électorales. Il a notamment été jugé que l'élection contestée d'un membre de la commission permanente doit être considérée comme régulière tant qu'elle n'a pas été frappée d'annulation (CE Ass. 2 déc. 1983, *Charbonnel, Lebon* 474, concl. D. Roux ; *AJDA* 1984. 76 et 105 chron. B. Lasserre et J.-M. Delarue ; *JCP* 1985. II. 20455, note A. Chaminade ; *RD publ.* 1985. 827, note J. de Soto). Peut également être mentionnée la solution selon laquelle un conseiller général dont l'élection a été annulée voit automatiquement son élection en tant que vice-président annulée par voie de conséquence (CE 28 janv. 1987, *Baloup, Lebon* 742).

314 ***Renouvellement accidentel*** ◊ Plusieurs cas de figure doivent être envisagés :

1. En cas de vacance du siège du président, il y a lieu de renouveler l'ensemble de la commission permanente dans le délai d'un mois (v. ss 311, 2).

2. En cas de vacance d'un ou plusieurs sièges de membre de la commission permanente, le conseil général peut décider de compléter la commission s'il se présente autant de candidats que de sièges vacants (CE 19 janv. 2007, *Lehmann, AJDA* 2007. 166, obs. Z. Aït-El-Kadi, solution valant pour la commission permanente du conseil général ou régional). À défaut, il conviendra de procéder au renouvellement intégral de la commission permanente (CGCT, art. L. 3122-6).

3. En cas de dissolution du conseil général, de démission de tous ses membres ou d'annulation définitive de leur élection, la réélection d'un nouveau conseil général entraînera celle d'une nouvelle commission permanente (CGCT, art. L. 3121-6).

§ 2. Élection de l'exécutif régional

315 ***Historique*** ◊ Sous l'empire de la loi n° 72-619 du 5 juillet 1972, le *préfet* était investi de l'exécutif régional. Cette loi qui confiait à vingt-deux établissements publics le développement économique de la région plaçait les préfets aux côtés du conseil régional, organe délibérant élu au suffrage universel indirect. Le préfet de région était de droit préfet du département chef-lieu de la région. En particulier, il instruisait les délibérations du conseil régional et du comité économique et social et exécutait leurs délibérations.

Un tel schéma institutionnel ne pouvait survivre à la promotion des régions comme collectivité territoriale décidée par la loi n° 82-213 du 2 mars 1982. La loi confie au conseil régional, désormais élu au suffrage universel direct, l'élection en son sein du président du conseil régional qui se substitue au préfet pour cette fonction majeure. S'agissant du régime de l'élection, on pourrait aller jusqu'à constater qu'il existe une directive d'alignement du droit régional sur le droit départemental. En effet, les règles de désignation sont établies à partir des règles applicables au département, hormis la périodicité de l'élection - ceci jusqu'en 2014 - et quelques originalités rajoutées après 1982 et qui donnent un certain relief à cette élection.

A. Élection première du président du conseil régional

316 ***Moment de l'élection*** ◊ Il faut ici aussi dissocier l'hypothèse du renouvellement normal de celle du renouvellement accidentel du président :

1. Hypothèse normale. Le conseil régional élit son président lors de la réunion de droit qui suit chaque renouvellement (CGCT, art. L. 4133-1 al. 1er). Cette réunion se tient le premier vendredi qui suit l'élection (CGCT, art. L. 4132-7). Le conseil régional étant renouvelé intégralement tous les six ans, son président est élu pour la même durée (CGCT, art. L. 4133-1 alinéa 4).

2. Hypothèse accidentelle. La loi envisage deux cas de figure :

- Lorsque le président du conseil régional ne peut siéger, pour quelque cause que ce soit, la loi prévoit sa suppléance par le vice-président le mieux désigné dans l'ordre des nominations. Il est alors impossible d'élire un nouveau président sans avoir renouvelé intégralement la commission permanente (TA Montpellier, 3 avr. 1983, *Gache*, *Lebon* 482) ; ce qui doit intervenir dans le mois qui suit si le conseil régional est au complet (CGCT, art. L. 4133-2 al. 1).

- Il résulte d'anciennes dispositions toujours en vigueur de la loi n° 72-619 du 5 juillet 1972 qu'en cas de démission du président et de tous les vice-présidents, il appartient au conseil régional, convoqué par le doyen d'âge, soit de procéder à l'élection d'un conseiller en suppléance du président démissionnaire, soit de renouveler intégralement la commission permanente (CGCT, art. L. 4133-2 al. 2).

317 ***Modalités de l'élection*** ◊ L'élection du président est acquise à la majorité absolue des voix des conseillers régionaux aux deux premiers tours et à la majorité relative au troisième. En cas d'égalité des voix au troisième tour, l'élection est acquise au bénéfice de l'âge. Pour cette élection, la réunion est placée sous la présidence du doyen d'âge (CGCT, art. L. 4133-1).

318 ***Solennité de l'élection*** ◊ Une solennité accrue marque l'élection du président du conseil régional. Les douloureuses expériences passées, fortement médiatisées et qui avaient vu porter à la tête de la région un président sur des alliances politiques contre nature ont appelé une réaction législative. Celle-ci a visé, en deux temps successifs, à *rationaliser les élections régionales.* D'abord pour la désignation des exécutifs régionaux (L. n° 98-135, 7 mars 1998 et n° 03-327, 11 avr. 2003) ; ensuite, pour celle du conseil régional (L. n° 99-36 du 19 janv. 1999 modifiée). Les nouvelles procédures clarifient l'élection du président et renforcent son autorité. Elles organisent le choix du président pour qu'il soit fait en pleine connaissance de cause :

- à la différence du maire ou du président du conseil général, le président du conseil régional ne peut être élu sans avoir *déclaré sa candidature* (CGCT, art. L. 4133-1 al. 5) ;

- le conseil régional ne peut procéder à l'élection de son président que si le *quorum renforcé des deux tiers* est constaté.

La constatation du *quorum* est cependant faite en début de séance et non au moment du vote (CE Ass. 11 déc. 1987, *Élect. président conseil régional Haute-Normandie, Le Vern c. Fossé et a., Lebon* 415 ; *AJDA* 1988. 162 et 144 chron. Azibert et de Boisdeffre). À défaut de *quorum*, une nouvelle réunion se teint de plein droit trois jours plus tard. Cette nouvelle réunion pourra se tenir sans condition de *quorum*.

- C'est une innovation remarquée de la loi n° 98-135 du 7 mars 1998 : avant chaque tour de scrutin, les candidats doivent remettre aux membres du conseil régional une *déclaration écrite* portant sur les grandes orientations politiques, économiques et sociales qu'il envisagerait de mettre en œuvre une fois élu (CGCT, art. L. 4133-1 al. 5). Afin de ne pas prendre l'électeur à défaut sur la politique qui pourrait être suivie en cours de mandat, l'investiture du conseil ne doit pas seulement être donnée à un homme mais aussi à un programme. Ce que la loi a ainsi voulu suggérer c'est qu'il s'établisse un *pacte explicite entre le président et la majorité qui l'a élue.*

Il convient toutefois de préciser la portée de cette innovation qui doit être maintenue dans le respect de certains principes supérieurs pré-existants :

Tout d'abord, l'intention du législateur n'a pas été d'interdire qu'un candidat se présente pour la première fois au deuxième ou troisième tour de scrutin, mais à la condition, toutefois, qu'il ait déposé sa déclaration de politique générale préalablement à ce tour (CE Sect. 25 nov. 1998, *Élect. président et membres commission permanente conseil régional Bourgogne, Lebon* 441 ; *AJDA* 1999. 255, note B. Poujade ; *Dr. adm.* 1999. chron. n° 3, concl. Ch. Maugüe ; *D.* 1999. 357, note R. Piastra). La solution jurisprudentielle entend préserver la portée générale de cette possibilité, indistinctement ouverte pour l'élection de tout exécutif local.

Ensuite, le président n'est pas juridiquement tenu par l'engagement pris sous forme de programme. Comme c'est le cas en droit parlementaire, *tout mandat impératif est exclu*. On ne voit pas, en effet, quelle responsabilité il pourrait encourir en cas de reniement, ni quels comptes pourraient lui demander ses électeurs jusqu'aux élections suivantes. Les dispositions en cause ne font donc pas de l'exécutif un simple exécutant.

En ce sens, sur le fondement du « principe dont s'inspire l'article 27 de la Constitution », fondement que le Conseil constitutionnel dégage de toute pièce à l'égard de la représentation locale (Cons. const. 6 mars 1998, n° 98-397 DC, *Lebon* 186 ; *AJDA* 1998. 308, note J.-H. Schoettl ; *RRJ* 1999. 831, note F. Luchaire ; *RFDC* 1998. 317, note A. Roux).

- L'élection ne donne lieu à *aucun débat* (CGCT, art. L. 4133-1). Cette règle vise tout autant à préserver la sérénité du conseiller électeur au moment où il s'apprête à choisir - la transparence initiale de la déclaration ne doit pas être obscurcie par un débat - qu'à ne pas risquer de heurter le principe du secret du suffrage. Le candidat ne risquant donc pas d'être interpellé sur son programme, sa divulgation ne représente qu'une procédure d'information unilatérale.

Le non-respect de la règle d'absence de débat n'est toutefois pas assorti d'une sanction automatique : il est de nature à entraîner l'annulation de l'élection si l'irrégularité a pu influer sur le résultat du vote. Pour une illustration positive : CE Sect. 9 déc. 1998, *Élect. président conseil régional Rhône-Alpes*, *Lebon* 457 ; *AJDA* 1999. 184, chron. F. Raynaud et P. Fombeur ; *RFDA* 1999. 595, concl. J. Arrighi de Casanova, s'agissant de l'annulation de l'élection de M. Million après qu'à la suite d'une demande de précision du candidat du Front national, ce dernier se soit retiré et ait appelé à voter pour M. Million.

319 ***Contentieux de l'élection*** ◊ le contentieux électoral local est traditionnellement un contentieux à la charge du juge administratif. Mais les textes ne désignant aucune juridiction administrative pour connaître de l'élection du président du conseil régional, le Conseil d'État s'est déclaré compétent en première et dernière instance (CE 16 janv. 1987, *Élect. président conseil régional Picardie, Lebon* 6).

Le délai de contestation de l'élection du président et des vice-présidents du conseil régional est spécifiquement porté à dix jours (et non cinq) suivant la proclamation des résultats sur le fondement de l'article L. 361 du Code électoral (CE 7 déc. 1998, *Élect. vice-présidents conseil régional Provence-Alpes-Côte-d'Azur*, *Lebon* 456).

Dans le cadre du contentieux électoral, le juge administratif dispose d'un large pouvoir d'appréciation par lequel il évalue l'incidence de l'irrégularité commise sur les résultats du scrutin et n'annule celui-ci que si elle était de nature à modifier le résultat, notamment dans la mesure où la majorité était très faible (CE 13 nov. 1992, *Fabius*, *Lebon* 1003 et 1008 ; *JCP* 1993. IV. 61, obs. M.-C. Rouault ; *LPA* 1993, n° 36, p. 19, note F. Chouvel) [1].

---

1. V. F. Dietsch, « À propos du nouveau mode d'élection des présidents des conseils régionaux », *LPA* 21 août 1998, p. 5.

B. Élection consécutive des vice-présidents du conseil régional

320 La symétrie institutionnelle entre la région et le département est ici devenue à peu près parfaite depuis 2013. Non seulement, le nombre de vice-présidents s'établit pareillement entre 4 et 15 sans excéder 30 % de l'effectif total du conseil (CGCT, art. L. 4133-4 al. 2). Mais encore, s'agissant de la procédure d'élection des vice-présidents et de la commission permanente, elle est dominée par l'impératif d'installer une représentation paritaire des femmes depuis la loi n° 07-128 du 31 janvier 2007. On peut résumer le droit comme suit.

321 ***Procédure sans vote*** ◊ Une procédure courte peut être mise en œuvre lorsqu'il se trouve une seule liste candidate déposée pour chaque siège de membre de la commission permanente. Les différents postes de la commission sont pourvus dans l'ordre de la liste. Cette liste doit être composée alternativement d'un candidat de chaque sexe (CGCT, art. L. 4133-5 issu de l'art. 3 L. n° 07-128, 31 janv. 2007). Cette procédure joue automatiquement dans l'hypothèse - non théorique - où le conseil régional a décidé que tous les conseillers siégeraient à la commission permanente.

Cette procédure courte doit aboutir « dans l'heure » qui suit la délibération du conseil régional déterminant la composition de la commission permanente.

322 ***Procédure par vote*** ◊ La procédure passe ici par des scrutins successifs. D'abord un scrutin de liste à la représentation proportionnelle à la plus forte moyenne, sans panachage ni vote préférentiel entre toutes les listes en présence pour occuper les sièges de la commission permanente. Chaque liste doit proposer une stricte alternance entre hommes et femmes (CGCT, art. L. 4133-5 al. 4).

Ensuite, un autre scrutin de liste, majoritaire cette fois, a lieu pour désigner les membres de la commission permanente sur chaque poste de vice-président, les listes étant paritairement composées d'hommes et de femmes (CGCT, art. L. 4133-5 al. 5). La liste gagnante est élue à la majorité absolue aux deux premiers tours ou à la majorité relative au troisième.

Dans les mêmes conditions est complétée la commission en cas de vacances de sièges (CGCT, art. L. 4133-6).

323 ***Obligation de diligence*** ◊ Quelle que soit celle des deux procédures mise en œuvre, les textes et la jurisprudence entendent que l'élection des membres de la commission permanente et des vice-présidents suivent, sans discontinuité, celle du président. Pour les institutions régionales, il s'agit d'un principe de mise en état de fonctionnement immédiat.

En ce sens, les suspensions de séance ne sont pas *a priori* interdites. Mais, si elles s'avèrent trop longues et répétées, sans qu'aucun motif impérieux ne les justifie, elles constituent alors une irrégularité de nature à vicier les résultats de l'élection qui doit être annulée : CE Sect. 9 déc. 1998, *Élect. vice-présidents conseil régional Rhône-Alpes*, *Lebon* 459 ; *RFDA* 1999. 595, concl. J. Arrighi de Casanova ; *RFDA* 2000. 126, note F. Robbe ; *Gaz. Pal.* 2000. Jurispr. 991, note R. Piastra.

La sanction du juge électoral n'a donc rien d'automatique. Celui-ci ne fonde pas exclusivement son jugement sur la violation de la règle. Il recherche si les résultats de l'élection auraient été différents en l'absence d'irrégularité. Le nombre de scrutins à organiser en cas d'annulation systématique, n'est pas étranger à son raisonnement (solution adoptée contrairement aux conclusions du commissaire du gouvernement J. Arrighi de Casanova, *RFDA* préc.).

CHAPITRE 2
INDÉPENDANCE DE L'EXÉCUTIF

324 ***Portée de l'indépendance de l'exécutif*** ◊ On a vu que dans le système institutionnel local, parfois proche de la séparation stricte des pouvoirs, un contrôle de destitution sur l'exécutif en cours de mandat par sa majorité ou par les électeurs est exclu. En ce sens, il existe une *indépendance organique* de l'exécutif concernant ses rapports avec les autres composantes de la collectivité.

Mais, d'autres aspects de l'indépendance de l'exécutif méritent d'être relevés. Notamment, il importe que le maire, le président du conseil général ou régional puisse faire face à la totalité des compétences que la loi et l'assemblée délibérante lui attribuent. Et l'exécution des lois et des délibérations va plus loin que le simple exercice de son pouvoir normatif. Elle englobe nécessairement un ensemble de *collaborateurs* spécifiquement placés au service de sa tâche. Sans doute, la réunion de ces collaborateurs ne forme pas une entité collégiale, puisque la fonction exécutive restera toujours exercée individuellement. Sans doute, certains de ces collaborateurs sont aussi membres de l'assemblée délibérante. On n'en observe pas moins un véritable *appareil exécutif*, procédant de la technique de la division du travail, le titulaire de l'exécutif pouvant compter sur ses propres préparateurs (collaborateurs de cabinet), sur ses délégataires et ses suppléants (adjoints et vice-présidents). On constate en ce sens une *indépendance personnelle* de l'exécutif (Section 1).

L'indépendance de l'exécutif doit également être garantie contre tout ce qui menacerait matériellement l'exercice de sa fonction. Il ne faut pas que la situation financière de l'exécutif, que ses intérêts professionnels ou autres intérêts électifs le place en position de conflit d'intérêts dont la collectivité qui l'a élu ferait les frais. Nous étudierons donc, avec les régimes particuliers d'incompatibilité et d'indemnisation qui s'attachent au mandat exécutif local, *l'indépendance matérielle* qui doit permettre d'assurer le libre exercice de ce mandat (Section 2).

SECTION 1. INDÉPENDANCE PERSONNELLE DE L'EXÉCUTIF

325 ***Le problème de l'indépendance personnelle de l'exécutif*** ◊ Dans le régime local, c'est un homme qui détient le pouvoir exécutif : le maire, le président du conseil général ou régional. Ce principe, posé de longue date dans les lois de décentralisation, n'a jamais été remis en cause. Mais, sachant qu'administrer la collectivité c'est beaucoup plus qu'exécuter les

délibérations de l'assemblée, sachant le développement constant des responsabilités et de l'administration décentralisée, le titulaire de l'exécutif ne peut suffire à sa tâche et doit s'entourer de collaborateurs.

C'est un fait dont le Code prend acte en instituant des possibilités de délégation et de suppléance aux adjoints et vice-présidents et en organisant la possibilité de recruter des collaborateurs de cabinet.

Il n'en reste pas moins que le développement d'un appareil exécutif local demeure limitée. Si certains collaborateurs de l'exécutif peuvent agir juridiquement, c'est toujours à titre supplétif. Le Code organise un régime « monocratique » (J.-C. Douence) qui exclut tout risque de dispersion, de fractionnement ou de concurrence dans la direction de la collectivité. On ne doit pas s'imaginer que le système des délégations corresponde à une cascade de commandements. Il faut d'ailleurs se méfier d'une fausse symétrie qui ferait apparaître entre le titulaire de l'exécutif et sa municipalité ou sa commission permanente une dualité au sein de la fonction exécutive. À l'image du régime présidentiel, l'unicité de l'exécutif, « seul chargé de l'administration » (CGCT), est un trait propre du régime d'organisation locale.

§ 1. Les délégataires et suppléants de l'exécutif [1]

326 ***Intérêt des adjoints et vice-présidents*** ◊ L'élection en tant qu'adjoint au maire, vice-président du conseil général ou régional ne confère pas de compétence personnelle dans l'administration de la collectivité. Ces représentants de l'exécutif forment une équipe à l'intérieur de laquelle le maire, le président du conseil général ou régional pourra librement déléguer une partie de ses compétences. En cela, ils ont seulement vocation à participer à la fonction exécutive locale en en permettant le fonctionnement assoupli. C'est d'ailleurs pourquoi le régime de ces délégations n'est pas franchement restrictif.

Il faut réserver toutefois le cas de l'adjoint ou du vice-président le mieux classé auquel la loi reconnaît une compétence personnelle : il lui revient la suppléance de l'exécutif empêché.

Il faut ajouter que les adjoints au maire disposent, en propre, d'attributions déconcentrées de l'État en qualité d'officier de police judiciaire (CGCT, art. L. 2122-31) et d'officier d'état civil (CGCT, art. L. 2122-32). L'exercice de ces attributions ne dépend donc pas d'une délégation consentie à cet effet par le chef de l'exécutif (CE 11 oct. 1991, *Ribaute et Balanca*, *Lebon* 331 ; *AJDA* 1991. 883, chron. Ch. Maugüe et R. Schwartz).

A. Les délégataires de l'exécutif

327 ***Définition*** ◊ De façon générale, la délégation consiste dans l'opération par laquelle le titulaire d'une compétence en transfère l'exercice à une

1. V. biblio. v. ss 356.

autre autorité. En autorisant la délégation, la loi permet à une autorité supérieure de se soulager d'une partie de ses tâches qu'elle ne peut assumer seule.

C'est ainsi que le maire, le président du conseil général ou régional peut déléguer, « sous sa surveillance et sa responsabilité », « une partie de ses fonctions » à un ou plusieurs de ses adjoints ou de ses vice-présidents, ou à de simples conseillers élus en cas d'empêchement des premiers. La délégation est formelle (« par arrêté ») et révocable à tout moment (CGCT, art. L. 2122-18, L. 3221-3 et L. 4231-3).

1. Délégation de pouvoir

328 ***Garantie de priorité aux adjoints et vice-présidents*** ◊ Signe de faiblesse du statut d'adjoint ou de vice-président, la loi ne leur consent aucun monopole en matière de délégation. Ils disposent seulement d'une garantie de priorité. Ainsi, si le chef de l'exécutif peut consentir des délégations à de simples conseillers élus, c'est seulement à défaut d'adjoints - vice-présidents - ou si ceux-ci ont tous été préalablement pourvus - cette dernière condition découlant de la loi n° 02-276 du 27 février 2002, article 10-I (art. préc.).

1. Et encore, la loi a pu organiser le contournement de la règle. Dans l'hypothèse où un adjoint - vice-président - se voit retirer sa délégation, celle-ci peut être remise à un simple conseiller municipal. On se trouvera donc en situation d'un conseiller doté et d'un adjoint - vice-président - non doté pour ce qui concerne la délégation retirée. Tout se passe donc comme si l'adjoint dépourvu était ignoré pour l'appréciation du respect de la règle de priorité. Cette possibilité ne s'est toutefois pas maintenue en droit communal. En effet, dans l'intérêt de ne pas multiplier les adjoints dépourvus de délégation après retrait, la loi n° 04-809 du 13 août 2004 (art. 143) prévoit l'obligation pour le conseil municipal de se prononcer sur le maintien de l'adjoint dans ses fonctions (CGCT, art. L. 2122-18 al. 3). Si c'est le cas, celui-ci devra se voir attribuer une nouvelle délégation ou, à défaut, le maire devra retirer sans délai les délégations qu'il avait consenties aux simples conseillers municipaux (CE, avis, 14 nov. 2012, *M. Hersen*, *AJDA* 2013. 574, note J.-F. Lachaume, *JCP Adm.* 2013, n° 2038, note M. Verpeaux).

2. On ne doit pas contrevenir à la vocation prioritaire des adjoints par des attributions inégalitaires de délégations. Ce serait le cas en pourvoyant symboliquement les adjoints ou vice-présidents pour pourvoir plus substantiellement les simples conseillers élus (CE Ass. 2 févr. 1951, *Préfet Marne*, *Lebon* 60, illégalité de la délégation attribuée à deux conseillers pour des actes d'administration courante alors que les adjoints n'avaient été dotés qu'en matière d'état civil).

3. Sur la sanction du respect de la règle, v. CE Ass. 2 févr. 1951, *Préfet Marne*, préc. CE 8 avr. 1987, *Ville Fréjus*, *Lebon* 124 ; *AJDA* 1987. 540, note J. Moreau. CAA Bordeaux, 15 mars 2005, n° O2BX00110, *Cne Matoury*.

329 ***Nature de la délégation*** ◊ Entre la catégorie de la délégation de pouvoir et celle de la délégation de signature, la « délégation de fonction » organisée par le Code s'analyse comme une délégation d'un type particulier, on pourrait dire une *délégation mixte* par les traits qui la caractérisent :

1. La « délégation de fonction » du CGCT s'apparente à la délégation de pouvoir dans son *contenu et certains de ses effets.*

- Elle permet, en effet, à l'exécutif de *transférer en bloc* les missions qui sont les siennes dans chaque domaine considéré (urbanisme, culture, logement...). L'opération va donc plus loin que la simple décharge, acte par acte, d'une partie de ses tâches matérielles et par laquelle il désigne un commis pour signer ses propres décisions. Et cela est sans doute l'élément le plus significatif du régime des « délégations de fonctions ».

Une possibilité de « délégation de signature » de l'exécutif local a d'ailleurs été prévue par le Code, mais elle s'adresse à des agents administratifs nommés et non à des autorités élues. Les chefs des services déconcentrés de l'État, comme les chefs des services de la collectivité ou d'un EPCI peuvent profiter de telles délégations : art. L. 2122-19 CGCT, L. 3141-1, L. 3221-3 al. 3, L. 4151-1, L. 4231-3 al. 3 et L. 5211-9 CGCT (sur la mise en œuvre, v. CE 30 avr. 1997, *Dpt Isère, Lebon* 711. CE 11 mars 1998, *Préfet Pyrénées-orientales, Lebon* 73. TA Grenoble, 7 juill. 2000, *Sté Sols Conforts, Lebon* 861. CE 21 mars 2007, *Région pays de Loire, Lebon* 643-698 ; *Dr. adm.* 2007. 133, note E. Glaser ; *LPA* 23 oct. 2007, p. 6, note S. Aivazzabeh-Barré et L. Baghestany-Perrey. CE 17 oct. 2007, *Dpt Haute-Garonne*, 1re esp. et *Dpt Landes*, 2e esp., *Lebon* 646).

La « délégation de fonction » doit toutefois être définie avec une *précision suffisante.* La jurisprudence est ainsi amenée à annuler les délégations s'apparentant à de véritables suppléances (CE 12 mars 1975, n° 152572, *Cne Conflans-Sainte-Honorine*, s'opposant à une délégation consentie « pour signer toutes pièces nécessaires à une bonne administration des intérêts de la ville ». TA Versailles, 22 juin 1999, *Mansoux c. Cne Luzarches, Lebon* 661, s'opposant à une délégation « en cas d'empêchement du maire... pour assurer le bon fonctionnement de la commune »).

- La « délégation de fonction » doit dessaisir l'exécutif. C'est ce que semble implicitement admettre le Code en précisant que l'adjoint ou le vice-président délégataire agit « sous la surveillance et la responsabilité » du chef de l'exécutif (art. L. 2122-18, L. 3221-3 et L. 4231-1). Il ne devrait donc intervenir que pour demander d'être informé, pour adresser des instructions à son délégataire et donc obtenir que la décision soit adoptée dans le sens voulu par lui, mais non pour agir à sa place. Il doit donc en aller en matière de délégation de fonction comme en matière de délégation de pouvoir, le délégant ne pouvant plus formellement exercer sa compétence dans le domaine qu'il a délégué.

Mais, cette interprétation ne semble pas correspondre à la pratique. À notre connaissance, le juge administratif ne s'est pas prononcé sur la compétence ou l'incompétence normative du chef de l'exécutif dans un domaine qu'il a délégué. C'est certainement que le retrait de la délégation constitue la sanction exercée à l'encontre de l'adjoint réfractaire, sanction lui permet de retrouver sa pleine compétence.

2. La « délégation de fonction » ressemble à la délégation de signature par certains aspects de son *régime*. Notamment, la délégation consentie à un adjoint - vice-président - l'est toujours à titre *personnel*. De telle manière qu'elle tombe s'il se produit un changement dans la personne du délégataire, comme dans celle du déléguant d'ailleurs.

Sur la nécessité du caractère nominatif des délégations : CE 1er janv. 1998, *Dpt Indre-et-Loire, Gaz. Pal.* 1998. 2. Pan. dr. adm. 189, illégalité d'une opération de reconduction de délégations sans mention des noms des bénéficiaires.

Le juge administratif ne rejette pas la pratique des *délégations simultanées* adressées dans un même domaine de compétence à plusieurs délégataires, mais à la condition d'instituer un ordre de priorité entre ces délégataires, v. TA Nice, 8 mai 1974, *Balard c. Cne Théoule, JCP* 1975. II. 18051, note A. Homont. CAA Bordeaux, 28 mai 2002, *Carrière, RFDA* 2003. 407 ; *AJDA* 2003. 688.

Sur le rattachement des « délégations de fonction » du CGCT à la théorie des délégations de signature, voir l'interprétation - non décisive - du ministère de l'Intérieur : Rép. min. n° 12074, 24 avr. 1989, *JOAN* déb. 3 juill. 1989 ; *Rev. Trésor* 1990, n° 3-4, p. 245 [1].

330 ***Durée de la délégation*** ◊ C'est une conséquence de la solidarité au sein de l'exécutif local : les délégations prennent normalement fin à l'échéance du mandat du chef de l'exécutif qui les a octroyées.

Le mandat du chef de l'exécutif peut d'ailleurs prendre fin prématurément (décès, démission...). Les délégations tomberont de plein droit. Toutefois, la continuité de l'administration locale peut imposer le maintien des délégations jusqu'à l'élection des nouveaux adjoints (CE 27 mars 1992, *Cne Saint-Paul, Lebon* 796). En revanche, la simple absence ou l'empêchement momentané ne rend pas caduques les délégations, celles-ci pouvant même être prévues pour les besoins de la cause (CE 18 mars 1955, *de Peretti, Lebon* 163 ; *RD publ.* 1955. 395 concl. Grévisse).

La règle ci-dessus énoncée donne à la délégation sa durée maximale mais non pas minimale puisque rien n'interdit de fixer dès le départ une durée plus réduite de délégation à l'échéance de laquelle celle-ci expirera.

De ces développements, il faut réserver le cas de la délégation retirée avant terme par le chef de l'exécutif qui constitue l'élément essentiel de leur statut précaire (v. ss 334 s.).

2. Pouvoir de délégation

331 Le pouvoir de délégation dont dispose le maire, le président du conseil général ou régional comprend le pouvoir d'attribuer les délégations et celui de les retirer. Il est assez largement discrétionnaire dans les deux cas. Il est

1. Voir de façon générale, J. Moreau, « Les délégations de fonction en droit français des collectivités territoriales », *RDP* 2011. 1473.

à peine exagéré d'écrire : « Le maire peut donc déléguer ce qu'il veut à qui il veut et pour la durée qu'il juge opportune » (Ch. Maugüe et R. Schwartz, note sous CE 11 oct. 1991, *Ribaute et Balanca, AJDA* 1991. 884).

a. Pouvoir d'attribution des délégations

332 ***Pouvoir discrétionnaire*** ◊ L'attribution des « délégations de fonction » revient au chef de l'exécutif. La loi et la jurisprudence n'entendent pas limiter exagérément l'exercice d'un tel pouvoir qui correspond à la liberté qui doit être la sienne d'organiser son équipe. Cette liberté s'exerce sur différents points :

1. L'attribution des délégations relève de la *compétence propre* du chef de l'exécutif. L'assemblée délibérante ne peut donc restreindre ni priver d'effet l'exercice de cette compétence (pour une formulation de principe de cette règle : CE 19 mai 2000, *Cne Cendre, Lebon* 856).

Pour illustration, le conseil municipal ne saurait habiliter des adjoints à exécuter ses délibérations. Une telle habilitation vaut, en effet, délégation implicite du maire à ces adjoints : TA Nancy, 9 avr. 2002, *Colin, Coll. terr.* 2002. 96.

2. Sous réserve de la garantie de priorité aux adjoints ou vice-présidents, le chef de l'exécutif *détermine librement son délégataire*. Dans son choix, il n'est pas tenu par l'ordre du tableau (CE 24 févr. 1934, *Barthès, Lebon* 162. CE 18 mars 1955, *de Peretti*, préc.).

3. Le chef de l'exécutif a le choix de la matière délégable. À la différence des délégations faites du conseil municipal au maire, la loi n'a entendu enfermer dans aucune liste limitative les domaines qu'il peut offrir à la délégation. En conséquence, rien n'empêche le maire de se décharger de ses pouvoirs déconcentrés qu'il exerce au nom de l'État (CE 12 mars 1975, *Cne Loges-Margueron, Lebon* 186), ou bien, de ses pouvoirs propres qu'il reçoit directement de la loi comme c'est le cas en matière de police générale (CE 4 janv. 1995, *Épx Métras, Lebon* 622 et 682 ; *RFDA* 1995. 114).

Le pouvoir du chef de l'exécutif en la matière n'est finalement borné que par le principe général en matière de délégation qui veut qu'une autorité ne puisse se dessaisir de l'ensemble de ses pouvoirs. Et encore, le juge administratif ne se montre pas strict, ayant admis que des délégations multiples pouvaient conduire, sans illégalité, à une sorte de suppléance de fait de l'exécutif (CE 18 mars 1955, *de Peretti*, préc.). De telle manière que c'est le transfert de l'ensemble de ses compétences à une même personne qui est proscrit.

Nonobstant, la jurisprudence considère que la délégation doit être identifiée de manière « suffisamment précise » pour être régulière et ouvrir droit à une indemnité de fonction (par ex. CE 21 juill. 2006, *Cne Boulogne-sur-mer, Lebon* 746-747 ; *JCP Adm.* 2006. 1207, obs. J. Moreau ; *Dr. adm.* nov. 2006. 16, obs. E. Glaser, s'agissant d'une délégation trop imprécise consistant dans le pouvoir de « suivre les réalisations municipales » des différents quartiers de la ville).

333 ***Nature de l'acte de délégation*** ◊ Il ne faut pas croire que les actes de délégation ne regardent que leurs intéressés de telle manière que, confinés à la vie intérieure de l'organisation administrative, ils n'accéderaient pas aux rapports de droit. Au contraire, pour le Tribunal des conflits, les rapports entre le maire et ses adjoints mettent en jeu l'exercice de leurs fonctions et, en cela, doivent s'analyser comme des rapports de droit public justiciables du juge administratif. Et leur justiciabilité est une pièce essentielle de la transparence de fonctionnement de l'exécutif local (T. confl. 21 janv. 1985, *Hospice Châteauneuf-du-Pape c. Jeune, Lebon* 519 ; *RD publ.* 1985. 1356, note R. Drago).

Le Code ne saurait être plus explicite : la délégation ne peut être décidée que par un acte formel de droit public (« par arrêté »). Cet acte prend donc la nature d'un *règlement administratif* - en dépit de son caractère nominatif - qui ne deviendra opposable aux administrés que du jour où il aura été porté à leur connaissance par les procédés habituels de publicité requis pour ce type d'acte.

Classiquement, le défaut de publication de l'arrêté de délégation, ou sa publication incomplète, priverait celui-ci de caractère exécutoire. Il ne pourrait donc en être fait application (CE 12 mars 1975, *Cne Loges-Margueron*, préc. CE 1er déc. 1993, *Veillard, Lebon* 652. CE 21 juill. 1995, n° 117690, *Ville Nevers*. CE 21 mai 2008, *Louvard, AJDA* 2008. 1548, note P. Moukoko). Il s'ensuit que les décisions prises par l'adjoint investi dans de telles conditions sont frappées d'illégalité (CE 26 sept. 2008, *Cne Souillac, AJDA* 2008. 2283, note M. Verpeaux).

En revanche, doivent être interprétées comme des mesures d'ordre intérieur les délégations du maire à des conseillers municipaux pour représenter les intérêts du quartier où ils habitaient. Il ne s'agissait pas d'une « délégation de pouvoir » au sens de l'article L. 2122-18 CGCT (CE 8 oct. 1987, *Ville Fréjus, AJDA* 1987. 540, note J. Moreau).

b. Pouvoir de retrait des délégations

334 Sous le terme de « retrait », il faut entendre l'opération consistant à mettre fin pour l'avenir à une délégation qui avait été accordée. S'il est couramment pratiqué, ce terme n'est donc pas pris dans son exacte acception juridique qui impliquerait la disparition rétroactive de la délégation, faisant en sorte qu'elle n'ait jamais existé. Il serait plus rigoureux de s'en remettre au concept juridique « d'abrogation » pour qualifier l'opération ici décrite.

335 ***Pouvoir discrétionnaire*** ◊ Il n'existe aucune irréversibilité des délégations. Selon le Code, les « délégations subsistent tant qu'elles ne sont pas rapportées » (CGCT, art. L. 2122-20 ; L. 3221-3 et L. 4231-3). On ne saurait mieux signifier leur caractère précaire et révocable. Le droit fait plus pour la primauté du chef de l'exécutif que pour la stabilité de l'organisation locale.

Nonobstant, le chef de l'exécutif retirant une délégation ne peut pas tout se permettre. Justiciables du juge administratif, les décisions de retrait ne vont pas sans limites. Les litiges sont d'ailleurs innombrables sur la question, le retrait de la délégation mettant fin aux indemnités de fonction qui vont avec. Rigide au départ, la jurisprudence s'est depuis assouplie installant le caractère discrétionnaire de la compétence de retrait :

1. La jurisprudence s'est établie sur le fondement suivant : une délégation peut être rapportée « à tout moment » mais sur des motifs qui ne doivent pas être tenus pour « étrangers à la bonne marche de l'administration locale ». Sur ce standard – plutôt malléable – le juge autorise les retraits pour divergences de vues apparues sur la direction de la collectivité entre le chef de l'exécutif et son délégataire. C'est l'hypothèse type du retrait licite. Est-ce permettre les révocations politiques ? Le mobile politique ne devrait pas être suffisant à lui seul. L'important doit résider dans les incidences de ce mobile sur le bon fonctionnement de la collectivité.

Établissant le plus nettement l'état du droit positif : CE 29 juin 1990, *de Marin*, *Lebon* 183 ; *AJDA* 1990. 831, note J. Moreau, régularité d'un retrait après la mise en cause de la politique du maire dans un article rédigé par l'épouse du délégataire au sein d'une revue dirigée par le délégataire [1]. L'attitude irréprochable de l'adjoint dans l'exercice de sa délégation est de nature à faire regarder le retrait de sa délégation comme irrégulière (CAA Douai 21 janv. 2010, *Cne Haisnes-lez-la Bassée*, *AJDA* 2010. 1766, note M.Verpeaux).

2. Se tenant au contrôle de l'erreur manifeste d'appréciation, le juge administratif est amené à refuser les retraits établis sur un détournement de pouvoir ou sur des faits matériellement inexistants ou inexacts. Mais les cas d'annulation juridictionnelle sont exceptionnels. Tout se passe comme si le juge ne s'autorisait pas à imposer au chef de l'exécutif un délégataire dont celui-ci tenait à se séparer. Un contrôle plus strict contreviendrait au principe de l'*intuitu personae* qui préside dans l'attribution des délégations.

– Posant le principe du contrôle juridictionnel minimum : CE 24 mars 1976, *Cne Bouc-Bel Air*, *Lebon* 790.

– Susceptible d'illustrer un détournement de pouvoir : CAA Paris, 7 août 2002, *Cne la Celle-Saint-Cloud*, *Coll. terr.* 2002. 272, note T. Célérier, à propos d'un retrait illicite motivé par l'animosité du maire à l'égard de son adjoint qui avait, à juste titre, condamné les irrégularités qu'il avait commises dans la gestion financière de la commune. Le retrait ne peut donc être la conséquence de la propre turpitude du maire.

– Posant le contrôle de l'exactitude matérielle des faits : CE 11 avr. 1973, *Nemoz*, *Lebon* 293.

336 ***Nature de l'acte de retrait de délégation*** ◊ Le Code ne précise pas les conditions formelles de retrait des délégations. En cette absence, le

1. Jurisprudence *de Marin* est une des plus significative à marquer l'abandon de la jurisprudence *Petit* (CE 6 nov. 1929, *Lebon* 1076). Sous l'empire de cette dernière jurisprudence, les possibilités de retrait se trouvaient pratiquement très limitées en raison de la volonté du juge de faire respecter la vocation prioritaire des adjoints à recevoir des délégations. Il en résultait que le retrait n'était légal qu'à la condition qu'aucun conseiller ne soit doté d'une délégation.

principe du parallélisme des compétences et des formes est vouée à s'appliquer. Il en résulte que l'acte de retrait doit prendre la forme d'un arrêté réglementaire pris par le chef de l'exécutif et subordonné aux mêmes règles de publicité.

Néanmoins, la considération selon laquelle l'acte de retrait a la nature d'un règlement ne va pas sans conséquences sur la procédure de retrait : la décision de retrait ne peut être prise pour une sanction individuelle et offrir les garanties attachées à cette dernière. On n'est pas dans une procédure disciplinaire comme c'est le cas pour les révocations ou suspensions décidées par le pouvoir central. Deux grandes conséquences :

1. Le chef de l'exécutif n'a pas à motiver le retrait de la délégation puisque ce retrait n'est pas une « décision individuelle défavorable » au sens de L. n° 79-587, 11 juill. 1979 sur la motivation des actes administratifs (CE 29 juin 1990, *de Marin*, préc.).

2. Le délégataire ne peut exiger qu'il lui soit demandé de présenter ses observations en défense avant que le retrait soit prononcé, la décision n'étant pas de celles qui doivent être motivées - article 8 du décret du 28 novembre 1983 - (même arrêt).

Évidemment, à l'occasion d'un litige porté devant le juge, toutes les considérations de droit et de fait qui entourent la décision de retrait devront apparaître pour permettre la résolution de ce litige.

337 ***Conséquence du retrait de délégation*** ◊ L'adjoint s'étant vu retiré sa délégation ne doit pas, pour autant, être regardé comme automatiquement démissionnaire de son mandat d'adjoint. L'article L. 2122-18 alinéa 3 (issu de l'art. 143 L. 13 août 2004) prévoit qu'en pareil cas le conseil municipal, juge de la situation, doit se prononcer sur le maintien en fonction d'adjoint. Une telle délibération de confirmation ou de destitution ne présente pas un caractère électoral et se trouve, en conséquence, attaquable dans les conditions du recours pour excès de pouvoir (CE 10 sept. 2010, *Louvet*, *JCP Adm.* 2010. 2299, note J. Moreau). Dans l'hypothèse où l'adjoint est confirmé, il appartiendra au maire de lui attribuer une nouvelle délégation ou bien, à défaut, de retirer sans délai les délégations consenties aux simples conseillers municipaux. Il en va du respect de la garantie de priorité aux adjoints (CE avis, 14 nov. 2012, *M. Hersen*, préc.). Il n'existe pas de disposition équivalente pour les vices-présidents des conseil général et régional.

B. Les suppléants de l'exécutif

338 ***Définition*** ◊ La suppléance consiste dans le remplacement temporaire de plein droit du maire, du président du conseil général ou régional empêché, par l'adjoint, le vice-président le mieux élu ou, le cas échéant, par un autre conseiller élu dans les conditions prévues par le Code général des collectivités territoriales (CGCT, art. L. 2122-17, L. 3122-2 et L. 4133-2).

339 ***Fondement*** ◊ De façon générale, la doctrine s'accorde à subordonner la suppléance à la nécessité d'un texte la prévoyant expressément. Pas de suppléance sans texte. C'est ainsi que, depuis la loi du 5 avril 1884 (CGCT, art. 84), il est prévu que l'adjoint le mieux élu assure la suppléance du maire en cas d'empêchement (CGCT, art. L. 2122-17).

Mais, en matière de suppléance, la situation des vice-présidents n'est pas tout à fait comparable à celle des adjoints. Pendant longtemps, la suppléance des présidents des conseils généraux empêchés ou absents s'est imposée spontanément, la loi du 10 août 1871 n'ayant prévu aucune disposition à cet effet. Les conseils généraux organisaient alors leurs propres règles de suppléance sur le fondement de leur pouvoir d'auto-organisation de la collectivité, leur règlement intérieur restant libre d'adopter toute disposition adéquate.

Aujourd'hui, la loi du 2 mars 1982 (art. 33 al. 1) vient donner son fondement au pouvoir de suppléance du président du conseil général. Mais, pas dans tous les cas nécessaires. Elle joue seulement dans l'hypothèse de la « vacance » du siège du président et non pas pour son *empêchement complet et provisoire* (CGCT, art. L. 3122-2). La loi de 1982 a donc installé une dissymétrie entre le droit communal et le droit départemental. Elle a surtout créé un vide juridique, l'intérêt de la suppléance étant d'éviter toute carence de l'autorité publique.

Le droit régional suit les règles du droit départemental, l'article L. 4133-2 CGCT énonçant, mot pour mot, les mêmes règles que l'article L. 3122-2.

Nonobstant, il est intéressant de noter la position d'un tribunal administratif fondant sur le principe constitutionnel de *continuité du service public* le principe de la suppléance du président du conseil général chaque fois que celui-ci est *provisoirement* absent ou empêché. L'appel à la Constitution, là où la loi ne donnait pas de solution, offre un fondement formel dans l'intérêt d'installer la continuité du droit communal et départemental : TA Saint-Denis de la Réunion, 14 déc. 1994, *Préfet Réunion c. Président conseil général, Boyer*, *RFDA* 1995. 1101, concl. G. Vivens : sur la nécessité de trouver un fondement juridique à la suppléance du président du conseil général dans l'hypothèse où celui-ci, étant incarcéré, son siège ne peut être considéré comme « vacant » au sens de l'article L. 3122-2 CGCT.

340 ***Notion d'empêchement*** ◊ L'empêchement désigne l'obstacle, de fait ou de droit, qui s'impose au chef de l'exécutif et de nature à rendre impossible l'exercice normal de sa fonction. Cet obstacle peut être momentané (absence, suspension, incarcération, congés...) ou définitif (démission, révocation...).

Sur la constatation du cas d'empêchement, v. CE 22 déc. 1911, *Legrand*, *Lebon* 1222, s'agissant de l'absence qui doit être prise comme un cas d'empêchement. CE 25 juill. 1986, *Élect. maire Clichy*, *Lebon* 216 ; *AJDA* 1986. 204, concl. M. Roux, s'agissant de la démission. CE 1er oct. 1993, *Bonnet*, *Lebon* 255. CAA Bordeaux, 6 juill. 1998, *Cne Saint-Paul*, *Lebon* 770. TA Saint-Denis de la Réunion, 14 déc. 1994, *Préfet Réunion c. Président conseil général, Boyer*, préc., s'agissant de l'incarcération. CE 19 mai 2000, *Cne Cendre, Lebon* 855, le maire personnellement intéressé à l'affaire doit être réputé empêché.

Qu'il soit momentané ou définitif, l'empêchement doit, semble-t-il, être *total, ou suffisamment important*, pour être qualifié comme tel. Dans chaque cas, le juge vérifiera l'impossibilité concrète d'agir du maire. Il importe, en effet, que l'empêchement soit d'interprétation stricte puisqu'il entraîne une perturbation dans l'ordre des fonctions électives.

De nature à illustrer cette règle : CAA Marseille, 1er avr. 1999, *Cne Morosaglia, Lebon* 661 ; *AJDA* 1999. 873, note L. Benoit, le placement sous contrôle judiciaire du maire n'autorise pas sa suppléance en dépit de l'interdiction de fréquenter certains lieux et de rencontrer certaines personnes dont les secrétaires de mairie.

Il ne faut pas confondre l'empêchement et le *refus d'agir*. L'abstention délibérée du chef de l'exécutif est susceptible d'être sanctionné par l'exercice du pouvoir de substitution du préfet ainsi que par sa suspension ou sa révocation (CGCT, art. L. 2122-16).

341 ***Suppléance et délégation*** ◊ Entre les deux opérations, on note trois différences majeures :

1. La suppléance est *unique et totale*, alors que la délégation est partielle et multiple. La suppléance déplace et transfère à une seule personne l'ensemble des fonctions du chef de l'exécutif. Au contraire, la délégation divise et répartit ces fonctions.

En vertu de l'article L. 2122-17, l'adjoint remplace le maire « dans la plénitude de ses fonctions ». La suppléance n'implique donc aucune restriction dans le contenu des pouvoirs dont le suppléant doit disposer en remplacement du chef de l'exécutif. Il appartient donc à l'adjoint d'agir comme agent de l'État dans la commune (CE 18 juin 1969, *Épx Mercier et a., Lebon* 756). De même, rien ne lui interdit de signer un acte qui avait fait l'objet d'une délégation à un autre adjoint (CE 19 mai 2000, *Cne Cendre, Lebon* 855) ou de rapporter les délégations de fonction que le maire avait consenties (CE 1er oct. 1993, *Bonnet et a., Lebon* 255 ; *JCP* 1993. IV. 2573, obs. M.-C. Rouault ; *LPA* 20 mai 1994, concl. M. Pochard).

Toutefois, la compétence *rationae temporis* du suppléant est d'interprétation stricte. Il ne lui appartient pas de régler, comme par anticipation, des questions qui peuvent attendre le retour du maire. De telle manière que le suppléant de quinze jours ne disposera pas *matériellement* des mêmes pouvoirs que le suppléant de quinze mois : CAA Paris, 5 août 2004, *Cne Gagny, JCP Adm.* 2004. 1808, note Ph. Billet ; *BJCL* 2005, n° 7, concl. Heu, à propos de la délivrance illicite d'un permis de construire, le maire devant être de retour avant l'échéance de la date d'instruction du permis. Dans le même sens, CE 18 mars 1996, *Cne Villeneuve-lès-Avignon, Lebon* 86, pour le cas d'une autorisation d'exploitation de taxi sur le territoire de la commune délivrée illégalement une semaine avant le retour du maire d'un déplacement à l'étranger.

2. La suppléance est *légale* alors que la délégation est volontaire. En conséquence, la désignation du suppléant découle de la loi et non d'une décision du chef de l'exécutif. Au surplus, celui-ci n'est pas responsable des actes du suppléant. Il répond, au contraire, de ceux faits par son délégataire. La délégation est exercée sous son contrôle et son autorité.

3. La suppléance appartient aux adjoints et vice-présidents *dans l'ordre du tableau* et à défaut aux conseillers élus. Le chef de l'exécutif n'est pas tenu d'observer l'ordre du tableau pour confier une délégation à l'un de ses adjoints ou vice-président ou, à défaut, à un simple conseiller [1].

342 ***Fin de la suppléance*** ◊ La suppléance n'est pas nécessairement une période brève. Elle cesse normalement à la fin de l'empêchement ou à l'élection d'un nouveau chef de l'exécutif.

Il faut voir, en effet, que l'empêchement définitif est de nature à affecter le mandat du chef de l'exécutif et à provoquer l'élection d'un nouveau chef. Dans ce but, l'article L. 2122-14 CGCT organise la procédure de remplacement du maire.

Sur le respect de l'obligation légale de renouveler la commission permanente dans le mois qui suit la suppléance : TA Montpellier, 3 avr. 1982, *Gache, Lebon* 482.

§ 2. Les collaborateurs de cabinet [2]

343 ***Définition du cabinet de l'exécutif local*** ◊ On désigne par cabinet l'équipe de collaborateurs immédiats du chef de l'exécutif, librement nommés par lui pour les besoins de sa carrière personnelle. Cette équipe l'assiste dans ses responsabilités tout en opérant en marge de la hiérarchie des fonctions administratives.

344 ***Intérêt du cabinet de l'exécutif local*** ◊ Le cabinet constitue un état-major permanent à la disposition du maire, du président du conseil général ou régional. Il a pour rôle d'aider à la prise de décision en œuvrant dans la proximité du chef de l'exécutif. Sur la base de leur relation de confiance dont les collaborateurs tirent leur autorité, ils agissent en amont et en aval du travail qui incombe à l'organisation administrative de la collectivité. En amont, il leur revient la détermination des options fondamentales, en aval, le suivi l'application des décisions en relation avec les responsables des services administratifs, garantissant l'indispensable coordination de ces services avec la tête de la collectivité.

Les fonctions de cabinet sont ainsi de nature à asseoir l'unicité de l'exécutif local. Face à la spécialisation fonctionnelle entre les différents services de la collectivité disposant de sphères de compétence relativement autonomes, le cabinet joue le rôle d'un organe suprême coiffant l'ensemble

---

1. CE 13 mars 1968, *Élect. maire Talasani, Lebon* 180. CE 11 févr. 1998, *Tacita, Gaz. Pal.* 1998. II. Pan. dr. adm. 127. CAA Douai, 30 déc. 2003, *Gonthier, AJDA* 2004. 836.

2. V. biblio. v. ss 356.

des branches de l'administration décentralisée, le maire ou le président étant le chef commun. Toutefois, le cabinet doit rester étranger à la hiérarchie administrative selon un principe de séparation entre le politique et l'administratif. Celui-ci demeure incompétent à administrer la collectivité par ses propres décisions.

Les cabinets recrutent d'une à plusieurs dizaines de collaborateurs. Le principe est la liberté de recrutement, et la confiance que le chef de l'exécutif place dans chacun de ses collaborateurs constitue l'élément décisif qui emporte le choix de leur recrutement. Peu importe qu'ils soient issus ou non de la fonction publique territoriale, qu'ils disposent ou non d'une compétence ou d'un niveau de formation adéquat à l'exercice de leur responsabilité. Leur rôle cessera de plein droit à l'arrêt des fonctions du chef de l'exécutif.

La liberté de recrutement des collaborateurs de cabinet a la valeur d'un principe ayant reçu rang constitutionnel. Il en résulte que la loi et le décret ne sauraient réglementer un tel recrutement en posant des contraintes excessives aux collectivités : Cons. const. 20 janv. 1984, n° 83-168, *Fonction publique territoriale, Rec. Cons. const.* 30 ; *RD publ.* 1984. 687 et 1986. 395, note L. Favoreu ; *AJDA* 1984. 258, note J.-C. Nemery ; *D.* 1985. IR 359, note L. Hamon, s'agissant de l'impossibilité pour le législateur d'habiliter le gouvernement à déterminer les catégories démographiques de communes pour lesquelles le recrutement d'un collaborateur ne serait pas justifié.

A. L'institution d'un statut légal

345 ***Problématique juridique du cabinet de l'exécutif local*** ◇ La consécration par la loi des cabinets des exécutifs locaux peut marquer la surprise. Ils forment un rouage interne de l'appareil politique local placé au service de la carrière de son responsable. En cela, ils pouvaient se dispenser d'un statut officiel entendant régir leur composition et leur rôle. Mais, dans la mesure où ces cabinets prennent une importance croissante au sein de collectivités dont la décentralisation a étendu le rayon d'action, dans la mesure où les collaborateurs sont rémunérés sur les crédits publics, l'utilité de les organiser par la loi devenait une évidence. Cette consécration faisait d'ailleurs l'objet d'une réclamation générale : autant par l'ensemble des agents territoriaux dans l'intérêt d'une transparence des recrutements que par les collaborateurs eux-mêmes soucieux d'acquérir un statut adapté à l'exercice de leur responsabilité (recrutement, discipline, congés, fin des fonctions...).

L'article 110 de la loi n° 84-53 du 26 janvier 1984 donne désormais aux cabinets leurs grandes règles d'organisation. Il pose pour premier principe que « L'autorité territoriale peut, pour former son cabinet, librement recruter un ou plusieurs collaborateurs et mettre fin librement à leurs fonctions » (al. 1) [1].

---

1. V. les compléments législatifs issus des L. n° 84-594, 12 juill. 1984 ; n° 99-586, 12 juill. 1999 et n° 00-321, 12 avr. 2000. Sur la mise en œuvre des dispositions légales, v. Décr. n° 87-1004,

Au vu du dispositif légal et réglementaire adopté, la problématique juridique des cabinets locaux tend à se confondre avec la question du statut de leurs membres. Leur condition juridique est faite tout à la fois d'emprunts et de dérogations aux règles de la fonction publique. Mais, le cabinet n'a pas, en lui-même, d'existence juridique spécifique et sa mise en place doit se faire selon les règles du droit commun. Ainsi, une délibération de l'assemblée délibérante est nécessaire pour toute décision aux conséquences budgétaires (création des postes de collaborateurs par exemple).

346 ***Contentieux du cabinet de l'exécutif local*** ◊ L'essentiel du contentieux provoqué par les cabinets locaux touche à la fin des fonctions des collaborateurs. Le juge administratif rappelle que si l'engagement d'un tel collaborateur ne peut se poursuivre au-delà du mandat du maire (CE 18 mai 1994, *Mercier, Lebon* 243), il peut néanmoins cesser à tout moment (CE 29 janv. 1996, *Burguburu, AJFP* 1996, n° 1 p. 16). Dans ce cas, le licenciement n'a pas à être précédé de la communication du dossier ni à être motivé (CE 27 févr. 1995, n° 135561, *Roucoux*). Par ailleurs, les collaborateurs de cabinet non-fonctionnaires ne sauraient bénéficier de la vocation à être titularisé que la loi reconnaît à certains agents des collectivités (CE 22 févr. 1991, *Région Aquitaine c. Lesca, Lebon* 725).

En réalité, le statut de 1984 n'a pas catalysé les satisfactions. Les attentes des collaborateurs et celles des élus divergent en ce que les avancées statutaires accordées aux premiers peuvent être ressenties comme des contraintes et des rigidités pour les seconds. Aujourd'hui, l'institution des cabinets locaux prend appui sur des possibilités juridiques et des pratiques qui dépassent le cadre légal tracé en 1984.

B. Le dépassement du statut légal

347 ***Renforcement des cabinets des exécutifs locaux*** ◊ On remarquait de longue date le succès des collaborateurs politiques des autorités exécutives locales. Mais l'essor contemporain du pouvoir local, la professionnalisation consécutive des exécutifs et l'obsession de leur communication politique encouragent aujourd'hui l'hypertrophie des cabinets locaux. Et, le statut que leur a tracé la loi n'est plus à la mesure des besoins actuels. Le problème est que les cabinets se renforcent en contournant le statut de 1984-1987 et, les limites auxquelles celui-ci entendait les assigner se trouvent dépassées par la pratique. Cette constatation peut être faite tant l'égard du statut des collaborateurs qu'à celui du rôle des cabinets :

1. Le dépassement du statut de collaborateur de cabinet. Le dispositif de 1984-1987 avait entendu rationaliser le recrutement des collaborateurs en leur définissant un statut adéquat d'une part, et en limitant leur

---

16 déc. 1987 relatif aux collaborateurs de cabinet des autorités territoriales, modifié par Décr. n° 01-640, 18 juill. 2001. Sur le problème de la conformité à la Constitution de l'art. 110 L. 26 janv. 1984, v. Cons. const. 20 janv. 1984, n° 83-168, *Fonction publique territoriale*, préc.

nombre par catégorie démographique de collectivité d'autre part (Décr. n° 87-1004, 16 déc. 1987, titre III). Or, d'expérience, les cabinets tendent à rassembler des effectifs pléthoriques augmentés par des recrutements officieux - voire illégaux - de fonctionnaires de la collectivité non détachés sur un poste de cabinet ou d'agents contractuels. Tout se passe comme si le décret du 16 décembre 1987 donnait une base, parmi d'autres, pour recruter des collaborateurs.

2. Le dépassement du rôle politique du cabinet. La volonté de voir les cabinets opérer en marge de l'administration de la collectivité était bien à l'œuvre dans le statut de 1984-1987. Le souci de les empêcher de jouer un rôle administratif se signale tout d'abord par l'interdiction faite aux collaborateurs d'occuper un emploi permanent d'une collectivité territoriale et la nécessité consécutive de le détacher au sein du cabinet (Décr. n° 87-1004, 16 déc. 1987, art. 2 et 4). Elle se manifeste ensuite par l'impossibilité pour le chef de l'exécutif local d'accorder des délégations de pouvoir ou de signature à ses collaborateurs, le statut ne prévoyant pas expressément cette possibilité. Mais, à l'expérience, le confinement des cabinets dans l'ordre politique ne tient pas. La pratique montre que les cabinets interviennent dans la gestion administrative des collectivités. Ils tendent alors à exercer une primauté fonctionnelle sur l'administration et contribuent à sa politisation. Les cabinets renforcent l'emprise des élus sur l'administration

SECTION 2. INDÉPENDANCE MATÉRIELLE DE L'EXÉCUTIF

348 ***Le problème de l'indépendance matérielle de l'exécutif*** ◊ L'indépendance de l'exécutif doit aussi être *matérielle* afin de protéger celui-ci contre les inconvénients concrets qui découlent de sa fonction. Ainsi, son mandat doit être assuré dans des conditions de commodité et de liberté qui en garantissent le bon exercice. Plus loin, il convient indirectement de le protéger contre la pression du pouvoir et contre celle des électeurs de la collectivité.

Un faisceau d'institutions tend à assurer l'indépendance matérielle des membres des exécutifs locaux. Les incompatibilités et l'indemnité en constituent les deux principaux éléments.

§ 1. Incompatibilités

349 ***Intérêt des incompatibilités*** ◊ Parmi les incompatibilités applicables aux élus locaux (v. ss 71 s.), certaines sont spécifiques aux fonctions exécutives. Elles tendent à assurer l'indépendance morale et matérielle dans lesquelles elles doivent être exercées. L'interdiction de cumul d'activités vise avant tout à sauvegarder la liberté de l'élu. Afin que l'exécutif ne soit

pas placé en situation de conflits d'intérêts d'ordre public ou privé, sa possibilité de cumuler les mandats est plus limitée que pour les élus ordinaires. Il s'agit de préserver les conditions d'un entier dévouement du membre de l'exécutif à sa collectivité.

350 ***Détermination des incompatibilités*** ◊ La détermination des cas d'incompatibilité est fixée par la loi ordinaire ou la loi organique si la représentation nationale est en cause. On peut noter l'abondance de la production législative en la matière qui mobilise les préoccupations actuelles du législateur pour limiter le cumul des mandats.

De façon générale, on ne peut cumuler sur la même tête d'un mandat d'exécutif local certaines fonctions administratives à caractère financier ou un autre mandat d'exécutif local. Il est ainsi possible de dissocier les incompatibilités professionnelles et les incompatibilités politiques :

1. Incompatibilités professionnelles. Elles sont spécifiques au droit communal. Elles intéressent les agents des administrations financières ayant à connaître de la comptabilité de la commune. La même incompatibilité s'étend aux comptables supérieurs du Trésor du département, aux chefs des services départementaux et régionaux des administrations financières, ainsi que les trésoriers-payeurs généraux de la région (CGCT, art. L. 2122-5).

Les adjoints au maire font l'objet d'une incompatibilité spécifique en ce qu'ils ne peuvent être « agents salariés du maire » (CGCT, art. L. 2122-6).

Cette dernière règle est d'interprétation souple. V. CE 23 déc. 1966, *Élect. adjoint au maire Genlis, Lebon* 982 : l'incompatibilité ne vaut pas pour un agent salarié de l'entreprise dont le maire est le directeur. En revanche, tombe pleinement sous le coup de l'incompatibilité le cas d'un attaché parlementaire d'un député-maire. V. CE 21 oct. 1992, *Couveinhes, Lebon* 373 ; *AJDA* 1993. 153, note N. Belloubet-Frier.

2. Incompatibilités politiques. Elles s'apprécient dans le cadre de la législation sur le non-cumul des mandats telle que rénovée et renforcée par les lois ordinaire et organique n° 2014-125 et 126 du 14 février 2014 (v. ss 81).

351 ***Effet des incompatibilités*** ◊ Nous demeurons ici dans les incompatibilités spéciales au maire, présidents de conseil général et régional prévues par les articles L. 2122-4 alinéa 4, L. 3122-4 alinéa 3 et L. 4133-3 alinéa 3 CGCT. Dans le cas où l'un d'entre eux accepte une fonction incompatible *en cours de mandat*, il est réputé automatiquement démissionnaire de son mandat d'exécutif local. Selon l'expression du Code, il « cesse de ce fait même d'exercer ses fonctions » exécutives.

En revanche, le Code reste silencieux sur l'hypothèse où la collation du mandat exécutif est *postérieure* à l'accès à la fonction réputée incompatible. Il est alors possible de considérer la dernière désignation comme irrégulière, ou bien, que l'exécutif local doit faire connaître dans les jours qui suivent le mandat auquel il renonce.

S'agissant des incompatibilités entre mandats électifs, v. ss 81 également.

§ 2. Indemnités

352 ***Principe de l'indemnité*** ◊ Le principe d'une indemnité de fonction a été long à s'établir sachant que les exécutifs locaux ne sont pas des professionnels mais des citoyens de base accédant à des responsabilités réputées les honorer. L'évolution tient compte du fait que les fonctions électives sont, avec les progrès de la décentralisation, de plus en plus absorbantes dans les collectivités d'une certaine importance. On ne peut alors estimer que les membres de l'exécutif gardent le loisir d'exercer leur profession et, ils seraient peu nombreux ceux qui pourraient vivre de leurs rentes pour se consacrer bénévolement à leur collectivité. Sans indemnités, le mandat local risquerait d'être asservi aux partis politiques, aux intérêts corporatifs ou financiers qui menaceraient directement l'indépendance de l'élu et de la collectivité [1].

353 ***Bénéficiaires de l'indemnité*** ◊ Il n'est pas simple de délimiter strictement et *a priori* le cercle des conseillers élus pouvant prétendre à une indemnité. Et, cette difficulté reflète bien la tendance à la professionnalisation de l'exercice des mandats locaux. Les membres de l'exécutif y ont naturellement droit à raison de leurs responsabilités spécifiques, ce qui inclut les maires, présidents de conseil généraux et régionaux, adjoints et vice-présidents ainsi que les simples conseillers ayant reçu délégation (1).

Les *collaborateurs du cabinet de l'exécutif* ont droit à un traitement et à des indemnités. Ceux-ci sont établis individuellement pour chaque collaborateur par l'exécutif de la collectivité mais restent plafonnés dans des conditions fixées par décret (Décr. n° 05-618, 30 mai 2005).

Cependant, il n'existe pas un principe général d'indemnisation pour tout élu qui exercerait une fonction exécutive locale. L'assemblée délibérante ne peut prévoir d'indemnisation pour une fonction pour laquelle la loi ne l'a pas prévue (CE 3 juin 1998, *Sect. cne Antilly, Lebon* 771, illégalité d'un remboursement de frais accordé à un président de commission syndicale).

Mais au-delà du giron ainsi délimité de l'exécutif, tout élu, pour l'exécution d'un *mandat spécial*, peut être indemnisé au titre de remboursement de frais (2) (CGCT, art. L. 2123-18, L. 3123-19 et L. 4135-19).

1. La régularité des indemnités est subordonnée au caractère suffisamment précis de la nature et des limites des fonctions déléguées : CE 21 juill. 2006, *Cne Boulogne-sur-Mer* : préc., à propos d'une délégation trop imprécise pour ouvrir droit à indemnité, les délégataires étant chargés de « suivre les réalisations municipales » dans différents quartiers de la ville.

2. L'identification d'un mandat spécial, condition du remboursement, fait l'objet d'une définition stricte du Conseil d'État. Il ne faut pas, en effet, que cette possibilité serve de prétexte à distribuer des avantages aux élus. Ainsi, le mandat spécial doit « s'entendre de toutes les missions accomplies... avec l'autorisation du conseil

---

1. V. de façon plus générale sur l'indemnisation des élus, v. ss 123.

municipal dans l'intérêt des affaires communales, à l'exclusion seulement de celles qui lui incombent en vertu d'une obligation expresse » (CE 24 mars 1950, *Maurice, Lebon* 185). Ces précisions sont de nature à prévenir les abus consistant notamment à accorder de véritables indemnités de fonction sur la base de tâches vagues, généralisées ou permanentes (TA Nice, 11 févr. 1985, *COREP Var, Lebon* 415. TA Lyon, 19 sept. 2001, *Préfet Rhône c. Cne Feyzin, Coll. terr.* 2002. 6, note J. Moreau). Le mandat donné par l'assemblée délibérante doit être express (CE 24 mars 1950, *Maurice* : préc.) et ne pas servir des intérêts personnels (TA Limoges, 22 mai 1990, *Préfet Haute-Vienne, JCP* 1990. IV. 371, à propos d'un remboursement des frais de garde d'enfants).

354 ***Évaluation de l'indemnité*** ◊ La loi s'attache à édicter des règles précises en la matière de façon à ne pas abandonner à l'arbitraire de chaque assemblée délibérante ce qui doit revenir à chacun des chargés de fonction. Les indemnités de fonction sont établies par référence au montant du traitement correspondant à *l'indice brut terminal* de l'échelle indiciaire de la fonction publique (CGCT, art. L. 2123-20, L. 3123-15 et L. 4135-15). Pour les fonctions de maire, par exemple, les indemnités s'établissent selon un pourcentage, croissant selon l'importance de la commune, du traitement supérieur de la fonction publique allant de 17 % pour un maire d'une commune de moins de 500 habitants à 145 % pour un maire d'une ville de 100 000 habitants et plus (CGCT, art. L. 2123-23). La loi précise que les principes indemnitaires ainsi établis ne constituent qu'un maximum en deçà duquel la collectivité peut aller.

Il faut également considérer que le mandat exécutif comporte des compensations accessoires venant compléter la rémunération comme c'est le cas avec les frais de mission ou de représentation.

Seuls les maires peuvent bénéficier d'indemnités pour frais de représentation (CE 17 mars 1939, *Assoc. défense des contribuables Dijon, Lebon* 179). Mais, cette indemnisation n'est pas accordée de droit pour le maire, il s'agit seulement d'une faculté laissée à l'appréciation du conseil municipal qui la décide (CE 16 avr. 1937, *Richard, Lebon* 395).

S'agissant de la nature de l'indemnité pour frais de représentation : elle doit être regardée comme une allocation - non imposable - destinée à couvrir les frais inhérents à la fonction de maire et non pas comme un remboursement (CE 16 avr. 1937, *Richard*, préc.).

355 ***Indemnité après mandat*** ◊ La création d'une *allocation différentielle de fin de mandat* (*AFM*) par la loi n° 02-276 du 27 février 2002 vise à garantir à l'élu qui achève son mandat un revenu de substitution dans l'hypothèse où il devrait retrouver un emploi. Elle est versée 6 mois au plus à tout maire d'une commune de 1 000 habitants au moins ou tout adjoint d'une commune d'au moins 20 000 habitants ayant reçu délégation. Le champ d'application de l'IFM n'est pas négligeable puisque cette indemnité est versée non seulement en cas de perte d'emploi mais encore dans le cas où la nouvelle activité professionnelle procurerait des revenus inférieurs aux indemnités de mandat perçues au titre de la fonction élective. Il faut

toutefois avoir perdu son mandat à l'occasion d'un renouvellement général de l'assemblée délibérante pour y prétendre (CGCT, art. L. 2123-11-2, L. 3123-9-2 et L. 4135-9-2).

356 ***Bibliographie*** ◊

I. – Sur la délégation de l'exécutif

- Auby (J.-M.), « Les délégations des maires aux adjoints et conseillers municipaux », *LPA* 24 févr. 1988
- Brolles (R.), « Les délégations du conseil municipal et du maire », *Rev. Trésor* 1988. 101
- Luchaire (Y.), *L'adjoint au maire*, Librairies techniques, 1981

II. – Sur les cabinets des exécutifs locaux

- Forel (J.-L.), « Sur les cabinets des exécutifs locaux », *Rev. adm.* 1988. 361
- Gaboriau (V.), *Les cabinets des exécutifs locaux*, thèse dactyl. Angers, 1997
- Perrin (B.), « Le cadre juridique des « emplois discrétionnaires » de la fonction publique territoriale », *AJDA* 1989. 147 ; « Le recrutement des agents non titulaires des collectivités locales », *Rev. adm.* 1991, p. 11
- Poujade (B.), « Les collaborateurs de cabinet », *Gaz. cnes* 16 oct. 2000. 48
- Pouyet (B.), « Les emplois de direction », *Cah. CFPC* oct. 1983, n° 13, p. 40
- Renard (P.), « Le statut de collaborateur de cabinet », *Gaz. cnes* 30 janv. 1995. 69

TITRE 3

ÉLÉMENTS DE THÉORIE GÉNÉRALE DES RELATIONS ENTRE L'ASSEMBLÉE DÉLIBÉRANTE ET L'EXÉCUTIF

357 ***Notion juridique de « relation »*** ◊ L'ensemble des « relations » entre l'assemblée délibérante et l'exécutif n'obéit pas exclusivement à des catégories juridiques. La conduite de la politique et de l'administration locales repose sur une alliance plus ou moins formalisée entre le chef de l'exécutif et sa majorité. Elle implique des relations quotidiennes à l'occasion desquelles s'élaborent et s'exécutent les décisions nécessaires à la direction de la collectivité. L'administration locale est une œuvre commune et, finalement, tout est relation en son sein.

Les « relations » ici décrites seront plus spécifiquement celles qui résultent des possibilités juridiques de chaque autorité. Chacune d'entre elle dispose de *moyens pour agir sur l'autre*. Et, la manière dont le droit législatif configure ces moyens n'est pas neutre. Leur étude permet d'éclairer l'*équilibre* des rapports entre le délibératif et l'exécutif au sein de la collectivité et de mieux définir le type d'organisation locale qui a été voulu.

358 ***Développement des catégories juridiques de « relation »*** ◊ C'est une conséquence du perfectionnement du droit institutionnel local et du

phénomène si souvent évoqué de « parlementarisation » des assemblées locales : on ne peut plus ramener l'étude des relations entre le délibératif et l'exécutif à une catégorie juridique unique qui dominerait tout.

Ce fut longtemps le cas avec l'étude du *partage respectif de leurs compétences légales*, l'exécutif étant chargé de préparer et de mettre en œuvre les délibérations de l'assemblée - on a vu la collaboration que leur apportent d'autres organes -. Limitées à cette catégorie juridique, les relations entre les deux autorités font ressortir la rationalité de l'organisation administrative locale. Il s'agit d'un mode de division du travail qui se veut avant-tout fonctionnel puisqu'il n'a rien de spécifique aux structures démocratiques territoriales mais se retrouve au sein des personnes morales spécialisées publiques comme privées. Tout système organisé suppose une spécialisation des tâches (Chapitre 1).

Sans doute faut-il réserver la considération - très apparente au vu de la jurisprudence administrative - que ce schéma d'organisation donne la primauté à l'assemblée élue au suffrage universel direct, dont les délibérations ne constituent qu'une forme inférieure de lois locales. Comme la loi, la délibération est la manifestation même du suffrage universel. Mais cette primauté prend mieux effet à partir du moment où le législateur institue des possibilités de *contrôle* de l'assemblée sur l'exécutif. Le développement des moyens d'information de l'assemblée à l'égard de l'action de l'exécutif, l'investiture de l'exécutif par l'assemblée, l'engagement de sa responsabilité devant elle, sont autant de mécanismes qui s'inscrivent dans cette problématique générale du contrôle de l'assemblée sur l'exécutif et forment une nouvelle catégorie juridique dans l'étude de leurs relations. L'apparition de cette catégorie du contrôle peut étonner alors que l'efficacité et la continuité de la vie administrative locale se dispensaient mieux des contestations, de la lenteur, voire des vides institutionnels que les procédés qu'elle emploie infligent nécessairement à la gestion de la collectivité. Ces procédés marquent néanmoins une évolution vers un véritable régime parlementaire local. À cette réserve près que l'étude de ces moyens de contrôle reste embryonnaire en droit institutionnel local. Ils doivent leur existence à des innovations législatives récentes et ponctuelles, et encore, ce sont surtout les collectivités à statut spécifique qui s'en sont vues dotées (Chapitre 2).

CHAPITRE 1
L'EXÉCUTION DES DÉLIBÉRATIONS DE L'ASSEMBLÉE

359 ***Particularisme de la relation d'exécution en droit des collectivités territoriales*** ◊ L'objet des développements à venir est d'étudier comment l'assemblée délibérante et son exécutif se partagent l'exercice des compétences dévolues à la collectivité. Leur collaboration fait, bien évidemment, songer à la structure même sur laquelle s'organise le régime parlementaire. Mais, il faut voir que la loi répartit avec beaucoup plus de précision que ne le fait la Constitution les compétences respectives du délibératif et de l'exécutif. De telle manière que leur relation ne se fait pas seulement sur le fondement d'une *hiérarchie formelle* entre la fonction première de délibérer et la fonction seconde d'exécuter. La loi opère également entre eux une *répartition matérielle* des compétences, chaque autorité devant rester dans l'exercice de ce que leur attribue la loi. L'exécutif local agit tout à la fois dans un champ d'action que lui confie ou lui abandonne chaque délibération et dans les domaines de compétence propre dont la loi l'investit.

360 ***Considérations historiques*** ◊ Aussi loin qu'on remonte dans l'organisation communale moderne, on observe la même structure intérieure impliquant une assemblée délibérante et un maire, organe exécutif. Mais selon l'emprise du pouvoir d'État sur chacune de ces autorités, l'équilibre du pouvoir au sein de la collectivité s'en trouvait bouleversé.

1. Sous l'empire de la loi du 28 pluviôse an VIII qui installait la nomination des membres de l'assemblée et du maire à la discrétion du pouvoir central, les institutions locales étaient vouées à s'intégrer à la hiérarchie administrative de l'État de telle manière que « la chaîne d'exécution descend(ait) sans interruption du ministre à l'Administré » (rapport Chaptal). De surcroît, le fonctionnement des institutions municipales ne pouvait s'équilibrer sur des rapports classiques entre un organe délibérant et son exécutif. Au contraire, le rôle essentiel revenait naturellement au maire. En effet, « leurs pouvoirs ayant la même origine, c'est l'agent unique, concentrant dans sa seule personne une délégation qui s'éparpillait entre tous les membres du conseil, qui devait les exercer en totalité » (J. Rivero, 1937).

2. C'est au XIXe siècle que c'est opéré le déplacement du rôle premier vers l'assemblée délibérante. L'équilibre institutionnel s'est progressivement corrigé à partir de lois d'inspiration libérale et décentralisatrice instituant d'abord l'élection des conseils municipaux en 1831 et des conseils généraux en 1833. D'autres lois tireront les conséquences du principe électif en dotant ces assemblées de nouveaux pouvoirs de décision.

La primauté du maire, et du préfet pour le département, n'est pourtant pas remise en cause. Nommés par l'État et dépositaires de ses intérêts, ils exercent, de l'intérieur de la collectivité, une pression modératrice sur le pouvoir des assemblées. Une loi du 24 juillet 1867 élargit les cas dans lesquels le conseil municipal pouvait adopter des « délibérations réglementaires » (à savoir décider sans approbation préalable), mais à la condition que ces délibérations fassent l'objet d'un accord avec le maire. De telle manière que celui-ci agissait comme une véritable autorité de tutelle interne à la collectivité. L'exécutif local n'avait donc rien d'un subordonné. Il pouvait contrarier l'exercice de ses compétences par l'assemblée.

3. Il faudra attendre la loi du 28 mars 1882 établissant le principe de l'élection du maire pour voir les pouvoirs délibératif et exécutif s'équilibrer selon les principes actuels qui donnent la primauté à l'assemblée, organe de droit commun responsable de ses décisions, et le rôle secondaire à l'exécutif.

SECTION 1. COMPÉTENCE PREMIÈRE ET SUPÉRIEURE DE L'ASSEMBLÉE DÉLIBÉRANTE

361 ***Fondement juridique*** ◊ La compétence première de l'assemblée délibérante est posée par la règle - dite *clause générale de compétence* - selon laquelle : « Le conseil municipal règle par ses délibérations les affaires de la commune ».

Voir, l'article L. 2121-29 alinéa 1 CGCT issu de l'article 61 de la loi du 5 avril 1884. Voir les mêmes dispositions pour le conseil général et régional : articles L. 3211-1 alinéa 1 issu de l'article 46 la loi du 10 août 1871 et L. 4233-1 alinéa 1 issu de l'article 59 de la loi n° 82-213 du 2 mars 1982 modifiée.

Afin de bien en saisir toute la portée, cette formule doit faire l'objet d'une double lecture. Elle renferme deux règles distinctes de compétence :

1. Elle vaut règle de *délimitation du pouvoir de la collectivité* en rapport aux affaires locales. Celles-ci trouvent à cet endroit leur consécration légale. Par le pouvoir délibérant de l'assemblée, la collectivité territoriale dispose d'une compétence générale pour prendre en charge toute question d'intérêt local. Il n'y a pas lieu de s'arrêter ici sur cette première règle qui met en jeu les relations entre l'État et les collectivités territoriales (v. 2e partie, v. ss 693 s.).

2. Elle vaut aussi règle de *délimitation du pouvoir dans la collectivité* en attribuant à l'organe délibérant la *compétence de droit commun* pour administrer la collectivité. La clause générale investit donc cet organe de la plénitude de compétence, elle en fait « l'organe normal » (F. Moreau) de la collectivité. La délibération ne peut alors se définir par son contenu, mais par l'organe qui exprime la volonté populaire qui l'a élue. Sa matière peut être l'édiction d'une règle de droit générale et permanente (ce qui sera souvent le cas). Mais, elle pourra être aussi bien toute autre disposition même purement individuelle et non permanente

Cette compétence de droit commun est dans l'ordre des choses. Indépendamment des matières légales dans lesquelles elle peut expressément agir, l'assemblée donne son expression à la représentation locale telle que voulue par le suffrage universel. Elle ne peut déléguer ce droit à l'exécutif que dans les cas limités de gestion courante, cas précisément énumérés par la loi (v. v. ss 185). De façon générale, toute autre autorité dans la collectivité est d'interprétation stricte. On verra que l'exécutif local n'est appelé à régler une affaire locale que par autorisation expresse procédant d'une délibération à exécuter ou d'une compétence propre attribuée par la loi.

Ceci est une traduction concrète de la compétence de droit commun de l'assemblée : il arrive très fréquemment qu'une collectivité territoriale se voie habiliter *in abstracto* à agir, sans que la loi d'habilitation désigne laquelle des autorités de la collectivité a reçu compétence. Dans ce cas, on en infère une sélection implicite au profit de l'organe délibérant.

362 ***Garanties jurisprudentielles*** ◊ Obligé de résoudre des litiges dans lesquels l'assemblée délibérante et son exécutif affirment concurremment leur compétence, le juge administratif reconnaît la *compétence attractive* de cette assemblée pour régler les affaires de la collectivité. Il attache ainsi une sanction au respect de la clause générale de compétence de l'assemblée par l'exécutif :

Constatant les « pouvoirs généraux » dont dispose l'assemblée délibérante pour administrer la collectivité : par ex., T. confl. 7 juill. 1975, *Cne Ponts-de-Cé c. Poisson, Lebon* 798.

Le juge constitutionnel ne semble pas formellement tenir la clause générale de compétence de l'assemblée délibérante pour une exigence constitutionnelle. En revanche, au vu d'une jurisprudence confirmée, on peut affirmer qu'il garantit une *réserve minimale de compétence* de décision au profit de cette assemblée posant que les collectivités territoriales doivent être administrées par des « conseils élus dotés d'attributions effectives » : Cons. const. 8 août 1985, n° 85-196 DC, *Cons. const.* 63 ; 19 janv. 1988, n° 87-240 DC, *Rec. Cons. const.* 28 ; 9 mai 1991, n° 91-290 DC, *RFDC* 1991. 224 (sur cette question, v. 1re partie, *v. ss 27,* 1).

SECTION 2. COMPÉTENCE SECONDE ET SUBORDONNÉE DE L'EXÉCUTIF

363 ***Fondement légal*** ◊ On a déjà vu que le maire, le président du conseil général et régional ont pour première fonction de préparer le travail délibératif de l'assemblée qu'ils président en mettant en état d'être débattues les affaires qu'ils inscrivent à l'ordre du jour.

Mais, il leur revient ensuite la charge de l'exécution des délibérations adoptées. C'est une fonction pour laquelle le Code les habilite spécialement.

On remarquera que les termes de l'habilitation sont plus circonstanciés pour la maire que pour le président du conseil général ou régional qui

« prépare et exécute les délibérations du conseil » sans autre élément d'explication (art. L. 3221-1 issu de l'art. 25 L. n° 82-213, 2 mars 1982 et L. 4231-1 issu de l'art. 25 de la même loi).

S'agissant du maire, la loi a entendu expliciter par une énumération - non limitative - les actes d'exécution à sa charge : conserver et administrer les propriétés communales, souscrire les marchés, représenter la commune en justice... (CGCT, art. L. 2122-21). Cet effort de précision se veut, sans doute, pédagogique. Face à la multiplicité des communes et la diversité de leurs tâches de proximité, l'inertie de maires, mal préparés à assumer leur fonction, représentait un risque pour la population. Révélateur à cet égard est le 9° de l'article L. 2122-21 invitant le maire à prendre « toutes les mesures nécessaires à la destruction des animaux nuisibles » et à requérir les habitants avec armes et chiens à cet effet.

Il est également précisé que le maire-exécuteur est placé « sous le contrôle » du conseil municipal. La formule ne doit pas impressionner puisque ce conseil ne dispose pas de la compétence pour le désinvestir. Elle renvoie seulement au devoir d'information du maire s'exerçant sous certaines conditions (v. ss 112 s.).

364 ***Distinction fonction d'exécuteur et fonction exécutive*** ◊ Nous rappelons ici une distinction célèbre [1]. L'intérêt est que cette distinction est propre à caractériser la manière dont la jurisprudence administrative établit les pouvoirs du chef de l'exécutif local. La notion de pouvoir exécutif local se dédouble ainsi :

1. *Au sens strict*, il y a d'abord la fonction d'exécuteur par laquelle le maire, le président du conseil général ou régional doit prendre toute mesure nécessaire à mettre en œuvre chaque délibération de son conseil. Il s'agit d'un découpage analytique de son pouvoir s'exerçant de manière ponctuelle et subordonnée chaque fois que l'alinéa d'un article d'une délibération demande un complément pour s'appliquer.

2. *Au sens large*, le pouvoir d'exécution inclut une fonction plus générale qui consiste à faire fonctionner l'administration locale de manière permanente indépendamment des conséquences des délibérations sur elle. Cette fonction exécutive n'est pas à ranger sous les habilitations des articles L. 2122-21, L. 3221-1 et L. 4231-1 sus-évoqués du Code. Elle reçoit son titre des articles L. 2122-18, L. 3221-3 et L. 4231-3 selon lesquels le chef de l'exécutif « est seul chargé de l'administration ». Celui-ci dispose sur cette base du pouvoir de prendre, à tout moment, tout arrêté qu'imposent le bon fonctionnement des services publics locaux et la gestion du personnel local dont il est le supérieur hiérarchique.

Toutefois, la responsabilité de l'administration locale ne caractérise pas un pouvoir propre au profit de son chef à même de l'exercer selon sa seule volonté dans un domaine étranger aux compétences de l'assemblée délibérante. Ici

1. V. G. Vedel, *Les bases constitutionnelles du droit administratif*, Economica/PUAM, 1986.

aussi il agit comme exécutif et demeure, en tant que tel, limité par la compétence attractive de l'assemblée seule compétente pour prendre les décisions importantes.

§ 1. La fonction d'exécuteur

365 Avant d'envisager ce qui fait que ce pouvoir est conçu de manière limitée, il faut en découvrir les manifestations.

A. Conditions d'exercice de la fonction d'exécuteur

366 ***Obligation d'agir en vertu d'une délibération*** ◊ La fonction d'exécuteur obéit à un *principe de spécialité* : son titulaire doit se recommander d'une délibération qui l'habilite pour agir. Régler spontanément une affaire locale reviendrait, de sa part, à transgresser la compétence générale de l'assemblée délibérante voulue par la loi.

Il existe des domaines privilégiés dans lesquels le juge est amené à sanctionner l'exécutif local pour avoir méconnu la compétence de l'assemblée délibérante.

1. C'est le cas en matière de contrat où un maire ne saurait passer un marché avant que le conseil municipal se soit prononcé sur les éléments essentiels du contrat : CE avis Sect., 10 juin 1996, *Préfet Côte-d'Or et a.*, *Lebon* 198 ; *RFDA* 1997. 83, note J.-C. Douence. CE 30 oct. 1996, *Épx Selmi*, *Lebon* 746. CE 13 oct. 2004, *Cne Montélimar*, *AJDA* 2004. 2107, note J.-D. Dreyfus ; *Dr. adm.* 2004. 172, note A. Ménéménis ; *JCP Adm.* 2004. 1683, concl. D. Casas, et 1746, note F. Linditch ; *BJCP* 2005, n° 38, p. 42, concl. et obs. B. Massiou ; *LPA* 11 févr. 2005, n° 30, p. 17, note S. Laget ; *AJDA* 2005. 2324, étude E. Colson.

2. C'est également le cas en matière de recrutement du personnel local où le maire ne peut recruter ou titulariser des agents sur des emplois qui n'auraient pas été créés ou déclarés permanents par le conseil municipal : CE 18 mai 1973, *Ville Cayenne*, *Lebon* 359 ; *AJDA* 1973. 538, note P. Ferrari. CE 15 oct. 1995, *Cne Saint-Joseph c. Auberval*, *RF décentr.* 1996. 238, obs. R. Marillia.

3. C'est encore le cas pour agir en justice au nom de la collectivité en demande ou en défense (moyen soulevé d'office) : CE 20 oct. 1937, *Quasquarra*, *Lebon* 827. CE 5 nov. 1947, *Nègre*, *Lebon* 406. CE 3 mai 1963, *Cne Pierrelatte*, *Lebon* 958 et CE 25 nov. 2002, *Synd. dptal électricité et gaz Alpes-Maritimes*, *Coll. terr.* 2003. 1297, note Quillien, en ce qui concerne le président d'un établissement public territorial.

Cette exigence est toutefois d'interprétation très souple. Tout d'abord, une habilitation générale ne spécifiant par les cas dans lesquels elle peut jouer ne saurait s'analyser comme un contournement des règles de compétence (CE 30 juill. 1997, *Cne Montrouge*, *Lebon* 702. CE 4 mai 1998, *de Verteuil*, *Lebon* 1081). Ensuite, le défaut d'habilitation préalable est régularisable à tout moment (CE 29 nov. 2000, *Cne Ulis*, *Lebon* 861). Enfin, l'exigence d'autorisation est écartée pour le cas des recours en référé commandés par l'urgence (CE 28 nov. 1980, *Ville Paris c. Étab. Roth*, *Lebon* 446, concl. J.-P. Costa ; *AJDA* 1981. 86, chron. Feffer et Pinault. CE Sect. 18 janv. 2001, *Cne Vennelles et Morbelli*, *Lebon* 18. Le juge civil ne se satisfait pas d'une absence de délibération postérieure de régularisation : Civ. 1re, 3 févr. 2010, *Cne Plougonvelin*, *BJCL* 2010. 233, obs. L. Janicot, obligation de régularisation alors pourtant que les intérêts de la commune demeurent *in* susceptibles d'être compromis par les mesures provisoires qu'ordonne le juge des référés).

On peut rattacher à une conception stricte de ce principe le fait que la jurisprudence administrative condamne la *pratique des exécutions anticipées*. Il y a exécution anticipée lorsque l'arrêté d'exécution est pris après le vote de la délibération mais *avant sa transmission au représentant de l'État*. En cette circonstance, le juge estime que l'arrêté est dépourvu de base légale et émane d'une autorité incompétente. Cette attitude est adoptée dans la préoccupation de mieux garantir l'exercice du contrôle de légalité des délibérations, celles-ci ne devant pas avoir encore reçu exécution avant que le juge soit saisi par le préfet.

Illustrent cette position jurisprudentielle : CE avis sect. 10 juin 1996, *Préfet Côte-d'Or et a.*, *Lebon* 198 ; *RFDA* 1997. 83, note J.-C. Douence, s'agissant de la signature d'un contrat alors que la délibération habilitant le maire pour ce faire n'avait pas été transmise. CE 18 oct. 1993, n° 96589, *Guerraz*, s'agissant d'une décision anticipée de licenciement d'un agent prise en exécution anticipée d'une délibération supprimant l'emploi mais non encore exécutoire à défaut de transmission au préfet.

En revanche, ne porte pas atteinte au principe de spécialité de la compétence de l'exécutif, le fait que celui-ci se livre à des opérations matérielles qui n'engagent pas les décisions de l'assemblée délibérante. La jurisprudence lui reconnaît, en toute hypothèse, un rôle d'initiative au sein de son administration : CE 9 oct. 1968, *Pigalle*, *Lebon* 481 ; *AJDA* 1969. 38, note J.S. CE 4 avr. 1997, *Préfet Puy-de-Dôme c. Cne Orcet*, *Lebon* 132. CAA Lyon, 20 nov. 1997, *Préfet Savoie c. Cne Ugine*, *Lebon* 701, s'agissant de la possibilité de lancer, sans habilitation, une procédure de passation d'un marché public.

367 ***Obligation d'exécuter*** ◇ C'est une obligation positive qui découle du principe de légalité. Celui-ci exige l'application des délibérations régulièrement adoptées. Vis-à-vis de cette nécessité même, le chef de l'exécutif ne saurait disposer d'aucun pouvoir discrétionnaire (CE 28 mai 1980, *Cne Evaux-les-bains*, *Lebon* 239, le préfet, alors exécutif départemental, ne peut « se faire juge de la légalité de la délibération du conseil général » accordant un prêt à une commune pour refuser de mandater les sommes prêtées. V. ég., CE 13 mars 1953, *Pensionnat Saint-Louis et a.*, *Lebon* 132).

Cette règle peut toutefois se transformer en *interdiction d'exécuter* lorsque, après avoir procédé à un examen de la délibération, il s'avère que celle-ci a été prise irrégulièrement. En effet, l'exécutif commet lui-même une illégalité en donnant fidèlement application à une délibération illégale (CE 20 juin 1969, *Cne Terre-de-Bas, Lebon* 343. CE 28 mai 1986, *Épx André, Lebon* 421).

368 ***Choix des modalités d'exécution*** ◊ Tenu d'exécuter, le chef de l'exécutif se voit, en revanche, réserver l'opportunité du choix des moyens pour y parvenir. Il est l'autorité présumée la mieux à même de discerner le procédé le plus adéquat à réaliser la fin qui lui est assignée. Les possibilités d'exécution se rangent en deux catégories :

1. Par « *l'exécution active* » (J. Rivero, 1937), le chef de l'exécutif remplit sa fonction par des « actes de volonté » ajoutant à la délibération les éléments de droit nouveaux nécessaires à la mettre en œuvre. Il peut alors s'agir de *règlements* :

Par ex., CE 18 oct. 1968, *Barbier, Lebon* 498, à propos de la définition des obligations de service des agents locaux. CE 2 oct. 1970, *Cne Changés-les-Laval, Lebon* 546, à propos du refus du maire d'accorder des emplacements aux entrepreneurs de bals à l'occasion de la fête municipale pour l'organisation de laquelle le conseil municipal avait désigné le seul comité des fêtes ; 17 mars 1968, *Delage, Lebon* 314, à propos de la possibilité, pour le maire, de fixer concrètement en exécution d'une délibération le prévoyant le périmètre d'interdiction de vente de boissons alcoolisées aux abords de la baignade et du camping municipal...

Il peut également s'agir de *décisions individuelles* :

Par ex., CE 6 avr. 1979, *Cune Heimsbruun, Lebon* 651, s'analyse comme une mesure individuelle d'exécution la possibilité, pour le maire de mettre fin aux fonctions de son secrétaire de mairie. V. ég., CE 9 déc. 1927, *Duigou, Lebon* 1181. CE 24 mars 1934, *Lacoste, Lebon* 442. CE 27 oct. 1937, *Monfort, Lebon* 862. CE 27 nov. 1967, *Bardet, Lebon* 724.

2. Par « l'exécution passive », le chef de l'exécutif procède à de pures *opérations matérielles* pour mettre en œuvre la délibération :

On peut citer les opérations suivantes : T. confl. 12 févr. 2001, *Préfet Corse, préfet Corse du Sud, Lebon* 737 ; *Coll. terr.* n° 132, note J. Moreau, doit s'analyser comme pris dans le cadre de sa fonction d'exécuteur, l'affichage, par le maire, d'une « mise au point » adoptée par le conseil municipal. CE 10 janv. 2007, *Sté Pompes funèbres et conseillers funéraires du Roussillon, AJDA* 2007. 636, note J.-D. Dreyfus, sur la compétence du maire pour signer un contrat de délégation de service public à la condition d'y avoir été expressément habilité par le conseil municipal, ce dernier devant se prononcer « sur tous les éléments essentiels du contrat ».

De façon générale, si aucune modalité d'exécution n'est *a priori* exclue, on notera, toutefois, que le recensement des cas d'exécution par l'article L. 2122-21 CGCT privilégie les pures hypothèses d'exécution matérielle excluant un véritable pouvoir de décision (représenter la commune, signer des contrats autorisés par le conseil municipal qui en fixe les conditions, surveiller la comptabilité communale...). Le chef de l'exécutif met en œuvre plus qu'il ne crée des effets de droit qui, en réalité, sont principalement du ressort de l'assemblée délibérante. Cette constatation va dans le sens d'une conception restrictive de la fonction d'exécuteur en droit des collectivités territoriales.

B. Les limites à l'exercice de la fonction d'exécuteur

369 ***Un pouvoir subordonné*** ◊ L'exécution des délibérations est dominée par l'application de la *règle de subordination* de l'arrêté d'exécution à la délibération. Il en découle que l'arrêté pris pour l'exécution de la délibération ne peut, sous peine d'illégalité ni modifier ou contredire cette délibération ni, d'ailleurs, toute autre règle de droit supérieure (loi, décret...). La délibération à mettre en œuvre est sa référence, elle possède une force juridique supérieure [1].

370 ***Un pouvoir résiduel*** ◊ Violer la délibération excepté, tout est-il juridiquement possible pour l'arrêté d'exécution ? Se pose ici la question classique du complément et des précisions que l'acte d'exécution peut apporter. Le principe veut que l'intervention de l'exécutif local ne soit admise que de façon limitée. Celui-ci ne saurait innover et instituer des procédures ou des règles qui n'apparaissent pas indispensables à mettre en œuvre la délibération :

Particulièrement net est cet arrêt où le juge vérifie si le chef de l'exécutif s'est limité « à de simples mesures d'exécution » : CE 13 févr. 1985, *Synd. communautaire d'aménagement de l'agglomération nouvelle Cergy-Pontoise, Lebon* 37 ; *RFDA* 1985. 367, note J.-C. Douence et obs. L. Favoreu ; *AJDA* 1985. 271, note J. Moreau, à propos de la définition des règles de composition des comités d'hygiène et de sécurité, le président du syndicat ne pouvant adopter des règles absentes de la délibération et non impliquées par elle.

Nombreux sont les arrêts où il est recherché si le maire s'est « borné à exécuter » la délibération : CE 10 juill. 1954, *Brouillard, Lebon* 453. CE 2 oct. 1970, *Cne Changés-les-Laval*, préc. à propos de l'organisation d'une fête municipale. CE 21 mai 1971, *Philippon, Lebon* 376, à propos de la gestion de la carrière du personnel communal.

C'est une conséquence attachée au pouvoir résiduel de l'exécutif : il ne saurait y avoir de domaine abandonné à lui par le pouvoir délibérant. En sanctionnant les incompétences négatives de l'assemblée, le juge administratif assigne à la délibération tout son domaine pour qu'elle pose l'essentiel des règles que la question lui paraît appeler. Il impose ainsi un principe de *spécialité des habilitations* en vertu duquel les mesures à concéder à l'exécutif doivent être déterminées de façon précise. Le droit des collectivités territoriales exclut donc les délégations implicites de compétence de l'assemblée à son profit.

CE 28 oct. 2002, *Cne Moisselles, Dr. adm.* 2002. 192, irrégularité d'une délibération du conseil municipal autorisant le maire à garantir les emprunts d'une société d'économie mixte, sans préciser l'objet des emprunts à garantir ni leur montant.

---

1. Par ex., CE 15 juin 1994, *Min. Intérieur c. Cne Longueau, Lebon* 318, en signant un contrat, le maire ne peut en modifier les clauses. V. ég., CE 19 oct. 1973, *Patris d'Uckermann, Lebon* 576.

371 ***Domaines respectifs de la délibération et de l'exécution*** ◊ Il résulte de ce qui précède qu'on ne saurait opérer de distinction entre la délibération et l'exécution à partir d'un pur critère formel résidant dans l'autorité dont l'acte émane, la délibération étant l'acte pris par l'assemblée délibérante et l'arrêté l'acte du chef de l'exécutif. Leur distinction est également d'ordre matériel puisque le *Code répartit avec précision leurs compétences respectives et leur collaboration*. De telle manière que la sanction des règles de compétence trouve presque toujours sa source dans une disposition légale méconnue. C'est pourquoi la délibération ne peut se contenter de poser les principes en décidant d'élargir d'autant le champ ouvert à la fonction d'exécuteur : elle violerait son domaine légal.

Voir, en ce sens les arrêts établissant la censure des actes de l'exécutif sur la violation des titres légaux de compétence. C'est notamment le cas en matière de gestion du personnel local : la loi établit la compétence du chef de l'exécutif pour nommer, suspendre ou révoquer les agents, mais l'assemblée délibérante est seule habilitée à créer ou supprimer les emplois et fixer les conditions de recrutement. V., par ex., CE 4 nov. 1949, *Laboux, Lebon* 457. CE 24 janv. 1971, *Cne Sainte-Maure de Touraine, Lebon* 157. CE 7 déc. 1990, *Di Lello, Lebon* 606-608 et 808. CE 4 janv. 1995, n° 135589, *Pinon*.

Finalement, la collaboration entre le délibératif et l'exécutif s'organise plus sur un principe de compétence que sur un principe de hiérarchie, chacune de ces autorités devant respecter les compétences légales de l'autre. Il ne serait pas faux d'en conclure que toutes les deux disposent, par l'entremise de la loi, de domaines d'action propres. Mais les deux principes se recoupent parfaitement. La configuration légale des compétences confine l'exécutif dans son rôle second et limité. Il faut donc adopter une conception restrictive de l'acte d'exécution en droit des collectivités territoriales : c'est *l'acte ou le fait concret* (décision individuelle, opérations matérielles) qui constitue le mode privilégié d'exécution des délibérations.

Sans doute, le chef de l'exécutif peut avoir autorité politique sur l'assemblée qu'il préside et dont il a préparé les délibérations. Nonobstant, c'est elle qui représente la volonté locale et elle doit à son assise démocratique d'être l'organe principal, l'exécutif demeurant à son égard dans une certaine subordination.

372 ***Rationalisation des délégations de compétence*** ◊ La délégation de compétence désigne l'opération par laquelle l'assemblée délibérante transfère l'exercice de sa propre compétence au chef de l'exécutif. Cette opération est utile à soulager l'assemblée de certaines de ses tâches et à accélérer la gestion administrative de la collectivité, l'activité délibérante s'avérant plus chronophage.

Mais, parce qu'elle bouleverse l'ordre des compétences et écarte la primauté de l'assemblée délibérante, la délégation doit être conçue de façon limitée. Le maire ne peut ainsi recevoir des compétences déléguées que parce que la loi l'a prévue et pour les matières énumérées par elle. Ce sont dans les mêmes conditions que le président du conseil général et du

Conseil régional peuvent en recevoir (art. L. 3211-2 et L. 4221-5 CGCT issus de L. n° 09-526, 12 mai 2009).

Les délégations de compétences au profit du maire sont organisées par l'article L. 2122-22 CGCT. Celui-ci prévoit une délibération expresse pour autoriser le maire à agir dans les matières énumérées, la délégation valant, au plus tard, jusqu'au terme de son mandat.

L'article L. 2122-22 est issu de la loi du 31 décembre 1970 qui complétait l'ancien Code d'administration communale dans l'intérêt d'élargir les pouvoir du maire (art. 75 *bis*). Cet article a depuis été complété par les L. n° 00-1208, 13 déc. 2000 (art. 28), n° 03-590, 2 juill. 2003 (art. 63), n° 04-809, 13 août 2004 (art. 149), n° 05-882, 2 août 2005 (art. 58-III) et n° 09-526, 12 mai 2009 (art. 100) qui étendent la liste des matières délégables.

L'article L. 2122-22 est un article d'exception. Le caractère limitatif des délégations ne peut affecter sensiblement la plénitude de représentation de l'assemblée délibérante et remettre en cause le caractère subordonné et résiduel du pouvoir exécutif. Le parti pris d'énumérer les matières délégables tend même à faire du respect d'une répartition rigide et originelle des compétences une solution de principe. Si le but est d'accélérer et de simplifier la gestion locale, seuls ces assouplissements ponctuels le permettent, cette gestion devant demeurer à dominante délibérative.

373 ***Contentieux des délégations de compétence*** ◊ Le contentieux des délégations de compétences porte la marque du caractère exceptionnel qui doit s'attacher à l'opération :

1. Respect des domaines délégables. Le principe de l'énumération des domaines délégables veut qu'il n'y ait pas de délégation possible au-delà : CE 28 juill. 1989, *Cne Sainte-Marie c. Tajan, Lebon* 128. CE 19 mai 1989, n° 72165, *Cne Sainte-Marie c. Nugent*, le maire ne peut recevoir compétence pour réduire le nombre d'heures de service rémunérées du personnel communal, « une telle délégation étant étrangère aux matières visées » par la loi.

2. Spécialité des délégations. L'acte de délégation ne peut rester inconditionné. Il doit définir les limites de la délégation avec une précision suffisante : CE 12 mars 1975, *Cne Loges-Margueron, Lebon* 186. CE 2 févr. 2000, *Cne Saint-Joseph, Lebon* 856 ; *Dr. adm.* 2000. 53, note L. T., s'agissant de l'illégalité d'une délégation inconditionnée par laquelle le conseil municipal entendait déléguer « une partie de ses attributions au maire ». TA Lyon, 22 nov. 2001, *J.-L. Borel, Coll. terr.* 2001. 138, note J. Moreau.

On doit toutefois constater que la loi autorise le président du conseil général et du conseil régional à recevoir la délégation pour agir en justice une fois pour toutes la durée du mandat dans les cas définis par l'organe délibérant (art. L. 3221-10-1 et L. 4231-7-1 CGCT issus de L. n° 09-526,12 mai 2009). Voir également, la légalité d'une délégation donnée pour agir en justice (art. L. 2122-22 16 °CGCT), « bien qu'elle ne définit pas les cas dans lesquels le maire pourra agir en justice » : CE 4 mai 1998, *Verteuil, ACL* 1999, n° 8.

3. Interdiction des subdélégations. Une compétence confiée par délégation ne peut normalement pas être subdéléguée. Cette compétence s'impose, en effet, à son titulaire qui ne peut s'en dessaisir au profit d'une autre autorité : CE 15 juin 1994, *Min. Intérieur c. Cne Longueau, Lebon* 318, à propos de subdélégations illégales du maire à ses adjoints. On peut toutefois réserver le cas d'empêchement du maire : CE 6 déc. 1989, *SA crédit à l'Industrie française (CALIF), Lebon* 911 ; *AJDA* 1990. 484, note J. Moreau.

§ 2. La fonction d'exécutif

374 ***Définition*** ◊ La fonction d'exécutif est plus vaste que celle d'exécuteur. Elle désigne la compétence générale du chef de l'exécutif à prendre toute décision pour l'organisation et le fonctionnement de l'administration de la collectivité. Sa compétence ne se mesure donc pas à la somme des délibérations qu'il est ponctuellement chargé de mettre en œuvre. Elle s'apprécie, selon un critère finaliste, par la nécessité d'une prise en charge quotidienne et continue des services locaux.

Il est cependant difficile d'opérer un découpage analytique des pouvoirs du chef de l'exécutif. En pratique, le chef de l'administration décentralisée et l'agent d'exécution des délibérations se confondent. Lorsque celui-ci recrute un agent, il exécute la délibération qui a créé l'emploi. Et, de façon générale, toute mesure d'organisation du service se ramène à l'exécution de la délibération ayant créé le service. Dans tous les cas, le chef de l'exécutif est l'exécuteur de la volonté locale telle que traduite par l'assemblée délibérante.

Toutefois, les deux fonctions sont affectées d'une limite commune : leur exercice reste incomplet. La compétence attractive de l'assemblée délibérante opère ici aussi et confine la fonction d'exécutif, fût-elle générale, dans un rôle subordonné et limité, les mesures à caractère général et permanent tendant à ressortir à la compétence exclusive de l'assemblée.

A. Les conditions d'existence de la fonction d'exécutif

375 Après avoir précisé le contenu des pouvoirs attachés à la fonction d'exécutif, nous aborderons le problème du fondement juridique de ces pouvoirs.

1. Contenu de la fonction d'exécutif

376 Il est malaisé d'enfermer la fonction d'exécutif dans un domaine strictement délimité qui l'identifierait comme tel. En fait, tout ce qui apparaît nécessaire à la marche du service justifie l'intervention et la fonction du chef de l'exécutif. L'intérêt de l'administration locale est son titre, toutes ses compétences en découlent.

À cet effet, le chef de l'exécutif possède une double qualité. Il est le chef des services de la collectivité et possède l'autorité hiérarchique sur le personnel de la collectivité. Ces deux qualités sont généralement présentées ensemble, mais, il faut toutefois noter que c'est seulement comme chef de service qu'il dispose du pouvoir d'édicter des actes opposables aux administrés.

a. L'exécutif, chef de service

377 ***Pouvoirs de chef de service*** ◊ L'exécutif a pour mission essentielle la direction de l'administration décentralisée qui lui est confiée. Ses pouvoirs sont, à cet égard, ceux qu'on reconnaît à tout chef de service, qu'il soit placé à la tête d'une administration centrale ou décentralisée.

À ce titre, une jurisprudence classique établit la compétence du maire pour arrêter les heures d'ouverture de la mairie - question hautement litigieuse - ainsi que pour régler le mode de communication des pièces administratives : CE 2 déc. 1931, *Hilaire Darrigand, Lebon* 1055. CE 12 déc. 1941, *Perduit, Lebon* 214. CE 2 nov. 1960, *Costeodat, AJDA* 1960. II. 383. CE 23 mars 1962, *Casabianca, Lebon* 207.

Il a pu être admis - la solution mériterait confirmation - qu'un maire a compétence pour créer un service accessoire au service principal : CE 25 avr. 1945, *Lauliac, S.* 1948. III. 34.

378 ***Élargissement des pouvoirs de chef de service*** ◊ Remarquable est la possibilité de sortir du cadre normal de la légalité pour admettre toute mesure qu'exige le fonctionnement des services publics. Tout se passe ici comme si le juge administratif offrait les mêmes solutions qu'au niveau du gouvernement national pour justifier la mise en œuvre de mesures, absentes de la loi ou contraires à elle, mais dont la vie administrative ne peut se passer (selon la jurisprudence *Heyriès*, 1918). Le droit des collectivités territoriales ne suit pas de règles particulières, il fonde ses solutions sur la règle générale du droit administratif de *continuité des services publics* :

En ce sens, le maire « responsable du bon fonctionnement des services publics placés sous son autorité » peut réquisitionner du personnel gréviste en l'absence de dispositions adéquates à réglementer l'exercice de la grève : TA Bordeaux, 10 avr. 1962, *Pouzenc, Lebon* 740. CE 9 juill. 1965, *Pouzenc, Lebon* 421 ; *D.* 1966. 722, note J.-P. Gilli ; *AJDA* 1966. 179, obs. V.S. La solution mérite d'autant mieux d'être relevée que le juge ne la fonde pas sur les textes relatifs au pouvoir de réquisition du maire mais sur sa qualité de garant de la bonne marche des services publics de la commune.

La légalité d'arrêtés municipaux ne peut trouver d'autre fondement hors la théorie nationale des « circonstances exceptionnelles ». Le droit des collectivités territoriales admet les *pouvoirs de crise* lorsqu'en période de péril national ou local l'administration se trouverait paralysée si la légalité opérait de la même manière qu'en période normale :

Il a été jugé qu'en juin 1940, le maire de Fécamp avait pu rouvrir des activités commerciales privées, en désigner des nouveaux gérants et instituer des taxes sur les ventes : CE 7 janv. 1944, *Lecoq, Lebon* 5 ; *RD publ.* 1944. 331, concl. R. Léonard, note G. Jèze ; *JCP* 1944. II. 2663, note R.-E. Charlier, « en raison de l'impossibilité de réunir le conseil municipal et de recueillir l'approbation du préfet, il appartenait au maire, chef de la commune, de prendre les mesures exigées par cette situation ; que, dans ces circonstances, et dès lors qu'aucune des ressources municipales prévues par la législation en vigueur ne permettait de faire face aux besoins extraordinaires nés des événements, le maire de Fécamp a pu légalement prescrire la perception temporaire d'une taxe sur les recettes effectuées dans les magasins des commerçants et industriels de la ville ».

b. L'exécutif, supérieur hiérarchique du personnel

379 Le chef de l'exécutif exerce le pouvoir hiérarchique sur tous les agents de la collectivité. À ce titre, il les nomme sur les emplois créés par l'assemblée délibérante, il détermine leur service en les affectant ou en les mutants selon les besoins et détermine leur grade au sein de la hiérarchie, en réglant leur avancement, dans les conditions prévues par les lois et le statut de la fonction publique territoriale [1]. Dans ces mêmes conditions, il exerce le pouvoir disciplinaire, il décide de leur licenciement ou de leur mise à la retraite [2].

Comme tout supérieur hiérarchique, il dispose du pouvoir d'instruction, de réformation et d'annulation qu'il exerce à leur égard pour que les décisions soient prises dans le sens voulu par lui.

Au besoin, la jurisprudence souligne « la compétence générale » du chef de l'exécutif à l'égard de ses agents (CE 28 avr. 1971, *Giraudon*, *Lebon* 923) ou ses « pouvoirs propres » (CE 21 mai 1971, *Philippon*, *Lebon* 376).

2. Fondement légal de la fonction d'exécutif

380 Il existe bien en droit administratif une catégorie jurisprudentielle de « chef de service ». En l'absence de texte habilitant celui-ci, le juge fonde sur les nécessités inhérentes à l'organisation des services administratifs les pouvoirs qu'il lui reconnaît (CE 7 févr. 1936, *Jamart*, *S.* 1936. III. 113, note J. Rivero, à propos du pouvoir réglementaire des ministres). On a ainsi toujours reconnu une nature particulière à ce pouvoir à même de se développer spontanément à la marge de l'ordonnancement écrit des compétences.

Mais, le droit des collectivités territoriales a ses solutions propres. C'est en vertu de *la loi* que l'exécutif de la collectivité, désigné par elle comme « seul chargé de l'administration », dispose de tels pouvoirs (art. L. 2122-18, L. 3221-3 et L. 4231-3 CGCT). Il en résulte que la jurisprudence *constate* plus qu'elle ne *consacre* ces pouvoirs. La formule jurisprudentielle selon laquelle l'exécutif est le « chef des services » de la collectivité doit donc être lue comme une formule récapitulative de ses différents titres à intervenir, à la fois comme exécuteur des délibérations et comme responsable de l'administration. Très significatif à cet égard : CE 6 janv. 1995, *Ville Paris*, *Lebon* 4.

---

1. Sur la détermination des conditions de service des agents : CE 18 oct. 1968, *Barbier*, *Lebon* 498, s'agissant de la possibilité pour le maire de définir des disciplines complémentaires d'enseignement pour un professeur recruté à l'école de musique. V. ég., CE 25 juin 1975, *Biscarrat et Rouquairol*, *Lebon* 898.
2. Sur la mise à la retraite : CE 3 juill. 1931, *Ville Clamart*, *S.* 1932. III. 1, note R. Bonnard.

1. Cette constatation par le juge des pouvoirs légaux du chef de l'exécutif jouit d'ailleurs d'une *antériorité* sur l'affirmation de la théorie jurisprudentielle des pouvoirs de chef de service inaugurée en 1936 (par ex., CE 1er mai 1914, *Barthez, D.* 1915. III. 31. CE 9 mars 1923, *Devilliers, Lebon* 228).

2. En raison de leur fondement légal, les pouvoirs de chef de service dans la collectivité bénéficient d'un statut supérieur. Ils sont exercés comme des « pouvoirs propres » (CE 21 mai 1971, *Philippon*, préc.) opposables à toute autre autorité administrative, décentralisée ou d'État qui ne seraient pas fondés à agir à sa place sans violer la loi qui l'habilite.

3. De façon générale, le premier élu de l'assemblée délibérante bénéficie de tous les pouvoirs reconnus à une autorité exécutive. Il en va différemment au niveau de l'État où les responsables des services sont distincts du Premier ministre, seul investi du pouvoir d'exécution des lois et du rôle de chef de l'administration. Et, cette appréciation comparée fait ressortir l'idée importante d'unicité de l'exécutif local.

B. Les conditions d'exercice de la fonction d'exécutif

381 ***Choix des modalités d'exercice*** ◊ C'est une conséquence attachée au critère fonctionnel qui domine la définition des pouvoirs de chef de service : les besoins du service légitiment tout type de décision que le chef de l'exécutif pourrait adopter. Ce pouvoir s'exerce naturellement au moyen d'actes unilatéraux et, sachant qu'il s'agit d'un travail d'organisation, le procédé réglementaire est son mode privilégié d'expression.

Mais ce pouvoir réglementaire est particulier par son champ d'application. Il s'agit d'une *réglementation organique*, c'est-à-dire interne au fonctionnement du service et ne produisant normalement pas d'effet dans la sphère de légalité générale. Celle-ci vise d'abord le service, son organisation et ses agents, et n'atteint les administrés que dans la mesure où ceux-ci sont en contact avec ce service [1].

Il convient cependant de réserver le cas des mesures contraignantes mais sans effet - direct - sur les administrés. Celles-ci ne peuvent être considérées comme des mesures à caractère juridique et doivent prendre leur place dans la catégorie des *mesures d'ordre intérieur*. Elles visent aussi à établir un certain ordre intérieur dans les services. Mais elles caractérisent généralement des mesures de moindre importance dont le juge n'entend pas connaître.

Certaines décisions de l'exécutif local ont reçu la qualification de « mesure de service d'ordre intérieur » : CE 4 juill. 1958, *Cne Anglet c. Coret, Lebon* 411, s'agissant de la décision du maire de modifier les attributions et

1. Par ex., pour la détermination des heures d'ouverture de la mairie : CE 2 déc. 1931, *Hilaire Darrigand*, préc.

les conditions de travail du service. CE 8 avr. 1987, *Ville Fréjus, AJDA* 1987. 540, s'agissant de délégations du maire à des conseillers municipaux pour représenter auprès de la municipalité les intérêts du quartier où ils résidaient - mais s'agissait-il d'une véritable délégation susceptible d'emporter transfert de compétences ?

Le principal effet qui s'attache aux mesures d'ordre intérieur est l'irrecevabilité du recours pour excès de pouvoir à leur égard, que ce recours soit intenté par un administré, par le préfet (jurispr. *Ville Fréjus*) ou par un agent (jurispr. *Cne Anglet*). Mais, il faut préciser, qu'à supposer que le chef de l'exécutif organise les services par de véritables règlements administratifs, l'agent qui lui est hiérarchiquement subordonné n'est pas davantage admis à déférer ces règlements au juge administratif. Ce serait contraire à sa situation subordonnée :

Il s'agit de l'application d'une solution générale caractéristique des effets du pouvoir hiérarchique : CE 8 avr. 1969, *Guillaume, Lebon* 763. CE 23 janv. 1975, *Biscarrat et Rouquairol, Lebon* 907.

382 ***Un pouvoir incomplet*** ◊ L'exécutif de la collectivité ne dispose pas de l'ensemble des pouvoirs d'un chef de service. Pour bien des décisions qu'on pourrait matériellement ranger dans cette catégorie, la jurisprudence ne reconnaît que la compétence de l'assemblée délibérante. Il n'est pas aisé d'identifier un critère précis de partage des compétences entre l'assemblée et son exécutif. Néanmoins, l'organisation de l'administration locale n'est pas une compétence qui revient totalement à l'exécutif, celui-ci devant limiter ses interventions aux règles de procédure dans le service sans exercer un réel pouvoir d'appréciation sur le but et les lignes directrices de son organisation.

En ce sens, les références jurisprudentielles ne manquent pas : CE 21 févr. 1971, *Cne Sainte-Maure de Touraine, Lebon* 155, jugeant « qu'il appartient au seul conseil municipal des régler l'organisation des services communaux ou de supprimer les emplois communaux ». CE 13 janv. 1985, *SCAAN Cergy-Pontoise, Lebon* 37 ; *RFDA* 1985. 367, note J.-C. Douence et obs. L. Favoreu ; *AJDA* 1985. 271, note J. Moreau, s'agissant de l'impossibilité pour l'organe exécutif du syndicat de prendre des mesures nouvelles pour régler l'organisation du comité d'hygiène et de sécurité. CE 19 mai 1989, n° 72165, *Cne Sainte-Marie c. Nugent*, s'agissant de l'incompétence du maire à fixer les heures hebdomadaires de service. CE 4 janv. 1995, *Pinon*, préc., à propos de la compétence du conseil municipal « seul compétent pour supprimer un emploi ». TA Versailles, 15 mai 1991, *Wiltzer c. Cne Longjumeau, AJDA* 1991. 721, note X. Prétot, s'agissant de l'incompétence du maire à organiser la représentation de ressortissants étrangers auprès du conseil municipal. CE Sect. 30 mai 1998, *Ville Lisieux, RFDA* 1998. 128, concl. J.-H. Stahl et note D. Pouyaud ; *AJDA* 1998. 962, chron. F. Raynaud et P. Fombeur, s'agissant de la compétence du conseil municipal pour créer des emplois.

383 ***Bibliographie*** ◊

- Brolles (R.), « Les délégations du conseil municipal et du maire », *Rev. Trésor* 1988. 101
- Pacteau (B.), « Les actions en justice des collectivités territoriales : rôles respectifs de l'exécutif et de l'assemblée délibérante », *RF décentr.* 1995. 168
- Rivero (J.), « Le maire, exécuteur des délibérations du conseil municipal », *Rev. crit. pol. parl.* 1937. 535

CHAPITRE 2

LE CONTRÔLE DE L'ASSEMBLÉE SUR L'EXÉCUTIF

384 ***Nécessaire rééquilibre des institutions*** ◊ C'est une évolution substantielle du droit des collectivités territoriales : il se développe un faisceau d'institutions nouvelles qui peuvent se ranger sous l'idée qu'il apparaît nécessaire que l'exécutif rende des comptes de son administration à l'assemblée qui l'a investie. Une fonction de contrôle du pouvoir délibérant sur le pouvoir exécutif prend place dans les rapports institutionnels locaux qui tendent à modifier sensiblement l'équilibre de ces rapports. Elle conduit à fragiliser le principe qui a toujours dominé selon lequel l'exécutif peut toujours administrer sans vérifier la confiance de l'assemblée à son égard.

Il existait sans doute des voies propres à tenter de faire plier l'exécutif. Mais, elles étaient informelles et demeuraient platoniques. Ainsi, une majorité d'élus pouvait toujours se reconnaître la possibilité de prendre collectivement, par délibération, une position critique sur la gestion faite par l'exécutif. Jugé illégal au départ, ce type de délibération a fini par être admis au nom d'un « droit de critique et de libre appréciation... en ce qui concerne les affaires de la commune » (CE 14 mars 1934, *Guernet, Lebon* 336. CE 10 janv. 1931, *Ladis Lewkowicz, Lebon* 27). La possibilité de voter un blâme à l'encontre du chef de l'exécutif a même été consacrée par la jurisprudence (CE 18 mai 1988, *Foury, Lebon* 452. CE 21 mars 1902, *Colas, Lebon* 225. CE 29 juill. 1994, *Cne Saint-Mandrier-sur-Mer, Lebon* 825). Mais, de telles délibérations restent exceptionnelles et traduisent plutôt l'impuissance de l'assemblée à agir sur son exécutif.

Sur le caractère non décisoire de ces délibérations qui ne peuvent être contestées par la voie du recours pour excès de pouvoir, même entachées de vices propres : CE 29 déc. 1997, SARL Enlem, *Lebon* 500 ; *RFDA* 1998. 553, concl. L. Touvet ; *Dr. adm.* 1998. 165, note L. Touvet.

Jusqu'à présent, la primauté de l'assemblée était essentiellement garantie par la voie juridictionnelle. Ainsi qu'on vient de la voir, la fonction exécutive locale est une fonction subordonnée et résiduelle, l'essentiel du pouvoir de décision demeurant aux mains de l'assemblée délibérante seule compétente pour gérer les affaires locales. L'appel au juge administratif pouvait suffire à maintenir l'exercice des deux pouvoirs dans le cadre de leur fonction, leur collaboration ne pouvant échapper au lien hiérarchique qui les unit. Et selon une présentation traditionnelle, la question du contrôle de l'exécutif s'épuisait dans l'étude du contrôle juridictionnel de ses actes. Et encore, nous verrons que le requérant n'est qu'exceptionnellement un membre de l'assemblée délibérante.

Le droit budgétaire a développé les contrôles par lesquels l'exécutif peut être amené à s'expliquer sur sa gestion financière de la collectivité. À ce titre, l'assemblée délibérante est appelée à voter sur le *compte administratif* qui retrace l'ensemble des opérations effectuées par l'exécutif de la collectivité qui, en tant que tel, exerce les fonctions d'ordonnateur (CGCT, art. L. 1612-12).

385 ***Absorption du délibératif par l'exécutif*** ◊ Il y a cependant le schéma et la pratique. Le passage de l'analyse normative à l'analyse institutionnelle-politique amène un renversement des perspectives en faisant voir l'unité de direction de la collectivité par le chef de l'exécutif. Placé par son élection au sommet de la collectivité, celui-ci dispose pratiquement sur l'administration locale d'une autorité complète. À l'égard de l'assemblée, il est en position d'exercer son influence en préparant les délibérations, déterminant son ordre du jour et en la présidant. À la *répartition rigide des compétences* entre les deux autorités, la réalité fait place à leur *collaboration souple* donnant un rôle prépondérant à l'exécutif. Il y a contradiction entre les formules générales du CGCT - compétence générale de l'assemblée - et la réalité car le rôle institutionnel de l'exécutif est plus important que son pouvoir normatif. Finalement, la supériorité de l'assemblée peut paraître sans valeur dans le régime local puisque la pratique en a dépassé la lettre.

Sur la base de ces premières constatations, il faut voir que l'évolution contemporaine de la décentralisation a conduit au renforcement du régime monocratique local qui fait du chef de l'exécutif le réel auteur de la politique de la collectivité.

D'une part, le développement des responsabilités confiées aux collectivités pousse nécessairement à multiplier les démembrements de l'appareil administratif local en confiant celles qui peuvent l'être à des personnes relais (établissements publics, associations, sociétés d'économie mixte, délégataires de service public...). Or, par l'effet conjugué de leur nombre et de leur autonomie, ces relais tendent à échapper au pouvoir délibérant de l'assemblée pour tomber sous l'emprise effective de l'exécutif qui dispose du monopole de l'information et de l'action quotidiennes. Et ceci est de nature à accentuer la dépendance politique de l'assemblée à l'égard de l'exécutif. Il faut ajouter que, dans ce contexte, l'assemblée peut collaborer à son propre dessaisissement par la possibilité que lui a donné la loi n° 70-1297 modifiée du 31 décembre 1970 de déléguer une partie de ces compétences au profit de l'exécutif.

D'autre part, l'allègement de la tutelle par la « nouvelle décentralisation » en 1982 a pu jouer le rôle d'un relâchement des contraintes dont l'exécutif, autour duquel tourne la gestion de la collectivité, a mieux profité. L'observation du contentieux le montre, la tutelle avait pu servir à la protection de la compétence générale de l'assemblée sur laquelle les initiatives de l'exécutif venaient empiéter.

386 ***Du contrôle juridictionnel au contrôle politique*** ◊ Au fil des innovations législatives, on voit se dessiner de nouvelles orientations qui manifestent tout à la fois la nécessité de renforcer le contrôle sur l'exécutif pour

rééquilibrer les institutions et de le réorienter vers un nouveau type de contrôle. Au contrôle juridictionnel classique s'ajoutent des techniques de contrôle politique par emprunt fait au régime parlementaire national. Désormais, l'assemblée délibérante trouve des moyens organisés d'agir sur son exécutif et peut l'amener à un dialogue plus équilibré avec elle : elle peut se faire donner des informations et des explications, voter sa confiance dans son programme et même, parfois, le révoquer par une motion de censure expresse. Toutefois, cette orientation n'est ni parfaite, ni générale. Les avancées les plus significatives ne profitent qu'à des collectivités particulières (régions, collectivité de Corse, certaines collectivités dans l'outre-mer) où elles sont destinées à faire contrepoids au renforcement du rôle qu'y joue l'exécutif. Ce sont des accidents de l'histoire qui ont permis de les y installer et ils ne dessinent pas encore un nouveau modèle de droit commun valant *erga omnes* pour toute catégorie de collectivité territoriale. Elles ont néanmoins valeur d'expérience et préfigurent l'avenir d'un régime local plus complexe et plus lourd à pratiquer où le recours à ces contrepoids accompagnera et sanctionnera l'exercice du pouvoir.

Il serait sans doute exagéré de voir que le Conseil constitutionnel porte son contrôle sur le respect de l'équilibre des institutions décentralisées en vérifiant une sorte d'équivalence des armes entre le délibératif et l'exécutif. Un résultat semblable peut néanmoins être obtenu lorsqu'il vérifie que la promotion de l'exécutif en Corse ne s'accompagne pas d'un dessaisissement de l'assemblée : Cons. const. 9 mai 1991, n° 91-290 DC, *Statut Corse*, *Rec. Cons. const.* 50 ; *RFDA* 1991. 407, note B. Genevois ; *RD publ.* 1991. 943, note F. Luchaire ; *D.* 1991. 634, note R. Debbasch ; *Rev. adm.* 1991. 234, note R. Etien ; *RFDC* 1991. 305, note L. Favoreu ; *LPA* 21 juin 1991, note C. Houteer, le fait que le Conseil exécutif de la Corse soit doté de pouvoirs propres ne porte pas atteinte à la libre administration dans la mesure où il « est élu par l'Assemblée et responsable devant elle ».

387 ***L'information sur l'exécutif*** ◊ L'information des élus à l'égard de l'action de l'exécutif est certainement le procédé de contrôle le plus développé. Il a pu apparaître et se renforcer au sein du fonctionnement administratif classique des collectivités. L'information des conseillers élus est indissociable de leur fonction délibérative et la jurisprudence, puis la loi, n'ont cessé de renforcer les contraintes s'imposant à l'exécutif afin que ceux-ci délibèrent en pleine connaissance de cause. Mais, l'information *sur* l'exécutif est aussi une information *par* l'exécutif, c'est-à-dire qu'elle se trouvait liée par sa volonté de faire transparence sur sa propre gestion. C'est plus récemment que la loi a affranchi les élus de leur dépendance à l'exécutif en la matière en faisant entrer en force dans le droit des collectivités territoriales de nouvelles garanties qui leur permettent de *s'informer d'eux-mêmes* de tout ce qui concerne l'administration générale de la collectivité (questions orales, missions d'information et d'évaluation).

Nous ne reprendrons pas, dans le cadre de ce chapitre, les développements précédemment consacrés aux garanties d'information des élus. Il suffit de s'y reporter (v. ss 112 s.). Au demeurant, l'information s'analyse moins comme un contrôle en soi que comme un moyen de contrôle, c'est-à-dire qu'elle est la condition initiale de l'établissement du dialogue avec l'exécutif et à une éventuelle sanction de sa politique.

Avant d'en venir à la procédure d'investiture du président du conseil régional et à la responsabilité de l'exécutif en Corse et dans l'outre-mer qui manifestent principalement l'introduction des procédés de contrôle que le droit des collectivités territoriales reçoit du droit parlementaire, nous nous arrêterons sur l'admission des conseillers à agir devant le juge administratif contre les décisions de l'exécutif. Ce procédé de contrôle juridictionnel est la seule véritable garantie de contestation directe de l'exécutif en recherchant à sanctionner ses décisions qui méconnaîtraient la compétence générale de l'assemblée à administrer la collectivité.

SECTION 1. L'UTILISATION DU CONTRÔLE CONTENTIEUX

388 ***Le problème du contrôle contentieux*** ◊ Le principe est que le membre d'une assemblée locale non satisfait par une décision de son exécutif peut attaquer directement celle-ci en saisissant le juge administratif. Le recours pour excès de pouvoir ainsi mis en œuvre n'a rien d'une voie de droit spécifique pour permettre à l'assemblée délibérante d'exercer son contrôle sur la fonction exécutive locale. Il s'agit, en effet, d'un recours objectif et de droit commun.

Son *caractère objectif* tient au fait que ce recours est fondé sur la violation de la règle de droit. C'est seulement à l'illégalité de l'acte que le juge peut attacher sa sanction à l'exclusion de toute appréciation sur sa moralité ou son opportunité. La question posée ne peut être que juridique. Le jeu politique local est hors de discussion ici et le recours, à supposé qu'il aboutisse n'aura aucun effet direct sur le maintien en fonction de l'exécutif.

Son caractère de *droit commun* réside dans le principe qu'il est ouvert, même sans texte le prévoyant, à tout intéressé qui ne doit pas personnellement souffrir d'une illégalité. Ceci dépasse de loin le cercle des élus de la collectivité et, l'expérience montre que bien des arrêts qui sanctionnent les empiètements de compétence de l'exécutif sur le délibératif ont pour origine un recours indifféremment introduit par un contribuable local, un agent de la collectivité ou l'autorité de tutelle.

Signe d'imperfection du droit institutionnel des collectivités territoriales, l'assemblée doit donc emprunter les voies communes qui n'ont pas été tracées pour elle lorsqu'elle entend faire respecter son autorité sur la fonction exécutive.

Mieux, les subtilités de la jurisprudence restreignent l'accès des élus à ce moyen. Le recours pour excès de pouvoir à l'encontre des décisions de l'exécutif n'est ouvert à leur égard que dans les conditions restrictives qui trahissent la crainte du juge administratif de voir le prétoire encombrer par toutes les oppositions au sein de la vie institutionnelle locale qui ne trouveraient par d'autres canaux pour se résoudre. Si les élus sont admis à contester devant le juge administratif les actes de l'exécutif, c'est seulement dans l'intérêt de *défendre leur domaine propre de compétence*. Mais, en pratique, les élus ne pourront dénoncer d'autres formes d'illégalité. Ils demeurent, en effet, irrecevables à invoquer tout moyen de légalité interne à l'appui de leur recours. De telle manière qu'ils ne pourront pas obtenir le respect de l'exécution conforme par rapport à la délibération [1].

§ 1. **Le contrôle des empiètements de compétence de l'exécutif**

389 ***Solution de principe*** ◊ Le titre de conseiller élu donne qualité à agir à l'encontre des décisions de l'exécutif qui méconnaissent les garanties attachées à leur mandat ou les prérogatives de l'assemblée à laquelle ils appartiennent. Constituent une telle méconnaissance les décisions incomplètement prises par l'exécutif dans le domaine de compétence réservé à l'assemblée délibérante. Le respect des domaines propres à la délibération et à l'exécution peut ainsi être obtenu par l'assemblée délibérante.

390 ***Fondement juridique*** ◊ Cette solution n'a rien de spécifique. Elle procède d'une extension de la jurisprudence sur l'intérêt à agir des élus à l'égard des délibérations de l'assemblée à laquelle ils appartiennent. Le plus souvent, d'ailleurs, les deux questions ne sont pas traitées séparément par les observateurs. Il en résulte que le recours est subordonné à cette condition restrictive : la qualité de conseiller élu est insuffisante à la recevabilité du recours si l'intéressé ne peut se prévaloir de la violation des compétences de l'assemblée.

Le dernier état de la jurisprudence est déterminé en ce sens : CE Sect. 30 oct. 1998, *Ville Lisieux, Lebon* 375 ; *RFDA* 1999. 128, concl. J.-H. Stahl et note D. Pouyaud ; *AJDA* 1998. 969, chron. F. Raynaud et P. Fombeur ; *JCP* 1999. II. 10045, note V. Haïm ; *LPA* 30 mars 1999, n° 64 p. 7, note M.-C. Rouault, s'agissant de la recevabilité du recours d'un conseiller municipal à l'encontre du recrutement d'agents par le maire intervenu sans que le conseil municipal ne se soit prononcé sur la création des emplois correspondants.

Sur la foi de ces considérations, la solution s'est imposée que le conseiller élu est recevable à contester la validité des contrats administratifs concernant sa collectivité et, à cet effet, d'invoquer tout vice susceptible de l'affecter (CE Ass. 14 avr. 2014, *Dpt du Tarn-et-Garonne, AJDA* 2014. 945, trib. S. Braconnier et 1035, chron. A. Bretonneau et J. Lessi ; *JCP Adm.* 2014, n° 2152, note J.-F. Sestier et n° 2153, note S. Hul ; *BJCL* 2014. 316, note C. Fardet). Il ne fallait pas que le conseiller élu, garant des intérêts de sa collectivité, demeure moins armé au contentieux que ne l'est tout tiers lésé et que l'amélioration de la situation juridique du second ne puisse pas ne pas se répercuter favorablement sur celle du premier.

1. Sur la question particulière de l'aptitude des conseillers élus à intenter un recours *contre les délibérations de l'assemblée*, ce qui est de nature à viser indirectement l'exécutif à travers sa majorité, v. ss 201.

§ 2. L'impossible contrôle des autres formes d'illégalité

391 ***Solution de principe*** ◊ C'est la solution *a contrario* de la position précédente. Les membres de l'assemblée locale ne peuvent se prévaloir de leur qualité pour contester la légalité interne des arrêtés de l'exécutif agissant dans le cadre de ses pouvoirs propres ou de ses pouvoirs d'exécuteur des délibérations. L'organe délibérant n'a ainsi aucun titre à demander le respect de la régularité, au fond, de l'action exécutive, y compris pour obtenir la sanction des arrêtés d'exécution contraires aux délibérations.

Selon une solution classique adoptée en matière d'urbanisme : CE 14 oct. 1977, *Boyer*, *Lebon* 391, s'agissant du défaut d'intérêt à agir d'un conseiller municipal pour demander l'annulation d'un permis de construire délivré par le maire à un tiers. Voir également, CAA Bordeaux, 18 juin 2013, M. J.-P. Jacques Martin, *BJCL* 2013. 701, concl. O. Sousset, s'agissant du défaut d'intérêt à agir d'un conseiller général à l'encontre de la décision du président de lancer une campagne de communication, décision qui ne saurait faire « grief au requérant en sa qualité de conseiller général ».

Cette jurisprudence manifeste ici tout son caractère restrictif. Elle ne permet pas d'attacher au principe de subordination de l'exécutif une sanction totalement efficace en limitant exagérément le cercle des personnes fondées à s'en plaindre. Cette limitation s'avère critiquable au regard du moyen invoqué. Il est, en effet, permis d'estimer que dans l'hypothèse particulière d'une exécution irrégulière – à la différence de l'exercice des pouvoirs propres de l'exécutif –, les prérogatives de l'assemblée ont été transgressées et que la qualité de membre de cette assemblée confère, en conséquence, un intérêt suffisamment adéquat pour agir au contentieux. Sans doute, l'attitude restrictive du juge s'explique-t-elle dans la mesure où ce n'est pas tant la loi qui a été directement violée que la délibération locale elle-même. Nonobstant les élus se trouvent ici dans une situation moins favorable que celle du simple contribuable local qui a toujours été fondé à former un recours. Dans le contexte actuel d'élargissement des prérogatives des membres des assemblées délibérantes et de développement du contrôle du délibératif sur l'exécutif, le maintien de cette jurisprudence sonne faux.

392 ***Fondement théorique*** ◊ Le fait que le Conseil d'État se tienne à sa jurisprudence sans volonté d'assouplissement – avec l'éclairage apporté par les conclusions des rapporteurs publics – révèle une doctrine à l'égard des institutions décentralisées et de leurs principes de fonctionnement. Celle-ci réside dans la recherche de *l'efficacité administrative* que le jeu institutionnel local ne doit pas contrarier.

Cela passe d'abord par le respect de la *séparation stricte des pouvoirs*. Non pas qu'un système d'isolement réciproque entre le délibératif et l'exécutif qui limiterait autant que possible leurs rapports soit souhaitable, mais il s'agit de maintenir l'indépendance d'action de l'exécutif qui dispose de l'autorité réelle sur l'administration décentralisée. En ce sens, le commissaire du gouvernement J.-H. Stahl évoque le nécessaire maintien « d'une forme de césure entre le pouvoir délibérant et le pouvoir exécutif ».

Cela doit donner, en conséquence, un cadre juridique propre à permettre la continuité de la vie administrative locale. « Une fragilisation excessive de l'action locale » résulterait, aux yeux du commissaire du gouvernement, de trop larges possibilités de discussion au contentieux entre les deux pouvoirs [1].

SECTION 2. L'INSTAURATION DE CONTRÔLES POLITIQUES

393 Les progrès reposent ici sur des nouveautés législatives réservées à certaines collectivités territoriales qui font partiellement sortir celles-ci du modèle d'organisation administrative que l'État leur avait toujours tracé. Ce modèle impliquait l'indépendance du chef de l'exécutif en soustrayant celui-ci à tout moyen d'action politique de l'assemblée délibérante à son égard. Bien que nettement circonscrites à des collectivités particulières, ces nouveautés prennent une valeur exemplaire et portent la marque d'une évolution dont il est encore difficile de prendre la pleine mesure. Elles ont pour particularité commune d'être empruntées au droit parlementaire et sont conçues pour rééquilibrer les institutions locales en renforçant le poids de l'organe délibérant sur l'organe d'exécution. Elles permettent à ce premier d'exercer tantôt un contrôle *a priori* par l'investiture du chef de l'exécutif, tantôt un contrôle *a posteriori* par la mise en jeu de la responsabilité de celui-ci.

La question des finances locales est propice au dialogue entre l'assemblée délibérante et son exécutif de manière à placer ce dernier sous le regard de la première et l'obliger à s'expliquer sur la gestion financière de la collectivité. Ce contrôle pourrait s'incorporer de manière inédite au droit des collectivités territoriales : le projet de loi portant clarification de l'organisation territoriale de la république (art. 26) prévoit que les observations faites par les chambres régionales des comptes aux collectivités territoriales donneront l'occasion à l'exécutif de rendre compte à son assemblée délibérante des actions qu'il aura entreprises pour y donner suite.

§ 1. L'investiture du chef de l'exécutif régional

394 ***Définition*** ◊ L'investiture désigne le vote par lequel le conseil régional accorde sa confiance à un candidat à la présidence de ce conseil *au vu du*

1. V. J.-H. Stahl, concl. sur *Ville Lisieux*, préc., *RFDA* 1999. 137.

programme politique qu'il se propose de mettre en œuvre après son élection. Le terme d'investiture ne se trouve pas dans le droit des collectivités territoriales, néanmoins l'article L. 4133-1 alinéa 5 CGCT - issu de la loi n° 98-135 du 7 mars 1998 - introduit dans les institutions régionales une formalité qui, nonobstant ses originalités procédurales et sans s'y assimiler parfaitement, s'en rapproche - La véritable investiture suit la désignation de l'exécutif par une autorité extérieure. Comme on l'a vu, cet article prévoit qu'avant chaque tour de scrutin, les candidats à la présidence doivent remettre aux membres du conseil régional une *déclaration écrite* portant sur les grandes orientations politiques, économiques et sociales qu'il appliquera une fois élu.

395 ***Signification*** ◊ On doit cette procédure aux efforts de moralisation des élections régionales après les événements qui avaient vu porter à la tête de certaines régions un président sur des alliances politiques contre nature. Afin de ne pas tromper l'électeur sur la politique qui sera suivie en cours de mandat le vote du conseil régional ne porte pas seulement sur un candidat mais aussi sur son programme. L'effet recherché est, en effet, que le président ne s'écartera pas du programme sur lequel il a été élu par une majorité de conseillers régionaux.

L'investiture en droit des collectivités territoriales ne saurait donc recouvrir la même signification qu'en droit parlementaire où elle se trouve destinée à assurer la stabilité ministérielle. L'assemblée parlementaire devrait, en effet, hésiter à renverser le candidat qu'elle a formellement investi. L'objectif ici recherché montre bien que l'investiture ne vaut pleinement que dans un système de séparation souple des pouvoirs où la désinvestiture par la même assemblée est sa contrepartie nécessaire. Or, cette dernière possibilité n'a pas été introduite dans le droit régional.

396 ***Absence de valeur contraignante*** ◊ La question revêt une dimension politique et une dimension juridique. L'absence de valeur contraignante de la déclaration écrite est d'abord attachée au caractère aléatoire des effets des contrôles politiques. À supposer que l'exécutif s'écarte de ses engagements, cela n'entraînera pas forcément un désaccord avec une majorité de conseillers élus. Mais, en toute hypothèse, en l'absence de procédure de désinvestiture, le chef de l'exécutif n'encourt aucune responsabilité politique en cas de reniement. Pas davantage, les électeurs ne sauraient exiger de lui qu'il rende des comptes avant l'élection suivante.

Sur le plan juridique ensuite, partant du principe que *tout mandat impératif est nul*, le président du conseil régional n'est pas tenu par les engagements qu'il a pu prendre à l'occasion de cette déclaration. Celle-ci ne fera pas de lui un simple commis. En droit, elle n'a que la valeur d'une *formalité substantielle.* [1]

1. Sur la solennité de l'élection du président du conseil régional, v. ss 318.

Sur l'interdiction - prétorienne ? - du mandat impératif en droit des collectivités territoriales sur le fondement du « principe dont s'inspire l'article 27 de la Constitution » : Cons. const. 6 mars 1998, n° 98-397 DC, *Lebon* 186 ; *AJDA* 1998. 308, note J.-E. Schoettl ; *RRJ* 1999. 831, note F. Lemaire ; *RFDC* 1998. 317, note A. Roux.

§ 2. La responsabilité de l'exécutif en Corse et dans l'outre-mer

397 ***Définition*** ◊ La responsabilité politique consiste dans l'obligation pour l'exécutif local de quitter ses fonctions lorsqu'il n'a plus la confiance de l'assemblée délibérante élue au suffrage universel direct.

Le terme de responsabilité est utilisé en droit dans des acceptions très diverses. Mais la responsabilité politique est certainement celle qui correspond au sens le moins juridique du mot. Contrairement à la responsabilité civile ou pénale, il ne s'agit pas de sanctionner une faute, mais seulement d'institutionnaliser l'idée de *contrôle de certains organes sur d'autres*. La mise en œuvre de la responsabilité politique ne repose sur aucune cause objectivement appréciable contrairement à la suspension ou à la révocation par l'État. Elle repose sur un *désaccord politique substantiel* et suggère l'idée d'une subordination à l'assemblée délibérante de l'exécutif à laquelle il doit rendre compte de ses actes. Elle est mise en œuvre dans les formes prévues dans chaque cas par la loi et conduit, pour seule sanction, à la cessation des fonctions de l'exécutif. Elle peut avoir lieu en Corse, en Nouvelle-Calédonie, en Polynésie, à Saint-Pierre-et-Miquelon (CGCT, art. LO 6432-2), à Saint-Martin (CGCT, art. LO 6322-4) et à Saint-Barthélémy (CGCT, art. LO 6222-4).

398 ***Portée*** ◊ L'introduction d'une procédure de destitution de l'exécutif est de grande portée sur la signification des institutions locales et leur évolution. Elle marque une évolution vers un régime politique local à l'égard duquel l'État a toujours manifesté une certaine incompréhension, sinon résistance. Elle semble, en effet, prendre sa place à contre-culture dans les collectivités territoriales et leur droit où les vacances de pouvoir, les vides institutionnels qu'elle engendre sont susceptibles d'affecter la continuité des services publics à la satisfaction de laquelle toute organisation administrative est subordonnée. D'ailleurs, le législateur n'a pas souhaité avancer plus loin dans cette voie et a retiré des projets à l'origine des réformes ici étudiées l'introduction d'une possibilité de censure de l'exécutif sur son initiative (question de confiance) pour la Corse, ainsi que celle d'un vote d'investiture en Polynésie. De telle manière que ces régimes locaux d'avant-garde demeurent des régimes politiques imparfaits caractérisés par des dissymétries dans les possibilités d'action d'un organe sur l'autre : motion de censure de l'exécutif sans pouvoir de dissolution de l'assemblée, motion de censure sans procédure d'investiture préalable.

Pourtant, il n'est pas illogique que l'exécutif puisse n'être destitué que par l'assemblée qui l'a désignée et que le soutien de celle-ci ne lui soit pas donné, quoi qu'il fasse, une fois pour toutes. Il ne faut pas nier que les désaccords entre les deux pouvoirs, sans être fréquents, ne sont pas rares et le fonctionnement ordinaire des institutions locales ne permet pas de les surmonter. Il s'ensuit que le recours au « pourrissement institutionnel » par lequel l'assemblée peut, au moyen d'une attitude d'opposition systématique aux projets de l'exécutif, l'amener en pratique à démissionner, ou provoquer sa propre dissolution par les autorités de l'État. Dans ce cas, le retour devant les électeurs permet d'arbitrer le conflit. Les procédures les plus adéquates en la circonstance de suspension ou de révocation marquent néanmoins une immixtion de l'État dans la vie locale qui peut être ressentie de plus en plus comme une anomalie au regard de la démocratisation croissante des collectivités.

399 ***Principe d'une responsabilité organisée*** ◊ Dans l'intérêt de ne pas donner aux crises l'occasion de s'exprimer trop facilement, la responsabilité de l'exécutif doit être organisée. Elle ne peut se concevoir que selon une procédure compliquée apte à rigidifier et rendre raisonnable l'exercice d'une telle sanction. Tout échec de l'exécutif devant l'assemblée, hors la procédure adéquate, n'entraînera pas sa démission. Ainsi, toute procédure de motion de défiance en Corse et dans l'outre-mer répond au souci d'éviter une mise en œuvre anarchique afin d'assurer une certaine stabilité de l'exécutif. Telles qu'elles ont été dessinées, ces motions obéissent même à des conditions plus restrictives qu'en droit parlementaire. Le Législateur les a bien conçues comme des procédures de crise appelées à servir hors du cadre normal des rapports entre le délibératif et l'exécutif.

400 ***L'ancienne procédure d'engagement de la responsabilité du président du conseil régional sur le vote du budget*** ◊ C'était une curiosité du droit régional : l'adoption du budget sans vote (art. L. 4311-1-1 CGCT). Les difficultés récurrentes de certaines régions à adopter leur budget sans intervention de l'autorité de tutelle ont conduit le législateur à définir une procédure d'adoption implicite du budget par l'assemblée régionale sur laquelle le président du conseil régional engageait sa responsabilité. À défaut d'adoption à temps (20 mars de chaque année), le budget était réputé adopté sans vote formel s'il n'était pas majoritairement rejeté par une « motion de renvoi » contenant la proposition d'un budget et d'un président de substitution. Cette procédure est de nature à diminuer l'influence d'une assemblée incontrôlable sur la direction de la collectivité. Mais pour l'adoption d'un seul texte - sans doute le plus important de l'année - le chef de l'exécutif mettait en jeu son mandat en prenant le risque du tout ou rien. Directement inspirée des techniques de rationalisation du parlementarisme national (art. 49 al. 3 Const.), cette possibilité a utilement servi dans plusieurs régions.

La possibilité d'adoption du budget sans vote a été jugée *de nature à rendre plus effective la libre administration des collectivités territoriales*. En effet, elle a pour objet « d'assurer le respect du principe de continuité du service public, tout en évitant le dessaisissement des organes délibérants de la région au profit du représentant de l'État » : Cons. const. 6 mars 1998, n° 98-397 DC, préc.

Toutefois, cette procédure n'a été conçue que comme un palliatif transitoire. L'instabilité des majorités politiques au sein de l'assemblée ne la justifiait qu'autant qu'on maintienne le système de la représentation proportionnelle intégrale qui en était à l'origine. C'est logiquement que la loi n° 99-36 du 19 janvier 1999 a prévu sa caducité en modifiant le mode de scrutin pour les élections régionales. Elle n'est désormais plus en vigueur depuis les élections de mars 2004.

S'agissant toutefois de l'engagement de la responsabilité du président de la Polynésie française en matière budgétaire et fiscale, v. art. 156-1, LO n° 07-1719, 7 déc. 2007.

A. La procédure de « motion de défiance » constructive en Corse

401 ***Présentation générale*** ◊ La « collectivité territoriale de Corse », puisque telle est la dénomination choisie pour désigner son statut particulier, dispose d'un exécutif collégial : le Conseil exécutif de Corse (CGCT, art. L. 4422-18 s. issus des L. n° 91-428, 13 mai 1991 et n° 09-832, 7 juill. 2009). Celui-ci est élu par les membres de l'Assemblée de Corse en son sein au scrutin majoritaire de liste. Il est composé d'un président - le candidat de tête de la liste majoritaire - et de huit conseillers exécutifs. Ce conseil exécutif acquiert une sorte de personnalité propre du fait que ses membres ne peuvent demeurer conseillers à l'Assemblée. En outre, ce Conseil reçoit des attributions collégiales définies largement et qui sont sans équivalent pour l'exécutif individuel des collectivités de droit commun (CGCT, art. L. 4422-24). L'engagement de la responsabilité du Conseil exécutif devant l'assemblée de Corse doit s'interpréter comme la contrepartie de son autonomie organique et de ses vastes attributions.

402 ***Originalité de la procédure*** ◊ La motion de défiance constructive en Corse et le formalisme qui caractérise sa procédure se comparent d'assez près avec le modèle prévu par le parlementarisme allemand (L. fonda. allemande, art. 67). Ses conditions de présentation et d'adoption sont très similaires, notamment pour ce qui fait l'originalité du modèle allemand, à savoir que la motion doit prévoir la désignation d'un nouvel exécutif de substitution, d'où sa qualification de « constructive » (CGCT, art. L. 4422-31).

403 ***Déclenchement de la procédure*** ◊ La motion de défiance doit être expresse et mentionner les *motifs* pour lesquels elle est présentée. Elle doit également, - ce qui fait qu'elle est « constructive » - prévoir un *Conseil exécutif de substitution* appelé à prendre la place du conseil destitué. Cette contrainte est de nature à responsabiliser l'Assemblée et à éviter le vide institutionnel nécessairement créé au niveau de l'exécutif (CGCT, art. L. 4422-31 al. 2).

404 ***Délai de vote et condition de majorité*** ◊ Il s'agit de précautions voulues pour organiser et solenniser l'exercice de la motion de défiance (CGCT, art. L. 4422-31 al. 3) :

- le vote sur la motion ne peut intervenir que *48 heures après son dépôt*. Ce délai s'analyse comme un délai de réflexion qui pourrait donner le temps à l'Assemblée de mesurer sa responsabilité et au Conseil exécutif de rallier les hésitants ;

– il n'est possible de délibérer sur la motion que si celle-ci *a été signée par le tiers des conseillers à l'Assemblée ;*

– la manifestation de défiance n'est considérée comme adoptée que lorsqu'elle a recueilli le vote de la *majorité absolue des membres de l'Assemblée,* seuls les votes favorables à la motion étant recensés. Il se peut donc que la motion soit rejetée alors même que le nombre de conseillers ayant voté pour elle serait supérieur à celui des conseillers ayant voté contre.

405 ***Conséquence de l'adoption de la motion*** ◊ La loi prévoit expressément – ce qui pouvait tomber sous le sens – que les candidats proposés aux fonctions exécutives par la motion « entrent immédiatement en fonction » (CGCT, art. L. 4422-31 al. 4). La désignation même de ces candidats suppose qu'une majorité cohérente a pu s'unir et que la crise institutionnelle ouverte par le dépôt de la motion est éteinte. Jamais à ce jour cette procédure n'a eu l'occasion de s'exercer [1].

B. La « motion de censure » en Nouvelle-Calédonie et la « motion de défiance » en Polynésie française

406 ***La procédure de motion de censure néo-calédonienne*** ◊ Selon les termes de l'article 108 de la loi organique n° 99-209 du 19 mars 1999 : « L'exécutif de la Nouvelle-Calédonie est le gouvernement. Il est élu par le Congrès et responsable devant lui ». On ne saurait mieux faire apparaître le caractère politique de l'organisation tracée pour la Nouvelle-Calédonie, la responsabilité de l'exécutif – qui est collégiale – prenant naturellement sa place dans ce cadre. Mais cette fois, la responsabilité est organisée par transposition du parlementarisme national, avec les mêmes complications de procédure propres à en responsabiliser l'exercice. Elle se trouve désignée par la même expression de « motion de censure » (v. Const., art. 49 al. 2).

L'article 95 de la même loi organise la procédure de la motion de censure. Il prévoit que celle-ci doit être présentée par *un cinquième des membres du Congrès.* Son adoption ne peut intervenir avant deux jours. Elle est acquise à la *majorité absolue des membres du Congrès,* seuls les votes favorables à la motion étant recensés.

La procédure de démission d'office des membres de l'exécutif – trop souvent mise en œuvre par jeu politique – a été réformée pour être plus difficile d'application, la démission de plus de la moitié des membres n'entraînant plus nécessairement la vacance de l'exécutif et donc des institutions ingouvernables (art. 121 L.O. 19 mars 1999 issu de la loi n° 2011-870 du 25 juillet 2011).

---

1. V. P. Ferrari, « Le statut de la collectivité territoriale de Corse, commentaire de la loi n° 91-428 du 13 mai 1991 », *AJDA* 1991. 701 ; F. Luchaire, « Le statut de la collectivité territoriale de Corse », *RD publ.* 1991. 943 ; C. Olivesi, « Motivations gouvernementales pour une réforme », *RFDA* 1991. 706 ; Y. Tanguy, « La motion de défiance dans le statut de la Corse », *Rev. adm.* 1992. 121.

407 ***La procédure de motion de défiance polynésienne*** ◊ À l'égard de la Polynésie française, l'article 156 de la loi organique n° 04-192 du 27 févr. 2004 (modifié par L.O. n° 07-1719, 7 déc. 2007 et L.O. n° 2011-918 du 1er août 2011) prévoit que « l'Assemblée de Polynésie peut mettre en cause la responsabilité du président et du gouvernement de la Polynésie par le vote d'une motion de défiance ». Celle-ci doit être présentée par le *tiers des membres de l'Assemblée, chacun ne pouvant en signer qu'une par an*. Elle ne peut être délibérée avant trois à cinq jours, mais le vote doit intervenir dans les deux jours suivants. La motion doit être votée à la *majorité des trois cinquièmes des membres de l'Assemblée*, seuls les votes favorables étant recensés. Elle doit prévoir un président de substitution en cas de succès.

L'instabilité de la vie politique locale en Polynésie et l'existence de majorités chancelantes au sein de l'Assemblée avaient creusé un contexte trop favorable à l'utilisation de cette procédure. Depuis les élections à l'Assemblée de mai 2004, cinq présidents s'étaient succédés, six motions de censure avaient été présentées contre le gouvernement et quatre d'entre elles adoptées. Il a fallu répondre en 2007, puis en 2011,au désir d'assurer la stabilité gouvernementale par un nouveau mode d'élection des membres de l'Assemblée propre à empêcher l'émiettement des forces politiques qui était à la source du problème. La configuration d'une nouvelle procédure de motion de défiance plus formaliste va également dans ce sens mais sans qu'on veuille en rendre l'usage, auquel semblent attachés les élus, beaucoup plus rare. Ce n'est donc pas tant le souci de conférer une permanence à l'exécutif qui a prévalu que celui de mieux ajuster ses rapports avec le délibératif [1].

Le régime polynésien prévoit la possibilité de dissoudre l'Assemblée de Polynésie. Mais, en dépit des intentions de départ du législateur organique, cette possibilité ne peut être présentée comme faisant pendant à la responsabilité du gouvernement en donnant le droit à ce gouvernement mis en minorité de faire arbitrer par les électeurs le différent qui le sépare de l'Assemblée. En effet, la procédure de dissolution reste aux mains du président de la République, comme si celui-ci était seul apte à apprécier les conditions de fonctionnement des institutions locales. Le gouvernement de Polynésie ne dispose que du pouvoir de *demander la dissolution* au président de la République (art. 157-1 LO 7 déc. 2007) et, ce dernier n'est nullement tenu d'y faire droit.

Le décret de dissolution – ou la décision de refus de dissolution – a le caractère d'un acte administratif faisant grief sur lequel le juge administratif exerce un contrôle minimum – mais néanmoins circonstancié – des motifs : CE 4 févr. 2005, *Temaru*, *Lebon* 26 ; *RFDA* 2005. 138, concl. M.-H. Mitjavile, régularité du refus de dissolution en raison du fonctionnement normal des institutions locales, du caractère récent de l'élection de l'Assemblée et de l'intérêt d'attendre l'issue du contentieux formé contre les opérations électorales.

1. V. L. n° 07-1719, 7 déc. 2007 et Cons. const. 6 déc. 2007, n° 07-559 DC, *RFDC* 2008. 283, note X. Magnon.

En outre, le président de la République dispose d'une possibilité de dissolution de l'assemblée sans demande du gouvernement lorsqu'elle ne peut exercer correctement sa fonction (art. 157 al. 1 LO 27 févr. 2004). Mais, cette hypothèse, en dépit d'originalités procédurales, se rapproche du droit commun local par lequel l'État exerce, dans l'intérêt de la continuité de l'administration décentralisée, un tel contrôle sur toute assemblée élue.

408 ***Nature et régime contentieux de la motion de défiance polynésienne*** ◊ Les solutions en la matière ne reposent sur aucune règle expresse mais sur la jurisprudence se fondant implicitement sur l'article 70 de la loi organique de 2004 relative à l'élection du président.

Il en résulte que la motion de censure votée par l'Assemblée à l'encontre de son exécutif a le caractère d'un acte administratif susceptible d'être soumis dans les cinq jours au contrôle de légalité de la juridiction administrative, c'est-à-dire du Conseil d'État en premier et dernier ressort en tant que juge des élections du président par l'Assemblée. On ne saurait donc soutenir que la motion possède une nature parlementaire et ferait, en cela, l'objet d'une immunité juridictionnelle [1]. Cette orientation doit être réputée transposable à une autre collectivité territoriale utilisant une procédure équivalente.

Il en résulte également que la qualité pour contester une motion de défiance litigieuse doit être conçue restrictivement. Peuvent justifier d'une telle qualité tout membre de l'Assemblée, le président et le Haut-Commissaire de la Polynésie.

409 ***La responsabilité des membres de l'exécutif devant le président*** ◊ À la responsabilité collective du gouvernement devant l'Assemblée, le statut de la Polynésie ajoute une responsabilité individuelle des membres du gouvernement devant le président de la Polynésie. On y pratique donc le syncrétisme institutionnel en mêlant les techniques propres au système parlementaire et celles qui caractérisent un régime présidentiel. Choisis par le Président, les membres de son gouvernement reçoivent de lui leurs fonctions. Ils sont ses agents personnels dont il est libre de se séparer (art. 81 al. 2 LO 27 févr. 2004) [2].

---

1. V. CE 10 déc. 2004, *Hoffer*, 1re esp., *Temaru*, 2e esp., *Élect. président Polynésie française (Temaru, Conroy)*, *Lebon* 452 ; *RFDA* 2005. 123, concl. F. Donnat, s'agissant notamment du contrôle du seuil du cinquième des élus pour déposer la motion et du contrôle de la sincérité du vote de la motion sur lequel aurait tenté de faire pression l'irruption, au sein de l'hémicycle, d'un personnage armé d'un couteau. Sur le contentieux des élections à l'Assemblée de Polynésie : CE 15 nov. 2004, *Élect. Assemblée de Polynésie française, circ. Iles-du-Vent (Flosse)*, *Lebon* 426 ; *RFDA* 2005. 115, concl. M.-H. Mitjavile.Sur le contentieux de l'élection des membres de l'exécutif : CE 10 févr. 2004, *Élect. bureau Assemblée Polynésie française (Frich)...*, *RFDA* 2005. 123, concl. F. Donnat.

2. P.-O. Caille, « Le Conseil d'État et la crise politique en Polynésie française », *RFDA* 2005. 1117 ; O. Gohin et M. Joyau, « L'évolution institutionnelle de la Polynésie française », *RFDA* 2004. 1242 ; A. Oraison, « Le nouveau statut d'autonomie renforcée de la Polynésie française », *RFDA* 2004. 530 ; J.-P. Thiellay, « Le statut de la Polynésie française à l'épreuve d'un an de crise », *AJDA* 2005. 868 ; F. Potier, « La stabilisation de la vie politique en Nouvelle-Calédonie et en Polynésie française, un chantier institutionnel actif » , *JCP Adm.* 2011, n° 2342.

SOUS-PARTIE 2

Les statuts particuliers

410 ***Définition*** ◊ On peut poser qu'une collectivité territoriale dispose d'un statut particulier si les règles qui régissent son organisation et ses compétences dérogent de manière suffisamment importante au droit commun pour ne pas constituer de simples règles d'adaptation de ce droit commun. Entre un statut de droit commun et un statut de droit commun adapté, il n'existe que des différences de degrés. Entre un statut de droit commun et un statut particulier, il existe une différence de genre.

L'unité des statuts communal, départemental et régional est une conséquence du fait que l'organisation administrative des collectivités territoriales est entièrement déterminée par la Constitution et la loi, c'est-à-dire par l'État. Historiquement, la construction d'un État unitaire a paru commander l'uniformité des statuts des collectivités, précisément parce que cette construction s'accommodait mal du respect des diversités historiques. L'uniformité des statuts procède donc d'une doctrine de centralisation. Mais, à mesure que les institutions décentralisées se démocratisent, on assiste à la prise en compte des aspirations particulières à sortir des modèles communs pour adapter ces statuts au plus près des situations.

Envisageons, à titre introductif, le phénomène général des statuts particuliers. Nous nous arrêterons ensuite sur le niveau communal pour lequel l'unité statutaire peut être jugée comme la plus inadéquate parce qu'il existe trop de communes (le statut de l'établissement public territorial) et de trop grandes communes (statut de Paris, Lyon et Marseille).

CHAPITRE INTRODUCTIF

LE PHÉNOMÈNE DES STATUTS PARTICULIERS

411 ***Développement contemporain des statuts particuliers*** ◊ L'existence même de statuts particuliers sert de révélateur. S'ils s'imposent, c'est que les statuts de droit commun ne peuvent qu'imparfaitement rendre compte des considérations du terrain. Le découpage administratif de la France en collectivités territoriales ne peut efficacement résulter de la volonté arbitraire des gouvernants. L'histoire, la géographie et le droit se conjuguent et imposent des réalités dont le découpage administratif n'est que la conséquence.

L'unité française s'est construite au cours des siècles au prix d'un effort continu pour surmonter les disparités territoriales. L'installation d'un modèle unique d'administration valable partout (communes, départements) et le refus de prendre en compte les régions ont longtemps constitué la base d'un ordre territorial français. On passait d'une organisation territoriale *spontanée* sous l'Ancien Régime à une organisation territoriale *imposée* à la Révolution française. Cette période marque, en effet, un virage. Au chaos institutionnel, aux structures enchevêtrées accumulées au cours des siècles, les révolutionnaires vont s'efforcer de rechercher une cohésion politique et administrative du pays en simplifiant ces structures. La planification de la France en communes et en départements découpés « par des ciseaux de géomètre » (Taine) visait à instituer une France égalitaire en s'opposant à la reconstitution de puissantes institutions politiques locales (destruction des Provinces aux mains des aristocrates) et à corriger les déséquilibres géographiques entre territoires forts et faibles. Les données historiques aident ainsi à comprendre, à travers les modèles communal et départemental, l'importance prise par les statuts de droit commun dans la construction de l'État unitaire français. Imposés comme des fictions juridiques au départ, ils se sont progressivement fondus dans le paysage français pour demeurer longtemps les deux seuls modes d'administration territoriale acceptables.

Or, cet ordre géométrique imposé par les statuts de droit commun résiste mal à l'évolution du temps. Avec la démocratisation des institutions publiques, les logiques historique, sociologique et politique semblent faire retour et, le règne de ces statuts généraux sur tout le territoire est parfois ressenti comme un anachronisme et contesté comme tel. La réforme constitutionnelle du 28 mars 2003 a fait droit à cette demande en introduisant dans la Constitution des procédures facilitant l'évolution des collectivités vers des statuts particuliers [1]. Le problème mérite un examen spécifique selon les niveaux territoriaux en cause.

SECTION 1. STATUTS PARTICULIERS ET OUTRE-MER

412 ***Organisation territoriale binaire de l'Outre-mer*** ◊ Reprenant des solutions qui s'étaient imposées sous la IVe République, la Constitution de 1958 avait entendu régir les collectivités territoriales ultramarines en deux blocs séparés : les départements d'Outre-mer (DOM, art. 73 Const.) et les territoires d'Outre-mer (TOM, art. 74 Const.). Au moyen de ces deux statuts distincts, la Constitution a ainsi marqué la différence entre les populations souhaitant être administrées aussi près que possible du modèle métropolitain dans le cadre d'une intégration maximale à la République (DOM) de celles revendiquant, pour une plus large autonomie, une organisation spécifique sous le régime commun de la spécialité législative - c'est-à-dire du principe selon lequel chaque loi nationale doit expressément mentionner son applicabilité à l'Outre-mer pour s'y imposer - (TOM).

La jurisprudence constitutionnelle a garanti cette distinction en assignant les interventions du législateur à l'égard des DOM au respect du droit des départements métropolitains dont il ne pouvait s'écarter que pour définir de simples « *mesures d'adaptation* » aux lois et règlements nationaux. Ceci n'était pas considéré comme suffisant pour conférer à ces départements un statut propre. En dépit de leur reconnaissance constitutionnelle spécifique, les DOM d'avant 2003 ne pouvaient être pris pour une catégorie distincte qui consacrerait une réelle originalité statutaire.

Sans doute, la situation générale était assez morcelée. Les adaptations législatives dont profitaient les DOM permettaient de prendre en compte leur situation particulière. Les TOM, de leur côté, connaissaient des spécificités statutaires entre eux en raison de leur aptitude à recevoir des délégations de compétence législative et du principe de spécialité législative. Nonobstant, le droit de l'Outre-mer a longtemps établi sa cohérence sur cette séparation binaire qui s'efforçait de rendre compte des aspirations politiques contrastées des populations locales.

413 ***Éclatement des modèles statutaires*** ◊ Les bouleversements politiques actuels se sont imposés au juge constitutionnel, puis au constituant, en les engageant dans un processus d'éclatement des statuts. L'évolution généralisée vers des statuts « sur mesure » (J. Chirac) marque l'abandon de cette frontière entre deux modèles opposés sur leurs principes et leur philosophie d'organisation. Il ne faut pas croire, en effet, que la distinction actuelle entre les DOM et les « Collectivités d'Outre-mer » (COM) introduite par le constituant en 2003, soit une simple version

1. Sur les aspects constitutionnels de la question, v. ss 32 s.

actualisée de la traditionnelle opposition entre DOM et TOM. On en juge par les nouvelles possibilités juridiques introduites en 2003 [1].

414 ***1. Les collectivités d'outre-mer (COM)*** ◊ Elles ne peuvent être présentées comme une catégorie juridique homogène. Sous cette dénomination se rassemblent des collectivités à statut particulier, donc sans grand rapport entre elles. L'article 74 C n'exige formellement, en effet, qu'une solution commune dans l'organisation des COM : la nécessité d'une loi organique pour définir leur statut. Mais, sur cette base, ce sont des types très originaux de collectivités qui peuvent être définis. Toutefois, il faut réserver un certain nombre de principes d'organisation qui se présentent comme implicitement inhérent à tout COM à la lecture de l'article 74 : la spécialité législative - sauf, dans une certaine mesure Saint-Pierre et Miquelon, Saint-Barthélémy et Saint-Martin -, les délégations de compétence législative - hormis certains domaines régaliens -, leur consultation sur les projets de textes nationaux les regardant, le contrôle de l'État sur leurs actes, la possibilité de préférences territoriales (en matière d'accès à l'emploi, de protection du patrimoine foncier...)... Se rangent au sein des COM, Saint-Pierre et Miquelon, les îles Wallis et Futuna, Saint-Martin et Saint-Barthélémy - qui ne dépendent plus de la Guadeloupe depuis 2003 (L.O. n° 2007-223 du 21 janv. 2007) - et la Polynésie française, cette dernière étant dotée d'un statut particulier d'« autonomie » (art. 72 al. 7 Const.). Les Terres australes et antarctiques, précédemment régies comme TOM, reçoivent une place particulière, certainement en raison de leur absence de population permanente (art. 72-3 Const.) [2]. V. également Clipperton, île du Pacifique placée sous l'autorité directe du gouvernement et inscrite au sein du même article depuis 2008.

415 ***2. Les nouveaux départements d'outre-mer (DOM)*** ◊ Ceux-ci se voient reconnaître par la réforme de 2003 une possibilité de particularisation. En « dérogation », selon les termes mêmes de l'article 73, avec le principe d'assimilation aux départements métropolitains, les DOM peuvent recevoir des délégations de compétence législative pour « fixer eux-mêmes les règles applicables sur leur territoire » (art. 73 al. 3, La Réunion faisant exception). De telle manière que la Constitution révisée introduit une double possibilité de particularisation : vis-à-vis des départements métropolitains d'une part, entre DOM d'autre part. Il en existe cinq à ce jour : la Guadeloupe, la Guyane, la Martinique, La Réunion et Mayotte depuis 2010 [3].

---

1. Sur les réformes de l'outre-mer faisant suite à la révision constitutionnelle de 2003 : études L. Tesoka, J.-M. Pontier, J.-Y. Faberon, S. Diemert et A. Oraison, « Réformes des statuts de l'outre-mer », *RFDA* 2007. 655.

2. G. Eveillard, « Le statut des Terres Australes et Antarctiques françaises après la loi du 21 juillet 2007 », *RD publ.* 2008. 103.

3. O. Busson, « Mayotte, 101e département français : un modèle pour ujne République renouvellée ? », *RD publ.* 2010. 74.

Il se trouve que les quatre DOM d'origine sont également administrés comme *région d'Outre-mer (DROM)*. C'est une curiosité à laquelle les pouvoirs publics ne sont jamais parvenus à mettre fin : un même territoire est régi par deux administrations décentralisées distinctes avec leurs propres compétences, leurs propres services et leur propre organe de représentation. Le rapport E. Balladur (mars 2009) proposait qu'il soit mis fin à cette situation par la création d'une collectivité territoriale unique en lieu et place du département et de la région. La Constitution révisée en 2003 autorise que cela soit fait par la loi ordinaire après référendum. Ce sera le cas de la Guyane et de la Martinique après le vote favorable de leurs électeurs le 24 janvier 2010 (loi n° 2011-884 du 27 juill. 2011 applicable à compter de 2015, *AJDA* 2011. 2233, étude M. Verpeaux, *JCP Adm.* 2011, n° 2343, étude P. Bachschmidt). Collectivités à statut particulier désormais formé autour d'une assemblée unique compétente à gérer les affaires anciennement dévolues au département et à la région, elles demeureront régies par l'article 73 de la Constitution.

416 ***La nature juridique de la Nouvelle-Calédonie*** ◊ L'État a entendu lui conférer un statut à ce point spécifique qu'elle fait l'objet d'un titre qui lui est réservé au sein de la Constitution (Titre XIII) et qui l'organise comme une autorité administrative et parlementaire à la fois. L'Assemblée de Nouvelle-Calédonie est habilitée, par une sorte de dédoublement de compétence, à adopter dans certaines matières – fiscalité, droit du travail, état des personnes... – des « lois de pays », actes matériellement et formellement législatifs dont le Conseil constitutionnel peut seul connaître [1]. En cela, la Nouvelle-Calédonie prend sa place sous une conception extensive de la République indivisible, le monopole étatique de la compétence législative étant fréquemment présenté comme son critère en droit positif français. Elle fait ainsi figure de composante associée à la République par son régime constitutionnel particulier au point qu'on lui dénie la nature et le statut de « collectivité territoriale ». Il manque une expression intermédiaire entre celle de collectivité territoriale décentralisée et celle d'État fédéré pour caractériser la situation juridique de la Nouvelle-Calédonie.

En ce sens, pour le juge administratif, le droit élaboré pour les « collectivités territoriales » sans autre précision textuelle est inapplicable à la Nouvelle-Calédonie (CE Sect. 13 déc. 2006, *Genelle*, *RFDA* 2007. 18, concl. S. Verclytte ; *JCP Adm.* 2007. 2004, concl. et note O. Gohin ; *AJDA* 2007. 363, chron. F. Lenica et J. Boucher ; *D.* 2007. 1175, note M. Verpeaux, s'agissant de l'application du Code des pensions civiles et militaires de retraite). V. toutefois, la réinscription – toute nominale – de la Nouvelle-Calédonie au sein du titre XII de la Constitution par la révision de 2003 (art. 72-3 al. 3 Const.).

---

1. Il s'ensuit qu'une loi de pays néo-calédonienne peut être contrôlée dans le cadre d'une QPC (Cons. const., n° 2011-205 QPC du 9 déc. 2011, *M. Patelise*, *AJDA* 2011. 2451). Voir C. David, « Lois de pays et Question prioritaire de constitutionnalité. Vers un renforcement de l'État de droit en Nouvelle-Calédonie », *RFDC* 2014. 317.

Son statut, né des accords signés à Nouméa le 5 mai 1998, est conçu pour une période transitoire au terme de laquelle (horizon 2014-2018) la question de l'indépendance de la collectivité a prévu d'être posée.

V. LO n° 99-209, 19 mars 1999 et LO n° 99-210, 19 mars 1999 (*JO* 21 mars) modifiées par les ordonnances n° 00-350, 19 avr. 2000 (*JO* 22 avr.) et n° 02-388, 20 mars 2002, art. 62 et n° 2011-870 du 25 juill. 2011.

Alors que la *Polynésie française* avait été pressentie comme devant évoluer selon le droit de la Nouvelle-Calédonie (révision constitutionnelle inaboutie de juin 1999), elle a finalement vu son sort réglé dans le cadre des collectivités d'outre-mer de l'article 74 Const. (LO 27 févr. 2004 et 1er août 2011). Mais il en résulte un risque de confusion sur la portée de l'« autonomie » ainsi conférée puisque les « lois de pays » que l'Assemblée de Polynésie est apte à prendre dans certaines matières légales restent des actes administratifs justiciables du Conseil d'État [1].

SECTION 2. STATUTS PARTICULIERS ET NIVEAU RÉGIONAL

417 ***Le problème des identités régionales*** ◊ C'est bien parce qu'il existe des identités régionales particulières que l'État a longtemps retardé l'accès de la région au statut de collectivité territoriale. Ces identités sont encore à l'œuvre aujourd'hui. Les particularités historiques, politiques et économiques de certaines régions seraient sans doute de nature à justifier une organisation administrative suffisamment dérogatoire au droit commun régional pour être constitutive de statut particulier. C'est le cas pour la Corse : île peu peuplée de 260 000 habitants pour 8 000 km^2 et tardivement rattachée à la France. Elle donne le plus illustratif cas de figure. Le cas de la région Ile-de-France mérite également d'être mentionné [2].

418 ***1. La Collectivité territoriale de Corse*** [3] ◊ La collectivité territoriale de Corse - puisque telle est sa désignation particulière qui a pour seul mérite d'être étrangère au mot « région » - s'est émancipée du cadre régional par la loi du 13 mai 1991 (CGCT, art. L. 4421-1 s.). Cette loi constitue la référence majeure d'un réformisme législatif constant à l'égard de la

---

1. V. Sur le statut particulier de la Polynésie après la révision constitutionnelle de 2003 : J.-E. Schoettl, *RFDA* 2004. 248, et A. Oraison, *RFDA* 2004. 530.S'agissant du statut des « lois de pays » polynésiennes qui s'apparente, à certains égards, à celui des lois nationales : CE Sect. 1er févr. 2006, *Sandras et Cne Papara*, *RFDA* 2006. 271, concl. J.-H. Stahl et note A. Moyrand et A. Troianiello, s'agissant de l'institution d'un dispositif d'aide à l'emploi dans des conditions d'égalité « non manifestement disproportionnées ». CE 25 nov. 2009, *Sté Polynésie Interim et a.*, *AJDA* 2010. 623, note M.Verpeaux). V. ég., mêmes auteurs, *RFDA* 2006. 1111 et 1118, S. Le Guilcher, et 1103, A. Moyrand, *RD publ.* 2009. 1577, R. Keller ; *RFDA* 2010. 949.
2. Pour ce qu'il en est de l'échec à constituer une grande collectivité alsacienne, v. ss 36.
3. V. biblio., v. ss 429, 1.

Corse. Les difficultés de développement économique, le particularisme culturel et le souci d'apaisement des revendications autonomistes propres à l'île connaissent sans cesse une nouvelle actualité qu'on entend résoudre par une réforme nouvelle de ses structures.

La loi n° 82-214 du 2 mars 1982 - complétée par la loi n° 82-659 du 30 juillet 1982 - donnant son premier statut à la « région de Corse » est présentée comme adoptant un régime tenant compte de ses « spécificités ». Mais, en l'absence d'un statut régional de référence à l'époque, la catégorie générale des régions n'ayant pas encore été instituée, on ne pouvait pas supposer que la Corse s'écarte de ce modèle régional à venir.

En revanche, la loi n° 91-428 du 13 mai 1991 confère à la Corse un statut plus favorable au regard de ses spécificités au point qu'elle a immédiatement pour effet de la doter d'un statut particulier constitué par une organisation originale (exécutif collégial responsable devant l'Assemblée) et des compétences supplémentaires. Le droit des régions ne s'y applique plus que comme un droit commun subsidiaire chaque fois que le statut particulier ne donne pas de solution spécifique (fonction publique territoriale par exemple).

La Corse connaît une nouvelle avancée statutaire par la loi n° 02-92 du 22 janvier 2002 adoptée pour traduire en droit les négociations conclues entre le gouvernement et les élus corses de toute tendance - dites « accords de Matignon ». L'avancée se signale plus au plan des nouvelles compétences transférées à la Corse (aménagement du territoire, logement, économie, enseignement et culture...) qu'au plan institutionnel où la loi de 1991 demeure la référence. Mais la loi entendait surtout manifester son intérêt par deux originalités remarquables, l'une visant à doter l'Assemblée de Corse du pouvoir de procéder à des adaptations de la loi, l'autre à l'intégration obligatoire de l'enseignement de la langue corse dans les horaires des écoles primaires. Sur ces deux points, le Conseil constitutionnel a censuré la loi comme transgressant certains principes de base de notre droit constitutionnel affirmant des valeurs républicaines - unicité de législation et unicité de langue (Cons. const. 17 janv. 2002, n° 01-454 DC, *Rec. Cons. const.* 70 ; *RFDA* 2002. 459, note M. Verpeaux, 469, note B. Faure et 474, note A. Viola ; *AJDA* 2002. 100, note J.-E. Schoettl) [1].

Consultés par référendum le 6 juillet 2003 (sur le fondement du nouvel art. 72-1 Const.), les habitants de la Corse se sont opposés à un projet d'évolution statutaire visant à fondre les deux départements de corse au sein d'une collectivité territoriale unique [2]. Le découpage départemental de la Corse pouvait, en effet, apparaître comme une fiction juridique face à la profonde unité géographique et culturelle de la Corse. Il œuvrait comme un instrument administratif de division du territoire. Mais, des préoccupations politiques d'ordre général ont sans doute parasité l'enjeu propre au scrutin et entraîné le rejet du projet, avec un faible écart de voix mais, sans doute de manière irréversible [3].

419 ***2. La région d'Ile-de-France*** ◊ Elle se caractérise par sa disproportion au regard des régions provinciales qui en fait une des plus puissantes

1. Sur les problèmes constitutionnels posés par les évolutions statutaires de la Corse, v. ss 61 s.
2. S'agissant des irrégularités du scrutin et de leur absence d'effet sur le sens du résultat : CE Ass. 17 oct. 2003, *Consultation électeurs Corse*, *AJDA* 2003. 2383, note G. Maligner.
3. Sur l'originalité statutaire de la Corse, v. ss 62, 2.

d'Europe par son poids démographique et économique (11 000 000 habitants et près de 30 % du PIB). Elle s'est constituée lentement mais progressivement sur l'extension de la surface urbaine de Paris. Le développement de communes limitrophes au XIXe siècle posait déjà des problèmes communs vis-à-vis de la capitale à l'occasion d'équipements collectifs réclamant une coordination administrative et des mécanismes de péréquation financière. C'est ainsi que la région parisienne allait se constituer comme un vaste ensemble urbain cohérent au-delà des limites du département de la Seine. Elle a d'abord été constituée comme une circonscription d'action en matière d'urbanisme (loi du 14 mai 1932 autorisant l'établissement d'un projet d'aménagement), ce qui lui donne une reconnaissance légale. Elle évolue ensuite vers des préoccupations économiques. En cela, la région parisienne voyait son sort se rapprocher de celui des régions provinciales. Comme elles, elle fût instituée en établissement public doté d'organes et de compétences comparables, mais sur un fondement juridique qui lui est propre et de nature à ménager certaines particularités (L. n° 76-394, 6 mai 1976).

Le Code général des collectivités territoriales range l'Ile-de-France parmi les « régions à statut particulier » (livre 4e, art. L. 4411-1 s.). Toutefois, les adaptations du droit régional à l'Ile-de-France n'ont jamais été à ce point significatives qu'on puisse la tenir pour une collectivité à statut particulier. Les évolutions du statut régional à partir des lois n° 82-213 du 2 mars 1982 et du 6 janvier 1986 achèveront de banaliser la région d'Ile-de-France en la ramenant un peu plus dans le droit commun régional.

Les originalités de la région d'Ile-de-France se manifestent plus au plan des compétences et des ressources qu'au plan de son organisation qui ne se sépare pas de celle des régions provinciales, hormis une règle d'incompatibilité entre le mandat de président de région et celui de maire de Paris (art. L. 4412-1 CGCT). Peuvent mériter d'être signalées, outre ses compétences détenues en tant que région, son rôle primordial en matière d'espaces verts, d'équipements collectifs d'intérêt régional, de circulation et de transports de voyageurs. La loi prévoit l'intervention de la région pour « définir la politique régionale » et sa mise en œuvre. Il ne s'agit cependant pas de compétences générales, celles-ci étant limitées à leur objet précis et devant s'exercer en liaison avec les autres collectivités et l'État (L. 6 mai 1976, art. 4 et 5 et n° 04-809, 13 août 2004, art. 37) [1].

SECTION 3. STATUTS PARTICULIERS ET NIVEAU DÉPARTEMENTAL

420 ***La solidité du statut départemental commun*** ◊ C'est un paradoxe apparent : imposé arbitrairement par la Révolution française pour diviser géométriquement l'ensemble du pays nonobstant les données naturelles et les habitudes, le statut commun départemental a fait preuve de sa

1. S'agissant de la loi du 3 juin 2010 sur le « Grand Paris », v. ss 430, en note, et de la « métropole du Grand Paris » de la loi du 27 janv. 2014, v. ss 530 (1).

permanence. La solidité de la division départementale au moyen d'un statut uniforme est sans doute un phénomène complexe. Le département a pu s'aménager progressivement au sein de la République en devenant une réalité gestionnaire et démocratique. Il correspondait sans doute également aux aspirations politiques et historiques d'une France égalitaire qui n'était pas prête à promouvoir l'autonomie de ses communautés naturelles (communes, provinces).

Sans doute, la double fonction de division et d'unification du territoire en vue de laquelle le département a été institué, n'est pas demeurée exempte de contestations. La proposition de fondre les deux départements corses (institués par L. 15 mai 1975) dans une collectivité unique rejetée à l'occasion du référendum du 6 juillet 2003 en donne l'illustration. On entend régulièrement les revendications en faveur d'un département basque, celui des Pyrénées-Atlantiques intégrant à dessein des réalités culturelles diverses. Mais, au total, l'uniformité du statut départemental reste de mise. Il faut toutefois évoquer le cas du département de Paris [1].

421 ***Le département de Paris*** ◊ Parce qu'il intègre la ville de Paris, le département de Paris n'est pas un département ordinaire. Il existe comme collectivité territoriale propre mais à organes représentatifs partagés avec la ville de Paris : le Conseil de Paris est leur assemblée commune et le maire de Paris, leur exécutif commun. Deux collectivités coexistent sur Paris s'imbriquant partiellement. Mais cette particularité institutionnelle exceptée, le département de Paris est régi selon le droit commun départemental (CGCT, art. L. 3411-1 s.).

L'histoire solidaire de la ville et du département de Paris ne date pas d'aujourd'hui. La capitale posait déjà un problème particulier aux révolutionnaires et à leurs principes de découpage du territoire Le « département de Paris » - tel était son titre d'origine - allait naître sur l'idée que la capitale méritait d'accéder à ce statut supérieur en raison de sa taille démographique et économique. Il comprenait la ville et sa banlieue dans un rayon de 3 lieues au plus autour de Notre-Dame (Décr. 13 janv. 1790).

Les deux collectivités évolueront vers un régime spécifique doublement caractérisé par l'absorption presque complète de la ville de Paris par le département de la Seine et par un principe de centralisation accentuée, deux représentants de l'État, le préfet de la Seine et le préfet de Police, se partageant le rôle d'exécutif et devenant les rouages essentiels de l'administration parisienne. Avec la loi du 10 juillet 1964, la ville de Paris évolue comme une « collectivité territoriale à statut particulier ayant des compétences de nature communale et départementale ». Avec la création du Conseil de Paris, le conseil général de la Seine n'existe plus. Paris devient un département sans conseil général.

Les choses prennent définitivement une nouvelle allure à la suite de la loi n° 75-1331 du 31 décembre 1975 votée sous la présidence Giscard d'Estaing à la suite d'un foisonnement de projets sur le statut de la capitale. En vertu de son article premier, le territoire de la ville de Paris est administré par deux collectivités territoriales

---

1. S'agissant de la procédure de fusion de départements et de fusion département-région introduite par la L. n° 10-1563, 16 déc. 2010, v. ss 37.

distinctes : la commune de Paris et le département de Paris qui, au moyen d'une assemblée commune, règlent les affaires de leur ressort. Cette situation originale appelle nécessairement l'adaptation de règles spéciales. Ainsi, le Conseil de Paris formant « une assemblée délibérante d'une nature particulière », le statut électoral des conseillers généraux ne peut concerner ses membres (CE 14 mars 1980, *Élect. Conseil Paris*, *Lebon* 150 ; *AJDA* 1980. 531, note C. Goyard ; *D.* 1980. IR 306, obs. P. Delvolvé). Mais, le sens de la réforme est que le département de Paris ne présente plus que certaines particularités au regard du droit commun départemental.

Sur l'institution d'un « Grand Paris » par la loi du 3 juin 2010, v. ss 430, en note.

SECTION 4. STATUTS PARTICULIERS ET NIVEAU COMMUNAL

422 ***Le problème de « l'émiettement » communal*** ◊ C'est certainement avec le niveau communal que le principe de l'uniformité de statut pose le plus de difficultés. L'ordre communal français est une œuvre révolutionnaire. En instituant « une municipalité dans chaque ville, bourg, paroisse ou communauté de campagne », la loi du 14 et 22 décembre 1789 (art. 7) entendait concevoir un modèle simple s'imposant partout, aux villes comme aux communautés d'habitants des campagnes. Pour l'organisation de la société, ce modèle a valeur d'une constitution type. L'uniformité communale devait autoritairement parachever l'effort d'égalisation des micro-statuts locaux entrepris sous la fin de l'Ancien Régime. Elle allait dans le sens de l'abolition des privilèges, les regroupements traditionnels d'habitants se trouvant désormais régis par le droit communal applicable à tous. Le nouveau système entendait également rompre avec l'inégalité entre la ville et les campagnes, ces dernières devant cesser d'être des lieux privilégiés d'auto-organisation.

Le problème est que le droit local contemporain porte encore les conséquences de ce micro-découpage du territoire. Des 44 000 communes créées à l'époque (selon le premier recensement de 1793), il en reste encore près de 36 678 aujourd'hui. Le nombre des communes fait que leurs disproportions démographiques sont extrêmes entre les métropoles régionales dont la population se compte en centaines de milliers d'habitants et les petites communes de base, presque désertes, qui ne comptent que quelques personnes et qui n'ont jamais été supprimées. Les réformes régulièrement entreprises, mais sans jamais vraiment trancher, n'ont jamais pu corriger le phénomène « d'émiettement communal » qui se maintient avec une remarquable permanence [1].

Or, à mesure que la France devenait urbaine, le système devait révéler son vieillissement et son inadaptation. Avec les transformations technologiques

1. À la différence de l'Allemagne qui a réduit le nombre de ses communes de 41 % entre 1950 et 2007 et du Royaume-Uni de 79 % sur la même période.

de notre époque, les besoins en services de pointe se font sentir. Mais, lorsqu'aujourd'hui 30 000 communes ont une population maximale de 2 000 habitants, le développement d'une véritable décentralisation communale devient difficile. Il est évident que l'administration des villes n'a rien de comparable à celle des villages et pourtant, toutes, au nom de l'uniformité communale, sont vouées à recevoir les mêmes responsabilités, et chaque habitant est en droit d'en attendre les mêmes services. Le paradoxe est que la structuration communale place les usagers du service public en situation d'inégalité concrète. Il est trop clair que l'encadrement administratif à ce niveau ne fait que retranscrire dans les faits les inégalités géographiques, politiques et économiques. La commune française n'est plus à l'échelle du temps.

Dans ce contexte, la modification de l'implantation communale a été ressentie comme une nécessité. Mais, à la différence d'autres États européens parvenant à réduire efficacement le nombre de collectivités de base, une telle modification a toujours semblé heurter des équilibres fondamentaux sur lesquels repose le pays. « L'esprit de clocher » interdit toute politique radicale de recomposition de la carte communale qui est vécue comme allant contre un ordre naturel des choses. Les tentatives n'ont pourtant pas fait défaut. Déjà, la Constitution de l'An III tenta de regrouper dans des « municipalités de canton » les communes de moins de 5 000 habitants jugées inaptes à la vie municipale, avant de reculer et de restituer leur titre aux petites communes.

423 ***L'échec des fusions de communes*** [1] ◊ Les initiatives postérieures ont persévéré dans les politiques de fusion de communes, entre elles ou avec des communes plus importantes, afin de former de nouvelles communes plus adéquates en population et en ressources à permettre une administration normalement efficace. La fusion de communes fait donc disparaître un ensemble de communes « limitrophes » soit par création d'une nouvelle commune de droit commun, forcément plus vaste, soit par incorporation au sein d'une commune existante qui étend ainsi son territoire.

Les régimes qui se sont succédés en matière de fusion depuis l'An VIII se sont même assouplis, la voie autoritaire se révélant peu efficace à l'expérience. Le dernier état du droit en la matière issu de la loi n° 71-588 du 16 juillet 1971 (modifiée pour la dernière fois par l'art. 123, L. 13 août 2004) qui, bien qu'ayant fait l'objet d'analyses critiques, *allait résolument dans un sens libéral*. Trois principes dominaient, ainsi, le droit des fusions : la fusion était volontaire ; elle était modulable puisque la commune fusionnée pouvait partiellement survivre en tant que « commune associée » et la fusion était réversible, la commune associée pouvant, sous certaines conditions, retrouver son autonomie. Au surplus, les communes fusionnées percevaient des avantages financiers et fiscaux (CGCT, art. L. 2113-1).

Mais, en dépit d'un régime qui se voulait efficace à favoriser les fusions, les résultats sont demeurés très en deçà de l'enjeu du remembrement

1. V. biblio. v. ss 429, 2.

communal français. On a pu enregistrer quelques 800 fusions concernant un peu plus de 2 000 communes et encore, convient-il de retrancher de ces maigres résultats un certain nombre de « défusions » intervenues depuis. L'attachement au paysage communal traditionnel, la résistance des élus et l'excessive complexité du dispositif légal de 1971 ont eu raison la politique de fusion de communes.

424 ***La création de « communes nouvelles »*** ◊ La politique de fusion de communes prend une nouvelle tournure avec la loi n° 2010-1563 du 16 décembre 2010 (art. L. 2113-1 s. abrogeant la loi de 1971). Toutefois, novatrice par ses possibilités de création, la « commune nouvelle » demeure trop classique dans ses procédures de création qui laissent une place encore essentielle à la libre volonté locale et à son pouvoir de s'opposer. Elle incite donc au scepticisme touchant l'aptitude à apporter à la cause d'une réduction significative du nombre de communes françaises, des résultats considérables. Il ne s'est pas créé plus d'une quinzaine de communes nouvelles depuis 2010.

L'essentiel est ici : avec la loi de 2010, s'ajoute à la « fusion horizontale » (entre communes) une « fusion verticale » (à partir d'un EPCI) (J. Moreau). En effet, la création d'une « commune nouvelle » peut se trouver adossée à l'existence préalable d'un établissement public de coopération intercommunale dont la fusion des communes membres marquera, en quelque sorte, la dernière étape de leur rapprochement.

La création d'une « commune nouvelle » se ramène à trois cas : soit à la demande unanime de communes « contigües », soit à la demande d'un EPCI à fiscalité propre (émanant de la majorité qualifiée de ses communes membres ou du conseil de l'établissement avec accord de la majorité qualifiée de ces communes), soit à l'initiative du préfet avec accord de la majorité qualifiée des communes intéressées.

La nouvelle procédure de création ne se départit pas de ses caractères classiques et devrait maintenir intactes sur l'essentiel les solutions jurisprudentielles :

1. Caractère volontaire de la création. Celle-ci ne peut être imposée ni par l'État aux communes (hypothèse de la création à l'unanimité de commune « contigües ») ni par les communes à leurs électeurs qui se prononcent par référendum consultatif sur l'opportunité de la création (les autres cas). Au surplus, la population doit se déclarer sous certaines conditions de participation : la création ne pourra être décidée par le préfet que si cette participation est supérieure à la moitié des électeurs inscrits et que, « dans chacune des communes concernée », le projet recueille la majorité absolue des suffrages correspondant au moins au quart des électeurs inscrits (CGCT, art. L. 2113-3).

La décision de fusionner est prise par arrêté préfectoral sanctionnant les résultats du référendum (sauf art. L. 2113-2 1°). On doit déduire de la nature contraignante du référendum que le préfet dispose d'un pouvoir lié pour décider la fusion. Tenu de la prononcer dans le cas où la population se déclare favorable au projet, il doit l'abandonner dans le cas contraire

(CE, 20 oct. 2010, *Cne Dunkerque*, *JCP Adm.* 2010, n° 51-52, p. 28, note B. Pacteau ; *AJDA* 2011. 686, note A. Treppoz Bruant ; *Dr. adm.* 2010. 138, note J.-L. Pissaloux). Toutefois, le seuil minimal de participation des électeurs n'est pas prescrit à titre impératif, le préfet bénéficiant d'un pouvoir d'appréciation et pouvant décider la fusion si le résultat positif référendum ne l'a cependant pas été dans des conditions de participation suffisante (jurispr. *Cne Dunkerque*, préc.).

Signe du caractère contraignant de ce type de référendum, le contentieux de la décision de référendum et du référendum lui-même est régi par les principes du contentieux électoral : CE 16 juill. 1976, *Min. Intérieur c. Cne Saint-André-de-Bage*, *Lebon* 800. CE 27 mars 1991, n° 112368, *Le Cromm*. Réserve doit être faite des articles du Code électoral régissant la propagande des autres élections, le juge opérant toutefois un contrôle de la « sincérité du scrutin » : CE 4 juin 2007, *Cosse*, *AJDA* 2007. 1714, note M. Verpeaux.

Le contentieux de la décision de fusion est déterminé par le fait que cette décision est considérée comme un « acte non réglementaire ». Elle n'est donc pas susceptible d'être attaquée par voie d'exception : CE 13 mai 1977, *Glaunez et Fort*, *Lebon* 214. La décision de fusion fait l'objet d'un contrôle minimum du juge administratif (CE 19 juin 1981, *Cne fusionnée Manosque et Honde*, *Lebon* 277 ; *D.* 1981. IR 522, obs. P. Delvolvé).

Sur l'absence d'inconstitutionnalité de la décision de procéder à une fusion de communes au regard du principe de libre administration des collectivités territoriales : CE 18 mai 2010, *Cne Dunkerque* et Cons. const. 2 juill. 2010, n° 2010-12 QPC, *Cne Dunkerque*, *RFDA* 2010.1257, chron. A. Roblot-Troizier et T. Rambaud et 713, conl. E. Geffray ; *AJDA* 2010. 1594, note M. Verpeaux, *JCP Adm.* 2010. 2257, note J.-M. Pontier ; *BJCL* 2010. 477, concl. E. Geffray ; *Dr. adm.* 2010. 128, note J.-L. Pissaloux.

2. Caractère modulable de la création. Ce caractère se manifeste par la possibilité offerte aux communes d'opter pour le système de la création simple ou pour le système de la « commune déléguée » ménageant une forme de survie pour la commune d'origine.

- *La création simple* produit les effets les plus radicaux. Elle emporte la perte de leur personnalité juridique pour les communes fusionnées et, le cas échéant, la suppression de l'établissement public de coopération intercommunale à fiscalité porpre qui les regroupait et lui a servi de cadre (CGCT, art. L. 2113-5).

Dans tous les cas de création, la loi aménage précisément la transition, touchant notamment à la composition du conseil municipal de la commune nouvelle, au sort des agents communaux et intercommunaux, aux biens, aux financements et à la fiscalité communale et, de manière détaillée, à la situation intercommunale de cette commune nouvelle (CGCT, art. L. 2113-5 s.). Cette transition permettra aux conseillers municipaux des anciennes assemblées délibérantes de composer la nouvelle issue de la fusion en attendant l'élection de ses nouveaux membres. Nonobstant, les maires et adjoints de ces anciennes assemblées perdent leur titre (CE 23 déc. 2011, *Ville de Dunkerque*, *JCP Adm.* 2012, n° 2044, note M.-C.Rouault, *BJCL* 2012. 142, concl. R. Collin.

- *La création avec « communes déléguées »*. Ces dernières s'apparentent d'assez près aux anciennes « communes associées » que la loi de 1971 avait prévu pour encourager, par des effets de disparition moins absolus, les plus petites communes dans la voie de la fusion (art. L. 2113-10 s.). La commune déléguée perd sa personnalité juridique, mais sa façade communale est préservée. Elle continue d'être désignée par son nom et dispose d'une annexe de l'hôtel de ville dirigée par un maire délégué désigné par le conseil municipal de la commune nouvelle. Celui-ci est chargé d'établir les actes d'état civil et peut recevoir délégations du maire de la commune nouvelle (CGCT, art. L. 2113-13). Un conseil de la commune déléguée peut être décidé à la majorité des deux tiers des membres du conseil municipal (CGCT, art. L. 2113-12). Il sera présidé par le maire de la commune déléguée. Ainsi conçue, l'organisation des plus grandes villes associées emprunte bien des traits communs avec le régime de Paris, Lyon et Marseille, dans l'intérêt commun de permettre une représentation des composantes de la ville au moyen d'une organisation administrative de ces composantes qui leur est propre.

Dépourvue de la personnalité morale, la commune associée ne peut agir en justice (CAA Douai, 7 oct. 2004, *Cne Hellemmes*, n° 01DA00022). Il résulte également du même arrêt que le droit des membres élus au conseil municipal n'est pas applicable aux membres du conseil consultatif. Le maire était donc en droit de refuser à un tel membre, conseiller d'opposition, la disposition d'un local sur le territoire de la commune associée.

Signe de son passé communal, la commune associée prenait la charge d'une section du centre d'action sociale et bénéficiait d'un sectionnement électoral [1]. La loi de 2010 le refuse à la commune déléguée qui manifestera, en conséquence, moins d'autonomie que sa prédécesseur à l'égard de la commune nouvelle.

Dans le même sens, l'acquisition du statut de commune déléguée n'est plus de droit mais procède de l'absence d'un vote contraire par le conseil municipal (CGCT, art. L. 2113-10).

3. Caractère réversible de la création. Le retour à l'existence autonome d'une commune déléguée n'a rien d'impossible. La loi de 2010, pas plus que celle de 1971, ne prévoit de disposition à ce sujet (v. *infra* toutefois). Aussi, on a vu se dessiner un mouvement spontané de « défusions » à la fin des années 1970 (rép. QE D. Hoeffel 8 mars 1978, *JO Sénat* déb. 11 avr. 1978). Ce mouvement avait pu trouver son fondement juridique et sa procédure dans le régime réglementaire des modifications des limites territoriales des communes (C. communes, art. R. 112-17 s.). On était en droit de tenir de telles dispositions réglementaires pour caduques. Elles s'appliquent, en effet, aux collectivités en contradiction avec l'exigence de compétence législative imposée par le principe constitutionnel de libre administration [2]. On doit néanmoins constater que le Conseil d'État a entériné la pratique et le fondement réglementaire sur lequel elle prenait assise (CE 22 mai 1981, *Brulez et a.*, *Lebon* 233. CE 18 févr. 1983, *Cornet*, *Lebon* 640. CE 18 mars 1994, *Cne Aigueblanche*, *Lebon* 822).

1. V. cep., CE 23 oct. 1996, *Élect. Mun. Cholet*, n° 177175, impossibilité de sectionnement dans le cas où la commune nouvelle comprend plus de 30 000 habitants.
2. En ce sens, J.-C. Douence, *La commune*, Dalloz, coll. « Connaissance du droit », 1994, p. 109.

Le recours à la procédure de modification des limites territoriales des communes n'est pas simple. Il comporte une série d'étapes et de consultations (enquête, mise en place d'une commission syndicale, avis des conseils municipaux et du conseil général, décision du préfet). De telle manière qu'on ne saurait tenir la possibilité de « défusionner » pour un droit au profit des communes qui le souhaitent.

Le refus de « défusionner » du préfet peut être attaqué devant le juge administratif et fait l'objet d'un contrôle normal de sa part. Il examine si l'appréciation à laquelle se livre le préfet sur la situation de chacune des anciennes communes n'est pas entachée d'une erreur de droit ou de fait (par ex., CE 22 mai 1981, *Brulez et a.*, préc., s'agissant du refus du préfet régulièrement fondé sur le fait que la vie communale issue de la fusion n'était pas « perturbée dans ses actes essentiels »).

C'est un bel exemple de ce que peuvent avoir de paradoxaux les desseins du législateur : l'article 25-II de la loi du 16 décembre 2010 contraste facheusement avec l'économie générale du texte en organisant une procédure temporaire de défusion de communes au profit des « communes associées » sur le fondement de la loi de 1971. Cette possibilité n'étant toutefois pas à encourager, les conditions légales de la défusion se voulaient restrictives (procédure caduque au 1er janv. 2012, mise en œuvre dans l'intérêt de la coopération intercommunale, référendum consultatif, décision préfectorale). Le juge administratif ne les a pas appliqué dans un sens libéral qui aurait contrevenu à l'intérêt général tiré des facilités de gestion publique qu'offre une situation de continuité territoriale (CAA Nancy, 10 oct. 2013, *Mme B.*, *AJDA* 2014. 348, note P. Combeau, s'agissant de la régularité du refus préfectoral de défusionner en dépit de l'approbation populaire de l'opération. Voir également, dans un sens très favorable à ménager la liberté d'appréciation préfectorale de refus de défusion : CE avis, 4 nov. 2013, *Association Cne libre de Saint-Pantaléon*, *AJDA* 2013. 2556, note P. Juen, *BJCL* 2013. 11, concl. E.Cortot-Boucher).

425 ***Les « agglomérations nouvelles »*** [1] ◇ La création d'une « agglomération nouvelle » est une manière originale, et qui peut être autoritaire – c'est-à-dire qui peut être imposée par l'État (1) –, de constituer une personne juridique unique (commune ou établissement public) sur un territoire regroupant un ensemble de communes à « forte concentration de population ». Cette création est *subordonnée à un intérêt d'ordre national ou régional* consistant à permettre un développement équilibré du territoire donné sur le plan social, économique et humain (2).

1. Sur la procédure de création de l'agglomération nouvelle, voir CGCT, art. L. 5311-2 et art. L. 5311-3.

2. Sur le contrôle de l'intérêt national ou régional à l'origine de la création de l'agglomération nouvelle : CE 23 mars 1992, *Martin, Fraboulet et a.*, *Lebon* 130 ; *AJDA* 1992. 376 chron. Ch. Maugüe et R. Schwartz, à propos la création d'une agglomération nouvelle justifiée par l'implantation du parc d'attraction Eurodisneyland à Marne-la-Vallée contribuant au rééquilibrage de la région parisienne vers l'Est.

Les communes ainsi regroupées en agglomération nouvelle sont appelées à se prononcer sur leur nouveau statut qui peut être, soit une *commune unique et nouvelle* après procédure de fusion, soit une « *communauté d'agglomération nouvelle* » – établissement public dont le conseil est élu au suffrage

---

1. V. biblio. v. ss 429, 3.

universel direct –, soit, enfin, *un « syndicat d'agglomération nouvelle »* – établissement public dont le conseil est composé par les délégués des conseillers municipaux.

Les compétences de l'établissement public d'agglomération nouvelle sont définies de manière téléologique – ce qui alimente un contentieux non négligeable. Il exerce les compétences communales lui permettant de programmer et d'investir dans les domaines de l'urbanisme, du logement, des transports, des réseaux divers et de la création de voies nouvelles et du développement économique. Il reste aux communes la gestion des services dépourvus d'intérêt commun (CGCT, art. L. 5331-1 s.). Mais, la nature des compétences de l'établissement implique sa disparition après réalisation des opérations d'aménagement et de construction pour lesquelles il a été mis en place (CGCT, art. L. 5341-1).

La législation actuelle sur les agglomérations nouvelles est issue de la loi n° 83-636 du 13 juillet 1983, successivement modifiée par les lois n° 99-586 du 12 juillet 1999, n° 00-656 du 13 juillet 2000, n° 02-276 du 27 février 2002 et n° 04-809 du 13 août 2004.

Les derniers développements législatifs instituent une procédure de transformation de l'établissement public d'agglomération nouvelle en communauté d'agglomération (art. 32, L. 16 déc. 2010).

426 ***Le cas des plus grandes villes*** ◊ Le recours au statut particulier est une solution aux problèmes posés par les disproportions démographiques des communes. Le droit communal commun ne peut plus servir de modèle aux plus grandes agglomérations où l'on perd de vue l'idée d'une association d'habitants s'administrant eux-mêmes. Les critères de proximité et de solidarité qui constituent la justification même de la commune ne s'y retrouvent pas. Le constat n'est pas nouveau. La Constitution du 27 octobre 1946 habilitait en ce sens la loi organique à « prévoir, pour certaines grandes villes, des règles de fonctionnement et des structures différentes de celles des petites communes » (art. 89). Or, pendant bien longtemps, le droit français s'est caractérisé par son refus d'adapter le statut communal au chiffre de la population. À certaines nuances près, ce chiffre étant pris en référence pour déterminer l'effectif des conseils municipaux et le régime électoral de leurs membres. Mais, cela ne suffit pas à identifier des statuts particuliers qui mettraient à mal le principe de l'uniformité communale.

Ce ne sont que les trois plus grandes villes françaises qui profitent, à ce jour, d'arrangements modelés sur leur taille selon un principe commun consistant à opérer une « décentralisation » à l'intérieur même de la ville (L. n° 82-1169 et 1170, 31 déc. 1982). Cependant, il faut prendre les originalités statutaires de Paris, Lyon et Marseille pour une œuvre empirique qui ne procède pas d'une réflexion générale sur l'adaptation du droit communal. Car, au regard de l'argument tiré de la taille des villes en cause, il n'y avait pas lieu de limiter aux trois plus grandes villes françaises, et à elles seules, une telle organisation pratiquant une décentralisation interne (v. *infra* chap. 1, Le statut de Paris, Lyon et Marseille). Le statut de métropole, en ce qu'il trouve application dans les plus grandes agglomérations par la loi du 27 janvier 2014, préfigure un droit commun des grandes villes. Mais il n'y a guère qu'à Lyon que la qualité de collectivité territoriale est octroyée.

427 ***Le droit communal d'Alsace et Moselle*** [1] ◊ Certains particularismes communaux s'expliquent pour des raisons historiques. Ainsi, les communes des trois départements d'Alsace et de Moselle suivent partiellement un droit spécial issu, entre 1871 et 1914, des dispositions législatives et réglementaires applicables au Land d'Alsace-Moselle créé à l'annexion de leur territoire par l'Allemagne.

Le droit communal local était conçu comme un ensemble autosuffisant de règles à même de régir tous les aspects de la vie communale (institutions, statut des agents, droit des marchés...). L'intégration au droit français à partir de 1918 a progressivement détruit ce système global pour ne plus laisser subsister que quelques dispositions particulières aujourd'hui recensées aux articles L. 2541-1 et suivants ainsi que L. 5815-1 et L. 5816-1 du CGCT.

L'intérêt de ce droit local reposait sur la décentralisation accrue dont profitaient les grandes communes de plus de 25 000 habitants qui s'administraient dans des conditions plus libérales que les communes françaises (allègement de la tutelle, pouvoir discrétionnaire en matière financière). Les petites communes restaient régies dans des conditions comparables à celles du droit français issu de la loi du 5 avril 1884. Mais, à mesure que le législateur français a réformé son droit local dans un sens favorable à la libre administration des collectivités, il n'y avait pas de raison d'exclure les communes d'Alsace-Moselle des avancées réalisées. Ce faisant, l'application dans ces communes des lois du 31 décembre 1970 sur la gestion municipale et du 2 mars 1982 sur les droits et libertés des communes devait marquer des étapes décisives vers l'unification du droit général communal. Le processus s'est accéléré avec l'adoption du Code général des collectivités territoriales supprimant les lois locales du 6 juin 1895 et du 7 juillet 1897 qui subsistaient en tant que telles, pour les incorporer, parfois après réexamen, au sein des articles du Code. Les spécificités du droit alsacien-mosellan se marginalisent et pourraient ne pas substantiellement survivre au progrès de la décentralisation.

L'articulation entre le droit d'Alsace-Moselle et le droit commun mériterait d'être plus simple. Elle repose sur des principes de solutions qui sont davantage supposés que posés et qui, au surplus, ne règlent pas toutes les hypothèses de conflit de normes. On peut dégager deux principes :

1. *Le droit commun doit être réputé applicable de plein droits* dans les départements d'Alsace-Moselle. En effet, le droit alsacien-mosellan ne dispose d'aucun statut constitutionnel dans le texte de 1958. De telle manière qu'il ne saurait exister une « spécialité législative » qui imposerait à chaque loi de spécifier son applicabilité à l'égard de ces départements, solution que la Constitution réserve à l'Outre-mer. Cela n'interdit pas au législateur de prévoir des réserves, c'est-à-dire de mentionner expressément les articles qui feront exception à l'applicabilité générale de la loi (v. en ce sens, CGCT, art. L. 2541-1).

La situation est toutefois de nature à engendrer des vides juridiques, le droit commun ne se trouvant pas applicable dans toute sa continuité. Ainsi, l'exception à l'application de l'article L. 2121-17 CGCT ne permet pas au conseil municipal de

1. V. biblio. v. ss 429, 4.

procéder à une nouvelle réunion sans condition de *quorum*. Il convient alors de se reporter aux dispositions spécifiques du droit alsacien-mosellan pour obtenir la même possibilité (CGCT, art. L. 2541-4-1).

2. Le droit communal d'Alsace-Moselle a la valeur d'un *droit spécial s'appliquant, pour toutes les dispositions qui lui donnent consistance dans le Code, par exception au droit communal général*. Cependant, il ne faut notamment pas exclure que les deux droits *s'appliquent cumulativement* sur des dispositions qui se rejoignent. En effet, le droit commun ne saurait être écarté de façon générale chaque fois que sa mise en œuvre conduit à des solutions plus libérales.

En ce sens, le Conseil d'État a estimé que le recours en opposition contre les délibérations dans lesquelles un élu intéressé à l'affaire a joué un rôle prépondérant (CGCT, art. L. 2541-17) n'interdisait pas la voie générale du recours pour excès de pouvoir contre les délibérations entachées d'intéressement (CGCT, art. L. 2131-11). Il en relève de l'intérêt de ne pas priver le requérant de la possibilité de faire appel du jugement rendu comme c'est le cas avec le recours en opposition définitivement tranché par le tribunal administratif de Strasbourg (CE Sect. 1er juill. 2005, *Hermann, Scheer, RD publ.* 2006. 1087).

La spécialité du droit alsacien-mosellan a récemment reçu consécration au plus haut niveau. Il faut considérer que la législation républicaine antérieure à la Constitution de 1946 a pu être à l'origine d'un *principe fondamental reconnu par les lois de la République* en vertu duquel les spécificités législatives et réglementaires applicables à ces trois départements demeurent en vigueur tant qu'elles n'ont pas été remplacées ou adaptées au droit commun (Cons. const. 5 août 2011, n° 2011-157 QPC, *Sté SOMODIA*, *Rec.* p. 40, *AJDA* 2012. 331, note A. Jennequin et 1880, chron. M. Lombard, S. Nicinski et E. Glaser, *RFDA* 2011. 1209, chron. A. Roblot Troisier et G. Tusseau, 2012. 131, note J.-M. Woehrling, *JCP* 2011 n° 1290, note M.Verpeaux, *JCP Adm.* 2011, n° 2319, note N. Abi Roched, *RFDC* 2012. 158, note C. Gueydan, *RDP* 2013. 532, étude J.-M. Woerhling, le cas à propos de l'art. L. 3134-11 C. trav. réservant l'interdiction du travail le dimanche à l'Alsace et la Moselle). La solution réserve toutefois l'examen de conformité à la Constitution auquel les curiosités du droit alsacien-mosellan ne sauraient échapper (respect de la liberté d'entreprendre dans l'affaire *Sté SOMODIA*).

À cet égard, il est toujours permis de mettre en doute l'absence de clause générale de compétence au profit des communes de ces trois départements. La compétence d'attribution de ces communes pouvait s'expliquer pour des raisons historiques, le maire, nommé par le pouvoir central, étant investi comme l'organe majeur de la collectivité. Mais, aujourd'hui, il semble inconcevable que ces communes souffrent, à tout le moins dans les textes, d'une telle *capitis diminutio* vis-à-vis de leurs homologues nationales.

On peut également s'interroger sur la pratique du dialecte alsacien admise par nombre de règlements intérieurs pour les réunions du conseil municipal au regard du principe de la langue française posée par l'article 2 de la Constitution.

Mérite également l'intérêt, l'établissement d'un régime des cultes spécifiques et dérogatoire au principe de laïcité en ce qu'il repose sur un « service public du culte » : Décr. 18 avr. 2006 et CE 19 déc. 2007, *Vassaux*, *JCP* 2008. 2054, note E. Tawil ; *RD publ.* 2006. 1087, note M. Staub, 17 oct. 2012, *Singa*, *RFDA* 2013. 39, note G. Eveillard, *AJDA* 2013. 867, note P.Subra de Bieusses, *JCP Adm.* 2013, n° 2107, note F. Dieu, jugeant que les actes pris dans l'organisation de ce service public n'ont pas « le caractère de décisions administratives soumises au juge administratif », à propos de la décision de l'évêque de Metz de changer l'utilisateur d'un presbytère. S'agissant de la conformité à la Constitution de ce régime dérogatoire : Cons. const. n° 2012-297 QPC du 21 févr. 2013, *Association pour la promotion et l'expension de la laïcité*, *AJDA* 2013. 1108, note E. Forey, *JCP Adm.* 2013 n° 2108, note F. Lafaille et n° 2109, note H. Portelli, *RFDC* 2013.857, étude C. Gueydan, *DA* 2013, n° 8-9, p. 16, étude F. de la Morena.

428 ***Le recours aux structures de coopération intercommunale*** ◊ Incapable de se réformer en profondeur, le droit français a trouvé ses solutions dans des palliatifs. C'est le cas avec le développement d'une catégorie nouvelle d'établissement public : *l'établissement public intercommunal* ou *établissement public de coopération intercommunale (EPCI)*. Il paraît conçu à partir de la rencontre entre le statut de l'établissement public et celui de la collectivité territoriale. En effet, s'il n'échappe pas aux critères classiques de l'établissement public, il leur inflige cependant un certain nombre de distorsions par rapprochement avec ce qui fait la particularité de la collectivité publique (assouplissement du principe de spécialité et inversion du principe de rattachement, élection de ses dirigeants au suffrage universel direct). En bref, il prend l'aspect de la collectivité en diversifiant ses missions au service d'une communauté humaine localisée (v. *infra*, chap. 2, L'établissement public de coopération intercommunale).

429 ***Bibliographie*** ◊

I. – Sur la collectivité territoriale de Corse

- Bouzely (F.), « Le régime spécifique de la Corse », *Rev. adm.* 1989, p. 159, n° 248
- Michalon (T.), « Le statut de la Corse et la périphérie de la République », *Rev. adm.* 1985. 562 ; « Région de Corse : maturité progressive des institutions, épilogue du statut particulier », *RFDA* 1986. 580
- Orsoni (G.), « Le régime fiscal de la Corse », *RFFP* 1991. 33
- Romi (R.), « Que toutes les îles se ressemblent ! », *AJDA* 2003. 1340
- Sabiani (F.), « Le régime électoral de l'Assemblée de Corse et la Constitution », *AJDA* 1986. 221
- Tedeschi (P.), « Les rapports de la Corse et de l'Europe », *RD publ.* 1993. 1193

1. Notes sous la décision du Conseil constitutionnel n° 82-138 du 25 févr. 2002 et commentaires de la loi n° 82-214 du 2 mars 2002

- Boulouis (J.), *AJDA* 1982. 303 ; Etien (R.), *Rev. adm.* 1982. 382 ; Favoreu (L.), *RD publ.* 1982. 1259 ; Franck (C.), *JCP* 1983. 20099 ; Ferrari (P.), *AJDA* 1982. 344 ; Morand Deviller (J.), *LPA* 31 mars 1982. 4

2. Notes sous la décision du Conseil constitutionnel n° 91-290 du 9 mai 1991 et commentaires de la loi n° 91-428 du 13 mai 1991

- Debbasch (R.), *D.* 1991. 624 ; Etien (R.), *Rev. adm.* 1991. 234 ; Favoreu (L.), *RFDC* 1991. 305 ; Ferrari (P.), *AJDA* 1991. 701 ; Genevois (B.), *RFDA* 1991. 407 ; Houteer (Ch.), *LPA* 5 juill. 1991, p. 21 ; Luchaire (F.), *RD publ.* 1991. 943 ; dossier de 4 études : Michalon (T.), Olivesi (O.), Pastorel (J.-P.) et (R.) Romi, *RFDA* 1991. 705 s. ; Tangui (Y.), *Rev. adm.* 1992. 121

3. Notes sous la décision du Conseil constitutionnel n° 01-454 du 17 janv. 2002 et commentaires de la loi 02-92 du 22 janv. 2002

- Dossier de 3 études : Verpeaux (M.), Faure (B.) et Viola (A.), *RFDA* 2002. 459 s. ; Schoettl (J.-E.), *AJDA* 2002. 100 ; Ferrari (P.), *AJDA* 2002. 86

II. – Sur la fusion des communes

- Auby (J.-M.), « Les fusions de communes », *Rép. Coll. locales* n° 1360
- Imbert (L.), « Structures communales et infra-communales », *J.-Cl. Adm.* fasc. 125-1
- Madiot (Y.), *Fusions et regroupements de communes*, LGDJ, 1973
- Van Thong (N.), « La fusion des communes », *Rev. adm.* 1991. 266

1. S'agissant du commentaire de la loi du 16 décembre 201

- Le Roux (M.), « La relance du processus de fusion entre collectivités territoriales », *JCP Adm.* 2011. 2130
- Moreau (J.), « La commune et la loi du 16 décembre 2010 de réforme des collectivités territoriales », *JCP Adm.* 2011, n° 2, 23
- Portier (N.), « La coopération intercommunale dans la réforme des collectivités », *AJDA* 2011, dossier spéc., 80
- Viola (A.), « Les communes nouvelles : vers la fin de l'émiettement communal français ? », *Rev. adm.* janv.-févr. 2010, p. 29
- Aubelle (V), « Considérations autour de la commune nouvelle », *RLCT* nov. 2013. 53

2. S'agissant des « défusions »

- Flauss (J.-F.), « La dissociation des communes fusionnées », *LPA* 24 juin 1988, p. 4, et 28 juin 1988, p. 22.

III. – Sur les « agglomérations nouvelles »

- Albertini (P.), « La réforme du statut des agglomérations nouvelles », *AJDA* 1983. 610
- Auby (J.-M.), « Les agglomérations nouvelles », *Rép. Coll. locales* fasc. 1390 s.
- Boiteau (C.), J.-Cl. *Coll. terr.*, fasc. 270
- Gruber (A.), « Du nouveau pour les villes nouvelles », *LPA* 16 mars 1992
- Hourticq (J.), « Les agglomérations nouvelles », *Rev. adm.* 1971. 329
- Laluque (L.), « Vers la fin des villes nouvelles », *AJDA* 2004. 915
- Melleray (G.), « Commentaire de la loi du 13 juillet 1983 », *ALD* 1984. 59
- Morand (J.), « Le statut des agglomérations nouvelles », *JCP* 1972. I. 2420

IV. – Sur le droit communal d'Alsace et Moselle

- Flauss (J.-F.), « Droit local alsacien-mosellan et la constitution », *RD publ.* 1992. 1625
- Hertzog (R.), « L'Alsace et la Moselle. Le droit fiscal », « Le conseil municipal » et « Le maire et les adjoints », *Rép. Coll. locales*, fasc. 1956-1 s., 1962-1 s. et 1972-1 s.
- Woehrling (J.-M.), « Droit communal d'Alsace-Moselle », *J.-Cl. Coll. terr.* fasc. 155 s. ; « La gestion en droit local : maintien, abrogation, actualisation », *in La situation du droit local alsacien-mosellan*, LGDJ, 1985, p. 37

CHAPITRE 1

LE STATUT DE PARIS, LYON ET MARSEILLE

430 ***Inadaptation du modèle communal*** ◊ Ces trois villes bénéficient d'aménagements particuliers tout à la fois pour des raisons historiques, politiques et logiques. Depuis deux siècles, la capitale française n'a jamais paru tout à fait appropriée à se fondre dans l'uniformité du statut communal. Il en allait sans doute d'une question d'échelle, la taille hors norme de Paris paraissant peu conciliable avec la transposition du modèle communal. Mais, il faut voir surtout que Paris n'a jamais pu ressembler à une ville ordinaire en ce que les pouvoirs publics y ont régulièrement leur siège et incarnent l'ordre établi contre lequel la population parisienne a marqué sa disposition à s'insurger au cours de l'histoire. Ces éléments expliquent qu'on s'est attaché, depuis la loi du 28 pluviôse an VIII, à doter Paris d'une organisation permettant que s'exerce effectivement sur son territoire l'autorité gouvernementale.

La dernière réforme majeure du statut de la capitale date des lois n° 82-1169 et 1170 du 31 décembre 1982 (modifiée, CGCT, art. L. 2511-1 s.). Le contexte politique qui l'a portée n'était pas neutre. Avec l'accession de la gauche au pouvoir pour la première fois sous la Vᵉ République, il s'agissait de réduire l'importance de la mairie de Paris dont le chef de l'opposition avait fait son fief. La division de la capitale en arrondissements, avec un conseil et un maire d'arrondissement à leur tête, permettait tout à la fois de parvenir à un tel résultat et d'opérer une sorte de « décentralisation » à l'intérieur même de la ville dont la disproportion laissait trop de distance entre le pouvoir municipal et ses assujettis.

Sur la foi de ce deuxième argument, il est vrai plus avouable et de nature à dissimuler les arguments politiques qui entouraient la réforme, le système de Paris (2 millions d'habitants) s'est étendu aux deux autres plus grandes villes de France, Lyon (850 000 d'habitants) et Marseille (450 000 d'habitants).

De la réforme du « Grand Paris » (L. n° 10-597, 3 juin 2010) [1] il n'y a pas grand-chose à en dire pour qui s'attache à l'étude des institutions administratives décentralisées. Cette réforme est issue des constatations critiques selon lesquelles la capitale souffre d'une sur-administration et, simultanément, d'un sous-équipement et d'une sous-croissance. C'est un problème d'importance nationale. Mais la parade législative demeure limitée à une politique d'aménagement du territoire par de grands équipements communs et les instruments destinés à les planifier. Sa division

1. À propos de la « métropole du Grand Paris », v. ss 530 (1).

administrative en de multiples collectivités n'est pas remise en cause, avec le manque d'unité administrative et politique qui s'ensuit. Sur cette base, cependant, la zone de rayonnement de la région parisienne devrait s'élargir, la recherche de connexions économiques au plan interrégional et international étant favorisé par la « création d'un réseau de transport public de voyageurs » (art. 1er L. 3 juin 2010) reliant les ports de la Seine, les gares TGV, les aéroports et le centre de Paris. Un nouveau métro automatique autour de Paris sera installé. La Société du Grand Paris, nouvel établissement public de l'État, sera le concepteur et le maître de l'ouvrage de ces opérations. Il prendra également en charge l'élaboration d'un « schéma d'ensemble du réseau de transport public du Grand Paris », approuvé par décret en Conseil d'État, et auquel les documents d'urbanisme décentralisés ou d'élaboration concertée (Schéma directeur de la région d'Ile-de-France) devront obéir [1].

431 ***Grands principes d'organisation de Paris, Lyon et Marseille*** ◊ Ce qui fait la particularité du statut commun de ces trois villes, c'est leur *découpage en arrondissements*, c'est-à-dire en subdivisions d'administration générale de la ville. Ces arrondissements sont placés sous la direction d'un *conseil d'arrondissement* qui désigne son propre *maire d'arrondissement* parmi ses membres. Entre la population et son conseil municipal, l'arrondissement forme une interface permettant une administration plus proche des intérêts particuliers des différentes parties de la ville. En cela, l'organisation s'apparenterait à une décentralisation à l'intérieur de la ville si ces arrondissements possédaient la personnalité morale et se voyaient dotés de compétences propres suffisamment significatives. En revanche, il ne peut s'agir de déconcentration dans la mesure où les conseillers d'arrondissement sont élus au suffrage universel - hormis pour le cas des ressources de l'arrondissement qui lui sont transférées par la ville -. On reste plus proche du principe de décentralisation sans toutefois parvenir strictement à ce résultat. En fait, la réforme ne va pas au terme de sa logique : « Les arrondissements sont des villes qui ont moins de pouvoirs qu'un village » (T. Célérier).

Cependant, le statut des trois villes n'entend déroger au droit commun communal que sur ce principe de division administrative. Pour le reste de leur organisation, « *Paris, Lyon et Marseille sont soumises aux règles applicables aux communes* » (CGCT, art. L. 2511-1). Le terme de ville, ici utilisé par facilité d'expression pour les désigner, ne possède aucune consistance juridique. Les droits législatif et constitutionnel s'en tiennent à celui de « commune », fût-elle aménagée par des « dispositions particulières » selon le titre du cinquième livre du Code général des collectivités territoriales régissant Paris, Lyon et Marseille.

La jurisprudence du Conseil constitutionnel a évolué pour trancher dans le sens d'une qualification qui écarte le cas de Paris de tout rattachement à la catégorie

---

1. « Le Grand Paris », *Rev. Urbanisme* sept.-oct. 2009, n° 368, dossier ; G. Marcou, « La loi sur le Grand Paris : le retour de l'État aménageur ? », *AJDA* 2010. 1868 ; S. Traouré, « La loi du 3 juin 2010 relative au Grand paris : mobilisation du droit de l'urbanisme et contreparties environnementales », *Envir. et dévelop. durable* août-sept. 2010. 25. V. ég. « Paris, état des lieux », *AJDA* 2010. dossier 1348.

des communes, celle-ci « constituant à elle-seule, une catégorie de collectivité territoriale » (Cons. const. n° 2009-588 DC du 6 août 2009, *AJDA* 2009. 2120, note J. Wolikow, *D.* 2010. 1508, obs. V. Bernard et L. Gay, comparer avec Cons. const. n° 82-149 DC du 28 déc. 1982, *Rec.* p. 76, *RDP* 1983. 375, note L.Favoreu, *RA* 1984. 123, note X. Prétot, faisant état des « dispositions » qui « dérogent au droit commun de l'organisation communale »).

Nécessairement, ce statut, en ce qu'il doit organiser les relations entre la ville et ses composantes, ne peut pas être simple. Il implique l'augmentation de l'effectif des conseillers élus, un régime électoral complexe pour les désigner et les répartir au sein de chaque conseil et des modalités de répartition des responsabilités, du personnel et des ressources entre la ville et chaque arrondissement.

La représentation propre des arrondissements ne va pas sans risque pour la cohérence de la politique municipale, chacun d'entre eux devenant susceptible d'affirmer son autonomie politique et de se trouver en opposition avec la majorité municipale. À titre de précaution, la loi institue un certain nombre de rouages qui sont de nature à favoriser l'unité d'administration de la ville (commissions mixtes, délibérations conjointes, conférences de programmation, arbitrages du conseil municipal ou du préfet...). On ne saurait affirmer aujourd'hui que la pratique ait révélé les conflits institutionnels redoutés à l'origine.

Au contraire, le statut de Paris, Lyon et Marseille serait plutôt pris en exemple dans l'intérêt de démocratiser l'organisation de toutes les plus grandes villes. Son application exclusive à Paris, Lyon et Marseille est trop circonscrite pour ébranler l'unité du statut communal. Mais, sa généralisation aux grandes villes introduirait un dédoublement du modèle communal marquant mieux l'adaptation du droit à la disparité entre les grandes villes et les petites et moyennes communes.

SECTION 1. **DIVISION DE L'ORGANISATION MUNICIPALE**

432 On rappelle que les villes de Paris, Lyon et Marseille demeurent régies, comme toute commune, par leur conseil municipal et leur maire, organes de représentation et d'administration de droit commun de la personne communale. À cela, la loi du 31 décembre 1982 a ajouté un découpage de ces villes en arrondissements dotés de leurs propres organes de représentation : le conseil d'arrondissement élu et son maire. Paris, Lyon et Marseille sont respectivement divisés en 20, 9 et 16 (réunis en 8 secteurs) arrondissements.

433 ***Nature juridique de l'arrondissement*** ◊ L'arrondissement est une subdivision administrative générale de la commune non dotée de la personnalité morale. Le législateur n'a ainsi jamais entendu leur conférer la

nature de collectivité territoriale – explicitement interprété en ce sens par le Conseil constitutionnel –, c'est-à-dire les ériger en commune à l'intérieur de la commune. Il en résulte notamment que l'arrondissement ne saurait disposer d'un patrimoine propre, d'un personnel recruté en son nom et qu'il ne peut décider pour lui-même. Cette infirmité institutionnelle dont souffre l'arrondissement porte à faux avec l'idée qui préside à sa consécration en tant que centre d'intérêts spécifiques et avec les avancées de la législation qui tendent à lui reconnaître des droits d'intervention dans le fonctionnement du conseil municipal.

V. par ex., CGCT, art. L. 2511-12 issu de l'art. 25 L. n° 02-276, 27 févr. 2002, s'agissant de l'inscription de droit d'une question à l'ordre du jour du conseil municipal.

V. ég, la possibilité pour le conseil d'arrondissement de diffusion des bulletins d'information : CAA Lyon, 23 déc. 1999, *Ville Lyon*, *Lebon* 672.

On ne saurait totalement reconnaître au conseil d'arrondissement le statut d'un « conseil élu » au sens de l'article 72 alinéa 3 Const. Il lui manque d'être placé à la tête d'une collectivité territoriale et une compétence générale pour l'administrer.

Il est tout de même paradoxal qu'on reconnaisse l'arrondissement comme le siège d'intérêts spécifiques, qu'on organise sa représentation par l'élection au suffrage universel sans lui accorder une personnalité juridique propre. Il en découle que l'arrondissement peut souffrir de ne pas avoir les mêmes possibilités juridiques qu'une simple association d'habitants de quartier pour intervenir dans la vie municipale. C'est le cas, par exemple, pour défendre en justice les intérêts du quartier (CE 21 déc. 1906, *Synd. propritétaires et contribuables quartier Croix de Seguey-Tivoli*, *Lebon* 692).

En fait, la loi du 31 décembre 1982 s'inscrit dans le droit fil de la précédente loi n° 75-1131 du 31 décembre 1975 qui n'entendait aménager qu'une place minimale au profit des arrondissements. Les conseillers municipaux élus au sein de l'arrondissement pouvaient se voir déléguer par le maire de la ville ses fonctions d'état civil et ils se réunissaient en commissions consultatives, constituées dans chaque arrondissement, avec des représentants d'association.

434 ***Constitution du conseil d'arrondissement*** ◊ Chaque conseil d'arrondissement est élu au suffrage universel direct à raison d'un conseil par arrondissement. Ce conseil forme un organe mixte par sa composition : il est constitué pour un tiers de conseillers municipaux et pour deux tiers de conseillers d'arrondissement. L'ensemble des conseillers sont concomitamment élus sur liste commune, les premiers élus siégeant à la fois au conseil municipal et au conseil d'arrondissement ; les élus suivants au conseil d'arrondissement seulement. L'arrondissement constitue donc la circonscription électorale pour les élections municipales. Le régime des élections municipales a donc été bouleversé par la réforme de 1982 (CGCT, art. L. 2511-3).

Ce système électoral crée une certaine solidarité entre le conseil municipal et les conseils d'arrondissement. C'est une conséquence : la loi prévoit que la dissolution du conseil de Paris « entraîne de plein droit la dissolution des conseils d'arrondissements » (CGCT, art. L. 2512-4).

435 ***Fonctionnement du conseil d'arrondissement*** ◊ Les règles relatives aux délibérations et au fonctionnement du conseil d'arrondissement doivent s'apprécier par transposition au droit des conseils municipaux. Cette solution de principe affirmée par la loi (CGCT, art. L. 2511-10) a donné l'occasion au juge administratif de rappeler que le conseil d'arrondissement était tenu de se réunir en séance publique (CE 2 oct 1992, *Malberg, Lebon 792*, illégalité de l'interdiction d'accès à la réunion des personnes intéressées d'y assister en l'absence de motif établi de sécurité ou d'ordre public).

Dans le même sens, le maire d'arrondissement est seul compétent pour fixer l'ordre du jour du conseil d'arrondissement (TA Paris, 20 déc. 1996, *Maire Paris, Lebon 766*).

Toutefois, signe qu'il ne s'apparente pas totalement à un conseil élu, le conseil d'arrondissement peut débattre avec le public des affaires intéressant l'arrondissement après la fin de ses réunions. Cette possibilité peut être formellement organisée par le règlement intérieur de « l'assemblée ». Mais, elle ne peut toutefois aboutir à une prise de décision du conseil (TA Paris 20 déc. 1996, *Maire Paris*, préc.).

436 ***Désignation du maire d'arrondissement*** ◊ Le maire d'arrondissement est élu par le conseil d'arrondissement en son sein. Il ne peut être le maire de la ville. Il n'a plus à être élu parmi les conseillers municipaux du conseil. Dans les mêmes conditions, le conseil recrute un ou plusieurs adjoints d'arrondissement parmi les conseillers d'arrondissement. L'élection du maire et de ses adjoints a lieu huit jours après celle du maire de la ville à l'occasion d'une réunion exceptionnellement convoquée par le maire de la ville (CGCT, art. L. 2511-25 modifié par la loi du 5 août 2013). La rédaction de cet article tel qu'issu de l'article 1er de la loi n° 07-128 du 31 janvier 2007 impose une désignation paritaire des adjoints entre hommes et femmes.

Leur statut ne se distingue pas des règles applicables aux maires et adjoints communaux.

437 ***Constitution de quartiers d'arrondissement*** ◊ Avec la loi n° 02-276 du 27 février 2002 voulue pour favoriser la « démocratie de proximité », le système pyramidal de Paris, Lyon et Marseille se perfectionne. La ville doit être découpée en quartiers dont le périmètre est fixé par le conseil municipal sur proposition des conseils d'arrondissement. Chaque quartier est doté d'un conseil de quartier qui le représente et participe à l'administration communale en formulant des propositions sur toute question concernant le quartier ou la ville.

Il est assez remarquable - étant donné ses faibles pouvoirs - que les règles de composition et de fonctionnement des conseils de quartiers soient déterminées par le conseil d'arrondissement. En conséquence, il ne faudra pas chercher de règles unitaires, d'un arrondissement à l'autre, s'appliquant à ces conseils de quartier dans leur recrutement (condition d'âge, de nationalité, de scrutin...) et leurs réunions.

SECTION 2. DIVISION DES COMPÉTENCES MUNICIPALES

438 ***Compétences du conseil d'arrondissement*** ◊ Elles sont sans rapport avec le mode de désignation de ses membres. Bien que procédant du suffrage des électeurs de l'arrondissement, ce conseil n'a pas vocation générale à administrer directement l'arrondissement. Il est plus exact de s'en remettre à l'idée qu'il participe à cette administration dont le conseil municipal a la charge. Ses compétences sont *spéciales et rarement décisoires*. Elles s'exercent souvent en liaison avec le conseil municipal. C'est à ce prix que semble garantie l'unité de direction de la ville.

Le conseil d'arrondissement peut recevoir un *pouvoir de décision* dans des conditions limitées. Il peut ainsi recevoir *délégation* du conseil municipal pour passer, exécuter et régler des marchés dispensés de formalité préalable en raison de leur faible montant (CGCT, art. L. 2511-22). Le plus souvent, son pouvoir de décision doit être reconnu implicitement à partir du cas où la loi l'habilite à prendre en charge la gestion des équipements collectifs de proximité (crèches, stades, maisons de jeunes, espaces verts...). À ce titre, le conseil d'arrondissement « délibère sur l'implantation et le programme d'aménagement » de ces équipements avant d'être chargé de les « gérer » et, éventuellement, d'y investir (CGCT, art. L. 2511-16, v. ég. CGCT, art. L. 2511-17).

Le plus souvent, les attributions du conseil d'arrondissement sont *consultatives*. Sa tâche consiste à participer au pouvoir de décision du conseil municipal et de son maire. En ce sens, le conseil municipal est tenu de recueillir son avis avant toute délibération concernant les affaires dont l'exécution est prévue dans l'arrondissement notamment en matière d'urbanisme et d'aides aux associations (CGCT, art. L. 2511-13 s.). Son seul pouvoir général s'exerce à titre consultatif : il émet des vœux sur toute question intéressant l'arrondissement (CGCT, art. L. 2511-12).

439 ***Rapports entre le conseil d'arrondissement et les autorités municipales*** ◊ L'administration de l'arrondissement se fait à partir d'un ensemble de relations que le conseil municipal et son maire tissent avec le conseil d'arrondissement. Ces relations dessinent nécessairement un modèle d'administration plus lourd à mettre en œuvre. En disposant le conseil d'arrondissement à être autorisé, à être consulté, à recevoir délégation de la part du conseil municipal, à décider par délibérations

concordantes avec lui ou en commission mixte, la loi généralise un *système de co-administration de l'arrondissement.*

Le fond de ce dialogue entre les deux assemblées est fait d'informations que le conseil d'arrondissement recueille sur l'action du conseil municipal : le conseil d'arrondissement dispose d'une *garantie générale d'information pour tout ce qui regarde l'arrondissement.* La loi organise ainsi une procédure de questions écrites à la demande du conseil d'arrondissement et qui peut donner l'occasion d'un débat en réunion du conseil municipal sur une affaire concernant l'arrondissement. Cette procédure n'est pas tout à fait sans lien avec le droit des interpellations parlementaires, notamment en ce qu'elle permet de transformer les ordres du jour (CGCT, art. L. 2511-12).

Sur les délibérations du conseil d'arrondissement, *le maire de la ville exerce une sorte de tutelle personnelle tout en participant à la tutelle préfectorale.* C'est par son intermédiaire que s'opère la transmission des délibérations au préfet en charge de la vérification de leur légalité. Dans le délai de quinze jours prévu pour cette transmission, le maire peut demander au conseil une seconde lecture. Il peut lui-même, sans préjudice des pouvoirs du préfet, déférer au tribunal administratif une délibération ayant donné lieu à une seconde lecture et, le cas échéant, assortir son recours d'une demande de suspension selon une procédure accélérée (CGCT, art. L. 2511-25).

440 ***Compétences du maire d'arrondissement*** ◊ Le Code le présente comme l'égal du maire de la commune en ce qu'il est chargé de préparer et d'exécuter les délibérations du conseil d'arrondissement (CGCT, art. L. 2511-2). Mais les compétences réglementaires du conseil d'arrondissement demeurant limitées, sa tâche d'exécuteur reste marginale. Il interviendra plus notoirement dans les matières pour lesquelles le maire de la commune agit en tant qu'autorité déconcentrée de l'État à savoir, l'état civil, les affaires scolaires et les listes électorales (CGCT, art. L. 2511-6).

La loi donne au maire d'arrondissement le droit d'être consulté par le maire de la ville pour les autorisations d'utilisation des sols ou de la voirie dans l'arrondissement que ce dernier reste seul à pouvoir délivrer. Il donne également son avis sur les projets d'acquisition, d'aliénation ou de transformation d'immeubles par la commune au sein de l'arrondissement (CGCT, art. L. 2511-30). Il a, en outre, le droit d'être informé de certaines questions.

Dans l'exercice de ses pouvoirs, le maire d'arrondissement peut donner délégation à ses adjoints selon les principes du droit communal (CGCT, art. L. 2511-28).

441 ***Moyens de l'arrondissement*** ◊ L'arrondissement ne saurait être privé de moyens d'action du seul fait que la personnalité juridique lui fait défaut. Des moyens financiers et humains sont mis à sa disposition par le conseil municipal mais selon des modalités légales qui ne vont pas sans renforcer la complexité du statut des trois villes.

– *Les moyens financiers de l'arrondissement* ne peuvent être octroyés selon des règles qui feraient entorse à l'unité budgétaire de la commune, cette dernière étant normalement la seule à pouvoir disposer de ressources propres. Les recettes et les dépenses nécessaires au fonctionnement de l'arrondissement font l'objet d'un « *état spécial* » qui les retrace en annexe du budget communal. Cet « état spécial » est adopté selon des modalités complexes. Les recettes proviennent d'une *dotation de gestion locale* destinée au financement des dépenses de fonctionnement des services et des équipements dont l'arrondissement a la charge et qui est pondérée, à la marge, par la composition socio-professionnelle de chaque arrondissement. Les dépenses nécessaires à l'information des habitants, aux activités culturelles et aux travaux d'urgence font l'objet d'une *dotation d'animation locale*. Ces deux dotations sont déterminées et versées par la ville selon des critères légaux prenant en compte les charges réelles de chaque arrondissement. L'arrondissement perçoit également des redevances prélevées sur la gestion des équipements placés sous sa responsabilité.

La ville verse également les sommes nécessaires aux dépenses d'investissement des arrondissements après avis d'une commission composée des maires d'arrondissement et de la ville.

Voir CGCT, art. L. 2511-36 s..

– *Les moyens en personnel* de l'arrondissement sont mis à sa disposition par le maire de la ville après accord avec le maire d'arrondissement. Ce dernier peut également demander que des services de la ville soient mis à sa disposition (Décr. n° 83-1146, 23 déc. 1983).

442 *Bibliographie* ◊

- Bigaut (G.), *Histoire municipale de la ville de Paris*, Doc. fr., n° 272, 2001, p. 17
- Durantin (J.-F.), « L'organisation administrative de Paris à la suite des lois n° 82-1169 et 82-1170 du 31 décembre 1982, permanence et mutations », *LPA* 1990, n° 30, p. 16
- Goyard (C.), « *Fluctuat nec mergitur*. Réflexion sur la loi du 31 décembre 1975 sur le régime de Paris », *RD publ.* 1978. 999
- Prétot (X.), « Le statut des villes-capitales », *RFAP* 1986. 709
- de Soto (J.), « L'arrondissement de Paris », *RD publ.* 1984. 1301

CHAPITRE 2
LA MÉTROPOLE DE LYON

443 ***Présentation*** ◊ La qualification de métropole est des plus imprécises en droit français puisque le mot ne correspond pas à un modèle d'organisation unique dans tous les cas où il est employé. Néanmoins, il caractérise pour Lyon un régime aussi spécifique et ambitieux qu'on pouvait le souhaiter : la métropole lyonnaise est une nouvelle collectivité territoriale où s'absorbent sur le territoire de l'agglomération les composantes qui s'y trouvent, c'est-à-dire les communes qui se maintiennent, la communauté urbaine et le département qui disparaissent (CGCT, art. L. 3611-1 s. issus de la loi n° 2014-58 du 27 janv. 2014). Son chef-lieu est à Lyon.

Il n'est pas douteux que cette métropole constitue une collectivité territoriale à statut spécifique au sens de l'article 72 de la Constitution tant par sa dimension originale, supra-communale et infra-départementale (Le département du Rhône se maintenant au-delà de l'agglomération lyonnaise), que par la spécificité marquée de l'organisation administrative destinée à s'y appliquer.

Solution implicitement admise par le juge constitutionnel estimant son institution régulière au regard des règles posées par l'art. 72-1 C. dispensant le législateur d'un référendum pour créer une collectivité spécifique : Cons. const. n° 2013-687 du 23 janv. 2014, cons.61. Toutefois, cette nouvelle collectivité n'est pas dans une situation si différente des autres au regard de l'interdiction de cumuler des mandats exécutifs locaux, interdiction justifiée pour permettre à leur titulaire « de les exercer de façon satisfaisante ». C'est pourquoi s'y applique le principe d'égalité dans le sens où la règle de non-cumul entre le mandat de président de la métropole et celui de maire devra être prévue : même décision cons. 63.

Le fait qu'il s'agisse, contrairement aux autres métropoles, d'une collectivité territoriale retient l'attention : dans son inspiration primitive, la métropole devait acquérir cette qualité. Le modèle était ainsi imaginé par le rapport du Comité Balladur (mars 2009), le cas lyonnais se trouvant d'ailleurs à la source de la réflexion des membres de ce comité en ce qu'il a la particularité de faire voir une vaste agglomération correspondant à peu près au périmètre du département du Rhône. Dans ce cadre, la métropole devait servir de modèle d'avant-garde en vue de constituer des « pôles urbains dynamiques et intégrés, dotés d'un fort rayonnement économique et culturel » (proposition 8) dans un contexte de concurrence entre les grandes villes européennes en terme d'attractivité. Les communes et le département – pour sa partie non urbaine – étaient envisagés comme devant disparaître à son profit, son statut de collectivité territoriale lui assurant l'élection directe de ses conseillers et la compétence générale d'administration. L'« identité » des anciennes communes devait toutefois survivre, à l'état ambryonnaire, sous la forme de « villes » auxquelles les rapporteurs n'avaient pas su donner d'autre qualification que « personne morale de droit public » et dotées de compétences très limitées.

444 ***Organisation*** ◊ Si la métropole lyonnaise est un cas à part, son organisation est néanmoins départementalisée comme le laisse d'ailleurs suggérer l'insertion des règles qui la régissent au sein de la troisième partie du CGCT résérvée aux départements. Cette orientation se manifeste plus spécifiquement par l'institution d'une commission permanente, émanation du conseil métropolitain, élue par lui parmi ses membres et principalement chargée d'administrer la nouvelle collectivité par les délégations reçues de lui (CGCT, art. L. 3631-5).

La métropole exerce ses compétences par les délibérations du conseil de métropole. Mais le caractère de collectivité décentralisée de la métropole qui exige l'élection de ses représentants au suffrage universel direct, ne deviendra pleinement effectif que lorsque cette condition aura été satisfaite, en 2020, au prochain renouvellement des conseils municipaux suivant la création de la métropole au 1er janvier 2015. Un régime transitoire prévoit que les délégués de la communauté urbaine de Lyon, élus au suffrage universel en mars 2014, représentent la métropole de Lyon (loi n° 2013-403 du 17 mai 2013).

Le conseil métropolitain élit son président après chaque renouvellement à la majorité absolue aux deux premiers tours de scrutin, à la majorité relative au troisième. Des règles s'inspirant approximativement de celles du droit des départements s'appliquent pour l'élection des vices-présidents (25 au plus) et des membres de la commission permanente, celle-ci comprennant éventuellement d'autres conseillers élus. Les règles imposent le scrutin de liste dans l'intérêt d'assurer la représentation paritaire des femmes et des hommes au sein de la commission permanente et de l'exécutif. Le régime transitoire en vigueur prévoit que le président de la communauté urbaine de Lyon et ses vices-présidents exercent les fonctions de président et vices-présidents du conseil métropolitain.

Un des traits - déjà noté avec les métropoles de droit commun - du statut de métropole est la nécessité d'organes secondaires de liaison entre la métropole et ses composantes communales, adjoints aux organes essentiels, les assemblées délibérantes élues. Ces organes forment l'ébauche d'un fédéralisme métropolitain. Plusieurs réunions des maires de la métropole - dites *Conférences territoriales des maires* - sont instituées sur des périmètres décidés par le conseil de la métropole pour fournir leur avis sur les politiques métropolitaines qui les regardent. Elles ont lieu au moins une fois par an sur un ordre du jour déterminé (CGCT, art. L. 3633-1). Ces maires se réunissent également dans une sorte d'assemblée générale dénommée *Conférence métropolitaine* présidée de droit par le président de la métropole. Un *pacte de cohérence métropolitaine* cimente la politique commune entre la métropole et ses composantes communales (CGCT, art. L. 3633-2 et 3), et pour l'exécution de laquelle des délégations de compétences sont prévues entre les deux niveaux. Il y a néanmoins lieu de considérer que ce pacte ne saurait s'imposer aux décisions communales dans des conditions qui affecteraient leur libre administration. Ces deux conférences ne sont pas très différentes de structure et d'attributions.

445 ***Compétences*** ◊ La structure des compétences métropolitaines est celle d'une collectivité territoriale : s'y exercent des compétences d'attribution et une compétence générale résiduelle octroyée dans sa formulation traditionnnelle selon laquelle « le conseil métropolitain règle par ses délibérations les affaires de la métropole de Lyon » (CGCT, art. L. 3642-1). En revanche, la présentation qui en est faite ne s'imposait pas qui place la métropole de Lyon sur le même pied que n'importe quel établissement public de coopération intercommunale à fiscalité propre assigné à la réalisation d'un projet d'aménagement et de développement (CGCT, art. L. 3611-2). Une collectivité territoriale n'a pas, en effet, de mission qui lui est imposée à la poursuite de laquelle elle devrait assujettir l'exercice de ses compétences et de ses ressources.

La métropole lyonnaise trouve tout son intérêt dans la liste de ses compétences d'attribution : s'y concentrent des compétences qui s'éparpillaient entre tous les niveaux d'administration territoriaux. Elle exerce en propre les compétences du département (CGCT, art. L. 3641-2) et des établissements public de coopération intercommunale (CGCT, art. L. 3641-8) qui s'absorbent dans son cadre, celles des communes nécessaires à sa politique en matière d'aménagement de l'espace et de développement économique, social et culturel, en matière d'habitat et de ville, de gestion des services collectifs, d'environnement et de cadre de vie (CGCT, art. L. 3641-1). L'énumération légale fait penser que le pouvoir communal se trouve vidé de l'essentiel de son contenu après constitution de la métropole. S'agissant du transfert des pouvoirs de police au président de la métropole : CGCT, art. L. 3642-2.

La métropole exerce, en outre, un certain nombre de compétences régionales par délégations (CGCT, art. L. 3641-4 I) ou en propre (CGCT, art. L. 3641-4 II), les possibilités de délégation étant enfermées dans une liste (développement économique, lycée...) fixée par renvoi à l'article L. 4221-1-1 CGCT. L'État peut également consentir des délégations de compétences administratives, notamment en matière de logement (CGCT, art. L. 3641-5).

La loi donne la possibilité à la métropole de déléguer conventionnellement certaines de ses compétences à ses communes (CGCT, art. L. 3641-3).

La volonté du législateur, pour une fois, a été très claire : pour assurer une décentralisation plus efficace, il a entendu unifier, auprès d'une seule collectivité, la plupart des compétences décentralisées au niveau d'une région afin qu'elles s'exercent de manière plus cohérente et rapide, peut-être plus démocratique, le fractionnement institutionnel étant un point faible de l'organisation décentralisée de la Fance. La métropole lyonnaise est un prototype qui fait figure de solution d'avenir.

Les droits et obligations des personnels et des biens transférés à la métropole, ses ressources, sont déterminés par application sur sa tête de ceux applicables aux communes, au département du Rhône et à la communauté urbaine de Lyon auxquels la métropole se substitue.

CHAPITRE 3

L'ÉTABLISSEMENT PUBLIC DE COOPÉRATION INTERCOMMUNALE

446 ***Définition*** ◊ L'établissement public de coopération intercommunale (EPCI) est une personne morale de droit public rattaché à plusieurs communes et soumise au principe de spécialité, fût-il entendu plus largement que pour l'établissement public classique. Sur le territoire des communes qu'il regroupe, il est créé en vue de la gestion d'activités de service public ou de la réalisation de projets incombant à l'administration communale et exercés selon des règles aussi proches que possible du droit communal.

Sachant que l'EPCI est une formule intermédiaire entre l'établissement public et la collectivité publique, le législateur a cru bon d'instituer plusieurs types d'établissement public de coopération intercommunale. Il ne peut, en effet, exister de modèle parfait d'EPCI. Lorsqu'il l'institue, le législateur poursuit des intérêts contradictoires et doit, pour chaque type, faire la part entre le souhaitable - pour la coopération communale - et le possible - pour le maintien de l'autonomie des communes. Ces types se dissocient selon le degré d'intégration des communes à l'intérieur de l'établissement. Par ordre d'intégration croissant on recense le syndicat de communes, la communauté de communes, la communauté urbaine, la communauté d'agglomération et la métropole.

447 ***Établissement public de coopération intercommunale et établissement public territorial*** ◊ L'EPCI appartient à un genre plus vaste : *l'établissement public territorial* qui permet de regrouper des communes, ou des départements ou encore des régions. Certains d'entre eux, les syndicats mixtes (v. ss 592), regroupent des catégories distinctes de collectivités ainsi que des établissements publics (EPCI ou chambres de commerce). Ils offrent ainsi un statut pour une coopération verticale entre personnes publiques de nature différente.

Ne regroupant pas exclusivement des communes, le syndicat mixte fermé (composé d'EPCI ou, d'EPCI et de communes) ne saurait prendre rang au sein de la catégorie des EPCI : CE 5 janv. 2005, *Sté des eaux du Nord*, *AJDA* 2005. 770, note M. Degoffe ; *JCP Adm.* 2005, n° 8, p. 417, note J. Moreau (v. ss 592, 1).

S'agissant des regroupements de départements, v. CGCT, art. L. 5411-1 s. relatifs aux ententes interdépartementales (v. ss 590).

S'agissant des régions, v. CGCT, art. L. 5611-1 s. relatifs aux ententes interrégionales (v. ss 594).

448 ***Établissement public de coopération intercommunale et « intercommunalité »*** [1] ◊ Sous l'expression consacrée « d'intercommunalité » se trouve désigné le processus de rapprochement entre communes dans l'intérêt de remédier au phénomène « d'émiettement communal ». Ce processus de rapprochement se concrétise tant par les formes institutionnelle que conventionnelle. Il en résulte que l'intercommunalité est régie par un droit très diversifié, celui de l'EPCI n'en présentant que l'aspect le plus abouti. L'expression possède un statut plus doctrinal que textuel.

449 ***Établissement public de coopération intercommunale et statut particulier de collectivité territoriale*** ◊ La vocation initiale de l'EPCI est d'offrir un statut à plusieurs communes qui ont intérêt à se regrouper. Sans perdre sa vocation première, son rôle est aujourd'hui conçu de manière plus considérable : on lui demande de résoudre les problèmes généraux d'administration territoriale liés au nombre excessif de petites communes et au développement d'agglomérations multi-communales. Mais, ce faisant, l'EPCI devient une personne publique spécifique : il décroche partiellement du statut d'établissement public pour prendre *l'apparence d'un statut communal particulier qui le fait ressembler à une commune spécialisée.* Il administre un territoire regroupant plusieurs communes préexistantes en étant doté de la personnalité morale, d'organes, de compétences et, parfois, d'une fiscalité qui lui sont propres. Il tend ainsi à constituer *un niveau d'administration décentralisé intermédiaire entre la commune et le département.*

Le modèle d'EPCI diffusé sur le territoire national relève davantage de l'opportunité administrative par manque de volonté politique de reconsidérer le paysage communal.

450 ***Fondement positif de l'intercommunalité*** ◊ L'intercommunalité va dans le sens d'un certain nombre de considérations d'intérêt général dont peut se recommander la coopération des communes. Pour autant, les textes et les juges ne donnent pas de fondement supérieur adéquat en soutien de cette politique [2].

Au vu de l'article 12 du Préambule de la Constitution du 24 octobre 1946 établissant un *principe de solidarité nationale*, le juge constitutionnel ne s'oppose pas à l'institution d'un mécanisme de solidarité entre les habitants d'un même territoire. Mais, ce principe ne commande pas non plus un tel mécanisme.

Cons. const. 6 mai 1991, n° 91-291 DC, *Rec. Cons. const.* 41 (consid. 22), à propos de l'institution d'un mécanisme de solidarité financière spécifique aux communes de la région Ile-de-France.

---

1. V. biblio. v. ss 530, 1.
2. Par ex., Cons. const. 22 févr. 2007, n° 07-548 DC, *Loi portant création d'un établissement public de gestion du quartier des affaires de La Défense* (consid. 15) : *AJDA* 2007. 759, note J.-E. Schoettl et 1072, note M. Verpeaux ; *RFDC* 2008. 89, note J.-C. Car, s'agissant du problème de l'intégration impérative de collectivités territoriales à l'établissement public de gestion de La Défense.

Voir, toutefois, l'examen contentieux de la régularité d'un refus de création d'une communauté de communes sur le fondement d'un objectif légal de solidarité : CAA Bordeaux, 25 juin 2001, n° 97BX01988, *Cne Port et a.*

Pour la cohérence de l'ordre juridique, il serait préférable que le droit du regroupement communal et les aspects autoritaires qu'il peut prendre, caractérise l'intérêt général qui s'attache à son développement et qui implique de concevoir restrictivement la libre administration communale. Finalement, l'intercommunalité institutionnelle naît et progresse sur une tradition d'aménagement technique de l'administration par l'État [1].

451 ***Succès de l'établissement public de coopération intercommunale*** ◇

Au prix de réformes constantes, le problème de « l'émiettement communal » aura trouvé sa solution dans la coopération intercommunale. Face à l'échec des stratégies de fusion de communes, le choix s'est fait pour généraliser les divers procédés de regroupement que permettent les EPCI. À la fois autoritaire et incitative, cette politique a trouvé un premier aboutissement avec la mise en œuvre de la loi du 16 décembre 2010. Celle-ci, au moyen d'une procédure d'urgence laissée à la maîtrise des préfets (2012-2014, voir n° 497 et s), aura imposé l'équipement général de la France en EPCI. Le projet de loi portant nouvelle organisation territoriale de la république entend poursuivre l'effort dans le sens d'un nouveau découpage du territoire en faveur d'EPCI à fiscalité directe de plus grande dimension (20 000 habitants au moins), plus adéquats à doter la population de services publics.

Au 1er janvier 2014, le constat d'achèvement de la carte intercommunale pouvait être fait : 99,8 % des communes et 96,4 % de la population appartiennent désormais à un EPCI à fiscalité directe. C'est anécdotique : seules 49 communes demeuraient encore dépourvues de tout rattachement intercommunal.

Il n'est toutefois pas inutile de souligner le prix du succès. Présumé permettre des économies d'échelles, le regroupement des communes en établissements se révèle dispendieux contrairement à cet objectif de départ. Ce regroupement a prospéré sur l'abondance de moyens, à la fois en dotations de l'État – la dotation globale de fonctionnement des groupements de communes a doublé entre 2000 et 2004 – et en progression de la fiscalité locale. Ensuite, l'amélioration des services rendus par l'établissement public sur le plan des techniques protectrices de l'environnement et de la sécurité (ordures ménagères, eau et assainissement, voirie et transports) est le résultat d'une nouvelle administration locale se traduisant par un accroissement des moyens et notamment des fonctionnaires territoriaux recrutés en dédoublement du personnel communal [2].

---

1. V. C. Cammarata et P. Gaïa, note sous CE 2 oct. 1996, *Cne Bourg-Charente, Mainxe et Gondeville*, *RFDA* 1997. 1209 ; B. Faure, « L'hypothèse des bases constitutionnelles de l'établissement public territorial », *in Profondeur du Droit local, Mélanges Douence*, Dalloz, 2006, p. 155.

2. D'où l'incitation légale à instituer des « services communs » entre EPCI à fiscalité propre et leurs communes pour les besoins de la gestion de leur personnel (CGCT, art. L. 5211-4-2 issu de la loi n° 2014-58 du 27 janvier 2014). Jusque-là, la mise en commun de services entre les EPCI et

Enfin, on semble contraint d'opposer une intercommunalité performante en zone urbaine à une intercommunalité souvent artificielle en milieu rural où les communautés de communes se constituent autour de projets de façade ne correspondant à aucune nécessité réelle [1].

452 ***Historique de l'établissement public de coopération intercommunale*** ◊ Les formules d'EPCI qui se sont succédé vont dans le sens d'une vaste diversification marquant progressivement la réduction du rôle et des pouvoirs des communes regroupées.

1. L'EPCI a pourtant fait des débuts tardif et modeste dans le paysage communal. La première formule, le *syndicat de communes*, né de la loi du 22 mars 1890, est d'intérêt précis et limité. Celui-ci offre un statut juridique à l'entente entre plusieurs communes pour organiser et gérer en commun un service public dont la vocation déborde les limites territoriales de chaque commune (transport, eau et assainissement, urbanisme). Il permet également aux communes regroupées d'optimiser leurs moyens face aux nécessités techniques de certains services publics (eau, électrification).

1959 marque le véritable départ d'une politique systématique d'intercommunalité. Le syndicat de communes prend une dimension nouvelle avec l'ordonnance du 5 janvier 1959 qui l'autorise à gérer plusieurs services publics à la fois (transport, eau, maisons de retraite, crèches...) par le procédé du *syndicat intercommunal à vocation multiple* (*SIVOM*). Puis, la volonté de relancer l'intercommunalité sans se départir du statut syndical donnera création à la possibilité d'un « *syndicalisme à la carte* » permettant à une commune de n'adhérer à un SIVOM que pour partie seulement des compétences qu'il exerce (L. 5 janv. 1988). Mais trop complexe à mettre en œuvre dans ses modalités concrètes (règles de représentation et de dotation des communes par compétence exercée), la formule ne rencontrera pas le succès.

2. La nécessité d'établir une intercommunalité plus poussée entre les communes d'une même agglomération fut à l'origine du procédé du *district urbain* (ordonnance du 5 janv. 1959 étendue aux zones rurales par la loi du 31 déc. 1970). Deux facteurs sont de nature à intégrer plus complètement les communes regroupées au district. D'abord, outre les compétences transférées par décision institutive, celui-ci exerce de plein droit des compétences obligatoires déterminées par la loi (logement, centre de secours contre l'incendie...). Ensuite, l'établissement dispose d'une fiscalité propre, additionnelle aux quatre taxes directes locales. Le district a aujourd'hui disparu, la loi ayant organisé son effacement progressif au profit de la communauté d'agglomération.

3. Une étape a nettement marqué l'accélération du processus intercommunal : la loi du 31 décembre 1966 créant le statut de *communauté urbaine* dans l'intérêt de faire face aux problèmes de gestion communs à toutes les plus grandes agglomérations qui forment un tout vis-à-vis des problèmes de leur population. La

---

leurs communes - dite « mutualisation » -, régulièrement encouragée par le législateur, restait difficile à apprécier quant à ses résultats et son efficacité financière, les communes et leurs regroupements communiquant peu à ce sujet : voir F. Rangeon et N. Devèze, « enquête nationale sur la mutualisation des services entre communes et communautés », *RLCT* sept. 2013. 59.

1. V. Rapport C. comptes 2005, « L'intercommunalité en France », *JCP Adm.* 2005. 1732. V. ég., à propos d'un rapport parlementaire controversé, « Le sénateur Dallier tire à boulets rouges sur l'intercommunalité », *JCP Adm.* 2006. 1481 ; B. Jérôme, « Le gouvernement veut freiner les dérives sur l'intercommunalité », *Le Monde* 8 oct. 2005. 13 ; M. Degoffe, « Intercommunalité : premiers bilans en demi-teinte », *BJCL* 2006. 310.

communauté urbaine devient la forme la plus aboutie d'EPCI. Il fallait même l'envisager comme une formule transitoire à l'émergence de nouvelles communes couvrant l'ensemble de l'agglomération. Les pouvoirs reconnus à la communauté urbaine sont à la mesure de l'ambition. Les principales compétences communales lui sont acquises de plein droit (soit onze domaines parmi lesquels l'établissement des documents d'urbanisme, la création et l'équipement des zones d'habitation, des zones industrielles et artisanales ainsi que des zones portuaires, la lutte contre l'incendie, les transports urbains, l'eau et l'assainissement, la voirie, les lycées et les collèges) et sont exercées selon le droit communal. La communauté urbaine se trouve dotée d'une fiscalité propre par superposition aux quatre taxes directes locales. Elle bénéficie, en outre, d'une dotation globale de fonctionnement (DGF) et d'une dotation globale d'équipement (DGE) majorées de 25 %. Pour être certaine de son succès, la loi de 1966 a institué d'office quatre agglomérations, parmi les plus vastes, en communauté urbaine (Bordeaux, Lille, Lyon et Strasbourg). Quelques autres ont, par la suite, choisi de se doter de ce statut, portant le total actuel à seize.

La loi de 1966 fut l'objet de retouches successives, notamment pour faciliter le recours à la communauté urbaine en en étendant la formule aux agglomérations moyennes. Les plus grandes d'entre elles sont aujourd'hui régies par le statut plus ambitieux de métropole.

4. En créant des formules nouvelles d'EPCI sans supprimer les précédentes, le législateur a entendu faciliter le regroupement des communes en élargissant leur liberté de choisir la formule à leurs yeux la plus adéquate. En ce sens, la loi du 6 février 1992 crée deux nouvelles structures, la *communauté de communes* et la *communauté de ville*, la première non conditionnée à une exigence de seuil démographique (L'agglomération marseillaise sera notamment constituée en communauté de communes) et la deuxième destinée à regrouper des communes d'une agglomération de plus de 20 000 habitants.

Mais, concomitamment, la loi de 1992 entend marquer un tournant dans l'intercommunalité en réorientant celle-ci vers une « intercommunalité de projet » présumée succéder à « l'intercommunalité de gestion » jusque-là en vigueur et caractérisant les EPCI classiques. La Communauté de communes, comme la communauté de villes, doit être créée en vue d'un « projet commun de développement urbain et d'aménagement du territoire », les compétences transférées étant spécialement celles nécessaires à la conduite du projet [1].

5. C'est certainement parce que le droit de l'intercommunalité était devenu, au fil des réajustements législatifs, plus complexe qu'efficace que le Parlement s'est engagé dans la voie d'une réforme d'ensemble avec la loi du 12 juillet 1999. Sans parvenir à des résultats à la hauteur de la situation, la loi a le mérite d'installer des principes communs à la représentation et l'organisation de tout EPCI doté d'une fiscalité propre. La réforme de 1999 a également entendu assurer le succès général de la nouvelle formule de la *communauté d'agglomération* qui s'efforce de concilier une intégration poussée des communes avec une plus grande souplesse d'organisation de l'établissement.

Des retouches législatives postérieures (2002, 2004, 2005) apportent des correctifs et des compléments notamment dans le but de mieux garantir le succès de l'intercommunalité à fiscalité propre qui faisait déjà figure de modèle de référence.

De l'importance de l'intercommunalité dans la gestion décentralisée, la loi du 13 août 2004 lui donne un supplément de relief avec la *procédure d'appel à compétence*.

---

1. Sur la valeur de la distinction, v. ss 505, 1.

Sous cette expression, il s'agit d'une délégation conventionnelle de compétence du département ou de la région au profit d'un EPCI à fiscalité propre (CGCT, art. L. 5210-4). Voilà que ces collectivités peuvent opérer leur propre décentralisation.

Mais, à mesure qu'il progresse, le droit de l'intercommunalité ne cherche plus seulement des formules d'établissement ambitieuses, il se préoccupe de les installer sur des territoires homogènes, de favoriser leur regroupement pour un paysage intercommunal plus clair et plus rationnel. C'est le signe du dirigisme étatique qui impose cette orientation : ce droit véhicule une nouvelle technologie du pouvoir autour d'exigences supérieures de « rationalité, de cohérence, d'efficacité » (J. Montain-Domenach) auxquelles tout doit être sacrifié, notamment la libre administration communale. Cette préoccupation est particulièrement à l'œuvre dans la loi n° 2020-1563 DC du 16 décembre 2010 qui y consacre près des deux tiers de ses articles. Sous couvert d'un objectif affiché d'achèvement de la carte intercommunale, il s'agit, de manière plus considérable, de revoir la cohérence de l'ensemble de la carte intercommunale en dotant, pour les besoins de la cause, les préfets de « pouvoirs exceptionnels » (selon l'expression du rapporteur de la Commission des lois au Sénat) [1]. L'effort est poursuivi par le projet de loi portant nouvelle organisation territoriale de la République (2014).

L'avènement des métropoles par la loi du 27 janvier 2014 menace d'effacement le statut de communauté urbaine qui fait désormais figure de modèle vieillissant.

453 ***Avenir de l'établissement public de coopération intercommunale*** ◊ Il est lié aux lois n° 2010-1563 du 16 décembre 2010 et n° 2014-58 du 27 janvier 2014 et à la manière dont elles feront carrière. Mais à force de concessions consenties aux petites communes, les réformateurs ont détruit en partie leur œuvre. L'EPCI est néanmoins voué à évoluer dans deux directions.

1. **La démocratisation de l'EPCI**. Le statut d'établissement public n'est pas irréductible à la démocratie directe. Dans la mesure où il a évolué comme une « fédération » de communes disposant d'une vie propre et administrant en référence à la population de l'agglomération, il est devenu normal qu'il acquiert une légitimité démocratique que ne lui donnait pas son organisation initiale. Mais si l'élection des conseillers communautaires ou métropolitains répondait à cette nécessité absolue, celle-ci ne s'est décidée que par avancées législatives successives.

Une première étape fut marquée par l'adoption au suffrage universel indirect imposant la sélection des conseillers communautaires « *parmi les conseillers municipaux* » (L. 12 juill. 1999). L'adoption de la loi du 27 férier 2002 fut l'occasion d'une tentative d'amendement - infructueuse - visant à programmer l'élection directe des délégués selon un système électoral proche de celui de Paris, Lyon et Marseille par lequel l'ensemble des conseillers seraient élus à partir des mêmes listes municipales. L'avancée décisive date de la loi du 16 décembre 2010 appelant à désigner par un seul et même vote les membres des conseils municipaux du conseil de communauté ou métropolitain. La loi du 17 mai 2013 lui donne un régime de mise en œuvre.

---

1. Sur la conformité de ces pouvoirs au principe constitutionnel de libre administration des communes : Cons. const. n° 2013-303-304 et 315 QPC du 26 avr. 2013, *Cne de Puyravault, Cne de Maing et Cne de Couvrot*, *AJDA* 2013. 1386, note J. Fialaire, *RLCT* juin 2013. 36, note C. Ribot, *AJCT* 2013, n° 344, note G. Le Chatelier.

Le principe légal selon lequel les conseillers communautaires sont « élus dans le cadre de l'élection municipale » (loi 16 déc. 2010) est organisé de la manière la plus rigoureuse : sur un même bulletin municipal figure distinctement la liste des candidats au conseil municipal suivie de celle des candidats au conseil de l'EPCI (C. élect., art. L. 273-9), les deux listes devant demeurer parfaitement identiques, au moins dans leur premier quart, pour exclure tout conseiller communautaire ou métropolitain qui ne serait pas également conseiller municipal (C. élect., art. L. 273-9-I). Lié à l'identification des deux listes, les candidatures sont présentées à parité de femmes et d'hommes, les règles d'inéligibilité et d'incompatibilité étant déterminées par application du droit municipal. Pour les communes de moins de 1 000 habitants, continue de s'appliquer le suffrage indirect, les conseillers communautaires ou métropolitians étant identifés comme « *les membres du conseil municipal désignés dans l'ordre du tableau* » (C. élect., art. L. 273-11).

Cette avancée n'est pas pour autant un boutissement : le dispositif retenu ne correspond pas à une élection des conseillers communautaires ou métropolitains au suffrage universel direct dans le cadre d'un scrutin propre, mais plus exactement à une procédure d'information dans le cadre traditionnel de la démocratie municipale demeurée intacte et des élections qui s'y déroulent (v. ss 487).

2. **La mutation de l'EPCI en collectivité territoriale**. C'était une évolution ultime prônée par le rapport E. Balladur (mars 2009). Mais elle ne trouve qu'un écho assourdi dans les réformes de 2010 et 2014 :

a) La possibilité est ouverte à toutes les communes regroupées de transformer leur EPCI en « commune nouvelle » de plein exercice. Les anciennes communes peuvent demander le statut de « communes déléguées » en vue de conserver des organes propres, un maire-délégué notamment, et participer à la vie de ses affaires. Le droit des fusions de communes prend donc un nouveau départ : il ne faut plus l'envisager isolément mais comme le dernier élément d'un ensemble juridique ambitieux par lequel l'EPCI n'est qu'un statut transitoire à l'émergence de ces nouvelles communes (v. v. ss 425). C'est désormais la doctrine officielle.

b) La réforme devait créer une nouvelle catégorie de collectivité territoriale adéquate aux « zones très urbanisées » : la « métropole ». Celle-ci avait vocation, dans sa configuration initiale, à absorber dans sa structure respectivement les communes membres des plus grandes communautés urbaines et communautés d'agglomération et son département dont le rayon d'action est, à ce niveau de taille, comparable. Les lois de 2010 et 2014 lui refusent le statut de collectivité territoriale de type nouveau pour l'ériger en établissement public qui laissera subsister les communes, le département et la région pour toutes les compétences qui ne leur auront pas été transférées. La métropole lyonnaise fait toutefois remaquablement exception (v. ss 443 s.).

454 ***Plan*** ◊ Avant d'aborder le régime positif des EPCI (Section 2), il est utile de s'arrêter sur ce qui fait la particularité de l'EPCI et de se poser la question de ses rapports avec la catégorie des collectivités territoriales. Pour toutes ces institutions territoriales de regroupement qui ont été créées, la préférence donnée par le législateur à la qualification d'établissement public sur celle de collectivité territoriale apparaît, en effet, contraire à la logique des

choses (Section 1). Nous raisonnerons à partir de la catégorie plus générique d'établissement public territorial (sur la distinction, v. ss 447).

SECTION 1. COMPARAISON ENTRE L'ÉTABLISSEMENT PUBLIC TERRITORIAL ET LA COLLECTIVITÉ TERRITORIALE

455 ***Présentation du problème*** ◊ L'établissement public territorial relève d'une approche pragmatique de la décentralisation où son statut présente l'avantage de constituer un mode d'administration concentré affranchi des impératifs traditionnels de représentation qu'impose la démocratie locale.

Mais à l'évidence, à mesure qu'il s'installe au sein de l'administration communale, avec des formules de plus en plus élaborées, l'établissement public territorial fait craindre qu'il ne constitue un modèle concurrent de la collectivité territoriale. Les traits que l'établissement territorial emprunte à la collectivité territoriale entretiennent la confusion et appellent un réexamen du critère de différenciation entre les deux personnes publiques.

§ 1. Éléments de confusion entre l'établissement public territorial et la collectivité territoriale

456 ***Plan*** ◊ L'établissement public territorial engendre un phénomène de concentration du pouvoir communal. Il n'est pas tant un simple cadre ouvert à la juxtaposition d'intérêts communaux que la constitution d'une organisation autonome décidant au nom de la nouvelle personne composée. C'est par *l'inversion de fait du principe de rattachement de l'établissement public* que se forme un pouvoir extérieur, même supérieur, à celui des collectivités membres (A).

L'établissement public territorial dispose également d'un pouvoir élargi tant par la diversité que par la généralité de ses domaines d'intervention. Et, l'apparente hétérogénéité des attributions qu'il exerce trouve sa synthèse dans la promotion d'un intérêt d'établissement, sous-partie de l'intérêt public local.

Le principe de spécialité n'est plus aussi contraignant : il est corrigé par la polyvalence de l'établissement lorsque c'est le cas et par un impératif de projet dotant l'établissement de regroupement d'une faculté à généraliser son pouvoir. Mieux, la spécialité de certains établissements est malléable, susceptible de voir ses contours modelés de l'intérieur même de l'établissement (B).

Les éléments de rupture avec le statut d'établissement public sont donc indistinctement d'ordre quantitatif et qualitatif, de degrés et de nature, dans le sens d'un rapprochement avec la collectivité territoriale.

A. Pouvoir concentré et distinct de l'établissement public territorial

457 ***Inversion du principe de rattachement*** ◊ Les collectivités membres de l'établissement public territorial sortent d'une situation de juxtaposition pour entrer dans une certaine concentration à l'intérieur des organes de l'institution. De telle manière qu'un pouvoir distinct se manifeste, animé par une volonté nouvelle imputable à l'organe lui-même.

Cette constatation n'est pas simple à démontrer. Elle résulte néanmoins directement de l'inversion du principe de rattachement de l'établissement public aux collectivités.

Dans le cas de l'établissement public territorial, en effet, l'articulation entre la collectivité de base et l'établissement reste le même que pour l'établissement public classique puisque l'organe de regroupement est composé des représentants des collectivités, mais le rapport de dépendance se trouve inversé. La logique est d'ordre institutionnel : l'établissement chapeaute les collectivités membres selon un principe de démocratie représentative. Le passage de la pluralité (des collectivités) à l'unité (leur représentation au sein de l'établissement), puis la réduction de l'unanimité à la majorité pour décider, fait perdre au principe de rattachement l'impact recherché. Le courant juridique, au lieu de revenir vers les communes, est extraverti de celles-ci vers l'ordre institutionnel.

Il en va donc différemment des systèmes de « coopération informelle » que sont les *ententes et les conférences intercommunales*. Celles-ci ne disposent ni de la personnalité morale, ni d'un pouvoir dissociable de celui des communes membres. Elles ont la vocation d'une structure de concertation. Elles adoptent des propositions ensuite soumises aux conseils municipaux intéressés qui décident à l'unanimité (art. L. 5221-1 s. CGCT).

S'agissant de l'établissement public de regroupement, à moins qu'une commune ne détienne seule la majorité (solution impossible) ou ne dispose d'une minorité de blocage, aucune d'entre elles ne peut infléchir de l'intérieur l'activité de l'établissement. Pas davantage, la représentation équitable des intérêts de toutes les communes n'est assurée. C'est d'ailleurs pourquoi la majorité qualifiée se trouve exigée pour toutes les décisions importantes du groupement.

Le rapport d'intégration est donc renversé et l'établissement devient un véritable « groupe de groupes ». En somme, le regroupement acquiert une autonomie plus effective que l'établissement public classique qu'il tire du cumul de deux phénomènes : du lien d'appartenance des communes au groupement d'une part, lien d'appartenance qui permet de dégager une volonté unitaire nouvelle et distincte ; de la volonté orientée vers la prise en charge de compétences propres à l'établissement d'autre part.

458 ***Reproduction partielle du modèle communal*** ◊ L'établissement public territorial se manifeste comme une « communauté de superposition »

administrant une population sur un territoire donné. À plusieurs égards, le droit du regroupement intercommunal l'organise comme tel en l'identifiant au modèle de collectivité territoriale :

1. Le droit communal constitue le droit commun de l'établissement public territorial, chaque fois que la loi ne donne pas de solution spécifique. Pour s'en tenir à trois exemples :

– le contentieux électoral municipal vaut pour le contentieux des élections au conseil délibérant de l'établissement : CE 8 juill. 1936, *Élect. délégué au comité du syndicat intercommunal d'électrification région Chassagne, Lebon* 763. CE 30 avr. 1971, *Labosse, AJDA* 1971. 542, note G. Peiser ; *RD publ.* 1971, note M. Waline. CE 24 sept. 1990, *Gaucher c. SIVOM Coulanges-sur-Yonne, Lebon* 252. CE 1er déc. 2004, *Élect. Conseil de cnauté de cnes Canal du Midi en Minervois, JCP Adm.* 2005. 262, note J. Moreau ;

– il n'est pas possible d'attribuer des indemnités de fonction à des conseillers de communauté urbaine dans des conditions différentes des conseillers municipaux des communes les plus importantes : CE 6 déc. 1993, *Cnté urbaine Lyon, Dr. adm.* 1994. 16 ;

– extension à une communauté urbaine de la règle de l'autorisation pour un contribuable d'exercer une action en justice pour le compte de sa commune : CE Ass. 26 juin 1992, *Le Mener, Lebon* 243. V. à présent, CGCT, art. L. 5211-58 et CE 16 janv. 2004, *Méry, JCP Adm.* 2004. 379, note J. Moreau ; v. v. ss 40, 2.

2. L'architecture constitutionnelle de l'établissement public territorial ne se sépare pas de celle de la collectivité territoriale : elle est dominée par le principe de compétence législative imposé au nom de la libre administration des collectivités dont les établissements publics, qu'ils soient locaux ou territoriaux, constituent un élément.

– Le législateur est ainsi seul compétent pour fixer certains points relatifs à la tutelle et au régime financier des établissements territoriaux.

La solution est fondée sur les dispositions de l'article 34 C relatives aux « principes fondamentaux de la libre administration des collectivités territoriales, de leurs compétences et de leurs ressources » : Cons. const. 19 nov. 1975, n° 74-84 L, *Rec. Cons. const.* 35 ; *RD publ.* 1975. 230, comm. L. Favoreu. V. ég. Cons. const. 12 mai 1964, n° 64-29 L, *Rec. Cons. const.* 37 et CE 23 janv. 1980, *Synd. cnes banlieue Paris pour les eaux, Lebon* 43.

Sans doute, la solution vaut pour tout établissement public local et réside dans le lien organique entre l'établissement et sa collectivité de rattachement : les collectivités sont directement intéressées par la gestion de leurs établissements publics qui constituent un des éléments de leur libre administration. Mais, il semble permis de soutenir que l'établissement public territorial ressemble à une collectivité à part entière, de telle manière que le résultat vient autant d'une comparaison avec la collectivité territoriale que d'une application de la libre administration des collectivités de base. Il faut considérer, en ce sens, que les collectivités membres de l'établissement peuvent disposer d'intérêts personnels divergents et opposables à ceux de l'organe de regroupement et, de fait, susceptibles d'être garantis par la loi au nom de leur propre libre administration. C'est le cas dans la décision n° 75-84 L à propos de l'obligation de communiquer des documents budgétaires et les comptes des syndicats de communes aux conseils municipaux des communes membres. Au contraire, l'application traditionnelle du principe de rattachement empêche toute distinction axée sur l'intérêt propre des deux personnes juridiques [1].

Au vu de cette jurisprudence, l'idée a été défendue d'une définition plus large de la *collectivité locale* - qui désignerait également les établissements publics territoriaux - que celle de *collectivité territoriale* se limitant aux communes, départements, régions... [2]. Cette interprétation - plutôt logomachique - n'a plus court aujourd'hui.

– La nécessité que les conseils délibérants des établissements publics territoriaux doivent reposer sur une assise territoriale représentative va également dans le sens de la thèse de l'identité de l'établissement public territorial et de la collectivité territoriale en droit constitutionnel.

Posant cette nécessité : Cons. const. 26 janv. 1995, n° 94-358 DC, *RFDA* 1995. 876, note D. Rousseau. Selon le juge constitutionnel : « dès lors que les établissements de coopération entre les collectivités locales exercent en lieu et place de ces dernières des compétences qui leur auraient été sinon dévolues, leurs organes délibérants doivent être élus sur des bases essentiellement démographiques ».

Il s'agit d'une transposition pure et simple d'une obligation déjà en vigueur à l'égard des assemblées délibérantes des collectivités (par ex., Cons. const. 7 janv. 1987, n° 87-277 DC, *Rec. Cons. const.* 41). Les conseils délibérants des établissements publics territoriaux ne pouvant être pris pour des « conseils élus » au sens de l'article 72 al. 3 C (à défaut de procéder du suffrage universel direct), on doit la solution à une *directive jurisprudentielle d'analogie entre les deux personnes publiques* (solution fondée sur la combinaison des articles 72 al. 1er qui énumère les collectivités territoriales, 72 al. 3 sur le principe de libre administration par des « conseils élus » et l'art. 3 sur l'égalité de suffrage). La solution devrait être plus nette après la loi du 16 décembre 2010 et l'élection des conseillers communautaires au suffrage universel depuis 2014 et autoriser à ce qu'on regarde désormais les conseils de communauté comme véritables « conseils élus ».

459 ***Autonomie normative de l'établissement public territorial*** ◊ Dans le cas de l'établissement public classique, les dirigeants de l'établissement sont soumis à une forme d'emprise hiérarchique de la part de la collectivité créatrice. Au contraire, avec l'établissement public territorial on constate un étage normatif supérieur. Deux ordres juridiques distincts se superposent, celui des collectivités et celui de l'établissement de regroupement.

---

1. V. en ce sens, L. Favoreu : commentaires sous Cons. const. n° 75-84 L, préc.
2. V. C. Bacoyannis, *Le principe de libre administration des collectivités territoriales*, Economica-PUAM, 1993, n° 105 ; J. Boudine, « La distinction entre collectivité locale et collectivité territoriale. Variation sémantique ou juridique ? », *RD publ.* 1992. 171.

1. *S'agissant de l'organisation interne de l'établissement*, l'ordre juridique de l'établissement prime celui des collectivités membres. En effet, les communes sont intégrées dans une sorte « d'association », dans un système juridique plus vaste. Partant, leur ordre juridique interne se trouve partiellement soumis à l'ordre supérieur du regroupement. L'intercommunalité évolue en « supra-communalité » selon une formule admise.

Le résultat n'est pas formellement exprimé dans les textes, mais il ne saurait logiquement en être autrement : l'organisation intercommunale suppose une certaine hiérarchie normative en sa faveur de façon à assurer le maintien de l'union et la réalisation des buts communs. Lorsque l'établissement vote son budget, modifie l'étendue de ses attributions initiales, détermine ses compétences d'intérêt communautaire ou fixe le règlement intérieur de son assemblée délibérante, il exerce un pouvoir supérieur au pouvoir particulier des collectivités créatrices. Celles-ci sont finalement au sein de l'organisation à la fois auteurs et destinataires de ces règles, administrateurs et administrées [1].

2. *S'agissant de ses compétences externes*, l'établissement public territorial se situe plutôt dans un rapport de coordination, de complémentarité, que de hiérarchie vis-à-vis des collectivités. Pour les compétences qui lui sont transférées, l'établissement se substitue de plein droit aux collectivités membres. Les deux types de personnes disposent donc chacune de leur sphère d'action propre, les collectivités gardant au minimum leur compétence de principe. C'est un effet caractéristique du phénomène de « fédéralisme administratif » (A. de Laubadère).

Cependant, le retour à la logique hiérarchique n'est pas exclu. En pratique, les communes bénéficient de services fournis par l'établissement (voirie, eau...) et se trouvent ainsi placés dans une situation réglementée d'usager vis-à-vis de celui-ci.

À l'égard des communautés urbaines, l'article L. 5215-30 al. 2 CGCT organise la possibilité de mettre leurs services techniques à la disposition des collectivités qui en font la demande pour la gestion des compétences qu'elles ont conservées. L'article renvoie la définition des conditions de cette intervention à une délibération du conseil de communauté (mode de fonctionnement, durée, étendue, prix...). De plus en plus fréquemment, l'EPCI se voit transférer des compétences d'encadrement qu'il exerce en imposant ses règles à ses communes membres (CE 5 juill. 2013, *Communauté de communes de Dinan*, *AJDA* 2013. 1419, à propos du schéma départemental d'accueil des gens du voyage prévoyant le déplacement d'une aire d'accueil d'une commune à une autre).

Finalement, qu'il soit supérieur ou complémentaire, le pouvoir de l'établissement public territorial est toujours distinct et opposable à celui des collectivités membres.

---

1. Toutefois, il faut voir que le statut de l'établissement public territorial est établi par la loi ou en vertu de la loi. De telle manière que les collectivités membres sont plus directement placées sous la subordination de la loi que titulaire d'un inconcevable pouvoir originaire de regroupement. Et ceci est de nature à masquer les constatations précédentes.

B. Pouvoir élargi de l'établissement public territorial

460 ***« Éclectisme » des compétences*** ◊ « L'éclectisme » des compétences de l'établissement public territorial se signale dans son aptitude à prendre en charge une pluralité de services publics et d'activités d'intérêt général sans lien entre eux. Ce type d'établissement combine généralement les attributions les plus variables présentant des caractères technique (voirie), opérationnel (urbanisme), stratégique (développement économique et aménagement), d'intérêt supra-communal (eau) ou des compétences nécessitant aussi bien des infrastructures que des tâches d'intendance (équipements, logement, enseignement...).

L'éclectisme des compétences procède également des modes de répartition des compétences entre les communes et l'établissement que le législateur a voulu pluriel. Pour l'ensemble des communautés (de communes, d'agglomération et urbaines) et pour la métropole, il existe un véritable système de répartition où se cumulent des *compétences obligatoires*, c'est-à-dire transférées de plein droit à la création de l'établissement, des *compétences optionnelles*, pour lesquelles les collectivités membres doivent opérer un choix au sein d'un groupe de compétences prédéfinies par la loi, et des *compétences facultatives*, les communes regroupées restant libres d'adjoindre aux compétences précédentes toute compétence supplémentaire (CGCT, art. L. 5214-16 pour les communautés de communes, L. 5216-5 pour les communautés d'agglomération et L. 5215-20 pour les communautés urbaines).

La répartition des compétences entre les communes et l'établissement qui les regroupe se veut donc souple et évolutive, de nombreuses combinaisons étant possibles. Aucune liste définitive des compétences n'est possible, ni aucune limitation de son domaine d'intervention n'est exigée par la loi ; de telle manière que celui-ci n'a pour borne à ses compétences que celles des communes qu'il regroupe. La délimitation de la spécialité de l'établissement public territorial ressortit davantage à une question de procédure de transfert qu'à une question de fond, c'est-à-dire de genre de personne publique.

461 ***Généralité des compétences*** ◊ Par-delà leur nombre, les compétences de l'établissement public territorial doivent être présentées de manière synthétique. En ce sens, le Code définit trois types de communautés par leur objet désigné en termes généraux : elles regroupent des communes « au sein d'un espace de solidarité, en vue d'élaborer et de conclure un projet de développement urbain et d'aménagement de leur territoire » (art. L. 5214-1 pour les communautés de communes, L. 5215-1-1 pour les communautés urbaines, L. 5216-1 pour les communautés d'agglomération et art. L. 5217-1 pour les métropoles). Caractérisant une intercommunalité de projet, selon l'expression d'usage, cet objet met l'accent sur la

promotion des intérêts collectifs dont le groupement prend la charge. La communauté devient une véritable circonscription d'action où le détail de leurs compétences se rapporte à un centre d'intérêts et de besoins prenant la valeur d'une sous-clause générale de compétence. Leurs responsabilités doivent se concevoir dans un cadre général parce qu'il est impossible d'éliminer tout rapport entre elles. C'est l'idée même de l'intercommunalité de projet que de mobiliser différentes compétences pour les besoins du développement de la communauté.

Investie par domaines généraux d'activité et appelée à agir selon le même encadrement légal et constitutionnel que celui des communes, cette catégorie d'établissement public bénéficie d'une importante marge d'appréciation et d'initiative qui tranche avec le caractère fortement juridicisé des missions de l'établissement public classique. L'établissement public territorial se présente *moins comme le mode de gestion d'un service public que comme l'autorité initiale détentrice du pouvoir de créer tout service public utile à ses fonctions générales*. Il agit dans les mêmes conditions de liberté que les communes dont il fait figure de technique de substitution. Tout se passe comme s'il était subrogé dans les droits des communes membres.

En ce sens, la jurisprudence administrative fait prévaloir l'effectivité sur une conception trop étroite de la spécialité. En cela, elle reproduit le même régime d'application de la loi que celui des collectivités territoriales. Les possibilités de développer les règles législatives pour l'établissement public territorial sont donc comparables aux leurs (sauf restrictions postérieures, v. ss 468 s.).

- CE 20 janv. 1989, *SIVOM agglo. rouennaise*, *AJDA* 1989. 397, note J. Moreau, pour le cas d'une subvention légalement attribuée par un SIVOM à la SNCF pour l'aménagement des abords d'une gare. La gare se situait hors du périmètre de l'établissement mais se trouvait fréquentée par des usagers du transport dont celui-ci avait la responsabilité.
- CE 13 févr. 1995, *Synd. cntaire aménagement agglo. nouvelle Cergy-Pontoise*, *Lebon* 37 ; *AJDA* 1985. 271, note J. Moreau ; *RFDA* 1985. 367, note J.-C. Douence et obs. L. Favoreu, s'agissant de la compétence de l'organe délibérant d'un syndicat communautaire pour fixer, dans le silence de la loi, les règles d'organisation des élections au comité d'hygiène et de sécurité de l'établissement.
- CE 8 août 1990, *Synd. intercnal transports agglo. mulhousienne (SITRAM)*, *Lebon* 246 ; *Dr. soc.* 1991. 154, concl. O. Fouquet et note O.F., s'agissant de la compétence de l'organe délibérant d'un syndicat intercommunal pour préciser les conditions de remboursement de la taxe versement-transport non prévues par la loi.

462 ***Qualité des compétences*** ◊ Le rapprochement avec le pouvoir de la collectivité territoriale se fait également par la nature de la compétence exercée. L'établissement public territorial est susceptible de disposer de certaines prérogatives régaliennes, par principe assez peu compatibles avec leur diffusion au sein de l'ensemble de l'appareil administratif, quand bien même s'agit-il de pouvoirs s'exerçant en forme administrative. Certains établissements publics territoriaux sont ainsi pourvus de ces droits

caractéristiques des collectivités publiques de sorte que la liste de leurs pouvoirs ne souffre pas d'absence qualitative.

463 ***Pouvoir fiscal*** ◊ Le pouvoir fiscal des EPCI prend un aspect qui l'assimile à celui des collectivités territoriales. Réserve faite du cas des syndicats de communes qui perçoivent aucune ressource fiscale, toutes les autres catégories d'EPCI, dits EPCI à fiscalité propre, suivent ensemble la même évolution au terme de laquelle leur fiscalité directe ne se distingue plus de la fiscalité directe des communes et s'y substitue. Ils n'ont plus seulement des administrés mais, plus considérablement, des contribuables. L'ambition est d'armer financièrement ces EPCI en leur permettant de se procurer des ressources à la hauteur de leurs responsabilités et de déjouer les égoïsmes communaux par des décisions fiscales uniformes s'appliquant sur l'ensemble du territoire de l'établissement.

Le résultat s'affirme au terme d'un processus par étapes. La première avait été marquée par la possibilité pour la communauté urbaine de se doter d'une *fiscalité propre dite additionnelle à la fiscalité communale*, c'est-à-dire de percevoir à son profit une fraction des quatre taxes directes locale (taxes foncières, taxe d'habitation et taxe professionnelle), fraction qui s'ajoutait à celle déjà perçue par les communes, les départements et les régions et pour laquelle elle appliquait son taux. Ce système de la fiscalité propre additionnelle a été étendu aux nouvelles catégories d'EPCI apparues depuis, la communauté de communes notamment. La deuxième étape a consisté dans le système de la *taxe professionnelle unique* obéissant à une stratégie de spécialisation de l'impôt (un impôt pour une personne publique) (L. 6 févr. 1992). Pour cet impôt, que les communes ne perçoivent plus, l'établissement vote le taux et s'en attribue la totalité du produit. Il s'agit d'une avancée capitale : la remontée au niveau intercommunal de cet impôt économique présente l'avantage d'uniformiser la pression fiscale sur l'ensemble du territoire de la communauté et, de ce fait, d'éliminer la concurrence fiscale que se font les communes d'une même agglomération pour attirer, par des taux à la baisse, les activités économiques sur leur territoire. En outre, avec la taxe professionnelle, l'établissement public se voyait doté de la ressource locale la plus rémunératrice. Le système de la taxe professionnelle unique était de droit pour les nouvelles communautés urbaines (loi du 12 juillet 1999) et les communautés d'agglomération, optionnelle pour les anciennes communautés urbaines – mais largement utilisée – et les communautés de communes. Le remplacement de la taxe professionnelle par la *contribution économique territoriale* [1], qui prend essentiellement les traits d'une dotation de l'État n'offre plus le même intérêt. La dernière étape procède de la loi du 16 décembre 2010 (art. 72) qui entend poursuivre l'effort d'intégration fiscale des communes

1. X. Cabannes, « La contribution économique territoriale », *Rép. Coll. terr.*, fasc. 7250 ; v. ég. v. ss 748.

membres d'un EPCI – avec la métropole comme modèle supplémentaire – en offrant à ce dernier le pouvoir de voter un taux unique pour les impôts directs sur les ménages (taxes foncières et taxe d'habitation). Cette avancée, qui profile à l'horizon la disparition du pouvoir fiscal des communes, demeure toutefois subordonnée à l'accord de chaque commune membre de l'EPCI.

À compter de 2011, il convient de distinguer deux catégories d'EPCI à fiscalité directe. La première regroupe les *EPCI à fiscalité additionnelle* qui cumulent deux types de ressources fiscales. De plein droit, ils acquièrent une part additionnelle de la *contribution foncière des entreprises* (CFE), une fraction de la *contribution sur la valeur ajoutée des entreprises* (CVAE) et une part additionnelle des taxes prélevées sur les ménages (taxe d'habitation et taxes foncières). S'y ajoute, de manière facultative (c'est-à-dire après décision conjointe des communes membres et du conseil d'EPCI), l'*imposition forfaitaire sur les entreprises de réseau* (IFER), la *taxe sur les surfaces commerciales* (TASCOM), l'*imposition sur les pylônes électriques*... Une variante : ce type d'EPCI peut acquérir une *fiscalité de zone* (par délibération du conseil de l'EPCI à majorité simple) et, en conséquence, percevoir dans les zones économiques dont elle a la charge de la CFE et de la CVAE revenant initialement aux communes et qui se substituent à l'ancienne taxe professionnelle de zone. La seconde catégorie regroupe les *EPCI à fiscalité professionnelle unique*, auquel cas, l'EPCI ne se transforme pas seulement en EPCI à contribution économique territoriale unique, mais, plus considérablement, en *EPCI à fiscalité mixte* puisque la taxe d'habitation et la taxe foncière sur les propriétés non bâties lui revient à la place du département et de la région. L'EPCI votera le taux de ces taxes. Les règles de passage de la première catégorie à la seconde demeurent identiques à celles applicables à la transformation en EPCI à taxe professionnelle unique.

464 ***Pouvoir de police*** ◊ C'est une innovation introduite par la loi n° 04-809 du 13 août 2004 (CGCT, art. L. 5211-9-2) d'autoriser le transfert des pouvoirs de police générale des maires au président d'un EPCI à fiscalité propre [1]. Ce transfert a pu étonner tant l'exercice de la police semble attaché à la commune et à ses pouvoirs généraux. Il ajoute un élément de confusion entre les catégories d'établissement public et de collectivité territoriale.

Toutefois, le transfert de la police, bien que légalement qualifié « de plein droit », *n'est pas automatique* puisque la loi ménage des possibilités pour les maires et présidents d'EPCI d'y échapper (art. L. 5211-9-2 issu de la loi du 24 mars 2014).

Le transfert de la police municipale *n'est pas*, non plus, *plénier*. D'abord, parce qu'il est, en effet, spécialement envisagé pour permettre l'exercice de certaines compétences attribuées à l'établissement public et pas au-delà :

---

1. V. J.-F. Joye, « Le nouveau pouvoir de police du président d'un EPCI », *AJDA* 2005. 21, E. Lekkou, « Les nouveaux pouvoirs de police spéciale des présidents d'EPCI », *JCP Adm.* 2013, n° 2227.

assainissement, élimination des déchets, accueil des habitants du voyage, sécurité des manifestations culturelles et sportives, circulation et stationnement. *La police communautaire ne s'exerce donc pas de manière générale.* Toutefois cette police n'est plus mise en œuvre conjointement avec le ou les maires concernés qui ne se trouvaient pas totalement dessaisis : elle est désormais de la compétence exclusive du président de l'EPCI, à charge pour lui de transmettre ces décisions aux maires des communes concernées pour information (CGCT, art. L. 5211-9-2-II issu de L. 24 mars 2014).

465 ***Pouvoir d'auto-organisation*** ◊ Les établissements publics territoriaux bénéficient de prérogatives importantes sur le plan statutaire, parfois sans équivalent au sein de l'administration même de la collectivité territoriale.

Sans doute, une part importante de la matière ressortit à la compétence du législateur pour déterminer le droit institutionnel des collectivités territoriales (Const., art. 72 al. 3) ainsi que les règles constitutives d'une catégorie particulière d'établissement public (Const., art. 34).

Nonobstant, il n'est pas exclu que la loi consacre formellement une faculté d'auto-organisation des communes à l'intérieur de l'établissement qui les regroupe contribuant à développer un pouvoir propre de l'établissement par le rejet de la règle de l'unanimité pour décider.

Voir par exemple, sur la possibilité de transférer à l'établissement public territorial, « à tout moment », toute compétence nouvelle non prévue par la loi ou par la décision institutive. Un tel transfert est acquis par délibérations concordantes de l'établissement public et des communes membres dans des conditions de majorité telles que le transfert peut être imposé à une minorité de communes (CGCT, art. L. 5211-17).

Il faut voir que seule une interprétation souple de la jurisprudence constitutionnelle réservant à la compétence législative le pouvoir de régler la représentation des collectivités territoriales dans les différents organismes les représentants peut s'accommoder d'une telle faculté d'auto-organisation.

Cons. const. 12 mai 1964, n° 64-29 L, *Rec. Cons. const.* 37 (consid. 2), solution donnée à propos des anciens districts.

Le fait que la législation soit moins présente pour organiser l'établissement public territorial manifeste l'intention implicite du législateur de respecter une certaine « liberté d'association » des communes à l'intérieur de l'établissement. Pour que l'intercommunalité fasse recette, les contraintes légales ne doivent pas se faire excessives. Sans doute le respect de l'égalité entre les communes réclame un minimum de contraintes. Mais, leur autonomie d'organisation n'en demande pas trop non plus.

Il faut considérer également que le législateur est tenu de céder à un indispensable réalisme. Les statuts qu'il dessine doivent se révéler souples et adaptables dans l'intérêt de prévenir les risques de dysfonctionnement et de conflit qui ne manqueraient pas de résulter de l'application d'un cadre légal uniforme et rigide. La première loi de 1966 sur les communautés urbaines avait abouti à la constitution d'administrations trop lourdes et trop unitaires minées par des organes et des pouvoirs de fait. La législation postérieure n'a cessé d'aller vers une plus grande souplesse d'organisation et de fonctionnement.

466 ***Pouvoir de créer et d'organiser des services publics*** ◊ Les établissements publics de type communautaire disposent de l'aptitude à créer tous les services publics nécessaires à leurs missions et à en déterminer toutes les règles consécutives. Cette aptitude est plus supposée que posée : elle ne repose sur aucun fondement textuel spécifique mais se manifeste comme un pouvoir propre d'organisation et de direction. D'ailleurs, ce pouvoir ne semble pas correspondre à une catégorie juridique uniforme puisqu'il s'articule autour des théories, plus classiques, du chef de service, des pouvoirs implicites et de l'ordre intérieur.

Ce pouvoir est normalement l'apanage des collectivités publiques en raison de leur autonomie et de la généralité de leur compétence. Au contraire, il n'existe pas dans l'établissement public qui, en tant que mode de gestion d'un service public, n'est que la conséquence de l'exercice de ce pouvoir par la collectivité fondatrice. Mais, l'établissement public polyvalent se trouve dans une position plus proche de la collectivité territoriale que de l'établissement public classique : en raison de sa polyvalence, l'établissement public territorial s'apparente plus à un « cadre élargi pour l'exploitation de services publics qu'à un mode de gestion adapté aux services publics pris en charge » [1].

Concrètement, l'établissement public territorial devient une structure de regroupement ne gérant pas nécessairement elle-même les services publics qui lui sont confiés. Il peut avoir intérêt à en déléguer l'exercice à une personne distincte après en avoir établi le mode de gestion (délégation de service public, régie, établissement public classique...) dans l'intérêt d'adapter les règles du service à la nature de l'activité considérée. L'individualisation du service se fait ainsi *au sein de l'établissement public territorial*, ce dernier se présentant finalement moins comme un service public que comme un pouvoir organisateur de service public.

S'agissant des transferts de services des communes membres au profit de leur EPCI la loi se fait plus précise dans le double intérêt de réduire le risque de transgresser des principes de la commande publique (CGCT, art. L. 5211-4-1, issu de L. 16 déc. 2010) d'une part, de rationaliser l'administration intercommunale d'autre part, notamment par l'institution de services communs (ressources humaines, informations...) (CGCT, art. L. 5211-4-2 et 3, issus de L. 16 déc. 2010). À cet effet, le président de l'établissement doit dresser un rapport de mutualisation des services dans l'année qui suit le renouvellement des conseils municipaux. Ce rapport prend l'aspect d'une planification en la matière (CGCT, art. L. 5211-39-1, issu de L. 16 déc. 2010).

§ 2. Retour aux principes de l'établissement public

467 Quoique le droit de l'intercommunalité fasse du procédé de l'établissement public, celui-ci reste toujours susceptible de s'analyser en négatif par

---

1. É. Fatome et J. Moreau, « L'établissement public territorial. Mode de gestion d'un service public ? », *AJDA* 1988. 699.

rapport à la collectivité territoriale. Face à la plénitude de compétence de la collectivité, le pouvoir de l'établissement public territorial demeure partiel (A). Et, dans la mesure où la désignation de ses dirigeants se fait « dans le cadre de l'élection municipale », l'établissement public territorial ne possède toujours pas une vie démocratique qui lui est propre (B).

A. Un pouvoir partiel

468 ***Refus de la compétence générale*** ◊ Selon l'article L. 5215-19 CGCT : « Le conseil de la communauté urbaine règle par ses délibérations les affaires qui sont de la compétence de la communauté urbaine ». Inspirée du droit communal, cette formule – exclusive à la communauté urbaine – ne doit pas faire illusion. Elle n'est pas attributive d'un pouvoir ouvert à toutes les affaires regardant le territoire communautaire. Il convient finalement de limiter la portée normative de cet article à la désignation de l'organe délibérant en tant qu'organe de principe dans l'établissement pour prendre les décisions de principe et le représenter dans la vie juridique. En outre, il possède une valeur récapitulative de la somme des transferts de compétence législatifs et institutifs mais sans constituer par lui-même un titre de compétence supplémentaire de portée générale.

Sans doute, l'existence d'un intérêt communautaire général ne serait pas inconcevable et peut même se déduire implicitement des progrès du droit intercommunal : définition des compétences par blocs généraux, passage à l'intercommunalité de projet, notion d'intérêt communautaire ou d'intérêt métropolitain concrétisé par l'établissement dans le but de délimiter son champ de compétences. Mais, le résultat continue de s'inscrire dans le cadre du statut de l'établissement public, institution spécialisée, fût-elle conçue de façon élargie. Jamais le législateur n'a entendu mener l'évolution à son terme en identifiant le pouvoir de l'établissement public territorial à un intérêt territorial général. *Celui-ci garde une « vocation multiple » et non pas plénière* [1].

469 ***Limitation des pouvoirs implicites*** ◊ L'établissement public territorial ne peut qu'imparfaitement développer l'ensemble des pouvoirs inhérents à ses missions. En effet, il résulte de la jurisprudence administrative que le principe de spécialité de l'établissement public fait fonction, à l'égard des communes membres, de norme de protection de l'autonomie de ces dernières. Une interprétation stricte des statuts et des compétences regroupées fait alors prévaloir l'autonomie des communes sur la liberté de gestion et le dynamisme de l'institution qui les représente.

1. V. sur les problèmes de constitutionnalité que poserait le transfert de la compétence générale des communes à l'établissement public qui les regroupe : J.-C. Douence, « Réflexions sur la vocation générale des collectivités locales à agir dans l'intérêt public local », *in Quel avenir pour les collectivités locales ?*, L'Aube, 1999, p. 317 ; B. Faure, « L'hypothèse des bases constitutionnelles de l'établissement public territorial », art. préc.

Voir par exemple, en matière de distribution de l'eau, le refus du juge administratif d'admettre toute « extension normale ou naturelle » des compétences syndicales pour l'arrosage des espaces verts d'une commune membre ou pour l'équipement des réseaux : CE 19 oct. 1975, *Cne Thaon-les-Vosges*, *Lebon*. 577. V. ég. CE 11 mai 1977, *Ville Lyon*, *Dr. adm*. 1977. 214. TA Montpellier, 7 déc. 1978, *SIVOM Maugio-Perols*, *Lebon* 631. CE 4 mai 1984, *Min. Intérieur et Décentralisation c. Cne Aubiers*, *Lebon* 527. CE 23 oct. 1987, *Cne Blaye-les-Mines*, *AJDA* 1986. 48, note J. Moreau. CE 10 mai 1989, *District Reims c. Cne Cormontreuil*, *Annuaire GRALE* 1990, chron. jurispr.n° 43. CE 6 déc. 1993, *Cnté urbaine Lyon*, *Lebon* 630. CAA Douai, 28 déc. 2007, *Cne Pont-de-Metz*, *AJDA* 2007. 410, concl. J. Lepers, CE 30 déc. 2009, *Brest Métropole Océane*, *BJCL* 2010. 183, concl. E. Glaser.

Le problème est qu'une protection trop soucieuse des intérêts communaux vienne freiner le dynamisme de l'établissement. Une interprétation trop littérale des statuts limite l'exercice des pouvoirs qui n'y sont pas formellement énoncés mais qui en constituent la conséquence nécessaire. Elle fait courir à l'organisation un risque de paralysie chaque fois qu'il s'agit de prendre en charge des activités tangentes à la mission, d'innover pour répondre à des besoins supplémentaires. Elle prend à contre-courant une évolution de l'établissement public classique dans le sens de l'infléchissement de sa spécialité pour que le service fonctionne dans les meilleures conditions pour les usagers, voire pour accroître sa rentabilité dans certains cas.

Les communes conservent la maîtrise de ce qui n'est pas transféré et disposent par leurs compétences traditionnelles d'une vocation complémentaire à l'action fonctionnelle de l'établissement. Le système repose sur la coexistence entre deux administrations parallèles d'où ressort un savant problème d'articulation des tâches. Le partage des compétences avec l'établissement public conduit à la dissociation des compétences qui s'exercent ordinairement de façon imbriquée.

L'exemple peut être donné du transfert de la voirie déconnecté de celui des pouvoirs de police générale, ce qui était généralement ressenti comme un oubli et un facteur de complexité dans l'articulation des compétences avant que la loi n° 04-809 du 13 août 2004 (CGCT, art. L. 5211-9-2 modifié par L. n° 10-1563, 16 déc. 2010) n'ouvre la possibilité d'un transfert simultané des deux compétences.

De la même manière, il est plus difficile de prendre en charge le développement économique du territoire regroupé sans disposer de la vocation générale à prendre en charge tout besoin de la population. L'impossibilité de mobiliser des compétences détenues à des titres divers, ainsi que le font fréquemment les collectivités territoriales, peut limiter l'action des établissements publics territoriaux et se retourner contre les intérêts d'une bonne – et pleine – administration.

Toutefois, la limitation des compétences implicites de l'établissement public territorial vaut surtout pour l'exercice de leurs compétences externes, les plus susceptibles d'empiéter sur celles des communes membres. Comme on l'a vu, c'est moins vrai pour l'organisation interne des services pour laquelle l'organe délibérant peut agir dans les mêmes conditions que le conseil municipal vis-à-vis de ses propres services. En somme, cet organe *dispose d'un pouvoir général d'administration des services.*

470 ***Un pouvoir affecté*** ◊ Ce caractère se vérifie notamment à deux égards :

1. Pouvoir affecté et « intérêt communautaire » [1]. L'expression « d'intérêt communautaire » est issue de la loi du 6 février 1992 qui l'introduit dans le droit de l'intercommunalité. Elle ne peut être interprétée comme conférant un pouvoir général à l'établissement public territorial pour toute question se rapportant au territoire communautaire. Elle se traduit en droit comme une *règle d'habilitation* faite soit aux communes regroupées pour les communautés de communes (CGCT, art. L. 5214-16), soit au conseil de l'EPCI pour les communautés urbaines (CGCT, art. L. 5215-20), les communautés d'agglomération (CGCT, art. L. 5216-5) et les métropoles (CGCT, art. L. 5217-4-I qualifié d'« intérêt métropolitain ») dans l'intérêt de délimiter, à l'intérieur de certaines de leurs compétences d'attribution, les activités ou les équipements présentant ce caractère et justifiant, en tant que tel, qu'ils soient transférés à l'établissement public. L'intérêt communautaire agit comme un *critère réducteur* dans la détermination des compétences de l'établissement, seules les activités ou les équipements désignés comme d'intérêt communautaire échappant à la compétence communale de principe.

Les principes de répartition des compétences entre la collectivité territoriale et l'établissement public territorial ne sont donc pas susceptibles d'être bouleversés par la notion d'intérêt communautaire. Celle-ci fait fonction de directive de répartition au sein même des domaines transférés aux établissements publics territoriaux entre ce qui doit précisément relever de chacune des deux personnes publiques. La méthode énumérative de détermination des compétences de l'établissement public n'en souffre pas.

– Il faut voir, toutefois, que l'intérêt communautaire prend un aspect plus considérable dans le cas des communautés urbaines, des communautés d'agglomération et des métropoles en ce qu'il est concrétisé par les décisions de l'organe délibérant de l'établissement public. En cela, il résulte d'une *décision – prise à la majorité des deux tiers – rattachable et interne à l'établissement*, l'accord de la majorité des communes n'étant plus recherché [2]. Elle manifeste dans ce cas la faculté d'auto-organisation plus considérable de l'établissement public territorial qui délimite lui-même l'étendue de ses compétences. Ceci donne à voir du principe de rattachement de l'établissement public, et du lien d'assujettissement à la collectivité qui en résulte, une figure inversée.

– Le *moment de la définition de l'intérêt communautaire* sépare également la communauté de communes de la communauté d'agglomération, de la communauté urbaine et de la métropole. Dans le premier cas, il doit être

1. V. biblio. v. ss 530, 2.
2. À la différence de la communauté de communes : CE 12 déc. 2012, *Communauté de communes Lodevois et Larzac*, *AJDA* 2012. 2407.

déterminé dans les statuts, dans le second après la mise en place de la communauté ou de la métropole. À défaut, l'intégralité de la compétence s'est trouvée transférée à l'établissement par arrêté préfectoral [1]. S'agissant de la métropole, il dit être défini au plus tard deux ans après le décret prononçant le transfert de compétences.

- L'habilitation légale à définir l'intérêt communautaire inclut implicitement la compétence réglementaire de l'EPCI pour arrêter les critères généraux d'identification de l'intérêt communautaire. Il en va de l'intérêt de définir chaque cas plus méthodiquement [2].

- L'appréciation de l'intérêt communautaire par l'EPCI a la valeur d'une décision susceptible d'être contrôlée par le juge administratif.

Dans le sens d'un contrôle normal : CAA Lyon 17 juin 1999, Cnté urb. Lyon, s'agissant du défaut d'intérêt communautaire d'une subvention à un établissement privé d'enseignement supérieur.

2. Pouvoir affecté et pouvoir de police générale. L'article L. 5211-9-2 CGCT issu de la loi du 13 août 2004 ouvre la possibilité de transférer au président d'un EPCI à fiscalité propre certains pouvoirs de police du maire (v. v. ss 464). On doit considérer que le principe du transfert par domaines limitatifs (déchet, gens du voyage, circulation et stationnement...), et non pas de la police générale dans sa globalité, est une condition de sa constitutionnalité. En effet, si le juge constitutionnel s'est gardé de censurer une telle possibilité c'est parce qu'elle « fait l'objet d'un encadrement précis » et porte sur des pouvoirs s'attachant à une compétence préalablement exercée par l'établissement public (ramassage des ordures, voirie...).

Cons. const. 12 août 2004, n° 04-503 DC (consid. 35) : solution fondée sur un impératif de clarté et d'intelligibilité de la loi s'imposant à la définition des compétences de l'établissement public territorial.

B. Un pouvoir indirectement représentatif

471 ***Absence de lien démocratique propre et direct*** ◊ Il s'agit d'un des thèmes les plus ressassés du discours critique sur l'intercommunalité que les réformes de 2010 et 2013 n'apaiseront pas de manière totale : un lien électoral propre et direct fait défaut entre les administrés et l'organe de regroupement. L'élection communautaire ou métropolitaine *spécifique* n'est pas instituée et, l'élu communautaire demeurera, au premier chef, un élu municipal, les parlementaires désavouant toute autre solution qui menacerait la survie des communes (v. ss 487). Le recours à l'établissement public territorial peut être dénoncé pour cela.

Toutefois, l'élection simultanée des conseillers municipaux et des conseillers communautaires est propice à accroître la responsabilité de ces derniers du fait de leur double appartenance et à intégrer l'établissement

1. V. Rép. min. n° 16958, *JO Sénat* Q 7 avr. 2005. 965.
2. En ce sens, TA Nice, 7 avr. 2006, *Cne Saint-Jean-Cap-Ferrat c. Cnté agglo. Nice Côte-d'Azur*, *AJDA* 2006. 1331, concl. F. Dieu.

public territorial dans le système de représentation locale. La solution s'adapte exactement aux formes du « fédéralisme administratif » : « il est tout à fait admissible que le conseil d'une collectivité fédérative administrative soit élu au suffrage universel indirect » (A. de Laubadère, 1974). La présence, au sein des conseils de communauté, de membres élus par la population, et non plus désignés par les communes, facilite la comparaison avec l'image d'une superposition de collectivités et facilite l'épanouissement d'un sentiment de « double citoyenneté » (A. de Laubadère).

472 ***Une conscience d'appartenance à l'établissement public territorial*** ◊ La situation de déficit de démocratie locale liée au développement de l'intercommunalité porte sans doute à faux avec les progrès constants de la démocratie locale par ailleurs. Néanmoins, l'appréciation de la situation doit être nuancée car la vie du regroupement fait naître une conscience d'appartenance des administrés. L'importance de l'établissement public territorial à leur égard se fait d'autant mieux ressentir que les compétences communales qu'il a reçues sont celles les plus tournées vers une gestion territoriale : urbanisme, domaine, voirie et équipement, aménagement de l'espace, mise en valeur de l'environnement... L'ancrage territorial de l'établissement ne cesse de s'affirmer parce que ses compétences sont définies par blocs ou pour des projets, parce qu'il doit s'efforcer de couvrir un territoire homogène, ou encore, parce qu'il dispose d'un pouvoir fiscal. Tous ces éléments alimentent la comparaison avec les principaux aspects de la collectivité territoriale et, au fil des progrès législatifs, les critères de distinction entre la collectivité territoriale et l'établissement public n'apparaissent plus aussi nets.

SECTION 2. RÉGIMES DE L'ÉTABLISSEMENT PUBLIC DE COOPÉRATION INTERCOMMUNALE

473 ***Plan*** ◊ C'est une conséquence de la diversité des formules : en dépit de leur statut commun d'établissement public, il n'existe pas de régime unitaire de l'EPCI. Les formules se sont développées pour servir, avec des méthodes différenciées (intercommunalité de projet, fiscalité propre unique), des objectifs inégaux qui vont de la simple collaboration des communes jusqu'à leur intégration dans un niveau supérieur d'administration.

Mais, la complexité caractérisant la question, il devenait nécessaire d'aller dans le sens de la simplification en supprimant les formules dépassées ou inusitées (districts, communautés de villes), et en organisant l'ensemble des EPCI autour d'un fond commun de règles institutionnelles. Cette nouvelle orientation est à l'œuvre depuis la loi du 12 juillet 1999 qui identifie au sein de son titre relatif aux « EPCI » un premier chapitre rassemblant les « dispositions communes » (CGCT, art. L. 5211-1 s.) [1] (§ 1). Mais, le législateur ne pourra mener ce processus de réduction des formules à son terme s'il veut préserver toute la liberté des communes. C'est, en effet, dans le choix de la formule et des règles particulières qui l'identifient que s'exerce une part de cette liberté (§ 2).

§ 1. Développement d'un droit institutionnel commun

474 L'unification du droit de l'EPCI demeure imparfaite en ce que chaque formule qui se maintient appelle nécessairement ses règles propres. Elle reste également parcellaire, le développement de principes communs n'excluant pas de réserver des dispositions particulières, notamment pour les syndicats de communes.

Toutefois, cet effort d'unification s'étend à tous les aspects de la vie de l'EPCI : sa création, son organisation et ses possibilités de transformation [2].

A. Création de l'établissement public de coopération intercommunale

475 Les règles communes de création d'un EPCI sont consignées au sein de l'article L. 5211-5 CGCT qui réserve toutefois le cas des syndicats de communes qui ne présente pas les mêmes ambitions de regroupement et dont le cas est prévu par l'article L. 5212-2 CGCT.

1. Création préfectorale

476 Il convient d'envisager successivement la décision de création et le pouvoir de création du préfet.

477 ***Décision de création*** ◊ La formule inaugurale de la 5e partie du Code général des collectivités territoriales consacrée à la coopération locale ne doit pas laisser de faux espoirs. Elle dispose que « les collectivités territoriales peuvent s'associer pour l'exercice de leurs compétences en créant des organismes publics de coopération » (CGCT, art. L. 5111-1). Pour autant, la création d'un EPCI ne doit rien à leur liberté contractuelle. La décision de création ne relève que de l'État, la loi désignant la *compétence unilatérale du préfet*, par arrêté, pour ce faire. En droit strict, les collectivités concernées ne sont appelées à prendre part que pour avis dans la procédure de création (CGCT, art. L. 5211-5-II).

1. Toujours en ce sens, v. L. n° 09-526, 12 mai 2009 et étude D. Christiany, « Les impacts de la loi du 12 mai 2009 sur l'intercommunalité », *JCP Adm.* 2009. 2142.

2. Sur les illusions de la simplification du droit intercommunal, v. S. Cals, « De la simplification des structures intercommunales : entre échecs et espoirs », *RFDA* 2004. 31 ; *M. Degoffe*, « Le renforcement et la simplification de la coopération intercommunale », *AJDA* 1999. 911.

La solution est en phase avec les conceptions classiques du droit public français sur la coopération institutionnelle : on admet généralement que si l'accord de volontés des personnes publiques et privées est efficace à créer des personnes morales de droit privé n'exerçant pas la puissance publique (société d'économie mixte, association), en revanche, la création d'un établissement public ne saurait résulter que de la volonté unilatérale d'une seule personne publique (État, collectivité territoriale).

La compétence du préfet, associée à l'avis majoritaire des communes intéressées, permet de passer outre aux résistances de certaines communes et de faciliter le succès de l'intercommunalité. Le rôle premier du préfet doit s'apprécier comme la douloureuse contrepartie de l'échec de la politique de fusion des communes par l'État rejetant tous ses espoirs sur l'intercommunalité.

478 ***Pouvoir de création*** ◊ L'étendue du pouvoir de décision du préfet s'apprécie différemment selon l'avis rendu par les communes intéressées par le regroupement :

– *Le préfet décide discrétionnairement* dans l'hypothèse où l'avis des communes – obtenu dans les conditions de majorité qualifiée requises – est positif. En conséquence, le préfet peut s'opposer à l'avis favorable des communes et refuser la création de l'EPCI. La jurisprudence administrative entend ainsi le laisser juge de l'opportunité administrative d'un groupement et ne sanctionnera, le cas échéant, que ses erreurs manifestes d'appréciation.

CAA Bordeaux, 15 févr. 2002, *Cne Civaux, Cne Valdivienne, AJDA* 2005. 909, s'agissant de l'erreur manifeste d'appréciation du refus de création d'un SIVOM alors que les conditions légales étaient remplies au motif erroné qu'une telle création ferait obstacle à des projets de création d'EPCI à fiscalité propre et empêcherait ainsi le développement d'une intercommunalité plus structurée.

V. ég., CE 13 mars 1985, *Ville Cayenne, Lebon* 76 ; *AJDA* 1985. 376, obs. L. Richer. CE 2 oct. 1996, *Cne Civaux, Lebon* 764 ; *AJDA* 1996. 1022, concl. L. Touvet.

– *Le préfet doit être réputé lié* par l'avis négatif des communes et ne peut prononcer la création de l'EPCI.

2. Procédure de création

479 ***Initiative de la procédure*** ◊ *L'initiative est partagée* entre les collectivités territoriales et l'État. Dans un premier cas, elle résulte de la délibération d'un ou plusieurs conseils municipaux demandant la création d'un EPCI (CGCT, art. L. 5211-5-1). Dans le second cas – et c'est plus nouveau –, elle procède d'un arrêté préfectoral pris après avis de la commission départementale de coopération intercommunale (CGCT, art. L. 5211-5-2).

Le système de l'initiative partagée permet de faire coexister, plus encore que d'associer, l'intérêt général qui s'attache à la nécessité de regrouper les communes et la libre administration de ces dernières.

480 ***Suite de l'initiative*** ◊

1. Elle consiste, d'abord, dans la *délimitation du périmètre de l'établissement* opérée par le préfet, soit dans les deux mois qui suivent l'initiative communale, soit au sein de l'arrêté d'initiative préfectorale.

La considération que la jurisprudence investisse le préfet comme le juge de l'opportunité du développement intercommunal se manifeste particulièrement à ce stade de la procédure :

D'une part, il n'est pas tenu de donner suite aux délibérations d'un certain nombre de communes lui demandant la création d'un EPCI et de fixer la liste des communes susceptibles d'être regroupées (CAA Bordeaux, 25 juin 2001, *Cne Port et a., Coll. terr.* janv. 2001, p. 4, concl. J.-L. Rey).

D'autre part, il a toute liberté pour établir la liste des communes intéressées et inclure, sauf erreur manifeste d'appréciation, des communes récalcitrantes [1].

2. Elle se poursuit par l'avis de chaque commune, donné dans les trois mois, sur l'arrêté de délimitation du futur EPCI. L'avis porte également sur son statut (CGCT, art. L. 5211-5 et L. 5211-5-1 modifiés par L. 16 déc. 2010). Afin de prévenir les manœuvres dilatoires, l'absence de réponse dans les trois mois vaut avis favorable. Il faut éviter de retarder la création de l'EPCI. L'avis des communes est réputé positif à une condition alternative de majorité qualifiée : les deux tiers au moins des conseils municipaux représentant plus de la moitié de la population totale ou bien par la moitié au moins des conseils municipaux représentant les deux tiers de la population.

La signification de l'abandon de la règle de l'unanimité pour celle de la majorité qualifiée est claire : l'avis des communes doit être réputé plus aisément favorable et permettre au préfet de créer en force l'établissement de regroupement contre le gré d'une minorité de communes.

Cette règle de majorité fait l'objet d'un complément. La loi établit *une réserve dans l'intérêt des plus grandes communes* qui ne sauraient devenir l'otage d'une majorité de petites communes les intégrant malgré elles dans l'établissement. Ainsi, la majorité exigée doit obligatoirement comprendre le conseil municipal de la commune dont la population est la plus peuplée si celle-ci atteint le quart de la population totale (CGCT, art. L. 5211-5-II al. 3 modifié par L. 16 déc. 2010).

481 ***Exigence de continuité territoriale*** ◊ On doit à la loi du 12 juillet 1999 une exigence générale de cohérence des territoires couverts par les EPCI : les nouveaux établissements créés doivent désormais voir leur ressort dessiné « d'un seul tenant et sans enclave » (CGCT, art. L. 5214-1 pour les communautés de communes, L. 5215-1 pour les communautés urbaines, L. 5216-1 pour les communautés d'agglomération et art. L. 5217-1 pour les

1. CE 15 févr. 1984, *Assoc. industrielle Territoire de Belfort et régions limitrophes, Lebon* 66. CE 2 oct. 1996, *Cne Bourg-Charente et a., Lebon* 361 ; *AJDA* 1996. 1022, concl. L. Touvet ; *RFDA* 1997. 1209, note C. Cammarata et P. Gaïa.

métropoles). Il revient au préfet d'intégrer cette règle, sous peine d'illégalité, dans l'arrêté de délimitation du périmètre de l'établissement [1].

Il ne faut pas voir dans ce nouveau dogme du droit de l'intercommunalité la volonté de consacrer des territoires naturels, ce qui n'a aucune portée juridique. Cette règle fait plutôt fonction d'accélérateur du regroupement intercommunal en limitant le pouvoir du préfet d'exonérer les communes récalcitrantes du périmètre de l'établissement.

3. Contentieux de la création

482 ***Développement du contentieux*** ◊ La procédure de création de l'EPCI qui fait conjointement intervenir l'État, par l'intermédiaire du préfet, et les collectivités locales concernées ne se caractérise pas comme un système d'équilibre entre les deux forces. Au pouvoir positif du préfet, apte à donner au projet sa consistance et sa force juridique en délimitant et créant l'établissement public, les communes ne peuvent opposer qu'un pouvoir négatif de refus si elles s'expriment suffisamment consensuellement en ce sens. La procédure ne manifeste donc pas une grande fidélité au principe de libre administration des collectivités et sa mise en œuvre donne lieu à un contentieux non négligeable que l'instauration du référé-liberté a donné l'occasion de faire prospérer (CJA, art. L. 521-2).

483 ***Facilitation du contentieux au fond*** ◊ L'intégration d'une commune à un EPCI contre son gré caractérise l'intérêt à agir contre l'arrêté de délimitation du périmètre de l'établissement (CE 23 juill. 1974, *Cne Cayeux-sur-Mer, Lebon* 434) ou l'arrêté de création (CE 2 oct. 1996, *Cne Civaux, Lebon* 764).

Manifestant l'esprit d'ouverture du juge administratif quant à l'intérêt à agir : CE 2 oct. 1996, *Cne Boncourt-le-Bois, AJDA* 1996. 1022, concl. L. Touvet, ne sont pas dépourvues d'intérêt à agir contre l'arrêté de création d'un EPCI les communes inscrites dans le périmètre de l'établissement, hostiles à sa création et, finalement, non incluse au sein de cet établissement.

Le contrôle de ces deux arrêtés se fait par voie d'action avant l'expiration du délai de deux mois. Il a longtemps été plus délicat d'admettre un contentieux de l'exception. Cette voie autorise, à l'expiration du délai de recours, à se prévaloir de l'illégalité d'une décision réglementaire à l'appui du recours contre une décision postérieure. Dans l'intérêt de prévenir un contentieux où abonderaient les recours tardifs ou dilatoires, la jurisprudence déniait à de tels arrêtés une nature réglementaire (CE 23 juill. 1974, *Cne Cayeux-sur-Mer*, préc., à propos de l'arrêté de création d'un EPCI).

---

1. Pour l'extension de la règle aux transformations de l'EPCI : v. ss 500, 1. C. Jebeili, « L'intercommunalité à la recherche du territoire pertinent », *JCP Adm.* 2008, n° 45, p. 14 ; F. Boulay et R. Degron, « Les périmètres de l'intercommunalité Entre simplicité juridique et cohérence administrative », *AJDA* 2009. 2044 ; N. Hajjami, « La règle de continuité du territoire intercommunal. De l'âge d'or au déclin ? », *BJCL* 2009. 296.

La solution doit être considérée comme implicitement renversée depuis 2002 (CE 3 mars 2002, *Cne Laveyron, AJDA* 2002. 752 ; *BJCL* 2002. 198, concl. S. Austry, solution rendue à propos de l'arrêté de modification des compétences d'un EPCI mais transposable au cas de l'arrêté de création selon les conclusions du commissaire de gouvernement).

Le contrôle du juge se limite traditionnellement à la recherche des *erreurs manifestes d'appréciation du préfet*. Le principe de libre administration que peut ainsi limiter une politique autoritaire d'intercommunalité appellerait un contrôle plus approfondi. On note toutefois une évolution vers l'admission facilitée de l'erreur manifeste d'appréciation.

Par exemple, CAA Bordeaux, 15 févr. 2005, *Cne Civaux, Cne Valvidienne, AJDA* 2005. 909, erreur manifeste du refus de création d'un SIVOM fondée sur l'empêchement de créer une intercommunalité plus développée.

Voir également, en ce sens, circ. 15 sept. 2004 « relative aux nouvelles dispositions concernant l'intercommunalité introduites par la loi "liberté et responsabilités locales" du 13 août 2004 », NOR/LBL/B/04/10075/C, p. 31.

484 ***Limites du contentieux de l'urgence*** ◇ Une commune intégrée contre son gré au sein d'un EPCI peut faire appel au juge du référé-liberté en se prévalant du principe de libre administration (CJA, art. L. 521-2). Toutefois, le juge administratif de l'urgence se bornera à la vérification du caractère « manifestement illégal » de la décision créatrice de l'établissement au regard des dispositions légales qui organisent cette création. En tant que juge ordinaire, il ne retiendra du principe de libre administration que la traduction que le droit législatif de l'intercommunalité en donne. Les chances de succès d'un tel recours demeurent donc virtuelles.

CE ord. 24 janv. 2002, *Cne Beaulieu-sur-Mer, Lebon* 873 ; LPA 14 mars 2002. 17, note N. Kattineh. CE 12 juin 2002, *Cne Fauillet et a., Lebon* 215 ; *AJDA* 2002. 590, chron. F. Donnat et D. Casas. CE 10 oct. 2003, *Cne Vignely, AJDA* 2004. 231. CE 3 mars 2004, n° 255033, *Cnté agglo. Sophia-Antipolis*. CE 1er mars 2006, *Min. délégué aux collectivités territoriales, AJDA* 2006. 521.

Sur la possibilité du recours au référé-suspension (CJA, art. L. 521-1) : CE ord. 4 juill. 2004, *Cne Ria-Sirach, ACL* 2005, n° 10.

B. Organisation de l'établissement public de coopération intercommunale

485 La prise en charge de ses compétences par un EPCI implique une division du travail à l'intérieur de l'établissement et une spécialisation des tâches communes à tout système organisé. La juxtaposition entre un organe délibérant et un agent exécutif n'a donc rien de spécifique à la collectivité publique et se retrouve, à l'identique, à la tête de l'EPCI. Mieux, le droit qui régit les compétences de ces organes, leurs rapports réciproques et leurs méthodes de fonctionnement se veut très proche du droit communal, caractérisant ainsi l'EPCI comme un modèle comparable à la commune.

1. Organe délibérant

486 ***Dénomination*** ◊ L'organe délibérant de l'EPCI est qualifié de *comité syndical* pour le syndicat de communes, de *conseil de communauté* pour la communauté de communes, d'agglomération et urbaine et de *conseil de métropole* pour la métropole.

487 ***Désignation « dans le cadre de l'élection municipale au suffrage universel direct » (CGCT, art. L. 5211-6)*** [1] ◊ . Il ne manquait plus à l'organe délibérant de l'EPCI à fiscalité propre que d'être investi démocratiquement. C'est par les lois n° 2010-1563 du 16 décembre 2010 et n° 2013-403 du 17 mai 2013 que l'avancée s'est décidée. Une même opération électorale concerne à la fois la désignation des conseillers municipaux et des conseillers communautaires ou métropolitains, les électeurs étant appelés à désigner par un seul et même bulletin comprenant deux listes distinctes l'ensemble de leurs conseillers (v. ss 453 (2)). La répartition des sièges au conseil de communauté suivra les règles du droit communal qui prévoit une répartition proportionnelle à la plus forte moyenne entre les listes avec prime à la liste gagnante qui se verra réserver, au préalable, la moitié des sièges affectés à la commune (selon le principe de la prime majoritaire).

La détermination des sièges affectés à chaque commune membre se fait plus autoritaire. Pour toutes les catégories d'EPCI à fiscalité directe [2], leur nombre est fixé par la loi sur une base exclusivement démographique (17 paliers entre 16 conseillers pour le premier correspondant aux communes de moins de 3 500 habitants et 130 conseillers pour le dernier correspondant aux communes de plus d'un million d'habitants), avec répartition des sièges à pourvoir entre les communes à la représentation proportionnelle à la plus forte moyenne. La solution ne vaut toutefois que dans le respect de trois principes : chaque commune doit disposer d'au moins un siège, aucune ne peut en détenir plus de la moitié, le nombre de sièges pour chaque commune ne peut s'écarter de plus de 25 % de ce que son poids démographique lui donne en sièges (CGCT, art. L. 5211-6-1, issu des lois du 17 mai 2013 et 27 janv. 2014).

Pour le cas des petites communes pratiquant le scrutin plurinominal majoritaire, l'élection des conseillers communautaires ne sera pas aussi directe et se dispensera même d'un vote formel. Ces derniers seront, en effet, désignés selon l'ordre du tableau procédant de l'élection de la municipalité.

---

1. N. Wolf, « L'élection au suffrage universel direct des représentants des EPCI », *AJDA* 2011. 1120.

2. À l'égard des communautés de communes et des communautés d'agglomération, ce dispositif de répartition des sièges ne s'appliquait qu'en l'absence d'accord amiable entre les communes membres. Mais cet accord a été jugé inconstitutionnel, contrevenant « au principe général de proportionnalité » dont pouvait s'écarter la répartition qui n'était pas forcément acquise en rapport à la population de chaque commune membre : Cons. const. n° 2014-405 QPC du 19 juin 2014, *Cne de Salbris*.

Toutefois, pour minorer l'impact d'un tel mode de désignation, le seuil démographique des communes assujetties au scrutin plurinominal a été abaissé à 1 000 habitants, (CGCT, art. L. 2121-2 II issu de la loi du 17 mai 2013). Il s'agit d'un progrès au regard du mode de désignation antérieur des conseillers communautaires hérité de la loi du 12 juillet 1999 qui prévoyait leur élection par les conseils municipaux « parmi leurs membres ». Le progrès était attendu au regard de l'ampleur des compétences de ces types d'établissement et du besoin de transparence qui accompagnait leur exercice. Pour autant, le principe nouveau d'élection ne s'apparente pas tout à fait à une élection au suffrage universel direct mais *ressemble plutôt à une procédure d'information dans le cadre de la démocratie municipale* demeurée intacte. L'électeur sera informé des personnalités susceptibles d'intégrer la communauté de regroupement en fonction de leur place sur une liste comparable à celle candidate aux municipales et qu'il sera invité à adopter telle quelle. D'ailleurs, il y a solidarité entre les deux mandats de conseiller municipal et de conseiller communautaire exercé par le même élu : le terme ou la déchéance du mandat du premier entraîne celui du second (C. élect., art. L. 273-3 s.) [1].

L'économie générale de la représentation intercommunale s'en trouvera cependant réellement changée à trois égards. D'abord, la représentation des femmes se fera mieux au sein des nouvelles assemblées communautaires, sans qu'on parvienne à la parité, cependant, en raison du mode de désignation propre aux petites communes. Ensuite, le conseiller communautaire apparaîtra moins comme le mandataire de sa commune que comme le mandataire de ses électeurs, ne s'estimant plus indéfectiblement lié à son conseil municipal qui ne pourra plus lui retirer son mandat. Enfin, il se peut que l'on assiste à une politisation de la gestion communautaire : à la ligne traditionnelle d'affrontement entre intérêts communaux et intercommunaux se superposera une nouvelle ligne d'affrontement entre majorité et opposition partisane favorisée par la représentation proportionnelle des forces politiques communales. Alors, les problèmes se résoudront moins par la voie du consensus que par des stratégies de coalition, ce qui pourrait condamner la gestion intercommunale à une certaine impuissance.

488 ***Mandat des délégués*** ◊ Il existe une *solidarité entre les deux mandats* du conseiller municipal délégué au sein de l'EPCI. Le sort du conseiller d'établissement suit celui du conseiller municipal, notamment en ce que son mandat de délégué trouve son origine et expire avec le renouvellement, ordinaire ou accidentel, des conseils municipaux (CGCT, art. L. 5211-8).

La démission du conseiller municipal délégataire doit être également considérée comme faisant perdre la qualité de délégué au sein du conseil

1. Le problème de la vacance des sièges au sein du conseil de commuantué est réglé selon les principes de C. élect, art. L. 273-10.

d'EPCI. Celui-ci perdait, en effet, sa condition initiale d'éligibilité au sein de l'établissement avant les lois du 16 décembre 2010 et 17 mai 2013 (réserve faite du cas des syndicats intercommunaux pour lesquels les conseillers municipaux ne sont pas tenus de désigner un élu comme délégué : CAA Lyon, 2 juin 1992, *Ferrandini*, *AJDA* 1993. 137). La solution doit être regardée comme automatique désormais, la double mandat de conseiller municipal et de conseiller communautaire devenant désormais indissociable du fait de leur commune origine élective.

Il doit s'ensuivre que le conseil municipal n'est plus autorisé à procéder au remplacement d'un de ses conseillers communautaires comme cela se pratiquait sur le fondement de l'article L. 2121-33 CGCT, motif pris du « bon fonctionnement de l'administration communale ».

La règle de solidarité n'est toutefois pas absolue : en cas de suspension, de dissolution d'un conseil municipal, ou de démission de tous les membres en exercice, le mandat des délégués est prorogé jusqu'à la désignation des nouveaux délégués par le nouveau conseil municipal (CGCT, art. L. 5211-8 al. 9).

489 ***Réunions de l'organe délibérant*** ◇ De façon générale, l'organe délibérant d'un EPCI s'administre comme celui d'une commune (convocation, ordre du jour, tenue des séances...). À cet égard, il se réunit au moins une fois par trimestre (ou une fois par semestre pour les SIVU). À cette fin, le président de l'EPCI convoque les membres de l'organe délibérant dans les conditions du droit communal (1). De façon générale, les garanties d'information et d'expression des délégués de l'établissement sont celles dont bénéficient les conseillers municipaux sans restriction qui s'attacherait au statut d'établissement public de la structure de regroupement (2). Il est toutefois normal que la constitution de groupes minoritaires d'élus pouvant bénéficier de facilités matérielles reste réservée aux EPCI les plus considérables (CGCT, art. L. 5215-18 pour les communautés urbaines de plus de 100 000 habitants et CGCT, art. L. 5216-4-2 pour les communautés d'agglomération de plus de 100 000 habitants).

CE 6 oct. 1995, *Centre interdptal gestion des cnes Petite Couronne et région Ile-de-France*, *Lebon* 695, s'agissant de l'obligation d'adresser les convocations au domicile des membres d'un comité syndical. Par ex., TA Lyon, 6 déc. 2004, *Nardone*, *AJDA* 2005. 452, à propos de l'annulation de la délibération budgétaire en raison du vice substantiel constitué par l'absence de note explicative de synthèse accompagnant l'organisation du débat.

2. Organe exécutif

490 ***Élection*** ◇ S'agissant des conditions d'éligibilité et d'élection du président de l'EPCI, les dispositions communes du Code se bornent à opérer un renvoi au droit communal. Celui-ci est donc élu au scrutin secret et à la majorité absolue par l'organe délibérant de l'établissement en son sein et pour 6 ans (CGCT, art. L. 5211-2 renvoyant à l'art. L. 2122-4).

Longtemps regrettable, cette situation d'immunité a été corrigée par les lois du 14 février 2014 établissant le non-cumul des mandats : les présidents d'EPCI et leurs vices-présidents sont désormais regardés comme des exécutifs locaux, au même titre que ceux des collectivités territoriales. Il s'ensuit que le cumul avec un mandat parlementaire national ou européen n'est désormais plus possible (v. ss 80 s.).

La jurisprudence condamne la pratique des présidences tournantes : CE 10 juill. 1995, *Dumaire, Lebon 297* ; *RFDA* 1995. 1052.

491 ***Fonctions*** ◊ En la matière, l'alignement sur le droit du maire est formellement posé par l'article L. 5211-9 CGCT selon lequel le président de l'EPCI est « l'organe exécutif de l'établissement » et, à ce titre, il prépare et exécute les délibérations. Selon la même formule générique, « il est seul chargé de l'administration », ce qui le désigne pour diriger les services. Mais, dans l'intérêt de soulager sa tâche, le même article lui donne des possibilités de délégations à ses collaborateurs dans des conditions de plus en plus ouvertes voulues par les évolutions législatives les plus récentes.

Le vice-président est son délégataire normal. À défaut (absence, empêchement ou l'ensemble d'entre eux étant pourvus), la délégation de fonction peut être confiée à un simple conseiller membre du bureau.

Au surplus, des délégations de signature sont rendues possibles à certains responsables de l'administration de l'établissement (directeur général, directeur général des services, directeur général adjoint, responsables de service).

Disposant de moins de pouvoirs propres qu'un maire, le président d'un EPCI peut néanmoins recevoir délégation de la part de l'organe délibérant dans des conditions parfois plus larges. Il en va de l'intérêt d'accélérer le travail de l'organe délibérant accaparé par des ordres du jour plus chargé que ceux d'un conseil municipal en ce qu'il se réunit généralement moins fréquemment.

V. à propos de la passation d'un marché public : CE avis 17 déc. 2003, *Préfet Nord, Lebon* 512 ; *AJDA* 2004. 149, concl. F. Seners ; *JCP Adm.* 2004. 1198, note M.-C. Rouault. Avis établissant que le régime des délégations au président de l'EPCI de l'art. L. 5210-11 et celui des délégations au maire de l'art. L. 2122-22 obéissent à des principes opposés et sont donc exclusifs l'un de l'autre : la délégation est de principe dans le premier cas ; elle est l'exception dans le second.

Une partie non négligeable de la jurisprudence concernant les fonctions du président de l'EPCI consiste à ramener celui-ci au respect du droit du maire lorsqu'il a cru pouvoir s'y soustraire.

Par ex., en matière d'action en justice : CE 25 nov. 2002, *Synd. dptal électricité et gaz Alpes-Maritimes, Dr. adm.* févr. 2003. 22, note C.M., n° 31.

3. Bureau

492 ***Intérêt*** ◊ Paradoxale dans une organisation qui s'inspire du droit communal est l'institution d'un bureau – et non d'une municipalité –. Sa composition comme son rôle le désigne comme un second organe délibérant

exactement établi sur le modèle de la commission permanente des conseils général et régional. Il fait donc figure d'émanation restreinte du comité et du conseil d'établissement appelé à délibérer collégialement sur toute question, généralement répétitive ou de moindre importance, délégué à lui par le comité syndical ou le conseil de communauté [1].

493 ***Composition*** ◊ Le bureau comprend le président de l'établissement, un ou plusieurs vice-présidents ainsi qu'un ou plusieurs autres membres du comité ou du conseil de l'établissement. Le nombre de vice-présidents ne doit pas excéder 20 % de l'effectif total du comité ou du conseil ni être supérieur à quinze (CGCT, art. L. 5211-11-6-2 3° issu de L. 16 déc. 2010) [2].

Le contentieux de l'élection au bureau est régi par les règles qui organisent l'élection du maire et de ses adjoints : CE 24 sept. 1990, *Gaucher, Lebon* 252.

494 ***Fonction*** ◊ Le bureau n'exerce pas de pouvoirs propres qu'il tiendrait directement de la loi. Sa vocation consiste à assister le comité ou le conseil d'établissement en recevant des délégations de pouvoirs de sa part. Toutefois, de telles possibilités de délégation restent doublement limitées. D'abord, en ce que le nombre, non négligeable, de domaines exclus de la délégation définit un régime de délégation plus strict que celui dont profitent les commissions permanentes du département et de la région. Ensuite, parce que le bureau se trouve en concurrence avec le président ou les vice-présidents qui sont susceptibles de se voir attribuer, à titre individuel, de telles délégations (CGCT, art. L. 5211-10 issu de l'art. 169 L. 13 août 2004).

Sur l'impossibilité pour le bureau ou son président de se voir déléguer la totalité des compétences : TA Lyon, 20 déc. 2007, *Cne Lorette, AJDA* 2007. 429.

C. Les transformations de l'établissement public de coopération intercommunale

495 ***Nécessaire simplification du paysage intercommunal*** ◊ L'empilement d'EPCI à statut divers qu'on doit à la succession des réformes législatives et des initiatives locales devient un point névralgique du droit de l'intercommunalité. Elle pose d'inévitables problèmes d'identification des compétences vis-à-vis des communes et de chevauchement de territoires qui mettent en cause l'intelligibilité de l'action administrative locale. Sur certains territoires, il se trouve même plus d'EPCI que de communes. Une logique de simplification et de rationalisation est à l'œuvre dans la législation depuis 1999. Elle s'efforce d'agir à la fois sur le découpage des compétences et celui du territoire. Pour cela, elle vise à faciliter les transformations

1. L. Bartmann, « Le bureau des établissements publics de coopération intercommunale », *RLCT* déc. 2008. 64.
2. J. Moreau, « L'élection des vice-présidents des communautés de communes et des communautés d'agglomération au scrutin proportionnel », *Coll. terr.* 2006, n° 3, p. 30.

de l'EPCI, soit par changement statutaire, soit par fusion avec d'autres EPCI, soit encore par retrait de communes [1]. Mais, l'effort entrepris restait partiel et méritait de se poursuivre par d'autres développements législatifs [2]. Dans le droit fil du rapport du comité E. Balladur (mars 2009), la loi du 16 décembre 2010 a fait un pas décisif en ce sens. Elle a adopté des solutions autoritaires qui lient l'avenir de l'intercommunalité aux choix opérés par un plan préfectoral (schéma départemental de coopération intercommunal, v. ss 501) et qui programme la disparition des syndicats de communes (v. ss 506). L'objectif de rationalisation est poussé à un point tel qu'il a inspiré au réformateur l'installation d'un régime temporaire d'exception qui a permis d'imposer des progrès rapides.

496 ***Successions de régimes temporaires d'exception*** ◊ La loi n° 10-1563 du 16 décembre 2010 avait réarmé les préfets contre les élus. Jusqu'au 1er juin 2013, la réorganisation des structures intercommunales a été soumise à son autorité, avec les pouvoirs les plus étendus pour élaborer tout projet de création, de dissolution, de modification ou de fusion d'EPCI, et l'imposer. Ses décisions ne pouvaient toutefois tenir en échec un refus de la Commission départementale de coopération intercommunale (v. ss 501 s.) adopté à la majorité des deux tiers de ses membres. Mais, un tel refus devait être constructif, c'est-à-dire comporter une proposition alternative. Un dispositif comparable s'appliquait à l'égard des communes isolées (CGCT, art. L. 5210-1-2). On pouvait regretter la rigueur de ce régime, mais non en contester l'utilité. Au premier janvier 2014, l'achèvement de la carte intercommunale pouvait être constaté (v. ss 451).

Mais la question de l'encombrement du paysage par un nombre exagéré d'EPCI reste posée. Ne pouvant résoudre que provisoirement le problème, la loi de 2010 appelait des prolongements nouveaux. À cet effet, le projet de loi portant nouvelle organisation territoriale de la République envisage une nouvelle procédure dérogatoire attribuant des pouvoirs élargis au préfet pour réorganiser tout EPCI à fiscalité propre dans le sens d'une meilleure concentration, aucun d'entre eux ne pouvant compter moins de 20 000 habitants - sauf exceptions -. Le préfet devra également œuvrer à la dissolution des syndicats intercommunaux et syndicats mixtes qu'il jugera utile. Les résultats devront être obtenus au 31 décembre 2016.

497 ***Transformation par changement statutaire*** ◊ La loi a prévu des dispositions adéquates au passage simplifié d'un type d'EPCI à fiscalité propre à un autre (art. L. 5211-41 CGCT issu de L. 12 juill. 1999). Une telle

1. V. la dissolution d'un EPCI par le préfet, cet établissement ne pouvant utilement regrouper une seule commune : CE 13 juill. 2007, *Cne Pourcieux*, *BJCL* 2007. 682, concl. F. Seners ; *JCP Adm.* 2007. 2224, note L. Erstein ; *AJDA* 2007. 1707, concl. ; *RLCT* nov. 2007. 14, obs. E. Glaser.

2. V. la dissolution d'un EPCI par le préfet, cet établissement ne pouvant utilement regrouper une seule commune : CE 13 juill. 2007, *Cne Pourcieux*, *Lebon* 713 ; *BJCL* 2007. 682, concl. F. Seners ; *JCP Adm.* 2007. 2224, note L. Erstein ; *AJDA* 2007. 1707, concl. ; *RLCT* nov. 2007. 14, obs. E. Glaser.

possibilité n'était pas inconnue du droit antérieur mais elle impliquait la dissolution de l'EPCI pour la création d'un nouveau. La procédure actuelle s'appuie sur un *principe de continuité de la personne morale* qui permet au nouvel EPCI de se « substituer de plein droit » au précédent dans toutes ses délibérations et ainsi d'assurer la continuité budgétaire et contractuelle de l'établissement.

La procédure de transformation se veut aussi simple que possible : la décision est prise par le préfet après délibérations concordantes de l'organe délibérant de l'établissement public et des communes membres à la majorité qualifiée requise pour la création de l'établissement. Ce qui signifie qu'une transformation n'est jamais qu'une possibilité pour les autorités locales soumises à autorisation de l'État.

La délibération de l'organe délibérant de l'EPCI présente le caractère d'un acte préparatoire. En cela, elle reste insusceptible de faire l'objet d'un recours pour excès de pouvoir (CE 3 mai 2002, *Cne Laveyron*, *BJCL* juill.-août 2002. 198, concl. S. Austry, obs. V.D.G. ; *AJDA* 2002. 752).

Cette procédure de transformation statutaire se manifeste par sa portée limitée : elle n'est envisageable qu'entre EPCI à fiscalité propre, dans le cadre d'un périmètre et de compétences identiques.

Dans l'hypothèse où l'EPCI nouveau statut doit exercer plus de compétences que l'actuel, la procédure d'extension des compétences prévues au CGCT, art. L. 5211-7 pourra être mise en œuvre.

S'agissant de la transformation d'un EPCI sans fiscalité propre à un EPCI à fiscalité propre la procédure est plus formaliste. Il convient de s'en remettre aux règles classiques de dissolution et de création d'un EPCI. Voir CGCT, art. L. 5111-3.

S'agissant de la transformation facilitée d'un syndicat de communes en communauté d'agglomération ou en communauté de communes : CGCT, art. L. 5211-41-2.

98 ***Transformation par extension autoritaire*** ◊ À l'occasion d'une transformation statutaire, le préfet peut prendre l'initiative d'étendre le périmètre de l'EPCI par l'absorption de nouvelles communes voisines appartenant même déjà à un autre EPCI. La loi lui laisse l'opportunité de l'initiative qui doit néanmoins demeurer subordonnée à l'intérêt de constituer une nouvelle « cohérence spatiale et économique » propice au « développement » local (CGCT, art. L. 5211-41-1) ; sans pour autant qu'il soit signalé qu'il doive retenir un nouveau territoire d'un seul tenant.

La procédure requiert l'avis des communes incluses dans le nouveau périmètre selon les conditions de majorité qualifiée exigées pour la création d'un EPCI. Elle ne garantit donc aucune possibilité de *veto* pour chaque commune absorbée dans l'établissement en dépit de sa volonté : il s'agit d'une procédure d'extension autoritaire. Controversées, ces dispositions n'ont pas manqué de faire l'objet d'applications politiquement conflictuelles, comme ce fut le cas notamment pour l'agglomération montpelliéraine.

S'agissant de l'extension volontaire du périmètre d'un EPCI à fiscalité propre : v. art. L. 5211-18 CGCT. Il faut toutefois voir que l'avis de la commune concernée est réputé positif qu'autant que celle-ci n'a pas pris de délibération en sens contraire dans le délai de trois mois (CE 2 mars 2007, *Cne Saint-Brandan*, *AJDA* 2007. 980). Les deux procédures d'extension demeurent relativement peu utilisées.

499 ***Transformation par fusion*** ◊ La loi du 13 août 2004 innove en inscrivant dans le Code une procédure spécifique de fusion d'EPCI qui faisant précédemment défaut (CGCT, art. L. 5211-41-3). Celle-ci sert simultanément deux objectifs : favoriser la concentration d'EPCI (1) tout en renforçant l'intégration des communes au sein d'un EPCI à fiscalité propre (2). Marginal au départ, le nombre des fusions s'est nettement accéléré sous l'effet contraignant de la procédure d'achèvement de la carte intercommunale lancée par la loi du 16 décembre 2010 (270 fusions entre 2012 et 2014).

1. La procédure de fusion est destinée à faciliter la concentration des EPCI qui passait préalablement par les deux étapes de la dissolution et de la création d'un nouvel EPCI appelant une procédure longue et des solutions complexes pour répartir les biens et les obligations entre les communes membres du nouvel établissement. Toutefois, la fusion s'apparente également à une opération de création puisqu'elle fait naître un « nouvel EPCI » (CGCT, art. L. 5211-41-3 al. 2).

2. L'établissement public issu de la fusion relève de droit de la catégorie des EPCI fiscalité propre quand bien même n'est-il pas seulement issu d'établissements appartenant à cette catégorie. Si la loi impose donc la présence d'au moins un EPCI à fiscalité propre parmi les établissements qui fusionnent, c'est pour que cet établissement fasse fonction de modèle de référence. La procédure de fusion vise donc à l'élimination des syndicats intercommunaux au profit des formules récentes les plus intégrées. Un EPCI à fiscalité propre plus intégré peut être créé quand bien même il ne s'en trouvant pas du même type au sein des EPCI fusionnés (deux communautés de communes peuvent ainsi fusionner dans une communauté d'agglomération).

La même logique d'approfondissement de l'intercommunalité préside à la détermination des compétences du nouvel EPCI : celui-ci disposera de l'ensemble des compétences obligatoires que les communes avaient transférées aux EPCI préexistants. Il s'agit donc d'un principe d'alignement sur les EPCI les plus intégrés. À l'échéance de trois mois, l'organe délibérant du nouvel EPCI règle l'attribution des compétences optionnelles. Il s'agit d'une solution d'assouplissement en vue de favoriser les fusions.

Signe de l'intérêt supérieur qui s'attache à la question, la procédure de fusion se scinde en deux étapes laissées à la maîtrise du préfet :

- le préfet fixe le périmètre du projet issu, soit de sa propre initiative (qui était exclue dans la précédente procédure de dissolution-recréation), soit de la Commission départementale de coopération intercommunale, soit encore d'une ou plusieurs communes ou EPCI. Le pouvoir discrétionnaire qui lui est reconnu dans la procédure de création d'EPCI paraît transposable ici. Il est toutefois tenu, comme en matière de création d'EPCI, de délimiter un territoire « d'un seul tenant et sans enclave » (CE 5 oct. 2005, *Cnté agglo. Gaslaban, Huveaune, Sainte-Beaume*, *Lebon* 764 ; *JCP Adm.* 2005. 1340, concl. F. Seners ; *BJCL* 2005. 763, concl. et obs. L. Touvet ; *JCP* 2005. II. 10181, note J. Moreau). La Commission départementale peut, en outre, modifier son projet de périmètre sous certaines conditions ;

– le préfet décide de la fusion des EPCI après avoir requis un double avis positif. D'abord, celui des communes concernées adopté à la majorité qualifiée et sans *veto* pour la commune principale dont le poids se trouve minoré au sein de la structure élargie. Ensuite, celui de l'ensemble des EPCI, l'opposition d'un seul faisant obstacle au projet. Par parallélisme avec le droit de la création d'un EPCI, ce double avis possède la valeur d'un avis obligatoire s'il est positif, le préfet pouvant ne pas prononcer la fusion. Il possède la valeur d'un avis conforme s'il est négatif, le préfet étant tenu de ne pas prononcer la fusion. Afin de préserver les intérêts propres à chaque EPCI, les majorités doivent comprendre au moins un tiers des conseils municipaux de chaque EPCI à fusionner (CGCT, art. L. 5211-41-3 issu de L. 16 déc. 2010).

L'avis des conseils municipaux porte non seulement sur le périmètre du nouvel EPCI, mais encore sur sa catégorie et ses statuts (CGCT, art. L. 5211-41-3 issu de L. 16 déc. 2010).

Dans le sens d'un contrôle normal sur la décision du préfet de refuser la fusion : TA Strasbourg, 10 avr. 2007, *Cnté cnes Porte-de-France-Rhin Sud et cnté cnes l'Île Napoléon c. Préfet Bas-Rhin*, *AJDA* 2007. 1260 [1].

La fusion de syndicats de communes et de syndicats mixtes fait l'objet de conditions facilitées. Elle donne naissance à un nouveau syndicat intercommunal ou syndicat mixte (CGCT, art. L. 5212-27-I issu de L. 16 déc. 2010).

00 ***Transformation par retrait*** ◊ La commune ne dispose pas d'une garantie de retrait de l'EPCI à laquelle elle appartient. Le droit s'efforce, plus considérablement, de concilier la libre administration communale sans laquelle l'engagement intercommunal serait dissuasif avec l'intérêt supérieur qui s'attache à la stabilité de l'établissement. Voilà pourquoi, la possibilité de retrait, lorsqu'elle existe, est enfermée dans une procédure stricte et soumise à la décision discrétionnaire du préfet. Et, en pratique, les retraits demeurent exceptionnels.

Il est permis de constater l'existence d'un droit *du* retrait construit sur l'articulation entre une procédure de retrait de droit commun (1) et des procédures spéciales, essentiellement installées pour tirer les conséquences d'une modification de la carte intercommunale et redéfinir les rattachements intercommunaux ou bien, de l'impossibilité pour une commune d'appartenir à plus d'un EPCI à fiscalité propre (2).

1. V. D. Christiany, « La fusion intercommunale, de nouveaux territoires pour de nouveaux projets », *JCP Adm.* 2005. 768 ; « Étude sur les contentieux de création et d'extension des établissements de coopération intercommunale », *Coll. terr.* mars 2006. 4 ; F. Sempé, « La fusion des EPCI dans la loi du 13 août 2004 », *in Mélanges Douence*, Dalloz, 2006, p. 429.

1. Procédure générale. L'article L. 5211-19 CGCT définit une procédure de droit commun du retrait qui ne laisse pas aux communes d'espoirs démesurés. Cette procédure a sans doute été réécrite dans un sens réputé plus libéral par la loi du 13 août 2004 avec l'abandon du système de la minorité de blocage. Nonobstant, le législateur ayant souhaité s'inspirer du principe du parallélisme des procédures, les nouvelles conditions qui en découlent sont aussi formalistes que pour la création même d'un EPCI.

Pour aboutir, la demande de retrait réclame le *double* consentement de l'organe délibérant de l'EPCI et des communes membres dans les conditions de majorité requises pour la création de l'établissement. Signe qu'il s'agit d'une procédure d'exception qu'il ne faut pas encourager, le silence d'une commune après trois mois vaut rejet, contrairement au droit commun de l'intercommunalité (CGCT, art. L. 5211-19 al. 1).

La décision de retrait appartient au préfet. On doit considérer que sa décision de refus est discrétionnaire, sa décision d'acceptation est liée.

En ce sens, l'opposition des communes ne saurait être surmontée par la volonté du préfet (CE 28 nov. 1986, *Cne Launaget*, *Lebon* 267).

De nature à réduire fortement les possibilités de retrait, la considération que le pouvoir de décision du préfet *s'exerce dans le principe de continuité territoriale* réputé s'imposer non seulement lors de la création de l'EPCI, mais encore lors de ses évolutions postérieures. De telle manière que l'intercommunalité ne pourra être redécoupée que dans le sens d'une plus grande cohérence territoriale [1].

L'article L. 5211-19 CGCT réserve deux cas d'impossibilité de retrait :

- pour les communes d'une communauté urbaine ou d'une métropole. De sorte qu'on est sûr de la stabilité de l'institution. La rigidité de la communauté urbaine s'explique pour des raisons d'origine - abandonnées depuis - selon lesquelles ce type d'EPCI était conçu comme une formule transitoire à l'émergence de nouvelles communes ;
- pour les communes d'un EPCI à fiscalité propre ayant opté pour le système de la taxe professionnelle unique avant l'échéance de la procédure d'unification des taux.

Sur les conséquences patrimoniales du retrait, v. CGCT, art. L. 5211-25-1. En l'absence de dispositions légales réglant le sort des personnels, le juge estime que la commune retirée ne peut se voir imposer la perte des personnels affectés à l'activité qu'elle avait confiée à l'EPCI (CE 5 juill. 2013, *Mme A.*, *JCP Adm.* 2013, n° 2282, note H.Pauliat, *RLCT* 2013. 21, n° 93, note M.-C. Rouault).

---

1. CE 28 déc. 2005, *Cne Poigny*, *Lebon* 598 ; *AJDA* 2006. 60, note M.-C. de Montecler ; *JCP Adm.* 2006. 55, note M.-C. Rouault et 124, concl. E. Glaser ; *Coll. terr.* 2006. 45, note L. Erstein ; *RLCT* févr. 2006. 35, note Pintat et concl. ; *BJCL* 2006. 213, obs. L. Touvet et concl. ; *Dr. adm.* avr. 2006. 24, obs. E. Glaser, le principe énoncé s'imposant aux arrêtés préfectoraux prononçant le retrait de deux communes d'une communauté de communes et alors même que les dispositions de l'art. L. 5211-19 ne prévoient pas cette condition restrictive.

2. Procédures spéciales. Des procédures spéciales font exception à la procédure générale de l'article L. 5211-19 dans l'intérêt de faciliter le retrait dans certains cas. La spécialité de la procédure se reconnaît à deux titres : en ce qu'elle est différente pour chacune des catégories d'EPCI d'abord ; en ce qu'elle vise des situations particulières qui justifient un retrait facilité ensuite (rattachement sans objet, évolution vers un établissement plus intégrateur...).

– Par autorisation discrétionnaire du préfet, après avis de la Commission départementale de coopération intercommunale, une commune peut se retirer d'un *syndicat de communes* dans trois cas : d'abord lorsque son rattachement au syndicat est devenu sans objet du fait d'une modification de la réglementation (CGCT, art. L. 5212-29) ; ensuite, pour adhérer à une communauté de communes (CGCT, art. L. 212-29-1) ; enfin, lorsque les intérêts de la commune sont compromis « de manière essentielle », en raison des règles de représentation des communes au sein du comité du syndicat, des compétences exercées par le syndicat ou de sa contribution aux dépenses du syndicat (CGCT, art. L. 5212-30).

– Par autorisation discrétionnaire du préfet après avis de la Commission départementale de coopération intercommunale, une commune peut se retirer d'une *communauté de communes* dans l'intérêt d'adhérer à un nouvel EPCI à fiscalité propre qui a accepté la demande d'adhésion (CGCT, art. L. 5214-26). Cette possibilité doit s'exercer dans le respect du principe de continuité territoriale (jurispr. *Cne Poigny* préc.) [1].

– Les communes membres d'une *communauté d'agglomération* disposaient d'une possibilité de retrait identique à celle des communautés de communes jusqu'au 1er janvier 2005. le retrait aura donc été rendu plus difficile après, la procédure de droit commun demeurant la seule possible. V. toutefois l'hypothèse de retrait implicite : CGCT, art. L. 5216-7-I.

D. La Commission départementale de coopération intercommunale

01 ***Intérêt*** ◊ La Commission départementale de coopération intercommunale (CDCI) fait l'objet d'une section au chapitre consignant les « dispositions communes » à l'ensemble des EPCI (CGCT, art. L. 5242-42 s.). La loi du 6 février 1992 l'a installé non seulement pour inciter à la création de nouveaux établissements de coopération mais aussi, pour *rationaliser la structuration intercommunale dans chaque département*. En effet, celle-ci ne doit rien à la raison administrative et doit être présentée comme le résultat aléatoire de l'initiative spontanée des communes. Cette commission sert d'instance de réflexion et de proposition sur les solidarités intercommunales qui mériteraient d'être organisées en établissement de regroupement.

---

1. V. S. Dalle-Gode, « Le retrait d'une commune d'une structure intercommunale », *JCP Adm.* 2005. 1725 ; F.-X. Fort, « Le retrait d'une commune membre d'un EPCI », *AJDA* 2006. 2163.

Elle réunit les élus locaux intéressés, sous la présidence du préfet, avec notamment pour mission d'établir un *schéma départemental de coopération*. Jusqu'à présent, elle servait d'instance d'échanges et de consensus, ce qui pouvait l'amener à limiter ses ambitions. Mais, la loi n° 10-1563 du 16 décembre 2010 (Décr. n° 11-122, 28 janv. 2011) lui fait prendre un nouveau départ en tant que lieu où l'avenir de l'intercommunalité du département sera planifié, ceci en accord entre les élus locaux qui la composent et le préfet qui la préside.

502 ***Composition*** ◊ Elle est hétérogène en sorte que toutes les forces locales y soient représentées. Elle est composée pour 40 % de maires, adjoints et conseillers municipaux élus à la représentation proportionnelle à la plus forte moyenne par les maires de toutes les communes du département répartis en collèges électoraux déterminés en fonction de l'importance démographique des communes. S'y ajoutent 40 % de représentants d'EPCI ayant leur siège dans le département, 15 % de représentants du conseil général élus en son sein à la représentation proportionnelle, pour 5 % de conseillers régionaux élus dans les mêmes conditions. La représentation des élus intercommunaux a été majorée en 2010 au détriment du poids des élus municipaux.

La Commission est *présidée par le préfet*. Une telle présidence a fait craindre une mise sous contrôle de la Commission par l'État. Mais la solution a fini par s'imposer, l'hypothèse de la présidence d'un élu ayant plus encore suscité la jalousie et la méfiance. En contrepartie, le rôle du préfet devait être conçu restrictivement (faisant fonction de « scribe » ou bien de « notaire » selon la Commission C. Pierret, *JOAN* 2 avr. 1991. 604). Mais, lui attribuer en 2010 le pouvoir de définir ce que sera l'intercommunalité en arrêtant le schéma départemental de coopération est tout à fait contraire de cet arrangement initial.

Sur la question de l'impartialité de la CDCI composée d'élus appelés à se prononcer sur les projets de création ou d'extension d'EPCI : CE 10 oct. 2003, *Cne Angles*, *AJDA* 2004. 880, note T. Tuot.

503 ***Rôle*** ◊ Le rôle de la CDCI est double :

– À titre permanent, la CDCI exerce une fonction de surveillance de la coopération intercommunale. Elle constitue un observatoire tenant à jour l'état de cette coopération à la lumière des paramètres administratif, économique et géographique évalués dans le département. L'intérêt consiste alors à faire des propositions tendant au renforcement de l'intercommunalité.

Elle doit être consultée sur tout projet de création d'un EPCI dans le département sous peine d'illégalité de l'arrêté de création (CE 29 mars 2000, n° 203975, *Min. Intérieur c. Maillet*), ainsi que sur tout projet de transformation d'un EPCI qui s'écarterait des propositions du schéma départemental (CGCT, art. L. 5211-45 issu de L. 16 déc. 2010).

– À titre ponctuel mais essentiel depuis 2010, elle élabore un schéma départemental de coopération en vue de programmer la couverture intégrale du territoire par des EPCI à fiscalité propre, de supprimer les enclaves et les discontinuités territoriales. Dans le tracé de ces objectifs, le schéma propose toute création ou transformation d'EPCI à fiscalité propre qui ne pourra comprendre moins de 5 000 habitants (zones de montagne exceptées), la réduction du nombre de syndicats de communes et de syndicats mixtes avec transfert de leurs compétences au profit d'un EPCI à fiscalité propre. Ce schéma est l'acte du préfet dans la mesure où c'est lui qui le prépare et l'arrête. La loi n'a cependant pas entendu exposer les élus locaux à son arbitraire puisqu'il ne peut aller contre les amendements de la CDCI votés à la majorité des deux tiers de ses membres. Ces amendements ne peuvent toutefois pas ignorer la loi et s'affranchir de l'impératif de rationalisation du paysage intercommunal qu'elle ordonne de poursuivre en toute hypothèse (CGCT, art. L. 5210-1-1, issu de L. 16 déc. 2010).

Restait à apprécier l'importance du changement en liaison avec la valeur contraignante du schéma. Il y avait certainement une complexité du problème. Ce n'est sans doute pas une directive sans force obligatoire puisqu'il donne réalité à des impératifs légaux. Il reste cependant que ce schéma n'est pas contraignant « par lui-même » selon l'expression du juge administratif. En effet, ses dispositions les plus concrètes en matière de création, de transformations ou de suppression d'EPCI n'acquièrent valeur que de « propositions » selon les termes de la loi. Le préfet peut d'ailleurs s'en écarter dans ses décisions de regroupement si des cas particuliers paraissent l'exiger. Il s'ensuit que si le schéma ne saurait être directement contesté, il peut néanmoins l'être par voie d'exception à l'encontre des décisions préfectorales définitives qui procèdent de lui (CE 21 sept. 2012, *Cne de Couvrot et Cne de Poligny* (2 esp.), *AJDA* 2013. 240, note B. Faure).

§ 2. **Maintien des différenciations statutaires**

04 À l'effort d'unification du droit de l'intercommunalité, le législateur n'a pas entendu sacrifier la diversité des statuts, et ceci en dépit de sa faveur pour les statuts les plus intégrateurs. Cette diversité est garante d'une meilleure adéquation du statut d'établissement public aux situations concrètes (agglomérations multi-communales ou zones rurales, par exemple) et ménage une liberté de choix pour les communes qui souhaitent se regrouper.

05 ***Valeur relative des classifications*** ◊ C'est une conséquence pédagogique de la diversité des statuts d'EPCI : le besoin de les classer pour mettre en lumière la logique commune à certains se fait sentir. À suivre la tradition, il est permis de distinguer essentiellement entre les EPCI « de service » et les EPCI « de projet » ; entre les EPCI à « contribution budgétaire » et les EPCI à « fiscalité propre » ; ainsi que les EPCI à vocation urbaine et les EPCI à vocation rurale. Il faut connaître ces classifications qui sont généralement pratiquées et qui donnent une idée des principes autour desquels le législateur a voulu organiser le droit de l'intercommunalité. Nonobstant, la valeur de ces distinctions demeure relative. Elles n'opèrent pas un partage équilibré entre les EPCI qui se concentrent sur les formules les plus nouvelles (fiscalité propre et compétences de projet) et reposent sur des critères qu'on doit plus à des formules politiques voulues pour moderniser l'intercommunalité, qu'à la réalité pratiquée.

1. « Intercommunalité de projet » et « intercommunalité de service » ou « de gestion ». La loi du 12 juillet 1999, à la suite de celle du 6 février 1992, a entendu faire des nouveaux EPCI à fiscalité propre des « territoires de projet ». L'idée est d'associer les communes au sein d'un « espace de solidarité » dans l'intérêt d'élaborer et d'exécuter « un projet commun de développement et d'aménagement de l'espace ». D'ailleurs, cette intercommunalité de projet se trouve définie de manière pratiquement identique pour les métropoles, les communautés urbaines, les communautés d'agglomération et les communautés de communes, toutes éligibles à cette méthode de regroupement.

Il y a, en cela, opposition avec l'intercommunalité de service qui se concrétise dans les traditionnels syndicats de communes dont les compétences sont déterminées en fonction des services dont la gestion leur est confiée.

Il ne faut cependant pas forcer la fracture entre les deux types d'intercommunalité qui contient sa part d'artifice. On a constaté la création et la gestion de zones d'activités économiques dans le cadre de syndicats de communes, dont cela constituait souvent la compétence de base, sans attendre l'apparition légale d'une intercommunalité de projet. Inversement, on a vu la création de communautés sans réflexion, ni définition préalable, d'un projet commun de développement. Et, bien souvent, la définition d'un tel projet a pu apparaître d'autant moins nécessaire que le nouvel EPCI était destiné à se substituer, dans ses compétences, à un ancien syndicat intercommunal à vocation multiple.

En réalité, le passage à *l'intercommunalité de projet marque une extension des compétences de l'EPCI.* Il l'autorise même à *s'affranchir partiellement de son principe de spécialité* pour lui reconnaître implicitement une vocation générale. En pratique aucune compétence ne faisant plus défaut à la réalisation d'un projet général.

2. Intercommunalité à fiscalité propre et intercommunalité à contribution budgétaire. La relance de l'intercommunalité par les lois du 6 février 1992 et du 12 juillet 1999 s'est particulièrement concrétisée dans l'instauration d'EPCI à fiscalité propre, ce qui leur assure une plus grande autonomie à l'égard des communes. Leur pouvoir fiscal est, dans ce cas, comparable à celui des collectivités territoriales. Trois régimes sont accessibles aux communautés de communes, aux communautés urbaines, aux communautés d'agglomération et aux métropoles : soit une *fiscalité « additionnelle »* aux quatre taxes directes locales (contribution économique territoriale, taxe d'habitation et les deux taxes foncières), c'est-à-dire que l'établissement public perçoit une part de chacune d'elle pour laquelle elle vote, lorsque cela est possible, le taux dans les mêmes conditions qu'une collectivité territoriale ; soit une contribution économique *unique*, l'impôt étant intégralement décidé et perçu par l'établissement sur l'ensemble de son territoire à l'intérieur duquel les communes ne la perçoivent plus ; soit encore, une contribution économique *de zone*, la communautarisation de la contribution étant limitée au périmètre sur lequel l'établissement a créé une zone d'activité économique.

De leur côté, les syndicats de communes ou les syndicats mixtes continuent d'être financés par les ressources qui leur sont transférées par les communes membres.

On doit bien constater la faible valeur opératoire de ce critère de classement qui ne permet pas de tracer une ligne de partage équilibré entre l'ensemble des EPCI. En dépit d'une prospérité tenace des syndicats de communes, l'établissement public à fiscalité propre s'est considérablement développé et tend à devenir le mode normal de regroupement, en particulier pour ceux qui perçoivent la contribution économique unique. 84 % de la population française, appartenant à 88 % des communes, - au 1er janvier 2005 - est administré par l'EPCI à fiscalité propre.

Le choix en faveur d'un EPCI à fiscalité propre emporte quatre conséquences significatives qui configurent l'intercommunalité telle que le législateur estime opportun qu'elle soit. Ces conséquences impératives ont pour effet d'associer au nom « communauté » un *corpus* juridique commun qui identifie cet objet :

- Les communes regroupées devront élaborer et conduire ensemble un « projet commun de développement urbain et d'aménagement du territoire ».
- Le territoire de l'établissement doit être « d'un seul tenant et sans enclave » (CGCT, art. L. 5214-1 ; L. 5215-1 et L. 5216-1).
- Une commune ne saurait intégrer plus d'un seul établissement de ce type (CGCT, art. L. 5210-2).
- La désignation des délégués au sein du conseil de communauté se fait au suffrage universel indirect, ces délégués devant être choisis parmi les conseillers municipaux.

3. Intercommunalité urbaine et intercommunalité rurale. On ferait volontiers le partage entre les établissements publics dont la vocation est exclusivement rurale et ceux qu'on a voulu spécifiquement adapter au phénomène urbain.

Au sein de la première catégorie, le syndicat de communes s'impose encore aujourd'hui pour permettre aux plus petites communes de s'associer pour la gestion commune de services publics sans perdre leur autonomie. La communauté de communes est une formule plus ambitieuse mais, par son statut « modulable » au plan des compétences et des ressources, elle permet la consolidation de l'intercommunalité rurale lorsque la formule du syndicat ne suffit plus - on l'a significativement qualifiée de « communauté des champs ».

Au sein de la deuxième catégorie, se recrutent les communautés d'agglomération, les communautés urbaines et les métropoles dont l'ampleur des compétences et des ressources se veut à la mesure des problèmes de développement urbain. D'ailleurs, la loi subordonne leur création à une exigence de seuil démographique suffisant par lequel elle entend réserver de droit les structures créées aux territoires urbains.

Pour autant, cette classification n'est pas parfaite en ce qu'elle fait l'économie du principe selon lequel la création des syndicats de communes et des communautés de communes n'est pas conditionnée par une exigence de seuil démographique, de telle manière qu'il s'agit - à tout le moins en droit - d'établissements polyvalents. D'ailleurs, un certain nombre d'agglomérations - dont un temps Marseille - se sont constituées en communauté de communes.

A. Syndicat de communes [1]

506 ***Vocation particulière*** ◊ C'est le modèle historique (L. 22 mars 1890), mais non dépassé, de regroupement intercommunal qui continue de faire son succès sur sa souplesse d'organisation. Étant subordonné à un minimum de contraintes, le syndicat permet de concilier les nécessités du regroupement avec le maintien de l'autonomie traditionnelle des communes. Celles-ci peuvent en faire un usage minimal pour gérer un service public ou réaliser une infrastructure qu'aucune d'entre elle, isolée, ne parviendrait à prendre à sa charge. Elles peuvent, à l'opposé, leur confier jusqu'à la quasi-totalité de leurs compétences (art. L. 5212-1 s.).

Le syndicat de communes continue de prospérer en milieu rural où il a largement contribué à l'équipement en réseaux d'adduction d'eau et d'électrification (15 688 syndicats en 2009, 13 402 en 2014). Mais la loi n° 10-1563 du 16 décembre 2010 et le projet de nouvelle organisation territoriale de la République amorcent une évolution dans le sens de l'élimination des syndicats intercommunaux qui leur paraissent suspects d'attenter à l'intérêt supérieur d'une carte intercommunale simple et peuplée reposant sur des catégories d'EPCI plus ambitieuses.

507 ***Création*** ◊ La création du syndicat intercommunal obéit à une *procédure courte* si l'initiative réunit l'unanimité des conseils municipaux intéressés. La décision de création revient alors au préfet constatant le consensus (CGCT, art. L. 5212-4). Mais le succès de l'intercommunalité exigeait la possibilité de surmonter l'opposition d'un ou plusieurs conseils municipaux qui suffisaient à contrarier le projet. C'est pourquoi, depuis les lois du 9 janvier 1959 pour les syndicats intercommunaux à vocation unique et du 31 décembre 1970 pour les syndicats intercommunaux à vocation multiple, le projet pourra s'imposer aux communes récalcitrantes dans l'hypothèse

1. V. biblio. v. ss 530, 3 ; v. aussi historique v. ss 452, 1.

où il parvient à réunir une majorité qualifiée des deux tiers et de la moitié. Il s'agit alors d'une *procédure longue* passant par le stade initial de la proposition d'une ou plusieurs communes, puis l'arrêté préfectoral délimitant le projet après avis obligatoire du conseil général, projet qui sera soumis à la consultation des communes intéressées. En cas d'avis favorable, le préfet pourra prononcer la création du syndicat (CGCT, art. L. 5212-2 et L. 5212-14). La loi du 16 décembre 2010 n'interdit pas la création de nouveaux syndicats de communes mais elle encourage les préfets à prévoir leur absoption par des EPCI à fiscalité propre.

La souplesse du modèle syndical se signale particulièrement dans ses *facilités de dissolution*. Le syndicat peut être créé sans limitation de durée. Il peut cependant être dissous soit de plein droit – c'est-à-dire sans délibération du comité syndical mais après arrêté préfectoral – à l'expiration de la durée fixée dans les statuts ou à l'achèvement de l'opération programmée, ou encore s'il ne compte plus qu'une commune membre ; soit par la volonté de tous les conseils municipaux ; soit par arrêté préfectoral après demande motivée de la moitié de la majorité des conseils municipaux ; soit encore après transfert de la totalité de ses compétences à un EPCI à fiscalité propre ou à un syndicat mixte ; soit, enfin, d'office par décret pris sur avis conforme du conseil général et du Conseil d'État (CGCT, art. L. 5212-5 et L. 5212-33, issu de L. 16 déc. 2010). Ce dernier cas est réservé à des « motifs graves de nature à rendre impossible le maintien de l'association des communes ou à compromettre l'ordre public » selon les termes de la jurisprudence.

Une hypothèse particulière de dissolution : jugeant que le maintien d'un syndicat n'exerçant plus aucune activité depuis deux ans est dépourvu d'intérêt, la loi autorise le préfet à tirer les conséquences de cette dissolution de fait en prononçant sa dissolution de droit après avis des conseils municipaux des communes membres (CGCT, art. L. 5212-34, issu de L. n° 09-526, 12 mai 2009).

La disparition des syndicats devrait s'accélérer avec la nouvelle procédure de fusion de syndicats. Elle est prononcée par arrêté préfectoral subordonné à l'accord des deux-tiers des communes représentants plus de la moitié de la population ou l'inverse. Un nouveau syndicat peut ainsi être créé en s'affranchissant de la procédure de dissolution (CGCT, art. L. 5212-27, issu de L. 16 déc. 2010).

Sans disparaître, le syndicat peut enregistrer *le retrait de communes* qui, pour certaines raisons limitativement définies, n'auraient plus d'intérêt à y participer. Il est ainsi possible de résoudre des relations conflictuelles entre communes membres (CGCT, art. L. 5212-29, L. 5212-29-I et L. 5212-30). Chacune des procédures reste subordonnée à l'autorité du préfet [1].

508 ***Organisation*** ◊ Le syndicat est représenté par une assemblée délibérante – le comité syndical –, chaque conseil municipal élisant deux

1. V. E. Zoller, « La création des syndicats de communes : une décision des communes ou de l'État ? », *RD publ.* 1976. 985.

délégués parmi les citoyens éligibles au conseil municipal. Ce principe de représentation égalitaire, au demeurant peu soucieux des disparités démographiques et financières entre les communes, peut cependant être écarté par tout autre mode de représentation sur lequel celles-ci s'accorderaient.

Pour représenter la commune qui l'a désignée, il suffit que le délégué ait été élu par le conseil municipal de celle-ci. Peu importe s'il est électeur dans une autre commune que celle qui le désigne (Cons. const. 26 janv. 1995, n° 946358 DC, *JO* 1er févr.).

Le comité élit son président en son sein. Il administre le syndicat par délibérations dont le président est chargé de l'exécution.

509 ***Compétences*** ◊ Elles sont d'étendue très variable. Entre le syndicat intercommunal à vocation unique (SIVU), formule d'origine se limitant à la gestion d'un service public et le syndicat intercommunal à vocation multiple (SIVOM), formule introduite par le décret du 20 mai 1955 et à même d'absorber la quasi-totalité des compétences communales, les possibilités sont infinies et laissées à la libre appréciation des communes. Aucune compétence n'est obligatoire, aucune n'est interdite - ou presque - non plus. Les règles d'organisation et de gestion des services publics transférés sont les mêmes que pour les services municipaux. Le syndicat choisit le mode de gestion des services publics dont il acquiert la charge.

Les compétences généralement exercées par les syndicats sont l'enlèvement et le traitement des ordures ménagères, les transports en commun, la distribution de l'eau et l'assainissement, la création et la gestion d'équipements sportifs, culturels ou de loisirs.

Dans l'intérêt d'encourager en masse les adhésions, la loi n° 88-13 du 5 janvier 1988 avait tenté l'instauration d'un « syndicalisme à la carte » offrant la possibilité pour une commune de n'adhérer à un SIVOM que pour partie seulement de ses compétences selon son choix. À l'expérience, la formule a révélé son excessive complexité au moment de calculer, pour chaque commune, les règles de votes et les contributions financières (CGCT, art. L. 5212-16).

Toute modification des compétences initiales est envisageable. Il reste toutefois plus facile d'en ajouter que d'en retrancher. L'adjonction de compétences nouvelle est acquise si le tiers des communes membres ne s'y oppose pas. La réduction des compétences est subordonnée à l'accord unanime des conseils municipaux [1].

510 ***Ressources*** ◊ Doté de la personnalité morale de droit public, le syndicat intercommunal dispose d'une autonomie budgétaire. Le budget est voté chaque année par le comité syndical selon les principes du droit communal.

1. V. P. Albertini, « Le syndicalisme intercommunal à géométrie variable », *Rev. adm.* 1988. 428 ; Ch. Bréchon-Moulènes, « La loi n° 88-13 du 5 janvier 1988 et la coopération intercommunale », *RFDA* 1989. 270.

Il est préparé et exécuté par le président du comité. Il est alimenté par les ressources qui sont principalement de deux ordres :

1. En adéquation avec la vocation associative du syndicat intercommunal, chaque commune s'acquitte d'une *contribution budgétaire* qui constitue, pour elle, une dépense obligatoire. Cette contribution présente la nature d'une cotisation commune.

Les syndicats de communes ne disposent donc pas d'une fiscalité propre et peuvent, en cela, passer pour une formule de regroupement qui révèle son archaïsme. Au demeurant, le mode de recrutement des conseillers syndicaux, qui ne sont pas nécessairement des élus du peuple, y ferait obstacle. Toutefois, la contribution budgétaire peut être fiscalisée, en tout ou partie, si le comité syndical le décide et le conseil municipal concerné ne s'y oppose pas (art. L. 5212-20 al. 2 et 3 CGCT et CE 12 mars 2010, *Min. Intérieur c. Cne Vroville, BJCL* 2010. 385, concl. E. Geffray). Dans cette hypothèse, le syndicat perçoit directement un supplément aux quatre taxes directes locales qui se substitue à la contribution. Mais ce supplément est réparti entre les contribuables de chaque commune selon un calcul qui ne confère aucun pouvoir de décision au syndicat en matière fiscale. Il s'agit seulement d'un système de centimes additionnels aux contributions directes. Il donne néanmoins l'assurance d'un financement automatique et rapide.

Toutefois, les syndicats compétents pour la distribution d'électricité peuvent se voir reconnaître un pouvoir fiscal. Voir article L. 5212-24 CGCT issu de la loi du 13 août 2004.

La détermination de la contribution budgétaire obéit à des conditions de compétence et de fond. Au vu de la jurisprudence, on sent la question hautement contenciogène :

- Le montant de la contribution est normalement fixé dans les statuts du syndicat. À défaut, le comité est compétent pour l'établir, sinon le modifier (CE 28 nov. 1962, *Min. Intérieur c. Cne Fontanès, Lebon* 640). La délibération ne possède pas un caractère réglementaire (CE 22 mars 1992, *Cne Eteignières, Lebon* 771).
- Le montant de la contribution doit être fixé « dans la limite des nécessités du service » (CGCT, art. L. 5212-20). Sa détermination ne doit pas contrevenir au « principe d'égalité devant les charges publiques ». Si ce principe n'interdit pas le calcul de la participation des communes sur des bases forfaitaires, encore convient-il que ces bases soient appréciées de manière pertinente (CE 23 juill. 1974, *Cne Cayeux-sur-Mer, Lebon* 435, légalité d'une contribution fixée en fonction du nombre d'habitants et non en fonction du nombre d'élèves provenant de chaque commune pour un syndicat gérant un collège).

Ne peut normalement percevoir de contribution budgétaire le syndicat intercommunal à vocation unique gérant un service public industriel et commercial. En effet, la règle de l'équilibre financier des services publics industriels et commerciaux (CGCT, art. L. 2224-1) s'oppose à ce qu'un tel syndicat équilibre autrement son budget que par le produit des seules redevances perçues auprès des usagers (CE 29 oct. 1997, *Sté Sucrerie agricole colleville, Lebon* 378 ; *Dr. adm.* 1998. 5, note E. Gintrand).

2. Le syndicat perçoit le *produit des taxes et des redevances* correspondant aux services rendus par les services publics transférés au syndicat.

B. La communauté de communes

511 ***Vocation particulière*** ◊ En instituant la communauté de communes, la loi du 6 février 1992 avait entendu inaugurer une nouvelle forme de regroupement communal mettant l'accent sur le caractère « stratégique »

plutôt que « gestionnaire » des compétences mises en commun. Ce regroupement est désormais assigné à la réalisation d'un objectif : le développement local. Son territoire, ses ressources et ses compétences sont configurés dans ce but.

Mais, c'est la polyvalence de la communauté de communes qui a surtout fait pour son accueil favorable. Sa création n'étant assujettie à aucune exigence de seuil démographique, elle a pu constituer, en milieu rural, une alternative au syndicat intercommunal ou au district lorsque les possibilités offertes par ces derniers ne suffisaient pas. Dans l'esprit du législateur, la formule de la communauté de communes se voulait équilibrée, mettant en accord le libéralisme du regroupement syndical avec les procédés de l'intercommunalité moderne (compétences de projet, fiscalité propre). Il en résulte que les communes peuvent adapter leur communauté de communes selon des possibilités d'intensité variable ; comme s'il existait une échelle d'intégration communautaire sur laquelle les communes regroupées choisissaient de déterminer leur place.

À la différence des communautés de villes, créées concomitamment mais peu utilisées, la loi n° 99-586 du 12 juillet 1999 les a maintenus. Leur nombre s'est accru de 1 347 en 1999 à 2 223 en 2013. Elles regroupent une population de 25,3 millions d'habitants.

512 ***Création*** ◊ Les dispositions spécifiques du Code général des collectivités territoriales à l'égard des communautés de communes ne réservent aucune règle particulière pour la création de l'établissement public. Celles-ci doivent donc s'apprécier en référence au droit commun de l'article L. 5211-5 CGCT qui pose le principe de la conjonction entre une demande à la double majorité qualifiée des communes et un arrêté préfectoral de création. Une adjonction législative en 1999 veut que le périmètre de la communauté soit « d'un seul tenant et sans enclave », sans toutefois préjudicier aux communautés créées antérieurement qui peuvent se maintenir en l'état (CGCT, art. L. 5214-1 al. 1). Cette exigence de continuité territoriale est en phase avec l'approche globale que réclame l'exercice des compétences communautaires pour l'aménagement de l'espace et le développement économique. Mais son respect peut poser des problèmes pratiques d'appréciation (par ex., CE 3 oct. 2003, *Cnté cnes Val de Drôme et Serret*, *AJDA* 2004. 879, note T. Tuot, deux communes séparées par un fleuve doivent être considérées comme d'un seul tenant).

Sur l'intérêt à agir d'une commune enclavée contre l'arrêté préfectoral délimitant le périmètre, v. CE 11 déc. 2000, *Cnté cnes Pays d'Issoudun*, *Lebon* 605.

Dans le sens de la facilité de regroupement, il est prévu – comme pour le syndicat de communes – que la communauté de communes puisse être créée pour une durée déterminée par la décision institutive (CGCT, art. L. 5214-4). Le choix unanime des communes de prolonger l'existence de leur communauté de communes ne s'impose pas au préfet qui peut s'y opposer pour motif d'intérêt général (TA Nice, 14 déc. 2012, *Communauté de communes des terres de Siagne c. préfet des Alpes-maritimes*, *AJDA* 2013. 1344). Elle peut être dissoute dans des conditions similaires au syndicat de communes (CGCT, art. L. 5214-28, issu de L. n° 09-526, 12 mai 2009).

513 ***Organisation*** ◊ La communauté de communes est administrée par un conseil de communauté composé des délégués élus. La répartition des sièges entre les communes a été jugée contraire à la Constitution en ce qu'elle avait été laissée à leur libre décision (Cons. const. n° 2014-405 QPC du 19 juin 2014, *Cne de Salbris*, atteinte au « principe général de proportionnalité » par manque de rapport avec l'importance démographique de chaque commune membre). Elle doit désormais se résoudre selon les règles du droit commun (v. ss 487). Les règles qui régissent le président et son bureau avaient déjà été absorbées par les dispositions communes et supprimées (v. ss 485 s.).

514 ***Compétences*** ◊ La définition des compétences communautaires marque un tournant dans le droit de l'intercommunalité : elles sont configurées pour spécialiser l'établissement public de regroupement en l'assignant à la réalisation d'un « projet commun de développement et d'aménagement de l'espace » qui donne au regroupement sa vocation particulière.

En vue de la réalisation de ce projet, les communautés sont d'abord investies de « *compétences obligatoires* » en rapport avec ce qui concerne « l'aménagement de l'espace » et le « développement économique » (CGCT, art. L. 5214-16-I).

Au surplus, elles reçoivent des « *compétences optionnelles* » sélectionnées dans un au moins des cinq « groupes » de compétences déterminées par la loi : protection et mise en valeur de l'environnement ; politique du logement et du cadre de vie ; création et entretien de la voirie ; équipements culturels, sportifs et scolaires ; action sociale (CGCT, art. L. 5214-16-II).

Pour autant, le transfert n'est pas nécessairement total. À l'égard des communautés de communes, la notion légale de « groupe » de compétence, qu'il soit obligatoire ou optionnel, implique un pouvoir de choix pour les communes entre celles des compétences relevant de chaque groupe qu'elles souhaitent voir remonter à la communauté et celles qu'elles souhaitent voir maintenues au niveau communal. Ainsi, la construction des équipements publics peut revenir à la compétence communautaire et leur entretien demeurer à la charge de chaque commune. La sélection d'une compétence reste toutefois subordonnée à sa vocation à servir l'intérêt communautaire. Elle est opérée à la majorité qualifiée des communes membres, soit par décision institutive au moment de la création de l'établissement, soit postérieurement.

Enfin, la communauté peut accueillir toute *compétence facultative* communautaire à la condition qu'elle concoure au projet commun de développement et d'aménagement de l'espace (CE 9 mai 2005, *Min. Intérieur, Sécurité intérieur et Libertés locales c. Cne Saint-Cyr-en-Val, AJDA* 2005. 1394, concl. F. Seners ; *RLCT* 2005, note E. Glaser, légalité du transfert de la compétence de soutien au développement de l'enseignement et de la recherche).

L'absence de rigidité caractérise donc le système de délimitation des responsabilités de la communauté de communes. La plasticité de la formule mérite, en cela, d'être remarquée : son ambition s'adapte à la volonté des communes.

Nonobstant, les petites communautés de communes ne forment pas un cadre approprié à assurer le développement économique comme l'aménagement de l'espace des territoires regroupés. Les actions d'intérêt communautaire qui en relèvent sont fréquemment définies de manière restrictive et ne donnent lieu qu'à des réalisations souvent modestes, parfois inexistantes.

La poursuite de relations contractuelles entre la communauté de communes et les communes membres achève de particulariser le profil des responsabilités communautaires. Sans doute, le transfert de compétences à l'établissement emporte dessaisissement des communes qui en sont membres. Mais, rien n'impose à l'établissement d'exercer lui-même ses compétences en totalité et, par convention, celui-ci peut appeler les communes à y participer. Ce peut être le cas pour l'entretien de la voirie intercommunale (Rép. min., *JO Sénat* Q 5 avr. 2005. 3529 ; *JCP Adm.* 2005. 684). Inversement, une commune peut confier par la voie conventionnelle à la communauté dont elle est membre la réalisation d'un équipement communal pour son compte (Rép. min., *JO Sénat* Q 16 déc. 2004. 2914). Ces relations contractuelles trouvent un fondement légal exprès dans l'article L. 5214-16-1 CGCT issu de la loi du 13 août 2004.

515 ***Ressources*** ◊ Le statut de la communauté de communes marque le passage capital à une fiscalité propre d'établissement. Mais, selon le degré d'intégration souhaité par les communes, une option s'ouvre à elle entre une fiscalité propre additionnelle et une fiscalité propre unique (CGCT, art. L. 5214-23). Le système des ressources de la communauté de communes est, dans cette mesure, complexe. Mais, il a le mérite d'offrir un choix entre plusieurs solutions inégales pour concilier l'autonomie communale et l'unité de gestion de l'établissement qui les regroupe. La distinction tient dans des conséquences qui ont été déjà vues (v. v. ss 463)

On notera, au surplus, que la suppression de la taxe professionnelle par la loi de finances pour 2010 change assez nettement la donne. La présentation antérieure demeure valable mais, la contribution économique territoriale qui s'y substitue opère une réduction de l'assiette imposable dans l'intérêt de soulager la fiscalité des entreprises, Les communautés doivent donc en attendre un produit en forte diminution, encore que les situations locales demeureront assez disparates. Des recettes de substitution sous la forme d'une dotation de compensation versée par l'État deviennent inévitables. Mais la garantie que celles-ci constitueront l'exacte contrepartie de l'impôt supprimé n'est donnée que pour 2011. Au surplus, la cotisation sur la valeur ajoutée des entreprises, qui constitue la base essentielle de la contribution économique territoriale, voit son taux fixé par l'État et son montant attribué sous la forme d'un versement compensateur. Dans ces conditions, se trouvent diminuées les stratégies de regroupement des responsables municipaux en liaison avec le jeu de leur politique fiscale.

Les communautés de communes peuvent, en outre, procéder à l'unification des taxes foncières et de la taxe d'habitation en décidant d'un taux unique applicable sur tout le territoire de la communauté. Cette unification est décidée conjointement par son organe délibérant et les communes membres (CGCT, art. L. 5211-28-3, issu de L. 16 déc. 2010). Dans les mêmes conditions, elle peut s'octroyer la dotation globale de fonctionnement des communes qu'elle percevra en lieu et place de ces dernières. Elle procèdera à son reversement aux communes selon des critères péréquateurs qui tiendront compte de leur inégalité de charges et de ressources - revenu par habitant et potentiel fiscal (art. L. 5211-28-2 issu de L. 16 déc. 2010).

C. La communauté urbaine

516 ***Vocation particulière*** ◊ La communauté urbaine fait preuve d'une belle permanence dans le paysage intercommunal français qui a vu passer, sans succès durable, les formules des districts urbains et des communautés de villes. Elle doit son maintien à l'ambition qui l'a portée pour résoudre les problèmes propres au développement des grandes agglomérations multicommunales qui se présentent comme des unités géographique et économique posant des problèmes communs qui ne peuvent être résolus en ordre dispersé selon le régime traditionnel de l'autonomie communale.

La loi n° 66-1069 du 31 décembre 1966 a configuré la communauté urbaine comme une figure autoritaire à plusieurs titres. Elle a d'abord créé d'elle-même quatre communautés urbaines parmi les plus grandes métropoles régionales (Bordeaux, Lille, Lyon et Strasbourg). En dépit des douze autres créations postérieures par la voie classique, ces créations d'office, sans équivalent dans le droit de l'intercommunalité jusqu'à l'apparition des métropoles, portent particulièrement la marque de l'esprit directif de la loi de 1966.

Cet esprit se signale ensuite dans les modalités du regroupement qui ont longtemps fait de la communauté urbaine la forme la plus achevée d'EPCI : créée sans limitation de durée et sans possibilité de retrait, elle absorbe de plein droit l'essentiel des compétences communales et dispose d'une fiscalité équivalente à celle des communes. C'est au point qu'on a pu s'interroger un moment sur l'apparition d'une collectivité territoriale d'un type nouveau (A. de Laubadère, 1974). Les retouches législatives que la communauté urbaine a subies depuis 1966 lui ont permis de durer en s'installant parmi les formules modernes de regroupement intercommunal.

517 ***Création*** ◊ Les derniers développements de la législation conduisent à réserver le statut de communauté urbaine aux ensembles urbains de plus de 250 000 habitants (CGCT, art. L. 5215-1, issu de L. 27 janv. 2014). L'abaissement du seuil précédent (450 000) tire la conséquence du recours à la métropole qui se substitue à la communauté urbaine pour régir les plus grandes agglomérations françaises. L'homogénéité de la communauté urbaine en création est assurée d'une part, par la délimitation du territoire constitué « d'un seul tenant et sans enclave », d'autre part, par « l'élaboration et la conduite d'un projet commun de développement et d'aménagement ».

La loi du 12 juillet 1999 qui met à jour le statut des communautés urbaines n'entendait pas lier leur sort de manière rétroactive. Celles d'entre elles – et ce sont les plus nombreuses – qui furent créées antérieurement continuent d'être régies selon le droit d'origine dans leur organisation et leurs compétences. Dans le même sens, le relèvement du seuil démographique de l'agglomération reste sans conséquence sur leur légalité. Ce qui fait, qu'aujourd'hui, seulement 9 communautés urbaines sur les 16 existantes atteignent ce nouveau seuil de 500 000 habitants.

Mais ce faisant, coexistent plusieurs types de communautés urbaines, de telle manière que la qualification de communauté urbaine ne suffit plus à renseigner sur le régime. Le partage se fait essentiellement entre celles qui ont été créées avant la loi de 1999 pour prendre des services publics à leur charge et, celles créées après autour d'un projet de développement. Dans ce dernier cas, on parle de « nouvelle communauté urbaine » (NCU).

Outre les quatre communautés urbaines mises en place par la loi du 31 décembre 1966, douze nouvelles ont été créées depuis : Brest, Cherbourg, Dunkerque, Le Creusot-Montceau-les-Mines et Le Mans entre 1969 et 1973 ; Nancy, Arras et Alençon à partir de 1995 ; Marseille et Nantes en 2000 ; Nice et Toulouse récemment.

Le législateur a entendu frapper d'irréversibilité la création de la communauté urbaine. Elle est créée « sans limitation de durée » (CGCT, art. L. 5215-4) et, aucune possibilité de retrait d'une ou plusieurs communes n'est ménagée (interdiction expresse par le CGCT, art. L. 5211-19). Toutefois, en opposition avec cet objectif de départ, la loi réserve une possibilité de dissolution dont les conditions ont été assouplies en 1999 : la dissolution ne peut être prononcée que par décret en conseil des ministres, celui-ci faisant suite à une demande des communes faite dans les conditions de majorité requises pour la création (abandon du système de la majorité qualifiée des deux tiers, trois-quarts).

Les limites de l'agglomération couverte par la communauté étant vouée à s'étendre, le législateur a ménagé une procédure périodique d'extension de son périmètre. V. CGCT, art. L. 5215-40-1.

518 ***Organisation*** ◊ Un *conseil de communauté* qui réunit les délégués des communes membres administre la communauté urbaine. La répartition des sièges pose ici un problème particulier : sachant le nombre et les disparités démographiques des communes qui composent les grands ensembles urbains, il a toujours été difficile de garantir la représentation équitable de toutes les communes. Il est alors apparu nécessaire de relever le nombre des délégués mais, cela ne pouvait aller sans engendrer des assemblées pléthoriques, délicates à faire fonctionner. Il arrivait alors fréquemment que les petites communes s'associent pour désigner un représentant commun.

Le dispositif réactualisé par la loi du 16 décembre 2010, et qui n'a pas toujours la simplicité pour lui, établit des principes nouveaux de répartition (v. v. ss 487).

S'agissant du président de la communauté urbaine, les dispositions spécifiques le concernant ont été abrogées. Son cas est désormais régi par les dispositions communes de l'article L. 5215-9 CGCT.

519 ***Compétences*** ◊ La coexistence de deux types de communauté urbaine après la loi du 12 juillet 1999 appelle une présentation séparée selon le régime antérieur, mais le plus répandu, et le régime nouveau. Quel que soit le régime, l'ampleur des compétences met particulièrement en relief l'ambition qui s'attache au statut de communauté urbaine :

1. *La communauté urbaine classique* - issue de la loi de 1966 - reçoit des compétences autrement plus étendues que celles qu'on voyait transférer en droit de l'intercommunalité à l'époque avec les syndicats de communes et les districts. Il n'est pas abusif de soutenir que l'essentiel des responsabilités communales remonte au niveau de l'agglomération. La catégorie est cependant vouée à régresser, les quatre principales communautés qui la représentaient étant appelées à se transformer sous le statut de métropole en 2015 (Bordeaux, Lille, Lyon, Strasbourg). La loi organise deux modes de transfert de compétences vers cet établissement.

D'une part, les *compétences transférées de plein droit* à la création de la communauté sont énumérées. *L'équipement et la gestion du territoire* constituent leur raison commune. Ces compétences comprennent notamment l'urbanisme, la création et l'équipement de zones d'habitation ou économique, les services de logement, les locaux scolaires, les transports urbains, la voirie, l'eau et l'assainissement, les abattoirs et les marchés, les cimetières, les parcs de stationnement, les services d'incendie et de secours (C. communes, art. L. 165-7, issu de l'art. 4 L. 31 déc. 1966). Cette liste des compétences obligatoires qu'exerce la communauté urbaine classique est aujourd'hui établie à l'article L. 5215-20 CGCT qui reprend, à peu de chose près, celle de la loi de 1966 modifiée.

D'autre part, des *compétences supplémentaires* peuvent être exercées *à titre facultatif*, si les communes le décident, dans les domaines de l'équipement culturel, sportif, socio-éducatif et sanitaire, des espaces verts et de l'éclairage public, ou s'agissant de toute autre responsabilité communale (C. communes, art. L. 165-10, L. 165-11 et L. 165-12).

Au surplus, la loi a expressément autorisé la *passation de conventions* entre la communauté urbaine et ses communes dans l'intérêt de transférer, à une comme à plusieurs, la création ou la gestion de certains équipements ou services. Ceci va dans le sens d'une plus grande malléabilité de la configuration des responsabilités et permet des adaptations locales sans toutefois pouvoir affecter l'ordre légal des compétences (C. communes, art. L. 165-7 ; L. 165-10 ; L. 165-11 et L. 165-15, issus de L. 31 déc. 1966).

La loi du 31 décembre 1982 généralise le recours à de telles conventions et réaménage partiellement la répartition des compétences. Sans modifier les principes de cette répartition, elle apporte des retouches. D'abord, elle restitue aux communes les services du logement et les organismes HLM. Mais, surtout, elle étend la liste des transferts vers la communauté à l'entretien des locaux scolaires, aux zones artisanales ou portuaires (CGCT, art. L. 5215-27).

2. *La nouvelle communauté urbaine* porte la marque du passage à l'intercommunalité de projet qu'elle ne pratiquait pas avant la loi de 1999. Elle

est constituée en vue d'un « projet commun de développement urbain et d'aménagement de (son) territoire » (CGCT, art. L. 5215-1). Dans ce but, toute communauté urbaine créée depuis 1999 exerce de plein droit l'ensemble des compétences explicitées sous six têtes de chapitre : développement et aménagement économique, social et culturel ; aménagement de l'espace communautaire ; équilibre social de l'habitat ; politique de la ville ; gestion des services d'intérêt collectif ; protection et mise en valeur de l'environnement et politique du cadre de vie. S'y ajoute la promotion du tourisme, l'aide aux établissements d'enseignement supérieur, l'accueil des gens du voyage et l'énergie depuis la loi du 27 janvier 2014.

Il n'y a pas lieu d'exagérer la fracture entre la communauté urbaine classique « de services » et la nouvelle communauté urbaine « de projet ». La désignation des nouvelles compétences légales fait que la vocation de gestionnaire qui s'attachait à la communauté urbaine classique pour tout ce qui se rapporte à la maîtrise de son territoire est confirmée et même étendue. L'évolution vers une intercommunalité de projet n'apparaît ici que comme un procédé apte à élargir les compétences communautaires. Cependant, la formule légale qui ne se retrouve pas dans les autres EPCI et selon laquelle « le conseil de la communauté urbaine règle par ses délibérations les affaires qui sont de la compétence de la communauté urbaine » (CGCT, art. L. 5215-19) doit rester comprise dans les limites de la spécialité du statut d'établissement public. Les communes regroupées préservent leur compétence générale, celle-ci étant, par principe, résiduelle mais garantie par la condition d'intérêt communautaire à laquelle est subordonné le transfert de certaines compétences à la communauté.

De manière particulièrement nette en ce sens : CE 6 déc. 1993, *Cnté urb. Lyon*, *Lebon* 630, s'agissant de l'incompétence de la communauté urbaine à financer des investissements relatifs aux équipements culturels.

Les communautés urbaines créées avant 1999 peuvent décider d'élargir leurs compétences à l'ensemble de celles actuellement visées par l'article L. 5215-20 à condition toutefois que leur niveau démographique le permette (plus de 50 000 habitants).

520 ***Ressources*** ◊ Une forme aussi achevée de coopération intercommunale ne peut se dispenser d'une *fiscalité propre comparable à celle des communes*. Autant l'autonomie de la communauté que son rôle d'organisateur de l'espace, avec les besoins d'investissement correspondants, l'imposent naturellement. C'est ainsi que la communauté urbaine classique se trouvait, de plein droit, financée par le système de la fiscalité additionnelle se superposant aux quatre taxes directes locales. La loi du 12 juillet 1999 a permis de lui substituer la *taxe professionnelle unique*, puis la *contribution économique territoriale* à partir de 2010 (v. ss 463, v. ss 748). De droit pour les nouvelles communautés urbaines, et optionnelle pour les communautés urbaines classiques – avec vote du conseil de communauté à la majorité simple –, elle a fini par se généraliser. Elle apparaissait indispensable à établir une véritable solidarité fiscale et économique au sein de l'agglomération. Il faut

cependant voir que l'effort d'équipement entrepris par les communautés urbaines n'est pas resté sans conséquence sur le niveau de pression fiscale supporté par les populations regroupées. Cet effort est toutefois compromis par la nouvelle contribution économique territoriale qui prend les traits d'une dotation de l'État, celui-ci s'annexant les éléments qui en faisaient un impôt local (assiette, taux) dans l'intérêt exclusif de réduire la fiscalité des entreprises. La nouvelle contribution perd le caractère de progressivité et de prévisibilité qui s'attachait à la taxe professionnelle et en faisait son intérêt.

Les ressources de la communauté urbaine sont complétées par un certain nombre de *dotations de l'État* (dotation globale de fonctionnement intercommunale, dotation globale d'équipement) et de *taxes correspondantes aux services rendus* (taxe d'enlèvement des ordures ménagères, taxe locale d'équipement, taxe versement-transport, taxe de balayage...).

Pour ce qui est du total, les ressources d'origine fiscale (impôts et taxes) constituent plus des deux tiers des ressources communautaires.

La réduction des inégalités économiques à l'intérieur de l'agglomération peut être jugulée par la *dotation de solidarité communautaire*. Facultative pour les autres EPCI, elle est obligatoire pour les communautés urbaines. Elle peut être présentée comme un revenu par redistribution généralement alimenté par la fiscalité économique ou la dotation globale de fonctionnement intercommunale, au profit des communes les plus défavorisées. Mais en pratique, la dotation remplit mal sa fonction. Alimentée par des ressources trop faibles, elle est parfois détournée de sa vocation pour restituer aux communes une partie de la taxe professionnelle perçue sur leur territoire.

À l'instar des communautés de communes, la communauté urbaine peut acquérir la compétence d'établir un taux unique pour les taxes foncières et la taxe d'habitation des communes et de percevoir leur dotation globale de fonctionnement, solutions qui ont le mérite d'œuvrer en faveur d'un aménagement cohérent du territoire (CGCT, art. L. 5211-28, issu de L. 16 déc. 2010).

D. La communauté d'agglomération [1]

521 ***Vocation particulière*** ◊ Nouvelle née de la loi du 12 juillet 1999, la communauté d'agglomération a rapidement rencontré le succès. On en dénombrait 50 dès 2000, 184 au début 2011, regroupant près de 20 millions d'habitants. Conformément à sa désignation, la communauté d'agglomération est fondée à régir des territoires urbains où vivent les trois quarts de la population, et ceci, en remplacement des communautés de villes, supprimées, et des communautés urbaines, désormais réservées au cas des plus grandes agglomérations françaises. Cette

1. V. biblio. v. ss 530, 4.

situation laissait donc un vide pour la solidarité des communes en milieu urbain que le nouveau statut de communauté d'agglomération est appelé à combler.

La recherche d'une « *intercommunalité idéale* » est à l'origine de l'institution de la communauté d'agglomération. En ce sens, un rapport de l'INSEE visait à identifier les aires urbaines formant une base pour des bassins homogènes de vie et d'emploi à l'intérieur desquels la solidarité communale est appelée à jouer. C'était tenter de *donner à la notion d'agglomération, qui n'a aucune portée juridique, un contenu objectif.* 361 zones urbaines étaient ainsi recensées dont 141 comprenaient plus de 50 000 habitants regroupés sur des ensembles urbains homogènes comptant au moins un centre urbain de 15 000 habitants. Ces agglomérations ainsi recensées devaient servir de support territorial à la création des nouvelles communautés. V. INSEE avr. 1997, n° 516, p. 2.

En phase avec les conceptions actuelles de l'intercommunalité, la communauté d'agglomération se trouve dotée de « compétences stratégiques » visant à exécuter un projet d'agglomération et de développement et à favoriser la cohésion sociale. Comme pour la communauté urbaine, telle que réactualisée par la même loi, l'accent est mis sur *l'unité de territoire, de projet et de ressources des agglomérations urbaines.*

Toutefois, la communauté de communes peut entrer en concurrence avec la communauté d'agglomération en ce que la création de cette première n'est subordonnée à aucune exigence de seuil démographique et qu'elle constitue un modèle plus adaptable pour la liberté des communes. Mais, il ne faut pas se cacher que l'attribution d'une sur-DGF (250 francs par habitant en 2000) a beaucoup fait pour le choix en faveur de la communauté d'agglomération.

522 ***Création*** ◊ Les conditions particulières de création d'une communauté d'agglomération sont adéquates à établir une intercommunalité efficace en milieu urbain. Cette création est d'abord limitée aux agglomérations de plus de 50 000 habitants constituées, afin que l'agglomération soit urbaine, d'une ou plusieurs communes centre d'au moins 15 000 habitants (seuils abaissés en 2010 pour tenir compte des cas particuliers). Il faut, en effet, une taille suffisante à dégager des ressources et des projets [1]. La communauté doit ensuite inclure toutes les communes indispensables à constituer un ensemble « d'un seul tenant et sans enclave » (CGCT, art. L. 5216-1). Enfin, pour qu'on soit sûr que l'institution soit stable, elle doit être constituée « sans limitation de durée » (CGCT, art. L. 5216-2) et aucun retrait formel de commune n'était possible avant le 1er janvier 2005 (CGCT, art. L. 5216-7-2).

Cette condition s'impose aussi aux évolutions postérieures de l'établissement (CE 28 déc. 2005, *Cne Poigny*, préc. *v. ss* 500, 1 en note).

1. Toutefois, et à titre expérimental, la loi du 17 mai 2013 autorise la constitution d'une communauté d'agglomération pour les ensembles d'au moins 30 000 habitants autour de la commune la plus peuplée au départ. Conditions allégées pour les communes littorales par la loi du 27 mai 2013 (CGCT, art. L. 5216-1).

Stable, la communauté d'agglomération ne saurait, pour autant, demeurer rigide :

1. Une *procédure périodique d'extension du périmètre de la communauté d'agglomération* est prévue pour tenir compte de l'extension prévisible des aires urbaines ou pour d'autres considérations, notamment de solidarité financière. Il s'agit d'une procédure facultative qui peut être mise en œuvre tous les 12 ans dans des conditions assez semblables à celles de la création d'un EPCI et qui permet d'absorber une commune récalcitrante (CGCT, art. L. 5216-10).

La décision préfectorale d'extension est soumise au contrôle minimum du juge administratif. De façon générale, sur le contentieux de la procédure, v. CE 10 oct. 2003, *Cne Angles*, *AJDA* 2004. 880, note T. Tuot ; *BJCL* 2004, n° 1, p. 39, concl. E. Glazer.

2. La *dissolution de la communauté d'agglomération* n'a rien d'impossible, mais elle est organisée dans des conditions restrictives qui subordonnent la décision à un décret en Conseil d'État. L'initiative appartient à une majorité qualifiée des conseils municipaux, majorité qui doit inclure le conseil municipal de la commune dont la population est supérieure à la moitié de la population concernée (CGCT, art. L. 5216-9). Le législateur entend ainsi offrir des garanties d'existence à une institution qu'il juge essentielle pour aménager de manière cohérente les zones urbaines [1].

523 ***Compétences*** ◊ La communauté d'agglomération reçoit un maximum de compétences légales qu'exige l'administration moderne des ensembles urbains. Elle les reçoit dans les conditions suivantes (CGCT, art. L. 5216-5) :

1. Toutes les compétences communales nécessaires au développement économique, à l'aménagement de l'espace, à l'habitat et à la politique de la ville lui reviennent de plein droit. Ces quatre points forment des « *blocs de compétences obligatoires* » à l'intérieur desquels la loi spécifie ce qui doit être pris.

Par exemple, au titre du développement économique, la communauté est compétente pour la création, l'aménagement, l'entretien et la gestion des zones d'activité industrielle, commerciale tertiaire, artisanale, touristique, portuaire ou aéroportuaire qui sont d'intérêt communautaire, ainsi que pour les actions de développement économique d'intérêt communautaire.

Toutefois, le caractère d'intérêt communautaire auquel est subordonné le transfert est de nature à restreindre les responsabilités communautaires, ce qui ressorti à la gestion de proximité demeurant maintenu au plan communal (sur l'intérêt communautaire, v. ss 470, 1).

2. « En outre », la communauté d'agglomération doit exercer au moins trois compétences parmi les six suivantes : assainissement, eau, protection et mise en valeur de l'environnement et du cadre de vie, équipements culturels et sportifs et action sociale. Le choix est arrêté par les conseils municipaux à la majorité qualifiée requise pour la création de l'établissement.

1. V. J. Moreau, « L'élection des vice-présidents des communautés de communes et des communautés d'agglomération au scrutin proportionnel », *Coll. terr.* 2006, n° 3, p. 30. S'agissant de l'organisation de la communauté d'agglomération, v. ss 485 s.

Si le système propre de détermination des compétences de la communauté d'agglomération n'est pas sans rapprochement avec celui de la communauté de communes, il s'en distingue par sa plus grande rigidité, les communes ne jouant qu'un rôle limité sur le contenu des transferts. En effet, contrairement à la communauté de communes, les « blocs de compétences » demeurent ici indivisibles : la communauté d'agglomération est tenue d'exercer, sauf défaut d'intérêt communautaire, l'intégralité de ce qui se trouve énuméré au titre du bloc. Elle ne connaît donc pas les transferts partiels, ce qui est de nature à caractériser une communauté plus intégrative [1].

3. Enfin, rien n'interdit la communauté d'agglomération d'exercer des *compétences facultatives* que les communes restent libres de lui transférer, à tout moment, dans les conditions générales de l'article L. 5211-17 CGCT.

Le profil des responsabilités communautaires peut notablement évoluer avec le jeu des conventions que la loi autorise de passer avec les communes ou le département. Aux communes - membres ou non -, la communauté d'agglomération peut rétrocéder la charge d'équipements ou services, comme se voir confier des équipements et services communaux (CGCT, art. L. 5216-7-1). Du département, la communauté d'agglomération peut recevoir la possibilité d'exercer tout ou partie des compétences en matière d'aide sociale (CGCT, art. L. 5216-5-V). De façon générale, on devrait pouvoir admettre *la liberté contractuelle de l'EPCI* pour aménager *l'exercice* de ses responsabilités avec toute collectivité territoriale ou autre EPCI. Mais, il convient de ne pas se méprendre sur la portée de ces aménagements conventionnels : ils s'analysent comme des prestations de travaux ou de services, d'ailleurs soumises à la réglementation adéquate en matière de concurrence, mais qui n'ont pas le pouvoir de troubler l'ordre légal des compétences, les titulaires ne pouvant être désignés qu'en vertu de la loi conformément au principe constitutionnel de libre administration. En définitive, ces conventions peuvent autoriser des *transferts de gestion* et non pas des *transferts de compétence*. Un EPCI ne saurait donc se prévaloir en propre d'une compétence conventionnellement reçue.

524 ***Ressources*** ◊ Selon les principes qui déterminent l'intercommunalité actuelle, la communauté d'agglomération est soumise au régime contribution économique territoriale unique indispensable à assurer l'unité de gestion des ensembles urbains regroupés (v., n° 457 et 733). En outre, elle reçoit le produit des taxes et redevances correspondants aux services assurés et le produit de la taxe versement-transport dont le conseil de communauté vote le taux (CE Sect. 29 nov. 2002, *Cnté agglo. Saint-Étienne métropole*, *RFDA* 2003. 178). Elle perçoit également une dotation globale d'équipement et une dotation globale de fonctionnement, cette dernière étant ramenée au régime commun depuis 2001 (CGCT, art. L. 5216-8).

---

1. V. toutefois une exception en matière d'élimination des déchets ménagers se rattachant à la compétence en matière de protection et de mise en valeur de l'environnement (CGCT, art. L. 5216-5-II 4°).

La communauté d'agglomération peut désormais bénéficier du régime des taxes foncières et de la taxe d'habitation unique dans les conditions vues pour les autres EPCI à fiscalité propre (CGCT, art. L. 5211-28-3, issu de L. 16 déc. 2010).

E. La métropole de droit commun [1]

525 ***Vocation particulière*** ◊ Avec le statut de métropole, le problème du morcellement administratif des plus grandes agglomérations françaises entend recevoir la réponse ambitieuse qui lui faisait défaut. Le régime communal traditionnel et la superposition de collectivités au niveau départemental et régional rendait impossible une politique commune sur une population concentrée. Cela contribuait à désarmer nos grands pôles régionaux dans un contexte de rivalité économique avec leurs homologues européens et mondiaux dont on assiste à la montée en puissance. Mais l'ambition affichée ne se traduit que très partiellement dans le statut que la loi du 16 décembre 2010 a donné à la métropole, fut-il prolongé et approfondi par la loi du 27 janvier 2014 qui lui est principalement consacrée. Celle-ci fait figure de communauté urbaine nouvelle manière dont l'originalité essentielle consiste à accueillir un certain nombre de compétences départementales et régionales. Toutefois, si les élus veulent bien coopérer au service de son ambition, la métropole pourrait devenir le lieu essentiel où s'élabore la politique administrative d'une région. Cela serait une solution inédite en marge de l'organisation administrative traditionnelle qu'elle pourrait finir par compromettre. Mieux, dans la mesure où la métropole de droit commun est crée d'office dans neuf chefs lieux de région, tout autre pouvant accéder à son statut par volontariat, elle prend figure de modèle commun des plus grandes agglomérations françaises qui, jusque-là, n'avait jamais existé.

Son statut d'établissement public est sa faiblesse technique. La métropole de droit commun n'est pas, en effet, l'innovation absolue rêvée par le rapport Balladur (mars 2009) qui l'avait imaginée comme une nouvelle catégorie de collectivité territoriale de plein exercice. Cela lui aurait donné une meilleure unité étant appelée à se substituer aux communes et au département sur son périmètre, entraînant ainsi leur disparition à son profit comme c'est le cas de la ville-département qu'est Paris. Sa représentation (par des élus d'un scrutin universel distinct de celui de ses communes), ses compétences (clause générale de compétence) et ses ressources (fiscalité propre intégrale) en aurait découlé. Mais, consensus fait chez les parlementaires pour sauvegarder les communes membres, la métropole devait leur être sacrifiée et recevoir un statut dévalorisé par la loi de 2010. La métropole de Lyon répond plus fidèlement à l'ambition initiale du rapport Balladur qui l'avait d'ailleurs imaginée à partir du cas représenté par son territoire. Mais dans la mesure où celle-ci prend le statut de collectivité territoriale *sui generis*, elle sera plus adéquatement étudiée dans les pages consacrées à ce type de collectivités (v. ss 443 s.). Au sein de la catégorie des métropoles de droit commun, les « eurométropoles » de Lille

1. S'agissant du « pôle métropolitain » de L. 16 déc. 2010, v. ss 593.

et de Starsbourg occupent une place particulière en vue de tenir compte de leurs liens avec les institutions de l'Union européenne (CGCT, art. L. 5217-1).

526 ***Création*** ◊ La loi elle-même a créé neuf métropoles à Bordeaux, Lille, Grenoble, Nantes, Nice, Rennes, Rouen, Strasbourg et Toulouse (effectif au 1er janvier 2015, loi n° 2014-48 du 27 janv. 2014). Sur demande de la majorité des communes intéressées, et par décret, toute nouvelle métropole peut être instituée dans les agglomérations, ou à la place d'EPCI, de plus de 400 000 habitants, ou bien, dans les EPCI centres d'une zone d'emplois de plus de 400 000 habitants (CGCT, art. L. 5217-1). Cette possibilité est plus particulièrement susceptible de s'appliquer à Brest et Montpellier. Il ne peut en être créé en Ile-de-France, ni à Lyon, des dispositions spécifiques s'appliquant - avec la même dénomination de métropole -, à ces territoires (même art.). La procédure de création emprunte les règles du droit institutionnel commun aux EPCI à fiscalité propre. Il en est ainsi pour la création *ex nihilo* (CGCT, art. L. 5211-5) et pour la transformation d'un EPCI existant (CGCT, art. L. 5211-41, L. 5211-41-1 et L. 5211-4-3). C'est par transformation de communautés urbaines qu'on voit essentiellement apparaître ces métropoles. Le projet est subordonné à l'avis du département et de la région. Le préfet fixe le périmètre de la nouvelle métropole. La décision de création relève d'un décret après accord des conseils municipaux à la majorité qualifiée habituellement requise (CGCT, art. L. 5217-1). La métropole est crée « sans limitation de durée » (même art.).

527 ***Organisation*** ◊ La métropole est administrée par un *conseil métropolitain* dont l'effectif est calculé dans des conditions prévues à l'article L. 5211-6-1 issu des lois n° 2013-403 du 17 mai 2013 et n° 2014-58 du 27 janvier 2014. L'élection directe des conseillers métropolitains dont un tel établissement ne saurait se dispenser a été différée en 2020, une intervention législative étant appelée, d'ici là, à en déterminer les modalités. Le président du conseil de communauté est élu selon les règles de désignation de l'exécutif d'une collectivité territoriale, à savoir, à la majorité absolue aux deux premiers tours de l'élection, relative au troisième (CGCT, art. L. 3631-3).

Il convient de considérer que, sous peine d'inconstitutionnalité, le mandat de président de la métropole est incompatible avec celui de maire à compter de 2020, la loi ayant créé un régime général d'incompatibilité entre deux fonctions exécutives locales (Cons. const. n° 2013-687 DC du 23 janv. 2014, cons. 64, *JCP Adm.* 2014 n° 2046, note M.Verpeaux, D. 2014.281, obs. J.-C.Zarka).

Le nombre de vices-présidents est plafonné à 20 en vue de réduire la couteuse distribution des délégations indemnisables.

Une *conférence métropolitaine* réunit au moins deux fois par an les maires des communes membres sous l'autorité du président de la métropole en vue d'évoquer « tous les sujets d'intérêt métropolitain ». Un autre organe, le *conseil de développement*, fournit ses conseils aux élus métropolitains sur les grandes questions de la vie publique. Il est composé de personnalités extérieures. Ces deux organes de liaison ne possèdent qu'un pouvoir consultatif.

528 ***Compétences*** ◊ En accord avec son statut d'établissement public, la métropole reçoit des compétences d'attribution. Mais, arrachées simultanément aux niveaux communal, départemental, régional et étatique, ces compétences sont considérables (CGCT, art. L. 5217-4, issu de la loi du 27 janv. 2014). Une liste allongée des compétences de la communauté urbaine constitue ses compétences communales de base. Le transfert est plénier, la réserve tirée de l'intérêt intercommunal du transfert ne subsistant plus que dans des cas d'exception (équipements culturels, socio-éducatifs et sportifs). En outre, la métropole reçoit de plein droit un nombre limité de compétences qu'elle exercera en lieu et place des départements et des régions (transports scolaires, voirie départementale, zones d'activité et promotion de ses activités économiques à l'étranger). À quoi s'ajoute toute compétence supplémentaire transférée par convention avec chacune des deux collectivités, aucune compétence majeure n'étant *in* susceptible de transfert. Enfin, l'État peut volontairement transférer par décret la propriété, l'aménagement, l'entretien et la gestion de grands équipements pour lesquels la métropole en fait la demande. La liste des compétences métropolitaines s'est encore sensiblement élargie avec la loi du 27 janvier 2014, qu'il s'agisse de celles que la métropole reçoit de ses communes à titre obligatoire (compétence économique, aménagement de l'espace, habitat, politique de la ville, environnement) ou des autres collectivités par convention, comme c'est le cas du département (aide sociale, routes et voirie), de la région (lycées, développement économique) et de l'État (habitat, grands équipements et infrastructures, vie universitaire). L'ensemble de ses compétences doit être mis au service de sa mission légale : poursuivre un projet d'aménagement et de développement économique, écologique, éducatif, culturel et social de son territoire dans l'intérêt d'améliorer sa compétitivité et sa cohésion. Au vu de cet énoncé, une métropole ne doit rien s'interdire n'étant pas autrement fixée et limitée dans sa politique que par la liste de ses compétences.

La loi règle les transferts de services, de personnels et de biens liés à l'exercice de ses compétences obligatoires par la métropole sans modifier les solutions initiales en la matière. L'accord amiable est recherché dans le cas de ses compétences facultatives (CGCT, art. L. 5217-6 et L. 5217-7).

529 ***Ressources*** ◊ Leur détermination met en relief l'abandon des ambitions initiales que la métropole portait en elle. Le régime financier de la communauté urbaine constitue son régime de référence (art. L. 5217-12 s.). En outre, celui-ci s'applique dans un contexte d'assèchement des ressources fiscales locales par la suppression de la taxe professionnelle à laquelle la contribution économique territoriale se substitue sans que les élus locaux n'en décident le taux ni ne puissent en prévoir l'évolution, situation dommageable à l'investissement public qu'elle risque d'étouffer. La métropole bénéficie également de la dotation globale de fonctionnement et des transferts de ressources qui accompagnent les transferts de compétences à son profit de la part de son département et de sa région (art. L. 5217-14 s.

CGCT). L'intégralité de la compensation se trouve garantie par l'intervention d'une commission locale pour l'évaluation des charges présidée par le président de la Chambre régionale des comptes compétente.

530 ***Les métropoles spéciales*** ◊ Il existe des cas d'EPCI où l'uniformité de régime de la métropole a été jugé inadéquate. Ce qui leur convient dépasse les simples tempéraments et justifie, à certains égards, des solutions aussi diverses que possibles. La même qualification de métropole a néanmoins paru expédiente dans ces cas.

1. La métropole du « Grand Paris ». Sa création - au 1er janvier 2016 - lui donne vocation à se substituer aux EPCI à fiscalité propre qui structurent à peu près la petite couronne parisienne. Elle regroupe ainsi 123 communes des départements de la petite couronne et 4 à 6 communes de la grande couronne correspondant à une population totale de 6,7 millions d'habitants (CGCT, art. L. 5219-1).

Son régime est influencé par la métropole de droit commun mais avec des exceptions qui la font évoluer vers une complexité accrue. La désignation du conseil métropolitain est fixée selon des règles dérogatoires à raison d'un conseiller métropolitain par commune avec un conseiller supplémentaire par tranche de 25 000 habitants. La métropole est divisée en « territoires » homogènes d'au moins 300 000 habitants - la commune de Paris constituant un « territoire » à elle seule - dont chacun dispose de son conseil délibérant, de son président qui est, de droit, vice président du conseil métropolitain, de ses compétences par délégation du conseil métropolitain l'invitant ainsi à l'assister dans l'exercice de ses reponsabilités, de ses ressources au moyen d'une dotation territoriale. Ces unités administratives réalisent une certaine décentralisation au sein même de la métropole, sans toutefois disposer de la personnalité morale. Composé des conseillers métropolitains délégués des communes, le conseil de territoire doit être regardé comme un « conseil élu » au sens de l'article 72 de la Constitution (Par transposition du cas des conseils d'arrondissement : Cons. const. n° 82-149 DC du 29 déc. 1982, *Rec.* p. 76, *RDP* 1983. 375, note L. Favoreu, *RA* 1984. 123, note X. Prétot).

Les compétences de la métropole sont réglées selon un régime auquel ne déroge pas la métropole parisienne : remontées de plein droit et facultatives de compétences communales et délégations de plein droit et facultatives de compétences départementales, régionales et étatiques. Sur cette base, quelques particularités se signalent qui achèvent d'identifier la singularité de la métropole parisienne : liste allongée des compétences communales transférées (urbanisme, aménagement, accueil des gens du voyage, participation à l'organisation d'évènements internationaux), rétrocession aux communes de leurs compétences transférées qui pourront alors être exercées, soit par convention de délégation... à la métropole, soit par création d'un syndicat intercommunal ou d'une entente (CGCT, art. L. 5219-5 III). Il s'ensuit que tous les cas de figure pourront ainsi être envisagés dans la répartition métropolitaine des compétences, résultat souhaité dans l'intérêt de ménager certains bastions communaux historiques.

La vocation particulière de la métropole parisienne apparaît ici : ses compétences doivent être mises au service d'un projet politique de développement de son territoire dont l'ampleur n'est pas franchement limitée au vu de leur éclectisme et formalisée dans un « projet métropolitain » (CGCT, art. L. 5219-1 I). Mais si son rayonement peut être assez général, ses interventions dans le domaine du logement et de l'habitat seront plus particulièrement attendues.

2. La métropole d'Aix-Marseille-Provence Elle doit être créée au 1er janvier 2016 sur un périmètre intangible délimité par la loi et regroupant les communes membres d'une communauté urbaine (Marseille-Provence) et de trois communautés et syndicats d'agglomération (Pays d'Aubagne, Ouest-Provence et Pays de Martigues). Absorbant l'essentiel des compétences du département en son sein, la métropole entre en concurrence avec ce dernier et profile à l'horizon son effacement.

Le principe est que la métropole marseillaise est régie par les règles communes de la catégorie (CGCT, art. L. 5218-1 II), réserve faite de ses particularités. Son périmètre est ainsi découpé en « territoires » à la manière de la métropole parisienne (CGCT, art. L. 5218-3), administrés par un conseil de territoire réunissant les conseillers métropolitians délégués des communes et d'un président élu en son sein. Les responsabilités de ses « territoires » sont comparables - mais non identiques - à celles des territoires parisiens (CGCT, art. L. 5218-7 I) : participation à l'exercice des compétences métropolitaines et avis sur les problèmes les concernant constituent la structure de leurs interventions. L'organe délibérant de la métropole, le conseil métropolitain, est assisté d'une conférence des maires et d'un conseil de développement en tant qu'organes d'aide à la délibération par application du droit commun de la catégorie (CGCT, art. L. 5218-9)

Le nombre des compétences de la métropole marseillaise est plus considérable que celui du droit commun de la catégorie puisqu'elle reçoit celles que les communes avaient transférées aux EPCI qui fusionnent en son sein (CGCT, art. L. 5218-2).

531 *Bibliographie* ◊

I. – Sur l'intercommunalité

1. Généralité

- Baguil (A.), *Les groupements de communes*, thèse Montpellier, 1973
- Bernard-Douchez (M.-H.), *Recherches sur la coopération entre personnes publiques*, thèse Toulouse, 1979
- Bourjol (M.), *L'intercommunalité, réflexions sur quelques aspects juridiques, solidarités locales*, LGDJ, 1986 ; « L'intercommunalité, réflexions autour d'un mythe », *Mélanges Auby*, Dalloz, 1992, p. 381 ; (dir.), *Intercommunalités et coopération intercommunale*, LGDJ, 1993 ; *Intercommunalité et Union européenne*, LGDJ, 1994

- Bréchon-Moulènes (Ch.), « La coopération intercommunale », *AJDA* déc. 1988, n° spéc.
- Caillosse (J.) (dir.), *Intercommunalité, invariance et mutations du modèle communal*, PU Rennes, 1994
- Chevallier (J.), « Les transformations du statut d'établissement public », *JCP* 1972. Doctr. 2496
- Costa (J.-P) et Limouzin-Lamothe (P.), « Les groupements de collectivités locales et la gestion des services publics locaux », *AJDA* 1988. 715
- Dauce (S), « Les trente ans de la décentralisation et intercommunalité », *JCA adm.* 2012, n° 2347
- Debouy (Ch.) *et alii*, « EPCI : compétences et contrats », *ACCP* déc. 2006, n° 61, p. 2
- Debouy (Ch), « La fin programmée des communes ? », *Mélanges Lachaume*, Dalloz, 2007, p. 323
- Degoffe (M.), « Le renforcement et la simplification de la coopération intercommunale », *AJDA* 1999. 911 ; « L'intercommunalité au regard du droit communautaire », *BJCL* 2009. 744
- Degoffe (M.), « L'intercommunalité fille de la décentralisation », *BJCL* 2012. 271
- Études Duru (E.), Degoffe (M.), Dreyfus (J.-D.) et Portier (N.), « La coopération intercommunale à la croisée des chemins », *AJDA* dossier 2007. 1852
- Fialaire (J.), « État des compétences des EPCI à fiscalité propre », *RLCT* mars 2008. 67
- Fort (F.-X), « La coopération intercommunale et principe de libre administration », *Dr. adm.* 2003, n° 2, p. 12
- Gruber (A.), « Le groupement des collectivités décentralisées », *LPA* 1986, n° 77, p. 28 ; « La coopération locale à l'heure de l'Union européenne », *LPA* janv. 1994, p. 12 ; « La réforme de la coopération intercommunale : une nouvelle architecture pour l'intercommunalité », *LPA* 15 févr. 2000. 4 ; 16 févr. 2000. 4 ; 17 févr. 2000. 16 ; 18 févr. 2000. 4
- Jegouzo (Y.), « L'impact de la décentralisation sur la coopération intercommunale », *RFDA* 1988. 663
- de Laubadère (A.), « Vicissitudes actuelles d'une distinction classique : établissement public et collectivité territoriale. À propos des groupements de collectivités territoriales », *in Mélanges Couzinet*, PU Toulouse, 1974, p. 411
- Laval Mader (N.), « Le couple communes-communautés : vers un nouvel équilibre territorial des pouvoirs », *Dr. adm.* oct. 2007. 9
- Lecolle (V.) et Unger (K.), « Décentralisation : Paris, Marseille, Lyon et communautés urbaines », *Cah. fr.* 1985, n° 220
- Lerousseau (N.), « L'intercommunalité », *in* M. Bourjol (dir.), *La commune l'État et le droit*, LGDJ, 1990, p. 315
- Maillot (J.-L.), « Les difficultés de la coopération intercommunale », *Rev. adm.* 1992. 513 ; *Intercommunalité et politique d'aménagement de l'espace*, thèse Montpellier, 1995
- Marcou (G.), « La réforme de l'intercommunalité : quelles perspectives pour les agglomérations urbaines ? », *AJDA* 2002. 305
- Mazères (J.-A.) et Regourd (S.), « Du modèle communautaire et territorial au modèle fonctionnel de l'entreprise », *RD publ.* 1990. 292
- Médard (J.-F.), « Les communautés urbaines : renforcement ou déclin de l'autonomie locale », *RD publ.* 1968. 737
- Muller Quoy (I.), « La coopération locale », *Rép. collectivités locales*, fasc. 8630-1 s.
- Perrin (B.), *La coopération intercommunale, bilan et perspectives*, Berger-Levrault, 1994

- Poncelet (Ch.), « Non l'intercommunalité ne sonne pas le glas des communes », *JCP Adm.* 2006. 199
- Ribot (C.), *La dynamique institutionnelle de l'intercommunalité*, thèse Montpellier, 1993 ; « La mutualisation des compétences entre communes et communautés de communes », *RLCT* mars 2008. 51
- Rosanvallon (P.), « Débat sur "le processus de décentralisation" », *AJDA* 1992, n° spéc., « Décentralisation, bilan et perspectives », p. 14
- Roussillon (H.), « La mort des communes ? », *in Mélanges Couzinet*, PU Toulouse, 1974, p. 671 ; *Les structures territoriales des communes*, LGDJ, 1972
- Théron (J.-P.), *Recherches sur la notion d'établissement public*, LGDJ, 1976, p. 140
- Venezia (J.-C.), « Les regroupements de communes », *RD publ.* 1971. 1061
- Verdun (J.), *Le groupement de communes en France*, thèse Bordeaux, 1961

2. À propos des lois récentes sur les EPCI

- Degoffe (M.), « L'intercommunalité dans la loi du 13 août 2004 », *BJCL* 2004, n° 9, p. 602
- Moreau (J.), « L'intercommunalité dans la loi du 13 août 2004 relative aux libertés et aux responsabilités locales », *Coll. terr.* 2004, n° 14 p. 6.
- Portier (N.), « La loi du 13 août 2004 : un bilan en demi-teinte pour l'intercommunalité », *AJDA* 2005. 140
- Pontier (J.-M.), « Entre deux rives : une décennie d'intercommunalité », *JCP Adm.* 2009. 2186
- Rozet (P.-J.), « Communes, intercommunalités, quels devenirs ? », *RLCT* 2005, n° 5, p. 30
- Verpeaux (M.), « La loi du 12 juillet 1999 et la nouvelle intercommunalité : aspects institutionnels », *RGCT* 2000. 139 ; « La loi du 13 août 2004 : le demi-succès de l'acte II de la décentralisation », *AJDA* 2004. 1960
- « L'intercommunalité après la loi du 13 août 2004 relative aux libertés et aux responsabilités locales », *AJDA* 2005. 133
- Rapport Conseil économique et social, 22 juin 2005, *Communes et intercommunalités, quels devenirs ?*, Doc. fr.
- Rapport Cour des comptes, *L'intercommunalité en France*, 14 nov. 2005

3. À propos de la loi du 16 décembre 2010

- Bailly (G.), « Périmétrage des intercommunalités et rationalisation du discours étatique », *JCP Adm.* 2011. 2134
- Degoffe (M.), « Les nouvelles formes de regroupement intercommunal », *BJCL* 2011. 31
- Domingo (L.), « La loi de réforme des collectivités territoriales et l'intercommunalité », *JCP Adm.* 2011. 2012
- Landot (E.), « Les territoires en rangs par deux », *LCT* janv. 2011. 1831
- Le Saout (R.), « Des points de vue différenciés sur la question de la démocratie intercommunale », *JCP Adm.* 2011. 2132
- Merland (G.), « La loi du 16 déc. 2010 de réforme des collectivités territoriales et le renforcement de la légitimité démocratique des EPCI », *Dr. adm.* 2011. 11
- Muller Quoy (I.), « Le niveau intercommunal rationalisé », *JCP Adm.* 2011. 2131
- Pontier (J.-M.) et Neveu (P.) (dir.), « L'intercommunalité au cœur de la réforme des collectivités territoriales », *JCP Adm.* 2010. n° spéc. études 2240, J.-M. Pontier ; 2241, J.-L. Albert ; 2242, P. Neveu ; 2243, E. Roux ; 2244, G. Bramoullé ; 2245, J.-L. Pissaloux et 2246, G. Marcou.

- Portier (N.), « La coopération intercommunale dans la réforme des collectivités », *AJDA* 2011. 80

4. *À propos de la loi du 27 janvier 2014*

- Dauce (S), « Les métropoles hors Ile-de-France », *JCP Adm.* 2014, n° 2050
- Janicot (L.), « Les métropoles à statut particulier : le Grand Paris, Lyon et Aix-Marseille-Provence », *AJDA* 2014. 613
- Kada (N.), « Métropoles : un droit (peu) commun ? », *AJDA* 2014. 619
- marcovici (E), « De la métropole de 2010 aux métropoles de 2014 », *AJDA* 2014. 435
- Verpeaux (M.), « Les métropoles devant le Conseil constitutionnel », *JCP Adm.* 2014, n° 2046

II. – Sur l'« intérêt communautaire »

- Abline (G.), « L'intérêt communautaire : contours d'une notion indéfinie », *JCP Adm.* 2007. 2324
- Brachet (B.) et Georges (M.-C.), « L'intérêt communautaire, clé de répartition des compétences entre les communautés de communes et leurs communes membres », *RLCT* mars 2005. 35
- Chamaron (J.), « Détermination de l'intérêt communautaire : une année décisive », *RLCT* juill.-août 2006. 64
- Christiany (D.), « L'intérêt communautaire ou le mariage de la raison et de la passion », *Coll. terr.* avr. 2003. 5 ; « La définition de l'intérêt communautaire : gare au compte à rebours », *Coll. terr.* févr. 2005. 63
- Gardère (A.), « L'intérêt communautaire, une notion ambiguë », *Cah. jur. coll. terr.* nov. 1999, n° 43, p. 22
- Groud (H.), « L'intérêt communautaire au lendemain de la loi Chevènement », *AJDA* 2000. 967
- Ribot (C.), « La définition délicate de l'intérêt communautaire », *RLCT* 2005, n° 7, p. 28
- « L'intérêt communautaire », *JCP Adm.* 2007, n° spéc. *Cah. dr. interco.*
- Observatoire des risques juridiques des collectivités territoriales, 5e journée d'études, « La définition de l'intérêt communautaire : sursis ou liberté surveillée ? », *RLCT* juill. 2005. 28

III. – Sur les syndicats de communes

- Barbier (B.), « De la commune au SIVOM », *RFFP* 1987. 125
- Brun (A.) et H.-D. Meyer, *Les syndicats intercommunaux*, Berger-Levrault, 1954
- Doumbia (B.), « Modalités de financement par le budget communal du budget intercommunal », *Coll. terr.* mai 2003. 5
- Hourticq (J.), « Districts urbains et syndicats de communes », *EDCE* 1961. 31
- Maurice (R.), *Le syndicat de communes*, Masson, 1961
- Sempé (F.), « Les syndicats de communes », *Rép. Coll. terr.* fasc. 9332-1

IV. – Sur les communautés d'agglomération

- Briand (P.), « Quelques réflexions à propos de la loi du 12 juillet 1999 et la création des communautés d'agglomération », *RGCT* 2000. 395
- Debouy (C.), « Les communautés d'agglomération », *JCP Adm.* 2008, n° spéc. *Cah. dr. interco.*
- Marcou (G.), « La réforme de l'intercommunalité : quelles perspectives pour les agglomérations urbaines ? », *AJDA* 2002. 305

- MULLER-QUOY (I.), « Le renouveau de la notion juridique d'agglomération », *AJDA* 2000. 197
- V. ég. *supra*, les commentaires de L. n° 99-586, 12 juill. 1999

V. – Sur les métropoles

- BRACONNIER (S.), « Le fantôme de la métropole », *AJDA* 2011, p. 65 (Tribune).
- DESCHAMPS (E.), « Métropole et pôle métropolitain dans la loi du 16 décembre 2010 de réforme des collectivités territoriales », *AJDA* 2011.1128
- DOUENCE (J.-C.), « Les métropoles », *RFDA* 2011. 258
- MARCOU (G.), « Les métropoles ont-elles un avenir ? », *JCP Adm.* 2010. 2246
- MOZOL (P.), « Les compétences métropolitaines, une remise en question du rôle joué par les collectivités territoriales dans la conduite de l'action publique locale ? », *JCP Adm.* 2011. 2013

Sur les métropoles après la loi du 27 janvier 2014 : voir biblio. I point 4

SECONDE PARTIE

DROIT MATÉRIEL DES COLLECTIVITÉS TERRITORIALES

532 ***Plan*** ◊ Le domaine de l'action des collectivités territoriales est aussi dominé par le changement. Concernant les tâches, et notamment la gestion des intérêts locaux dont elles ont la charge, leurs extensions, leurs orientations nouvelles appellent à accroître et à diversifier leurs moyens d'action juridique, financiers, humains et sollicitent d'autres modes d'intervention.

Le droit matériel des collectivités territoriales comporte cinq questions essentielles : les formes de leur action (Titre 1), leurs compétences (Titre 2), leurs moyens financiers et humains (Titres 3 et 4) et les contrôles s'exerçant sur cette action (Titre 5).

TITRE 1

LES FORMES DE L'ACTION DES COLLECTIVITÉS TERRITORIALES

533 ***Présentation*** ◊ En vue des buts qu'elle poursuit, la collectivité territoriale dispose classiquement d'un certain nombre de « prérogatives » en matière de décision et de contrat qui lui permettent de maintenir l'ordre sur son territoire et d'y assurer la marche de ses services publics. Mais, on sait qu'à cette dualité des formes traditionnelles se sont ajoutées des modalités particulières d'intervention qui ont conduit à son éclatement : aides aux entreprises privées, soutien aux activités privées d'intérêt général, partenariats entre collectivités publiques et personnes privées... On assiste ainsi à une dissociation des formes et à un morcellement des régimes de l'action locale, ce qui se constate tant sur un plan matériel que sur un plan fonctionnel, puis organique :

1. Dispersion matérielle des activités locales. Les activités de la collectivité se déploient selon des degrés variables d'intensité dans les procédés de droit administratif qu'elle met en œuvre, depuis la mesure autoritaire de police, jusqu'au simple soutien financier à une association ou entreprise implantée sur son territoire. Pour l'instauration d'un même service public, la collectivité pourra parfois opter pour un régime de droit public ou de droit privé, notamment en déterminant son mode de financement.

2. Dispersion fonctionnelle des activités locales. Quelle que soit la forme retenue, celle-ci sera toujours placée au service de la poursuite d'un but d'intérêt général mais selon des degrés variables qui ne caractérisent pas toujours une activité de service public.

– On constate ainsi que si la jurisprudence administrative a toujours refusé la qualification de service public à *la gestion par les collectivités de leur domaine privé*, cette gestion, en dépit de son régime de droit privé et de son caractère purement patrimonial, n'en est pas moins teinté d'une certaine coloration d'intérêt général. Les biens du domaine privé sont aussi insaisissables que ceux du domaine public ; le maire exerce ses pouvoirs de police sur les chemins ruraux (T. confl. 18 juin 2007, *Goddyn c. Cne Bondues, Lebon* 603 ; *RLCT* 2007, n° 28 p. 18, obs. E. Glaser) et il peut s'exécuter dans les églises appartenant aux communes des travaux publics (CE 10 juin 1921, *Cne Montségur, Lebon* 573 ; *S.* 1921. III. 49, concl. Corneille, note M. Hauriou ; *D.* 1922. III. 26, concl. ; *RD publ.* 1921. 361, concl. et note G. Jèze) ou dans les forêts une activité de service public de protection détachable de sa gestion proprement privé (CE 3 mars 1975, *Courrière, Lebon* 215 ; *AJDA* 1975. 239, chron. M. Franc et M. Boyon), les agents affectés à de telles activités devant être regardés comme des agents publics (CE 26 oct. 1986, *Herbelin, Lebon* 221. T. confl. 18 juin 2001, *Lelaidier, Dr. adm.* 2001. 214).

Sur la consistance – vaste et diverse – du domaine privé des collectivités, il faut s'en remettre à une définition négative, celui-ci se constituant des biens non affectés au public ou aux services publics c'est-à-dire au domaine public qui est le leur (espaces naturels non aménagés, bâtiments ou biens mobiliers pas ou plus affectés aux services publics) (CGPPP, art. 2211-1). Il est des cas où la loi les classe formellement comme tels (chemins ruraux, bois et forêts des personnes publiques relevant du « régime forestier », CGPPP, art. L. 2212-1). V. pour son relief tout historique – voire anachronique – le cas des « communaux » composés de pâturages, landes, forêts possédés par certaines communes rurales et pouvant être collectivement utilisés par les habitants sur le fondement d'anciens usages. Contestée, l'institution survit et trouve confirmation dans la loi de « modernisation » n° 2013-428 du 27 mai 2013 [1].

– De la même manière, la jurisprudence administrative n'entend établir aucune corrélation impérative entre *domaine public* et service public. Les activités dont celui-ci est le siège relèvent de la gestion privée si elles n'ont d'autre but que sa valorisation ou son occupation à des fins privatives (CE 11 juill. 2011, *Mme Gilles, AJDA* 2011. 1949, note X. Domino, *D.* 2012. 663, note G.Viney, *AJCT* 2011. 576, obs. A. Burel, *RFDA* 2012. 692, note L. Janicot, *RDI* 2011. 508, obs. N. Foulquier).

Sur les règles particulières du bail emphytéotique administratif et de l'autorisation d'occupation privative du domaine public constitutive de droits réels, v. CGCT, art. L. 1311-2 s. [2].

– Selon une jurisprudence déterminée sur des bases qui s'accordent mal à la théorie du service public, il faut considérer les fêtes organisées par les communes comme de simples activités d'intérêt général – et non de service public – si elles sont dépourvues de caractère traditionnel (CE 30 avr. 2004, *Perroud, Lebon* 870, *BJCL* 2004. 501, concl. E. Prada-Bordenave, activité d'intérêt général s'agissant le soir des élections municipales).

3. Dispersion organique des activités locales. La diversité des formes vaut pour une même activité selon que l'autorité locale organise la satisfaction du

1. G.-D. Marilla, « La section de communes "modernisée"? », *RFDA* 2013. 775, J.-P. Lemoine, « La section de communes : une histoire ancienne », *JCP Adm.* 2013 n° 2177, R. Rambaud, « De la réforme à la remise en cause des sections de communes ? », *DA* 2014. 18, 4. Pour une réflexion sur la nature juridique des sections de communes, G.-D. Marillia, « La section de commune, un nouvel établissement public ? », *JCP Adm.* 2011. 2100.

2. V. C. Devès, « Le patrimoine des collectivités territoriales : un droit en quête d'évolution(s) », *JCP Adm.* 2005. 1348.

besoin considéré en prenant directement en mains l'activité par un organe de droit public (régie, établissement public) ou en transfère la gestion à une société privée à capitaux publics ou à une personne intégralement privée dont elle gardera le contrôle. Outre les cas où la solution est imposée par la loi ou par la jurisprudence - l'exemple de la police générale qui ne saurait être concédée -, le choix est une question d'opportunité locale.

534 ***Originalité*** ◊ Au regard de l'évolution décrite, le droit des collectivités territoriales ne se sépare pas du droit administratif qui demeure la base de notre représentation de l'action publique décentralisée. Ce dernier lui fournit ses impératifs d'intérêt général et les techniques selon lesquelles ceux-ci sont mis en œuvre. Constitué à partir des problèmes posés au niveau local, le droit administratif se confond avec le droit des collectivités territoriales et, quelques particularismes exceptés - l'administration décentralisée est plus interventionniste que régulatrice, ce qui réduit les formes admises pour ses interventions -, le sujet ne justifierait pas de développements distincts. Nonobstant, le phénomène obéit ici à ses propres ressorts qui l'animent et il apparaîtrait inconcevable de l'aborder sans mise en relation avec le particularisme qui règle le système des sources normatives du droit des collectivités (compétence de principe des collectivités, libre administration) et l'originalité des acteurs qui sont des élus maîtres de leurs stratégies parfois élaborées en réponse aux manques de ressources locales ou aux défaillances de l'État, à la volonté de privilégier leurs électeurs, ou encore par concurrence avec d'autres collectivités. Envisagé sous cet aspect, le phénomène de diversification des formes de l'action publique n'est qu'un des éléments d'un ensemble unique : le système normatif et politique local. L'étude de cette diversification trouve à s'inscrire originalement dans ce cadre. Et, le droit du service public local (Chapitre 1) comme le pouvoir normatif que peuvent exercer les collectivités (Chapitre 2) leur laissent des marges d'appréciation et d'initiative originales dans leur tâche de procurer à leurs citoyens ce qu'ils attendent d'elles ; ce qui donne à la théorie du droit des collectivités territoriales sa particularité et sa cohérence d'ensemble.

CHAPITRE 1
LE SERVICE PUBLIC LOCAL

535 ***Définition*** ◊ La satisfaction des usagers par le service public n'est pas la seule finalité de la gestion publique, mais elle demeure la principale. Et, la collectivité territoriale, en tant qu'institution administrative, est chargée, sous le contrôle des élus, d'assurer leur bonne marche. Mais, à quel type d'activité correspond la qualification juridique de service public ? L'interrogation n'est pas évidente au regard d'une activité qui n'a jamais postulé à une définition précise en droit français dès qu'on a cherché à dépasser la conception assez vague dont se contente l'opinion courante. C'est certainement parce qu'on identifie naturellement le service public à ses finalités d'intérêt général, utiles à justifier ses extensions mais impossibles à délimiter objectivement, plutôt qu'à un régime juridique précis qui le caractériserait à coup sûr.

Bien plus, au fil du temps, les critères dont il pouvait se prévaloir sont devenus incertains, la notion perdant en teneur juridique. Le système de définition fixe reposant sur le cumul des trois critères organique - personne publique -, fonctionnel - activité d'intérêt général - et matériel - régime de droit public - n'a pas résisté à l'interventionnisme du XXe siècle et à la diversité des formes des interventions publiques qu'il a entraînée. On est passé à une définition par des éléments mobiles, les critères organique et matériel ne se retrouvant plus que de manière alternative dans la qualification de service public. C'est le critère de l'activité d'intérêt général qui demeure prépondérant en tant que condition, non suffisante à elle seule, mais nécessaire. La conception fonctionnelle du service public domine. Il y a donc service public chaque fois qu'une activité d'intérêt général relève de la personne publique qui l'exerce ou la reconnaît et s'accomplit en proportion variable par des règles de droit public et de droit privé (service public administratif ou service public industriel et commercial).

La qualification de service public local apporte une précision supplémentaire en dénotant l'intervention d'une collectivité territoriale. En cela, ce service s'inscrit dans la sphère particulière des relations entre cette collectivité et ses citoyens. Mais il pose le problème concret de sa reconnaissance en tant service public communal, départemental ou régional ou de service public national selon sa collectivité de rattachement. Le droit français ne fait pas de la question de l'origine d'un service public un problème propre dans la mesure où celle-ci reçoit sa réponse, hormis les cas de qualification expresse par la loi, par application des théories de la répartition des compétences et de l'imputabilité de la responsabilité administrative. Partons des solutions de la doctrine où deux critères sont généralement pris en considération :

- *Service public local par nature.* Doivent être considérés comme tels les services publics qui pourvoient à des besoins de proximité par opposition aux activités générales nécessaires à l'ensemble de la population nationale et à son unité et qui ne sauraient être exercées que par l'État. Ce critère élaboré à partir du degré de généralité du besoin ressenti serait inhérent la nature des choses et se réclamerait, finalement, de la conception d'un droit naturel des collectivités territoriales. Mais, en cela, il se révèle vite impraticable car, hormis les services publics spontanément créés dans l'intérêt public local, il n'existe aucune catégorie autonome de besoins qu'on pourrait prendre en référence pour délimiter de façon certaine les services locaux des services nationaux. Ce critère ne peut s'imposer nonobstant le droit positif propre à un pays ou à un temps : les chemins de fer ou la distribution d'électricité ont pu être constitués comme services publics locaux avant d'être nationalisés au milieu du XXe siècle pour des motifs qui relèvent de l'opportunité économique et politique.

- *Service public local par fonction.* Constituent un service public local seulement celui qui a été inséré explicitement ou implicitement dans les compétences d'une collectivité territoriale par la loi. D'ailleurs, que celui-ci doive être créé de manière obligatoire ou facultative, que ses modalités d'organisation soient plus ou moins impératives, il est objectivement rattachable à cette collectivité en vertu la loi qui délimite ses responsabilités propres, le service étant l'activité organisée dans le cadre de ces responsabilités. Ce qui rend local un service public, quels qu'en soient l'objet et le régime juridique, c'est donc l'intervention du législateur pour l'inclure dans le champ des compétences d'une collectivité territoriale. Ce critère est le plus acceptable, même si on ne peut l'associer à aucune liberté de création ou d'aménagement particulière des collectivités. De ce point de vue, les situations sont contrastées et on trouve, parfois, des rattachements locaux purement nominaux (l'établissement public hospitalier par exemple).

Ce critère trouve sa consécration dans la jurisprudence pour le cas où une collectivité est susceptible d'engager sa responsabilité pour un dommage survenu à l'occasion d'une activité qui relève légalement de sa compétence : CE 23 juill. 2003, *Calon et a.*, *Lebon* 340 ; *AJDA* 2003. 2329, concl. I. da Silva ; *JCP Adm.* 2003. 1952, note G. Chavrier, s'agissant de la responsabilité du département à propos d'un dommage subi par une assistante maternelle dans le cadre du service d'aide à l'enfance. En cas de service public mixte dont la responsabilité est partagée entre différentes collectivités, c'est bien ce critère qui doit permettre de déterminer la part effective de rattachement qui revient à chacune d'elle (par exemple, l'établissement public d'enseignement local rattaché au département ou à la région mais dont les structures pédagogiques ne relèvent que de l'État) [1].

1. V. J.-F. Auby, *Les services publics locaux*, Berger-Levrault, 1997 ; J.-C. Douence, « L'identification du service public local », *Rép. Coll. locales* fasc. 6032 ; J. Fialaire, *Le droit des services publics locaux*, LGDJ, 1998 ; J.-F. Lachaume, « Service public local », *J.-Cl. Coll. terr.* fasc.

536 ***Typologie des services publics communaux*** ◊ On peut donner un bref aperçu de la consistance et de la diversité des services publics communaux – de loin les plus nombreux – à partir d'une typologie recensant les services exercés particulièrement en milieu urbain :

– sont des activités marchandes fonctionnant en réseau : la distribution de l'eau et l'assainissement, le chauffage urbain, les communications par câble ;

– sont des activités marchandes ne fonctionnant pas en réseau : les pompes funèbres, les parcs de stationnement, la collecte et le traitement des déchets, les campings ;

– sont des activités non marchandes fonctionnant en réseau : les transports en commun en site propre.

– sont des activités non marchandes ne fonctionnant pas en réseau : les transports scolaires urbains, la restauration scolaire, les services culturels et sportifs, l'entretien des plages, crèches et garderies scolaires, office de tourisme.

537 ***Particularisme socio-politique du service public local*** ◊ De toutes les activités prises en charge par les collectivités, le service public est la clé de voûte à partir de laquelle se joue la cohésion de la société locale. La solidarité locale est le véritable fondement idéologique du service public local : l'association des habitants doit en retirer des avantages communs qui soudent le sentiment d'appartenance à la collectivité. Beaucoup d'entre eux s'en remettent même à leurs prestations dans l'intérêt de corriger les inégalités sociales ou territoriales (services publics culturels et sociaux, politiques tarifaires, maintien des activités en milieu rural). Cette solidarité est la justification même du caractère interventionniste des politiques des collectivités. C'est leur vocation exclusive à la différence de l'État qui a pu se constituer sur la référence à la souveraineté et garder le monopole de l'édiction des grandes règles par l'exercice exclusif du pouvoir législatif.

L'époque contemporaine accuse ces traits. L'extension de la gestion publique locale devient la contrepartie nécessaire du désengagement de l'État de la sphère économique et sociale. L'abandon par l'État de son ambition d'un protectorat économique et social sur le pays a fait naître de nouvelles responsabilités au plan local où les nécessités se font sentir de près. En même temps, les politiques communautaires de démantèlement des grands réseaux de service public exercés en monopole ont peu de répercussions au plan local où l'image du service public n'y a finalement pas perdu de sa force, au contraire. Tout s'y passe comme si l'on y faisait abstraction du retour au libéralisme individuel qui fait figure de doctrine officielle pour mieux lutter contre les régressions sociales qu'il engendre par un tissu de services de proximité. C'est pourquoi, si tous peuvent avoir accès aux services publics et aux équipements locaux, ils n'en retireront pas tous des bénéfices identiques par le jeu des politiques interventionnistes et des tarifications sociales. Se dessine ainsi une citoyenneté locale,

---

730 ; G. Quiot, « La doctrine et la distinction des services nationaux et des services publics locaux : observations critiques », *Mélanges Charles*, éd. Univ. Nice-Sophia Antipolis, 2001, p. 305 ; L. Richer, *Droit des services publics locaux*, Le Moniteur, fasc. 1-100-2.

qui n'est pas un statut universel et abstrait, mais qui confère des avantages matériels qui tiennent compte des circonstances du présent. Ces aspects donnent au droit des collectivités territoriales une part d'institutionnalisation et de logique qui lui est propre.

Il semble également qu'au plan local s'estompe la critique de bureaucratisation souvent adressée au service public et qui touche à l'efficacité de la gestion publique regardée comme plus lourde et coûteuse que celle des entreprises privées. Peut-être à son échelle, le service public local est-il plus apte à revoir ses méthodes et à s'adapter et peut parfois, par volontarisme politique et raccourcissement des circuits administratifs, se révéler plus productif (exemple des lignes régionales de chemin de fer).

Mais certaines réalités commandent d'apporter quelques ombres au tableau idéalisé de l'administration de proximité. On ne saurait totalement faire abstraction des dérives, des collusions d'intérêts publics et privés et des cas de corruption dont une administration dirigée par des élus a pu être le siège. Des affaires retentissantes d'enrichissement personnel, le financement de la vie politique, notamment par le biais des autorisations d'équipement commercial et de la passation des contrats publics, ont pu ébranler les valeurs attachées à la représentation politique. Il est difficile de dire si le phénomène est éradiqué mais, tout un train de réformes en réaction depuis les années 1990, renforçant concomitamment la concurrence dans la passation des contrats publics et la responsabilité pénale des élus ont efficacement œuvré dans ce sens.

538 ***Particularisme juridique du service public local*** ◊ La qualification de service public emporte d'elle-même pour l'organisation qui s'en charge un certain nombre de contraintes juridiques dans l'intérêt de la meilleure satisfaction possible des usagers. Elles s'imposent aux collectivités comme à tout gestionnaire de service public qui doivent ainsi se plier aux impératifs d'un fonctionnement continu, égal et adaptable du service rendu. Toute la théorie jurisprudentielle des contrats administratifs qui réserve des pouvoirs exorbitants à l'administration contractante (modification et résiliation unilatérales du contrat, imprévision) est d'ailleurs configurée dans ce but. Il n'y a pas lieu, dans le cadre de cet ouvrage, de s'attarder sur ces points qui s'intègrent à la théorie générale du régime du service public à l'intérieur de laquelle l'administration décentralisée n'occupe pas une place spécifique, quand bien même celle-ci s'est développée à partir de cas concernant son action.

Mais, si les collectivités laissent voir autant de disparités vis-à-vis de leurs services publics, c'est qu'elles ne sont pas liées par un pur travail d'exécution des lois les autorisant ou les obligeant à agir en la matière et par lequel elles apparaîtraient comme un simple « commis » d'un État directif. L'originalité se trouve dans leurs pouvoirs généraux sur le fondement desquels elles peuvent étendre leurs activités, accroître leurs ressources ou développer toutes les conséquences utiles de leurs missions légales. On est donc en présence de deux principes (obligations légales et pouvoirs généraux) qui constituent la référence pour concevoir la liberté relative que possèdent les collectivités sur l'existence et sur l'organisation de leurs services publics. Sans doute la technicité des interventions publiques s'accroît et, réforme après réforme, on s'aperçoit que la plupart des services publics locaux sont aujourd'hui régis par la loi, cette liberté locale s'exprimant de manière résiduelle. Néanmoins, la juxtaposition de ces deux titres est nécessaire pour exprimer entièrement les données du droit positif.

539 ***Service public local et « droit public de la concurrence »*** ◊ Depuis une vingtaine d'années les relations entre les collectivités territoriales et le marché doivent se plier aux règles du « droit public de la concurrence » dont les sources juridiques foisonnent (Ord.1er déc. 1986 intégrée au Code de commerce, traité de Rome et directives communautaires, législation sur les délégations de services publics, marchés publics...). L'attention est désormais moins portée sur les effets de la création de services publics nouveaux sur la liberté du commerce et de l'industrie (v. ss 544), que sur leurs modalités mêmes d'intervention qu'il faut soumettre au libre jeu du marché qui, désormais, s'offre à elles. Autrement dit, la règle à respecter consiste moins dans une obligation de « non-concurrence » que dans une obligation « d'égale concurrence », selon une formulation généralement pratiquée ; les procédés que ces services utilisent à leurs fins ne devant pas exercer une concurrence déloyale à l'égard des opérateurs privés.

– *Effets positifs du droit public de la concurrence.* Cette évolution ouvre les activités des collectivités et leur légalité à une certaine logique commerciale. Simultanément, la généralisation des procédures de publicité et de mise en concurrence dans la passation des contrats publics se transforme en garantie pour les autorités locales justiciables des deniers publics auprès des juges et de l'opinion. En faisant ainsi jouer la compétition économique, elles s'attachent les bénéfices d'une gestion publique transparente et efficace ; ce qui vient opportunément au secours de la crise de confiance qu'elles subissaient du fait que les contrôles que la réforme de la décentralisation de 1982 avait redéfinis ne s'étaient pas révélés à la hauteur des risques engendrés par cette gestion. Ce paradoxe n'est qu'apparent : l'appui sur le marché manifeste ainsi une évolution de l'administration publique qui sert mieux l'intérêt général. L'expérience a également montré comment cette évolution de la légalité a servi de tremplin, les collectivités prenant plus facilement pied sur le marché et dans des secteurs nouveaux propices à leur développement économique et social (communication, audiovisuel, transports).

– *Champ d'application du droit public de la concurrence.* C'est une question lourde du droit public de la concurrence à propos de laquelle le juge administratif n'a pas de méthode univoque. En première observation, les qualifications, les méthodes, les contrôles et les sanctions du droit de la concurrence ne sont pas seulement opposables aux entreprises économiques des collectivités, comme attendu au départ, mais également à leurs activités administratives et normatives dans la mesure où celles-ci seraient susceptibles de procurer un avantage économique à leur destinataire. Alors, quoi de moins limitée qu'une législation qui étend ses impératifs, domaine après domaine, à l'ensemble des activités publiques ? Ainsi, les clauses d'un contrat de délégation de service public ou de marché public ne doivent pas placer le cocontractant en situation d'abus de position dominante (durée du contrat, conditions de renouvellement, clauses financières...) (CE Sect. 3 nov. 1997, *Sté Yonne funéraire, sté Intermarbres, sté Millions et Marais*, *Lebon* 406, concl. J.-H. Stahl ; *RFDA* 1997. 1128, concl. ; *CJEG* 1997. 446, concl. ; *AJDA* 1997. 945, concl. T.-X. Girardot et F. Raynaud et 1998. 247, note O. Guézou ; *RD publ.* 1998. 256, note Y. Gaudemet ; *Quot. jur.* 1998. 44, note J. Morand-Deviller). L'administration elle-même ne doit pas se rendre coupable d'un tel abus par le contenu de ses offres d'occupation du domaine public à des fins commerciales (CE Sect. 26 mars 1999, *Sté EDA*, *Lebon* 107, concl. J.-H. Stahl ; *AJDA* 1999. 427, concl. Stahl, note M. Basex ; *CJEG* 1999. 264, concl.). Pas davantage, les mesures de police administrative ne sauraient se dispenser du respect de l'ordonnance de 1986 dès l'instant où elles révèlent des effets antiéconomiques. Le fait qu'elles procèdent d'une activité régalienne ne saurait donc leur conférer une immunité à cet égard (CE Sect. 22 nov. 2000, *Sté L. et P. Publicité SARL*, *Lebon* 525, concl. S. Austry ; *RFDA* 2001. 872, concl. ; *AJDA* 2001. 198, note M.-C. Rouault, s'agissant de la police de l'affichage dans les rues de Bayonne). Mais à l'expérience, l'emprise du droit de la concurrence n'est pas totale. Des exemptions se manifestent de deux manières :

- *Exemption du droit de la concurrence domaine par domaine*. La jurisprudence la plus récente tend à soustraire à son champ d'application les pures activités administratives qui « n'emporte(nt pas) intervention sur un marché » et qui, de ce fait, ne peuvent avoir « ni pour objet, ni pour effet de méconnaître le principe de la liberté du commerce et de l'industrie et le droit de la concurrence » (CE Ass. 31 mai 2006, *Ordre avocats barreau Paris*, *Lebon* 272 ; *RFDA* 2006. 1048, concl. D. Casas ; *AJDA* 2006. 1584, chron. C. Landais et F. Lénica ; *JCP Adm.* 2006. 113, note F. Linditch ; *CJEG* 2006. 430, concl. ; *Contrats Marchés publ.* 2006. 202, note G. Eckert ; CCC oct. 2006, note F. Rolin, s'agissant d'un service public national consistant dans une « mission d'appui » à la passation de contrats de partenariat par les personnes publiques. Les relations contractuelles entre personnes publiques en vue d'organiser leurs services (opération de « mutualisation ») se nouent hors des prises du droit des marchés publics (CJCE 9 juin 2009, aff. C-480/06, *Commission des communautés européennes c. Allemagne*, *AJDA* 2009. 1535, chron. E. Broussy, F. Donnat et C. Lambert, *JCP Adm.* 2009, n° 2158, note P. Proot, CMP 2009, comm. 226, note H. Hoepffner. V. ég. CE Sect. 6 avr. 2007, *Cne Aix-en-Provence*, *Lebon* 155, concl. F. Seners ; *RFDA* 2007. 812, note J.-C. Douence ; *JCP Adm.* 2007. 2111, note M. Karpenschif, 2127, note F. Linditch et 2128, note J.-M. Pontier ; *Contrats Marchés publ.* 2007. 191, obs. G. Eckert ; *AJDA* 2007. 1020, chron. F. Lénica et J. Boucher ; *BJCL* 2007. 558, note M. Mollion ; *RDC* 2007. 86, note P. Brunet, s'agissant de l'exemption du droit de la concurrence pour la délégation d'un service public à une association « intégrée » à la collectivité délégante. CE Sect. 3 déc. 2010, *Ville Paris et Assoc. Paris Jean Bouin*, *RDI* 2011. 162, note S. Braconnier et R. Noguellou ; *RLCT* 2011. 1839, note B. Fleury et J. Pujol, *AJDA* 2010. 2343 et 2011. 18, études S. Nicinski et E. Glaser, CMP 2011, comm. 25, note G. Eckert, *DA* 2011, comm. 17, note F. Brenet et F. Melleray, à propos d'une convention d'occupation du domaine public dont les clauses ne révèlent pas l'exercice, par le co-contractant privé, d'une mission de service public. Ne pouvant dès lors être regardée comme une convention de délégation de service public, la passation de la convention litigieuse devait échapper aux règles de publicité et de mise en concurrence prévues à ce titre (CE 15 mai 2013, *Ville de Paris*, *AJDA* 2013. 1271, chron. X. Domino et A. Bretonneau, *RJEP* 2013, comm. 39, concl. B. Dacosta, *DA* 2013, comm.63, obs. F. Brenet, CMP 2013, comm. 199, note G. Eckert, *JCP Adm.* 2013, n° 2180, note J.-F.Giaccuzo, à propos d'un contrat de mobilier urbain dont la passation est dispensée de mise en concurrence). Ce faisant, le juge administratif semble *renoncer à sa démarche finaliste initiale* par laquelle toute activité publique était justiciable du droit de la concurrence en raison de ses effets anticoncurrentiels pour une *démarche matérielle*, domaine par domaine, d'ailleurs plus conforme à la jurisprudence européenne axée sur l'identification préalable de la notion d'entreprise. Dans le même sens, la directive « services » du 12 décembre 2006 (Bolkenstein) laisse hors de son champ d'application, et donc libre, l'organisation des « services sociaux d'intérêt général », c'est-à-dire non économiques [1](de nature à concrétiser cette idée, CE 3 mars 2010, *Dpt Corrèze*, v. ss 703, s'agissant d'un service départemental à caractère social de télé-assistance des personnes âgées). La directive « concessions » du 11 février 2014 y ajoute la distribution de l'eau potable et l'assainissement en tant que « bien public revêtant une importance fondamentale » [2].

– *Exemption du droit de la concurrence acte par acte.* En toute hypothèse, il faut admettre qu'un certain nombre d'exigences d'intérêt général sont toujours susceptibles d'imposer des limites ponctuelles à l'emprise du droit public de la concurrence. De telle manière qu'il faut envisager, pour chaque cas d'espèce, la possibilité d'une conciliation entre les exigences contraires de l'intérêt général et du marché, les premières ne pouvant totalement être sacrifiées aux secondes sous peine d'empêcher l'exercice de la mission de service public (CE 30 juin 2004, *Dpt Vendée, Lebon 277* ; *BJCL* 2004. 699, concl. P. Collin ; *CJEG* 2004. 487, concl. ; *AJDA* 2004. 2210, note S. Nicinski ; *JCP Adm.* 2004. 712, note M.-C. Rouault ; *Dr. adm.* 2004. 42, note M. Bazex et S. Blazy ; *AJDA* 2004. 2309, chron. N. Charbit, s'agissant de la possibilité de réserver l'accès au ponton flottant au bateau de la régie départementale de l'île d'Yeu qui n'est pas contraire « aux règles de la concurrence ainsi qu'(à) l'égalité de traitements entre armateurs » et utile pour « apporter à la régie l'appui nécessaire à l'exploitation du service public dont elle est chargée ». Sur le contentieux tarifaire : Com. 13 juill. 2010, *Sté Vedettes inter-îles vendéennes*, *AJDA* 2010. 1921, note S. Nicinski) [3].

Nous tâcherons d'apprécier la liberté dont profitent les collectivités pour établir (Section 1) et aménager (Section 2) leurs services publics dans les développements à suivre.

SECTION 1. LIBERTÉ RELATIVE SUR L'EXISTENCE DU SERVICE PUBLIC LOCAL

540 ***Fondement positif de la liberté*** ◊ Si le principe constitutionnel de libre administration vient en tête du droit des collectivités territoriales, il

1. Sur l'étendue et les effets de la qualification de « service social d'intérêt général », M. Karpenschif, « Les collectivités locales et la directive « services » : entre contraintes nouvelles et espoirs déçus », *JCP Adm.* 2010. 2256.

2. « Directives marchés, du nouveau sans renouveau », *AJDA* 2014. 832 s. avec les études de S. Braconnier, S. Platon, F. Brenet et R. Noguellou ; « Directive du 26 février 2014 sur l'attribution des contrats de concession : quelles conséquences pour les collectivités », *JCP Adm.* 2014, n° 2136-2142, dossier, avec les études de S. de la Rosa, F. Lombard, F. Martucci, V. Bouhier, F. Linditch, B. Valette et R. Mésa ; J. Moiroux, « Nouvelle directive sur les contrats de concession : quels impacts potentiels ou avérés sur la *loi Sapin* ? », *JCP Adm.* 2014, n° 2168.

3. V. B. Faure, « Le droit administratif des collectivités territoriales et la concurrence », *AJDA* 1999. 136 ; F. Béroujon, G. Clamour, E. Glaser, P. Hubert, M. Karpenschif, F. Lichère, F. Linditch, N. Mouy, S. Nicinski et P. Terneyre, « Dix ans après l'arrêt *Millions et Marais* : et après ? », *JCP Adm.* 2007. 2281 ; R. Poesy, « Le conseil de la concurrence et les collectivités territoriales », *JCP Adm.* 2008. 2019.

n'a d'autre vocation qu'assurer la protection juridictionnelle des collectivités contre l'arbitraire de l'État en imposant la compétence conditionnée du législateur pour régler se sort des collectivités. Il ne s'agit donc que d'une garantie défensive opposable au niveau législatif lorsque les parlementaires s'écartent de leur rôle protecteur des collectivités.

La liberté que nous recherchons ici trouve plutôt son fondement dans la formule légale selon laquelle « les communes, départements et régions règlent par leurs délibérations les affaires de leur compétence » (CGCT, art. L. 1111-2) [1] qui pose, sous une présentation raccourcie, le principe fondamental de la compétence générale des assemblées locales. Elles disposent ainsi du droit d'entreprendre dans tous les domaines de la vie publique lorsqu'elles ne vont pas à l'encontre d'un empêchement légal. Le service public n'est qu'une application ponctuelle, mais particulièrement importante, de ce principe de compétence générale qui constitue la toile de fond sur laquelle se détachent les initiatives particulières des collectivités. Envisageons les effets de cette liberté sur la création et la suppression du service public local.

§ 1. Liberté relative de création du service public

541 On peut soutenir que c'est lorsqu'il y a contradiction entre la nécessité publique d'agir et le risque de passivité des collectivités que l'État se trouve, de ce seul fait, fondé à intervenir pour suggérer ou imposer le comportement à suivre. Ce dirigisme ne met pas en échec la libre administration locale puisque celle-ci n'a jamais été conçue que « dans les conditions prévues par la loi » (Const., art. 72). Et, il est sans doute à attendre que le législateur soit plus attentif aux nécessités publiques d'ordre général qu'à l'autonomie d'inaction des élus locaux. En matière de création de service public, ces interventions peuvent revêtir des formes qui ménagent plus ou moins la liberté des collectivités et donnent la classification suivante.

542 ***Le service public local obligatoire*** ◊ Dans ce cas la loi impose la création du service qu'elle estime indispensable aux besoins collectifs mais plus à même d'être exercé au niveau décentralisé. L'autorité décentralisée ne se trouve alors que dans une situation de compétence liée par laquelle elle ne dispose d'aucune marge d'appréciation sur sa création, ni les services qu'elle doit rendre. On peut constater que les progrès de la décentralisation n'ont pas fait disparaître ses pratiques légales, bien au contraire, elles se développent par l'entremise des politiques sociales et environnementales de l'État.

La plupart de ces services publics se recrutent au niveau départemental avec les exemples de l'action sanitaire et sociale, des transports scolaires, des ports maritimes de commerce et de pêche, la voirie départementale et le service d'incendie et de

1. Une formulation restrictive de la compétence générale des départements et des régions est toutefois prévue par le projet de loi portant nouvelle organisation territoriale de la République (2014), v. ss 693 s.

secours. Les communes sont également concernées par l'exercice de la police générale, du service d'état civil, les écoles primaires, les cimetières, l'élimination des déchets ménagers et l'assainissement, l'accueil des gens du voyage. Cela garantit un minimum de salubrité et de tranquillité sur chaque territoire communal. Mais au-delà de ce minimum, il semble que la prise en charge de certains services obligatoires puisse être assez mal ressentie et contestée. V. s'agissant du « service d'accueil » des enfants dans les écoles communales en grève pour lequel le juge administratif n'admet pas que la commune se refuse à l'organiser motif pris de l'insuffisance en personnel disponible : G. Calley, « Une nouvelle figure du service minimum : l'accueil des élèves des écoles maternelles et élémentaires pendant le temps scolaire », *RFDA* 2008. 1187 ; J. Gaté, « L'institution d'un droit d'accueil pour les élèves dans les écoles maternelles et élémentaires pendant le temps scolaire », *RLCT* nov. 2008. 35 ; L. Janicot, « Le conflit relatif au service minimum d'accueil », *AJDA* 2009. 292 ; P. Raimbault, « Un droit d'accueil pour la rentrée », *AJDA* 2008. 1949 ; « L'annulation partielle de la circulaire relative au service minimum d'accueil », *JCP Adm.* 2009. 2233 ; « Premières précisions du Conseil d'État sur le service minimum d'accueil », *JCP Adm.* 2009. 2273. ; J.-M. Pontier, « Le service public d'accueil des élèves : conditions de mise en œuvre », *RLCT* 2009. 1467 ; P. De Monte, « L'application de la loi sur le service minimum d'accueil : bilan illustré », *AJDA* 2010. 1188 ; G. Guglielmi et G. Koubi, « Le contrôle de légalité des positions de principe des collectivités locales : à propos du service minimum d'accueil », *RLCT* 2010. 1537. V. ég. s'agissant du transfert d'un aérodrome à une communauté urbaine : CE 19 nov. 2008, *Cnté urb. Strasbourg*, *Lebon* 882 ; *AJDA* 2009. 425, note M. Verpeaux ; *JCP Adm.* 2009. 2055 et 2110, note J.-M. Pontier.

L'occasion a été donnée au Conseil constitutionnel de se prononcer implicitement sur la régularité de ce type de contraintes à travers le problème – qui revient au même – des dépenses obligatoires mises à la charge des collectivités. Ces contraintes n'apparaissent pas contraires au droit pour autant qu'elles soient « définies avec précision quant à leur objet et leur portée et ne sauraient méconnaître la compétence propre des collectivités ni entraver leur libre administration » : Cons. const. 29 mai 1990, n° 90-274 DC, *Droit au logement*, *Rec. Cons. const.* 61 ; *RFDC* 1990. 497, note L. Favoreu ; *RDSS* 1990. 711, note X. Prétot ; *Pouvoirs locaux* déc. 1990, n° 7, p. 85 et mars 1991, n° 8, p. 16, note G. Vedel [1]. Il est notamment permis de tenir le service public obligatoire pour non contraire à la libre administration dès l'instant où l'État compense, comme la Constitution l'impose depuis 2003, les charges inhérentes à sa création et à son fonctionnement. Ce qui déplace la discussion constitutionnelle à ce niveau.

543 ***Le service public facultatif*** ◊ Il confère pour l'autorité locale désignée pour le créer un pouvoir discrétionnaire. Celle-ci apprécie l'opportunité de le créer ou non, ou d'y mettre fin après création. Au maximum, la législation prend une valeur incitative. Si ce n'est qu'en cas de création, la collectivité devra se plier aux principales règles institutives voulues par la loi pour le service (mission, organisation du service, normes techniques des prestations...). De telle manière que la discrétionnalité du pouvoir de la collectivité ne tend plus qu'à jouer au moment de la décision de création de service.

1. Depuis 2006, le juge constitutionnel exige, en outre, que ces contraintes « répondent à des exigences constitutionnelles ou concourent à des fins d'intérêt général » : Cons. const. 30 nov. 2006, n° 2006-543 DC, Loi relative au secteur de l'énergie, *GDCC* 2009, p. 793-808.

Rien n'est moins rare que ce genre de service. C'est le cas des bibliothèques, des musées, des halles et marchés, des offices d'Habitat ou de tourisme au niveau communal. Le département connaît aussi ce type de service avec les bacs et passages d'eau, les aides à l'aménagement rural, ou les bibliothèques de prêts. La formation professionnelle et l'apprentissage ne sont pas une mission obligatoire pour la région [1].

544 ***Le service public spontané*** ◊ En plus des hypothèses précédentes, la collectivité territoriale peut librement créer tout service public nouveau dans tous les cas où la loi ne met pas un obstacle particulier à son initiative [2]. Cette aptitude manifeste, de manière particulièrement remarquable, la vocation générale des collectivités, surtout des communes, à prendre en charge tout besoin de la population sur le fondement de leur clause générale de compétence. Les cantines scolaires, les garderies, les piscines trouvent dans cette règle leur fondement. La création d'un service public *est un droit* pour la collectivité territoriale.

Il ne s'ensuit pas que ce pouvoir doive être conçu de manière absolue. Son exercice doit être mis en relation avec le *principe jurisprudentiel de la liberté du commerce et de l'industrie* propre à censurer toute initiative publique dans le domaine marchand. Mais, ici le passage du principe de droit à la décision juridictionnelle n'a rien d'automatique. Celui-ci laisse tout pouvoir d'appréciation au juge administratif et les solutions du droit positif procèdent d'un certain nombre de considérations qui ne donnent pas une règle de conduite unitaire et permanente à suivre [3].

On doit cependant préciser, et ceci est de nature à faciliter les initiatives locales, que l'attribution expresse d'une compétence à un niveau de collectivité n'interdit pas les autres niveaux d'agir *à titre complémentaire*. Dans ce cas de figure, il n'existe pas d'exception de compétence réservée. L'illustration la plus classique vient de l'action sociale des communes complémentaire à celle des départements : CE 29 juin 2001, *Cne Mons-en-Barœul*, *Lebon* 298 ; *AJDA* 2002. 42, note Y. Jegouzo ; *Coll. terr.* n° 228, note J. Moreau ; *JCP* 2002. IV. 2654, obs. M.-C. Rouault, s'agissant de la compétence d'un conseil municipal pour instituer une allocation de logement en contrepartie de travaux d'utilité générale effectués par les bénéficiaires. Comp. CAA Nancy, 13 nov. 1997, *Cne Mons-en-Barœul*, *RGCT* 1999. 133, concl. Vincent et note O. Négrin, jugeant incompétente la commune pour mener des actions d'insertion sociale.

§ 2. Liberté relative de suppression du service public

545 Il y a suppression d'un service public lorsqu'à la satisfaction d'un besoin de la population la collectivité territoriale décide de ne plus y affecter l'organisation ou l'aide qu'elle lui avait consentie. Mais cette possibilité recouvre

1. Sur la valeur relative de la distinction entre compétence obligatoire et compétence facultative, v. ss 637, 1.
2. Voir n° 693 s.
3. Pour l'étude de cette question, v. ss 703.

en pratique des réalités très diverses dont la disparition formelle et totale d'un service public n'est que la forme la plus radicale, les hypothèses de suppression partielle (fermeture d'une ligne de bus) ou implicite (fin d'un monopole public) étant d'application plus fréquente.

Hormis les cas où le droit impose ou empêche la suppression d'un service, *la liberté d'appréciation* de la collectivité créatrice constitue la règle de référence, l'usager ne pouvant se prévaloir à son encontre du principe de continuité du service public ou d'un droit à son fonctionnement permanent (par rapprochement avec les services publics nationaux : jugeant que « la détermination des (...) activités qui doivent être érigées en service public national est laissée à l'appréciation du législateur ou de l'autorité réglementaire selon les cas », Cons. const. 25 et 26 juin 1986, n° 86-207 DC, *Privatisations* (consid. 53), *Rec. Cons. const.* 61 ; *RD publ.* 1989. 399, note L. Favoreu ; *AIJC* 1986. 427, note B. Genevois ; *AJDA* 1986. 575, note J. Rivero ; *Rev. sociétés* 1986. 606, note Y. Guyon ; *Pouvoirs* 1987. 178, note P. Avril et J. Gicquel). Nonobstant, cette liberté d'appréciation tend de plus en plus à être encadrée, son exercice se procéduralisant au fil des interventions législatives en faveur de l'aménagement du territoire et de la solidarité sociale.

546 ***Suppression obligatoire*** ◊ L'obligation a différentes origines. En premier lieu, un changement dans les circonstances de fait qui avaient pu justifier l'institution du service public peut rendre illégal son maintien (CE 24 mars 1927, *Genêt*, *Lebon* 347, s'agissant de la carence de l'initiative privée à l'origine d'une régie de vente de poisson appelée à cesser son activité après retour du marché à une situation normale). En second lieu, l'impossibilité d'équilibrer financièrement l'exploitation d'un service peut et doit, pour le cas d'un service public industriel et commercial, justifier sa suppression, et ceci par l'application du principe de l'obligation d'adaptation des services publics (CAA Lyon, 22 déc. 1994, n° 93LY00730, *SARL Étab. Dussert*). Enfin, il se peut que la loi retire tout caractère d'intérêt général à une activité soutenue par la collectivité publique, comme ce fut le cas avec le cas de la séparation des églises et de l'État entraînant la suppression du service public des cultes (art. 2 L. 9 déc. 1905).

547 ***Suppression impossible*** ◊ Il en va ainsi pour tous les services publics obligatoires des collectivités. C'est précisément un effet impliqué par ce type de services, v. ss 542. L'usager serait recevable et fondé à contester devant le juge administratif la décision de suppression et, éventuellement, à demander réparation des conséquences dommageables.

548 ***Suppression facultative*** ◊ La liberté d'appréciation des collectivités sur l'existence des services publics qui ne relèvent pourtant que de leur initiative n'est pas totale. La loi peut, en effet, subordonner la décision de suppression au respect d'un certain nombre de conditions de procédure et de concertation de manière à ce qu'elle soit instruite dans la transparence.

Mais la procéduralisation de la suppression d'un service public local demeure embryonnaire. L'État s'est surtout attaché à réglementer la disparition des implantations locales des services publics nationaux eu égard à ses effets néfastes sur le maintien des activités dans les zones défavorisées. Les procédures mises en place passent d'ailleurs fréquemment par la consultation des élus locaux. La loi n° 95-115 du 4 février 1995, complétée par la loi n° 99-533 du 25 juillet 1999, prévoit l'élaboration de *schémas de services collectifs* dans la volonté de garantir une répartition harmonieuse des services publics sur l'ensemble du territoire dans un certain nombre de domaines intéressants les collectivités. La présence de services publics sur le territoire relève également du ressort des *commissions départementales d'organisation et de modernisation des services publics* (L. 9 janv. 1985 modifiée par L. 4 févr. 1995. V. I. Muller-Quoy, « Le rôle de l'État dans la garantie de l'accessibilité aux services publics territoriaux ? », *in* M. Long (dir.), *Égalité et services publics territoriaux*, LGDJ, 2005, p. 160. V. ég. la Charte pour les services publics en milieu rural signée le 23 juin 2006 entre le Premier ministre, les représentants de l'Association des maires de France et quinze grands opérateurs de services (EDF, La Poste, SNCF...), *AJDA* 2006. 1300, obs. S. Brondel. Pour ce qui est des services publics locaux proprement dits, v. la *Commission départementale d'organisation et d'amélioration des services publics* (art. 28 L. 4 févr. 1995) dont l'intervention doit permettre d'assurer une bonne répartition de certains services départementaux sur l'ensemble du territoire départemental. V. ég. CGCT, art. L. 2144-1 et L. 2144-2 sur l'établissement de *services de proximité* dans les communes.

SECTION 2. **LIBERTÉ RELATIVE DANS L'ORGANISATION DU SERVICE PUBLIC**

549 ***Fondement positif de la liberté*** ◊ On a vu le principe de la liberté de création du service public par la collectivité assis sur sa compétence générale. Dans un rapport entre la fin et les moyens, il faut leur reconnaître la même compétence pour organiser les services publics qu'elles créent, l'une se déduisant implicitement de l'autre. Les deux libertés de création et d'organisation peuvent donc être confondues.

Les décisions d'organisation du service ne sauraient procéder de la jurisprudence *Jamart* (CE 7 févr. 1936) qui reconnaît aux ministres la faculté d'aménager leurs services en l'absence de toute loi les habilitant à réglementer leur activité de façon générale. De sorte que ce fondement jurisprudentiel doit être présenté comme subsidiaire et n'opère pas à l'égard des autorités que la loi investie, comme c'est le cas ici. C'est d'ailleurs pourquoi l'assemblée délibérante de la collectivité se trouve fondée à intervenir en la matière, et non l'exécutif, la clause générale de compétence la désignant en tant qu'autorité de principe pour administrer les affaires de la collectivité (CE 9 juill. 1965, *Pouzenc, Lebon* 421. CE 25 juin 1975, *Biscarrat et Rouquairol, Lebon* 907. CE 13 févr. 1985, *Synd. cntaire aménagement agglomération nouvelle Cergy-Pontoise, Lebon* 37 ; *RFDA* 1985. 367, note J.-C. Douence et obs. L. Favoreu ; *AJDA* 1985. 271, note J. Moreau. Mérite toutefois d'être mentionnée, cette solution par laquelle le juge administratif fonde la liberté d'une collectivité de créer une association sur le principe constitutionnel de libre administration : CAA Douai, 2 févr. 2012, *Dpt de l'Oise, AJDA* 2012. 800, note X. Larue).

Il est entendu que ce pouvoir est résiduel. En réalité, les interventions du législateur en matière de création des services publics locaux produisent des effets au-delà et demandent au pouvoir des collectivités pour organiser leurs services des concessions plus ou moins larges. En imposant les principales règles institutives des services publics qu'elle charge ou incite les collectivités à créer, la loi les abandonne à un travail subordonné d'exécution. Mais, pour autant, elle ne parvient jamais à éliminer le libre jeu des initiatives locales. Ici aussi, et de façon tacite, est autorisé tout ce qui n'est pas défendu. Sur les questions où cette liberté est appelée à s'exprimer, on retiendra le choix du mode de gestion du service public et sa liberté de tarification, siège d'une des plus remarquables politiques locales.

§ 1. Liberté relative du choix du mode de gestion

550 ***Définition*** ◊ Par l'étude des modes de gestion des services publics, il s'agit de déterminer la personne et les moyens structurels appelés à concrétiser l'activité de service créée. Mais, ce choix de la structure de gestion n'est pas neutre : la manière d'exécuter le service public en dépend et, plus loin, elle signe les options politiques des responsables locaux.

551 ***Diversification des modes de gestion*** ◊ À l'extension des activités d'intérêt général a correspondu un phénomène de diversification des modes de gestion. À partir du modèle de base consistant à dissocier la « gestion retenue » en régie par la collectivité de la « gestion déléguée » à une personne spécialisée, on n'a pas cessé d'assister à l'élargissement continu de procédés particuliers prenant place, avec leur originalité propre, au sein de ces deux catégories. Cette diversification doit certainement être regardée comme la condition d'une meilleure efficacité du service public par une plus grande adéquation du mode de gestion à l'activité. Elle est aussi source d'une plus grande liberté de choix pour la collectivité responsable.

A. Variété du choix

552 ***La régie locale (CGCT, art. L. 2221-2 s.)*** [1] ◊ Elle est devenue une forme classique de gestion, plutôt pratiquée dans les grandes villes, se caractérisant par la prise en charge directe de l'activité par la collectivité au moyen de ses agents, de ses organes dirigeants (assemblée délibérante et son exécutif) et de son budget. La *régie directe* se fond ainsi dans l'organisation générale de la collectivité et ne possède pas de personnalité

1. V. J.-F. Lachaume, « Décentralisation et régies locales », *RFDA* 1989. 432 ; « Le décret du 23 février 2001 relatif aux régies chargées de l'exploitation d'un service public local », *RFDA* 2001. 1063 ; P. Le Louarn, « Les régies locales autonomes après la décentralisation », *LPA* 16 mars 1990, p. 6 ; J.-C. Douence, « Les régies locales », *Rép. Coll. locales* fasc. 6220-1 s. ; « La réforme des régies locales », *AJDA* 2001. 376 ; J. Viguier, *Les régies des collectivités locales*, Economica, 1992.

juridique distincte de celle-ci. Signe de sa transparence, le Code général des collectivités territoriales ne lui réserve aucune disposition particulière. Elle emprunte donc au droit communal les règles par lesquelles elle se concrétise. Mais, son régime de droit public vient en contradiction avec les activités industrielles et commerciales qu'elle est le plus fréquemment appelée à exercer (notamment l'impossibilité de vérifier le respect de l'exigence de l'équilibre budgétaire des services publics industriels et commerciaux en l'absence d'un budget propre : art. L. 2224-2 CGCT). Elle demeure cependant le type de régie le plus pratiqué, précisément en raison de sa proximité avec le pouvoir politique local.

Appliqué aux activités économiques, le procédé de la régie devait subir des évolutions dans le sens de son autonomisation. La *régie autonome* se voit ainsi dotée d'une certaine individualisation administrative et financière (CGCT, art. L. 2221-11). Cela se traduit par l'établissement d'un budget annexe permettant de vérifier l'équilibre entre les dépenses et les recettes et d'organes de gestion distincts (le conseil d'exploitation et le directeur de la régie), les autres éléments demeurant gouvernés par le droit communal (actes, agents, biens). Mais, de l'absence de personnalité morale de la régie autonome, se déduit un phénomène de bureaucratisation, ses organes dirigeants devant obéir à l'assemblée délibérante et son exécutif (« tétracéphalisme »). Cet aspect fait l'insuccès de la formule.

L'octroi de la personnalité morale à la *régie personnalisée* achève le processus d'autonomisation en permettant la meilleure adaptation possible de la structure aux activités marchandes (Décr.-L. 20 mai 1955). Elle implique un surcroît d'autonomie de gestion par des organes propres (conseil d'administration et directeur) pleinement responsables et une soumission de principe au droit privé (agents, actes, régime financier s'inspirant de celui des sociétés commerciales selon le Décr. 6 mai 1988). Mais, la notion de régie s'estompe : l'octroi de la personnalité morale donne à la structure tous les critères de l'établissement public. La loi a fini par les qualifier comme tels (CGCT, art. L. 2122-10).

553 ***L'établissement public local*** ◊ Il est apparu plus tardivement dans le paysage administratif dans l'intérêt particulier d'affecter les libéralités des personnes privées à son œuvre sociale ou culturelle (hôpitaux, bureaux d'aide sociale, hospices, musées...). Il y a depuis trouvé sa place, s'est même diffusé à une large échelle et s'applique, en vertu de la loi, à un certain nombre d'activités classiques des collectivités (hôpitaux publics, établissements publics locaux d'enseignement, centres communaux d'action sociale, office public de l'habitat, caisses de crédit municipal, certains offices de tourisme...).

Il se définit classiquement par la conjonction de trois critères : l'*autonomie* d'abord, du fait de sa personnalité morale qui lui permet d'agir en son nom, de se doter d'un patrimoine, d'un personnel et de dirigeants qui lui sont propres. Il administre donc son activité sous son entière responsabilité. La *spécialité* ensuite qui consiste dans sa vocation à exécuter la mission qui lui est confiée. De sorte qu'autonome au plan des moyens, il est subordonné à la réalisation des intérêts de cette mission au plan des fins. Le *rattachement* enfin qui s'analyse comme le contrepoids de son autonomie et au nom duquel la collectivité créatrice va garder la haute main sur l'activité de l'établissement par la désignation de ses élus dans son conseil d'administration (rattachement organique) ou le droit de contrôle sur ses décisions les plus importantes (rattachement fonctionnel).

Nonobstant son classicisme, la formule est frappée d'un trop grand nombre de rigidités pour être commodément pratiqué. En premier lieu, la collectivité territoriale n'a pas de droit à sa création dans la mesure où la Constitution réserve à la compétence préalable du législateur la détermination des « catégories d'établissement public » (Const., art. 34, c'est-à-dire des familles d'établissements liés par une même tutelle et une « spécialité analogue »). Une commune ne saurait donc gérer son stade sous cette forme, la catégorie n'ayant pas été instituée au plan législatif. En second lieu, l'assignation de l'établissement à sa spécialité est un frein à son dynamisme lorsque le juge administratif l'interprète de manière trop étroite dans le but de censurer leurs initiatives économiques propices à rentabiliser l'activité principale (CAA Nantes, 29 mars 2000, *Centre hospitalier Morlaix, Dr. adm.* 2000. 211, s'agissant d'une application insolite du principe de spécialité à un établissement hospitalier ne pouvant légalement passer un marché avec une clinique privée en vu de nettoyer le linge de cette clinique).

Il se fait, toutefois, que le procédé de l'établissement public se maintient mieux au niveau local qu'au niveau de l'État, ceci pour des raisons parfois idéologiques (refus de recourir à des organismes privés), souvent pratiques (sécurité juridique d'échapper aux procédures de commande publique lorsqu'il agit pour sa collectivité de rattachement [1], création par simple décision de l'assemblée délibérante de la collectivité, possibilité de disposer de prérogatives de puissance publique) [2].

554 ***La société d'économie mixte locale (CGCT, art. L. 1521-1 s.)*** ◊ Elle est une société commerciale constituée entre une ou plusieurs collectivités territoriales et des personnes privées. Son intérêt est d'offrir un cadre juridique pour la coopération de capitaux privés et publics affectés à la réalisation de toute tâche d'intérêt général. En cela, elle concilie le profit privé avec l'intérêt général dans des secteurs où les deux logiques peuvent voisiner. Son statut, refondu par la loi du 7 janvier 1983, la soumet autant que

---

1. La solution s'impose tout autant dans le cas de la dévolution unilatérale d'une activité à l'établissement par sa collectivité de rattachement que dans le cas d'une dévolution contractuelle (CAA Paris, 30 juin 2009, *Ville Paris c. Préfet région Ile-de-France, préfet Paris, AJDA* 2009. 1766, note F. Lelièvre, s'agissant d'un transfert de logement appartenant à la ville de Paris à l'OPAC de Paris dont la passation est affranchie des règles de la commande publique par application de la théorie des contrat « *in house* »).

2. P. Terneyre, « Les établissements publics industriels et commerciaux et l'espoir d'un renouveau : les EPIC locaux », *JCP Adm.* 2009. 2203.

possible au droit commun des sociétés commerciales, les nécessaires dérogations à ce principe d'alignement devant être conçues restrictivement. Ces dernières font néanmoins la particularité de la formule. Mais le rapprochement des logiques publiques et privées tourne à la confusion sur certains points (activité, financement, contrats, responsabilité de l'élu dirigeant) où le contentieux abonde à l'excès.

La loi impose la participation majoritaire des collectivités de manière à ce que la direction de la société ne leur échappe pas (sauf, notamment, le cas de la *société d'économie mixte sportive*, art. L. 1525-1). Ensemble ou séparément, elles doivent participer au capital social à une hauteur s'élevant entre 50 % et 85 %. De sorte que, la coopération étant imposée, le droit exclut qu'une collectivité agisse seule sous couvert de la société anonyme créée de toutes pièces avec un capital intégralement de sa propriété. La SEML ne justifierait plus son nom. En plus, les collectivités disposent de sièges à statut réservés au sein du conseil d'administration destinés à leur permettre d'y acquérir la majorité qualifiée adéquate à modifier les statuts.

Si la formule a rencontré le succès (jusqu'à 1 255 SEML en 2002), c'est essentiellement en raison de sa diversité fonctionnelle au service de laquelle peut se placer ce cadre de droit privé. Cantonnée aux opérations d'aménagement et de construction qui fût son domaine d'origine, la société d'économie mixte s'exprime aujourd'hui dans des nouveaux secteurs tels les transports, les ports de plaisance, le tourisme, la communication audiovisuelle... Elle ne reçoit pour limite que d'agir dans l'intérêt général et dans le cadre des compétences décentralisées de la collectivité actionnaire, sous la seule réserve de ne pas transgresser le principe de la liberté du commerce et de l'industrie [1] - ce qui, pour les élus, avait été une tentation sanctionnée par les juges pour les élus dans les années 1980. S'appliquent ainsi les règles du droit commun de l'interventionnisme public.

Les relations financières entre les collectivités et leurs sociétés d'économie mixte ont longtemps constitué un point névralgique de leur utilisation. Dans l'intérêt de prémunir les collectivités contre les aventures financières nées de leur participation à des sociétés structurellement déficitaires, le Conseil d'État leur a imposé un cadre en leur refusant toutes les possibilités permises à l'actionnaire ordinaire à même de recapitaliser librement sa société, de lui accorder des avances ou des prêts (transposant le régime particulier des aides des collectivités aux entreprises privées selon une solution faisant peu de cas de l'intérêt public des SEML, CE 17 janv. 1994, *Préfet dpt Alpes de Haute-Provence*, *Lebon* 18 ; *AJDA* 1994. 470, note J.-C. Devès ; *RFDA* 1994. 900, note J.-C. Douence ; *JCP* 1994. II. 22311, note J. Moreau ; *LPA* 22 juill. 1994, note S. Agbayissah et

1. Manifestant l'esprit d'ouverture du juge administratif à cet égard : CAA Nancy, 14 juin 2007, *SAEM Reims Champagne Congrès Exposition*, *AJDA* 2007. 1933, note G. Clamour et CE 6 juill. 2010, *Synd. nat. agences de voyage*, *JCP Adm.* 2010. 2304, note P. Chrestia ; *AJDA* 2011. 18, note S. Nicinski ; *BJCL* 2010. 674, concl. E. Cortot Boucher, s'agissant de la régularité de la vente de séjours touristiques.

M. Lecerf. CE 6 nov. 1995, *Cne Villenave d'Ornon c. Pujol, Lebon* 677 ; *AJDA* 1996. 224, note C. Devès). La réforme par la loi n° 02-1 du 2 janvier 2002, puis l'ordonnance n° 03-1212 du 18 décembre 2003, sont venues opportunément relâcher les contraintes qui avaient pratiquement interdit toute relation financière entre la collectivité et sa société, sous réserve toutefois que ce financement demeure momentané, programmé et ne s'inscrive pas dans un processus défensif visant à soutenir à fonds perdus une activité impossible à rentabiliser (art. L. 1522-4 s.) (illustrant l'état du droit : CE 10 nov. 2010, *Cnté cnes nord du bassin de Thau, AJDA* 2011. 19, note S. Nicinski ; *BJCL* 2011. 113, concl. E. Cortot Boucher et obs. B. Poujade).

Le droit ne garantit pas à la SEML tous les avantages qui lui sont promis tant au regard de son statut de droit privé que de son appropriation publique. Tendent notamment à être soumis aux procédures de mise en concurrence, les contrats de ces sociétés. C'est d'abord le cas *des contrats passés par les collectivités avec leurs SEML* pour l'exécution même d'un service public (Cons. const. 29 janv. 1993, n° 92-316 DC, *Prévention de la corruption, Rec. Cons. const.* 14 ; *RFDA* 1993. 902, note D. Pouyaud ; *RFDC* 1993. 375, note L. Favoreu ; *LPA* 2 juin 1993. 4, chron. B. Mathieu et M. Verpeaux, sur le fondement d'un principe d'égalité entre les personnes morales de droit privé. L'évolution du droit communautaire ne va pourtant pas dans ce sens à propos des contrats attribués par les personnes publiques à leurs « entreprises liées » sur lesquelles elles exercent une « influence dominante » : directives « secteurs spéciaux » et « concessions » du 11 févr. 2014) ou pour l'exécution d'une prestation de service (CE 30 déc. 2002, *Dpt Côtes-d'Armor, AJDA* 2003. 394, note J.-D. Dreyfus ; *Contrats Marchés publ.* 2003. 20, note E. Delacour ; *Coll. terr.* mars 2003. 26, note G. Le Chatelier). La participation de personnes privées à la SEML, fût-elle minoritaire, empêche, en effet, l'exemption de mise en concurrence selon la théorie communautaire des prestations « *in house* » (CJCE 11 janv. 2005, *Stadt Halle, ACCP* mars 2005. 45, note D. Capitant. CJCE 19 avr. 2007, *Asoc. Nacional de Empresas Forestales (Asemfo), AJDA* 2007. 1759, note E. de Tenoyl. Sous certaines conditions, toutefois, une mise en concurrence n'est pas exigée : CJCE 15 oct. 2009, *Acoset Spa, Dr. adm.* 2009. Repère 2, obs. J.-B. Auby., le cas à propos d'un service de distribution de l'eau confié par une commune à sa SEM spécialement créée dans ce but, le partenaire privé ayant été sélectionné après mise en concurrence). C'est ensuite le cas, sauf exceptions, *des contrats passés par les SEML avec leurs fournisseurs* (art. 48-I L. n° 93-122, 29 janv. 1993 pour les contrats pour les « contrats de travaux, d'études et de maîtrise d'œuvre », v. en outre, T. confl. 23 oct. 1995, *Sté Canal plus immobilier, Lebon* 500 et CAA Bordeaux, 9 nov. 2004, n° 01BX00381, *Sogedis c. Cne Ciolas*).

S'agissant de l'évolution du droit dans le sens de l'exemption - imparfaite - de la responsabilité civile et électorale de l'élu dirigeant d'une SEML, v. CE 18 déc. 1996, *Élect. mun. Gerardmer, Lebon* 899 ; *RFDA* 1997. 793, note S. Gartner ; *LPA* 20 juin 1997, note R. Piastra ; *Dr. adm.* févr. 1997. 24, note M.-Y. Benjamin, et l'art. L. 1524-5 tel qu'issu de l'Ord. n° 03-1212, 18 déc. 2003. En outre, ne saurait être regardé comme un « conseiller intéressé à l'affaire », l'élu local participant à la délibération approuvant une concession passée avec une société d'économie mixte locale dont il est lui-même administrateur (art. L. 1524-5 al. 11, CE 10 déc. 2012, *M. Auclair c. Cne de Bagneux*, *AJDA* 2013. 1059, note C. Devès, *JCP Adm.* 2013, n° 2014, note S. Brameret, *RLCT* févr. 2013. 43, obs. E. Glaser, sur le « conseiller intéressé », v. ss 146).

555 ***La société publique locale (CGCT, art. L. 1531-1, issu de L. n° 10-559, 28 mai 2010)*** [1] ◊ Elle marque une nouvelle promotion de la logique d'entreprise. Constituée sous la forme d'une société anonyme, elle est une entreprise à *capital entièrement public* puisque ses actions sont partagées entre deux collectivités territoriales au moins - ou groupements de collectivités - qui s'associent à sa gestion. L'innovation est remarquable. La société publique locale se veut être un nouveau facteur d'émancipation pour les collectivités et, en cela, rencontre le succès. Aux facilités d'une organisation et d'une gestion privées que connaissait déjà la société d'économie mixte locale, la société publique locale associe la possibilité d'être préservée d'une concurrence excessive de la part des entreprises privées. Elle n'aura pas, en effet, à affronter les aléas d'une mise en concurrence avec celles-ci : dans la mesure où les collectivités disposent d'un contrôle intégral sur la SPL qui est entièrement la leur, elles deviennent susceptibles de lui en déléguer librement l'activité pour laquelle elles l'ont créé sans passer par les procédures d'attribution des marchés publics et délégations de service public (dans le sens de la théorie européenne des contrats « *in* house », CJCE 18 nov. 1999, *Teckal, Rec. CJCE*. I. 8121 ; 10 sept. 2009, *Sea SARL*, *JCP Adm.* 2009. 2242, note C. Devès. Recevant application : TA Montpellier, 23 mars 2012, *FADUC, M*[me] *Fraysse*, *AJDA* 2012. 1521, note S. Brameret. La solution réserve toutefois le cas des plus grandes sociétés publiques locales où chaque collectivité actionnaire n'est forcément pas en situation d'exercer un contrôle sur la société : CAA Lyon 7 nov. 2012, *Association pour la défense du cadre de vie de Marsanay-la-Côte*, *AJDA* 2013. 36, chron. A. Sansom-Dye, *JCP Adm.* 2013, n° 2009, note S. Brameret. Voir

1. S. Damarey, « La société publique locale ou la fin des association transparente », *AJDA* 2011. 15 ; C. Devès, « La loi du 28 mai 2010 pou le développement des sociétés publiques locales : évolution ou régression des règles de la commande publique », *JCP Adm.* 2010. 2229 ; F. Llorens et P. Soler-Couteaux, « Les sociétés publiques locales ou la naissance du *in* house à la française », *Contrats Marchés publ.* 2010. Repère 7 ; M. Karpenschif, « Les sociétés publiques locales : passeport pour un véritable PPPI ? », *JCP Adm.* 2010. 2348 ; « L'égale concurrence et les entreprises publiques locales », *JCP Adm.* 2013, n° 2002 ; S. Nicinski, « La loi du 28 mai 2010 pour le développement des sociétés publiques locales », *AJDA* 2010. 1759 ; « Les sociétés publiques locales », *RLCT* 2010. 1705 s., dossier avec contrib. M. Passi, M. Courrouyan et R. Noguellou) ; J. Facon, « Les SPL : une révélation au grand jour de la qualité d'opérateurs économiques des collectivités locales », *RLCT* 2010. 1672 ; M.-Y. Benjamin, « Les sociétés publiques locales », *BJCL* 2010. 580 ; G. Terrien, « Le développement des sociétés publiques locales », *Dr. adm.* 2010. 18 ; J.-F. Auby, « Les sociétés publiques locales. Un outil aux contours incertains », *RFDA* 2012. 99 ; Colloque de Toulouse, *Les sociétés publiques locales*, *RFDA* 2012. 1069, avec les études de P. Delvolvé, A. Vigoureux, C. Devès, N. Vidal Nader et J. Carles ; K.-H. Voizard, « Sociétés publiques locales : essai de mise en perspective », *RDP* 2013. 787.

également Autorité de la concurrence, avis n° 11-A-18 du 24 nov. 2011, *JCP Adm.* 2012, n° 2045, note P. Neveu, *AJCT* 2012, n° 93, note C. Devès). L'activité commune de collectivités qui souhaitent se regrouper prend ainsi la forme la plus simple et la plus allégée, ce qui risque d'accuser le vieillissement des formules de la SEML, de l'établissement public et du groupement d'intérêt public.

Son régime juridique n'est pas défini autrement que par un renvoi de principe aux règles applicables à la société d'économie mixte locale (CGCT, art. L. 1531-1 al. 5), sauf exceptions. Les activités qu'elle peut prendre en charge sont désignées dans les mêmes termes, s'agissant notamment d'« exploiter des services publics à caractère industriel et commercial ou toutes autres activités d'intérêt général » (CGCT, art. L. 1531 al. 2). Les sociétés publiques locales se constituent, le plus souvent, en vue d'opérations d'aménagement, de développement économique, touristique et de transports. Sachant qu'elle est une réunion de collectivités territoriales, sa structure peut également répondre aux besoins de mutualisation de services qui leurs sont communs.

Quant à son organisation, ses financements, ses contrôles par les chambres régionales des comptes, l'entreprise reste soumise au droit des sociétés d'économie mixte locales. La transposition de ce droit est critiquée : on estime que les deux procédés ne sont pas suffisamment concordants pour qu'un mode unique de gestion puisse naître de leur filiation (C. Devès, *RFDA* 2012). Nonobstant, la société publique locale fait exception au jeu normal du droit des sociétés d'économie mixte locales sur certains points. Deux dirigeants suffisent pour la constituer par dérogation au droit des sociétés qui en impose sept au minimum. Elle ne peut agir que pour ses actionnaires, à l'exclusion de toute autre personne publique, et seulement sur son territoire.

Remarquable est cette solution jurisprudentielle manifestant un assouplissement au principe de la compétence *ratione materiae* des personnes publiques : alors qu'une commune a transféré une de ses compétences à son EPCI, elle peut néanmoins continuer à l'exercer en tant qu'actionnaire d'une société publiques locale réunisant les deux personnes publiques (TA Lille, 29 mars 2012, *Communauté de communes Sambre Avesnois*, *AJDA* 2012. 1521, note S. Brameret, CMP juin 2012, comm. 196, W. Zimmer). V. ég. la *société publique locale d'aménagement* de la L. 13 juill. 2006 et circ. 29 avr. 2011 (C. Devès, *JCP Adm.* 2006. 1219, *AJDA* 2011. 1882).

556 ***L'association administrative*** ◊ La collectivité territoriale peut agir sous couvert de l'association loi 1901. Elle utilise artificiellement ce procédé aux fins d'exécuter certaines tâches se situant dans le prolongement de ses responsabilités publiques. L'association se transforme ainsi en mode de gestion d'un service public débarrassé des contraintes inhérentes au droit administratif (comptabilité privée, recrutement d'agents privés...). Mais elle fait alors figure de façade, son rattachement à l'administration se révélant à tous les égards : création, composition, financement et activité publics. Bénéfique pour sa facilité d'utilisation, l'association administrative fait néanmoins courir des risques à la bonne utilisation des deniers publics et à la probité publique (v. not. la possibilité donnée à l'exécutif local de demander l'établissement d'un audit sur la gestion de l'association – art. 47-1 L. n° 92-125, 6 févr. 1992. V. ég. art. 81 L. n° 93-122, 29 janv. 1993 ; art. 10 L. n° 00-321, 12 avr. 2000 et art. 84 L. n° 09-526, 12 mai 2009 ;

Circ. 18 janv. 2010, *JO* 20 janv. V. encore sur la *gestion de fait*, v. ss 841, 1) [1]. Elle menacerait, en outre, d'éparpillement l'autorité publique si le juge administratif n'était venu dresser des barrières à son utilisation : acceptable pour assurer la *gestion* d'un service public, elle ne saurait s'en voir transférer la *maîtrise*, une collectivité publique ne pouvant « se décharger globalement sur une personne de droit privé de ses compétences » (CE 27 mars 1995, *Chambre agriculture Alpes-Maritimes, Lebon* 142 ; *AJDA* 1995. 921, note C. Braud, s'agissant de la délégation des compétences de développement agricole d'un département à une association). Son utilisation est inadmissible pour les cas où la loi réserve, fût-ce implicitement, à un autre type de personne morale la prise en charge de la mission publique (CAA Douai, 2 févr. 2012, *Dpt de l'Oise, AJDA* 2012. 800, note X. Larue, *JCP Adm.* 2012, n° 2101, note H. Pauliat et 2013, n° 2254, étude A. Papin-Puren). Il se peut que les liens noués entre l'association et la collectivité créatrice soient si étroits que le juge administratif lève le masque de la personne écran en imputant à la collectivité elle-même les actes et la responsabilité de l'association qui ne doivent être considérés que de son propre fait : c'est la théorie sanction de l'*association transparente* (CE Sect. 17 avr. 1964, *Cne Arcueil, Lebon* 230 ; *D.* 1965. 45, concl. Combarnous. CE 5 déc. 2005, *Dpt Dordogne, AJDA* 2005. 656, note F. Bruet ; *JCP Adm.* 2006. 1005, concl. E. Glaser ; *RLCT* janv. 2006. 20, obs. E. Glaser ; *Dr. adm.* févr. 2006. 37, obs. E. Glaser. Sur l'origine des ressources regardée comme critère déterminant pour identifier l'association transparente : CAA Nancy, 2 août 2012, *M*me *S., AJDA* 2012. 2304, *JCP Adm.* 2013, n° 2037, note H. Pauliat. Sur la qualification d'association transparente par le juge pénal : Crim. 7 nov. 2012, M. M. V. et C., *AJDA* 2012. 2143, déduisant que les contrats conclus dans le cadre de sa mission doivent être regardés comme des contrats administratifs relevant du Code des marchés publics) [2].

Ne peut être regardée comme délégataire de service public, une association exclusivement administrative qui demeure dans les mains de la personne publique qui lui confie la gestion d'un service public administratif. La dévolution du service public est, en conséquence, dispensée des procédures de la loi du 29 janvier 1993 (CE Sect. 6 avr. 2007, *Cne Aix-en-Provence*, préc. v. ss 539, s'agissant d'une association créée pour l'organisation du festival d'art lyrique d'Aix-en-Provence).

557 ***La gestion déléguée*** ◊ Elle consiste dans l'opération par laquelle le titulaire d'un service public en confie contractuellement la gestion à une personne publique ou, plus souvent, privée choisie en raison de ses aptitudes. Le procédé s'impose, pratiquement sans partage, dans certains secteurs

1. Sur les relations financières entre les collectivités et les associations d'intérêt général, v. *JCP Adm.* 2010. 88, obs. J.-M. Pontier et 2256, obs. M. Karpenschif.
2. P. Mouzet, « La normalisation jurisprudentielle de l'association transparente », *RD publ.* 2008. 1483 ; M. Long, *Associations et pouvoirs publics*, LGDJ-Lextenso, 2010.

(transports publics, eau et assainissement) et fait même des progrès spectaculaires pour des services administratifs comme les cantines scolaires. Son succès n'est pas nouveau - qualifié de « modèle français » par la Banque mondiale - dans un système libéral où il a permis à la collectivité publique d'éviter de s'engager trop directement dans des activités commerciales. Mais, installé pour ces raisons idéologiques, il s'est perpétué pour des raisons pragmatiques. La conjonction d'un certain nombre d'éléments de fait et de droit lui assure toujours une place privilégiée parmi les modes de gestion. La possibilité de déléguer autant des activités administratives que des activités commerciales (CE avis 7 oct. 1986), le régime jurisprudentiel des contrats administratifs adapté aux besoins du service public, le coût croissant des équipements publics conjugué aux nécessités d'économies budgétaires, la présence de grands groupes multiservices pouvant pratiquer des offres globales et permettant aux collectivités de bénéficier immédiatement des avancées technologiques favorisent le recours à la gestion déléguée. Si ce n'est qu'un certain nombre de facteurs jouent à présent dans le sens opposé. La moralisation de la vie publique et les règles répressives adoptées dans ce but se sont attaquées à l'opacité des relations entre les élus et les entreprises privées concessionnaires, l'augmentation spectaculaire du prix de certains services (eau) sur lesquels des élections municipales ont pu se décider et la complexité croissante du droit de la gestion déléguée permettent aux autres procédés de faire avantageusement retour.

Le droit de la gestion déléguée s'efforce de ménager les préoccupations contradictoires d'un service public voué à satisfaire au mieux les intérêts de ses usagers et le profit personnel que le délégataire attend de sa collaboration avec la collectivité publique. L'accent mis, ses dernières années, sur la moralisation de la vie publique et l'intégration du droit communautaire œuvrent en faveur de la première préoccupation mais en complexifiant et insécurisant le droit des contrats publics.

1. Les catégories contractuelles nécessaires à la détermination du droit. Les contrats emportant transfert de l'exécution même du service public se partagent principalement entre les deux catégories des *contrats de délégation de service public* (L. 29 janv. 1993) [1] et des contrats de *marché public* (Code des marchés publics). Cette distinction est d'ailleurs admise en droit communautaire où elle prend valeur d'une *summa divisio* (directive « concession » n° 2014/23/UE et directive « marchés publics » n° 2014/24/UE).

La loi de 1993 a innové en subordonnant la passation et la reconduction des contrats de délégation de service public à un régime de publicité et de mise en concurrence par rapprochement avec celui des marchés publics. Le principe antérieur du libre choix (règle de l'« *intuitus personae* ») par l'administration de son

1. « Les vingt ans de la loi Sapin », *AJDA* 2013. 1428, dossier avec les études de G. Clamour, F. Brenet, S. Nicinski, S. Platon et E. Marc ; « La loi Sapin vingt ans après », *JCP Adm.* 2013, n° 2054, dossier avec les études de G. Pelissier, B. Fleury, M. Karpenschif et R. Mesa. V. ss 529 également.

collaborateur – justifié par la confiance que celle-ci doit placer dans celui qui agit à sa place – n'en est pas pour autant écarté. Il est préservé et instruit par ces procédures. Mais, le problème est que la loi n'a pas entendu définir les types de contrat auquel ce nouveau régime doit s'appliquer, abandonnant ainsi la question de son champ d'application à la liberté d'interprétation du juge administratif. Or, la jurisprudence a engagé la définition du contrat de délégation de service public sur la voie peu sécurisante du *critère financier* qui n'instaure pas de ligne de démarcation très nette avec les marchés publics et crée une incertitude fondamentale au moment où l'administration doit sélectionner le cadre juridique sur le fondement duquel elle s'engage.

Légalisé par l'article 3 de la loi du 11 décembre 2001 et confirmé par les directives communautaires de 2014, le critère financier établit le contrat de délégation de service public comme « un contrat par lequel une personne morale de droit public confie la gestion d'un service public dont elle a la responsabilité à un délégataire public ou privé, dont la rémunération est substantiellement liée aux résultats d'exploitation ». Pour ce qui est de la sécurité juridique, le problème est qu'on demande à l'administration de deviner par avance ce que sera l'étendue des recettes propres de son délégataire puisque la qualification du contrat en délégation de service ou en marché public, donc son régime de passation, en dépend. S'ajoute à cela le fait que le mode de rémunération, qui doit au moins « substantiellement » dépendre des recettes propres, subordonne l'identification du contrat de délégation de service public à un élément que seule l'expérience peut concrétiser (au moins 30 % du total des recettes). Pour ce qui est de la cohérence juridique, il faut bien convenir que la gestion déléguée se trouve éclatée en deux catégories juridiques, la délégation de service public et le marché public, cette seconde n'étant qu'un pur « placage » consistant à assimiler le gestionnaire à un simple prestataire de service. C'est la conséquence logique du fait que le *critère matériel* – objet du contrat – est dépourvu de toute portée (Il s'ensuit, logiquement mais non sans étonnement, qu'une convention passée par une commune pour l'exploitation de son casino sera qualifiée de délégation de service public alors même que les jeux de casino « ne constituent pas, par eux-même, une activité de service public » : CE 19 mars 2012, *SA Partouche*, *AJDA* 2012. 573).

Au total, le droit opte pour une définition minimale de la délégation de service public qui joue seulement dans les hypothèses où le cocontractant assume les risques de l'exploitation. La concession de service public est en cela son noyau dur. Le juge administratif avait sans doute entendu ainsi laisser le plus large domaine d'application à la réglementation, plus contraignante, du Code des marchés publics. Nonobstant, la situation engendre un vide juridique du fait que cette dernière réglementation, à la différence de la loi de 1993, ne régit que la phase précontractuelle sans s'attacher à la vie du contrat, notamment à ses conditions de renouvellement (pour des illustrations récentes du critère tiré du « réel risque d'exploitation » : CE, 7 nov. 2008, *Dpt Vendée*, *AJDA* 2008. 2454, note L. Richer, *BJCL* 2009, n° 62 p. 7, note T. Pez et p. 55, concl. N. Boulouis, CMP 2008, comm. 296, note G. Eckert, *RLCT* 2009, n° 1238, note D. Capitant. CE 5 juin 2009, *Sté Avenance-enseignement et santé*, *AJDA* 2009. 1129, obs. J.-M. Pastor).

À côté de ces catégories du droit commun, il existe des catégories de contrats à objet particulier et gouvernés par des lois spéciales. C'est le cas du *contrat de partenariat public-privé*, variété de marché public, dont l'originalité consiste à unifier dans un même contrat un ensemble de prestations normalement dissociées (financement, construction, entretien, maintenance et exploitation d'équipements nécessaires au service public. V. art 1er Ord. 17 juin 2004, L. n° 08-735, 28 juill. 2008 et

L. n° 09-179, 17 févr. 2009). Mais, prenant quelques libertés avec les principes de la commande publique, ce type de contrat ne peut être pratiqué que dans des situations adéquates où la complexité particulière du projet se mêle à l'urgence à le réaliser (Cons. const. 26 juin 2003, n° 03-472 DC, *Rec. Cons. const.* 79) ; ou encore, à l'avantage démontré à y recourir au regard des autres solutions contractuelles (Cons. const. 24 juill. 2008, n° 08-567 DC, *Rec. Cons. const.* 341) [1].

Il existe aussi des contrats innomés qui, en l'absence de tout rattachement légal, ne sont pas pour autant dispensés d'obéir aux principes de la commande publique, notamment issus du droit communautaire (CE Sect. 20 mai 1998, *Cnté cnes Piémont de Barr, Lebon* 201, concl. H. Savoie ; *AJDA* 1998. 553, chron. F. Raynaud et P. Fombeur ; *RFDA* 1998. 609, concl.). Mais il peut en aller autrement et échapper à ces principes dans les cas où plusieurs personnes publiques gèrent ensemble « une mission de service public » qui leur est commune (CJCE 9 juin 2009, *Comm. CE c. Rép. Fédérale Allemagne, AJDA* 2009. 1717, note J.-D. Dreyfus et S.Rodriguez ; *JCP Adm.* 2009. 2158, note P. Proot et 2248, note F. Lichère ; *RLCT* 2009. 1459, note C. Mondou, s'agissant d'un contrat de mutualisation de service public pour l'élimination et la valorisation des déchets conclu entre plusieurs communes allemandes).

2. Les catégories contractuelles utiles à la connaissance du droit. Ce sont des catégories dont l'administration est maître et qui manifestent sa liberté d'aménagement du service public. Elles se dissocient principalement sur la manière de rémunérer le cocontractant de l'administration. Mais, vis-à-vis de la loi, la qualification retenue n'est pas exclusive de celle de délégation de service public ou de marché public. Le contrat relèvera forcément de l'une ou de l'autre et sera soumis à ses procédures.

– La plus classique est la *concession de service public* par laquelle le concessionnaire exploite le service public à ses risques et périls en se rémunérant au moyen des redevances perçues sur les usagers – ou plus largement par des recettes d'exploitation –. Il prend à sa charge les investissements nécessaires au service public, ce qui explique la durée longue des concessions, indispensable à amortir l'investissement consenti. S'il arrive que l'administration subventionne son concessionnaire dans le cas où l'exploitation n'est plus économiquement viable – ce qui altère le critère du risque –, la concession reste cependant la catégorie d'élection des contrats de délégation de service public (CE 15 juin 1994, *Synd. Interco. transports publics région Douai, Lebon* 1033).

– L'*affermage* n'est pas éloigné de la concession. Le fermier se rémunère de la même manière que le concessionnaire. La différence est que le fermier se borne à exploiter les installations déjà existantes et mises à sa disposition par l'administration contractante moyennant une « surtaxe ». De sorte que la concession et l'affermage représentent deux époques successives du service public délégué.

– Dans la *régie intéressée*, le régisseur agit en tant que mandataire au nom et pour le compte de la collectivité contractante. Sa rémunération est mixte. Elle est fixe pour une part, ce qui tend à diminuer fortement ses risques d'exploitation. Elle est liée aux résultats de sa gestion pour l'autre part dans le but recherché de stimuler la collaboration du régisseur. À tel point d'ailleurs qu'une « régie très intéressée » peut constituer une délégation de service public (CE 30 juin 1999, *Synd. mixte traitement des ordures ménagères Centre Ouest et Marnais, Lebon* 230 ; *AJDA* 1999. 714, concl. C. Bergeal et J.-M. Peyrical, à propos de l'exploitation d'une station de

1. V., de manière récente, F. Tenailleau, *JCP Adm.* 2009. 2078 ; J.-B. Vila, *JCP Adm.* 2009. 2165.

traitement des déchets ménagers rémunérée à hauteur de 30 % par la vente de l'énergie produite par l'incinération des déchets) [1].

– Le gérant n'est que l'employé de la collectivité, celle-ci assumant le risque financier de l'exploitation. La passation d'un tel contrat relève donc du droit des marchés publics (CE 7 avr. 1999, *Cne Guilherand-Granges*, *AJDA* 1999. 517, concl. C. Bergeal ; *RGCT* 1999, p. 440, note A.-S. Mescheriakoff ; *BJCP* 1999, p. 456, concl. et obs. R. S., s'agissant, pour un service de distribution de l'eau et d'assainissement, de deux gérances atypiques prévoyant une rémunération mixte, car pour partie liée au volume d'eau distribuée, mais insuffisante à faire « substantiellement » dépendre la rémunération des résultats d'exploitation).

B. Liberté du choix

558 ***Considérations historiques*** ◊ Cette liberté ne s'est pas toujours imposée. À la faveur des options libérales dominantes du début du XXe siècle, le juge administratif interdisait l'exercice en régie de toute autre activité qu'administrative (CE 21 janv. 1921, *Synd. agents généraux des compagnies d'assurances territoire de Belfort*, *Lebon* 82 ; *D.* 1922. III. 34 concl. M. Corneille ; *S.* 1921. III. 37, note M. Hauriou, s'agissant de l'illégalité d'une régie départementale d'assurance en l'absence de « circonstance extraordinaire », cette « entreprise » n'entrant pas « dans les attributions reconnues aux conseils généraux »), excepté toutefois les cas où, pour le seul procédé autorisé de la délégation, aucun adjudicataire ne se présentait. La délégation faisait donc figure de mode normal de gestion de toute activité d'intérêt général qui entretenait quelque voisinage avec le marché, ce qui concernait des services importants comme la distribution de l'eau, du gaz, de l'électricité ou la collecte des ordures ménagères. Un mouvement municipal en faveur de la régie directe finira cependant par se faire admettre et trouvera sa traduction dans un décret du 5 novembre 1926.

559 ***Présentation de la règle*** ◊ Hormis les hypothèses où la loi en dispose autrement [2], il appartient à la collectivité territoriale titulaire de la compétence correspondant au service public d'en déterminer le mode de gestion. Cette règle peut paraître plus constatée que consacrée dans la mesure où son fondement juridique n'apparaît pas toujours à la lecture de la jurisprudence. Mais elle ne fait pas de doute : elle entre dans les missions générales de l'assemblée délibérante au nom de sa compétence de droit commun pour administrer la collectivité. La décision est en cela prise avec un *pouvoir discrétionnaire* (CE 21 janv. 1944, *Léoni*, *Lebon* 26. CE 18 mars 1988, *Loupias c. Cne Montreuil-Bellay*, *Dr. adm.* 1988. 239. S'agissant du juge

1. D. de Béchillon et H. Savoie, « La régie intéressée : une formule contractuelle d'avenir ? », et D. Linotte et M. Seno, « Pérennité et spécificités de la régie intéressée », *AJDA* 2012. 1437.

2. S'agissant plus particulièrement des contraintes économiques et financières susceptibles de peser sur cette liberté : J.-D. Dreyfus, « Externalisation et liberté d'organisation su service », *AJDA* 2009. 1529, F. Advielle et P. Van Herzele, « Les chambres régionales des comptes et les activités externalisées des collectivités locales », *AJDA* 2013. 2022.

civil : Paris, 30 juin 1988, *Ville Pamiers, RFDA* 1989. 80, posant que « la ville de Pamiers avait le choix d'assurer elle-même le service public de distribution d'eau potable ou de la déléguer à son co-contractant »).

Il en résulte d'abord que cette assemblée est libre de se raviser pour substituer un mode de gestion à un autre, comme cela s'est couramment pratiqué dans les années 1980 au profit de la gestion déléguée en corrélation avec le succès de la politique nationale de privatisations ; ou bien pour de plus récentes reprises en régie [1] (CE ord. 27 nov. 2002, *Sté d'intérêt collectif agricole d'électricité de la région de Pérone*, Lebon 633-757 ; *JCP Adm.* 2003. 5, s'agissant de l'absence de doute sérieux, dans le cadre d'un référé suspension, sur la légalité de la décision de la commune de Pérone de reprendre en régie la distribution d'électricité jusque-là concédée à une société). Il s'ensuit qu'une telle décision ne saurait relever de la compétence de l'exécutif en dépit de sa qualité de « chef des services » (CE 6 janv. 1995, *Ville Paris, Lebon* 3).

Un tribunal administratif a pu fonder sa solution sur le principe constitutionnel de libre administration communale dans le cas où un département avait subordonné sa subvention pour le service de distribution de l'eau à la mise en régie de ce service par les communes (TA Pau, 8 avr. 2008, *Fédération professionnelle des entreprises de l'eau, Dr. adm.* 2008. 130).

§ 2. Liberté relative de tarification

560 ***L'hypothèse d'une citoyenneté locale*** ◊ Les communes ont d'assez longue date imposé des pratiques visant à privilégier l'accès de leurs services publics à leurs habitants ou aux familles nécessiteuses. Plutôt hostile au départ (CE 10 mai 1974, *Denoyez et Chorques, Lebon* 274 ; *AJDA* 1974. 298, chron. M. Franc et M. Boyon ; *RD publ.* 1975. 467, note M. Waline ; *Rev. adm.* 1974. 440, note F. Moderne ; *D.* 1975. 393, note J.-P. Tedeschi), le juge administratif est mieux disposé aujourd'hui à admettre ses politiques qui permettent la diffusion d'une idéologie solidariste et, peut-être, de procédés électoralistes. En cela, cette jurisprudence entretient des rapports étroits avec celle du « socialisme municipal ». Elle met pareillement en jeu l'affirmation d'une *citoyenneté locale*. Bien entendu, la citoyenneté française s'appliquant à tous les ressortissants de la République, les électeurs locaux ne sauraient profiter d'une citoyenneté distincte. En ce sens, il n'y a pas de citoyennetés particulières dans l'État. Mais, à cette citoyenneté se superpose un statut plus précis ne produisant pas ses effets sur tout le territoire et s'appliquant exclusivement aux habitants d'une collectivité dans ses rapports avec elle. Cette citoyenneté locale ne repose pas seulement sur un statut formel attributif de droits – droits

1. Sur la complexité du sujet : *La remunicipalisation des services en régie*, *JCP Adm.* 2014, n° 2064, dossier avec les études de J.-C. Videlin, S. Saunier, H. Pauliat, G. Mollion, F. Cafarelli, D. Jean-Pierre et R. Noguellou ; H. Pauliat, « L'évolution des modes de gestion des services publics locaux : un retour à la gestion publique ? », *JCP Adm.* 2012, n° 2355.

à l'information, à l'expression et à la participation de l'électeur local – mais sur l'octroi d'avantages matériels tirés de son rattachement territorial.

Il y a cependant un certain nombre de conditions vis-à-vis desquelles il importe que la commune se mette en règle. *L'égalité devant le service public* constitue la référence juridique principale à ne pas transgresser. Mais dans la mesure où les tarifs peuvent varier en fonction de considérations liées à la différence de situation des utilisateurs ou des nécessités d'intérêt général, il suffit de présenter certains de ces utilisateurs comme se trouvant, du fait de leur rattachement territorial ou de leurs ressources, dans une situation particulière pour justifier les discriminations à leur profit. L'égalité devant la règle, en effet, ne signifie pas que la règle doive être la même pour tous. Et les grands principes d'organisation du service public peuvent ainsi acquérir des traductions purement locales.

Mais, paradoxalement, ces différenciations tarifaires sont plus aisément admissibles pour les services publics administratifs que pour les services publics industriels et commerciaux.

L'entrée en force des considérations environnementales dans la gestion et la tarification des services publics locaux est de nature à nuancer les solutions : il y aura lieu à une certaine automaticité de calcul de la tarification qui s'attachera à facturer la part polluante de l'activité, qu'il s'agisse d'une taxe ou d'une redevance. V., à propos de la tarification incitative de l'enlèvement des ordures ménagères, art. 34 L. 3 août 2009, dite « Grenelle 1 de l'environnement », *JCP Adm.* 2009. 2276, étude de N. Donati et B. Eglie-Richters.

A. Le principe de différenciation tarifaire pour les services publics administratifs locaux

561 Il ne faut pas croire que le fait que l'usager du service public administratif soit, vis-à-vis de ce service, dans une *situation légale et réglementaire* impose l'uniformité tarifaire. Le règlement général d'organisation du service public peut spécifier des catégories particulières d'usagers pour lesquelles l'accès au service public sera facilité. Au nom de l'égalité, le juge administratif se prononcera – par un contrôle normal – sur la réalité de ces différenciations qui doivent demeurer « objectives et préalables » pour être acceptables.

1. Préférence tarifaire au profit des habitants de la commune

562 ***Aperçu de la jurisprudence*** ◊ Un arrêt précurseur annonce le libéralisme de la jurisprudence à venir. Le juge administratif y admet un avantage réservé aux habitants permanents de la commune, à l'exception de ceux y possédant d'une résidence secondaire, et consistant dans des distributions gratuites d'électricité (CE 29 janv. 1971, *Cne Lescun*, *Gaz. Pal.* 1972. II. 542). Le tournant est pris avec l'arrêt *Commissaire de la République de l'Ariège*. Le juge administratif ne s'oppose pas à un rabais tarifaire consenti pour la cantine de l'école au profit des élèves dont les parents habitent la commune (8 francs par repas au lieu de 20 francs). La régularité d'une telle délibération se trouve toutefois subordonnée à la double condition que le service public ne soit pas obligatoire et que les tarifs supérieurs n'excèdent pas le coût de revient du repas, en sorte que certains usagers ne soient pas amenés, par des tarifs surévalués, à financer les autres usagers. Le manque à gagner pour le service sera pris en charge sur le budget général de la collectivité (CE 5 oct. 1984, *Commissaire république Ariège c. Cne Lavelanet, Lebon* 315, concl. F. Delon ; *RFDA* 1985. 241, concl. ; *AJDA* 1984. 675, chron. S. Hubac et J.-E. Schoettl ; *Rev. adm.* 1985. 39, note J. Morand-Deviller et J. Pellat ; *D.* 1985. 592, note F. Hamon). La solution est confirmée à propos des tarifs d'inscription à une école de musique et sous les deux réserves précédemment formulées (CE 2 déc. 1987, *Cne Romainville, Lebon* 556 ; *RFDA* 1988. 414, concl. J. Massot ; *AJDA* 1988. 359, obs. X. Prétot, sachant, en outre, qu'est illégale une surfacturation des « nouveaux » élèves extérieurs par rapport aux « anciens » élèves extérieurs qui avait pour but implicite de décourager les premières inscriptions à l'école).

63 ***Signification de la jurisprudence*** ◊ Une première constatation s'impose sur la *portée générale de la solution*, la vocation particulière du service public administratif ne produisant pas d'effet sur le résultat. En effet, ces différenciations tarifaires sont admises que le service ait une vocation sociale (cantine scolaire) ou culturelle (école de musique).

Une seconde constatation concerne la *pratique des préférences territoriales*. Les réticences initiales du juge administratif se justifient au regard de ce que peut entretenir de régressive l'idée d'un lien territorial évocateur d'une « préférence nationale ». La Constitution ne reconnaît-elle pas l'égalité de tous les citoyens « sans distinction d'origine, de race ou de religion » (art. 1er Const.) ? C'est sans doute pourquoi il faut fonder ces préférences tarifaires, non sur une sorte d'idéologie de la décentralisation, mais sur un argument pratique : l'usager communal se trouve dans une situation différente parce qu'il est contribuable dans sa commune et, sachant que ses impôts servent à financer le service public administratif, son assujettissement au plein tarif reviendrait à exiger de lui une double contribution : en tant qu'utilisateur du service et en tant que contribuable local. Le rabais tarifaire dont il profite n'est que la contrepartie de son effort fiscal. Finalement, le lien privilégié qu'il entretient avec le service qu'il utilise n'est pas territorial mais fiscal.

En ce sens, on verra le juge administratif censurer une pure préférence territoriale qui ne procéderait pas d'un rapport fiscal avec la collectivité (CAA Lyon, 13 avr. 2000, *Cne Saint-Sorlin d'Arves, AJDA* 2000. 849, concl. F. Bourrachot, s'agissant de l'illégalité d'un forfait à tarif réduit de remontée mécanique accordé aux « gens de pays » justifiant de leur naissance ou de celle d'un parent dans la commune).

Nonobstant, la référence, même implicite, au contribuable ne suffit pas à rendre compte de toutes les subtilités de la jurisprudence. D'autres considérations peuvent jouer. C'est notamment le cas lorsque la préférence territoriale, détachée du lien fiscal, est tolérée dans le seul souci de ne pas décourager la création de services publics facultatifs par la commune centre d'une agglomération. Les différenciations tarifaires ont alors pour but d'inciter les communes voisines à contribuer au financement de ce service dont profiteront leurs propres habitants.

Doit être interprétée en ce sens la solution consistant a admettre l'accès – très – préférentiel à une école de musique aux élèves se prévalant d'un lien particulier avec la commune, qu'ils y soient scolarisés ou que leurs parents y exercent leur profession (CE 13 mai 1994, *Cne Dreux*, *Lebon* 233 ; *RFDA* 1994. 711, concl. S. Daël ; *AJDA* 1994. 652, obs. M. Hecquard Théron, sachant qu'ici le lien territorial n'étant pas défini par la résidence, il ne peut correspondre au lien fiscal généralement recherché).

2. Préférence tarifaire au profit des familles nécessiteuses

564 ***Préférence tarifaire pertinente pour les services publics administratifs à vocation sociale*** ◊ Dès l'instant ou certains services publics offrent une satisfaction aux besoins de première nécessité (crèches, cantines, garderies...), il paraît naturel d'en favoriser l'accès à tous ceux qui n'auraient pas les moyens d'en supporter la contrepartie financière. La collectivité pourra reporter sur l'ensemble de la population locale, par l'impôt, la charge que ces utilisateurs ne peuvent supporter. Autrement dit, pour ces services sociaux essentiels, l'argent ne peut être un motif de discrimination.

Posant le principe de la régularité des tarifs d'accès à une crèche modulés selon le quotient familial (CE 20 janv. 1989, *Centre communal d'action sociale La Rochelle*, *Lebon* 8 ; *AJDA* 1989. 398, note X. Prétot, régularité toutefois subordonnée à la double condition que tous puissent avoir accès au service (abandon du caractère facultatif du service, à l'expérience difficilement praticable) et que les tarifs les plus élevés ne soient pas supérieurs au coût de revient de la prestation).

565 ***Préférence tarifaire étendue aux services publics administratifs à vocation culturelle*** ◊ Pendant longtemps, le même raisonnement n'a pas paru admissible à l'égard des services publics offrant des prestations d'ordre culturel. Une tarification assise sur le niveau de ressource des familles n'était pas regardée comme reposant « sur des différences de situations appréciables en rapport avec l'objet du service ». La nature même de l'activité excluait toute politique de soutien social.

En ce sens, CE Sect. 26 avr. 1985, *Ville Tarbes*, *Lebon* 119, concl. B. Lasserre ; *RFDA* 1985. 707, concl. ; *AJDA* 1985. 409, chron. S. Hubac et J.-E. Schoettl ; *JCP* 1986. II. 20765, note J.-P. Maublanc, s'agissant de l'irrégularité des tarifs d'accès à l'école de musique calculés selon le quotient familial. V. ég. CE 18 mars 1994, *Dejonkheere*, *Lebon* 762 ; *LPA* 4 nov. 1994. 19.

La solution a été opportunément renversée au regard de la *considération d'intérêt général* que la culture doit devenir accessible au plus grand nombre. Désormais, les tarifs peuvent être aménagés en ce sens. Il était certainement artificiel d'établir une opposition de régimes à partir d'une frontière entre les finalités sociales et les finalités culturelles du service public. Ces deux finalités se rejoignent dans bon nombre de services, notamment dans le domaine éducatif.

Inaugurant le nouvel état du droit : CE 29 déc. 1997, *Cne Gennevilliers*, 1re esp. et *Cne Nanterre*, 2e esp., *Lebon* 499 ; *RFDA* 1998. 539, concl. J.-H. Stahl ; *AJDA* 1998. 168, chron. T.-X. Girardot et D. Chavaux ; *RD publ.* 1998. 899, note M. Borgetto, s'agissant de la possibilité de moduler les tarifs de l'école de musique selon les ressources de la famille de l'utilisateur. La L. n° 98-657, 29 juill. 1998 « lutte contre les exclusions », a entendu donner son autorité à la solution jurisprudentielle. Aux termes de son art. 147 : « Les tarifs des services publics à caractère facultatif peuvent être fixés en fonction du niveau du revenu des usagers et du nombre de personnes vivant au foyer. Les droits les plus élevés ainsi fixés ne peuvent être supérieurs au coût par usager de la prestation concernée... ». Il faut voir cependant que cette autorisation légale ne saurait affranchir les collectivités du respect du droit communautaire dans les cas où il peut être pris argument du *principe de non-discrimination*. Il a ainsi été jugé que ce principe interdisait les avantages tarifaires consentis, sur invitation du législateur, aux ressortissants italiens par les collectivités territoriales en charge de musées d'importance internationale (CJCE 16 janv. 2003, *Commission c. Italie*, *AJDA* 2003. 387).

B. Le principe de l'uniformité tarifaire pour les services publics industriels et commerciaux locaux

1. Fondement du principe

566 La solution de l'uniformité tarifaire peut passer pour paradoxale dans la mesure où la soumission des services publics industriels et commerciaux au principe d'égalité s'est manifestée plus tardivement (CE 6 mai 1931, *Tondut*, *Lebon* 477, à propos de l'égal accès au service public de distribution de l'eau) et où leurs usagers, du fait de leur situation contractuelle de droit privé vis-à-vis du service, s'apparentent à des « clients » au regard desquels il apparaît plus naturel de personnaliser les prestations et les tarifs. C'est cependant l'article L. 2224-2 CGCT qui l'impose en exigeant que les services industriels et commerciaux des communes soient équilibrés en recettes et en dépenses, ce qui proscrit toute subvention d'équilibre par le budget communal. Cette interdiction résulte d'une vieille règle de tutelle financière voulue pour décourager les communes d'entreprendre des activités de nature marchande. Elle implique nécessairement que tout manque à gagner qui résulterait pour le service de la pratique de tarifs préférentiels ne peut être légalement supporté sur le budget communal. Celui-ci doit donc se rémunérer par des redevances équivalentes au coût de revient de la prestation fournie.

Doivent être interprétés comme procédant de cette règle les annulations tarifaires suivantes : CE 28 avr. 1993, *Cne Coux*, *Lebon* 138, s'agissant des tarifs d'un service de distribution de l'eau. CE 2 avr. 1997, *Cne Montgeron*, *CJEG* 1998. 433, note J.-F. Lachaume, s'agissant des tarifs d'abonnement à un parc de stationnement affermé.

Sur l'extension de la règle au financement d'une régie départementale industrielle et commerciale : CAA Bordeaux, 31 oct. 2002, *Préfet Ariège*, *BJCL* 2003. 108.

2. Développement des exceptions

567 Dans la mesure où la qualification de service public industriel et commercial ne repose pas sur le critère unique de la *nature des prestations*, contrairement à ce que pouvait laisser penser la jurisprudence initiale du « bac d'Eloka », mais aussi sur l'*intention* de l'autorité publique de l'organiser comme tel (CE 16 nov. 1956, *Union synd. Industries aéronautiques*, S. 1957. 38), il ne faut pas s'étonner de voir certaines prestations d'ordre social satisfaites par la voie du service public industriel et commercial. Or, à leur égard, la règle de l'équilibre financier proscrit tout avantage tarifaire dont on voudrait faire profiter des familles nécessiteuses. En cela, elle accuse son vieillissement et conduit le législateur à intervenir ponctuellement pour l'écarter [1].

En ce sens, l'art. 123 L. n° 00-1208, 13 déc. 2000 (SRU) oblige les collectivités organisatrices de services de transports en commun à pratiquer une tarification sociale présentée comme la mise en œuvre d'un droit pour les plus démunis à accéder aux transports urbains à des conditions économiques favorables (CE 6 févr. 2004, *Assoc. La raison du plus faible*, *JCP Adm.* 2004. 971, étude H. Groud, avec un contrôle minimum sur les modalités de tarification).

De façon plus générale, le législateur avait été amené à desserrer les contraintes de l'art. L. 2224-2 pour les services devant faire face à des contraintes financières particulières (v. art. L. 2224-2 1° à 3° issu de L. n° 88-13, 5 janv. 1988). La règle a été écartée pour les services de l'eau des communes de moins de 3 000 habitants afin d'éviter une augmentation de son prix (v. art. L. 2224-2 tel qu'issu de l'art. 91 L. n° 05-1719, 30 déc. 2005).

1. A. Poli et G. Terrier, « SPIC et tarification sociale », *BJCL* 2009. 226.

CHAPITRE 2
LE POUVOIR NORMATIF LOCAL

568 Il est normal que les autorités décentralisées puissent traduire en actes leurs responsabilités à l'égard de la loi comme des électeurs. Pour l'essentiel ces actes suivent le régime spécial de la gestion publique et possèdent l'autorité qui s'y attache. Ils consistent, pour les plus remarquables, dans les *décisions réglementaires* nécessaires à l'exécution des lois et dans les *contrats passés avec les autres personnes publiques*. Mais, ces prérogatives normatives peuvent être reconnues dans des conditions restrictives afin de *ne pas concurrencer le pouvoir exécutif* qui dispose à l'égard de l'ensemble des citoyens et ne relève que de l'État. Les autorités décentralisées sont classiquement désignées comme des *autorités administratives secondaires*.

Étudier le pouvoir normatif des collectivités appelle à voir leur pouvoir réglementaire (Section 1) et leur liberté contractuelle (Section 2).

SECTION 1. LE POUVOIR RÉGLEMENTAIRE

569 ***Historique du sujet*** ◊ La question de savoir dans quelle mesure les collectivités territoriales peuvent disposer par voie générale à l'égard de leurs habitants et de leurs agents est à l'origine d'une des plus fameuses controverses contemporaine du droit des collectivités territoriales. Elle prend sa source à l'occasion d'un colloque tenu à Angers en 1983 sur l'élaboration du statut de la fonction publique territoriale. Si tous les intervenants s'accordaient sur le principe de la compétence législative pour définir les principales règles du statut, en revanche, le consensus ne s'est jamais fait sur la compétence d'exécution. Fallait-il reconnaître un droit de libre exécution à chaque collectivité employeur, ou bien, devait-on uniformiser cette exécution par décrets gouvernementaux ? La Constitution, selon la sollicitation qu'on en faisait, offrait de bons arguments à des prises de position inconciliables. Entre une thèse maximaliste désireuse d'asseoir sur l'article 72 Const. le monopole du pouvoir réglementaire local (M. Bourjol) et une thèse négatrice fondée sur l'impossibilité de « désétatiser » une compétence réservée au Premier ministre en vertu de l'article 21 Const. (L. de Tinguy), se sont exprimées des positions intermédiaires s'efforçant de ménager les oppositions les plus radicales. La question pouvait alors passer pour un « faux problème » dans la mesure où il fallait considérer la réglementation décentralisée comme « résiduelle », c'est-à-dire susceptible de s'exprimer pour autant que le gouvernement s'abstienne d'agir par

décret (L. Favoreu). Au contraire, il était possible de considérer que le gouvernement pouvait toujours intervenir au nom de sa compétence générale d'exécution des lois (art. 21 Const.) mais de façon limitée (J.-C. Douence, J.-M. Auby) ou sur autorisation expresse du législateur (F. Luchaire). V. « Élaboration du statut : compétence exclusive de l'État ou compétence partagée », *Cah. CFPC* oct. 1983, n° 13.

Il est entendu que si la discussion de départ restait circonscrite au droit de la fonction publique territoriale, elle appelait des développements pour l'ensemble des domaines à gestion publique décentralisée. De telle manière que c'est la vieille préoccupation du pouvoir local qui resurgissait pour l'occasion tout en trouvant dans l'analyse normative un instrument de mesure le plus précis.

Le sujet demeure aujourd'hui dominé par la complexité et les incertitudes. L'évolution du contexte constitutionnel issu de la révision du 28 mars 2003 ne lui a pas fait prendre un nouveau départ. Du nouvel article 72 alinéa 3 (les collectivités « *...disposent d'un pouvoir réglementaire dans l'exercice de leurs compétences* »), les collectivités espéraient une protection plus énergique des possibilités d'expression de leur pouvoir de décision. Mais les juges, considérant que cet article consacrait sans innover, sont demeurés fidèles à leur jurisprudence classique [1]. Le Conseil d'État a bien tenté de clarifier la question des possibilités réglementaires des collectivités dans un avis récent mais qui tourne au rassemblement de solutions acquises où trop de points persistent avec une insiffisante netteté (CE 15 nov. 2012, *AJDA* 2013. 2240, note B. Faure).

Il reste qu'il existe une théorie propre du pouvoir réglementaire lorsqu'il est exercé par les collectivités. Celles-ci doivent être regardées à cet égard comme disposant de possibilités dépassant celles des autorités administratives secondaires ordinaires.

§ 1. Possibilités d'exercice du pouvoir réglementaire local

570 ***Fondement légal des règlements locaux*** ◊ Le pouvoir réglementaire local est toujours exercé en exécution des lois. C'est un *impératif constitutionnel explicite* puisque la libre administration doit s'exercer, non pas directement, mais « dans les conditions prévues par la loi » et que ce pouvoir réglementaire est reconnu aux collectivités « pour l'exercice de leurs compétences » - qui sont légalement déterminées (Const., art. 72 al. 3). Il serait donc impensable de trouver des règlements locaux « autonomes » adossés à la Constitution et s'exerçant en toute indépendance par rapport au pouvoir législatif, ceux-ci ne se trouvant limités, dans leur existence comme dans leur contenu, que par des dispositions de nature constitutionnelle.

Sur la nécessaire médiation de la loi : Cons. const. 17 janv. 2002, *Loi relative à la Corse, Rec. Cons. const.* 70 ; *RFDA* 2002. 459, note M. Verpeaux et 469, note

1. P. Bénoit, « La liberté d'administration locale », *RFDA* 2002. 1065, G. Chavrier, « Le pouvoir normatif local », LGDJ 2011, B. Faure, « Le pouvoir réglementaire local doit-il rester précaire ? », *in* Y. Gaudemet et O. Gohin (dir.), *La république décentralisée*, Éd. Panthéon-Assas 2004, p. 57, P.-L.Frier, « Le pouvoir réglementaire local : force de frappe ou puissance symbolique ? », *AJDA* 2003. 559.

B. Faure ; *AJDA* 2002. 100, note J.-E. Schoettl ; *RFDC* 2002. 411, obs. L. Favoreu. À signaler toutefois l'originalité d'un jugement visant l'article 72 Const. pour établir la compétence décentralisée : TA Versailles, 7 déc. 1984, *Préfet Val d'Oise c. Synd. cnautaire agglo. Cergy-Pontoise, AJDA* 1985. 286, note J. Chapuisat.

Il doit rester bien entendu que la loi ne saurait investir les collectivités d'un pouvoir réglementaire dans des conditions qui ne respecteraient pas l'obligation de conformité à la Constitution. C'est sans doute pourquoi la région se verra reconnaître un tel pouvoir par la réforme actuelle selon des termes qui s'attachent à rappeler ceux de l'article 72 de la Constitution sans s'en écarter : « le pouvoir réglementaire de la région s'exerce dans le cadre des compétences qui lui sont dévolues par la loi » (art. 1er projet de loi portant nouvelle organisation territoriale de la République). Mais en rappelant ainsi le droit commun applicable à tous les niveaux de collectivités territoriales selon lequel l'exercice d'un tel pouvoir n'est autorisé que dans le cadre et les limites des compétences légales de la collectivité, le projet de loi n'assure qu'une promotion verbale du pouvoir régional.

71 ***Pouvoir réglementaire général*** ◊ Le pouvoir réglementaire local s'établit sur une double assise. D'abord sur l'aptitude des collectivités à recevoir des compétences particulières (1), ensuite, sur leur vocation générale à régler toute question d'intérêt local (2).

1. Pour ce premier cas, le règlement local est pris compétemment lorsqu'il intervient à l'intérieur du cadre des habilitations légales faites aux collectivités. L'hypothèse se ramène à une question de mise en œuvre des compétences décentralisées, le règlement n'étant qu'un procédé parmi d'autres en vue d'assurer la bonne mise en œuvre des lois. C'est donc en établissant la somme arithmétique des lois particulières par lesquelles les collectivités sont expressément invitées à arrêter une réglementation qu'on peut se faire une première idée - encore incomplète - de leurs possibilités. Par exemple, aux termes de l'article L. 2122-2 CGCT, « le conseil municipal détermine le nombre des adjoints au maire... ».

Mais l'exécution des compétences d'attribution comporte d'autres missions au profit des collectivités. Elle suppose que les autorités locales arrêtent la *réglementation nécessaire à préciser les modalités d'exécution de la loi* et, pour ce faire, en comble les lacunes techniques.

A ainsi été établie la compétence des collectivités à préciser les conditions vagues ou incomplètes des lois qu'elles mettent en œuvre. CE 13 févr. 1985, *Synd. cnautaire aménagement agglo. nouvelle Cergy-Pontoise, Lebon* 37 ; *RFDA* 1985. 367, note J.-C. Douence et obs. L. Favoreu ; *AJDA* 1985. 271, note J. Moreau, s'agissant de la compétence locale pour déterminer, en l'absence de renvoi exprès à un décret, les conditions d'installation des comités d'hygiène et de sécurité qu'elles doivent mettre en place. Sur la possible remise en cause de cette compétence spontanée en ce qu'elle est susceptible de s'exercer en concurrence avec la compétence réglementaire du gouvernement fondée sur l'art. 21 Const., v. ss 573.

L'exécution de la loi comporte également le droit d'édicter des *règlements préalables à la prise de décisions individuelles*, de tels règlements permettant d'établir *a priori* les conditions de fond et de procédure auxquelles sera soumise la prise des décisions individuelles pour lesquelles les collectivités ont reçu habilitation légale.

Solution remarquable eu égard à la situation particulière des ministres qui voient généralement l'édiction d'une telle réglementation déclassée en circulaire ou directive. CE 5 oct. 1998, *Cne Longjumeau*, *LPA* 12 mai 1999, n° 34, note J.-P. Brouant, à propos de la compétence réglementaire d'une commune pour organiser la sélection des candidats à une HLM sur le contingent de réservations dont elle dispose.

Sur l'extension du pouvoir réglementaire local en vertu des compétences expérimentales de l'art. 72-4 Const., v. ss 718 s.

2. Le pouvoir réglementaire local ne saurait se ramener aux hypothèses d'exécution des lois de décentralisation en étant limité aux cas et aux conditions que chacune d'elles pose à son utilisation. Et, si ce pouvoir ne peut agir qu'au titre de l'exécution d'une loi, il peut néanmoins s'exprimer de manière générale pour toute question d'intérêt local. En ce sens, la *clause générale de compétence* par laquelle « le conseil municipal règle par ses délibérations les affaires de la commune » (art. L. 2121-29) (pour le département et la région, CGCT, art. L. 3211-1 et L. 4233-1 tels qu'établis par la loi n° 2014-58 du 27 janv. 2014, v. ss 693 s.) confère une fois pour toutes aux collectivités une tâche permanente et résiduelle d'administration pour tout ce qui regarde les intérêts de leur population. Elles peuvent notamment, à ce titre, créer spontanément tout service ou équipement public indépendamment même des invitations plus précises du législateur. La jurisprudence sur le « socialisme municipal » donne une illustration de cette habilitation générale à réglementer. La redéfinition de la compétence générale des départements et des régions, fût-elle donnée dans un sens plus restrictif, ne devrait pas considérablement changer les possibilités d'intervention générale reconnues à ces deux collectivités.

§ 2. Garanties d'exercice du pouvoir réglementaire local

572 ***Concurrence des pouvoirs réglementaires*** ◊ Largement installé dans ses conditions d'existence, le pouvoir réglementaire local se révèle précaire lorsqu'on l'envisage dans ses rapports avec le pouvoir réglementaire national. Par l'effet d'une lecture implicite de la Constitution, le pouvoir réglementaire local serait « virtuel » puisqu'à tout moment, et nonobstant les habilitations légales faites aux collectivités, le gouvernement peut s'emparer du travail d'exécution et le traiter. La question se pose donc de savoir dans quelle mesure, dans la tâche d'exécution des lois qui lui est confié par la Constitution (art. 21 Const.), le gouvernement peut compléter la législation édictée dans le cadre de l'article 72 en agissant de lui-même. Tout le problème est que les barrières que le droit a posées au dirigisme gouvernemental ne bénéficient pas d'une sanction juridictionnelle efficace. Le résultat peut conduire à annihiler au plan normatif une décentralisation qui avait été installée au plan institutionnel par l'élection des responsables locaux.

573 ***Effacement des règles de compétence légale*** ◊ Le pouvoir réglementaire local ne devrait *a priori* faire l'objet d'aucune réserve dans la mesure

où il peut se déployer dans toute l'étendue voulue par le législateur. Il doit pouvoir s'exprimer dans une zone dont l'objet et l'étendue ne dépendent que de la volonté de ce dernier. Sans doute, les règlements nationaux et locaux ont chacun leur rang hiérarchique, les premiers étant situés au sommet de la pyramide réglementaire. Mais s'ils sont *inégaux*, ils n'en sont pas moins *séparés* en ce que le règlement national est légalement incompétent pour se substituer à l'autorité d'exécution spécialement désignée par la loi, fût-elle une autorité administrative secondaire. Il faut bien reconnaître une autorité de chose légalement décidée pour conserver les compétences que le Parlement a voulu décentraliser.

Nonobstant, le pouvoir réglementaire national peut tenir en échec ce système en s'exerçant en toute liberté par rapport au pouvoir réglementaire local qui se trouvera limité d'autant. Les rapports entre le Parlement et le gouvernement s'en trouvent perturbés, alors que l'exécution des lois, comme on l'a vu, impliquait également une subordination dans le respect de l'autorité désignée pour les mettre en œuvre.

La jurisprudence la plus récente du Conseil d'État tend à ainsi écarter cette solution découlant de la *théorie classique de l'habilitation législative*. On a ainsi vu la volonté décentralisatrice du législateur faire les frais d'une intervention gouvernementale au point d'effacer toute habilitation formelle aux collectivités. CE avis 20 mars 1992, *Préfet Calvados*, *Lebon* 123 ; *AJDA* 1992. 293, concl. H. Toutée ; *JCP* 1993. II. 22100, note O. Jouanjan ; *RFDA* 1994. 770, note B. Faure, s'agissant du régime indemnitaire dans la fonction publique territoriale pour lequel le juge administratif estime nécessaire, et justifiée par un renvoi législatif indirect, un décret pour établir des limites par comparaison avec les responsabilités dans la fonction publique de l'État. CE 14 oct. 2009, *Boquet*, *AJDA* 2010. 209, note E. Aubin, même solution à propos de la détermination des modalités de rémunération des astreintes. CE 9 oct. 2002, *Féd. personnels des services des départements et des régions CGCT-FO et Féd. nationale Interco-CFDT*, *Lebon* 585 ; *AJDA* 2002. 1404, note M.-C. de Monteclerc et 2 oct. 2009, *Dpt Seine-Saint-Denis*, *AJDA* 2009. 1801, obs. M.-C. de Monteclerc, s'agissant de la détermination du temps de travail dans la fonction publique territoriale. V. ég., CE Ass. 2 déc. 1994, *Préfet région Nord-Pas-de-Calais, préfet Nord*, 1re esp., *Cne Cuers*, 2e esp., *Lebon* 529 ; *JCP G* 1995. IV. 170, obs. M.-C. Rouault ; *Cah. fonct. publ.* mars 1995. 23, concl. J. Arrighi de Casanova ; *RFDA* 1996. 105, note B. Faure, s'agissant de l'attribution des logements de fonction aux fonctionnaires territoriaux. V. les conclusions du commissaire du gouvernement sur l'intervention toujours possible d'un décret.

En revanche, il faut récuser l'idée, en dépit de son succès actuel, d'un *domaine réglementaire national par nature*, le pouvoir réglementaire local n'intervenant plus qu'en dehors de ce domaine réservé et sur ce qui peut rester à traiter. De telle manière que si aucune matière d'exécution n'est interdite au gouvernement, il existerait une matière que lui seul peut traiter. Cette matière exclusive serait constituée par les premiers principes d'exécution de la loi élaborés pour en compléter les termes, alors que les autorités décentralisées devraient limiter leurs interventions à ce qui touche directement la population locale. Aussi rigoureuse soit-elle, la jurisprudence administrative actuelle dont s'inspire cette analyse n'a pas entendu explicitement revenir sur *l'existence des pouvoirs généraux des collectivités* et sur la solution de l'arrêt *Syndicat communautaire de l'agglomération nouvelle de Cergy-Pontoise* établissant formellement la compétence décentralisée pour combler les lacunes légales (préc.).

574 ***Effacement du principe de libre administration*** ◊ Le principe constitutionnel de libre administration (art. 72 al. 3 Const.) qui veut que les collectivités s'administrent « dans les conditions prévues par la loi » fait d'abord que *le gouvernement ne peut agir par décret autonome* pris indépendamment de la loi (art. 37 Const.), contrairement à ce qu'il fait vis-à-vis de sa propre administration. Il fait ensuite que le gouvernement prenant des décrets d'exécution *n'est pas libre de descendre autant qu'il lui plaît dans le détail de cette exécution*. Il ne peut régler de lui-même, ou le législateur ne peut lui laisser le soin de régler, les questions attribuées au Parlement en vertu de l'article 72 Const. Et, comme on l'a appris de la jurisprudence constitutionnelle - v. v. ss 23 s. -, c'est le cas chaque fois qu'il s'agit de *mettre une obligation nouvelle à la charge des collectivités*. C'est dire si le droit constitutionnel conçoit de manière limitée le domaine d'exécution du pouvoir réglementaire national, le bornant pratiquement à un pur commentaire de la loi. Il doit donc s'exercer prioritairement mais restrictivement avec pour effet indirect mais nécessaire de ne pas contrarier la marge d'exécution laissée libre par la loi de décentralisation aux collectivités.

Cependant la jurisprudence administrative s'écarte de cette solution qu'imposent pourtant les développements jurisprudentiels du principe de libre administration. Elle considère, selon sa *théorie de l'écran législatif*, qu'elle n'a pas à se prononcer sur la régularité constitutionnelle des décrets dès lors qu'une loi d'habilitation s'interpose entre les deux normes. Il s'en suit un phénomène d'immunité constitutionnelle de ces décrets qui, trop souvent, interviennent à la place de la loi. V. pour une illustration, CE 27 nov. 1992, *Féd. Interco CFDT et a.*, *RFDA* 1994. 779. toutefois, la procédure de question prioritaire de constitutionnalité inscrite à l'article 61-1 de la Constitution est porteuse, à cet égard, de solutions profitables aux collectivités.

575 ***Remarques conclusives*** ◊ Quoi qu'en pensent certains auteurs, le problème du pouvoir réglementaire local est celui d'un « déni de justice » - pour transposer les mots du doyen Favoreu - qui fait que les collectivités ne peuvent faire admettre leur droit d'exécution des lois. Le juge administratif n'entend pas faire rigoureusement respecter les limites pourtant posées au goût pour le gouvernement de multiplier ses interventions, le plus souvent d'ailleurs lorsque la question lui paraît menacer les intérêts de sa propre administration. En effet, les collectivités n'ont pas les moyens, devant ce juge, de s'appuyer sur la loi qui les habilite ou sur le principe constitutionnel de libre administration pour combattre les empiètements du gouvernement. Leur pouvoir réglementaire ne peut s'exercer dans aucune zone réservée. De son côté, le décret incompétemment intervenu est pratiquement irréprochable et peut, de ce fait, s'exercer en toute indépendance par rapport à la loi qu'il exécute et à la Constitution. C'est

seulement au regard de ces considérations qu'il est permis de conclure au caractère totalement subordonné du pouvoir réglementaire local, celui-ci s'exerçant de manière « résiduelle ».

SECTION 2. LA LIBERTÉ CONTRACTUELLE [1]

576 Le problème avec le contrat est de lui trouver une place adéquate dans l'organisation d'un enseignement de droit administratif tant il s'insinue dans la plupart de ses chapitres où son rôle va s'accroissant (service public, domaine, fonction publique...). Nous bornerons ici son étude aux *relations entre collectivités publiques* où l'on admet de plus en plus volontiers *qu'il concurrence la réglementation impérative comme mode d'organisation de l'administration décentralisée*. À ce titre, son utilisation est devenue générale et multiforme. Pour faire simple, on peut concevoir deux sortes de relations contractuelles entre personnes publiques, soit la *coopération verticale* (contrats État - collectivités territoriales et collectivités de niveau inégal), soit la *coopération horizontale* (contrats entre collectivités territoriales de même niveau) [2].

Aux relations subordonnées à l'État, créateur et gardien de la loi, le contrat permet de substituer partiellement des rapports juridiques d'un type nouveau. De plus en plus, l'administration décentralisée contracte des obligations, acquiert et exerce des droits. Pour autant, le droit public ne se transforme pas, dans son essence, en un droit du libre consentement. L'invasion du consensualisme n'est qu'une technique : elle n'a pas d'autre direction à suivre que la satisfaction de l'intérêt général.

577 ***Le phénomène de l'administration contractuelle*** ◊ Le recours au contrat pour organiser et faire fonctionner l'administration décentralisée n'a rien d'une nouveauté. Il se pratique de longue date à l'invitation de la loi (s'agissant des ententes et conférences intercommunales : CGCT, art. L. 5221-1, issu de L. 5 avr. 1884 s'agissant des ententes et conférences interdépartementales : CGCT, art. 5421-1, issu de L. 10 août 1971). Mais, c'est bien plus tard que l'activité contractuelle s'est répandue à une échelle peu prévisible. D'abord, dans les années 1970, l'État lui assigne un rôle majeur dans la conduite de ses relations avec les collectivités. Il s'impose pour des raisons pratiques, l'État pouvant, grâce à lui, inscrire ses relations dans un cadre souple et administrer avec le consentement de ses partenaires en contrepartie des engagements qu'il prend à leur égard (contrats de plan entre l'État et les communautés urbaines, Décr. 23 déc. 1970 ;

1. V. biblio. v. ss 629, 1.
2. Nous bornons essentiellement notre propos aux relations contractuelles entre personnes publiques. S'agissant des relations contractuelles avec les personnes privées dans le cadre des services publics, v. ss 557.

contrats d'aménagement des villes moyennes, Circ. 4 juill. 1974 ; contrats de pays, Circ. 30 mars 1977). Ensuite et surtout à partir des années 1980, son utilisation se généralise, plusieurs facteurs issus de la réforme de la décentralisation se conjuguant en faveur de l'utilisation du procédé : multiplication des compétences décentralisées et augmentation des ressources, allègement de la tutelle et autonomisation des pouvoirs de décision, développement des niveaux d'administration – notamment intercommunal – sans revenir sur l'éparpillement communal. La technique contractuelle reçoit alors application pour la mise en œuvre des nouvelles compétences (contrats de mise à disposition de services par l'État aux collectivités issus des art. 6 et 12 L. 7 janv. 1983, contrat en matière d'expérimentation issus des L. 27 févr. 2002 et 13 août 2004, contrats relatifs à des domaines particuliers : urbanisme, fonction publique, formation professionnelle, fiscalité outre-mer...) [1].

Face à cette réalité, le droit des collectivités territoriales a besoin de nouvelles synthèses. On doit notamment relever *le vieillissement de la logique de décentralisation* en tant que celle-ci s'arrête aux relations verticales entre l'État et les collectivités, axée sur la répartition unilatérale des compétences par la loi. Le pouvoir local s'identifie alors à un travail second d'exécution des lois. Sans s'effacer, la loi tend à déterminer de plus haut, et pas forcément de façon contraignante, les missions des collectivités. Elle procède de plus en plus fréquemment par l'énoncé d'objectifs communs (droit au transport, droit au logement, droit à la ville...) en organisant une collaboration, plus ou moins concertée d'ailleurs, entre les acteurs publics autour de ces objectifs : contrat de projet, contrat d'association pour le financement de l'enseignement libre, contrat de sécurité... La séparation binaire entre l'État et les administrations secondaires tend à s'estomper au profit de recompositions territoriales en réseau, de l'autonomie de la volonté des personnes publiques et de leurs délibérations collectives. Finalement, le dilemme « État *ou* collectivités territoriales » se résout par la solution « État *et* collectivités territoriales » (J. Rivero, 1950).

578 ***Les vertus de l'administration contractuelle*** ◊ Elle s'adapte à la situation créée par les transformations de l'administration actuelle et, parfois, apporte un correctif à ses problèmes :

– Les procédés contractuels ont d'abord pour but d'établir *la cohérence* de l'administration publique. Face à la spécialisation des compétences décentralisées et au développement des niveaux de décision libérés de la tutelle de l'État, ces procédés apparaissent comme une contrepartie nécessaire sans laquelle le bien commun serait perdu de vue. Avec leur utilisation, on prend conscience de l'interdépendance des problèmes que les élus se posent et de la nécessité de leur dialogue pour leur apporter une solution

1. Récemment, *Les contrats entre personnes publiques*, *AJDA* 2013. 833, dossier avec les études de S. Caudal, J.-M. Pontier, D. Labetoulle, E. Untermaier Kerléo, J.-D. Dreyfus, G. Eckert, C. Roux et J.-F. Sestier.

adaptée. Mais, ce faisant, l'opposition traditionnelle entre affaires locales et affaires nationales perd sa pertinence. Les collectivités ne sauraient se dispenser de l'aide de l'État pour assurer leur développement et, inversement, toute politique nationale ne pourrait réussir sans la médiation des collectivités territoriales. Il faut abandonner l'idée que chaque collectivité est dotée d'un champ d'action qui lui est propre pour constater qu'il n'existe que des politiques d'ensemble ayant des points d'application territoriaux qui nécessitent négociation.

- L'*efficacité* d'une administration composée de personnes autonomes dépend également de la technique contractuelle qui cherche l'adhésion plutôt que l'obéissance. Il apparaît ainsi possible d'inviter les acteurs à dépasser leurs particularismes pour renforcer leurs liens en matière d'information et de décision. C'est le cas sur la base non seulement des relations horizontales entre collectivités de même niveau mais surtout des relations verticales entre collectivités de niveau différent ou avec l'État. Dans ce cas, l'utilisation du contrat traduit l'avènement de rapports égalitaires se substituant au modèle classique des rapports de tutelle et de contrainte desquels les collectivités inférieures pouvaient chercher à se soustraire.

Cette efficacité repose également sur les caractères propres au contrat. Il offre aux lois du service public les moyens de se réaliser naturellement : la continuité du service public à l'occasion des transferts de compétences aux collectivités s'est trouvée satisfaite sans interruption du fait des contrats de mise à disposition de services, son adaptation car il offre aux collectivités de rechercher contractuellement les moyens dont a besoin la modernisation de ses services et de ses équipements, et l'égalité entre ses utilisateurs en ce que les collectivités les plus faibles pourront mieux remplir leurs missions par une politique d'aides contractuellement consenties par les collectivités supérieures.

379 ***Les vices de l'administration contractuelle*** ◊ Le problème est que le contrat prospère dans un système administratif bureaucratique trop complexe qui, sans son recours, ne pourrait se maintenir. Il se fait, malgré lui, l'instrument d'un certain conservatisme institutionnel :

- On peut d'abord voir dans l'utilisation du contrat un *substitut à la tutelle*. Celui-ci permet de rétablir la proximité entre l'autorité de tutelle et l'autorité décentralisée. Alors, l'État s'efforce de continuer de déterminer les objectifs à atteindre, ceux-ci ne se déterminant pas sur des considérations de stricte légalité et de partage du pouvoir. En ce sens, l'usage généralisé du contrat entre personnes publiques est le révélateur de *l'impossible désengagement de l'État en dépit des progrès continus de la décentralisation*. Il ne peut être présenté sans illusion trompeuse comme l'instrument d'une transformation des rapports au sein de l'administration, ceux-ci continuant d'être déterminés par un principe centralisateur. Ce principe est inévitable dans la mesure où le contrat consiste à rattacher les initiatives à un centre. Ce dernier fait nécessairement figure de loi commune par laquelle l'État peut reprendre le commandement.

Le recours au contrat apparaît finalement comme le correctif d'un système administratif figé au sein duquel il tente, par sa base consensuelle, de masquer à la vue de tous un État qui concentre en son sein les moyens d'information et de financement et impose des charges aux collectivités. D'ailleurs, la nature proprement contractuelle de la plupart de ces contrats demeure encore contestée en ce qu'ils obéissent à des principes qui tendent à s'écarter de l'autonomie de la volonté.

– La multiplicité des décideurs locaux et l'enchevêtrement de leurs compétences imposent le contrat. Celui-ci s'inscrit alors dans la perspective d'une administration subordonnée à des processus de décision négociés lents et coûteux et peut se retourner contre l'image de l'efficacité dont il prétend la parer. À cela s'ajoute que si tous les acteurs sont contraints de collaborer à l'élaboration d'un même projet, le citoyen éprouvera des difficultés à déterminer son responsable réel et à le sanctionner par son vote au moment des élections. Il se crée ainsi un phénomène *d'évasion de la responsabilité politique*, le contrat jouant un rôle d'écran entre le pouvoir administratif élu et l'électeur.

À ces vices, le projet de réforme de notre organisation territoriale en voie d'adoption propose un début de solution en reconsidérant la compétence générale des départements et des régions selon des termes plus restrictifs ainsi que leur liberté de cumuler leurs financements. Il s'ensuit que ces collectivités n'auraient plus la même capacité de contracter. L'évolution du droit rechercherait ainsi un meilleur équilibre entre la liberté et l'efficacité de l'action (v. v. ss 713).

En dépit des ambiguïtés relevées sur le recours au contrat, les élus locaux restent attachés à cette modalité d'administration. Ils ne manquent toutefois pas de dénoncer le rôle prépondérant de l'État dans la phase pré-contratuelle, le phénomène de multiplication des domaines d'intervention du contrat, ainsi que les retards d'exécution croissants dont ils estiment leur collectivité victime.

580 ***Fondement et limites juridiques de la liberté contractuelle des collectivités territoriales*** ◊ Le droit constitutionnel ne fait état de la liberté contractuelle des collectivités territoriales qu'indirectement. Il a fallu passer par les développements jurisprudentiels du principe de libre administration pour lui conférer un statut constitutionnel. Elle doit être considérée comme érigée en *liberté constitutionnelle* par la décision Conseil constitutionnel du 20 janvier 1993 : ni le gouvernement, ni le législateur ne peuvent la limiter de manière abusive ou inutile.

Faute de soutien explicite dans le texte de la Constitution, la liberté contractuelle des personnes morales à fait l'objet d'une consécration tardive et laborieuse de la part du juge constitutionnel. Nonobstant, elle a pu se trouver indirectement garantie chaque fois que sa méconnaissance conduisait à porter atteinte à un droit constitutionnellement affirmé, comme c'est le cas du principe de libre administration des collectivités territoriales. Au vu de la décision de 1993, la liberté contractuelle des collectivités doit s'analyser *comme une composante de leur libre administration* qui serait mise en cause par des restrictions injustifiées à leur activité contractuelle. Elle a le statut d'une norme constitutionnelle implicite : Cons. const.

20 janv. 1993, n° 92-316 DC, *Prévention de la corruption, Rec. Cons. const.* 14 ; *RFDC* 1993. 375, note L. Favoreu et a. ; *LPA* 2 juin 1993. 4, chron. B. Mathieu et M. Verpeaux ; *RFDA* 1993. 902, note D. Pouyaud, jugeant contraire à l'art. 72 Const. la possibilité pour l'autorité de tutelle de provoquer à tout moment la suspension pour trois mois les contrats de délégation de service public (consid. 57). De façon générale, on doit considérer que les résurgences ponctuelles de la tutelle ne peuvent affecter l'exercice de cette liberté dans le cadre des rapports contractuels entre collectivités territoriales (art. 72 al. 5 Const.). La liberté contractuelle des collectivités a été plus récemment réaffirmée sur le fondement plus général de la liberté proclamée à l'art. 4 DDH (Cons. const. 30 nov. 2006, n° 06-543 DC, *Loi relative au secteur de l'énergie*, préc. *v. ss* 46).

On peut toujours s'autoriser à découvrir dans les termes de l'article 72 alinéa 5 issus de la révision de 2003 une référence à l'activité contractuelle des collectivités territoriales. En effet, lorsque l'exercice des compétences nécessite le concours de plusieurs d'entre elles, la loi se voit habilitée à en autoriser une « *à organiser les modalités de leur action commune* » selon les termes de l'article. Mais ces dispositions n'apportent à l'activité contractuelle des collectivités qu'une base neutre qui épouse les transformations actuelles du droit sans les diriger. Tout au plus est-il possible d'y voir une incitation constitutionnelle à mettre en cohérence l'exercice conjugué des compétences décentralisées par le recours au contrat.

Mais, de façon plus générale, si une théorie des bases constitutionnelles des possibilités contractuelles des collectivités est possible en raison du nombre de références au sujet, cette théorie se manifeste essentiellement par ses bases négatives constituées à partir des contraintes autorisées par la Constitution et ses juges à sa libre utilisation.

L'apport du droit constitutionnel va dans ce sens lorsque *l'engagement contractuel peut être imposé* pour la satisfaction d'une liberté exigée par la Constitution (Cons. const. 18 janv. 1985, n° 84-185, *Loi Chevènement, Rec. Cons. const.* 27 ; *RD publ.* 1986. 395, note L. Favoreu ; *AIJC* 1985. 418, chron. B. Genevois ; *D.* 1986. 425, note T. S.Renoux, à propos de la liberté d'enseignement) ou d'une liberté seulement voulue par la loi (Cons. const. 29 mai 1990, n° 90-274, *Droit au logement, Rec. Cons. const.* 61 ; *RFDC* 1990. 497, note L. Favoreu ; *RDSS* 1990. 711, note X. Prétot ; *Pouvoirs locaux* déc. 1990, n° 7, p. 85 et mars 1991 n° 8, p. 16, note G. Vedel). C'est également le cas en rappelant la soumission des contrats au contrôle de l'État, au besoin exercé selon des dispositions plus rigoureuses dans certains domaines (Cons. const. n° 92-316 DC, préc.). C'est encore le cas en interdisant une collectivité qui mène une opération contractuelle commune avec d'autres collectivités d'exercer une tutelle sur ses homologues (Cons. const. 24 juillet 2008, n° 08-567 DC, *Loi relative aux contrats de partenariat, Rec. Cons. const.* 341, consid. 33). Enfin, le législateur garde sa liberté de prévoir des conditions nouvelles s'appliquant aux contrats en cours (Cons. const. 26 janv. 1995, n° 94-358, *Aménagement et développement du territoire, Rec. Cons. const.* 183 ; *RFDA* 1995. 877, note D. Rousseau ; *RFDC* 1995. 389, note F. Mélin-Soucramanien, G. Trémeau et J. Pini ; *LPA* 20 oct. 1995. 8, chron. B. Mathieu et M. Verpeaux ; *D.* 1997. 124, note J. Pini, 125, obs. Oliva et 139, obs. F. Mélin-Soucramanien)

On doit également faire mention de ce qui est susceptible de se rapporter au *domaine de l'activité contractuelle entre collectivités.* À la différence des contrats passés avec les particuliers, les collectivités publiques peuvent s'engager entre elles en matière fiscale (Cons. const. 19 juill. 1983, n° 83-160 DC, *Convention fiscale avec la Nouvelle-Calédonie, Rec. Cons. const.* 43 ; *AJDA* 1984. 28, note J.-P. Jarnevic ; *JCP* 1985. II. 20352, note H. Labayle ; *RD publ.* 1986. 448, chron. L. Favoreu, s'agissant d'une loi portant approbation d'une convention fiscale entre l'État et la Nouvelle-Calédonie dans le but d'éviter les doubles impositions et d'empêcher l'évasion fiscale). On doit généralement considérer que tout ce qui n'est pas étranger à l'intérêt public national peut se régler par contrat. L'activité contractuelle doit toutefois demeurer dans les limites de la compétence du législateur auquel elle ne saurait se substituer (Cons. const. 26 janv. 1995, n° 94-358, préc., s'agissant de l'incompétence négative du législateur à renvoyer à une convention entre collectivités le soin de déterminer l'une d'elle comme « chef de file » sans définir les pouvoirs et les responsabilités liés à ce rôle).

En revanche, le droit constitutionnel n'apporte pas d'élément particulier sur le régime des contrats des collectivités. La matière appartient au droit administratif.

581 Pour un aperçu sommaire et général sur les contrats entre collectivités publiques on envisagera la liberté contractuelle des collectivités dans l'ordre interne, puis dans l'ordre international où elle fait des débuts remarquables.

§ 1. La liberté contractuelle dans l'ordre interne

582 Les contrats n'ont cessé d'étendre leur empire sur l'organisation et l'action administratives. Ils se rassemblent dans les trois catégories suivantes :

A. Les contrats relatifs aux compétences décentralisées

583 ***Objet de l'engagement*** ◊ Il en est ainsi des contrats qui, d'une manière ou d'une autre, permettent l'exécution des missions légales des collectivités. Plusieurs types de contrats s'inscrivent dans cette perspective :

- Mention doit d'abord être faite des contrats visant à transférer aux collectivités les moyens matériels et humains que l'exercice des nouvelles responsabilités décentralisées demande. La loi dispose à cet effet que « tout transfert de compétence au profit des départements et des régions s'accompagne du transfert des services correspondant » (art. 7 L. 7 janv. 1983). C'est par contrats entre l'État et les collectivités que cette proclamation se concrétise. C'est d'abord le cas de conventions-types conclues entre le préfet et le président du conseil général et régional dans le but d'établir les modalités de transfert des services préfectoraux à l'exécutif départemental et régional décentralisé (CGCT, art. L. 3141-1 et L. 4151-1). S'agissant des autres compétences, la loi a organisé un principe de *mise à disposition* – afin de ménager le sort des agents – des services de l'État selon des modèles de convention fixés par l'État (art. 24 et 74 L. 2 mars 1982 et art. 8 et 10 L. 7 janv. 1983 mod.). Sur ces points, v. ss 655 s.

Entre collectivités territoriales, la loi renvoie à une convention l'organisation de la possibilité pour l'une d'entre elles de placer ses services à la disposition d'une autre afin de lui faciliter l'exercice de ses compétences (CGCT, art. L. 5111-1). Le renforcement de l'activité contractuelle doit beaucoup au développement de l'intercommunalité. La délimitation exacte des compétences et des moyens confiés à l'établissement public de coopération intercommunale passe par ce type de procédés.

– S'ajoute l'hypothèse des contrats comme technique particulière pour l'exécution des lois de décentralisation. Ils ne font pas fonction d'alternative à la loi impérative mais s'articulent à elle et permettent de lui donner ses effets en tenant compte des particularismes locaux, ainsi implicitement reconnus. Cette hypothèse de contrat s'est particulièrement développée. C'est, par exemple, le cas avec l'article L. 302-4 Code de la construction et de l'habitation qui prévoit qu'une aide financière de l'État est fixée par convention avec un établissement public de coopération intercommunale après que celui-ci se soit doté d'un programme local d'habitat. Voici également l'exemple de l'article L. 2212-6 CGCT issu de la loi n° 99-291 du 15 avril 1999 relative aux polices municipales prévoyant une convention de coordination entre le maire et le préfet dès lors que le service de police municipale comprend au moins cinq agents de police.

S'agissant du cas où, par contrat, l'État prête le concours de ses services techniques à la gestion de la voirie communale, le juge administratif pose le principe de l'engagement de sa responsabilité dans les conditions du droit commun pour les cas « d'inexécution ou de mauvaise exécution » du contrat (CE Sect. 12 mai 2004, *Cne Ferté-Milon*, *Lebon* 226 ; *RFDA* 2004. 1183, concl. E. Glaser et note F. Moderne, solution manifestant l'abandon de la jurisprudence du 28 mai 1971, *Ville Saint-Jean de Maurienne*, *Lebon* 403).

– Il arrive que, sous couvert d'associer les collectivités à l'exécution de lois d'administration générale, le contrat permette d'opérer de nouveaux transferts de compétences – ou de charges – vers les collectivités. Les contrats de plan ont particulièrement cet effet d'organiser une action des collectivités décentralisée en dehors des lois de répartition des compétences (financement des universités, d'équipements publics nationaux...). Autrement dit, il s'agit d'une collaboration des collectivités à des missions d'intérêt général déterminées par l'État.

Il appartient d'ailleurs de s'interroger sur la compatibilité de cette pratique avec le principe de compétence législative pour déterminer les responsabilités des collectivités auquel celle-ci ne saurait se substituer (Cons. const. 19 janv. 1983, n° 83-160 préc.). Il faut considérer que l'aptitude des collectivités à s'engager contractuellement est toujours permise autant qu'elle contribue à la satisfaction de l'intérêt public local. Alors, les collectivités pourront toujours prêter volontairement leur concours aux politiques nationales dans la mesure où elles en attendront des retombées positives pour leur population. C'est donc la clause générale de compétence qui permet de rattacher ces initiatives locales à la légalité. Il n'y a finalement pas lieu de faire état d'une « décentralisation contractuelle » spécifique (v. pour une théorie de l'auto-administration locale, v. ss 72, 1).

584 ***Nature de l'engagement*** ◊ Les contrats relatifs aux compétences décentralisées ne sont pas sans rapport avec les « actes-mixtes » caractérisant des formes intermédiaires entre la décision unilatérale et le contrat.

La substance même du contrat se trouve dénaturée du fait de l'existence d'une situation objective, créée unilatéralement par l'État, fût-elle acceptée par la collectivité. Le contrat pose ainsi des règles types valables pour tous les contrats du même genre, notamment pour la désignation des missions qu'il poursuit. Dans certains cas, la passation du contrat est imposée, la loi prévoyant, à défaut d'accord, le règlement de la situation par décret en Conseil d'État ou arrêté ministériel.

Cependant, le Conseil d'État n'a pas entendu contredire la *qualification légale de contrat* attachée aux conventions de transfert de service et règle les litiges relatifs à leur exécution selon les exigences inhérentes au principe de la « loi des parties » (CE Sect. 31 mars 1989, *Dpt Moselle, Lebon* 105 ; *RFDA* 1989. 466, concl. M. Fornacciari ; *AJDA* 1989. 315, chron. E. Honorat et E. Baptiste ; *Rev. adm.* 1989. 314, note P. Terneyre ; *RD publ.* 1989. 1171, note F. Llorens, à propos d'une convention entre le préfet et le président du conseil général de la Moselle sur le fondement de l'art. 26 L. 2 mars 1982 qui s'est trouvée illégalement modifiée par la seule volonté de ce dernier. V. cep. les termes plus mesurés de l'arrêt CE 13 mai 1992, *Cne Ivry-sur-Seine, Lebon* 197 ; *AJDA* 1992. 480, chron. C. Maugüe et R. Schwartz).

585 ***Qualification de l'engagement*** ◊ Les engagements conclus entre personnes publiques et réglant, d'une manière ou d'une autre, les compétences administratives ne peuvent donner lieu à des contrats de droit privé [1].

B. Les contrats relatifs aux institutions de coopération décentralisée

586 ***Objet de l'engagement*** ◊ Une part essentielle de la coopération entre collectivités consiste dans la mise en place d'institutions nouvelles qui doivent, à des degrés variables, leur création et leur fonctionnement à l'accord des volontés des collectivités intéressées.

1. L'accord de volonté dans la création de l'institution

587 Passé dans l'intérêt de remplir une tâche précise, normalement temporaire, le contrat peut aussi comporter la création d'une structure nouvelle en marge des structures existantes. Mais, il est important de préciser que seule une institution de droit privé peut trouver sa création dans un

1. Sur le problème de l'application du droit de la concurrence à ce type de contrats, v. D. Pouyaud, « Contrats entre personnes publiques », *J.-Cl. Adm.* fasc. 675, n° 70-2. Pour le cas particulier des contrats de prestations de services techniques entre deux personnes publiques, la loi a entendu expressément les assujettir au Code des marchés publics, à l'exception notable des petites communes, v. F. Moderne, « Les contrats de prestation de service entre l'État et les collectivités locales après la loi MURCEF : vers de nouvelles relations ? », *in Mélanges Moreau*, Economica, 2002, p. 291.

accord. Celle-ci sera adéquate à faire collaborer des collectivités publiques avec des partenaires privés pour exercer des activités d'intérêt général en dehors de toute manifestation de puissance publique (association, société d'économie mixte, v. ss 552 s.). En revanche, il a toujours été considéré que l'établissement public ne saurait posséder une base contractuelle. L'état du droit positif ne permet toutefois pas de constatation aussi nette et réserve des situations particulières.

588 ***Le groupement d'intérêt public*** ◊ Sur le fondement de ces considérations générales, les *groupements d'intérêt public*, constitués par une convention soumise à approbation ministérielle, n'ont jamais été pris pour des établissements publics. Après que la doctrine ait pu considérer qu'il devait s'agir de personnes privées, le Tribunal des conflits leur a reconnu une situation particulière en tant que « personnes publiques soumises à un régime spécifique » (T. confl. 14 févr. 2000, *GIP Habitat et interventions sociales pour les mal logés et les sans-abri c. Verdier, Lebon 748 ; AJDA* 2000. 410, chron. M. Guyomar et P. Collin ; *JCP* 2000. 10301, note N. Eveno ; *JCP* 2000. I. 251, obs. C. Boiteau ; *LPA* janv. 2001, n° 3, note Y. L. Guégout ; *AJFP* juill.-août 2000. 13, note J. Mekhantar). Leur objet consiste dans le regroupement d'une ou plusieurs personnes morales de droit public ou de droit privé en vue d'exercer en commun des activités d'intérêt général (sans partage des bénéfices) [1]. Leur nombre ne cesse de s'étendre en liaison avec les secteurs les plus variés de l'action locale (développement social urbain, coopération interrégionale et transfrontalière, agences d'urbanisme, maisons des services publics...). Leur institution est facilitée par la loi n° 2011-525 du 17 mai 2011 de simplification et d'amélioration de la qualité du droit qui en libéralise les règles : possibilité d'en créer en tout domaine, d'inclure des personnes étrangères, d'en créer pour une durée indéterminée. Les restrictions apportées au régime de droit public sont également de nature à rendre compte de l'intérêt du GIP : son personnel est composé d'agents publics ou de droit privé selon l'acte institutif (D. n° 2013-592 du 5 avr. 2013), la soumission de ses contrats aux règles de la commande publique n'est que de principe, les prestations satisfaisant aux besoins propres à ses membres y échappant normalement. En cette période d'assèchement de la ressources publique, le GIP présente l'intérêt d'une caisse par laquelle les membres financent leur activité commune. V. le *groupement public de développement local* créé en vue de représenter en droit un « pays » qui n'est pas, par lui-même personnalisé (L. n° 99-553, 25 juin 1999 mod. par L. n° 03-590, 2 juill. 2003), le *groupement d'intérêt public d'aménagement et de développement des territoires*, art. 236 L. n° 05-157, 23 févr. 2005 relative au développement

1. A été jugé que le transfert à un GIP d'un laboratoire départemental d'analyse ne transgresse par le principe de liberté du commerce et de l'industrie et se trouve affranchi des règles de la commande publique : CE 10 nov. 2010, *Sté Carso-laboratoire santé hygiène environnement*, *AJDA* 2010. 2380, concl. F. Lenica.

des territoires ruraux, la maison départementale des personnes handicapées, art. 64 L. n° 2005-102 du 11 février 2005.

589 ***Entente intercommunale*** ◊ Elle est une collaboration entre conseils municipaux, organes délibérants d'EPCI et de syndicats mixtes sur tout objet d'intérêt communal ou intercommunal d'intérêt commun. Celle-ci prend forme par un contrat conclu entre les intéressés sur l'activité qu'ils se sont donnés (art. L. 5221-1 issu L. n° 04-809, 13 août 2004). L'entente n'est donc pas personnalisée. Au contraire, elle permet de s'affranchir du recours à l'EPCI trop contraignant pour satisfaire des besoins ponctuels et limités (réalisation ou entretien d'ouvrages communs, administration de biens indivis...).

Les questions communes sont débattues dans le cadre de « conférences » qui sont des espèces de congrès dont l'objet est de proposer aux parties à l'entente des décisions concordantes. Chaque partie est représentée par une « commission spéciale » de trois membres élus – quelle que soit d'ailleurs leur inégalité de taille –, ce qui manifeste un embryon d'institutionnalisation dont le détail des règles est laissé à la réglementation des intéressés. Ne disposant pas de la personnalité morale, la conférence ne saurait adopter des « décisions » exécutoires qu'après qu'elles aient été « ratifiées » par tous les organes délibérants des parties (CGCT, art. L. 5221-2) [1].

Voir pour une illustration d'une formule peu utilisée, l'« Entente intercommunale de Lavaux » constituée dans l'intérêt de proposer l'inscription du site de Lavaux au patrimoine mondial de l'Unesco. La formule a été voulue pour sa souplesse en ce qu'elle évite les contraintes légales inhérentes à la création d'une personne morale et qu'elle permet de doser librement l'implication administrative et financière de chacune des communes en fonction du projet. Sa constitution est dispensée des règles de la commande publique (CE 3 févr. 2012, *Cne de Veyrier-du-Lac*, *JCP Adm.* 2012, n° 2085, note H. Pauliat, *BJCL* 2012. 177, concl. B. Dacosta, *AJCT* 2012 n° 205, note S. Hul, *DA* 2012. 22, n° 4, note F. Brenet).

590 ***Entente, institution et organismes interdépartementaux*** ◊ Dans des conditions légales équivalentes, mais abrégées, deux ou plusieurs conseils généraux peuvent provoquer une entente sur des « objets d'utilité départementale » (CGCT, art. L. 5411-1 et 2, issu des art. 89 et 90 L. 10 août 1871). Mais, il faut voir que la région devenue collectivité territoriale en 1986, altère l'intérêt de ce procédé. Voir par exemple, l'Entente interdépartementale du Bassin du Lot qui, créé en 1980, poursuit une mission d'aménagement de la vallée du Lot en matière hydraulique, économique, touristique et environnementale (remise en navigation de rivières...).

Toutefois, dans l'intérêt de donner un nouveau départ à la coopération interdépartementale restée fantomatique, le droit a évolué dans le sens de la facilitation et de l'approfondissement du regroupement entre départements. Sous la désignation bien peu spécifique « d'institutions et organismes interdépartementaux », des « établissements publics investis de la personnalité civile et de l'autonomie financière »

1. V. C. Bréchon-Moulènes, « Les ententes et les organes de gestion des biens indivis », *Rép. Coll. locales* fasc. 9320-1 s. ; A. Brun et H.-D. Meyer, *Les syndicats intercommunaux, conférences intercommunales, commissions syndicales*, Berger-Levrault, 1954.

peuvent être « librement » créés par la seule volonté concordante de plusieurs départements, même non limitrophes. Ils peuvent associer des communes ou régions et, en cela, constituer un mode de coopération verticale (CGCT, art. L. 5421-1 s.). Dans le premier cas, ils s'administrent comme les départements ; dans le second, comme les syndicats mixtes ouverts.

Voir également l'« agence départementale », établissement public de coopération verticale constitué en vue d'une assistance technique, juridique et financier aux collectivités et à leurs groupements (CGCT, art. L. 5511-1).

2. L'accord de volonté dans la procédure de création de l'institution

591 Il se peut que la création d'un établissement public s'inscrive dans le plongement d'un accord de volonté préalable. Si l'accord de volonté n'a pas l'effet juridique d'un contrat et ne crée pas l'établissement public, il constitue néanmoins la première étape de sa création par laquelle la vocation coopérative de l'établissement se manifeste.

Ainsi, tous les *établissements publics de coopération intercommunale* disposent d'une telle base consensuelle. Mais, en ce que ceux-ci aspirent à se substituer, au moins partiellement, aux communes qu'ils regroupent, ils justifiaient d'être étudiés avec l'organisation des collectivités territoriales, v. ss 446 s.

592 ***Le syndicat mixte*** ◊ Les collectivités territoriales de niveaux différents et autres personnes publiques peuvent se regrouper pour la réalisation d'œuvres ou la gestion d'activités d'intérêt commun. Le *syndicat mixte* donne à ce regroupement le statut d'établissement public (CGCT, art. L. 5711-1 s.). Créé par le décret du 20 mai 1955 et modifié par la loi du 31 décembre 1970 pour l'ouvrir à la gestion de plusieurs activités à la fois, son utilisation ne cesse de se développer. On dissocie le syndicat mixte *fermé* qui n'associe que des communes et leurs EPCI ou des EPCI entre eux (CGCT, art. L. 5711-1, issu de L. n° 04-809, 13 août 2004) et le syndicat mixte *ouvert* composé de collectivités territoriales, de leurs groupements et d'autres personnes publiques, telles les chambres de commerce et d'industrie (CGCT, art. L. 5721-1). Outre leur composition, leur objet et leur régime les séparent, le syndicat mixte ouvert venant plus spécifiquement combler un vide en matière de coopération verticale institutionnalisée et se pratiquant notamment, pour des opérations d'aménagement importantes :

1. *Le syndicat mixte fermé*, eu égard à sa composition et à sa fonction, doit être considéré comme une institution de coopération intercommunale (ramassage des déchets, distribution de l'eau et assainissement, transports en commun...). À cet égard, le droit qui lui est applicable est défini par renvoi aux dispositions communes aux EPCI et à celles du syndicat de communes (il a été jugé, en ce sens, que l'élection des membres du bureau n'étant pas soumise à un scrutin de liste, mais à un scrutin uninominal, la parité entre hommes et femmes ne pouvait être imposée : CE 23 avr. 2009, *Synd. dpt énergie Drôme*, *BJCL* 2009. 413, concl. I. de Silva) En dépit des apparences, le juge administratif ne le considère pas comme possédant la nature d'un EPCI, solution notamment affirmée dans l'intérêt de l'empêcher d'adhérer à un autre syndicat mixte (CE 5 janv. 2005, *Sté eaux du Nord, Lebon* 6 ; *BJCL* mars 2005. 187, concl. E. Glaser ; *JCP Adm.* 2005. 1091, note J. Moreau et 1199, chron E. Glaser et F. Seners ; *AJDA* 2005. 770, note M. Degoffe ; *Rev. Trésor* 2005. 460, obs. J.-L. Pissaloux). Sur la liberté du syndicat mixte fermé de s'organiser en l'absence « de renvoi aux règles applicables aux collectivités territoriales » : CE 27 juill. 2005, *Wadoux et Synd. mixte pour l'aménagement de la côte picarde, RFDA* 2005. 1062, à propos des règles de détermination du rang des vice-présidents du syndicat.

2. L'association dans un *syndicat mixte ouvert* est beaucoup plus libre. Cette liberté se signale dans la variété des personnes publiques appelées à coopérer en son sein (CGCT, art. L. 5721-2, sous la réserve d'au moins une personne territoriale créatrice, collectivité ou établissement public de regroupement) et dans l'organisation de l'établissement où, à défaut de règles légales détaillées, le syndicat obéira à ses propres règles (ainsi, rien n'impose que les délégués aient la qualité de conseillers municipaux : CE 27 juill. 2005, *Maire d'Herry, Coll. terr.* 2005, n° 7, p. 31, note E. Glaser. V. ég. CE 27 juill. 27 juill. 2005, *Synd. mixte pour l'aménagement de la côte picarde, BJCL* 2005, n° 9 p. 620, concl. Seners ; *Coll. terr.* 2005, n° 6, p. 28, note E. Glaser).

Sur les procédures de fusion des syndicats mixtes introduites par la L. n° 04-809, 13 août 2004, V. CGCT, art. L. 5711-2 et L. 5721-2 II.

À la différence de la plupart des établissements publics, le syndicat mixte n'a pas vocation à constituer un mode d'administration permanent et peut être dissous dans des cas très divers : après avoir réalisé l'opération programmée, à l'expiration de sa durée statutaire, après deux ans d'inactivité... (CGCT, art. L. 5212-5, L. 52-12-33 et L. 5721-7) [1].

V. C. envir., art. L. 333-3, issu de L. n° 06-436, 14 avr. 2006 pour le syndicat mixte d'aménagement et de gestion des parcs naturels régionaux et C. urb., art. L. 122-4 pour le syndicat mixte chargé d'élaborer le schéma de cohérence territoriale.

593 ***Pôle métropolitain*** ◊ Institué par la loi n° 2010-1563 du 16 décembre 2010, le pôle métropolitain n'est pas une nouvelle catégorie institutionnelle : il est un type de syndicat mixte fermé et trouve sa place au sein du Code général des collectivités territoriales dans le livre qui lui est consacré (CGCT, art. L. 5731-1 s.). La loi n° 2014-58 du 27 janvier 2014 le réforme

1. V. M. Degoffe, « Les syndicats mixtes », *Rép. Coll. locales* fasc. 9342-1 ; E. Faure, *Le syndicat mixte*, Syros, 1998 ; G. Lebreton, « Syndicats mixtes et politiques intercommunales », *AJDA* 2004. 910 ; « La réforme des syndicats mixtes dans le projet de loi relatif aux "responsabilités locales" », *Coll. terr.* 2004. 30 ; E. Mella, « Syndicats mixtes », *J.-Cl. Coll. Terr.* fasc. 280 ; B. Pierre-Vantol, « Le droit des syndicats mixtes locaux : réflexions d'actualité », *RD publ.* 2009. 51 ; A. Taillefait, « L'évolution des règles des syndicats mixtes ouverts », *Dr. adm.* 2006. 19 ; M. Verpeaux, « Les collectivités territoriales et le nouvel établissement public de gestion de La Défense », *AJDA* 2007. 1072.

pour en faciliter le recours. Regroupant normalement des EPCI à fiscalité propre dont l'un au moins a plus de 10 000 habitants, il offre un cadre souple pour leur collaboration autour de projets fédérateurs déterminants pour l'aménagement de leur territoire qui est celui des grandes zones urbaines proches mais non forcément continues (développement économique, promotion de la recherche et de l'enseignement supérieur, développement de la culture...).

Constitué exclusivement d'EPCI, le pôle métropolitain suit le modèle du syndicat mixte fermé (CGCT, art. L. 5711-1). Toutefois, la loi du 27 janvier 2014, en ce qu'elle autorise l'adhésion des régions et des départements, rend également applicable le régime du syndicat mixte ouvert (art. L. 5721-2).

Cette collaboration pouvait se réaliser par le jeu normal du droit des syndicats mixtes fermés et le pôle métropolitain n'ajoute rien à ce que ces derniers pouvaient déjà faire. De telle manière que les différences apparaissent, non dans les possibilités, mais dans les conditions restrictives qui vont marquer l'obtention du statut de pôle métropolitain : celui-ci ne peut intégrer des communes parmi ses membres, sa création se fait à l'unanimité de ses membres – sans condition de continuité territoriale –, sa composition de son assemblée délibérante est assise sur le poids démographique de ses établissements membres, ses compétences portent sur des actions d'intérêt métropolitain énumérées par la loi. Il ne peut s'en créer en région Ile-de France.

Le pôle métropolitain a plutôt été bien accueilli : c'est dans huit cas que les EPCI y ont eu recours au 1er janvier 2013, une vingtaine étant en projet. Les raisons du succès sont diverses. Néanmoins, une vocation les caractérise : permettre le regroupement en réseau d'agglomérations discontinues. Par exemple, le « Sillon lorrain » constitué le 18 décembre 2011 autour des quatre agglomérations de Thionville, Metz, Nancy et Épinal dans le but de soutenir leur attractivité économique [1].

594 ***Entente interrégionale*** ◊ En dépit de sa dénomination, elle va plus loin que les ententes précédemment étudiées. Elle prend le statut d'établissement public et constitue une véritable *fédération de régions limitrophes* appelée à se substituer à elles pour les compétences mises en commun (CGCT, art. L. 5621-1 s.). À cet égard, elle agit à égalité de droit avec les régions. La formule selon laquelle le conseil de l'établissement « règle par ses délibérations des affaires relevant de (sa) compétence » désigne l'entente comme un organe spécialisé de substitution. En outre, la loi l'habilite expressément à assurer la cohérence des programmes des régions membres et à conclure, avec l'État, des contrats de plan « au lieu et place » des régions qui la composent. Renforçant l'analogie avec la région, l'entente est organisée selon des règles expressément transposées du droit régional. À l'instar du cas des EPCI, l'État est maître de leur création. Après délibérations concordantes de tous les conseils régionaux concernés, celle-ci procède d'un décret en Conseil d'État.

Cette formule audacieuse, par laquelle toute forme de coopération interrégionale moderne doit passer, est l'œuvre de la loi n° 92-125 du 6 février 1992 entendant la

1. Deschamps, « Métropole et pôle métropolitain dans la loi du 16 décembre 2010 de réforme des collectivités territoriales », *AJDA* 2011. 1128, A. Taillefait, « les pôles métropolitains et les pôles d'équilibre territoriaux et ruraux », *AJDA* 2014. 625.

voir supplanter les anciens modèles de coopération dépassées en tant que liées au statut révolu d'une région établissement public (conventions et institutions d'utilité commune, art. L. 5611-1 issu de la loi n° 72-619 du 5 juill. 1972). Elle ne trouve cependant pas de succès. On peut toutefois mentionner l'entente créée entre la Haute et la Basse Normandie dans le cadre de la signature des contrats de plan 2000-2006 en vue de projets communs de coopération aéroportuaire, portuaire et maritime [1].

595 ***Pôle d'équilibre territorial et rural*** [2] ◊ C'est le dernier né des structures de collaboration qu'offre le législateur du 27 janvier 2014 aux EPCI à fiscalité propre qui éprouvent le besoin de se rapprocher. Il prend même l'allure de formule privilégiée, les syndicats mixtes, groupements d'intérêt public, associations ou pays qui en remplissent les conditions étant appelés à se transformer à son profit. Mais c'est plus précisément la disparition programmée des pays par la loi du 16 décembre 2010 qui en faisait sentir l'intérêt (v. ss 604).

Aucune collectivité territoriale ne pouvant y adhérer, ses règles sont celles du syndicat mixte fermé (CGCT, art. L. 5711-1), réserve faite des dispositions particulières - nombreuses et détaillées - qui aggravent l'impression que le droit de la collaboration entre administrations décentralisées évolue toujours dans le sens d'une considérable diversification. Il est même plus aisé de prendre connaissance des ces PETR à partir de leurs dispositions particulières, le régime général du syndicat mixte n'ayant pas tant de portée :

- Il est administré par un conseil syndical dont la répartition des sièges entre les EPCI qui le composent doit tenir compte du poids démographique de chacun dans certaines limites habituelles de représentation. Sa mission est éclairée par des organes secondaires qui lui sont adjoints pour avis : une conférence des maires des communes concernées et un conseil de développement territorial qui unit des personnalités extérieures (CGCT, art. L. 5741-1 II et III).
- Le rôle du PETR est spécifié en rapport avec un « projet de territoire » (CGCT, art. L. 5741-2 I) établissant des actions décidées en matière de « développement économique, d'aménagement de l'espace et de promotion de la transition économique ». Il n'est pas si évident d'identifier l'auteur réel d'un tel projet établi par le pôle « en partenariat » avec les EPCI membres et « pour leur compte », et auxquels les conseils généraux et régionaux intéressés peuvent être « associés ». Il est à suppposer que l'« intérêt territorial » porté par ce projet doit demeurer compris dans le cadre des compétences communes aux EPCI membres. La mise en œuvre du projet nécessitera la conclusion d'une « convention territoriale » entre les acteurs impliqués. Ceux-ci seront appelés à mutualiser certains de leurs services à cette fin (CGCT, art. L. 5741-2 II et III).
- La constitution d'un PETR n'étant subordonné à aucune référence d'ordre démographique, cette structure doit être regardée comme polyvalente, également pratiquable en zone rurale et urbaine.

1. V. F. Moderne, « La coopération entre les régions », *LPA* 27 déc. 1985 ; F. Sudre, « La nouvelle coopération interrégionale », *in Mélanges Péquignot*, Montpellier, 1984, p. 661.

2. A. Taillefait, « Les pôles métropolitains et pôles d'équilibre territoriaux et ruraux », *AJDA* 2014. 625, H.Pauliat, « Le pays est mort… vive le pôle d'équilibre territorial et rural ! », *JCP Adm.* 2014 n° 2051.

C. Les contrats de détermination d'actions décentralisées

596 ***Objet*** ◊ La coopération entre personnes publiques peut être génératrice de contrats visant à programmer des opérations communes, qu'il s'agisse d'aménagement, d'équipement, de sécurité, d'actions sociales... Tout type de personne publique (État, collectivité territoriale, établissement public) est susceptible de s'engager dans ce but. Mais, en règle générale, l'accord se conclut entre deux personnes géographiquement inégales, la personne supérieure consentant un avantage financier ou technique à la personne inférieure en vue d'une opération à la réalisation de laquelle cette dernière engagera ses compétences.

597 ***Problématique générale*** ◊ Ce type de contrat est apte à résoudre les problèmes posés par la discontinuité des pouvoirs publics. Chaque collectivité, limitée dans ses compétences, ses ressources et ses moyens matériels et humains, ne peut apporter aux besoins d'intérêt général qu'une satisfaction partielle. C'est pourquoi, le contrat peut permettre de résoudre les problèmes qui les débordent en leur donnant le moyen d'agir de concert. Il offre, de surcroît, l'intérêt d'une administration coordonnée évitant les désordres, les doubles emplois et le gaspillage.

Mais, le problème est que le contrat ne permet pas de laisser libres les collectivités sur les questions qui demandent un traitement global. En cela, son utilisation œuvre à l'encontre de l'idée de décentralisation. Celui-ci substitue à la différenciation des tâches entre personnes publiques voulue par la politique de décentralisation, la loi commune à laquelle elles se sont liées pour les besoins d'autres politiques publiques. Et inévitablement, l'État se place à l'interconnexion de ces politiques s'il ne les décide pas lui-même. C'est essentiellement dans la concrétisation de ses politiques de planification économique et de planification de l'espace que se recrute ce type de contrat. Ce qui signifie que les collectivités territoriales sont amenées à intervenir dans des domaines ou pour des causes dont l'État reste maître mais qui ne peuvent efficacement se dispenser de leur concours [1].

Les règles de compétence des personnes publiques peuvent entraîner un certain nombre de contraintes sur l'utilisation de ces contrats. Sachant que les personnes décentralisées peuvent se voir ainsi engagées dans la réalisation d'opérations d'intérêt global, se pose le problème du respect du *principe de spécialité* propre à chacune d'elles et qui leur interdit d'étendre leur action au-delà des compétences qui leur ont été octroyées par la loi. L'effet de ce principe n'est pas très contraignant pour le statut de collectivité publique dont la spécialité est affirmée en des termes si généraux qu'il suffira d'identifier un lien quelconque entre l'objet ou les retombées du contrat et l'intérêt que la population locale peut en retirer pour admettre la capacité de la collectivité à contracter. Il en va tout autrement des établissements

1. Sur la logique d'opposition entre la politique de décentralisation et la politique d'aménagement du territoire, « par essence, centralisatrice », v. Y. Jegouzo, « Planification de l'aménagement du territoire et décentralisation », *in Mélanges Moreau*, Economica, 2002, p. 219.

publics, notamment des EPCI dont le développement autour de projets communaux communs appelle la passation de contrats dont on suspecte qu'ils ne servent de moyen d'outrepasser leurs compétences *rationae loci* et *rationae materiae* [1].

1. Coopération contractuelle et planification économique

598 ***Planification « décentralisée »*** ◊ La planification procède de la considération qu'une économie avancée et complexe ne peut se dispenser d'une programmation s'efforçant d'ordonner et de stimuler la croissance nationale. De l'année 1947 (« Plan Monnet », Décr. 16 janv. 1947) jusqu'au début des années 1990, la France a ainsi tenté d'ordonner son développement économique général par recours à la planification d'objectifs pluriannuels (cinq ans le plus souvent) dont on attendait qu'ils conditionnent le comportement des acteurs économiques et sociaux, qu'ils rationalisent les visées de l'administration.

Avec la loi n° 82-653 du 29 juillet 1982 portant réforme - c'est-à-dire relance - de la planification, celle-ci s'est voulue « décentralisée ». Mais dans quelle mesure cette affirmation s'est traduite en droit et en fait ? L'influence du plan s'est sans doute trouvée davantage assurée par l'information qu'il prend en compte des régions dans sa phase d'élaboration et les procédés d'action indirecte, tel le contrat avec les autres personnes publiques et privées, que par un pouvoir de commandement qui ne lui a jamais appartenu. Nonobstant, les choix qui sont à la base d'une planification sont essentiellement des choix de politique d'État et impliquent qu'on le veuille ou non, des impératifs sur les diverses directions dans lesquelles peut se développer la société. Or, ces impératifs s'harmonisent plus ou moins bien avec le respect de la libre administration des collectivités lorsque celles-ci doivent s'engager avec l'État dans l'exécution contractuelle du plan. Le recours au contrat témoigne néanmoins d'un besoin nettement ressenti d'une mise en cohérence entre les objectifs nationaux d'une part, régionaux et locaux de l'autre. Il était sans doute impossible de traiter les problèmes du développement économique général sans y intégrer les préoccupations de développement propre à chaque niveau de collectivité. En ce sens, la planification économique ne s'est jamais faite tout à fait à part de l'aménagement du territoire (rénovation urbaine, maintien des services publics, dynamisation des zones rurales).

Sans doute, aujourd'hui, l'appel aux solutions libérales face aux problèmes de ralentissement économique et le développement d'un marché communautaire ont eu raison de cette pratique du plan au début des années 1990. Mais celui-ci a disparu non sans laisser subsister ses

---

1. V. à propos des contrats d'agglomération, J.-P. Bouant, « Les contrats d'agglomération : l'intercommunalité de projet à l'épreuve du principe de spécialité », *AJDA* 2004. 905, V. ég., M. Degoffe et J.-D. Dreyfus, « Transferts de compétences et conventions dans le droit de l'intercommunalité », *AJDA* 2001. 807.

éléments d'exécution contractuelle qui demeurent les vecteurs privilégiés de distribution des aides de l'État, ce qui leur confère un rôle primordial pour le financement des collectivités territoriales. Après la 4e et dernière génération des 26 contrats de plan État-régions sur la période 2000-2006, ils ont pris le nom de « contrat de projet » à partir de la période suivante 2007-2013 (CPER).

599 ***Catégories de contrats d'exécution du plan*** ◊ Les contrats conclus entre l'État et les communautés urbaines ont constitué la première génération des contrats de plan. Dans le cadre du VIe plan, le décret n° 70-1221 du 23 décembre 1970 (abrogé depuis) prévoit leur passation pour une durée de trois ans et dans l'intérêt de développer des équipements d'infrastructure urbaine que l'État s'engageait à financer ou subventionner.

Après l'expérience des « contrats de plan » apparus sur le fondement du plan intérimaire pour 1982-1983 (L. n° 82-6, 7 janv. 1983), la technique s'est officialisée et généralisée permettant à l'État de conclure avec les collectivités territoriales, et, au premier chef, les régions, les entreprises publiques ou privées de tels contrats portant des engagements réciproques en vue de l'exécution du plan et de ses programmes prioritaires (art. 11 s. L. n° 82-653, 29 juill. 1982). La liberté contractuelle trouve pour seule véritable contrainte de pourvoir à la réalisation d'objectifs compatibles avec ceux du Plan de la nation. Les moyens de mise en œuvre des contrats de plan sont définis par des « contrats particuliers » qui constituent une catégorie de contrats d'exécution de contrats. Ce sont les exemples des contrats d'agglomération ou des contrats de pays.

La région faisait figure de partenaire privilégié pour l'élaboration et l'exécution du Plan national qui se voulait ainsi une œuvre collective. Sous le régime de la loi du 29 juillet 1982, le *contrat de plan État-région* constitue le droit commun pour l'exécution du Plan de la nation. Celui-ci était élaboré conjointement avec le préfet et suivait des modalités par lesquelles l'État (par son Comité interministériel d'aménagement du territoire) se réservait un pouvoir d'approbation dans les étapes de sa procédure d'élaboration. En contrepartie, la région était appelée à se doter d'un *plan de région* dans des conditions de plus grande liberté sous la réserve, toutefois, – hormis un certain nombre de consultations obligatoires (des départements et du conseil économique et social de la région) – de ne pas heurter les objectifs du Plan de la nation. Il apparaissait sans doute difficile en donnant un nouveau statut à la planification de se placer à contre-courant de la loi sur les « libertés » des collectivités votée cinq mois plus tôt. À l'instar du Plan de la nation, les plans régionaux prenaient effet par les *contrats régionaux de plan* passés entre chaque région et les autres collectivités ou personnes morales situées sur son territoire [1].

600 ***Nature du contrat de plan : le critère de la précision des engagements*** ◊ Les solutions du droit positif ne sont pas encore nettes et jettent le doute sur la valeur contraignante des engagements souscrits en

1. V. J.-C. Douence *et alii*, *L'action économique locale, décentralisation ou recentralisation*, Economica, 1988 ; P. Delvolvé, *Droit public de l'économie*, Dalloz, coll. « Précis », 1998, p. 333 s.

son nom. À s'en tenir aux termes de la loi du 29 juillet 1982, les contrats de plan referment des « engagements réciproques » et « sont réputés ne contenir que des clauses contractuelles » (v. ég. art. 140, L. 15 mai 2001). Nonobstant, dans le souci de ne pas aliéner la politique de l'État à des prévisions d'action trop générales sur des périodes trop longues, le juge administratif a estimé nécessaire de ne pas attacher de sanction à l'inexécution d'un tel contrat. Celui-ci constitue donc un engagement qui lie moralement, mais pas juridiquement ses parties, à l'image d'un « protocole d'accord » (Y. Madiot) (1). Cette orientation semble cependant limitée, par la jurisprudence la plus récente, en considération de la précision des engagements contractés (2).

1. En ce sens, le contrat de plan « n'emporte, par lui-même, aucune conséquence directe quant à la réalisation effective des actions ou opérations qu'il prévoit » : CE 25 oct. 1996, *Assoc. Estuaire-Écologie, Lebon* 2 ; *RFDA* 1997. 339 concl. J.-H. Stahl et note Y. Madiot ; *D.* 1997. 441, note C. Le Noan, s'agissant d'un programme d'extension des installations du port autonome de Saint-Nazaire conclu entre l'État et la Région des Pays-de-Loire ne pouvant porter atteinte aux intérêts de l'association écologiste requérante.

2. La solution doit pouvoir être renversée « à la condition que les stipulations du contrat de plan (...) soient de nature à léser le requérant de façon suffisamment certaine et directe », notamment en raison de la précision des engagements pris (CE 19 nov. 1999, *Féd. syndicaliste FO des travailleurs des postes et Télécommunications, Lebon* 354 ; *LPA* févr. 2005. 5, note M. Lombard, s'agissant d'un contrat de plan entre l'État et la Poste). En dépit de l'échec d'un projet de loi visant à la « sécurisation » des contrats de plan État-régions en prévoyant d'indemniser les cas d'inexécution (proposition n° 630 du 13 févr. 2003), la jurisprudence tend à s'orienter dans ce sens (CAA Nantes, 30 déc. 2005, *Étab. public Loire, Lebon* 764-968 ; *AJDA* 2005. 1165, note J.-D. Dreyfus, affirmant le droit d'obtenir réparation, en l'absence de toute stipulation y faisant obstacle, du préjudice résultant pour un établissement public de la résiliation unilatérale du contrat de plan avec qui l'État s'était lié, CE 21 déc. 2007, *Région Limousin, Lebon* 534 ; *JCP Adm.* 2008. 2050, note J.-M. Pontier, s'agissant de la mise en jeu de la responsabilité de l'État résiliant unilatéralement le projet « qui le liait » à la région requérante pour la réalisation d'une liaison ferroviaire par train pendulaire).

2. Coopération contractuelle et planification de l'espace

601 ***Aménagement du territoire*** ◊ L'aménagement du territoire ne procède pas, au départ, des mêmes préoccupations que la planification économique. Cette dernière est axée sur des résultats globaux et considère l'économie nationale comme un ensemble indivisible ; la première obéit à l'intérêt d'une « géographie délibérée » : elle s'efforce de corriger les inégalités territoriales inhérentes à l'activité économique qui tend à concentrer les richesses auprès des plus grandes zones urbaines. L'État estime qu'il est de sa responsabilité de remettre en cause le *statu quo* par une politique interventionniste et discriminatoire visant à mieux répartir la concentration des forces de production et à restructurer les villes. Et, à partir d'une

organisation plus rationnelle des activités, il entend installer des conditions plus favorables au développement économique et résorber les effets sociaux négatifs nés des écarts de croissance.

On doit constater que le déclin de la politique de planification économique n'a pas eu, tout au contraire, d'impact négatif sur celle d'aménagement du territoire qui fait l'objet des attentions les plus soutenues du législateur depuis les années 1990. La réforme du « Grand Paris » par la loi du 3 juin 2010 en donne une des dernières illustrations (v. ss 430).

602 ***Statut scientifique du droit de l'aménagement du territoire*** ◊ La difficulté vient de ce que l'aménagement du territoire fait figure de politique transversale et que les règles par lesquelles cette politique se concrétise ne s'appliquent pas à un objet qui soit particulier et nettement identifiable. Sans doute ces règles trouvent-elles précisément leur spécificité dans leur commune préoccupation à prendre en compte les inégalités territoriales. Mais alors, il faut les suivre dans chaque domaine ou chaque discipline dans lequel cette préoccupation est susceptible de trouver application (ville, territoires ruraux, services publics, environnement urbanisme, logement...) [1]. Cette prise de conscience faite, il sera difficile de clôturer la matière étudiée sans une part d'arbitraire. Voir essentiellement L. n° 95-115, 4 févr. 1995, *d'orientation et de développement du territoire* ; n° 99-533, *d'orientation pour l'aménagement et le développement durable du territoire et portant modification de la loi du 4 févr. 1995* ; n° 00-1208, 13 déc. 2000, *relative à la solidarité et au renouvellement urbain* ; n° 02-142, 22 janv. 2002, *relative à la Corse* ; n° 03-710, 1er août 2003, *d'orientation et de programmation pour la ville et la rénovation urbaine* ; n° 05-157, 23 févr. 2005, *développement des territoires ruraux* ; n° 06-872, 13 juill. 2006, *portant engagement pour le logement ;* n° 09-967, 3 août 2009 et n° 10-788, 12 juill. 2010, dites *Grenelle 1 et 2 de l'environnement* ; n° 10-597, 3 juin 2010, *relative au Grand Paris*, projet « Ville de demain » (Cons. min. 20 oct. 2010).

603 ***Aménagement du territoire et décentralisation*** ◊ Entre ces deux politiques s'établissent des rapports ambigus. Si la première ne peut s'avérer pertinente sans être décidée au plan global où se constatent les inégalités de développement, la seconde ne peut totalement lui être sacrifiée. Leur conjonction s'avère même nécessaire pour traduire une prise de conscience sur l'interdépendance des problèmes affrontés et la nécessité d'un dialogue entre tous les acteurs publics pour leur apporter une solution adaptée. Préoccupation dont rend compte l'article 1er de la loi du 25 juin 1999 selon lequel la politique d'aménagement du territoire « est conduite... dans le respect des principes de la décentralisation ». On peut

1. Sur l'évolution actuelle dans le sens de la fragmentation des politiques d'aménagement du territoire par défaut d'inspiration globale : J.-M. Pontier, « L'aménagement du territoire, rêve enfui », *AJDA* 2013. 2302.

en déduire que l'aménagement du territoire s'affiche comme une *compétence partagée entre l'État et les collectivités*. Toutes choses égales par ailleurs, l'État restant largement maître des modes d'élaboration de la discipline.

L'aménagement du territoire, qui a longtemps été regardé comme la prérogative exclusive de l'État, s'efforce désormais de faire une plus large place aux instances décentralisées tant au niveau de son élaboration que de la réalisation. Il s'est, en effet, avéré que la réussite des opérations d'aménagement dépendait largement de l'adhésion des milieux locaux comme a pu en témoigner la résistance des collectivités à la politique des villes nouvelles dans les années 1960-1970.

Le rôle centralisateur de l'État se maintient néanmoins aujourd'hui plus particulièrement dans *l'élaboration des normes de planification*. S'il garde sa pleine responsabilité sur les normes nationales (notamment avec les *schémas de services collectifs* mais demeurés sans application), il entend tout autant rester maître des plans régionaux nonobstant la vocation des collectivités territoriales à régir leur territoire. Ainsi, les lois du 4 février 1995 et du 25 juin 1999 habilitent les régions à adopter des *schémas régionaux d'aménagement et de développement du territoire* (SRADT) mais leur seule portée contraignante consiste à établir des données de référence pour la négociation des contrats de plan État-région (art. 34 L. 7 janv. 1983 modifié). Le *schéma directeur de la région Ile-de-France* (SDRIF) est élaboré par la région « en association » avec l'État, mais nécessite une approbation par décret en Conseil d'État (C. urb., art. L. 141-1). C'est aussi le cas des schémas d'aménagement régionaux des régions d'outre-mer (CGCT, art. L. 4433-7). La responsabilité de l'État s'exerce quasiment sans partage sur les *directives territoriales d'aménagement et de développement durable* (C. urb., art. L. 111-1-1, modifié par L. 12 juill. 2010), encore que les communes, départements et régions participent désormais à leur procédure d'élaboration. S'ajoute à cela le fait que ces normes, hormis les SRADT, s'imposent aux collectivités dans l'exercice de leurs compétences d'urbanisme (schémas de cohérence territoriale, plans locaux d'urbanisme) sur lesquels l'État étend ainsi indirectement son pouvoir.

Toutefois, le contrat fait figure d'instrument privilégié pour corriger le tour directif gardé par la politique d'aménagement du territoire et obtenir la mobilisation des collectivités sur ses objectifs. Plaçant théoriquement les partenaires sur un pied d'égalité, il fournit un des moyens de réalisation non négligeables de cette politique. L'État accepte de partager ses responsabilités tout en orientant géographiquement ses investissements dans le sens de la solidarité nationale dont il demeure le gardien. On signalera quelques catégories de contrats susceptibles de s'inscrire dans cette perspective [1].

604 ***Catégories de contrats liés à l'aménagement du territoire*** ◊ À l'origine, la politique des contrats entre l'État et les communautés urbaines a été étendue aux villes moyennes, un grand nombre de villes entre 20 000 et 100 000 habitants ayant été admises à passer de tels contrats utiles à leur développement. La pratique s'est étendue plus tard aux campagnes, avec les contrats de pays, dans l'intérêt de juguler leur dépérissement économique et social. Cette activité contractuelle se manifeste donc particulièrement

1. V. Y. Jegouzo, « Planification de l'aménagement du territoire et décentralisation », art. préc. v. ss 597 en note ; N. Lerousseau, « Le contenu des compétences locales en matière d'aménagement de l'espace », *BJCL* 2011. 36.

dans le cadre de la « politique de la ville » (centrée sur les problèmes posés à la ville en faisant collaborer les compétences respectives de l'État et des communes), mais pas exclusivement :

– *Contrats d'agglomération.* Ils sont passés à l'initiative des communautés d'agglomération ou des communautés urbaines avec L'État, la région, voire le département concerné sur la base d'un projet de développement sur les politiques classiques de transport, d'éducation, de développement économique... Le contrat d'agglomération peut également inclure un contrat de ville au titre de son volet « cohésion sociale et territoriale ». La contribution des collectivités contractantes au projet préparé par l'agglomération demeure essentiellement financière.

– *Contrats de ville.* Nés du IXe plan (1994-1998), ils sont conclus entre une collectivité territoriale et l'État en vue du développement social urbain d'une agglomération ou d'une commune. Leur contenu porte prioritairement sur les quartiers les plus difficiles dans l'intérêt de les réintégrer à l'ensemble de la cité au moyen d'actions sur les services publics, l'habitat les transports, l'action économique et la prévention de la délinquance. Sous la dénomination de *contrat urbain de cohésion sociale*, la génération 2007-2013 des contrats de ville élargit ses préoccupations à l'emploi, la réussite éducative et la santé. La loi n° 2014-173 du 21 février 2014 donne un fondement légal et un statut à ces contrats de ville qui préservent leur homogénéïté : leur vocation plurisectorielle et leur intérêt intercommual s'y trouvent confirmés. Des « conseils de citoyens » collaborent à cette politique contractuelle. S'y ajoutent les *Contrats locaux de sécurité.* Signés par l'État et les collectivités locales ils visent à prévenir les risques de délinquance en organisant l'établissement d'un diagnostic en concertation entre les intéressés avant de fixer les actions à entreprendre et leurs moyens d'exécution. Ils sont financés par les contrats de villes (Circ. 28 oct. 1997, *JO* 30 oct. 1997. 15757) [1]. Mais, sur les 672 contrats locaux de sécurité signés au 1er juin 2005, le tiers n'avait plus d'activité, le problème concernant surtout les petites et moyennes communes. Leur sort justifiait de nouvelles attentions de la part du législateur, ce qui est fait avec la loi n° 07-297 du 5 mars 2007 relative à la prévention de la délinquance qui institue une nouvelle génération de contrats locaux de sécurité pour la période 2008-2011 et la loi n° 11-267 du 14 mars 2011 d'orientation et de programmation pour la réforme de la sécurité intérieure qui reprend en considération le rôle des communes dans la lutte contre la délinquance à partir de ce type de contrat.

– *Contrats de site.* Ils sont apparus en 2003 dans l'intérêt d'aider les territoires particulièrement frappés par les restructurations industrielles – notamment dans le textile et l'armement – à réactiver leur économie et à créer des emplois. Une vingtaine avait été signée fin 2010.

1. À propos du constat sévère dressé par la Cour des comptes sur la politique de la ville, *AJDA* 2007. 2114.

– *Contrats publics d'aménagement*. Classiquement désignés de « concessions » dans les cas où ces contrats sont passés entre une collectivité publique et une société d'économie mixte ou un établissement public et se rapportent à des opérations d'aménagement c'est-à-dire des actions entreprises en vue d'assurer la mise en valeur des territoires, la compensation de certains écarts zones urbaines-zones rurales, ainsi que la restructuration de grandes agglomérations, la protection d'espaces sensibles, la politique de l'habitat, le développement des loisirs et du tourisme... (C. urb., art. L. 300-4, issu de l'art. 1er L. n° 05-809, 20 juill. 2005 modifiée).

- *Contrats de pays*. Le « pays » (art. 22 à 24, L. 4 févr. 1995) avait fait un retour remarqué - autant qu'utile - au principe d'une activité publique correspondant à un territoire naturel. Il servait ainsi de cadre territorial précisément reconnu pour sa « cohésion géographique culturelle, économique ou sociale, à l'échelle d'un bassin de vie ou d'emploi » (art. 22, L. 4 févr. 1995) pour lequel un contrat - ou charte - de pays signé entre les collectivités ou EPCI à fiscalité propre créateurs définissait un projet commun de développement. Discrètement apparu par une décision du Comité interministériel à l'aménagement du territoire du 11 avril 1975, ce contrat de pays devait son intérêt au besoin de revitaliser économiquement et socialement les zones rurales, d'y maintenir la population, les services publics de base (poste, école), les animations sociales et culturelles. Il avait, depuis, fait l'objet de retouches législatives constantes qui en approfondissaient l'aspect et en facilitait la pratique.

Sa vocation n'était donc pas celle d'un échelon d'administration exerçant des compétences décentralisées et qui, au demeurant, trouverait mal sa place entre les niveaux intercommunal et départemental préexistants. Toutefois, si le pays était dépourvu de la personnalité morale, il présentait néanmoins une amorce d'institutionnalisation dans la mesure où il avait fallu prévoir la mise en place, sur le territoire qu'il délimite, de structures pour l'exécution du projet.

Fatalement porteur d'illusions au regard de l'ambition à laquelle il s'associait de redynamiser le monde rural, et susceptible d'entrer en concurrence avec les EPCI classiques qui prospèrent, le pays ne pouvait toutefois passer pour un gadget institutionnel de plus, notamment lorsqu'il prenait forme autour de projets précis (politique de l'enfance, valorisation des côtes maritimes...).

Le souci de simplifier la géographie administrative a eu raison du « pays ». L'article 52 de la loi n° 2010-1563 du 16 décembre 2010 en organise disparition en empêchant la constitution de tout nouveau pays. La loi n° 2014-58 du 27 janvier 2014 (v. QPC n° 2014-405 20 juin 2014) l'invite à se transformer en pôle d'équilibre territorial et rural, syndicat mixte fermé à staut particulier (CGCT, art. L. 5741 s.) (v. ss 595). Il existait encore 310 pays au 1er janvier 2013.

- *Les contrats de développement territorial*. Ils associent les communes et EPCI parisiens à la réalisation des objectifs de la réforme du « Grand

Paris » (L. 3 juin 2010, v. ss 430). À cette fin, les priorités communales en matière d'aménagement du territoire et de développement économique (ce qui n'a rien de restrictif : logement, équipement commercial, sportif, culturel, transports...) feront l'objet d'une prévision et d'un engagement contractuel, les documents d'urbanisme ne pouvant s'en écarter. Il s'agit donc d'une curiosité pour un domaine touchant à la police administrative où les formules contractuelles sont normalement prohibées. Ces contrats seront financés par une partie de l'enveloppe budgétaire prévue au titre des contrats de projet État-régions 2007-2013. Signe de leur importance, le projet de contrat est soumis à enquête publique.

605 ***Nature de l'engagement*** ◊ La doctrine a souvent dénoncé en matière d'aménagement du territoire, d'urbanisme, d'action culturelle et sociale le recours à des procédures « pseudo-contractuelles » à travers lesquelles l'État exercerait sa propre politique dont les collectivités seraient les exécutrices volontaires. La forme contractuelle de l'acte masque son contenu unilatéralement déterminé, constitué par des programmes d'actions ou de subventions préétablis. Ces programmes sont acceptés mais non librement négociés par les collectivités. C'est l'exemple des contrats de pays par l'intermédiaire desquels l'État s'engage à maintenir l'existence d'un certain nombre de services publics de proximité (école, poste...) sur la base d'une circulaire préalable.

La théorie de l'acte-mixte a été dégagée pour rendre compte de cette réalité. V. A. de Laubadère, F. Moderne et P. Delvolvé, *Traité des contrats administratifs*, LGDJ, 1983, n° 394 s. Pour une vision plus égalitaire des rapports contractuels entre l'État et les collectivités : G. Marcou, « Les contrats entre l'État et les collectivités territoriales. Réflexions sur les problèmes juridiques et administratifs », *AJDA* 2003. 982. V. ég., V. Lewandowski, « Le contrat local de sécurité est-il un véritable contrat administratif ? », *Dr. adm.* janv. 2002. 9.

Il faut aussi considérer qu'il a pu être jugé que des contrats relatifs à l'aménagement du territoire devaient être regardés comme présentant le « caractère de contrat susceptible de mettre en jeu la responsabilité contractuelle de l'État » (CE 21 déc. 2007, *Région Limousin*, préc.) ou du département défaillant vis-à-vis de ses engagements (CAA Bordeaux 16 juill. 2013, *Département du Tarn-et-Garonne*, *AJDA* 2013. 2213, note J.-D. Dreyfus, à propos d'un contrat d'agglomération conclu entre la communauté d'agglomération, l'État, la région et le département).

606 ***Qualification de l'engagement*** ◊ Il n'y a pas lieu d'hésiter outre mesure sur la *qualification de contrat administratif* attachée à la catégorie de ceux ici étudiés. Outre le fait que la condition organique se trouve satisfaite par hypothèse (par la signature de deux personnes publiques), l'objet contractuel n'échappe pas à ceux d'un contrat administratif. Celui tiré de la participation même au service public se trouve notamment satisfait dans les cas où une collectivité publique (État, région...) s'engage à prêter son concours financier ou technique à l'action des collectivités territoriales.

Par transposition, la solution peut trouver son fondement jurisprudentiel dans l'arrêt, CE 26 juin 1974, *Sté La Maison des Isolants de France*, *RD publ.* 1974. 1486, note J.-M. Auby, s'agissant de la qualification de contrat administratif du contrat par lequel une commune accorde des avantages à une entreprise s'installant sur son territoire ; un tel contrat se présentant comme une modalité de l'exécution par la collectivité de ses missions de service public.

Du fait qu'il s'agit d'un contrat passé entre deux personnes publiques, on doit s'attendre à ce que les privilèges de modification et de résiliation unilatérale, réservés même sans texte à la partie administrative du contrat et s'exerçant à l'encontre de la partie privée, paraissent inappropriés. La solution contraire reviendrait à réinstaller entre l'État et les collectivités secondaires une tutelle dont le recours au contrat marquait précisément l'obsolescence. Nonobstant, la jurisprudence n'a pas pris de position claire et constante sur la question. Par exemple, CE 29 juin 1990, *Sté ERIC, Lebon* 862 s'agissant de l'utilisation du pouvoir de résiliation et de modification unilatéral à propos d'un contrat de délégation de maîtrise d'ouvrage d'un OPHLM à l'État, CE 21 déc. 2007, *Région Limousin* : préc., à propos de l'utilisation du pouvoir de résiliation unilatérale de l'État pour motif d'intérêt général, en raison de la faible rentabilité du projet de liaison ferroviaire.

§ 2. La liberté contractuelle dans l'ordre international

607 ***« Coopération décentralisée » et « action extérieure » des collectivités*** [1] ◊ Les deux expressions se pratiquent pour désigner les relations de collaboration qu'entretiennent les collectivités territoriales françaises avec leurs homologues étrangères, de même niveau ou non. Celle d'action extérieure bénéficie de l'antériorité. Mais celle de coopération décentralisée tend à prendre les commandes en ce qu'elle acquiert de la loi le statut de terminologie officielle (1re partie, livre 1er, titre unique, chap. V, CGCT issu de L. n° 92-125, 6 févr. 1992 modifiée).

Son contenu juridique est également réputé plus précis en désignant exclusivement les cas où les actions internationales sont engagées par voie contractuelle, alors que l'action extérieure viserait indifféremment toute action menée même sans contrat dans ce cadre (promotion touristique et économique, aide humanitaire d'urgence...). Toutefois, cette distinction ne relève que de l'usage. C'est, en effet, au sein du chapitre V sur la « coopération décentralisée » que la loi réglemente l'aide d'urgence et les actions de solidarité internationale (CGCT, art. L. 1115-1-1, issu de l'art. 1er L. n° 05-95, 9 févr. 2005). Elle appelle, en cela, une autre présentation par laquelle il semblerait plus simple et plus logique de s'en remettre à l'idée de coopération décentralisée dans tous les cas.

608 ***Succès de la coopération décentralisée*** ◊ Elle a connu un départ modeste avec le « tourisme administratif » pratiqué sous la forme de jumelages entre villes françaises et étrangères, allemandes essentiellement (Décr. 24 juin 1956). Une phase fondatrice est marquée, au début des années 1970, par les relations directes entretenues entre communes, départements et établissements publics régionaux avec les institutions européennes dans ce but. La coopération interrégionale transfrontalière est active depuis cette période. Le recours à la coopération décentralisée n'a depuis cessé de progresser. Toutes catégories de collectivités confondues, on totalise aujourd'hui près de 13 000 projets de la part de

1. V. biblio. v. ss 625, 2.

5 000 collectivités françaises en lien de coopération dans 147 pays. L'Union européenne s'impose comme le lieu privilégié de ces échanges (4 200 liens), notamment au niveau franco-allemand. La coopération décentralisée a donc vu son action renforcée par une circonstance historique : la construction européenne. Il ne faut toutefois pas négliger les liens de coopération avec le reste du Monde (1983 liens), notamment les collectivités des pays du Sud. Les collectivités françaises affirment ainsi sur la scène internationale le dynamisme qui est le leur au plan interne. D'une certaine manière, la coopération décentralisée tend à devenir un rouage de la diplomatie française que l'État s'efforce d'encourager au nom de sa présence et de son influence dans le monde. Les dernières lois mettent en œuvre cette idée en facilitant les actions de solidarité internationale des collectivités.

Un rapport de la délégation aux collectivités territoriales du Sénat sur la coopération décentralisée vers les États du sud (J.-C. Peyronnet, 2012) met toutefois en relation la question de la légitimité des opérations de coopération avec leur coût (70 millions d'euros). L'information des administrés et l'évaluation de l'impact de ces opérations demanderaient à être mieux satisfaites.

609 ***Considérations générales*** ◊ Les collectivités territoriales ne possèdent pas, en raison de leur manque d'organisation politique, d'organe compétent pour élaborer leur propre législation à laquelle seraient soumises leurs interventions extérieures. Des relations entre les collectivités françaises et étrangères, *l'État français est l'élément principal et directeur.* Il définit le cadre juridique auquel est subordonnée l'action extérieure de ses collectivités. Mais, à vrai dire, si la matière ressortit essentiellement au droit administratif, elle exige également certaines références au droit international public. Des conventions et traités fixent ainsi les rapports particuliers que les collectivités de la République française peuvent entretenir avec les collectivités de tel ou tel État étranger. La coopération décentralisée s'établit donc au centre d'un nœud de rapports juridiques dont il faut donner une vue plus précise.

610 Nous envisagerons les règles, puis les institutions, qui régissent cette coopération.

A. Cadre normatif la coopération décentralisée

611 Le cadre légal de la coopération décentralisée repose sur une série de choix par lesquels l'État donne sa préférence, en ce qui concerne l'objet, les procédures et les institutions de la coopération, à certaines solutions sur d'autres. Tout est un problème d'équilibre que le droit s'efforce de résoudre dans l'intérêt de faire coexister les initiatives locales et le respect des compétences constitutionnelles de l'État en matière internationale voire, au-delà, la manière dirigiste d'exercer son pouvoir sur les collectivités. Dans ce contexte, l'accord international peut jouer le rôle d'un instrument de relâchement des contraintes étatiques en élargissant les possibilités de coopération offertes aux collectivités.

1. Cadre normatif de droit commun

612 ***Caractère partiellement récognitif du cadre légal*** ◊ Le statut légal de la coopération décentralisée a moins de portée qu'on pourrait le supposer. Si les opérations de coopération décentralisée se réclament de ce statut posé à l'origine par la loi n° 92-125 du 6 février 1992 (CGCT, art. L. 1115-1 s.), les collectivités n'ont toutefois pas attendu son édiction pour jeter des ponts vers les collectivités étrangères. Rien n'autorisait à exclure leur collaboration spontanée dès l'instant où celle-ci ne transgressait pas le monopole diplomatique de l'État. Elle pouvait ainsi suivre les voies du droit commun qui leur permettent d'agir pour tout motif d'intérêt public local, y compris hors des limites de leur territoire, à la condition de demeurer dans le respect de la loi. Pour l'essentiel, les exigences inscrites au sein de l'article L. 1115-1 découlent de ce droit commun de l'action des collectivités : cette action ne doit pas outrepasser les compétences des collectivités, elle doit demeurer dans le respect des engagements internationaux de la France et s'exercer par le biais de conventions, ce qui paraît naturel si chacune veut inscrire en droit les engagements pris à l'égard de l'autre, cette convention étant subordonnée au contrôle de légalité ordinaire.

613 ***Caractère partiellement contraignant du cadre légal*** ◊ Mais, fixer le statut d'une possibilité c'est également l'occasion d'en marquer les limites. Si la coopération décentralisée part du principe du volontariat, celui-ci doit néanmoins s'exercer dans les formes et les limites voulues par l'État pour ne pas l'abandonner à la toute puissance des collectivités qui se transformeraient en acteurs d'une « diplomatie parallèle ». En conséquence, ce statut tend à prendre une place particulière en droit des collectivités territoriales : sous couvert d'autoriser, il intègre des dispositions dont l'intervention a pour but de limiter la compétence des collectivités. En effet, l'habilitation à agir dans les formes et les conditions légalement prévues emporte l'interdiction d'agir autrement. Ainsi, lorsqu'il faut traduire concrètement les opérations de coopération décentralisée, le recours au contrat à défaut de l'action unilatérale, au groupement d'intérêt public ou à la participation, dans des conditions particulièrement réglementées, à une personne de droit étranger, manifestent un statut limitatif qui, parfois, tranche avec le libéralisme dont font preuve certains États étrangers à l'égard de leurs propres collectivités.

614 ***Conditions générales de la coopération décentralisée*** ◊
1. Conditions *rationae personae*. La coopération décentralisée ne concerne que les rapports entre collectivités territoriales françaises et étrangères – ainsi que leurs groupements à fiscalité propre ou non –, tout rapport avec un État étranger étant proscrit (CGCT, art. L. 1115-5). L'accord avec un État étranger serait implicitement vu comme la manifestation d'une puissance politique originaire qui fait défaut aux collectivités administratives françaises.

L'expression légale de « *collectivités territoriales étrangères* » doit être entendue comme désignant indifféremment toute organisation territoriale infra-nationale indépendamment de son statut (Circ. intermin. 20 avr. 2001). Il s'ensuit que la coopération avec un État fédéré au sein d'une fédération est permise (un land allemand, par exemple, nonobstant le fait qu'il soit qualifié de sujet de droit international par la Loi fondamentale allemande). L'organisation constitutionnelle propre à chaque État ne constitue donc pas un obstacle à la coopération décentralisée et, implicitement, une certaine forme d'introduction au sein la vie internationale s'entrouvre ainsi aux collectivités françaises.

2. Conditions *rationae materiae*. Conformément au principe de la liberté contractuelle, la situation juridique nouvelle créée par l'opération de coopération décentralisée est celle voulue par l'accord de volonté des intéressés. Sous couvert d'un tel accord, une collectivité pourra s'immiscer dans une affaire dont le champ d'action s'étend au-delà de ses intérêts collectifs de ses propres habitants. En revanche, elle ne saurait gérer des affaires en dehors du niveau administratif qui est le sien et, lorsque les justifications tirées de l'intérêt local en liaison avec la nature des besoins à satisfaire ne jouent plus, ses initiatives tombent sous le coup de la censure du juge. La coopération décentralisée ne change donc pas cette règle selon laquelle le pouvoir administratif est seul à pouvoir être exercé par la collectivité territoriale.

À l'origine, le juge administratif a contrôlé la régularité des actions de coopération décentralisée selon les mêmes principes que ceux qui régissent toute intervention d'une collectivité *sur le fondement de sa compétence générale* : celle-ci peut intervenir pour tout ce qui concerne ses habitants et eux seuls. Ces principes ont généralement condamné les *aides humanitaires* que les communes ou autres collectivités tentent d'accorder à des collectivités de pays pauvres car, si ces aides répondent d'un intérêt de solidarité internationale entre collectivités, elles ne relèvent pas de la compétence d'un conseil municipal au titre des « affaires de la commune » (CE 23 oct. 1989, *Cne Pierrefitte-sur-Seine, Lebon* 209 ; *AJDA* 1990. 119, obs., s'agissant de l'illégalité d'une subvention accordée à la révolution sandiniste au Nicaragua. TA Poitiers, 18 nov. 2004, *Charbonneau c. Dpt Deux-Sèvres, AJDA* 2005. 486, note Y. Gounin, s'agissant de l'illégalité d'un soutien financier à la construction d'un collège au Burkina Faso et d'une subvention au service départemental d'incendie et de secours du département au titre d'une action de coopération avec une commune malgache – solution caduque). Il convenait toutefois de souligner l'effort du juge administratif à admettre certaines décisions qu'il avait du mal à désapprouver au fond (CE Sect. 29 juill. 1995, *Cne de Villeneuve d'Ascq, Lebon* 324 ; *AJDA* 1995. 824, concl. R. Schwartz, présente un « caractère d'intérêt communal » l'attribution de bourses de doctorat à deux étudiants venus de villes d'Europe de l'Est jumelées et contribuant au développement universitaire de la commune donatrice. CAA Douai, 13 mai 2004, n° 02DA00929, *Delcroix*, s'agissant de la légalité d'une subvention de la région Picardie à une collectivité du Bénin en ce qu'elle s'intègre dans un projet où un ensemble de partenaires publics et privés locaux s'associe pour « mobiliser à cette fin leur savoir-faire en matière de développement local et d'action décentralisée » ; CAA Paris 1er déc. 2009, *Région Ile-de-France c. Le Pen, AJDA* 2010. 329, note Y. Gounin ; *BJCL* 2010. 104, concl. C. Descours Gatin ; *Dr. adm.* 2010. 108, note J.-C. Hubac, à propos de la subvention légalement octroyée par la région Ile-de-France à une association française de solidarité internationale pour financer l'équipement en énergie solaire et éolienne deux communes du Nicaragua ; et, revenant sur la solution de première instance *Charbonneau*, préc. : CAA Bordeaux, 30 oct. 2007, *Dpt Deux-Sèvres c. Charbonneau*, *JCP Adm.* 2008, n° 8, p. 40, note P. Combeau). La révision de l'article L. 1115-1 CGCT par la loi n° 2007-147 du 2 févr. 2007 doit désormais être interprétée comme ouvrant l'action extérieure des collectivités territoriales françaises aux opérations produisant des retombées positives au-delà leur propre population.

Pour être admises, les actions d'aide d'urgence et de solidarité internationale entre collectivités devaient donc trouver le fondement juridique adéquat qui leur permette de faire exception au droit commun de l'action publique locale. Ceci fut d'abord entrepris par l'article L. 1115-1-1 CGCT (issu de l'art. 1er L. n° 05-95, 9 févr. 2005, modifié par l'art. 1er L. n° 06-1537, 7 déc. 2006) qui leur ouvre, dans une certaine mesure, la possibilité de mener des telles actions dans les domaines sensibles au regard des besoins de développement de l'alimentation en eau, de l'assainissement, de la distribution publique de l'électricité et du gaz. Ensuite, l'article L. 1115-1, réécrit par l'article 1er de la loi n° 07-147 du 2 février 2007 et l'article 14 de la loi n° 14-773 du 7 juillet 2014 les autorisent, de façon plus générale, à intervenir en matière de solidarité internationale et d'aide humanitaire, l'urgence n'étant plus une condition.

Les bénéficiaires d'une aide humanitaire ne sont pas seulement les victimes de catastrophes naturelles. Il peut également s'agir de victimes de conflits armés sous la réserve, toutefois, de ne pas heurter l'interdiction faite à une collectivité territoriale de prendre position dans un conflit de nature politique (TA Marseille 27 avr. 2010, *Assoc. contribuables intercommunalité Aubagne et a.*, *AJDA* 2010. 1372, note Y. Gounin et O. Guillaume, le cas à propos d'une subvention accordée à deux associations ayant pris parti dans le conflit palestinien).

Voir la *Commission nationale de coopération décentralisée* chargée de tenir à jour un état de la coopération décentralisée et de formuler toute proposition utile à son renforcement, CGCT, art. L. 1115-6. Son activité reste assez fantomatique.

615 ***Le problème de la nature juridique des « conventions » au sens de l'article L. 1115-1 CGCT*** ◊ Il est sans doute difficile d'y apporter une réponse positive et unitaire. Il faut toutefois considérer que les conventions par lesquelles les collectivités territoriales coopèrent avec leurs homologues étrangères *ne peuvent être qualifiables de conventions internationales*. Tant aux plans organique (statut non international des collectivités contractantes), matériel (objet administratif de la convention ne pouvant être étranger aux compétences de la collectivité française) que formel (procédure de passation et mode de contrôle), la convention ici étudiée présente le caractère d'un procédé de droit interne régi par le droit applicable à l'un des contractants (en ce sens, CE avis 25 oct. 1994, *EDCE* 1994. 379). Mais, la passation de telles conventions étant soustraite au champ des relations internationales, il s'ensuit que l'essentiel des limitations posées par la loi à la coopération décentralisée ne relève pas d'une exigence constitutionnelle qui découlerait du monopole de la souveraineté par l'État, mais de l'opportunité.

À ce sujet, la règle de *l'interdiction de contracter avec un État étranger* (CGCT, art. L. 1115-5) posait une sérieuse difficulté en ce qu'elle rendait illégale la participation de nos collectivités à des groupements de coopération auxquels peuvent adhérer les États membres de l'Union. L'interdiction a été levée dans ces cas par la loi n° 2014-58 du 27 janv. 2014. Notons, toutefois, au vu de la décision du Conseil constitutionnel du 26 janvier 1995, cette interdiction semblait prendre implicitement rang constitutionnel en s'agrégeant aux « conditions essentielles d'exercice de la souveraineté » (n° 94-358 DC, consid. 52, *Rec. Cons. const.* 183 ; *RFDA* 1995. 876, note D. Rousseau ; *RFDC* 1995. 389, note F. Mélin-Soucramanien, J. Trémeau et J. Pini ; *LPA* 20 oct. 1995, p. 8, chron. B. Mathieu et M. Verpeaux ; *D.* 1997. 124, note J. Pini, 125, obs. E. Oliva et 139, obs. F. Mélin-Soucramanien). Mais, fallait-il supposer, avec le juge constitutionnel, que toute relation extérieure doit être confondue avec une activité diplomatique ?

En vertu de la jurisprudence *UAP* (T. confl. 21 mars 1983, *Lebon* 537 ; *AJDA* 1983. 356, concl. D. Labetoulle) une telle convention, si elle est portée devant le juge administratif français, doit être regardée comme un *contrat administratif*, ce qui n'irait pas sans certaines conséquences sur l'égalité des parties contractantes.

616 ***Principes du contentieux des actes de coopération décentralisée*** ◊

1. Contentieux de la légalité des actes de coopération. Si la coopération doit prendre forme par « convention », la passation de cette dernière exige néanmoins une délibération préalable de l'assemblée de la collectivité qui constitue un acte unilatéral détachable de celle-ci soumis à un contrôle de sa régularité matérielle et formelle. La convention elle-même entre en vigueur dès sa transmission au préfet dans les conditions du droit commun. Il s'ensuit que ce dernier peut former à son encontre un déféré permettant au juge administratif d'examiner sa régularité au regard de la loi française.

2. Contentieux de l'interprétation et de l'exécution des actes de coopération. L'hypothèse - rare mais plausible sachant les enjeux économiques et financiers de certaines coopérations - d'un désaccord entre les parties contractantes sur l'exécution de la convention (désengagement unilatéral, retards d'exécution...) pose un problème de conflit d'ordres juridiques nationaux pour déterminer la compétence juridictionnelle et le droit applicable. L'arbitrage étant encore proscrit pour les collectivités françaises (art. 2060 C. civ. et CE avis 6 mars 1986, *EDCE* 1987. 178), le problème doit trouver sa solution dans les clauses du contrat par lesquelles les parties déterminent par avance les principes de règlement des désaccords. Les quatre traités conclus par la France en matière de coopération transfrontalière disposent en ce sens. Mais, inévitablement la collectivité issue du pays dont les tribunaux auront été choisis profitera d'un avantage sur son partenaire en matière d'expertise juridique.

2. Cadres normatifs particuliers

617 ***Coopération transfrontalière*** ◊ Il s'agit d'une coopération d'un type particulier s'appliquant aux relations de voisinage qu'entretiennent les collectivités françaises et étrangères par-delà la frontière terrestre ou maritime qui les sépare. Elle permet de répondre à des problèmes posés par

ce territoire particulier, le territoire frontalier confronté à ses préoccupations de transport, de santé, d'environnement... Cette coopération fut la première à recevoir du législateur sa consécration (dans les conditions très restrictives de l'art. 65 L. 2 mars 1982 habilitant les régions « avec l'autorisation du gouvernement » à entretenir des « contacts réguliers » avec des collectivités frontalières) et obéit partiellement à ses règles propres.

Vu son succès, la coopération transfrontalière ne pouvait rester ignorée des divers traités et accords internationaux. Sa promotion est d'abord l'objet de la Convention de Madrid du 21 mai 1980 - avec ses protocoles additionnels - conclue dans le cadre du Conseil de l'Europe et ratifiée par la France en février 1986. Mais, en se bornant à « favoriser et promouvoir » la coopération transfrontalière (art. 1er), en annonçant la résolution des « difficultés d'ordre juridique administrative ou technique » (art. 4), elle n'œuvre pas de façon suffisamment précise et impérative à sa cause.

Elle confère à la coopération transfrontalière un statut essentiellement recognitif en rappelant que les accords doivent être conclus dans le cadre des compétences de chaque collectivité, dans le respect de leur statut et des exigences du droit interne. Les collectivités ne disposent donc d'aucun pouvoir dont elles n'auraient pas disposé en vertu du droit interne [1].

Cette convention-cadre devait néanmoins servir de base à des conventions particulières, bi ou pluri-latérales, à partir desquelles s'établit plus spécifiquement le droit de la coopération transfrontalière. Celui-ci s'y trouve réglé dans un but essentiellement pragmatique visant à offrir des solutions institutionnelles adéquates aux problèmes particuliers posés par les différents cas de coopération transfrontalière. La France s'est en ce sens engagée avec l'Italie (Conv. franco-italienne, 26 nov. 1993), l'Espagne (Traité franco-espagnol de Bayonne du 10 mars 1995), ainsi que l'Allemagne, le Luxembourg et la Suisse (Accord franco-germano-luxembourgeois-suisse, Karlsruhe, 23 janv. 1996 et Bâle, 21 sept. 2000). Par exemple, l'Accord de Karlsruhe crée le *Groupement local de coopération transfrontalière*, personne morale soumise au droit interne applicable aux EPCI. Le Traité de Bayonne permet la participation à un « *consorcio* » espagnol. Il en découle la difficulté d'asseoir un droit de la coopération transfrontalière sur des règles communes applicables partout. La complexité l'aurait emporté si toutefois on ne trouvait pas des formules identiques de coopération reprises par plusieurs traités (par ex., le *groupement local de coopération transfrontalière* par les accords de Karlsruhe et de Bruxelles).

Dans la mesure où le droit de la coopération transfrontalière tend à se structurer à l'intérieur des frontières de l'Europe, l'Union européenne peut être naturellement appelée à produire ses règles et à jouer le rôle d'une force d'harmonisation des droits. Pourtant, celle-ci demeure largement silencieuse sur le cadre juridique offert à cette coopération qu'il n'est pas dans ses compétences de réglementer en raison du principe de l'autonomie

1. V. l'adoption du Protocole n° 2 à la convention-cadre de Madrid par L. n° 07-298, 5 mars 2007, *JCP Adm.* 2007. 2119, comm. J.-L. Lubac.

institutionnelle des États. La Commission encourage cependant financièrement son recours, les projets transfrontaliers pouvant être financés au titre du *Fonds européen de développement régional (FEDER)*. Il reste que le niveau régional n'apparaît pas nécessairement comme le plus pertinent auquel il faudrait réserver tout soutien à la coopération transfrontalière.

Méritent toutefois d'être mentionnés le *Groupement européen d'intérêt économique* (GEIE) qui, en vertu du règlement communautaire du 25 juin 1985 (art. L. 252-1 s. C. com.), permet, selon les formes du droit commercial et parfois dans un but lucratif, une coopération sur des projets économiques ; ainsi que le *groupement européen de coopération territoriale* (GECT) né du règlement communautaire n° 1082 du 5 juillet 2006 et largement cofinancé par les divers fonds européens (v. ss 625 s.).

Au plan légal, la coopération transfrontalière fournit au chapitre du CGCT consacré à la coopération décentralisée le plus gros de ses développements spécifiques dans l'intérêt d'offrir aux collectivités le choix entre des instruments institutionnels de nature à faciliter ce type de coopération (groupements d'intérêt public, personnes morales de droit étranger, district européen) (v. ss 620 s.).

618 ***La coopération des collectivités dans l'outre-mer*** ◊ L'organisation quasi-politique de certaines collectivités dans l'outre-mer emporte des solutions tout à fait à part en matière de coopération. Celles-ci aménagent le monopole étatique de l'activité diplomatique dans leur zone régionale, de telle manière que les solutions classiques sont modifiées : *on tend à quitter le champ de la coopération décentralisée pour entrer partiellement dans celui des relations internationales*. Mais, les concessions qui leur ont été faites en la matière n'éliminent pas tout pouvoir d'autorisation et de direction de l'État qui reste maître de la compétence. Au regard de la Constitution, *lui seul dispose de la personnalité internationale*.

Sur le *pouvoir discrétionnaire d'appréciation et de décision de l'État* en la matière et sur la participation *pour son compte* des collectivités à l'activité diplomatique, Cons. const. 7 déc. 2000, n° 00-435, *Loi d'orientation pour l'outre-mer, Rec. Cons. const.* 164 ; *AJDA* 2001. 102, note J.-E. Schoettl ; *RD publ.* 2001. 247, note F. Luchaire ; *LPA* 23 avr. 2001. 8, note D. Chagnollaud ; *LPA* 31 juill. 2001. 18, note M. Verpeaux et C. Sauvageot ; *RFDC* 2001. 110, note M. Verpeaux ; *D.* 2001. 1765, obs. A. Roux ; *AJDA* 2001. 731, note D. Custos ; *RFDA* 2002. 361, note F. Lemaire.

1. Le cas de la *Nouvelle-Calédonie* est le plus marquant. Pour les domaines demeurés de la compétence de l'État, la loi organique investit le président du gouvernement de la possibilité de négocier et de signer, au nom de l'État, les accords internationaux conclus avec les États ou les organismes de la zone Pacifique. Dans l'hypothèse où la négociation est conduite directement par l'État, celui-ci peut être autorisé à y être associé. Pour les domaines de compétence de la Nouvelle-Calédonie, le pouvoir de négociation de tels accords est transféré au président du gouvernement habilité par délibération du Congrès néo-calédonien. Toutefois, cette compétence s'exerce de manière partagée, l'État ne se trouvant pas tout à fait exclu du processus de coopération. Il est informé de l'habilitation à négocier et peut, sur sa demande, être associé à cette négociation.

L'accord issu de la négociation est signé sur autorisation et au nom de l'État et, le cas échéant, soumis à approbation ou ratification dans les conditions prévues aux articles 52 et 53 de la Constitution (art. 28 à 33 LO n° 99-209, 19 mars 1999).

Ces solutions ne font pas obstacle à l'exercice d'une coopération décentralisée classique sur la base des principes s'appliquant aux collectivités métropolitaines (art. 33 LO n° 99-209).

S'ajoute à cela que la Nouvelle-Calédonie peut disposer de représentations auprès des États ou collectivités du Pacifique et auprès d'organisations internationales, dont la Communauté européenne (art. 31 et 32 de la même loi).

2. La *Polynésie française* est titulaire des mêmes droits en matière d'accords internationaux régionaux. Pour ceux entrant dans son champ de compétences propres, l'État se réserve la possibilité, formellement exprimée dans le délai d'un mois, de s'opposer à la négociation voulue par les autorités polynésiennes. La Polynésie peut, en outre, être membre ou membre associé d'organisations internationales du Pacifique, ou observateur auprès d'elles (art. 38 à 42 LO n° 04-192, 27 févr. 2004) [1].

3. Les *départements et régions d'outre-mer* peuvent agir sur le fondement d'un dispositif comparable aux précédents, à ceci près que le pouvoir de négociation dont ces autorités disposent n'est susceptible de s'exercer qu'après autorisation expresse de l'État (CGCT, art. L. 3441-3 pour les domaines de compétence de l'État, L. 3441-4 pour les domaines de compétence du département ; CGCT, art. L. 4433-4-2 pour les domaines de compétence de l'État et L. 4433-4-3 pour les domaines de compétence de la région). Ils disposent, en outre, de la faculté d'adresser des propositions au gouvernement en vue de conclure des engagements internationaux dans leur zone régionale (CGCT, art. L. 3441-2, L. 4433-4-1). Les régions d'outre-mer, et elles seules, peuvent devenir membres associés d'organismes régionaux dans leur zone ou observateurs auprès de ceux-ci (CGCT, art. L. 4433-4-5).

Voir l'institution de *fonds de coopération régionale* alimenté par les crédits de l'État et les aides des départements, régions et toute autre collectivité ou organisme public destiné à mieux favoriser l'insertion des régions d'outre-mer dans leur zone géographique : CGCT, art. L. 4433-4-6.

B. Cadre institutionnel de la coopération décentralisée

619 La situation institutionnelle de la coopération décentralisée est assez confuse. C'est le résultat de l'accélération de la production du droit de cette coopération aux deux niveaux interne et international. Au fil des réformes législatives et des accords internationaux, on assiste, en effet, à la dispersion des formules de coopération, aucune ne faisant office de

1. V. sur la répartition des compétences entre les autorités polynésiennes pour engager la collectivité : art. 12 LO n° 07-223, 21 févr. 2007.

modèle commun et la plupart comptant peu d'illustrations. Il est toutefois possible que la formule du *groupement européen de coopération territoriale* offre aujourd'hui les meilleures commodités.

Le point commun à l'ensemble de ces structures est l'activité d'intérêt général commune aux collectivités contractantes. Mais la corrélation entre cette activité d'intérêt général et la qualité de personne publique, ou de personne de droit français, voire de personne morale n'est plus assurée aujourd'hui. Et, si certaines présentent un statut connu de notre droit administratif (groupement d'intérêt public, société d'économie mixte, syndicat mixte), d'autres lui sont détachés, à tout le moins forment des variétés hybrides faites des adaptations particulières de formules classiques.

1. Les institutions établies au plan interne

620 Ce sont celles qui présentent le plus de traits contraignants traduisant la méfiance du législateur à l'égard de la coopération décentralisée. C'est pourquoi, en dépit d'assouplissements progressifs, elles demeurent les moins utilisées, les collectivités étrangères étant assez peu disposées à se plier à la rigidité de leurs règles.

621 ***Le groupement d'intérêt public (CGCT, art. L. 1115-2 et L. 1115-3)*** ◊ C'est une personne morale de droit public « *sui generis* » (T. confl., 14 févr. 2000, *GIP Habitat et interventions sociales pour les mal logés et les sans-abri c. Verdier, AJDA* 2000. 410, chron. M. Guyomar et P. Collin), constitué entre collectivités ressortissants des États membres de l'Union européenne pour une durée déterminée. Elle fut instituée dans l'intérêt de trouver un procédé de coopération susceptible d'accueillir les crédits communautaires de la coopération transfrontalière octroyés dans le cadre du programme « interreg ». Sa création par convention est subordonnée à approbation par arrêté des ministres de l'intérieur et du budget. Son autonomie est limitée par la présence d'un commissaire du gouvernement, le préfet de région ou son représentant, qui participe aux réunions, dispose d'un droit d'information et d'un *veto* suspensif dans le cadre du fonctionnement administratif du groupement. Au surplus, le Conseil d'État estime que la personne publique française ne saurait se dessaisir de ses compétences statutaires pour les confier à un tel GIP où son pouvoir ne saurait pas majoritaire (v. à propos de la SNCF et du GIP pour la réalisation des études de la liaison ferroviaire Lyon-Turin, CE avis 10 janv. 1995, *EDCE* 1995. 443). Peu pratiqué, la création du groupement européen de coopération territoriale a marqué sa disparition (L. n° 08-352, 16 avr. 2008).

622 ***La société d'économie mixte (CGCT, art. L. 1522-1)*** ◊ Les collectivités territoriales étrangères et leurs groupements sont autorisés à participer au capital de SEML dans des conditions qu'il a fallu assouplir pour ne pas décourager les adhésions. Ainsi, la participation de la collectivité

étrangère n'est plus soumise à accord préalable entre États concernés, accord qui impliquait des règles de réciprocité. Son objet social est élargi à toute « activité d'intérêt général » (L. n° 00-1208, 13 déc. 2000 relative à *la solidarité et au renouvellement urbain*). Nonobstant, les rigidités propres à la SEML française et l'interdiction faite à la collectivité étrangère de détenir plus de la moitié du capital n'en font pas un procédé particulièrement attractif.

623 ***Le district européen (CGCT, art. L. 1114-4-1)*** ◊ Dernier né des formules légales de coopération (L. n° 04-809, 13 août 2004), il est réservé à la coopération transfrontalière et obéit aux règles du syndicat mixte ouvert (CGCT, art. L. 5721-1). Ce statut lui permet d'associer des établissements publics (chambres consulaires, office de tourisme, établissement d'enseignement...).

624 ***La personne morale de droit étranger*** ◊ C'est une innovation de la loi n° 95-115 du 4 février 1995 qui marque particulièrement l'évolution du droit de la coopération décentralisée dans un sens libéral. En effet, la possibilité pour une collectivité française d'adhérer à un organisme étranger vient supprimer une dissymétrie installée par la loi du 6 février 1992 autorisant une collectivité étrangère à intégrer une institution régie par le droit français sans permettre la réciprocité. À la suite d'un certain nombre de retouches législatives, l'adhésion à une personne étrangère n'a plus rien de particulièrement rigoureux : il est permis d'intégrer un « organisme public » ou de « participer au capital » d'une personne privée (CGCT, art. L. 1115-4) d'y poursuivre toute activité d'intérêt général - et non plus seulement l'exploitation d'un service public ou la réalisation d'un équipement public –. Mais eu égard aux risques que comporte la soumission aux obligations d'un droit étranger toujours difficiles à expertiser, l'autorisation d'adhérer est subordonnée à un arrêté du préfet de région (art. 137 L. 13 août 2004) - mais non plus à un décret en Conseil d'État - et l'engagement financier de la collectivité française ne doit pas excéder 50 % du capital ou des charges.

Compte tenu des règles qui encadrent cette participation à une personne étrangère, le Conseil constitutionnel ne juge pas celle-ci contraire « aux conditions essentielles d'exercice de la souveraineté », ni au principe de compétence législative - invoquée en raison de l'autorisation administrative à participer –, Cons. const. 26 janv. 1995, n° 94-358 DC, *Aménagement et développement du territoire* (consid. 50 s.), préc.

2. Les institutions établies au plan international

625 L'évolution des idées et des règles se fait ici plus rapidement qu'au plan interne. Cela se traduit par la définition de formules de coopération mieux affranchies des restrictions apportées par le droit interne en raison de l'autorité de l'État et de l'absence de réelle commercialité des structures

publiques classiques. Mais, il faut voir que, parfois, les formules ne s'opposent pas mais coïncident en ce qu'un groupement autorisé par le droit international peut être régi selon les règles d'un organisme national [1].

626 ***Le groupement local de coopération transfrontalière*** ◊ Il s'agit d'une personne morale de droit public régie, pour tout ce qui n'est pas impératif en vertu des accords internationaux, par le droit des établissements publics de coopération intercommunale de l'État dans lequel il a établi son siège - statut du syndicat mixte ouvert en France –. Il a vocation à entreprendre toute opération ou activité d'intérêt général commun à chacun de ses membres, collectivité ou établissement public. S'il dispose d'une certaine liberté d'organisation, il est néanmoins impératif que chaque membre dispose au moins d'un siège au sein de l'organe délibérant, aucun ne pouvant disposer à lui seul de la moitié. Son financement par le principe des contributions de ses membres n'exclut pas le recours à l'emprunt après décision à l'unanimité des membres et autorisation de l'autorité de tutelle. Le GLCT n'est pas permanent et est appelé à disparaître par dissolution à l'expiration de sa durée de création ou avec la réalisation de l'opération prévue, ou encore par décision unanime de ses membres. Prévu par les accords de Karlsruhe et de Bruxelles, il est applicable à la coopération entre collectivités françaises, allemandes, luxembourgeoises, suisses et belges.

627 ***Le groupement européen de coopération territoriale*** ◊ Né des attentions portées par la Communauté européenne à la coopération décentralisée (Règl. n° 1082, 5 juill. 2006 et L. n° 08-352, 16 avr. 2008 introduisant un nouvel art. L. 1115-4-2 au sein du CGCT), le GECT se veut une structure souple adaptée à toutes les hypothèses de coopération, transfrontalière ou non, dans le cadre européen. Par son ambition la formule fait prendre un nouveau départ au droit de la coopération. Le GECT permet l'association entre collectivités et États en son sein. Tout organisme public au sens - extensif - de la directive Marchés publics est également susceptible de s'y associer (ainsi une société anonyme d'HLM par exemple). Le groupement vise particulièrement des opérations de développement et de cohésion des territoires et peut, à ce titre, obtenir des financements européens dans le cadre du Fonds européen de développement régional, du Fonds social européen et du Fonds de cohésion. Il obéit aux règles qu'il se donne sachant, toutefois, que la règle de renvoi au droit du pays où le groupement établi son siège emporte nécessairement un certain nombre d'obligations, notamment de contrôle, des autorités étatiques. Le statut du syndicat mixte ouvert est prévu pour les GECT établis en France.

V., par ex., le GECT « West-Vlaanderen/Flandre-Dunkerque-Côte d'Opale » créé le 3 avril 2009 et gérant un budget de 280 000 euros pour aménager des activités

1. V. dans le sens de la facilitation de l'adhésion de collectivités territoriales à des organismes de droit étranger, CGCT, art. L. 1115-4, issu de L. n° 08-352, 16 avr. 2008.

communes à certaines collectivités françaises et belges voisines (transport, santé, aménagement du territoire, environnement, eau, tourisme...).

On peut s'interroger sur la compatibilité entre le règlement communautaire autorisant la coopération d'une collectivité territoriale avec un État et notre Constitution. Il est, en effet, possible de trouver un fondement constitutionnel au principe d'interdiction posé par l'article L. 1115-5 CGCT en ce que le Conseil constitutionnel avait estimé qu'elle faisait obstacle à autoriser une collectivité à participer à une personne de droit étranger au nom du respect « des conditions essentielles de l'exercice de la souveraineté » : Cons. const., n° 94-358 DC préc. (consid. 52). Un certain nombre de tutelles posées par la loi de 2008 pour la création d'un GECT ont cependant été de nature à mieux préserver les intérêts nationaux [1]. Il n'existe toutefois plus d'interdiction depuis la loi du 27 janvier 2014.

628 ***Le groupement européen d'intérêt économique*** ◊ Les projets à vocation économique trouvent avec ce groupement la manière la plus adéquate pour se concrétiser (Règl. communautaire n° 2137, 27 juill. 1985). Personne privée regroupant des sociétés commerciales avec toute personne publique, celui-ci se signale par sa souplesse institutionnelle. Il peut être créé rapidement sans autorisation préalable, adapter ses statuts à chaque situation particulière, être constitué avec ou sans capital. Mais, le caractère commercial auquel doit s'adapter la personne publique se trouve ici accentué parce qu'il s'agit d'un organisme capitaliste privé dont la responsabilité financière de ses membres peut être illimitée. Voir les GEIE du Mont-Blanc et du Nord-Pas-de-Calais/Kent.

629 ***Bibliographie*** ◊

I. – Sur le contrat

- Conseil d'État, « Le contrat, mode d'action publique et de production de normes », *EDCE Rapport public 2008*, Doc. fr.
- Denoix de Saint Marc (R.), « La question de l'administration contractuelle », *AJDA* 2003. 970
- Douence (J.-C.), « Les conventions entre personnes publiques », *in Mélanges Péquignot*, Montpellier, 1984, p. 113
- Dreyfus (J.-D.), *Contribution à une théorie générale des contrats entre personnes publiques*, L'Harmattan, 1997
- Fatôme (É.) et Moreau (J.), « Les relations contractuelles entre collectivités publiques. L'analyse juridique dans le contexte de la décentralisation », *AJDA* 1990. 142
- Flecher-Bourjol (D.), *La politique contractuelle dans l'administration locale*, thèse Montpellier, 1977
- Gaudemet (Y.), Chevallier (J.) et Gohin (O.), études « Loi et contrat », *Cah. Cons. const.* 2004, n° 17, p. 75
- Grataloup (J.), « La responsabilité contractuelle de l'État avec les collectivités locales », *BJCL* 2013. 481

1. V. J.-C. Lubac, « Un nouvel outil communautaire de coopération : le groupement européen de coopération territoriale », *JCP Adm.* 2006. 1295 ; « Les modalités de mise en œuvre du groupement européen de coopération territoriale », *JCP Adm.* 2008. 375.

- Guettier (C.), *Droit des contrats administratifs*, coll. « Thémis », PUF, 2008, 2e éd.
- Guibal (M.), *Contrats des collectivités locales*, Lefebvre, 1999
- Hecquart-Théron (M.), « La contractualisation des actions et des moyens publics d'intervention », *AJDA* 1993. 451
- de Laubadère (A.), Moderne (F.) et Delvolvé (P.), *Traité des contrats administratifs*, LGDJ, 1983
- Marcou (G.), « Les contrats entre collectivités territoriales. Réflexions sur quelques problèmes juridiques et administratifs », *AJDA* 2003. 982
- Luchaire (Y.) (dir.), *Collectivités territoriales et gouvernance contractuelle*, L'Harmattan, 2006
- Moderne (F.), « L'évolution récente du droit des contrats administratifs : les conventions entre personnes publiques », *RFDA* 1984. 1
- Pontier (J.-M.), « Coopération contractuelle et coopération institutionnelle », *Rev. adm.* 1994. 412 ; « La responsabilité contractuelle de l'État dans ses relations avec les collectivités territoriales », *JCP Adm.* 2008. 2050
- Richer (L.), *Droit des contrats administratifs*, LGDJ, 7e éd. 2010 ; « La contractualisation comme technique de gestion des affaires publiques », *AJDA* 2003. 973
- Rolin (F.), *Accords de volonté et contrat dans les relations entre personnes publiques*, thèse Paris II, 1996
- Steinmetz (M.-P.), *Les conventions entre personnes publiques territoriales dans le cadre de la décentralisation*, thèse Metz, 1989
- Stirn (B.), « Le juge administratif et les contrats entre collectivités publiques », *AJDA* 1990. 139
- Tessoka (L.), *Les rapports entre catégories de collectivités territoriales*, PUAM, 2004
- Waline (J.), « Les contrats entre personnes publiques », *RFDA* 2006. 229
- Rencontres de droit et procédure administrative de Marseille, « Contrats et crises », 26 nov. 2010, *LCT* 2011 n° 58 s.

II. – Sur la coopération décentralisée

- Audit (M.), Les conventions transnationales entre personnes publiques, LGDJ, 2002
- Autexier (R.), « De la coopération décentralisée », *RFDA* 1993. 411
- Barella (X.), « La coopération décentralisée à la recherche d'une sécurité juridique renforcée », *AJDA* 2008. 1580
- Bernard-Douchez (M.-H.), Recherche sur la coopération entre personnes publiques, thèse Toulouse, 1979
- Boiteau (C.), « Libres propos sur les actions d'aide au développement et d'aide humanitaire d'urgence des collectivités », *in* Mélanges Lachaume, Dalloz, 2007, p. 71
- Cabanes (A.) et Robbes (A.), « La coopération décentralisée : comment s'extraire des contingences de l'intérêt public local ? », *AJDA* 2003. 593
- Chicot (P.-Y), « Le droit français de l'action internationale locale : une analyse prospective », *JCP Adm.* 2013 n° 2220
- Claisse (Y.), Le droit de la coopération décentralisée, LGDJ, 1994, p. 115
- Combeau (P), « Coopération décentralisée », jurisclasseur administratif fasc. 129-40
- Conac (G.), Némery (J.-C.) et Desouches (C.) (dir.), Coopération décentralisée et coopération multilatérale francophone, Economica, 1989, p. 212
- Conseil d'État, L'action extérieure des collectivités locales, Doc. fr., 2005
- Dolez (B.), « Le régime juridique de la coopération décentralisée après l'adoption de la loi d'orientation pour l'aménagement et le développement du territoire », *RFDA* 1995. 938

- Goesel-Le Bihan (V.), « La participation des départements et régions d'outre-mer à la conclusion des accords internationaux : essai d'analyse générale », *RFDC* 2006. 3 ; « Le Conseil constitutionnel et la conclusion des accords internationaux par les collectivités ultra-marines : un exemple de réserves contestables », *RFDC* 2004. 375
- Gounin (Y.), « Le cadre juridique de l'action extérieure des collectivités locales », *AJDA* 2005. 1713
- Gruber (A.), « La coopération locale à l'heure de l'Union européenne : les nouvelles formules de regroupement des collectivités locales », Rev. adm. 1996. 81
- Jacquemet Gauché (A.), « La coopération régionale en outre-mer », *AJDA* 2011. 722
- Kada (N), « Coopération décentralisée : un droit sous influences », *JCP Adm.* 2013, n° 2218
- Lafore (R.), « L'action à l'étranger des collectivités territoriales », RD publ. 1988. 763
- Lapouze (P.), « La coopération décentralisée des collectivités territoriales », Coll. terr. juill.-août 2005, n° 7 p. 7
- Lamassoure (A.), La coopération transfrontalière, Doc. fr., 2005
- Lubac (J.-C.), Recherches sur les problèmes juridiques de la coopération internationale des collectivités territoriale, thèse Toulouse, 2005
- Mathieu (B.), « Les relations extérieures des régions », LPA 15 juin 1990. 7
- Mondou (C.), « La coopération décentralisée des collectivités territoriales », *RLCT* mars 2007. 77
- Petiteville (F.), La coopération décentralisée, L'Harmattan, 1995
- Recoura-massaquant, « Coopération décentralisée et action internationale des collectivités territoriales », *JCP Adm.* 2013, n° 2219
- Schneider (C.), « La souveraineté de l'État au carrefour du droit international et du droit administratif », *in* Mélanges Peiser, PUG, 1995, p. 423
- Tulard (M.-J.), La coopération décentralisée, LGDJ, 2006
- « L'action extérieure des collectivités territoriales », colloque Lille, *RLCT* 2007. 51 s., contrib. S. Braconnier, Y. Luchaire, Y. Lejeune, V. Goesel-Le Bihan, H. Cambrai-Detrez, M. Audit et A. Noury

TITRE 2

THÉORIE GÉNÉRALE DE LA DÉTERMINATION DES COMPÉTENCES DÉCENTRALISÉES

630 ***Importance du sujet*** ◊ L'aptitude à agir des collectivités décentralisées dans un certain nombre de domaines est établie par leurs compétences. Leur détermination est une opération de l'État unitaire au sein duquel les collectivités sont loin d'être maîtresses de leur destin. Il ne faut pas s'imaginer que la Constitution d'un État simple, comme c'est le cas de l'État français, opère elle-même entre les autorités étatiques et décentralisées une répartition matérielle des compétences. La vérité est que le domaine de l'action décentralisée est moins un domaine propre qu'un *champ d'action défini, selon différents procédés, comme celui que le législateur leur confie ou leur concède.* C'est tout autant vrai sous la Constitution de 1958 que sous les Constitutions précédentes : c'est à partir de la loi, c'est-à-dire de la chose propre de l'État et qui exprime sa souveraineté, que l'on peut définir l'ampleur de ces compétences décentralisées.

La première conséquence est que la répartition des compétences avec l'État ne poursuit pas essentiellement une visée démocratique. Le système ne tend pas à la division du pouvoir pour autoriser les collectivités à élaborer d'authentiques lois spéciales à elles-mêmes. Il a pour fonction la répartition des tâches administratives d'exécution qui englobe pour une même œuvre toutes les autorités secondaires dans l'État ; les collectivités décentralisées au même titre que les administrations de l'État placées sous la responsabilité du gouvernement. Formellement, elles constituent toutes le bras du pouvoir exécutif, dont le gouvernement, chargé au premier chef de l'exécution des lois, est la tête.

Toutefois, la liberté politique et juridique de chaque collectivité n'est pas entièrement absorbée par celle de l'État national. La portée des textes décentralisateurs de 1982-1983, puis de 2003-2004, ne saurait être réduite à un simple réaménagement technique des compétences au sein de l'ordre administratif. D'abord, du fait de l'importance et de l'étendue des compétences transférées, une fonction d'administration décentralisée dissociée de la fonction exécutive nationale prend consistance. Ensuite, cette fonction ne se laisse pas enfermer dans le carcan des textes, mais se trouve constamment remise en mouvement à partir de la dynamique locale qui l'anime.

Plus loin, la question des compétences décentralisées met en jeu *l'existence concrète d'un pouvoir local.* Mais, il ne faut pas croire que celui-ci se construit sur le simple effet mécanique des transferts qui s'additionnent. Il procède de la conjugaison de plusieurs aspects qui crée les conditions propices à son émergence. L'allègement des tutelles, le renforcement des moyens financiers, fût-il bien moins évident aujourd'hui, l'apparition d'une nouvelle génération d'élus davantage tournés vers l'action se mêlent à ces transferts et permettent de quitter partiellement l'ancien contexte d'assujettissement au pouvoir central. Mais, en fait, tous ces progrès visent à résoudre le problème de l'autonomie locale sans grande rupture, le cadre constitutionnel de l'État unitaire n'étant jamais mis en cause.

À la lumière de ces premières constatations, il apparaît que la question de la détermination des compétences des collectivités est dominée par un certain nombre de caractères généraux et de principes qui méritent d'être posés.

631 ***Détermination unilatérale des compétences décentralisée*** ◊ Les collectivités territoriales, comme toute autorité administrative, ne doivent leurs compétences qu'à l'État. De son indivisibilité est induite une représentation qui l'érige en seul véritable garant de l'intérêt général qui, à ce titre, garde la maîtrise de ce qui doit, selon la politique du moment, ressortir à la responsabilité des collectivités ou demeure réservé à la sienne propre. La statue sur la place centrale de la ville, ou le tramway qui véhicule ses habitants ont beau ne regarder que les besoins spécifiques à ce groupe de personnes, leur gestion ne pourra relever des décisions de l'administration communale que si et dans la mesure où l'État leur en a concédé le droit. La décentralisation est donc un processus unilatéral : les autorités décentralisées ne peuvent agir qu'avec la permission préalable d'un texte national sur lequel elles n'auront pas le pouvoir d'introduire des modifications. Il en résulte, selon la proposition réciproque, que les transferts sont de plein droit, les collectivités ne pouvant juridiquement se soustraire à l'exercice de compétences obligatoires imposées par la loi (ramassage des ordures ménagères pour les communes par exemple).

Il ne faut pas se méprendre sur l'idée contemporaine d'une « *décentralisation négociée* » par laquelle différents procédés de nature contractuelle viendraient régler la répartition réciproque des responsabilités administratives entre l'ensemble des acteurs publics (contrats de projet, contrats de ville, contrats de sécurité...). Par le biais de cette activité contractuelle, les collectivités participent à la réalisation d'œuvres communes qui n'entrent pas forcément dans le champ de leurs missions d'attribution (financement d'équipements, d'universités...). Il n'empêche, cette activité trouve toujours son fondement dans leur aptitude à régir toute question d'intérêt local telle que reconnu par la loi (CGCT, art. L. 2121-29 pour les communes, L. 3211-1 pour le département et L. 4433-1 pour la région). En réalité, il convient de ne pas confondre la détermination des compétences et leur mode d'exercice, seul ce dernier pouvant appeler la voie contractuelle.

632 ***Fondement positif des compétences décentralisées*** ◊ Se pose, plus précisément, la question de la nature du texte à l'origine d'une compétence décentralisée. La question est réglée par le droit constitutionnel écrit qui organise le système des sources normatives et réserve, sous la cinquième République, au Parlement le soin de tracer les lignes de frontière entre l'administration d'État et l'administration décentralisée.

1. L'utilisation de la théorie de l'habilitation législative. La tradition a toujours voulu que le législateur ait le droit de régler les compétences administratives. Sur la base de cette pratique, les collectivités se sont vues fixer leurs responsabilités sous les troisième et quatrième Républiques. Ces investitures légales reçoivent, depuis 1958, leur fondement formel dans la Constitution dont l'article 34 proclame que la loi « détermine les principes fondamentaux... de la libre administration, de leurs compétences et de leurs ressources ». Cela demeure une hypothèse rare d'investiture – indirecte – d'une autorité administrative par la Constitution. À la différence de l'État composé où la Constitution opère elle-même le partage du pouvoir avec les autorités territoriales, L'État simple voit sa Constitution se borner à fixer l'autorité compétente à déterminer un tel partage.

Cons. const. 29 mai 1990, n° 90-274 DC, *Loi visant à la mise en œuvre du droit au logement, Rec. Cons. const.* 61 ; *RDSS* 1990. 711, note X. Prétot ; *Pouvoirs locaux* déc. 1990. 85 et mars 1991. 16, note G. Vedel ; *RFDC* 1990. 497 obs. L. Favoreu, selon le juge constitutionnel, la libre administration s'exerçant « dans les conditions prévues par la loi », il appartient au législateur de « définir les compétences respectives de l'État et des collectivités territoriales ».

2. L'utilisation exclusive de la théorie de l'habilitation législative. Le monopole de la loi conduit à l'exclusion des autres sources d'investiture :

– *Caractère indirect du fondement constitutionnel*. On a vu que l'article 72 imposait, comme un passage obligé, la médiation du droit législatif pour définir une compétence décentralisée. La Constitution demeure avant tout une source formelle du droit des collectivités décentralisées en ce qu'elle n'institue ni n'organise par elle-même les responsabilités locales. Sa neutralité n'est cependant pas totale à l'égard des compétences décentralisées. L'enrichissement du texte constitutionnel avec la révision du 28 mars 2003 renferme un certain nombre de précisions devant être interprétées comme autant de directives de soutien à leur égard : garantie d'exercice des compétences par la possibilité d'agir par règlements, principe de subsidiarité appelé à présider la répartition des compétences, garantie de « ressources propres ».

- *Caractère inconcevable du fondement réglementaire*. Si un décret peut toujours venir expliciter les termes d'une loi attributrice d'une compétence locale (Const., art. 21), en revanche, il ne peut être à l'origine d'une telle compétence. Ce serait précariser les compétences décentralisées puisque celles-ci seraient susceptibles d'être révoquées à tout moment par le gouvernement selon la règle du parallélisme des compétences et des procédures. Le principe de compétence législative en droit des collectivités décentralisées a précisément pour effet d'introduire dans ce droit une *directive de séparation des administrations d'État et décentralisées* (v. ss 25).

633 ***Dualité des modes de détermination des compétences locales*** ◊ Unilatérale dans sa méthode, la détermination des compétences des collectivités n'en est pas moins diverse par les procédés d'habilitation qu'elle emprunte. Et ceux qui se résignent au constat que les institutions ne sont pas faites pour la satisfaction de l'esprit y trouveront ici leur compte. Entre les deux techniques des compétences d'attribution et de la compétence générale, le droit français ne choisit pas. Aucune volonté d'unité ne préside à la détermination de ces compétences qui résulte d'un amalgame construit sur une double fidélité au pragmatisme (compétences d'attribution) et à la tradition (compétence générale). Il y a bien des conceptions au sein de la doctrine pour refuser l'idée de la compétence générale des collectivités. Mais, elles ne résistent pas à l'expérience juridique et pratique qui révèle, au contraire, que loin de s'exclure, ces deux techniques s'appellent et se conjuguent.

1. Les origines de la thèse de la caducité de la compétence générale. Par la formule selon laquelle « le conseil municipal règle par ses délibérations les affaires de la commune », les communes se sont vues de longue date reconnaître une compétence générale à prendre en charge tout besoin de leur population (CGCT, art. L. 2121-29, issu l'art. 61 L. 5 avr. 1884). Les départements à la fin du XIXe siècle et les régions en 1982, sur le fondement de la même formule, ont acquis le même pouvoir. De telle manière que cette vocation à servir l'intérêt public local a toujours paru indissociable de la notion même de collectivité territoriale en droit français et permis de la situer en opposition à celle d'établissement public, celui-ci demeurant confiné dans sa spécialité d'origine. On s'est pourtant récemment trouvé en présence d'un courant doctrinal postulant la caducité du titre de compétence générale dont ont pu profiter les collectivités. Il s'établit sur deux arguments :

- *Caducité formelle de la compétence générale des collectivités*. La compétence générale ne refléterait plus la législation positive depuis le tournant des années 1982 en ce que la réforme alors mise en œuvre a entendu conférer des *compétences nouvelles* aux collectivités en procédant par la *méthode de l'énumération*. De sorte que leur aptitude à agir ne doit plus s'apprécier en rapport à l'intérêt public local général mais se trouve préalablement déterminée par chacune des lois de transfert, pratiquement chapitre par chapitre, article par article (essentiellement L. n° 83-8, 7 janv. et n° 83-663, 22 juill. 1983). C'est en ce sens qu'il faudrait interpréter l'article premier de la loi du 7 janvier 1983 dont l'énoncé – « les communes, départements et régions règlent par leurs délibérations *les affaires de leur compétence* » – vaudrait abrogation implicite du titre de compétence générale.

– *Caducité matérielle de la compétence générale des collectivités.* La complexification de l'administration moderne à laquelle participe la diversité des compétences décentralisées, et la multiplication des niveaux d'administration – avec la région à partir de 1986 – réclameraient *une spécialisation du pouvoir local.* Sans un effort en ce sens, l'administration publique serait vouée au « désordre » par les risques de chevauchements d'intervention qui ne manqueraient pas de se produire, chaque autorité pouvant traduire en droit ses propres initiatives. Au contraire, la méthode de l'énumération résout les conflits de frontières, chaque autorité demeurant assignée à l'exécution de sa mission légale. En ce sens, elle prend la valeur d'une règle de protection pour l'administration d'une collectivité dont l'action ne devra pas subir les empiètements extérieurs des autres collectivités [1].

2. Rejet de la thèse de la caducité de la clause générale de compétence. On le croit décisif. Il repose également sur deux arguments :

– L'effet utile de la loi du 7 janvier 1983. Son titre 2 s'intitulant « des compétences nouvelles », il faut bien convenir que ces compétences s'ajoutent aux compétences qu'exerçaient précédemment les collectivités sans ne rien retrancher de celles-ci. Il serait tout de même paradoxal qu'une loi de décentralisation ait pour effet induit de restreindre le champ des responsabilités de ses bénéficiaires.

– Le caractère complémentaire des compétences transférées. Sans doute, les lois de décentralisation des années 1980 procèdent par énumération des compétences qu'elles souhaitent voir exercer par les collectivités. Pour autant, en dépit de son ampleur considérable, il n'est nulle part précisé que cette répartition est exhaustive et qu'il faille sacrifier sur la table rase du passé le titre de compétence générale des collectivités. Cette réfutation, de pure interprétation au départ, a reçu sa confirmation jurisprudentielle

1. V. J. Chapuisat, « Les affaires communales », *AJDA* 1976. 470 ; « Commentaire de la loi du 7 janvier 1983 », *AJDA* 1983. 81 ; M. Fromont, « La nouvelle répartition des compétences entre l'État, les régions et les départements en France », *RISA* 1987. 599 ; P. Bernard, « Les relations contractuelles entre collectivités publiques : les affaires mixtes ou l'œuvre commune », *AJDA* 1990. 131 ; Ch. Houteer, « Collectivités locales, collectivités à vocation spécialisées ? », *in Révolution et décentralisation*, Economica, 1982, p. 97

lorsque, peu d'années après la réforme de 1982-1983, le Conseil d'État fut amené à envisager la définition de la compétence des communes à partir des positions qui ont toujours été les siennes et en ajoutant la précision de nature à clore la discussion que l'article L. 2121-29 CGCT n'avait pas été implicitement abrogé par l'article premier de la loi du 7 janvier 1983.

CE 11 oct. 1989, *Cne Gardanne, Cne Miramas et Cne Port-Saint-Louis du Rhône* (3 esp.), *Lebon* 184 ; *Dr. soc.* 1990. 538, note J.-F. Lachaume ; *Rev. adm.* 1989. 538, note P. Terneyre, s'agissant de la régularité de la décision de ces trois communes d'accorder la gratuité des cantines scolaires aux enfants de cheminots grévistes [1].

3. Conjugaison des deux modes de détermination des compétences. Loin d'introduire le chaos, le cumul des deux types de compétences installe un ordre administratif local qui s'organise sur les principes suivants :

- les compétences transférées forment des *domaines d'action prioritaires*. En référence à ces domaines, on trouve la charpente de l'action de chaque catégorie de collectivité. La méthode de l'énumération présente donc l'intérêt tout à la fois d'officialiser l'intervention locale dans ces domaines et de la protéger des empiètements des autres collectivités, voire de l'État. En tant que de besoin, chaque collectivité pourra se défendre en justice de ces atteintes portées à la répartition légale des compétences. Les compétences d'attribution deviennent ainsi des affaires locales « par détermination de la loi ». De cette base objective découle un principe d'uniformité des transferts, chaque collectivité de la même catégorie possédant les mêmes compétences à exercer dans les mêmes conditions de liberté - outre-mer excepté ;

- à côté de ces transferts, le titre de compétence générale trouve sa place comme *base complémentaire et facultative* pour l'action des collectivités. Sur son fondement, les autorités décentralisées pourront satisfaire tout autre besoin de la population locale. Elles pourront notamment développer toute activité accessoire à la mission légalement dévolue - les garderies, les cantines et les centres de loisirs, adossés au service obligatoire de l'enseignement en donnent l'illustration -. Ce pouvoir général d'administration offre ainsi toute garantie de souplesse et d'adaptation aux données sociales nouvelles. Il permet aux collectivités d'investir sans cesse des domaines nouveaux quand bien même leurs interventions sont, elles, seulement complémentaires de l'action principale de l'État ou d'autres collectivités (action culturelle, enseignement universitaire, environnement, transports...). Les collectivités décentralisées se veulent des autorités politiques et juridiques de plein exercice légitimes à résoudre l'ensemble des problèmes posés dans leur circonscription.

---

1. V. J.-M. Pontier, « *Semper manet*. Sur une clause générale de compétence », *RD publ.* 1984. 1443 ; F. Moderne, « Les principes généraux », *in La libre administration des collectivités territoriales*, Economica, p. 99 ; F. Moderne et J.-C. Douence, « Problématique générale des transferts de compétences », *Cah. CFPC* 1985, n° 16 ; « Réflexions sur la vocation générale des collectivités locales à agir dans l'intérêt public local », *in Quel avenir pour l'autonomie des collectivités locales ?*, Éd. de l'Aube, 1999, p. 317.

634 ***La non-répudiation de la dualité des modes de détermination des compétences décentralisées*** ◊ En cherchant un moyen de faire vivre l'administration décentralisée de manière moins dépensière et moins complexe, le comité E. Balladur (mars 2009) avait suggéré la suppression de la compétence générale des départements et des régions. Alors que le droit français s'en était toujours tenu à des solutions uniformes, les membres du comité souhaitaient introduire, à ces deux niveaux, un nouveau genre de collectivités fonctionnelles à la place des traditionnelles collectivités politiques. Le département et la région auraient, en effet, été assignés à la réalisation des buts fixés par chaque législation d'attribution et à eux seuls, ce qui aurait marqué une forme plus accentuée de domination des collectivités par l'État. Mais, le législateur n'a pas considéré qu'il fallait bouleverser l'état des choses et la proposition du comité n'y a trouvé qu'une traduction très atténuée dans l'article 73 de la loi n° 10-1563 du 16 décembre 2010 qui ménageait, dans une assez large mesure, les possibilités d'initiative des départements et des régions (v. ss 693 s.). Les choses ont été remises dans leur état d'origine avec la loi n° 2014-58 du 27 janvier 2014 qui revient à la solution de la clause générale des départements et des régions. Provisoirement à tout le moins, le projet de loi portant clarification de l'organisation territoriale de la République entendant revenir à des départements et des régions spécialisés.

Il s'ensuit que la situation actuelle autorise encore cette présentation pour tous les niveaux de collectivités : l'articulation entre les compétences transférées et la compétence générale forme *le cadre directeur de la détermination des responsabilités locales* (Chapitre 1). Mais, il est des cas où les décisions locales prennent appui sur des forces habilitantes particulières. Sans échapper au principe de l'habilitation législative, celles-ci procèdent des cas où les interventions des collectivités reposent encore davantage sur l'attitude constructive des juges – les pouvoirs implicites – ou sur un pouvoir spécial et plus large d'habilitation reconnu par la Constitution – l'expérimentation (Chapitre 2).

CHAPITRE 1
LES PRINCIPES PRIMORDIAUX DE DÉTERMINATION DES COMPÉTENCES DÉCENTRALISÉES

635 La détermination des compétences décentralisées [1], reposant sur les principes qui viennent d'être évoqués procède d'un esprit d'équilibre qui permet l'adaptation à la réalité d'un système qui s'est dégagé historiquement. Elle est marquée par sa souplesse.

SECTION 1. LES COMPÉTENCES TRANSFÉRÉES

636 ***Le problème de la définition des compétences transférées*** ◊ Sous couvert d'une même opération d'attribution, les transferts de compétences font voir des réalités très diverses, ce qui pose le problème de la définition de l'expression. Le transfert de compétence s'entend comme l'opération légale consistant à conférer à une collectivité territoriale une compétence relevant précédemment de l'administration de l'État. Dans le domaine transféré, la collectivité intervient en propre, en son nom et pour son compte, par le biais de ses autorités et de ses agents.

Mais, en pratique, le rôle de la collectivité investie par transfert est très variable selon que la loi laisse subsister à son profit une réelle zone de liberté ou, au contraire, qu'elle l'assigne à des conditions d'exécution qui l'oblige à administrer dans un certain sens ou avec d'autres collectivités. La collectivité décentralisée ne reçoit que des compétences d'exécution dont le droit détermine, pour chaque domaine, la répartition et les conditions d'exercice. Quoi de comparable, pour les communes, entre la gestion de leurs services publics traditionnels (ramassage des ordures, garderies...), leur participation à des services dont la charge incombe à d'autres collectivités (aide sociale, enseignement primaire...), ou encore, l'intervention ponctuelle dans le cadre d'une opération relevant d'autres autorités (avis dans une procédure de police spéciale...) ? Dans un État simple, l'étude des compétences transférées manifeste sans cesse les liens resserrés entre l'État et les collectivités. Et, la décentralisation administrative semble

1. V. biblio. v. ss 713.

condamnée à dégénérer en processus pragmatique et fonctionnaliste dans les mains du Parlement. Les réformes, même les plus ambitieuses, n'ont jamais entendu réagir efficacement contre cet état des choses considéré comme trop lié à la tradition et à la forme unitaire de l'État et de l'ordre juridique eux-mêmes.

637 ***Variété des transferts de compétence*** ◊ Il existe plusieurs types de transfert de compétence sur lesquels on peut tenter un regard systématique selon les éléments de décision laissés à la maîtrise des collectivités :

1. Transferts pléniers. En transférant une compétence dans un domaine général, la loi laisse la collectivité à laquelle elle la confie libre de ses initiatives sur ce domaine. Le transfert réalise la substitution pure et simple de la collectivité territoriale à l'État administrateur. Cela peut être le cas à propos d'un service public qui se voit confier à la charge exclusive d'une collectivité. Ainsi, l'article L. 601-1-I du Code des ports maritime prévoit que « la région ou la collectivité territoriale de Corse est compétente pour créer, aménager et exploiter les ports maritimes de commerce ». Cette méthode qui offre la plus de lisibilité à la carte des transferts correspond à l'idée de transferts « par blocs » de compétence dont le réformateur de 1982 avait tenté de s'inspirer (v. ss 641 s.).

Ce type de transfert ne confère pas nécessairement une entière liberté à son titulaire dans la mesure où celui-ci n'est pas libre de se soustraire à l'exercice de ses *compétences obligatoires* dans les cas où la loi lui impose la création et la gestion de services jugés indispensables à la satisfaction de besoins essentiels (ramassage des ordures ménagères, aide sociale, police municipale). À l'opposé, les *compétences facultatives* se signalent par la faculté d'accepter ou de refuser d'exercer la compétence selon les intérêts propres à la collectivité (aides économiques). La réalité est, qu'entre ces deux types de transfert, les collectivités pourront toujours manifester plus ou moins de considération pour une activité qui leur est confiée comme le veut le libre jeu de l'administration décentralisée. Il faut donc se garder de croire, malgré l'opposition que suggèrent entre eux les qualificatifs d'obligatoire et de facultatif, que chacun de ces deux types peut se définir comme le contraire de l'autre : ils manifestent des différences, pas une opposition radicale.

2. Transferts partiels. La politique décentralisatrice recherche ici un équilibre dans le sens d'une distinction, pour chaque matière transférée, entre ce qui requiert un cadre ou une action centralisée et ce qui peut être abandonné à l'initiative locale. La compétence ne peut être alors réputée intégralement décentralisée, à défaut d'une authentique liberté de choix des élus locaux dans sa prise en charge. La nature de la responsabilité confiée et les contrôles de tous ordres qui pèsent sur son exercice doivent être jugés incompatibles avec une véritable décentralisation. Encadrées par des normes et des orientations fixées par l'État, les collectivités demeurent chargées d'appliquer des politiques sectorielles conçues au niveau national. Le pouvoir local se transforme en exécuteur légal de ces politiques nationales et, on voit la décentralisation territoriale fondamentalement frappée d'une recentralisation par matière. Il est tout de même paradoxal de constater qu'à l'issu d'un processus de décentralisation qu'il a voulu, l'État ne se désengage pas au sens où, s'il n'est plus acteur, il reste régulateur.

Le plus gros des domaines transférés relève, selon des degrés très variables, de cette logique. C'est vrai pour le secteur social, par nature réfractaire aux discriminations territoriales, un individu ne pouvant souffrir dans conditions essentielles d'existence du fait de son rattachement à telle ou telle collectivité. Mais, c'est généralement le cas dans les secteurs techniques qui justifient, de ce fait, que l'État s'annexe le cadre réglementaire de telles activités, traditionnellement locales, de service public. L'assainissement en donne l'exemple au nom d'un impératif supérieur de propreté de l'eau, ou l'élimination des déchets suivant des règles de qualité de l'air. De façon générale, et c'est une fatalité pour les collectivités, la modernisation par la technique des activités publiques ne va pas dans le sens de la décentralisation, à tout le moins de la décentralisation communale traditionnelle.

3. Transferts collectifs. La collectivité territoriale n'apparaît plus comme gérant ses affaires propres mais comme concourant au règlement des affaires générales. Les compétences collectives font appel à un ensemble de mesures concrètes articulées entre elles et mobilisent, pour leur réalisation, une association de ressources juridiques, matérielles et financières. Chaque collectivité est acteur mais au sein d'une chaîne d'interventions qui suit ses propres priorités et finalités. C'est moins la liberté d'action que son utilité et sa complémentarité qui est recherchée, même si toute banalisation, pour un pouvoir élu, demeure irrecevable. Il est possible de voir plusieurs collectivités, ou niveaux de collectivités, collaborer spontanément à la réalisation d'une politique commune. La Charte de l'environnement selon laquelle « toute personne a le devoir » de prendre part à la sauvegarde du patrimoine – ce qui ne dispense pas les personnes publiques – repose partiellement sur ce type de co-responsabilité collective (art. 2). Mais, le plus souvent, la loi commande la complémentarité en bornant chaque autorité décentralisée dans une étape d'un processus décisionnel général. Chacune se voit assignée à des tâches parcellaires sur des questions qu'il est nécessaire de faire remonter jusqu'à l'État ou une collectivité plus vaste pour en saisir la véritable autorité directrice. De sorte que dans ce cas de figure, la décentralisation n'apparaît, en contradiction avec l'idée qui l'anime, que comme une modalité de centralisation.

On doit à la doctrine environnementaliste un effort théorique, jusque-là inédit, sur la définition du transfert de compétence, confrontée qu'elle fût à la question d'évaluer les responsabilités des collectivités en la matière. V. not. P. Albertini, « Les collectivités locales et l'environnement », *AJDA* 1993. 835. V. ég., dans la même perspective théorique pour ce qui est de « l'action commune » des collectivités : V. de Briant, *L'action commune en droit des collectivités territoriales. Contribution à l'étude de l'exercice en commun de compétences*, thèse Paris II, 2007 ; M. Le Moigne, *Les compétences des collectivités territoriales en droit public français*, thèse Brest, 2007.

638 ***Complexité des transferts de compétences*** ◊ Le problème est qu'aujourd'hui, le thème de la détermination des compétences décentralisées est dominé par la complexité extrême. Sans doute demeure-t-il régi par ces deux aspects fondamentaux que sont la compétence législative pour opérer les transferts et le principe d'unité catégorielle des collectivités territoriales qui veut que chaque collectivité d'un même niveau profite des mêmes compétences – la commune y échappant partiellement. Mais à l'exercice d'une seule compétence plusieurs collectivités sont le plus souvent légalement convoquées, ce qui crée un phénomène d'incertitude dans le titulaire réel de la compétence. Et, l'exacte frontière entre l'action des collectivités sera d'autant plus difficile à établir que celles-ci s'accorderont pour collaborer en commun sur leurs tâches personnelles, parfois au mépris de la répartition légale initiale. De sorte qu'il convient d'opérer une distinction fondamentale entre la *détermination initiale des compétences* et *leur exercice effectif* laissé aux arrangements locaux. La loi prévoit elle-même toutes les possibilités de *délégation de compétence* d'une collectivité à une autre (v. ss 727). Ceci tend à faire échapper la question à tout modèle unitaire. À l'encontre des intentions qu'il n'a cessé d'afficher, le législateur s'est ingénié à coups de réaménagements permanents, de compétences expérimentales, de compétences délégables, d'ouverture vers des statuts particuliers, à aggraver une situation qu'il n'a jamais envisagée simplement. On comprend pourquoi la question de la détermination des compétences occupe au sein de la théorie générale du droit des collectivités décentralisées une place centrale. Elle tend à en constituer le point névralgique.

Non sans ironie, le sénateur P. Girod se permettait d'observer à l'occasion de la séance au Sénat du 6 mai 1983 relative aux transferts des ports et voies d'eau que : « L'eau salée dépend de la région ; les ports en eau salée relèvent du département ; les ports en eau douce de la région, mais l'hydraulique agricole en eau douce dépend du département. Toutefois, quand l'eau douce entre dans l'eau salée, elle reste du domaine du département ».

On peut toujours imputer la situation au manque d'imagination et d'effort du législateur chez qui la retenue et la tradition l'emportent sur l'audace. Celui-ci entend, de surcroît, garder la haute main sur les domaines qu'il décentralise ce qui ne paraît pas susceptible de conduire à un réel transfert du pouvoir. La décentralisation n'a jamais fait rempart à l'étatisme. Mais il faut voir également que c'est la structure même de notre administration décentralisée que la situation met en cause. De la mutation d'une société rurale vers une société moderne et urbaine, la France a hérité d'une multiplicité de niveaux d'administrations au sein de laquelle la promotion des territoires jugés plus adéquats (agglomérations, régions) n'a pas été conçue comme devant se substituer aux niveaux traditionnels qui se maintiennent avec une remarquable permanence (communes rurales, départements). Et, tous ces niveaux ne s'emboîtent pas. Ils demeurent égalitaires en droit et sont contraints d'agir de concert par leur commune vocation à régir l'ensemble des besoins de leur population.

Au regard de ces considérations on peut s'amuser de la proclamation faite à l'article 65 de la loi du 4 février 1995 sur l'aménagement du territoire selon laquelle la répartition des compétences « sera clarifiée » dans le délai d'un an.

Il demeure probable que les nouveautés qu'apportent les réformes récentes (L. 16 déc. 2010, L. 27 janv. 2014, projet de loi portant clarification de l'organisation territoriale de la République) s'avèrent insuffisamment efficaces à redresser la situation.

§ 1. Principes directeurs de la détermination des compétences

639 Ils doivent être définis comme un ensemble de règles énoncées en termes généraux et placés en tête du droit de la décentralisation avec pour objet d'inspirer le législateur sur la manière de transférer les compétences aux collectivités. Le statut de ces principes est très divers : juridique ou non, constitutionnel ou seulement législatif. Mais, ces principes ont en commun *de ne pas s'imposer au législateur avec une force impérative ou absolue*. Il ne faut donc pas surestimer leur portée dans l'élaboration d'une théorie générale de la détermination des compétences décentralisées. Le droit des transferts de compétence demeure réglé par la Constitution essentiellement sur un aspect formel : la liberté du législateur à laquelle s'est toujours identifiée la décentralisation.

A. Principe de spécialisation

640 Ce principe est susceptible de degrés. Sa portée est maximale avec la théorie des blocs de compétence, minimale avec celle de la « collectivité chef de file ».

1. Principe des blocs de compétence

641 ***Intérêt du principe*** ◊ Ce principe veut asseoir la répartition des compétences entre les différents niveaux de collectivités sur une logique absolue de cohérence. Sachant la multiplicité des compétences publiques et des administrations décentralisées, le regroupement par secteurs d'activité autour d'un *acteur exclusif* serait indispensable à prévenir un émiettement et une concurrence du pouvoir contraire à la clarté et à l'efficacité de l'action publique. Dans chaque matière (social, enseignement, développement économique...), une autorité et une seule devrait avoir compétence.

Bon nombre de rapports inspirant la réflexion politique dans les années 1970 ont fait fond de ce principe dans l'intérêt qu'il préside aux réformes décentralisatrices à venir (not. rapports O. Guichard et A. Peyreffitte, 1976).

642 ***Traduction positive*** ◊ La méthode des blocs de compétence a trouvé sa place dans le droit positif, le Parlement ayant voulu lui donner une traduction légale : « La répartition des compétences s'effectue, dans la mesure du possible, en distinguant celles qui sont mises à la charge de l'État et celles qui sont dévolues aux communes, aux départements et aux régions » (CGCT, art. L. 1111-4, issu de l'art. 3 L. 7 janv. 1983).

643 ***Absence de valeur contraignante*** ◊ Mais, le législateur ne pouvant se lier lui-même, la théorie des blocs de compétence n'est jamais devenue une référence contraignante du droit de la décentralisation. Elle s'est installée en doctrine comme un mythe, comme une référence à la fois obligée et vaine, sans doute parce qu'elle renferme une grande part d'illusion à prétendre pouvoir isoler les domaines de l'action administrative dont la pratique montre l'enchevêtrement.

Signe que le mythe est tenace : la bonne volonté du législateur à l'occasion de la loi du 13 août 2004 dont l'exposé des motifs révèle qu'il a souhaité supprimer « les mécanismes et dispositifs de co-responsabilité » et « clarifier les champs de compétence ». Mais l'intention affichée a tourné court, le contenu de la loi étant plutôt généralement considéré comme ayant, dans la droite lignée des lois précédentes, aggravé la situation à cet égard.

2. Principe dit de la « collectivité chef de file »

644 ***Intérêt du principe*** ◊ Face au constat résigné de l'inextricable imbrication des compétences publiques sur lequel la théorie des blocs de compétences devait achopper, une position de repli trouvait son affirmation au sein du rapport Guichard : le principe de « l'acteur dominant ». L'idée est d'isoler un niveau de collectivité territoriale à partir duquel s'organisera l'exercice collectif d'une compétence. De telle manière que, si ce niveau ne peut intervenir à titre exclusif, il sera néanmoins conduit à agir à titre principal. Ainsi, la région à laquelle est confiée la gestion des affaires intéressant l'ensemble de son territoire, est immédiatement vouée à se voir reconnaître cette qualité, notamment pour l'exercice de compétences structurantes tels l'aménagement du territoire ou le développement économique.

Le recours généralisé au chef de file est à la base de l'élaboration législative de 2014. Le procédé est apparu de nature à servir une administration décentralisée plus clairement organisée dans ses tâches prenant le pari de la reconstruction générale alors qu'il n'a rien de neuf et qu'il était demeuré de pratique limitée. Désormais, toutes les collectivités, à chaque niveau et pour toutes les compétences partagées, deviennent chef de file : la région en matière économique, d'aménagement du territoire, d'environnement et de transport ; le département en matière d'action sociale et de solidarité et la commune en matière de services de proximité, de développement et de mobilité durable (CGCT, art. L. 1111-9 et 1111-9-1, issus de la loi n° 2014-58 du 27 janv. 2014).

Les chefs de file œuvreront dans le cadre de *conférences territoriales de l'action publique* (CTAP), sorte d'assemblée confédérale où les exécutifs des principales collectivités territoriales de chaque région feront chambre commune pour y cimenter la cohérence de leurs interventions. Les régions s'y assureront d'ailleurs une position spéciale puisqu'elles leur donnent leur assise territoriale, leur président par l'intermédiaire du président de région et leur principal chef de file. Mais à l'intérieur de ces conférences, les collectivités ne se trouveront pas autrement liées qu'elles peuvent l'être par le pouvoir de leur chef de file.

645 ***Traduction positive*** ◊ le constituant du 28 mars 2003 a promu le procédé de la « collectivité chef de file » en l'inscrivant au sein du nouvel article 72 alinéa 5 de la Constitution dans les termes suivants : « Lorsque l'exercice d'une compétence nécessite le concours de plusieurs collectivités territoriales, la loi peut autoriser l'une d'entre elles ou un de leurs groupements *à organiser les modalités de leur action commune* ».

Sous des énoncés divers, l'idée se trouvait déjà dans la législation antérieure (par ex., art. 65 L.n° 95-115, 4 févr. 1995), mais elle n'avait jamais semblé mériter d'être codifiée au sein du Code général des collectivités territoriales.

Le problème de la collectivité territoriale « chef de file » vient de la difficulté à associer à sa qualité un pouvoir précis qui l'identifie. La formule n'est pas juridique et on ne sait comment la traduire précisément en droit. Sans doute s'agit-il d'une formule évocatrice d'un *pouvoir d'« organisation »* pour rester dans les termes de la Constitution. C'est pourquoi le pur procédé contractuel fait figure de technique trop faible en ce qu'il suggère la souveraineté des parties égales en opposition avec ce rôle d'organisation que doit assurer la « collectivité chef de file ». Mais, il est difficile d'aller bien au-delà en considération du fait que la Constitution assigne la collectivité au respect d'une limite majeure : *l'interdiction d'exercer une tutelle sur les autres collectivités* (art. 72 al. 5 Const.). Plus vraisemblablement, des procédés juridiques hybrides tels que l'obligation de contracter ou l'action sur le fondement d'un acte-condition pris par le « chef de file » paraîtront les plus adéquats à donner effet à un tel pouvoir (par exemple, la subvention préalable d'une entreprise privée par la région constituant l'acte-condition sur le fondement duquel un département pourra compléter l'aide initiale : CGCT, art. L. 1511-2).

Le juge constitutionnel a estimé que si une collectivité pouvait « organiser » les modalités d'une action commune à plusieurs collectivités, en revanche celle-ci ne pouvait se voir confier un « pouvoir de décision » pour déterminer cette action commune (Cons. const. 24 juill. 2008, n° 08-567 DC, *Loi relative aux contrats de partenariat*, consid. 33 : *Rec. Cons. const.* 341, s'agissant du cas où un contrat de partenariat relève de la compétence de plusieurs collectivités et dont la loi ne peut valablement prévoir qu'elles désigneront l'une d'entre elles pour décider ce qui touche à l'opération contractuelle. Voir également pour l'interdiction faite à une collectivité géographiquement supérieure d'adopter une réglementation qui s'imposerait aux autres collectivités sans possibilité pour ces dernières d'« ajouter », d'« adapter », de « préciser », voire de « déroger » dans une certaine mesure, CE , ass., avis, 15 nov. 1992, *AJDA* 2013. 2240, note B. Faure). Les deux dispositions constitutionnelles sont trop subtilement balancées. Les transformations affichées au moyen de la collectivité chef de file masqueront mal la stabilité de la situation. La leçon est claire : le droit constitutionnel empêche toute évolution vers un système d'organisation pyramidale des collectivités qui pourrait engendrer la suprématie du niveau régional. La loi du 27 janvier 2014 ne facilitera pas les tentatives de synthèse : la qualité de chef de file ne s'y trouve identifiée à aucun pouvoir mais peut servir à la conclusion de délégations de compétences décidées entre collectivités – ce qui ne caractérise pas un pouvoir – dans le cadre de *conventions territoriales d'exercice concerté* (CTEC) autorisant des mutualisations de services (CGCT, art. L. 1111-9-1).

C'est pourquoi le législateur se prépare à renier son œuvre de 2014, estimant que le rôle directif de la région en matière économique obtiendra mieux satisfaction avec l'abandon de son statut de chef de file et sa désignation en tant que titulaire d'une compétence propre en la matière. Alors le résultat recherché sera obtenu : les autres collectivités seront appelées à s'associer à l'exercice de cette compétence en tant qu'exécutantes subordonnées (projet de loi portant clarification de l'organisation territoriale de la République). La doctrine pourra penser qu'il s'agit d'un subterfuge pour tenter de soustraire aux contraintes constitutionnelles l'aménagement des rapports entre collectivités.

646 ***Absence d'impératif constitutionnel*** ◊ L'article 72 alinéa 5 de la Constitution ne possède, tout au mieux, qu'une portée incitative. Si le Parlement ne veut pas utiliser cette référence, rien ne peut l'en empêcher. De sorte que le *statu quo*, voir l'aggravation en matière d'éclatement des compétences n'a rien de contraire à la Constitution, ainsi qu'ont commencé à en apporter la démonstration les dernières vagues de transfert par la loi du 13 août 2004.

D'ailleurs, rien n'interdisait le législateur d'avant 2003 à désigner une « collectivité chef de file » pour introduire des éléments de direction unitaire dans l'exercice de compétences collectives. Le régime des aides financières des collectivités aux entreprises privées en a donné l'illustration. Dans sa forme incitative, la règle de la « collectivité chef de file » n'est donc pas une disposition *matériellement constitutionnelle*. Il reste que le droit de la décentralisation s'accoutume aux expressions faiblement déterminées sous l'empire desquelles on tente de faire croire qu'on ordonne une réalité qu'on connaît déjà [1].

B. Principe de subsidiarité

647 ***Intérêt du principe*** ◊ Il traduit la nécessité de faire exercer, ou de regrouper, les compétences au niveau le plus adéquat au regard de la satisfaction des citoyens ainsi que de leur coût. Plus concrètement, le principe veut qu'on établisse les responsabilités en priorité au niveau communal et, ce n'est que dans le cas où les besoins seraient mieux satisfaits au niveau supérieur, qu'il faudrait en faire remonter l'exercice, d'abord au niveau

1. V. J.-F. Joye, « La notion de chef de file en droit des collectivités locales », *Coll. terr.* juill. 2003. 12 ; L. Gélin-Racinoux, « La fonction de chef de file dans la loi du 13 août 2004 », *AJDA* 2007. 283, A. Baumard, *L'action commune entre collectivités territoirales : la collectivité territoriale chef de file*, thèse Angers 2012, J.-F. Brisson, « Clarification des compétences et coordination des acteurs », *AJDA* 2014. 600, J.-C. Douence, « La nouvelle répartition des compétences, gage de clarification ? », *JCP Adm.* 2011, n° 2135, J.-M. Pontier, « Trente ans de répartition et de redistribution des compétences entre l'État et les collectivités territoriales », *BJCL* 2012. 277.

départemental, puis régional et, enfin, étatique, voire européen. Dans un État unitaire, la subsidiarité appelle ainsi un régime de décentralisation comme un ordre naturel des choses, l'action centralisée de l'administration de l'État étant appelée à être seconde.

648 ***Traduction positive*** ◊ Inspirant de longue date la doctrine, le principe de subsidiarité n'a trouvé que tardivement vocation à régir le droit positif. Sans le désigner formellement, l'article 72 alinéa 2 de la Constitution issu de la loi constitutionnelle du 28 mars 2003 prévoit désormais que les « collectivités territoriales ont vocation à prendre les décisions pour l'ensemble des compétences qui peuvent le mieux être mises en œuvre à leur échelon ».

649 ***Valeur contraignante relative*** ◊ Le principe de subsidiarité est évocateur d'une éthique de la décentralisation. Mais la difficulté d'accrocher un contrôle juridictionnel au respect des dispositions de l'article 72 alinéa 2 vient du fait que celui-ci n'énonce aucun impératif sanctionnable (« vocation », « le mieux être mise en œuvre »). La détermination du niveau d'exercice d'une compétence procède, en effet, de pures considérations de fait (économique, sociale ou de gestion) qui la font ressortir au seul domaine de l'opportunité administrative, sans exclure l'arbitraire de ceux qui s'en recommandent pour justifier la cause de toute recentralisation. Voilà pourquoi la subsidiarité est plus fréquemment perçue comme un principe de nature politique que juridique.

Au surplus, la jurisprudence interdit d'y voir un principe présentant le cartère de « droits et libertés que la Constitution garantit » invocable dans le cadre de l'article 61-1 C. (QPC) : CE 21 sept. 2012, *Cne de Vitry-sur-Seine*, *AJDA* 2012. 1769.

Il semble toutefois permis de ne pas dénier toute autorité juridique au principe de subsidiarité qui, au regard de la jurisprudence constitutionnelle, produit effet en tant que norme de contrôle et norme d'interprétation des lois :

1. Principe de subsidiarité en tant que norme de contrôle. Ce principe sert de fondement à la sanction du juge constitutionnel soit dans l'hypothèse où la loi aurait *manifestement* mal choisi le niveau adéquat d'exercice d'une compétence, soit dans l'hypothèse d'une recentralisation pure et simple d'une compétence par l'État. Il fait alors fonction de *police de la décentralisation* en étant susceptible de poser des limites matérielles à la compétence du législateur répartiteur des compétences administratives.

En ce sens, Cons. const. 7 juill. 2005, n° 05-516 DC, *Loi de programme fixant les orientations de la politique énergétique*, *Rec. Cons. const.* 102 ; *AJDA* 2005. 1487 ; *Dr. adm.* août-sept. 2005. 21, obs. R. Fraisse, ne sont pas contraires à l'article 72 alinéa 2, en l'absence d'erreur manifeste d'appréciation mais avec une motivation circonstanciée, les dispositions légales confiant au préfet plutôt qu'aux autorités décentralisées la détermination des zones de développement de l'éolien eu égard aux finalités poursuivies (raccordement aux réseaux électriques, préservation des paysages, des monuments historiques et des sites remarquables).

2. Principe de subsidiarité en tant que norme d'interprétation. Dans l'hypothèse où la répartition des compétences n'est pas claire, la référence à la subsidiarité peut servir au juge pour désigner l'autorité la plus appropriée à agir. Ce principe fait fonction de clé pour résoudre les conflits positifs ou négatifs de compétence entre plusieurs collectivités ou entre une collectivité et l'État. Il peut alors s'affirmer comme un soutien au pouvoir des collectivités d'exécuter spontanément les lois de décentralisation lorsqu'elles restent lacunaires dans leurs dispositions (Par exemple, déterminer le mode de scrutin pour désigner les membres d'une assemblée que les collectivités doivent mettre en place). Le principe de subsidiarité jouerait en faveur d'un exercice plénier par les collectivités de leurs responsabilités.

Sur l'établissement d'une telle méthode de contrôle antérieurement à l'affirmation constitutionnelle du principe de subsidiarité et qui trouve son fondement sur le principe de libre administration : Cons. const. 29 mai 1990, n° 90-274 DC, *Droit au logement, Rec. Cons. const.* 61 ; *RFDC* 1990. 497, note L. Favoreu ; *RDSS* 1990. 711, note X. Prétot ; *Pouvoirs locaux* déc. 1990. 85 et mars 1991. 16, note G. Vedel, s'agissant de la politique du logement social pour laquelle la loi prévoit l'association des départements et de l'État, le juge constitutionnel ne censure pas l'arbitrage ministériel contesté en ce qu'il laisse le dernier mot à l'État dans la mesure où « le logement des personnes défavorisées... répond à une exigence d'intérêt national » (illustration *a contrario*, consid. 13) [1].

C. Principe de l'interdiction d'une « tutelle » entre collectivités

650 ***Portée minimale du principe*** ◊ Une collectivité territoriale ne saurait se voir imposer par une autre un procédé juridique de « tutelle » sur ses décisions. L'égalité de droit entre l'ensemble des collectivités serait affectée si la moindre d'entre elles ne disposait du libre exercice de ses compétences parce que celles-ci seraient assujetties à des procédés d'approbation, d'annulation ou de substitution organisés par une autre collectivité. L'idée même de tutelle, justifiée par la sauvegarde d'intérêts supérieurs et par le respect de la loi, n'a pas sa place dans le cadre des relations horizontales entre les collectivités publiques secondaires mais autonomes entre elles. En pratique, l'acceptation d'une tutelle marquerait une évolution vers la suprématie des régions à l'égard des petites collectivités traditionnelles.

Mais, dans la mesure où l'exercice collectif des compétences décentralisées est de pratique normale, il paraît peu réaliste d'éliminer, fût-ce au nom de l'interdiction de toute tutelle, le moindre phénomène d'influence entre collectivités qui finirait par empêcher leur collaboration et se retournerait contre leur libre administration. C'est pourquoi, la jurisprudence opte pour une interprétation souple du principe qui ne saurait interdire toute contrainte de fait relevant notamment de mécanismes d'incitation

1. V. J.-P. Derosier, « La dialectique centralisation/décentralisation. Recherches sur le caractère dynamique du principe de subsidiarité », *RID comp.* 2007. 107 ; G. Drago, « Le principe de subsidiarité comme principe du droit constitutionnel », *RID comp.* 1994. 583.

ou de dissuasion. Mais l'autorité du principe ainsi circonscrit *aux comportements de tutelle expressément qualifiés comme tels par le droit*, risque de s'avérer platonique. Il est possible que la loi ordinaire en demandait plus en prohibant la tutelle « sous toutes ses formes » (CGCT, art. L. 1111-3).

En ce sens, l'octroi d'une subvention sous réserve de conditions n'est pas illicite : CE Ass. 12 déc. 2003, *Dpt Landes*, *Lebon* 502 ; *RFDA* 2004. 518, concl. F. Seners et 525, note J.-C. Douence ; *AJDA* 2004. 195, chron. F. Donnat et D. Casas ; *JCP Adm.* 2011, n° 2279, note H. Pauliat, s'agissant de la légalité d'une subvention du département aux communes pour leur service de distribution de l'eau, subvention dont les taux modulaient de façon à constituer une incitation financière à choisir la gestion du service en régie plutôt qu'en affermage (solution confirmée au nom de la « libre administration des départements » : Cons. const. 8 juill. 2011, n° 2011-146 QPC, *Dpt Landes*, *AJDA* 2011. 2067, note M. Verpeaux, *AJCT* 2011, n° 561, note J.-D. Dreyfus, établissant l'inconstitutionnalité du CGCT, art. L. 2224-11-5, issu de la L. 30 déc. 2006 qui avait posé une interdiction spéciale en vue de faire échec à la tolérance du juge administratif dans l'affaire *Dpt Landes*. Faisant application du nouvel état du droit : CAA Bordeaux 3 mars 2014, *Fédération professionnelle des entreprises de l'eau c. Dpt des Landes*, *BJCL* 2014. 261, concl. P. Bentolila et obs. B. Poujade).

V. ég., pour faire le tour d'une jurisprudence administrative peu abondante : TA Montpellier, 20 juin 1983, *Cne Narbonne c. Région Languedoc-Roussillon*, *Lebon* 561 ; *AJDA* 1983. 678, note O. Dugrip, s'agissant de l'impossibilité pour une région de subordonner ses aides aux communes à une procédure réservant au département un pouvoir de contrôle sur l'activité subventionnée.

Dans l'intérêt d'échapper aux phénomènes de tutelle, des concertations et des harmonisations peuvent être aménagées par la loi lorsque l'exercice d'une compétence nécessite l'intervention d'au moins deux niveaux de collectivités. Voir à propos de la conférence des exécutifs : CGCT, art. L. 1111-4, issu de l'art. 202 L. n° 04-809, 13 août 2004. V. ég. v. ss 644 s.

651 ***Fondement positif et valeur du principe*** ◊ Ce principe est un des plus réitéré du droit des collectivités décentralisées. Il s'y est toujours trouvé à l'État implicite où l'instauration de tout procédé de tutelle d'une collectivité sur une autre était perçue comme transgressant tout à la fois leur égalité, leur libre administration et la compétence législative à laquelle revient le droit de déterminer l'organisation des compétences administratives. La tutelle doit normalement rester une attribution de l'État.

Le principe prend explicitement valeur constitutionnelle du fait de son affirmation au sein de l'article 72 alinéa 5 issu de la loi constitutionnelle du 28 mars 2003 : « Aucune collectivité ne peut exercer une tutelle sur une autre ». Élevée au rang constitutionnel, la portée du principe change, le législateur lui-même n'étant plus recevable à instituer une tutelle entre collectivités.

Par ces nouvelles dispositions, il s'agissait de formaliser une obligation que le juge constitutionnel avait déjà voulu imposer au législateur lorsque le découpage qu'il opérait des compétences décentralisées pouvait être interprété comme de nature à établir une tutelle entre collectivités (Cons. const. 26 janv. 1995, n° 94-358 DC, *Rec. Cons. const.* 183 et 17 janv. 2002, n° 01-454 DC, *Rec. Cons. const.* 70). Il a depuis eu l'occasion d'accorder sanction à ce titre (Cons. const. 24 juillet 2008, n° 08-567, préc. v. ss 645).

En ce qui regarde les textes, les réformes antérieures à 2003 n'avaient jamais reconnu à ce principe d'autre rang hiérarchique que celle de leur origine légale. V. CGCT, art. L. 1111-3, issu de l'art. 2 L. n° 83-8, 7 janv. 1983 et, en matière d'aides financières, art. L. 1111-4 al. 3 issu de L. 6 févr. 1992.

D. Principe de compensation des charges

652 ***Aperçu du problème*** ◊ La décentralisation française fait depuis longtemps l'objet de critiques pour avoir introduit la pratique malheureuse des *transferts de charges* à côté des transferts de compétences. Il ne s'agit plus de confier en propre des compétences sur lesquelles les collectivités pourront statuer selon leurs choix politiques mais de les engager, selon des critères qui leur échappent, dans le financement d'équipements et de services devenus trop coûteux pour les finances de l'État. Cette dérive n'a rien d'une nouveauté. On se rappelle de la loi de finance pour 1972 qui avait déclassé certaines routes nationales en routes départementales parce qu'elles exigeaient réfection à la suite d'un hiver de gel. Mais, l'État demeurant maître du jeu de la décentralisation, cette dérive s'est installée à grande échelle (financement des équipements scolaires, des routes, de personnels administratifs, de l'action sociale, des chemins de fer...). Le législateur en a conçu l'idée que la libre administration des collectivités s'en accommoderait si les charges liées à de tels transferts étaient *intégralement et concomitamment compensées*. Si la solution moralise la pratique des transferts de charges, elle ne peut toutefois rien pour l'éliminer. Au premier chef, cette compensation intéresse les ressources nécessaires à l'exercice des responsabilités (1). Mais, en outre, la mise à disposition des biens, des services et des agents utilisés par l'État se trouve également impliquée (2). Pour essentiels qu'ils soient, ces principes demeurent malmenés en pratique, l'État étant généralement considéré comme ne répondant pas parfaitement à l'étendue des obligations qu'il s'est ainsi fixées.

1. La compensation financière

653 ***Le droit de la compensation financière*** ◊ En réponse aux désillusions engendrées par l'augmentation en flèche des charges légales des collectivités, et l'obligation pour elles de les financer en propre, le principe de compensation financière, posé en 1982-1983, n'a cessé de voir ses garanties se renforcer, d'abord par la promotion constitutionnelle dont il a fait l'objet, ensuite par son contenu. Il est associé avec un certain nombre de règles de fond et de procédure sans lesquelles il demeurerait une pure formule verbale. Mais l'excès de complexité est le prix à payer de ce mouvement de juridicisation et de procéduralisation du droit des transferts de compétences. Surtout, tout se passe comme s'il fallait que le principe de compensation n'aboutisse pas, dans ses applications, à des charges pour l'État excédant ses moyens, de plus en plus limités.

1. Valeur constitutionnelle et internationale du principe. Le constituant de 2003 l'a conçu comme un principe essentiel à sa réforme en lui conférant une force juridique qui s'impose au législateur : « tout transfert de compétence entre l'État et les collectivités territoriales s'accompagne de l'attribution de ressources équivalentes à celles qui étaient consacrées à leur exercice. Toute création ou extension de compétence ayant pour conséquence d'augmenter les dépenses des collectivités territoriales est accompagnée de ressources déterminées par la loi » (Const., art. 72-2 § 4) [1] Son impact peut être apprécié dans les jurisprudences administrative et constitutionnelle :

a) Principe de compensation dans la jurisprudence administrative : Si jamais cela avait été le cas, le principe ne souffre plus d'aucune incertitude dans son affirmation même. Sa première affirmation tient encore sa place au sein du Code général des collectivités territoriales (CGCT, art. L. 1614-1, issu de l'art. 94 L. 7 janv. 1983) et la loi du 13 août 2004 a cru bon de réinscrire partiellement le principe constitutionnel au sein de ses propres dispositions (CGCT, art. L. 1614-1-1).

On doit toutefois noter certains écarts de rédaction entre le texte légal initial et les nouvelles dispositions constitutionnelles qui posent le problème de leur conciliation. Au regard de ce premier, le droit à compensation n'était invocable qu'à partir d'un certain seuil, seul « un accroissement *net* de charges résultant des transferts » méritant d'être pris en considération (v. en ce sens, CE 11 juin 2003, *Région Nord-Pas-de-Calais*, *BJCL* 2003. 656, concl. F. Seners, s'agissant de la régularité du refus de compenser des charges occasionnelles issues du transfert de compétence aux régions des transports ferroviaires de voyageurs). Ne faudrait-il pas désormais lire les dispositions légales dans un sens plus conforme à la rédaction inconditionnée de l'article 72-2 § 4 de la Constitution qui suppose l'indemnisation de *toute* charge, importante ou non ?

Notons cependant que les termes dans lesquels le nouvel article L. 1614-1-1 est rédigé seraient de nature à rendre illicite toute modification de compétence locale – même par voie réglementaire – sans compensation préalable et, en ce sens devrait infléchir la position de la jurisprudence administrative (incarnée par : CE 10 avr. 2002, *Région Alsace*, *Coll. terr.* 2002. 177).

Le Conseil d'État a pu juger que l'obligation de compenser l'intégralité des charges afférente au transfert des routes nationales aux départements en vertu de l'article 72-2 Const. n'incluait pas les charges résultant d'un éventuel développement de ce domaine routier et, qu'en conséquence, devait être rejetée, en tant que non sérieuse, la demande de question prioritaire de constitutionnalité posée par un département (CE 29 oct. 2010, *Dpt Haute-Garonne*, *RFDA* 2010. 1257, chron. A. Roblot-Troizier et T. Rambaud, *JCP Adm.* 2011. 2058, note J.-M. Pontier).

Le juge administratif a été saisi du problème de la compensation sur le fondement de l'article 9 de la Charte européenne de l'autonomie locale du 15 octobre 1985 posant la garantie de « ressources propres suffisantes » qu'aurait violé, selon les requérants, les dispositions de la loi du 5 mars 2007 alourdissant les charges des départements en matière de protection maternelle et infantile et d'aide sociale à l'enfance. Il a admis la recevabilité de la requête mais l'a rejetée au fond (CE 26 juill. 2011, *Département de la Seine-Saint-Denis*, req. n° 340041).

1. Et le Conseil constitutionnel est chargé d'en assurer le respect : v. Cons. const. 29 déc. 2003, n° 03-489 DC, *Loi de finance pour 2004* (consid. 91), *Rec. Cons. const.* 487 ; *RFDC* 2004. 121, note L. Philip ; *Dr. fisc.* 2004. 782, note D. Ribes ; *LPA* 24 févr. 2004. 3, note J.-E. Schoettl.

b) *Principe de compensation dans la jurisprudence constitutionnelle.* Le juge constitutionnel applique l'article 72-2 § 4 aussi strictement que possible de telle manière que la compensation par l'État des charges qu'il impose aux collectivités n'est plus que de principe. Il prend ainsi appui sur la distinction constitutionnelle entre « transfert de compétences » et « extension de compétences » pour ne pas imposer la compensation intégrale dans le second cas, sous réserve toutefois de ne pas dénaturer le principe de libre administration (Cons. const. n° 2004-509 DC, 13 janv. 2005, Loi de programmation pour la cohésion sociale - cons. 9 -, *AJDA* 2005. 905, note V.Champeil-Desplats, Cons. const. n° 2008-569 DC, 7 août 2008, *AJDA* 2008. 2410, note M.Verpeaux, à propos du droit d'accueil pour les élèves des écoles maternelles et élémentaires pendant le temps scolaire). Il n'impose aucune compensation s'il s'agit d'une charge nouvelle imposée dans le cadre d'un transfert préalable (Cons. const. n° 2010-56 QPC, 18 oct. 2010, *AJDA* 2011. 218, note M. Verpeaux ; *RFDA* 2010. 1257, chron. A. Roblot-Troizier et T. Rambaud ; *BJCL* 2010. 775, note X. Cabannes ; *RFDC* 2010.156, note E. Bresson, à propos de l'obligation pour les départements de prévoir l'accompagnement social individualisé pour les usagers du service d'aide sociale en vertu de la loi du 5 mars 2007). Fixée au montant consacré par l'État à l'exercice de la compétence l'année du transfert, la compensation n'a pas à être revalorisée ensuite, même en cas d'aggravation des charges (Cons. const. n° 2003-487 DC, 19 déc. 2003, *AJDA* 2004. 216, note J.-E. Schoettl ; *D.* 2004. 1274, obs. A. Duffy ; *Dr. Soc.* 2004. 245, note X. Pretot). Ce dernier élément d'ailleurs ne sera pas susceptible d'être accueilli en tant que changement de circonstances de fait de nature à réexaminer la constitutionnalité de la loi dans le cadre d'une QPC (Cons. const. n° 2011-142/145 QPC, 30 juin 2011, *AJCT* 2011. 461, note F. Tourette).

2. Garanties de fond et de procédure. Elles reposent sur des garanties de correspondance, de nature et d'évolution des compensations.

– *Garantie de correspondance.* Le législateur s'est engagé à ce que la compensation financière soit intégrale et concomitante. Cela suppose l'évaluation préalable des dépenses faites par l'État au jour du transfert. La tâche relève – pour avis – de la *Commission consultative sur l'évaluation des charges* –, la décision d'évaluation ressortissant à la compétence du ministre de l'Intérieur et du ministre du Budget par arrêté conjoint (art. R. 1211-19 à R. 1211-26 issus du Décr. n° 04-1416, 23 déc. 2004).

En dépit de sa composition (élus locaux présidés par un magistrat de la Cour des comptes), la Commission n'a que très rarement entendu jouer un rôle d'opposition aux projets d'arrêtés qu'elle a le plus souvent expertisée favorablement.

Après la réforme d'août 2004, les compensations financières de l'État se sont élevées à peu près à 15 milliards d'euros.

Garantie de nature. La compensation prend, soit la forme d'un transfert *d'impôt d'État* aux collectivités (carte grise, droit de mutation, permis de conduire), soit la forme d'une dotation votée chaque année par l'État, la *dotation générale de décentralisation* (DGD) correspondant précisément à la part de charges liée à la décentralisation non couverte par les impôts d'État transférés. Des deux modes de compensation, le législateur sera tenu de privilégier le transfert d'impôt, toute progression des dotations de l'État étant susceptible, en opposition avec l'article 72-2 alinéa 3 C., de réduire exagérément la part de ressources propres qui doit rester

« prépondérante » dans l'ensemble de leurs ressources financières (v. égal. CGCT, art. L. 1614-4 et L. 1614-5 ; v. ss 738 s.).

Mais encore convient-il que le gouvernement prenne les décrets d'exécution nécessaires à organiser les financements des charges légalement imposées. Ses retards sont suspects en la matière et sanctionnés par le juge administratif (CE 30 déc. 2009, *Dpt Seine-Saint-Denis, Dpt Saône-et-Loire*, *RLCT* 2010. 1576, note E. Glaser ; *BJCL* 2009. 15, concl. A. Courrèges et note X. Cabannes ; *AJDA* 2010. 5, obs. M.-C. de Monteclerc, responsabilité de l'État du fait de sa carence à exercer le pouvoir réglementaire nécessaire au financement des obligations légales imposées aux départements en matière d'aide à l'enfance).

Garantie d'évolution. La garantie de correspondance serait toute provisoire si la loi n'aménageait pas une possibilité d'évolution des ressources indispensables à prendre en considération les fluctuations à la hausse des charges. Ainsi, chaque année, et dès la première année, la dotation générale de décentralisation devra évoluer comme la dotation globale de fonctionnement (CGCT, art. L. 1614-1).

N'est pas susceptible de heurter le principe de libre administration des collectivités et, par suite, de faire l'objet d'une QPC, la rectification par l'État de la contribution qu'il verse pour l'exploitation du service des transports régionaux de chemin de fer, le montant de cette contribution s'en trouvant modifié « dans des proportions très limitées » (CE 15 juill. 2010, *Région Lorraine*, *AJDA* 2010. 2258, note M. Verpeaux)

La fiscalité est susceptible d'évoluer elle-même selon les besoins. Mais, si les recettes fiscales s'avèrent insuffisantes, la différence devra être couverte par un surcroît de DGD. Dans le cas contraire, les collectivités devraient renoncer au surplus qui abondera le *fond de compensation de la fiscalité transférée* destiné à soutenir les collectivités les moins favorisées pour leurs charges (CGCT, art. L. 1614-4).

654 ***Réalités de la compensation financière*** ◊ Les réalités des transferts de charges sont difficiles à saisir. On a beau réglementer l'impératif de compensation financière dans le sens d'une plus grande rigidité pour que l'État n'échappe pas à ses obligations, on parvient encore mal à une situation satisfaisante. L'explication tient dans des causes structurelles :

1. Le caractère plus évolutif des charges que des compensations. Il faut bien constater que la progression des ressources transférées est rarement à la mesure de celle des ressources effectivement engagées. Une part demeure irréductiblement à la charge des collectivités. Leur volonté d'exercer pleinement leurs compétences a amené à accroître la qualité et le coût de leurs interventions - réfection des bâtiments scolaires par exemple -. Mais, des conjonctures extérieures déterminent également leur niveau d'engagement, notamment pour tout ce qui regarde leurs compétences sociales pour lesquelles, tant les périodes de récession économique que l'inévitable vieillissement de la population, sont de nature à menacer l'équilibre budgétaire de certains départements - au titre de leurs dépenses de revenu de solidarité active, de l'allocation personnalisée d'autonomie - ou certaines régions - au titre de leurs dépenses de formation professionnelle et d'apprentissage, à tout le moins d'accuser les écarts de richesses entre eux.

2. Les compétences non compensables. Plus radicale encore est la situation des transferts de compétence sans contrepartie financière. Le bénéfice du dispositif légal de compensation n'est pas invocable pour la catégorie des *dépenses facultatives* des collectivités, c'est-à-dire des compétences que les collectivités ont la liberté de ne pas exercer si leur intérêt si oppose (par ex. CE 29 oct. 2010, *Département de la Haute-Garonne*, préc. « à propos de l'extension du domaine routier départemental »). Cette catégorie de compétences abrite pourtant une bonne part des interventions financières des collectivités comme on l'a vu en matière d'aides économiques que les communes, départements et régions peuvent consentir au secteur privé.

3. Les charges indirectes. L'accroissement des charges des collectivités prend des voies insidieuses lorsqu'elle n'est pas formellement prévue par la loi mais s'en déduit néanmoins. Leur nature implicite se révèle après coup et pour des motifs extérieurs à l'exercice de la compétence considérée. Cela fait obstacle à leur compensation. Les charges afférentes à la mise aux normes d'un certain nombre de services publics locaux pour des considérations environnementales en donne l'illustration (eau, déchets, nettoyage de la voirie...). Les charges en personnel peuvent également être signalées dans la mesure où l'État hésite à transférer aux collectivités ses agents les plus qualifiés techniquement, dans la mesure où il faut recruter un personnel spécifiquement chargé de la gestion du personnel transféré, et dans la mesure encore où leur gestion subit les conséquences des politiques de l'État, comme celle de la réduction de la durée hebdomadaire du travail par exemple [1].

Assez caractéristique est cette illustration jurisprudentielle. Voici le cas de l'article 13 de la loi du 5 mars 2007 portant réforme de la protection juridique des majeurs qui fait obligation aux départements de prévoir, aux profits des intéressés, un dispositif d'accompagnement social individualisé. Le Conseil constitutionnel ne s'oppose pas à ce que cette charge nouvelle leur soit imposée sans contrepartie financière. Il ne s'agit pas, à ses yeux, d'un « transfert » au sens de l'article 72-2 § 4 Const., c'est-à-dire d'une compétence nouvelle décentralisée par l'État, mais d'une tâche nouvelle s'exerçant dans le cadre d'une compétence préalable. À défaut d'être convaincante, cette solution a pour elle le pragmatisme de ménager les deniers de l'État (Cons. const. 18 oct. 2010, n° 10-56 QPC, *Dpt Val-de-Marne*, v. ss 653).

Il convient d'ajouter, au titre des charges indirectes incombant à la collectivité bénéficiaire du transfert, les *dettes pendantes de l'État*, résultant des actions en responsabilité exercées à son encontre pour des dommages survenus à raison des biens dont il était propriétaire avant le transfert (CE 23 oct. 2013, *Département du*

---

1. V. Chabert, « Enjeux et perspectives des relations financières entre l'État et les collectivités territoriales », *RFFP* 2003. 325 ; H.-M. Crucis, « La décentralisation en quête de financements », *JCP Adm.* 2005. 1014 ; M.-J. Tulard, « La compensation des transferts de compétences État-collectivités locales », *RFFP* 2003. 101 ; V. Champeil-Desplat, note sous Cons. const. 13 janv. 2005, *Loi de programmation pour la cohésion sociale*, *AJDA* 2005. 905 ; J.-P. Vacchia, « L'adoption du volet financier de la nouvelle étape de la décentralisation », *BJCL* 2005. 526 ; O. Carton, « Les rapports financiers entre l'État et les collectivités territoriales : de la mésentente administrative à la guérilla politique ? », *RLCT* 2010. 1670.

Var, *AJDA* 2014. 363, note G. Eveillard, le département devant être considéré comme responsable d'un dommage causé par une route nationale, qui lui avait été transféré par la loi du 13 août 2004, quand bien même ce dommage avait eu lieu avant le transfert c'est-à-dire à une époque où l'État était encore propriétaire de la route). La solution donne un caractère rétroactif au transfert et rend la collectivité responsable d'un dommage qu'elle n'a pas causée.

2. La compensation matérielle

655 La corrélation entre les compétences et les moyens doit également s'apprécier au regard des services et des biens. Mais des deux, il est de fait que ce sont les transferts des personnels de service qui sont les plus délicats à envisager [1].

656 ***Les transferts de personnel*** ◊ Le placement des services de l'État - et des agents qui y sont affectés - sous la responsabilité des autorités décentralisées est une implication pratique des transferts de compétence. Il serait, en effet, peu raisonnable de créer de nouveaux services au plan local destinés à faire face aux nouvelles responsabilités tout en maintenant les services de l'État s'étant dépouillés de leurs compétences transférées. Mais, le régime de ce placement est fait de règles complexes en ce qu'elles poursuivent le double objectif de ménager les intérêts personnels des agents sans léser les attentes légitimes des collectivités.

À l'issue de ces transferts, les effectifs en personnel des régions devaient tripler, ce qui donne son ordre de grandeur à l'importance du sujet.

1. Les modalités de transfert de services. Renonçant à la voie autoritaire par laquelle les agents de l'État seraient devenus *ipso facto* des agents locaux, le législateur a opté pour un système souple propre à préserver les choix personnels de carrière.

– Une première étape est marquée par *le régime de mise à disposition* sur le fondement d'une convention-type, signée par le représentant de l'État et l'exécutif de la collectivité concernée, en établissant la liste des services et des agents, titulaires ou non, désormais placés d'office sous l'autorité de la collectivité. La mise à disposition peut être provisoire - en attendant un transfert définitif - ou durable. À l'issue de cette période de transition, la partition définitive des services relève de la *convention de transfert de services*, signée par les mêmes parties, dans le but de déterminer les conditions et les modalités définitives des transferts. Ces conventions n'intéressent que les départements et les régions (art. 8, L. 7 janv. 1983).

S'agissant de contrats conclus entre personnes publiques et ayant pour objet l'organisation du service public, ces types de contrats sont des *contrats administratifs*. Mais, le régime d'inégalité qui les caractérise en tant que tels tend à s'estomper du fait de la nature identiquement publique des personnes contractantes, l'État étant

---

1. Pour le cas du transfert des biens et des personnels des communes, de la communauté urbaine et des départements à la métropole de Lyon : v. CGCT, art. L. 3651-1 s., issus de la loi n° 58-2014 du 27 janv. 2014.

voué à perdre ses privilèges d'intervention unilatérale : CE 13 mai 1992, *Cne Ivry-sur-Seine, Lebon* 383 ; CE 25 mai 1992, *Dpt Hérault, Lebon* 197 ; *DA* 1992. 532, chron. C. Maugüe et R. Schwartz ; *Quot. jur.* 1993, n° 15, p. 2, à propos de l'annulation par le juge du contrat d'une décision préfectorale prise en méconnaissance des engagements de l'État.

En ce qui concerne l'engagement de la responsabilité de l'État contrevenant à ses engagements, v. CE 16 juin 2000, *Min. Équipement, Transports et Logement c. Dpt Marne, Coll. terr.* 2000. 226.

En ce qui concerne le contentieux de la mise à disposition des services de l'État lié à l'intervention de la Commission nationale de conciliation, *AJDA* 2007. 2006, obs. M.-C. de Monteclerc ; *RLCT* févr. 2008. 20, étude A. Noury.

Voir dans l'hypothèse d'une mise à disposition de services dans le cadre de l'expérimentation : art. 112, L. 13 août 2004.

- Dans les deux ans à compter de la répartition définitive des services, les fonctionnaires de l'État transférés pourront opter pour le statut de fonctionnaire territorial ou le maintien au sein de la fonction publique d'État (art. 109 L. 13 août 2004, art. 83 L. 27 janv. 2014). Cette affirmation d'un *droit d'option* pour l'intéressé implique que son intégration soit automatique sur sa demande qui ne puisse être rejetée par l'autorité décentralisée - option choisie dans les trois quarts des cas. Les fonctionnaires faisant le choix du maintien dans la fonction publique de l'État sont placés en *détachement* sans limitation de durée auprès de la collectivité dont relève désormais leur service.

Le mot de détachement n'est pas ici respectueux des règles qui s'attachent à cette position du droit de la fonction publique. Le détachement n'y est pas librement consenti par l'intéressé et paraît irrévocable en ce que celui-ci ne pourra se faire réintégrer dans son emploi d'origine au sein d'une administration transférée aux collectivités par l'effet de sa décentralisation.

2. Les caractères immédiat et intégral du transfert de service. Le droit a beau installer par étapes le transfert définitif, il n'en exige pas moins un placement immédiat et intégral des personnels d'État concernés sous l'autorité de l'exécutif de la collectivité. Tout arrangement de l'État qui irait à l'encontre de ces impératifs serait susceptible de heurter le *principe du fonctionnement continu des services publics*.

Avec une affirmation constitutionnelle du principe du placement immédiat en l'absence de « caractéristiques et de contraintes particulières » : Cons. const. 12 août 2004, n° 04-503 DC, *Loi relative aux libertés et responsabilités locales*, *AJDA* 2004. 1960, note M. Verpeaux ; *LPA* 31 août 2004. 3, note J.-E. Schoettl ; *RFDA* 2004. 1150, note B. Faure, s'agissant de l'inconstitutionnalité de l'article 203 de la loi instituant pour les départements et les régions d'outre-mer une application différée des dispositions relatives aux transferts de service et de personnel.

Pour le cas, non théorique, où l'État viendrait à alléger ses services de leur personnel avant que soient effectués les transferts, manœuvre visant à alléger ses obligations vis-à-vis des collectivités : v. art. 104-II L. 13 août 2004 [1].

1. V. D. Jean-Pierre, « Le principe des vases communicants appliqué à la fonction publique : quand les agents de l'État sont reversés dans la fonction publique territoriale », *JCP Adm.* 2005.

657 ***Les transferts de biens*** ◊ Le problème ne se sépare pas du précédant. L'État est tenu de se départir des biens meubles et immeubles affectés aux services transférés. D'après la loi n° 83-8 du 7 janvier 1983 (art. 19 à 24 codifiés aux art. L. 1312-1 à 1321-6 CGCT), la mise à disposition de la collectivité bénéficiaire est « de *plein droit* » à la date du transfert.

Dans la mesure où les intérêts de l'État et ceux des collectivités territoriales ne coïncident pas forcément, on ne peut exclure tout désaccord sur la consistance du transfert de biens. Celui-ci doit être tranché par l'« *arbitrage* » du président de la Chambre régionale des comptes compétente rendu dans les deux mois (CGCT, art. L. 1312-1). Cet « arbitrage » présente le caractère d'une décision administrative susceptible d'être attaquée par la voie du recours pour excès de pouvoir (CE 13 mars 1998, *Dpt Moselle*, *Lebon* 438).

La loi organise cette transmission, à titre provisoire ou définitif, en considération de la situation juridique particulière de ces biens. La collectivité ne succédera pas forcément à l'État en tant que propriétaire.

- Pour les cas où l'État est *propriétaire* des biens mis à disposition, leur transmission se fait à titre gratuit, mais avec l'obligation pour la collectivité bénéficiaire d'en assumer toute la charge. En retour, celle-ci dispose des attributs reconnus au propriétaire (pouvoir de gestion, droit de percevoir les fruits), à l'exception du pouvoir d'aliénation du bien. Elle pourra procéder à tous les travaux propres à garantir le maintien de leur affectation (CGCT, art. L. 1321-2). À terme, la collectivité bénéficiaire pourra acquérir les biens « en pleine propriété » (CGCT, art. L. 1312-4).
- Pour les cas où l'État est seulement *locataire* des biens mis à disposition, la collectivité bénéficiaire lui succède dans ses droits et ses obligations ; ainsi que dans ses engagements annexes conclus pour leur aménagement, leur entretien et leur conservation. La loi ne prévoit pas, dans ce cas, d'accession à la propriété.

§ 2. Les problèmes de la détermination des compétences par la loi

658 La loi apparaît comme la charnière normative sur laquelle s'articule le tissu des relations de l'État avec ses collectivités territoriales. Mais, on peut sérieusement s'interroger sur le bien-fondé de cette compétence législative ordinaire pour décentraliser. Et ceci, pas tant en ce qui concerne les éléments formels qui justifient généralement la confiance placée en elle (débat, vote, procédure d'élaboration), qu'en raison de données permanentes rendues évidentes par l'expérience et qui font qu'on ferait mieux de se détourner d'elle pour décentraliser au profit de la Constitution ou de la loi organique.

1013 ; « L'impact de la loi du 19 févr. 2007 sur les transferts de personnel et le régime indemnitaire », *JCP Adm.* 2008. 2043 ; R. Allemand et P. Tifine, « Le transfert aux collectivités territoriales des personnels techniques et ouvriers du service de l'Éducation nationale : l'analyse des questions statutaires », *AJDA* 2006. 1260 ; et F. Seners, concl. sur CE Sect. 18 juill. 2008, *Baysse*, *JCP Adm.* 2008, n° 38, p. 23.

A. Précarité des compétences décentralisées

659 C'est de la loi que dépend, à titre exclusif, l'exercice effectif de compétences par les collectivités. Mais, la volonté libérale des auteurs de la Constitution qui se traduit par cette règle de compétence n'est qu'un postulat de la théorie juridique en l'absence de règles constitutionnelles plus précises et efficaces à s'imposer à elle. À l'usage, elle a fait preuve de son anti-libéralisme, de sa réversibilité, de son uniformité et de son injusticiabilité dont s'accommodent mal les compétences décentralisées. Malgré ses champs d'amour à la décentralisation, l'État-législateur s'en protège de toutes les manières.

660 ***Anti-libéralisme de la loi*** ◊ Transférer les compétences administratives de l'État par la loi pour suivre la tradition en matière de libertés ne correspond qu'à un idéal vide de contenu. Rien n'empêche le législateur, libre de ses choix, de mettre sa réforme décentralisatrice au service d'autres objectifs que l'intérêt du pouvoir local. On connaît l'ampleur du phénomène de « *transferts de charges* » qui fait que, par une sorte de détournement d'objectif, l'État s'allège de tâches répétitives, coûteuses et de peu d'intérêt politique. Le transfert aux départements des routes nationales ou de personnels administratifs de l'Éducation aux régions n'en fournit que la dernière actualité. Par réaction, diverses sortes de contrôles tendent à s'accroître pour empêcher la méconnaissance trop flagrante par le législateur des dispositions constitutionnelles garantissant la libre administration des collectivités (Commission commune, Commission consultative sur l'évaluation des charges). Mais, la *tendance à la juridicisation et à la procéduralisation du droit de la décentralisation* qui en résulte ne peut s'inscrire que dans le cadre d'un processus défensif visant à corriger, mais sans y renoncer, l'instrumentalisation par la loi des collectivités. De ce fait, cette tendance marque moins l'abandon que la révélation de cette dictature de la loi, tout en maintenant ce droit de la décentralisation dans un réformisme constant. On aura beau souligner le perfectionnement de la discipline, ce qui est décentralisé reste un cadeau de la loi.

Et encore, le législateur se trouve engagé par ses procédures qu'autant qu'il le veut bien puisqu'il les a lui-même créées et que rien ne l'empêchera, dans l'avenir, de décentraliser dans des conditions modifiées qui reviendraient sur le bénéfice des garanties qu'elles apportent. À moins que le juge constitutionnel ne les estime indispensables à la réalisation des principes constitutionnels, elles ne forment pas un ordre supérieur qui donnerait une autre assise à la liberté des collectivités. On demeure dans une logique d'autolimitation de la loi par elle-même.

Le Conseil constitutionnel utilise une formule qui impressionne de « *compétences propres* » des collectivités au respect desquelles il entend soumettre les législations trop interventionnistes. Sa portée est assez énigmatique. On la voit mal, au regard de notre système juridique, établir des zones de compétence exclusive de toute réglementation étatique et de toute tutelle, contrairement à ce que l'expression suggère. Au vu des problèmes posés au juge, elle désignerait plutôt l'existence d'une *réserve d'initiative des collectivités* dans un certain nombre de domaines considérés comme plus appropriés à leurs interventions et dans lesquels l'action locale ne devrait pas subir trop de contraintes. Son statut doit être considéré comme textuel dès lors qu'au contentieux l'expression ne va jamais loin du principe de libre administration. Elle peut donc être regardée comme s'en déduisant implicitement [1].

661 ***Instabilité de la loi*** ◊ *L'absence de rigidité - et donc d'intangibilité - des compétences décentralisées* est un vice majeur de la décentralisation française. Une attribution légale de compétence confère normalement un droit pour l'autorité investie qui, de ce fait, dispose de l'exclusivité pour agir dans le domaine délimité par le titre de compétence. Il ne s'agit guère d'une exigence qui devrait être portée au compte de l'idée de décentralisation ou de libre administration des collectivités mais qui est générale au bon fonctionnement de l'ordre administratif et procède des implications concrètes du principe de légalité : sauf à violer la légalité, le gouvernement, ou toute autre collectivité territoriale, est tenu au respect des lois attributives de compétences matérielles. Nonobstant, des considérations propres à notre système juridique sont de nature à annihiler toute rigidité dans la répartition des compétences et effacer les garanties que les collectivités devraient tenir de leurs titres légaux de compétence.

1. Toutes les règles légales de compétence dont profitent les collectivités peuvent être *mises en échec par le législateur lui-même*. Celui-ci n'a pas, en effet, à se considérer comme lié par la compétence qu'il a attribuée et ne se fait malheureusement pas faute d'y renoncer. On sait notamment que le législateur ne s'impose pas le moindre recul par rapport aux événements qui le conduisent à un réformisme constant. Ainsi, l'origine législative des compétences locales ne protège pas le *statu quo*. Or, une certaine permanence serait considérée comme plus favorable au pouvoir local et à une bonne administration que la mise à jour systématique de ces compétences que nous connaissons.

En même temps, la mutation des compétences décentralisées procède de facteurs implicites qui opèrent de manière plus considérable encore. Parce qu'il n'existe pas de principe de cloisonnement entre les compétences publiques, la réforme de l'une aura des répercussions sur les conditions

---

1. V. Cons. const. 29 mai 1990, n° 90-274 DC, *Rec. Cons. const.* 61 ; *Pouvoirs locaux* déc. 1990. 85 et mars 1991. 16, note G. Vedel ; *RFDC* 1990. 497, note L. Favoreu ; *RDSS* 1990. 711, note X. prétot. Cons. const. 7 déc. 2000, n° 00-436, *Rec. Cons. const.* 176 ; *AJDA* 2001. 18, note J.-E. Schoettl ; *RFDC* 2001. 346, note F. Mélin-Soucramanien ; *D.* 2001. 1840, note L. Favoreu et M. Fatin-Rouge ; *LPA* 28 déc. 2001. 26, note F. Robbe ; *BJDU* 2001. 146, note J. Trémeau ; *JCP* N 2001. 494, note I. Bourgeois. Cons. const. 18 juill. 2001, n° 01-447 DC, *Rec. Cons. const.* 89 ; *LPA* 25 juill. 2001. 19, note J.-E. Schoettl ; *RFDC* 2001. 750, note L. Jacquinot ; *LPA* 16 déc. 2002. 4, note C. Sauvageot. Cons. const. 17 janv. 2002, n° 01-454, *Rec. Cons. const.* 70 ; *RFDA* 2002. 459, note M. Verpeaux et 469, note B. Faure ; *RFDA* 2003. 474, note A. Viola ; *AJDA* 2002. 100, note J.-.H. Schoettl ; *RD publ.* 2002. 885, note F. Luchaire ; *RFDC* 2002. 410, note L. Favoreu et 414, note M. Verpeaux ; *RJJ* 2002. 1761, note F. Lemaire ; *D.* 2003. 1124, note X. Magnon ; *Pouvoirs locaux* 2002, n° 53, p. 123, note D. Chagnollaud.V. L. Janicot, « Réflexions sur la notion de compétences propres appliquées aux collectivités territoriales en droit français », *AJDA* 2004. 1574.

d'exercice des autres. Ainsi, l'État, par ses propres politiques sectorielles (lutte contre les exclusions, réduction de la durée hebdomadaire de travail...) impose de reconsidérer régulièrement le contenu des compétences décentralisées. Une répartition stricte des compétences matérielles propice à l'indépendance d'action des autorités locales semble impossible à établir dans le cadre de la République décentralisée. Et le respect dû à sa cause s'arrange mal de toutes les tâches contemporaines qui incombent à l'État - aménagement du territoire, protection sociale, lutte contre les pollutions... La décentralisation fait figure de simple politique publique à la merci des autres.

2. Plus grave, ces titres légaux peuvent être *mis en échec par les décrets gouvernementaux*. Il suffit de présenter un décret comme nécessaire à l'exécution de la loi d'habilitation, voire simplement utile à cette exécution, pour modifier cette habilitation sous prétexte de la rendre exécutoire et tourner toute volonté décentralisatrice de la part du Parlement. Ce n'est qu'un recours à un subterfuge pour recentraliser. L'abus est certain et, de surcroît, contraire au principe constitutionnel de libre administration. Mais, les mécanismes juridiques n'offrent aucun moyen de l'empêcher. L'intervention imposée du législateur n'est donc guère plus protectrice de la libre administration locale que la réglementation par l'Exécutif car, loin d'exclure cette réglementation, elle lui donne motif à s'exprimer, pratiquement sans limite [1].

662 ***Uniformité de la loi*** ◊ Dans certains domaines, l'idée s'impose de concevoir une législation applicable à l'identique et dans ses moindres éléments à la totalité des collectivités. À la différence de la loi générale, la loi uniforme ne peut autoriser des différenciations par catégories : elle doit demeurer la même sans considérations de personnes ou de territoire. En cela, elle se rattache encore plus étroitement au principe d'égalité et, en exécution, aucune collectivité ne pourra distinguer là où la loi ne distingue pas. Les besoins de chacun devront être satisfaits de la même manière sur l'ensemble du territoire. C'est bien une conception que le législateur et les juges aimeraient faire prévaloir quand bien même l'expérience pourrait révéler quelles iniquités que peut engendrer une règle identique pour tous. Pourquoi faudrait-il que le niveau du Revenu de solidarité active soit le même dans le département du Gers et à Paris où les conditions matérielles d'existence sont sans comparaison ? Sans doute, cette exigence d'uniformité reste minoritaire dans ses applications (organisation et compétences des collectivités d'une même catégorie, libertés et aide sociale, fonction publique), mais elle inclut des éléments de rigidité en négation des ressorts même du droit de la décentralisation. La prise en compte du problème et le souci de serrer la réalité au plus près par la

1. V., pour plus de précisions sur cette question, v. ss 569 s., et, not., les nuances qu'il est désormais possible d'introduire dans ce propos au vu de la procédure d'exception d'inconstitutionnalité (Const., art. 61-1).

promotion de l'expérimentation locale, la possibilité de statuts spécifiques de collectivités et par la décentralisation de la loi dans l'Outre-mer confèrent à la décentralisation uniforme une portée de plus en plus réduite. Mais, cette préoccupation est encore récente et la conjonction de facteurs politiques et juridiques conduit à sa perte d'efficacité [1].

663 ***Irréversibilité du domaine de la loi*** ◊ C'est un principe peu visible de notre droit mais qui s'impose imparablement à l'encontre de la décentralisation : dès l'instant où le législateur statue sur une matière il en fait une matière législative. Il ne serait plus possible à l'administration, décentralisée ou non, de prendre dans cette matière des dispositions modificatives ou contraires, fût-ce sur invitation du législateur lui-même. Il ne lui reste plus que le pouvoir de prendre des mesures d'exécution mais dans un domaine matériellement plus restreint.

Ainsi, à côté des *domaines constitutionnellement couverts par la loi* (Const., art. 34), s'étendent d'autres *domaines accidentellement couverts par elle* ; celle-ci prenant place sur des domaines politiquement importants mais qui ne la relient qu'indirectement à la Constitution (droit de propriété pour l'environnement, libre administration des collectivités pour l'aménagement du territoire...). Une fois que la loi s'est prononcée, une loi nouvelle ne saurait « déclasser » les questions traitées pour les décentraliser sans qu'il s'agisse d'une délégation inconstitutionnelle de compétence législative. Il se crée ainsi un phénomène d'irréversibilité du domaine législatif qui ne peut être corrigé que par la procédure constitutionnelle des « délégalisations » (Const., art. 37 al. 2). Mais cette procédure ne profite qu'au gouvernement, sur son initiative.

Sur l'impossibilité pour le législateur de déléguer sa propre compétence au pouvoir des collectivités décentralisées : Cons. const. 17 janv. 2002, n° 01-454 DC, *Loi relative à la Corse*, préc. *v. ss* 660 en note.

La théorie de la décentralisation peut souffrir de l'extension continue du domaine de la loi. Des lois de plus en plus nombreuses et détaillées prennent pied sur les problèmes du moment (sécurité, solidarité sociale, politique de la ville, aménagement de l'espace...) où, jusque-là, les initiatives locales trouvaient leur place sur le fondement de pouvoirs traditionnels (police générale, clause générale de compétence...). Alors, jamais ne pourra s'inverser la tendance de l'État à étendre son empire sur les compétences traditionnelles des collectivités. Cette constatation générale n'est pas seulement, ni essentiellement, juridique, mais tout se passe comme si le droit constitutionnel la renforçait en lui prêtant ses exigences. Celui-ci confère à la décentralisation une orientation impérative en spécialisant le pouvoir des collectivités dans un travail, plus ou moins subordonné, d'exécution des lois sous une présence croissante, parce qu'irréversible, de l'État législateur.

---

1. Sur le problème de l'emprise de l'égalité sur le droit des collectivités décentralisées : J.-B. Auby, « Réflexions sur la territorialisation du droit », *in Mélanges Douence, Profondeur du Droit local*, Dalloz, 2006, p. 1 ; *La décentralisation et le droit*, LGDJ, 2006, p. 15 s. ; B. Faure, « Une théorie de l'uniformité de la loi et ses effets sur le droit des collectivités territoriales », *in Mélanges Lachaume, Le droit administratif : permanences et convergences*, Dalloz, 2007, p. 489.

B. Limites matérielles à la décentralisation

664 C'est à la Constitution que revient le rôle de limiter matériellement l'exercice du pouvoir législatif dans son œuvre décentralisatrice. Elle le fait soit directement, soit indirectement :

1. Directement. Le législateur est assigné au respect de ses propres compétences constitutionnelles énumérées au sein de l'article 34 C. (état des personnes, régime de la propriété, droit du travail...). Ces matières ne peuvent être régies que par une loi et pas plus le gouvernement qu'une collectivité décentralisée, tous les deux en tant qu'autorité administrative, n'y ont accès, même sur disposition expresse d'une loi.

2. Indirectement. La Constitution définit les limites de la politique décentralisatrice en investissant en propre tel ou tel organe de l'État de telle ou telle compétence. De ce fait, elle soude irréversiblement au sein de l'État central des matières soustraites par là même au pouvoir décentralisateur du Parlement (Justice dont l'indépendance est garantie par le président de la République - Const., art. 64 -, Affaires étrangères rattachées au président - Const., art. 52 -, Armée dont le président est le chef - Const, art. 15...).

Cette exigence s'ajusterait à la *théorie des services publics constitutionnels* qui, du fait de leur ancrage constitutionnel, ne peuvent être cédés au secteur privé, soit par délégation de gestion, soit par transfert de propriété. Elle paraît toutefois devoir être entendue plus étroitement ici en ce qu'un certain nombre de ces services font l'objet d'une gestion décentralisée totale ou partielle (hôpitaux, établissements d'enseignement...).

Dans un régime de droit, la référence à la Constitution suffit à tracer les frontières permises à la décentralisation sans passer par le détour explicatif de la *coutume*. La décentralisation de matières régaliennes est aussi bien évitée par le simple principe qu'il n'appartient pas au législateur de troubler l'ordre constitutionnel des compétences. Ajoutons cette précision que les textes constitutionnels successifs de la France n'ont jamais fait obstacle à la tradition de l'exercice décentralisé de l'ordre public - police municipale - sous la réserve, toutefois, d'une mise en tutelle rapprochée (art. 72 al. 6) [1].

§ 3. Les domaines de compétences attribuées

665 ***Nature de la décentralisation*** ◊ On entre ici dans l'une des questions les plus aléatoires du droit français des collectivités territoriales. Elle soulève, en effet, *moins un problème de droit que de politique générale*. Partant de la considération que la Constitution ne réserve aucune matière à la compétence des collectivités, celle-ci ne crée aucune dynamique de

1. Se ramenant à l'idée de coutume pour la question de la décentralisation des matières régaliennes : J.-M. Pontier, « *La notion de compétences régaliennes dans la problématique de la répartition des compétences entre collectivités publiques* », *RD publ.* 2003. 193.

décentralisation par elle-même. La seule considération est alors la suivante : eu égard au nombre et à la complexité croissante des problèmes que pose la vie politique et administrative, dans quelle mesure et sur quels domaines doit-on alléger l'État de certaines tâches qui ont notamment un caractère de détail pour lui, qui ont une nature technique ou de plus grande proximité et en confier le règlement à l'administration décentralisée ? En ce sens, la décentralisation possède *la nature d'une politique publique* reposant sur les choix d'opportunité du Parlement sur le niveau de décision, quand bien même ces choix doivent-ils être mis en œuvre suivant certaines règles juridiques.

C'est donc en référence aux lois de décentralisation successives qu'il est possible de donner un aperçu de ces domaines de compétence. C'est toujours dans des périodes bien marquées de notre histoire que se recrute l'essentiel de ces lois et se forme ainsi l'ossature de la division des tâches avec l'État (1884, 1982, 2004, 2014). Mais, il ne faut pas oublier la prolifération constante de retouches législatives et réglementaires qui s'est imposée au vu des expériences faites au moment de leur application. Aussi, de tout cet ensemble, nous n'en prendrons qu'une vue sommaire. Nous condamnerions notre propos à une obsolescence rapide à tenter de suivre ces matières dans le détail de leurs aspects qui, de surcroît, forment de véritables disciplines juridiques avec leurs réflexes et leurs spécialistes (droit social, droit de l'urbanisme, droit de l'éducation...). Il sera successivement question des compétences communales, départementales et régionales.

A. Les compétences communales

666 ***Caractère des compétences communales*** ◊ Aborder les compétences communales à partir des lois leur octroyant spécifiquement certaines responsabilités laisse une impression d'éclatement. La répartition opérée obéit à des considérations historiques ou de secteurs d'activité dont il est difficile de ramener la logique et la présentation qui peut en être faite à l'unité. Si ce n'est qu'une dimension commune les rassemble : dans la mesure où la collectivité communale forme le premier niveau d'encadrement administratif de la population, elle est naturellement vouée à recevoir toute attribution de proximité. Tout se passe comme si le principal intérêt à décentraliser vers la commune consistait à renforcer - et à encadrer - cet échelon historique de solidarité communautaire. Et les activités qu'elle est appelée à assumer s'accommodent généralement de son exiguïté.

L'hétérogénéité des compétences communales se manifeste également par le degré d'implication que l'État attend des autorités communales dans l'exercice de la compétence. Il peut s'agir, selon l'hypothèse la plus évidente, de prendre en charge un certain nombre de services publics traditionnels, parfois à titre obligatoire (ramassage des ordures ménagères) ; d'autres fois, de soumettre à un cadre juridique des activités nouvelles (communication par câble), ou encore d'organiser la participation des communes à des services publics relevant de la responsabilité principale d'autres collectivités (action sociale, enseignement, santé...), ou enfin, de prévoir une simple intervention des communes dans le cadre d'une procédure (consultation du conseil municipal ou du maire).

1. Compétences d'autorité

667 ***Précisions*** ◊ Les compétences d'autorité des communes n'ont pas pour but de punir après coup les atteintes à la liberté - à la différence de la police judiciaire -, mais de les empêcher de se produire. C'est seulement dans cette mesure que des autorités décentralisées sont responsables de l'ordre [1]. Et encore, ces autorités restent incompétentes à définir le régime des libertés (interdiction générale, autorisation préalable) que leurs interventions mettent en cause en ce que le pouvoir exécutif auquel il faut bien rattacher ces autorités est toujours considéré avec méfiance en la matière. Elles peuvent seulement prendre, au regard de ces libertés, les décisions, par voie générale ou individuelle, que chaque cas concret se posant dans la circonscription est susceptible de commander. La décision est alors ponctuellement fondée par sa compatibilité entre le jeu de la libre administration locale et les strictes nécessités de l'ordre.

a. La police municipale [2]

668 ***Ordre public communal*** ◊ Cet ordre est établi sur le respect des objectifs de « bon ordre, de sûreté de sécurité et de salubrité publique » posés par l'article L. 2212-2 CGCT. La paix sociale ne serait pas satisfaite en cas d'atteintes portées à ces objectifs et, il appartient au maire, sous certaines conditions, de prendre toute décision indispensable à leur rétablissement. C'est dans cette mesure que l'on admet que les droits et les libertés doivent rencontrer leurs limites et le maire trouver justification à son pouvoir exorbitant de police administrative générale. Mais le droit positif ne permet pas d'enfermer les exigences de la police municipale dans une vision trop étroite. Celle-ci fonde *un pouvoir de principe* susceptible de s'exercer pour les plus graves désordres de la vie communale qu'ils soient matériels ou moraux.

L'adoption du Code de la sécurité intérieure sur le fondement de l'ordonnance n° 2012-351 du 12 mars 2012 offre une synthèse des compétences respectives de l'État et des collectivités territoriales dans la matière. S'en dégage une présentation qui affecte les rapports traditionnels des collectivités à la police : la sécurité intérieure y est présentée comme une vaste politique publique maîtrisée par l'État et dont les préoccupations proclamées (lutte contre le terrorisme, contre la délinquance...) dépassent de loin les finalités traditionnelles de la police locale. Mais, ce faisant, elle les absorbe au service de sa cause et tend à restituer fâcheusement des pouvoirs de police locale l'aspect d'une pure compétence subordonnée d'exécution, ce qui n'avait jamais été le cas.

---

1. Solution fermement rappelée par le Conseil constitutionnel s'opposant à ce que les policiers puissent être légalement autorisés à pratiquer des contrôles d'identité et à ce que les directeurs de police municipale puisent constater des infractions (Cons. const. 10 mars 2011, n° 2011-625 DC, *LOPPSI 2*, *AJDA* 2011. 1097, note D. Ginocchi et 1075, étude X. Latour ; *Dr. adm.* 2011. 51, étude C.-E. Minet).

2. V. biblio. v. ss 713, 2.

1. Particularisme de l'ordre public local. Le maire ne pourra refuser sa protection à des situations qui seraient ressenties comme localement plus dangereuses pour le bon ordre. Partant de la considération que les nécessités de l'ordre sont fonction des circonstances de temps et de lieu, la jurisprudence l'autorise à créer un véritable droit d'exception qui se caractérise par l'édiction de mesures de police locale relevant le seuil des exigences des mesures de police nationale. Ce serait compromettre l'ordre dès que se présente une situation particulière que de ne pas ménager de possibilités d'aggravations à un droit commun défini à partir de situations ordinaires.

Il s'agit de la jurisprudence bien connue sous la désignation de « concours des pouvoirs de police » selon laquelle une autorité de police générale locale peut édicter, dans le cadre de sa circonscription et si des raisons particulières le justifient, des mesures plus sévères que celles prises par une police supérieure qu'elle soit générale ou spéciale. De telle manière que l'intervention préalable d'une telle police ne dessaisit pas le maire, du moins par principe.

- S'agissant de l'aggravation d'une mesure de police générale : CE 18 avr. 1902, *Cne Neiris-les-Bains, Lebon.* 275 ; *S.* 1902. III. 81, note M. Hauriou, possibilité pour le maire d'alourdir les restrictions mises par le préfet à l'ouverture des casinos dans le département. V. ég., CAA Marseille, 4 avr. 2005, *Assoc. PLUCE, BJCL* 2005, n° 6, p. 384, concl. M.-J. Louis.

- S'agissant de l'aggravation d'une mesure de police spéciale : CE Sect. 18 déc. 1959, *Sté films Lutetia, Lebon* 693 ; *AJDA* 1960. 20, chron. M. Combarnous et J.-M. Galabert ; *D.* 1960. 171, note P. Weil ; *JCP* 1961. 11898, note P. Mimim ; *Rev. adm.* 1960. 31, note P. Juret ; *S.* 1960. 9, concl. H. Mayras, possibilité pour le maire d'interdire un film ayant pourtant obtenu le visa ministériel en vue de sa diffusion, notamment en raison des troubles matériels que sa diffusion dans la commune serait susceptible d'engendrer. À cet égard, une commune peut être regardée comme se trouvant dans une situation particulière tant en raison de l'âge de sa population, que des pèlerinages dont elle est le lieu, ou encore de l'action du film qui y est situé, de telle façon qu'on peut redouter une dramatisation de l'accueil du film par sa population [1].

2. Dépassement de l'ordre public local. C'est le cas par la prise en compte d'éléments subjectifs dans la justification des motifs de la décision de police. La commune doit prêter sa protection non plus seulement à la sécurité matérielle mais à des valeurs dont le juge estime que la société locale ne peut se dispenser et qui doivent trouver leur sanction juridictionnelle. La sécurité, la tranquillité et la salubrité publiques n'épuisent donc pas les préoccupations de police. Mais ce faisant, le champ de l'ordre public local déborde son domaine d'origine et se transmue en ordre public esthétique ou en ordre public moral.

- C'est sur le fondement de la dignité de la personne humaine que le Conseil d'État justifie les arrêtés municipaux d'interdiction du spectacle de « lancer de nains » : CE Ass. 27 oct. 1995, *Cne Morsang-sur-Orge et Ville Aix-en-Provence, Lebon* 372, concl. P. Frydman ; *RFDA* 1995. 1204, concl. ; *AJDA* 1995. 878, chron.

---

1. S. Soykurt Macaire, « L'expansion des pouvoirs de police administrative des maires à travers la notion de « circonstances locales particulières » », *Dr. adm.* 2009. 13.

J.-H. Stahl et D. Chauvaux ; *D.* 1995. 177, note G. Lebreton ; *JCP* 1996. 22630, note F. Hamon ; *JCP* 1997. I. 4019, chron. J. Petit ; *LPA* 24 janv. 1996. 28, note M.-C. Rouault ; *RD publ.* 1996. 536, note M. Gros et J.-C. Froment ; *Rev. fr. décentr.* 1996. 85, concl. et obs. C. Vigouroux. Mérite particulièrement d'être souligné le fait que la légalité des mesures de police locales est ici indépendante de circonstances locales particulières normalement nécessaires à la fonder [1].

C'est également en raison de son « caractère immoral » en liaison avec les circonstances locales, et non plus seulement parce que des troubles à la sécurité sont à redouter, qu'un maire peut valablement interdire la projection d'un film dans sa commune : CE 18 déc. 1959, *Sté films Lutetia*, préc. Sur les mêmes considérations s'exerce la police des spectacles forains : CE 13 févr. 1953, *Hubert de Ternay, Lebon* 66 ; *D.* 1953. 753, note J. Morange. Une conception particulièrement protectrice de l'ordre public peut faire admettre des arrêtés « anti-mandicité », à tout le moins lorsque ceux-ci ne formulent pas d'interdiction générale et absolue (TA Pau, 22 nov. 1995, *Couveinhes, RFDA* 1996. 373, concl. Madec).

– Pendant longtemps les mesures de police générales ont pu procéder de considérations d'« esthétique ». Celles-ci devaient être regardées comme une composante du bon ordre local et s'imposer à ceux dont l'activité pourrait être dommageable à l'environnement naturel ou architectural : CE 3 juin 1938, *Sté usines Renault, Lebon* 531, s'agissant de la légalité des décisions de police municipale réglementant, pour la sauvegarde de l'esthétique, des enseignes publicitaires. CE 14 mars 1941, *Cie nouvelle chalets de nécessité, Lebon* 44, s'agissant de la légalité d'une décision municipale de réserver le monopole de l'affichage municipal à la société concessionnaire pour des motifs d'esthétique.

De telles considérations sont de nature à faire sanctionner l'inaction du maire en la matière : TA Paris, 5 mai 1994, *Assoc. sauvegarde du patrimoine architectural quartier Férou-Servandoni-Saint-Sulpice, LPA* 7 déc. 1994, note J. Morand-Deviller. Confirmé en appel : CAA Paris, 6 févr. 1996, *Sté PHR Immobilier, LPA* 27 mars 1996. 5, concl. J.-P. Paitre, s'agissant de l'autorisation de construction illégale, par le maire de Paris, d'un immeuble en ce qu'il modifie l'aspect architectural de la rue.

Il faut toutefois voir que la promotion contemporaine des intérêts environnementaux à conduit au développement de polices spéciales sur le fondement desquelles la police de l'esthétique tend aujourd'hui à être spécifiquement prise en charge. Il revient normalement aux maires de les exercer (police des enseignes et pré-enseignes – rendue plus sévère par L. 12 juill. 2010 dite « Grenelle » 2 de l'environnement [2] –, polices en matière d'urbanisme, en matière de remise en état de terrains...).

En conséquence et manifestant le retournement de la jurisprudence administrative dans le sens de l'exclusion des motifs d'ordre esthétique de la police générale : CE 18 févr. 1972, *Chambre syndicale entreprises artisanales du bâtiment Haute-Garonne, Lebon* 153, *AJDA* 1972. 215, chron. D. Labetoulle et P. Cabannes ; *JCP* 1973. II. 17446, note F. Bouyssou ; *Gaz. Pal.* 1973. II. 761, note Melin. CE 11 mars 1983, *Cne Bures-sur-Yvette, Lebon* 104 ; *Quot. jur.* 16 juill. 1983, note M.D., s'agissant de la réglementation de la décoration funéraire dans les cimetières.

– Les *préoccupations d'ordre sanitaire et social* ne peuvent s'agréger à l'ordre public local. Alors que certains maires ont, sur le fondement de leur pouvoir de police

---

1. V. ég., M. Le Roy, « Le maire, le mannequin et la dignité de la personne humaine », *AJDA* 2008. 80.

2. « le nouveau régime de la publicité extérieure », *AJDA* 2012 dossier p. 1773 avec les études de P. Zavoli, Y. Jegouzo, P. Planchet, M. Moritz et J.-P. Strebler.

générale, tenté de régler les problèmes de la prostitution, du vagabondage des mineurs, le juge administratif a manifesté son opposition à toute évolution en ce sens, notamment à propos d'arrêtés interdisant les coupures d'eau, de gaz et d'électricité que ne sauraient justifier, à ses yeux, les nécessités de la salubrité publique, ni le respect de la dignité humaine (CAA Douai, 29 avr. 2005, *Cne Waziers, BJCL* 2004. 261, concl. J. Lepers et obs. B. Poujade). Si l'hygiène et la santé publiques se sont toujours inscrites dans les préoccupations de la police municipale (lavoirs, bains-douches), elles semblent aujourd'hui poser des problèmes qui dépassent ce cadre.

En revanche, le maire peut réglementer la circulation des mineurs pendant la nuit sous réserve de sa justification au regard des « risques particuliers dans les secteurs concernés » : CE 27 juill. 2001, *Ville Étampes, Lebon* 1101 ; *AJDA* 2002. 351, note G. Armand. CAA Paris, 17 déc. 2002, *Cne Yerres, AJDA* 2003. 296, concl. V. Haïm [1].

Dans le même sens, il n'appartient pas aux maires d'interdire les cultures *d'organismes génétiquement modifiés* (CE 24 sept. 2012, *Cne de Valence, AJDA* 2012. 1764, *BJCL* 2012. 726, concl. F. Lambolez et note M. Degoffe ; *RLCT* nov. 2012, P. 14, note M.-C. Rouault ; *JCP Adm.* 2013, n° 2006, note P. Billet, la solution ne réservant pas, contrairement à certaines positions antérieures des juges du fond, la possibilité d'une intervention du maire en cas de péril imminent). La règle du concours des polices qui donnerait compétence au maire pour aggraver les mesures de police du ministre de l'Agriculture reste irrecevable en la matière (v. concl. M. Fabien sur TA Toulouse, 18 janv. 2005, *Préfet Haute-Garonne c. Cne Bax, AJDA* 2005. 1188. La même solution vaut à propos de l'implantation d'antennes relais pour lesquelles le juge administratif affirme le monopole de la police spéciale de l'État des ondes électromagnétiques, les motifs tirés d'un péril imminent ou de circonstances locales particulières ne pouvant justifier l'extension des pouvoir de police générale du maire, solution réservant toutefois l'exercice de sa police de l'urbanisme (CE, ass., 26 oct. 2011, *Cne de Saint-Denis, Cne de Pennes-Mirabeau* et *SFR* (3 esp.), *AJDA* 2011. 2219, chron. J.-H. Stahl et X. Domino ; *AJCT* 2012. 37, note M. Moliner Dubost ; *RDI* 2012. 153, note A. Van Lang ; *DA* 2012, n° 1, p. 92, note F. Melleray, *RLCT* sept. 2012, p. 53, étude J.-M. Pissaloux et janv. 2012, p. 50, note E. Glaser ; *RDP* 2013. 287, note B. Delaunay)V. ég. la compétence de la police municipale générale pour adopter des mesures nécessaires à assurer l'élimination des déchets dont l'abandon, le dépôt ou le traitement seraient dangereux (art. L. 541-3 C. envir.), compétence à laquelle ne fait pas obstacle la police spéciale du préfet des installations classées (CE 11 janv. 2007, *Min. Écologie et Développement durable c. Sté Barbazanges Tri Ouest, Lebon* 958 ; *JCP Adm.* 2007. 2106, note P. Billet ; *AJDA* 2007. 166, obs. Y.J. ; *Dr. envir.* avr. 2007. 84, com. D. Deharbe).

3. Limites de l'ordre public local. Il est un *ordre relatif* en ce sens que les restrictions qu'il autorise aux libertés sont complémentaires des restrictions posées à l'échelon national et ne s'appliquent pas de façon universelle. Ces restrictions sont établies sur des constatations de fait qui ne peuvent être les mêmes sur tout le territoire et ne peuvent faire abstraction des circonstances locales concrètes – l'affaire *Commune de Morsang-sur-Orge* faisant figure de cas particulier. La portée des mesures de police prises à son titre est donc limitée, soit dans l'espace, soit quant aux individus qu'elles visent, soit quant aux circonstances particulières qu'elles régissent.

---

1. V. S. Braconnier, « Les arrêtés municipaux anti-coupures d'eau : une réponse juridique inadaptée à un problème social réel », *AJDA* 2005. 644 ; B. Kern, « Légalité des arrêtés anti-coupures EDF-GDF et renégociation des contrats de concession », *RLCT* 2005. 53.

Il faut également pouvoir considérer que cet ordre public local *n'est pas nécessairement un ordre décentralisé.* Le préfet y participe notamment à raison des pouvoirs de police spéciale dont la loi l'a investi, souvent en réduction des pouvoirs généraux de police du maire.

Par exemple, en vertu de la police des aérodromes et des installations aéronautiques qui lui revient (art. L. 213-2 C. aviat.), le préfet est seul compétent pour réglementer les taxis assurant la desserte des aéroports : CE 25 mars 1987, *Cne Colombier-Saugneu, Lebon* 103. CE 16 juin 1993, *Synd. dptal artisans du taxi Bas-Rhin et assoc. centrale des auto-taxis cnté urb. Strasbourg, Lebon* 174. Autre cas : le préfet dispose d'un pouvoir de police spéciale en matière d'autorisation d'épandage de boues issues du traitement des eaux usées, le maire ne pouvant intervenir au titre de la police générale qu'en « cas de péril imminent » : CAA Nancy, 5 août 2004, *Préfet Haute-Saône c. Cne Saulnot, RFDA* 2005. 173, concl. P. Lagrange.

Le préfet doit en outre être considéré comme autorité de police générale dans la commune en tant *qu'autorité de tutelle* à même de se substituer au maire défaillant en la matière (CGCT, art. L. 2212-1). Il agit alors au nom de la commune (v. ss 837 s.).

En outre, il a seul compétence de police générale s'agissant des décisions dont le champ d'application dépasse le territoire d'une commune et dans la mesure où elles sont justifiées par des circonstances particulières à ces communes (art. L. 2215-1 s.). Il agit, dans ce cas, au nom de l'État.

669 *Compétence exclusive du maire* ◊

1. Solution de principe. Des compétences municipales en matière de police, l'article L. 2212-1 CGCT pose la formule générale : « Le maire est chargé [...] de la police municipale, de la police rurale et de l'exécution des actes de l'État qui y sont relatifs ». Par ces dispositions, le Code investit le maire du pouvoir de police dans la commune et établit son indépendance vis-à-vis des autres autorités municipales, notamment le conseil municipal. C'est un *pouvoir propre* qu'il tient directement de la loi.

Voir également ses pouvoirs de police « portant sur des objets particuliers » (CGCT, chap. III) : police de la circulation et du stationnement (CGCT, art. L. 2213-1 s.), police des funérailles et des lieux de sépulture (CGCT, art. L. 2213-7 s.), police dans les campagnes (CGCT, art. L. 2213-16 s.), police des baignades et des activités nautiques en mer (CGCT, art. L. 2213-23), police des édifices menaçant ruine (CGCT, art. L. 2213-24)... Les polices spéciales n'interdisent pas au maire d'agir sur le fondement de ses pouvoirs de police générale en cas « d'extrême urgence créant un péril particulièrement grave et imminent » (CE 10 oct. 2005, Cne Badinières, *AJDA* 2005. 2039, obs. M.-C. de Montecler, s'agissant de la démolition d'un immeuble gravement endommagé par un incendie).

En vertu du principe selon lequel les compétences s'exercent mais ne se délèguent pas, le maire *ne saurait aliéner, par contrat, l'exercice de la police générale au profit des personnes privées concessionnaires.* S'ajoute à cela la considération que les privilèges reconnus aux pouvoirs des autorités de police excluent toute possibilité de dessaisissement par convention en la matière : CE Ass. 17 juin 1932, *Ville Castelnaudary, Lebon* 595 ; *D.* 1932. III. 26, concl. Josse, illégalité d'un contrat d'abonnement conclu par la maire en vue de confier le service de la police rurale à des gardes privés fournis par une association de propriétaires. L'illégalité est fondée sur le fait « que la police rurale *par sa nature* ne saurait être confiée qu'à des agents placés sous l'autorité directe de l'administration ». V. ég. à propos de la police du stationnement et fondé sur la même référence à « la nature » de l'activité : CE 1er avr. 1994, *Cne Menton*, *Lebon* 175 ; *Dr. adm.* nov. 1994. 1, concl. S. Lasvignes ; *RD publ.* 1994. 1825, note J.-M. Auby [1]. Il convient de considérer que cette vieille solution du droit administratif a reçu une valeur constitutionnelle indiscutable (Cons. const. 10 mars 2011, n° 11-625, *Loi d'orientation et de programmation pour la performance de la sécurité intérieure (LOPPSI 2)*, *AJDA* 2011. 1097, note D. Ginocchi et 1075, étude X. Latour ; *Dr. adm.* 2011. 51, étude C.-E. Minet, à propos de l'impossibilité de déléguer à des entreprises privées la vidéosurveillance des lieux ouverts au public particulièrement exposés à des risques d'agression ou de vol, ce qui rendait « possible la délégation à une personne privée des compétences de police administrative générale inhérentes à l'exercice de la « force publique » nécessaire à la garantie des droits » DDH, art. 12) [2].

Voir, cependant, sur la possibilité, pour le maire, de déléguer une partie de ses pouvoirs de police : CE 4 janv. 1995 *Épx Metras*, *Lebon* 682, à propos de la police de la circulation, CE 20 oct. 2008, n° 320111, *Féd. française football*, à propos de la police de la sécurité prise en charge par les organisateurs de manifestations sportives. Ainsi que la possibilité de déléguer une partie de son pouvoir au président d'un établissement public de coopération intercommunale : CGCT, art. L. 5211-9-2, v. ss 470, 2.

Mais encore faut-il que les conditions de l'action du maire permettent à cette indépendance de produire ses effets. Or, cette compétence générale du maire s'exerce dans le cadre du régime délibératif communal dont le maire n'est que l'exécutif ; ce qui fait que, par le biais des moyens budgétaires nécessaires à son action, il sera subordonné aux décisions préalables du conseil municipal.

2. Cas particulier des communes à police d'État. L'étatisation de la police municipale entraîne le *réaménagement des pouvoirs et des forces de police dans la commune*. Elle procède d'une décision de l'État (arrêté ministériel ou décret en cas de désaccord de la commune) pour les communes de plus de 20 000 ou celles aux prises avec des problèmes de délinquance. Cette décision est d'ailleurs souvent sollicitée de la part des autorités municipales pour soulager leur tâche. Elle est obtenue gratuitement depuis 1982. L'étatisation est de plein droit pour les communes chefs-lieux de département.

Si l'une des conditions nécessaires à obtenir le régime de police d'État disparaît, le gouvernement est fondé à décider sa suppression : CE 16 janv. 2008, *Cne Marmande*, *JCP Adm.* 2008. 2063, obs. J. Moreau, pour le cas de la ville requérante n'atteignant plus le seuil des 20 000 habitants requis.

Ces conséquences sont doubles. D'abord, elle emporte l'intégration des *personnels de police* à la police nationale [3]. Mais, ces forces de police étatisée seront néanmoins tenues d'exécuter les arrêtés de police du maire. Ensuite,

---

1. V. J. Moreau, « De l'interdiction faite à l'autorité de police d'utiliser une technique d'ordre contractuel », *AJDA* 1965. 3 ; et, sur la progression actuelle du contrat en la matière, J. Petit et a., « Police administrative et contrat », *ACCP* févr. 2007. 20 ; E. Lemaire, « Actualité du principe de prohibition de la privatisation de la police », *RFDA* 2009. 767, X. Latour, P. Moreau, « Délégation et activités de police : stop ou encore ? », *JCP Adm.* 2012, n° 2117.

2. I. Muller Quoy, « La LOPPSI : nouvelle illustration de la participation des collectivités locales à l'exercice de la compétence régalienne de sécurité », *JCP Adm.* 2011. 2145.

3. On évalue à 3 500 à peu près le nombre de communes ayant préservé une police municipale.

les *pouvoirs de police* du maire sont partagés avec le préfet, agissant au nom de l'État, pour ce qui regarde la tranquillité publique. Ce qui ne va pas, à l'expérience sans d'inévitables conflits de compétence. Le préfet devient compétent en cas de « grands rassemblements d'hommes » se produisant de manière occasionnelle (CGCT, art. L. 2214-4) sauf exceptions des « foires, marchés, réjouissances et cérémonies publiques, spectacles, cafés, églises et. autres lieux publics ».

Il en résulte que l'interdiction d'une manifestation relève de la seule compétence préfectorale quand bien même le maire tenterait de fonder sa compétence sur la gêne apportée à la circulation publique : CE 28 avr. 1989, *Cne Montgeron, Lebon* 119 ; *AJDA* 1989. 644, obs. X. Prétot. Également, seul l'État peut engager sa responsabilité à raison d'un accident du fait d'un policier de service d'ordre mis en place pour la visite d'un chef d'État étranger : CAA Nantes, 14 avr. 1993, *Marie, Lebon* 441.

Le maire demeure compétent pour le restant des pouvoirs de police générale y compris le maintien du bon ordre dans les foires, marchés, réjouissances et cérémonies publiques, spectacles, jeux, cafés, églises et autres lieux publics.

Par exemple, maintien de la compétence du maire relativement au bon ordre sur une foire présentant un caractère traditionnel et annuel : TA Orléans, 7 avr. 1987, *COREP Eure-et-Loir c. Mairie Dreux, AJDA* 1987, note J.-L. Duvillard. Il appartient au préfet de placer, le cas échéant, les forces de police à la disposition du maire pour exécuter ses arrêtés (TA Lille, 11 juin 2009, *Cne Wattrelos, AJDA* 2009. 2123, note C.-E. Minet, responsabilité de l'État du fait du refus du préfet de prêter le concours de la force publique pour expulser des gens du voyage d'un parc qu'ils occupaient sans autorisation, responsabilité engagée sans faute, les dommages occasionnés ne pouvant être laissés à la seule charge de la commune requérante).

Il est par ailleurs, logique que lorsque les agents de la police nationale participent à une mission de police municipale qui n'a pas été transférée à l'État ce soit la responsabilité de la commune, et non celle de l'État, qui soit engagée en cas de dommage : CE 23 févr. 1981, *Desgranges, Lebon* 112, concl. M. Barbet.

670 ***Conditions de légalité des décisions de police*** ◊ Elles sont nécessairement contrôlées par le juge administratif et le juge pénal lorsque des peines sont infligées sur leur fondement. On retracera brièvement les grandes lignes d'une jurisprudence classique réputée pour sa valeur libérale par les conditions qu'elle pose. S'ajoute, en effet, aux exigences normales de la légalité externe - compétence, procédure - et interne - légalité au fond - un ensemble de principes spécifiques à la matière et qui procède de la volonté jurisprudentielle de contenir autant que possible les pouvoirs de police. L'autorité de police ne pourra pas apprécier en toute opportunité les éléments qui inspirent sa décision, tout comme son contenu. Il est possible que les maires aient pu être regardés, au moment où la jurisprudence a fixé ses solutions, comme plus menaçants pour les libertés que négligents pour la sécurité. Mais, parce que les décisions de police sont tout à la fois menaces et protections pour les libertés qui ne profiteraient pas du désordre, leur contrôle suppose des options équilibrées.

1. Obligation d'agir. Toute mesure nécessaire au maintien de l'ordre n'est pas seulement fondée, elle est indispensable. Le maire commettrait une illégalité à s'abstenir en cas de menace grave pour l'ordre public.

Faisant application de la jurisprudence Doublet (1962) en retenant parfois une exigence de seuil pour apprécier la carence, le juge administratif sanctionne l'indécision d'un maire à adopter une réglementation des sorties de poubelles sur le trottoir assurant la tranquillité nocturne (CE 3 avr. 1968, *Jardin*, *Lebon* 233), une réglementation de l'activité d'un club de tir (CE 8 juill. 1992, *Ville Chevreuse*, *Lebon* 281). Son abstention fautive est de nature à engager la responsabilité de la commune (avec l'admission de la faute simple : CE 28 nov. 2003, *Cne Moissy-Cramayel*, *Lebon* 464 ; *AJDA* 2004. 988, note C. Deffigier ; *JCP Adm.* 2004. 1053, note J. Moreau ; *BJCL* 2004, n° 1 p. 60, concl. G. Le Chatelier et obs. J.-C. Bonichot ; *Dr. adm.* 2004. 36, obs. G.L.C.) [1]. Ajoutons cette précision : devenue inutile, la mesure de police doit être abrogée ou adaptée, alors même que cette inutilité est « sans incidence sur la légalité » de la mesure (CE 31 août 2009, *Cne Grégols*, *RLCT* 2009. 1472, note J. Gaté et 2010. 1525, note A. Noury, s'agissant de l'interdiction d'exploitation d'une centrale hydroélectrique dont le danger n'est plus avéré sur la base d'une expertise postérieure).

2. Utilité et proportionnalité des mesures. Une menace à l'ordre public ne justifie pas tous les moyens dont dispose l'autorité de police. Celle-ci doit s'efforcer de concilier au plus juste les nécessités de l'ordre et de la liberté en évitant que la liberté soit exagérément ou inutilement sacrifiée à l'ordre. Ce qui fait que, de façon générale, toute mesure de police doit être regardée avec suspicion jusqu'à l'établissement de son bien fondé dans son principe comme dans son étendue. Le juge sanctionnera toute disproportion fût-elle minime. Il est possible que les pouvoirs de police soient plus limités eu égard à l'importance particulière accordée par le juge à la liberté en cause (liberté de réunion, liberté du commerce et de l'industrie...).

CE 19 mai 1933, *Benjamin*, *Lebon* 541 ; *S.* 1934. III. 1, concl. J.-R. Michel, note A. Mestre ; *DP* 1933. III. 354, concl. J.-R. Michel, s'agissant de l'illégalité de l'interdiction de deux conférences pouvant faire naître des troubles mais qui n'apparaissait pas d'une gravité telle que le maintien de l'ordre nécessitait cette interdiction. Voir pour illustration : TA Cergy-Pontoise ord. 5 mai 2006, *Mathias OH et a.*, *JCP Adm.* 2006. 1118, obs. J. Moreau : suspension en urgence de l'arrêté interdisant les mineurs de 15 à 18 ans de circuler par groupe de plus de trois dans une partie du centre-ville pendant trois mois.

3. Prohibition des autorisations préalables et des interdictions générales et absolues. La mesure de police doit toujours s'imposer compte tenu des circonstances propres à chaque affaire. Au contraire, de telles interdictions sont considérées comme prises dans l'abstrait, une fois pour toutes, sans établir toute leur nécessité. Il apparaît par principe abusif de contenir un désordre par l'élimination totale d'une liberté. C'est pourquoi toute interdiction est à proscrire si elle n'est pas limitée en temps et en lieu [2].

---

1. V. ég. D. Truchet, « L'autorité de police est-elle libre d'agir ? » et D. Mondon, « L'administration est-elle libre d'agir ? », *AJDA* 1999, n° spéc. « Puissance publique ou impuissance publique ? », 81 et 83 ; F. Melleray, « L'obligation de prendre des mesures de police administrative initiales », *AJDA* 2005. 71.

2. CE 22 juin 1951, *Daudignac*, *Lebon* 362 ; *D.* 1951. 589, concl. R. Gazier et note J.C., est contraire à la liberté du commerce et de l'industrie la décision de police de subordonner

b. L'urbanisme

671 Dans une certaine mesure, l'urbanisme participe de l'ordre public local : il constitue une activité limitative des droits (droit de propriété) tournée vers un certain nombre d'impératifs qui le concerne (esthétique, circulation, salubrité). On l'a caractérisé de « police spéciale de la propriété immobilière » (H. Jacquot) en ce qu'il subordonne le droit de construire à un régime d'autorisation préalable et que sa mise en œuvre repose sur un « dispositif pénal » propre à en garantir l'efficacité (injonction, exécution forcée, peines).

Comme la police générale, l'urbanisme se rattache de la manière la plus directe à la libre disposition de leur territoire par les communes. Au regard de cette constatation, il pouvait relever de l'injustice que l'apparition d'une politique d'urbanisme et d'aménagement du territoire dans le pays après la guerre ait longtemps conduit à l'accaparement de la réglementation par l'État. Il était donc normal que les communes reconquièrent la jouissance de leur sol à la faveur des politiques de décentralisation (L. 7 janv. 1983). C'est même le principal transfert à leur égard. Mais, signe que la liberté doit se mériter, il s'agit d'une activité hautement litigieuse, marquée par la violence des intérêts en jeu et le nombre de décisions contestées. Des précautions importantes ont toutefois été prises pour que la gestion effective de l'urbanisme par les communes coïncide avec l'intérêt général, l'État se réservant un pouvoir significatif, parfois exclusif, pour s'assurer du respect de la légalité et des intérêts supérieurs, s'agissant notamment de sa politique d'aménagement du territoire et d'environnement [1].

Le *plan local d'urbanisme* prescrivant les règles d'affectation des sols, notamment en matière de construction, constitue la pièce maîtresse de l'édifice. Il commande les *autorisations individuelles d'occupation des sols*, dont les permis de construire, qui sont délivrées par le maire décidant au nom de la commune lorsque cette dernière s'est préalablement dotée d'un plan local d'urbanisme approuvé, à tout le moins d'une carte communale. La législation se veut incitative : à défaut, ce qui devient rare, ces autorisations continuent d'être délivrées par l'État, en son nom. On se trouve donc dans un cas où le transfert de compétence n'est effectif qu'après décision de la commune.

Afin de dépasser l'exiguïté du cadre communal et de programmer l'avenir, des *schémas de cohérence territoriale* peuvent être pris au niveau intercommunal par un EPCI classique ou un syndicat mixte constitués exclusivement des communes ou établissements concernés (C. urb., art. L. 122-1 s.,

---

l'exercice de la profession de photographe-filmeur sur la voie publique à la délivrance d'une autorisation municipale. CE 26 avr. 1993, *Cne Méribel-les-Allues c. Sté Banan'Alp*, *Lebon* 654, s'agissant de l'interdiction illégale de l'installation des marchands ambulants sur l'ensemble du territoire de la commune à l'exception d'une zone très réduite et de deux jours par semaine.

1. A.Graboy-Grobesco, « La loi Grenelle 2 et les documents de planification territoriale », *Dr. adm.* 2011. 4.

issu de L. SRU n° 00-1208, 13 déc. 2000). Ce document constitue une innovation par rapport à l'ancien système des schémas directeurs en ce qu'il fixe des orientations en termes d'objectifs à remplir s'agissant de l'organisation et de la restructuration des espaces. La collaboration entre les communes dans le cadre intercommunal est devenue la référence pertinente pour les préoccupations en matière d'urbanisme ; sans toutefois que le législateur parvienne à transférer en totalité la compétence d'iurbanisme aux EPCI sans l'adhésion des communes qui répugnent à se voir déposséder (à propos des PLU intercommunaux, art. 136 L. n° 2014-366 du 24 mars 2014) [1].

Les plans locaux d'urbanisme sont subordonnés au SCOT selon un rapport de compatibilité : CE 3 mai 2004, *Cne Deuil-la-Barre*, *BJDU* mars 2004. 173, concl. M.-H. Mitjavile.

Le législateur a estimé que les préoccupations environnementales, vitales pour la communauté toute entière, devaient recevoir satisfaction à ce niveau. Il doit y avoir coïncidence entre les objectifs des SCOT – et par conséquence des PLU – avec des *directives territoriales d'aménagement et de développement durable* et un certain nombre d'autres instruments normatifs de protection environnementale (préservation de la biodiversité, réduction des gaz à effet de serre, maîtrise de l'énergie...). Le contenu des SCOT est complété d'un document d'orientation et d'objectifs chargé de délimiter les équilibres entre espaces urbains et ruraux, naturels, forestiers et d'offrir un certain nombre de garanties face à l'expansion des premiers (C. urb., art. L. 122-1 s., issu de L. 12 juill. 2010).

À partir de la loi du 18 juillet 1985, s'est ajoutée à la décentralisation de l'urbanisme réglementaire celle des procédures d'aménagement qui associent la réalisation d'opérations matérielles à un régime juridique dont les règles ressortissent essentiellement à la compétence de la commune lorsqu'elle s'est dotée d'un PLU (lotissement, zone d'aménagement concertée).

C. Environnement

672 Il est difficile d'associer le cadre communal et la protection de l'environnement sans s'enfermer dans une vision étriquée des nécessités de celle-ci. La prépondérance que se reconnaît l'État en la matière laisse peu de place aux communes si ce n'est pour assurer la mise en œuvre des prescriptions nationales dans le cadre de leurs missions particulières : lutte contre les pollutions en matière d'eau [2], d'assainissement, de déchets [3], sauvegarde du patrimoine et des sites... Il ne faut toutefois pas exclure l'usage des

1. J.-P. Lebreton, « La planification urbaine dans la loi ALUR », *AJDA* 2014. 1088 ; C. Lherminier et B. Perrineau, « Le nouveau régime des PLU issu de la loi ALUR », *JCP Adm.* 2014, n° 2163.

2. S'agissant des contraintes et possibilité introduites dans ce domaine par L. 12 juill. 2010, v. CGCT, art. L. 1321-7, L. 2224-7-1, L. 2224-8, L. 2224-9 et L. 2333-97.

3. En ce qui concerne le *programme local de prévention des déchets ménagers*, v. C. envir, art. L. 541-15-1 s.

pouvoirs généraux des communes en matière de police ou d'urbanisme dans un sens favorable à l'environnement. On a vu qu'un certain nombre de polices spéciales revenant au maire étaient spécifiquement configurées dans ce but. Il se peut, ici aussi, que l'avenir revienne aux EPCI, particulièrement en raison de leur responsabilité principale pour tout ce qui se rapporte à « l'aménagement de l'espace ».

La promotion des préoccupations environnementales dans les lois Grenelles 1 (3 août 2009) et 2 (12 juill. 2010) emprunte cette voie. Si les faits suivent les textes, les EPCI pourraient peser d'un poids non négligeable dans les acteurs environnementaux. Ils acquièrent ainsi la possibilité de réglementer la circulation et le stationnement sans autre motif que de lutter contre la pollution (stationnement interdit à certaines catégories de véhicules, facilitation des accès aux transports publics... CGCT, art. L. 2213-3-1). Ces pouvoirs peuvent se trouver renforcés dans les *zones d'action prioritaires pour l'air* décidées dans les grandes agglomérations qui ne peuvent échapper à une pollution atmosphérique excessive (interdiction d'accès aux véhicules les plus polluants, C. envir., art. L. 228-3. C'est toujours en ce sens que les communes et leurs EPCI sur des agglomérations de plus de 300 000 habitants peuvent décider d'instituer des *péages urbains* en tarifant la circulation automobile sur certaines voies routières (CGI, art. 1609 *quater A*) [1]. Mais ces possibilités sont demeurées sans mise en œuvre, certainement par crainte de susciter l'hostilité chez l'usager de la voie publique conscient de sa liberté et toujours prompt à s'exaspérer contre les tyrannies de la police. Les établissements publics de coopération intercommunale ont été habilités à réaliser des travaux dans le domaine de l'eau (entretien des cours d'eau, aménagements hydrauliques...), sous réserve des compétences communales en matière de gestion des milieux aquatiques et de préventions des innondations (C. env., art. L. 211-7, modifié par la loi du 27 janv. 2014). Une taxe peut être instaurée pour financer de telles activités. Sur demande du conseil municipal, le préfet peut arrêter des servitudes pour la défense contre les innondations et contre la mer (C. env., art. L. 566-12-2, issu de la loi du 27 janv. 2014).

2. Compétences de gestion

673 Elles se caractérisent par leur nombre et leur diversité sous l'intérêt commun de satisfaire des besoins de proximité. L'expression - passablement misogyne - des communes « ménagères de la nation » est adéquate à traduire cette réalité. Un certain nombre de services publics occupe traditionnellement une place essentielle dans la vie de la collectivité tels que la distribution de l'eau et de l'assainissement, l'enlèvement et le traitement des ordures ménagères. Il n'est pas illégitime de trouver une vocation

1. P. Billet, « Grenelle 2 de l'environnement et collectivités territoriales », *Envir. et dévelop. durable* août-sept. 2010. 17.

naturelle des communes à ses activités en liaison avec la police de l'hygiène publique traditionnellement assurées par elles. Mais à leur égard, l'État tend à s'annexer la réglementation, notamment pour des raisons techniques et environnementales sous l'évolution de la réglementation européenne en ce sens. Il en résulte que les responsabilités communales se sont considérablement accrues et sont prises en charge par des services fortement technicisés fonctionnant en coopération avec d'autres collectivités, notamment les départements.

Le caractère communal du service de l'assainissement a été expressément consacré par l'arti. 35 L. 3 janv. 1992 en tant que service public obligatoire (CGCT, art. L. 2224-8). La compétence des communes est formellement étendue au service - facultatif - de distribution de l'eau par l'art. 54 L. 30 déc. 2006 et confirmé par l'art. 161-1 L. 12 juill. 2010 (CGCT, art. L. 2224-7-1). Ce dernier article, en ce qu'il impose aux communes d'arrêter « un schéma de distribution d'eau potable déterminant les zones desservies par le réseau de distribution », peut toutefois laisser supposer que les communes ne peuvent se dispenser d'un tel service en l'absence d'un autre gestionnaire. V. Dossier, « Rénovation du régime de l'eau », *AJDA* 2007. 1162 s. avec not. études Y. Jegouzo et L. Richer.

- La gestion des *transports publics urbains* se rattache de manière tout aussi directe à d'évidents besoins de proximité. Les communes, ou leurs groupements, en ont le monopole à l'intérieur des périmètres de transports urbains tracés par les départements. À l'intérieur de ces périmètres, les transports scolaires reviennent également à la commune ou l'établissement public territorial, l'agglomération faisant figure de référence plus appropriée en la matière.

- Il convient d'inscrire cette compétence classique dans le contexte plus actuel de dessaisissement de l'État d'un certain nombre de ses grands équipements en matière de transport auprès de tous les niveaux de collectivités. Les communes ou leurs groupements ont pu ainsi demander jusqu'en 2007 à se faire confier la propriété, l'aménagement, l'entretien et la gestion d'un certain nombre de *ports* - normalement de plaisance - et *aérodromes civils* dont l'intérêt se rapporte à leur taille ; le transfert devenant autoritaire après cette date. On sait bien que le vieillissement des infrastructures face au développement du commerce et de ses nécessités n'est pas étranger à ce transfert. Doit être rattaché au domaine des équipements de transports et à leur financement, la possibilité ouverte par la loi du 13 août 2004 de décider d'un péage sur un ouvrage d'art (voie expresse...) que justifie son coût ou le service rendu aux usagers (C. voirie rout., art. L. 153-1) [1]. Sur la base de motifs environnementaux, cette compétence a été élargie (v. ss 672).

- L'idée de proximité revient encore pour ce qui concerne le *domaine sanitaire et social* où la tradition d'assistance au plus démunis est multiséculaire. Sur la conjonction de différents facteurs, le rôle historique de la

1. V. R. Rezenthel, « Le partage de la gestion des grandes infrastructures de transport », *JCP Adm.* 10 janv. 2005, n° spéc. 13.

commune tend à régresser, celle-ci n'exerçant plus de compétence propre en la matière. Le rattachement des établissements publics hospitaliers à leur commune n'apparaît plus que nominal. La présidence des conseils d'administration par le maire n'est plus de droit et, le cadre juridique ainsi que la gestion du personnel ne relèvent que de l'État. Mais, l'important est surtout le rôle primordial du département en matière d'aide sociale qui condamne la commune à un rôle complémentaire, fût-il non négligeable. Les centres communaux d'action sociale, établissements publics communaux, ont ainsi pour mission la gestion de foyers de personnes âgées, de garderies et de crèches, de centres de loisirs qui sont essentiels à la vie locale. À cela s'ajoute un certain nombre d'institutions sociales ou médico-sociales (services communaux d'hygiène et de santé) [1].

Il ne faut pas négliger les initiatives propres des communes en la matière, toujours susceptibles de s'ajouter aux prestations décidées par la loi : CE 11 oct. 1989, *Cne Gardanne, Cne Miramas, Cne Port-Saint-Louis du Rhône* (3 esp.), *Lebon* 184 ; *Rev. adm.* 1989. 538, note P. Terneyre ; *Dr. soc.* 1990. 538, note J.-F. Lachaume, à propos de la légalité de la décision de municipalités communistes d'accorder la gratuité des cantines scolaires aux enfants des cheminots grévistes justifiée comme une prestation d'aide sociale. CE Ass. 29 juin 2001, *Cne Mons-en-Barœul, Lebon* 298 ; *AJDA* 2002. 42, note Y. Jegouzo ; *Coll. terr.* 2001. 228, note F. Moderne, s'agissant de la création d'une allocation municipale d'habitation pour aider les citoyens de la commune à régler leur dette vis-à-vis d'organismes de logement en contrepartie de l'engagement à participer à des activités d'intérêt général.

Sur la difficulté d'exercer une action sanitaire et sociale sur le fondement des pouvoirs de police générale du maire : v. ss 668, 2.

– De l'association des responsabilités des communes en matière d'urbanisme et en matière sociale résulte leur vocation à intervenir dans le domaine du *logement* [2]. Le mot ne délimite pas une compétence précise mais suggère une politique générale reposant sur un ensemble d'interventions menées en son nom (logement d'urgence, des étudiants, accueil des gens du voyage...). Mais responsable de la solidarité nationale, l'État entend marquer son rôle premier dans ce domaine qui ne revient que ponctuellement aux communes [3]. Celles-ci fondent classiquement leurs interventions sur les organismes publics ou privés d'HLM rattachées à elles et destinés à faciliter l'accès au logement des personnes moins aisées. Mais dans des conditions juridiques et financières de leur fonctionnement laissent la réelle maîtrise de l'activité à l'État. L'article 78 – modifié – de la loi du 7 janvier 1983 habilite les EPCI – et non plus les communes – à élaborer un *programme local d'habitat* en référence duquel elles mèneront des actions prioritaires en faveur des personnes mal logées ou défavorisées. Celui-ci doit viser à répondre aux besoins en

1. Pour un plaidoyer en faveur du rôle social des communes, notamment face à la montée de la pauvreté : M. Long, « Droits connexes et action sociale communale », *AJDA* 2009. 2098.

2. V. « Logement et collectivités locales », dossier *JCP Adm.* 2008, n° 46, p. 16 s.

3. En région Ile-de-France, v. le rôle du *comité régional de l'habitat et de l'hébergement* chargé d'assurer la cohérence des politiques en la matière (CCH , art. L. 302-13, issu de la loi n° 58-2014 du 27 janv. 2014).

logements et à assurer une offre équilibrée de logements en fonction des quartiers et des communes. Les plans locaux d'urbanisme doivent être en accord avec le programme.

Les responsabilités des communes en matière de logement trouvent une extension avec la loi du 13 août 2004. Le maire peut se voir déléguer de la part du préfet et par convention tout ou partie du *contingent de réservations de logements sociaux* dont ce dernier bénéficie (CCH, art. L. 441-1). Le système de la délégation fait que la commune délégataire n'a pas de droit au transfert et qu'elle sera normalement tenue d'agir au nom de l'État. En revanche, la convention passée avec l'État doit être la seule référence pour déterminer les conditions d'exercice de la délégation non prévues par la loi. En outre, les communes ou leurs groupements qui en font la demande peuvent se voir transférer la charge de la construction, de l'extension et des grosses réparations des locaux destinés au *logement des étudiants* (C. éduc., art. L. 822-1).

À titre de délégataire, les communes et leurs groupements peuvent gérer les « *aides à la pierre* », c'est-à-dire les aides en faveur de la construction, de l'acquisition, de la réhabilitation et de la démolition des logements locatifs sociaux ainsi que celles en faveur de la rénovation de l'habitat privé (CCH, art. L. 301-3) [1].

– Le *patrimoine et la culture* [2] deviennent objet de décentralisation, ce qui se confirme avec la loi du 13 août 2004 faisant suite, en la matière, aux premières initiatives de la loi du 27 février 2002 et aux protocoles de décentralisation culturelle. Il s'agit principalement d'un transfert de charges vers les collectivités ce qui explique l'insuccès, au moins au départ, de cette politique reposant sur l'engagement volontaire des collectivités à assumer l'entretien et la mise en valeur du patrimoine culturel. La loi prévoit le transfert aux communes ou autres collectivités qui en font la demande de la *propriété de certains immeubles classés* ainsi que *d'objets mobiliers classés* qu'ils renferment, à titre gratuit, mais à charge pour elles d'en assurer la conservation et d'en favoriser la présentation et la connaissance. Les communes peuvent également recevoir, par délégation conventionnelle de leur région, la mission de conduire les *opérations d'inventaire général du patrimoine* qui consiste à recenser, étudier et faire connaître les éléments du patrimoine qui présente un intérêt culturel, historique ou scientifique. La loi de 2002 qui avait prévu un transfert expérimental à ce sujet était restée sans application pratique. Notons également que les conditions de décentralisation par convention et les contrôles particuliers fondés sur des prérogatives historiques de l'État dans ce domaine sont assez rigoureux.

---

1. Ces possibilités de délégation n'ont pas suscité l'intérêt espéré de la part des élus. V. J.-M. Pontier, « Le logement social et la construction », *Rev. adm.* 2004, n° 344, p. 177 et n° 345, p. 271 ; « Questions sur l'évolution du droit au logement social », avec études Y. Jegouzo, J.-P. Bouant, D. Dujols et T. Tuot, *AJDA* 2008. 500 ; « Droit au logement », rapport public, *EDCE* 2009, n° 60. S'agissant du renforcement du rôle de l'État, voir « L'État et le logement », *AJDA* 2009. 1282 s., dossier, avec études Y. Jegouzo, J. Trimeau et F. Tiberghien ; P. Quilichini, « Les politiques territoriales de l'habitat », *BJCL* 2011. 53 ; Y. Jegouzo, « Les offices de l'habitat et la décentralisation », *AJDA* 2013. 95.

2. V. biblio. v. ss 713, 3.

– Méritent d'être mentionnées les initiatives des communes dans le domaine de la *communication*. Elles sont à l'origine du développement des réseaux de télévision par câble, dont l'installation passe nécessairement par l'utilisation du domaine communal, et de réseaux de télécommunications performants jugés favorables à l'implantation d'entreprises nouvelles.

Ce qui n'a pas été sans les réticences du juge administratif pour ces activités plutôt regardées comme commerciales, v. CE avis, sect. int., 25 juill. 1995, *RFDA* 1996. 980, note D. Truchet, s'agissant des réseaux câblés et TA Nancy, 18 mars 1999, *SA France télécom et syndicat SUD-PTT, Dr. adm.* 1999. Chron. 12, obs. J. Benjamin, « Concessions et délégations de service public » juin 1999. 121, concl. O. Tréand, s'agissant de la création d'un réseau de télécommunication intercommunal.

L'intervention du législateur a été nécessaire pour lever les incertitudes juridiques et permettre, en outre, aux collectivités de se faire opérateurs non sans certaines limites prévisibles établies à l'article L. 1425-1 CGCT tel qu'issu de la loi n° 04-575 du 21 juin 2004 : « L'intervention des collectivités territoriales et de leurs groupements se fait en cohérence avec les réseaux d'initiative publique, garantit l'utilisation partagée des infrastructures établies ou requises en application du présent article et respecte le principe d'égalité et de libre concurrence sur les marchés des communications électroniques » [1].

Ces nouvelles missions culturelles s'ajoutent à l'ensemble des services communaux traditionnels sur lesquels repose une grande partie de l'activité culturelle publique, qu'ils soient prévus et organisés par la loi (bibliothèques, musées, écoles de musique et de danse...) ou qu'ils reposent sur les initiatives des communes (théâtres, cinémas, salles de spectacle, festivals...).

– La libre pratique des *sports et loisirs* est très largement facilitée par les initiatives des communes en matière de réalisation et de gestion d'équipements (salles de sport, stades, piscines, gymnases, parcs de loisirs...) ou le tissu des relations qu'elles nouent avec les associations de pratiquants (subventions, organisation de compétitions...). L'absence de règles nationales prévaut en la matière. À ceci près que la nécessité de réglementer le sport professionnel – très budgétivore pour les collectivités publiques – a conduit la loi à encadrer sans interdire le droit pour les communes de subventionner leurs clubs professionnels et leur fournir un statut approprié aux risques financiers de l'activité – société d'économie mixte sportive, société anonyme à objet sportif, entreprise unipersonnelle sportive à responsabilité limitée, société anonyme sportive professionnelle (L. n° 99-1124, 28 déc. 1999).

Voir toutefois la logique d'institutionnalisation des politiques sportives – dite « territorialisation du sport » – auprès du département et de la région dans la loi

1. V. R. Allemand, « L'intervention des contrats dans le domaine des télécommunications », *AJDA* 2004. 2025 ; G. Berthou, « Les collectivités territoriales en matière de communication électronique », *LPA* 2007, n° 18, p. 6 ; P. Blanquet et G. Terrien, « Collectivités territoriales et haut débit », *RLCT* mai 2007. 10 ; P. Delvolvé, « Les services publics locaux de communication électronique », *in Mélanges Lachaume*, Dalloz, 2007, p. 399 ; J. Fialaire, « Les infrastructures locales de communication et droit de la concurrence », *RLCT* déc. 2005. 54. Et, s'agissant des nouvelles technologies de l'information, études E. Forey et C. Bronner préc., p. 296 et 305.

du 13 août 2004 : P. Billet, « Les sports de nature dans la loi du 13 août 2004 : peu de sport, beaucoup de nature », *JCP Adm.* 10 janv. 2005. n° spéc. 46.

– En matière *d'enseignement public*, la commune est concernée pour le niveau des écoles et des classes maternelles et élémentaires. Elle décide de leur création et de leur implantation avec la charge d'en assurer la construction, l'entretien et le fonctionnement - ce qui crée des inégalités entre les zones urbaines et rurales –. En revanche, tout ce qui touche aux structures pédagogiques - personnel enseignant, programmes - leur échappe pour ne ressortir que du domaine - constitutionnel - de l'État. Pour les niveaux supérieurs d'enseignement, la commune peut être sollicitée pour avis eu égard à l'implantation de collèges ou lycées sur son territoire. De façon générale, la politique scolaire est appelée à être discutée dans le cadre d'une nouvelle instance consultative : le *Conseil territorial de l'Éducation nationale* (C. éduc., art. L. 239-1, issu de l'art. 76 L. 13 août 2004). La commune est, en outre, représentée au sein du conseil d'administration de ces deux établissements publics. À titre expérimental, elle peut seule ou en accord avec d'autres communes, ou encore dans le cadre d'un EPCI, créer un établissement public d'enseignement primaire pour une durée maximale de cinq ans (art. 86 L. 13 août 2004). Le choix de la méthode expérimentale est la manifestation d'une prudence vis-à-vis d'une nouvelle institution dont l'autonomie serait le moyen d'échapper à l'unité de commandement municipal placé sous l'autorité du maire.

Il faut ajouter que leurs charges en matière d'enseignement s'étendent aux dépenses de fonctionnement des *écoles privées sous contrat d'association*. Il s'agit pour elles de dépenses obligatoires alors qu'il faut considérer qu'à peu près le tiers des élèves qui y sont scolarisés proviennent de communes voisines. Mais, il a été jugé que l'exercice de la liberté d'enseignement ne saurait faire les frais d'une politique communale d'abstention (Cons. const. 18 janv. 1985, n° 84-185 DC, *Loi Chevènement*, *Rec. Cons. const.* 36 ; *RD publ.* 1986. 395, note L. Favoreu ; *AIJC* 1985. 416, note B. Genevois ; *RFDA* 1985. 624, note P. Delvolvé ; *RFDA* 1985. 600, note L. Favoreu. S'agissant de l'obligation pour une commune de résidence de financer la classe élémentaire d'une école privée sous contrat d'association d'une autre commune pour le cas où ses propres enfants fréquentent cette école, v. L. 28 oct. 2009, J.-M. Pontier, *JCP Adm.* 2009. 2272 ; B. Toulemonde, *AJDA* 2009. 2396 ; G. Calley, *BJCL* 2009. 658 ; A.Haquet, *RLCT* 2010. 1574 avec décis. Cons. const. 22 oct. 2009, n° 09-591 DC, *RFDA* 2010. 769, note M. Auvray).

– Il est difficile d'isoler *l'action économique* des communes sur une compétence précise. Elle est déterminée par la mobilisation d'un grand nombre de possibilités d'interventions dans ce but, de l'entretien traditionnel des halles et marchés jusqu'au développement de réseaux de télécommunication par câble en passant par l'implantation de zones industrielles ou artisanales et l'aide aux entreprises. L'action économique concrétise une exigence plus générale encore de développement local par laquelle chaque commune tente de résoudre les problèmes sociaux auxquels elle est confrontée.

Le principe est posé que les communes accordent « seules ou conjointement » un certain nombre d'aides aux entreprises privées implantées sur leur territoire. Il s'agit d'aides à l'immobilier d'entreprises qu'elles soient financières (subventions) ou matérielles (rabais sur le prix de vente, location ou location-vente de terrains nus ou aménagés ou de bâtiments neufs ou rénovés selon les conditions du marché). Ces aides ne sont toutefois pas octroyées dans des conditions discrétionnaires puisqu'elles sont soumises à des règles de plafond et de zones déterminées par décret. V. art. L. 1511-3 issu de l'art. 1er-I, 5° L. 13 août 2004 et Décr. 28 août 2007 : *JCP Adm.* 2007. 2256, comm. G. Rivel. Les autres aides sont soumises au pouvoir de coordination de la région (CGCT, art. L. 1511-2).

B. Les compétences départementales

674 ***Vocation des compétences départementales*** ◊ Par son passé et le mode de désignation inchangé de ses élus, le département est marqué par sa nature rurale. Ce caractère se retrouve dans un certain nombre de ces compétences où il intervient comme interlocuteur privilégié des petites communes, notamment au titre de l'équipement rural et de la voirie, de l'alimentation en eau et de l'électrification. De ce fait, il revêt implicitement une « vocation intercommunale » (J.-C. Douence, 1983), l'intérêt géographique des deux collectivités restant proche. Mais la vocation du département a connu un tournant avec la volonté du législateur d'y faire exercer l'essentiel de l'action sociale. Il y trouve aujourd'hui sa principale raison d'être.

675 ***Évolution des compétences départementales*** ◊ On ne sait encore si la suppression des départements est prévisible et inéluctable. Nonobstant, en vue d'œuvrer en ce sens, le législateur pourrait apporter d'importantes modifications dans l'abondante liste des compétences départementales pour en transférer un certain nombre au profit des deux échelons que l'évolution actuelle favorise mieux : les régions (transports scolaires, voirie départementale, collèges, ports) et les établissements publics de coopération intercommunale à fiscalité propre (tourisme, aides aux personnes jeunes et âgées). C'est la solution envisagée pour mettre progressivement en veilleuse la collectivité départementale avant que le consensus se fasse autour de sa disparition. Avant d'atteindre ce résultat, le département devrait exercer un rôle réduit autour de ses missions de solidarité sociale (aides aux personnes défavorisées) et territoriale (aides aux projets communaux et intercommunaux).

1. Compétence de service

676 ***Aide sociale*** ◊ En la matière, la compétence du département est réputée « de principe », ce qui veut signifier que le département est fondé à intervenir dans tous les cas où l'État ne se réserve pas d'agir. Cette compétence se concrétise par le versement de prestations d'aide sociale déterminées par la loi et constituant, de ce fait, des droits pour les intéressés qui pourront exiger du département leur versement dans les conditions d'octroi et de montants légalement déterminés. C'est pourquoi, si l'ensemble de ces

prestations doit être consigné dans un *règlement départemental d'aide sociale* (CGCT, art. L. 3214-1), celui-ci n'est pas élaboré avec un pouvoir discrétionnaire. Le département fait fonction « d'agent-payeur ».

Rien n'interdit toutefois d'y édicter des « dispositions comportant des conditions ou des montants plus favorables que celles définies par les lois ou décrets » : CE 4 nov. 1994, *Dpt Dordogne*, *Lebon* 486, s'agissant de l'allocation compensatrice ; CE 3 mars 2010, *Dpt Corrèze*, *AJDA* 2010. 1251, concl. E. Glaser, s'agissant d'un service départemental de téléassistance à des personnes âgées. Cette possibilité s'inscrit dans le cadre de « l'aide sociale facultative ». L'action du département s'en trouve élargie d'autant.

Des catégories de la population concernées par ces aides, on distingue tant l'enfance (avec la gestion des dossiers d'adoption, le soutien aux familles en difficulté financière, la protection maternelle et infantile et la formation et l'agrément des assistantes maternelles), les personnes âgées au profit desquelles le département crée et entretient des maisons de retraite et contribue au maintien dans leur domicile par le versement de l'*allocation personnalisée d'autonomie* (CASF, art. L. 232-1 s.), que les personnes handicapées par le versement de la prestation de compensation des personnes handicapées (CASF, art. L. 245-1 s.). À cela s'ajoute la prise en charge des personnes dépourvues de ressources. Le département leur a d'abord alloué le *revenu minimum d'insertion. Celui-ci s'est ensuite* transformé en *revenu minimum d'activité* après la prise en charge par le département de la politique d'insertion professionnelle qui s'adjoint au versement de l'aide proprement dite. Le sort des intéressés s'en trouvait amélioré puisqu'il ne relevait plus que d'une administration mais, sur le fond, la réforme introduisait néanmoins un facteur de discrimination territoriale dans le traitement des intéressés. Depuis juin 2009, les travailleurs à revenu modeste en situation de reprise d'emploi - ou non - sont appelés à bénéficier du *revenu de solidarité active*, le département décidant à leur égard des mesures individuelles d'attribution, de suspension ou de radiation. L'action sociale des départements mobilise également les pouvoirs du président du conseil général, notamment pour délivrer des agréments aux familles souhaitant adopter des enfants (CASF, art. L. 225-1 s.) et organiser les services sociaux et médico-sociaux du département.

Mérite d'être mentionnée le phénomène de monopolisation des ressources du département pour les exigences légales de l'aide sociale, puisque l'ensemble des prestations versées à son titre peut dépasser la moitié des ressources budgétaires totales. À quoi s'ajoute le fait que l'effort financier est d'autant plus considérable que ce sont les départements les moins prospères qui devront faire face aux plus lourdes responsabilités en la matière ; ce qui laisse penser qu'on a sans doute malmené l'idée de subsidiarité en décentralisant la politique d'action sociale. L'impact de la crise économique aggrave la situation par la diminution des recettes fiscales des départements et, simultanément, l'alourdissement de leurs charges en rapport avec l'augmentation de la courbe du chômage et le vieillissement de la population (rapport Comité finances locales, 7 juill. 2009 ; rapport public Cour des comptes, « La conduite par l'État de la décentralisation », 27 oct. 2009 ; rapport P. Jamet, 22 avr. 2010 et « Les finances des collectivités locales en 2012 », Observatoire des finances locales, juill. 2012).

En outre, le département assume la charge d'un certain nombre de *services publics dans le domaine médico-social*. À ce titre, la loi spécialise le département dans une mission de prévention alors que ce qui regarde la santé proprement dite demeure du ressort de l'État. On trouve le service départemental d'action sociale au soutien des personnes en difficulté, le service d'aide sociale à l'enfance, des vaccinations et de la médecine scolaire [1]. Mais les actions départementales en la matière, s'agissant tout particulièrement de l'aide aux personnes âgée et handicapées, doivent être coordonnées aux *schémas régionaux d'organisation médico-social* par lesquels les agences régionales de santé, organismes de l'État, programment l'offre régionale de soins (L. 21 juill. 2009). Les responsables départementaux y voient un nouvel instrument par lequel l'État les contrôle.

677 ***Enseignement*** ◊ Suivant une logique de spécialisation par niveau territorial, le département reçoit la charge des *collèges*, organisés en établissements publics locaux d'enseignement (EPLE). Mais, sachant que l'Éducation demeure un service public national (al. 13 Préamb. Const. 27 oct. 1946), il s'exerce au sein des collèges une double autorité, celle du département gestionnaire et celle de l'État, décideur et contrôleur. À cet égard, le principe de répartition des tâches avec l'État demeure inchangé depuis les lois de 1983-1985. Ce dernier se réserve la formation et la gestion du personnel enseignant ainsi que la politique éducative et investit le département de la construction, de l'entretien et de l'équipement des collèges. « On décentralise les crayons ! », a-t-on commenté. Ces tâches d'intendance du département ne sont toutefois pas exclusives d'un pouvoir de décision non négligeable pour la « localisation des établissements, leur capacité d'accueil, leur secteur de recrutement et le mode d'hébergement des élèves » (C. éduc., art. L. 231-1, issu de l'art. 81 § 1 L. 13 août 2004). Le problème de la mixité sociale peut être appréhendé par l'exercice de cette compétence départementale.

Dans ce but, a été transféré de plein droit aux départements « la pleine propriété à titre gratuit (des) biens immobiliers des collèges appartenant à l'État » (art. L. 213-2 C. éduc.), ainsi que ceux « appartenant à une commune ou un groupement de communes » lorsque le département « effectue sur ces biens des travaux de construction, de reconstruction ou d'extension » (art. L. 213-2 § 1 al. 2 C. éduc.). Ont été corrélativement transférés, non sans les vives réticences des intéressés, les personnels techniciens, ouvriers et de service (TOS) correspondants. Tout ceci est de nature à simplifier la répartition des compétences en faisant coïncider les moyens avec les responsabilités.

Le département participe aux dépenses de fonctionnement des *établissements d'enseignement privé* du second degré sous contrat d'association. Sa participation prend la forme de contributions forfaitaires versées par élève et par an et calculées selon les mêmes critères que ceux des élèves scolarisés au sein de l'enseignement public [2].

---

1. V. H. Rihal, « Les transferts de compétences, solidarité et santé », *AJDA* 2004. 1978 ; D. Cristal, « La décentralisation et la gestion du social », *BJCL* 2011. 43 ; M. Long et H. Rihal, « La vocation sociale du département », *AJDA* 2011. 1835 ; H. Rihal, « Trente ans de décentralisation de l'action sociale », *JCP Adm.* 2012, n° 2352 ; « Les départements face à l'explosion du coût de l'aide sociale », *AJDA* 2013, dossier p. 271 s. avec les études de V. Donier et J.-L. Albert, F. Clerc et V. Donier, E. Muller, M. Houser et A. Ciaudo.

2. V. C. Durand-Prinborgne, « L'exemple du secteur scolaire. Un service public national géré au niveau local : Égalité des chances ou priorités locales ? », *in* M. Long (dir.), *Égalité et services publics locaux*, LGDJ, 2005, p. 53 ; J. Fialaire, « L'acte II de la décentralisation et la répartition des

78 ***Action culturelle*** ◊ Le département possède classiquement une compétence culturelle s'étendant aux bibliothèques départementales de prêts, aux archives départementales et aux musées dont il assure la création et la gestion.

La loi « musée » n° 02-5 du 4 janvier 2002 permet l'obtention du titre de Musée de France en contrepartie de diverses obligations imposées par la loi et d'un contrôle de l'État et du Haut conseil des musées de France. Ce classement emporte transfert de propriété de l'État au musée d'un certain nombre de ses objets qui y ont été déposés avant 1910.

De la loi du 27 février 2002, les départements reçoivent les crédits d'État – plutôt faibles – affectés à la conservation du patrimoine rural non protégé, c'est-à-dire des bâtiments ni classés, ni inscrits, mais caractéristiques de l'identité locale.

2. Compétences domaniales

79 La « vocation intercommunale du département » se signale d'abord à l'égard d'un certain nombre de compétences qui se prêtent au jeu de l'exercice concurrent ou complémentaire avec les communes (construction, action médico-sociale, transports...). Elle se manifeste aussi par un ensemble de compétences qui ont en commun de coïncider avec la gestion du domaine départemental.

80 ***Police du président du conseil général*** ◊ La loi le désigne pour gérer le domaine départemental et, à ce titre, exercer sur ce domaine les pouvoirs de police correspondants, notamment la police de la circulation sur les routes départementales situées en dehors des agglomérations à l'intérieur desquelles la police revient aux maires (CGCT, art. L. 3221-4) [1]. Le président agit au nom du département.

Ces dispositions *ne confèrent pas au président du conseil général un pouvoir de police générale* susceptible de s'exercer pour tout motif de sécurité, tranquillité ou salubrité. Il arrive que la jurisprudence mêle les considérations de conservation et de sécurité pour justifier son intervention (CE 20 oct. 1995, *Dpt Alpes de Haute-Provence, Quot. jur.* 8 févr. 1996, n° 12, s'agissant de la légalité d'une interdiction de circulation des véhicules les plus lourds pour des raisons de sauvegarde de la chaussée et de *sécurité des usagers*). Mais la solution ne fait pas de doute (CE avis 23 juill. 1996, *EDCE* 1996. 302). Ainsi, celui-ci ne peut ordonner la fermeture des locaux des collèges pour des raisons de sécurité en l'absence de disposition législative l'habilitant en ce sens (CE 6 févr. 1998, *Vadant et assoc. parents d'élèves collège public et écoles Saint-Aubin, Lebon* 781). S'il s'agit de garantir la sécurité, la salubrité et la tranquillité, le

---

compétences dans le domaine de l'enseignement : continuité ou novation ? », *JCP Adm.* 10 janv. 2005. n° spéc. 37 ; P.-L. Frier, « Les transferts de compétence dans les secteurs de la formation professionnelle, de l'éducation et de la culture », *AJDA* 2004. 1984 ; D. Jean-Pierre, « Le transfert des TOS aux départements et aux régions », *JCP Adm.* 2006. 271.

1. Par ex., TA Dijon, 23 févr. 2006, *Féd. motards en colère Côte-d'Or, JCP Adm.* 2006. 1117, note J. Moreau, s'agissant de la compétence du maire pour dresser des poteaux en bordure d'un chemin départemental dans la traversée d'une agglomération.

préfet garde seul compétence pour édicter, au nom de l'État, toutes les décisions dont le champ d'application dépasse le ressort communal (CGCT, art. L. 2215-1 s.) [1].

681 ***Sécurité civile*** ◊ L'intervention du département dans ce domaine se fait au titre du *service d'incendie et de secours* (SDIS), établissement public qui lui est partiellement mais majoritairement rattaché, avec pour mission la prévention et la lutte contre les incendies, ou autres catastrophes ou accidents. Il comporte un corps départemental de sapeurs-pompiers (CGCT, art. L. 1424-1 s.). Toutefois, le département ne dispose pas d'un pouvoir propre en la matière. La loi l'assigne à la gestion de cet instrument technique, les opérations mises en œuvre lui échappant pour ne ressortir qu'aux pouvoirs de police générale du maire et du préfet. Le service départemental d'incendie et de secours est à leur disposition.

La répartition des compétences et des moyens en matière de sécurité civile est trop imbriquée pour qu'on ait l'impression qu'un niveau adéquat d'administration se soit imposé en la matière. En témoignent les nouvelles responsabilités communales, ou intercommunales pour assurer, après convention, la gestion non opérationnelle du service (art. L. 1424-1 al. 2 issu de l'art. 118 L. 27 févr. 2002) ou pour élaborer un *plan communal de sauvegarde* dans le but de déterminer, en fonction des risques connus, les mesures immédiates de protection des personnes (art. 13 L 13 août 2004). Mais, l'intervention du département est renforcée dans la procédure d'élaboration des *schémas départementaux d'analyse et de couverture des risques* qui dressent un inventaire des risques de toute nature auquel doit faire face le SDIS dans le département. Ce schéma est arrêté par le préfet après avis du conseil général et *avis conforme* du conseil d'administration du SDIS. Il reste que la répartition des rôles devrait être revue dans le sens d'une plus grande implication des départements sur leur SDIS, étant anormal qu'ils le financent sans le contrôler (en ce sens, rapport de la Mission d'évaluation et de contrôle n° 1829, 2009).

682 ***Les infrastructures de transport*** ◊ Par étapes législatives successives depuis 1982-1983, les collectivités territoriales profitent d'un mouvement continu de désengagement de l'État en matière de « grands équipements » de transports - identifiés comme tels par leur nature plutôt que par leur taille - :

– Outre les ports maritimes de commerce et de pêche déjà transférés par la loi du 22 juillet 1983, le département est compétent pour créer, aménager et exploiter tout nouveau *port maritime de pêche* (C. ports mar., art. L. 601-1-II, issu de l'art. 30-VII L. 13 août 2004).

– Les départements deviennent propriétaires des *voies navigables et des ports situés sur ces voies* dont ils assuraient l'aménagement et l'exploitation en application de l'article 26 de la loi n° 02-101 du 2 février 1995 (art. 56 L. n° 03-699, 30 juill. 2003). Ce changement de statut est de nature à favoriser leurs investissements sur ce domaine [2].

---

1. V. ég. sur l'absence de pouvoirs de police du président du conseil général en matière environnementale : CAA Bordeaux, 15 mai 2007, *Dpt Gers*, *AJDA* 2007. 1494.
2. V. J. Dufau, « Le domaine public fluvial des collectivités territoriales : des transferts de compétences aux transferts de propriété », *JCP Adm*. 2005. 359.

– Les départements, au même titre que les autres collectivités territoriales, ont vocation à prendre en charge l'aménagement, l'entretien et la gestion *d'aérodromes civils de proximité*, la région demeurant toutefois prioritaire. Ils en reçoivent la propriété (art. 28-I L. 13 août 2004) [1].

– C'est un transfert remarqué : à l'exception des plus importantes, l'État s'est dessaisi des *routes nationales* – les deux tiers – au profit des départements qui ont reçu la mission légale d'organiser techniquement et financièrement les opérations de construction, d'aménagement, d'entretien et d'exploitation des infrastructures.

Dans ce but, à peu près 35 000 agents des directions départementales de l'Équipement sont transférés à la fonction publique territoriale. Mais l'État souhaitant conserver ses agents d'encadrement, ce sont essentiellement des transferts de catégorie C qui ont été opérés, laissant de ce fait à la charge des départements le recrutement de tels agents supérieurs. C'est un cas où la décentralisation est productrice de doublons dans la constitution des moyens. En outre, l'État conserve son « parc équipement » avec possibilité de mise à disposition des départements.

Il ne faut pas croire qu'en acquérant les routes nationales, les départements deviennent maîtres de leur gestion. L'État y impose ses normes techniques de construction et la région est appelée à un rôle de « coordination » dans la planification des transports par la définition d'un *schéma régional des infrastructures de transport* [2].

83 ***Transports scolaires*** ◊ Depuis la loi n° 82-1153 du 22 juillet 1983, les départements ont la charge de leur organisation et de leur fonctionnement.

Ce qui peut aller jusqu'à inclure l'obligation d'assurer des mesures de surveillance à la sortie d'un établissement scolaire de manière à éviter les accidents : CE 30 mai 1986, *Épx Faix*, *Lebon* 553-710.

Ce service départemental s'exerce cependant dans le respect de deux limites. En premier lieu, il n'opère pas à l'intérieur des *périmètres de transports urbains* regroupant le territoire de plusieurs communes. L'autorité du responsable du transport urbain, un EPCI le plus souvent, s'y exerce. En second lieu, l'État dispose d'un pouvoir de réglementation pour des impératifs d'ordre social ainsi que de sécurité, de contrôle technique.

La région pourrait se voir transférer cette compétence par la réforme en cours d'élaboration.

84 ***Aides économiques, Équipement rural, remembrement et aménagement foncier*** ◊ L'aide à l'équipement rural est une compétence

1. V. J. Dufau, « Du transfert des aéroports de l'État aux collectivités territoriales », *JCP Adm.* 2005. 1114 ; « La décentralisation aéroportuaire », *RFDA* 2009. 1153, colloque.

2. V. A. Bercis, « Les transferts de compétence de l'État aux départements en matière de voirie », mémoire DESS Paris II ; J. Dufau, « Du transfert aux départements de certaines routes nationales », *JCP Adm.* 10 janv. 2005. n° spéc. 11 ; N. Merley, « La mise en œuvre du transfert des routes nationales et des services de la DDE », *AJDA* 2006. 805 ; P. Subra de Bieusses, « Voirie et grands équipements où la décentralisation prétexte », *AJDA* 2005. 144. S'agissant du rejet du recours contre les transferts de routes par les Décr. n° 05-1499 et 1500, 5 déc. 2005 : note N. Merly sous CE 23 mai 2007, *Dpt Landes et a.*, *AJDA* 2007. 1646 ; *JCP* A2007. 2168, concl. I. da Silva ; *RLCT* janv. 2008. 23, note E. Glaser.

départementale qui s'exerce par la définition d'un programme d'aide qui tient compte des priorités exprimées par les communes. Le département participe également à l'élaboration des *Chartes intercommunales de développement et d'aménagement* (CIDA) adoptées à l'initiative de deux ou plusieurs communes qui souhaitent s'associer pour programmer à moyen terme leur développement économique, social et culturel et déterminer les actions correspondantes (CGCT, art. L. 5223-1 s.). Les départements peuvent également accorder des aides de toute nature à des entreprises en difficulté lorsque la protection des intérêts économiques et sociaux de la population départementale l'exige (CGCT, art. L. 3231-3). Ces compétences départementales devraient toutefois être redéfinies dans un sens restrictif par la réforme en cours d'adoption.

Les départements ont compétence pour « aménager, entretenir et exploiter les cours d'eau, canaux, lacs et plan d'eau domaniaux non navigables » qui leur sont transférés sur leur demande (art. 26 L. 2 févr. 1995). S'ajoute à cela la compétence consultative dont ils disposent pour l'élaboration des schémas d'aménagement et de gestion des eaux et des schémas de mise en valeur de la mer.

685 ***Environnement*** ◊ Hormis ses compétences en matière d'aménagement, le département exerce un rôle essentiel par la délimitation *d'espaces naturels sensibles* qui constituent leur instrument de protection des sites, paysages, des milieux et des habitats naturels. Leur procédure est entièrement décentralisée depuis la loi du 2 février 1995. Le département qui décide de s'engager dans une « politique de protection, de gestion et d'ouverture au public des espaces naturels sensibles, boisés ou non » reçoit deux prérogatives pour réaliser son objectif : la possibilité d'instituer une *taxe départementale des espaces naturels sensibles* et d'exercer un *droit de préemption* dans certaines zones délimitées par le conseil général avec l'accord des communes concernées (C. urb., art. L. 142-1).

Le tourisme peut être lié à l'environnement en ce que le département « établit, après avis des communes intéressées, un plan départemental des itinéraires de promenades et de randonnée » (C. envir., art. L. 361-1) [1].

Le département, comme les autres collectivités territoriales, est invité à élaborer un *plan climat-énergie territorial* (C. envir., art. L. 229-25, issu L. 12 juill. 2010) chargé de mobiliser l'exercice de ses compétences en vue de lutter contre le réchauffement climatique (utilisation des énergies renouvelables, limitation des gaz à effet de serre). Ce plan doit demeurer compatible avec le *schéma régional du climat, de l'air et de l'énergie* (v. ss 690).

Le *plan d'élimination des déchets* dont le département doit se doter est reconfiguré de manière à favoriser l'objectif fixé dans la loi Grenelle 1 du 3 août 2009 de réduction de 7 % par habitant à l'échéance de 5 ans de la production d'ordures ménagères.

1. V. B. Busson, « L'aliénation des chemins ruraux : évolutions récentes », *AJDA* 2002. 612 ; X. Mondésert, « Intérêt pour agir des associations et police sur les chemins ruraux », *RD rur.* 2003. 471 ; Y. Jegouzo, « Les collectivités territoriales et le tourisme : faut-il modifier la répartition des compétences ? », *Dr. adm.* 2009. 16. V., de façon générale, R. Romi, « *La place du département en matière de protection de l'environnement, vers une revalorisation ?* », *LPA* 22 juin 1990 ; A. Van Lang, *Droit de l'environnement*, PUF, coll. « Thémis », 2011.

Les impératifs qu'il s'assigne doivent être définis dans ce but (tris à la source, collectes sélectives, valorisation de la matière...). Une procédure d'évaluation est mise en place (C. envir., art. L. 541-14 s.). Cette compétence pourrait toutefois être transférée au niveau supérieur de la région par la réforme en cours d'adoption

C. Les compétences régionales [1]

86 De son passé d'établissement public, la région en préserve une spécialité en rapport étroit avec les besoins de son développement économique. Après l'abandon d'une compétence de planification régionale générale en raison de l'insuccès de cette politique - il en reste les *contrats de projets*, v. ss 598 s. –, la région, collectivité territoriale, s'est dotée d'une vocation essentielle à organiser les aides des autres collectivités aux entreprises privées. De façon générale, parce qu'elle intègre toutes les autres collectivités sur son territoire, elle est naturellement désignée comme le lieu de mise en cohérence de l'ensemble de leurs politiques. En ce sens, la loi l'investit comme une puissance d'unification locale à partir d'un certain nombre de pouvoirs qui sont généralement rangés sous l'idée de « chef de file » et qui confèrent une orientation plus globale à son administration.

Dernière née des catégories de collectivités territoriales, la région n'est pas dotée des plus fortes ressources mais ses coûts de fonctionnement sont encore les moins conséquents. Ceci autorise des marges d'action nouvelle, d'adaptation et d'investissement qui lui donnent davantage l'aspect d'une administration de mission que de gestion. Toutefois, au fil des avancées de la décentralisation, cette caractéristique tend à s'estomper.

1. Compétences d'encadrement et de gestion

87 ***Enseignement et formation professionnelle*** ◊

1. La décentralisation de l'enseignement s'est faite de façon différenciée, chaque catégorie de collectivité étant associée à un niveau d'enseignement. À ce titre, la région s'est vue confier la charge des *lycées* et des *établissements d'enseignement spécialisé*. Il s'y pratique le même partage des tâches avec l'État que pour les autres établissements d'enseignement : l'État se réservant les structures pédagogiques et l'encadrement des élèves (C. éduc., nouvel art. L. 211-1), il revient aux régions l'organisation et le fonctionnement matériels de ces établissements.

Pour mieux mettre en accord les moyens avec les responsabilités, la région gère désormais les personnels techniciens, ouvriers et de service (TOS) que l'État lui a transféré. Elle acquiert également la propriété des bâtiments scolaires (« de plein droit » et « à titre gratuit ») alors qu'elle n'avait que la responsabilité de leur entretien.

---

1. V. J.-M. Pontier, « Les nouvelles compétences de la région », *AJDA* 2004. 1968 ; M. Verpeaux, *La région*, Dalloz, coll. « Connaissance du droit », 2005 ; « Actualité de la région », *AJDA* 2008. dossier 1634, v. not. D. Turpin, « Les nouvelles compétences des régions », *AJDA* 2008. 1645.

Le rôle de la région en matière éducative s'étend à l'établissement d'un *schéma prévisionnel* des formations des collèges – avec l'accord des conseils généraux –, lycées, établissements d'éducation spécialisés et établissements d'enseignement agricole. En exécution, elle établit un programme d'investissement (C. éduc., art. L. 214-1, issu de l'art. 77 L. 13 août 2004).

La diversité des intervenants locaux en matière d'éducation et la dualité de pouvoirs qui s'exerce au sein des établissements d'enseignement entre l'autorité académique et l'autorité décentralisée ont fait apparaître le besoin d'installer une nouvelle institution de coopération, le *Conseil territorial de l'éducation nationale* composé du ministre et des représentants des régions, départements, communes et leurs groupements (art. 76 L. 13 août 2004)

2. En disposant que « la région définit et met en œuvre la politique régionale d'apprentissage et de formation professionnelle des jeunes et des adultes à la recherche d'un emploi ou d'une nouvelle formation professionnelle », l'article L. 214-12 du Code de l'éducation a entendu conférer une compétence plénière aux régions – ce qui était déjà le cas en 1983 –, l'intervention de l'État devant demeurer l'exception (Circ. 22 avr. 1983, *JO* 8 mai). L'exercice de cette compétence s'articule autour d'un document de programmation : le *plan régional de développement des formations professionnelles* (PRDFP) (art. 11 L. 13 août 2004). Sur son fondement, la région doit entreprendre les actions nécessaires à l'apprentissage et à la formation professionnelle. Des conventions annuelles d'application passées avec l'État ont pour objet de déterminer les actions et leurs financements.

Dans le cadre de son PRDFP, la région a l'obligation, chaque année, d'arrêter un *programme régional* d'apprentissage et de formation professionnelle continue après consultation de différents organismes (art. 8 et 12 L. 13 août 2004). L'important demeure les actions concrètes menées sur son fondement. L'expérience a révélé que l'exercice de cette compétence est demeuré largement virtuel, notamment au regard des interventions de l'État qui se sont multipliées au titre de sa politique de l'emploi.

La loi confie un nouveau service public aux régions : organiser les actions relatives à la *valorisation des acquis d'expérience*, mais qui ne peut s'exercer sans le soutien de l'Éducation nationale (art. 8 L. 13 août 2004).

Signalons, au surplus, la possibilité de conventions passées avec l'État par lesquelles les régions reçoivent les concours financiers que celui-ci consent aux communes pour le fonctionnement des écoles nationales de musique, de danse et d'art dramatique et des conservatoires nationaux de région [1].

688 ***Infrastructures de transport*** ◊ Elles constituent un tremplin pour le développement économique. Les responsabilités de la région se sont sensiblement accrues en 2004 et 2014 dans l'intérêt de parachever la décentralisation initiée en 1983 en la matière.

– La région a vocation à assurer la création, l'exploitation et l'aménagement de tout ou partie des *ports maritime de commerce* – à défaut des ports d'intérêt national

---

1. V. P.-L. Frier, « Les transferts de compétences dans les secteurs de la formation professionnelle, de l'éducation et de la culture », *AJDA* 2004. 1984 ; M. Karpenschif et L. Midol-Monnet, « Les régions face aux défis de la formation professionnelle : état des lieux et perspectives », *JCP Adm.* 2014, n° 2009.

demeurant du ressort de l'État sous le statut de « port autonome ». Elle peut conclure avec l'État des contrats d'objectif pour ce qui concerne le financement d'infrastructures portuaires et des besoins de sécurité.

Voir l'obligation de concertation à l'initiative du préfet en vue d'aboutir à la présentation d'une candidature unique lorsque la région et le département sont concurremment candidats : TA Nice, 15 janv. 2008, *Région Provence-Alpes-Côte d'Azur, AJDA* 2008. 1041, note G. Merland.

– La région devient propriétaire des *cours d'eau, des canaux et des ports fluviaux* qui s'y trouvent et qui lui ont été précédemment transférés par l'État (art. 1er C. dom. publ. fluv. issu de l'art. 56 L. n° 03-699, 30 juill. 2003), avec la possibilité d'y instituer un péage. Elle peut en déléguer la responsabilité à une autre collectivité décentralisée qui lui en ferait la demande. Pour la création et l'aménagement de nouveaux canaux et ports fluviaux, la loi du 22 juillet 1983 avait déjà posé le principe de la compétence régionale mais qui demeura d'application restreinte (Bretagne, Pays de Loire et Picardie).

– La région est prioritaire pour recevoir la prise en charge de l'aménagement de l'entretien et de la gestion des *aérodromes civils* d'intérêt local dont l'État estime, à ce titre, devoir se décharger – le transfert est effectué d'office après une période de négociation allant jusqu'au 1er juillet 2006. Une convention avec l'État établit le diagnostic de l'état de l'aérodrome, détermine les modalités du transfert et fixe sa date d'entrée en vigueur (C. aviat., art. L. 221-1) [1].

– Le monopole des transports ferroviaires par l'État (SNCF et Réseau ferré de France) n'a jamais interdit les collectivités de participer à leur financement pour ce qui concerne les réseaux d'intérêt local qui ont pu souffrir d'un désinvestissement de sa part. Mais des textes ont voulu asseoir cette intervention sur une base juridique sûre et conforter le rôle des régions, d'abord à titre expérimental (L. n° 97-135, 13 févr. 1997) pour certaines régions (Alsace, Centre, Nord-Pas-de-Calais, Pays de Loire, PACA et Rhône-Alpes), puis pour installer l'ensemble des régions comme organisatrices des services régionaux de la SNCF avec la responsabilité des trains express régionaux (TER) (art. R. 1614-109 s. issus du Décr. n° 01-1116, 27 nov. 2001). Certaines régions se sont également impliquées dans le financement d'infrastructures des TGV [2].

S'agissant du réseau ferré en Corse, v. CGCT, art. L. 4424-24.

– La région élabore et arrête un *schéma régional d'intermodalité* en matière de transports en liaison avec les départements et les autorités compétentes sur son territoire. Ce schéma programme l'offre de service des transports publics dans le sens d'une meilleure articulation entre eux et prévoit la mise en place de pôles d'échanges. La région devient ainsi chef de file en la matière. L'État se réserve d'approuver ces schémas (CGCT, art. L. 1213-3-1 s., issus de la loi n° 2014-58 du 27 janv. 2014).

689 ***Action sociale et santé*** ◊ L'action sociale étant largement décentralisée, la région n'est appelé à y intervenir qu'à titre complémentaire. Elle le

1. V. A. Gauthier et E. Vital-Durand, « Réforme du statut des aéroports : la fin d'un avantage ou la perspective de nouvelles opportunités pour les CCI », *RLCT* déc. 2005. 6 ; S. Braconnier, « De la protection à la valorisation. Brèves réflexions sur la propriété aéroportuaire », *in Mélanges Lachaume*, Dalloz, 2007, p. 101 ; C. Mamontoff, « Le transfert de compétence en matière aéroportuaire », *AJDA* 2007. 2076.

2. V. L.Gauthier-Lescop, « La décentralisation des transports ferroviaires », *AJDA* 2009. dossier 1033 ; P. Vieu, « Entre libéralisation et nouvelle régulation : les mutations du paysage ferroviaire français », *RFDA* 2010. 35. Sur le service public des transports en Ile-de-France : D. Boussole, « Quelles libertés pour les transports d'Ile-de-France ? », *JCP Adm.* 10 janv. 2005. n° spéc. 18.

fait notamment en relation avec ses compétences d'éducation. Ainsi, elle doit définir et mettre en œuvre une *politique de formation des travailleurs sociaux* (CASF, art. L. 451-2). Elle délivre son agrément aux établissements dispensant des formations sociales initiales et contribue largement à leur financement (CASF, art. L. 451-2-1). Elle aide les étudiants inscrits au sein de ces formations selon des critères qu'elle détermine elle-même (CASF, art. L. 451-3).

Pour ce qui regarde la santé, outre quelques interventions ponctuelles des autorités régionales dans le cadre de procédures, d'activités et d'organismes étatiques, la région se trouve impliquée pour assurer un certain nombre de financements. À titre essentiel, la région forme, avec les départements et les communes, l'un des quatre collèges représentés au sein des Agences régionales de santé (ARS) qui concentrent entre leurs mains l'élaboration et la mise en œuvre des politiques régionales de santé. La convergence d'un certain nombre de responsabilités et d'institutions relevant désormais de ces agences, avec un « préfet sanitaire » à leur tête, manifeste l'appropriation du secteur de la santé par l'État et la déconcentration de son exercice à ce niveau (L. 21 juill. 2009). Les collectivités sont invitées à financer les ARS – qui ont le statut d'établissement public mais agissent au nom de l'État – et à conclure des contrats locaux de santé mettant en œuvre la programmation par ces agences de l'offre régionale de santé. Mais, il ne saurait s'agir d'une application de l'idée décideur-payeur puisque les collectivités ne décident pas. Elles négocient tout au plus. Fait remarquablement exception à ce constat, la possibilité qu'elles préservent de conduire, sur leurs fonds propres, des actions de santé complémentaires à celles de l'État (CSP, art. L. 1424-1, modifié par l'ord. n° 2010-177 du 23 févr. 2010 ; maisons de santé, action avec l'OMS) [1].

De façon générale, v. CSP 4e partie, livre III, titre VIII concernant le chap. « Compétences respectives de l'État et de la région » [2].

690 ***Environnement*** [3] ◊ Dès l'instant où les problèmes environnementaux nécessitent une approche générale, la région se trouve la mieux située des échelons décentralisés pour intervenir. C'est pourquoi, les compétences dont elle dispose à cette fin, modestes au départ, vont vers l'accroissement. C'est au point que la loi du 27 janv. 2014 la promeut chef de file. La région mobilise, à cet égard, ses facultés d'initiative, de programmation et de décision qu'encourage et qu'encadre une législation de plus en plus interventionniste en la matière.

Après l'échec de la planification régionale de 1982, les *schémas régionaux d'aménagement et de développement du territoire* (SRADT) déterminent les orientations

---

1. L. Levoyer, « Nouvelle gouvernance de la santé : quelle place pour les collectivités territoriales », *AJDA* 2009. 2219 ; « La participation des collectivités territoriales au financement des politiques de santé », *JCP Adm*. 2009. 2225.

2. V. P.-Y. Chicot, « La régionalisation des politiques sanitaires et sociales : l'émergence du "département-région providence" ? », *Dr. adm*. déc. 2006. 4.

3. V. R. Romi, « Les régions et l'administration de l'environnement : des potentialités à développer », *AJDA* 1990. 457 ; A. Van Lang, *Droit de l'environnement*, PUF, coll. « Thémis », 2007 ; P. Janin, « La décentralisation dans le droit des espaces naturels protégés », *AJDA* 2007. 1445.

à moyen terme du développement durable du territoire régional pour ce qui concerne la localisation des grands équipements et des services d'intérêt régional, le développement équilibré des agglomérations, la protection et la mise en valeur de l'environnement, des sites et des paysages naturels et urbains et la réhabilitation des territoires dégradés (CGCT, art. L. 4251-1, issu de L. n° 99-533, 25 juin 1999). Dans les régions littorales et de montagne l'environnement peut devenir une politique interrégionale par l'élaboration de *schémas interrégionaux* dans l'intérêt d'une gestion concertée de l'aménagement de ces régions. La protection de l'environnement peut faire l'objet d'une coopération transfrontalière.

S'agissant des *parcs naturels régionaux*, les régions ont l'initiative de leur création qui est décidée par décret. Ceux-ci délimitent un espace de préservation des paysages et du patrimoine naturel et culturel. La politique suivi en ce sens est consignée dans une *Charte du parc* élaborée et approuvée par la région et les collectivités concernées et adoptée par le décret portant création du parc (C. envir., art. L. 333-1 s.). Les documents d'urbanisme doivent demeurer compatibles avec la Charte.

Sur sa propre initiative, ou sur sollicitation des propriétaires intéressés, le conseil régional peut classer comme *réserve naturelle régionale* les propriétés présentant un intérêt pour la protection des milieux naturels. Le classement en réserve permet d'interdire toute activité nuisible à l'environnement de la réserve (C. envir., art. L. 332-3). Ce qui confère un pouvoir de réglementation en la matière, mais qui ne peut s'étendre à la chasse, à la pêche ou à l'extraction des matériaux.

L'élargissement de ces préoccupations par la loi « Grenelle 2 » du 12 juillet 2010 repose sur la définition de zones protégées par de nouveaux documents de planification : la *trame verte* et la *trame bleu*. Il s'agit de préserver des espaces naturels ou semi-naturels formant des corridors écologiques en maîtrisant la progression des habitats et en préservant la biodiversité. L'élaboration et le suivi de ces documents appartient essentiellement aux organes de l'État, le *schéma régional de cohérence écologique* étant cependant l'œuvre conjointe de la région et de l'État. Les décisions d'urbanisme doivent s'inspirer de ce dernier, sans avoir toutefois être tenu de le respecter.

L'élaboration des *plans régionaux d'élimination des déchets industriels* qui revenait à l'État se fait aujourd'hui à l'initiative et sous la responsabilité du président du conseil régional (C. envir., art. L. 541-13). Celui-ci a également reçu la charge d'élaborer, conjointement avec le préfet, un schéma régional du climat, de l'air *et de l'énergie* (C. envir., art. L. 222-1 et 2, modifiés par L. 12 juill. 2010). Ce schéma doit prévoir à l'horizon 2020-2050 les orientations permettant de juguler les effets du changement climatique et de maîtriser la dépense énergétique. Les *plans de déplacement urbain* ne peuvent le contredire.

Les régions, comme les autres niveaux de collectivités territoriales, peuvent décider de travaux de gestion de milieux aquatiques et de prévention des innondations (restauration d'éco-systèmes aquatiques, maénagement de bassin...) (C. env., art. L. 211-7, modifié par la loi du 27 janv. 2014). L'élargissement des compétences régionales en matière environnementales, que l'éparpillement législatif a fractionné, pourrait s'exercer de manière plus simple : le projet de loi en voie d'adoption prévoit, dans ce but, l'élaboration d'un *schéma régional d'aménagement et de développement durable du territoire* (énergie, mobilités, déchets, etc.) s'imposant notamment aux documents décentralisés d'urbanisme. Ce schéma tiendra lieu de schéma essentiel qui se substituera aux schémas existant dans son périmètre (schéma régional de l'intermodalité, schéma régional du climat, de l'air et de l'énergie, plan régional de prévention et de gestion des déchets).

Il ne faut pas exclure également les préoccupations environnementales à l'œuvre dans l'exercice des responsabilités culturelles acquises par la région. Celle-ci dresse *l'inventaire général du patrimoine culturel* sur son territoire dans le but d'en recenser, d'en étudier et d'en faire connaître les éléments qui représentent un intérêt culturel historique ou scientifique (art. 95 L. 13 août 2004). Les régions intéressées peuvent en outre recevoir la propriété d'immeubles classés ou inscrits sur une liste décrétale ainsi que les objets mobiliers qu'ils contiennent.

S'agissant des compétences, configurées de manière élargie, de la collectivité de Corse en matière d'environnement, v. CGCT, art. L. 4424-9 s.

2. Compétences de développement général

691 ***« Développement économique »*** ◊ Régulièrement remis à jour (L. 27 févr. 2002, 13 août 2004, projet de loi sur la nouvelle organisation territoriale de la République 2014), le droit des aides locales [1] aux entreprises privées ne l'a pas été dans un sens moins complexe en ce qu'il fait place aux arrangements locaux et à la promotion contrariée de la région.

– Ce droit est déterminé dans des conditions de plus grande décentralisation s'agissant de ce qui se rapporte à la *création ou à l'extension d'activités économiques*. En la matière, la région est titulaire d'une compétence de principe pour définir le régime et décider des aides énumérées par la loi : prestations de service, subventions, bonifications d'intérêt, prêts et avances remboursables à conditions privilégiées (CGCT, art. L. 1511-2).

C'est là où s'exprime la primauté de la région : les autres collectivités ne peuvent intervenir qu'à titre complémentaire dans le cadre d'une *convention* passée avec la région ou, le cas échéant, après « *accord* » avec elle, ce qui caractérise, dans cette dernière hypothèse, un véritable procédé de tutelle à son profit. Toutefois, la loi laisse la possibilité aux communes et aux départements de contourner la politique régionale en accordant tout type d'aide sur convention passée directement avec l'État (CGCT, art. L. 1511-5).

« L'accord » prévu à l'article L. 1511-2 CGCT emporte la possibilité pour la région d'autoriser les communes et départements concernés à fixer leur propre régime d'aide. La loi permet donc leur décentralisation en cascade. Par ailleurs, les communes et les départements retrouvent un pouvoir plus discrétionnaire pour les autres catégories d'aides qu'ils sont libres d'accorder « seuls ou conjointement » (CGCT, art. L. 1511-3). L'adaptabilité du dispositif légal procède certainement de la considération que le soutien aux entreprises est trop lié à l'intérêt public de chaque collectivité pour qu'on subordonne exagérément celle-ci dans l'exercice de cette compétence.

S'agissant de la conformité de ces aides aux règles du libéralisme communautaire qui fût une des raisons de la refonte de leur cadre juridique : v. CGCT, art. L. 1511-1-1 qui charge l'État de notifier à la Commission européenne les projets et régimes d'aides décidés par les collectivités territoriales.

1. V. biblio. v. ss 713, 4.

– À titre expérimental, chaque région a compétence pour élaborer un *schéma régional de développement économique* en concertation – condition de procédure – avec les autres niveaux de collectivités et dans le but de programmer la politique économique de la région en faveur d'un « développement économique équilibré de la région, (de) l'attractivité de son territoire et (de) prévenir les risques d'atteinte à l'équilibre économique de tout ou partie de la région » (art. 1er-II L. 13 août 2004 et Circ. 25 mars 2005). L'exercice de cette compétence sous-entend des préoccupations d'aménagement du territoire dont la région devient dépositaire (v. aussi en ce sens le « rapport » sur les aides prévues au CGCT, art. L. 1511-1 al. 2 à 5). Mais il est difficile de se prononcer sur le caractère normatif de ce schéma en ce qu'il ne formule que des objectifs. Il est, en cela, évocateur d'un retour au procédé du plan, fût-il limité à des considérations économiques. À son instar, il se traduira en obligations juridiques par les conventions particulières passées avec la région.

C'est une conséquence qui incite à l'adoption du schéma régional : dans ce cas, la région devient compétente pour attribuer, au nom de l'État, certaines aides que celui-ci consent aux entreprises sur son territoire (art. 130 L. n° 05-1720, 30 déc. 2005). Toutes les régions se sont dotées d'un tel schéma.

Le nouveau *schéma régional de développement économique d'innovation et d'internationalisation* imaginé par le projet de loi en voie d'adoption parlementaire est appelé à prendre pleine valeur prescriptive pour s'imposer de manière plus directive à l'égard des collectivités inférieures qui ne posséderaient plus, en matière d'intervention économique, que des compétences d'exécution subordonnées. Mais cette orientation ne se traduit pas dans les termes du projet définissant le pouvoir régional (art. 1er) et qui ne semblent pas contenir décision. Le schéma est, en effet, appelé à ne renfermer que des « orientations » avec lesquelles les actes des collectivités inférieures devront être « compatibles », leur respect n'emportant pas ainsi un caractère strict. La tutelle de l'État s'exercera sur ce schéma puisque le préfet devra l'« approuver ».

Quant au tourisme, la région pourrait être désignée chef de file dans la réforme à venir, à charge pour elle d'élaborer un projet de *schéma régional de développement touristique* posant ses stratégies en la matière.

592 ***Gestion des fonds structurels européens*** ◊ Ces fonds servent d'instrument financier de la politique de l'Union européenne en vue de promouvoir le développement des régions les moins avancées. L'article 44 de la loi du 13 août 2004 ouvre la possibilité, à titre expérimental, de confier aux régions, ou aux autres collectivités ou groupements en cas de refus de leur part, de régler leur attribution qui revenait auparavant au préfet de région (14,4 milliards d'euros pour la période 2007-2013). Il s'agit de la généralisation d'une expérience qui bénéficiait, depuis 2002, à l'Alsace, l'Aquitaine et la Haute-Normandie. La sous-consommation de ces fonds appelait la remise en question de leur administration par l'État. Désormais les régions deviennent organismes relais pour le versement d'aides et acquièrent la maîtrise de ces crédits.

Cette compétence est double : elle fait de la région « l'autorité de gestion » et « l'autorité de paiement » devant établir et soumettre les demandes de paiement et recevoir les paiements de la Commission européenne (Règl. n° CE 1260/1999) [1].

Plus récemment, la région, comme toute autre catégorie de collectivité territoriale, peut demander à devenir « autorité de gestion » des programmes européens (2014-2020) dans le cadre des projets régionaux d'envergure, à charge pour elle de supporter les conséquences financières d'éventuelles sanctions infligées par les autorités ou juridction européennes, l'État ne se trouvant plus appelé en responsabilité à sa place (art. 78 L. 27 janv. 2014).

SECTION 2. **LA COMPÉTENCE GÉNÉRALE** [2]

693 ***Permanence*** ◊ La caractéristique du pouvoir des collectivités décentralisées réside dans la part de ce pouvoir qui ne peut être ramené à l'exécution des compétences transférées. Mais, la difficulté commence quand on essaie de définir et de délimiter précisément cette part qu'on désigne par *l'intérêt public local*. En fait, les possibilités décisionnelles promises aux collectivités vont pratiquement au-delà des termes contenus dans l'expression.

694 ***Évolution*** ◊ Jamais la compétence générale des collectivités territoriales n'a été autant qu'aujourd'hui au centre des réflexions dont dépend l'avenir de la décentralisation. Sa remise en cause coïncide avec les efforts de l'État qui, depuis les années 2010, œuvre en faveur d'une administration moins dépensière et plus simple. Il ne s'agit pas de répudier cette compétence générale, ce qui irait à l'encontre des postulats de la liberté d'administration des collectivités, mais de lui faire subir des atteintes répétées qui, sous une forme ou sous une autre, finiront par ne pas la laisser intacte (suppression de la taxe professionnelle, développement des dépenses obligatoires, encadrement des financements croisés et des subventions). La loi n° 2010-1563 du 16 décembre 2010 avait couronné cette évolution en donnant une nouvelle expression plus restrictive à la compétence générale des départements et des régions. Avec le retour de la gauche au pouvoir, la suppression de cette restriction fut demandée et obtenue par la loi n° 58-2014 du 27 janvier 2014. La voici donc réinstallée. Provisoirement à tout le moins puisque le projet de loi de nouvelle organisation territoriale de la République (2014) entend définitivement trancher en faveur de

1. Sur l'exercice de cette compétence et les risques de sanctions financières auxquels s'exposent les collectivités décentralisées en cas de non-respect des règles communautaires, V. R. Degron, « La décentralisation de la gestion des fonds structurels : une expérimentation au milieu du gué », *AJDA* 2007. 896 ; O. Dubos, « De nouvelles responsabilités européennes pour les collectivités locales », *JCP Adm.* 10 janv. 2005. n° spéc. 20 ; « Collectivités territoriales et obligations communautaires », *EDCE*, Doc. fr. 2004 ; Rapport parlementaire sur les fonds structurels européens pour 2007-2013, doc. AN, n° 716 ; N. Rubio, « Fonds européens et collectivités territoriales », *JCP Adm.* 2014, n° 2056.

2. V. réf. citées v. ss 633, 2, en note.

départements et de régions spécialisés (art. 24 et 28 du projet, réservant les domaines du sport, de la culture et du tourisme aux libres intiatives de tous les niveaux de collectivités). La liberté d'administration de ces collectivités s'en trouvera bouleversée.

§ 1. Les fondements de la compétence générale

695 Seront successivement envisagés ses fondements positif, historique et théorique.

A. Fondement positif

696 ***La clause générale de compétence*** ◊ En vertu de l'article L. 2121-29 CGCT : « Le conseil municipal règle par ses délibérations les affaires de la commune »

L'affirmation est trop souvent regardée comme une curiosité sympathique de notre droit. Elle est pourtant capitale. Elle exclut toute subordination de la commune à l'État pour déterminer ses fins propres à la poursuite desquelles elle peut *prendre toute décision ou tout engagement de droit public comme de droit privé*. Et, tout ce qui n'est pas légalement prohibé ne peut être empêché. Ainsi est affirmé un principe fondamental du droit des collectivités décentralisées : la collectivité a le droit d'inventer ses propres activités et d'entreprendre dans tous les domaines de l'action publique dès lors qu'elle ne se heurte pas à un interdit légal (liberté du commerce et de l'industrie, principe d'égalité, de laïcité...). *La liberté est pour elle le principe* même s'il n'en reste pas moins que les limites dont elle est assortie peuvent parfois se révéler singulièrement restrictives.

Il faut noter la remarquable permanence de cette règle d'habilitation générale face aux progrès des compétences d'attribution liées aux politiques successives de décentralisation. Sur l'hypothèse réfutée de la caducité de la clause générale de compétence, v. ss 633.

697 ***Valeur hiérarchique de la clause générale de compétence*** ◊ C'est un problème de prospective juridique. La question se pose savoir si, instituée par la loi, la clause de compétence générale pourrait d'aventure être supprimée du droit positif par une simple loi. Or, au vu de la jurisprudence du Conseil constitutionnel, il semble permis de supposer que cette règle d'origine légale puisse s'agréger au principe de libre administration des collectivités territoriales et faire partie intégrante de leur définition constitutionnelle. Une simple réforme législative ne pourrait donc la remettre en cause ni instituer une nouvelle catégorie de collectivité sans assemblée élue à compétence générale [1].

---

1. À défaut de solution certaine, il est possible de considérer que la liberté d'agir des collectivités prend valeur supra-législative sur le fondement de l'art. 4-2 Charte européenne de l'autonomie locale selon lequel « les collectivités locales ont, dans le cadre de la loi, toute latitude

V. en ce sens, Cons. const. 9 déc. 2010, n° 2010-618 DC, *Loi de réforme des collectivités territoriales*, consid. 55 (v. ss 31 (3) et 68) la redéfinition des compétences des départements et des régions par la loi de 2010 n'est pas contraire au principe de libre administration en ce que celle-ci préserve leur aptitude « à se saisir de tout objet départemental ou régional ». Pareille solution ne met pas fin à la controverse. Elle reste néanmoins susceptible d'être lue comme établissant la compétence générale en tant que garantie essentielle de la libre administration (v. ég. 9 mai 1991, n° 91-290 DC, *Statut Corse*, *Rec. Cons. const.* 50, consid. 20 et 28 déc. 1982, n° 82-149 DC, *Paris, Lyon, Marseille*, *Rec. Cons. const.* 76, consid. 2 à 6). En revanche, le juge constitutionnel refuse de prendre en considération l'article 48 de la loi du 10 août 1871 selon lequel « le conseil général délibère sur tout objet d'intérêt départemental dont il est saisi ». Celui-ci n'y voit pas un *principe fondamental reconnu par les lois de la République* qui confèrerait, sur ce titre spécifique, même valeur constitutionnelle à la liberté d'initiative des départements. Mais, ce faisant, l'hypothèse de la valeur constitutionnelle de la compétence générale des collectivités prend un nouvel aspect : le refus manifesté à l'égard du département ne vaut pas pour toute catégorie de collectivité, le cas de la commune, amenée à exercer le même pouvoir par l'article 61 de la loi du 5 avril 1884, n'étant pas en cause dans la décision et demeurant en suspens. Cela laisse entrevoir des solutions autonomes et différenciées selon les niveaux de collectivité, solutions autonomes et différenciées qu'avait toujours exclu le droit législatif jusqu'à présent.

On ne croit toutefois pas la question de la valeur constitutionnelle de la compétence générale des collectivités décisive. En effet, une telle consécration n'aboutirait pas à considérer comme contraire à cette exigence supérieure toutes les limitations décidées par le législateur dès l'instant où celui-ci n'en contesterait pas frontalement le principe, situation qui s'apparenterait d'assez près aux évolutions actuelles et aux efforts faits en faveur de la limitation de la dépense publique (réduction des ressources fiscales, encadrement des cumuls de financement) et du renforcement du rôle directif de l'État (multiplication des compétences d'attribution) qui peuvent retenir les collectivités de faire jouer leur liberté d'initiative.

B. Fondement historique

698 Caractérisée comme cellule de base de la société, la commune a toujours été confrontée au problème d'assurer la cohésion d'intérêts purement locaux. Ceux-ci sont même consubstantiels à son émergence dans la mesure où l'apparition des villes visait à organiser la sécurité de ses habitants avant qu'elles ne se développent comme lieux de commerce et d'échanges organisés autour de services communs (hôpitaux, abattoirs, équipements...). Ces besoins se sont toujours présentés de manière extrêmement variée et on a jamais pu enfermer le droit communal dans un statut commun applicable partout. L'œuvre unificatrice de la Révolution française demeure essentiellement statutaire pour ce qui concerne les communes (art. 7 L. 14-22 déc. 1789). Mais, le besoin de satisfaire les intérêts purement locaux auxquels ne correspond pas l'accomplissement de tâches précises, nettement définies à l'avance par les lois, avait conduit à l'affirmation d'un « pouvoir local » propre : au-delà des missions administratives générales déléguées aux communes par l'État

---

pour exercer leur initiative pour toute question qui n'est pas exclue de leur compétence ou attribuée à une autre autorité ». L'interprétation qui a cours de ces disposition ne va toutefois pas en ce sens. V. ss 14, 2.

(entretien des propriétés publiques, direction des travaux publics, perception des contributions directes...), celles-ci seront libres d'exercer « les fonctions propres au pouvoir municipal » (art. 50 L. 14-22 déc. 1789). Cette règle de compétence a permis l'ajustement nécessaire du pouvoir des communes aux exigences de base de la société locale. La clause générale de compétence lui succède dans le droit positif (art. 61 L. 5 avr. 1884) à une époque où l'esprit libéral finit par l'emporter sur l'excessive centralisation héritée du premier empire.

La clause générale de compétence s'était imposée progressivement dans le droit départemental. L'article 46-28° de la loi du 10 août 1871 autorisait déjà le conseil général à statuer « généralement sur tous les objets d'intérêt départemental ». Ce titre s'est ensuite trouvé défini dans les mêmes termes que pour la commune : « le conseil général règle par ses délibérations les affaires du département » (art. 33 L. 2 mars 1982, CGCT, art. L. 3211-1, issu de la loi du 27 janv. 2013).

Au moment d'ériger la région en collectivité territoriale, le conseil régional s'était vu reconnaître des possibilités semblables à celle de ses homologues communale et départementale (art. 59 L. 2 mars 1982, CGCT, art. L. 4433-1, issu de la loi du 27 janv. 2013). En dépit de cette consécration formelle, un certain nombre d'ambiguïtés dans les dispositions de la loi pouvaient être interprétées comme contrariant la vocation générale des régions. Elles devaient être considérées comme levées en pratique [1].

C. Fondement théorique

699 ***La liberté*** ◊ La compétence générale des collectivités décentralisées trouve son fondement théorique dans la *nature corporative de la collectivité.* Celle-ci fait de la clause générale une donnée initiale, comme antérieure à toute politique de décentralisation et qui s'impose à elle. Tous les habitants de la collectivité ayant le droit de concourir à la formation de la représentation politique locale peuvent se reconnaître dans les décisions et les engagements de celle-ci. Cette représentativité confère, pour toutes les collectivités qui en bénéficient, une *compétence discrétionnaire* de décision *pour tout ce qui se rapporte aux besoins de la population localisée.* Autrement dit, le droit de prendre une décision dans l'intérêt de sa population est ouvert à toute collectivité moyennant le respect des compétences des autres collectivités et de l'État et sous le contrôle de la tutelle s'imposant à cette décision. Une collectivité territoriale ne pourrait se passer d'affirmer et de garantir certains intérêts généraux à sa population sans compromettre sa propre existence en tant que collectivité. C'est ce qui continue de faire la marque de son statut par opposition à celui de l'établissement public limité en pouvoir d'action et de décision par le principe de spécialité qui le définit.

700 ***Une théorie de l'auto-administration*** ◊ On ne sait pas assez quelle place occupe la clause générale. Elle est à la collectivité ce que la capacité est à l'individu. Elle lui donne le droit de rompre le lien d'obéissance qui

1. En ce sens, v. J.-C. Douence, « La région : collectivité à vocation générale ou spécialisée ? », *RFDA* 1986. 539.

l'unit aux lois d'habilitation et de s'écarter d'un rôle purement exécutif, loi par loi, chapitre par chapitre, article par article. De telle manière que lorsque les autorités locales agissent sur son fondement, elles n'exercent aucun pouvoir qui revenait préalablement à l'État et que celui-ci leur aurait transféré. Elles n'agissent donc pas dans le cadre de la décentralisation, référence en négatif à l'État, mais plutôt selon une théorie de l'auto-administration par laquelle la collectivité fait spontanément face à ses besoins propres. Cela ne définit pas un pouvoir sans titre ni limite pour autant puisqu'elle tient toujours son autorité de la loi (clause générale).

§ 2. **Les catégories matérielles de l'intérêt public local**

701 L'intérêt public local doit emprunter des formes concrètes et se traduire en actes ou en institutions. La jurisprudence permet de s'attacher à préciser les différents secteurs de la vie publique pour expliciter, à leur égard, l'application du principe de permission d'agir que la clause générale a posé. La liste de ces permissions particulières peut paraître systématique et brève (aides, création de services publics nouveaux, intérêt à agir en justice...). Mais leur reconnaissance n'en est pas moins importante sur le plan des principes : elle fonde la liberté d'agir en général pour tout ce qui regarde la population locale et fait qu'aucun secteur de la vie publique n'est *a priori* insusceptible d'être couvert par l'exercice de cette liberté. Et tout le schéma que le droit propose du pouvoir de décision des collectivités est commandé par cette considération.

L'assemblée délibérante de la collectivité peut apprécier en toute indépendance les éléments qui justifient sa décision, le juge administratif n'effectuant sur eux qu'un contrôle minimum le plus souvent. Sa décision résulte de son appréciation touchant la compatibilité du jeu de la liberté locale avec les contraintes extérieures de l'ordre légal. Cette décision est donc largement imprévisible et relève de la seule opportunité.

702 ***Aides aux personnes*** ◊ Toute personne physique ou morale dont l'activité, non lucrative, se trouve *en relation suffisamment directe* avec la collectivité peut, sur ce seul fondement, se voir procurer un avantage de sa part. La décision sera réputée être l'expression d'une *solidarité locale*. Mais, entre l'intérêt public et l'activité de la personne le juge n'exige pas une stricte corrélation.

– S'agissant d'aides aux personnes physiques : CE Sect. 28 juill. 1995, *Cne Villeneuve d'Ascq*, *Lebon* 324 ; *AJDA* 1995. 834, note R. Schwartz ; *RF décentr.* 1995. 212, note F. Mallol, régularité d'une bourse à des étudiants étrangers originaires de villes jumelées et de nature à faciliter le développement d'échanges fructueux pour le développement universitaire, administratif et économique de Villeneuve d'Ascq. CE 7 juill. 2004, *Cne Celoux*, *Lebon* 319 ; *Coll. terr.* 2004. 197, note J. Moreau ; *JCP Adm.* 2004. 1531, chron. E. Glaser et F. Seners ; *BJCL* 2004. 625, concl. F. Seners, présente un intérêt communal le financement par la commune d'un voyage de découverte à la Guadeloupe offert aux enfants de la commune dans le but de fédérer l'esprit communal et de favoriser l'ouverture vers l'extérieur des habitants de la commune. CE Ass. 29 juin 2001, *Cne Mons-en-Barœul*, *Lebon* 298 ;

AJDA 2002. 42, note Y. Jegouzo ; *Coll. terr.* 20013. 228, note J. Moreau, légalité d'une allocation municipale d'habitation à des citoyens de la commune en vue de régler leurs dettes vis-à-vis d'organismes de logement et en contrepartie d'activités bénévoles d'intérêt général.

– S'agissant d'aides aux personnes morales à but non lucratif et pour ce qui fait figure de cas type : CE 10 janv. 1968, *Ebert et Levy, Lebon* 27. CE 31 mai 2000, *Ville Dunkerque, Lebon* 218 ; *AJDA* 2000. 239, note F. Chouvel ; *RD publ.* 2001. 295, note G. Eckert, légalité d'aides à des associations sportives contribuant au développement de la pratique locale du sport, CE 4 août 2006, *Cne Grimaud, Lebon* 744 ; *BJCL* 2006, n° 9, p. 675, concl. F. Seners ; *JCP* 2006. I. 201, concl. et note C. Bodon, légalité du comblement du passif d'une association gérant un service public administratif et présentant des liens étroits avec la commune. Pour ce qui est de l'aide aux activités culturelles présentant un caractère éducatif : CE 16 févr. 1940, *Capelle, Lebon* 40. En revanche, n'entre pas, en principe, dans l'intérêt public départemental, la décision d'un conseil général d'accorder une subvention d'équilibre à une commune : CE 27 oct. 2008, *Dpt Haute-Corse, Lebon* 368 ; *BJCL* 2009. 113, concl. E. Glaser ; *AJDA* 2009. 159, note M. Verpeaux ; *JCP Adm.* 2009. 2007, note J. Moreau.

Manifestant particulièrement l'esprit libéral du juge dans un cas où l'intérêt collectif se confond avec l'intérêt public : CE 4 avr. 2005, *Cne Argentan, Lebon* 197 ; *RFDA* 2006. 51, note E. Cadeau ; *AJDA* 2005. 1295, concl. E. Glaser ; *Dr. adm.* 2005. 80, note E.G. ; *BJCL* 2005. 448, concl. E. Glaser et obs. M. Vialettes et A. Robineau-Israël, 734, étude E. Crepey ; *Dr. adm.* juin 2008. 17, obs. E. Glaser, légalité de subventions à l'union locale d'un syndicat dans la mesure où il existe un lien suffisamment direct entre ses actions menées localement et un intérêt public local sous la réserve, toutefois, que ces subventions ne soient pas accordées pour des motifs politiques ou pour apporter un soutien dans un conflit du travail. Voir également l'autorisation légale à prêter les locaux communaux aux associations, syndicats et partis politiques (CGCT, art. L. 2144-3) [1].

Le juge n'entend pas contrôler la forme matérielle de l'aide qui peut indifférement consister en une subvention, dans des prestations effectuées par les services de la collectivité ou à la mise à disposition de son personnel : CE 10 avr. 1970, *Brunel, Lebon* 238 (v. cep. CE 2 oct. 1996, *Territoire de Belfort, LPA* 29 janv. 1997, n° 13, p. 7, note A.-M. Oliva).

S'agissant des aides entre collectivités territoriales et de leur régularité avant l'application de la L. 16 déc. 2010, v. O. Guillaumont, « Les subventions entre collectivités territoriales », *AJDA* 2009. 1804.

S'agissant des aides économiques aux entreprises privées, celles-ci doivent s'apprécier conformément aux principes définis par le CGCT, art. L. 1511-1 s., v. ss 691.

703 ***Création de services publics nouveaux*** ◊ La satisfaction des besoins de la population locale peut appeler la collectivité à instituer tout service public qui n'entrerait pas dans ses missions légales, obligatoires ou facultatives. C'est toutefois dans la zone couverte par le *principe général du droit de la liberté du commerce et de l'industrie* que la création de tels services publics, non autorisé par loi expresse, a soulevé le plus de difficultés contentieuses. La jurisprudence – dite relative au « socialisme municipal » – s'est particulièrement développée à partir de recours formés par les

1. V. P. Collière, « La mise à disposition de locaux communaux au profit d'associations, de syndicats et de partis politiques », *AJDA* 2006. 1817.

contribuables ou les professionnels contrariés. Les initiatives locales se sont plus ou moins pliées à ce principe selon la portée qu'a bien voulu lui conférer le juge administratif. La jurisprudence - nonobstant sa référence à des critères habituels - procède encore de la navigation instinctive. Peut-être chaque arrêt nouveau pose-t-il un problème particulier ? C'est plutôt une *théorie des cycles jurisprudentiels*, selon l'orthodoxie économique du moment, qui rendrait le mieux compte de l'état du droit. Rigide au départ (1), la perte d'autorité de la liberté du commerce et de l'industrie fut progressive au fil du XXe siècle (2), avant de connaître une nouvelle rigueur aujourd'hui (3). Cette jurisprudence est classiquement analysée dans ses rapports avec le libéralisme économique et son évolution mais sans suffisamment insister sur le titre de compétence générale des collectivités qui en est le soutien et qui tient tête à ce libéralisme.

1. Manifestant l'état initial et particulièrement restrictif du droit où seules les « circonstances exceptionnelles » - pratiquement les circonstances de guerre - pouvaient justifier qu'une initiative publique concurrence l'initiative privée : CE 29 mars 1901, *Casanova, Lebon* 333, s'agissant de l'illégalité d'un service médical gratuit en l'absence de telles circonstances.

2. Le droit positif est formellement marqué par l'inflexion du standard initial, la « carence ou insuffisance de l'initiative privée » suffisant, outre l'intérêt public s'attachant à l'opération, à justifier l'institution d'un service public dans le domaine marchand : CE 30 mai 1930, *Chambre syndicale de commerce en détail Nevers, Lebon* 583 ; *S.* 1931. III. 73, concl. M. Josse, sur l'illégalité d'une épicerie municipale dont la création ne correspondait pas aux critères énoncés. On doit cette inflexion à l'évolution du temps et des idées, notamment marquée par le Décr. 5 nov. 1926 élargissant les possibilités d'intervention économiques et sociales des communes.

Sur ce fondement de cette condition, mais dans des cas où sa satisfaction est toujours présumée, les services publics locaux se sont multipliés. De manière significative, on peut mentionner, la création d'une boucherie municipale dans le but de provoquer une baisse des prix pratiqués par les boucheries privées, ce qui revient à apprécier l'insuffisance de l'initiative privée selon le niveau des prix (CE 24 nov. 1933, *Zénard, Lebon* 1100), d'un cabinet dentaire municipal justifié par des « circonstances particulières de temps et de lieu » tenant à la pauvreté de la population locale (CE 20 nov. 1964, *Ville Nanterre, Lebon* 563 ; *AJDA* 1964. 288, chron. J. Fourré et M. Puybasset), d'une station-service par accessoire d'un parc municipal de stationnement et constituant « l'une des conditions normales de la fréquentation de ce parc » (CE 18 nov. 1959, *Delansorme, Lebon* 692 ; *AJDA* 1960. 213, concl. M. Mayras ; *D.* 1960. 371, note M. Lesage).

Il faut considérer comme étranger au champ de la liberté du commerce et de l'industrie toute activité susceptible d'être rattachée aux missions légales des collectivités, fût-ce implicitement (CE Ass. 12 juill. 1939, *Chambre syndicale maîtres-buandiers Saint-Étienne, Lebon* 478, pour la création de bains-douches et de lavoirs municipaux dans le cadre des missions d'hygiène et d'assistance sociale incombant aux communes. CE Sect. 23 juin 1972, *Sté La plage de la Forêt, Lebon* 477 ; *AJDA* 1972. 452, chron. D. Labetoulle et J. Cabanes ; *RD publ.* 1972. 1259, concl. A. Bernard, s'agissant de la création d'une piscine municipale en l'absence de carence de l'initiative privée), ou toute activité par laquelle l'administration satisfait à ses propres besoins par ses propres moyens (CE 29 avr. 1970, *Sté Unipain, Lebon* 280 ; *AJDA* 1970. 430, concl. G. Braibant ; *RD publ.* 1970. 423, note

M. Waline, à propos d'un service de boulangerie de l'armée alimentant des établissements pénitentiaires), ou encore, pour une activité s'exerçant sur le domaine public, l'administration pouvant, de ce seul fait, se la réserver ou la réserver à son concessionnaire (CE 2 juin 1972, *Féd. fr. syndicats professionnels pilotes maritimes, Lebon* 407), ou enfin, toute activité extérieure au champ des activités marchandes, notamment en raison de sa vocation sociale (CE Sect. 11 janv. 1952, *Assoc. parents d'élèves enseignement libre Seine-et-Oise, Lebon* 26, pour la légalité de la création d'une cantine scolaire).

3. Depuis la fin des années 1980, le juge administratif fait application du principe de la liberté du commerce et de l'industrie avec un surcroît d'autorité - à tout le moins dans ses motivations -, sans doute pour éviter tout divorce avec l'actuelle promotion du libéralisme économique au plan constitutionnel et européen. L'institution à partir de 2001 d'un référé-liberté permettant, en urgence, de faire cesser toute atteinte importante aux libertés fondamentales - dont la liberté économique - va dans le même sens (CJA, art. L. 521-2) (par ex., CE 8 juin 2005, *Cne de Houilles, Lebon* 1036 ; *AJDA* 2005. 1851, note S. Hul).

Par ex. : CE 4 juill. 1984, *Dpt Meuse, RFDA* 1985. 59, note J.-C. Douence, s'agissant de l'illégalité d'une caisse d'assurance départementale, l'intervention des administrations locales devant demeurer « exceptionnelle » et justifiée « pour la satisfaction des besoins essentiels de la collectivité en cas de défaillance ou d'insuffisance manifeste de l'initiative privée ». CE 9 mai 1988, *Territoire de Polynésie française, Lebon* 406, s'agissant d'un arrêté du président du gouvernement de Polynésie française réglementant l'importation du ciment et jugé contraire à la liberté du commerce et de l'industrie. CE 23 nov. 1988, *Sté distribution falaisienne, Lebon* 573, s'agissant du refus illégal d'agrandissement d'un supermarché qui aurait dû être motivé en ce qu'il restreint l'exercice d'une « liberté publique ». Mérite d'être mentionné pour la rigueur de sa motivation : CE 23 mai 2003, *Cnté cnes Artois-Lys, Lebon* 234 ; *BJCL* 2003. 753, concl. P. Collin ; *RFDA* 2004. 299, note B. Faure, à propos de la légalité d'un service facultatif de réhabilitation des installations d'assainissement non collectif.

Le rappel du principe de la liberté du commerce et de l'industrie au sein de l'article 5 de la loi du 2 mars 1982 comme limite à l'interventionnisme public local n'a pas produit d'impact immédiat. La loi œuvrait plutôt en faveur de cet interventionnisme auquel elle conférait son investiture, et le juge, sur son fondement, n'a été amené qu'à censurer des abus caractérisés produits par l'effet politiquement libératoire de la réforme de la décentralisation, et ceci, sans modifier les solutions acquises (par ex., CE 10 oct. 1994, *Préfet région Lorraine c. Cne Amneville, Lebon* 838 ; *AJDA* 1995. 237, note J.-F. Bizet et C. Devès ; *CJEG* 1995. 202, note D. Truchet, s'agissant de la création illégale d'une société d'économie mixte pour la production et la distribution de fleurs coupées).

Le dernier état du droit va dans le sens d'un assouplissement, la condition de carence de l'initiative privée y étant présentée comme l'un des éléments, parmi d'autres, constitutif de l'intérêt public local qui désormais fait figure de critère unique pour apprécier la légalité de l'entreprise publique. Cette nouvelle présentation laisse supposer que le juge, fidèle à sa jurisprudence la plus classique, a entendu admettre, en dehors des cas manifestes de carence, la simple insuffisance de cette initiative privée (CE Ass. 31 mai 2006, *Ordre des avocats au barreau de Paris, AJDA* 2006. 1592, chron. C. Landais et F. Lenica, à propos de la création d'un service public national consistant dans une mission d'appui à la passation de contrats de partenariat), cette insuffisance pouvant s'apprécier selon le coût de la prestation pour un service à caractère social (CE 3 mars 2010, *Dpt Corrèze, AJDA* 2010. 1251, note E. Glaser, s'agissant d'un service départemental de téléassistance à des personnes âgées indépendamment de leurs ressources, service dont la légalité est justifiée par son financement départemental permettant d'abaisser le tarif de la prestation par rapport aux tarifs pratiqués par les sociétés privées). Sans s'effacer, le principe de la liberté du commerce et de l'industrie peut, en effet, marquer un infléchissement du fait que, sous l'influence communautaire, la légalité des initiatives publiques tend moins à s'apprécier au regard de son intervention elle-même (idée de « non-concurrence ») que de ses modalités pratiques d'intervention par lesquelles la collectivité publique ne doit pas placer son service en situation d'abus de position dominante (idée d'égale concurrence) [1].

704 ***Promotion économique, sociale et culturelle de la collectivité*** ◊ L'intérêt public local s'attache à tout ce qui a trait à la promotion de la collectivité, à son développement économique, social ou culturel, comme à son image dont elle peut attendre des retombées concrètes de sa valorisation. La nature de son action se modifie : elle ne se borne pas à gérer, domaine par domaine, le quotidien, mais à préparer l'avenir sur des initiatives générales entièrement propres à elle [2].

La diversité des interventions locales est ici considérable : CE 25 nov. 1988, *Dubois*, *Lebon* 422 ; *AJDA* 1989. 172, note J.-M. Pontier, présente un intérêt public culturel l'érection d'une sculpture commémorative du cardinal Liénart par la ville de Lille en raison du rôle que cette personnalité y a joué. CAA Bordeaux, 21 déc. 2004, *Dpt Charente*, *AJDA* 2005. 620, de même pour une subvention à un film en contrepartie de l'association du département aux opérations de promotion du film. CE 15 févr. 1961, *Couquet*, *Lebon* 119. CE 6 juill. 2007, *Peyre c. Cne Canari*, *Lebon* 1121 ; *BJDU* 2007. 203, concl. C. Devys et obs. J.-C.B. ; *RLCT* 2007. 11, note O. Carton, s'agissant de l'intérêt communal qui s'attache, par principe à toute construction d'ouvrage public communal ou opération d'aménagement. TA Besançon, 25 oct. 2001, *Dalha c. Cie Grandfontaine*, *Coll. terr.* 2002, n° 7, note J. Moreau, intérêt communal s'agissant de la prise en charge des frais de justice par la commune occasionnés par des attaques dont fût l'objet l'exercice des fonctions municipales. CE 27 juill. 1984, *Cne Teste-de-Buch c. Udave*, *Lebon* 282 ; *AJDA* 1984. 565, concl. P.-F. Racine, s'agissant de la possibilité d'instituer toute redevance pour service rendu. CE 17 avr. 1964, *Cne Merceville-Franceville*, *Lebon* 231 ; *AJDA* 1964. 304, chron. J. Fourré et M. Puybasset, s'agissant de la création d'un camping municipal qui, s'il intéresse des usagers extérieurs à la commune, n'en concerne pas moins l'intérêt public local en contribuant au développement touristique de la commune. CE 26 mars 2012, *Cne de Vergèze*, *AJCT* 2012, n° 308, note M. Philip-Gay et CAA Marseille 14 févr. 2013, *Société Nestlé waters*, *RLCT* juin 2013. 53, note C. Mateu, intérêt communal à ce qu'une commune modifie le nom d'un lieu dit alors « qu'aucun texte législatif ou réglementaire ne prévoit qu'il appartient au conseil municipal de la commune ou à une autre autorité administrative d'attribuer un nom à un lieu dit ou de modifier un nom existant ». La requalification du lieu dit en « source Perrier-Les Bouillens » ne pouvant porter atteinte par ailleurs aux droits de la société Nestlé d'exploiter commercialement le nom « Perrier ».

---

1. V. J.-J. Bienvenu et L. Richer, « Le socialisme municipal a-t-il existé ? », *RHDFE* 1984. 205 ; B. Faure, « Le droit administratif des collectivités territoriales et la concurrence », *AJDA* 2001. 136. V. ss 539.

2. La notion de « mécénat public » a été utilisée pour rendre compte de ce type d'initiative, A. Sevino, « Le mécénat public : entre libéralités et marchés publics », *AJDA* 2008. 1802.

705 *Vœux* ◊ Ce sont des souhaits qui n'emportent aucune obligation juridique et que les assemblées délibérantes sont en droit d'émettre pour tout ce qui regarde la collectivité mais échappe à sa compétence (1). Toutefois, cette possibilité ne peut se transformer en procédure d'interpellation de l'État sur les agissements personnels de ses agents exerçant dans la collectivité (2). La procédure ne doit pas prendre un tour trop personnel ou polémique.

1. L'intérêt public local est alors conçu plus largement que dans le cadre des initiatives décisionnelles des collectivités et ce qui serait interdit au plan décisionnel peut être admis ici. Sur la possibilité pour une commune de solliciter l'État ou le département pour la création d'un bac qui favoriserait l'approvisionnement de la ville et développerait le commerce local : CE 21 juin 1929, *Mériot, Lebon* 606 ; d'émettre des souhaits dans le choix des livres de classe destinés aux écoles de la commune : CE 2 févr. 1917, *Cne Lassigny, Lebon* 109 ; de dénoncer l'obligation d'instituer un service minimal d'accueil des élèves en cas de grève (CAA Nancy 20 mai 2010, *Préfet Doubs, AJDA* 2010. 1667 ; pour le conseil général du Gers d'exprimer son opposition à la culture d'organismes génétiquement modifiés. CE 30 nov. 2009, *Dpt Gers, AJDA* 2010. 734, note M. Verpeaux ; *RLCT* 2010. 1608, note E. Glaser, *BJCL* 201. 15, concl. E. Geffray).

2. Sur la possibilité d'émettre un vœu pour que soit déplacé un directeur d'école dont la présence crée des troubles dans la commune : CE 20 oct. 1976, *Cts Coppens, Lebon* 789. En revanche, sont proscrits les vœux tendant à ce qu'une sanction disciplinaire soit infligée à un fonctionnaire : CE 31 juill. 1891, *Ville spalion, Lebon* 580, s'agissant de la demande de révocation ou de déplacement d'un commissaire de police. CE 27 juin 1890, *Cne Apt, Lebon* 618, s'agissant de la demande de suspension d'un garde-champêtre.

Le contentieux des vœux est aujourd'hui dominé par le principe de l'irrecevabilité du recours pour excès de pouvoir à leur encontre, même à raison de ses vices propres. Le préfet reste fondé à agir, sur le fondement légal spécifique du déféré, pour tout moyen de légalité (CE Ass. 15 avr. 1996, *Synd. CGT hospitaliers Bédarieux, Lebon* 130 ; *AJDA* 1996. 405, chron. J.-H. Stahl et D. Chauveaux) [1].

§ 3. **Les limites de la compétence générale**

706 L'existence de collectivités territoriales à compétence générale postule un tempérament du régime représentatif national par sa propre fragmentation en pouvoirs locaux distincts. Mais, si la République indivisible comporte la représentation de différents éléments, ce n'est jamais sur un pied d'égalité. La compétence générale des collectivités reste confinée dans l'ordre administratif et assujettie à ses contingences. Elle ne crée pas de parties dans la République son exercice étant résiduel, borné et conditionné. Il est possible que les départements et les régions soient plus strictement assujettis au respect de ces limites après la réforme du 16 décembre 2010.

---

1. V. X. Cabannes, « Une curiosité jurisprudentielle : les blâmes votés par le conseil municipal », *RGCT* 2000. 491 ; M.-C. Rouault, « Réflexion sur les vœux d'intérêt communal », *JCP Adm.* 2006. 1046.

A. L'exercice résiduel de la compétence générale

707 On ne saurait définir l'intérêt public d'une collectivité décentralisée par opposition à l'intérêt public des autres collectivités et de l'État dans le sens où il marquerait l'intervention exclusive du pouvoir de la collectivité en rapport à son territoire et à sa population. Cet intérêt public local n'est pas celui dans lequel aucune autre autorité publique ne saurait s'immiscer. En ce sens, la compétence générale est la reconnaissance au profit de chaque collectivité d'une zone d'activité qui lui est propre *mais pas exclusive*. Chacune, en effet, n'est pas maître d'interdire à une autre autorité publique légalement investie d'intervenir à l'égard de ses administrés. Face aux intérêts d'une collectivité, il faut faire sa place aux intérêts qui appartiennent à la société tout entière de connaître. Mais des cas où les interventions de l'extérieur sont possibles, il y a place pour le rapprochement des acteurs au titre de leur « action commune » selon les termes de la Constitution. Et, de plus en plus, la liberté de décision de chaque collectivité prend la forme de la collaboration, et non de l'exclusion, avec toute intervention extérieure. C'est cette possibilité de collaborer sur le fondement de leur vocation à prendre en charge toute question d'intérêt local qui définit leur liberté.

C'est assez fréquemment que le juge administratif est amené à assigner les collectivités au respect des titres exprès de compétence légale des autres personnes publiques : CE 21 juin 2000, *Cne Charvieux-Chavagneux*, *Lebon* 856 ; *RFDA* 2001. 1082, obs. M. Verpeaux, s'agissant de l'incompétence de la commune pour attribuer des logements sociaux en méconnaissance de la compétence réservée aux organismes d'HLM. CE 26 avr. 1985, *Cne Larrau*, *Lebon* 129 ; *AJDA* 1985. 431, note Jeannerey ; *JCP* 1985. II. 20480, note P. Ourliac, sur le respect des compétences transférées à un EPCI. CE 29 avr. 1983, *Assoc. défense espaces ruraux et naturels cune Regny*, *Lebon* 168 ; *AJDA* 1983. 376, concl. R. Denoix de Saint Marc, s'agissant de l'incompétence du conseil municipal à adresser une directive au maire agissant en tant qu'agent de l'État. TA Toulouse, 25 mars 1976, *Perier*, *Lebon* 619, s'agissant de l'incompétence du conseil municipal pour supprimer le droit de vaine pâture à la place du conseil général.

B. L'exercice borné de la compétence générale

708 L'intérêt public local peut être défini par la négative en ce que le pouvoir qu'il fonde doit demeurer dans les limites des termes de l'expression. Ceci doit justifier l'illégalité de toute décision portant ses effets dans l'ordre politique, international, ou se rapportant aux intérêts privés ou d'autres institutions. Mais cette interprétation n'a pas toujours l'appui ferme du juge administratif et les initiatives des collectivités peuvent s'élargir d'autant, les seuils de l'illégalité demeurant difficiles à identifier précisément. Le pouvoir municipal n'est pas un mythe.

709 ***Intérêt administratif*** ◊ Dans son inspiration, l'intérêt public local est un, c'est-à-dire qu'il permet, en son nom, de déterminer pour un groupe localisé d'administrés une part de leur destin collectif, de développer leurs

activités, d'accroître leurs ressources. Mais, ce sont plutôt des avantages matériels, plus ou moins directs, que les administrés de la collectivité pourront attendre d'elle. En effet, leur statut personnel, leur condition juridique essentielle, sont hors de portée du pouvoir des assemblées locales.

Un conseil municipal ne saurait s'ériger en législateur pour interdire à sa place les expulsions locatives sur le territoire de la commune ainsi que les saisies immobilières et ceci, tant en raison du respect de la compétence législative que de l'autorité des décisions de justice : TA Clermont-Ferrand, 24 avr. 1990, *Préfet région Auvergne c. Cne Cendre, Lebon* 509, prononçant l'inexistence de l'acte local.

En revanche, et à la différence du pouvoir administratif de l'État, on ne peut exclure tout mobile politique à l'origine des décisions locales. La règle de neutralité politique de l'action administrative est d'application difficile en raison de l'imbrication croissante du politique et de l'administratif au niveau local. Elle y est source de conflits nombreux et retentissants devant le juge où on la voit pratiquement s'effacer.

Seules les initiatives politiques les plus voyantes sont contraires au droit, notamment en ce qu'elles concernent des problèmes hors de dimension avec l'intérêt local : CE 23 oct. 1989, *Cne Pierrefitte-sur-Seine, Lebon* 209, s'agissant de l'immixtion illégale d'une commune dans un conflit politique international en subventionnant la révolution sandiniste au Nicaragua. CE 12 nov. 1990, n° 95219, *Cne Blénod-lès-Pont-à-Mousson*, s'agissant de l'illégalité de la prise en charge des frais de transport des habitants s'étant rendus à Paris pour une manifestation de défense de la sécurité sociale et pour la paix. CE 27 juill. 2005, *Cne Sainte-Anne, Lebon* 347 ; *AJDA* 2006. 196, note J.-B. Darracq ; *Dr. adm.* 2005. 165 ; *JCP* 2005. II. 10166, note L. Erstein ; *RFDA* 2005. 1137, concl. F. Donnat ; *BJCL* 2005. 676, concl. et obs. J.C.B. ; *Cah. fonct. publ.* nov. 2005. 31, obs. M. Guyomar, s'agissant de l'impossibilité pour une commune d'afficher sur un bâtiment public un drapeau symbole d'une revendication politique.

710 ***Intérêt public*** ◊ De plus, l'intégration des collectivités territoriales à l'appareil administratif suppose que les avantages dispensés par elles ne soient pas purement privés. Il y aurait l'idée d'un favoritisme à admettre que certains administrés, du fait d'une position personnelle proche de l'équipe au pouvoir, puissent se voir attribuer un certain nombre d'avantages par des décisions qui ont le caractère administratif et l'autorité qui s'y attache. Pourtant, la frontière entre les intérêts publics et privés poursuivis n'est pas rigoureusement garantie par le juge administratif. Cela montre le difficile cloisonnement au sein d'une institution de proximité des sphères publique et privée. L'action au profit de particuliers s'assimilera à l'action publique si elle est suffisamment collective.

– Alors qu'il est de solution constante que les collectivités ne peuvent s'immiscer dans un conflit collectif du travail (CE 20 nov. 1985, *Cne Aigues-Mortes, Lebon* 330. CE 23 juin 2004, *Cne Dunkerque, Lebon* 600 ; *BJCL* 2004. 541, concl. E. Glaser ; *JCP Adm.* 2004. 1102, note E. Glaser et F. Seners), des mairies communistes ont pu valablement accorder la gratuité de leurs cantines scolaires aux enfants de cheminots grévistes, action jugée d'intérêt social communal (CE 11 oct. 1989, *Cne Port-Saint-Louis du Rhône c. Préfet Bouches-du-Rhône, Cne Gardanne, Cne Miramas*, 3 esp., *Lebon* 184 ; *Dr. soc.* 1990. 538, note J.-F. Lachaume ; *Rev. adm.* 1989. 538, note P. Terneyre).

– Est également de nature à illustrer cet état libéral du droit : CE 7 juill. 2004, *Cne Celoux, Lebon* 319 ; *BJCL* 2004. 625, concl. ; *JCP Adm.* 2004. 1102, note E. Glaser et F. Seners, s'agissant de l'intérêt public local de l'organisation d'un voyage outre-mer pour la moitié des habitants de la commune.

– Seules les entreprises manifestement discriminatoires appellent la sanction du juge : CE 17 oct. 1980, *Braesch, Lebon* 625, s'agissant de l'illégalité du financement public destiné à l'entretien de voies privatives.

La jurisprudence illustre abondamment que le principe de séparation des Églises et de l'État (L. 9 déc. 1905) est un élément de l'interdiction d'agir dans un intérêt privé et que s'y rattachent les soutiens à l'exercice d'un culte fréquemment jugées comme illégaux (CE 13 mars 1953, *Ville Saumur, Lebon* 131. CAA Nancy 5 juin 2003, *Cne Montaulin, AJDA* 2003. 1431. TA Dijon 20 sept. 2007, *Rossi, AJDA* 2007. 2195, concl. O. Tainturier. TA Limoges 24 déc. 2009, *Geinaert et a. c. Dpt Haute-Vienne, AJDA* 2010. 738, concl. J. Charret. Faisant exception le cas où un intérêt socio-éducatif peut prévaloir : CE 16 mars 2005, *Min. Outre-mer c. Gouvernement Polynésie française, Lebon* 108 ; *AJDA* 2005. 1463, note C. Durant-Prinborgne. CAA Lyon 2 févr. 2006, *Bougaud et a., AJDA* 2006. 821, concl. D. Besles).

Mais, face à la recrudescence des cas litigieux, l'occasion se présentait pour le Conseil d'État de mettre à jour sa jurisprudence. Il résulte de cinq arrêts du 19 juillet 2011 que la séparation des Églises et de l'État n'est telle qu'en principe. En est excepté un certain nombre d'interventions publiques qu'il est apparu au juge administratif normal ou opportun d'admettre. Une collectivité peut, notamment, apporter son soutien à un projet lié à des édifices ou des pratiques cultuels si l'intérêt public local le justifie, celui-ci n'étant pas compris comme un intérêt cultuel exclusif mais étant également lié à l'intérêt culturel, touristique et économique de la collectivité (CE 19 juill. 2011, *Cne Trélazé*, légalité de la participation au financement d'un orgue dans une église ; *Fédération de la libre pensée et de l'action sociale du Rhône et M.P.*, légalité d'une subvention pour la réalisation d'un ascenseur desservant la basilique de Fourvière ; *Cnté urb. Mans*, légalité de l'aménagement public d'un équipement permettant l'abattage rituel dans un intérêt de salubrité et de santé publiques ; *Cne Montpellier*, illégalité de la mise à disposition pérenne et exclusive d'un local à une association cultuelle ; *M*[me] *V.*, déroge à la loi de 1905 la législation sur la bail emphytéotique administratif qu'une commune peut conclure avec une association cultuelle en vue de la construction d'un édifice cultuel, *AJDA* 2011, chron. X. Domino et A. Bretenneau ; *RFDA* 2011. 967, concl. E. Geffray ; *D.* 2011. 2375, note Touzeil-Divina ; *JCP Adm.* 2011 n° 2307, note J.-F. Amédro et n° 2308, note F. Dieu : *AJCT* 2011, n° 515, note M. Perrier ; *BJCL* 2011. 507, concl. E. Geffray ; *RDP* 2012. 1153, note M.-L. Gély. L'état du droit résultant de ces cinq décisions est remarquable en ce qu'il ne faut pas croire que le principe de séparation fasse défense aux collectivités d'apporter leur aide à l'exercice ou l'équipement d'un culte et qu'elles doivent rejeter toute sollicitation à cet effet. Mais il s'agit d'un nouvel état du droit qui est de nature à affaiblir la portée du principe de séparation.

Illustrant, en considération de chaque cas d'espèce, le nouvel état du droit en vertu duquel l'intérêt cultuel essentiel ne peut être subventionné : CE 15 févr. 2013, *Association Grande Confrérie de Saint-Martial et autres, RFDA* 2013. 326, concl. E. Cortot Boucher et 342 note M. Perrier ; *AJDA* 2013. 1529, note M. Le Roux ; *RLCT* avr. 2013. 11, note M.-C. Rouault, s'agissant de l'illégalité de subventions accordées à une cérémonie religieuse traditionnelle dont l'intérêt culturel et touristique n'est pas exclusif de leur caractère essentiellement culturel qui ne saurait être subventionné [1].

711 ***Intérêt local*** ◊ C'est un élément restrictif pour toutes les compétences des collectivités territoriales. Cela signifie que chacune exerce ses compétences dans les limites de son ressort territorial. Mais, dans la mesure où une collectivité peut attendre des retombées locales d'une action extérieure à son territoire, cette règle de compétence *ratione loci* est d'interprétation souple. Les initiatives de cette collectivité peuvent donc pratiquement produire effet au-delà des limites de son territoire.

Ainsi, une commune a la possibilité d'acquérir sur le territoire d'une autre commune des terrains pour satisfaire des besoins en logements qu'elle ne peut satisfaire sur son propre territoire : CE 22 nov. 2002, *Cne Gennevilliers, Recl* 653. La même opération est permise pour augmenter les espaces verts d'une commune qui les laisse à la disposition de ces habitants, de ses centres aérés et de ses chasseurs : CE 7 févr. 2005, *Cne Fos-sur-Mer, Lebon* 1032 ; *BJCL* 2005. 225, concl. E. Prada-Bordenave et obs. B. Poujade. Rien n'interdit une ville de subventionner une association départementale qui organise sur son territoire un événement présentant un intérêt communal évident : CE 5 déc. 1941, *Rousteau, Lebon* 206. De même, une collectivité peut développer les services d'un caboteur assurant la desserte d'îles situées au-delà de son territoire dans un intérêt économique et sous certaines conditions, CE 20 oct. 2010, *Province des îles Loyauté, BJCL* 2011. 183, concl. J. Lieber et obs. B. Poujade ; *AJDA* 2010. 2025, obs. M.-C. de Monteclerc. Une commune peut subventionner la section locale d'une structure nationale pour soutenir l'action principalement sociale qu'elle mène au plan local : CE Ass. 25 oct. 1957, *Cne Bondy, Lebon* 552 ; *D.* 1957. 655, concl. F. Gazier ; *S.* 1958. 57, note J. Boulouis et concl. et CE 16 févr. 2011, *Dpt Seine-Saint-Denis, JCP Adm.* 2011. 2174, note J.-P. Markus ; *BJCL* 2011. 252, concl. E. Geffroy (solution autorisée par la loi à l'égard des associations syndicales représentatives). La référence à l'intérêt local n'est pas exigée dans l'hypothèse où un département passe un marché public avec les services de l'État pour des prestations réalisées dans un autre département (CE 10 juill. 2009, n° 324156, *Dpt Aisne, min. Santé et Sports*).

C. L'exercice conditionné de la compétence générale

712 ***Limitation de la liberté de financer*** ◊ De plus en plus, le législateur ignore la distinction entre la reconnaissance et l'aménagement des libertés locales. Or, si la première relève de la décentralisation, la seconde procède de la centralisation. En effet, le législateur ne se borne plus à poser la liberté d'initiative des collectivités mais use de son pouvoir pour préciser, de façon concrète, ses possibilités d'intervention. Mais en entrant parfois très avant dans les contraintes, il tend à remplacer une compétence

1. J. Fialaire, « Les rapports entre les collectivités territoriales et les cultes », *AJDA* 2012. 2305 ; F. Nicoud, « Les collectivités confrontées aux exigences culturelles communautaires », *JCP Adm.* 2013 n° 2130 ; F. Dieu, « Laïcité constitutionnelle : définition d'un principe, affirmation d'une exception », *BJCL* 2013. 400.

d'exercice spontané en une pure compétence d'exécution avec ses règles et ses conditions s'assurant, ainsi, de son bon exercice.

La possibilité pour les collectivités d'accorder des financements a toujours coïncidé avec leur compétence générale à agir dans l'intérêt public local. Elle n'avait d'autres titres juridiques pour s'exprimer. Sauf cas particulier (aide aux entreprises), la solution était donc très favorable à cette possibilité. Mais elle se trouve à présent modifiée par les réformes récentes déterminant un cadre juridique, et par la force des choses une compétence liée, pour l'exercice de leur libre initiative en matière de financements croisés et de subventions. Dans l'intérêt de limiter la dépense publique, la loi entend limiter les cumuls de financements sur un même projet ou pour une même personne.

S'agissant des financements croisés, c'est-à-dire des financements que diverses collectivités cumulent au profit d'un même projet, il convient d'opérer la distinction entre les financements inter-collectivités (les deux tiers du total) et les financements avec l'État (un tiers du total). Dans le premier cas, les contraintes sont les plus fortes : participation minimale de 20 % de la part de la collectivité maître de l'ouvrage, destination d'intérêt régional des financements régionaux, les financements départementaux ayant vocation à soutenir le tissu communal (CGCT, art. L. 1111-10, modifié par la loi n° 2012-1270 du 20 nov. 2012). Ces contraintes sont levées dans le second cas.

La consécration des collectivités chef de file pour les principaux secteurs de l'action publique locale par la loi n° 2014-58 du 27 janv. 2014 emporte cette conséquence : dans tous les secteurs à compétences partagées entre collectivités, des conventions devront s'établir entre elles avec le chef de file, et dans des conditions qu'il appartiendra à ce dernier de définir. Celles-ci établiront les participations financières de chacune (conventions territoriales d'exercice concerté ; CGCT, art. L. 1111-9). Mais à la liberté de financement des collectivités territoriales, l'évolution du droit légal est loin de mettre un terme. Dépourvu de réelles interdictions par la multiplication des exceptions et des cas particuliers, par le relâchement relatif des contraintes avec les réformes liées à l'alternance politique à gauche au pouvoir, la législation ressemble à peu près à une parade inutile à juguler les excès de la dépense publique [1].

713 *Bibliographie* ◊

I. – Sur les compétences décentralisées (réforme de 2003-2004)

- Brisson (J.-F.), « Les nouvelles clés constitutionnelles de répartition des compétences entre l'État et les collectivités locales » *AJDA* 2003. 529 ; « Les transferts de compétences de l'État aux collectivités locales (compte rendu du colloque de Bordeaux et Agen, sept. 2007) », *Dr. adm.* avr. 2008. 8
- Faure (B.), « La révision de la Constitution et la décentralisation : des slogans font loi », *RD publ.* 2003. 119

1. A. Hastings-Marchadier, « L'encadrement des financements croisés : quel gage de responsabilisation ? », *JCP Adm.* 2011. 2136, G. Huet et L. Le Mercier, « Financements croisés : un nouveau cadre législatif pragmatique », *JCP Adm.* 2013 act. n° 381.

- Groshens (J.-C.) et Waline (J.), « À propos de la loi constitutionnelle du 28 mars 2003 », *in Mélanges Amselek*, Bruylant, 2005, p. 375
- Priet (F.), « Quelles nouvelles compétences pour les nouveaux territoires locaux », *BJCL* 2011. 2
- *JCP Adm.* 10 janv. 2005. dossier spéc. « Loi relative aux libertés et responsabilités locales »
- Ann. Coll. locales, *Réforme de la décentralisation, réforme de l'État*, GRALE-CNRS, 2004

II. – Sur les compétences décentralisées (réforme 2014)

- Boudier (F.), « La répartition des compétences locales demeure un embrouillamini inaccessible pour nos citoyens », *JCP Adm.* 2014, n° 2045
- Brisson (J.-F.) « Clarification des compétences et coordination des acteurs », *AJDA* 2014. 605
- Faure (B.), « « Penser le changement » ou « changer le pansement » ? », *AJDA* 2014. 600
- Ferreira (N.), « Chef de filât et conférence territoriale de l'action publique », *JCP Adm.* 2014, n° 2048
- Pontier (J.-M.), « Trente ans de répartition et de redistribution des compétences entre l'État et les collectivités territoriales », *BJCL* 2012. 275

III. – Police municipale

- Adda (J.), Demouveaux (J.-P.) et Léglise (P.), *Les pouvoirs de police du maire*, Berger-Levrault, 2008
- Bon (P.), *La police municipale*, thèse Bordeaux I, 1975 ; « La police municipale », *Rép. Coll. locales* fasc. 2201-1 s.
- Bruneau (P.), *Le maire, autorité de police*, Delmas, 1995
- Crozatier-Durand (F.), « Les évolutions des polices municipales », *AJDA* 2013. 1691
- Froment (J.-C.), « Des pouvoirs de police du maire aux "politiques de police municipal" », *JCP Adm.* 2004. 1275
- Maillard Desgrées du Loù (D.), « La police municipale », *J.-Cl. Coll. terr.* fasc. 710
- Marillia (G.-D.), *Les pouvoirs du maire*, Berger-Levrault, 2008
- Moreau (J.), « La police des établissements recevant du public », *JCP Adm.* 2007. 2206
- Richer (L.), *Le maire et la police municipale*, Litec, 1994
- Roman (D.), « Les sans-abri et l'ordre public », *RDSS* 2007. 952
- Singer (J.), *Le maire et ses pouvoirs de police*, Sirey, 1960
- Teitgen (P.-H.), *La police municipale étude de l'interprétation jurisprudentielle des articles 91, 94 et 97 de la loi du 5 avril 1884*, Sirey, 1934
- « Police, polices », *JCP Adm.* 2012, dossier, n° 2111 s. avec les études de J.-J. Hurvoas, B. Delaunay, J.-M. Pontier, S. Deliancourt, E. Aubin, P. Larroumec, X. Latour et P. Moreau

IV. – Culture et patrimoine

- Bui-Xan (O.), « La décentralisation culturelle », *AJDA* 2007. 563
- Collot (P.-A.), « La décentralisation culturelle », *RD publ.* 2008. 335
- Eyraud (C.), « Le transfert des monuments historiques aux collectivités territoriales », *RGCT* 2005. 261
- Pontier (J.-M.), « Le patrimoine culturel change de mains », *JCP Adm.* 10 janv. 2005. n° spéc. 42 ; « Quel transfert de monuments historiques aux collectivités territoriales ? Réflexions sur le rapport de la commission Rémond », *AJDA* 2004. 12

- Le Roux (M.), « Le transfert de propriété de monuments historiques aux collectivités territoriales », *AJDA* 2007. 2117
- « La décentralisation culturelle et la loi du 13 août 2004 », *RFDA* 2005. dossier 697
- « Un siècle de monuments historiques », *AJDA* 2013. 2067 dossier

V. – Aides économiques locales

- Benoit (L.), « Décentralisation et développement économique : la nouvelle répartition des compétences », *AJDA* 2005. 1878
- Dantonel-Cor (N.), « Les paradoxes de la compétence économique locale », *JCP Adm.* 2010. 2324
- de Castelnau (R.) et de Fay (P.), « Le nouveau régime des interventions économiques des collectivités territoriales », *AJDA* 2005. 121
- Castric (O.), « Les évolutions récentes du droit des interventions économiques des collectivités territoriales », *LPA* 12 juill. 2005. 3
- Coutant (J.), « L'intervention économique des collectivités locales et le droit de la concurrence », *BJCL* 2004. 80.
- Groud (H.), « La sécurisation des aides publiques locales aux entreprises », *AJDA* 2003. 1584 ; « Réflexions sur le nouveau droit de l'interventionnisme économique local et régional », *RD publ.* 2005. 1247
- Groud (H.), « Les aides locales et régionales aux entreprises en difficulté », *DA* 2013. 12, n° 6
- Joye (J.-F.), « Le nouveau cadre juridique de l'action économique locale » *BJCL* 2005. 582
- Karpenschif (M.), « Les aides des collectivités locales aux entreprises : quelques interrogations sur la règle *de minimis* », *JCP Adm.* 2006. 1018
- Long (M.), « Développement économique et développement local », *Mélanges Douence*, Dalloz, 2006, p. 315
- Lucas (J.), « Les aides des collectivités territoriales aux entreprises en difficulté et le régime européen des aides de l'État », *JCP Adm.* 2011, n° 2378
- Moreau (J.), « Les aides locales aux entreprises et le développement économique », *JCP Adm.* 15 mai 2006. 629
- Sestier (J.-F.), « Le renouveau législatif du développement économique », *JCP Adm.* 2005. 7
- Sousse (M.), « L'intervention économique dans la loi relative aux libertés et responsabilités locales », *LPA* 19 août 2005. 3

VI. – Sur la compétence générale des collectivités territoriales et la loi du 16 décembre 2010

- Douence (J.-C.), « La nouvelle répartition des compétences, gage de clarification ? », *JCP Adm.* 2011. 2135
- Faure (B.), « Le rapport du comité Balladur pour la réforme des collectivités territoriales : bonnes raisons, fausses solutions ? », *AJDA* 2009. 859 ; « La nouvelle compétence générale des départements et des régions », *RFDA* 2011. 240
- Fleury (B.), « Libertés, libertés locales chéries », *JCP Adm.* 2010. 2178
- Le Chatelier (G.), « Le débat sur la clause générale de compétence est-il vraiment utile ? », *AJDA* 2009. 186
- Long (M.), « La fin de la clause générale de compétence ? », *BJCL* 2013.645

- Pontier (J.-M.), « Requiem pour une clause générale de compétence ? », *JCP Adm.* 2011. 47 ; « Mort ou survie de la clause générale de compétence ? », *BJCL* janv. 2011. 1

VII. – Sur la compétence générale des collectivités territoriales et la loi du 27 janvier 2014

- Pontier (J.-M.), « Le vrai-faux retour de la clause de compétence générale ? » ; *JCP Adm.* 2014, n° 2047

CHAPITRE 2

LES MODES PARTICULIERS DE DÉTERMINATION DES COMPÉTENCES

714 Les possibilités pour les collectivités territoriales d'exécuter la loi peuvent s'élargir dans des cas spéciaux qui donnent à leur action un aspect très original. Mais il n'existe pas de logique commune à ces habilitations spéciales tantôt fondées sur la volonté implicite du législateur, tantôt sur son aptitude à décentraliser à titre expérimental, ou encore, sur la possibilité d'agir par délégation.

SECTION 1. LES COMPÉTENCES IMPLICITES

715 ***Définition*** ◊ On admet l'existence d'une compétence implicite lorsque l'autorité d'exécution est autorisée à prendre toutes les mesures qu'implique une bonne et complète exécution de la loi sans y avoir été explicitement invitée par elle. De telle manière que si ces pouvoirs ne sont pas formellement inclus dans les termes de l'habilitation légale, ils s'y trouvent néanmoins implicitement. La théorie des pouvoirs implicites permet ainsi de desserrer les liens entre le Parlement et l'administration en conduisant au renforcement du pouvoir d'exécution de cette dernière. Les pouvoirs implicites lui confèrent même un véritable pouvoir d'initiative. Tout se passe comme si sur cette base tacite, les collectivités disposaient d'une investiture générale pour adopter toute mesure nécessaire à la vie locale et au fonctionnement régulier de leurs services publics, pratiquement sous la seule réserve d'agir dans l'intérêt général.

L'application de cette théorie fait *qu'il n'existe pas de vide juridique en droit des collectivités territoriales*. Tout ce qui n'est pas écrit au plan légal ou décrétal accède au pouvoir d'appréciation et de décision des autorités décentralisées. La loi pourrait-elle être jugée lacunaire qu'il ne serait pas nécessaire d'en attendre un complément national pour agir. Il faudra alors considérer que le Parlement a voulu que la compétence qu'il a décentralisée s'exerce discrétionnairement. Il existe ainsi une évidente complicité entre l'inconditionnement des habilitations faites aux collectivités, la théorie des compétences implicites et la décentralisation.

Le principe des pouvoirs implicitement reconnus n'est pas sans relation avec la *subsidiarité*. Les deux références jouent le rôle d'une directive de répartition des compétences appelant à établir celle-ci au plus près du lieu d'exercice réel des responsabilités. Mais alors que le principe des compétences implicites établit la compétence décentralisée par rapport à la loi qui habilite la collectivité considérée, le principe de subsidiarité établit plus subjectivement la même compétence au regard des intérêts géographiques, économiques, humains ou autre que cette collectivité est susceptible de représenter.

716 ***Traduction jurisprudentielle*** ◊ C'est au juge administratif de se prononcer sur la compétence des autorités administratives et d'admettre si celles-ci doivent disposer de l'ensemble des pouvoirs impliqués par leurs missions légales. Généralement, l'organisation et le fonctionnement des services administratifs constituent le domaine d'élection des pouvoirs implicites où, tout ce qui apparaît nécessaire à leur bonne marche justifie, de ce seul fait, l'intervention de l'autorité responsable indépendamment des prescriptions particulières du législateur (1). Mais, à des degrés très divers, ces pouvoirs peuvent procéder de l'exécution de chaque loi (2).

Il faut toutefois considérer que les collectivités territoriales ne sont pas des autorités spéciales et, qu'à cet égard, elles peuvent toujours fonder de telles décisions sur leur vocation à prendre en charge tout besoin de la population assise sur leur clause générale de compétence, même si ce fondement général n'apparaît pas toujours dans les visas ou les motifs des arrêts.

1. **Pouvoirs implicites dans l'ordre organique**. CE 13 févr. 1985, *Synd. cntaire aménagement agglo. nouvelle Cergy-Pontoise, Lebon* 37 ; *RFDA* 1985. 365, note J.-C. Douence et obs. L. Favoreu ; *AJDA* 1985. 271, note J. Moreau, s'agissant de l'aptitude des communes et de leurs groupements à déterminer les règles d'organisation et de fonctionnement des comités d'hygiène et de sécurité que la loi les avait chargé de mettre en place mais dont elle n'avait que peu précisé les conditions d'installation.

2. **Pouvoirs implicites dans l'ordre externe**. CE 23 juin 1972, *Sté La plage de la forêt, RD publ.* 1972. 1259, concl. F. Bernard ; *AJDA* 1972. 462, s'agissant d'un cas où n'est pas contraire à la liberté du commerce et de l'industrie la construction d'une piscine en application - implicite - d'une loi sur les installations nécessaires à l'enseignement du premier degré.

717 ***Évolution restrictive*** ◊ Mais, tout se passe comme si en face des progrès législatifs de la décentralisation, le juge administratif faisait de plus en plus fonction de force modératrice pour restreindre les droits de libre exécution des collectivités. C'est évident en matière de fonction publique où l'exclusion des pouvoirs implicites est voulue comme garantie assurant l'égalité entre les fonctionnaires territoriaux et les fonctionnaires de l'État, les collectivités ne pouvant dans l'exercice de leurs compétences attribuées distribuer d'avantages supérieurs à leurs fonctionnaires (primes, logement, de fonction, durée du travail...). Sur l'exposé du problème juridique, v. ss 572 s.

SECTION 2. LES COMPÉTENCES EXPÉRIMENTALES [1]

718 ***Définition*** ◊ Une compétence expérimentale est une compétence provisoire. Elle autorise, le temps de l'expérience, une ou plusieurs collectivités à mettre à l'essai de nouveaux transferts de compétence. Son intérêt réside dans la possibilité de juger de l'opportunité d'une réforme au vu de la mise en situation réalisée par le transfert expérimental. À l'issue de l'expérience et après une phase d'évaluation, la réforme pourra être généralisée, abandonnée, ou encore corrigée avant sa généralisation.

719 ***Intérêts*** ◊ On attend d'une politique d'expérimentation qu'elle parvienne à juguler le phénomène d'instabilité législative qui constitue un mal chronique dans notre État. À une succession de lois plus ou moins bien préparées ou adaptées qui tentent de se corriger les unes après les autres, l'expérimentation offre la possibilité d'évaluer préalablement ce qui est utile, possible ou efficace. Elle prétend ainsi opposer aux acteurs publics un principe de réalité et au droit la contrainte des faits et des données matérielles.

L'expérimentation se veut également une politique libérale dans la mesure où elle rendrait moins autoritaire le processus de décentralisation mis en œuvre par l'État. Elle peut, en effet, être prise pour un système participatif incitant les acteurs à collaborer à la réalisation des objectifs poursuivis.

720 ***Élaboration d'un droit de l'expérimentation*** ◊ Sur le plan juridique, les procédés par lesquels l'expérience se réalise ressemblent à une opération complexe. Elle passe par toute une série de mesures coordonnées et systématiques. Il faut d'abord qu'un acte autorise l'expérimentation en définissant son objet, éventuellement les objectifs à atteindre, et le cadre spatio-temporel de l'expérience. Vient ensuite l'évaluation de l'ensemble de ses effets permettant d'en dégager les enseignements. Enfin, l'expérience s'achève lorsqu'on en tire les conséquences, notamment en procédant à sa généralisation.

Tout le problème vient de la coexistence de l'expérimentation et du droit. Le processus propre à l'expérimentation ne pouvant prospérer à l'encontre des principes de notre démocratie représentative qui s'y opposent (liberté du législateur qui ne peut se sentir lié par les résultats de l'expérience, respect du domaine de la loi l'intérieur duquel l'administration ne peut expérimenter, égalité des administrés entre ceux qui sont soumis à l'expérience et les autres...), il a fallu que les réformateurs lui fassent une place originale dans nos institutions pour que cette politique puisse produire en droit tous ses effets.

Sans condamner le principe même de l'expérimentation, le Conseil constitutionnel avait eu l'occasion de sanctionner les atteintes portées à la hiérarchie des compétences législative et réglementaire par les expériences tentées : Cons. const. 28 juill. 1993, n° 93-322, *Étab. univ. dérogatoires*, *Lebon* 204 ; *LPA* 4 mars 1994. 27,

---

1. V. biblio. v. ss 731, 1.

note B. Mathieu et M. Verpeaux ; *RFDC* 1993. 831, note X. Philippe ; *Rev. adm.* 1993. 443, note R. Etien, s'agissant de l'impossibilité pour certaines universités de se doter, à titre expérimental, d'un statut dérogatoire qui ne peut être décidé que par - et non en vertu - de la loi. Cons. const. 17 janv. 2002, n° 01-454 DC, *Statut Corse, Lebon* 70 ; *AJDA* 2002. 100, note J.-E. Schoettl ; *RFDA* 2002. 459, note M. Verpeaux et 469, note B. Faure ; *RD publ.* 2002, 885, note F. Luchaire ; *RFDC* 2002. 410, note L. Favoreu ; *RJJ* 2002. 1761, note F. Lemaire ; *D.* 2003. 1124, note X. Magnon, s'agissant de l'impossibilité pour l'Assemblée de Corse d'adapter des dispositions de nature législative par voie expérimentale.

À la faveur de la révision constitutionnelle du 28 mars 2003, l'expérimentation a ainsi acquis le statut constitutionnel qui lui faisait défaut. Mais désormais, le terme d'expérimentation commande deux catégories juridiques distinctes dont les différences d'objet, de régime et de portée ne peuvent être tenues pour négligeables. Il convient de départager ces deux expérimentations qui sont sans commune mesure.

§ 1. Les compétences expérimentales de l'article 37-1 Const.

721 ***Objet*** ◊ L'article 37-1 de la Constitution autorise « la loi ou le règlement (à) comporter, pour un objet et une durée limités, des dispositions à caractère expérimental ». Ces dispositions - hors titre XII Const. - sont principalement destinées à l'État pour les besoins de ses propres réformes. Mais elles peuvent servir à sa politique décentralisatrice en transférant à l'essai des compétences administratives ou des services publics au profit des collectivités. Pour faire bref, il s'agit « d'expérimentation-transfert ».

Une dizaine sont proposées en matière d'aide économique, de transfert d'aérodromes, d'entretien du patrimoine, d'organisation des écoles primaires, de résorption de l'insalubrité... ce qui ne signale pas un vif succès, ni un désintérêt d'ailleurs, pour cette méthode de décentralisation.

722 ***Régime*** ◊ Étant applicable sans loi organique complémentaire, ce régime se caractérise par son inconditionnement. Il suffit que l'objet de l'expérience et sa durée ne soient pas trop importantes au vu de l'énoncé constitutionnel. Certainement, l'atteinte à l'égalité des administrés - entre ceux soumis à l'expérience et les autres - serait la sanction d'une expérimentation dont la loi ou le règlement n'aurait pas suffisamment circonscrit les conditions de réalisation concrètes. Mais, en demeurant à l'intérieur de ces limites constitutionnelles, l'entorse faite à l'égalité doit être réputée contenue dans des limites acceptables et l'article 37-1 considéré comme produisant ses effets dérogatoires.

La difficulté réside cependant dans *l'absence de limites matérielles* à ce type d'expérimentation qui n'exclut aucune activité même en rapport avec les droits et libertés, domaine où pourtant la loi doit demeurer uniforme (v. principe d'unicité des conditions d'exercice des droits et libertés, v. ss 63 s.). Ce sont les silences de l'article 37-1 qui favorisent cette interprétation et habiliteraient tacitement la loi à faire échec à la jurisprudence constitutionnelle antérieure qui avait proscrit toute expérience en matière d'organisation de la justice, l'égalité de droits entre justiciables s'y opposant (Cons. const. 23 juill. 1975, n° 75-59 DC, *Statut magistrature, Rec. Cons. const.* 16).

Il semble toutefois permis d'interpréter la motivation des juges constitutionnels de 2004 selon laquelle l'expérience ne doit pas « méconnaître les autres exigences de valeur constitutionnelle » comme excluant implicitement tout ce qui concerne les droits et libertés du champ de l'expérimentation : Cons. const. 12 août 2004, n° 04-503 DC, *Loi relative aux libertés et responsabilités locales, Rec. Cons. const.* 144 ; *AJDA* 2004. 1960, note M. Verpeaux ; *RFDA* 2004. 1150, note B. Faure ; *LPA* 15 sept. 2004. 6, note J.-E. Schoettl, s'agissant des premiers cas d'expérimentation lancés sur le fondement de l'art. 37-1 Const. en matière de décentralisation dans les domaines du développement économique, de la gestion des fonds communautaires, de la réalisation d'équipements sanitaire et de l'organisation scolaire.

Seraient susceptibles de restreindre la liberté d'aller et venir, les possibilités ouvertes – selon des conditions très indéterminées – aux communes et à leurs groupements d'instituer des *voies urbaines à péage* (CGI, art. L. 1609 *quater* A) et des *zones d'action prioritaire pour l'air* (C. envir., art. L. 228-3) dans le but de protéger la qualité de l'air (L. environnementale 12 juill. 2010 « Grenelle 2 », art. 182, et v. ss 672) [1]. Les villes de Paris, Bordeaux, Lyon, Grenoble, Nice, Clermont-Ferrand, Aix et Plaine Commune se sont portées volontaires pour mettre en œuvre à titre expérimental ces ZAPA.

723 ***Effets*** ◊ Ils peuvent se révéler considérables au regard des particularités de notre droit des collectivités territoriales sur lesquelles ils peuvent exercer un effet perturbateur. Un service public ou une compétence peut être décentralisé à titre définitif dans certaines collectivités qui s'étaient porté candidates et pas dans d'autres. Si on fige ainsi une expérience seulement là où elle a été jugée concluante – ce qui est la logique même de l'expérimentation –, on parvient alors à une organisation différenciée des collectivités de même niveau, ce qu'avait exclu jusque-là la jurisprudence constitutionnelle (v. ss 61 s.).

§ 2. **Les compétences expérimentales de l'article 72 alinéa 4 Const.**

724 ***Objet*** ◊ Ces expérimentations n'offrent qu'une seule possibilité concrète consistant à habiliter les autorités décentralisées à prendre, en forme et en force administratives et avec l'effet provisoire qui s'attache à l'expérience, *des règles dérogatoires aux règlements et aux lois de l'État*, c'est-à-dire des règles différentes ou contraires à la légalité ou la réglementation de principe. Leur portée est beaucoup plus considérable en ce que, s'exerçant pour la définition des règles légales, elle reproduit le mécanisme des ordonnances de l'article 38 C. au profit des collectivités territoriales. Il fallait donc une autorisation constitutionnelle adéquate pour faire ainsi exception à la hiérarchie des compétences. Aussi, a-t-on considéré que ce pouvoir ne pouvait aller sans contreparties, son domaine et les règles de compétence et de procédure qui l'organisent étant définis dans des conditions particulièrement rigoureuses.

---

1. M. Moritz, « L'instauration expérimentale des péages urbains. Difficultés juridiques autour d'une nouveauté écologique », *BJCL* 2009. 738.

Sur le caractère extrêmement détaillé de l'art. 72 al. 4 Const. : « Dans les conditions prévues par la loi organique, et sauf lorsque sont en cause les conditions essentielles d'exercice d'une liberté publique ou d'un droit constitutionnellement garanti, les collectivités locales ou leurs groupements peuvent, lorsque selon le cas, la loi ou le règlement l'a prévu, déroger, à titre expérimental et pour un objet et une durée limités, aux dispositions législatives ou réglementaires qui régissent l'exercice de leurs compétences ».

S'ajoutent les modalités d'exécution de ces dispositions, v. art. LO 1112-1 s. issu de LO 1er juill. 2003.

Les réformateurs avaient engagé la promotion de cette expérimentation sur l'idée ambitieuse d'un « droit à l'expérimentation » qui ne se trouve pas vraiment traduit dans les termes de l'article et de la loi organique. Si l'on ne peut totalement écarter cette idée, *il s'agit cependant davantage d'un droit législatif ou décrétal que d'un droit constitutionnel opposable à la loi.* En premier lieu, pour décider d'une expérimentation, l'article 72 alinéa 4 s'en remet exclusivement à la loi ou au règlement de l'État dont l'intervention n'est subordonnée à aucune exigence préalable de sollicitation par les collectivités. En second lieu, pour sélectionner les collectivités candidates, il suffit de vérifier si les candidatures répondent aux conditions légalement ou réglementairement exigées, le législateur ou le gouvernement n'étant finalement pas autrement liés que par la propre règle qu'ils ont créée (CGCT, art. LO 1113-2).

On ne trouve que très peu d'illustrations d'expérimentations proposées sur le fondement de l'art. 74 al. 4 Const. Celles-ci demeurent cantonnées au domaine des aides sociales (voir Lois n° 2006-1666 du 21 déc. 2006, art. 162, s'agissant de la mise en œuvre du RSA, et n° 2013-312 du 18 avr. 2013, art. 28, autorisant la pratique de tarifications modulées de l'eau selon les revenus).

725 ***Régime*** ◊ Le droit des « expérimentions-dérogations » multiplie les chicanes dans le but d'écarter toute extension excessive d'un pouvoir qui ouvre un domaine de législation concurrente avec le Parlement.

1. Ceci se vérifie particulièrement au regard des *conditions de fond de l'expérience* et, notamment, de ses limites matérielles. Celle-ci ne peut s'engager que sur « un objet et une durée limitée » (à 5 ans sauf renouvellement) et pour des questions « qui régissent l'exercice de leurs compétences » (*a*). De surcroît, l'article 72 alinéa 4 rappelle expressément l'interdiction qu'avait posée le juge constitutionnel à toute différenciation des droits et libertés des individus à laquelle on ne saurait, fût-ce temporairement, faire entorse (*b*).

a) Sachant que d'ordinaire l'exercice réel des compétences est étroitement imbriqué entre différents niveaux d'administration, le législateur s'est trouvé contraint de combiner les deux types d'expérimentation pour ne pas heurter cette exigence constitutionnelle. V. L. n° 06-1666, 21 déc. 2006 modifiée, habilitant les départements volontaires à prendre des mesures expérimentales, sur le fondement de l'art. 72 al. 4, permettent de modifier certaines dispositions du Code de l'action sociale et des familles en vue de favoriser le retour à l'emploi des bénéficiaires du revenu minimum d'insertion (art. 162). Et, v. L. n° 07-1223, 21 août 2007 ouvrant une expérimentation sur le fondement de l'art. 37-1 visant à compléter et élargir les possibilités précédentes mais, dans le respect du cadre légal qui ne peut, du fait de cette habilitation, subir de dérogation (art. 18 à 22) [1].

b) Dans sa jurisprudence antérieure à l'élaboration d'un statut constitutionnel de l'expérimentation, le juge constitutionnel avait étendu cette interdiction au domaine des prestations sociales dont les titulaires ne sauraient partiellement se priver en raison de leur implantation géographique (Cons. const. 21 janv. 1997, n° 96-387 DC, *Prestation autonomie, Rec. Cons. const.* 23 ; *AJDA* 1997. 165, note O. Schrameck ; *RDSS* 1997. 681, note X. Prétot ; *LPA* 17 oct. 1997. 13, chron. B. Mathieu et M. Verpeaux ; *RFDC* 1997. 323, note F. Mélin-Soucramanien ; *LPA* 12 févr. 1997. 9, note J.-C. Zarka). La solution peut paraître trop rigoureuse pour des problèmes où l'expérimentation révèle sa pertinence et où il n'existe pas d'uniformité dans les conditions réelles d'existence sur l'ensemble du territoire qui viendrait commander une stricte égalité en droit.

2. Les *conditions de procédure* visent, d'abord, à organiser concrètement ce droit légal des collectivités à l'expérimentation. La loi d'autorisation qui fixe l'objet et la durée de l'expérience, mentionne les collectivités qu'elle autorise à candidater. La demande d'expérimentation passe par une délibération motivée de l'assemblée délibérante de la collectivité. Une fois transmise au préfet, celui-ci l'adresse au ministre en charge des Collectivités territoriales avec ses observations. Si ce dernier établit la liste des collectivités admises à expérimenter c'est avec un pouvoir lié, la sélection étant de droit pour celles qui satisfont aux conditions posées au départ (CGCT, art. LO 1113-1 et 2).

Signe que le droit de l'expérimentation ne doit pas faire trop de concessions au pouvoir local auquel il n'est pas question de sacrifier le dogme de l'égalité républicaine, la loi organique prévoit un contrôle précis des mesures expérimentales. Leur entrée en vigueur est subordonnée à leur transmission au préfet et à leur publication au Journal officiel. Leur déféré préfectoral peut éventuellement être assorti d'une suspension automatique demandée par le préfet et produisant effet pour une durée maximale d'un mois, à l'issue de laquelle le tribunal administratif doit avoir tranché (CGCT, art. LO 1113-3 et 4).

La fin de l'expérience passe par une obligation d'évaluation permettant d'établir la suite à donner à l'expérience (abandon, prolongation...) (CGCT, art. LO 1113-5 et 6).

726 ***Effets*** ◊ Le droit de l'expérimentation ne laisse que deux possibilités au législateur s'étant engagé dans cette voie : soit il abandonne l'expérience en rétablissant le droit antérieur, soit il généralise une norme expérimentale sur l'ensemble du territoire. Il en résulte que, quelle que soit la norme qui lui paraisse la plus adaptée, celle-ci devra toujours demeurer uniforme (CGCT, art. LO 1113-6).

En choisissant cette option, le constituant s'est enfermé dans un choix du tout ou rien par lequel il utilise à contre-emploi l'intérêt de l'expérimentation. À supposer qu'une expérience révèle des résultats inégaux, il ne sera pas possible d'en tenir compte pour adopter des solutions particulières selon les cas. Le maintien de l'uniformité du droit finalement prime tout.

---

1. V. M. Long, « Revenu de solidarité active : l'expérimentation », *Dr. soc.* 2007. 1236.

SECTION 3. LES COMPÉTENCES DÉLÉGUÉES

727 ***Définition*** ◊ La délégation de compétence est ordinairement l'opération par laquelle une autorité publique transfère à une autre une partie de ces propres compétences qu'elle ne pourra plus exercer le temps de la délégation. La délégation fait entorse à la répartition normale des compétences et se trouve, en cela, normalement proscrite. Aucune autorité ne peut disposer librement des titres qui l'investissent : « les compétences sont d'ordre public, elles s'exercent mais ne se délègue pas ». Y fait toutefois exception l'autorisation du texte supérieur qui organise la compétence considérée. Cette possibilité se pratique en droit de la décentralisation où la loi permet à une collectivité titulaire d'une compétence d'en transférer l'exercice à une autre (§ 1). Peuvent également être étudiés dans ce cadre les compétences du maire « agent de l'État » (§ 2). Mais dans les deux cas, le régime juridique qui découle du mot est plus ou moins fidèle aux principes qui l'identifient.

§ 1. Les compétences « déléguées » entre collectivités territoriales

728 Il s'agit d'un réaménagement dans les titres de compétence en vue de rendre le processus de décentralisation moins impératif et moins unilatéral : les autorités décentralisées investies d'une compétence ne sont, dans les cas prévus par la loi, pas tenus d'en faire usage. Elles peuvent alors en retransférer l'exercice à un autre niveau de collectivité territoriale ou à un EPCI, l'opération étant légalement qualifiée de « délégation ».

Ce type de délégations se pratiquait déjà dans le domaine de l'enseignement secondaire notamment par une procédure « d'appel à compétence » (C. éduc., art. L. 216-5 et L. 216-6). La réforme de 2004 l'a élargi à bien d'autres domaines. Ainsi, les régions peuvent déléguer par convention les cours d'eau et canaux transférés à elles par la loi à toute autre catégorie de collectivité territoriale qui en ferait la demande (C. dom. publ. fluv., art. 1er-1-1). De la même manière, les régions peuvent déléguer aux départements qui leur en font la demande l'agrément des établissements dispensant des formations sociales (CASF, art. L. 451-2). C'est encore le cas en matière de patrimoine où, sur la demande d'une autre collectivité ou groupement de collectivités qui en fait la demande, les régions leur délèguent les opérations d'inventaire général. Devant s'analyser comme un mandat, la possibilité pour un EPCI à fiscalité propre d'exercer sur sa demande tout ou partie des compétences du département ou de la région « au nom et pour le compte » de l'une ou l'autre (art. 145 al. 3 L. 13 août 2004). On a vu une autre innovation remarquable de la loi de 2010 modifiée et complétée par la loi du 27 janv. 2014 : les compétences que les départements et les régions délèguent à leur métropole (v. ss 530).

La généralisation de cette pratique est encouragée : ces délégations sont désormais ouvertes de façon générale en vertu du nouvel article L. 1111-8 CGCT issu de la loi n° 2014-58 du 27 janv. 2014. La pratique s'en trouve même encouragée s'agissant des domaines où les compétences s'exercent conjointement. Ces délégations seront prévues et organisées dans le cadre de *conventions territoriales d'exercice concerté* (CTEC ; CGCT, art. L. 1111-9 I).

Le jeu des délégations peut donc être considérable. S'y ajoute la possibilité de délégations administratives de la part de l'État, les matières régaliennes exceptées et sauf « lorsque sont en cause les intérêts nationaux » (CGCT, art. L. 1111-8-1, issu de la loi du 27 janv. 2014).

Mais, *il n'y a sans doute pas délégation à l'état pur* car le mot n'emporte pas tous les effets qui lui sont classiquement attachés. Il s'agit ici d'une hypothèse peu fréquente de délégation au profit d'une personne morale distincte de la personne délégante et ayant ses intérêts propres. Il s'ensuit que le rapport qui s'établit par la délégation ne paraît concevable que sous un régime de séparation des biens et des pouvoirs. Normalement unilatérale, elle donne néanmoins lieu à une convention d'exécution entre deux personnes qui fixe, dans le cadre laissé par la loi, sa durée et ses modalités. La délégation d'activité doit également permettre au délégataire d'en supporter la responsabilité et les charges attachées à son exercice, en son nom propre et pour son compte ; finalement, dans les conditions de sa propre libre administration. Une quelconque obéissance à l'autorité délégante qui ne serait pas entièrement dessaisie s'analyserait comme une tutelle inconstitutionnelle sur la personne de son délégataire. Le droit législatif ne semble pourtant pas s'attacher à de telles considérations puisque les compétences déléguées sont réputées s'exercer « au nom et pour le compte de la collectivité territoriale délégante » (CGCT, art. L. 1111-8 al. 2). Il est probable en outre que la pratique fasse voir des situations disparates où s'ajoutent à l'idée de transfert ordinaire sus-évoquée des régimes de mandat ou autres.

L'utilisation de cette procédure a pour effet logique de priver de toute uniformité la répartition des compétences par catégorie de collectivité, la catégorie ne renseignant plus tout à fait sur la nature et l'étendue des compétences effectivement exercées. À cet égard, le législateur s'est sans doute détourné de son objectif premier de simplifier la carte des compétences administratives.

§ 2. Les compétences « déléguées » par l'État au maire [1]

729 ***Nature juridique des compétences du maire exercées « au nom de l'État »*** ◊ En dépit de la démocratisation des collectivités territoriales, l'État est toujours resté fidèle à cette pratique : faire exécuter un certain nombre de ses tâches par l'administration communale, la plus traditionnelle et la plus proche de ses citoyens. Elle trouve son origine dans l'article 49 de la loi du 14 décembre 1789 posant la dualité de principe des compétences communales, les premières « propres au pouvoir municipal ; les autres propres à l'administration générale de l'État et *déléguées* par elle aux municipalités ». Nonobstant, l'usage du mot « délégation » ne sous-entend pas les procédés

1. V. biblio. v. ss 731, 2.

qui sont à l'œuvre aujourd'hui. Le maire exerce *en propre* les pouvoirs qui lui sont déconcentrés par l'État. Il ne les reçoit donc pas d'une autorité administrative supérieure qui s'en dessaisirait pour ne pas les exercer. Il les reçoit directement de la loi et ne saurait, en cela, être pris pour le « fondé de pouvoir » d'une telle autorité (CGCT, art. L. 2122-27 à L. 2122-34). Il n'y a donc pas de trouble dans l'ordre des compétences mais seulement une curiosité juridique résidant dans l'attribution de compétences d'État à une autorité décentralisée.

Sur le principe de la compétence législative pour transférer des charges aux communes au titre des compétences déconcentrées par l'État et manifestant en cela un retournement de l'état du droit : CE 5 janv. 2005, *Cne Versailles, Lebon* 5 ; *AJDA* 2005. 604, concl. D. Chauvaux ; *RFDA* 2005. 714, note P. Cassia ; *JCP Adm.* 2005. 1107, note O. Guillaumont ; *Coll. terr.* 2005. 54, note J. Moreau. S'analysant ainsi comme un transfert de charge imposé par la loi, ces compétences déconcentrées doivent tomber sous le coup de l'obligation constitutionnelle d'exacte compensation financière s'imposant au législateur et, sur le principe de la responsabilité de l'État en cas de préjudice né d'un tel transfert par voie réglementaire : CE 6 avr. 2007, *Cne Poitiers, Lebon* 700 et 1066 ; *JCP Adm.* 2007. 2121, note O. Guillaumont et C. Payen-Guillaumont ; *Dr. adm.* juin 2007. 24 ; *LPA* 23 oct. 2007. 9, obs. S. Aivazzadeh-Barré ; CE 22 oct. 2010, *Min. Intérieur c. Cne Versailles, RLCT* 2011. 1832, note O. Carton ; *BJCL* 2011. 123, concl. C. de Salins ; *Dr. adm.* 2011. 1, note J.-L. Pissaloux. Les dispositions réglementaires litigieuses qui mettaient la délivrance des cartes d'identité et des passeports à la charge des communes ont fait l'objet d'une validation législative par la loi de finance rectificative pour 2008 de nature à faire échec à la jurisprudence administrative ci-dessus évoquée. À cette validation, le Conseil constitutionnel ne s'est pas opposé motif pris, notamment, qu'au regard des sommes en jeu – compensées par l'État – les obligations en cause n'ont pas eu pour effet de dénaturer la libre administration des communes (Cons. const. 22 sept. 2010, n° 10-29/37 QPC, *JCP Adm.* 2010. 2297, note J.-M. Pontier ; *AJDA* 2011. 218, note M. Verpeaux).

Voir également la possibilité pour le préfet de « déléguer au maire » tout ou partie du quota de réservations de logements sociaux dont il bénéficie (art. 60 L. 13 août 2004).

730 ***Objet des compétences du maire « au nom de l'État »*** ◊ Ces compétences ont une double nature, judiciaire (1) et administrative (2), même si en pratique il est parfois difficile de démêler les genres en raison d'un phénomène d'enchevêtrement que rendent inévitable ses multiples responsabilités.

1. Compétences judiciaires. Elles se rapportent d'abord à sa qualité *d'officier d'état civil* pour lequel le maire doit établir les actes intéressants l'état des personnes : naissance, mariage, adoption, décès, divorce... Il agit dans ce cas sous le pouvoir de surveillance et de contrôle du procureur de la République à même de lui adresser toute observation ou injonction utile (C. civ., art. 53). Elles lui donnent ensuite la qualité *d'officier de police judiciaire* ce qui le désigne pour constater les infractions à la loi pénale et aux règles de délivrance du permis de construire, pour occuper à titre exceptionnel le siège du ministère public devant le tribunal de police, ou pour réaliser certains actes utiles au fonctionnement du service public judiciaire.

En cette qualité, il est placé « sous la surveillance du procureur général » (C. pr. pén., art. 38). Mais, les maires se trouvent rarement appelés à exercer de telles fonctions de police judiciaire qui réclament des compétences de spécialiste.

Les adjoints au maire sont également officiers d'état civil en vertu de la loi, ce qui les dispense d'une délégation du maire pour agir en la matière : CE 11 oct. 1991, *Ribaute et Balanca*, *Lebon* 331 ; *AJDA* 1991. 931, chron. C. Maugüe et R. Schwartz ; *LPA* 1991, n° 130, note T. Célérier.

Pour une question qui a fait l'actualité : le maire ne saurait obéir à sa conscience pour refuser de célébrer un mariage entre personnes du même sexe : Cons. const. 18 oct. 2013, n° 2013-353 QPC, *AJDA* 2013. 2052.

2. Compétences administratives. Elles sont éparses, parfois désignées explicitement ou implicitement par la loi (autorisation de publicité, enseignes et pré-enseignes - C. envir., art. L. 581-21 - délivrance du permis de construire en l'absence de plan d'urbanisme approuvé - C. urb., art. L. 410-1...) ; parfois qualifiées comme telles par le juge qui, dans l'incertitude s'agissant notamment des nombreuses polices spéciales du maire, se fonde sur les indices du caractère strictement subordonné de l'exercice de la compétence, et non sur sa portée d'intérêt public général, pour conclure à une action au nom de l'État :

Par exemple, CE 20 juill. 1951, *Richard*, *Lebon* 417, est un service d'État le service institué par une commune de ramassage des objets trouvés sur les victimes, exercé en collaboration avec les préfets de police dans l'intérêt de la protection des populations civiles contre les bombardements. CE 27 déc. 1987, *France Terre d'asile*, *Lebon* 263, délivrance au nom de l'État des certificats d'hébergement dans le cadre de la police des étrangers. CE 7 déc. 1990, *Di Lello*, *AJDA* 1991. 117, chron. E. Honorat et R. Schwartz, c'est au nom de l'État qu'est déterminé le ressort des écoles publiques dans la commune et les conditions d'admission des enfants. CE 4 févr. 1991, *Casanovas*, *Lebon* 745, pour la délivrance, au nom de l'État, des certificats de bonne vie et de bonnes mœurs. CE 6 févr. 1998, *ANPE*, *Lebon* 770, l'obligation légale du maire de recevoir et consigner les déclarations d'offres et de demandes d'emplois dans les communes où l'ANPE n'est pas présente fonde son action au nom de l'État.

S'y ajoute un ensemble de « fonctions spéciales » au sens de l'article L. 2122-27 CGCT qui résultent de lois particulières. C'est notamment le cas de la présidence de la commission chargée de dresser les listes électorales (C. élect., art. L. 17) et de la délivrance des cartes électorales (C. élect., art. R. 24 et R. 25).

Ce n'est pas assez dire que le maire agit sous le *pouvoir hiérarchique du préfet* que lui reconnaît formellement la jurisprudence (CE Sect. 11 juin 1982, *Berjon*, *Lebon* 221, concl. B. Genevois ; *AJDA* 1983. 42, concl., à propos de la délivrance des permis de construire au nom de l'État. CE 16 nov. 1992, *Ville Paris*, *Lebon* 406 ; *AJDA* 1993. 54, concl. H. Legal ; *RFDA* 1993. 602, note J. Morand-Deviller et D. Moreno, s'agissant de la possibilité pour le préfet d'annuler les arrêtés du maire ordonnant l'interruption de travaux dans le cadre du C. urb, art. L. 480-2). La loi autorise, en outre, le préfet, là où la théorie du pouvoir hiérarchique ne lui donne pas compétence, à se substituer au maire défaillant dans l'exercice de ses pouvoirs déconcentrés (CGCT, art. L. 2122-34), possibilité qui s'accorderait plutôt au régime de la tutelle.

31 *Bibliographie* ◇

I. – Compétences expérimentales

- Baghestani-Perrey (L.), « Le pouboir d'expérimentation normative locale, une nouvelle conception partagée de la réalisation de l'intérêt général », *LPA* 2004, n° 55, p. 6
- Boulouis (J.), « Note sur l'utilisation de la "méthode expérimentale" en matière de réformes », *in Mélanges Trotabas*, LGDJ, 1970, p. 29
- Crouzatier-Durand (F.), « L'expérimentation locale », *RFDA* 2004. 21 ; « Première évaluation des expérimentations normatives trois ans après leur consécration constitutionnelle », *LCT* 2006. 19
- Denaja (S.), « L'expérimentation, méthode privilégiée de réforme de l'administration territoriale », *RLCT* 2009. 1360
- Drago (G.), « Expérimentation et Constitution », *AJDA* 2002. 989 ; « Le droit à l'expérimentation », *in* Y. Gaudemet et O. Gohin (dir.), *La République décentralisée*, Éd. Panthéon-Assas, 2004, p. 65 ; « Le droit de l'expérimentation », *in Mélanges Terré*, Dalloz/Juris-Classeur/PUF, 1999, p. 229
- Faure (B.), « L'intégration de l'expérimentation au droit public français », *in Mélanges Moderne*, Dalloz, 2004, p. 165 ; « Les expérimentations et le principe d'égalité », *in* M. Long (dir.), *Égalité et services publics territoriaux*, LGDJ, 2005 p. 41 ; « Les relations paradoxales de l'expérimentation et du principe d'égalité », *RFDA* 2005. 1150
- Fialaire (J.), « Le droit à l'expérimentation des collectivités territoriales et la subsidiarité : les apparences et les faux-semblants d'une prétendue territorialisation des normes », *in Subsidiarité infra-nationale et territorialisation des normes*, PUR, 2004, p. 11
- Lambin Gourdin (A.-S.), « L'expérimentation dans la gestion des fonds structurels européens : le cas de l'Alsace », *in* J. Fialaire (dir.), *Subsidiarité infra-nationale et territorialisation des normes*, PUR, 2004, p. 62
- Lapouze (E.), « L'expérimentation par les collectivités territoriales », *JCP Adm.* 2006. 307
- Le Roux (M.), « La régionalisation ferroviaire : de l'expérimentation au transfert de compétence », *in* J. Fialaire (dir.), *Subsidiarité infra- nationale et territorialisation des normes*, PUR, 2004, p. 35
- Luchaire (Y.), « Une nouveauté constitutionnelle en matière de décentralisation : l'expérimentation », *Mélanges Delpérée*, Bruylant LGDJ, 2007, p. 909
- Mamontoff (C.), « Réflexions sur l'expérimentation et le droit », *RD publ.* 1998. 351
- Mélin Soucramanien (F.), « Droit à l'expérimentation », *in La République décentralisée*, L'Harmattan, 2003, p. 265
- Moreau (J.), « De l'expérimentation », *JCP Adm.* 2002. 98
- Pissaloux (J.-L.), « Réflexions sur l'expérimentation normative », *Dr. adm.* 2003. 12
- Pontier (J.-M.), « L'expérimentation et les collectivités locales », *Rev. adm.* 2001. 169 ; « La loi organique relative à l'expérimentation par les collectivités territoriales », *AJDA* 2003. 1715
- Rrapi (P.), « Bilan des expérimentations prévues par la loi du 13 août 2004 : la difficile introduction du concept en France », *JCP Adm.* 2008, n° 52, p. 23
- Roux (A.), « Constitution, expérimentation et décentralisation », *Mélanges Philip*, Economica, 2005, p. 207
- Verpeaux (M.), « La loi organique relative à l'expérimentation par les collectivités locales », *JCP Adm.* 2004. 1333

II. – Compétences déléguées entre collectivités territoriales

- Bosseboeuf (C.), « L'acte III de la décentralisation : quelques réflexions sur le système de compétences déléguées », *BJCL* 2014. 234
- Degoffe (M.) et Dreyfus (J.-D.), « Transfert de compétences et conventions dans le droit de l'intercommunalité », *AJDA* 2001. 807
- Fatome (E.) et Moreau (J.), « Les relations contractuelles entre collectivités publiques. L'analyse juridique dans le contexte de la décentralisation », *AJDA* 1990. 144
- Tesoka (L.), « Les rapports entre catégories de collectivités territoriales », thèse Montpellier 2003

III. – Compétences déléguées au maire

- Bénoit (F.-P.), « Le maire et les adjoints », *Rép. Coll. locales* fasc. 450 s.
- Bordier (D.), « Le maire officier de police judiciaire, to be or not to be », *AJDA* 2012. 189
- Cassia (P.), « Le maire agent de l'État », *AJDA* 2004. 245
- Provin (E.), *Les pouvoirs du maire en tant qu'officier d'état civil*, thèse Paris X-Nanterre, 2007

TITRE 3

LES RESSOURCES DES COLLECTIVITÉS DÉCENTRALISÉES

732 La structure des ressources des collectivités territoriales n'est pas sans intérêt en ce qu'elle fait apparaître la dépendance dans laquelle celles-ci se trouvent au regard de l'État. L'origine de ces ressources, leur régime juridique, est, en effet, susceptible de battre en brèche le principe de la subordination des moyens aux fins d'une personne morale autonome : d'abord en ce que, très banalement, les collectivités ne peuvent agir que dans les limites des moyens qui leur sont alloués ou reconnus, mais surtout, et plus fondamentalement, parce que ses moyens apparaissent simultanément comme une contrainte par laquelle l'État délimite de façon plus ou moins négative leur capacité à mobiliser ces ressources et à déterminer leur action. La question des finances s'est ainsi toujours résorbée dans celle de la tutelle. On note, cependant, des progrès considérables par rapport à une époque où la décentralisation était peu poussée au plan administratif et à peu près inexistante au plan financier. Par la pratique des subventions affectées, des fonds communs, l'État a pu longtemps contrôler la gestion communale et départementale. Mais, aujourd'hui, les collectivités participent très directement à la détermination du montant global de leurs ressources, comme à leur affectation ; encore que le phénomène s'estompe sous l'effet conjugué de l'alourdissement des charges imposées par l'État et de la suppression de leur principal impôt, la taxe professionnelle.

Dans les développements à suivre, on ne donnera qu'un aperçu général des ressources des collectivités qui pourra être complété à la lecture des manuels spécifiques à la matière.

733 ***Bilan statistique*** ◊ L'administration décentralisée coûte cher : les dépenses liées à ses responsabilités s'élèvent à près de la moitié des dépenses publiques totales. Ses investissements représentent les trois quarts des investissements publics dans l'État (hors secteur productif). Toutefois, si ses dépenses n'atteignent pas 10 % du Produit intérieur brut, contrairement au cas d'États étrangers comparables, c'est qu'elle reste moins impliquée dans les dépenses hospitalières, de chômage et d'exclusion, ainsi que d'enseignement, particulièrement budgétivores.

Entre 1982 et 2003, on avait assisté à la multiplication par 11 des budgets des régions, par 2,6 de celui des départements et par 2,7 de celui des communes. La dernière vague de décentralisation en 2004 a engendré une *progression sans pareil du volume budgétaire des collectivités* avec une augmentation sensible de leurs dépenses de gestion (entre 2000 et 2010 on observe une progression des dépenses de personnel de 161 % pour les départements sous l'effet principal de leurs nouvelles responsabilités en matière sociale et routière, de 600 % pour les régions avec, notamment, les effets des transferts de personnels liés aux missions dévolues en 2004. La progression est de 40 % pour les communes. DGAFP avr. 2011). La rémunération du personnel représente aujourd'hui 35 % des dépenses de fonctionnement des collectivités. Elle fome le premier poste de dépenses pour les communes (*Les finances publiques locales*, Cour des comptes, oct. 2013). En rapport, on enregistre une progression des recettes de fonctionnement qui emporte modification de leur structuration. Les recettes fiscales s'accroissent sous l'effet de la progression des impôts indirects (taxe intérieure sur les produits pétroliers, taxe spéciale sur les conventions d'assurance...). Mais, la part des recettes constituée par les dotations de l'État se trouve augmentée des nombreuses compensations de charges, entraînant un recul - en proportion - des recettes de fiscalité directe, notamment en raison d'un ralentissement de la hausse des taux des impôts directs. Voir le rapport de l'Observatoire des Finances locales : « Les finances des collectivités locales en 2007 » (A. Laignel et J. Bourdin).

Il est difficile d'évoquer l'idée d'un « système financier local » dans la mesure où le financement des collectivités se réduit empiriquement à une juxtaposition de sources de financement, d'expédients calculés au plus juste par l'État pour faire face à des besoins sans cesse grandissants et qui rendent sa présentation et son étude logique difficiles (Section 1). Un effort s'imposait donc pour dégager des relations financières entre l'État et les collectivités des principes essentiels permettant d'organiser la matière autour de l'idée d'un « pouvoir financier local » (Section 2).

SECTION 1. CADRE CONSTITUTIONNEL DES RESSOURCES LOCALES

734 ***Affirmation d'un « pouvoir financier » local en droit constitutionnel*** ◊ La réforme du 28 mars 2003 a intégré au titre XII de la Constitution des principes qui se présentent comme une conquête des collectivités territoriales sur l'État. Ceux-ci affirment des règles de conduite supérieures auxquelles le législateur doit se conformer lorsqu'il fixe le régime des finances locales. On les résume sous l'idée d'un « pouvoir

financier » local. Celui-ci ne s'identifie pas à une règle unique mais à toutes celles qui figurent au sein de l'article 72-2 Const. et qui s'ordonnent à peu près sous l'idée que *les collectivités doivent disposer de ressources suffisantes, suffisamment autonomes dans leur origine comme dans leur emploi.*

Mais, dans l'avancée réalisée, il y a les nuances, voire les contradictions lorsque les mesures d'exécution concrètes se retournent contre le principe qu'elles sont chargées de mettre en œuvre. Ainsi, la notion de « ressources propres » retenue pas la loi organique dépasse l'idée qu'on doit s'en faire dans le but d'organiser le contournement des contraintes que venait de poser le constituant. Ensuite, certaines dispositions expriment des intentions si générales que leur mise en œuvre suppose pour se réaliser un arsenal législatif immense et suffisamment efficace comme c'est le cas en matière de péréquation. Enfin, la réforme ne pose pas toujours des principes nouveaux mais reprend des principes jurisprudentiels implicitement dégagés du principe de libre administration, de sorte que la réforme n'en est, en ce sens, qu'une codification. Elle réaffirme plus qu'elle n'affirme.

On évoquera successivement, dans l'ordre retenu par l'article 72-2 Const., les principes posés.

§ 1. Le principe de libre disposition des ressources

735 Le principe affirmé par l'article 72-2 alinéa 1 signifie que les collectivités disposent d'un *pouvoir discrétionnaire quant à l'usage de leurs ressources.* Mais, sachant qu'il est difficile de cloisonner les intérêts généraux de l'État avec ceux particuliers à chacune des collectivités, cette règle de liberté doit se concevoir restrictivement de manière à autoriser la collaboration de tous les acteurs publics sur des politiques générales décidées par l'État (logement social, solidarité, enseignement...). En ce sens, la précision constitutionnelle selon laquelle cette liberté doit s'exercer « dans les conditions fixées par la loi » doit s'entendre comme un élément réducteur. En définitive, le principe s'appréciera de manière résiduelle, au vu de la part préservée à la libre appréciation des dépenses. On sait qu'elle peut être minoritaire, bien des départements consacrant plus de la moitié de leurs ressources budgétaires au règlement de leurs charges légales d'aide sociale.

Il est envisageable que le tracé des limitations ne diffère pas sensiblement de celui dessiné par le Conseil constitutionnel au titre du *contrôle des dépenses rendues obligatoires par le législateur* sur le fondement du principe de libre administration. Celles-ci font l'objet d'un examen approfondi par lequel le juge constitutionnel s'assure de la définition suffisamment précise « quant à leur objet et leur portée » de ces limitations, de leur rapport à des « exigences constitutionnelles » ou des « fins d'intérêt général » et de leur impossibilité à méconnaître « la compétence propre des collectivités » : Cons. const. 7 déc. 2000, n° 00-436 DC, *Loi sur la solidarité et le renouvellement urbain, Rec. Cons. const.* 176 ; *AJDA* 2001. 18, note J.-E. Schoettl ; *D.* 2001. 1840, note L. Favoreu et M. Fatin-Rouge ; *RFDC* 2001. 346, note F. Mélin-Soucramanien ; *JCP* 2001. 494, note Bourgeois ; *BJDU* 2001. 146, note J. Trémeau ; *LPA* 28 déc. 2001. 26, note F. Robbe. V. ég. 29 mai 1990, n° 90-274 DC, *Loi visant à la mise en œuvre du droit au logement, Rec. Cons. const.* 61 ; *RFDC*

1990. 497, note L. Favoreu ; *RDSS* 1990. 711, note X. Prétot ; *Pouvoirs locaux* déc. 1990. 85, et mars 1991. 16, note G. Vedel.

En bonne logique, cette règle devrait éliminer la pratique des subventions affectées, accordées par l'État sous condition d'utilisation particulière, mais il est difficile de lui interdire totalement d'inciter financièrement les collectivités à collaborer à ses priorités en matière de politiques publiques.

§ 2. **Le principe d'une fiscalité locale propre**

736 ***Notion de fiscalité locale propre, art. 72-2 al. 2 Const.*** ◊ Il ne faut pas se méprendre sur la portée juridique de cette expression : la fiscalité locale propre demeure liée aux autorisations de la loi et au pouvoir fiscal d'État. Elle consiste concrètement dans l'aptitude des collectivités à recevoir tout ou partie des impositions de toute nature pour lesquelles elles peuvent fixer, dans une certaine mesure, le taux et l'assiette. Au regard du droit d'États voisins, pourtant autrement plus décentralisateurs que le nôtre, l'existence d'un tel pouvoir fiscal propre au profit des collectivités en France fait figure d'originalité remarquable. Sans doute, ce pouvoir n'autorise pas nos collectivités à se doter d'impôts nouveaux en raison de la compétence que la Constitution réserve formellement au Parlement en la matière (art. 34 Const. selon lequel la loi « détermine l'assiette, le taux et les modalités de recouvrement des impositions de toutes natures »). De sorte que les impôts locaux sont toujours des anciens impôts d'État transférés par lui aux collectivités. Nonobstant, une pratique « coutumière » (R. Hertzog) ne s'est jamais opposé à la décentralisation du pouvoir de fixer les taux des impôts - sous certaines limites - dont les collectivités sont habilitées à recevoir le produit (notamment les taxes d'habitation, foncières et professionnelle depuis la L. 10 janv. 1980). L'évolution du droit législatif avait également autorisé les collectivités à modifier l'assiette des impôts transférés en les habilitant à consentir des abattements au profit de certaines catégories de contribuables pour des motifs sociaux ou économiques. Ce sont ces permissions législatives en matière fiscale qui se trouvent désormais consacrées sous l'idée de pouvoir fiscal propre.

737 ***Encadrement des taux des impôts directs locaux*** ◊ Il faut ajouter que la préoccupation - et non l'impératif juridique - de contenir tout à la fois les inégalités de traitement entre les contribuables et les augmentations de la pression fiscale a conduit à retenir une conception limitée de ce pouvoir fiscal local. Cela se traduit par la définition de règles d'encadrement d'évolution des taux, ceux-ci ne devant pas dépasser un plafond légal calculé selon la moyenne nationale de l'année précédente. En outre, les différents taux sont liés entre eux dans leur évolution de manière à éviter qu'une partie de la population (les étudiants au titre de la taxe d'habitation, par exemple) n'ait à supporter, par une augmentation des taux, d'éventuels

allègements de taux consentis à une autre partie (les entrepreneurs au titre de la cotisation foncière des entreprises, par exemple). Mais, quand, pour une moyenne nationale de 1, la pression de la fiscalité régionale est de 1,69 en Limousin et de 0,48 en Ile-de-France, ne s'éloigne-t-on pas de l'idée d'une justice fiscale ? Les contraintes légales n'ont pas lavé la notion pouvoir fiscal local des reproches de féodalisme fiscal qu'elle s'est attirée.

§ 3. Le principe d'un niveau « déterminant » de « ressources propres »

38 ***Origine du principe*** ◊ Ce principe s'inscrit en réaction à l'évolution de la structure des ressources locales constatée dans les années 1990 qui voyait, sous l'effet d'une politique nationale de réduction de la pression fiscale, la part de ressources fiscales des collectivités régresser au profit de celle constituée par les dotations de l'État. Or, les deux types de ressources n'entretiennent pas les mêmes rapports à l'autonomie locale en ce que les recettes fiscales sont librement modulables et donc mobilisables de façon autonome à l'inverse des dotations. Voilà pourquoi, les élus locaux se sont émus de la perte de leurs recettes fiscales en dépit de la compensation du manque à gagner par l'augmentation de la Dotation globale de fonctionnement qui leur est allouée (approximativement 15 milliards d'euros transformés en dotation en 2003). Ils ont pris l'occasion de la réforme constitutionnelle de 2003 pour rigidifier l'état du droit en incorporant au sein de la Constitution un principe visant à stopper cette incessante régression de la part des recettes fiscales. Ce principe qui impose une part « déterminante » de ressources propres dans le budget des collectivités constitue le point central de ce pouvoir financier local consacré en 2003 et celui dont les termes furent les plus âprement discutés des constituants (art. 72-2 al. 3 Const.).

La proportion des recettes fiscales s'était réduite entre 1997 et 2002 de 58,2 % à 54,7 % pour les communes, de 58,3 % à 52,2 % pour les départements, de 57,8 % à 36,5 % pour les régions. Le Conseil constitutionnel avait parallèlement posé l'interdiction de « restreindre les ressources fiscales des collectivités territoriales au point d'entraver leur libre administration », mais sans jamais trouver l'occasion de censurer la loi à ce sujet. Voir à propos de la suppression de la composante salariale de l'assiette de la taxe professionnelle, Cons. const. 29 déc. 1998, n° 98-405 DC, *Loi de finances pour 1999, Rec. Cons. const.* 326 ; *AJDA* 1999. 14, note J.-E. Schoettl ; *LPA* 2 août 1999. 22, chron. B. Mathieu et M. Verpeaux ; *RFFP* 1999. 171, note B. Plagnet ; *RFDC* 1999. 129, note L. Philip. À propos de la suppression de la part régionale de la taxe d'habitation, Cons. const. 12 juill. 2000, n° 00-432, *Loi de finances rectificative pour 2000, Rec. Cons. const.* 104 ; *AJDA* 2000. 739, note J.-E. Schoettl ; *RFDC* 2000. 830, note L. Philip ; *Rev. Trésor* 2000. 595, note Pissaloux ; *LPA* 1er août 2001. 15, note P. Raymond. À propos de la suppression de la « vignette automobile », Cons. const. 28 déc. 2000, n° 00-441, *Loi de finances pour 2001, Rec. Cons. const.* 211 ; *LPA* 4 févr. 2001, note J.-E. Schoettl, et 2 août 2001. 26, note P. Raymond ; *RFDC* 2001. 137, note L. Philip ; *RD publ.* 2001. 913, note R. Pellet ; *D.* 2001. 1767, note D. Ribes.

739 ***Évaluation de la « part déterminante »*** ◊ La loi organique n° 04-758 du 29 juillet 2004 établit que cette part « ne peut être inférieure au niveau constaté au titre de l'année 2003 » (art. 4). Le ratio d'autonomie financière ainsi pris en référence est de 60,8 % pour les communes et les EPCI, de 58,6 % pour les départements et de 41,7 % pour les régions. Il doit donc être calculé et apprécié séparément pour chaque catégorie de collectivité. Cette garantie défensive n'a finalement pas d'autre ambition que le maintien du *statu quo* au regard d'une situation déjà regardée comme dégradée. Elle plaçait pourtant le législateur devant des difficultés insurmontables au moment de financer les nouveaux transferts de compétences de 2003-2004.

740 ***Sanction du non-respect de la « part déterminante de ressources propres »*** ◊ Une sanction est organisée : le gouvernement doit remettre chaque année un rapport au Parlement sur l'évolution de ce *ratio*. Si d'aventure il apparaissait qu'il n'était plus respecté, des dispositions tendant à rehausser la part de ressources propres devraient être prises au plus tard par la loi de finance pour la deuxième année suivant ce constat (CGCT, art. LO 1114-4). Mais, si le législateur s'abstient, il ne sera pas sanctionné du fait de l'absence de contrôle des inconstitutionnalités par omission en droit français (Cons. const. 29 déc. 2005, n° 05-530, *Loi de finance pour 2006*, *JO* 31 déc. 2005. 20705).

741 ***Interprétation extensive de la notion de « ressources propres »*** ◊ Sans doute, le législateur s'était-il lié inconsidérément : face à la difficulté d'inventer de nouvelles ressources fiscales décentralisées pour financer la réforme en cours, toute nouvelle dotation devait, par un phénomène de vases communicants, faire chuter le *ratio* et heurter le principe d'autonomie financière. C'était précisément le cas avec l'attribution aux départements d'une fraction de la taxe intérieure sur les produits pétroliers (TIPP) pour faire face à leurs nouvelles charges d'aide sociale. Celle-ci prend le caractère d'une dotation déguisée puisqu'elle est attribuée par l'État en fonction des besoins propres à chaque département qui ne pourra en déterminer ni l'assiette, ni le taux. La définition de « ressources propres » devait alors servir de variable d'ajustement pour sortir de l'impasse. À la faveur d'un amendement parlementaire, sa définition légale devait inclure, outre les redevances des services publics et autres recettes, outre les impositions « de toutes natures dont la loi autorise à fixer l'assiette, le taux ou le tarif », celles dont la loi « détermine, par collectivité, le taux ou *la part locale* d'assiette » (art. 3). Cette expression confuse doit être comprise comme incorporant aux « ressources propres » tout impôt national pour lequel les autorités décentralisées ne pourront agir sur le rendement, mais dont l'assiette et l'affectation peuvent être localisées. Ce faisant, la loi organique, avec la complicité du Conseil constitutionnel, s'est placée à contre-courant de la logique de la réforme constitutionnelle qu'elle était pourtant appelée à servir avec pour effet concret d'obtenir artificiellement la remontée du

ratio de ressources propres [1] à partir de ressources qui maintiennent les collectivités en état de dépendance vis-à-vis du pouvoir central. La réforme a manqué sa cible et trahi les intentions affichées au départ.

Fidèle à sa position initiale le Conseil constitutionnel ne devait pas regarder la *Contribution sur la valeur ajoutée des entreprises* autrement qu'une ressource propre, nonobstant la considération que les collectivités n'en déterminent pas le taux. Il suffit pour emporter cette qualification que la part locale d'assiette soit constituée par la localisation de l'entreprise contribuable sur le territoire de la collectivité (Cons. const. 29 déc. 2009, n° 09-599 DC, *Loi de finance pour 2010*, consid. 60 à 65, *Cah. Cons. const.* 2010, n° 28, p. 19). Appelle, au surplus, une mention spéciale la conclusion que s'autorise le Conseil constitutionnel selon laquelle « il ne résulte ni de l'article 72-2 de la Constitution, ni d'aucune autre disposition constitutionnelle que les collectivités territoriales bénéficient d'une autonomie fiscale » (même décis., consid. 64).

Cela signifie l'abandon implicite de l'exigence selon laquelle les transferts d'impôts d'État devaient représenter au moins la moitié des ressources locales, mais qui n'avait pour elle que la force d'une simple loi (art. 95 L. 7 janv. 1983).

§ 4. **Le principe de compensation des charges financières**

742 Ce principe est étudié avec les principes directeurs de la détermination des compétences décentralisées. On pourra s'y reporter, v. ss 652 s.

§ 5. **Le principe de péréquation**

743 ***Définition*** ◊ La péréquation constitue un mécanisme de redistribution des ressources dans l'intérêt de réduire les écarts de richesses entre collectivités territoriales. Elle trouve sa justification dans l'idée de solidarité nationale et d'égalité entre collectivités afin que chacune dispose de possibilités assez comparables de rendre les mêmes services à leurs habitants. Or, les disparités de potentiel fiscal sont flagrantes d'une collectivité à une autre : quoi de commun entre une petite commune de montagne dont les recettes ne permettent pas le moindre investissement et une autre commune qui, située à la périphérie d'une agglomération, percevra la contribution économique liée à l'accueil d'un aéroport sur son territoire ? Ce constat nous ramène aux problèmes actuels de la décentralisation dont les structures devraient être repensées sur des bases territoriales et humaines suffisantes, donc plus égales.

Opérant une conciliation entre « le principe de liberté et celui d'égalité », la péréquation n'est pas regardée par le juge constitutionnel comme un droit subjectif propre à chaque collectivité lui permettant de fonder une QPC (Cons. const. 22 sept. 2010, n° 2010-29 à 37 QPC, *RFDA* 2010.

1. Ce ratio a ainsi progressé depuis 2003 de 2,4 points pour les communes, leurs groupements et les régions et de 7,8 points pour les départements.

1257, chron. A. Roblot-Troizier et T. Rambaud ; *JCP Adm.* 2010. 28, n° 41, note J.-M. Pontier ; *AJCT* 2010. 119, obs. P. Philip-Gay ; *AJDA* 2011. 218, note M. Verpeaux).

Il appartient naturellement à l'État d'initier et d'organiser cette politique de péréquation ainsi qu'en dispose l'article 72-2 alinéa 5 : « La loi prévoit des dispositifs de péréquation destinés à favoriser l'égalité entre les collectivités territoriales ». Mais les contours de cette politique - pour laquelle la Constitution ne formule ni délai, ni résultat - sont encore mal définis : celle-ci trouve sa place dans diverses réformes, divers mécanismes qui ne relèvent que pour partie de sa logique. Elle œuvre seulement comme correctif à la marge d'un système général dominé par « l'autonomie financière » des collectivités ; d'où l'abondance de recours juridictionnels visant à contester, sinon le principe établit par la Constitution, à tout le moins ses modalités de mise en œuvre (Cons. const. 29 juin 2012, *Départements de la Seine-Saint-Denis et du Var*, n° 2012-255-265 QPC, *AJCT* 2012. 569, obs. E. Pechillon ; *AJDA* 2013. 1295, étude A. Hastings Marchadier) [1]. En dépit d'efforts soutenus ces dernières années, ses résultats sont généralement considérés comme insuffisants au regard de l'importance flagrante des inégalités territoriales.

744 ***Modes de péréquation*** ◊ La péréquation se concrétise selon trois méthodes. Elles forment un ensemble complexe, instable reposant sur l'accumulation de procédés particuliers s'inspirant de cette idée. *La péréquation horizontale* : elle s'effectue des collectivités les plus favorisées vers les plus pauvres par divers fonds au niveau communal (*fonds national des recettes fiscales intercommunales et communales*, depuis 2010) ou départemental (*fonds national de péréquation des droits de mutation à titre onéreux*, depuis 2011). Mérite d'être signalé le *Fonds de solidarité entre les communes de la région Ile-de-France* (FSRIF) permettant de compenser les inégalités entre les communes de la région parisienne et financé par un prélèvement sur les ressources fiscales des communes et EPCI les plus aisés (depuis 1991). *La péréquation verticale* : elle s'exerce par l'intermédiaire des dotations de l'État, notamment la *Dotation globale de fonctionnement*, dont une partie vise à corriger l'insuffisance de potentiel fiscal de la collectivité. Signalons également le *Fonds national de péréquation des recettes de cotisation*

1. Les objectifs annoncés visent à garantir à toute collectivité entre 75 % et 90 % des ressources moyennes constatées au niveau national. V. V. Barbé, « La péréquation, principe constitutionnel », *RFDC* 2010. 3 ; C. Darbousset, *La notion de péréquation en droit public*, thèse La Rochelle, 2011 ; M. Houser, « La péréquation entre départements », *RFDA* 2011. 157 et « La construction de la péréquation intercommunale », *RFFP* 2012. 1049 ; V. Aubelle, « LE FPIC ou les nouveaux contours de la péréquation horizontale », *RLCT* 2012, n° 76 p. 15 ; A. Mongiavillano, « La péréquation et le principe d'égalité », *RFDC* 2012. 125 ; A. Hastings Marchadier, « La péréquation financière horizontale et la Constitution », *AJDA* 2013. 2294 et « Le mécanisme de péréquation financière horizontale au regard de la jurisprudence constitutionnelle et administrative », *RFFP* 2014. 131 ; A. Debarge et G. Huet, « Esquisse d'une péréquation horizontale », *JCP Adm.* ; 2013 n° 2192.

sur la valeur ajoutée des entreprises (CVAE), la *Dotation de solidarité urbaine* (DSU) et les *Fonds nationaux de garantie individuelle des ressources* (FNGIR) destinés à garantir les pertes de ressources fiscales pour tout type de collectivités à partir de 2011. *Les dispositifs ponctuels* : notamment à l'occasion de transferts de compétences, l'État peut moduler les crédits alloués à la collectivité investie eu égard à sa situation particulière.

La péréquation est essentiellement satisfaite par les mécanismes verticaux mais qui présentent l'inconvénient de peser directement sur le budget de l'État. Constatons également que la régression actuelle des dotations de l'État qui s'ensuit joue comme un facteur défavorable à la péréquation

SECTION 2. NATURE DES RESSOURCES LOCALES

745 Les ressources des collectivités sont à la hauteur de leurs responsabilités qui n'ont cessé de s'accroître par l'effet des politiques de transfert de compétences. Il s'ensuit qu'aucune source de financement ne s'avère à elle seule suffisante. Il a fallu procéder à la diversification de ces financements ce qui donne au sujet un aspect d'une rare complexité et instabilité que seule une réforme substantielle de l'ensemble de la fiscalité d'État, désespérément attendue, serait efficace à corriger.

Pour l'essentiel, les collectivités se financent par des recettes ordinaires, principalement, les recettes fiscales et les aides de l'État. S'y ajoutent accessoirement les revenus des biens du domaine et des services rendus lorsqu'ils en dégagent. Le recours à des ressources accidentelles a néanmoins été libéralisé, notamment pour mener grâce à l'emprunt des opérations de plus grande ampleur et préparer l'avenir.

§ 1. Ressources fiscales

746 ***Structure de la fiscalité locale*** ◊ On a vu le principe de base selon lequel une collectivité territoriale est constitutionnellement incompétente à se financer par un impôt qu'elle aurait institué de toutes pièces pour ses propres besoins. En droit positif français, l'idée de fiscalité propre se ramène à l'aptitude pour ces collectivités à percevoir le produit de ceux que la loi met à leur disposition tout en étant susceptible d'aménager la règle fiscale, notamment de déterminer, chaque année, leur taux et de décider d'éventuels abattements. Ce financement correspond à la marge d'autonomie dont elles disposent pour porter leurs ressources au niveau désiré.

Ces ressources fiscales proviennent principalement d'impôts directs. La fiscalité indirecte s'est progressivement agrégée aux aides de l'État et demeure, pour ce qu'il en reste, plus marginale (taxe locale d'équipement, versement transport, taxe sur les conventions d'assurance, taxe de séjour, droits de mutation...). Il n'existe aucun impôt indirect à grand rendement. Depuis la fin des années 1990, la fiscalité directe tend à subir la même évolution, la compensation d'allègements fiscaux décidés par l'État se trouvant intégrée à la Dotation globale de fonctionnement. Toutefois, l'essentiel du système de la fiscalité directe locale repose relativement solidement sur les quatre grandes taxes que sont la contribution économique territoriale, la taxe d'habitation, les taxes foncières sur la propriété bâtie et non bâtie. Elles fournissent les trois-quarts de l'ensemble des recettes fiscales.

747 ***Spécialisation de la fiscalité locale*** ◊ La politique d'allègement de la fiscalité par l'État fait apparaître ce résultat : il devient possible d'identifier chaque catégorie de collectivité territoriale à un impôt qui est le sien et la rémunère à titre principal. On passe donc insensiblement d'une fiscalité de superposition, par laquelle les trois catégories de collectivités se partageaient les quatre grandes taxes directes, à une fiscalité de spécialisation. L'intérêt est que la fiscalité locale soit mieux gouvernée par un principe d'ordre et de transparence. Mais l'évolution n'est ni volontaire, ni parfaite : elle découle de manière aléatoire de réformes successives de l'État œuvrant en faveur de l'allègement de la fiscalité des ménages et des entreprises sans considération d'ensemble sur l'état de la fiscalité locale dont le volume total des recettes tend manifestement à décroître.

Les communes et leurs groupements disposent encore des possibilités fiscales les plus larges : outre la taxe d'habitation, des taxes foncières sur les propriétés bâties et non bâties, elles perçoivent la cotisation foncière des entreprises (CFE) et 26,5 % de la cotisation sur leur valeur ajoutée (CVAE) (en substitution de la taxe professionnelle depuis le 1er janv. 2011), une partie des impositions forfaitaires sur les entreprises de réseaux (IFER), la taxe sur les surfaces commerciales et la taxe additionnelle sur les propriétés non bâties.

Les départements perdent leurs recettes liées à la taxe d'habitation mais conservent la taxe foncière sur la propriété bâtie, 48,5 % de la CVAE, la taxe spéciale sur les conventions d'assurance et une partie des composantes de l'IFER.

Les régions ont été durement affectées par les réformes de la fiscalité locale : elles ont perdu toute recette issue des quatre grandes taxes directes excepté 25 % de la CVAE. Elles reçoivent, en outre, la totalité de l'IFER assise sur le matériel ferroviaire roulant utilisé pour le transport des voyageurs et sur les répartiteurs téléphoniques.

748 ***Régime des quatre taxes directes*** ◊ Il n'y a pas lieu de s'attarder sur le régime de ces quatre taxes dont l'étude ressort davantage aux enseignements de droit fiscal. Ces taxes se présentent comme le prolongement d'anciens impôts d'État que celui-ci, au terme d'une longue et prudente évolution, a fini par décentraliser. Jusqu'en 1959, s'est imposé le système des *centimes additionnels* perçus sur des anciens impôts d'État (contributions mobilières, foncières et patentes) dont les montants étaient calculés comme s'ils avaient continué à être perçus au profit de l'État. L'ordonnance du 7 janvier 1959 programme l'évolution à venir qui trouvera à son aboutissement par la loi du 10 janvier 1980 : sont substitués au précédent modèle des centimes additionnels, les taxes autonomes actuelles qui s'attachent aux mêmes éléments mais dont les bases d'imposition sont modernisées (valeur locative des biens) et les taux sont votés, sous certaines limites, par la collectivité : les « conseils généraux, municipaux et instances délibérantes des organismes de coopération intercommunale

dotées d'une fiscalité propre votent chaque année les taux des taxes foncières, de la taxe d'habitation et de la taxe professionnelle » (art. 1er L. 1980).

1. La contribution économique territoriale (CET) [1]. La loi de finances pour 2010 la substitue à l'ancienne taxe professionnelle, la plus considérable de toutes les impositions locales en ce qu'elle fournissait près de la moitié du produit total des quatre taxes. Mais regardée comme un impôt anti-économique, ses bases d'imposition avaient été progressivement sapées aboutissant à la vider de sa substance. Avec la Contribution économique territoriale, un nouveau mode de taxation économique la remplace depuis 2011. Mais instituée pour les besoins de la compétitivité internationale des entreprises, cette nouvelle contribution avait pour vocation d'alléger les charges des entreprises et on s'attendait à des recettes nettement diminuées [2]. Les fortes variations de recettes redoutées avec la réforme ne se sont pas concrétisées (7,5 % en 2013) [3].La contribution économique territoriale se compose de deux contributions d'inégale importance. La contribution foncière des entreprises (CFE) d'une part assise sur la valeur locative des immeubles et des terrains imposables relevant de deux taxes foncières. Elle correspond à part foncière de l'ancienne taxe d'habitation et reste déterminée dans les mêmes conditions, la collectivité en fixant son taux. Elle s'élève à 20 % du montant total de l'ancienne taxe professionnelle approximativement. La contribution sur la valeur ajoutée des entreprises (CVAE) d'autre part, indexée sur la richesse produite par l'entreprise à un taux nationalement décidé (1,5 % de la valeur ajoutée) et progressif selon le chiffre d'affaire. Cette dernière contribution représente les deux tiers du total de la contribution économique.

Les conséquences de la suppression de la taxe professionnelle sont radicales : les collectivités n'ont plus la même garantie de ressources ni d'évolution des ressources. Des dotations (dotation de compensation de la réforme de la taxe professionnelle, fonds national de garantie individuelle des ressource) et taxes de substitution sont mises en place mais à taux national le plus souvent (imposition forfaitaire sur les entreprises de réseau, taxe sur les surfaces commerciales...). Se trouve donc empêchée la liberté des collectivités de programmer leurs investissements en liaison avec le jeu fiscal qu'elles avaient toujours pu pratiquer par la détermination des taux, donc des recettes, de leurs impôts.

2. La taxe d'habitation. Elle alimente près du quart des recettes totales des quatre taxes. Elle doit être acquittée au premier janvier par tout propriétaire ou locataire d'un local meublé à usage d'habitation. Le montant de la contribution est obtenu par application du taux voté à cette base d'imposition (qui inclut les dépendances du local).

Cet impôt pouvait être source d'injustice à un double titre. D'abord entre les villes parce que, paradoxalement eu égard au nombre de contribuables, son poids s'alourdit à mesure que la ville devient plus importante. Elle est négligeable en zone rurale. Ensuite entre les contribuables, les logements les plus modestes étant surévalués par rapport aux logements plus confortables en raison d'un phénomène de dégressivité de l'impôt relativement à la taille du logement. C'est pourquoi, le législateur s'est résolu à personnaliser la taxe d'habitation par un système d'abattement (allègement de l'assiette pour des charges de familles ou, facultativement, pour des personnes de condition modeste) et de dégrèvement (allègement de la

1. X. Cabannes, « La contribution économique territoriale », *Rép. Coll. terr.* fasc. 7250.
2. V. toutefois le rapport B. Durieux et P. Subremon, *JCP Adm.* 2010. 427.
3. Rapport public thématique, « Les finances publiques locales », Cour des comptes, oct. 2013.

cotisation, total pour les titulaires du Revenu minimum d'insertion ou partiel pour les personnes faiblement imposées à l'impôt sur le revenu). Sans doute, le manque à gagner est compensé par l'État sous forme de dotation, mais on peut s'interroger sur la portée d'un système qui conduit progressivement à transformer la fiscalité locale en dotation (l'État assure ainsi 65 % de son financement pour la ville de Rennes). Ce que l'impôt gagne en personnalisation, il le perd en substance.

La loi de finance rectificative du 13 juillet 2000 a supprimé la taxe d'habitation des recettes fiscales de la région et la loi de finance pour 2011 a transféré aux communes la part départementale.

3. La taxe foncière sur les propriétés bâties. Les communes et les départements lui doivent le tiers de leurs ressources de fiscalité directe. Les propriétaires fonciers au premier janvier de l'année y sont assujettis (exceptés l'État, les collectivités territoriales et certains établissements publics). L'impôt a pour assiette la valeur locative des immeubles présentant le caractère de véritables bâtiments (avec ses dépendances) diminué d'un abattement de 50 % tenant compte de leurs charges d'entretien. Des exonérations sont prévues pour des personnes de condition modeste ou des personnes âgées. Depuis la loi de finance pour 2011, la part régionale de cette taxe est supprimée.

4. La taxe foncière sur les propriétés non bâties. Sa participation aux recettes de fiscalité directe peut paraître dérisoire (2 % du total), mais elle demeure une richesse non négligeable pour les plus petites communes. Tout propriétaire de terrain nu y est, en principe, soumis (sauf personnes publiques et propriétaires de certains terrains plantés en bois ou en arbres truffiers). La valeur locative du terrain est prise en considération diminuée d'un abattement de 20 % tenant compte des charges d'entretien. Des dégrèvements spéciaux sont admis en raison de phénomènes accidentels (grêle, gelée, inondation...). Depuis la loi de finance pour 2011, elle n'est plus perçue par les régions, ni par les départements. S'y substitue une taxe additionnelle assise sur un certain nombre de biens non bâtis (carrières, rues privées, terrains à bâtir, parcs et jardins...).

749 ***Intérêt des quatre taxes directes*** ◊ Le problème est que le rendement de ces quatre grandes taxes n'a jamais été de nature à résoudre de façon sérieuse les difficultés financières de la plupart des collectivités. Avec elles, les collectivités n'ont pas reçu de l'État des impôts assis sur des bases d'un grand intérêt économique. Celles-ci frappent, sur des signes apparents, la propriété immobilière et non les revenus effectifs du travail ou du capital. Il en découle la nécessité d'augmenter fréquemment les taux pour faire face à l'accroissement des charges budgétaires. À cela s'ajoute que cette *fiscalité de superposition*, prélevée sur la même matière imposable à tous les niveaux de collectivité avec des taux particuliers à chacun, crée un facteur supplémentaire d'alourdissement de la fiscalité sans que le contribuable se rende nettement compte des responsabilités propres à chaque niveau. Il reste que cette fiscalité directe qui forme la pièce essentielle de l'autonomie financière des collectivités est traversée par des évolutions contradictoires. La délimitation de ce qui entre dans cette fiscalité se restreint avec les interventions de l'État (allègements fiscaux, péréquation, suppression de parts régionales et/ou départementales, suppression de la taxe professionnelle) ou des facteurs extérieurs (crise économique et délocalisations d'entreprises). Malgré tout, le produit de ces quatre taxes a tendu à s'accroître

(+8,9 pour les départements et +11,2 pour les régions en 2006) sous l'effet conjugué d'une progression des bases (augmentation du rythme de la construction immobilière) et des taux d'imposition. Il faudra voir dans quelle mesure l'apparition de la Contribution économique territoriale modifie les solutions.

Il faut reconnaître que le problème est d'une extrême difficulté. La modernisation de la fiscalité locale passe, selon le rapport E. Balladur (mars 2009), par la révision, à des niveaux plus élevés, des bases foncières sur laquelle elle est globalement assise, avec un mécanisme de réactualisation périodique. Elle suppose aussi de réaménager la fiscalité de superposition en sorte que chaque niveau de collectivités, à titre exclusif, puisse fixer le taux d'au moins une imposition. Mais, ce ne sont que des remèdes partiels que le législateur n'a pas encore souhaité inscrire dans ses réformes (v. toutefois,le processus de révision des valeurs locatives des propriétés bâties affectées ou non à une activité professionnelle commerciale, art. 34 L. finance rectificative pour 2010).

§ 2. Ressources des dotations d'État

750 La ressource, sinon la plus importante, du moins la plus décisive des finances locales est constituée par les aides de l'État qui prennent la dénomination officielle de « dotation ». Elles se présentent comme un cadeau du pouvoir central. Mais le problème est qu'elles peuvent servir d'instrument d'assujettissement à l'État maître de leur attribution et pouvant imposer diverses obligations. Toutefois, les progrès de la décentralisation se sont fait sentir. Depuis 1982, l'engagement a été pris d'éliminer la pratique des *aides affectées* mises à la disposition des collectivités pour des dépenses spécifiques et qui ôtaient toute substance à la décentralisation. Il faut voir également que ces dotations, diversifiées dans leurs modalités d'attribution, peuvent avoir pour fonction de corriger certains déséquilibres structurels qui aboutissent à des inégalités de richesses sur le territoire.

Le volume de ces aides n'avait cessé de s'accroître à mesure que les responsabilités administratives des collectivités se faisaient plus nombreuses et leur exercice plus coûteux (+5,6 % en 2006, +3,2 % en 2007). Mais l'État, dont le déficit budgétaire ne peut plus s'accommoder de la situation, ne peut plus accepter de les augmenter. Gelées depuis 2011, elles évoluent à la baisse en 2014 (de 1 milliard d'euros) et 2015 (d'autant).

L'évolution du droit des dotations n'a toutefois pas éliminé certaines aides affectées qui sont traditionnellement pratiquées : la dotation générale des instituteurs, la dotation élu local, la dotation régionale d'équipement scolaire et la dotation départementale d'équipement des collèges... On dénombre rien moins qu'une trentaine de dotations.

751 ***La dotation globale de fonctionnement (DGF)*** ◊ Elle constitue, de loin, l'aide la plus rémunératrice (70 % des concours financiers de l'État aux collectivités en 2012) et dont les collectivités disposent librement. Elle est due aux communes, aux EPCI à fiscalité propre, aux départements et aux régions (depuis 2004) pour faire face à toute charge budgétaire.

1. Origine. Son existence résulte de la suppression de la *taxe locale sur les ventes et les prestations de service* suite à la généralisation de la TVA à compter du 1er janvier 1968. Les recettes en provenant ont d'abord été remplacées par *une participation au produit des taxes sur le chiffre d'affaire*, avant que ce versement représentatif, qui prenait la forme d'une aide adossée à un impôt, fût lui-même remplacé par la DGF avec la loi du 3 janvier 1979.

2. Régime. Ces modalités d'attribution sont dominées par la complexité, notamment en ce qu'elles sont simultanément placées au service de deux objectifs divergents : procurer aux collectivités une garantie de ressources suffisantes tout en s'efforçant de corriger les écarts de richesses entre elles. Avec la crise économique, la première préoccupation était devenue prépondérante. Le système évolue depuis un certain nombre d'années dans le sens de sa *simplification*. Qu'elle soit versée aux communes, aux départements ou aux régions, la dotation obéit, depuis 2005, à la même architecture qui s'articule sur la juxtaposition entre une *dotation forfaitaire* et une *dotation de péréquation*. Toutefois, celles-ci conservent un contenu inégal selon les niveaux. La dotation évolue également vers sa *globalisation*, la suppression de certaines taxes faisant l'objet de compensations s'intégrant à la DGF dont le montant a ainsi doublé à partir de la même année (compensation de la suppression des droits de mutation, de la taxe professionnelle, intégration de la *dotation globale de décentralisation* visant à compenser les charges liées aux transferts de compétences et dont 95 % revient aux départements et aux régions...). Les régions en abandonnent toutefois une partie depuis 2014 au profit d'une fiscalité transférée par l'État et donc d'une ressource plus dynamique. L'effort en faveur de la *péréquation* se trouve renforcé (avec une péréquation régionale depuis 1997).

3. Absence de garantie d'évolution. Le montant de la DGF a longtemps été indexé sur le produit net de la TVA, ce qui la liait à un impôt moderne et favorablement évolutif en période de croissance. Avec la loi de finances pour 2008 son augmentation était plus modestement indexée sur l'évolution des prix à la consommation des ménages (art. 34). Depuis la loi de finances pour 2011, il est prévu que son montant soit désormais fixé par chaque loi de finances, ce qui élimine tout mécanisme d'indexation, donc de progression.

752 ***La taxe intérieure sur les produits pétroliers départementale (TIPP)*** ◊ Instituée par la loi de finance pour 2004, elle est assise sur la consommation des produits pétroliers sur l'ensemble du territoire et destinée à faire face à l'augmentation des charges sociales des départements (L. 18 déc. 2003 instituant le revenu minimum d'activité). Ceux-ci ne bénéficient pas du montant de la taxe effectivement perçue sur leur territoire. S'il en avait été ainsi, on aurait encore accentué le déséquilibre financier entre les départements pauvres et les départements aisés. Le système en place, assez compliqué, consiste à former un fonds commun qui procède ensuite à une redistribution des ressources suivant des critères

tenant compte des besoins. Ses modalités d'attribution ne caractérisent pas un impôt décentralisé mais une dotation de l'État, quoi qu'en ait jugé le législateur organique en qualifiant la TIPP départementale de « ressources propres » au sens de l'article 72-2 alinéa 3 Const. (v. ss 736 s.).

Il en va différemment pour la *TIPP régionale* – créée par la loi de finance pour 2005 – susceptible de se voir appliquer des taux différenciés selon les régions après autorisation du conseil des ministres de l'Union européenne qui valait jusqu'en 2009.

753 ***La dotation globale d'équipement (DGE)*** ◊ Elle a été instituée au profit les communes et certains de leurs groupements par la loi du 2 mars 1982 (art. 103) en vue de globaliser les diverses subventions qu'accordait ponctuellement l'État pour la réalisation de travaux. Mais, évaluée au *prorata* des investissements réalisés l'année précédente, la dotation maintenait nécessairement les petites communes, où les besoins d'équipement se font moins régulièrement sentir, en position de sous-financement. La situation justifiait une réforme mais, la création d'une deuxième part (40 % du total) au profit exclusif de ces petites communes a réintroduit la tutelle du préfet – présidant une commission départementale d'évaluation des priorités d'investissement – et le système des subventions affectées (L. 20 déc. 1985). Le nouveau dispositif s'est ensuite généralisé par extension aux communes de plus de 20 000 habitants (loi du 26 mars 1996). En 2011, la DGE des communes a fusionné avec la *dotation de développement rural* pour former la *dotation d'équipement des territoires ruraux* (DETR).

Les départements sont éligibles de la dotation globale d'équipement depuis la loi du 7 janvier 1983 (modifiée notamment en 2006 pour l'intégrer partiellement à la dotation globale de fonctionnement). L'État s'est opposé à une DGE régionale au motif que les domaines de compétence de la région ne sont pas exclusifs de ceux de l'État.

754 ***Le fonds de compensation de la TVA (FCTVA)*** ◊ Il constitue l'aide à l'équipement le plus considérable, son montant étant trois fois supérieur à celui de la DGE. Ce fonds n'est cependant pas un cadeau de l'État puisqu'il correspond à la restitution de plein droit des frais de TVA supportés par les collectivités *sur leurs dépenses d'investissement*. Ces frais pouvaient s'élever à des montants supérieurs à ceux des dotations octroyées et donc être regardés, par les maires, comme « annulant » leur intérêt. Les collectivités ont obtenu restitution de leur dû par la création de ce fonds par la loi de finance rectificative pour 1975, mais dans des conditions qui n'éliminent pas toute chicane posée par l'État (remboursement à échéance de deux ans [1], plafonnement...).

La jurisprudence n'a pas manqué de se développer sur la question du champ d'application des frais éligibles au FCTVA : par exemple, CAA Lyon, 20 juin 2006,

1. Sauf exception, v. L. finance rectificative, 4 févr. 2009, *JO* 5 févr., permettant aux collectivités territoriales qui se signalent par leurs « efforts d'investissement » d'être remboursées à échéance raccourcie d'un an.

SIVOM Sept-Laux ; *AJDA* 2006. 1571, concl. D. Besles, ne sont pas éligibles les participations à une société d'économie mixte lorsqu'elles n'ont pas pour de contrepartie directe pour la collectivité mais seulement l'équilibre des comptes des concessionnaires. Même solution à propos de la création de réseaux cablés : CAA Bordeaux 16 déc. 2010, *Syndicat départemental d'électricité et de gaz de la Charente*, *AJDA* 2011. 1478, note J.-M. Vié. CE 28 avr. 2006, *Min. Intérieur, Sécurité intérieure et Libertés locales c. Cne Fertans*, *BJCL* 2006. 437, concl. F. Seners, ne sont pas éligibles les investissements consentis pour la réalisation de logement pour des « tiers » qui ne sont pas des collectivités ou établissements bénéficiaires du fonds. CE 27 oct. 2008, *Cne Atur*, *Lebon* 365 ; *AJDA* 2009. 95, concl. E. Glazer, il en va autrement pour la construction de logements sociaux dans le cadre des compétences légales de la commune. La décision de remboursement au titre du FCTVA revêt la nature d'une décision créatrice de droit, obéissant toutefois à un régime particulier : CE 23 déc. 2011, *Ministre de l'Intérieur c. communauté d'agglomération du pays de Montbéliard*, *BJCL* 2012. 133, concl. V. Daumas.

§ 3. Ressources de l'emprunt

755 Le droit pour une collectivité territoriale d'emprunter n'est plus régie dans le cadre strict de la tutelle de l'État. Il s'exerce dans des conditions de liberté à peu près totales. À ceci près qu'il ne peut s'agir que d'une ressource extraordinaire réservée à la satisfaction des besoins d'équipement des collectivités.

a) *Les organismes prêteurs*. Avant 1982, l'octroi d'un emprunt était subordonné à la nécessité d'obtenir une subvention publique préalable, solution qui permettait de mettre en accord les investissements des collectivités avec les politiques d'État en matière de planification ou d'aménagement du territoire. En contrepartie, les collectivités empruntaient à des conditions de taux privilégiées auprès d'organismes semi-publics aux mains de l'État (Caisse des dépôts et consignations, Caisses d'épargnes...). Les emprunts auprès du secteur privé n'étaient pas exclus mais assujettis à des conditions de tutelle renforcées. La création d'une *Agence de financement des collectivités locales* (2014) fait figure de nouveauté absolue : au moyen de cette société anonyme à capital entièrement détenu par les collectivités et leurs établissements publics de coopération intercommunal, ceux-ci pourront emprunter à eux-mêmes par son intermédiaire. La formule selon laquelle l'État est « le grand prêteur des collectivités locales (A. de Laubadère) aura peut-être vieilli.

b) *La liberté d'emprunter*. Elle découle aujourd'hui de l'effacement de la tutelle par la loi du 2 mars 1982 (art. 21-I). La question perd son originalité juridique, les collectivités étant placées sur le marché de l'épargne, comme tout emprunteur ordinaire, rien ne leur interdisant d'emprunter à d'autres collectivités territoriales, à l'étranger, ni d'ailleurs de faire appel public à l'épargne (CGCT, art. L. 1611-3). Mais cette nouvelle liberté a son revers : les collectivités perdent leur accès privilégié et protecteur au réseau bancaire de la Caisse des dépôts et vont subir de plein fouet les aléas généralement liés à la dégradation de la conjoncture économique : recours abusif à l'emprunt pour certaines communes conjugué à l'inflation des taux dans les années 1980, besoin accru d'emprunter du fait du développement considérable des équipements depuis 2003, souscription d'emprunts dits « toxiques » ou « structurés » caractérisés par des remboursements excédant largement les prévisions budgétaires. Le retour vers une sorte de tutelle de l'État devenait inévitable : sans réformer l'ensemble des règles du recours à l'emprunt, la loi n° 2013-672 du 26 juillet

2013 fait désormais défense aux collectivités de sourscrire des emprunts « structurés » et autres instruments financiers à risques ou opérations spéculatives, sauf... dans l'intérêt de rembourser un tel emprunt préalablement souscrit (nouveau CGCT, art. L. 1611-3-1).

Les collectivités en situation de détresse financière auront trouvé le secours du *Fonds de soutien* institué à l'initiative de l'État. Certaines collectivités ont toutefois obtenu du juge qu'il sanctionne les banques pour défaut de mention du taux effectif global (TEG) de tels contrats d'emprunt « structuré » (TGI Nanterre 8 févr. 2013, *Dpt de la Seine-Saint-Denis c. Soc. Dexia*, *BJCL* 2013. 741, note X. Cabannes ; *AJCT* 2013. 195, n° 4, note J.-D. Dreyfus et F. Mokhtar. La volonté du législateur de valider rétroactivement de tels contrats remis en cause par les juges du fond, validation motivée dans l'intérêt de « l'équilibre financier du système bancaire », s'est heurtée à la sanction du juge constitutionnel : Cons. const. n° 2013-685 DC du 29 déc. 2013, *JCP Adm.* 2014 n° 2025 ; *AJCT* 2014. 107, note J. Lasserrre Capdevielle).

756 ***Nature juridique du contrat d'emprunt*** ◊ La thèse selon laquelle les contrats d'emprunt des collectivités sont des contrats administratifs ne l'a pas emporté. La clause par laquelle la collectivité s'engage, le cas échéant, à recourir à l'impôt pour le paiement des annuités ne saurait être regardée comme une clause exorbitante susceptible de modifier la solution (CE 6 déc. 1989, *Caisse fédérale crédit mutuel Ile-de-France c. Cne Torcy, Lebon* 520 ; 6 déc. 1989, *SA crédit à l'industrie française CALIF, Lebon* 901 ; *AJDA* 1990. 484, obs. J. Moreau ; *LPA* 4 juill. 1990, note F. Llorens). Ce type de contrat ne saurait non plus passer pour accessoire à un marché public de travaux (Rép. min. n° 21368, *JO Sénat* Q 13 août 1992). V. ég. sur le principe de la non-soumission des contrats d'emprunt au Code des marchés publics, le Décr. n° 05-601, 27 mai 2005, *JCP Adm.* 2005. 1240, comm. F. Linditch.

757 ***Bibliographie*** ◊

- Bouvier (M.), *Les finances locales*, LGDJ, coll. « système », 2013
- Muzellec (R.), *Finances locales*, Dalloz, coll. « Mémentos », 2011

TITRE 4

LES AGENTS DES COLLECTIVITÉS DÉCENTRALISÉES

758 Ce titre ne prétend pas donner un résumé des différentes composantes d'un manuel de droit de la fonction publique. Il aspire simplement à signaler certains aperçus marquants et à faire saisir dans quel contexte juridique se noue réellement la construction du droit de la fonction publique territoriale.

759 ***Institution de la fonction publique territoriale*** ◊ Le processus de décentralisation s'est accompagné de la mise sur pied d'une fonction publique territoriale par laquelle les agents des collectivités sont assujettis à des règles organiques et fonctionnelles uniques quelle que soit la collectivité employeur. Avec les lois fondatrices n° 83-634 du 13 juillet 1983 relative aux droits et obligations des fonctionnaires et n° 84-53 du 26 janvier 1984 portant dispositions statutaires relatives à la fonction publique territoriale, il n'existe plus des agents communaux distincts des agents départementaux et tous régis par des textes épars, mais des *fonctionnaires territoriaux*. Sans doute, ces derniers sont rémunérés par la collectivité et font carrière à son service, mais ils sont recrutés par des concours communs et régis par des statuts particuliers s'appliquant dans toutes les catégories de collectivités et présentant un « caractère national ».

L'intérêt d'une fonction publique territoriale est de donner aux agents qui en relèvent un régime juridique de sécurité et d'unité. Leur sort pose un certain nombre de problèmes qui ont vocation à recevoir les mêmes solutions selon la collectivité employeur. La principale garantie apportée par le statut général de 1984 consiste dans l'abandon du *système de l'emploi* – on entre dans l'administration décentralisée pour y occuper un emploi déterminé sans perspective de promotion sur place – pour le *système de la carrière* qui attache le fonctionnaire à l'administration décentralisée pour toute la durée de sa vie active pendant laquelle il gravira les échelons de la hiérarchie administrative. Mais cette exigence engendre un système aussi original que complexe et coûteux par lequel la gestion du personnel est partagée entre les autorités décentralisées et des organismes inter-territoriaux (Centres de gestion, Centre national de la fonction publique territoriale).

760 ***Champ d'application du statut de la fonction publique territoriale*** ◊ On recense plus de 1 825 000 agents des collectivités se trouvant dans des situations juridiques très disparates, 70 % seulement d'entre eux présentant la qualité de fonctionnaire relevant du statut général de 1984. Celui-ci circonscrit son empire par cumul de deux critères matériel et organique :

1. *Selon le critère matériel*, le statut général s'applique aux fonctionnaires qui ont été *nommés dans un emploi permanent, à temps complet ou non, et titularisés* dans un grade de la hiérarchie administrative (art. 2 L. 26 janv. 1984 modifié par L. n° 92-518, 15 juin 1992, art. 104 pour les emplois permanents à temps non complet).

Il faut voir, toutefois, que le statut de 1984 règle ses propres exceptions en prévoyant les cas dans lesquels des agents non titulaires sont susceptibles d'être recrutés. En sorte que l'aptitude à recruter par contrat de droit public doit avoir sa base dans des dispositions de portée générale prévues par le statut (art. 3 pour le recrutement d'agent contractuels, art. 47 pour les emplois fonctionnels, art. 110 pour les emplois de cabinet). Les dispositions de la loi de 1984 marquent ainsi expressément l'opposition entre les « fonctionnaires » et les « agents ». De façon générale, ces agents non titulaires sont régis dans leurs principales dispositions par le décret n° 88-145 du 15 février 1988 qui est un décret d'exécution de la loi de 1984. Il en résulte que ces agents ne peuvent, sur un strict plan formel, être regardés comme totalement « hors statut », celui-ci organisant, au moins dans les possibilités de recrutement, le droit de catégories très diverses d'agents.

2. *Il résulte du critère organique* que la qualité *d'employeur décentralisé* – à des degrés variables cependant – donne vocation à l'application de ce statut. Entre l'ensemble des communes, départements et régions, ainsi que les établissements publics intercommunaux et administratifs qui leur sont rattachés, la fonction publique territoriale compte quelques 56 700 employeurs. Y font toutefois exception les personnels des hôpitaux soumis au droit de la fonction publique hospitalière, les personnels des organismes des collectivités régis par le droit privé (établissements publics industriels et commerciaux, sociétés d'économie mixte, associations...) ainsi que ceux employés dans les collectivités d'outre-mer de l'article 74 de la Constitution.

Constatons que ce sont les communes qui emploient la grande majorité des fonctionnaires territoriaux en ce qu'elles assurent par un personnel propre l'essentiel des services publics locaux (71 % des fonctionnaires territoriaux). Les régions qui s'avéraient les moins recruteuses voient néanmoins leurs effectifs grimper en flèche par l'effet du transfert des TOS de l'État. Ainsi, les effectifs de la région Poitou-Charentes ont progressé de 340 agents à 2 500 de ce seul fait.

761 ***Problème de la fonction publique territoriale*** ◊ Elle obéit à de forts particularismes. Ses fonctionnaires ne sont pas seulement au service des

administrés mais aussi des élus locaux, ce qui est de nature à créer une imbrication étroite entre l'exercice des fonctions publiques et le système de domination politique de la collectivité. Cet élément rend difficile, voire impossible, l'ajustement du droit à deux logiques : la logique de décentralisation qui implique de faire fonctionner les services au mieux des intérêts des élus, et la logique statutaire, qui vise d'abord à satisfaire les agents, leur garantie de carrière, mais dont on sait qu'elle est aussi un élément de l'efficacité globale de l'action publique. Cette contradiction explique les retouches législatives incessantes du statut initial de 1984 dans le sens d'une plus grande spécificité de la fonction publique territoriale en abandonnant l'illusion d'un alignement total sur celle de l'État (Section 1).

Le droit n'a jamais empêché de faire appel à des agents recrutés en marge des règles statutaires. Mais, ces possibilités qui n'ont été conçues que comme des palliatifs temporaires tendent, à la faveur du libéralisme actuel et de la construction européenne, à se développer et à menacer l'homogénéité de l'appareil administratif local. Le système de l'emploi fait retour en entamant d'autant le système de la carrière pour lequel la réforme de la décentralisation de 1984 avait manifesté sa préférence (Section 2).

Le problème de la fonction publique territoriale tend également à devenir budgétaire. L'accroissement des dépenses de personnel est placé au cœur des constatations actuelles de la Cour des comptes sur l'évolution des finances locales. La rémunération des agents représente en moyenne 35 % des dépenses de fonctionnement des collectivités, constituant même le premier poste dans le cas des communes (52 %). Le problème ne se simplifie pas à la recherche de ses causes. Il en existe une liste où s'y concentre bien des vices caractéristiques de la décentralisation française : progression des effectifs en rapport aux transferts de compétences de l'État et à l'intercommunalité, coûts induits de la réglementation étatique et de son évolution (relèvement du SMIC, réforme des rythmes scolaires, abrogation de la journée de carence, etc.), faveurs distribuées par les élus locaux (régimes indemnitaires généreux voire irréguliers, durée de travail inférieure à la durée légale...). Voir rapport public thématique, « les finances publiques locales », Cour des comptes, oct. 2013.

SECTION 1. ORIENTATION DU STATUT DE LA FONCTION PUBLIQUE TERRITORIALE

762 L'orientation précise du statut général reste difficile à déterminer puisqu'au fil des réformes elle oscille entre les préoccupations contraires de l'alignement et de la spécificité par rapport à la fonction publique de l'État. L'intention de départ a tourné court. Elle visait, par la loi du 26 janvier 1984, à ajuster le droit des fonctionnaires territoriaux au plus près de celui des

fonctionnaires de l'État, notamment par la création de corps comparables à ceux pratiqués dans la fonction publique d'État (§ 1). Ses difficultés concrètes d'application ont provoqué un réajustement dans le sens d'une plus grande spécificité de la fonction publique territoriale avec la loi n° 87-529 du 13 juillet 1987 et qui se traduisent par l'introduction d'un certain nombre de curiosités juridiques qui font la marque de cette nouvelle fonction publique (§ 2).

§ 1. Directive d'alignement sur le statut de la fonction publique d'État

763 La fonction publique en France constitue un vaste ensemble à l'intérieur duquel la fonction publique d'État ne devait pas pâtir de l'apparition d'une fonction publique territoriale. Cette exigence s'est traduite par le principe d'*une égalité de condition et de prestige entre l'ensemble des fonctionnaires* dans leurs modes de recrutement, de traitement, de progression de carrière, ainsi que dans leurs droits et obligations. Elle a pris forme dans les principes de comparabilité et de parité qui ont dominé l'élaboration des dispositions statutaires. Le Conseil d'État prête très fermement sa main au respect de ces principes.

Ainsi, les fonctionnaires de l'État et des collectivités territoriales sont régis par le même statut général comportant quatre titres. Le premier est relatif aux droits et obligations de tous les fonctionnaires (L. 13 juill. 1983) ; le second à la fonction publique de l'État (L. 11 janv. 1984) ; le troisième à la fonction publique territoriale (L. 26 janv. 1984) ; le quatrième relatif à la fonction publique hospitalière (L. 9 janv. 1986). La première loi du 13 juillet 1983 s'adresse indifféremment à l'ensemble des fonctionnaires pour lesquels elle constitue le tronc commun de leurs garanties - s'agissant de leur liberté d'opinion, de leur droit syndical et de grève, de leur droit à participer à la détermination de leurs conditions de travail - ainsi que de leurs devoirs - notamment d'obéissance hiérarchique, de secret professionnel et de se consacrer à leur emploi public.

A. Principe de comparabilité

764 ***Comparabilité entre fonctions publiques*** ◊ C'est un principe d'alignement strict sur le droit de la fonction publique d'État ayant vocation à recevoir application dans tous les aspects de la fonction publique territoriale (corps comparables, grille indiciaire unique, gestion unitaire des corps, procédure automatique de changement de corps). Il trouve son origine dans les textes et acquiert, de ce fait, leur valeur législative. Sur son fondement, une « garantie fondamentale » de la carrière est affirmée consistant à permettre la mobilité des fonctionnaires par le passage, sans entrave, d'une fonction publique à une autre (art. 14 L. 13 juill. 1983). Mais une telle procédure d'accès direct par changement de corps n'était concevable qu'en tant que les deux fonctions publiques étaient parvenues à construire les carrières de leurs fonctionnaires à partir de corps comparables. Il s'en suivait que les fonctionnaires appartenant à ces corps comparables devaient bénéficier de

rémunérations identiques (art. 15). L'abandon des « corps » pour les « cadres d'emplois » dans la fonction publique territoriale a conduit à atténuer cette exigence avec le principe de parité.

765 ***Comparabilité au sein de la fonction publique territoriale*** ◊ Le juge administratif impose le principe de comparabilité dans le but d'interdire la mobilité des fonctionnaires territoriaux sur des emplois non équivalents et ouvrant droit – c'est l'effet implicitement recherché – à des rémunérations supérieures.

En se fondant sur les dispositions de l'art. 14 L. 1983 : CE 16 janv. 2004, *Courville, Cne Scionzier, AJDA* 2004. 1141, note E. Aubin, s'agissant de l'illégalité du classement d'un secrétaire général de mairie au même échelon dans l'emploi fonctionnel de secrétaire général d'une commune de 10 000 à 20 000, ce second emploi n'étant pas comparable à celui qu'il exerçait dans une commune de moindre importance.

B. Principe de parité

766 ***Contenu du principe*** ◊ De l'effacement du principe de comparabilité entre les fonctions publiques est né le principe de parité. Il constitue un principe d'alignement plus souple sur le droit de la fonction publique de l'État. En cela, il prend l'aspect d'un principe négatif visant à contenir la spécificité de la fonction publique territoriale dont les agents ne sauraient être mieux traités. À responsabilité équivalente, la rémunération et les avantages d'un agent de l'État sont un maximum pour celui d'une collectivité, pas un minimum. C'est dire que dans le meilleur des cas le fonctionnaire territorial peut entretenir l'espoir d'égaler son homologue de l'État : singulière conception – dissymétrique – de l'égalité de condition entre les deux, le fonctionnaire territorial n'étant pas en droit de réclamer à sa collectivité un complément de rémunération dont profite un fonctionnaire d'État équivalent (pour illustration, CE 7 juin 2010, *Jouannet, AJDA* 2011. 391, note M. Carius).

767 ***Valeur du principe*** ◊ D'abord formulée au plan doctrinal, la notion de parité est devenue positive, le juge administratif l'imposant en tant que *principe général du droit* adossé à la loi (art. 88 L. 26 juill. 1984 modifié par L. 13 juill. 1987). Nonobstant sa valeur quasi législative, celui-ci n'hésite pas à en donner une interprétation qui prévaut sur toute évolution législative postérieure qui entendrait y déroger : CE Ass. 2 déc. 1994, *Préfet région Nord-Pas-de-Calais, préfet Nord, Lebon* 529 ; *RFDA* 1996. 105, note B. Faure, s'agissant de la définition des conditions d'octroi des logements de fonction (v. ss 573).

§ 2. Directive de spécificité de la fonction publique territoriale

768 Le statut de 1984 avait été pensé dans l'abstrait sans tenir compte des exigences de la réalité. Il est demeuré sans véritable application tant en

raison de ses implications néfastes sur la décentralisation que de la complexité de l'organisation que sa réalisation demandait. Avec la loi du 13 juillet 1987 le statut de la fonction publique territoriale devient moins monolithique en tendant au rétablissement relatif de l'autorité territoriale dans ses prérogatives d'employeur qui avaient été exagérément méconnues.

769 ***Fondement juridique de la spécificité*** ◊ Un grand nombre d'auteurs voient dans la spécificité de la fonction publique territoriale une conséquence nécessaire du principe constitutionnel de libre administration. Mais, celui-ci en est surtout sa justification théorique. Son application jurisprudentielle ne soumet pas le législateur au respect de contraintes précises et le droit de la fonction publique territoriale demeure un des domaines dont les règles sont les plus centralisées. Jamais, le Conseil constitutionnel n'a pris argument du principe de libre administration pour censurer le système de la comparabilité avec la fonction publique d'État et l'automaticité qu'elle impliquait dans la gestion du personnel territorial. En revanche, sur son fondement, il a interdit que la loi habilite trop étroitement ces autorités élues pour certains aspects de la gestion de leur personnel se rapportant à leur liberté d'aménager les services : Cons. const. 20 janv. 1984, n° 83-168, *Fonction publique territoriale, Rec. Cons. const.* 38 ; *D.* 1985. 359, note L. Hamon ; *AJDA* 1984. 258, note J.-C. Némery ; *RD publ.* 1984. 395, note L. Favoreu, s'agissant de la reconnaissance de la règle selon laquelle l'autorité locale « se prononce librement » sur les créations et les suppressions d'emplois, procède à la nomination des grades et emplois dans la fonction publique, décide des positions statutaires, de la notation, de l'avancement de grade et de la possibilité de licenciement pour insuffisance professionnelle.

A. Spécificité dans l'organisation de la carrière

770 ***Notion de cadre d'emploi*** ◊ Les fonctionnaires territoriaux titularisés sont organisés en cadre d'emplois qui se substituent, à partir de 1987, aux corps. La fonction publique territoriale comprend ainsi 55 cadres d'emplois regroupant des agents dont les fonctions ont des caractéristiques professionnelles très proches et qui aspirent, de ce fait, à faire la même carrière en progressant par avancements (agents territoriaux des services techniques, agents du patrimoine...). Chaque cadre d'emplois soumet les fonctionnaires qui en relèvent à un même « statut particulier » édicté par décret en Conseil d'État et valant au plan national. Le cadre d'emplois est divisé en grades dont les agents sont susceptibles d'être titulaires en fonction de leur expérience, de leur ancienneté, de leur qualification ou de leur expérience.

Il ne faut pas se méprendre sur l'originalité juridique de la notion de cadre d'emploi. Comme l'a fait remarquer R. Chapus (*Droit administratif*, vol. 2, Montchestien, 2001, n° 109), rien ne distingue sa définition de celle de corps (même référence au « statut particulier », même principe de séparation du grade et de l'emploi valant pour toutes les fonctions publiques). Et, si cette notion a été introduite dans le droit de la fonction publique s'est pour intégrer des éléments en réalité étrangers à sa définition. C'est plutôt par la manière dont les agents relevant de ces cadres d'emplois sont gérés avec une plus grande liberté des élus que la loi de 1987 innove (accès au cadre d'emplois, gestion de la carrière). Il s'agit donc plus d'une formule, d'un effet de langage, que d'une institution nouvelle mais qu'il fallait adopter pour rompre avec l'impossible comparabilité voulue par la loi de 1984.

Font exception au regroupement en cadre d'emploi les quelques 40 000 agents de la fonction publique parisienne (commune, départements et leurs établissements publics administratifs) qui demeurent régis par des corps et un certain nombre de règles issues du droit de la fonction publique d'État (Décr. 24 mai 1994).

771 ***Les implications pratiques de la notion de cadre d'emplois*** ◊ Ce sont ces implications qui manifestent l'intérêt de l'apparition de la notion de cadre d'emplois. Mais, en rétablissant le pouvoir de décision des élus, elles coïncident avec des cas où la précarité de la situation de l'agent l'emporte sur sa qualification de fonctionnaire et peut aller jusqu'à la rendre vaine.

1. Le concours de réserve. Contrairement à la fonction publique d'État, la réussite à un concours n'emporte pas pour les lauréats, affectation de plein droit sur un poste de la fonction publique territoriale. Ceux-ci sont inscrits d'office sur une *liste d'aptitude nationale* – par ordre alphabétique –, valable un an renouvelable deux fois sur leur demande, et doivent faire acte de candidature auprès des employeurs locaux qui voient ainsi préservée leur liberté de choix. À l'issue des trois ans, la liste devient caduque et le lauréat qui n'a pas été recruté perd le bénéfice du concours. Le concours n'a donc pas ici la même portée que dans la fonction publique d'État : il ne donne pas droit à être recruté mais un *droit à demander à être recruté*. Il n'est pas superflu de s'interroger sur la compatibilité de ce système des « reçus-collés » avec le principe de l'accès à la fonction publique selon son mérite (art. 6 DDH). Le taux moyen national de « reçus-collés » serait inférieur à 10 %.

La décision d'ouvrir un concours obéit à des règles strictes. Le concours est, en effet, conçu comme un mode résiduel de nomination lorsque la mutation entre collectivités, le détachement, la promotion interne ou l'avancement de grade n'ont pas permis l'occupation de l'emploi créé ou vacant. Le nombre de places mises au concours est déterminé en fonction du nombre d'emplois à pourvoir diminué du nombre d'inscrits sur la liste d'aptitude et n'étant pas encore recrutés. C'est une garantie à leur égard.

2. Les incidents de carrière. La progression du fonctionnaire dans sa carrière ne s'accompagne pas forcément de sa présence continue dans sa collectivité. En effet, la technique légale des *seuils démographiques* subordonne l'accès à certains grades ou à certains emplois de catégorie A dans les communes et leurs établissements publics à une condition de taille démographique et ceci en vue d'établir une correspondance entre les niveaux des corps et des grades et celui des fonctions susceptibles d'être exercées au sein de la collectivité. Ainsi, les communes de moins de 10 000 habitants ne sauraient créer un emploi d'attaché principal et celles de moins de 80 000 un emploi d'administrateur. Il en résulte pour le fonctionnaire communal qui entend se réserver la possibilité de bénéficier de son droit à l'avancement la nécessité de muter dans une collectivité de taille supérieure où il risque de se heurter aux préférences locales et alors qu'il apportait toute satisfaction dans sa collectivité d'origine. Les fonctionnaires territoriaux ne profitent donc pas tous des mêmes garanties de carrière, certains étant contraints de poursuivre la leur « en ligne brisée ».

C'est dire que la technique des seuils démographiques vaut principe d'interdiction s'imposant pour des considérations propres au droit de la fonction publique qui n'ont jamais été reliées au respect du principe de libre administration des collectivités qui pourrait laisser suggérer que toutes les collectivités doivent demeurer à égalité de droit. C'est assez fréquemment que les communes tentent d'élargir leurs possibilités de recrutement au mépris du respect de ces seuils (par ex. CE 30 mai 1994, *Terver, Lebon* 271 concl. Toutée ; *RFDA* 1994. 770, note B. Faure, s'agissant de l'impossibilité pour une commune de moins de 20 000 habitants de créer un emploi de directeur territorial réservé aux seules communes de plus de 40 000 habitants et de nommer à ce grade M. Terver pour le détacher dans l'emploi fonctionnel de secrétaire général de la commune).

Sur le refus du Conseil d'État de censurer l'incompétence du gouvernement à imposer par décret la technique des seuils démographique à l'encontre de la réserve de compétence législative en matière de libre administration : CE Ass. 27 oct. 1989, *Cottrel, AJDA* 1990. 60, note M. B.

La stabilité de la carrière du fonctionnaire territorial peut souffrir de la *suppression de l'emploi* qu'il occupe par sa collectivité et qui ne peut lui offrir un nouvel emploi équivalent. Celui-ci, après avoir été maintenu en surnombre pendant un an, sera désormais rémunéré et pris en charge par le Centre national de la fonction publique territoriale s'il appartient à la catégorie A ou par un Centre de gestion dans les autres cas - moyennant compensation financière majorée au départ de sa collectivité d'origine -, à charge pour ces organismes de lui proposer un emploi vacant correspondant à son grade dans toute collectivité du territoire national dans le premier cas ou dans le département et les départements limitrophes dans les autres cas. Après trois offres d'emploi refusées par lui, le fonctionnaire est licencié et perçoit les indemnisations prévues par le Code du travail. Cette procédure s'efforce de concilier autant que possible les exigences contradictoires de la liberté constitutionnelle des collectivités pour juger de la création et de la suppression de leurs emplois avec le système de la fonction publique de carrière.

Au contentieux, la discussion juridique se noue plus particulièrement sur la réalité des motifs de la suppression litigieuse de l'emploi. Celle-ci est généralement décidée par les besoins de restructuration des services et fait, dès lors, l'objet d'une appréciation d'opportunité sur laquelle le juge administratif n'exerce qu'un contrôle restreint (CE 11 déc. 1998, *Fleury, Lebon* 971). Il faut toutefois voir que la suppression d'emplois constitue un domaine privilégié du détournement de pouvoir lorsque la mesure apparemment fondée sur l'intérêt du service dissimule des licenciements collectifs, des procédures disciplinaires ou des reclassements pour inaptitude (par ex. CE 4 juill. 1975, *Cne Arces c. Jougneau*, *Lebon* 405).

Ajoutons que l'assemblée délibérante disposant de la compétence de droit commun est seule habilitée à créer ou supprimer les emplois (art. 34 L. 1984). Cela s'explique plus précisément par les répercussions budgétaires de ces décisions. Son exécutif, désigné sous l'expression peu spécifique d'« autorité territoriale », procède aux nominations et révocations correspondantes (art. 4 et 40 L. 1984) en tant que chef hiérarchique des agents locaux. Sur la sanction du non-respect de cette répartition des compétences et la possibilité pour le tiers y ayant un « intérêt suffisant » de demander l'annulation en excès de pouvoir du contrat de recrutement (CE 30 oct. 1998, *Ville Lisieux*, *Lebon* 375, concl. J.-H. Stahl ; *RFDA* 1999. 128, concl. et note D. Pouyaud ; *AJDA* 1999. 969, chron. P. Fombeur et Raynaud ; *JCP* 1999. II. 10045, note V. Haïm ; *CJEG* 1999. 61, concl.).

B. Spécificité dans l'organisation institutionnelle

772 Le système de la fonction publique territoriale orienté vers la recherche d'un équilibre entre la liberté de l'employeur élu et les garanties du fonctionnaire requiert une organisation institutionnelle adéquate à soutenir collectivement les fonctionnaires territoriaux dans leur qualité et leur égalité de traitement (recherche d'emploi, concours, formation). Cette organisation est la marque de l'unité de cette fonction publique.

Les organismes interterritoriaux mis en place ne prêtent pas à la critique sur le plan des principes. Leur mission est indispensable en ce qu'elle remet à des intérêts supérieurs de qualité de formation, d'égalité de recrutement et de gestion le sort des agents locaux. Encore faut-il prendre la mesure exacte de l'indépendance de ces organismes à l'égard des collectivités. Celle-ci est tout à la fois fonction de leur pouvoir représentatif et des missions que la loi leur confie en propre. Alors, jusqu'où leur mission leur donne la mainmise sur la gestion des agents et représente, en cela, un facteur de centralisation ? Le Conseil constitutionnel a ainsi jugé que l'existence des centres de gestion, le principe de l'affiliation obligatoire pour les collectivités et les compétences qui leur sont réservées demeuraient conformes au principe de libre administration qu'autant qu'elles n'empiétaient pas sur l'aptitude des collectivités à décider de tous les actes essentiels à la carrière de leurs agents (Cons. const. 20 janv. 1984, n° 83-168 DC, préc., consid. 5).

La participation des agents aux institutions consultatives (commissions administratives et comités techniques) est encouragée à la faveur de la loi n° 10-751 du 5 juillet 2010. La relance du « dialogue social » qu'elle appelle de ses vœux est ainsi mise en œuvre par l'abandon de la logique de composition paritaire agents-élus au profit de la sur-représentation des premiers. Destinée à faire connaître aux élus le point de vue du personnel sur les mesures collectives et individuelles touchant à leurs conditions de travail, d'emploi et de carrière, cette participation s'en trouve renforcée et le dialogue établi sur des bases moins formalistes. Les avis rendus le seront en deux parties, celui des employeurs-élus d'un côté, des agents de l'autre. Mais il s'agit d'un privilège accordé aux employés qui ne peut aller sans un certain nombre de restrictions qui l'accompagnent (monopole des syndicats les plus représentatifs, maintient du pouvoir hiérarchique des élus). Il faudra vérifier si, au lieu de faciliter l'adhésion des agents aux objectifs poursuivis, la réforme ne provoquera pas une distanciation supplémentaire entre le sommet et la base de la hiérarchie.

773 ***Le Centre national de la fonction publique territoriale (CNFPT)*** ◊ Il a le statut d'un établissement public administratif à caractère national dont l'autonomie financière est majoritairement constituée par la cotisation obligatoire des collectivités et de leurs établissements publics. Le retour au paritarisme dans la composition de son conseil d'administration est de nature à renforcer l'aptitude du Centre à assurer l'objectivité de sa mission : il comprend 34 membres constitués pour moitié d'élus – essentiellement communaux – et pour moitié d'agents désignés par leurs organisations syndicales. Le président du conseil d'administration est élu parmi les membres représentant les collectivités. L'organisation du Centre est déconcentrée, 28 délégations interdépartementales ou régionales recevant compétence pour se prononcer sur les besoins et les programmes de formation.

Le CNFPT cumule des fonctions de *formation* et de *gestion* du personnel territorial. Dans le premier cas, il a la responsabilité des concours des fonctionnaires de catégorie A supérieure. Il prépare aux concours, assure les formations initiales, continue et personnelle. Dans le second cas, lui revient la publicité des créations et des vacances d'emploi ainsi que la prise en charge certains fonctionnaires de catégorie A momentanément privés d'emploi et pour laquelle il perçoit les contributions des collectivités qui les avaient recrutés. À l'égard de tous les agents territoriaux, il gère l'observatoire de l'emploi, des métiers et des compétences et le répertoire national des emplois de direction l'amenant à constituer une documentation et à tenir à jour des statistiques.

Le principe du dualisme fonctionnel du CNFPT a depuis longtemps fait l'objet de critiques qui ont motivé l'adoption de la loi du n° 07-209 du 19 février 2007 dans l'intérêt de ramener le Centre vers sa tâche principale de formation. Le bouleversement n'a pas eu lieu, ses compétences de gestion à l'égard des fonctionnaires de catégorie A n'étant pas transférées aux Centres de gestion pour le cas des fonctionnaires appelés à suivre une formation à l'issue du concours (fonctionnaires correspondants à la haute fonction publique territoriale administrative, culturelle et technique : administrateurs, conservateurs du patrimoine...).

774 ***Les Centres de gestion*** ◊ En 1984, ils ont pris la place de syndicats intercommunaux spécialement compétents pour gérer le personnel des communes regroupées. Leur organisation et leurs compétences sont marquées par cet aspect originel : ils ont vocation à se substituer aux collectivités affiliées pour tous les points de la gestion de leur personnel que le droit constitutionnel ne réserve pas à la compétence exclusive de leurs autorités élues (v. ss 771, 2). Ils sont érigés en établissement public et leur conseil d'administration est exclusivement composé d'élus locaux désignés par un collège représentatif des communes, départements et de la région qui lui sont rattachés. Le rattachement est obligatoire pour les communes les plus portées à se faire aider (celles employant moins de

350 fonctionnaires), facultatif pour toutes les autres collectivités. Ils siègent normalement dans le département. Leurs ressources sont constituées par cotisation des collectivités membres à hauteur maximale de 0,8 % de leur masse des rémunérations de personnel.

La loi du 19 février 2007 innove par l'institution d'un « *Centre de gestion coordonnateur* » à l'échelon régional, qui est un centre de gestion existant désigné par ses homologues et prenant ce titre de coordonnateur (art. 14). Il reçoit compétence à l'égard des fonctionnaires de catégorie A qui ne relèvent plus du CNFPT (publicité des créations et vacances d'emplois, organisation des concours et des examens professionnels, prise en charge des agents momentanément privés d'emploi). Ces centres coordonnateurs font également fonction de conférence régionale, au moins une fois par an, pour débattre entre tous les partenaires concernés des problèmes liés à la formation. Avec la même périodicité, les centres coordonnateurs se réunissent en conférence nationale (art. 24). Voilà qui peut compliquer l'architecture institutionnelle de la fonction publique territoriale en créant des risques de conflits frontaliers d'intervention. De nouvelles possibilités issues de la loi du 1er mars 2012 ne vont pas dans le sens de la simplification. D'une part, et face aux progrès de l'intercommunalité, les petits centres de gestion sont appelés à mutualiser leurs activités. D'autre part, et à côté des collectivités qui leur sont affiliées, d'autres collectivités pourront être conventionnées avec ces centres qui prendront gratuitement à leur charge un ensemble indivisible de leurs tâches de gestion (assistance juridique, secrétariat, etc.).

La loi reconnaît aux Centres de gestion une compétence de droit commun pour tout ce qui se rapporte à la nécessité d'un traitement égalitaire entre les agents relevant des catégories inférieures. Ils assurent la publicité des tableaux d'avancement, prennent en charge, en cas de perte d'emploi, les agents ne relevant pas, en raison de leur niveau hiérarchique, du CNFPT et du Centre coordinateur, font la publicité des créations et vacances d'emploi et organisent les concours et les examens professionnels. Ils peuvent également recruter des agents pour remplacer momentanément des titulaires indisponibles. Leur rôle s'étend à la constitution des commissions administratives paritaires, à la tenue des conseils de discipline du premier degré et au soutien matériel des représentants syndicaux et ceci, à titre obligatoire pour les collectivités impérativement rattachées, ou à titre facultatif dans les autres cas (système « d'adhésion à la carte », v. ég. art. 15 L. 19 févr. 2007 pour la gestion des cadres d'emplois constitués en vue de l'accueil des personnels ouvriers et de service des collèges et lycées).

775 ***Commissions administratives et comités techniques*** ◊ Constitués – sans exigence ni interdiction de composition égalitaire (L. 3 juill. 2010 et D. 27 déc. 2011) – de représentants des élus et des fonctionnaires, ils interviennent pour toute question intéressant l'organisation et le fonctionnement des services où ils offrent l'assurance d'un débat entre toutes les parties concernées. Leur rôle est consultatif : ils ne décident pas mais doivent être informés des suites données à leurs propositions. Ils procèdent en cela d'une volonté d'atténuation du principe de commandement hiérarchique, à tout le moins de l'usage arbitraire qui pourrait en être fait. Pour les *commissions administratives*, toutes les mesures individuelles relatives aux agents sont de sa compétence, qu'il s'agisse de la notation, de l'avancement, du détachement, de la répression disciplinaire... Le chef de

service ne pourra rien décider sans son avis. Une commission est installée par catégorie hiérarchique (A, B, C) au sein de chaque centre de gestion ou de chaque collectivité non rattachée à un centre (art. 28 et 31 L. 26 janv. 1984 modifiée). Les *comités techniques* sont consultés sur les questions générales relatives aux conditions de travail (durée hebdomadaire de travail, choix de la gestion déléguée d'un service public...). Depuis 2010, les élus-employeurs y ont perdu leur droit de vote. Seules les collectivités ou établissements employant au moins 50 agents peuvent s'en doter. À défaut, le comité créé auprès du centre de gestion est compétent (art. 32 L. 26 janv. 1984 modifiée).

S'agissant des *comités d'hygiène, de sécurité et des conditions de travail*, v. Décr. du 10 juin 1985, modifié par le D. du 3 févr. 2012, art. 16.

776 ***Le Conseil supérieur de la fonction publique territoriale*** ◊ Il s'agit d'un collège national composé - sans exigence de parité - de représentants des collectivités territoriales et des organisations syndicales de fonctionnaires territoriaux. Les ministres chargés de la fonction publique et des collectivités territoriales y représentent l'État. Le Conseil est introduit dans l'appareil institutionnel de la fonction publique territoriale en tant qu'« instance représentative » de cette fonction publique. À ce titre, il exerce une fonction consultative auprès du gouvernement qui le saisit sur tout projet de loi, d'ordonnance ou de décret relatif à la fonction publique territoriale. En revanche, il perd depuis 2010 sa faculté d'auto-saisine pour formuler toute proposition.

D'ailleurs, l'institution n'est plus porteuse des ambitions de départ qu'avaient placée en elle la L. 26 janv. 1984 qui est à l'origine de sa création. Les grandes réformes intéressant les trois fonctions publiques relèveront désormais des avis du *Conseil commun de la fonction publique* créé à cet effet (L. 3 juill. 2010). Sous cette réserve, il demeure assez semblable à ce qu'il était en vertu de la L. 26 janv. 1984 qui l'a créé.

SECTION 2. DÉMEMBREMENT DU STATUT DE LA FONCTION PUBLIQUE TERRITORIALE

777 ***Le phénomène de démembrement*** ◊ Le constat de démembrement de la fonction publique territoriale peut être posé au vu d'un phénomène de diversification des sources de recrutement et de gestion du personnel local. En marge du statut de fonctionnaire, l'administration décentralisée se voit de plus en plus largement autorisée à recruter par contrat des personnels particuliers pour remplir ses missions. Partant, elle parvient à se soustraire à l'application des règles du statut général qui ne font qu'exprimer le droit commun du personnel territorial et à restreindre

sensiblement ce qu'il y a de plus protecteur dans ce statut. Le problème est qu'en se développant, le recours au contrat change les équilibres essentiels : il n'apparaît plus comme faisant exception au statut général mais comme une alternative qui a la faveur des élus et par laquelle ceux-ci refusent à leurs agents recrutés le bénéfice du statut. Dans un contexte où 30 % des agents ne sont pas titulaires, toute nouvelle progression du domaine du contrat lié à la gestion privée des services publics, à la diversification des tâches et à la multiplication des sources de recrutements peut finir par renverser le principe de primauté du statut [1]. On ne peut totalement exclure que se profile à l'horizon un vague retour à la distinction entre *agents d'autorité* - bénéficiant du statut - et *agents de gestion* - qui en sont écartés -, encore que, dans la fonction publique territoriale, les emplois les plus élevés - donc les emplois d'autorité - sont occupés par des non titulaires.

L'appel au contrat ne marque pas forcément un retour des collectivités vers le droit privé, ces contrats étant essentiellement de droit public. Nonobstant et en dépit de la suspicion qui accompagne son utilisation, l'instrument se révèle plus adéquat à servir une libre administration par des élus : ceux-ci peuvent ajuster plus souplement le nombre des recrutements aux besoins du moment. Ils peuvent aussi s'assurer de la fidélité de leur personnel dont la perte de confiance serait automatiquement sanctionnée par le non-renouvellement du contrat [2].

Le démembrement s'observe également à partir du processus opposé. Dans les réformes les plus récentes qui touchent les fonctionnaires s'introduisent l'esprit, les méthodes et les techniques du droit du travail classique qui sont leur source d'inspiration : retour à la logique de l'emploi en favorisant la mobilité entre les trois fonctions publiques - mais surtout l'arrivée de fonctionnaires de l'État au sein de la fonction publique territoriale -, évaluation des fonctionnaires par entretien et non plus par notation, cumul d'emploi avec la création ou la reprise d'une entreprise pendant trois ans, indemnité de départ volontaire de la fonction publique (L. 3 août 2008), promotion de l'accord collectif pour définir les conditions de travail avec monopole de représentation des syndicats (L. 3 juill. 2010, v. ss 772 s.), rémunération selon une part récompensant le mérite (art. 38 L. 3 juill. 2010 et D. 3 mai 2012). Les similitudes avec les agents contractuels se développent donc également à partir de la progressive adoption de procédés généralement regardés comme étrangers à la culture du service public reposant sur le dévouement d'agents neutres, égaux et désintéressés.

---

1. Notons que la proportion de titulaires ne régresse plus actuellement en raison du transfert d'agents titulaires de l'État aux départements et aux régions consécutif à la réforme décentralisatrice de 2004.

2. Sur les efforts du juge administratif pour sécuriser la situation de l'agent contractuel : CE Sect. 31 déc. 2008, *Cavallo*, *RLCT* 2009. 1305, concl. E. Glaser et 1306, note E. Marc ; *BJCL* 2009. 365, note S. Macaire Saykurt, sur le caractère créateur de droits d'un contrat de recrutement avec les conséquences qui s'ensuivent, après la reconnaissance de sa nullité, sur la régularisation de la situation de l'agent.

778 ***Facteurs du démembrement*** ◊ Ils se conjuguent sur deux plans :

1. Démembrement institutionnel. Le déclin du domaine statutaire au profit du domaine contractuel dans la fonction publique ne date pas d'aujourd'hui. Le phénomène est d'abord étroitement lié au démembrement de l'organisation administrative elle-même. Depuis 1982, de plus en plus nombreuses sont les institutions régies par le droit privé (établissements publics industriels et commerciaux, associations, sociétés d'économie mixte, sociétés publiques locales, sociétés délégataires de service public) auxquelles les collectivités confèrent des missions et des prérogatives et qui agissent en s'affranchissant en tout ou partie des contraintes du droit administratif (comptabilité privée, recrutements de salariés privés). La souplesse du régime applicable à la personne publique ou privée principalement soumise au droit privé a ainsi facilité son utilisation par les collectivités au service de ses propres fins.

2. Démembrement normatif. Le phénomène est ensuite entretenu par l'évolution des sources du droit et l'importance accrue prise par le droit communautaire. Celui-ci intègre à la légalité des principes nouveaux qui ignorent les considérations d'ordre organique sur lesquelles a été fondé le droit administratif. Par suite, il ne reconnaît que des salariés nonobstant la nature publique de l'employeur : « les fonctionnaires et les agents du secteur public sont des travailleurs au sens de l'article 39 CE » (communication CE 11 déc. 2002). À cette orientation, prise dans l'intérêt de lever les entraves à la circulation des travailleurs dans l'Union européenne, ne font exceptions que les « emplois dans l'administration publique » qui doivent être entendus restrictivement comme ceux comportant une participation directe à l'exercice de la puissance publique (administrateurs territoriaux par exemple). Le droit communautaire suggère un réexamen approfondi du droit de la fonction publique en réintroduisant le système de l'emploi et les mécanismes du droit du travail par l'apparition du *contrat à durée indéterminée* dans l'administration publique (art. 12 L. n° 05-943 du 26 juill. 2005 de transposition de la Dir. n° 1999/70/CEE, 28 juin 1999) [1].

779 ***Les effets du démembrement*** ◊ Avec la coexistence du principe statutaire et du principe contractuel, tout se passe comme si l'égalité de condition fermement imposée entre les agents des différentes fonctions publiques avec le principe de parité n'était plus recevable entre agents des collectivités territoriales. Et, chaque agent qui connaîtra vaguement les avantages de son voisin sera porté à penser qu'il est lui-même tout à fait défavorisé et cela est de nature à introduire dans l'existence de nombre d'entre eux des préoccupations qui ne sont pas très compatibles avec la bonne exécution du service. Il n'est d'ailleurs pas certain que les agents fonctionnaires apparaissent comme favorisés par rapport aux autres agents. Notre époque est paradoxale : alors que le favoritisme est pénalisé

1. V. Rapport, « Perspectives pour la fonction publique », *EDCE* 2003. 227 s., n° 54.

dans le droit de la commande publique (marchés publics, délégations de service public...), il est institutionnalisé comme un élément du recrutement en droit de la fonction publique (*supra*, concours de réserve).

Pourtant, la logique publique se maintient mieux en place s'agissant de la gestion du personnel territorial. La volonté de l'État de contrôler le jeu de la décentralisation et de réglementer au plus près la condition des agents empêche le processus d'expansion du droit du travail dans la fonction publique d'y prospérer outre mesure. C'est ainsi qu'il n'y a pas lieu d'exagérer l'opposition entre le principe du statut et le principe du contrat : recruté par contrat, l'agent voit sa condition régie par les textes auxquels il ne consent pas. Ceci tend à atténuer la particularité de son lien à l'administration publique et permet à celle-ci d'agir unilatéralement à son égard. Au surplus, le sort de l'agent contractuel ne dépend pas du bon plaisir de chaque employeur local puisque, dans ses dispositions essentielles, celui-ci est uniformément réglé par le décret n° 88-145 du 15 février 1988. Ses règles sont d'ordre public et s'imposent à l'autonomie des volontés. Il en découle, par exemple, que les conditions de rémunération de l'agent contractuel ne sauraient valablement être négociées entre les parties (CE Sect. 25 mai 1979, *Rabut*, *Lebon* 231, concl. B. Genevois. CE 14 juin 2004, *Leplatre c. OPAC Dreux*, *AJDA* 2004. 2225, note E. Aubin ; *JCP Adm.* 2004. 1521, note D. Jean-Pierre, et 1528, chron. E. Glaser et F. Seners). C'est même un double mouvement qui rapproche les deux principes puisque, ainsi qu'on l'a vu, le système du concours de réserve n'emporte pas l'automaticité du recrutement du futur fonctionnaire qui devra se faire accepter par une collectivité employeur.

780 Le recrutement de non titulaires se heurte au principe selon lequel *les emplois permanents des collectivités et de leurs établissements publics doivent être occupés par des fonctionnaires* (art. 3 L. n° 83-634, 13 juill. 1983). Il en découle que les dérogations que le contrat apporte au droit de la fonction publique sont circonscrites aux seuls domaines dans lesquels le statut les a introduits. Il faut alors distinguer les cas où ce mode de recrutement se trouve naturellement adapté à la particularité des fonctions et ceux où l'administration ne peut notamment parvenir à se procurer les services d'un agent titulaire. Sur ces bases, le recours au contrat s'est plus considérablement développé que dans la fonction publique d'État.

La situation a donné naissance à une réflexion suivie de réformes sur la « *résorption » de l'emploi précaire dans l'administration*. En ce sens, des accords sont régulièrement adoptés offrant à plusieurs milliers d'agents non titulaires de l'État et des collectivités territoriales de substituer leur condition juridique à celle, plus enviable, de fonctionnaire ou d'agent contractuel à durée indéterminée. La loi n° 2012-347 du 12 mars 2012 ratifie le dernier accord en date. Mais dans une fonction publique territoriale régie par le principe de libre administration des collectivités par leurs élus, l'amélioration statutaire du sort des agents locaux ne pouvait se dispenser du consentement de ces derniers. C'est pourquoi, les agents titularisables (agents contractuels de droit public occupant un emploi permanent avec au moins quatre années de service pour les agents contractuels à durée déterminée) ont fait l'objet d'une sélection par leur collectivité employeur ou leur centre de gestion. Le passage du contrat à durée déterminée au contrat à durée indéterminée a également été favorisé pour un certain nombre d'agents remplissant certaines conditions (remplacement momentané de fonctionnaires, agents d'au moins 55 ans, service discontinu, etc.) Procède de la même logique de pérennisation de l'emploi public, le nouveau principe de conversion de contrats à durée déterminée successifs en contrat à durée indéterminée (v. ss 785, 1).

§ 1. Le recours naturel au contrat de recrutement

781 Dans les hypothèses où certains agents exercent auprès des élus des responsabilités de nature plus politique qu'administrative et où le système de la carrière n'apparaît, de ce fait, pas pertinent, le recours au contrat est naturel. Il en va ainsi pour certains emplois supérieurs dont il est admis qu'ils doivent demeurer à la discrétion de l'exécutif de la collectivité.

782 ***Les emplois fonctionnels (art. 53 L. 26 janv. 1984)*** ◊ Ce sont les emplois les plus caractéristiques de l'autonomie de gestion d'une administration par des élus. Se lie étroitement à cette considération la précarité qui identifie le régime de ces emplois : ceux qui y sont librement nommés n'ont aucune garantie d'y demeurer (CE 3 mai 1993, *Camy-Peyret*, *Lebon* 563 ; *AJDA* 1995. 185, obs. L. Touvet, s'agissant de la perte de confiance de l'exécutif de nature à justifier la décharge des fonctions de l'intéressé dans l'intérêt du service). Seuls les emplois de direction les plus élevés dans les plus grandes collectivités ont cette qualité (directeur général services des régions, des départements ou des communes de plus de 3 500 habitants, directeur des services techniques des communes de plus de 20 000 habitants...). Ils sont pourvus prioritairement par la voie du détachement et, à défaut, par la voie du recrutement direct par contrat (art. 47 L. 26 janv. 1984).

Afin que la gestion discrétionnaire de ces emplois ne dégénère pas en arbitraire, l'État y a introduit des éléments de contrainte. Le recrutement direct dans un emploi fonctionnel est ainsi subordonné à des conditions de niveau ou de formation pour l'intéressé (Décr. n° 88-545, 6 mai 1988). Mais, c'est surtout le fonctionnaire détaché dans un emploi fonctionnel qui bénéficie de garanties plus en rapport avec son statut : s'il peut être mis fin à ses fonctions à tout moment en dehors de toute procédure disciplinaire, c'est sous réserve de limite de temps et de procédure (seulement après 6 mois d'exercice ou 6 mois suivant le renouvellement de l'autorité territoriale et après entretien avec l'intéressé et information de l'assemblée délibérante et du CNFPT). Celui-ci peut également bénéficier de possibilités de reclassement, de prise en charge dans le cas où sa collectivité ne peut lui offrir un emploi correspondant à son grade. La décision de mettre fin au détachement sur un emploi fonctionnel doit être motivée au sens de l'art. 1er L. 11 juill. 1979 (TA Nancy, 6 févr. 2007, *Tardy*, *AJFP* 2007. 223).

Certains emplois de direction sont régis par des « statuts d'emplois » organisés par décrets (experts de haut niveau, directeur de projet). Ils sont exclusivement pourvus par des fonctionnaires en détachement qui bénéficieront d'une rémunération attractive (art. 36 L. 3 août 2009).

À bien des égards, les statuts d'emplois ressemblent aux emplois fonctionnels dont ils constituent une variété.

783 ***Les emplois de collaborateurs de cabinet (art. 110 L. 26 janv. 1984)*** ◊ Pour former son cabinet (v. ss 343 s.), l'exécutif de la collectivité est habilité à recruter « librement » au moins un collaborateur auquel il pourra « mettre librement fin à ses fonctions ». Celui qui est ainsi nommé ne bénéficie d'aucune perspective de carrière et ses fonctions de collaborateur cessent au plus tard à l'échéance du mandat de l'exécutif qui l'a nommé (CE 18 mai 1994, *Mercier, Lebon* 243). Il peut y être mis fin à tout moment sans formalité particulière (CE 27 févr. 1995, n° 135561, *Roucoux* ; sauf communication du dossier : CE 11 déc. 2000, *Cne Villeparisis, Lebon* 1064).

Voir dans le sens d'un contrôle infra-minimum par le juge d'un licenciement (CE 28 déc. 2001, *Cne Saint-Jory, Lebon* 681).

Le régime des collaborateurs de cabinet est marqué par un libéralisme maximal. Le décret n° 87-1004 du 16 décembre 1987 (modifié par l'art. 18 décr. n° 01-640, 18 juill. 2001) en réglemente seulement les points où les possibilités d'abus sont les plus évidentes : les effectifs et la rémunération. Une évolution vise cependant à leur reconnaître quelques garanties, ceux-ci disposant des droits syndicaux reconnus par le statut et pouvant bénéficier d'une indemnité de licenciement (Décr. n° 05-616, 30 mai 2005).

§ 2. Le recours accidentel au contrat de recrutement

784 ***Principe de détermination au cas par cas du domaine du contrat*** ◊ Comme on l'a vu plus haut, ce principe interdit de poser comme une règle générale le recrutement contractuel des agents publics. On a donc affaire à un droit pointilliste puisqu'il faut considérer chaque situation ou chaque cas particulier pour déterminer si un engagement de cette nature est possible. Il est cependant assez loisible à l'administration décentralisée et à son exécutif de se placer sous tel ou tel cas pour recourir au contrat : l'insuffisance de cadres d'emploi dans la filière technique ou dans la catégorie A, les difficultés de recrutement et les besoins momentanés du service ne trouvent souvent pas de solution hormis la voie contractuelle. À la faveur d'une sollicitation particulièrement dynamique de ces possibilités organisées par l'article 3 de la loi du 26 janvier 1984 (modifié par L. 19 févr. 2007), plus du tiers de ces agents occupent aujourd'hui des emplois permanents.

Cet article 3 procède à l'énumération de ces cas où le contrat peut être exceptionnellement pratiqué pour occuper des emplois permanents. Il s'agit toujours de problèmes conjoncturels que l'administration décentralisée doit résoudre par ce biais :

– Il en va ainsi pour le *remplacement d'un fonctionnaire momentanément ou partiellement privé d'emploi* pour des causes déterminées (temps partiel, congé maladie, maternité ou parental), pour faire face, pendant une durée maximale d'un an, à la *vacance d'un emploi* qui ne peut être immédiatement pourvu (art. 3 al. 1).

– « En outre », c'est-à-dire hors emplois permanents, les collectivités peuvent recruter des agents contractuels pour faire face à des *besoins saisonniers* pour une durée qui n'excède pas 6 mois pendant une même période d'un an, ou à des *besoins occasionnels* pour une durée de 3 mois renouvelable une fois à titre exceptionnel (art. 3 al. 2).

– Dans la mesure où il n'existe pas de cadre d'emploi de fonctionnaires susceptible d'assurer les fonctions correspondantes, la collectivité peut soustraire ses recrutements à l'application des règles statutaires (art. 3 al. 4 1°). On a vu le cas dans le domaine informatique (CE 27 févr. 1995, *Préfet Essonne, Lebon* 113).

– Par transposition des solutions applicables au sein de la fonction publique d'État, un emploi de niveau de catégorie A peut être occupé par un agent contractuel (art. 3 al. 5 2°). Cette possibilité demeure toutefois subordonnée à une double justification tirée de « la nature des fonctions » – supposant de hautes compétences techniques – et des « besoins du service » – c'est-à-dire de sa continuité qu'une vacance d'emploi affecterait. Le contentieux abonde où le juge administratif se montre vigilant, les contractuels étant sur-représentés dans les niveaux supérieurs de la fonction publique territoriale (par ex. CAA Paris, 1er avr. 1996, *Préfet Seine-et-Marne, AJDA* 1996. 560, note F. Mallol, vérifiant l'aptitude professionnelle de l'agent contractuel à occuper un poste d'assistant juridique).

– Peuvent être occupés par la voie contractuelle les emplois permanents à temps non complet. Ces emplois sont une particularité de la fonction publique territoriale, les plus petites communes rurales n'éprouvant pas la nécessité d'occuper un agent à temps plein. Cette possibilité demeure toutefois réservée aux communes de moins de 1 000 habitants si la durée du travail n'excède pas un mi-temps – exceptés les secrétaires de mairie –. Les communes de moins de 20 000 habitants et leurs groupements de moins de 10 000 habitants peuvent également pourvoir par un agent non titulaire à un emploi dont la création leur est imposée par une autorité ayant compétence sur l'existence d'un service public local (art. 3 al. 6).

L'article 3 permet ainsi d'articuler les possibilités de recrutement par contrat de droit public autour de quelques axes directeurs. Pour autant, il n'épuise pas ces possibilités puisque les collectivités peuvent en recevoir de nouvelles d'habilitations spéciales. C'est par exemple le cas pour les besoins des services départementaux d'incendie et de secours (art. 3-1 L. 1984) ou pour le recrutement de personnes handicapées (art. L. 323-2 du C. trav. non abrogé par l'Ord. 12 mars 2007).

La transformation d'un service public concédé en service public administratif en régie ne fait pas perdre la qualité de contractuel au personnel de service. L'article L. 1224-3 du Code du travail (ancien art. 20 L. n° 05-843, 26 juill. 2005 [1]) impose la reprise des contrats de travail nonobstant le caractère public du nouvel employeur. Que le contrat soit à durée déterminée ou indéterminée, celui-ci prend la nature d'un contrat de droit public. Dans l'hypothèse inverse, les agents non titulaires de droit public se voient proposer un contrat de droit privé reprenant les clauses substantielles du précédant contrat. Le refus vaut licenciement (C. trav., art. L. 1224-3-1, issu de la L. 3 août 2009).

785 ***Diversification des types de contrat*** ◊ Elle procède de réformes indépendantes les unes des autres mais qui toutes convergent à donner aux collectivités de nouveaux outils contractuels issus du droit du travail.

---

1. La loi avait conduit ainsi à l'abandon de la jurisprudence *Lamblin* (CE Sect. 22 oct. 2004, *Lebon* 382 ; *RFDA* 2005. 187, concl. E. Glaser ; *AJDA* 2004. 2153, chron. C. Landais et F. Lenica).

1. Le contrat à durée indéterminé. S'il fait un retour remarqué en droit de la fonction publique, il n'y introduit pas, pour autant, de nouvelles possibilités de recrutement qui viendraient cantonner un peu plus le domaine statutaire. Son utilisation procède plutôt de l'intérêt de reconnaître des droits à l'agent contre sa collectivité qui abuserait à son égard des contrats à durée déterminée.

Dans les cas suivants où un agent contractuel peut être recruté par un contrat de durée déterminée - emploi non permanent, accroissement temporaire d'activité pour une durée limitée, absence de fonctionnaire susceptible d'exercer les fonctions correspondantes, etc. - le principe est que la durée du contrat ne peut excéder 3 ans renouvelables une fois. Au-delà de six années, le renouvellement n'est autorisé que sous la forme d'un contrat à durée indéterminée (art. 40 et 41 L. 12 mars 2012).

L'apparition de l'agent contractuel à durée illimitée dénote un mouvement profond de restructuration de la fonction publique. Celle-ci tend à dissocier en plusieurs catégories des agents dont le statut ne les oppose plus radicalement. À la *summa diviso* entre l'agent contractuel et l'agent statutaire fait désormais place une « échelle de fonctionnariat » (O. Dord) au sein de laquelle l'agent contractuel à durée indéterminée occupe une position intermédiaire. Mais la situation nouvelle accuse les contradictions : pourquoi ne pas reconnaître à ce dernier des garanties de progression de carrière dès lors qu'il est voué à demeurer au service de la collectivité qui l'emploie ? la stabilité de la situation de l'agent bénéficiaire d'un contrat à durée indéterminée n'impliquait-elle pas mieux sa titularisation ?

2. Le contrat de droit privé. Principalement, le recrutement d'agents par contrat de droit privé est réservé aux besoins des services publics industriels et commerciaux (à l'exception du directeur du service et de l'agent comptable maniant les deniers publics) [1]. C'est une des conséquences recherchées de la gestion privée des services publics. Mais, le contrat de droit privé prend aujourd'hui un relief particulier avec son utilisation au sein même de l'administration publique en vue de résoudre des problèmes sociaux de lutte contre le chômage. Il permet d'enrôler un personnel d'appoint en vue de répondre « à des besoins collectifs non satisfaits » sur des emplois non susceptibles d'être occupés par des fonctionnaires. Cette utilisation, anormale dans le cadre d'une activité administrative, reste toutefois marginale et toujours justifiée par son but d'ordre social.

C'est le cas, à partir de 2010, du *contrat unique d'insertion* dans le secteur non marchand (CUI), dernière version du *contrat d'accompagnement dans l'emploi* (CAE), donnant lui-même une nouvelle actualité à d'anciens contrats du même type aux contrats emploi-consolidé (C. trav., art. L. 5134-21). Son recours qui n'est pas imposé par la loi aux collectivités ne méconnaît pas, de ce fait le principe de libre administration (Cons. const. 13 janv. 2005, n° 04-509 DC, *Loi de programmation pour la solidarité sociale*, *Lebon* 33 ; *RFDA* 2005. 289, note

1. CE Sect. 8 mars 1957, *Jalenques de Labeau*, *Lebon* 157 ; *AJDA* 1957. 184, chron. J. Fournier et G. Braibant ; *D.* 1957. 387, concl. C. Mosset, note A. de Laubadère ; *JCP* 1957. 9987, note J. Dufau ; *S.* 1957. 43, chron. A. Mathiot et 276, concl.

R. Hostiou ; *AJDA* 2005. 905, note Champeil-Desplats ; *D.* 2005. 921, chron. B. Mathieu ; *LPA* 5 févr. 2005, note J. E. Schoettl).

Ont également fait une apparition remarquée - autant que contestée - les *contrats d'intérim* (art. L. 1251-60 s. C. trav. issu de L. 3 août 2009, Circ. 3 août 2010) autorisés dans les hypothèses particulières de recours au contrat (v. ss 784). Mais à l'égard de la mission qui lui est confiée, l'intérimaire ne devrait pas pouvoir faire usage de prérogatives de puissance publique. La durée du contrat ne peut excéder un ou deux ans. Au-delà, l'agent sera réputé avoir conclu un contrat à durée déterminée avec la collectivité qui l'emploie. Dans le cadre d'un service public administratif, la résolution des litiges entre les deux parties est attribuée au juge administratif. Le coût plus élevé du recrutement par intérim - par la rémunération de la société d'intérim - devrait faire obstacle à son utilisation, si ce n'est à titre exceptionnel, lorsque la continuité du service public ne peut être autrement satisfaite.

786 ***Bibliographie*** ◊ Vu l'ampleur de la bibliographie sur la fonction publique territoriale et le traitement rapide du sujet dans le cadre de cet ouvrage, nous ne donnerons que quelques références générales :

- Aubin (E.), *Droit de la fonction publique territoriale*, Gualino, 2012 ; « Caractères généraux et tendances actuelles de la fonction publique territoriale », *Rép. Coll. locales* fasc. n° 10052 ; « Les agents contractuels de droit privé », fasc. n° 10720
- Auby (J.-M.), Auby (J.-B.), Jean-Pierre (D.) et Taillefait (A.), *Droit de la fonction publique*, Dalloz, coll. « Précis », 2012
- Dord (O.), *Droit de la Fonction publique*, PUF, coll. « Thémis », 2012
- Melleray (F.), *Droit de la fonction publique*, Economica, 2013
- Schrameck (O.), *La fonction publique territoriale*, Dalloz, coll. « Connaissance du droit », 1995
- Taillefait (A.), « Les agents non titulaires de droit public », fasc. n° 10710
- *J.-Cl. Coll. terr.*, fasc. relatifs à la fonction publique territoriale, n° 800 s.

TITRE 5

LES SANCTIONS DES ATTEINTES LOCALES À LA LÉGALITÉ GÉNÉRALE

87 ***Définition*** ◊ On désigne par sanction toute mesure que justifie la violation par une autorité décentralisée de ses obligations légales. La sanction peut consister en l'annulation d'une décision illégale, en une décision de substitution de l'autorité décentralisée défaillante ou dans la condamnation à indemniser la victime d'une faute dommageable.

En droit des collectivités territoriales, ces sanctions sont, pour partie, issues des voies de droit ordinaires. Les autorités décentralisées possèdent la nature d'autorité administrative soumise au contrôle de la justice administrative que tout intéressé peut saisir par la voie d'un recours pour excès de pouvoir pour obtenir l'annulation d'une décision illégale ou par la voie d'un recours de plein contentieux pour obtenir réparation d'un comportement ou d'une décision dommageable.

Mais, il existe simultanément une véritable *spécificité de la sanction* lorsque l'action des autorités décentralisées est en cause. Le principe unitaire de l'État est sauvegardé par un réseau de plus en plus dense de contrôles et de responsabilités qui pèsent sur cette action. Les contrôles qui se rapportent, de près ou de loin, à la théorie de la tutelle, sont la conséquence nécessaire de ce que l'existence même et l'action des collectivités décentralisées ne peuvent s'affirmer contre l'autorité centrale. Le pluralisme institutionnel en droit public demeure ainsi relié à l'État par des chaînes de dépendance grâce auxquelles celui-ci peut s'assurer du respect de ses règles et de ses intérêts.

Sur cette base, trois idées résument l'évolution des sanctions auxquelles sont assujetties les collectivités.

§ 1. Juridictionnalisation des sanctions

788 ***Phénomène de multiplication des juges*** ◊ Depuis l'accélération de la décentralisation en 1982, l'évolution est particulièrement marquée par la multiplication des juges de la régularité juridique de l'action locale. Un contrôle juridictionnel *a posteriori* sur les actes des collectivités a remplacé l'ancien contrôle *a priori* du préfet. Et, à cette compétence du juge administratif pour connaître des actes des collectivités, s'ajoute notamment celle du juge des chambres régionales des comptes pour contrôler les finances des collectivités et celle du juge pénal pour réprimer les égarements dans la gestion locale.

Le recours général au juge est un facteur, au moins théorique, d'atténuation de l'emprise de l'administration de l'État sur l'administration décentralisée. Dépourvu de ses pouvoirs d'approbation, d'autorisation ou d'annulation de plein droit, le préfet ne peut plus s'ingérer dans le processus décisionnel des collectivités qui devient, de ce fait, intégralement décentralisé. L'évolution marque donc *l'intégration des collectivités territoriales dans un État de droit au sein duquel seul la Constitution et la loi peuvent limiter leur liberté de s'administrer.* Les contrôles juridictionnels se bornent à vérifier le respect de la légalité de l'action locale et les collectivités comme leurs administrés y gagnent en *sécurité juridique.* Sous l'ancien régime de la tutelle, on avait vu la décision d'une commune annulée par le préfet 75 ans après son édiction !

789 ***Critique du phénomène de juridictionnalisation*** ◊ Divers facteurs obligent à ne pas surévaluer la situation :

– *Précarité des compétences décentralisées.* La juridictionnalisation des contrôles se signale plus dans les garanties procédurales que les collectivités peuvent en retirer que sur le fond des choses. Ainsi, la justice administrative se manifeste moins comme un organe répartiteur des compétences entre l'État et les collectivités, comme c'est le cas dans les États fédéraux qui excluent les contrôles nationaux, que comme un rouage de l'État appelé à garantir la supériorité de l'intérêt général sur la multiplicité des intérêts locaux (v. la jurisprudence sur la question du pouvoir réglementaire local, *v. ss* 569 s.).

– *Accroissement de l'insécurité juridique.* La « judiciarisation » des relations entre l'État et les collectivités emporte les mêmes conséquences paradoxales que la « judiciarisation » de la société dans son ensemble. Elle est vécue par les élus et les administrés comme contribuant à accroître un sentiment d'insécurité juridique. La vitesse de renouvellement des règles de droit à l'époque actuelle en donne une première explication : « ...il faut que l'ensemble des acteurs fasse l'apprentissage de nouvelles répartitions des compétences, de nouvelles procédures (dont celle du contrôle de légalité), de nouveaux concepts (délégations de service public, partenariat), de nouvelles préoccupations (transparence de la vie publique, lutte contre la corruption), sur un fond d'instabilité de la règle de droit » (J.-C. Hélin, 1999). De surcroît, l'égalité des citoyens devant la loi peut souffrir de la grande disparité de comportement des préfets dans la mise en œuvre du déféré sur l'ensemble du territoire. À quoi s'ajoute la très grande concentration de ces déférés dans quelques domaines névralgiques (fonction publique territoriale, urbanisme, contrats et marchés), l'ensemble de l'administration décentralisée s'avérant inégalement surveillée.

– *Perte d'efficacité des sanctions*. L'appel au juge pour rétablir la régularité de l'action locale peut se révéler d'un secours tardif. En matière de marchés publics, on sait bien que le juge est amené à se prononcer alors que celui-ci peut avoir été entièrement exécuté, de telle manière que la sanction juridictionnelle sera privée de toute efficacité. Il peut en aller de même en matière d'urbanisme ou de délégation de service public. Le législateur s'est trouvé condamné à intervenir à plusieurs reprises pour corriger la situation en facilitant les procédures d'urgence entre les mains du préfet. Il n'empêche, le représentant de l'État demeure, vis-à-vis de ces procédures, dans une situation comparable à celle de tout administré profitant des récentes avancées législatives, ce qui a pour effet d'accuser le vieillissement, ou la faiblesse, des procédés classiques de tutelle.

§ 2. Développement des sanctions

790 ***L'impératif du développement des sanctions*** ◊ Il ne faut pas croire que le développement actuel des sanctions qui pèse sur le fonctionnement des collectivités décentralisées signale un renforcement de l'emprise tutélaire de l'État administrateur. Le phénomène est simplement lié à l'extension de la décentralisation sur la plupart des domaines de l'action publique et à la nécessité que les administrés ne restent pas les premières victimes d'une mauvaise gestion de leurs élus. Mais, il découle également d'une exigence croissante de moralité qui règne sur la vie publique et au nom de laquelle le corps social réclame une plus grande transparence dans la prise de décision des collectivités. L'information des administrés et des élus est devenue une composante indispensable de la légitimité des décisions. Dans ce contexte, le domaine de la commande publique est particulièrement soumis à cette exigence de transparence confiée à la garde, si redoutée des élus, des chambres régionales des comptes et du juge pénal. De plus en plus, la mise en jeu de la responsabilité des élus tend à constituer une modalité, particulièrement marquante, du contrôle de la gestion administrative et financière des collectivités.

§ 3. Maintien des tutelles

791 ***Maintien de la tutelle générale sur les actes et les personnes*** ◊ C'est certainement à tort qu'on voit l'expression de tutelle aujourd'hui s'effacer

au profit des expressions de « contrôle administratif » ou de « contrôle budgétaire ». Sans doute, ces nouvelles expressions sont en phase avec l'intention législative de proclamer « la suppression de la tutelle » (L. n° 82-213, 2 mars 1982) et de marquer ainsi l'effacement du pouvoir préfectoral dans la direction et la surveillance des affaires locales. Elles font de la sorte droit à une évolution qui a voulu marquer un net amoindrissement de l'emprise de l'État sur les collectivités. Nonobstant, *le maintien du concept de tutelle n'a rien d'inapproprié*. La fonction reconnue au préfet dans le cadre des procédures actuelles s'accorde à la théorie classique des pouvoirs de tutelle qui couvre des procédés juridiques très diversifiés mais qui les identifie comme tels et maintient, en vertu de la Constitution, un lien nécessaire entre deux personnes organiquement séparées mais fonctionnellement inégales. La possibilité de saisir le juge administratif des décisions locales estimées illégales a depuis longtemps été reconnue à toute autorité de tutelle qui se voyait dans l'impossibilité d'annuler *elle-même* de telles décisions (CE 24 nov. 1911, *Cne Saint-Blancard, Lebon* 1089 ; *S.* 1912. III. 1, note Hauriou). À cela s'ajoute que le préfet dispose toujours de la sanction la plus vigoureuse consistant dans le *pouvoir de substitution* de l'autorité décentralisée si celle-ci persiste dans son refus de prendre une décision obligatoire. Ce procédé continue de s'imposer chaque fois qu'un contrôle *a posteriori* serait inefficace à rétablir le droit. C'est principalement le cas avec le « contrôle budgétaire » des collectivités, le préfet pouvant régler lui-même et rendre exécutoires les propositions de règlement budgétaire faites par les chambres régionales des comptes agissant, non comme organe juridictionnel, mais comme « autorité administrative indépendante » (R. Chapus, 2000) en prêtant ainsi leur concours, par ces propositions, à la tutelle préfectorale. Le même pouvoir de décision par substitution se retrouve en matière de police administrative générale.

Finalement, le terme de contrôle demeure trop indéterminé pour caractériser la situation juridique particulière que nous étudions. Nous lui préférerons celui de tutelle mieux spécifié par la nature des pouvoirs exercés et leur vocation constitutionnelle à garantir l'intérêt supérieur et général de l'État. En dépit de l'évocation assez brutale qu'il suggère avec la tutelle du droit civil exercée sur les incapables à pourvoir eux-mêmes à leurs intérêts, c'est un terme qu'il faut garder, dans cette mesure à tout le moins (v. ss 795).

792 ***Maintien des tutelles indirectes*** ◊ L'expression doctrinale de « tutelle indirecte », au demeurant peu précise par son énoncé, est utilisée pour qualifier le retour à des procédés classiques de tutelle (autorisations préalables, approbation, substitution d'office...) dans l'exercice des nouvelles compétences sectorielles. Dans la mesure où l'État dispose de la compétence pour créer des pouvoirs de tutelle, rien ne l'empêche de subordonner l'exercice des activités décentralisées à tout contrôle institué par lui dans l'intérêt d'obtenir qu'elles soient mises en œuvre dans un sens conforme

à ses intérêts. La tutelle indirecte fait donc fonction de biais pour contrarier le libre jeu de la décentralisation [1].

On peut toutefois douter du rattachement de ces techniques à la catégorie juridique de tutelle. Elles opèrent davantage comme des procédés de direction que comme des procédés de contrôle. Par leur truchement, en effet, l'État participe au processus de décision locale. En fait, ces tutelles indirectes signalent l'existence de domaines de compétence partagée entre l'État et les collectivités, d'une « action commune » selon un découpage des interventions aménagé par la loi dans chaque cas. La présence permanente de l'État dans l'administration décentralisée a cette conséquence théorique qu'il est difficile de marquer nettement une frontière entre l'action locale partagée avec l'État et le contrôle de cette action par l'État ; finalement entre la coopération et le contrôle.

93 ***Plan*** ◊ Nous partagerons l'étude des sanctions des irrégularités locales entre l'exposé des pouvoirs de tutelle de l'État (Chapitre 1) et les actions en responsabilité ouvertes contre les collectivités territoriales et leurs élus (Chapitre 2).

1. V. Y. Luchaire, « La persistance de la tutelle dans le droit des collectivités territoriales », *AJDA* 2009. 1134.

CHAPITRE 1
SANCTION PAR LA TUTELLE

94 ***Définition générale*** ◊ La tutelle est un terme généralement utilisé pour particulariser diverses espèces de contrôle auxquels l'État soumet les personnes décentralisées (approbation, annulation, substitution, suspension ou révocation individuelle ou collective des élus). Ces contrôles sont établis par la loi et mis entre les mains du représentant de l'État au plan local, le préfet, qui les exerce dans l'intérêt de faire prévaloir l'intérêt supérieur et général de l'État sur les intérêts particuliers que représentent les collectivités secondaires.

Le préfet ne dispose pas de plein droit de l'ensemble de ces pouvoirs de tutelle, mais seulement de ceux spécifiés par la loi dans chaque cas. De façon générale, il importe que la mise en œuvre de ces contrôles n'annihile pas la liberté reconnue à des collectivités décentralisées de s'administrer. Alors qu'au contraire, l'exercice du pouvoir hiérarchique est entièrement tourné vers l'efficacité de l'action administrative par l'unité de commandement qu'il permet. La relation hiérarchique s'établit sur un pouvoir d'autorité et n'est pas, dans cette mesure, assimilable à un pouvoir de tutelle. En matière de tutelle, la liberté est la règle, le contrôle reste l'exception [1].

L'évolution va dans le sens d'un allègement sélectif de ces pouvoirs de tutelle. Amoindrie par un simple contrôle juridictionnel de légalité pour les actes des collectivités depuis 1982, la tutelle continue de se manifester par ses pouvoirs les plus radicaux chaque fois que la situation exige que l'État se substitue aux collectivités défaillantes pour la continuité de la vie administrative locale, comme c'est notamment le cas en matière budgétaire et de police.

95 ***Le problème de l'utilisation du mot de tutelle en droit administratif*** ◊ La théorie générale du droit administratif ne donne pas à voir une notion unitaire de tutelle car, sous ce terme, s'y trouvent rangés deux types de pouvoirs d'inspiration et de portée très différentes. De sorte que les procédés qu'elle emprunte vont au-delà de l'idée qu'on doit s'en faire :

Les *pouvoirs de contrôle* exercés au moyen de la tutelle (autorisation, approbation, substitution d'office) ne correspondent qu'à sa « conception idéale » (L. Richer, 1979) mais trop restrictive pour appréhender l'ensemble des possibilités permises à son titre. D'autres possibilités (annulation, nomination et révocation) vont jusqu'à conférer un véritable *pouvoir de direction* à l'autorité « de tutelle » à même de s'ingérer dans la marche des affaires décentralisées. Ainsi conçue de manière aussi large, la tutelle

1. Sur la théorie générale des pouvoirs de tutelle, v. ss 9, 4.

ne s'harmonise plus avec la théorie de la décentralisation. Sous son couvert, l'État combine décentralisation et déconcentration pour s'autoriser à garder, par le pouvoir de nomination et de décision qu'il se réserve, la haute main sur les autres personnes morales de droit public (collectivité territoriale, établissement public de l'État ou des collectivités territoriales). Mais la référence au terme de tutelle dans le discours juridique fait écran, masquant cette réalité d'une confusion entretenue entre décentralisation et déconcentration.

Il faut toutefois rendre justice au législateur de 1982 d'avoir *recentré les pouvoirs de l'autorité préfectorale sur la fonction de contrôle de l'action des collectivités*, ses possibilités d'intervention étant généralement limitées aux cas de violation de la loi. Il y a, dans cette mesure, évolution fondamentale vers une théorie propre de la tutelle en droit des collectivités territoriales par l'effet de la limitation des procédés de tutelle et de leur fondement théorique plus objectif. La tutelle d'avant 1982 visait à procurer une « bonne administration » (G. Vedel et P. Delvolvé, 1990), alors que la tutelle actuelle ne veut qu'une administration régulière et permanente.

Si les pouvoirs de direction que l'État se réserve au sein de l'administration décentralisée ne sont pas éliminés, chaque loi ne s'interdisant pas, domaine par domaine, d'établir un régime de tutelle spécifique, ceux-ci justifient d'être plus adéquatement étudiés au titre des transferts de compétences entre l'État et les collectivités et des nombreux cas de compétences partagées entre les deux types de personnes.

796 ***Présentation de l'évolution de la tutelle administrative en droit des collectivités territoriales*** ◊ L'économie générale de la tutelle a été profondément bouleversée par la loi n° 82-213 du 2 mars 1982 relative aux droits et libertés des communes, départements et régions. Si la formule législative proclamant « la suppression de la tutelle » en titre de trois chapitres de la loi contient sa part d'exagération, elle porte néanmoins la marque d'une rupture avec le passé, d'un saut qualitatif qui en fait certainement une des avancées majeures de toute la réforme. Cette rupture se résume dans la substitution d'un contrôle préfectoral exercé *a priori* – c'est-à-dire avant l'exécution de la décision locale – autant pour des motifs de légalité que d'opportunité, par un *contrôle juridictionnel a posteriori limité à l'examen de la légalité des actes des collectivités décentralisées*, le contrôle ne conditionnant plus l'entrée en vigueur de ces actes. Le préfet n'intervient plus que comme requérant devant le juge ; requérant privilégié certes, mais requérant comme tout intéressé de droit commun. Il en résulte que les actes deviennent *exécutoires de plein droit* après accomplissement des formalités préalables (publicité et transmission au préfet le cas échéant).

797 ***Portée de la tutelle*** ◊ Par cette transformation on passe d'un modèle d'arrangement paternaliste avec le préfet qui disposait d'une sorte de droit de *veto* sur les décisions des collectivités, à un véritable système de droit au sein duquel l'activité normative locale peut prospérer autant qu'elle ne

heurte pas la légalité supérieure. Est ainsi mis fin à un système complexe qui entraînait la confusion permanente entre les intérêts respectifs de l'État et des collectivités décentralisées.

Il ne faut toutefois pas négliger la présence de remarquables éléments de continuité entre les deux régimes de tutelle, aussi opposés apparaissent-ils :

- Le nouveau régime confère le rôle central au préfet dans la mise en œuvre du contrôle, celui-ci étant placé dans une situation privilégiée par ses possibilités d'information (actes transmissibles à lui) et d'action (suspension facilitée des actes). À ce titre, il continue d'exercer une magistrature d'influence sur la prise de décision locale, de telle manière que le contrôle effectif tend à se replacer vers l'amont, au niveau de l'examen préfectoral des actes, plutôt que vers l'aval avec le recours réel au juge (garder la note en bas de page). Toutefois, les termes de la discussion avec le préfet sont désormais circonscrits à des considérations de légalité.

- On doit également souligner le caractère peu fréquent de l'exercice effectif de la tutelle conduisant à l'annulation des actes locaux, et ceci, avant comme après 1982 (0,022 % des actes transmis au préfet font l'objet d'un déféré au tribunal administratif de sa part).

Aujourd'hui, l'État ne cesse de mettre l'accent sur l'efficacité du contrôle préfectoral de légalité. Il estime que le respect de la loi sera mieux préservé de la mauvaise gestion des élus locaux si leurs actes à transmettre au préfet se limitent à ceux concernant les activités les plus litigieuses de la collectivité (urbanisme, commande publique, fonction publique). Du coup, seulement 22,6 % des actes des collectivités ont été examinés en préfecture en 2012, correspondant toutefois à 91,5 % de ces actes transmissibles (*22e rapport du gouvernement sur le contrôle* a posteriori *exercé par le représentant de l'État sur les actes des collectivités territoriales, AJDA* 2014. 948, v. ss 811). Dans un contexte de pénurie des moyens administratifs consacrés à la tâche, les constatations précédentes se vérifient particulièrement.

98 ***Régime de la tutelle avant 1982*** ◊ Pour mesurer l'apport des changements en 1982, il n'est que de retracer brièvement les principes qui commandaient l'ancien régime de tutelle. On rendra ainsi mieux compte de la manière dont la loi de 1982 a pu unifier et libéraliser un régime jugé « vexatoire, complexe et inutile » (G. Melleray, 1983). Il autorisait toute intervention de l'État pour corriger les cas d'inexpérience, de négligence ou de partialité des élus locaux, ce qui ne limite pas à la sanction des illégalités. La tutelle financière *a priori* devenait de plus en plus douloureusement ressentie en ce qu'elle « retard(ait) toute décision, toute entreprise, et souvent fini(ssait) par les interdire » (G. Pompidou, 1970).

La tutelle sur les actes des collectivités s'exerçait au moyen des trois procédés de l'annulation, de l'approbation et de la substitution. Mais leur utilisation différait selon la catégorie de collectivité en cause, un régime plus sévère étant pratiqué à l'égard des communes en raison de leurs plus larges responsabilités.

- À l'égard des communes, l'ensemble des procédés de tutelle avait vocation à s'appliquer. Le préfet pouvait annuler de lui-même une délibération soit en raison d'un conseiller municipal intéressé y ayant pris part, soit encore parce qu'elle outrepassait le champ des compétences communales, soit enfin parce qu'elle était adoptée en dehors des réunions légales ou en violation des lois. Dans certaines hypothèses limitativement énumérées, le préfet pouvait substituer sa propre décision à celle du maire et, plus exceptionnellement, à celle du conseil municipal. En revanche, la loi du 31 décembre 1970, prise dans l'intérêt des « libertés locales », avait considérablement limité la liste des délibérations soumises à l'approbation préalable de l'autorité de tutelle.

– La tutelle se voulait moins lourde à l'égard des départements. Hors les cas où le préfet pouvait annuler lui-même les délibérations du conseil général, l'article 19 de la loi du 10 août 1871 organisait une procédure préalable de discussion avec les autorités décentralisées dans l'hypothèse d'une délibération supposée illégale. En cas d'insuccès, le préfet ne pouvait obtenir que d'un décret en Conseil d'État l'annulation de la délibération litigieuse ; annulation qui devait intervenir dans le délai de six semaines au-delà duquel la délibération devenait exécutoire. Les cas sont demeurés rares (19 entre 1960 et 1981). Par ailleurs, le décret du 5 janvier 1959 relatif à l'allègement du contrôle administratif et à la simplification de l'administration départementale avait réduit, de manière importante, la liste des délibérations soumises à approbation.

– En vertu de l'article 7 de la loi du 5 juillet 1972, les délibérations du conseil régional, organe délibérant de l'établissement public région, étaient exécutoires à l'issu d'un délai de 15 jours pendant lequel le préfet pouvait en demander un nouvel examen. Les délibérations contraires à la loi ou étrangères aux compétences régionales pouvaient faire l'objet d'une déclaration en nullité par décret en Conseil d'État (11 fois entre 1972 et 1982).

Assez paradoxalement, cette tutelle faisait l'objet d'une appréciation plus sévère de la part de la doctrine que des élus locaux eux-mêmes. C'est sans doute que les préfets avaient été à même d'établir une relation d'échanges réciproques avec les autorités locales et non pas seulement d'influence exclusive de leur part. Dans leur rôle de contrôleur, ils pouvaient ainsi devenir accessibles aux préoccupations du milieu local, soucieux des intérêts qui s'y trouvent et disposés à prendre en main leur protection.

799 ***Fondement théorique de la tutelle en droit des collectivités décentralisées*** ◊ La préservation de l'intérêt général face aux intérêts locaux particuliers constitue la justification couramment avancée de l'existence de la tutelle. Mais, ramenée à une appréciation portée sur la légalité des actes des collectivités qui élimine toute considération d'opportunité, l'actuelle tutelle change de signification. La protection des intérêts nationaux ne saurait prospérer par d'autres voies de droit que le contrôle juridictionnel de la légalité. Il en résulte que tout intérêt de l'État qui ne se trouverait pas traduit dans la loi reste inopposable à l'exercice des compétences des collectivités. Par ailleurs, il ne faut pas perdre de vue qu'en certains cas limitativement prévus par la loi, la tutelle peut commander la substitution d'office du préfet aux autorités locales. De telle manière, qu'en réunissant toutes ces considérations ont abouti au fondement suivant : la tutelle trouve tout son sens dans la nécessité *d'assurer la continuité d'une vie juridique locale régulière*. Toute son économie générale est précisément la mise en œuvre de cette idée objective.

1. On remarquera, l'avis précurseur du Conseil d'État du 21 août 1958 sur la rédaction de la nouvelle Constitution qui suggérait – avant le moment de la mise en œuvre législative de la tutelle – de substituer « la charge des intérêts nationaux,

du contrôle administratif et du respect des lois » au sein de l'article 72 alinéa 3 posant le principe du contrôle de l'État sur les collectivités, par « exercer le contrôle administratif et veiller au respect des lois ».

2. Il existe toutefois une procédure spéciale par laquelle le préfet peut demander au juge administratif l'annulation d'une décision locale sans autre motif que celle-ci est de nature à compromettre de manière grave le fonctionnement ou l'intégrité d'une installation ou d'un ouvrage intéressant la défense nationale - ce qui dépasse la stricte appréciation de légalité –. L'acte en cause doit être déféré à la Section du contentieux du Conseil d'État compétente en premier et dernier ressort. Si ce déféré est assorti d'une demande de suspension, celle-ci sera examinée dans les 48 heures (CGCT, art. L. 1111-7).

Le champ d'application de cette procédure doit être strictement entendu : CE 15 mars 1996, *Cne Buzy*, *Lebon* 81, n'est pas susceptible de relever de l'art. L. 1111-7 le déféré de l'arrêté du maire interdisant la circulation d'engins blindés à chenilles sur le territoire de la commune.

00 ***Fondement constitutionnel de la tutelle en droit des collectivités décentralisées*** ◇ Le principe d'un contrôle de tutelle de l'État sur les collectivités est inscrit au sein de la Constitution : « Dans les collectivités territoriales de la République, le représentant de l'État, représentant de chacun des membres du gouvernement, a la charge des intérêts nationaux, du contrôle administratif et du respect des lois » (art. 72 dernier al. dans sa rédaction issue de la L. const. n° 03-276, 28 mars 2003). Lorsque le législateur et le juge administratif fixent les contours du régime de tutelle, ils doivent tenir compte de cet élément supérieur dont la valeur impérative peut se résumer selon deux propositions :

1. La portée défensive des dispositions constitutionnelles. Le législateur ne saurait s'en affranchir pour organiser l'élimination totale de la tutelle ou un transfert de sa mise en œuvre à une autorité indépendante de l'État.

Dans le principe posé en 1982 d'un contrôle juridictionnel de la légalité des actes des collectivités sur déféré du préfet, le Conseil constitutionnel n'a pas vu de quoi heurter la Constitution. En revanche, il s'est opposé à la première version de la loi du 2 mars 1982 établissant le caractère exécutoire de plein droit des actes locaux avant même leur transmission au représentant de l'État qui, ainsi, ne pouvait être en mesure de saisir le juge au moment où ils prennent effet. Le vice sera corrigé par voie de circulaires et par l'application rétroactive de la loi du 22 juillet 1982.

Cons. const. 25 févr. 1982, n° 82-137 DC, *Lebon* 38 ; *AJDA* 1982. 303, note J. Boulouis ; *RD publ.* 1982. 1259, note L. Favoreu ; *AJDA* 1982. 271, note R. Etien ; *JCP* 1983. II. 20099, note C. Franck.

2. La portée constructive des dispositions constitutionnelles. Sur le fondement exprès de l'article 72 dernier alinéa, le juge administratif a pu étendre, jusqu'à sa généralisation à l'ensemble des actes des collectivités, le champ d'application du déféré préfectoral. Dépassant les intentions initiales du législateur de 1982 qui avait borné la procédure du déféré à la liste officielle des actes transmissibles au préfet, le juge administratif a entendu qu'aucun acte local justiciable devant sa juridiction n'échappe au régime renforcé du déféré préfectoral.

Parachevant l'évolution jurisprudentielle en ce sens : CE Sect. 28 févr. 1997, *Cne Port*, *Lebon* 61 ; *RFDA* 1997. 1190, concl. J.-H. Stahl, note J.-C. Douence ; *AJDA* 1997. 476, chron. D. Chauvaux et Girardot, s'agissant du recours pour excès de pouvoir du préfet, requalifié de déféré, formé à l'encontre du refus implicite du maire de prendre un ordre de reversement d'indemnités irrégulièrement versées à son prédécesseur.

Mais, de manière plus considérable, il existe une véritable *théorie des fondements constitutionnels de la tutelle*. De plus en plus, la détermination de la tutelle doit obéir à des principes directeurs qui trouvent leur affirmation, au-delà de l'article 72, dans des dispositions plus générales de la Constitution. Ainsi, le principe constitutionnel de *continuité des services publics*, à côté du principe d'application des lois, justifie le procédé de tutelle le plus énergique consistant dans le pouvoir de substitution de l'autorité décentralisée par une autorité de l'État. L'absence de décision de l'autorité décentralisée peut effectivement se retourner contre les intérêts d'une gestion continue des services publics.

Cons. const. 28 déc. 1982, n° 82-149 DC : s'agissant du pouvoir de substitution conféré au préfet, dans le régime des villes de Paris, Lyon et Marseille, en cas de désaccord entre le conseil municipal et le conseil d'arrondissement intéressé pour dresser l'inventaire des équipements dont le conseil d'arrondissement doit prendre la charge. V. ég. 16 août 2007, n° 07-556 DC, *Loi sur le dialogue social et la continuité du service public dans les transports terrestres et réguliers de voyageurs*, *JO* 22 août 2007. 13971.

Mais, cette théorie des bases constitutionnelles de la tutelle peut aussi s'avérer « négative » lorsque le recours à la règle constitutionnelle se produit dans des cas limites contre des principes de tutelle susceptibles de dresser des barrières excessives aux possibilités d'action propres des collectivités. Ces bases donnent moins de fondement à la tutelle que des limites. C'est le cas avec le principe de libre administration qu'une tutelle trop lourde priverait d'effet suffisant.

Cons. const. 20 janv. 1993, n° 92-316 DC, *Rec. Cons. const.* 14 ; *RFDA* 1993. 902 et 914, note D. Pouyaud, est contraire à la libre administration l'institution d'un sursis à exécution pouvant être demandé par le préfet au tribunal administratif, à tout moment, pour obtenir automatiquement la suspension des actes des collectivités dans des domaines essentiels (urbanisme, marchés publics, délégations de services publics) pendant trois mois. Cons. const. 17 mars 2011, n° 10-107 QPC, *Syndicat mixte chargé de la gestion du contrat urbain de cohésion sociale de l'agglomération de Papeete*, *AJDA* 2011. 1735, note M. Verpeaux ; *RFDC* 2011. 817, note A. Roux ; *BJCL* 2011. 459, note J.-P. Pastorel ; *RFDC* 2012. 227, étude G. Agniel, s'agissant de la non-conformité au principe de libre administration, qu'« elles privent de garanties suffisantes », de certaines dispositions de l'art. 8 de l'Ord. 5 oct. 2007 qui, à l'égard des maires des communes de Polynésie française, maintiennent sur leurs arrêtés le système des annulations de plein droit par la Haut-commissaire de la République, système en vigueur sous l'ancien régime de tutelle antérieur à la loi du 2 mars 1982.

801 ***Tutelle sur les actes et tutelle sur les personnes*** ◊ Les développements à suivre s'articuleront sur cette distinction, trop régulièrement pratiquée et trop commode d'utilisation pour qu'on y échappe. Mais, il faut voir que si cette présentation a pour elle sa simplicité, elle ne

caractérise pas totalement deux situations juridiques séparées. La tutelle sur les personnes n'a pas d'autre objet que la substitution de l'autorité contrôlée défaillante par l'autorité de tutelle en vue d'adopter les décisions que la légalité impose. En cela, elle s'apparente à une variété de tutelle sur les actes, fût-elle déclenchée au moyen d'un pouvoir particulier de substitution.

SECTION 1. **TUTELLE GÉNÉRALE SUR LES ACTES** [1]

02 ***Présentation d'ensemble*** ◊ La tutelle qui s'exerce sur les actes des collectivités décentralisées présente un caractère uniforme, c'est-à-dire qu'à quelques détails près, elle suit le même régime pour les communes, les départements et les régions. Cela n'avait pas toujours été le cas.

L'aspect dominant du régime de tutelle est que le préfet n'a pas le pouvoir de contrôle, seul le juge administratif pouvant sanctionner l'illégalité de l'acte litigieux. En revanche, le préfet dispose d'un pouvoir de déclenchement du contrôle selon un modèle comparable au recours pour excès de pouvoir que tout intéressé peut intenter à l'encontre d'une décision locale. Toutefois, ce *mouvement de banalisation de la tutelle n'est pas parfait*. La loi ménage quelques particularités procédurales conférant des privilèges d'information et d'action au préfet sans lesquels le respect de la loi n'aurait pas paru disposer de garanties constitutionnelles suffisantes.

03 ***Institution du « déféré préfectoral »*** ◊ Le déféré préfectoral désigne l'opération consistant à saisir le juge administratif de l'acte d'une collectivité territoriale en vue de l'examen juridictionnel de sa régularité. L'étude de la tutelle sur les actes se confond ainsi avec celle du déféré préfectoral. La phase postérieure du contrôle juridictionnel ne signale aucun particularisme, le juge administratif agissant avec les mêmes possibilités que le juge de l'excès de pouvoir susceptible soit de rejeter le recours, soit de l'accueillir en annulant l'acte illégal.

Il y a lieu de présenter le déféré préfectoral comme un « recours spécial » tant en raison de sa dénomination particulière en usage au sein de la doctrine, la jurisprudence et la législation, que de son origine légale qui l'institue en propre sur le fondement de la Constitution (L. 2 mars 1982). Nonobstant, son organisation entretient tellement de traits communs avec le régime général du recours pour excès de pouvoir que la situation du préfet peut être présentée en comparaison avec celle de l'intéressé ordinaire agissant selon les voies du droit commun :

1. V. biblio. v. ss 851, 1.

1. Le préfet n'est qu'un intéressé ordinaire. Cette proposition se manifeste d'abord dans les conditions de recevabilité du déféré. Le préfet dispose ainsi de la *faculté* - et non de l'obligation - de déférer au tribunal administratif tout acte administratif faisant grief ou certains contrats d'une collectivité territoriale *dans les deux mois* pour lui demander si cet acte est *légal ou non*. Rien ne l'empêche d'intenter un recours gracieux pendant ce délai, c'est-à-dire demander à l'auteur de l'acte de revenir sur sa propre décision. En cas d'échec, il ne perdra pas pour autant la possibilité de saisir le juge, un nouveau délai courant à partir de la décision locale de refus.

Le rapprochement avec l'intéressé ordinaire se prolonge dans la phase de mise en œuvre du déféré où le préfet ne peut utilement se prévaloir que des *moyens de légalité* à l'encontre de l'acte local. Celui-ci garde la même liberté de se *désister* de son déféré que tout intéressé alors que la mission constitutionnelle de protecteur de la légalité dont il est investi aurait pu commander la solution contraire.

De façon générale, la jurisprudence administrative a posé le principe de l'alignement du déféré préfectoral sur le recours pour excès de pouvoir pour tous les cas où la loi n'en dispose pas autrement (CE 29 mai 1987, *Cne Goult*, *Lebon* 621).

2. Le préfet est plus qu'un intéressé ordinaire. Cela tient à un certain nombre de particularités par lesquelles l'idée de tutelle se maintient. Sans être négligeables, elles ne sont pour autant pas considérables, tendant même à s'effacer. C'est certainement le contrecoup du mouvement continu de développement de l'État de droit qui aura contribué à doter l'administré-requérant des armes contentieuses dont seul profitait le préfet en tant que garant de l'intérêt général :

- Le préfet doit être informé, par voie de transmission, des actes les plus importants des collectivités, ce qui n'est pas sans conséquence sur le délai de recours contentieux, aucune forclusion ne pouvant être opposé au préfet saisissant le tribunal administratif d'une décision non transmise dont il aurait eu connaissance par ailleurs.
- Le préfet peut contester la validité des contrats administratifs devant le juge administratif comme il en est pour tout tiers dont les intérêts sont lésés de manière suffisamment directe et certaine. Mais compte tenu de l'intérêt général dont il a seul la charge, le préfet pourra, à défaut du tiers, invoquer tout vice entâchant le contrat ou demander l'annulation des « actes détachables » du contrat tant que celui-ci n'est pas signé (CE Ass. 4 avr. 2014, *Dpt du Tarn-et-Garonne*, v. ss 809).
- Le préfet peut faire prononcer le sursis à exécution de l'acte attaqué dans des conditions moins rigoureuses que l'intéressé ordinaire.

804 ***Nature du « déféré préfectoral »*** ◊ Le Conseil d'État a donné au déféré préfectoral les règles du recours pour excès de pouvoir, sauf dispositions contraires (CE 27 févr. 1987, *Cne de Grand-Bourg de Marie Galante c. Mme Pistol*, *Rec*. P. 80 ; *AJDA* 1987. 419, note X. Prétot ; *RFDA* 1987. 212, concl. B. Stirn et 1987. 777, note J.-C. Douence, avec proclamation expresse de la solution de principe). Il a cependant réduit la portée du principe en

décidant que les déférés formés à l'encontre d'un contrat prendraient la nature d'un recours de plein contentieux. Il s'ensuit que l'office du juge s'en trouve élargi dans l'intérêt de lui pemettre d'apprécier les conséquences des vices entâchant la validité du contrat : il peut les considérer comme insuffisamment graves pour provoquer l'annulation du contrat, n'excluant pas sa régularisation (CE 23 déc. 2011, *Ministre de l'Intérieur, de l'outre-mer, des collectivités territoriales et de l'immigration*, *Rec.* p. 662 ; *BJCL* 2012. 125, concl. B. Dacosta, obs. N. ; *RFDA* 2012. 683, note P. Delvolvé ; *AJDA* 2012. 1064, note N. Quyollet ; *RJEP* 2012, n° 25, note F.Brenet et CE 9 mai 2012, *Syndicat départemental des ordures ménagères de l'Aude*, *Rec.* p. 192 ; *AJDA* 2012. 1688, note O. Martin ; *RFDA* 2012. 683, note P. Delvolvé ; *BJCL* 2012. 511, concl. B. Dacosta ; *RDI* 2012. 403, note R. Noguellou ; *JCP Adm.* 2012 n° 2291, note J.-M.Pontier, cas du vice tiré de la transmission de la signature du contrat au préfet avant même celle de la délibération l'autorisant. Un tel vice ne saurait toutefois être regardé comme ayant empêché le préfet d'exercer son contrôle de légalité). Le caractère objectif du déféré impose cependant quelques limites à cette évolution : les droits et intérêts financiers des co-contractants n'ont pas à être pris en considération.

05 Nous diviserons l'étude des conditions du déféré préfectoral en deux étapes successives permettant de distinguer les règles préalables à la saisine du juge administratif (§ 1) de l'exercice effectif du recours (§ 2).

§ 1. **Recevabilité du déféré**

06 Il s'agit des conditions que le représentant de l'État doit respecter pour que le juge examine au fond le déféré. Ces conditions sont aussi proches que possible de celles du recours pour excès de pouvoir. Toutefois, le déféré se signale originalement par son champ d'application : le nombre d'actes insusceptibles de contrôle y est beaucoup plus limité de manière à garantir une protection de la loi plus systématique dans le cadre de la tutelle.

A. **Nature de l'acte déférable**

07 Sans grande restriction, le droit positif soumet au déféré les « délibérations, arrêtés, actes » des autorités décentralisées (L. 2 mars 1982), qu'ils soient soumis ou non à l'obligation de transmission. Le droit et la jurisprudence se conjuguent pour conférer au déféré préfectoral un champ d'application aussi large que possible. Celui-ci dépasse les possibilités du droit commun du contrôle de légalité.

08 ***Actes contenant des décisions*** ◊ Le déféré est d'abord recevable à l'encontre des décisions, délibérations ou arrêtés, à caractère réglementaire ou individuel des autorités des collectivités territoriales. En ce sens, les actes

justiciables du juge administratif au titre du recours pour excès de pouvoir forment le fond commun des actes contrôlables au titre du déféré. Il va de soi que l'acte doit avoir été pris par une autorité décentralisée au nom de la collectivité territoriale, de ses établissements publics ou de ses organismes régis par le droit public.

Peu importe *le caractère formel ou non de la décision*. Le déféré sera recevable chaque fois qu'un acte de volonté d'une autorité locale aura été émis, fût-il silencieux ou purement verbal.

Les décisions implicites de rejet sont ainsi susceptibles de déféré : CE 15 mai 1996, *Cne Busy*, *Lebon* 81, s'agissant du refus du maire d'abroger un règlement de police ; Sect. 28 févr. 1997, *Cne Port*, *Lebon* 61 ; *RFDA* 1997. 1190, concl. J.-H. Stahl et note J.-C. Douence ; *AJDA* 1997. 476, chron. D. Chauvaux et T.-X. Girardot, s'agissant du refus implicite du maire d'ordonner un reversement d'indemnités obtenues à tort par son prédécesseur.

L'acte frappé *d'inexistence* en raison de son insusceptibilité à se rattacher à un quelconque pouvoir de l'administration peut faire l'objet d'un déféré préfectoral. Comme le veut le régime juridictionnel qui s'attache à ce type d'acte, le déféré est affranchi de toute condition de délai : CE 28 févr. 1986, *Cne République des Landes*, *Lebon* 50 ; *RD publ.* 1986. 1468, note J.-M. Auby ; *AJDA* 1986. 326, note J. Moreau ; *RFDA* 1987. 219, note J.-C. Douence.

809 ***Contrats*** ◊ Le préfet est en mesure de former un déféré à l'encontre des contrats de droit public passé par les collectivités (notamment les marchés publics et les délégations de service public) et d'obtenir leur sanction par cette voie. La loi du 2 mars 1982 avait ainsi entendu faire exception au principe de l'effet relatif des contrats qui avait toujours conduit à l'irrecevabilité des tiers à contester directement la régularité des contrats administratifs. La solution était la bienvenue puisque la transparence et la moralisation de la vie publique ne pouvaient se satisfaire de l'inattaquabilité pratique de ces actes qui engagent les finances publiques.

Le juge administratif fait application des règles du contentieux de pleine juridiction au déféré préfectoral à l'encontre des contrats depuis 2011 (CE 23 déc. 2011, *Ministre de l'Intérieur, de l'outre-mer, des collectivités territoriales et de l'immigration*, v. ss 804). L'abandon du recours pour excès de pouvoir au profit du plein contentieux prend son importance pratique par les pouvoirs du juge qui s'en trouvent modifiés et élargis : alors que celui-ci ne pouvait qu'obtenir le rétablissement de la légalité par l'annulation rétroactive du contrat irrégulier dans le premier cas, il pourra désormais décider d'en poursuivre l'exécution, inviter les parties à le régulariser ou le résilier à compter de la date qu'il estimera opportune. Le recours pour excès de pouvoir n'est toutefois pas sans application puisque le préfet peut continuer de demander, à la différence du tiers lésé, l'annulation des « actes détachables » du contrat tant que celui-ci n'est pas signé. Dans cette mesure se trouve distingué du tiers invoquant *son* droit, du représentant de l'État défendant *le* droit (CE Ass. 4 avr. 2014, *Dpt du Tarn-et-Garonne*, *AJDA* 2014. 1035, chron. A. Bretonneau et J. Lessi ; 2014. 945, Trib. S. Braconnier ; *JCP Adm.* 2014, n° 2152, note J.-F. Sestier et n° 2153, note S. Hul ; *BJCL* 2014. 316, note C. Fardet)

On peut regretter que les contrats d'emprunt et les contrats de garantie d'emprunt échappent au déféré en tant qu'ils constituent des contrats de droit privé en raison de leur exclusion du champ des marchés publics. Il a pourtant été jugé que leur passation devait obéir aux principes de concurrence du droit communautaire (CE 23 avr. 2005, *Assoc. pour la transparence et la moralité des marchés publics*, *Lebon* 71 ; *AJDA* 2005. 669, note J.-C. Dreyfus).

10 ***Vœux*** ◊ Il est de solution classique que les délibérations non décisoires des assemblées des collectivités territoriales (délibérations à caractère préparatoires, vœux...) puissent en dépit de leur caractère, faire l'objet d'une annulation contentieuse à raison de leurs « vices propres » (moyen de légalité externe). Cette solution qui demeurait en marge des règles classiques de recevabilité, n'a pas résisté à l'évolution jurisprudentielle (CE Ass. 15 avr. 1996, *Synd. CGT hospitaliers Bédarieux*, *Lebon* 130 ; *RFDA* 1996. 1169, concl. D. Combrexelles ; *AJDA* 1996. 366, chron. J.-H. Stahl et D. Chauvaux), excepté à l'égard du préfet pouvant établir sur la loi du 2 mars 1982 le maintien de l'exception à son profit.

11 ***Abandon de la condition du caractère transmissible de l'acte*** ◊ Tous les actes précédemment mentionnés sont susceptibles de déféré qu'ils appartiennent ou non à la liste dont la loi prévoit leur transmission obligatoire au préfet. En parachevant une évolution régulière dans cette direction, la jurisprudence *Commune du Port* (préc.) œuvre en faveur de la simplification et de l'extension du déféré préfectoral.

À l'origine, la loi du 22 février 1982 entendait borner la procédure de déféré aux seuls actes inclus dans la liste limitative des actes obligatoirement transmissibles au préfet (délibérations des assemblées, arrêtés de police, décisions réglementaires, principaux contrats, décisions individuelles les plus importantes concernant les agents locaux...). Au-delà de cette liste, le préfet n'était plus fondé à agir que par la voie du recours pour excès de pouvoir de droit commun selon les conceptions traditionnelles des pouvoirs de tutelle (application de la jurisprudence *Cne Saint-Blancart* préc. : CE 30 janv. 1987, *Commissaire République dpt Val-d'Oise c. Maire Sarcelles*, *Lebon* 517). Mais, ce dispositif initial n'apportait pas pleine satisfaction en ce qu'il privait des armes propres au déféré les recours à l'encontre des actes non transmissibles et notamment du sursis à exécution facilité. Il laissait coexister deux voies de recours proches mais distinctes au profit de l'autorité de tutelle.

La généralisation du déféré est totale. Elle vaut autant pour les contrats non soumis à l'obligation de transmission (CE 16 déc. 1994, *Préfet Haut-Rhin*, *Lebon* 1114 ; *Dr. adm.* 1995, n° 49, obs. H.S.) que pour les décisions unilatérales suivant le même sort (CE Sect. 28 avr. 1997, *Cne Port* : préc., s'agissant des décisions implicites).

Le juge administratif a estimé souhaitable de conférer un soutien constitutionnel à cette solution qui n'est pas formellement inscrite dans la loi. Il en appelle ainsi à l'article 72 dernier alinéa qui confie à la garde du préfet « la charge des intérêts nationaux, du contrôle administratif et du respect des lois » (jurisprudence *Cne Port*). Ces dispositions jouent le rôle d'une directive d'interprétation pour le juge administratif justifiant toute extension utile du rôle du préfet.

Sans préjudicier à l'état du droit tel qu'acquis par la jurisprudence, la L. n° 04-809, 13 août 2004 et l'Ord. n° 09-1401, 17 nov. 2009 opèrent un réaménagement de la liste des actes transmissibles dans le sens de son allègement. Il en va de l'intérêt de recentrer l'examen de la légalité des actes des collectivités sur les points les plus litigieux de leur activité (marchés publics, urbanisme et environnement. V. ég. Circ. 23 juill. 2009 et 25 janv. 2012). La loi de 2004 (art. 140) investit également le préfet du pouvoir de se faire communiquer à tout moment un acte non transmissible avec la possibilité de l'attaquer dans les deux mois si la demande de communication s'est faite dans le délai de recours contentieux (CGCT, art. L. 2131-3 al. 2 ; L. 3131-4 al. 2 et L. 4141-4 al. 2).

Finalement, la distinction légale entre les actes soumis à transmission et ceux qui en sont dispensés perd l'essentiel de son intérêt. Elle n'est toutefois pas privée de toute conséquence notamment au regard des régimes de l'entrée en vigueur de l'acte et du délai de recours à son encontre. La transmission vaudra formalité substantielle à partir de laquelle seulement l'acte pourra prendre effet et deviendra attaquable sous condition de délai (*infra*).

812 ***Actes exclus*** ◊ – *Les actes de droit privé* des collectivités territoriales ne sauraient relever du contrôle de tutelle. Cette exclusion repose sur les principes généraux d'organisation de la justice qui interdisent au juge administratif de connaître des actes de droit privé fussent-ils pris par une personne publique (il s'agit essentiellement de contrats de droit privé et d'actes de gestion du domaine privé d'une collectivité).

Prenant appui sur ce fondement : CE 27 févr. 1987, *Cne Grand-Bourg de Marie-Galante c. Lancelot*, *Lebon* 80 ; *AJDA* 1987. 419, note X. Prétot ; *RFDA* 1987. 212, concl. B. Stirn, et 777, note J.-C. Douence, s'agissant du licenciement d'un agent de droit privé de la commune.

Il pourra toutefois y avoir matière à déféré par application de la théorie de la détachabilité : CE Sect. 7 oct. 1994, *Épx Lopez*, *Lebon* 470, concl. R. Schwartz ; *RFDA* 1994. 1090, concl. et note D. Pouyaud ; *AJDA* 1994, 867, chron. L. Touvet et J.-H. Stahl.

– *Les actes relevant des missions déconcentrées* des collectivités territoriales ne peuvent davantage relever de la tutelle. Dans le cadre de telles missions, le maire relève du plein pouvoir hiérarchique du préfet susceptible, à ce titre, de réformer ou d'annuler tout acte qui ne lui conviendrait pas

CE Sect. 16 nov. 1992, *Ville Paris*, *Lebon* 406 ; *AJDA* 1993. 54, concl. H. Legal ; *RFDA* 1993. 602, note J. Morand-Deviller et D. Moreno : annulation par le préfet d'un arrêté ordonnant la cessation de travaux non déclarés en mairie.

B. Procédure et délai du déféré

813 Les règles pratiquées ont la souplesse de celles du recours pour excès de pouvoir qui, dans l'intérêt public de la protection de la légalité, ont été conçues et interprétées de façon libérale. S'y ajoutent toutefois des éléments de complexification en raison de formalités propres au déféré qui ne vont pas sans incidences, notamment sur le calcul du délai.

814 ***Juridiction compétente*** ◊ Le déféré est porté depuis l'origine devant le tribunal administratif compétent qui statut en premier ressort. L'appel et la cassation ne font l'objet d'aucune disposition légale particulière. De sorte que les solutions du droit commun font ici référence. L'appel revient aux cours administratives d'appel sur présentation du préfet, à l'exclusion du ministre, lorsque le jugement de première instance a été rendu sur son recours. Le Conseil d'État est juge de cassation sur pourvoi exclusif des ministres concernés (CE Sect. 28 janv. 1998, *Préfet Var c. Ferran*, *Lebon* 22 ; *AJDA* 1998. 441, concl. H. Savoie).

815 ***Auteur du déféré*** ◊ Le déféré n'est accessible qu'au préfet qui, investi formellement par la Constitution et la loi, n'a pas à justifier d'un intérêt particulier à agir. Il exerce en propre une mission qui s'impose à lui. La pratique a toutefois fini par imposer des assouplissements nécessaires à cette règle de compétence exclusive, le préfet pouvant déléguer expressément sa signature dans ce but au secrétaire général de préfecture ou aux sous-préfets dans le cadre de leur arrondissement.

816 ***Opportunité du déféré*** ◊

1. Solution implicite. L'annulation de l'acte local irrégulier est une sanction que le préfet est libre de rechercher. De ce constat découle la règle de l'opportunité du déféré. Celle-ci n'est pas ouvertement affirmée au vu des textes et de la jurisprudence. Elle traduit néanmoins l'équilibre général d'un système qui veut ménager sa liberté d'appréciation et d'où elle découle implicitement. Tant en raison de la tradition administrative du libre jeu des négociations entre représentants de l'État et autorités décentralisées que de certaines solutions propres au contentieux administratif, il ne saurait en aller autrement. La règle peut, en effet, se recommander d'un faisceau d'éléments convergents :

– la décision de refus de déféré demeure inattaquable : CE Sect. 25 janv. 1991, *Brasseur*, *Lebon* 23 ; concl. B. Stirn ; *AJDA* 1991. 351, chron. R. Schwartz et Ch. Maugüe ; *LPA* 28 janv. 1991, note S. Doumbé-Billé ; *Quot. jur.* 16 févr. 1991, note M.-C. Rouault ;

– le préfet peut valablement se désister d'un déféré pour tout motif d'opportunité : CE 16 juin 1989, *Cne Belcodène*, *Lebon* 855 ; *RFDA* 1989. 941, obs. F.M. ;

– le juge administratif a pu faire état de la « faculté » reconnue au préfet de déférer : CE Sect. 28 févr. 1997, *Cne Port*, préc.

2. La responsabilité de l'État pour défaut d'exercice de la tutelle : vers l'obligation de déféré. Aucune sanction concrète ne peut donc donner consistance à l'obligation de déférer. À cette réserve toutefois que la responsabilité de l'État peut être engagée pour défaillance dans l'exercice de la tutelle. Seule une *faute lourde* est susceptible de recevoir une telle sanction, ce qui est de nature à caractériser un pouvoir propre au profit du préfet et, en pratique, à expliquer les disparités de fréquence des déférés selon les départements [1]. Mais, cela suffit à faire pénétrer un contrôle à l'intérieur de l'exercice même de la tutelle et éviter l'arbitraire de sa part. Il ne saurait exister de domaine où l'administration est entièrement discrétionnaire.

Toutefois, la question est aujourd'hui prise dans les liens du droit constitutionnel qui peut exiger davantage. On remarque que l'origine constitutionnelle de la mission de contrôle de légalité dont est investi le préfet (art. 72 dernier al.) tend à être reçue par le juge constitutionnel comme impliquant une obligation de déférer. Et, la rédaction de certaines décisions est suffisamment nette pour qu'on y voie une hypothèse de contradiction avec les solutions qui forment la jurisprudence administrative sur la question. Faut-il envisager une possibilité d'évolution du droit en faveur de la position constitutionnelle censée faire autorité ? On imagine mal que l'encombrement du prétoire soit le prix à payer d'un exercice sans faille de la tutelle. Cependant, d'un régime de responsabilité abandonnant la faute lourde dans l'exercice de la tutelle, on pourrait espérer une protection plus énergique de la légalité, dont la garantie doit être placée au-dessus de l'autonomie d'appréciation du préfet. Le droit et son évolution ne doivent poursuivre d'autres intérêts que les nécessités de l'exercice correct de la mission de tutelle et permettre l'établissement de la vérité [2].

817 ***Délai*** ◊ S'applique le délai habituel de deux mois par alignement sur le droit commun du recours pour excès de pouvoir. Mais, il n'existe pas de principe unitaire pour déterminer le point de départ du délai : ou bien, l'acte doit être transmis au préfet – ou télétransmis depuis la loi du 13 août 2004 – et le délai courra à compter du jour de la réception de la transmission ; ou bien l'acte est dispensé d'une telle formalité et, selon le droit commun du recours pour excès de pouvoir, c'est à partir du lendemain du jour de l'accomplissement de sa publicité que s'écoulera le délai.

La transmission de l'acte au préfet se présente donc comme une formalité de publicité dont l'inobservation est sanctionnée par l'inopposabilité de toute forclusion, le déféré pouvant prospérer à toute époque (CE Sect. 28 juill. 1989, *Ville Metz*, *Lebon* 171 ; *AJDA* 1989. 793, concl. M. de Guillenschmidt). La transmission de l'acte

1. CE 6 oct. 2000, *Min. Intérieur c. Cne Saint-Florent et a.*, *Lebon* 395 ; *RFDA* 2001. 152, obs. P. Bon ; *AJDA* 2001, note M. Cliquenois ; *JCP* 2001. II. 10516, note M.-C. Rouault ; *LPA* 2001, n° 132, chron. C. Guettier ; *D.* 2002. Somm. 526, chron. P. Bon et D. de Béchillon, s'agissant de l'engagement de la responsabilité de l'État pour la faute lourde consistant dans l'abstention prolongée du préfet – 3 années consécutives – à déférer des délibérations aux conséquences financières graves et dont l'illégalité se révélait avec évidence.

2. En ce sens, Cons. const. 21 janv. 1994, n° 93-335 DC, *Rec. Cons. const.* 40 ; *RFDA* 1995. 7, note P. Hocréitère ; *RFDC* 1994. 364, note F. Mélin-Soucramanien. Le juge constitutionnel y évoque, à propos des décisions d'urbanisme, « le contrôle de légalité des actes des collectivités territoriales que le représentant de l'État *est tenu d'assurer* en vertu du 3e alinéa de l'article 72 de la Constitution » (consid. 21). V. ég. Cons. const. 9 avr. 1996, n° 96-373, Rec. Cons. const. 43 ; *AJDA* 1996. 371, chron. O. Schrameck, s'agissant du contrôle de légalité exercé par le représentant de l'État en Polynésie française à propos duquel le juge constitutionnel fait état des dispositions légales qui « assurent à ce dernier la possibilité de mettre en œuvre sans délai les attributions *qu'il doit exercer* en vertu de l'article 72 de la Constitution » (consid. 14).

à la Direction départementale de l'Équipement sans aucune « réception effective » par l'autorité préfectorale n'est pas de nature à faire courir le délai (CE 6 juill. 2007, *Cne Saint-Paul-Trois-Châteaux, AJDA* 2008. 348, note I. Nguyên-Duy ; *RLCT* déc. 2007. 25, obs. E. Glaser).

818 ***Causes de prorogation du délai*** ◊ La pratique concrète du déféré favorise les incidents de procédure, dans la phase pré-contentieuse, provoqués par l'usage des négociations entre le préfet et les autorités décentralisées, négociations dont la saisine effective du tribunal administratif manifeste l'échec. L'état du droit est établi en sorte de ménager ces négociations en préservant les possibilités de déféré au-delà du temps des échanges. En conséquence, le délai pour déférer doit être étudié avec les causes de prorogation ci-dessous envisagées. Dans ces hypothèses, le délai doit être interrompu pour être entièrement reporté à compter de la réponse de l'autorité décentralisée :

1. Transmission incomplète de l'acte. La transmission est réputée incomplète dès lors que l'acte n'a pas été intégralement adressé au préfet ou que font défaut les documents annexes nécessaires à apprécier sa portée et sa légalité. Dès l'instant où le préfet fait une demande de complément de la transmission initiale dans le délai du recours contentieux, il pourra attaquer l'acte concerné dans les deux mois suivant la transmission - ou le refus de transmission - complémentaire (CE 13 janv. 1988, *Mutuelle générale personnels collectivités locales, Lebon 7,* concl. M. Roux ; *RFDA* 1988. 282, concl. M. Roux ; *AJDA* 1988. 142, chron. M. Azibert et M. de Boisdeffre ; *D.* 1989. 66, note J.-P. Négrin).

Bien entendu, cette possibilité ne doit pas dégénérer en manœuvre par laquelle le préfet entendrait se soustraire à la condition du délai initial qui laisserait planer une trop longue incertitude sur la validité d'une décision ou d'un contrat local. La jurisprudence vérifie pour chaque cas d'espèce le caractère non abusif de la demande, c'est-à-dire si les documents demandés étaient indispensables ou non à apprécier la légalité de l'acte (CE 31 mars 1989, *Cne Setptêmes-les-Vallons, Lebon* 102 ; *AJDA* 1989. 549, note J.-M. Auby ; *D.* 1990. Somm. 62, note P. Terneyre. CE 23 févr. 2000, *Min. Intérieur c. Cne Mende, Lebon* 80).

2. Recours gracieux. C'est un recours administratif porté par le préfet - ou son délégataire - devant l'autorité décentralisée, auteur de l'acte administratif contesté et formé dans le délai du recours contentieux. Il a pour objet de demander à l'auteur la correction de l'illégalité en réformant la décision ou en l'abrogeant. En cas de refus, le préfet pourra, dans les deux mois de la décision de refus, attaquer l'acte initial.

Le recours gracieux donne une traduction juridique à la nécessaire phase de négociation préalable ouverte entre le préfet et l'autorité décentralisée. En présence d'un acte suspect, rien ne l'oblige à saisir immédiatement le tribunal administratif, la procédure gracieuse ménageant ses intérêts en conservant le délai de recours (CE 16 mai 1984, *Cne Vigneux-sur-Seine, Lebon* 182 ; 18 avr. 1986, *Commissaire République Ile-et-Vilaine, Lebon* 658 ; *RFDA* 1987. 206, concl. M. Roux ; *AJDA* 1986. 455, obs. D. Chabanol ; *D.* 1987. 70, note J.-P. Négrin). Cette conservation peut être précieuse pour solliciter toute information ou document utile à l'appréciation de la légalité et argumenter pour convaincre l'autorité décentralisée de rétablir la légalité (en ce sens, v. Circ. n° 86-334, 17 nov. 1986, *Mon. TP* 16 janv. 1987, n° 13).

Par ailleurs, ce recours gracieux reste sans incidence sur la possibilité de l'autorité décentralisée de retirer une décision créatrice de droit illégale dans les quatre mois suivants son adoption (CE avis 27 juin 2007, *Viaud*, *Lebon* 672-699 ; *Dr. adm.* févr. 2008. 26, note E. Glaser ; *RLCT* oct. 2007. 18, note E. Glaser).

3. Cumul de la demande de transmission complémentaire et du recours gracieux. Il est difficile d'admettre que les prorogations puissent se cumuler avec l'effet de maintenir trop longtemps l'incertitude sur le sort d'actes contestés. Nonobstant, et après revirement de jurisprudence, le juge administratif admet que dans les deux mois qui suivent la communication de documents demandés par le préfet, ce dernier puisse former un recours gracieux (CE 4 nov. 1996, *Dpt Dordogne*, *Lebon* 443 ; *AJDA* 1997. 185, concl. Ch. Maugüe ; *Dr. adm.* 1997. 27, obs. C.M).

§ 2. Aménagements du déféré

819 L'exercice du contrôle de tutelle sur les actes autorise un certain nombre d'aménagements qui confirme le rôle central du préfet dans le déclenchement de ce contrôle. Celui-ci peut déférer un acte sur la demande d'un administré s'il l'estime nécessaire (A). Il peut également obtenir le sursis à l'exécution d'un acte dans des conditions facilitées (B).

A. Le déféré sur demande

820 ***Définition*** ◊ Un administré intéressé à l'annulation d'une décision locale peut lui-même former à son encontre un recours pour excès de pouvoir selon les conditions du droit commun. Mais, il peut également, simultanément ou à la place, saisir le préfet dans l'intérêt de lui demander qu'il mette en œuvre la procédure de déféré. Sa demande doit lui parvenir dans les deux mois qui suivent la publication de la décision locale qui relèvera, ou non, de la liste des décisions transmissibles. Cette procédure aménagée par la loi (art. L. 2131-8 ; L. 3121-3 et L. 4142-3 CGCT) est également désignée par l'expression de « déféré provoqué ».

821 ***Intérêt*** ◊ L'intérêt immédiat du déféré sur demande réside dans l'économie de procédure dont bénéficie l'administré intéressé, le préfet prenant à sa charge le recours juridictionnel. L'intérêt général en profite également par un meilleur exercice de la tutelle, le déféré sur demande exerçant une fonction d'alerte auprès du représentant de l'État sur toute décision d'une collectivité dont l'illégalité lui aurait échappé, s'agissant notamment des décisions qui n'ont pas à lui être transmises. Il peut également reconsidérer son appréciation au vu des arguments de l'intéressé dont la demande fait figure de procédure de deuxième examen. D'une certaine manière, les administrés deviennent les collaborateurs de l'État dans l'exercice de sa mission constitutionnelle de tutelle.

822 ***Conditions restrictives*** ◊ Le champ d'application du déféré sur demande et celui du déféré ordinaire ne coïncident pas exactement. Il demeure plus

étroit dans le premier cas ce qui est de nature à dévaloriser la procédure. Partant du principe que seuls les intéressés à agir sont habilités à saisir le préfet, leur demande n'est recevable qu'à l'égard des actes qu'ils sont à même d'attaquer par recours pour excès de pouvoir. Il convient ainsi de retrancher les contrats, les vœux, les avis et les délibérations préparatoires de l'objet du déféré sur demande, faute de disposer d'un recours direct à l'égard de ces actes.

Sur la demande de l'intéressé, le préfet dispose d'une entière liberté d'appréciation, son refus de déférer demeurant hors de toute contestation contentieuse. On peut regretter ce principe qui sacrifie la protection de la légalité à l'arbitraire du préfet. Mais, il était sans doute difficile d'envisager une autre solution qui eût favorisé l'éclosion d'un contentieux en amont de l'exercice du déféré pendant que, simultanément, se serait épuisé le délai de recours contre la décision litigieuse elle-même. La recherche d'une situation juridique équilibrée a toutefois commandé de ne pas laisser l'administré sans arme après le refus du préfet. Envisageons ci-après les deux cas de figure possibles.

823 ***Effets*** ◊ – *Dans l'hypothèse où le préfet décide de déférer,* son recours doit intervenir dans le laps de temps restant à courir entre la demande et l'expiration du délai contentieux de deux mois. La demande n'a pas pour effet de proroger le délai de recours. Il n'en va pas de même s'agissant d'un acte non transmissible : la loi prévoit expressément la possibilité de déférer la décision locale dans les deux mois qui suivent la demande.

– *Dans l'hypothèse où le préfet décide de ne pas déférer,* le délai de recours est prorogé au profit de l'administré qui pourra agir lui-même devant le juge dans les deux mois suivant le refus préfectoral (CE Sect. 25 janv. 1991, *Brasseur, Lebon* 23, concl. B. Stirn ; *RFDA* 1991. 587, concl. B. Stirn et note J.-C. Douence ; *JCP* 1991. II. 21654, note J. Moreau ; *AJDA* 1991. 351, chron. Ch. Maugüe et R. Schwartz).

B. Suspension sur déféré

824 ***Intérêt*** ◊ Il ne serait plus possible d'admettre aujourd'hui que par le simple effet d'un déféré préfectoral, l'administration décentralisée se vit privée de la faculté de mettre à exécution ses décisions, certaines urgentes. Le principe de l'effet non suspensif des recours s'impose tout autant à l'égard de l'autorité de tutelle qu'à celui de tout intéressé. L'acte attaqué continue de s'appliquer pendant l'instance ouverte sur déféré de telle manière que la bonne marche de l'administration décentralisée ne saurait être entravée par l'exercice par l'État de son contrôle.

Cette réalité peut toutefois poser le problème de l'inefficacité du modèle de « tutelle juridictionnelle » par laquelle l'acte suspect exécuté réduit souvent l'intérêt de l'annulation subséquente. C'est pourquoi l'exercice effectif de la tutelle peut commander que le juge saisi ordonne la suspension de l'acte dont l'annulation est demandée. Mais, là où l'octroi de la suspension reste exceptionnel pour les administrés intéressés, *il devient quasi-automatique sur la demande du préfet* et fait voir un réel renforcement des pouvoirs de tutelle. La loi aménage plusieurs hypothèses de suspension en juxtaposant au régime général du référé-suspension préfectoral des régimes spéciaux lorsque les libertés sont en jeu où certains domaines particuliers tels l'urbanisme ou les contrats. Dans l'ensemble de ces régimes, c'est toujours une plus ou moins grande considération de l'urgence qui justifie un tel renforcement des moyens à la disposition de l'autorité de tutelle et caractérise essentiellement l'originalité du déféré au regard du recours pour excès de pouvoir.

1. Régime général du référé-suspension préfectoral

825 ***Définition*** ◊ À l'occasion d'un déféré à l'encontre d'un acte d'une collectivité territoriale, le préfet peut formuler une demande accessoire visant à suspendre temporairement l'exécution de cet acte. Il est fait droit à sa demande si l'un des moyens invoqué par lui paraît sérieux et de nature à justifier l'annulation de l'acte attaqué (CGCT, art. L. 2131-6 al. 3, L. 3121-1 al. 4 et L. 4121-1 al. 3). La décision juridictionnelle de suspension doit être considérée comme une mesure d'attente et non une sanction.

Ainsi définie dans ses conditions d'octroi, cette procédure déroge au droit commun du référé-suspension en ce qu'elle n'est conditionnée que par la formulation d'un *« moyen sérieux »* sans que le préfet ait à établir l'urgence à suspendre. En outre, le juge est tenu de faire droit à la demande préfectorale en présence d'un tel moyen alors qu'il se réserve toujours la faculté de rejeter la demande d'un administré se prévalant des deux conditions exigées par la procédure de droit commun. Cette dernière solution est formellement posée par la loi en vertu de laquelle « il est fait droit à cette demande » (art. préc.). Auparavant, elle se dégageait implicitement de la solution des arrêts à l'occasion desquels le juge se reconnaissait parallèlement le pouvoir de refuser le sursis à exécution à un administré alors même que les conditions légales étaient satisfaites (CE Ass. 13 févr. 1976, *Assoc. Sauvegarde du quartier de Notre-Dame à Versailles, Lebon* 100 ; *AJDA* 1976. 302, chron. M. Nauwelaers et L. Fabius ; *D.* 1977. Jurispr. 115, note A. Pellet ; *Rev. adm.* 1976. 381, concl. M. Morizot ; *RD publ.* 1976. 903, note R. Drago ; *AJDA* 1976. 300, note M.X.). On suppose toutefois que le juge administratif garde des marges d'appréciation sur le caractère « sérieux » du moyen invoqué par le préfet.

826 ***Nature des actes susceptibles d'être suspendus*** ◊ Le principe veut que tous les actes attaquables au titre du déféré puissent faire l'objet d'une suspension. Il en va du fait que la demande de suspension est accessoire à la demande principale d'annulation. Leur champ d'application doit donc coïncider ; étant entendu qu'il convient d'apporter les précisions suivantes :

1. La suspension dans les conditions du déféré est ainsi possible à l'égard des *actes non soumis à l'obligation de transmission* (CE 16 déc. 1994, *Préfet Haut-Rhin, Lebon* 114 ; *Dr. adm.* 1995. 49, obs. H. S.) comme à l'égard des *contrats administratifs*, à tout le moins dans la mesure où ceux-ci n'ont pas encore été signés (CE 9 févr. 2004, *Sté économie mixte Lozère, AJDA* 2004. 1046).

2. Il n'y a pas lieu d'exclure les décisions de rejet du champ des actes susceptibles d'être suspendus. Longtemps écartés par l'ancienne procédure du sursis à exécution comme conduisant à imposer des obligations positives à l'administration en cas de sursis, ces actes sont aujourd'hui expressément visés par le droit commun du référé suspension (CJA, art. L. 521-1, issu de L. n° 00-597, 30 juin 2000).

3. En revanche, la demande de suspension perd tout intérêt pratique dès lors qu'elle est dirigée à l'encontre d'une décision ou d'un contrat entièrement exécuté (CE 14 janv. 1987, *Commissaire République Calvados*, *RFDA* 1988. 71, note J.-P. Négrin. Ici, le cas d'un acte dont l'exécution immédiate peut néanmoins produire des effets permanents justifiant l'octroi d'une demande de suspension. À propos de l'arrêté de révocation d'un agent qui produit ses effets à son encontre aussi longtemps qu'il reste en vigueur).

827 ***Procédure*** ◊ – *S'agissant des règles de recevabilité,* la demande de suspension est liée à la demande principale d'annulation au fond. Une demande présentée isolément serait condamnée à l'irrecevabilité, sauf régularisation intervenue avant la décision du juge (CE 30 juin 2004, *Cne Bertrange*, *Lebon* 818-823).

– *S'agissant de l'office du juge,* la loi n° 92-125 du 6 février 1992 impartit le délai d'un mois au juge pour se prononcer. La condition de délai pour statuer se retrouve dans toutes les procédures caractérisées par l'urgence. Si donc l'urgence qui entoure la demande n'a pas à être établie par l'auteur de cette demande, elle imprègne néanmoins la procédure de suspension sur déféré.

– *S'agissant des droits de la défense,* la procédure d'octroi du déféré – fût-elle facilitée – ne saurait en faire l'économie. Ces droits sont sans doute adaptés à ce que permet l'urgence, mais ils ne doivent pas subir de restriction au regard des conditions du droit commun qui établissent notamment le principe d'une audience publique préalable (CE 23 avr. 2003, *Cne Roquebrune-Cap Martin*, *Lebon* 912).

– *S'agissant des voies de recours,* en opposition avec le droit commun du référé-suspension qui exclu l'appel à l'encontre des décisions de référé (art. L. 523-1 CJA), celles rendues sur déféré préfectoral sont toujours susceptibles d'être frappées d'appel, la solution n'étant pas expressément exclue par la loi. La compétence d'appel revient à la cour administrative d'appel (CE 14 mars 1901, *CDG Vaucluse*, *Lebon* 121. CE 11 mars 2005, *Min. Intérieur, Sécurité intérieure et Libertés locales c. Cne Avion et a.*, *Lebon* 101).

2. Régimes accélérés du déféré-suspension préfectoral

828 *Ces régimes sont spéciaux* en ce qu'ils sont institués par des dispositions légales particulières aménageant, pour des cas de figure spécifiques, l'obtention du sursis à exécuter dans des conditions de plus grande rapidité. La suspension sur déféré en matière de libertés constitue la pièce maîtresse. Il existe également un mécanisme de suspension accéléré en matière d'urbanisme, de marchés publics et de délégations de service public.

a. Suspension accélérée en matière de libertés

829 ***Intérêt*** ◊ Le souci d'obtenir de l'administration locale le respect scrupuleux des droits et libertés, associé à la considération que ses compétences d'autorité

sont loin d'être négligeables - police municipale au premier chef -, commandait une procédure de contrôle spécifique davantage marquée par l'urgence. En matière de libertés, le référé-suspension du préfet est assorti d'effets particuliers : il prend valeur d'une procédure « d'extrême urgence » (R. Chapus) par laquelle le président du tribunal administratif prononce dans les quarante-huit heures le sursis de la décision liberticide (CJA, art. L. 554-3).

La question demeure non-tranchée de l'impossibilité faite au préfet d'utiliser la voie du référé-liberté de l'article L. 521-2 CJA en raison de l'exception de recours parallèle dont il bénéficie avec la procédure de l'article L. 554-3 CJA. Il est vrai que les pouvoirs énergiques que le juge administratif est apte à prendre au titre du référé-liberté (« toute mesure utile » à faire cesser l'atteinte à une liberté) font songer aux anciens pouvoirs de tutelle. V. CE 20 juill. 2001, *Cne Mandelieu-la-Napoule*, *Lebon* 388.

830 ***Recevabilité*** ◊ Elle est satisfaite par des conditions de procédure et de fond :

1. Conditions de procédure : La demande de suspension présente le caractère d'une *demande accessoire* à la demande principale d'annulation. Il en résulte qu'elle peut être formulée à tout moment au cours de l'instance principale (par transposition : CE 26 mai 1971, *Cne Guffy*, *AJDA* 1971. 416, concl. G. Guillaume, obs. A. de Laubadère).

La demande doit être adressée en première instance au tribunal administratif et, plus particulièrement, *à son président qui statuera lui-même*, ou bien déléguera ce pouvoir à un membre du tribunal.

2. Conditions de fond : Pour emporter le sursis de la décision litigieuse, celle-ci doit *« être de nature à compromettre l'exercice d'une liberté publique ou individuelle »* selon les dispositions légales. En l'absence de définition officielle, le juge de l'urgence doit être regardé comme légalement investi du pouvoir de délimiter lui-même le champ des libertés ainsi protégées. Il ressort de sa jurisprudence que celui-ci semble prudemment les circonscrire aux *libertés constitutionnellement protégées* qui pourraient essentiellement faire les frais - au vu des cas - des activités de la police municipale.

Constituent ainsi une « liberté publique ou individuelle » au sens de l'article L. 554-3 CJA : la liberté d'aller et venir [1], la liberté d'expression [2], la liberté du commerce et de l'industrie [3], le droit de propriété [4].

---

1. TA Montpellier, 31 mai 1983, *Préfet Pyrénées-Orientales*, *Lebon* 557, à propos de la circulation et du stationnement des véhicules. CE 29 févr. 1997, *Préfet Vaucluse c. Cne Sorgues*, *Lebon* 1002, s'agissant de l'arrêté municipal prévoyant que les enfants non accompagnés de moins de 12 ans circulant de nuit pourront être conduits par la force publique chez leurs parents. CE 3 juill. 1998, *Cne Bruguière*, *Dr. adm.* 1998. 378, obs. J.-C. Bonichot.

2. TA Orléans, 3 oct. 1985, *Préfet Eure-et-Loire*, *RFDA* 1987. 201, note G. Melleray, s'agissant de l'interdiction de stands politiques à l'occasion d'une foire. CE 15 déc. 1982, *Cne Garches*, *Lebon* 317 ; *RD publ.* 1983. 24, note R. Drago ; *D.* 1983. 279, note J.-M. Auby ; *Rev. adm.* 1983. 144, note B. Pacteau, s'agissant de la vente ou de la distribution gratuite de journaux, tracts et pétitions sur un marché.

3. CE 1er avr. 1984, *Cne Colombier Saugnieu*, *Lebon* 518, à propos de la réglementation de l'activité des chauffeurs de taxi. TA Nice, 5 sept. 1986, *COREP Var*, *Lebon* 425, à propos de la fermeture d'un centre commercial.

4. TA Paris, 27 févr. 1987, *Maire Arcueil*, *Lebon* 621, à propos de l'arrêté de réquisition d'un logement.

En revanche, les mesures limitatives ou prohibitrices n'entrant pas dans ce champ des libertés les plus classiques ne sauraient être susceptibles de suspension par cette procédure. C'est régulièrement le cas des mesures ne relevant pas des pouvoirs de police (CE 2 juill. 1982, *Cne Sarcelles*, *Lebon* 260, à propos d'un arrêté municipal organisant un concours de recrutement. CE 25 janv. 1984, *Cne Pont-du-Casse*, *Lebon* 517, s'agissant de la délibération supprimant un service de ramassage scolaire dans une commune voisine. CE 10 janv. 1985, *Doret*, *AJDA* 1985. 366, note A. Perrinet-Marquet).

Il faut bien entendu considérer que certaines mesures de police n'ont pas à être regardées comme attentatoires illégalement à une liberté (CE 11 mars 2005, *Min. Intérieur, Sécurité intérieure et Libertés locales c. Cne Avion*, *Lebon* 101, s'agissant de l'interdiction par mesure de police faite aux gestionnaires des réseaux de gaz, d'électricité et d'eau de procéder à toute interruption de service à l'encontre des abonnés n'ayant pas acquitté leur facture en raison de leurs difficultés d'ordre économique et social et tant que des moyens adéquats ne sont pas mis en œuvre pour y répondre).

Ajoutons que, depuis 2003, une décision de référendum local peut faire l'objet d'un référé-suspension de 48 heures si son objet est de nature à compromettre l'exercice d'une liberté publique ou individuelle (CGCT, art. LO 1112-3).

- C'est dans le cas où il existe un « doute sérieux » - anciennement « moyen sérieux » - sur la légalité de la décision en cause que le juge administratif prononcera sa suspension. Au regard des conditions du référé-suspension préfectoral ordinaire, le juge est tenu de suspendre, sans pouvoir d'appréciation de la situation, dès l'instant où le « doute sérieux » est constaté.

831 ***Effet*** ◊ Le président du tribunal administratif saisi, ou le membre du tribunal spécialement délégué, doit statuer sur l'existence d'un doute sérieux entachant la décision locale dans les 48 heures. Ce délai confère à la procédure son caractère « d'extrême urgence ». Le caractère contradictoire de la procédure doit s'accommoder de la brièveté du délai. Dans ses limites, l'auteur de l'acte doit avoir été en mesure de présenter ses observations (CE 13 juill. 1999, *Cne Monetier-les-Bains*, *Lebon* 246).

832 ***Appel*** ◊ Selon les dispositions spécifiques de la loi du 2 mars 1982, l'appel des ordonnances des présidents de tribunal administratif doit être porté *devant le Conseil d'État*. Le préfet reste chargé de représenter l'État devant lui. L'appel doit être fait dans la quinzaine qui suit la notification de l'ordonnance. Le président de la Section du contentieux, ou un conseiller d'État délégué à cet effet, statue dans les 48 heures.

b. Suspension accélérée « en matière d'urbanisme, de marchés ou de délégations de services publics »

833 ***Objet*** ◊ Une procédure facilitée de suspension résulte des dispositions de l'article 27 de la loi sur l'aménagement du territoire du 4 février 1995 (CJA, art. L. 554-2). Dans l'hypothèse où l'acte d'une collectivité territoriale pris « en matière d'urbanisme, de marchés et de délégations de service public » fait l'objet d'un déféré, la suspension de cet acte sera

automatique pour une durée d'un mois dès l'instant où le déféré est assorti d'une *demande accessoire de suspension faite dans les dix jours.*

834 ***Respect de la Constitution*** ◊ Bien que la loi du 4 février 1995 n'ait pas fait l'objet d'une saisine du Conseil constitutionnel qui aurait permis, à coup sûr, de vérifier sa constitutionnalité, les dispositions ici étudiées doivent néanmoins être regardées comme plus respectueuses du principe de libre administration que celles prises à l'occasion de la loi du 29 janvier 1993 pour le même type d'acte. Ces dernières avaient été censurées par le Conseil constitutionnel en ce qu'elles prévoyaient leur suspension automatique pour trois mois. Il faut considérer que loi de 1995 a tiré les conséquences de la déclaration de non-conformité faite en 1993. (Cons. const. 20 janv. 1993, n° 92-316 DC, *Lebon* 14 ; *RFDA* 1993. 902, note D. Pouyaud ; *JCP* 1993. I. 3670, chron. E. Picard).

SECTION 2. TUTELLES SPÉCIALES SUR LES PERSONNES

835 ***Définition générale*** ◊ Toutes les mesures de tutelle sur les personnes se caractérisent par un procédé unique consistant dans la désinvestiture temporaire ou définitive de l'autorité décentralisée fautive. Il s'agit du procédé de tutelle le plus énergique puisqu'il a pour conséquence de dessaisir l'autorité légalement compétente. Si l'objet même de la tutelle sur les personnes ne fait pas de difficulté, il n'en va plus de même s'agissant de délimiter son champ d'application [1].

836 ***Critère de la tutelle sur les personnes*** ◊ Sous l'expression générique de tutelle sur les personnes sont fréquemment rangés des procédés très divers qui, nonobstant leur effet commun, dépassent largement l'idée d'un simple contrôle d'une autorité décentralisée à laquelle la notion de tutelle devrait être exclusivement associée. Ainsi, selon MM. Vedel et Delvolvé [2], la tutelle de l'État à l'égard des personnes s'étendrait à l'ensemble des mesures que le pouvoir central se réserve en vue de destituer un agent ou un organe en fonction au sein d'une personne morale de droit public distinct de lui. Ceci inclut :

– sa compétence pour *nommer* et, de ce fait, *révoquer* un certain nombre d'agents ou d'organes, notamment au sein des établissements publics nationaux ou locaux. C'est, par exemple, le cas de la nomination des directeurs d'hôpitaux après avis du conseil d'administration de l'établissement (L. 31 déc. 1970) ;

– sa compétence pour exercer *le pouvoir disciplinaire* sur les « agents » comme cela peut être le cas s'agissant de la révocation du maire par décret en conseil des ministres ou de sa suspension par arrêté ministériel.

---

1. V. L. Richer, « La notion de tutelle sur les personnes en droit administratif », *RD publ.* 1979. 971.
2. *Droit administratif*, PUF, 1990, t. 2, p. 395.

Le tort de cette présentation est d'introduire une confusion entre les catégories juridiques du droit administratif. Les procédés évoqués sont sans doute assortis de certaines précautions pour que la décentralisation garde encore un sens, ils relèvent néanmoins, par leur nature, de la théorie de la déconcentration et du pouvoir hiérarchique. Le seuil de la décentralisation - et donc de la tutelle - est donc franchi lorsque la loi accorde aux autorités d'État la possibilité d'intervenir dans la direction des affaires locales par voie de nomination ou de sanction disciplinaire. La réalité - comme on l'a vu, v. ss 795 - est que le pouvoir central s'est toujours efforcé de combiner décentralisation et déconcentration au sein d'une même personne morale dans le but de limiter l'ouverture vers l'autonomie que réalise l'octroi de la personnalité juridique. Mais alors, l'État ne se fait plus *contrôleur* mais *directeur*.

Sans doute, le rapprochement entre le pouvoir de substitution du préfet au maire défaillant dans l'exercice de ses responsabilités de police et le pouvoir disciplinaire qui s'exerce au sein de la fonction publique saute aux yeux. Dans les deux cas, il s'agit de tirer les conséquences rapides d'une situation d'abandon de poste selon une procédure affranchie de formalités excessives. Mais à l'égard du maire, le préfet n'agit pas comme « autorité supérieure » envers son subordonné qui lui doit obéissance pour la totalité de son activité. Il se borne à constater une situation précise et objective et à en tirer la seule conséquence autorisée par la loi dont le maintien de l'ordre public constitue la justification exclusive.

Il faut aussi signaler le maintien de quelques curiosités historiques peu pratiquées. C'est le cas de la décision de l'État pour prononcer la suspension ou la révocation des maires et adjoints (CGCT, art. L. 2122-16), de la « démission d'office » des conseillers municipaux et régionaux (art. L. 236 et L. 239 ; art. L. 341 et L. 344 C. élect.), des conseillers généraux (C. élect., art. L. 205 et L. 210), ainsi que de la dissolution des assemblées délibérantes des collectivités (CGCT, art. L. 2121-6 ; L. 3121-5 et L. 4132-3). On sait ce qu'il en est sur ces points (v. ss 95, v. ss 99 s., v. ss 306, 2).

Dans le cadre de cette approche, deux régimes de tutelle sur les personnes doivent être étudiés : la tutelle électorale en matière de police d'une part (§ 1), la tutelle préfectorale en matière budgétaire d'autre part (§ 2) [1].

§ 1. Tutelle préfectorale en matière de police administrative

837 ***Tutelle préfectorale limitée aux pouvoirs de police administrative*** ◇ Les atteintes au respect des lois et des libertés ne sont pas seulement susceptibles de procéder des prescriptions positives des autorités décentralisées. Leur refus ou leur négligence à agir peut engendrer les mêmes conséquences dommageables. C'est pourquoi, là où un contrôle *a posteriori*

1. V. ég. l'hypothèse de l'intervention du préfet lorsque le conseil municipal ou le conseil d'arrondissement n'ont pu se mettre d'accord selon le régime propre à Paris, Lyon et Marseille (L. 31 déc. 1982), v. ss 431 s.

serait inefficace à rétablir l'ordre public, le législateur de 1982 a entendu maintenir sans allègement la possibilité pour le préfet de se substituer au maire défaillant dans l'exercice de ses pouvoirs de police administrative générale (1) et de certains de ses pouvoirs de police administrative spéciale (2).

1. Sur l'aptitude du préfet à se substituer au maire pour « toutes mesures » intéressant le maintien de la salubrité, de la sûreté et de la tranquillité publique : v. CGCT, art. L. 2215-1 [1].

C'est logiquement que la loi a élargi la tutelle préfectorale aux pouvoirs de police que le président du conseil général a acquis sur le domaine départemental en 1982 (CGCT, art. L. 3221-5, issu de l'art. 34-III L. 2 mars 1982).

2. Sur l'aptitude du préfet à se substituer au maire pour des motifs de police environnementale : v. CGCT , art. L. 2215-3 l'habilitant, en cas de défaillance du maire, à régler la circulation dans l'intérêt de la protection des espèces animales ou végétales ainsi que des espaces naturels, des paysages ou des sites.

Il faut toutefois noter l'évolution selon laquelle le préfet se voit attribuer en propre des pouvoirs de police spéciale restreignant d'autant le champ de la police générale municipale à laquelle le préfet ne saurait participer qu'en cas de défaillance de l'autorité municipale. Cette évolution ne va pas dans le sens de la décentralisation.

CE 1er juill. 1998, *Min. Environnement c. Assoc. Vivre en Tarentaise, RJ envir.* 1999. 249, concl. J.-H. Stahl, s'agissant du pouvoir du préfet de réglementer la circulation et le stationnement des personnes au sein d'une réserve naturelle afin d'assurer la conservation des espèces animales et végétales qui s'y trouvent.

CE 28 févr. 2000, *Union nationale intersyndicale des enseignants de la conduite, Lebon* 104 ; *AJDA* 2000. 661, concl. D. Chauvaux, s'agissant du pouvoir du préfet d'instituer, en cas de pollution, une circulation alternée des véhicules en fonction du caractère pair ou impair de leur numéro d'immatriculation.

838 ***Tutelle préfectorale au-delà des pouvoirs de police administrative*** ◊ L'évolution ne va pas vers le rétrécissement des cas de substitution d'action du représentant de l'État. Il faut même aller jusqu'à considérer que le but de la police ne constitue plus le fondement de la tutelle administrative sur les personnes puisque de simples considérations de gestion peuvent lui donner motif à s'exercer. On va vers une tutelle s'affirmant *dans l'intérêt d'une meilleure gestion des affaires locales.*

– Mérite d'être particulièrement mentionné en ce sens l'article L. 2215-3 CGCT (préc.) à propos de la réglementation de la circulation en vue de la *« mise en valeur »* des espaces naturels, des paysages ou des sites « des *fins esthétiques, écologiques, agricoles, forestières ou touristiques* ». Pareille habilitation faite au préfet étonne en ce qu'elle déborde les strictes considérations d'ordre public pour l'autoriser à prendre pied dans le jeu de la libre gestion des affaires locales. En diversifiant ainsi les considérations au nom desquelles le préfet se trouve fondé à intervenir, le législateur ne contribue-t-il pas à maintenir une tutelle d'opportunité qu'il avait entendu proscrire de façon générale en 1982 ?

---

1. V. pour un cas de détournement de pouvoir dans l'utilisation du droit de réquisition au titre du CGCT, art. L. 2215-1 4°par le préfet : TA Rennes, 10 mai 2007, *Ville Vannes c. Préfet Morbihan, RFDA* 2007. 1086, concl. N. Tronel, s'agissant de l'organisation de la manifestation du « Tecknival » par l'État pour les besoins de laquelle le préfet du Morbihan avait requis la mise à disposition de l'État de l'aérodrome et de terrains appartenant à la ville de Vannes.

– La délivrance de certaines permissions d'occupation privative du domaine public peut être accordée par le représentant de l'État lorsque le maire ne peut justifier son refus par l'intérêt général (CGCT, art. L. 2215-5).

– Le préfet peut, en cas d'atteinte grave à la santé publique, disposer sans délai du laboratoire de service vétérinaire du département ou du laboratoire hydrologique pour la nécessité de l'exercice de ses attributions (CGCT, art. L. 2215-8, issu de l'art. 26-I L. n° 04-811, 13 août 2004).

– Dans le domaine à hauts risques contentieux de l'urbanisme, la décentralisation ne s'est pas faite sans possibilités de substitution d'action réservées au préfet dans l'intérêt de la bonne élaboration, ou modification, des documents de planification de l'urbanisme. Voir article L. 122-1-4 et L. 123-7-1 C. urb.

839 ***Conditions préalables de la mise en demeure de l'autorité décentralisée*** ◊ Signe que le préfet n'intervient pas dans l'exercice d'une compétence personnelle il doit *mettre en demeure l'autorité décentralisée* d'utiliser sa propre compétence afin de s'assurer de son refus ou de sa négligence. C'est la traduction concrète du fait que l'autorité de tutelle n'agit que par défaut.

Cette règle doit être considérée comme un principe général inhérent au droit de la tutelle. En effet, elle ne se trouve pas formellement énoncée au sein de l'article L. 2215-1 CGCT, mais constamment exigée par le juge administratif qui ne manque pas de rappeler le préfet au respect de cette condition préalable.

– Est *sanctionnée d'illégalité* – et non d'incompétence – la décision du préfet de se substituer à l'autorité décentralisée sans mise en demeure préalable : CE 9 févr. 1955, *Épx Le Brigand, Lebon* 78, à propos de la fermeture illégale d'un hôtel en l'absence de mise en demeure du maire. CE 27 nov. 1974, *Min. Intérieur c. Bertranuc et a., Lebon* 584, à propos de l'invitation illégale d'un préfet à un commerçant de fermer immédiatement son établissement en l'absence de mise en demeure préalable.

– *L'urgence à agir constitue toutefois une circonstance exonératoire* : CE 25 nov. 1994, *Min. Intérieur c. Grégoire, Lebon* 832 ; *Quot. jur.* 28 mars 1995. 5, note D. Moreno s'agissant de la fermeture provisoire d'une boucherie-charcuterie dont les produits comportent des souches épidémiques de listériose sans mise en demeure peut être valablement ordonnée au vu de l'urgence.

840 ***Responsabilité de la commune en cas de dommage*** ◊ C'est parce que la collectivité territoriale est l'autorité de principe qu'elle demeure responsable des décisions dommageables de l'autorité de tutelle qui s'est substituée à elle. Au regard de cet argument, il n'apparaît donc pas anormal qu'une commune reste responsable de l'inertie de son maire dans l'exercice de ses pouvoirs de police.

CE 16 févr. 1979, *Mallisson, Lebon* 820, illustration négative par la décision préfectorale d'interdiction d'un festival, contestée comme tardive par l'organisateur, mais régulière eut égard à la date à laquelle le préfet avait mis en demeure le maire d'agir.

Toutefois cette règle ne saurait bénéficier d'une portée absolue, deux considérations conduisant à mieux délimiter la responsabilité de la collectivité décentralisée :

– Dans la mesure où le préfet *s'abstient d'exercer sa tutelle* en ne plaçant pas l'autorité décentralisée en demeure d'agir lorsque les circonstances le justifient, la responsabilité de l'État peut être recherchée sur le terrain de la faute lourde dans l'exercice de sa tutelle. Il est normal que l'État ne puisse se soustraire à toute responsabilité dans l'exercice d'une mission qui lui revient. Mais, en pratique, le juge administratif se montre assez exceptionnellement disposé à admettre la faute lourde.

Par exemple, CE 25 juill. 2007, *Sété France Télécom, Sté Axa Corporate solutions assurances, Lebon 707* ; *AJDA* 2007. 1557, obs. M. de Monteclerc ; *RLCT* déc. 2007. 24, obs. E. Glaser ; *Dr. adm.* janv. 2008. 23, étude F. Dieu, s'agissant du rejet de la demande de responsabilité de France Télécom en raison de dégradation sur un central téléphonique occasionné par l'installation de gens du voyage sur le terrain voisin. Si les atteintes portées à ce bien privé constituaient un trouble à l'ordre public le préfet n'était pas, pour autant, demeuré inactif à prévenir le trouble. Il s'ensuit qu'il n'avait commis aucune faute lourde en ne se substituant pas à l'autorité normalement compétente. V. ég. 25 juill. 2007, *Min. État, min. Intérieur et Aménagement du territoire*, préc.

– *L'exercice illégal du pouvoir de substitution* au maire en matière de police a pour effet de supprimer ou d'atténuer la responsabilité de la commune (CGCT, art. L. 2216-1).

§ 2. Tutelle préfectorale en matière budgétaire [1]

841 ***Contrôle financier et tutelle budgétaire*** ◊ La tutelle budgétaire ici étudiée est une des pièces du contrôle des finances locales. Dès l'instant où les décisions financières exposent les contribuables à de hauts risques, le contrôle des actes financiers des collectivités décentralisées doit offrir un maximum de garanties. Plusieurs voies de droit, au titre des contrôles financiers, permettent d'associer les mérites respectifs de la prévention et de la sanction [2]. Cependant, seul le contrôle s'exerçant spécifiquement à l'égard du budget des collectivités présente les caractères de la tutelle puisque le préfet y dispose d'un pouvoir de substitution d'action qu'il exerce selon des modalités renouvelées depuis la loi du 2 mars 1982.

Outre la tutelle budgétaire le contrôle financier comprend le jugement des comptes (1) et l'examen de la gestion (2) :

1. Jugement des comptes. Il s'agit d'un contrôle juridictionnel par lequel la Chambre régionale des comptes vérifie le respect des règles de la comptabilité publique par les comptables publics qui sont des agents de l'État. Toutes les dépenses et les recettes de la collectivité décentralisée doivent, en effet, avoir été effectuées selon les procédures légales relatives au maniement des fonds publics. À défaut, le comptable pourra voir sa responsabilité personnelle et pécuniaire engagée par un jugement de la

1. V. biblio. v. ss 851, 2.

2. À cet égard, la réforme de l'organisation territoriale en voie d'adoption prévoit un alourdissement des procédures de prévention : contrôle de l'assemblée de la collectivité sur les actions de l'exécutif entreprises pour donner suite aux rapports des chambres régionales des comptes, publication immédiate des avis des chambres régionales des comptes, publication immédiate en cas de situation financière dégradée, débat d'orientation budgétaire aux règles renforcées.

Chambre qui le mettra en « débet » (dans les conditions non substantiellement modifiées de la loi n° 2011-1978 du 28 déc. 2011 et du décret n° 2012-1646 du 7 nov. 2012). Ce contrôle juridictionnel s'exerce *a posteriori*, après que les comptes aient été « rendus » par le comptable.

En dépit du fait que « la Chambre régionale des comptes n'a pas juridiction sur les ordonnateurs » que sont les exécutifs locaux (art. 2 L. n° 82-594, 10 juill. 1982), ces derniers peuvent se voir déclarés « comptables de fait » pour avoir « manié des fonds » en violation de la règle de la séparation des ordonnateurs et des comptables. C'est le cas lorsqu'ils utilisent des subventions qui demeurent des « deniers publics » par le biais d'organismes privés relais des collectivités qu'ils président. Leur comptabilité sera alors jugée comme celle d'un comptable public. Soit ils pourront s'exonérer en justifiant de l'intérêt public attaché aux dépenses opérées ; soit, ils seront déclarés personnellement débiteurs des sommes non justifiées, le jugement pouvant être assorti d'une amende et prononcer leur inéligibilité temporaire dans leur ressort (v. CGCT, art. L. 1617-1 s.) [1].

La nature de la procédure de gestion de fait est mixte à caractère civil pour son objet principal et à caractère répressif pour son accessoire, l'amende.

2. Examen de la gestion. À partir du jugement des comptes exercé sur les comptables, la Chambre régionale des comptes est appelée d'office à « présenter aux collectivités locales des observations sur leur gestion ». Ces observations et les réponses des autorités locales, prennent la forme d'un rapport, les plus significatives étant intégrées au rapport annuel de la Cour des comptes. Elles permettent *a posteriori* d'apprécier la rationalité - et non l'opportunité - de la gestion financière de la collectivité et des organismes liés ou dépendant d'elle ; par exemple, l'adéquation des moyens aux objectifs, le coût d'un équipement public, le poids des emprunts et des dettes au regard des possibilités de remboursement... L'examen de la gestion peut être présenté comme un contrôle financier. Il demeure cependant dépourvu par lui-même de toute efficacité juridique. Il permet d'éclairer le jugement de l'électeur dans l'intérêt du contrôle politique qu'il exerce sur ses représentants. Son impact demeure normalement plus politique que juridique, si ce n'est que les faits relevés par la Chambre peuvent être à l'origine de suites pénales par le ministère public. Depuis la loi du 21 décembre 2001, le rapport d'observations doit être communiqué à l'assemblée délibérante de la collectivité par son exécutif et donne lieu à débat. Il devient aussi un élément de l'équilibre institutionnel interne à la collectivité.

---

1. Pour précisions, v. chron. N. Groper et E. Giannesinin note sous C. comptes 23 juin 2005, *Cne La Magistère*, *AJDA* 2005. 2391 et chron. M. Lascombes et X. Vandendriessche, « Actualité de la gestion de fait », *RFDA* 2011. 1037. C. Michaut, « La gestion de fait dans le secteur public local : tendances récentes de la jurisprudence », *BJCL* 2011. 75. Sur les incidences de l'application de la Conv. EDH sur les procédures juridictionnelles devant la Cour des comptes et les Chambres régionales des comptes, v. L. n° 08-1091, 28 oct. 2008.

Les actes par lesquels ce contrôle s'exprime, légalement qualifiés « d'observations » faisant l'objet de « communications » adressées par le président de la Chambre, *ne sauraient donner lieu à aucun recours* précisément en raison de leur absence d'effet juridique direct. Il n'en va pas autrement pour les actes par lesquels le ministère public informe le Procureur de la République des faits susceptibles d'entraîner l'ouverture d'une action pénale. Il s'agit de simples informations et non pas d'actes administratifs décidant - ou refusant - d'engager des poursuites.

Il faut toutefois réserver le cas du refus opposé au droit de demander une rectification de la part des personnes « mises en cause ». La contestabilité d'un tel refus constitue la sanction de ce droit (TA Marseille, 17 avr. 2007, *Colin, JCP Adm.* 2007. 2291, obs. J. Moreau, illégalité pour défaut d'impartialité de la position du président de la Chambre régionale des comptes qui dirigeait deux associations subventionnées par le département dans le ressort de la Chambre).

842 ***Importance et caractères généraux de la tutelle budgétaire*** ◊ Le budget peut être défini comme l'acte par lequel sont prévues et autorisées les recettes et les dépenses annuelles des collectivités territoriales. Il a donc, tout à la fois, la valeur d'une *prévision comptable* et d'une *autorisation juridique* donnée pour la réalisation des recettes et des dépenses. Voté par chaque assemblée délibérante, sa nature est celle d'un *règlement administratif* au même titre que toute autre délibération réglementaire [1]. Il est soumis à la même obligation de transmission au préfet et peut faire l'objet d'un même contrôle juridictionnel *de légalité*.

Mais, il faut préciser que l'existence d'une procédure budgétaire appropriée fait obstacle au déféré préfectoral à l'encontre du budget fondé sur la violation d'un élément de régularité budgétaire (par exemple défaut d'équilibre du budget). Le juge de l'excès de pouvoir n'est juge que de la légalité générale du budget. Il en va autrement pour les personnes justifiant d'un intérêt - le contribuable local - lorsque le préfet n'a pas saisi la Chambre régionale des comptes dans les délais. La solution est rigoureuse : *a contrario*, la saisine de la Chambre interdit tout recours aux tiers intéressés fondé sur un moyen de régularité budgétaire. Elle a néanmoins les faveurs du juge administratif souhaitant limiter les inconvénients liés à une disparition rétroactive du budget intervenue tardivement dans le cadre de l'examen en excès de pouvoir (CE 23 déc. 1988, *Dpt Tarn c. Barbut et a., Lebon* 466 ; *D.* 1989. 381, note F. Llorens et Soler-Couteaux ; *AJDA* 1989. 91, chron. M. Azibert et M. de Boisdeffre ; *RFDA* 1989. 365 concl. D. Levis. CE 9 juill. 1997, *Cne Garges-lès-Gonesses*, Lebon 297 ; *RFDA* 1998. 1048, note F. Lafargue ; *Dr. adm.* nov. 1997. 19, note J.-L. Pissaloux. CE 16 mars 2001, *Cne Rennes-les-Bains c. Lacan, Lebon* 129 ; *RFDA* 2002. 807 note S. Damarey ; *Coll. terr.* 2001. 166, obs. L. Erstein. CAA Bordeaux, 14 mars 2006, *Clémente, AJDA* 2006. 1479, note D. Péano).

Le préfet peut poursuivre simultanément les deux voies de droit à la condition que le recours pour excès de pouvoir sur des moyens de légalité générale : CAA Lyon, 7 nov. 1996, *Préfet Haute-Corse, AJDA* 1997. 276, chron. L. Erstein.

---

1. S'agissant de la simplification des règles budgétaires des régions, v. Ord. n° 09-1400, 17 nov. 2009, *JCP Adm.* 2009. 1265.

Cependant l'adoption du budget revêt une importance particulière. Elle se manifeste comme une compétence première de l'assemblée délibérante, toute autre délibération ayant des répercussions financières pouvant être présentée comme dérivant de celui-ci. En raison de cette importance, la soumission du budget à un simple contrôle juridictionnel *a posteriori* de sa légalité ne peut suffire lorsque, au moment où le juge se prononce des recettes et des dépenses ont déjà été engagées. Voilà pourquoi des règles particulières de contrôle ont été incorporées de façon très ancienne et solide dans les droits des collectivités décentralisées. Il existe *une notion de régularité budgétaire* qui dépasse le cadre de la légalité classique en intégrant des objectifs et des moyens d'action qui ressortissent davantage à l'idée de bonne administration qu'au travail juridictionnel.

Depuis 1982, les réformes ont entendu modifier les formes de la tutelle budgétaire qui se trouve effectivement soustraite à l'arbitraire du préfet. Elle repose désormais sur un *principe de séparation des compétences au sein de la tutelle* entre l'autorité titulaire de la décision de tutelle, le préfet, et l'autorité titulaire de la compétence technique, la Chambre régionale des comptes apportant ses indiscutables garanties d'indépendance et d'expertise.

Cette tutelle ne présente pas un caractère juridictionnel en dépit de la procédure quasi-juridictionnelle suivie devant la Chambre (certain caractère contradictoire, pouvoir d'instruction...). La Chambre régionale des comptes formule des avis qui possèdent la nature d'actes administratifs non juridictionnels ne renfermant aucune prescription obligatoire pour leurs destinataires. Elle est, en ce sens à la fois plus et moins qu'une autorité administrative indépendante : plus par sa composition et sa procédure plutôt juridictionnelle ; moins, parce qu'elle ne décide ni ne tranche par elle-même, le préfet demeurant par son pouvoir de substitution d'action et son pouvoir d'appréciation la véritable autorité de tutelle dont la Chambre n'est que « l'auxiliaire » (R. Muzellec).

La fréquence de saisine des Chambre régionales des comptes est en nette décrue, le nombre s'étant presque divisé par deux ces dernières années (de 900 à 500) alors que parallèlement le nombre de budgets locaux en déséquilibre tend à doubler. Le résultat n'autorise pas nécessairement à douter de l'intérêt des Chambres régionales des comptes dont la saisine constitue une arme de dissuasion aux mains du préfet dans ses négociations avec les autorités locales. La mise en œuvre effective de la tutelle budgétaire n'est que le moyen de surmonter de blocage des positions respectives [1].

843 ***Délimitation de la tutelle budgétaire*** ◊ En ce que les contrôles sur les personnes sont toujours des voies d'action autoritaires, il importe que la tutelle budgétaire, sans renoncer à la satisfaction de ses objectifs, n'ait pas un champ d'application plus étendu que nécessaire :

1. Personnes contrôlées. La tutelle budgétaire s'exerce à l'égard des collectivités territoriales et de leurs établissements publics, locaux et territoriaux.

1. Pour un constat critique : F. Lafargue, « Le contrôle des actes budgétaires des collectivités territoriales », *in Mélanges Douence*, Dalloz, 2006, p. 287.

2. Actes contrôlables. Ils sont constitués par tous les actes à caractère budgétaire (budget primitif, budgets supplémentaires et décisions modificatives, budget principal et budgets annexes) mais rien que les actes à caractère budgétaire, ce qui exclut tout autre acte emportant des conséquences financières, comme les marchés publics par exemple.

3. Objets du contrôle. Seuls certains comportements énumérés par la loi sont sanctionnables au titre la tutelle budgétaire :

- retard dans l'adoption du budget (CGCT, art. L. 1612-2, L. 1612-3 et L. 1612-8) ;
- défaut d'inscription au budget d'une dépense obligatoire ou de mandatement d'une dépense obligatoire (CGCT, art. L. 1612-15) ;
- défaut d'équilibre du budget primitif (CGCT, art. L. 1612-5, L. 1612-9 et L. 1612-10) ;
- déficit du compte administratif (CGCT, art. L. 1612-14).

Hors ces cas, le préfet ne peut régler d'office le budget : CAA Marseille, 5 janv. 2005 *Min. Intérieur, AJDA* 2005. 565, s'agissant d'un vice affectant la délibération adoptant le budget. La solution excepte le cas de la délibération inexistante.

A. Rôle du préfet dans l'exercice de la tutelle budgétaire

844 Le représentant de l'État participe à la procédure de tutelle budgétaire en adoptant des actes qui marquent les différentes étapes de cette procédure :

845 ***Pouvoir de saisine*** ◊ Sur des fondements juridiques différents, le préfet intervient d'abord en début de procédure pour saisir la Chambre régionale des comptes (CGCT , art. L. 1612-2 en cas d'adoption tardive du budget, L. 1612-5 en cas de budget voté en déséquilibre, art. 1612-14 en cas de déficit constaté après exécution du budget et art. L. 1612-15 en cas de dépense obligatoire non inscrite au budget. V. ég. art. L. 1612-15-1 et L. 1612-18 al. 2). Il est investi à titre exclusif de cette compétence, excepté pour le cas relatif aux dépenses obligatoires.

La mesure de saisine doit être considérée comme un *acte préparatoire* et, à ce titre, insusceptible de recours pour excès de pouvoir devant le juge administratif. Elle ne préjuge pas de la suite de la procédure.

Voici, toutefois, la solution d'un tribunal administratif admettant le recours pour excès de pouvoir motif pris que la décision de saisine emporte la suspension de l'exécution du budget (TA Melun, 17 déc. 2009, *Cne Bussy-Saint Georges, AJDA* 2010. 1529, concl. T. Gallaud).

Il devrait en aller autrement si le préfet refuse de saisir la Chambre régionale des comptes et que ce refus interdit le déclenchement de la procédure, aucun autre intéressé ni la Chambre elle-même, ne pouvant saisir par ailleurs. Son refus explicite ou implicite de saisir la Chambre devrait pouvoir être déféré au juge administratif et être à l'origine d'un contentieux permettant d'annuler la décision de refus (1) ou d'engager la responsabilité de l'État dont les possibilités d'action sont liées par les termes de la loi qui spécifie les cas et les conditions de saisine (2).

1. *S'agissant du contentieux de l'annulation*, le recours contre le refus du préfet est irrecevable dans le cadre de la procédure d'inscription des dépenses

obligatoires le requérant disposant lui-même de la possibilité de saisir : CE 9 sept. 1996, *Synd. CGTM sapeurs-pompiers dpt Martinique, Lebon* 744.

2. *S'agissant du contentieux de la responsabilité*, seule la faute lourde dans l'abstention, la négligence ou la saisine tardive du préfet est de nature à engager la responsabilité de l'État : CE 6 oct. 2000, *Min. Intérieur c. Cne Saint-Florent et a., Lebon* 395 ; *AJDA* 2001. 201, note M. Cliquenois ; *RFDA* 2001. 152, note P. Bon ; *Coll. terr.* 2000. 11, concl. L. Touvet, s'agissant de l'absence de faute lourde, le préfet, face au défaut répété de vote du budget d'un syndicat intercommunal, ayant saisi régulièrement la Chambre régionale des comptes, réglé et rendu obligatoire le budget selon les dispositions de l'article L. 1612-2 CGCT.

La faute lourde exigée se signale dans la « carence manifestement répétée entraînant de graves conséquences » (concl. L. Touvet préc.). Sa nécessité dans le contentieux budgétaire fait discussion considérant notamment que les exigences de la légalité sont ici plus précises (le préfet « saisi sans délai », CGCT, art. L. 1612-2). Malgré les positions dissidentes de certains tribunaux administratifs ou commissaires du gouvernement le Conseil d'État entend protéger le préfet dans l'accomplissement de sa mission qu'il sait délicate et qu'il veut discrétionnaire en dépit des données législatives et constitutionnelles qui en demandent davantage. La question reste ainsi dominée par des considérations qui laisseraient bien augurer d'une évolution de l'état du droit.

Voir le cas particulier où le Conseil d'État retient la faute simple du préfet qui n'a pas inscrit d'office au budget de la commune les sommes dues en exécution d'une décision de justice : CE 10 nov. 1999, *Sté de gestion du port de Campoloro, Lebon* 348 ; *RFDA* 2000. 1089 note P. Bon, à propos d'une commune de Corse dont les actifs sont insuffisants à réparer le préjudice causé par elle à deux sociétés pour rupture de contrat visant à la construction d'un port de plaisance. La Section du Conseil d'État a tranché dans le sens du maintien de la faute lourde en réservant, toutefois, la possibilité d'engager la responsabilité sans faute de l'État en cas de dommage spécial et anormal : CE Sect. 18 nov. 2005, *Sté Fermière de Campoloro et a., Lebon* 515 ; *RFDA* 2006. 341, note P. Bon ; *AJDA* 2006. 137, chron. C. Landais et F. Lenica ; *BJCL* 2006. 43, concl. J. Boulouis et obs. L. Touvet ; *Dr. adm.* 2006. 33, comm. C. Guettier ; *JCP* 2006. II. 10044, note R. de Moustier et O. Béatrix ; *Contrats Marchés publ.* 2006. 20, comm. J. Pietri ; *LPA* 24 avr. 2006, n° 81 p. 9, obs. F. Melleray ; *Gaz. Pal.* 12-14 mars 2006. 30, obs. D. Linotte ; *RLCT* févr. 2006. 15, obs. E. Glaser. Voir pour le point final de l'affaire, la solution du juge européen selon laquelle l'État doit endosser la responsabilité des dettes des collectivités, solution fondée sur l'articulation des articles 6 § 1 - droit à un procès équitable - et 1 § 1 Conv. EDH - droit au respect des biens - : CEDH 26 sept. 2006, *Sté de gestion du port de Campoloro c. France, D.* 2007. 545, note C. Hugon ; *RLCT* nov. 2006. 14, obs. N. Merley. V. Décr. n° 08-479, 20 mai 2008 relatif à l'exécution des condamnations pécuniaires prononcées à l'encontre des collectivités publiques : *RLCT* juill. 2009. 22, comm. C. Mondou. V. ég. P. Cassia, « La contrainte au paiement d'une somme d'argent en cas d'inexécution d'une décision juridictionnelle par une collectivité territoriale », *AJDA* 2007. 1218.

846 ***Pouvoir de décision*** ◊ Le représentant de l'État intervient encore à la fin de la procédure en se substituant au pouvoir délibérant de l'assemblée de

la collectivité, soit dessaisie dans le cadre de la procédure sur adoption tardive du budget (CGCT, art. L. 1612-2), soit récalcitrante à suivre les propositions de la Chambre régionale des comptes dans les autres cas (CGCT, art. L. 1612-5 et L. 1612-14). Selon les cas son intervention visera à régler le budget et le rendre exécutoire, à inscrire d'office une dépense obligatoire et à redresser le déséquilibre provoqué par cette inscription.

Les mesures ainsi prises sont susceptibles de recours pour excès de pouvoir, conformément à la jurisprudence classique sur les mesures de l'autorité de tutelle ; tout intéressé y compris l'autorité décentralisée, pouvant saisir le tribunal administratif. « La suppression de la tutelle financière » proclamée par la loi du 2 mars 1982 n'affecte pas cette solution.

Cette possibilité de recours offre notamment au juge de vérifier la régularité de la procédure, l'existence de motifs légaux à l'origine de la mesure de tutelle, les motifs des propositions de la Chambre régionale des comptes ou les motifs de la décision du préfet s'il s'écarte de ces propositions, la régularité générale des mesures ordonnées... Accède ainsi à la discussion contentieuse le travail des Chambres régionales des comptes inattaquables au niveau des propositions qu'elles rendent parce qu'elles ne font pas grief par elles-mêmes.

- S'agissant du contentieux de l'annulation et dans le sens du contrôle minimum : CE 1er mai 1939, *Cordier, Lebon* 128.

- S'agissant du contentieux de la réparation, les décisions préfectorales sont susceptibles d'engager la responsabilité de l'État envers les tiers ou envers la collectivité concernée. Seule la faute lourde est sanctionnée : sur la question V. n° précédant.

847 ***Pouvoir d'appréciation*** ◊ Signe du rôle primordial joué par le préfet dans la procédure de tutelle budgétaire, la loi ménage expressément sa liberté d'appréciation au moment où il décide. De telle manière que l'activité de la Chambre est, pour lui, davantage source d'inspiration que d'obligation. Soit, il peut se conformer aux propositions de la Chambre, soit, il peut s'en écarter pour régler le budget (CGCT, art. L. 1612-2 al. 1), pour déterminer les mesures de redressement suffisantes (CGCT, art. L. 1612-5 al. 3) ou, pour toute mesure nécessaire à résorber le déficit constaté (CGCT, art. L. 1612-14 al. 3).

Dans l'hypothèse où il décide de se soustraire aux propositions faites par la Chambre, la loi lui impose l'obligation d'une « motivation explicite ». le respect de cette formalité est entendu par le juge administratif comme interdisant, sous peine d'illégalité, les motivations se bornant à invoquer des raisons d'ordre général. Le préfet doit fonder sa décision sur les données de fait, propres à l'espèce, et au vu desquelles la solution retenue lui semble plus appropriée que celle de la Chambre régionale des comptes CE 10 août 1990, *Préfet Val d'Oise, Lebon* 270 ; *AJDA* 1991. 236, note J. Moreau à propos de l'annulation de l'arrêté réglant le budget pour insuffisance de motivation.

Le préfet peut même aller jusqu'à refuser de procéder à l'inscription d'office d'une dépense obligatoire moyennant motivation fondée sur les circonstances particulières de l'espèce. En cas de refus illégal, celui-ci est susceptible d'engager la responsabilité de l'État pour faute lourde : CE 21 nov. 1986, *Assoc. de gestion de Notre-Dame de Verneuil c. Cne Verneuil-sur-Seine*, *Lebon* 427.

B. Rôle de la Chambre régionale – et territoriale – des comptes dans l'exercice de la tutelle budgétaire

848 ***Présentation sommaire des Chambres régionales des comptes*** ◊ Elles sont une création de la loi du 2 mars 1982 (notamment complétée par L. n° 82-595, 10 juill. 1982 et Décr. n° 95-945, 23 août 1995 pour leur organisation, codifié au livre II CJF plusieurs fois modifié) qui les institue en tant que juridictions composées de magistrats administratifs inamovibles. Le président de chaque Chambre est impérativement conseiller maître ou référendaire à la Cour des comptes, nommé pour sept ans non renouvelables. Les conseillers sont essentiellement recrutés par la voie de l'École nationale d'Administration. Le commissaire du gouvernement est choisi parmi eux. Chaque chambre se compose au moins d'un président et de deux conseillers. Les plus importantes sont divisées en sections comprenant son président et deux conseillers.

Le nombre des chambres régionales des comptes a été réduit à quinze (L. 13 déc. 2011 et Décr. 23 févr. 2012) alors qu'elles avaient été instituées à l'origine à raison d'une pour chacune des 26 régions. Ce changement fait aboutir un vaste projet de réorganisation qui était à l'étude depuis 2008 (discours du premier président de la Cour des comptes, P. Seguin, à l'occasion du 25e anniversaire des chambres, 14 mai 2007) et qui envisageait – de manière plus considérable – la fusion des chambres avec la Cour des comptes en une juridiction unique dont l'implantation territoriale se limiterait à quatre ou cinq chambres interrégionales. La réforme opère donc un compromis. Les magistrats financiers eurent mal accepté de voir leurs juridictions amputées pour des motifs liés au désendettement de l'État et qui n'auraient pas eu de répercussions heureuses sur l'efficacité de l'examen de la gestion des collectivités, notamment les moins importantes [1].

Leur activité s'exerce tant à l'égard des collectivités territoriales incluses dans leur ressort géographique qu'à l'égard des organismes publics et privés qui leur sont liés : établissements publics locaux et territoriaux, sociétés d'économie mixte, associations subventionnées.

1. G. Miller et F. Advielle, « Les chambres régionales des comptes au lendemain de l'année des trois lois », *AJDA* 2012. 591 ; S. Damarey, « L'acte II manqué de la réforme des juridictions financières », *AJDA* 2012. 317 ; « La réforme des juridictions financières, un goût d'inachevé », *JCP Adm.* 2012, n° 2032 ; L. Fermaud, « Le point final apporté à la réforme des juridictions financières », *AJDA* 2013. 1614.

Les Chambres régionales des comptes sont des institutions polymorphes. Leur triple fonction (tutelle budgétaire, contrôle des comptes et contrôle de gestion) en fait des organismes présentant un *double caractère juridictionnel et administratif.* En tant que juridiction, elles rendent des jugements dans le cadre du contrôle des comptes des comptables publics locaux. Ces jugements peuvent faire l'objet de rétractation sur demande portée devant la Chambre qui a rendu le jugement en cause (art. 7 L. 10 juill. 1982). La réformation des jugements est essentiellement constituée par l'appel devant la Cour des comptes (art. 87 L. 2 mars 1982). De son rattachement à la Cour des comptes par l'appel, le caractère administratif de la juridiction régionale ne fait pas de doute, la Cour voyant ses arrêts définitifs susceptibles de recours en cassation devant le Conseil d'État (art. 22 décr. n° 68-827, 20 sept. 1968).

849 ***Attributions consultatives en matière de tutelle budgétaire*** ◊ La Chambre régionale des comptes fait fonction d'organe consultatif des collectivités territoriales et du préfet. À ce titre, elle leur fournit les propositions dont ils s'inspireront pour régler le budget dans le cadre de la procédure de tutelle budgétaire. La Chambre est obligatoirement consultée dans quatre cas légalement prévus :

1. Retard dans l'adoption du budget (CGCT, art. L. 1612-2, L. 1612-3 et L. 1612-8). À défaut d'adoption du budget avant le 31 mars de l'année à laquelle il doit s'appliquer, le préfet saisit la Chambre régionale des comptes qui formulera toute proposition pour établir le budget (a) (b). Il appartient au préfet de décider l'assemblée de la collectivité se trouvant momentanément dessaisie du fait même de la saisine de la Chambre par le préfet. Il réglera le budget comme il le souhaite au moyen de son pouvoir de substitution. On sait que s'il s'écarte des propositions de la Chambre, il est tenu de motiver sa décision (v. ss 847).

a) Le délai d'un mois imparti à la Chambre régionale des comptes pour formuler son avis n'est pas prescrit à peine de nullité : TA Orléans, 29 nov. 1984, *Cne Ligueil*, *RFDA* 1985. 139, concl. H. Couteau-Bergarie.

b) Sur la liberté d'établissement de ses propositions par la Chambre régionale des comptes : CRC Picardie, 6 août 1985, *Cne Pernois*, s'agissant de la possibilité de s'appuyer sur un projet de budget faisant l'objet d'un consensus au sein du conseil municipal.

2. Défaut d'équilibre du budget (CGCT, art. L. 1612-5 L. 1612-9 et L. 1612-10). La constatation de l'équilibre réel du budget passe par un certain nombre de vérifications spécifiées par la loi de 1982 : équilibre de chacune des deux sections, évaluation « sincère » des recettes et des dépenses financement du remboursement de la dette en capital par des ressources définitives. Si ces vérifications laissent apparaître un déséquilibre, il appartient au préfet, dans les 30 jours suivant la transmission du budget, de saisir la Chambre régionale des comptes qui formulera des propositions de remise en équilibre (dans les 30 jours à compter de la saisine).

Le conseil municipal délibère sur ces propositions dans le délai d'un mois. À défaut, ou si les mesures adoptées restent insuffisantes, la Chambre le constate et le préfet règle le budget en demeurant libre de s'écarter, sous réserve de motivation, des propositions de la Chambre.

Le délai de 30 jours prescrit au préfet pour saisir la Chambre régionale des comptes est, en principe un délai strict à l'issue duquel la saisine doit être déclarée irrecevable. La rigueur de la règle est justifiée par la nécessité d'ouvrir le délai du recours pour excès de pouvoir au profit des tiers intéressés à l'échéance du délai de 30 jours : v. par exemple, CRC Nord-Pas-de-Calais, 22 sept. 1994, *Cne Maretz*. Cette position n'est cependant pas partagée par toutes les Chambres régionales des comptes : v. par exemple, CRC Auvergne, 11 juill. 1984, *Cne Saint-Bonnet-Tronçais*.

3. Défaut d'inscription au budget d'une dépense obligatoire (CGCT, art. L. 1612-15). Dans le cas où une collectivité omet d'inscrire à son budget les ressources nécessaires à l'acquittement d'une dépense rendue obligatoire par engagement de sa part ou en vertu d'une disposition légale expresse (a), la Chambre régionale des comptes est susceptible d'être saisie par le préfet le comptable public concerné ou tout intéressé (b).

Si c'est le cas, soit la Chambre régionale constate, dans le mois, l'absence ou l'insuffisance de crédits nécessaire et met en demeure l'autorité locale de les inscrire au budget (c). À défaut d'exécution dans le mois suivant la Chambre sollicite le préfet afin qu'il inscrive d'office les crédits au budget, notamment par une augmentation des recettes ou une diminution des dépenses. Comme précédemment vu, la décision lui appartient et, s'il décide de s'écarter des propositions de la Chambre, il doit justifier explicitement son choix.

Soit, la Chambre estime non fondée la demande qui lui est faite et la rejette. Ce rejet s'impose au préfet qui ne pourra procéder à une inscription d'office en l'absence de sollicitation de la Chambre. Il met un terme à la procédure.

a) Sur la notion de dépense obligatoire. Elle suppose le caractère certain, liquide et non sérieusement contestée de la dépense dans son principe et son montant. Elle procède de la loi, d'un contrat, d'un délit ou quasi-délit, ou toute autre source d'obligation. V. CE 17 janv. 2003, *Sté Natexis-Banques populaires, BJCL* 2004. 354, concl. L. Vallée, s'agissant du cas d'une dépense obligatoire pour une commune qui s'était porté caution d'un emprunt souscrit par une société auprès d'une banque. CAA Nantes, 6 mars 2007, *Ville Blois, AJDA* 2008. 300, note P. Mouzet, s'agissant d'une dépense obligatoire créée par les frais de « cérémonie de fin de mandat » que refuse d'acquitter la nouvelle équipe municipale.

S'apparentent à des dépenses obligatoires la récupération des aides illégales aux entreprises et des dépenses liées à la mauvaise gestion locale des fonds européens (L. 13 août 2004). La solution pourrait être étendue à la récupération par l'État des sommes acquittées par lui après condamnation devant la CJUE (V. P. Mouzet, *AJDA* 2013. 2457).

b) *La personne intéressée* pour saisir la Chambre régionale des comptes peut être un autre comptable public s'il s'agit d'une créance d'une autre personne publique dont relève le comptable, ou du trésorier-payeur général dans l'hypothèse d'une créance de l'État. V. CE 7 janv. 2004, *Synd. Interco. Val de Sambre, BJCL* 2004. 276, concl. E. Glaser.

Dans les autres cas, la personne intéressée doit, ce qui est normal, justifier d'un intérêt personnel, direct et certain. V. par ex., CE 21 mars 2001, *Sté Daninvest, Rev. Trésor* 2001. 241, le cas s'agissant d'un organisme bancaire auquel un syndicat intercommunal a accordé une garantie d'emprunt. CRC Picardie, 19 déc. 1994, *Cne Chambly*, le cas s'agissant d'un agent public réclamant le paiement de sommes qui lui sont dues. CRC Franche-Comté, 2 févr. 1995, *Dpt Jura*, pour le cas d'une association de parents d'élèves réclamant l'inscription au budget du département de dépenses de mise en sécurité des bâtiments scolaires.

En revanche, sont irrecevables les conseillers membres de l'organe délibérant de la collectivité concernée en ce qu'une telle saisine ne regarde pas leurs prérogatives propres. V. CRC Nord-Pas-de-Calais, 26 juill. 1990, *Cne Saint-Pol-sur-Ternoise*.

c) *Sur le caractère contradictoire de la procédure suivie devant la Chambre régionale des comptes* : CE 7 janv. 2004, *Synd. Interco. Val de Sambre*, préc., s'agissant de l'obligation d'entendre l'ordonnateur de la collectivité visée.

4. Déficit d'exécution du budget (art. L. 1612-14 CGCT). Dans l'hypothèse où après exécution du budget il apparaît un déficit d'au moins 10 % des recettes de la section de fonctionnement pour une commune de moins de 20 000 habitants ou 5 % dans les autres cas, la Chambre régionale des comptes, saisie par le préfet, propose à la collectivité territoriale les mesures nécessaires au rétablissement de l'équilibre budgétaire dans le délai d'un mois à compter de la saisine.

Si la collectivité s'abstient, la Chambre le constate et propose les mesures nécessaires de rétablissement au préfet qui décidera dans les conditions précédemment vues.

Pour saisir la Chambre régionale des comptes du compte administratif d'une collectivité, aucun délai n'est imparti au préfet : CE 3 déc. 1999, *Région Guadeloupe, Coll. terr.* 2000. 65 ; *Rev. Trésor* 2000. 318. S'ajoute à cela que le délai légal d'un mois dans lequel la Chambre doit rendre son avis n'a rien d'impératif : CE 21 déc. 1994, *Dpt Marne, Dr. adm.* 1995. 191.

850 ***Contentieux des propositions de la Chambre régionale des comptes*** ◊ Il est dominé par deux considérations :

1. Les actes par lesquels la Chambre participe au contrôle budgétaire *ne sauraient posséder le caractère d'acte décisionnel*, que ce soit à titre administratif ou juridictionnel – en dépit de la procédure suivie – et ne possèdent pas l'autorité qui s'y attache. Ces actes n'ont aucune force obligatoire pour leurs destinataires et ne présentent pas de caractère définitif à l'égard du préfet investi du pouvoir de décision et de la liberté de s'en écarter.

De manière générale, ces actes sont à ranger parmi les avis et les propositions qui ne constituent pas des décisions faisant grief et susceptibles en tant que telles d'être attaquées devant le juge de l'excès de pouvoir : CE 30 janv. 1987, *Dpt Moselle, Lebon* 23 ; *AJDA* 1987. 217 et 468, concl. S. Hubac, notes J. Chapuisat et F.-P. Bénoit ; *RD publ.* 1987. 761, note F. Llorens ; *RFDA* 1987. 978, note G. Melleray et Ch. Rougié ; *AJDA* 1988. 36, notes P. Paugam et P. Bénoit.

Mais, dans la mesure où ces propositions constituent le premier acte d'une procédure administrative il est normal qu'elles puissent faire l'objet d'un *contentieux par voie d'exception*, la délibération consécutive de la collectivité territoriale ou la décision de tutelle du préfet étant susceptible d'être attaquée.

2. Il en va autrement du refus de la Chambre régionale des comptes de participer à la procédure de tutelle budgétaire en rejetant la demande du préfet qu'elle estimerait sans objet ou irrecevable. Alors, la procédure tourne court. Si le préfet peut s'écarter des propositions de la Chambre, il ne peut s'en passer pour exercer son pouvoir de substitution. C'est pourquoi le rejet de la saisine par la Chambre prend la valeur d'une « décision » administrative dont le juge administratif de droit commun peut connaître (CE 23 mars 1984, *Organisme de gestion des écoles catholiques de Couëron, Loire-Atlantique, Lebon* 126 ; *RD publ.* 1984. 1125, note J.-M. Auby ; *Rev. Trésor* 1984. 550 note R. Ludwig ; *Rev. adm.* 1984. 271, note F.-J. Fabre ; *D.* 1985. 261, note J.-P. Duprat ; *JCP* 1985. II. 20339, note J.-C. Balat s'agissant de la décision par laquelle une Chambre régionale des comptes rejette une demande tendant à ce qu'elle constate qu'une dépense obligatoire n'a pas été inscrite au budget d'une commune et, à ce qu'elle adresse une mise en demeure à la collectivité concernée) [1].

Dans l'hypothèse d'un rejet devenu définitif, le créancier de la somme litigieuse conserve néanmoins « la faculté de demander au juge administratif de condamner » la collectivité à la lui verser par la voie d'un recours de plein contentieux : CE 6 avr. 2007, *Synd. Interco. adduction d'eau et d'assainissement d'eau vallée de la Béthune, AJDA* 2007. 1289, note P. Mouzet ; *JCP Adm.* 2007. 2218, note L. Erstein, à propos de la participation d'une commune à un syndicat intercommunal.

351 *Bibliographie* ◊

I. – S'agissant de la tutelle sur les actes des collectivités décentralisées

- Allemand (R.), « Les modalités du contrôle administratif des actes locaux dans six États de l'Union européenne », *RFDA* 2008. 287

1. CE 23 mars 1984, *Organisme de gestion des écoles catholiques de Couëron, Loire-Atlantique, Lebon* 126 ; *RD publ.* 1984. 1125, note J.-M. Auby ; *Rev. Trésor* 1984. 550 note R. Ludwig ; *Rev. adm.* 1984. 271, note F.-J. Fabre ; *D.* 1985. 261, note J.-P. Duprat ; *JCP* 1985. II. 20339, note J.-C. Balat s'agissant de la décision par laquelle une Chambre régionale des comptes rejette une demande tendant à ce qu'elle constate qu'une dépense obligatoire n'a pas été inscrite au budget d'une commune et, à ce qu'elle adresse une mise en demeure à la collectivité concernée.

- Aubry (F.-X.) et Lepage-Jessua (C.), « Les juges administratifs face à la décentralisation », *AJDA* 1984. 370
- Bénoit (F.-P.), « Les actes des collectivités locales », *Rép. Coll. locales* fasc. n° 4504 ; « Les recours contre les actes des collectivités locales », *ibid.* n° 4545 et « La transmission au préfet des actes des collectivités locales », *ibid.* n° 4520
- Branquart (C.), « Contrôle de légalité : un réel renouveau ? », *AJDA* 2011. 198
- Brisson (F.-F.), « Le contrôle de légalité dans la loi du 13 août 2004 », *AJDA* 2005. 126
- Cadieu (L.), « La modernisation du contrôle de légalité », *RLCT* mai 2006. 5 et mai 2008. 4
- Combeau (P.) (dir.), *Les contrôles de l'État sur les collectivités territoriales*, L'Harmattan, 2007
- Colloque « Contrôle de légalité : état des lieux », *RLCT* 2009. 1411 s.
- Chrétien (P.), Ferreira (N.) et Janicot (L.) (dir.), *L'État dans ses relations avec les collectivités territoriales*, Lextenso-Lejep 2011, études I. Muller Quoy p. 121 et N. Ferreira p. 129
- Delcros (X.), « Le contrôle des actes des autorités communales, départementales et régionales », *Rapport public du Conseil d'État* 1987, n° 38 p. 23
- Diallo (I.), « L'avenir du déféré préfectoral en droit public français », *AJDA* 2005. 2438
- Douence (J.-C.), « Contrôle de la légalité des actes des collectivités locales », *Rép. Cont. adm.* ; « Contrôle de la légalité et contentieux de l'annulation. Réformisme législatif et fixisme jurisprudentiel », *in Mélanges Auby*, Dalloz, 1992, p. 71 ; « Le fondement constitutionnel du déféré préfectoral », *RFDA* 1997. 1198
- Dreifuss (M.), « Vers une meilleure effectivité du contrôle des contrats des collectivités locales », *RD publ.* 1999. 829
- Favro (K.), « Le contrôle de légalité... Bilan et perspectives », *LPA* 9 janv. 2003
- Faure (B.), « Faut-il garder le mot « tutelle » en droit administratif français ? », *AJDA* 2008. 113
- Fischer (B.), « La réforme du contrôle de légalité et l'acte II de la décentralisation », *AJDA* 2007. 1793
- Gaudemet (Y.), « Les communes hors la loi ? », *LPA* 2001. 95
- Gérard (P.), « Décentralisation : le déféré délaissé », *Dr. adm.* 1992, n° 11, p. 1
- Hélin (J.-C.), « La régulation administrative du contrôle de légalité et le droit », *RFDA* 1987. 765 ; « Les contrôles sont-ils efficaces ? », *Pouvoirs* 1992, n° 60, p. 115 ; « La décentralisation saisie par le juge ? », *LPA* 1er août 1997 ; « Le contrôle des actes locaux en France », *AJDA 1999. 767*
- Janicot (L.), « La tutelle de l'État sur les collectivités territoriales trente ans après », *AJDA* 2012. 753
- Koubi (G.), « Acte exécutoire et actes des autorités locales », *RD publ.* 1990. 1493
- Lachaume (J.-F.), « Remarques sur le contrôle *a posteriori* de la légalité des actes des autorités locales décentralisées », *RFDA* 1985. 529
- Landrieu (B.), « L'avenir du contrôle de légalité », *JCP Adm.* 2003. 1555
- Maillot (J.-M.), « La responsabilité de l'État en matière de contrôle de légalité », *BJCL* 2013. 492
- Melleray (G.), « La suppression des tutelles ? », *in* F. Moderne (dir.), *La nouvelle décentralisation*, Sirey, 1983, p. 211
- Ministre délégué aux Collectivités territoriales, *Modernisation du contrôle de légalité*, Circ. 17 janv. 2006
- Moreau (J.), « Bilan jurisprudentiel du contrôle administratif de légalité des actes locaux », *AJDA* avr. 1992. n° spéc. 55

- NGAMAKITA, « Réflexion sur quelques aspects juridiques du déféré préfectoral : l'abstention préfectorale », *LPA* 11 déc. 1992
- PONTIER (J.-M.), « Les transmutations du contrôle sur les collectivités territoriales », *JCP Adm.* 2012, n° 2348
- POUJADE (B.), « Filtrer le moustique et laisser passer le chameau : le contrôle de légalité aujourd'hui ? », *BJCL* 2013. 720
- REGOURD (S.), « La prétendue suppression de la tutelle », *Rev. adm.* 1982. 613
- SEILLER (B.), « La contestation du refus d'exercer le déféré préfectoral », *RD publ.* 1992. 1149
- TERNEYRE (P.), « Le contrôle de légalité des marchés publics locaux », *LPA* 29 févr. 1991
- VERPEAUX (M.), « Constitution, déféré et recours pour excès de pouvoir », *in Mélanges Moreau*, Economica, 2003, p. 469
- WALINE (J.), « À propos de la tutelle sur les collectivités territoriales », *in Mélanges Lachaume*, Dalloz, 2007, p. 1095

II. – S'agissant du contrôle budgétaire sur les collectivités décentralisées

- AMOUDRY (J.-P.) et OUDIN (J.), « Chambres régionales des comptes et élus locaux : un dialogue », *Rapports du Sénat 1997-1998*, n° 520
- BARILARI (A.), « Les contrôles financiers comptables administratifs et juridictionnels des finances publiques », LGDJ 2003
- BOYER (B.) et DE CASTELNAU (R.), *Portait des Chambres régionales des comptes*, LGDJ, 1997
- BROLLES (R.) et STRAUB (B.), *Budget des communes. Gestion et comptabilité*, Berger-Levrault, 2011
- CHABANOL (D.), « Les Chambres régionales des comptes un autre juge de la légalité ? », *RFFP* 2004, n° 85, p. 51
- CRUCIS (H.-M.), « Budget des collectivités territoriales », *J.-Cl. Coll. terr.* fasc. 139 ; *Droit des contrôles financiers des collectivités territoriales*, Le Moniteur, 1998
- DAMAREY (S.), *Le juge administratif, juge financier*, Dalloz, 2001
- DOUAT (E.), *Les Chambres régionales des comptes*, thèse Bordeaux (dactyl.), 1991
- DOUAY (D.), *Les chambres régionales des comptes*, Agorel, 1995
- HASTINGS MARCHADIER (A.), *La performance des contrôles de l'État sur les collectivités locales*, LGDJ, Lextenso 2011
- KLOPPER (M.), *Gestion financière des collectivités locales*, Le Moniteur, 2001
- LAMARQUE (D.) et MILLER (G.), « Les chambres régionales des comptes et la fiabilité des comptes locaux », *AJDA* 2003. 1708 ; « L'impact des technologies de l'information sur les contrôles des juridictions financières », *AJDA* 2004. 767
- LANDBEK (A.), *Les principes budgétaires locaux*, PUAM, 2001
- LANDE (E.), « Le système d'information des communes permet-il de mesurer le risque financier ? », *Rev. Trésor* 2003. 106
- LE FOLL (J.), « Les Chambres régionales des comptes », *J.-Cl. Adm.* fasc. 1215 ; « Contrôle des budgets locaux par les chambres régionales des comptes », *J.-Cl. Adm.* fasc. 1260
- LEVALLOIS (B.), « L'évolution du contrôle financier des administrations locales », *RFFP* 2002, n° 79, p. 111
- MAGNET (J.), *La Cour des comptes, les institutions associées et les Chambres régionales des comptes*, Berger-Levrault, 1996
- MOUZET (P.), « Le contrôle budgétaire des collectivités locales dans la jurisprudence », *Rev. Trésor* 2002. 533 ; « Le Conseil d'État et le contrôle budgétaire des collectivités territoriales », *RFDA* 2003. 741

- MUZELLEC (R.), « Le droit financier local précurseur du droit financier national », *in Mélanges Moreau*, Economica-PUAM, 2002, p. 325
- ORSONI (G.) et PICHON (A.) (dir.), *Les chambres régionales et territoriales des comptes : XXe anniversaire*, LGDJ, 2004
- PIOLÉ (G.), *Les Chambres régionales des comptes*, LGDJ, 2e éd., 2007
- RAYNAUD (J.), *Les Chambres régionales des comptes*, PUF, coll. « Que sais-je ? », 1992 ; *Les contrôles des chambres régionales des comptes*, Sorman, 1995
- RIGOU (M.), *Les chambres régionales des comptes*, Litec, 2002
- SAÏDJ (L.), « Principes applicables au budget communal », *Rép. Coll. locales* fasc. 7030-1 s. ; « Contrôle du budget », *Rép. Coll. locales* fasc. 7135-1 ; « La loi organique du 1er août 2001 sur les lois de finances : quels enseignements pour les collectivités locales ? » *RFFP* 2004, n° 85, p. 39
- WATHELET (J.-C.), *Budget, comptabilité et contrôle externe des collectivités territoriales*, L'Harmattan, 2000

CHAPITRE 2

SANCTION PAR LA RESPONSABILITÉ

852 ***Présentation générale*** ◊ Toute personne juridique pouvant être amenée à répondre de ses comportements, il n'y a rien d'anormal à ce que la violation d'une règle de droit ou la commission d'un dommage par une collectivité décentralisée ou ses élus réclame l'intervention du juge. C'est même par cette intervention que le respect de la loi et la recherche d'une bonne administration trouvent leur efficacité pratique.

Mais, à mesure que les compétences décentralisées se sont accrues, à mesure que la vie publique a œuvré à sa moralisation, la responsabilité qui pèse sur les collectivités et leurs élus a évolué dans le sens de son extension et de son renforcement. Il n'est pas d'aspect de la responsabilité (civil, administratif, pénal et, dans certains cas, disciplinaire) qui ne s'étende pas aux acteurs locaux. En peu de temps, *le droit de la responsabilité est devenu une pièce essentielle du contrôle de l'action publique locale.*

Le règne du droit sur l'administration décentralisée paraît aujourd'hui particulièrement assuré par la menace du procès pénal. La crainte qu'il inspire doit retenir les élus qui seraient tentés par un comportement désinvolte ou imprudent. Le consensus se fait au sein de la société en faveur d'un contrôle enfin effectif sur les actions politique, administrative et économique. Et, les individus ou leurs groupements investis d'un nombre croissant de garanties et de droits se présentent en victime d'une administration dont ils n'attendent plus seulement la réparation pécuniaire, mais aussi la condamnation de la faute, le procès pénal offrant l'occasion d'une sanction personnelle et publique. C'est le prix lourd que les élus locaux doivent payer aux métamorphoses de notre système politique et social.

Mention spéciale doit être faite de la *soumission au droit pénal des personnes publiques décentralisées.* Si le phénomène n'avait rien d'inconnu à l'égard des élus, personnes physiques, il tend désormais à installer plus complètement la sanction pénale au cœur de l'activité administrative, le droit pénal devant être regardé comme une extension normale de toute l'action publique. Sans doute, le résultat veut marquer un progrès supplémentaire de l'État de droit face aux désordres de la vie locale. Mais, il s'est imposé non sans saper certains fondements élémentaires du droit public : la collectivité territoriale s'en trouve désacralisée en ce qu'elle y perd son privilège de juridiction attaché à sa qualité d'administration publique. Surtout, tout se passe comme si elle voyait sa responsabilité non plus seulement engagée envers une victime mais envers la société tout entière. À cet égard, on a pu soutenir que la responsabilité pénale des collectivités territoriales prenait les traits d'une nouvelle « tutelle répressive » (S. Gartner, 1994) que l'État exerce sur elles.

853 ***Fondements théorique et positif de la responsabilité locale*** ◊ À la base du principe de responsabilité s'imposant aux collectivités et à leurs élus il y a la considération morale de justice qui postule que toute personne est tenu à la réparation des fautes qu'elle a commises et des conséquences dommageables qu'elles ont eues pour autrui. C'est là un fondement premier, résidant dans l'effet « restitutif » commun à tout système de responsabilité, mais qui n'explique pas tout le droit de la responsabilité publique locale.

S'agissant de la détermination de la règle de droit, et de sa nature, établissant la responsabilité de la puissance publique locale, il faut sans doute s'en remettre à la considération que la matière n'échappe pas au caractère jurisprudentiel qui domine le droit administratif. On doit ainsi au travail du juge la détermination des principaux traits qui caractérise le régime de la responsabilité des acteurs publics (identification de la faute détachable du service, hypothèses de la responsabilité sans faute...). Cependant, les interventions du législateur ne sont pas rares et tendent même à se développer pour fixer dans le sens de l'élargissement les cas dans lesquels les acteurs locaux se rendent responsables.

La matière relève ainsi constitutionnellement du législateur, l'article 34 de la Constitution réservant son intervention pour définir les principes fondamentaux du régime des « obligations civiles » – la responsabilité administrative ayant la nature d'une responsabilité civile – ainsi que la détermination des crimes et délits (Cons. const. 24 août 1980, *Rec. Cons. const.* 68 ; *RD publ.* 1981. 626, chron. L. Favoreu).

854 ***Fonctions juridiques de la responsabilité locale*** ◊ Il est impossible de s'en tenir au *fondement restitutif* de la responsabilité. On sait bien qu'il existe une politique juridique de la responsabilité qui est envisagée comme un instrument dans les mains du législateur ou du juge. Au-delà de sa visée réparatrice immédiate, la responsabilité remplit diverses fonctions. Elle exerce une *fonction sanctionnatoire* dans la mesure où l'obligation de réparer peut être considérée comme une sanction qui incite à ne pas adopter une conduite illicite : « La crainte du juge est le commencement de la sagesse » (J. Rivero, 1964). De ce fait, la sanction juridictionnelle agira *préventivement* à l'égard des autorités locales dont l'intérêt consistera à demeurer dans les limites de l'ordre administratif régulier.

Elle peut également remplir une *fonction assurancielle*, les collectivités se voyant imposer le rôle d'assureur contre les risques ou les dommages liés à leurs activités. C'est précisément pour éviter aux élus d'endosser cette charge que la loi du 10 juillet 2000 restreint leur responsabilité pénale de

« toute faute » de négligence à seulement « certaines fautes », ce qui n'implique plus la même garantie de leur part.

Au regard de l'ensemble de ces considérations, les régimes de responsabilité des collectivités territoriales et de leurs élus ne sauraient être présentés comme formant une branche spécifique de la responsabilité administrative. Sans doute, la compétence législative pour l'organiser s'y trouve-t-elle étendue par l'effet du principe de libre administration qui régit tous les aspects du droit des collectivités territoriales. Néanmoins, il n'y a rien de suffisamment original dans les fondements ou les fonctions qui autorise à identifier une situation juridique particulière que le droit administratif général n'appréhenderait pas.

855 ***Plan*** ◊ L'étude du régime de responsabilité de la puissance publique locale pose le premier problème du titulaire de la responsabilité à déterminer entre la collectivité territoriale, personne morale (Section 2), et l'élu agissant sous son couvert et à qui est concrètement imputable le dommage lié à l'action administrative (Section 1). La question mérite une attention particulière en matière pénale avec la relativement récente possibilité d'engager la responsabilité pénale de la collectivité elle-même.

SECTION 1. LES CAS DE RESPONSABILITÉ DES ÉLUS LOCAUX

856 La responsabilité des élus locaux peut revêtir divers aspects : disciplinaire, civile, financière et pénale.

§ 1. Responsabilité disciplinaire

857 C'est la plus difficile à admettre dans la mesure où l'élu n'est pas un préposé. Démocratiquement désigné, il ne relève pas d'un chef hiérarchique à même de lui infliger des mesures disciplinaires pour ne pas avoir obtempéré à ses instructions.

858 ***« Tutelle disciplinaire »*** ◊ Bien que soustrait à toute hiérarchie supérieure, le conseiller élu peut faire l'objet de sanctions parfois étudiées au titre d'une « tutelle disciplinaire » exercée par l'État sur l'activité de ces acteurs locaux. C'est l'exemple du conseiller déclaré démissionnaire d'office pour avoir refusé, sans excuse valable, de remplir une des fonctions qui lui sont dévolues par la loi (v. ss 95). Le manque d'assiduité du conseiller élu à suivre les réunions de l'assemblée délibérante n'est plus de nature à justifier une sanction de cet ordre (art. 21 et 58 L. 2 mars 1982).

859 ***Compétences déconcentrées*** ◊ Par ailleurs, doivent être considérées les fautes dans une activité exercée au nom de l'État. En tant qu'agents déconcentrés de l'État, le maire et ses adjoints sont placés sous le contrôle hiérarchique du préfet [1].

§ 2. Responsabilité civile

860 ***Application de la distinction faute personnelle-faute de service*** ◊ Les élus locaux peuvent se rendre responsables civilement, c'est-à-dire être dans l'obligation de réparer pécuniairement le préjudice qu'ils causent par leur faute, notamment aux administrés. Mais, dans la mesure où il y a disproportion entre le patrimoine personnel de l'élu et les dommages dont celui-ci peut être responsable, il est normal que cette collectivité endosse seule la responsabilité de l'élu en l'exonérant de toute réparation. Au demeurant, celui-ci n'est censé agir qu'au profit de sa collectivité dont il est le bénévole indemnisé.

Il en va autrement dans l'hypothèse où la faute de l'élu est caractérisée par la gravité exceptionnelle ou le motif personnel auquel celui-ci a obéi. La faute pénale constitue le type même de faute personnelle. La faute est alors réputée détachable du service et ne saurait engager que la responsabilité de l'élu envers la victime et ceci, devant les tribunaux judiciaires (T. confl. 8 nov. 1902, *Grosson*, *Lebon* 645, s'agissant d'une faute personnelle du maire interdisant l'accès de l'abattoir à son adversaire politique par « animosité personnelle »).

Ces principes d'imputation de la responsabilité sont ceux qui gouvernent le droit commun de la responsabilité administrative, l'élu local étant ici regardé comme un agent public, sans qu'aucune disposition législative ne vienne, sur ce plan, renforcer sa responsabilité (CE 26 juill. 1918, *Lemonnier*, *l* 761, concl. L. Blum ; *S.* 1918. III. 41, concl. et note M. Hauriou ; *RD publ.* 1919. 41, concl. et note G. Jèze, s'agissant de la condamnation d'une commune à réparer le dommage subi par une personne participant à une fête foraine atteinte d'une balle en provenance d'un tir et imputable à la faute personnelle du maire omettant de prendre les mesures de sécurité adéquates).

À noter le cas particulier où la responsabilité du maire, officier d'état civil, doit être engagée devant le juge judiciaire, celui-ci faisant, nonobstant, application des principes issus du droit public (Civ. 1re, 6 févr. 2007, *de Panafieu*, *AJDA* 2008. 530, note A. Van Lang ; *JCP Adm.* 2007. 2131, note O. Bernard-Payen, application du principe de la faute de service à l'égard du maire refusant de manière « manifestement illicite » de célébrer un mariage).

---

1. V. CE Sect. 11 juin 1982, *Berjon*, *Lebon* 221, concl. B. Genevois ; *AJDA* 1983. 42, concl., s'agissant de la délivrance de permis de construire pour lesquels le maire est « placé sous le contrôle hiérarchique du préfet ». V. aussi CE 7 mai 1986, n° 59847, *Kindermans*. CE Sect. 16 nov. 1992, *Ville Paris*, *Lebon* 406 ; *AJDA* 1993. 54, concl. H. Legal.

361 ***Déclin de la faute personnelle*** ◊ L'évolution laisse constater que la responsabilité civile de l'élu local est rarement mise en œuvre en raison de la volonté de le garantir des excès de la réprobation publique. En ce sens, deux facteurs se conjuguent :

1. Le caractère extensif de la faute de service. La responsabilité pour faute de service prend sa source dans le fait de l'homme. Mais, il se trouve que celui-ci tend à être ignoré de la discussion juridique qui remonte fictivement à l'administration anonyme mieux à même de réparer les victimes. Sa responsabilité individuelle est « absorbée » par la responsabilité administrative. Concrètement, il n'y a guère que la faute commise en dehors de ses fonctions, et sans lien avec le service, dont la collectivité ne saurait répondre. Dans cette mesure, la faute de service donne une traduction pratique à la responsabilité administrative qui prend l'aspect d'une « responsabilité sociale », d'un système automatique de garantie.

2. La faute personnelle non dépourvue de tout lien avec le service. Certaines fautes de l'élu, détachables de ses fonctions et constituant en cela des fautes personnelles, apparaîtront non dépourvues de tout lien avec le service dès lors qu'elles ont été accomplies dans le cadre du service, avec ses moyens, sur son lieu, ou pendant le temps du service. La jurisprudence réserve au traitement de cette situation le système du cumul de responsabilités particulièrement favorable aux victimes. Celles-ci pourront engager tant la responsabilité de l'élu fautif devant le juge judiciaire, que celle de la collectivité publique garante d'une meilleure solvabilité devant le juge administratif. La notion de faute personnelle non dépourvue de tout lien avec le service se veut donc utilitaire, sa fonction consistant à autoriser l'extension de la responsabilité administrative des personnes publiques. À l'égard de son élu qui est le véritable responsable, la collectivité publique condamnée à réparer disposera néanmoins d'une action récursoire. Il s'agit d'une action en justice propre à déterminer le patrimoine qui devra définitivement supporter la charge de la réparation [1].

Mais, cette action n'est pas d'usage fréquent. Elle est, en effet, ressentie comme une sanction dont la mise en œuvre suscite de nombreuses réticences en raison de ses répercussions politiques. Cela revient alors à faire supporter l'indemnisation de préjudices pouvant résulter d'infractions pénales imputables à des individus par les finances publiques.

Pour illustrations d'une faute personnelle non dépourvue de tout lien avec le service : Lyon, 7e Ch. civile, 20 sept. 2001, *Association interdépartementale pour la protection du lac de Sainte-Croix c. Y. Charles et X. Jean*, s'agissant de la décision d'un maire d'engager des travaux d'élargissement

---

1. Sur le jeu des actions récursoires : CE Ass. 12 avr. 2002, *Papon*, *Lebon* 139, concl. S. Boissard ; *RFDA* 2002. 582, concl. ; *AJDA* 2002. 423, chron. M. Guyomar et P. Collin ; *LPA* 28 mai 2002, concl. et note E. Aubin ; *D.* 2003. 647, note P. Delmas Saint-Hilaire ; *JCP* 2002. II. 10161, note C. Moniolle ; *Gaz. Pal.* 28-30 juill. 2002. 27, note J. Petit ; *RD publ.* 2002. 1511, note M. Degoffe et 1531, note C.-M. Alvès ; *RD publ.* 2003. 470, note Ch. Guettier ; *RFDC* 2003. 513, comm. M. Verpeaux.

d'une piste d'accès à une plage en bordure d'un lac et de créer une aire de stationnement en violation « de la loi et de l'ordre public environnemental », décision toutefois prise « dans le cadre de ses attributions ». CE 2 mars 2007, *Sté Banque française commerciale de l'Océan Indien*, *AJDA* 2007. 503, obs. F. Aubert ; *RLCT* juill. 2007. 12, note F. Lemaire et juin 2007. 23, obs. E. Glaser : s'agissant du dommage causé à la société requérante à la suite de fausses attestations délivrées par le maire dans l'exercice de ses fonctions.

§ 3. Responsabilité financière

862 ***Justiciabilité des élus à la Cour de discipline budgétaire et financière*** ◊ La Cour de discipline budgétaire et financière est une juridiction administrative spécialisée [1] ayant compétence exclusive à l'égard des ordonnateurs de dépenses publiques pour les irrégularités budgétaires commises par eux. Son institution est une des conséquences du principe de séparation entre les comptables et les ordonnateurs, ces derniers ne pouvant relever - hormis comptabilité de fait - de la juridiction de la Cour des comptes [2].

Depuis sa création par la loi du 25 septembre 1948, la Cour de discipline budgétaire et financière a régulièrement étendu son champ de compétence. Mais, ce n'est que tardivement que le Parlement - dont on sait bien qu'il est largement composé d'élus locaux - a accepté d'entrouvrir la possibilité d'engager la responsabilité de l'ordonnateur - élu devant la Cour en dépit d'efforts réitérés de la part de gouvernements successifs (art. 78 L. n° 93-122, 29 janv. 1993). Il demeurait tout de même paradoxal d'admettre la responsabilité financière d'un simple chef de service, alors que l'élu sous le commandement duquel il était placé devait s'y soustraire au motif allégué que sa responsabilité politique devant ses électeurs devait rester exclusive de toute autre. Ils sont désormais passibles d'amendes susceptibles d'atteindre le montant annuel brut de leur indemnité de fonction.

Sont aujourd'hui justiciables de cette juridiction les présidents des conseils régionaux et généraux, les maires, ainsi que les vice-présidents, adjoints et les simples conseillers dans leurs responsabilités de décideurs publics pour la collectivité dont ils sont les élus (CJF, art. L. 312-1 et L. 312-2 modifiés). Il reste qu'en pratique, les élus locaux sont rarement mis aux prises avec la Cour dont la compétence a été suffisamment encadrée pour éviter qu'elle ne s'exerce en contrôle des choix politiques.

---

1. V. sur la constatation selon laquelle la CDBF constitue un « ordre de juridiction » au sens de l'art. 34 Const. et ses effets sur les règles de compétence pour l'organiser : Cons. const. 3 mars 2005, n° 05-198 DC, *Rec. Cons. const.* 47 ; *LPA* 24 mars 2005. 7, note J.-E. Schoettl ; *AJDA* 2005. 1672, étude M. Lascombe et X. Vandendriessche.

2. Sur la responsabilité financière de l'élu devant la Chambre régionale des comptes au titre de la comptabilité de fait, v. ss 841, 1.

Pour une des rares applications qui ne pouvait faire de doute : v. CDBF 20 déc. 2001,*Janky c. Région Guadeloupe*, *AJDA* 2003. 1224, chron. N. Groper, s'agissant de la condamnation du président du conseil régional pour refus d'exécution d'une décision de justice condamnant la région au paiement d'une astreinte. Voir également le cas où se trouve justiciable de la CDBF l'élu dirigeant d'une société d'économie mixte locale, ordonnateur de la société, sa responsabilité pouvant être recherchée sur le fondement du non-respect des règles de la commande publique : CDBF 25 mars 2010, *Sté immobilière d'économie mixte ville Paris*, *JCP Adm.* 2011. 2188, note S.Brameret. Sur la difficulté de mettre en œuvre la responsabilité financière des élus locaux en dépit d'irrégularités constatées : CDBF 30 juin 2006, *SIVOM région Etaples-sur-Mer*, *AJDA* 2006. 2445, chron. N. Groper et C. Michaut.

63 ***Impartialité de la Cour de discipline budgétaire et financière*** ◊ Un certain nombre d'interrogations critiques ont plané sur l'impartialité de la CDBF en raison de sa proximité avec la Cour des comptes et ceci, d'autant mieux qu'elle ne saurait échapper aux effets de l'article 6 § 1 de la Convention européenne des droits de l'homme en ce qu'elle statue sur des « accusations en matière pénale » (CE Sect. 30 oct. 1998, *Lorenzi, Rec.*, p. 374).

1. Son *impartialité organique* est en jeu en raison de sa « consanguinité » (M. Guyomar, 2003) qui l'unit à la Cour des comptes : composition pour moitié des membres de la Cour des comptes - dont le président - (CJF, art. L. 311-2) ; fonctions du ministère public remplies par le procureur général près de la Cour des comptes (CJF, art. L. 311-3) ; secrétariat assuré par les services de la Cours des comptes (CJF, art. L. 311-7) qui fournit également son siège à la CDBF. L'impartialité organique voudrait que les deux juridictions ne puissent connaître de la même affaire. Mais, jamais la jurisprudence n'a entendu s'en remettre à ce critère pour évaluer l'impartialité de la Cour.

2. En revanche, son *manque d'impartialité objective a été sanctionné.* Alors que l'impartialité subjective est évaluée au regard de l'homme et de son comportement en tant que juge, l'impartialité objective tient aux fonctions que celui-ci exerce. Or, une affaire tranchée par la CDBF doit être considérée comme ayant été préjugée lorsque, au sein de sa formation de jugement, on doit constater la présence de magistrats de la Cour des comptes s'étant préalablement prononcés sur cette affaire au titre de son rapport annuel de gestion ou au titre de son contrôle de gestion. Le cumul de fonctions juridictionnelle et administrative, ou seulement juridictionnelle, révèle l'existence d'un préjugement à la double condition que l'affaire évoquée dans les deux cas soit la même et que le juge, dans l'exercice de sa première fonction, ait manifesté un parti pris personnel, notamment en se prononçant dans le sens de l'irrégularité du comportement incriminé [1].

1. CE Ass. 4 juill. 2003, *Dubreuil, Lebon* 313 ; *RFDA* 2003. 713, concl. M. Guyomar ; *AJDA* 2003. 1596, chron. F. Donnat et D. Casas ; *Rev. Trésor* 2004. 142, concl. et note M. Lascombre et X. Vandendriessche ; *Dr. adm.* août-sept. 2003. 32, note M.G., s'agissant du directeur des services d'un office public intercommunal d'HLM condamné pour avoir engagé et mandaté des dépenses au-delà des crédits ouverts et pour avoir accordé irrégulièrement des compléments de rémunération au personnel de l'office. V. que la CDBF s'affirme comme une « juridiction distincte » de la Cour des comptes : CDBF 24 févr. 2006, *Altus France* (2e esp.), *AJDA* 2006. 1249, chron. N. Groper et C. Michaut.

864 ***Autonomie de la sanction financière*** ◊ En dépit des apparences et s'il faut naturellement ranger la CDBF parmi les juridictions répressives, les sanctions qu'elle inflige ne possèdent, pour autant, pas la nature de sanction disciplinaire ou professionnelle, ni de sanction pénale. Il en va de la volonté du législateur qui les assimile aux amendes pour gestion de fait, lesquelles possèdent *une nature sui generis* (CJA, art. L. 313-14). Deux conséquences sont attachées à cette solution :

- toutes ces sanctions sont cumulables, la règle *non bis in idem* n'ayant pas, de ce fait, vocation à s'appliquer. Le juge financier n'est donc pas tenu de s'effacer devant le juge pénal ou l'autorité disciplinaire et peut poursuivre à raison des mêmes faits (CE 15 nov. 2006, n° 253904, *Guy-Marie A.*) [1] ;
- en revanche, les trois sanctions infligées pour gestion de fait d'abord, par la CDBF ensuite, et par condamnation pénale pour usurpation de fonction publique enfin, poursuivent le même objectif et ne sauraient s'additionner. Le premier juge saisi sanctionnera, le second y renoncera (C. comptes, 4e ch., 23 juin 2005, *Cne Lamagistère, AJDA* 2005. 2391, chron. N. Groper et E. Giannesini) ;
- ajoutons que les sanctions particulières prononcées par la CDBF échappent au champ d'application de la loi d'amnistie qui ne les mentionne pas expressément (pour le rappel d'une solution constante : CDBF, 1re sect., 24 févr. 2004, *Centre hospitalier spécialisé Paul-Guiraud de Villejuif, AJDA* 2006. 1255, chron. N. Groper et Ch. Michaut).

§ 4. Responsabilité pénale [2]

865 ***Considérations générales*** ◊ Les élus locaux peuvent être responsables pénalement, c'est-à-dire avoir à répondre personnellement de leurs infractions pénales commises à l'occasion de leurs fonctions ou en dehors d'elles. Aujourd'hui, aucune considération ne conduit à l'organisation particulière de la responsabilité pénale de l'élu local qui est recherchée et engagée comme celle d'un simple particulier. Il est sanctionné par des peines infligées par le juge répressif ordinaire.

Les maires, adjoints et conseillers municipaux ont pu bénéficier d'un privilège de juridiction censé les protéger des poursuites abusives pour des crimes ou délits commis dans l'exercice de leurs fonctions. Ainsi, la chambre d'accusation chargée de l'instruction était désignée par la Chambre criminelle de la Cour de cassation (C. pr. pén., art. 681 s., issu de L. 18 juill. 1974). Les récentes réformes de la procédure pénale ont mis fin à ce privilège (art. 102 de la loi du 4 janv. 1993).

De façon générale, *les élus ne forment pas une catégorie spécifique de justiciables au regard de la loi pénale*. C'est délibérément que les lois sur la définition des délits non intentionnels, ont effacé toute référence particulière

1. V. ég. CDBF 24 févr. 2006, *Altus France* (2e esp.), préc.
2. V. biblio. v. ss 883, 1.

aux élus locaux. Il en allait tout autant de l'opportunité de ne pas heurter la confiance placée par l'opinion publique dans la justice – s'agissant de lois plus douces – que du respect du principe juridique d'égalité entre les justiciables [1].

À l'égard des infractions intentionnelles, la loi pénale s'adresse à toute « personne dépositaire de l'autorité publique » ou « chargée d'une mission de service public » ou encore investie d'un « mandat électif public », ce qui dépasse de loin le cas des élus locaux. Ceux-ci ne sont visés ni directement, ni exclusivement par elle.

Mais, cet élément formel ne doit pas dissimuler que l'élu local et les responsabilités publiques inhérentes à son mandat fournissent au législateur pénal une part déterminante de sa réflexion et de ses solutions. Et, le processus actuel de développement des infractions, notamment dans le domaine de la commande publique, de la protection de l'environnement ou du droit électoral, n'est que la contrepartie directe du processus de décentralisation des responsabilités publiques lui-même.

C'est pourquoi dans une France décentralisée où l'administration publique est la chose de tous les citoyens, il n'est pas difficile d'expliquer pourquoi le parlement a entendu établir le principe d'une « protection » financière au profit de l'exécutif de la collectivité poursuivi au pénal du fait de ses fautes. S'il était à peu près impossible de ne pas prévoir une telle protection, comme c'est le cas de longue date pour les fonctionnaires, il a néanmoins fallu renverser en partie l'état du droit jurisprudentiel pour la décider (CE Ass. 1er juill. 1932, Sieur Lallemand, *Rec.* p. 655, jugeant que les coûts d'une instance en diffamation intentée par un maire contre le directeur d'un journal local l'accusant de s'être réservé l'usage d'un véhicule de la ville n'avait pas le caractère de dépense d'intérêt local). Cette protection est désormais instituée par la loi n° 2000-647 du 10 juill. 2000 et codifiée au CGCT, art. L. 2123-34, L. 3123-28 et L. 4135-28) [2].

Une tendance s'affirme dans le sens de l'augmentation des poursuites pénales des élus locaux de moins de 100 à plus de 150 par an sous la mandature 2008-2014, le taux de condamnation effective avoisinant les 60 % (Voir rapport annuel de l'Observatoire SMALL des risques de la vie territoriale). Cela fait un taux de poursuite inférieur à 20 % des élus exerçant un mandat local touchant pour 80 % les élus communaux. La progression des délits d'atteinte à l'honneur (diffamation, injure, dénonciation calomnieuse), dans une société exposée aux médias, paraît expliquer ce résultat, en partie toutefois.

---

1. V. toutefois, la rédaction de l'art. L. 2123-34 CGCT issu de l'art. 10 L. n° 00-647, 10 juill. 2000 (v. ss 873).

2. La faute poursuivie pour laquelle le membre de l'exécutif local peut prétendre à obtenir la protection financière de sa collectivité ne doit toutefois pas être détachable de ses fonctions. Sur le champ d'application de cette protection soulevant en grand nombre les difficultés d'application, v. B. Nuret, « Protection fonctionnelle des élus locaux et protection statutaire des agents : spécificités et convergences », *RFDA* 2013. 271.

Une évolution est à l'œuvre que les circonstances politiques ont rendu nécessaire. Le redoublement des efforts en faveur de la moralisation de l'exercice de la démocratie nationale et locale a paru justifier l'émergence d'un droit repressif spécial qui a ses propres justiciables (les acteurs publics de manière indifférenciée), ses propres incriminations et son propre juge, la *Haute autorité pour la transparence de la vie publique*, identifiée comme autorité administrative indépendante derrière laquelle se cache une justice d'exception. La loi n° 2013-907 du 11 octobre 2013 relative à la transparence de la vie publique va dans ce sens pour tenter de remettre mieux en accord les pratiques de la classe politique avec les valeurs dominantes, accord indispensable à surmonter le handicap que représente le défaut de soutien de l'opinion publique à son égard. Un cercle élargi d'élus locaux correspondant aux collectivités et établissements publics de coopération intercommunale de taille suffisante y sont assujétis par deux types de déclaration à honorer en début de mandat. La *déclaration d'intérêts* les soumet à l'obligation de révéler toute activité professionnelle et toute participation aux instances dirigeantes d'un organisme public ou privé de façon à faire apparaître toute situation de « conflit d'intérêts au sens de la loi » (art. 2) – qui est plus large et moins déterminé qu'au sens de l'article 432-13 du C. pén. La première *déclaration de situation patrimoniale* recense l'ensemble de leurs biens mobiliers et immobiliers ; une seconde déclaration en fin de mandat étant de nature à révéler les situations d'enrichissement. La *Haute autorité pour la transparence de la vie publique*, créée pour les besoins de la cause, gère les déclarations et les rend publiques sous certaines réserves. Elle dispose d'importants pouvoirs d'injonction et de sanction, pour les cas de déclarations incomplètes ou mensongères, pouvant s'accompagner de la privation des droits civiques et d'exercer une fonction publique. La Haute autorité peut, en outre, saisir le Parquet dans l'hypothèse d'infractions pénales constituées [1].

On a vu que c'était dans le cadre du régime des incompatibilités en droit électoral qu'avait jusqu'alors été envisagée la réponse à la présente préoccupation (v. ss 72 s.).

866 ***Dualité des fautes pénales*** ◊ L'étude de la responsabilité pénale des élus locaux doit être faite à partir des deux catégories de fautes morales qu'identifie le droit pénal général. D'une part, *la faute intentionnelle* qui procède de la conscience et de la volonté délibérée d'accomplir un acte prohibé. D'autre part, *la faute non intentionnelle* d'imprudence ou de négligence commise par celui qui n'a pas pris toutes les précautions nécessaires à éviter un dommage. La norme sociale est délibérément transgressée par la faute intentionnelle ; elle est victime de l'insouciance de l'auteur d'une

1. P. Villeneuve, « Transparence de la vie publique et prévention des conflits d'intérêts, *JCP Adm.* 2014, n° 2017 et n° 2113 ; O. Biu Xuan, « La moralisation de la vie politique », *DA* 2014, n° 1, p. 10. Sur la conformité à la Constitution de la réforme : M. Verpeaux, *JCP Adm.* 2014 n° 2018.

faute non intentionnelle qui se traduira plutôt comme une faute d'omission. Mais, il faut se garder d'établir toute espèce de hiérarchie morale entre les deux types de fautes. Apparemment moins blâmables, les délits d'imprudence peuvent se révéler d'une considérable gravité dans des domaines techniques comme le droit de l'environnement.

A. Les infractions intentionnelles spécifiques

367 Elles se caractérisent par cet élément psychologique consistant dans la résolution d'agir dans un sens contraire à la « *probité* », pour s'en tenir aux plus marquantes des nombreuses infractions sous le coup desquelles les élus locaux peuvent tomber. Les incriminations pour manquement à la probité trouvent leur place au sein du Livre quatrième, titre III du Code pénal référençant les « atteintes à l'autorité *de l'État* », alors que s'agissant des fraudes des élus locaux, ces infractions ne font d'autres victimes que la collectivité elle-même et ses contribuables. Suivant l'ordre du Code pénal, on envisagera successivement les délits de concussion, de corruption passive et de trafic d'influence, de prise illégale d'intérêt et de favoritisme. La pratique révèle cependant qu'il est difficile de séparer matériellement les divers cas d'infraction qui sont souvent commis ensemble.

Voir en outre sur la soustraction et le détournement de biens, C. pén., art. 432-15 et 16.

Voir sur les infractions ne relevant pas d'un manquement au devoir de probité : les abus d'autorité dirigés contre l'administration (C. pén., art. 432-1 s.) ou contre les particuliers (C. pén., art. 432-4 s.).

68 ***Concussion (C. pén., art. 432-10)*** ◊ Le concussionnaire exige ou ordonne la perception de sommes dont il sait qu'elles ne sont pas dues (droits, taxes, contributions, salaires et traitements). Il justifie également de cette incrimination en accordant une exonération indue. Dans les deux cas, il faudra établir la mauvaise foi du prévenu, ce qui élimine les cas d'erreurs non manifestes. Les peines s'élèvent à cinq ans d'emprisonnement et 75 000 euros d'amendes.

Pour la constitution du délit de concussion à propos de la perception de taxes indues : Crim. 30 juin 1999, n° 98-85.784, s'agissant du président du conseil général de la Charente-Maritime continuant à percevoir la taxe versée par les utilisateurs du pont de l'île de Ré sur le fondement d'un règlement tarifaire annulé par le juge administratif.

À propos de la perception indue d'un traitement : Crim. 14 févr. 1995, n° 94-80.797, s'agissant d'un maire qui, frappé par le cumul des mandats, avait fictivement délégué une partie de ses fonctions et la moitié de son indemnité à son adjoint, lequel lui reversait son indemnité. Le maire qui a volontairement exonéré l'acquéreur et l'occupant d'un terrain communal au paiement de son prix doit être regardé comme concussionnaire : Crim. 10 oct. 2012, *M. M. P. et T.*, *JCP Adm.* 2012, n° 2394, note R. Mesa.

Le décideur local frappé de concussion *n'est pas nécessairement un élu* mais, « tout dépositaire de l'autorité publique ou chargé d'une mission de service public » : Crim. 11 déc. 2002, n° 01-88.701, s'agissant du directeur d'un abattoir qui continuait à percevoir les taxes d'abattage alors qu'il aurait dû cesser son exploitation.

En revanche, le simple conseiller municipal n'est ni dépositaire de l'autorité publique, ni chargé de mission de service public au sens de l'article 431-10 C. pén. : Crim. 27 juin 2001, Bull. crim. n° 162.

869 ***Corruption passive et trafic d'influence (C. pén., art. 432-11)*** ◊ L'infraction est constituée dès l'instant où l'élu se sert des pouvoirs qu'il détient de sa fonction pour en retirer un avantage personnel. La corruption passive suppose que l'élu accepte, par faiblesse ou par intérêt, ce qu'on lui offre ou prend l'initiative de le réclamer (1). Le trafic d'influence implique un « concert frauduleux » selon les termes de la jurisprudence, à l'occasion duquel l'élu sollicite un avantage pour abuser de son influence en vue de faire obtenir à un tiers une décision favorable. Il fait fonction d'intermédiaire. Les peines, revues à la hausse, vont jusqu'à dix ans d'emprisonnement et 150 000 euros d'amende ainsi que cinq ans de privation automatique des droits civiques, donc d'éligibilité (art. 10 L. n° 95-65, 19 janv. 1995). La peine d'emprisonnement atteint le plafond des peines concevables en matière correctionnelle.

Les condamnations prononcées à ces deux titres sont loin d'être rares et la passation des marchés publics, en ce qu'elle sert à l'enrichissement des forces politiques, en constitue le domaine d'élection (2).

1. La distinction entre corruption passive et corruption active repose sur la considération que la corruption passive est commise par la personne exerçant l'autorité publique, alors que la corruption active est commise par un particulier. C'est pourquoi, ce délit se trouve intégré au sein du chapitre intitulé « Des atteintes à l'administration publique commise par les particuliers ». V. art. 433-2 C. pén. ; v. en outre sur la distinction : Crim. 11 juill. 1956, *Bull. crim.* n° 526 ; *JCP* 1956. II. 9540.

2. Il faut voir que l'application efficace de la loi pénale passe, non seulement par la sévérité des peines, mais aussi par l'interprétation extensive par les juges de la notion « d'avantage quelconque » susceptible d'être sollicité par le corrompu. S'y associent les avantages non matériels d'ordre social, moral ou intellectuel qui ne sont pas purement subjectifs.

870 ***Prise illégale d'intérêt (C. pén., art. 432-12)*** [1] ◊ L'infraction vise tout élu qui reçoit ou conserve un intérêt quelconque dans une entreprise dont il a la charge d'assurer la surveillance, l'administration, la liquidation ou le paiement (1). Ce qui fait la prise illégale d'intérêt c'est précisément la confusion entre intérêt public et privé (2). La punition peut s'élever à cinq ans d'emprisonnement et 75 000 euros d'amende (3).

---

1. S. Deliancourt, « Élus et prise illégale d'intérêt », *BJCL* 2009. 231.

1. Au demeurant peu délicate à établir, la prise d'intérêts doit s'avérer « illégale » selon la rédaction du nouveau Code pénal pour être condamnable. De ce fait, la loi a entendu légaliser certaines pratiques comme c'est le cas de la rémunération versée aux élus dirigeants des sociétés d'économie mixte locales ; à la condition que la rémunération ait été autorisée par délibération expresse de l'assemblée délibérante de la collectivité qui l'a désigné (L. n° 02-1, 2 janv. 2002).

Sur le respect de l'obligation de délibération expresse préalable : Crim. 4 avr. 2001, n° 00-84.381, *Didier, Synd. interco. adduction d'eau potable de Vélines, Cne Saint-Vivier*, l'approbation des comptes de la SEM ne pouvant être considérée comme satisfaisant à l'obligation légale, l'élu bénéficiaire doit être regardé comme coupable de prise illégale d'intérêt.

2. Est susceptible de voir sa responsabilité pénale engagée à ce titre, le conseiller élu *personnellement intéressé à l'affaire* (v. ss 146), surtout s'il agit en qualité de chef de l'exécutif local ce qui suggère une plus grande implication de sa part.

Par exemple, le marché attribué à son beau-frère par le maire, marché dont ce dernier avait assuré de lui-même le paiement pour le compte de la commune (Crim. 25 juin 2005, *René B.*, *JCP Adm.* 2005. 1347, obs. M. Véron). De nature à révéler la rigueur actuelle de la jurisprudence à l'égard d'un maire directeur d'une association municipale : CE 9 juill. 2003 n° 248344, *Caisse régionale de Crédit agricole mutuel Champagne-Bourgogne*, ou bien à l'égard d'un conseiller municipal participant, même sans vote, à la délibération du Conseil municipal portant sur une affaire dans laquelle il a un intérêt : Crim. 14 nov. 2007, *René M.*, *Dr. adm.* févr. 2008. 39 ; Crim. 22 oct. 2008, *Janine X.*, *BJCL* 2009. 203, obs. L. Janicot ; *AJ pénal* 2009. 34, obs. G.Royer, pour le cas d'un conseiller municipal ayant participé à la délibération et au vote attribuant une subvention à l'association qu'il préside et alors même qu'il ne retire de l'opération aucun profit personnel. L'émotion suscitée par la sévérité de cette dernière solution jurisprudentielle a été à l'origine d'une proposition de loi (Saugey, 2011) visant à adoucir les conditions de l'infraction, proposition qui n'a pas connue de suite (v., dans le sens de l'évolution souhaitée : CA Poitiers, 16 mai 2013, *JCP Adm.* 2013 n° 2319, note B. Fleury, absence de prise illégale d'intérêt d'un adjoint d'une commune rurale ayant participé à l'élaboration du plan local d'urbanisme classant en zone à urbaniser les terres appartenant à un membre de sa famille, l'intention frauduleuse ne pouvant être supposée au vu des données de l'affaire).

La poursuite d'un intérêt moral distinct de l'intérêt général est de nature à constituer le délit de prise illégale d'intérêt et de favoritisme (Crim. 29 juin 2011, *Mme Y.*, *AJDA* 2011. 2015, note A. Mésa, à propos de la signature par le maire d'un avenant à un marché public de dragage d'un port en vue de réaliser des travaux supplémantaires permettant au bateau de la famille d'un autre élu de la collectivité d'accéder à ce port. Voir également *JCP Adm.* 2013, n° 2013, étude J.-P.Courtejaire. Sur la liaison – automatique

– entre la condamnation pour prise illégale d'intérêt et l'inéligibilité qui s'en suit pour le corrompu : CE Sect. 1er juill. 2005, *Ousty et Gravier* (2 esp.), *Lebon* 282, concl. E. Glaser ; *RFDA* 2006. 258, concl.

Voisine avec la prise illégale d'intérêt, le *conflit d'intérêt* constitué pour le titulaire d'une fonction exécutive locale qui participe à la surveillance et à la direction d'une entreprise privée, la conseille ou contracte avec elle, moins de trois ans suivant la cessation de sa fonction (C. pén., art. L. 432-13).

871 ***Favoritisme (C. pén., art. 432-14)*** ◊ Cette infraction est particulièrement marquante de l'extension actuelle de la responsabilité des élus. Elle s'inscrit dans un mouvement de personnalisation de leurs responsabilités alors que la sanction prononcée par le juge administratif à l'encontre des pratiques discriminatoires visait les actes litigieux sans considération directe de la personne qui a procuré l'avantage. Désignée sous l'expression « d'atteintes à la liberté d'accès et à l'égalité des candidats dans les marchés publics et les délégations de service public », elle fait suite aux dispositions du « délit de favoritisme » institué par l'article 7 de la loi n° 91-3 du 3 janvier 1991 modifiée relative à la transparence et la régularité des procédures de marchés.

L'infraction vise, de façon très générale, tout acheteur public, ou son délégataire, qui procure ou tente de procurer un avantage injustifié à autrui par un acte contraire aux textes organisant la liberté d'accès et l'égalité des candidats. Elle est donc constituée par la conjonction d'un élément intentionnel – la conscience de procurer un avantage – et d'un élément objectif – un acte contraire au droit.

La considération qu'un « acte », et non une simple prise de position, soit requis pour constituer le délit de favoritisme paraît de nature à établir plus objectivement la constatation de l'infraction. Toutefois, le principe de la personnalité de la responsabilité pénale interdit de poursuivre de manière indifférenciée les membres d'un conseil municipal se prononçant collectivement par vote dans le cadre de l'attribution de concessions de plage : Aix-en-Provence, 16 mai 2007, *JCP Adm.* 2007. 2181, note F. Linditch. Au surplus, face à la complexité de la réglementation régissant les contrats publics, le juge pénal peut apprécier le niveau d'inexpérience du responsable élu pour juger de sa culpabilité. Voir par exemple, Crim. 15 sept. 1999, *Dr. pénal* 2000. 28, obs. M. Véron ; *JCP* 2000. I. 235, obs. M. Véron, s'agissant d'un maire ne pouvant se réfugier derrière sa méconnaissance de la procédure d'appel d'offres étant en fonction depuis deux ans.

Sur certains cas, le délit de favoritisme s'apparente, à s'y tromper, à des cas de corruption : voir par exemple, Chambéry 10 mai 2000, *JCP* 2000. IV. 2766, s'agissant de l'attribution d'un marché à une entreprise n'étant pas forcément moins disante mais qui finançait des séjours de chasse coûteux au bénéfice du président du conseil général et de ses proches, Crim. 13 déc. 2000, *Bull. crim.* n° 374, s'agissant du responsable d'une société de travaux publics qui a fractionné un marché public pour éviter d'avoir recours à la procédure d'appel d'offres et qui a honoré des factures émises par les filiales d'une société, alors qu'elles n'avaient pourtant fourni aucune prestation ; Crim. 7 nov. 2012, *JCP Adm.* 2013, n° 2036, note R. Mésa ; *RLCT*, avr. 2013. 19, note Y.Mayaud, s'agissant d'un marché pour l'organisation d'un festival passé, sans concurrence prélable, avec une association transparente substituée à la commune.

B. Les infractions non intentionnelles générales

72 ***Définition*** ◊ L'infraction non intentionnelle est caractérisée par l'absence d'intention criminelle ou délictueuse de celui qui la commet. En cela, elle marque un assouplissement du principe selon lequel « il n'y a point de crime ou délit sans intention de le commettre » (nouveau C. pén., art. 121-3). Nonobstant, elle vise à la répression d'une faute dont l'auteur a agi par imprudence, par négligence, par manquement à une obligation de prudence ou de sécurité (exemples des homicides et blessures involontaires ou de la mise en danger de la personne). Responsables non professionnels d'une administration publique, les exécutifs locaux sont particulièrement exposés à ce type d'infraction dont la portée trop générale les rend mal déterminées. Il est difficile de tenir la « prudence » ou la « négligence » pour des normes objectives de référence. Le statut de ces notions ne peut pas être précis et le sort de l'élu poursuivi paraît lié par des jurisprudences de cas d'espèce aux motivations très personnalisées.

73 ***Évolution vers l'allègement de la responsabilité*** ◊ C'est pourquoi, le législateur s'est trouvé contraint de revoir sa politique pénale en s'efforçant de mieux concilier le point de vue de la défense des victimes et celui des nécessités pratiques. Les poursuites s'étant multipliées en peu d'années à l'égard des élus locaux, leur responsabilité politique s'est affirmée comme un point névralgique de leur statut au point de décourager, à une échelle peu prévisible, les vocations chez les maires.

Il aura fallu plusieurs étapes législatives pour parvenir à l'équilibre actuel et faire que la conjonction des garanties des individus et de la protection des élus ne soit pas trop contradictoire. Après l'échec de la loi du 13 mai 1996 à assouplir la position du juge pénal par une nouvelle rédaction de l'article 121-3, l'état du droit est désormais fixé par la loi n° 00-647 du 10 juillet 2000 selon des critères réellement moins propices à engager la responsabilité des élus fautifs (CGCT, art. L. 2123-34, L. 3123-28 et L. 4135-28).

74 ***Conditions d'engagement de la responsabilité*** ◊ Elles sont revues par la loi du 10 juillet 2000 de manière à entraîner le passage de la condamnation pénale de « toute » imprudence ou négligence dommageable à « certaines » révélant une réelle faute de la part de leur auteur. Le dispositif légal repose sur la distinction entre l'auteur direct du dommage et l'auteur indirect :

1. Auteur direct. Il s'agit de la personne qui a matériellement provoqué le dommage. Le principe de sa responsabilité demeure pour la *faute simple* constituée par son imprudence, sa négligence ou son manquement à une obligation de prudence ou de sécurité. Mais, deux éléments essentiels sont de nature à restreindre sa responsabilité. C'est d'abord à l'accusation qu'il incombe d'apporter la *preuve* que l'élu n'a pas accompli les diligences normales propres à éviter le dommage. C'est ensuite *l'appréciation in concreto de sa faute* à laquelle doit se livrer le juge aux yeux duquel, les compétences de l'élu, son ancienneté, sa qualification professionnelle, son pouvoir et les moyens matériels et humains à sa disposition sont autant de données d'espèce dont sa décision doit dépendre.

2. Auteur indirect. Il s'agit de la personne qui n'a pas causé directement le dommage mais y a contribué ou n'a pas pris les mesures adéquates à l'éviter. Sa condamnation est subordonnée à la démonstration d'une *faute qualifiée*, légalement définie soit comme la violation « manifestement délibérée d'une obligation particulière de prudence et de sécurité prévue par la loi ou le règlement », soit comme une « faute caractérisée » exposant « autrui à un risque d'une particulière gravité (qu'il) ne pouvait ignorer ». En cela, la loi pénale relève le seuil de gravité exigé, un manquement à la prudence où à la sécurité n'étant répréhensible que s'il est manifestement délibéré. Ici également, l'appréciation de la faute se fait *in concreto*.

L'exercice de la police municipale dans ses rapports avec la sécurité et la protection de l'environnement fournit le gros des cas de poursuite pour fautes non intentionnelles. Pour une illustration jurisprudentielle sur le fondement de la loi du 10 juillet 2000 : TGI La Rochelle, 7 sept. 2000, *Bernardi*, *LPA* 23 nov. 2000. 13, note E. Vital-Durand ; *RSC* 2001. 159, obs. Mayaud, s'agissant de la relaxe, au pénal, d'un maire accusé d'avoir indirectement causé décès du fait de la chute d'une cage de but de football. S'il y a eu manquement de sa part à une obligation particulière de prudence et de sécurité fixé par un décret de 1996, cette violation ne présente pas un caractère délibéré exigé par la loi de 2000. Faute d'avoir été informé du risque auquel la présence de cette cage exposait leurs utilisateurs, le maire ne saurait se voir reprocher une faute caractérisée.

Dans le même sens, s'agissant d'un maire auquel on reprochait de ne pas avoir signalé un danger : Rennes, 19 sept. 2000, *Bertheleme*, *Dr. adm.* 2000. 200, s'agissant du cas de décès d'un enfant tombé dans le précipice sur la côte de l'île d'Ouessant.

En revanche, est engagée la responsabilité d'un maire pour insuffisance de mesure à prévenir l'homicide et les blessures involontaires du fait de l'électrocution de plusieurs personnes entrées en contact avec les barrières métalliques délimitant la piste d'un bal disco organisé par le comité des fêtes de la commune : Crim. 11 juin 2003, *Bull. crim.* n° 121 ; *Dr. pénal* 2003. 120, obs. M. Véron ; *Rev. sc. crim.* 2003. 784, obs. Y. Mayaud.

Sur la dissociation entre la faute pénale de l'auteur indirect et la faute civile : v. Civ. 1re, 30 janv. 2001, *Bull. civ.* I, n° 19 ; *RTD civ.* 2001. 376, obs. P. Jourdain ; *RSC* 2001. 613, note A. Guidicelli. Civ. 2e, 16 sept. 2003, *D.* 2004. 721, note P. Bonfils [1].

---

1. V. R. de Castelnau, « La loi du 10 juillet 2000 et la pénalisation de la vie publique », *Dr. adm.* 2000. chron. 17 ; M.-F. Steine-Fueurbach, « La responsabilité pénale des maires en cas de catastrophe ou la fausse nouveauté de la loi du 13 mai 1996 », *JCP* 1997. I. 4057 ; Colloque « La définition des délits non intentionnels (loi 10 juillet 2000) », *Gaz. Pal.* 2001. 210 ; Colloque Sénat mars 2006, « La loi Fauchon cinq ans après », *RLCT* mai 2006. 59 ; Y. Mayaud, « Loi fauchon : bilan territorial de dix années d'application », *RLCT* 2010. 1656.

SECTION 2. LES CAS DE RESPONSABILITÉ DES COLLECTIVITÉS TERRITORIALES

75 L'activité des collectivités territoriales, comme celle de toute administration publique personne morale, peut s'avérer dommageable [1]. Si les victimes peuvent obtenir réparation de ces dommages, c'est *dans les mêmes conditions que la théorie de la responsabilité administrative* pose pour tout dommage injustement causé par la puissance publique qu'elle soit décentralisée ou non.

Mais, le législateur s'est engagé plus loin dans le sens de la sévérité en estimant que la perfection de l'État de droit ne pouvait se dispenser de cet élément essentiel qu'est la mise en cause de la *responsabilité pénale des personnes publiques*. Toutefois, cette nouveauté implique les collectivités territoriales dans des conditions à ce point restrictives qu'elle marque une avancée d'importance limitée.

Rappelons d'abord l'assujettissement classique des collectivités aux poursuites administratives avant d'en venir à la question de leur responsabilité pénale.

§ 1. Responsabilité administrative

76 ***Rappel de la solution*** ◊ Il y a longtemps que le principe de la responsabilité administrative de la puissance publique collectivité territoriale s'est imposé. Face aux pouvoirs et aux moyens que son action met en œuvre, cette responsabilité est assez vite apparue comme une nécessité éthique. Elle a parfois été présentée comme spécifiquement adossée à un principe d'égalité devant les charges publiques dont la conséquence veut que les préjudices subis par certains du fait d'une administration s'exerçant dans l'intérêt de tous doivent être pris en charge par l'ensemble de la collectivité et, concrètement, indemnisés par cette administration.

Mais, le problème pratique que soulève la mise en œuvre de cette responsabilité est l'identification de son titulaire sachant que ce sont toujours sur des personnes physiques, fonctionnaires et élus, que repose l'action des personnes morales publiques et que le préjudice dont on demande réparation est, en réalité imputable à leur activité concrète. Les solutions en vigueur ne se soustraient pas des règles du droit administratif général de la responsabilité et reposent sur le principe de la responsabilité des personnes publiques devant la justice administrative pour les fautes de service au profit duquel œuvre l'agent ou l'élu (v. v. ss 860 s.).

Dans l'hypothèse d'une délégation de service public à un entrepreneur privé qui en assure pleinement la maîtrise, la victime doit en priorité actionner la personne délégataire. C'est seulement en cas d'insolvabilité

1. V. biblio. v. ss 883, 2.

de sa part que la collectivité délégante pourra être appelée à indemniser le préjudice : CE 13 nov. 1970, *Ville Royan*, *Lebon* 683 ; *RD publ.* 1971. 741, concl. G. Braibant, s'agissant de l'organisation d'un feu d'artifice. Par ailleurs, la région est jugée responsable d'un défaut d'entretien normal d'un lycée dont elle a la charge, nonobstant la négligence commise par un agent de l'État à l'origine de l'accident : CE 19 févr. 2007, *B.*, *Lebon* 847 ; *AJDA* 2007. 1766, note U. Ngambio-Obélé-Bélé.

§ 2. Responsabilité pénale

877 ***Une solution contemporaine*** ◊ Le réflexe d'appel au juge répressif dans la vie publique locale, si souvent observé depuis les années 1990, trouve ici son illustration majeure. L'idée d'instituer une responsabilité pénale dont répondraient les collectivités territoriales résulte de la loi du 27 juillet 1992 entrée en application, avec le nouveau Code pénal, le 1er mars 1994. L'article 121-2 du nouveau Code pénal pose que les personnes morales – publiques et privées – « sont responsables pénalement... des infractions commises pour leur compte, par leurs organes ou représentants ».

Cette proclamation a une portée générale. Nonobstant, le législateur n'a pas entendu totalement satisfaire un principe d'égalité entre l'ensemble des justiciables, personnes privées et publiques, puisque, outre la situation d'irresponsabilité dans laquelle demeure l'État, la collectivité territoriale ne saurait être poursuivie qu'à raison « des infractions commises dans l'exercice d'activités susceptibles de faire l'objet de conventions de délégations de service public ». Seuls les établissements publics deviennent pleinement responsables au plan pénal.

Des conditions restrictives ainsi mises à l'engagement de la responsabilité pénale des collectivités territoriales, on en retire quasiment l'impression que le *recours au juge* aura fort peu l'occasion de jouer. Les bilans manifestent néanmoins un doublement des poursuites pénales de 8 sous la mandatures 2001-2008 à 16 sur la mandature 2008-2014, pour des infractions non intentionnelles le plus souvent (accidents du travail, pollutions accidentelles). Sur le régime de cette responsabilité envisagé ci-dessous, « les inconnues paraissent être en nombre anormal » (R. Chapus, 2000).

878 ***Problèmes de l'intégration de la responsabilité pénale à la théorie des personnes publiques*** ◊ Le principe de la responsabilité pénale des collectivités territoriales n'eut pas été envisageable sans une évolution des conceptions propres à considérer que la collectivité publique peut trahir son engagement social par des comportements gravement fautifs appelant des mesures de contritions à l'égard des victimes.

Si l'idée n'avait pourtant rien d'inadmissible, son application, en revanche, se heurte à un trop grand nombre d'inconséquences pratiques et théoriques. Elle ne saurait donc s'imposer sans bouleversements sur ces deux plans :

– Si la collectivité publique se trouvait affranchie de la pression de la responsabilité pénale c'était précisément parce qu'elle est généralement soustraite aux solutions du droit commun pour mieux satisfaire sa vocation à servir l'intérêt public. Il n'y avait guère que de l'individu privé agissant pour son compte personnel dont il fallait que la société se protège par la sanction pénale.

– Le droit de punir relevant du monopole de la puissance publique garante officielle de la paix sociale, il apparaissait peu pensable qu'il s'exerce contre elle. Le résultat revient à se punir soi-même.

– La vie politique a ses sanctions spécifiques qui s'exercent à l'exclusion de toute responsabilité pénale. La responsabilité politique, avec ses caractères propres, s'y substitue : elle a plus largement sa base dans toute hostilité ou perte de confiance vis-à-vis du pouvoir instituée. Elle n'est pas mise en œuvre dans les formes juridictionnelles devant un tribunal et, n'est pas sanctionnée par des peines ou des dommages et intérêts mais par la cessation des fonctions. Cette responsabilité politique s'est progressivement installée dans les régimes constitutionnels au détriment des sanctions pénales tombées en désuétude.

– Comment une personne morale pourrait-elle pénalement répondre de ses comportements alors qu'on sait qu'elle n'est qu'une fiction juridique qui n'est pas douée de conscience morale ? S'il fallait constater une faute pénale, ce serait celle des agents ou élus agissant dans son cadre mais par leur volonté propre, seule condamnable.

– Aménageant le principe de séparation des autorités administratives et judiciaires, la loi remet à la compétence exclusive du juge pénal le pouvoir de sanctionner pénalement les personnes morales de droit public. Il n'y a sans doute rien de contraire au droit constitutionnel, mais le dualisme juridictionnel, dans sa portée, prend un coup. Le juge administratif demeure seul compétent pour réparer la faute de service.

Le problème est susceptible d'être aggravé dans l'hypothèse du prolongement de la compétence du juge pénal pour statuer sur l'action civile en dommages et intérêts jointe à l'action publique. Cependant, il semble que l'on ne doive pas admettre la plénitude de compétence du juge pénal y compris sous l'empire de la loi du 10 juillet 2000. En ce sens : Poitiers, Ch. corr., 2 févr. 2001, *Min. public et a.*, *JCP* 2001. II. 10534, note P. Salvage [1].

79 ***Champ d'application ratione materiae de la responsabilité*** ◊ Le fait que les collectivités ne soient pénalement responsables « que des infractions commises dans l'exercice d'activités susceptibles de faire l'objet d'une convention de délégation de service public » (C. pén., art. 121-2 alinéa 2 ; v. ég. art. 124 et 125 L. n° 09-526, 12 mai 2009) délimite de

1. De façon générale, sur l'étendue de la compétence du juge pénal s'agissant des personnes publiques et de leurs agents ou élus : J.-C. Froment, « Remarques sur les enjeux et la portée d'une « criminalisation » du droit administratif », *RD publ.* 2001. 555 ; F. Galletti, « Le juge pénal, nouveau juge de la responsabilité des agents publics et des élus ? », *in Une manifestation d'un droit administratif en mutation*, L'Harmattan, 2000 ; J. Hermann, « Le juge pénal, juge ordinaire de l'administration ? », *D.* 1998. Chron. 195 ; F. Thiriez, « L'irruption du juge pénal dans le paysage administratif », *AJDA* 1999, n° spéc. 105.

façon particulièrement étroite leur soumission au droit pénal *en entendant écarter*, sous cette formule approximative, *les activités qui sont l'expression même de la puissance publique*. Doivent, en conséquence, être considérés comme échappant au champ de la responsabilité pénale :

- les missions de service public exercées au nom de l'État dont l'irresponsabilité pénale a été maintenue (état civil, police judiciaire, élections...) ;
- les activités privées des collectivités en ce qu'elles ne regardent pas le service public par définition (gestion du domaine privé, passation de contrats de droit privé) ;
- les activités de service public *juridiquement* indélégables par contrat, comme c'est traditionnellement le cas de la police municipale, alors que son exercice est le plus susceptible de conséquences pénales, eu égard notamment aux délits non intentionnels (Crim. 14 mars 2000, *Bull. crim.* n° 114. 340 ; *RSC* 2000. 816, obs. Bouloc, s'agissant de la possibilité de condamner une commune de montagne pour n'avoir pas fermé ses pistes de ski en dépit du risque d'avalanche. Si les pouvoirs de police du maire sont indélégables de façon générale, il n'en va plus de même en matière de prévention des avalanches. CAA Lyon 7 avr. 2011, *Réseau ferré de France*, *JCP Adm.* 2011. 2190, note P. Yolka, irresponsabilité d'un département ayant porté atteinte au réseau ferroviaire, les dégradations étant commises dans le cadre d'une activité de service public insusceptible de délégation – institution d'un péage).

Cependant, le critère de la délégabilité de l'activité n'est pas exempt d'imprécision. En ce sens, les activités scolaires sont réputées indélégables (CE avis Sect. Intérieur, 7 oct. 1986), y compris les sorties scolaires et autres activités socio-éducatives facultatives pour les communes bien que se situant « à la périphérie du service public de l'enseignement » (En ce sens, et contrairement à la solution des juges du fond : Crim. 12 déc. 2000, *Bull. crim.* n° 371 ; *Gaz. Pal.* 22-23 déc. 2000, note J. Petit ; *RSC* 2001. 157, note Y. Mayaud et 372, obs. B. Bouloc ; *Dr. pénal* 2001. 43, obs. M. Véron ; *D.* 2001. 556, note H. Moutouh ; *LPA* janv. 2001. 4, note M.-F. Steinle-Feuerbach, s'agissant de la noyade d'élèves dans le lit du Drac, à l'occasion d'une sortie scolaire).

Peu importent les modalités effectives de gestion des services publics, c'est en droit qu'il faut considérer l'insusceptibilité des activités à faire l'objet de telles délégations. Il s'agira, de façon générale, des activités de réglementation et de services publics administratifs gratuits.

Il serait à redouter qu'on ne puisse se fier, en la matière, aux solutions éprouvées du juge administratif au respect desquels le juge pénal n'est pas tenu. Il s'avère, toutefois, qu'en définissant les « activités susceptibles de faire l'objet d'une convention de délégation de service public » comme « celles pouvant être confiées à un délégataire public ou privé rémunéré, pour une part substantielle, en fonction des résultats d'exploitation », le juge pénal s'en remet fidèlement aux solutions applicables en droit administratif (Crim. 3 avr. 2002, *Bull. crim.* n° 77 ; *JCP*

2002. I. 155, obs. M. Véron ; *Dr. pénal* 2002. 95, obs. M. Véron ; *RSC* 2003. 810, obs. B. Bouloc, le cas à propos d'un théâtre).

380 ***Champ d'application ratione personae de la responsabilité*** ◊ Il résulte de la loi que les collectivités territoriales ne peuvent être déclarées responsables que s'il est établi qu'une infraction a été commise « pour leur compte, par leurs organes ou leurs représentants » (C. pén., art. 121-2 al. 1). Les réels auteurs de l'infraction sont désignés selon une dénomination qui n'a rien de spécifique au droit des collectivités décentralisées et à ses concepts. Au vu de la jurisprudence, il semble permis de comprendre que « l'organe » de la personne morale n'est autre que celle investie en propre du pouvoir de mettre en œuvre les compétences de la collectivité et qui agit effectivement dans le cadre de ses compétences. C'est le cas du maire dans sa commune (TGI Grenoble, 15 sept. 1997, *Dr. pénal* 1998. 5, obs. M. Véron) ou de l'agent public communal, animatrice d'un service à caractère socio-éducatif de la commune (Crim 12 déc. 2000, préc.). Doit être regardé comme « représentant » de la collectivité toute personne pourvue de la compétence, de l'autorité et des moyens nécessaires en raison d'une délégation de pouvoir de la part des organes de la personne morale (conseiller élu délégataire, par exemple).

381 ***Cumul des responsabilités pénales*** ◊ Il faut préciser que la responsabilité pénale de la collectivité territoriale n'exclut pas celle des personnes physiques auteurs ou complices de mêmes faits répréhensibles. L'article 121-2 alinéa 3 C. pén. installe un principe de responsabilité concomitante. Cette précision légale n'est pas inutile pour prévenir toute dérive consistant à ce que la responsabilité des collectivités ne se transforme en régime d'irresponsabilité des élus et des agents. Ceux-ci ne sauraient être garantis par une sorte d'infraction de service qui jouerait, en matière pénale, le même rôle que la faute de service en matière civile. Les deux types de responsabilités n'ont pas la même finalité.

82 ***Sanctions encourues*** ◊ Leur nature réclame une adaptation au régime des personnes publiques qui ne peuvent souffrir de certaines peines comme les placements sous surveillance, l'interdiction d'exercer leur activité ou, la dissolution. L'amende doit alors être considérée comme la principale sanction à laquelle les collectivités s'exposent (C. pén., art. 131-37).

83 ***Bibliographie*** ◊

I. – Sur la responsabilité pénale des élus

- Garreau (G.), « Compétence et responsabilité pénale des élus locaux et des fonctionnaires territoriaux », *RGCT* 1998. 17
- Guigou (E.), « La responsabilité pénale des élus locaux vue par le ministre de la Justice », *RGCT* 1999. 291
- Laval (N.), « La prise illégale d'intérêt : états du droit », *Dr. adm.* 2003. Chron. 10 ; « Les évolutions du risque pénal dans la gestion publique locale », *RFDA* 2012. 707

- Majerowicz (S.), « Responsabilité pénale des élus », *J.-Cl. Coll. terr.* fasc. 947
- Maymat (J.-C.), *L'élu et le risque pénal*, Berger-Levrault, 1998
- Penaud (S.), « La responsabilité pénale des élus à raison de leur participation à une décision collective », *AJDA* 2005. 186
- Pochard (M.), « Responsabilité des élus », *J.-Cl. Adm.* fasc. 812
- Pontier (J.-M.), « La responsabilité pénale des élus locaux », *Rev. adm.* 1996. 551

II. – Sur la responsabilité des personnes morales publiques

- Desportes (F.), « Les conditions d'imputation d'une infraction à une personne morale », *CJEG* 2000. 426
- Ducouloux-Favard (C.), « Quatre années de sanctions pénales à l'encontre des personnes morales », *D.* 1998. Chron. 395
- Gartner (F.), « L'extension de la répression pénale aux personnes publiques », *RFDA* 1994. 126
- Jorda (J.), « La responsabilité des personnes morales de droit public à la lumière de la jurisprudence », *Gaz. Pal.* 2001, n° 42, p. 34
- Levy (A.), « État de la jurisprudence sur la responsabilité pénale des personnes publiques 10 ans après l'entrée en vigueur du Code pénal de 1994 », *Dr. adm.* 2004. études 12 et 14
- Levy (A.) et Bloch (S.), *La responsabilité pénale des collectivités territoriales, de leurs élus, de leurs agents*, Litec, 1995
- Meyer (F.), « Réflexions sur la responsabilité pénale des personnes morales de droit public à la lumière des premières applications jurisprudentielles », *RFDA* 1999. 920
- Moreau (J.), « La responsabilité pénale des personnes morales de droit public en droit français », *LPA* 1996. 149
- Picard (E.), « La responsabilité pénale des personnes morales publiques : fondements et champ d'application », *Rev. sociétés* 1993. 261
- Sayah (J.), « Les équivoques de la responsabilité des collectivités territoriales », *RLCT* mai 2006. 12
- Steinle-Feuerbach (M.-F.), « La responsabilité pénale des collectivités territoriales à l'épreuve des catastrophes naturelles », *RLCT* mars 2013, p. 82
- Thavez-Pipard (D.), *Responsabilité pénale des communes*, Litec, 2000

INDEX ALPHABÉTIQUE

(Les chiffres renvoient aux numéros de paragraphe)

B

D

E

N

O

P

T

TABLE DES MATIÈRES

713739 (I) OSB - P 60g - JOU - (HCH)
Achevé d'imprimer en septembre 2014
N° 2167570J - Dépôt légal : octobre 2014
Imprimé en France par Jouve
1 rue du Docteur Sauvé, 53100 MAYENNE